사회복지사 1급

#7개년 기출키워드 추출 #학습효율 극대화
#꽈배기 문제&분석

- 7개년 기출분석으로 뽑아낸 기출키워드별 문제 수록
- 개념혼동 유발, 오답유도 선지가 포함된 꽈배기 문제 표시
- 꽈배기 문제 분석만 봐도 최신 출제경향, 학습 포인트 파악 가능

#핵기총 BOOK #핵심 기출선지 총정리
#꽈배기 선지&형광펜

- 사복 1급은 나왔던 선지가 그대로 또! 출제, 조금 변형해서 또! 출제
- 꽈배기 선지와 형광펜 표시된 중요 내용 달달 암기

#기출은 3회독 필수 #3회독 체크표
#1트 합격

- 사회복지사 1급은 회독이 특히 중요!
- 회독을 통해 문제, 선지 하나하나 완벽히 이해했는지 체크!

사회복지사 1급
합격콘텐츠 서비스

1 사회복지사 1급 적중 강사! 고병무 교수
▶ **제23회 기출해설 무료강의**

최신시험 제23회 영역별 기출해설 무료특강(8강)
※ 2025년 6월 초 업로드 예정

youtube.com/@SD-jt6ex
유튜브(YouTube) ⊕
검색 [시대에듀]

2 포기하지마! 노답 3형제
법제론/정책론/조사론
과락방지 암기노트

3 **즉문즉답 1:1 고객 문의**

공부하다가 잘못된 내용이 있거나 모르는 내용이 있으면 바로 질문하세요.
실시간으로 빠르고! 자세하게! 답변해 드립니다.

forms.gle/73HCRYET1EzU7X5X8

사회복지사 1급
감수&강의 교수 소개

약력

현) EBS 사회복지학개론 교수
(前) 에듀윌 사회복지사 1급 교수
(前) 가톨릭 상지대학교 사회복지학과 외래교수
(前) 한국항공대학교 인문교양학부 외래교수(사회봉사론)
(前) 장안대학교 사회복지학과 겸임교수

감수&강의 **고병무** 교수

#나의 합격증 미리 채우기

사회복지사자격증

성 명 :
생 년 월 일 :
등 급 :

위 사람은 「사회복지사업법」 제11조에 따른 사회복지사 자격이 있음을 증명합니다.

2026년   월   일

보건복지부장관

#파이팅 #나의각오

**2026 최신간
사회복지사 1급**

기출만 파면 합격

과락방지 암기노트

사회복지법제론

01 사회복지법의 법원(法源)
02 사회복지와 관련된 헌법
03 사회보장기본법
04 사회보험법 수급 요건
05 사회보험법
06 공공부조법
07 사회복지법의 기본계획 및 실태조사
08 우리나라 사회복지법의 역사적 흐름
09 사회복지 관련 기념일
10 사회복지법인의 특징
11 국무총리실 소속의 사회복지 관련 위원회
12 여성가족부장관 소속의 사회복지 관련 위원회
13 중앙생활보장위원회
14 노인 및 장애인, 아동학대 시 벌금 기준

01 사회복지법의 법원(法源)

성문법	성문법의 체계	헌법 → 법률 → 명령(시행령, 시행규칙) → 자치입법(조례, 규칙) 순 ※ 헌법은 최상위법
	조례	조례 제정권은 지방자치단체에 해당 지방의회 권한
	법률	• 법률의 제·개정, 법률안 심의·의결권: 국회 소관 • 법률안 제출: 국회와 정부 모두 가능 • 국회 의결 법률안은 정부로 이송되면 15일 이내 공포 • 대통령 거부권 행사 가능(재의 요구) • 법률의 효력: 특별 규정 없으면 공포 20일 경과 후 효력 발생
불문법		판례, 관습법, 조리

02 사회복지와 관련된 헌법

헌법 제10조	• 행복 추구권 • 모든 국민은 인간으로서 존엄성과 가치를 부여받음. 이에 행복을 추구할 권리가 있음 • 국가는 개인이 가지는 불가침의 기본적 인권을 확인, 보장할 의무가 있음(불가침성, 불양도성)
헌법 제34조	• 생존권, 복지권, 기본권, 사회권 • 인간다운 생활을 할 권리, 사회보장, 사회복지 증진에 노력할 의무 • 여성의 복지와 노인, 청소년에 대한 권리 보장 및 정책 의무 • 신체장애자, 질병 및 생활이 어려운 국민에 대한 보호 강조 • 재해 예방, 위험을 대비하고 국민 보호를 위해 노력할 의무

03 사회보장기본법

구분	유형	특징
사회보험법	• 국민연금법 • 국민건강보험법 • 고용보험법 • 산업재해보상보험법 • 노인장기요양보험법	• 국가 책임 • 기여 / 비자산조사
공공부조법	• 국민기초생활 보장법 • 의료급여법 • 긴급복지지원법 • 장애인연금법 • 기초연금법	• 국가 및 지방자치단체 책임 • 비기여 / 자산조사
사회서비스법	노인복지법 등 27개 개별법	국가 및 지방자치단체 책임(민간 포함)

04 사회보험법 수급 요건

구분	급여 자격 요건
국민연금	국민연금 보험료 납부자
건강보험	건강보험료 납부자
고용보험	실업급여 대상자: 이직 전 18개월 동안 최소 180일 이상 고용보험 가입자
산업재해보상보험	업무상 사고 또는 질병으로 업무상 재해를 입은 자
노인장기요양보험	치매, 중풍 등 노인성 질환으로 혼자서 6개월 거동하기 어려운 노인

05 사회보험법

구분	가입 유형	급여 유형
국민연금법	• 사업장 가입자 • 지역 가입자 • 임의 가입자 • 임의 계속 가입자	• 노령연금 • 장애연금 • 유족연금 • 반환일시금 • 사망일시금
국민건강보험법	• 직장 가입자 • 지역 가입자	• 요양급여 • 건강검진 • 요양비 • 부가급여(임신·출산 진료비, 장제비, 상병수당, 그 밖의 급여) • 장애인 보장구
고용보험법	월 60시간, 주 15시간 이상, 근무조건 3개월 이상	• 실업급여(구직급여, 취업촉진 수당 등) • 취업촉진 수당(이주비, 광역 구직활동비, 조기재취업 수당, 직업능력개발 수당)
산업재해보상보험법	사업 및 사업장	• 요양급여 • 휴업급여 • 장해급여 • 간병급여 • 유족급여 • 상병보상연금 • 장례비 • 직업재활급여
노인장기요양보험법	국민건강보험 가입자	• 재가급여 • 시설급여 • 특별현금급여(가족요양비, 특례요양비, 요양병원간병비)

06 공공부조법

구분	가입 유형	급여 유형 및 특징
국민 기초생활 보장법	• 기준 중위소득 30% 이하(수급자) • 기준 중위소득 50% 이하(차상위자)	• 생계급여(금전 원칙, 수급자만 지급) • 주거급여(국토부 지급) • 의료급여 • 교육급여(교육부 지급) • 해산급여 • 장제급여 • 자활급여
의료급여법	• 1종 수급자: 완전 수급자 • 2종 수급자: 조건부 수급자, 차상위자 　(5·18 민주화운동 유공자 등은 1종 수급자)	• 의료급여(진찰, 검사, 약제, 입원, 간호 등) • 요양비 • 장애인 및 임산부에 대한 특례 급여
긴급복지지원법	법령에 의한 위기상황 대상자에 소득, 재산 기준 포함	• 생계지원(현금 또는 현물) • 의료지원 • 주거지원 • 사회복지시설 이용지원 • 교육지원 • 민간단체와의 연계(적십자 등)
기초연금법	만 65세 이상 노인 중 소득인정액 100분의 70 수준	• 현금 급여 • 부부일 경우 각각 20% 감액 적용
장애인연금법	만 18세 이상의 중증장애인 중 소득인정액 100분의 70 수준	• 현금 급여 • 부부일 경우 각각 20% 감액 적용

07 사회복지법의 기본계획 및 실태조사

구분	대상	주기	주관 부서
사회보장 기본계획	모든 국민	5년	보건복지부장관 (사회보장기본법 제16조 제1항)
지역사회 보장계획	지역주민	4년	보건복지부장관, 시장·군수·구청장, 시·도지사
장애인 실태조사	장애인	3년	보건복지부(장관)
아동종합실태조사	아동	3년	보건복지부(장관) (아동복지법 제11조 제1항)
노인 실태조사	노인	3년	보건복지부(장관)
장기요양 실태조사	장기요양 수급자	3년	보건복지부(장관)
한부모가족 실태조사	한부모가족	3년	여성가족부(장관)
다문화가족 실태조사	다문화가족	3년	여성가족부(장관)
기초 실태조사	수급자 및 차상위자	3년	보건복지부(장관)
청소년 실태조사	청소년(9~24세)	3년	여성가족부(장관)
정신보건 실태조사	성인	5년	보건복지부(장관)
청년 실태조사	19세~34세	2년	관계 중앙행정기관의 장 (청년기본법 시행령 제8조 제2항)

08 우리나라 사회복지법의 역사적 흐름

제정	구분(법률명)	비고
1953년	근로기준법	현행 1997년 제정
1960년	공무원연금법	우리나라 최초의 사회보험법(직영연금 포함 시)
1961년	생활보호법	1999년 국민기초생활 보장법 제정으로 폐지 및 대체
1962년	재해구호법	태풍 사라(57년)의 큰 피해에 따른 국가적 재난 대비 자각
1963년	산업재해보상보험법	우리나라 최초의 사회보험법(직영연금 제외 시)
	의료보험법	2000년 직장·지역 의료보험 통합에 따라 국민건강보험법으로 대체
1970년	사회복지사업법	우리나라 사회복지의 근간이 되는 법
1973년	국민복지연금법	1986년 국민연금법으로 대체
1977년	의료보호법	2001년 의료급여법으로 법명 변경
1981년	노인복지법	
	심신장애자 복지법	1989년 장애인복지법으로 법명 변경
	아동복지법	아동복리법(1973년)의 대체 법령 전부 개정
1986년	국민연금법	국민복지연금법(1973년)의 대체 법령 전부 개정
1989년	장애인복지법	심신장애자 복지법(1981년)의 대체 법령 전부 개정
1991년	영유아보육법	
1993년	고용보험법	최저임금법을 반영한 고용보험법 제정
1995년	정신보건법	2016년 정신건강증진 및 정신질환자 복지서비스 지원에 관한 법률로 법명 변경
	사회보장기본법	우리나라 최초의 사회보장법(세계 최초는 미국의 사회보장법(1935년))
1999년	국민기초생활 보장법	기존의 생활보호법은 폐지
	국민건강보험법	기존의 의료보호법은 폐지
2001년	의료급여법	의료보호법(1977년)의 대체 법령 전부 개정
2005년	긴급복지지원법	1997년 IMF 특별법에서 일반법으로 편입

2007년	노인장기요양보호법	치매, 중풍에 대한 국가의 책임 강조
	기초노령연금법	2014년 기초연금법 제정으로 폐지 및 대체
	한부모가족지원법	모자복지법(1989년) → 모·부 복지법(2002) → 한부모가족지원법으로 대체 일부 개정
2008년	다문화가족지원법	
2010년	장애인연금법	중증 장애인에 대한 연금 지급
2014년	기초연금법	기존의 기초노령연금법 폐지
	사회보장급여의 이용·제공 및 수급권 발굴에 관한 법률	사회복지공무원, 지역사회보장협의체 등이 사회복지사업법에서 이관
2018년	아동수당	가장 보편적인 데모그란트(demogrant)

09 사회복지 관련 기념일

한부모가족의 날	장애인의 날	사회복지의 날	노인의 날	아동학대 예방의 날
5월 10일	4월 20일	9월 7일	10월 2일	11월 19일

10 사회복지법인의 특징

설립 근거	사회복지사업법
법인 설립	시·도지사 허가
이사의 구성	대표이사 포함 7명 이상(이사 결원 시 2개월 내 보충)
감사의 구성	2명 이상
외국인 이사	이사 현원의 1/2 미만
특수관계 이사	이사 현원의 1/5 초과 불가
사외 이사(지자체장 추천)	이사 정수의 1/3 이상
이사 및 감사의 임기	• 이사: 3년 • 감사: 2년 • 연임 가능
겸직 여부	이사는 시설장 가능, 그 외 불가능 감사는 시설장 및 그 외 모두 불가능
운영위원회	법인의 안건 심의, 자문(의결권 없음)
법인의 재산	기본재산, 보통재산으로 구성

11 국무총리실 소속의 사회복지 관련 위원회

사회보장위원회	사회보장에 관한 주요 시책을 심의, 조정하는 역할
장애인 정책조정위원회	장애인에 관한 주요 시책을 심의, 조정하는 역할
아동 정책조정위원회	아동에 관한 주요 시책을 심의, 조정하는 역할
청년 정책조정위원회	청년에 관한 주요 시책을 심의, 조정하는 역할

12 여성가족부장관 소속의 사회복지 관련 위원회

청소년 정책위원회	청소년에 관한 주요 시책을 심의, 조정하는 역할
양성평등위원회	양성평등 정책의 중요사항 심의·조정

13 중앙생활보장위원회

법적 근거	국민기초생활 보장법
소속	보건복지부장관 소속
내용	• 기준 중위소득 산정 • 급여 종류별 산정기준 및 최저보장수준 결정 • 기초생활 보장 종합계획 수립
위원장	보건복지부장관
위원 구성	관계행정기관 공무원 및 고위공무원단의 일반공무원, 공익대표자, 민간 전문가 포함 16명 이내

14 노인 및 장애인, 아동학대 시 벌금 기준

노인	7년 이하의 징역, 7천만 원 이하의 벌금
장애인	7년 이하의 징역, 7천만 원 이하의 벌금
아동	5년 이하의 징역, 5천만 원 이하의 벌금

사회복지정책론

01 사회복지정책의 가치(평등)
02 윌렌스키-르보 2분형 모델
03 티트머스 3분형 모델
04 수단적 효율성, 배분적 효율성
05 사회양심이론
06 산업화이론
07 시민권이론
08 이익집단이론
09 권력자원이론(사회민주주의 이론)
10 모방이론
11 조지-윌딩 6분형 모델
12 베버리지보고서
13 신자유주의와 신보수주의 비교
14 케인즈주의
15 제3의 길
16 시장의 실패
17 소득재분배 유형별 의미 및 특징
18 에스핑-앤더슨 복지국가 유형
19 퍼니스와 틸튼의 복지국가 유형
20 정책결정모형
21 정책 대안 비교 기법
22 영국 구빈법의 역사
23 자선조직협회와 인보관 운동의 특징

01 사회복지정책의 가치(평등)

평등 유형	의미	특징
수량적 평등 (절대적 평등) (결과의 평등)	자원이나 혜택을 모든 사람에게 동일하게 분배하는 방식, 예를 들어 동일한 금액의 지원을 모든 사람에게 제공	모든 사람에게 동일한 양의 자원이나 혜택을 제공, 평등한 분배를 목표
비례적 평등	각 사람의 기여도나 필요에 비례하여 자원이나 혜택을 분배하는 방식(수지상등원칙의 사회보험)	각자의 기여도나 필요에 따라 자원을 분배, 공평, 형평이라고도 함
기회의 평등	모든 사람에게 동일한 기회를 제공하여 개인이 자신이 선택한 길을 갈 수 있도록 하는 방식	사회적 기회에 대한 균등한 접근을 보장하여 개인이 자유롭게 선택할 수 있는 환경을 제공

02 윌렌스키-르보 2분형 모델

구분	잔여적 모델 (Residual Model)	제도적 모델 (Institutional Model)
기본 관점	사회복지는 가족과 시장 기능이 실패했을 때만 개입	사회복지는 정상적인 사회 기능의 일부로 간주
개입 시기	문제 발생 후(사후적 개입)	문제 발생 전(예방적 개입)
대상	선별된 빈곤층 및 취약계층	모든 국민(보편주의)
재정 공급 방식	최소한의 정부 개입, 민간 중심	조세를 통한 공공재원
사회복지의 위치	주변적(비주류적)	중심적(주류적)
사회 인식	낙인 효과 가능성 있음	권리로 인식, 낙인 효과 적음

03 티트머스 3분형 모델

구분	잔여적 모델	산업 업적 모델	제도적 재분배 모델
개념	사회복지는 빈곤층과 취약계층을 위한 최소한의 지원으로, 복지 혜택이 필요한 경우에만 제공	복지 제공은 개인의 노동 시장 성과와 경제적 기여에 따라 차등적으로 이루어짐	사회복지는 모든 국민에게 보편적이고 지속적인 지원을 제공하는 국가의 책임으로 간주
주요 특징	최소한의 복지 제공, 선별적이고 조건부 지원 복지 서비스는 사후적이며, 복지 대상은 조건을 충족한 사람들에 한정 복지 제공은 경제적 자립을 위해 최소한의 개입만 허용	사회복지 혜택은 근로자 및 노동 시장 성과에 따라 제공 사회보험 중심의 복지 체계가 주도하며, 시장에서의 성과에 의존 산업 발전과 노동 시장 성과가 중요한 기준이 됨	복지국가는 모든 국민에게 평등한 기회를 제공하고, 사회적 평등을 강조 복지 서비스는 보편적이며, 국가의 책임 아래 모든 시민이 혜택을 받을 수 있음 기기 여부에 상관없이 모든 국민에게 제공, 복지를 국민의 권리로 인식

04 수단적 효율성, 배분적 효율성

구분	의미	특징	중점
수단적 효율성 (공공 중심)	• 주어진 자원으로 최대의 효과를 얻는 것, 즉 투입 대비 산출이 높은 상태를 추구	• 기술적, 경제적, 운영 효율성 포함 • 행정 관리적 관점에서 강조 (목표 효율성, 운영 효율성)	• 비용 절감 • 생산성 향상 목표 달성
배분적 효율성 (민간 중심)	• 사회 전체적으로 자원이 가장 필요한 곳에 분배되어 사회적 총효용을 극대화하는 것 • 시장에서 자발적 기여를 통해 효율성을 달성하고자 함	• 형평성(공평)과 연관 • 사회적 가치와 공공선 달성 • 복지 수요에 따른 자원 배분을 민간, 시장에 의한 자율성 강조(파레토 효율)	• 사회적 약자 지원 • 불평등 해소, 자원의 공정한 분배

05 사회양심이론

이론 개요	사회 구성원 간의 도덕적 책임감과 연대의식을 바탕으로 복지정책의 정당성을 설명
등장 배경	도덕적·윤리적 차원의 복지 필요성 강조
핵심 개념	개인과 사회의 상호책임, 사회적 연대, 인간 존엄성, 도덕적 의무
주요 주장	사회는 구성원의 고통과 결핍을 함께 책임져야 한다고 봄
정책적 의미	복지는 시혜가 아닌 권리로 인식되며, 사회적 정의와 윤리적 연대에 기반한 복지국가의 정당성 제공(공공부조 강조)
비판점	이론은 도덕적 기반이 강하지만, 실질적인 정책 수단과 구체적 실천 전략이 부족하다는 비판을 받음

06 산업화이론

이론 개요	복지국가는 각국의 정치이념보다 산업화라는 구조적 요인에 의해 공통적으로 발전한다고 보는 이론
다른 명칭	수렴이론
핵심 주장	산업화가 진행되면 각종 사회문제로 인하여 그 사회문제를 해결하고자 기본적으로 노동력의 보호, 사회적 안정, 국민의 생활보장을 위한 복지제도 도입이 불가피해지며, 이로 인해 각국의 복지정책이 유사한 방향으로 수렴된다고 봄
주요 개념	산업화, 도시화, 가족구조 변화, 기능적 필요
정책적 함의	복지제도는 정치적 선택이 아닌 산업사회의 기능적 요구에 따른 결과로 간주되어, 국가 간 복지의 유사성이 강조됨

07 시민권이론

이론 개요	시민의 권리를 정치·경제·사회적 권리로 구분하고 사회진화론적 권리 변화를 설명
핵심 내용	시민권은 단일한 권리가 아니라 정치적, 시민적, 사회적 권리로 구성되며, 시간이 지나며 단계적으로 확대됨(진화론적 발전 과정)
시민권의 3요소	• 시민적 권리: 법 앞의 평등, 개인의 자유(18세기) • 정치적 권리: 참정권, 정치 참여(19세기) • 사회적 권리: 교육, 건강, 복지 혜택(20세기)
복지국가와의 관계	사회적 권리를 시민권의 일부, 복지는 시민의 권리라는 이론적 근거 제공

08 이익집단이론

이론 개요	다양한 사회 집단들이 자신들의 이해관계를 관철시키기 위해 정치 과정에 영향력을 행사하며, 그 결과로 복지정책이 형성된다고 보는 이론
핵심 주장	복지정책은 이익집단 간 경쟁과 타협의 산물이며, 특정 집단의 힘과 조직력이 정책 내용에 영향을 미친다고 봄
주요 개념	이익집단, 로비, 정치적 교섭, 다원주의, 정책 네트워크
복지국가 형성 요인	조직화된 이익집단의 활동, 정치 권력에 대한 접근성, 정책결정 구조 내 영향력
정책적 특징	정책은 합리적이라기보다 정치적 타협과 이해관계의 조정 결과로 나타남
대표 학자	트루먼(Truman), 벤틀리(Bentley), 달(Dahl)
비판점	사회 전체의 공익보다는 조직화된 집단의 이해에 치우칠 수 있으며, 비조직화된 집단(예 빈곤층)의 이해는 배제될 가능성이 있음

09 권력자원이론(사회민주주주의 이론)

이론 개요	복지국가는 계급 간 권력관계의 산물이며, 노동계급의 정치적 힘이 클수록 복지국가가 발전한다고 보는 이론
핵심 주장	복지는 지배계급과 피지배계급 간의 정치적 투쟁 결과로 형성됨
주요 개념	계급투쟁, 정당 정치, 조직화된 노동, 권력자원
복지국가 형성 요인	좌파 정당의 집권, 강력한 노동조합, 계급의 정치적 동원력
대표 국가	스웨덴, 노르웨이, 핀란드 등 북유럽 국가들
대표 학자	에스핑-앤더슨(Esping-Andersen), 코르피(Korpi)
비판점	국가의 역할을 과소평가하며, 문화·젠더 요인을 간과함

10 모방이론

이론 개요	복지정책이 국가 간 혹은 지역 내에서 확산되고 모방되며 발전한다고 보는 이론
다른 명칭	확산이론, 전파이론, 근대화이론
핵심 주장	복지국가는 내부 요인뿐 아니라 다른 나라의 정책 경험을 모방하거나 영향을 받아 형성된다고 봄
주요 개념	정책 모방, 벤치마킹, 제도 수용, 외부 자극, 지역적 연계성
복지국가 형성 요인	국제기구(UN, OECD 등)의 권고, 주변국의 정책 성공 사례, 정책 네트워크를 통한 정보 확산
대표 학자	도브(M. Dobb), 도브킨스(Dobkins), 로즈(R. Rose)
정책적 함의	정책 학습과 국제적 협력을 통해 효과적인 복지제도 설계 가능
비판점	내부 정치·경제적 맥락을 충분히 설명하지 못하고, 단순한 외부 모방으로 환원될 수 있다는 단점이 있음

11 조지-윌딩 6분형 모델

구분	신우파	중도노선	마르크스 사회주의	사회 민주주의	페미니즘	녹색정치
기본 관점	기존 질서 유지, 전통 중시	시장 효율성 강조	사회구조의 근본적 모순 강조	사회적 권리로서의 복지	성 불평등 해소 중시	생태적 지속 가능성 중시
사회문제 원인	개인의 책임	개인의 노력 부족	자본주의 구조 자체	구조적 원인과 불평등	성 역할 고정관념	환경 파괴와 소비주의
국가 역할	최소한 개입	보충적 개입	구조 변화 추구	적극적 개입	성 평등 정책 추진	환경 보호를 위한 규제
복지 수단	민간 중심, 선별주의	시장 보완, 선별적 급여	소득 재분배, 공공소유	보편적 복지	젠더 관점 정책	지속 가능한 복지
정책 성격	잔여적	잔여적	급진적	제도적	성인지적	생태주의
복지관점	반대	찬성	반대	찬성	조건부 찬성	조건부 찬성

12 베버리지보고서

제출 시기	1942년, 제2차 세계대전 중 영국에서 발표
작성자	윌리엄 베버리지(William Beveridge)
공식명칭	Social Insurance and Allied Services
등장배경	전쟁 이후 국민 복지에 대한 국가 책임을 강화하려는 사회적 요구와 복지제도 개편 필요성
핵심목표	국민이 출생에서 사망까지 최소한의 생활을 보장받는 포괄적 사회보장체계 구축
5대 사회악	결핍(Want), 질병(Disease), 무지(Ignorance), 불결(Squalor), 나태(Idleness)
3대 전제조건	① 가족(아동)수당 도입 ② 국민 보건서비스 제공(N·H·S) ③ 완전고용
6대 원칙	① 균일급여 ② 균일기여 ③ 대상의 분류화 ④ 급여의 적정화 ⑤ 행정의 통일화 ⑥ 적용의 포괄화
주요 제안	국민보험제도 확대, 가족수당 도입, 보건서비스 제공, 완전고용 정책 시행 등
의의	현대 복지국가의 이념적 기반 마련, 이후 영국 NHS 설립 및 보편적 복지 확대에 영향

13 신자유주의와 신보수주의 비교

구분	신자유주의	신보수주의
이념 개요	시장 중심의 자유방임적 경제 이념으로, 정부의 개입을 최소화하고 시장 자율을 강조	전통적 가치, 도덕, 질서를 중시하며 사회통제와 국가 권위 회복을 강조하는 이념
등장 배경	1970년대 복지국가 위기와 스태그플레이션 대응으로 등장	문화적 해체, 사회 혼란, 공동체 붕괴에 대한 보수적 반동으로 등장
핵심 가치	시장 자율성, 경쟁, 효율성, 자유무역	도덕 질서, 전통, 권위, 공동체, 가족 중심
경제 정책	민영화, 규제 완화, 감세, 작은 정부, 노동시장 유연화	시장경제 수용하지만, 도덕적 규율과 공동체 가치 강조
사회복지에 대한 입장	복지 축소, 복지는 개인 책임, 선택적/선별적 복지 지향	도덕적 해이로 복지 축소 주장, 가족과 공동체 중심의 돌봄 강조
국가 역할	국가는 시장 질서 유지에 국한, 직접 개입 최소화	강력한 법 집행, 도덕 교육, 질서 유지 강조
대표 인물 및 국가	• 프리드먼, 하이에크 • 미국(레이건), 영국(대처)	• 크리스토퍼 래시, 어빙 크리스톨 • 미국 공화당 내 보수주의자들
비판점	양극화 심화, 사회적 불평등 증가, 복지 사각지대 확대	개인의 자유 제한 가능성, 다양성과 인권 문제 간과

14 케인즈주의

이론 개요	정부의 적극적인 재정·통화 정책 개입을 통해 총수요를 조절하고 경제를 안정화시켜야 한다는 경제이론
등장 배경	1929년 세계 대공황 이후, 자유방임적 시장경제의 한계를 극복하기 위해 등장
핵심 주장	시장은 자율적으로 균형을 이루지 못하며, 유효수요 부족이 실업과 불황의 원인이라고 봄. 정부 개입을 통해 총수요를 확대해야 한다고 주장
경제 정책	재정 지출 확대, 공공사업 투자, 세율 조절, 이자율 인하 등으로 소비와 투자를 촉진
복지국가와의 관계	경제 안정과 고용 보장을 위해 복지지출 확대를 정당화하며, 복지국가 발전에 이론적 기반 제공
대표 학자	존 메이너드 케인즈(John M. Keynes)
정책적 영향	전후 서유럽과 미국의 복지국가 정책, 완전고용 정책, 복지확대와 소득재분배 등에 영향
비판점	정부의 과도한 개입과 재정적자 문제, 공급 측면의 요인을 간과한 점에서 비판받음. 1970년대 스태그플레이션 상황에서 한계 드러남

15 제3의 길

이론 개요	사회민주주의(제1의 길)와 신자유주의(제2의 길)을 초월하는 새로운 정치 이념으로, 시장과 국가의 균형을 강조하며 사회투자국가를 지향
제시자	앤서니 기든스, 토니 블레어 총리
등장 배경	사회민주주의의 위기와 신자유주의의 한계를 극복하려는 노력에서 등장
핵심 개념	사회적 투자, 상호책임, 적극적 복지, 평생학습, 고용 중심 복지
정책 방향	복지 의존을 줄이고 개인의 능력 개발을 지원하는 방향, 노동시장 참여 촉진
복지에 대한 입장	복지를 권리이자 책임으로 보고, 근로+복지(work+fare)의 균형을 강조
기존 이념과의 차이	신자유주의의 시장만능주의와 사회민주주의의 복지팽창주의를 모두 비판하며 중도적 접근 제안
비판점	실천적 정책이 모호하고, 신자유주의에 가까운 정책이 오히려 강화됐다는 비판 존재

16 시장의 실패

유형	개념	특징
정보의 불완전성	시장 참여자들이 필요한 정보나 조건을 완벽하게 알지 못해 비효율적인 거래가 발생하는 현상	정보가 불완전하거나 비대칭적일 경우, 시장은 효율적으로 자원을 배분하지 못하고 왜곡된 결과를 초래
독과점	소수의 기업이 시장을 지배하여 가격을 인위적으로 설정하거나 경쟁을 제한하는 현상	시장 지배 기업이 가격을 높이거나 품질을 저하시키는 등 경쟁을 제약하여 소비자의 선택을 제한
외부효과	어떤 경제적 활동이 제3자에게 긍정적 혹은 부정적인 영향을 미치지만 그 비용이나 이득을 시장에서 반영하지 않는 현상	사회적 비용이나 편익을 고려하지 않아 시장 가격에 반영되지 않으며, 사회적 자원의 비효율적 사용을 초래
공공재 확보의 실패	공공재란 누구나 사용할 수 있지만 소비자의 선택에 따라 제공되지 않는 재화나 서비스(교육, 의료, 전기, 통신, 주거 등)	비경쟁적 시장에서 누구나 사용할 수 있지만 자발적 공급이 이루어지지 않기 때문에 정부의 개입이 필요하며 만약 시장에 일임 시 가격폭등, 재화의 독과점 발생 유발
불완전한 경쟁	시장 내에서 충분한 경쟁이 이루어지지 않거나 일부 기업이 시장을 지배하는 상황	경쟁이 없으면 자원 배분에 비효율성이 생기고, 시장에서 공급자들이 독점적 위치에서 가격을 조정
도덕적 해이	법과 제도적 허점을 이용하여 자기 책임을 소홀히 하거나 이기주의를 나타내는 상태나 행위	보험 가입자가 평소에 조심하던 상황에 덜 조심하게 되는 경향을 보이는 것 (예) 자동차 보험에 가입하고 나서 교통사고를 예방하는 데 신경을 덜 쓰는 것)
역선택	보험에 가입하려는 사람들이 자신의 건강 상태나 위험 요소를 보험사에 숨기거나 과장하여 정보를 제공하는 현상, 또는 보험회사에서 고위험군의 대상자들의 가입을 받아주지 않는 것	자기 건강 상태나 위험 요소를 숨기고 보험에 가입하면, 보험사는 실제 위험을 정확하게 평가할 수 없어서 높은 보험료를 책정하거나 적절한 보상을 제공하기 어려움. 이에 보험회사는 고위험군의 가입을 거부하는 형태로 나타나고 있는 공급자가 수요자를 선택하는 역선택이 발생함

17 소득재분배 유형별 의미 및 특징

재분배 유형	의미	특징
수직적 재분배	소득이 많은 사람에게서 적은 사람에게로 소득을 이전하는 방식의 재분배(불평등 완화 중심)	• 주로 누진적 조세와 현금급여 형태로 이루어짐 • 불평등 해소에 직접적 효과
수평적 재분배	동일한 소득 수준에 있는 사람들 간의 소득 격차를 줄이는 재분배(형평성 확보 중심)	• 개인의 특수한 사정(장애, 질병 등)을 고려한 사회적 지원 • 동일소득 내의 형평 보완
세대 내 재분배	한 세대 내부에서 소득이 재분배되는 형태	• 동일 세대 안에서 사회보장제도를 통해 조정 • 연령 기준 없이 소득 간 재조정
세대 간 재분배	현 세대에서 미래 세대 또는 과거 세대로 소득이 이전되는 재분배	• 세대 간 계약과 연대를 바탕으로 함 • 미래 세대의 부담 문제가 제기될 수 있음
단기적 재분배	특정 시점에서 소득 격차를 해소하기 위한 단기적인 소득 보전 정책 중심	• 위기 상황 대응(예 실업급여, 긴급지원) • 즉각적인 생계 지원에 중점
장기적 재분배	장기적인 구조 개선과 지속 가능한 소득 평등을 위한 재분배(예 연금의 적립방식)	• 구조적 불평등 개선에 효과 • 투자 성격이 강하며 효과는 장기적으로 나타남

18 에스핑-앤더슨 복지국가 유형

구분	자유주의	조합주의	사회민주주의
복지국가 유형	자유주의 복지국가	조합주의적(보수주의) 복지국가	사회민주주의 복지국가
기본 이념	시장 중심, 개인 책임 강조	가족 및 전통적 가치 중시	보편주의, 평등 강조
대상	저소득층 중심	사회보험 가입자 중심	모든 국민
급여 형태	선별적, 소득심사 기반	사회보험 중심	보편적 급여, 높은 수준의 복지
탈상품화 수준	낮음	중간	높음
계층화 양상	높음(시장 기반 계층화)	중간(지위에 따른 차등)	낮음(평등 지향)
대표 국가	미국, 캐나다, 오스트레일리아	독일, 프랑스, 이탈리아	스웨덴, 노르웨이, 덴마크

19 퍼니스와 틸튼의 복지국가 유형

구분	적극적 국가	사회보장 국가	사회복지 국가
개념	국가는 경제적, 사회적 복지 제공에 적극적으로 개입하며, 모든 시민에게 평등한 기회를 제공하려 함	사회적 안전망을 제공하고, 시민들이 최소한의 삶의 질을 유지할 수 있도록 보장	복지는 국가의 기본적 책임으로, 보편적이고 포괄적인 복지 서비스를 제공
주요 특징	• 사회적 평등을 강조하며, 경제적 자립을 위한 적극적인 정책을 펼침 • 복지국가는 복지 수혜자에게 평등한 기회를 제공하며, 시장과 국가의 협력을 통해 복지 시스템을 운영 • 복지 서비스는 국가의 의무로 간주되며, 적극적인 개입을 통해 모든 국민이 복지 혜택을 받게 함	• 사회보험제도와 같은 사회적 보장 시스템을 통해 시민들의 기본적인 복지 보장 • 사회적 안전망 제공을 목표로 하고, 국민의 기본적인 생활을 보장하려는 시스템 구비	• 보편적 복지 서비스 제공을 목표로, 모든 국민을 대상으로 한 정책을 펼침 • 정기적인 재정적 지원과 서비스가 제공되며, 보편주의를 바탕으로 모든 계층에 지원 • 복지 시스템의 핵심은 빈곤 해소와 불평등 해소를 위한 재분배 정책임

20 정책결정모형

합리적 모형	• 정책 결정자는 최선의 해결책을 선택하기 위해 모든 정보와 대안을 철저히 분석 • 모든 대안을 고려하고 최선의 해결책을 선택 • 최고의 해결책을 찾기 위한 철저한 분석을 진행 • 이론적으로 '이성적'이고 '최적화된' 선택을 추구
만족모형	• 정책 결정자는 최선의 해결책을 찾기보다는 최소한의 만족을 주는 해결책을 탐색 • 완벽한 해결책보다 만족할 수 있는 해결책을 우선시 • 제한된 정보와 시간 내에서 빠르게 결정을 내림 • 정보가 부족한 상황에서 '충족 가능한' 해결책 탐색
점증모형	• 정책 결정은 기존 정책을 기반으로 약간의 수정과 점진적인 변화를 통해 이루어짐 • 급격한 변화보다는 점진적인 변화를 선호 • 정책 결정자는 기존의 정책을 변경하거나 개선하려 함
혼합모형	• 합리적 모형과 점증모형을 결합하여, 중요한 결정을 합리모형으로 하고, 세부적인 결정은 점증모형으로 함 • 전체적인 방향은 점진적으로, 중요한 결정은 분석을 통해 이루어짐 • 장기적인 전략은 점진적으로 구상하고, 중요한 결정은 합리적으로 함
쓰레기통모형	• 정책 결정은 체계적이고 합리적인 과정이 아니라, 다양한 요소들이 우연히 결합하여 이루어짐 • 정책 결정은 예측 불가능하고, 우연에 의한 요소가 큼 • 정책의 결정을 우연과 무질서 속에서 결정

21 정책 대안 비교 기법

델파이기법	• 전문가들의 의견을 반복적으로 수집하여 의견 차이를 줄여가는 방법으로서 익명으로 진행되며, 반복적인 의견 수렴을 통해 합의점을 도출 • 반복적으로 의견을 제출하고, 각 회차마다 의견을 수정하거나 보강 • 후광효과 방지
초점집단기법	• 소규모, 대표 그룹을 대상으로 심층적인 토론을 통해 특정 주제에 대한 의견을 수집하는 방법 • 심층적인 의견을 모을 수 있어 주제에 대한 깊은 이해를 도모함
명목집단기법	• 대규모, 다양한 그룹에서 각자의 아이디어를 독립적으로 제시한 후, 집단적으로 결론을 도출하는 방법 • 집단의 판단을 통해 최선의 해결책을 도출
지역사회토론회	• 지역사회 주민들이 모여 지역 문제에 대해 공개적으로 토론하고 의견을 교환하는 방법 • 민간기관 주도
공청회	• 주민들이 모여 공적인 문제에 대해 의견을 제시하고, 결정권자에게 영향을 미치는 방법 • 공공의 의견을 수렴하여 정책에 반영할 수 있는 중요한 자료를 제공 • 공공기관 주도
주요 정보제공자 조사	특정 분야에 대한 전문가나 경험이 풍부한 사람들의 의견을 조사하여 데이터를 수집하는 방법
사회지표분석기법	• 사회적 문제를 해결하기 위한 지표를 분석하여, 사회적 변화나 현황을 평가 • 사회적 문제나 현황에 대한 데이터를 정량적으로 분석하여 문제 파악

22 영국 구빈법의 역사

구분	주요 내용	특징 및 의의
엘리자베스 구빈법 (1601)	• 국가가 빈민구제를 책임지는 제도화된 최초의 법 • 구빈세(지방세)를 통해 재원확보 • 노동능력자: 작업장 입소 • 노동 무능력자: 구빈원 시설보호 • 어린이: 도제(직업교육)	• 공공부조제도의 기초 • 지역단위로 운영
길버트법 (1782)	빈민의 의사에 반한 집단적 강제 수용보다 본인의 의사를 반영하여 일할 기회를 시설 밖에서 제공	• 세계 최초 원외구호 인정 • 인도주의적 사회복지법의 시초
스핀햄랜드법 (1795)	• 생계비가 부족한 가정에 임금보조 형태의 급여 제공 • 물가에 연동된 보조금 지급	• 세계 최초의 임금보조제도 • 베버리지 보고서의 가족수당의 모태
신구빈법 (1834)	• 전국 균일처우의 원칙 • 작업장 활용의 원칙 • 열등처우 원칙 강조 • 노동유인을 강화하고 빈곤을 도덕 문제로 인식	근대화된 공공부조의 시초

23. 자선조직협회와 인보관 운동의 특징

구분	자선조직협회	인보관 운동
발생 시기	19세기 후반 (1869년 런던에서 시작)	19세기 후반 (1884년 영국 토인비 홀 시작)
목적	• 빈곤의 개인적 책임 강조 • 도덕적 개선	빈곤의 사회구조적 원인 개선과 연대
접근 방식	사례조사 중심의 개별적 접근	지역사회 내 공동체 생활과 사회개혁
대상	개별 빈민(도움이 필요한 개인)	지역 주민 전체(빈민 포함 지역사회 중심)
활동 방법	자원조사, 사례관리, 서비스의 통합 조정	교육, 문화, 주거, 노동 개선 등 다양한 프로그램
특징	일시적, 임시적 개인 대상 구제 활동 (가치 있는 빈민, 가치 없는 빈민)	빈민들과 함께 거주하며 지역사회변화를 통한 빈민 구제 활동
대표 인물	메리 리치먼드	제인 아담스, 스타 등
비판점	• 지나친 도덕성 강조 • 빈곤의 구조적 원인 간과	전문성 부족, 감성적 접근
사회복지에 끼친 영향	• 현대 사례관리(casework)의 기초 마련 • 개별사회사업의 시초	집단사회사업의 시초

사회복지조사론

01 사회복지조사의 목적
02 조사의 유형
03 연역법
04 귀납법
05 연구가설
06 영가설
07 변수의 유형 및 특징
08 오류의 유형 및 특징
09 조사설계의 특징
10 자료수집방법
11 자료분석방법
12 표본추출의 유형 및 특징
13 확률 표본추출
14 비확률 표본추출
15 측정의 유형
16 척도의 특징 및 유형
17 타당도
18 타당도 검사방법
19 타당도 저해요인
20 신뢰도
21 신뢰도 검사방법
22 순수(진)실험설계
23 유사(준)실험설계
24 원시(전)실험설계
25 단일사례설계의 특징 및 유형
26 양적조사 vs 질적조사
27 사회복지평가의 유형 및 특징

01 사회복지조사의 목적

정의	사회복지조사는 사회문제나 복지 현상을 체계적으로 조사하여 실천과 정책에 필요한 기초자료, 응용자료를 제공하는 일체의 것
조사의 목적	• 욕구 파악 • 문제 규명 • 프로그램 개발 및 평가 • 정책 수립 지원 • 이론 개발 및 검증
특징	• 실천적이고 가치 중립적 지향 • 과학적·체계적 절차 활용 • 양적/질적 전개 방법 모두 가능
중요성	• 조사 목적이 명확하고 객관성이 높을수록 설계와 분석이 정교해짐 • 타당도, 신뢰도 확보 시 조사 결과의 적용 가능성과 실천 효과가 상승

02 조사의 유형

조사목적에 따른 분류		탐색적 조사	• 문헌조사: 관련 자료, 도서, 문헌 등을 조사 • 경험자 조사: 유경험자에 대한 전문지식 파악 • 특례 조사: 유사한 상황을 조성 후 모의 실험 조사하는 형태
		기술적 조사	• 현상의 모양이나 분포, 크기, 비율 등 통계적 조사 • 인구주택 총 조사, 실태조사, 여론조사 등
		설명적 조사	• 인과관계를 규명하기 위한 조사 • 원인을 파악하고 그 원인이 미치는 영향을 분석 • 대부분의 사회과학의 조사는 설명적 조사형태를 가짐
시간에 따른 분류		횡단 조사	• 1회 조사(일정 시점의 대규모 집단을 묘사 시 유용) • 정태적 특성
	종단조사 (2회 이상)	패널조사	• 동일한 대상을 동일한 주제로 2회 이상 조사 • 객관성, 타당도 높지만 효율성 저하
		경향조사	• 다른 대상을 동일한 주제로 2회 이상 조사 • 효율성 높지만 객관성, 타당도는 패널조사보다 낮음
		동년배 조사	• 동일 연대(MZ세대, 베이비붐 세대)의 대상을 2회 이상 조사 • 경향 조사처럼 다른 대상을 조사할 수 있지만 반드시 동일 연대에 한정

03 연역법

정의	일반적인 이론이나 가설에서 구체적인 사실이나 결론을 도출
추론 방향	일반 → 구체
절차	이론 → 가설 → 실험 → 검증(이론)
특징	논리적, 체계적, 가설 검증 중심
주로 사용하는 연구방법	양적 연구
장점	명확한 가설 검증 가능, 결과 해석이 명료
단점	융통성 부족, 맥락적 이해 한계
적합한 연구 예시	노인의 소득이 높을수록 삶의 만족도가 높다는 가설 검증

04 귀납법

정의	개별적인 관찰이나 사례에서 일반적인 이론이나 결론을 도출하는 연구 방법
연구 접근 방식	주제 → 관찰 → 패턴(유형) → 이론
절차	현상 또는 사례 관찰 → 공통된 패턴 발견 → 이론 또는 개념 도출
특징	유연성, 융통성 확보, 질적 연구에 주로 적용
장점	새로운 이론이나 개념 도출에 유리, 깊이 있는 이해 가능
단점	일반화가 어렵고 연구자의 주관 개입 가능성 있음
적용 예시	청소년의 자살 경험을 탐색하여 공통된 인식과 요인을 도출하는 연구

05 연구가설

정의	통계적 가설 검정에서 영가설이 기각될 경우 채택되는 가설로, 효과나 차이가 있다고 주장하는 가설
역할	실제 차이나 관계가 존재하는지를 밝히기 위해 설정됨
표현 방식	'차이가 있을 것이다', '관계가 있을 것이다' 등의 형식으로 표현
검정 목적	영가설이 기각될 경우 채택되어 연구자의 주장을 뒷받침함
채택 시 의미	두 변수 간 차이나 관계가 있다고 결론 내림
기각 시 의미	두 변수 간 차이나 관계가 없다고 결론 내림(영가설 유지)
예시	스마트폰의 장시간 사용은 학습에 영향이 있을 것이다.

06 영가설

정의	효과나 차이가 없다고 주장하는 기본 가설
역할	기준 가설로 설정되어 통계적으로 검증
표현 방식	'차이가 없을 것이다', '관계가 없을 것이다' 등의 형식으로 표현
검정 목적	기각 여부를 통해 연구가설의 타당성을 검증
채택 시 의미	두 변수 간 차이나 관계가 없다고 판단
기각 시 의미	두 변수 간 차이나 관계가 있다고 판단
연구자 입장	기각을 목표로 설정
예시	복지 프로그램 참여자와 비참여자의 삶의 만족도에 차이가 없을 것이다.

07 변수의 유형 및 특징

독립변수		• 원인이 되는 변수로 결과에 영향을 줌 • 인과관계 형성 시 필수적인 변수 • 실험처치, 실험자극, 조작 등이 해당
종속변수		• 결과변수라고도 하며 독립변수에 영향을 받는 변수 • 자체적인 의미보다 원인변수인 독립변수와 관계를 드러나게 해줌 • 관찰 대상의 속성이 해당
통제변수	매개변수	• 간접적 역할을 하는 변수 • 독립변수의 결과이면서 종속변수의 원인이 되는 변수 • '명품 옷, 고급 차, 펜트하우스에 사는 사람은 돈이 많을 것이다'에서 옷, 차, 집은 매개변수에 해당
	조절변수	• 종속변수의 강도를 조절하는 변수(강하게, 약하게 조절) • 인구학적 특성(성별, 연령, 지역, 소득, 학력 등)은 조절변수에 해당 • '학생의 성적은 부모의 관심이 많을수록 높아질 것이다'에서 부모의 관심이 조절변수에 해당
	외생변수	• 가식적 관계를 형성 • 눈에 보이지 않는 외부의 변수가 결과에 영향을 미침 • '그 학생의 시험성적은 컨닝을 하여 올랐을 것이다'에서 컨닝은 외생변수에 해당
	억압변수	• 가식적 영관계 형성 • 본래 결과물이 나와야 되는 것이 나오지 않게 만드는 것 • '조용히 공부하던 학생들이 선생님이 나가시자 떠들기 시작하였다'에서 선생님은 억압변수에 해당

08 오류의 유형 및 특징

분석단위오류	생태학적 오류	• 전체를 대상으로 한 분석을 개인에게 적용시키는 오류 ㉠ 대부분 일본 사람은 친절하니 와타나베상도 친절할 것이다.
	개인주의적 오류	• 개인을 대상으로 한 분석을 전체에 적용시키는 오류 ㉠ 와타나베상이 친절하니 일본 사람 모두 친절할 것이다.
	환원주의적 오류	• 여러 가지 원인을 한두 가지로 축소하여 적용시키는 오류 ㉠ 와타나베상의 한국 적응 실패는 언어소통 때문이다. 　(문화, 관습, 사회제도, 종교, 사상, 개인 성향 등 무시)
측정의 오류	체계적 오류	• 변수에 규칙성을 부여하여 높거나 낮게 편향적 경향을 보이게 만드는 것(인구통계학적, 사회경제적 특성 및 개인적 특성, 관습, 문화적 특성 포함) • 타당도에 영향을 줌
	비체계적 오류 (무작위적 오류)	• 다양한 불규칙성으로 인해 발생하는 오류 • 신뢰도에 영향을 줌
가설 검증의 오류	1종 오류	• 영가설이 참인데 이를 기각(무시, 미인정)하고 대립가설(연구가설)을 채택하는 오류 ㉠ 신약의 효과가 없는데 있다고 하는 경우
	2종 오류	• 영가설이 거짓(틀림, 실수)인데 대립가설을 채택하지 않고 영가설을 인정할 때 발생하는 오류 ㉠ 신약의 효과가 있는데 없다고 하는 경우

09 조사설계의 특징

정의	연구문제 해결을 위해 조사 목적, 방법, 절차 등을 사전에 체계적으로 계획하는 과정
목적	연구 목적에 부합하는 정확하고 신뢰성 있는 자료를 수집하기 위함
중요성	자료의 타당성과 신뢰성 확보, 오류 최소화, 조사 효율성 증대
구성 요소	조사 목적, 연구문제, 조사대상, 표본추출, 자료수집방법, 자료분석방법 등
조사설계 절차	조사 목적 명확화 → 조사문제 설정 → 자료수집방법 결정 → 표본추출 계획 → 분석계획 수립
조사설계 시 고려사항	연구의 목적, 시간과 예산, 접근 가능한 대상자, 윤리적 문제 등
유형	양적조사 설계, 질적조사 설계, 혼합조사 설계 등으로 구분
양적조사 설계	가설 설정, 구조화된 도구 사용, 통계 분석 중심
질적조사 설계	맥락적 이해, 개방형 질문, 유연한 절차와 도구
혼합조사 설계	양적 + 질적 방법을 통합하여 자료수집 및 분석

10 자료수집방법

정의	연구에 필요한 정보를 체계적으로 수집하는 과정으로, 조사 목적에 따라 다양한 방법을 사용함
목적	문제 해결을 위한 기초자료 제공, 가설 검증, 정책 수립 및 실천 전략 수립에 필요한 정보 확보
특징	• 구조화 또는 비구조화 방식 사용 • 정성적·정량적 방법 모두 활용 가능 • 다양한 방법 병행 가능
중요성	자료의 질이 연구 결과의 신뢰성과 타당성에 직접적인 영향을 미치므로, 정확한 수집이 중요함
유형	• 면접법: 구조화 면접, 반구조화 면접, 비구조화 면접 • 관찰법: 완전참여관찰, 참여관찰, 비참여관찰 • 질문지(설문지)법 • 우편조사: 효율성, 대규모 조사 가능, 회수의 문제 발생 • 전화조사(타인 기입식, 환경 미통제), 인터넷 조사(접근성 제약) 등
방법별 장단점	• 면접법: 깊이 있는 정보의 수집이 가능하나 시간과 비용 많이 소요됨 • 질문지법: 대량의 자료수집이 가능하나 응답의 질 편차가 발생할 수 있음 • 관찰법: 자연스러운 행동 관찰이 가능하나 해석의 주관적 판단 개입의 위험이 있음
자료수집 절차	① 조사 목적 명확화 ② 대상자 선정 ③ 도구 설계 및 예비조사 ④ 자료 수집 실시 ⑤ 자료 정리 및 분석
조사과정에서의 유의사항	• 조사 대상자의 협조 확보 • 개인정보 보호 및 윤리 고려 • 자료의 정확성과 일관성 유지 • 조사자의 훈련 및 통제
연구방법과의 관계	연구방법의 설계에 따라 자료수집 방법이 결정되며, 정성조사와 정량조사에 따라 수집 전략이 다름

11 자료분석방법

정의	수집된 자료를 체계적으로 분류하고 해석하여 연구문제에 대한 의미 있는 결론을 도출하는 과정
목적	가설 검증, 변수 간 관계 파악, 정책 및 실천 전략 수립을 위한 과학적 근거 제공
특징	• 정량분석(양적조사)과 정성분석(질적조사)으로 구분 • 통계기법 및 내용분석 활용 • 해석의 객관성 요구됨
중요성	• 자료 해석이 부정확하거나 편향되면 잘못된 결론 도출 가능 • 사회복지 정책·실천에 큰 영향 미침
유형	• 정량적 분석: 기술통계, 추론통계 등 • 정성적 분석: 내용분석, 주제분석 등
자료분석 절차	① 자료 정리 및 코딩(개방 코딩 - 축 코딩 - 선택적 코딩) ② 분석 계획 수립 ③ 분석 도구 활용(SPSS 등) ④ 결과 해석 및 보고
자료분석 기법	• 기술통계: 평균, 중앙값, 빈도 등 • 추론통계: t검정, 분산분석, 회귀분석 등 • 정성분석: 내용분석, 사례연구 등
조사과정에서의 유의사항	• 자료의 정확한 입력 및 정리 필요 • 분석기법의 적절한 선택 • 분석결과의 해석 시 주관성 배제
연구방법과의 관계	조사 설계 단계에서 분석방법이 함께 계획되어야 하며, 연구문제와 가설에 따라 적절한 분석방법 선택이 중요함

12 표본추출의 유형 및 특징

정의	전체 모집단 중 일부를 선택하여 조사를 실시하고, 그 결과를 전체에 일반화하려는 과정
목적	조사의 시간과 비용을 줄이면서도 대표성 있는 결과 확보
필요성	모든 모집단을 조사하는 것은 현실적으로 어렵기 때문
표본추출 절차	모집단 → 표집틀 설정 → 표본추출 방법 선택 → 표본크기 결정 → 표본 선정
표본의 요건	대표성, 무작위성, 충분한 크기 등
표본추출 방법	확률표집과 비확률표집으로 나뉨
확률 표집 종류	단순무작위표집, 체계적 표집, 층화표집, 집락표집 등
비확률 표집 종류	편의표집, 판단표집, 할당표집, 눈덩이표집 등
장점	조사 효율성 증가, 시간·비용 절감, 통계적 추론 가능
단점	대표성 부족 가능성, 표본 오류 발생 가능

13 확률 표본추출

정의		모집단의 각 요소가 선택될 확률이 동일한 표본추출 방식
표집 방식		무작위 방식(무작위 번호, 층화 등)
대표성		높음
일반화 가능성		높음
연구 적용		양적 연구에 적합
장점		객관성, 신뢰성, 일반화 가능성 높음
단점		시간과 비용이 많이 소요됨
유형	단순무작위표집	표집틀에서 사람 및 단위 요소에 번호를 부여하고 이를 무작위로 추출
	체계적 표집	모집단 목록에서 일정한 순서에 따라 매 K번째 요소를 표본으로 추출
	집락표집	시, 군, 구, 읍, 면, 동처럼 다단계 형식을 가지며 추출
	층화표집	여러 개의 계층으로 분류한 후 각 층에서 무작위로 표본을 추출

14 비확률 표본추출

정의		표본이 임의적, 주관적으로 선택되며 모집단의 각 요소가 선택될 확률이 동일하지 않은 표본추출 방법
특징		비체계적이며 조사자의 판단이나 접근 용이성에 따라 표본을 선정
장점		시간과 비용이 절약되고 조사 절차가 간단함
단점		대표성 부족, 결과의 일반화가 어려움
유형	편의(임의, 우발적)표집	접근하기 쉬운 대상자 위주로 표본을 선정
	판단(유의, 의도적)표집	조사자의 판단에 따라 중요한 특성을 가진 집단을 선정
	할당표집(Quota)	사전에 정해진 특성(성별, 연령 등)에 따라 비율에 맞춰 표본을 할당
	눈덩이표집	처음 대상자에게서 소개받아 다음 대상자를 연결해 가며 표본을 확대하는 방식
적용 예시		노숙인 대상자를 눈덩이표집 방식으로 연결해 조사 실시

15 측정의 유형

정의	개념이나 속성을 수치나 기호로 체계적으로 표현하는 과정이며, 사회현상을 정량화하는 기초 단계
목적	연구대상을 수치화하여 비교 가능하게 하고, 분석을 통한 과학적 해석을 가능하게 함
특징	• 측정 수준에 따라 적용 가능한 통계기법 달라짐 • 측정 수준이 높을수록 정보의 정밀도 증가
중요성	적절한 척도 선택은 자료 분석의 정확성과 타당성을 결정짓는 중요한 요소
유형별 예시	• 명목척도: 성별, 종교, 혈액형 등 • 서열척도: 학력, 만족도 수준 등 • 등간척도: 기온, 지능지수 등 • 비율척도: 나이, 소득, 무게 등
명목측정	• 범주 간 단순한 구분만 가능하며 순서나 간격, 절대 0 없음 • 통계적으로 빈도나 백분율 분석 가능
서열측정	• 순서를 표현하지만 간격은 불명확 • 중앙값, 순위 분석 가능하나 평균 등 연산은 제한됨
등간측정	• 간격이 동일하며 덧셈, 뺄셈 가능, 절대 0 없음 • 평균, 표준편차 등의 통계분석 가능
비율측정	• 절대적 0점이 존재하며 비율 계산 가능 • 모든 수학적 연산 가능 • 통계 분석 범위가 가장 넓음
조사과정에서의 유의사항	• 연구 목적에 맞는 척도 선택 필요 • 잘못된 척도 사용 시 분석의 타당성 저해 • 척도의 수준에 맞는 통계기법 사용
연구방법과의 관계	연구 설계 시 변수의 속성에 맞는 측정 수준을 고려해야 하며, 가설 검증 및 자료분석 계획에 직접적인 영향을 미침

16 척도의 특징 및 유형

정의		개인이나 집단의 태도, 의견, 가치 등을 수치화하여 측정하기 위한 구조화된 질문지 방식의 측정 방법
목적		주관적 태도를 정량적으로 표현하여 통계적 분석이 가능하게 하고, 사회현상의 이해와 예측에 기여함
공통 특징		• 응답자의 주관적 태도를 계량화 • 구조화된 문항 구성 • 척도 유형에 따라 분석 가능 수준 상이
중요성		적절한 척도 선택은 연구의 타당성과 신뢰도를 확보하고, 분석 및 해석의 정확성을 높임
유형	리커트 척도	• 응답자가 특정 진술에 대해 '매우 그렇다' ~ '전혀 그렇지 않다' 등의 5~7점 척도로 응답 • 분석이 용이하고 일반적으로 널리 사용됨
	거트만 척도	• 응답 구분 간 위계적 순서가 있으며, 어떤 구분에 동의하면 그보다 낮은 구분에도 동의하는 구조 • 누적성이 특징
	서스톤 척도	• 다수의 진술문을 전문가가 평정하여 점수를 부여하고, 응답자는 동의하는 진술을 선택 • 간격척도적 속성을 가짐
	보가더스 척도	• 사회적 거리감 측정에 사용 • 특정 대상(집단)에 대해 어느 정도 가까운 관계를 수용할 수 있는지를 파악
	의미분화 척도	• 대비되는 형용사 쌍(예 좋다-나쁘다) 사이에서 평정을 통해 의미의 정도를 측정 • 감정적 의미 파악에 적합
조사과정에서의 유의사항		• 척도 선택 시 연구 목적에 적합성 고려 • 문항 수와 구성 방식에 따라 신뢰도와 타당도 달라짐 • 사전 예비조사를 통한 문항 검증 필요
연구방법과의 관계		사회복지 현장에서 태도, 인식 조사에 활용되며, 양적 연구 설계에서 변수 측정도구로 자주 사용됨

17 타당도

정의	측정도구가 측정하고자 하는 개념을 얼마나 정확하게 측정하고 있는지를 나타내는 정도
목적	측정 결과의 정확성과 적합성을 확보하여 연구 결과의 해석 및 일반화 가능성을 높이기 위함
특징	• 측정의 정확성과 관련 • 신뢰도와 밀접한 관계 • 유형에 따라 평가 기준 상이
중요성	타당성이 낮으면 연구 결과가 실제를 반영하지 못해 잘못된 해석과 정책 결정을 초래할 수 있음
타당도의 유형	• 내용 타당도: 전문가 판단에 의한 문항의 적절성 평가 • 기준 타당도: 기준과의 상관성 확인(예측 타당도, 동시 타당도) • 구성 타당도: 개념의 구조와 부합 여부(판별 타당도, 수렴 타당도)
타당도 검사 방법	• 전문가 집단을 통한 문항 검토 • 상관분석, 회귀분석 등을 통한 외적 타당도 검토 • 요인분석 등을 통한 이론적 구성 검증
조사과정에서의 유의사항	• 문항 설계 시 명확하고 일관된 용어 사용 • 조사 목적과 문항 간의 연관성 확보 • 피험자의 이해 가능성 고려
연구방법과의 관계	타당도는 연구 설계의 핵심 요소로, 변수 측정의 정당성을 확보하기 위해 신뢰도와 병행하여 반드시 고려되어야 함

18 타당도 검사방법

정의		측정도구가 연구자가 의도한 개념을 얼마나 정확하게 측정하고 있는지를 평가하는 절차와 방법
목적		측정도구가 측정하려는 개념을 제대로 반영하고 있는지 확인함으로써, 연구 결과의 타당성과 해석력을 확보하기 위함
특징		• 타당도는 신뢰도와 함께 연구 도구의 질적 기준 • 평가자의 주관 개입 가능 • 개념적 정밀성 요구됨
중요성		부적절한 타당도는 연구 목적에 맞지 않는 결과를 초래하며, 정책 및 실천에 오류를 유발할 수 있음
유형	내용 타당도	전문가 집단이 문항의 적절성, 포괄성 등을 판단하여 내용의 대표성과 적합성을 평가함
	기준 타당도	• 예측 타당도: 기준이 되면서 미래를 예측할 수 있는 형태(모의고사) • 동시 타당도: 기존의 척도와 다른 척도를 비교하여 확인(A척도, B척도의 비교)
	구성 타당도	• 수렴 타당도: 개념은 그대로 두고 방법을 달리 적용하는 것 • 판별 타당도: 방법은 그대로 두고 여러 개념을 적용시켜 보는 것
조사과정에서의 유의사항		• 평가 목적에 맞는 검사방법 선택 • 전문가 참여 시 객관성 확보 필요 • 외부 기준 설정 시 명확한 정의 요구
연구방법과의 관계		정량적 연구에서는 기준 타당도, 정성적 연구에서는 내용 및 구인 타당도가 중시되며, 측정도구 개발과정 전반에 반영됨

19 타당도 저해요인

정의	연구 결과가 실제를 정확히 반영하지 못하게 하여 결론의 정확성과 일반화 가능성을 떨어뜨리는 요인
목적	연구의 타당성을 위협하는 요인을 파악하고 통제함으로써 신뢰도 높은 결과를 도출하기 위함
특징	• 연구 설계 및 실행 전반에 영향을 미침 • 통제가 어려운 외부 요인 포함 • 연구자의 주의와 개입 필요
중요성	타당도 저해 요인을 충분히 통제하지 않으면 연구 결과의 의미가 왜곡되고 실천이나 정책에 부정적 영향 초래 가능
내적 타당도 저해 요인	• 역사적 사건(History): 우연한 사건, 외부 사건으로 연구자가 통제하기 어려운 사건 • 성숙 효과(Maturation): 시간의 흐름에 따라 발생하는 것 • 검사 효과(Testing): 시험효과, 테스트 효과라 하며 사전 조사가 결과에 영향을 주는것 • 통계적 회귀(Regression to the mean): 양극단의 표집으로 평균의 회귀 현상 발생 • 선택적 편의(Selective bias): 표집 선정 시 작위적, 임의적 추출로 동등성 미확보
외적 타당도 저해 요인	• 호손 효과(Hawthorne Effect): 실험 대상자가 실험자의 의도에 따라가는 현상 • 표본의 대표성: 전체 표본을 대표하는 것의 문제 • 플라시보 효과: 실제 실험 처치보다 실험 대상자의 다른 요인(심리적 요인)이 영향을 미치는 것
조사과정에서의 유의사항	• 연구 설계 단계부터 잠재적 저해요인을 고려해 사전 통제 방안 마련 필요 • 자료수집 시 일관성과 신중함 요구
연구방법과의 관계	정량 연구의 실험설계나 유사실험설계 등에서 타당도 확보를 위해 반드시 고려되며, 결과 해석 시 중요한 판단 기준 제공

20 신뢰도

정의	측정도구가 일관되게 측정하는 정도로, 동일한 조건에서 반복 측정했을 때 동일한 결과를 낼 수 있는지의 여부
목적	연구 결과의 일관성과 재현성을 확보하여 연구의 신뢰성과 타당성을 높이기 위함
특징	• 반복 측정 시 일관된 결과 제공 • 오차를 최소화 • 타당성과 구분되지만 밀접한 관련 있음
중요성	• 신뢰도가 낮으면 연구 결과의 일반화 및 해석이 어렵고, 타당성 확보 또한 제한 • 정확한 정책 수립이나 서비스 개선의 제한
유형	• 검사-재검사법: 동일한 대상, 척도로 2회 이상 검사하는 형태(검사효과 발생) • 대안법(유사양식법): 동일 대상, 유사한 척도로 검사하는 형태(도구효과 발생) • 반분법: 동일 대상, 동일 척도를 동시에 반분하여 적용시키는 것 • 내적 일관성 신뢰도법(크론바흐 알파계수 활용)
측정 방법	• 동일한 집단에 반복 측정하여 일관성 확인 • 구분 간 상관관계 분석 • 통계적 지표 사용(예 Cronbach's α)
연구방법 적용	측정도구 설계 시 신뢰도 검증 포함, 예비조사(pretest)를 통해 구분 수정 및 보완 수행
조사과정에서의 유의사항	• 문항의 모호성 제거 • 응답자의 이해 수준 고려 • 측정 조건의 통일성 확보 • 조사자 훈련
신뢰도와 타당도의 관계	신뢰도는 타당도의 전제 조건, 신뢰도가 있어야 타당도도 확보 가능함(그러나 신뢰도가 높다고 반드시 타당한 것은 아님)

21 신뢰도 검사방법

정의	측정도구의 일관성과 정확성을 평가하기 위해 다양한 방식으로 신뢰도를 검토하는 방법
목적	측정 결과의 일관성과 안정성 확보를 통해 연구 결과의 신뢰성을 높이고, 오류 가능성을 줄이기 위함
특징	• 다양한 방식의 신뢰도 검사 존재 • 통계적 분석을 통해 수치로 표현 • 반복성 및 일관성 중시
중요성	신뢰도 검사는 조사 도구의 적합성을 판단하고, 연구 결과의 타당성 확보에 중요한 역할을 함
검사-재검사법	동일한 측정도구를 동일한 대상에게 일정 시간 간격을 두고 두 번 실시하여 결과 간 상관을 분석
대안법(유사양식법)	내용이 유사한 두 개의 다른 형태의 도구(검사)를 사용하여 동일 대상에게 실시 후 일치도를 분석
반분법(이분절기법)	한 검사를 두 부분으로 나누어 각 부분 점수 간의 상관을 통해 일관성 분석. 문항이 많은 경우 유리함
내적 일관성 신뢰도법	• 문항 간 상호 일관성 분석을 통해 신뢰도 측정 • 크론바흐 알파(Cronbach's α) 계수 등이 대표적
조사과정에서의 유의사항	• 시간 간격, 검사 상황 동일하게 유지 필요 • 응답자의 피로도 고려 • 검사 목적에 맞는 방법 선택 필요
연구방법과의 관계	각 신뢰도 검사는 조사 설계와 측정도구 개발 과정에서 중요한 절차이며, 양적 연구에서 필수적으로 사용됨

22 순수(진)실험설계

정의	연구자가 실험처치를 가하고 통제집단과 실험집단을 비교함으로써 인과관계를 명확히 규명하는 연구설계 방법
목적	변인 간의 인과관계를 과학적으로 검증하여 실증적이고 일반화 가능한 결론을 도출하기 위함
특징	• 무작위 할당(Randomization) 필수 • 실험처치(독립변수 조작) • 통제집단과 비교 가능 • 내적 타당도 높음
중요성	정확한 인과관계 규명이 가능하여 정책 결정이나 프로그램 효과 분석에 강력한 근거자료로 활용됨
주요 구성요소	• 실험집단과 통제집단 구성 • 무작위 할당(R) • 사전/사후 검사 • 실험(조작)
주요 설계유형	• 통제집단 사전사후 검사설계: 검사효과 발생 $R \quad O_1 \quad X \quad O_2$ $R \quad O_3 \quad \quad O_4$ • 통제집단 사후 검사설계: 도구효과 발생 $R \quad X \quad O_1$ $R \quad \quad O_2$ • 솔로몬 4집단 설계: 외생변수 통제 높음, 복잡성, 비효율성으로 현실 적용 제한 $R \quad O_1 \quad X \quad O_2$ $R \quad O_3 \quad \quad O_4$ $R \quad \quad X \quad O_5$ $R \quad \quad \quad O_6$
조사과정에서의 유의사항	• 집단 구성의 동질성 확보 • 외생변수 통제 필요 • 윤리적 고려 필수(특히 인간 대상 실험 시)
연구방법과의 관계	양적 연구에서 인과관계 분석에 가장 강력한 설계로 간주되며, 다른 연구설계의 기준점 역할을 함

23 유사(준)실험설계

정의	실험설계의 요건 중 일부(예: 무작위 할당)를 충족하지 못하지만, 실험처치를 통해 인과관계를 추론하려는 연구 설계
목적	현실적인 제약 속에서도 실험적 접근을 가능하게 하여 프로그램이나 정책의 효과를 평가하기 위함
특징	• 무작위 할당이 어렵거나 불가능한 상황에서 사용 • 실험처치가 존재함 • 내적 타당도는 다소 낮음
중요성	실제 사회복지 실천 현장에서 적용 가능성이 높고, 실험적 방법의 대안으로 널리 활용됨
주요 설계유형	• 비동일 통제집단설계: 확산 및 모방효과 발생 　O_1　X　O_2 　O_3　　O_4 • 단순 시계열설계 　$O_1\ O_2\ O_3\ O_4\ X\ O_5\ O_6\ O_7\ O_8$ • 복수 시계열설계 　$O_1\ O_2\ O_3\ O_4\ X\ O_5\ O_6\ O_7\ O_8$ 　$O_9\ O_{10}\ O_{11}\ O_{12}\ \ O_{13}\ O_{14}\ O_{15}\ O_{16}$
활용 예시	사회복지 프로그램 전후 비교, 자연발생적 집단 비교, 정책 도입 전후 변화 분석 등에서 활용
조사과정에서의 유의사항	• 집단 간 동질성 확보 노력 필요 • 외생변수의 개입 통제 • 타당도 확보 위한 보완적 방법 필요
연구방법과의 관계	• 현장에서 적용 가능한 실험적 접근으로, 양적 연구와 평가 연구에서 특히 많이 사용됨 • 순수실험설계보다 현실성이 높음

24 원시(전)실험설계

정의	무작위 할당, 통제집단 등 실험설계의 기본 요건을 거의 갖추지 못한 가장 단순한 형태의 실험설계
목적	초기 단계의 탐색적 연구나 자료수집의 기반 마련을 위한 기초적 접근으로 활용
특징	• 통제집단 없음 • 외생변수 통제 어려움 • 내적 타당도 매우 낮음 • 간단하고 실행이 쉬움
중요성	신뢰성 있는 인과관계 추론은 어렵지만, 실험적 접근의 기초 틀을 제공하며 사전조사나 파일럿 연구에 유용함
주요 설계유형	• 1회 사례 설계 $\quad X \quad O$ • 단일집단 사전사후 설계 $\quad O_1 \quad X \quad O_2$ • 정태적 집단 비교 설계 $\quad X \quad O_1$ $\quad \quad \quad O_2$
활용 예시	소규모 사회복지 프로그램의 초기 효과 탐색, 설문지의 사전 검토, 예비조사 등에서 활용됨
조사과정에서의 유의사항	• 내적 타당도 확보 어려움 인식 필요 • 다른 보완적 방법과 함께 사용 권장 • 결과 해석에 주의 필요
연구방법과의 관계	실험 설계의 기초 단계로, 제한적이지만 프로그램 평가나 탐색적 연구에서 사용되며, 이후 설계 고도화를 위한 기초자료 제공 역할을 함

25 단일사례설계의 특징 및 유형

정의		단일한 사례를 대상으로 기초선(기존 상태)과 개입 후 상태를 반복 측정하여 개입의 효과를 검증하는 실험 설계의 한 유형
목적		개별화된 개입이 대상자에게 효과적인지를 실증적으로 평가하기 위함
공통 특징		• 반복 측정 중심 • 시간의 흐름에 따른 변화 분석 • 개입의 효과성 검증 • 사례 중심 연구에 적합
중요성		• 현장 중심의 실천 연구에 적합 • 사회복지 개입의 효과를 체계적으로 평가할 수 있는 실용적 도구임
유형	AB설계	• 기초선(A)과 개입(B)을 설정하여 변화 여부를 비교 • 가장 기본적이고 간단한 유형
	ABA설계	• 기초선(A), 개입(B), 중단 후 다시 기초선(A)을 측정 • 변화가 개입 때문인지 확인 가능
	ABAB설계	• ABA설계에 다시 개입(B)을 추가. 개입의 재적용 효과를 검토할 수 있음 • 인과성 확인에 강함
	복수기초선설계	• 다수 대상, 행동, 환경에 대해 각각 다른 시점에서 개입 적용해 효과를 검토 • 일반화 가능성 높음

26 양적조사 vs 질적조사

구분	양적조사	질적조사
연구 목적	변수 간 관계 규명, 일반화 목적	현상과 경험의 의미 이해
연구 접근	객관적, 수치적 접근	주관적, 맥락적 접근
자료 형태	수치화된 정량적 자료	언어적, 서술적 자료
자료수집 방법	설문지, 실험, 구조화된 관찰	심층면접, 참여관찰, 사례연구
자료분석 방법	통계적 분석(SPSS 등)	내용 분석, 주제 분석, 근거이론
표집 방식	확률표집 중심	비확률표집 중심
결과 해석	일반화 중심, 수치로 설명	맥락 중심, 사례 기반 해석
장점	객관성 높고 일반화 가능	주관적 인식 및 경험성 제공
단점	맥락과 깊이 부족	일반화 어려움, 주관성 개입 가능
적합한 연구 예시	복지 서비스 만족도 조사, 경제 지표, 사회 통계조사 등	노인의 삶의 의미, 청소년의 자살 인식 탐색 등

27 사회복지평가의 유형 및 특징

정의	사회복지 프로그램의 목적 달성, 효율성, 효과성 등을 체계적으로 판단하는 과정
목적	프로그램 개선, 자원 배분의 합리화, 성과 확인, 정책 결정 지원 등 실천적 정보 제공
특징	• 목표 지향적 • 다양한 이해관계자의 참여 요구 • 정성적(질적 조사) 및 정량적(양적 조사) 방법 병행 가능
중요성	향후 기획과 실천 방향에 영향을 미침
평가 유형	• 형성평가: 실행 중 수정, 보완, 중단을 목적으로 평가(중간평가, 과정평가) • 총괄평가: 프로그램 종료 후 기획부터 종결까지 목적 달성 여부 측정 • 메타평가: 평가의 평가(자체 내부 평가를 외부에 의뢰하여 평가받음)
평가 절차	① 평가 계획 수립 ② 평가 목적 및 기준 설정 ③ 자료수집 및 분석 ④ 결과 해석 및 보고

2026 최신간

기출 만 파 면 합격~

사회복지사 1급
기출만 파면 합격

영역별·회차별 기출문제집+핵기총 BOOK

영역별 기출문제집+핵기총 BOOK

기존을 뛰어넘다!

기출만 파면 합격
사회복지사 1급 차례

포기하지마! 노답 3형제
법제론/정책론/조사론 과락방지 암기노트 (앞별책)

7개년 기출분석노트
- ☑ 영역별·키워드별 기출분석
- ☑ 과락방지&1트 합격전략

[1권] 영역별 기출문제집 + 핵기총 BOOK

1영역 인간행동과 사회환경
- 01 인간발달과 사회복지 … 32
- 02 인지발달이론 및 행동이론 … 36
- 03 정신역동이론 … 41
- 04 인본주의이론 … 46
- 05 사회체계이론 … 49
- 06 환경체계 … 54
- 07 인간의 성장발달단계 … 57

3영역 사회복지실천론
- 01 사회복지실천의 개념 및 정의 … 108
- 02 사회복지실천의 윤리 … 110
- 03 사회복지실천의 발달 … 114
- 04 사회복지실천현장과 사회복지사의 역할 … 116
- 05 사회복지의 통합적 실천의 이해 … 118
- 06 사회복지실천의 방법 … 123
- 07 사회복지실천의 과정 … 132

2영역 사회복지조사론
- 01 사회복지조사와 과학적 연구 … 70
- 02 사회복지조사의 이해 … 73
- 03 조사설계와 인과관계 … 80
- 04 실험설계의 유형 … 83
- 05 측정과 척도 … 87
- 06 표본추출 … 93
- 07 자료수집방법 … 97
- 08 욕구조사와 평가조사 … 101
- 09 질적연구 … 102

4영역 사회복지실천기술론
- 01 사회복지사의 전문성 … 140
- 02 개인 대상 실천기법 … 143
- 03 가족 대상 실천기법 … 152
- 04 집단 대상 실천기법 … 158
- 05 사회복지실천 기록 및 평가 … 165

5영역 지역사회복지론

- 01 지역사회의 이해 … 170
- 02 지역사회복지와 지역사회복지실천 … 173
- 03 지역사회복지의 역사 … 176
- 04 지역사회복지 이론과 실천모델 … 179
- 05 지역사회복지 실천과정과 실천기술 … 186
- 06 지역사회복지 네트워크 … 191
- 07 지역사회복지실천의 추진체계 및 지역사회운동 … 196

7영역 사회복지행정론

- 01 사회복지행정의 개념 … 238
- 02 사회복지행정의 역사 … 240
- 03 사회복지행정의 이론적 배경 … 243
- 04 사회복지조직의 구조와 유형 … 246
- 05 사회복지서비스 전달체계 … 249
- 06 사회조직의 기획과 의사결정 … 252
- 07 사회복지조직의 리더십 … 255
- 08 사회복지조직의 인적자원관리와 재정관리 … 257
- 09 사회복지조직의 환경관리와 정보관리 … 262
- 10 프로그램 개발과 평가 … 264
- 11 사회복지조직의 책임성과 평가 … 266
- 12 사회복지조직의 마케팅 … 268

6영역 사회복지정책론

- 01 사회복지정책의 개념 … 204
- 02 사회복지정책의 역사적 전개 … 208
- 03 사회복지정책의 이론과 사상 … 211
- 04 사회복지정책의 정책과정 … 215
- 05 사회복지정책의 분석틀 … 217
- 06 사회보장 … 221
- 07 사회보험제도와 공공부조제도 … 225
- 08 빈곤과 소득불평등 … 232

8영역 사회복지법제론

- 01 사회복지법 개관 … 272
- 02 사회복지법 발달사 … 275
- 03 사회보장기본법 … 277
- 04 사회복지사업법 … 283
- 05 사회보장급여법 … 288
- 06 사회보험법 … 291
- 07 공공부조법 … 297
- 08 사회복지서비스법 … 303

[책속책] 핵기총 BOOK

[2권] 회차별 기출문제집

- 2025년도 제23회 사회복지사 1급 시험 … 2
- 2024년도 제22회 사회복지사 1급 시험 … 58
- 2023년도 제21회 사회복지사 1급 시험 … 114

[3권] 기출분석 해설집

기출만 파면 합격
사회복지사 1급 구성과 특징

01 기출에서 뽑아낸 키워드별 문제 수록! 효율적 학습 가능!

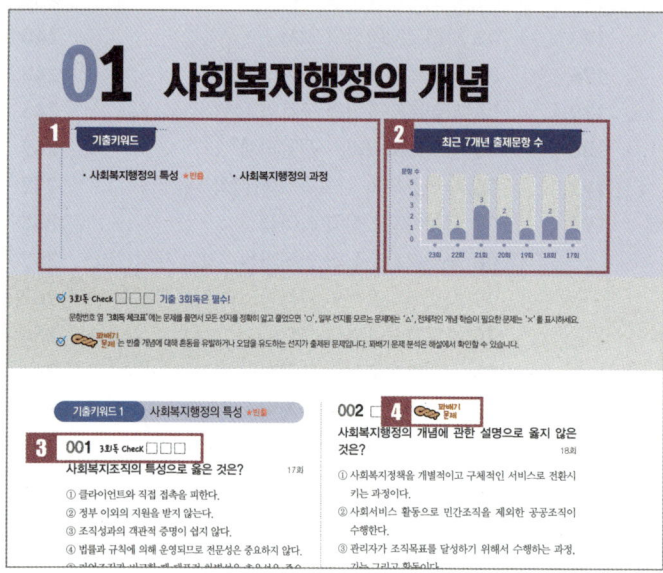

1 7개년 기출에서 뽑아낸 키워드
키워드별로 기출문제를 수록하여 효율적·전략적인 학습이 가능합니다.

2 최근 7개년 출제문항 수
최근 7개년 출제문항 수를 통해 출제경향을 파악할 수 있습니다.

3 3회독 Check
선지 하나하나 정확히 알고 풀었는지 체크해 보세요!

4 꽈배기 문제
기출분석 해설집의 꽈배기 문제 분석을 통해 오답을 유도하는 선지가 출제된 문제에 대비할 수 있습니다.

02 철저한 선지분석은 필수! 빈출 기출선지만 싹 모은 핵기총 BOOK

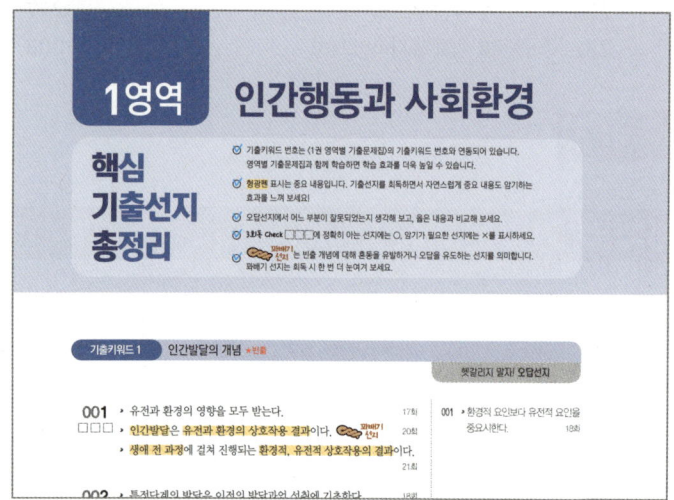

핵심 기출선지 총정리
기출선지가 어떻게 변형되어 또 출제되는지 한눈에 확인할 수 있습니다.

기출만 파면 합격!

03 실제 시험지 형식과 동일하게 구성한 최신 3개년 기출 수록

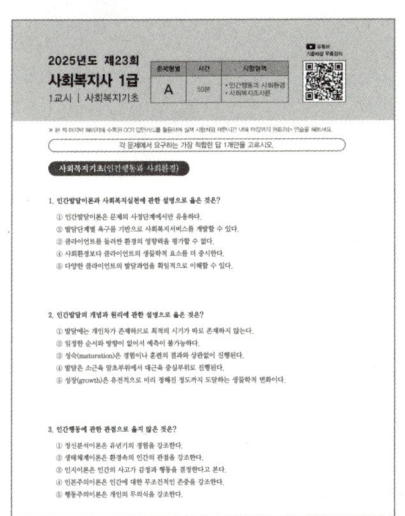

실전 연습
실제 시험을 보는 것처럼 OCR 답안카드에 직접 마킹하며 문제를 풀어 보세요.

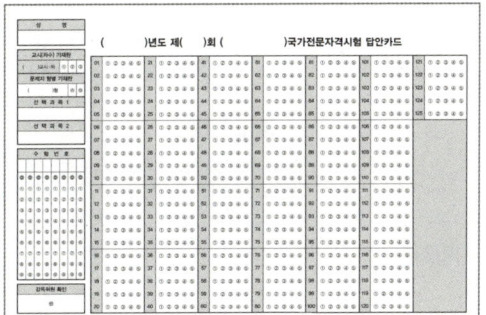

04 기출개념+암기팁+꽈배기 문제 분석까지! 기출분석 해설집

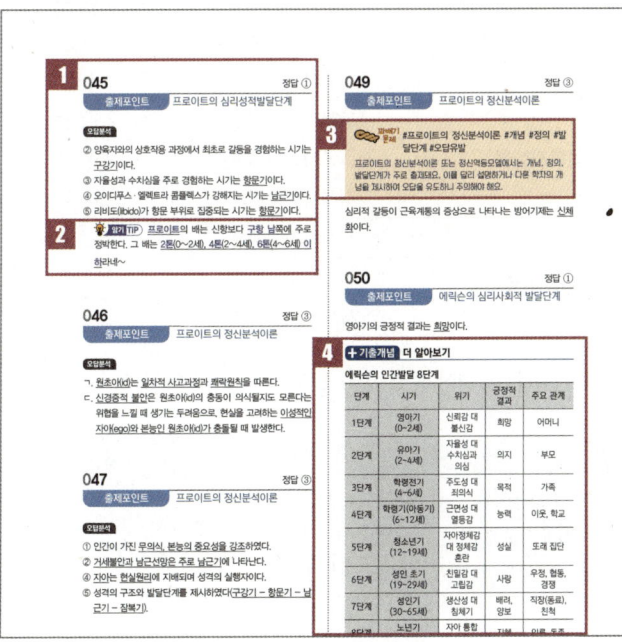

1 상세하고 친절한 해설
문제별 출제포인트를 확인할 수 있고, 정답과 오답에 대한 해설을 상세하게 수록하여 이해하기 쉽도록 하였습니다.

2 암기 TIP
한 번 보면 시험장에서도 생각나는 재밌는 암기 TIP으로 쉽게 암기해 보세요!

3 꽈배기 문제 분석
출제경향, 빈출 개념, 난이도, 학습 시 주의할 점 등을 확인할 수 있습니다.

4 기출개념 더 알아보기
이론을 더 찾아볼 필요 없이 중요 개념을 바로 확인할 수 있습니다.

기출만 파면 합격
사회복지사 1급 시험 소개

01 시험 기본정보

시행처	한국산업인력공단
자격요건	① 사회복지학과 석사, 박사학위 취득자 ② 사회복지학 타전공 석사, 박사학위 취득 + 사회복지 교과목 이수자 ③ 4년제 사회복지학과 학사학위 취득자 ④ 4년제 타전공 학사학위 취득 + 사회복지 교과목 이수자 ⑤ 사회복지사 2급 취득 후 실무 경력 1년(2,080시간) 이상 보유자 ※ 위 5가지 조건 중 하나만 만족하면 시험 응시 가능

시험시간

총 200분

구분	과목	시험시간	소요시간
1교시	사회복지기초	9시 30분~10시 20분	50분
	쉬는 시간	10시 20분~10시 40분	20분
2교시	사회복지실천	10시 50분~12시 5분	75분
	쉬는 시간	12시 5분~12시 25분	20분
3교시	사회복지정책과 제도	12시 35분~13시 50분	75분

시험과목 및 문항 수

객관식 5지선다형, 200문항(8과목, 과목당 25문항)

구분	과목		문항 수
1교시	사회복지기초	인간행동과 사회환경	25문항
		사회복지조사론	25문항
2교시	사회복지실천	사회복지실천론	25문항
		사회복지실천기술론	25문항
		지역사회복지론	25문항
3교시	사회복지정책과 제도	사회복지정책론	25문항
		사회복지행정론	25문항
		사회복지법제론	25문항

합격 기준

과목마다 만점의 40% 이상 득점하고 전 과목 총점 60% 이상 득점
[과락 기준]

시험과목	과락기준	소요시간
1교시 사회복지기초(50문항)	20점(1~19점 과락)	총 200문항의 60%인 120문항 이상
2교시 사회복지실천(75문항)	30점(1~29점 과락)	
3교시 사회복지정책과 제도(75문항)	30점(1~29점 과락)	

※ 1문항당 1점

응시료	25,000원

02 시험일정(제23회 시험 기준)

접수 기간	2024.12.02.~2024.12.06.
시험 일정	2025.01.11.
합격예정자 발표	2025.02.12.
응시자격 서류제출	2025.02.12.~03.04.
최종합격자 발표	2025.03.30.

※ 2026년 시험 일정은 큐넷 홈페이지(q-net.or.kr)를 참고해 주세요.

03 시험 합격률

구분	연도	접수자	응시자	합격자	합격률
제23회	2025년	32,445명	25,305명	9,930명	38.8%
제22회	2024년	31,608명	25,458명	7,554명	29.6%
제21회	2023년	30,528명	24,119명	9,673명	40.1%
제20회	2022년	31,016명	24,248명	8,753명	36.1%
제19회	2021년	35,598명	28,391명	17,158명	60.4%
제18회	2020년	33,787명	25,462명	8,388명	32.9%
제17회	2019년	28,271명	22,646명	7,734명	34.1%

기출만 파면 합격!

Feel Good~!

7개년 기출분석노트

최신 7개년 영역별·키워드별 기출분석&합격전략

최신 7개년 영역별·키워드별 기출분석&합격전략

1영역 인간행동과 사회환경

구분	기출키워드	25년 (23회)	24년 (22회)	23년 (21회)	22년 (20회)	21년 (19회)	20년 (18회)	19년 (17회)	7개년 평균 출제 문항 수
01 인간발달과 사회복지	인간발달의 개념	0	0	1	1	0	1	1	3.3문항
	인간발달의 특징과 원리 빈출★	1	1	0	2	1	1	1	
	인간발달이론 빈출★	3	2	1	1	1	1	2	
	사회복지실천에 있어서 인간행동의 이해	0	0	1	0	0	0	0	
	합계	4	3	3	4	2	3	4	
02 인지발달이론 및 행동이론	피아제의 인지발달이론	1	1	1	1	1	1	0	3.1문항
	스키너의 행동주의이론 빈출★	2	1	1	2	1	1	0	
	반두라의 사회학습이론	0	1	1	0	1	1	1	
	콜버그의 도덕성 발달이론	1	0	0	1	0	0	1	
	합계	4	3	3	4	3	3	2	
03 정신역동이론	프로이트의 정신분석이론 빈출★	1	1	1	1	1	1	2	3.6문항
	에릭슨의 심리사회이론	0	1	1	1	1	1	1	
	아들러의 개인심리이론	1	1	0	1	1	1	0	
	융의 분석심리이론	0	1	1	1	1	1	1	
	합계	2	4	3	4	4	4	4	
04 인본주의이론	매슬로우의 욕구이론	1	0	1	1	1	1	0	1.7문항
	로저스의 현상학이론 빈출★	1	1	1	1	1	2	0	
	합계	2	1	2	2	2	3	0	
05 사회체계이론 ★★★	일반체계이론 빈출★	1	2	0	1	1	1	1	3.9문항
	생태체계이론 빈출★	4	2	3	3	4	1	3	
	합계	5	4	3	4	5	2	4	

구분	기출키워드	25년 (23회)	24년 (22회)	23년 (21회)	22년 (20회)	21년 (19회)	20년 (18회)	19년 (17회)	7개년 평균 출제 문항 수
06 환경체계	가족체계	0	0	0	0	0	1	0	1.4문항
	집단체계	0	0	1	0	0	1	0	
	지역사회체계	0	1	0	0	0	0	1	
	문화체계	0	1	2	1	0	0	1	
	합계	0	2	3	1	0	2	2	
07 인간의 성장발달단계 ★★★	발달단계 통합	1	1	1	1	1	0	1	8.0문항
	태아기	0	1	0	1	1	1	1	
	영아기 빈출★	1	1	2	0	1	1	1	
	유아기 빈출★	1	1	1	1	1	1	1	
	아동기	1	1	1	0	1	1	1	
	청소년기 빈출★	1	1	1	1	1	2	1	
	청년기	1	1	0	1	1	1	1	
	장년기	1	1	1	1	0	1	1	
	노년기	1	0	1	0	2	0	1	
	합계	8	8	8	6	9	8	9	
총 출제문항 수		25	25	25	25	25	25	25	25

과락방지&1트 합격전략

- 학자별 이론의 개념 및 특징이 가장 중요합니다.
- 생애주기별 특징(태내기, 영아기, 유아기, 아동기, 청소년기, 청년기, 중년기, 노년기)에서 매년 1~2문제씩 출제되고 있으므로 숙지해야 합니다.
- 다른 영역과 다르게 사례의 비중이 높지 않으므로 암기에 중점을 두고 학습하는 것이 좋습니다.

최신 7개년 영역별·키워드별 기출분석&합격전략

2영역 사회복지조사론

구분	기출키워드	25년 (23회)	24년 (22회)	23년 (21회)	22년 (20회)	21년 (19회)	20년 (18회)	19년 (17회)	7개년 평균 출제 문항 수
01 사회복지조사와 과학적 연구	과학적 탐구로서의 사회복지조사	1	1	0	0	2	0	0	2.0문항
	사회과학에서의 연구 윤리	0	1	1	0	0	1	0	
	과학적 조사법 및 과학철학 빈출★	1	1	1	2	0	1	1	
	합계	2	3	2	2	2	2	1	
02 사회복지조사의 이해 ★★★	개념 통합	0	0	0	0	0	0	1	5.3문항
	사회복지조사의 특성	0	0	0	1	0	0	0	
	사회복지조사의 유형 빈출★	2	1	2	2	2	3	1	
	사회복지조사의 절차	1	0	0	0	1	0	1	
	변수 빈출★	1	1	0	2	1	2	2	
	정의	1	0	1	0	0	0	0	
	분석단위	0	1	0	0	0	0	0	
	가설 빈출★	1	1	1	1	0	2	1	
	합계	6	4	4	6	4	7	6	
03 조사설계와 인과관계	조사설계의 의미와 타당도 빈출★	1	1	2	0	2	2	1	1.6문항
	인과관계의 성립 및 추리방법	0	1	0	0	0	0	1	
	합계	1	2	2	0	2	2	2	
04 실험설계의 유형	개념 통합	1	0	0	0	1	0	0	2.7문항
	순수실험설계	1	1	1	1	1	1	0	
	유사실험설계	1	0	0	1	0	0	1	
	전실험설계	0	1	0	0	0	0	1	
	단일사례설계 빈출★	1	1	2	0	1	1	0	
	합계	4	3	3	2	3	2	2	
05 측정과 척도 ★★★	개념 통합	0	1	0	1	1	0	1	5.0문항
	측정수준 빈출★	1	2	2	1	0	1	1	
	측정의 신뢰도와 타당도 빈출★	2	2	2	3	2	2	2	
	측정의 오류	0	0	1	0	0	1	0	
	척도의 유형	1	0	1	1	2	0	1	
	합계	4	5	6	6	5	4	5	

구분	기출키워드	25년(23회)	24년(22회)	23년(21회)	22년(20회)	21년(19회)	20년(18회)	19년(17회)	7개년 평균 출제 문항 수
06 표본추출	개념 통합	0	0	1	0	0	0	0	3.1문항
	표본추출의 개요	1	1	0	0	0	0	0	
	표집의 설계 빈출★	2	2	2	4	3	2	4	
	합계	3	3	3	4	3	2	4	
07 자료수집방법	개념 통합	1	0	0	1	0	1	2	2.7문항
	질문지법 빈출★	1	0	1	1	2	2	0	
	면접법	0	1	0	0	0	0	0	
	관찰법	0	1	1	0	0	0	0	
	내용분석법	1	1	0	0	1	1	0	
	합계	3	3	2	2	3	4	2	
08 욕구조사와 평가조사	욕구조사	1	0	1	0	1	0	0	0.6문항
	평가조사	0	0	0	1	0	0	0	
	합계	1	0	1	1	1	0	0	
09 질적연구	개념 통합	0	0	0	0	0	1	0	2.0문항
	질적연구의 특성	0	1	1	0	1	1	1	
	질적연구의 유형	1	0	1	1	0	0	1	
	질적연구의 방법	0	1	0	1	1	0	1	
	합계	1	2	2	2	2	2	3	
총 출제문항 수		25	25	25	25	25	25	25	25

과락방지&1트 합격전략

- 조사론은 수험생들이 대체로 어려워하고, 가장 점수가 낮게 나오는 영역이니 과락을 주의해야 합니다.
- 오류(생태학적 오류, 개별주의적 오류, 환원주의 오류, 제1종 오류, 제2종 오류, 체계적 오류, 비체계적 오류, 인과의 오류, 구성의 오류)와 신뢰도 및 타당도(개념, 유형, 저해요인)는 반드시 출제되니 필수로 암기해야 합니다.
- 표본추출과 가설 및 변수도 출제 가능성이 높으니 반드시 눈여겨 보아야 합니다.
- 측정의 개념과 척도의 유형도 사례형이나 보기 제시형으로 매년 출제됩니다.
- 양적조사 및 질적조사는 표로 정리하여 차이점을 숙지하면 효과적입니다.
- 기타 단일사례설계, 내용분석법, 관찰법은 다른 영역(실천론, 실천기술론 등)과 중복되는 내용이니 소홀히 여기지 말고 꼼꼼히 보아야 합니다.

최신 7개년 영역별·키워드별 기출분석&합격전략

3영역 사회복지실천론

구분	기출키워드	25년(23회)	24년(22회)	23년(21회)	22년(20회)	21년(19회)	20년(18회)	19년(17회)	7개년 평균 출제 문항 수
01 사회복지 실천의 개념 및 정의	사회복지실천의 이념적 배경	1	1	1	0	1	0	0	1.1문항
	사회복지실천의 목적과 기능	0	0	0	0	0	0	1	
	사회복지실천 방법의 분류	0	0	1	0	0	0	0	
	사회복지 전문직	0	0	0	0	1	0	1	
	합계	1	1	2	0	2	0	2	
02 사회복지 실천의 윤리	사회복지실천의 가치	1	1	1	1	1	0	0	2.6문항
	사회복지사 윤리강령	1	1	0	1	1	1	1	
	윤리적 갈등과 해결지침 빈출★	0	2	0	1	1	2	1	
	합계	2	4	1	3	3	3	2	
03 사회복지 실천의 발달	개념 통합	1	0	1	0	0	0	1	1.7문항
	서구 사회복지실천의 역사 빈출★	0	1	1	3	0	2	0	
	우리나라 사회복지실천의 역사	0	1	0	0	1	0	0	
	합계	1	2	2	3	1	2	1	
04 사회복지 실천현장과 사회복지사의 역할	사회복지실천현장의 구분 빈출★	1	1	1	1	1	1	1	1.6문항
	사회복지사의 역할	1	0	1	0	1	0	1	
	합계	2	1	2	1	2	1	2	
05 사회복지의 통합적 실천의 이해 ★★★	개념 통합	0	0	1	0	0	0	0	4.6문항
	사회복지실천의 주요 관점	1	1	0	1	2	0	2	
	통합적 접근과 방법의 특징 빈출★	1	2	0	1	1	1	0	
	통합적 접근의 주요 관점	0	0	0	1	0	1	1	
	통합적 실천모델 빈출★	4	2	2	1	2	2	2	
	합계	6	5	3	4	5	4	5	

기출만 파면 합격!

구분	기출키워드	25년 (23회)	24년 (22회)	23년 (21회)	22년 (20회)	21년 (19회)	20년 (18회)	19년 (17회)	7개년 평균 출제 문항 수
06 사회복지 실천의 방법 ★★★	전문적 관계의 특징	0	1	1	1	1	1	1	8.7문항
	전문적 관계형성의 기본요소 빈출★	2	1	3	1	1	0	1	
	관계형성의 7대 원칙(비스텍) 빈출★	1	1	1	1	1	2	1	
	관계형성의 장애요인	0	1	0	0	0	0	0	
	면접기법 및 질문 빈출★	1	1	2	2	2	2	1	
	면접의 유형	0	1	0	1	0	1	1	
	사례관리 빈출★	4	2	5	2	3	3	3	
	합계	8	8	12	8	8	9	8	
07 사회복지 실천의 과정 ★★★	사정단계 빈출★	2	1	0	1	1	1	2	4.7문항
	자료수집단계	0	1	1	1	1	1	0	
	개입단계 빈출★	2	1	2	2	1	0	1	
	계획수립단계	0	1	0	1	0	1	0	
	접수단계	1	0	0	1	1	1	2	
	종결단계	0	0	0	1	1	1	1	
	합계	5	4	3	6	4	6	5	
	총 출제문항 수	25	25	25	25	25	25	25	25

과락방지&1트 합격전략

✔ 사회복지실천론은 사회복지실천의 방법이 가장 중요합니다. 4체계 모델, 강점관점의 특징, 임파워먼트 모델의 특성, 통합적 접근의 등장배경, 내용 등은 필수적으로 이해 및 암기해야 합니다.

✔ 사회복지실천론은 은근히 까다롭고 어려운 영역이니, 학자별, 모델별, 단계별 구분을 확실하게 해두어야 합니다.

✔ 사회복지실천의 과정을 초기단계, 중간단계, 종결단계로 구분하여 각 세부적인 과정까지 학습해야 합니다. 특히 단계별 주요 과업은 꼭 암기해야 합니다. 그 외에 원조관계의 장애요인, 원조관계의 요소 등도 자주 출제되니 숙지해 두세요.

최신 7개년 영역별·키워드별 기출분석&합격전략

4영역 사회복지실천기술론

구분	기출키워드	25년 (23회)	24년 (22회)	23년 (21회)	22년 (20회)	21년 (19회)	20년 (18회)	19년 (17회)	7개년 평균 출제 문항 수
01 사회복지사의 전문성	사회복지실천기술에 대한 이해 빈출★	0	1	2	1	1	3	0	1.9문항
	사회복지실천의 전문적 기반	1	1	1	1	1	0	0	
	합계	1	2	3	2	2	3	0	
02 개인 대상 실천기법 ★★★	개념 통합	0	1	0	1	1	0	1	7.1문항
	정신역동모델	1	1	1	0	1	1	1	
	심리사회모델	1	1	1	1	0	1	1	
	인지행동모델 빈출★	1	1	4	3	1	2	2	
	동기강화모델	1	0	0	0	0	0	0	
	과제중심모델	1	1	0	1	1	0	1	
	기타 실천모델 빈출★	3	2	2	1	2	3	1	
	합계	8	7	8	7	6	7	7	
03 가족 대상 실천기법 ★★★	개념 통합	1	1	1	0	1	0	1	8.0문항
	가족 관련 개념 및 특징 빈출★	2	2	2	1	1	2	1	
	가족사정 빈출★	0	0	1	1	2	2	1	
	구조적 가족치료 빈출★	1	0	1	1	1	1	2	
	다세대 가족치료	1	1	0	1	0	0	1	
	경험적 가족치료	1	1	0	1	1	1	0	
	전략적 가족치료	1	1	0	1	1	1	1	
	해결중심 가족치료	1	1	2	2	2	1	1	
	이야기치료모델과 문제의 외현화	0	0	0	0	0	0	1	
	합계	8	7	7	8	9	8	9	

기출만 파면 합격!

구분	기출키워드	25년 (23회)	24년 (22회)	23년 (21회)	22년 (20회)	21년 (19회)	20년 (18회)	19년 (17회)	7개년 평균 출제 문항 수
04 집단 대상 실천기법 ★★★	개념 통합	0	0	0	0	0	0	1	6.0문항
	집단의 유형	1	1	0	1	1	2	0	
	집단역동성	1	1	0	1	2	0	1	
	집단 사회복지실천	0	0	1	0	0	0	0	
	집단의 치료적 효과	1	1	1	0	1	0	1	
	집단 지도자의 역할 및 기술	0	0	0	0	1	1	1	
	집단발달단계 빈출★	2	4	3	4	2	2	3	
	합계	5	7	5	6	7	5	7	
05 사회복지실천 기록 및 평가	기록의 유형 및 특징	1	1	1	1	0	1	1	2.0문항
	기록의 목적 및 용도	0	0	0	0	1	0	0	
	단일사례설계	2	1	1	1	0	1	1	
	합계	3	2	2	2	1	2	2	
	총 출제문항 수	25	25	25	25	25	25	25	25

과락방지&1트 합격전략

✓ 사회복지실천기술론은 최근 사례형 문항 출제비중이 높아지면서 난이도 높게 출제되고 있습니다. 기출문제를 통해 사례 제시형 문항을 지속적으로 회독하여 풀이감각을 높이는 것이 중요합니다.

✓ 사회복지사의 윤리적 사항, 실천현장의 분류, 초기단계-중간단계-종결단계의 특성을 반드시 숙지해야 합니다.

✓ 각 모델별(정신역동모델, 심리사회모델, 위기개입모델, 해결중심모델, 과제중심모델, 권한부여모델) 주요 개념, 특징, 각 단계별 주요 행동 등을 반드시 암기해야 합니다.

✓ 가족치료모델(구조적 가족 치료모델, 경험적 가족 치료모델, 전략적 가족 치료모델, 이야기 치료모델)의 특징, 주요 개념 등을 이해하는 것이 중요합니다.

✓ 집단의 유형과 그 특성은 자주 출제되고 있으니 눈여겨 보아야 합니다.

최신 7개년 영역별·키워드별 기출분석&합격전략

5영역 지역사회복지론

구분	기출키워드	25년(23회)	24년(22회)	23년(21회)	22년(20회)	21년(19회)	20년(18회)	19년(17회)	7개년 평균 출제 문항 수
01 지역사회의 이해	지역사회의 개념 빈출★	1	1	1	2	1	2	2	1.7문항
	지역사회의 유형	1	0	0	0	1	0	0	
	합계	2	1	1	2	2	2	2	
02 지역사회복지와 지역사회복지실천	지역사회복지 관련 개념 및 이념	1	1	1	0	0	0	0	1.3문항
	지역사회복지실천	0	2	1	1	0	1	1	
	합계	1	3	2	1	0	1	1	
03 지역사회복지의 역사	영국의 지역사회복지 역사	1	1	1	1	1	0	1	2.0문항
	한국의 지역사회복지 역사 빈출★	1	1	1	1	1	2	1	
	합계	2	2	2	2	2	2	2	
04 지역사회복지 이론과 실천모델 ★★★	지역사회복지 주요 이론 빈출★	2	3	3	2	2	3	1	5.7문항
	로스만의 모델	1	0	1	1	0	0	1	
	웨일과 갬블의 모델	1	0	1	1	1	1	1	
	테일러와 로버츠의 모델	1	0	1	1	0	0	0	
	포플의 모델	1	1	0	0	1	0	0	
	지역사회복지 실천모델별 사회복지사의 역할 빈출★	2	3	1	0	0	1	1	
	합계	8	7	7	5	4	5	4	
05 지역사회복지 실천과정과 실천기술 ★★★	개념 통합	1	1	0	0	0	2	1	4.9문항
	사정단계	1	1	1	1	1	0	1	
	문제확인단계	0	0	0	1	0	0	0	
	계획수립 및 자원동원 단계	0	0	0	0	0	1	0	
	실행단계	0	0	1	1	0	0	0	
	네트워크(연계) 기술	0	1	1	0	1	1	1	
	자원개발·동원 기술	1	0	1	0	1	0	0	
	역량강화 기술	0	1	0	0	1	0	0	
	조직화 기술	1	0	0	1	1	1	1	
	옹호 기술	0	0	0	1	1	0	1	
	협상 기술	0	0	0	0	0	1	0	
	합계	4	4	4	5	6	6	5	

기출만 파면 합격!

구분	기출키워드	25년(23회)	24년(22회)	23년(21회)	22년(20회)	21년(19회)	20년(18회)	19년(17회)	7개년 평균 출제 문항 수
06 지역사회복지 네트워크	지역사회보장계획 빈출★	1	1	1	1	1	1	2	3.8문항
	지역사회보장협의체 빈출★	1	0	1	1	1	1	2	
	지방분권화 빈출★	2	1	1	1	2	1	0	
	사회복지협의회	0	0	0	1	1	1	1	
	합계	4	2	3	4	5	4	5	
07 지역사회복지 실천의 추진 체계 및 지역 사회운동 ★★★	개념 통합	1	0	0	0	0	0	0	5.6문항
	사회복지관 빈출★	1	2	1	1	1	1	1	
	사회적 경제 빈출★	1	1	1	1	1	1	1	
	공공 전달체계 빈출★	0	1	1	1	1	2	1	
	자원봉사센터	0	0	0	1	0	0	0	
	사회복지공동모금회	0	1	0	1	1	0	1	
	지역사회복지운동	1	0	1	1	1	1	1	
	주민참여 8단계	0	1	1	1	1	0	1	
	합계	4	6	6	6	6	5	6	
총 출제문항 수		25	25	25	25	25	25	25	25

과락방지&1트 합격전략

✔ 지역사회복지론은 단기간에 점수가 가장 안 나오는 영역입니다. 내용이 쉬운 듯하면서도 외국의 개념, 모델들이 가장 많아 이해, 암기하는 데 어려움을 겪는 영역입니다. 따라서 막연하게 암기하기보다는 외국 지역사회의 개념 및 모델 등을 그들의 관점에서 생각하며 접근하는 것이 좋습니다.

✔ 지역사회복지 실천기술 및 추진체계, 지역사회운동 등도 우리나라뿐만 아니라 외국 사례(자선조직협회, 인보관 운동, 탈시설화, 지역사회보호, 성차별 반대운동, 반전운동 등)를 함께 이해하면서 학습해야 합니다.

✔ 최근에는 사례형 문항의 출제비중이 높아지고 있으므로 기출키워드에 따라 세밀하게 살피면서 학습하는 것이 효과적입니다.

최신 7개년 영역별·키워드별 기출분석&합격전략
6영역 사회복지정책론

구분	기출키워드	25년 (23회)	24년 (22회)	23년 (21회)	22년 (20회)	21년 (19회)	20년 (18회)	19년 (17회)	7개년 평균 출제 문항 수
01 사회복지 정책의 개념	사회복지정책의 특성 빈출★	1	0	1	0	2	0	5	
	사회복지정책의 가치 빈출★	2	0	1	1	1	1	2	
	사회복지의 국가 개입 빈출★	0	1	2	1	2	0	1	
	합계	3	1	4	2	5	1	8	
02 사회복지 정책의 역사적 전개	통합 개념	1	0	0	1	0	1	0	1.7문항
	영국의 사회복지	0	1	2	0	1	1	0	
	미국과 독일의 사회복지	0	1	0	0	0	0	0	
	복지국가	2	0	0	0	0	1	0	
	합계	3	2	2	1	1	3	0	
03 사회복지 정책의 이론과 사상	사회복지정책 사상	1	0	0	0	0	0	0	2.4문항
	사회복지정책 발달이론	0	1	2	1	1	1	0	
	사회복지정책 이데올로기	0	0	1	2	0	0	2	
	복지국가 유형화이론	0	2	1	1	1	0	0	
	합계	1	3	4	4	2	1	2	
04 사회복지 정책의 정책과정	사회복지정책의 평가	0	0	1	0	1	0	1	1.0문항
	사회복지정책의 결정	1	0	1	1	0	0	1	
	합계	1	0	2	1	1	0	2	
05 사회복지 정책의 분석틀 ★★★	길버트와 스펙트(테렐)의 사회복지정책 분석 유형(3P)	0	0	1	0	1	1	0	5.0문항
	길버트와 테렐의 사회복지정책 분석 빈출★	5	7	1	4	4	4	0	
	사회복지정책의 대상 빈출★	0	1	1	1	2	1	1	
	합계	5	8	3	5	7	6	1	
06 사회보장	사회보장의 개념 빈출★	2	2	0	2	1	1	2	3.1문항
	사회보장제도의 유형 및 특징	4	0	3	1	1	1	2	
	합계	6	2	3	3	2	2	4	

기출만 파면 합격!

구분	기출키워드	25년 (23회)	24년 (22회)	23년 (21회)	22년 (20회)	21년 (19회)	20년 (18회)	19년 (17회)	7개년 평균 출제 문항 수
07 사회보험 제도와 공공 부조제도 ★★★	사회보장제도 통합	0	1	0	0	0	1	0	6.5문항
	사회보험제도 통합	0	2	0	0	0	0	0	
	공적연금의 특징	0	0	1	0	1	0	1	
	국민연금제도	1	0	0	1	0	0	1	
	국민건강보험제도	1	0	1	1	1	1	0	
	노인장기요양보험제도	1	0	0	1	0	1	1	
	산업재해보상보험제도, 고용보험제도 통합	0	0	1	0	0	0	0	
	산업재해보상보험제도	1	0	0	1	0	1	1	
	고용보험제도	0	0	0	1	1	1	0	
	공공부조제도 통합	0	1	0	0	0	0	1	
	국민기초생활보장제도 빈출★	0	1	1	1	1	2	1	
	기초연금제도	1	0	0	0	0	1	0	
	의료급여제도	0	0	0	1	0	0	0	
	긴급복지지원제도	0	1	0	0	1	0	0	
	취업지원제도	0	0	1	0	0	0	0	
	사회적 기업	0	0	0	0	0	0	1	
	근로장려금	0	1	1	0	0	1	0	
	합계	5	7	6	7	5	9	7	
08 빈곤과 소득불평등	빈곤의 개념 빈출★	1	1	1	1	2	2	1	1.7문항
	빈곤과 소득불평등의 측정	0	1	0	1	0	1	0	
	합계	1	2	1	2	2	3	1	
	총 출제문항 수	25	25	25	25	25	25	25	25

과락방지&1트 합격전략

✔ 사회복지정책론은 수험생들이 가장 어려워하는 영역 중 하나입니다. 이념, 이론, 과정, 모형, 원칙, 제도, 평가 등을 종합적으로 파악해야 해서 힘든 영역입니다.

✔ 최근 시험에서 사회복지제도의 출제비중이 높았습니다. 특히 사회보장급여법(약칭), 사회보장위원회, 긴급복지지원제도, 기초연금제도 등이 보기 제시형 문항으로 난이도 높게 출제되고 있습니다.

✔ 꾸준히 빈출되는 개념인 노인장기요양보험제도, 공적연금제도, 에스핑-안데르센 국가 모형, 길버트-스펙트 산출분석 모형도 사례형 또는 보기 제시형 문항으로 출제되니 꼼꼼하게 보아야 합니다.

✔ 실제 생활과 관련 있는 빈곤율, 소득분위, 기준중위소득, 근로장려세제 등이 자주 출제되니 눈여겨 보아야 합니다.

최신 7개년 영역별·키워드별 기출분석&합격전략

7영역 사회복지행정론

구분	기출키워드	25년 (23회)	24년 (22회)	23년 (21회)	22년 (20회)	21년 (19회)	20년 (18회)	19년 (17회)	7개년 평균 출제 문항 수
01 사회복지 행정의 개념	사회복지행정의 특성 빈출★	1	1	2	1	1	2	1	1.6문항
	사회복지행정의 과정	0	0	1	1	0	0	0	
	합계	1	1	3	2	1	2	1	
02 사회복지 행정의 역사	한국 사회복지행정의 역사 빈출★	1	1	3	1	1	2	1	1.7문항
	미국 사회복지행정의 역사	1	0	1	0	0	0	0	
	합계	2	1	4	1	1	2	1	
03 사회복지 행정의 이론적 배경	개념 통합	1	0	0	0	0	0	0	3.3문항
	현대조직이론 빈출★	1	1	1	4	1	1	1	
	인간관계이론	0	1	1	0	0	0	1	
	고전이론	0	1	1	1	1	0	1	
	조직환경이론	0	1	0	1	1	1	0	
	합계	2	4	3	6	3	2	3	
04 사회복지 조직의 구조와 유형	조직의 구조적 요소	1	1	1	0	0	1	1	2.2문항
	조직문화	0	1	0	0	0	1	0	
	조직구조의 유형	1	1	1	1	0	1	1	
	사회복지조직의 유형	1	0	1	0	1	0	0	
	합계	3	3	3	1	1	3	2	
05 사회복지 서비스 전달체계	개념 통합	0	0	0	1	0	0	0	1.8문항
	전달체계 구축의 원칙 빈출★	1	2	0	0	3	0	2	
	전달체계 구분 및 역할	1	1	0	0	1	0	1	
	합계	2	3	0	1	4	0	3	
06 사회조직의 기획과 의사결정	기획 기법	1	1	0	0	1	1	1	1.3문항
	기획 과정	0	0	0	1	0	0	0	
	의사결정 기술	0	1	1	0	0	0	0	
	의사결정모형	1	0	1	0	0	0	0	
	합계	2	2	1	1	1	1	1	
07 사회복지 조직의 리더십	리더십이론 빈출★	1	1	1	2	1	2	1	1.6문항
	리더십 유형	0	0	0	1	1	0	0	
	합계	1	1	1	3	2	2	1	

구분	기출키워드	25년 (23회)	24년 (22회)	23년 (21회)	22년 (20회)	21년 (19회)	20년 (18회)	19년 (17회)	7개년 평균 출제 문항 수
08 사회복지 조직의 인적 자원관리와 재정관리 ★★★	인적자원관리 빈출★	1	3	2	1	3	3	2	5.3문항
	동기부여	1	1	0	1	0	1	2	
	슈퍼비전	1	0	1	0	0	0	0	
	재정관리 빈출★	3	2	1	2	2	2	2	
	합계	6	6	4	4	5	6	6	
09 사회복지 조직의 환경관리와 정보관리	환경변화의 흐름 및 대응 빈출★	1	1	2	1	1	2	0	1.9문항
	일반환경과 과업환경	0	0	0	0	1	0	1	
	사회복지조직의 정보관리	1	0	1	1	0	0	0	
	합계	2	1	3	2	2	2	1	
10 프로그램 개발과 평가	프로그램 개발	0	0	0	0	0	2	2	1.7문항
	프로그램 평가 빈출★	1	1	1	1	2	0	2	
	합계	1	1	1	1	2	2	4	
11 사회복지 조직의 책임성과 평가	성과평가	0	0	0	0	0	0	1	1.0문항
	시설평가	0	0	0	1	1	1	0	
	사회복지조직의 책임성	1	0	0	1	0	1	0	
	합계	1	0	0	2	1	2	1	
12 사회복지 조직의 마케팅	사회복지조직 마케팅의 특징 및 전략 빈출★	2	1	2	0	2	0	1	1.6문항
	마케팅 기법	0	1	0	1	0	1	0	
	합계	2	2	2	1	2	1	1	
총 출제문항 수		25	25	25	25	25	25	25	25

과락방지&1트 합격전략

- ✔ 사회복지행정론은 리더십 이론, 조직이론, 예산의 모형, 마케팅, 기획과 의사결정 등에서 평이하게 출제됩니다.
- ✔ 최근에 그동안 출제가 많이 되지 않았던 섬김 이론, 퀸의 경쟁가치 등의 이론이 출제되고 있다는 점에 주목할 필요가 있습니다.
- ✔ 최근 사회복지조직의 동향 등이 자주 출제되고 있으니 관련 연대, 제정 및 실시 연도도 암기해 두어야 합니다.

최신 7개년 영역별·키워드별 기출분석&합격전략

8영역 사회복지법제론

구분	기출키워드	25년(23회)	24년(22회)	23년(21회)	22년(20회)	21년(19회)	20년(18회)	19년(17회)	7개년 평균 출제 문항 수
01 사회복지법 개관	법의 체계	1	1	0	1	2	0	0	2.1문항
	법의 적용	0	0	0	0	0	1	0	
	자치법규	1	0	1	0	1	0	0	
	헌법상의 사회복지법원	0	1	1	1	0	1	2	
	합계	2	2	2	2	3	2	2	
02 사회복지법 발달사	한국 사회복지법 발달사 빈출★	2	1	2	1	1	1	1	1.3문항
	합계	2	1	2	1	1	1	1	
03 사회보장 기본법	개념 통합	0	1	0	0	0	1	1	3.0문항
	사회보장기본법의 개요	1	0	0	1	1	0	0	
	사회보장수급권	1	1	1	0	2	0	0	
	사회보장제도의 운영	1	1	1	1	0	1	1	
	사회보장 기본계획	1	0	0	0	0	0	0	
	사회보장위원회	1	0	1	1	0	0	0	
	합계	5	3	3	3	3	2	2	
04 사회복지 사업법	개념 통합	0	1	0	1	1	0	1	3.3문항
	사회복지사업법의 개요	0	0	0	0	2	0	0	
	복지의 책임과 원칙	0	0	2	0	0	0	0	
	사회복지사	1	0	1	0	0	0	0	
	사회복지법인	1	1	0	1	0	1	1	
	사회복지시설	1	1	1	1	0	1	1	
	사회복지사업법 관련 법률	0	1	0	0	0	1	0	
	합계	3	4	4	3	3	3	3	
05 사회보장 급여법	사회보장급여 빈출★	0	2	1	2	1	2	1	1.3문항
	합계	0	2	1	2	1	2	1	
06 사회보험법 ★★★	산업재해보상보험법	1	0	1	1	1	1	1	4.3문항
	국민연금법	0	1	0	1	1	0	1	
	고용보험법 빈출★	1	2	1	1	1	1	1	
	국민건강보험법	1	1	0	1	1	1	1	
	노인장기요양보험법	1	1	1	1	0	1	1	
	합계	4	5	3	5	4	4	5	

기출만 파면 합격!

구분	기출키워드	25년 (23회)	24년 (22회)	23년 (21회)	22년 (20회)	21년 (19회)	20년 (18회)	19년 (17회)	7개년 평균 출제 문항 수
07 공공부조법	국민기초생활 보장법 빈출★	2	2	3	1	2	2	1	3.7문항
	의료급여법	1	1	0	1	0	0	0	
	긴급복지지원법	0	0	1	1	0	1	1	
	기초연금법	1	1	0	1	1	1	1	
	합계	4	4	4	4	3	4	3	
08 사회복지 서비스법 ★★★	개념 통합	0	0	0	0	2	0	1	5.6문항
	장애인복지법	1	0	0	1	0	1	1	
	노인복지법	1	1	0	1	1	1	1	
	아동복지법 빈출★	1	1	2	1	0	1	1	
	한부모가족지원법	1	1	1	1	0	0	0	
	다문화가족지원법	0	0	0	0	0	1	0	
	가정폭력 및 성폭력 관련법	1	0	0	0	1	2	2	
	기타 사회복지서비스 관련법 빈출★	0	1	2	1	2	1	1	
	합계	5	4	5	5	6	7	7	
09 판례	판례	0	0	1	0	1	0	1	0.4문항
	합계	0	0	1	0	1	0	1	
	총 출제문항 수	25	25	25	25	25	25	25	25

과락방지&1트 합격전략

- 사회복지법제론은 최근에 난이도가 높게 출제되고 있습니다.
- 전반적인 내용이 골고루 출제되나, 특히 각 법률의 정의, 용어, 급여의 유형, 실태조사 및 기본계획의 주체, 기간 등이 자주 출제되니 반드시 숙지해야 합니다.
- 사회복지서비스법에서 각 법률의 시설 유형(장애인복지법, 노인복지법, 아동복지법 등)을 눈여겨 보아야 합니다.
- 시험에서 지문의 주어 또는 서술어를 살짝 바꾸거나 숫자를 변형하여 출제되고 있으니 주의해야 합니다.

1영역
인간행동과 사회환경

최근 7개년 평균 출제문항 수

총 25문항

01 인간발달과 사회복지 — 3.3문항
02 인지발달이론 및 행동이론 — 3.1문항
03 정신역동이론 — 3.6문항
04 인본주의이론 — 1.7문항
05 사회체계이론 ★★★ — 3.9문항
06 환경체계 — 1.4문항
07 인간의 성장발달단계 ★★★ — 8.0문항

최근 출제경향

- ✓ 인간행동과 사회환경은 **학자별 이론의 개념 및 특징**이 가장 중요합니다.
- ✓ **생애주기별 특징**(태내기, 영아기, 유아기, 아동기, 청소년기, 청년기, 중년기, 노년기)에서도 매년 1~2문제씩 출제되고 있습니다.
- ✓ 다른 과목과 달리 사례형 문제의 비중이 높지 않으므로 **암기에 중점**을 두고 학습하는 것이 좋습니다.

합격생들의 학습 후기&꿀팁 | 인행사

#인행사가 쉽다고? 킹정

#두문암기만 잘하면 요약집 학습만으로 만점을 기대할 수 있는 점수셔틀 과목

#확실히 인행사가 제일 효자과목

#초장에 이해하면 쉬움

#출제유형 정형화

#정신분석이론 잘 해두면 실천기술론에서 수월함

24회차 시험 대비 합격선을 넘는 TIP

- ☑ **학자별 이론의 개념**을 반드시 **숙지**해야 합니다.
  예 프로이트의 무의식, 본능 그리고 융의 집단무의식, 아니마, 음영 등
- ☑ 인간의 **발달단계별 개념과 특징** 등을 숙지해야 합니다.
  예 영아기 특징, 청소년기의 정서적·신체적 특징 등
- ☑ 환경체계 중에서는 **문화체계**의 **출제비중**이 높은 편이니 눈여겨보아야 합니다.

01 인간발달과 사회복지

기출키워드

- 인간발달의 개념 ★빈출
- 인간발달이론 ★빈출

최근 7개년 출제문항 수

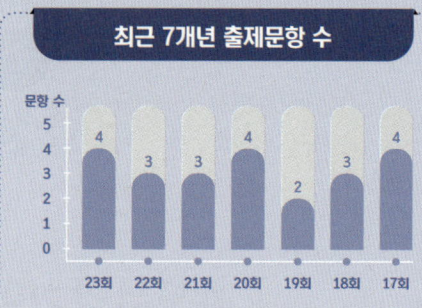

☑ 3회독 Check ☐☐☐ 기출 3회독은 필수!

문항번호 옆 '3회독 체크표'에는 문제를 풀면서 모든 선지를 정확히 알고 풀었으면 'O', 일부 선지를 모르는 문제에는 '△', 전체적인 개념 학습이 필요한 문제는 '×'를 표시하세요.

☑ 꽈배기 문제 는 빈출 개념에 대해 혼동을 유발하거나 오답을 유도하는 선지가 출제된 문제입니다. 꽈배기 문제 분석은 해설에서 확인할 수 있습니다.

기출키워드 1 인간발달의 개념 ★빈출

001 3회독 Check ☐☐☐

인간행동과 성격에 관한 설명으로 옳지 않은 것은?

17회

① 인간행동은 개인의 성격특성에 따라 다르게 표출된다.
② 성격을 이해하면 행동의 변화추이를 예측할 수 있다.
③ 인간행동의 이해와 개입을 위해서는 성격의 이해가 필요하다.
④ 성격이론은 인간행동의 수정 방법을 찾는 데 도움이 된다.
⑤ 성격은 심리역동적 특성이 있어 일관된 행동을 기대할 수 없다.

002 ☐☐☐

인간발달의 원리로 옳지 않은 것은?

17회

① 유전과 환경의 영향을 모두 받는다.
② 일생에 걸친 예측 불가능한 변화이다.
③ 발달의 정도와 속도는 개인마다 다르다.
④ 일정한 순서와 방향성이 존재한다.
⑤ 멈추는 일 없이 지속된다.

003 ☐☐☐

인간발달의 원리에 관한 설명으로 옳지 않은 것은?

18회

① 환경적 요인보다 유전적 요인을 중요시한다.
② 결정적 시기가 있다.
③ 일정한 순서가 있다.
④ 개인차이가 존재한다.
⑤ 특정단계의 발달은 이전의 발달과업 성취에 기초한다.

004 ☐☐☐

다음의 설명으로 옳은 것을 모두 고른 것은?

18회

> ㄱ. 성장은 키가 커지거나 몸무게가 늘어나는 등의 양적 변화를 의미한다.
> ㄴ. 성숙은 유전인자에 의해 발달 과정이 방향 지어지는 것을 의미한다.
> ㄷ. 학습은 직·간접 경험 및 훈련과정을 통한 변화를 의미한다.

① ㄱ ② ㄴ ③ ㄱ, ㄴ
④ ㄴ, ㄷ ⑤ ㄱ, ㄴ, ㄷ

005
인간발달의 원리에 관한 설명으로 옳은 것은? 19회

① 무작위적으로 발달이 진행되기 때문에 예측이 불가능하다.
② 발달에는 결정적 시기가 있다.
③ 안정적 속성보다 변화적 속성이 강하게 나타난다.
④ 신체의 하부에서 상부로, 말초부위에서 중심부위로 진행된다.
⑤ 순서와 방향성이 정해져 있으므로 발달속도에는 개인차가 존재하지 않는다.

006
인간발달의 원리에 관한 설명으로 옳지 않은 것은? 20회

① 발달에는 최적의 시기가 존재하지 않는다.
② 발달의 각 영역은 상호 밀접한 연관이 있다.
③ 일정한 순서와 방향이 있어서 예측 가능하다.
④ 대근육이 있는 중심부위에서 소근육의 말초부위 순으로 발달한다.
⑤ 연속적 과정이지만 발달의 속도는 일정하지 않다.

007 꽐패기 문제
인간발달 및 그 유사개념에 관한 설명으로 옳지 않은 것은? 20회

① 성장(growth)은 시간의 경과에 따라 나타나는 양적 변화이다.
② 성숙(maturation)은 환경과의 상호작용에 의한 사회적 발달이다.
③ 학습(learning)은 경험이나 훈련의 결과로 나타나는 행동변화이다.
④ 인간발달은 유전과 환경의 상호작용 결과이다.
⑤ 인간발달은 상승적 변화와 하강적 변화를 모두 포함한다.

008
동갑 친구들 A~C의 대화에서 알 수 있는 인간발달의 원리는? 20회

> A: 나는 50세가 되니 확실히 노화가 느껴져. 얼마 전부터 노안이 와서 작은 글씨를 읽기 힘들어.
> B: 나는 노안은 아직 안 왔는데 흰머리가 너무 많아지네. A는 흰머리가 거의 없구나.
> C: 나는 노안도 왔고 흰머리도 많아. 게다가 기억력도 예전 같지 않아.

① 발달에는 개인차가 있다.
② 발달의 초기단계가 일생에서 가장 중요하다.
③ 발달은 학습에 따른 결과이다.
④ 발달은 분화와 통합의 과정이다.
⑤ 발달은 이전의 발달과업 성취에 기초하여 이루어진다.

009
인간발달에 관한 설명으로 옳지 않은 것은? 21회

① 영아기에서 노년기까지 시간 흐름의 과정이다.
② 일정한 순서와 방향성이 있어 예측이 가능하다.
③ 생애 전 과정에 걸쳐 진행되는 환경적, 유전적 상호작용의 결과이다.
④ 각 발달단계별 인간 행동의 특성이 있다.
⑤ 발달에는 개인차가 있다.

010
인간발달에 관한 설명으로 옳은 것은? 22회

① 긍정적·상승적 변화는 발달로 간주하지만, 부정적·퇴행적 변화는 발달로 보지 않는다.
② 순서대로 진행되고 예측가능하다는 특징이 있다.
③ 인간의 전반적 변화를 다루기 때문에 개인차는 중요하지 않다고 본다.
④ 키·몸무게 등의 질적 변화와 인지 특성·정서 등의 양적 변화를 모두 포함하는 개념이다.
⑤ 각 발달단계에서의 발달속도는 거의 일정한 것으로 알려져 있다.

011 ☐☐☐
인간발달의 개념과 원리에 관한 설명으로 옳은 것은?
23회

① 발달에는 개인차가 존재하므로 최적의 시기가 따로 존재하지 않는다.
② 일정한 순서와 방향이 없어서 예측이 불가능하다.
③ 성숙(maturation)은 경험이나 훈련의 결과와 상관없이 진행된다.
④ 발달은 소근육 말초부위에서 대근육 중심부위로 진행된다.
⑤ 성장(growth)은 유전적으로 미리 정해진 정도까지 도달하는 생물학적 변화이다.

012 ☐☐☐ 팔배기문제
인간행동에 관한 관점으로 옳지 않은 것은?
23회

① 정신분석이론은 유년기의 경험을 강조한다.
② 생태체계이론은 환경 속의 인간의 관점을 강조한다.
③ 인지이론은 인간의 사고가 감정과 행동을 결정한다고 본다.
④ 인본주의이론은 인간에 대한 무조건적인 존중을 강조한다.
⑤ 행동주의이론은 개인의 무의식을 강조한다.

기출키워드 2 　인간발달이론 ★빈출

013 ☐☐☐
인간발달이론이 사회복지실천에 유용한 이유로 옳지 않은 것은?
17회

① 개인 적응과 부적응의 판단 기준이 된다.
② 모든 연령 계층의 클라이언트와 일할 수 있는 기반이 된다.
③ 생애주기에 따른 변화와 안정 요인을 이해하게 한다.
④ 발달단계에 따라 신체, 심리, 사회적 기능을 분절적으로 이해하게 한다.
⑤ 발달단계별 욕구에 따른 사회복지제도의 기반을 제공한다.

014 ☐☐☐
다음 학자의 주요 이론과 개념의 연결이 옳지 않은 것은?
17회

① 에릭슨(E. Erikson) - 분석심리이론 - 원형, 집단무의식
② 프로이트(S. Freud) - 정신분석이론 - 원초아, 자아, 초자아
③ 아들러(A. Adler) - 개인심리이론 - 열등감과 보상, 생활양식
④ 반두라(A. Bandura) - 사회학습이론 - 자기강화, 관찰학습
⑤ 로저스(C. Rogers) - 인본주의이론 - 완전히 기능하는 사람, 현상학적 장

015 ☐☐☐
다음 학자의 주요 이론과 기법의 연결이 옳은 것은?
18회

① 스키너(B. Skinner) - 행동주의이론 - 강화계획
② 프로이트(S. Freud) - 정신분석이론 - 타임아웃기법
③ 피아제(J. Piaget) - 분석심리이론 - 합리정서치료
④ 매슬로우(A. Maslow) - 인본주의이론 - 자유연상
⑤ 융(C. Jung) - 개인심리이론 - 행동조성

016 ☐☐☐ 팔배기문제
인간발달이론이 사회복지실천에 미친 영향으로 옳은 것은?
19회

① 아들러(A. Adler)의 이론은 인간을 하나의 통합된 유기체로 인식하는 데 공헌하였다.
② 피아제(J. Piaget)의 이론은 발달단계의 순서가 개인과 문화에 따라 다르게 나타날 수 있음을 인식하는 데 공헌하였다.
③ 프로이트(S. Freud)의 이론은 모방학습의 중요성을 인식하는 데 공헌하였다.
④ 스키너(B. Skinner)의 이론은 인간행동이 내적 동기에 의해 강화됨을 이해하는 데 공헌하였다.
⑤ 로저스(C. Rogers)의 이론은 클라이언트의 생애발달 단계를 파악하고 평가하는 데 공헌하였다.

017
다음 학자와 그의 주요 기법이 옳게 연결된 것은?
20회

① 반두라(A. Bandura) - 행동조성
② 로저스(C. Rogers) - 타임아웃
③ 스키너(B. Skinner) - 모델링
④ 피아제(J. Piaget) - 가족조각
⑤ 프로이트(S. Freud) - 자유연상

018
인간발달이론과 사회복지실천에 관한 설명으로 옳지 않은 것은?
21회

① 다양한 연령층의 클라이언트와 일할 수 있는 토대가 된다.
② 발달단계별 욕구를 기반으로 사회복지서비스를 개발할 수 있다.
③ 발달단계별 발달과제는 문제해결의 목표와 방법 설정에 유용하다.
④ 발달단계별 발달 저해 요소들을 이해하는 데 유용하다.
⑤ 인간발달이론은 문제 사정단계에서만 유용하다.

019
인간발달이론이 사회복지실천에 미친 영향으로 옳지 않은 것은?
22회

① 스키너(B. Skinner) 이론은 행동결정요인으로 인지와 정서의 중요성을 이해하는 계기를 제공하였다.
② 융(C. Jung) 이론은 중년기 이후의 발달을 이해하는 데 도움을 제공하였다.
③ 에릭슨(E. Erikson) 이론은 생애주기별 실천 개입의 기반을 제공하였다.
④ 프로이트(S. Freud) 이론은 인간행동의 무의식적 측면을 심층적으로 분석할 수 있는 기반을 제공하였다.
⑤ 매슬로우(A. Maslow) 이론은 인간의 욕구를 파악할 수 있는 근거를 마련하였다.

020
학자와 주요 개념의 연결로 옳은 것을 모두 고른 것은?
22회

ㄱ. 로저스(C. Rogers) - 자기실현 경향성
ㄴ. 벡(A. Beck) - 비합리적인 신념
ㄷ. 반두라(A. Bandura) - 행동조성
ㄹ. 아들러(A. Adler) - 집단무의식

① ㄱ   ② ㄱ, ㄴ   ③ ㄴ, ㄷ
④ ㄱ, ㄴ, ㄷ   ⑤ ㄴ, ㄷ, ㄹ

021
인간발달이론과 사회복지실천에 관한 설명으로 옳은 것은?
23회

① 인간발달이론은 문제의 사정단계에서만 유용하다.
② 발달단계별 욕구를 기반으로 사회복지서비스를 개발할 수 있다.
③ 클라이언트를 둘러싼 환경의 영향력을 평가할 수 없다.
④ 사회환경보다 클라이언트의 생물학적 요소를 더 중시한다.
⑤ 다양한 클라이언트의 발달과업을 획일적으로 이해할 수 있다.

022
성격이론, 학자 및 주요 개념의 연결이 옳은 것은?
23회

① 인본주의이론 - 융(C. Jung) - 동화
② 정신분석이론 - 매슬로우(A. Maslow) - 열등감
③ 인지발달이론 - 피아제(J. Piaget) - 결핍동기
④ 개인심리이론 - 아들러(A. Adler) - 생활양식
⑤ 분석심리이론 - 로저스(C. Rogers) - 아니마

02 인지발달이론 및 행동이론

기출키워드
- 피아제의 인지발달이론
- 스키너의 행동주의이론 ★빈출
- 반두라의 사회학습이론
- 콜버그의 도덕성 발달이론

최근 7개년 출제문항 수

☑ 3회독 Check ☐☐☐ 기출 3회독은 필수!

문항번호 옆 '3회독 체크표'에는 문제를 풀면서 모든 선지를 정확히 알고 풀었으면 'O', 일부 선지를 모르는 문제에는 '△', 전체적인 개념 학습이 필요한 문제는 '×'를 표시하세요.

☑ 꽈배기 문제 는 빈출 개념에 대해 혼동을 유발하거나 오답을 유도하는 선지가 출제된 문제입니다. 꽈배기 문제 분석은 해설에서 확인할 수 있습니다.

기출키워드 3 피아제의 인지발달이론

023 ☐☐☐
피아제(J. Piaget)의 인지이론에 관한 설명으로 옳은 것은? *18회*

① 구체적 조작기에는 추상적으로 사고하고 추론을 통해 가설을 검증할 수 있다.
② 인지능력의 발달은 아동과 환경 간의 상호작용에 의해 단계적으로 성취되며 발달단계의 순서는 변하지 않는다.
③ 인간의 무의식에 초점을 둔다.
④ 도덕발달단계를 1단계에서 6단계로 제시한다.
⑤ 보존개념은 전조작기에 획득된다.

024 ☐☐☐
피아제(J. Piaget)가 제시한 인지발달의 촉진요인이 아닌 것은? *19회*

① 성숙
② 애착 형성
③ 평형화
④ 물리적 경험
⑤ 사회적 상호작용

025 ☐☐☐
피아제(J. Piaget)의 인지발달이론에서 '전조작기'의 발달 특성으로 옳지 않은 것은? *20회*

① 상징놀이를 한다.
② 비가역적 사고를 한다.
③ 물활론적 사고를 한다.
④ 직관에 의존해 판단한다.
⑤ 다중 유목화의 논리를 이해한다.

026 ☐☐☐ 꽈배기 문제
피아제(J. Piaget)의 인지발달이론에 관한 설명으로 옳은 것은? *21회*

① 전 생애의 인지발달을 다루고 있다.
② 문화적·사회경제적·인종적 차이를 고려하였다.
③ 추상적 사고의 확립은 구체적 조작기의 특징이다.
④ 인지는 동화와 조절의 과정을 통하여 발달한다.
⑤ 전조작적 사고 단계에서 보존개념이 획득된다.

027

피아제(J. Piaget)의 이론에 관한 설명으로 옳지 않은 것은? 22회

① 인간은 자신과 환경 사이에 조화로운 관계인 평형화(equilibration)를 이루고자 하는 경향성이 있다.
② 감각운동기에 대상영속성(object permanence)을 획득한다.
③ 조절(accommodation)은 새로운 정보를 접했을 때 기존의 도식을 변경하는 것을 말한다.
④ 구체적 조작기에는 추상적 사고가 가능해진다.
⑤ 보존(conservation) 개념 획득을 위해서는 동일성, 가역성, 보상성의 원리를 이해해야 한다.

028

피아제(J. Piaget)의 이론에서 '구체적 조작기'에 관한 설명으로 옳지 않은 것은? 23회

① 물활론적 사고를 한다.
② 논리적 사고가 가능해진다.
③ 보존개념을 획득한다.
④ 순서대로 나열하는 것이 가능해진다.
⑤ 자기중심성에서 벗어나 타인의 입장을 고려할 수 있게 된다.

기출키워드 4 스키너의 행동주의이론 ★빈출

029

행동주의이론의 주요 개념에 관한 설명으로 옳은 것을 모두 고른 것은? 18회

ㄱ. 인간의 행동은 환경적 자극에 의해 동기화된다.
ㄴ. 변별자극은 어떤 반응이 보상될 것이라는 단서 혹은 신호로 작용하는 자극이다.
ㄷ. 강화에는 즐거운 결과를 의미하는 정적 강화와 혐오적 결과를 제거하는 부적 강화가 있고 이 두 가지는 모두 행동의 빈도를 증가시킨다.

① ㄱ   ② ㄴ   ③ ㄱ, ㄴ
④ ㄴ, ㄷ   ⑤ ㄱ, ㄴ, ㄷ

030

스키너(B. Skinner)의 이론에 관한 설명으로 옳은 것은? 19회

① 행동조성(shaping)은 복잡한 행동의 점진적 습득을 설명하는 개념이다.
② 조작적 행동보다 반응적 행동을 강조한다.
③ 변동간격계획은 평균적으로 일정한 수의 반응이 일어난 후에 강화물을 제공하는 것을 말한다.
④ 인간행동은 인간이 지닌 자유의지의 결과이다.
⑤ 부적 강화는 특정 행동의 빈도를 감소시키는 효과를 지닌다.

031 꽈배기문제

스키너(B. Skinner)의 조작적 조건형성을 위한 강화계획 중 '가변(변동)간격 강화'에 해당하는 사례는? 20회

① 정시 출근한 아르바이트생에게 매주 추가수당을 지급하여 정시 출근을 유도한다.
② 어린이집에서 어린이가 규칙을 지킬 때마다 바로 칭찬해서 규칙을 지키는 행동이 늘어나도록 한다.
③ 수강생이 평균 10회 출석할 경우 상품을 1개 지급하되, 출석 5회 이상 15회 이내에서 무작위로 지급하여 성실한 출석을 유도한다.
④ 영업사원이 판매 목표를 10%씩 초과 달성할 때마다 초과달성분의 3%를 성과급으로 지급하여 의욕을 고취한다.
⑤ 1년에 6회 자체 소방안전 점검을 하되, 불시에 실시하여 소방안전 관리를 철저히 하도록 장려한다.

032

고전적 조건형성의 학습 원리에 관한 설명으로 옳은 것을 모두 고른 것은? 20회

> ㄱ. 시간의 원리: 무조건자극보다 조건자극이 늦게 제공되어야 조건형성이 이루어진다.
> ㄴ. 강도의 원리: 무조건자극에 대한 반응이 조건자극에 대한 반응보다 약해야 한다.
> ㄷ. 일관성의 원리: 무조건자극과 조건자극은 조건이 형성될 때까지 지속적으로 제시되어야 한다.
> ㄹ. 계속성의 원리: 자극과 반응 과정의 반복 횟수가 많을수록 조건형성이 잘 이루어진다.

① ㄱ, ㄴ ② ㄴ, ㄹ ③ ㄷ, ㄹ
④ ㄱ, ㄴ, ㄷ ⑤ ㄱ, ㄷ, ㄹ

033

스키너(B. Skinner)의 이론에 관한 설명으로 옳지 않은 것은? 22회

① 강화계획 중 반응률이 가장 높은 것은 가변비율(variable-ratio)계획이다.
② 정적 강화물의 예시로 음식, 돈, 칭찬 등을 들 수 있다.
③ 인간행동은 예측가능하며 통제될 수 있다고 본다.
④ 인간의 창조성과 자아실현을 강조한다.
⑤ 부적 강화는 바람직한 행동의 빈도를 증가시키는 데 초점을 둔다.

034

행동주의이론에 관한 설명으로 옳은 것을 모두 고른 것은? 23회

> ㄱ. 인간을 주관적인 존재로 규정하였다.
> ㄴ. 인간행동은 인간이 지닌 자유의지의 결과이다.
> ㄷ. 선행조건과 결과에 따라 행동이 형성된다는 입장을 가지고 있다.
> ㄹ. 경험주의에 근간을 두고 구체적으로 관찰할 수 있는 행동에 초점을 둔다.

① ㄱ, ㄴ ② ㄱ, ㄷ ③ ㄴ, ㄷ
④ ㄷ, ㄹ ⑤ ㄱ, ㄴ, ㄹ

035

스키너(B. Skinner)의 이론에 관한 설명으로 옳지 않은 것은? 23회

① 부적 강화는 바람직한 행동의 빈도를 감소시킨다.
② 가변비율(variable-ratio)계획이 강화계획 중에서 반응률이 가장 높다.
③ 인간행동은 내적 충동보다는 외적 자극에 반응하여 나타난다.
④ 고정간격(fixed-interval)계획은 정해진 시간 간격이 지난 후 강화를 주는 것이다.
⑤ 인간행동은 예측가능하며 통제할 수 있다.

기출키워드 5 | 반두라의 사회학습이론

036

반두라(A. Bandura)가 설명한 자기효능감의 형성 요인이 아닌 것은? 17회

① 대리경험 ② 언어적 설득 ③ 정서적 각성
④ 행동조성 ⑤ 성취경험

037

반두라(A. Bandura)의 사회학습이론으로 옳지 않은 것은? 18회

① 자기강화란 자기 스스로 목표한 일을 달성하고 자신에게 강화물을 주어서 행동을 유지하고 변화해 나가는 과정이다.
② 자기효능감은 자신이 바라는 목적을 이루기 위해 특정 행동을 성공적으로 수행할 수 있다는 신념이다.
③ 관찰학습은 단순한 환경적 자극에 대한 반응을 통하여 행동을 학습하는 것이 아니라 타인의 행동을 관찰함으로써 행동을 습득하는 것이다.
④ 관찰학습의 마지막 단계는 운동재생단계이다.
⑤ 인간의 성격은 개인적, 행동적, 환경적 요소들 간의 지속적인 상호작용에 의하여 발달한다.

038

반두라(A. Bandura)의 이론에 관한 설명으로 옳지 않은 것은? 19회

① 학습은 사람, 환경 및 행동의 상호작용에 의해 이루어짐을 강조한다.
② 특정행동을 성공적으로 수행할 수 있다는 신념을 강조한다.
③ 개인이 지닌 인지적 요인의 영향력을 강조한다.
④ 관찰학습의 첫 번째 단계는 동기유발과정이며, 학습한 내용의 행동적 전환을 강조한다.
⑤ 인간은 스스로 자신의 행동을 강화할 수 있음을 강조한다.

039

반두라(A. Bandura)의 사회학습이론의 주요 개념으로 옳지 않은 것은? 21회

① 모델이 관찰자와 유사할 때 관찰자는 모델을 더욱 모방하는 경향이 있다.
② 자신이 통제할 수 있는 보상을 자신에게 줌으로써 자기 행동을 유지시키거나 개선시킬 수 있다.
③ 학습은 사람, 환경 및 행동의 상호작용에 의해 이루어짐을 강조한다.
④ 조작적 조건화에 의해 행동은 습득된다.
⑤ 관찰학습은 주의집중과정 → 보존과정(기억과정) → 운동재생과정 → 동기화과정을 통해 이루어진다.

040

반두라(A. Bandura)의 이론에 관한 설명으로 옳은 것을 모두 고른 것은? 22회

> ㄱ. 개인의 신념, 기대와 같은 인지적 요인을 중요시하였다.
> ㄴ. 대리적 강화(vicarious reinforcement)의 중요성을 강조하였다.
> ㄷ. 자기효능감을 높이는 가장 효과적인 방법으로 대리적 경험을 제시하였다.
> ㄹ. 외부로부터 주어지는 강화의 중요성을 강조하는 자기강화(self reinforcement) 개념을 제시하였다.

① ㄱ
② ㄴ
③ ㄱ, ㄴ
④ ㄴ, ㄷ, ㄹ
⑤ ㄱ, ㄴ, ㄷ, ㄹ

기출키워드 6 콜버그의 도덕성 발달이론

041

콜버그(L. Kohlberg)의 후인습적 수준의 도덕성에 관한 설명으로 옳은 것은? 17회

① 일반윤리에 의해 자신의 이익에 따라 행동을 판단한다.
② 개인 상호 간 대인관계의 조화를 바탕으로 행동한다.
③ 인간의 존엄성과 양심에 따라 자율적이고 독립적 판단이 가능하다.
④ 타인 중심에서 벗어나 개인의 욕구충족을 위해 행동한다.
⑤ 도덕적으로 옳고 법적으로도 타당할 때 충족된다.

042

콜버그(L. Kohlberg)의 도덕성 발달이론에 관한 설명으로 옳지 않은 것은? 20회

① 법과 질서 지향 단계는 인습적 수준에 해당한다.
② 피아제(J. Piaget)의 도덕성 발달이론에 기초를 제공하였다.
③ 전인습적 수준에서는 행동의 원인보다 결과에 따라 옳고 그름을 판단한다.
④ 보편적 윤리 지향 단계에서는 정의, 평등 등 인권적 가치와 양심적 행위를 지향한다.
⑤ 도덕적 딜레마가 포함된 이야기를 아동, 청소년 등에게 들려주고, 이야기 속 주인공의 행동에 대한 도덕적 판단과 그 근거를 질문한 후 그 응답에 따라 도덕성 발달 단계를 파악하였다.

043
콜버그(L. Kohlberg)의 이론에 관한 설명으로 옳은 것은? 23회

① 전인습적 수준: 사회적인 인정에 관심을 가지고 착한 행동을 함으로써 타인의 인정을 받고자 한다.
② 인습적 수준: 개인의 양심에 비추어 옳고 그름을 판단한다.
③ 인습적 수준: 행동의 결과가 가져오는 보상이나 처벌에 의해 옳고 그름을 판단한다.
④ 후인습적 수준: 사회질서의 유지를 위해 법과 규칙은 준수되어야 하지만, 민주적인 절차를 통해 바뀔 수 있다고 생각한다.
⑤ 후인습적 수준: 규칙을 준수하고 사회질서를 유지하는 것이 도덕적 행동이라 생각한다.

03 정신역동이론

기출키워드
- 프로이트의 정신분석이론 ★빈출
- 에릭슨의 심리사회이론
- 아들러의 개인심리이론
- 융의 분석심리이론

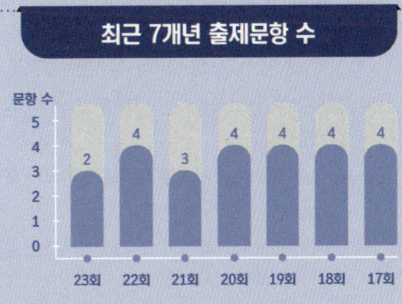
최근 7개년 출제문항 수

✓ 3회독 Check ☐☐☐ 기출 3회독은 필수!

문항번호 옆 '3회독 체크표'에는 문제를 풀면서 모든 선지를 정확히 알고 풀었으면 'O', 일부 선지를 모르는 문제에는 '△', 전체적인 개념 학습이 필요한 문제는 '×'를 표시하세요.

✓ 꽈배기 문제 는 빈출 개념에 대해 혼동을 유발하거나 오답을 유도하는 선지가 출제된 문제입니다. 꽈배기 문제 분석은 해설에서 확인할 수 있습니다.

기출키워드 7 프로이트의 정신분석이론 ★빈출

044 ☐☐☐
프로이트(S. Freud)의 정신분석이론에서 불안에 관한 설명으로 옳은 것을 모두 고른 것은?   17회

> ㄱ. 불안: 공포 상태로서 위급한 상황에 적합한 방법으로 반응하지 못하는 것이다.
> ㄴ. 현실적 불안: 자아가 지각한 현실세계에 있는 위협 상황에 대한 두려움이다.
> ㄷ. 신경증적 불안: 원초아의 충동이 의식될지도 모른다는 위협을 느낄 때 생기는 두려움이다.
> ㄹ. 도덕적 불안: 원초아와 초자아 간의 갈등에서 느끼는 양심에 대한 두려움이다.

① ㄱ, ㄷ   ② ㄴ, ㄹ   ③ ㄱ, ㄴ, ㄷ
④ ㄴ, ㄷ, ㄹ   ⑤ ㄱ, ㄴ, ㄷ, ㄹ

045 ☐☐☐
프로이트(S. Freud)의 심리성적발달단계에 관한 설명으로 옳은 것은?   19회

① 남근기: 동성 부모에 대한 동일시의 기제가 나타나는 시기이다.
② 항문기: 양육자와의 상호작용 과정에서 최초로 갈등을 경험하는 시기이다.
③ 구강기: 자율성과 수치심을 주로 경험하는 시기이다.
④ 생식기: 오이디푸스·엘렉트라 콤플렉스가 강해지는 시기이다.
⑤ 잠복기: 리비도(libido)가 항문 부위로 집중되는 시기이다.

046 ☐☐☐

프로이트(S. Freud)의 정신분석이론에 관한 설명으로 옳은 것을 모두 고른 것은? 20회

> ㄱ. 자아(ego)는 일차적 사고과정과 현실원칙을 따른다.
> ㄴ. 잠복기에 원초아(id)는 약해지고 초자아(superego)는 강해진다.
> ㄷ. 신경증적 불안은 자아의 욕구를 초자아가 통제하지 못하고 압도될 때 나타난다.
> ㄹ. 방어기제는 외부세계의 요구로부터 스스로를 보호하고자 하는 무의식적 시도이다.

① ㄷ   ② ㄱ, ㄷ   ③ ㄴ, ㄹ
④ ㄱ, ㄴ, ㄹ   ⑤ ㄱ, ㄴ, ㄷ, ㄹ

047 ☐☐☐

프로이트(S. Freud)의 정신분석이론에 관한 설명으로 옳은 것은? 21회

① 인간이 가진 자유의지의 중요성을 강조하였다.
② 거세불안과 남근선망은 주로 생식기(genital stage)에 나타난다.
③ 성격구조를 원초아, 자아, 초자아로 구분하였다.
④ 초자아는 현실원리에 지배되며 성격의 실행자이다.
⑤ 성격의 구조나 발달단계를 제시하지 않았다.

048 ☐☐☐

방어기제와 그 예시로 옳지 않은 것은? 22회

① 합리화(rationalization): 지원한 회사에 불합격한 후 그냥 한번 지원해본 것이며 합격했어도 다니지 않았을 것이라 생각한다.
② 억압(repression): 시험을 망친 후 성적발표 날짜를 아예 잊어버린다.
③ 투사(projection): 자신이 싫어하는 직장 상사에 대해서 상사가 자기를 싫어하기 때문에 사이가 나쁘다고 여긴다.
④ 반동형성(reaction formation): 관심이 가는 이성에게 오히려 짓궂은 말을 하게 된다.
⑤ 전치(displacement): 낮은 성적을 받은 이유를 교수가 중요치 않은 문제만 출제한 탓이라 여긴다.

049 ☐☐☐ 깐빼기 문제

프로이트(S. Freud)의 이론에 관한 설명으로 옳지 않은 것은? 23회

① 초자아(superego)의 특질은 자아 이상(ego ideal)과 양심(conscience)으로 구성된다.
② 프로이트(S. Freud)는 실수행위를 통해 무의식이 작용하는 증거를 파악하였다.
③ 내면화(introjection)는 심리적 갈등이 근육계통의 증상으로 나타나는 방어기제이다.
④ 자아(ego)는 2차적 사고과정과 현실원칙에 의해 지배된다.
⑤ 남자아이는 남근기에 오이디푸스 콤플렉스(Oedipus complex)로 인한 거세불안을 경험한다.

기출키워드 8 에릭슨의 심리사회이론

050 ☐☐☐

에릭슨(E. Erikson)의 심리사회적 발달단계에서 긍정적 결과와 주요 관계의 연결이 옳지 않은 것은? 17회

① 영아기(0~2세, 신뢰감 대 불신감): 지혜 – 어머니
② 유아기(2~4세, 자율성 대 수치심과 의심): 의지 – 부모
③ 학령전기(4~6세, 주도성 대 죄의식): 목적 – 가족
④ 아동기(6~12세, 근면성 대 열등감): 능력 – 이웃, 학교
⑤ 청소년기(12~19세, 자아정체감 대 정체감 혼란): 성실 – 또래 집단

051 ☐☐☐

에릭슨(E. Erikson)의 이론에 관한 설명으로 옳은 것은? 19회

① 발달에 영향을 미치는 유전적·생물학적 요인을 배제하였다.
② 발달에 영향을 미치는 사회적·문화적 요인을 인정하지 않았다.
③ 성인기 이후의 발달을 고려하지 않았다.
④ 자아(ego)의 자율적, 창조적 기능을 고려하지 않았다.
⑤ 과학적 근거나 경험적 증거가 미흡하다.

052

에릭슨(E. Erickson)의 심리사회이론에서 아동기 (7~12세) 발달과업을 성취하지 못할 경우 경험하는 심리사회적 위기는?   20회

① 불신감   ② 절망감   ③ 침체감
④ 고립감   ⑤ 열등감

053

에릭슨(E. Erikson)의 이론으로 옳지 않은 것은?   21회

① 개인의 성격은 전 생애를 통하여 발달한다.
② 청소년기의 주요 발달과업은 자아정체감 형성이다.
③ 각 단계의 발달은 이전 단계의 발달을 토대로 이루어진다.
④ 성격발달에 있어서 환경과의 상호작용이 중요하다고 본다.
⑤ 학령기(아동기)는 자율성 대 수치와 의심의 심리사회적 위기를 겪는다.

054

에릭슨(E. Erikson)의 심리사회적 발달단계 위기와 성취 덕목(virtue)이 옳게 연결된 것은?   22회

① 근면성 대 열등감 - 성실(fidelity)
② 주도성 대 죄의식 - 목적(purpose)
③ 신뢰 대 불신 - 의지(will)
④ 자율성 대 수치심과 의심 - 능력(competence)
⑤ 정체감 대 정체감 혼란 - 희망(hope)

기출키워드 9   아들러의 개인심리이론

055

아들러(A. Adler)의 이론에 관한 설명으로 옳은 것을 모두 고른 것은?   18회

> ㄱ. 인간을 사회적 존재로 보았다.
> ㄴ. 인간의 성격발달단계를 제시하였다.
> ㄷ. 출생순위, 가족과 형제관계에서의 경험은 생활양식에 영향을 준다.

① ㄱ   ② ㄴ   ③ ㄷ
④ ㄱ, ㄴ   ⑤ ㄱ, ㄷ

056

아들러(A. Adler)의 이론에 관한 설명으로 옳지 않은 것은?   19회

① 개인이 지닌 창조성과 주관성을 강조한다.
② 위기와 전념을 기준으로 생활양식을 4가지 유형으로 구분하였다.
③ 열등감은 모든 인간이 지닌 보편적인 감정이다.
④ 사회적 관심은 선천적으로 타고나는 것이다.
⑤ 개인이 추구하는 목표는 현실에서 검증하기 어려운 가상적 목표이다.

057

아들러(A. Adler)의 개인심리이론에 관한 설명으로 옳지 않은 것은?   20회

① 지배형 생활양식은 사회적 관심은 낮으나 활동수준이 높은 유형이다.
② 개인이 궁극적으로 추구하는 목적은 가상적 목표이다.
③ 인간은 목적론적 존재이다.
④ 아동에 대한 방임은 병적 열등감을 초래할 수 있다.
⑤ 사회적 관심은 선천적으로 타고나는 것이어서 의식적인 개발과 교육이 필요하지 않다.

058
아들러(A. Adler)의 이론에 관한 설명으로 옳은 것은?
22회

① 성격은 점성원리에 따라 발달한다.
② 개인의 창조성을 부정한다.
③ 무의식적 결정론을 고수하고 있다.
④ 유전적·환경적 요인의 중요성을 배제한다.
⑤ 인간을 목표지향적 존재로 본다.

059
아들러(A. Adler)의 이론에 관한 설명으로 옳지 않은 것은?
23회

① 인간은 사회적 관심에 의해 동기화된다.
② 출생 순위는 성격 형성에 영향을 준다.
③ 우월에 대한 추구는 선천적으로 타고나는 것이다.
④ 성격유형을 태도와 기능의 조합에 따라 구분했다.
⑤ 가상적 목표(fictional finalism)는 어려움에 부딪힐 때 효과적으로 대처하는 데 도움이 된다.

기출키워드 10 융의 분석심리이론

060
융(C. Jung)이 제시한 성격특성에 관한 설명으로 옳은 것을 모두 고른 것은?
17회

ㄱ. 외향형: 정신에너지(리비도)가 외부세계를 향하고 있다.
ㄴ. 감정형: 구체적이고 사실적인 측면에 초점을 두고 일관성 있는 현실수용을 중시한다.
ㄷ. 사고형: 객관적인 진실과 원리원칙에 의해 판단하며 논리적, 분석적이고 규범과 기준을 중시한다.
ㄹ. 직관형: 미래의 가능성과 육감에 초점을 두어 변화와 다양성을 중시하며 이성을 필요로 한다.

① ㄱ, ㄷ
② ㄴ, ㄹ
③ ㄱ, ㄴ, ㄷ
④ ㄴ, ㄷ, ㄹ
⑤ ㄱ, ㄴ, ㄷ, ㄹ

061
융(C. Jung)의 이론에 관한 설명으로 옳은 것은?
18회

① 남성의 여성적인 면은 아니무스(animus), 여성의 남성적인 면은 아니마(anima)이다.
② 원초아(id), 자아(ego), 초자아(super-ego)의 중요성을 강조한다.
③ 음영(shadow)은 자기나 자아상과 같은 개념으로 인간의 어둡고 동물적인 측면이다.
④ 페르소나(persona)는 개인이 외부세계에 보여주는 이미지이며, 사회적 요구에 대한 반응이다.
⑤ 집단무의식(collective unconscious)은 다양한 콤플렉스에 기초한다.

062
융(C. Jung)의 이론에 관한 설명으로 옳은 것을 모두 고른 것은?
19회

ㄱ. 자기(Self)는 중년기 이후에 나타나는 원형(archetype)이다.
ㄴ. 과거의 사건 및 미래에 대한 열망이 성격발달에 동시에 영향을 미친다.
ㄷ. 리비도(libido)는 전반적인 삶의 에너지를 말한다.
ㄹ. 성격발달은 개성화를 통한 자기실현의 과정이다.

① ㄴ
② ㄱ, ㄴ
③ ㄷ, ㄹ
④ ㄱ, ㄷ, ㄹ
⑤ ㄱ, ㄴ, ㄷ, ㄹ

063
융(C. Jung)의 분석심리이론에 관한 설명으로 옳은 것은?
20회

① 페르소나(persona)는 외부의 요구나 기대에 부응하는 과정에서 생긴 자아의 가면이라고 한다.
② 인간을 성(性)적 에너지인 리비도(libido)에 의해 지배되는 수동적 존재로 보았다.
③ 원형(archetype)이란 개인의 의식 속에 존재하는 유일한 정신기관이다.
④ 아니무스(animus)는 남성이 억압시킨 여성성이다.
⑤ 자아의 기능에서 감각(sensing)과 직관(intuiting)은 이성을 필요로 하는 합리적 기능이다.

064 ☐☐☐
융(C. Jung)의 이론으로 옳은 것을 모두 고른 것은?

21회

> ㄱ. 무의식을 개인무의식과 집단무의식으로 구분하였다.
> ㄴ. 그림자(shadow)는 인간에게 있는 동물적 본성을 포함하는 부정적인 측면이다.
> ㄷ. 페르소나(persona)는 개인이 외부세계에 보여주는 이미지 혹은 가면이다.
> ㄹ. 남성의 여성적 면은 아니무스(animus), 여성의 남성적 면은 아니마(anima)이다.

① ㄱ, ㄴ ② ㄷ, ㄹ ③ ㄱ, ㄴ, ㄷ
④ ㄱ, ㄴ, ㄹ ⑤ ㄱ, ㄴ, ㄷ, ㄹ

065 ☐☐☐
융(C. Jung)의 이론에 관한 설명으로 옳은 것은?

22회

① 정신분석(psychoanalysis)이론이라 불린다.
② 사회적 관심과 활동수준을 기준으로 심리적 유형을 8가지로 구분하였다.
③ 발달단계에 관하여 언급하지 않았다는 특징을 지니고 있다.
④ 개성화(individuation)를 통한 자기실현과정을 중요시 하였다.
⑤ 성격형성에 있어서 창조적 자기(creative self)의 역할을 강조하였다.

04 인본주의이론

기출키워드
- 매슬로우의 욕구이론
- 로저스의 현상학이론 ★빈출

최근 7개년 출제문항 수

☑ 3회독 Check ☐☐☐ 기출 3회독은 필수!
문항번호 옆 '3회독 체크표'에는 문제를 풀면서 모든 선지를 정확히 알고 풀었으면 'O', 일부 선지를 모르는 문제에는 '△', 전체적인 개념 학습이 필요한 문제는 '×'를 표시하세요.

☑ 꽈배기문제 는 빈출 개념에 대해 혼동을 유발하거나 오답을 유도하는 선지가 출제된 문제입니다. 꽈배기 문제 분석은 해설에서 확인할 수 있습니다.

기출키워드 11 매슬로우의 욕구이론

066 ☐☐☐
매슬로우(A. Maslow)의 이론에 관한 설명으로 옳지 않은 것은?   18회

① 인간의 창조성은 잠재적 본성이다.
② 각 개인은 통합된 전체로 간주된다.
③ 안전의 욕구는 소속과 사랑의 욕구보다 상위단계의 욕구이다.
④ 인간의 욕구는 자신을 성장하도록 동기부여한다.
⑤ 인간 본성에 대해서 낙관적인 태도를 보이고 있다.

067 ☐☐☐
매슬로우(A. Maslow)의 욕구이론에 관한 설명으로 옳지 않은 것은?   19회

① 생리적 욕구는 가장 하위단계에 있는 욕구이다.
② 극소수의 사람들만이 자아실현을 달성할 수 있다.
③ 자아실현의 욕구는 가장 상위단계에 있는 욕구이다.
④ 상위단계의 욕구는 하위단계의 욕구가 완전히 충족된 이후에 나타난다.
⑤ 인간의 욕구는 강도와 중요도에 따라 위계적으로 구성되어 있다.

068 ☐☐☐ 꽈배기문제
매슬로우(A. Maslow)의 이론에 관한 설명으로 옳은 것은?   20회

① 대부분의 사람들이 자아실현의 욕구를 달성한다.
② 자존감의 욕구는 소속과 사랑의 욕구보다 상위단계의 욕구이다.
③ 인간본성에 대해 비관적인 태도를 갖고 있다.
④ 인간의 성격은 환경에 의해 수동적으로 결정된다.
⑤ 무조건적인 긍정적 관심을 강조하였다.

069 ☐☐☐
매슬로우(A. Maslow)의 이론으로 옳지 않은 것은?   21회

① 인간에 대해 희망적이고 낙관적인 관점을 갖는다.
② 자아존중감의 욕구는 욕구 위계에서 가장 높은 단계이다.
③ 일반적으로 욕구 위계서열이 높을수록 욕구의 강도가 낮다.
④ 인간은 삶을 유지하려는 동기와 삶을 창조하려는 동기를 가진다.
⑤ 인간은 자아실현을 이루려고 노력하는 존재이다.

070
매슬로우(A. Maslow)의 이론에 관한 설명으로 옳은 것은? 23회

① 인간의 무의식을 강조하였다.
② 인간의 본성은 본래 선하다고 주장하였다.
③ 인간행동에 대한 환경결정론을 강조하였다.
④ 자기완성의 필수요인으로 열등감 극복을 강조하였다.
⑤ 모방학습의 중요성을 강조하였다.

기출키워드 12 로저스의 현상학이론 ★빈출

071
로저스(C. Rogers)의 이론이 사회복지실천에 미친 영향으로 옳지 않은 것은? 18회

① 비지시적인 상담의 중요성을 강조한다.
② 공감적 상담의 중요성을 강조한다.
③ 비심판적 태도는 원조관계에 유용하다.
④ 클라이언트의 자기결정권 중요성을 강조한다.
⑤ 클라이언트의 과거 정신적 외상의 중요성을 강조한다.

072
로저스(C. Rogers)의 이론에 관한 설명으로 옳은 것을 모두 고른 것은? 18회

ㄱ. 인간은 합목적적이며 건설적인 존재이다.
ㄴ. 모든 인간에게는 객관적 현실만 존재한다.
ㄷ. 완전히 기능하는 사람은 자신의 경험에 대해 개방적이다.
ㄹ. 무조건적인 긍정적 관심이 건강한 성격 발달을 위한 중요한 요소이다.

① ㄱ, ㄴ ② ㄴ, ㄷ ③ ㄱ, ㄴ, ㄷ
④ ㄱ, ㄷ, ㄹ ⑤ ㄱ, ㄴ, ㄷ, ㄹ

073
로저스(C. Rogers)의 이론에 관한 설명으로 옳지 않은 것은? 19회

① 개입 과정에서 상담가의 진실성 및 일치성을 강조하였다.
② 자아실현을 하는 사람을 완전히 기능하는 인간(fully functioning person)이라는 용어로 정리하였다.
③ 인간이 지닌 보편적·객관적 경험을 강조하였다.
④ 무조건적 긍정적 관심과 수용을 강조하였다.
⑤ 인간 본성이 지닌 낙관이고 긍정적인 측면을 강조하였다.

074
로저스(C. Rogers)의 이론에 관한 설명으로 옳은 것을 모두 고른 것은? 20회

ㄱ. 인간의 주관적 경험을 강조하였다.
ㄴ. 공감과 지시적인 상담을 강조하였다.
ㄷ. 인간을 통합적 존재로 규정하였다.
ㄹ. 인간의 욕구발달단계를 제시하였다.

① ㄱ ② ㄱ, ㄷ ③ ㄴ, ㄹ
④ ㄴ, ㄷ, ㄹ ⑤ ㄱ, ㄴ, ㄷ, ㄹ

075
로저스(C. Rogers)의 인본주의이론에 관한 설명으로 옳은 것을 모두 고른 것은? 21회

ㄱ. 인간의 주관적 경험을 강조한다.
ㄴ. 인간은 자아실현 경향을 가지고 있다.
ㄷ. 인간의 욕구발달단계를 제시했다.
ㄹ. 완전히 기능하는 사람은 자신의 경험에 개방적이다.

① ㄱ, ㄹ ② ㄴ, ㄷ ③ ㄱ, ㄴ, ㄹ
④ ㄴ, ㄷ, ㄹ ⑤ ㄱ, ㄴ, ㄷ, ㄹ

076 ☐☐☐
로저스(C. Rogers) 이론에 관한 설명으로 옳지 않은 것은?　　22회

① 개인의 잠재력 실현을 위하여 조건적 긍정적 관심의 제공이 중요함을 강조하였다.
② 자기실현을 완성하는 사람의 특성을 완전히 기능하는 사람(fully functioning person)이라는 용어로 제시하였다.
③ 클라이언트에 대한 공감적 이해의 중요성을 강조하였다.
④ 주관적이고 사적인 경험 세계를 강조하였다.
⑤ 인간을 긍정적이며 창조적인 존재로 보았다.

077 ☐☐☐
로저스(C. Rogers)의 이론에 관한 설명으로 옳지 않은 것은?　　23회

① 인간의 내재된 잠재력을 강조한다.
② 인간의 욕구발달단계를 제시한다.
③ 인간의 자아실현 경향성을 강조한다.
④ 인간의 주관적 경험을 강조한다.
⑤ 인간을 통합적 존재로 본다.

05 사회체계이론

기출키워드
- 일반체계이론 ★빈출
- 생태체계이론 ★빈출

최근 7개년 출제문항 수

✓ 3회독 Check ☐☐☐ 기출 3회독은 필수!

문항번호 옆 '3회독 체크표'에는 문제를 풀면서 모든 선지를 정확히 알고 풀었으면 'O', 일부 선지를 모르는 문제에는 '△', 전체적인 개념 학습이 필요한 문제는 '×'를 표시하세요.

✓ 꽈배기 문제 는 빈출 개념에 대해 혼동을 유발하거나 오답을 유도하는 선지가 출제된 문제입니다. 꽈배기 문제 분석은 해설에서 확인할 수 있습니다.

기출키워드 13 일반체계이론 ★빈출

078 ☐☐☐

사회체계이론의 개념 중 체계 내부 간 또는 체계 외부와의 상호작용이 증가함으로써 체계 내의 에너지양이 증가하는 것을 의미하는 것은? 18회

① 엔트로피(entropy)
② 시너지(synergy)
③ 항상성(homeostasis)
④ 넥엔트로피(negentropy)
⑤ 홀론(holon)

079 ☐☐☐

체계이론의 개념에 관한 설명으로 옳은 것을 모두 고른 것은? 19회

> ㄱ. 균형(equilibrium): 환경과 상호작용하기 위하여 체계의 구조를 변화시키는 과정 또는 상태
> ㄴ. 넥엔트로피(negentropy): 체계 내부의 유용하지 않은 에너지가 감소되는 상태
> ㄷ. 공유영역(interface): 두 개 이상의 체계가 공존하는 부분으로 체계 간의 교류가 일어나는 장소
> ㄹ. 홀론(holon): 외부와의 상호작용으로 체계 내의 에너지가 증가하는 현상 또는 상태

① ㄱ
② ㄱ, ㄹ
③ ㄴ, ㄷ
④ ㄴ, ㄷ, ㄹ
⑤ ㄱ, ㄴ, ㄷ, ㄹ

080
사회체계이론의 주요 개념에 관한 설명으로 옳지 않은 것은? 20회

① 넥엔트로피(negentropy)는 폐쇄체계가 지속되면 나타나는 현상이다.
② 항상성(homeostasis)은 비교적 안정적이며 지속적인 균형상태를 유지하기 위한 체계의 경향을 말한다.
③ 시너지(synergy)는 체계 내부 간 혹은 외부와의 상호작용이 증가함으로써 체계 내에서 유용한 에너지양이 증가하는 현상이다.
④ 경계(boundary)란 체계와 환경 혹은 체계와 체계 간을 구분하는 일종의 테두리를 의미한다.
⑤ 균형(equilibrium)은 외부체계로부터의 투입이 없어 체계의 구조변화가 거의 없이 고정된 평형상태를 의미한다.

081
다음에 해당하는 개념으로 옳은 것은? 22회

- 한 체계에서 일부가 변화하면 그 변화가 체계의 나머지 부분들의 변화를 초래하게 되는 개념을 말한다.
- 예시로는 회사에서 간부 직원이 바뀌었을 때, 파생적으로 나타나는 조직의 변화 및 직원 역할의 변화 등을 들 수 있다.

① 균형(equilibrium)
② 호혜성(reciprocity)
③ 안정상태(steady state)
④ 항상성(homeostasis)
⑤ 적합성(goodness of fit)

082
체계이론에 관한 설명으로 옳지 않은 것은? 22회

① 넥엔트로피(negentropy)란 체계를 유지하고, 발전을 도모하고, 생존하는 것을 의미한다.
② 항상성(homeostasis)은 비교적 안정적으로 균형상태를 유지하기 위한 체계의 경향을 말한다.
③ 경계(boundary)는 체계를 외부환경과 구분 짓는 둘레를 말한다.
④ 다중종결성(multifinality)은 서로 다른 경로와 방법을 통해 같은 결과에 도달할 수 있음을 말한다.
⑤ 부적 환류(negative feedback)는 체계가 목적 달성이 어려운 방식으로 움직이고 있다는 정보를 제공하여 체계의 변화를 도모한다.

083
사회체계이론에 관한 설명으로 옳은 것을 모두 고른 것은? 23회

ㄱ. 엔트로피(entropy)는 폐쇄체계에서 주로 나타난다.
ㄴ. 항상성(homeostasis)은 체계의 혼란과 무질서를 증가시킨다.
ㄷ. 체계(system)의 속성은 경계의 개방성과 침투성에 따라 결정된다.
ㄹ. 균형(equilibrium)은 주로 외부와의 교류가 활발한 개방체계에서 나타난다.

① ㄱ, ㄴ   ② ㄱ, ㄷ   ③ ㄴ, ㄹ
④ ㄷ, ㄹ   ⑤ ㄴ, ㄷ, ㄹ

기출키워드 14 생태체계이론 ★빈출

084 □□□
생태학의 주요 개념에 해당하는 것은? 17회

① 무의식 결정론
② 자아실현 경향성
③ 단선적 인과론
④ 개인의 창조적 힘
⑤ 개인-환경 간의 적합성

085 □□□
생태체계이론이 사회복지실천에 유용한 점으로 옳지 않은 것은? 17회

① 전체 체계를 고려하여 문제를 이해한다.
② 클라이언트와 사회복지사 간의 상호교류를 중시한다.
③ 각 체계들로부터 풍부한 정보의 획득이 가능하다.
④ 환경적 수준에 개입하는 근거를 제시한다.
⑤ 개인의 심리 역동적 변화의지 향상에 초점을 둔다.

086 □□□ 꽈배기문제
생태학적 이론에 관한 설명으로 옳지 않은 것은? 18회

① 개인을 환경과 상황 속에서 이해한다.
② 성격은 개인과 환경 사이의 상호작용의 산물이다.
③ 적합성은 인간의 욕구와 환경자원이 부합되는 정도를 말한다.
④ 생활상의 문제는 전체적 생활공간 내에서 이해한다.
⑤ 환경과의 상호작용에서 인간을 수동적인 존재로 본다.

087 □□□
생태학이론에 관한 설명으로 옳지 않은 것을 모두 고른 것은? 19회

ㄱ. 인간과 환경을 서로 영향을 주고받는 단일체계로 간주한다.
ㄴ. 인간본성에 대한 정신적·환경적 결정론을 이론적 바탕으로 한다.
ㄷ. 성격을 개인과 환경 사이의 상호 교류의 산물로 이해한다.
ㄹ. 타인과 관계를 맺는 인간의 능력은 환경과의 상호작용을 통하여 후천적으로 습득된다고 전제한다.

① ㄷ
② ㄱ, ㄷ
③ ㄴ, ㄹ
④ ㄱ, ㄴ, ㄹ
⑤ ㄱ, ㄴ, ㄷ, ㄹ

088 □□□
브론펜브레너(U. Bronfenbrenner)의 거시체계(macro system)에 관한 설명으로 옳은 것은? 19회

① 가족체계를 구성하는 요소는 개인이다.
② 역사적·사회적·문화적 요인에 의해서 형성되고 수정되는 특성이 있다.
③ 개인이 가장 밀접하게 상호작용하는 사회적·물리적 환경을 말한다.
④ 개인, 가족, 이웃, 소집단, 문화를 의미한다.
⑤ 인간의 삶과 행동에 일방적인 영향을 미친다.

089 □□□
브론펜브레너(U. Bronfenbrenner)의 미시체계(micro system)에 관한 설명으로 옳은 것은? 20회

① 개인의 생활에 직접적으로 개입하지 않는다.
② 조직수준에서 영향을 미칠 수 있는 체계이다.
③ 개인의 성장 시기에 따라 달라지며 상호호혜성에 기반을 두는 체계이다.
④ 개인의 발달에 영향을 미치는 부모의 직업, 자녀의 학교 등을 중시한다.
⑤ 개인이 사회관습과 유행을 통해 자신의 가치관을 표현한다.

090

생태체계이론에 관한 설명으로 옳지 않은 것은?
20회

① 인간은 목적 지향적이다.
② 적합성은 개인이 환경과 효과적으로 상호작용을 할 수 있는 능력이다.
③ 생활상의 문제는 전체 생활공간 내에서 이해해야 한다.
④ 스트레스는 개인과 환경 간 상호교류에서의 불균형이 야기하는 현상이다.
⑤ 환경 속의 인간을 강조한다.

091

생태체계이론의 유용성에 관한 설명으로 옳지 않은 것은?
21회

① 문제에 대한 총체적 이해와 조망을 제공한다.
② 각 체계들로부터 다양하고 객관적인 정보획득이 용이하다.
③ 각 환경 수준별 개입의 근거를 제시한다.
④ 구체적인 방법과 기술 제시에는 한계가 있다.
⑤ 개인보다 가족, 집단, 공동체 등의 문제에 적용하는 데 유용하다.

092

생태체계이론의 주요 개념에 관한 설명으로 옳은 것은?
21회

① 시너지는 폐쇄체계 내에서 체계 구성요소들 간 유용한 에너지의 증가를 의미한다.
② 엔트로피는 체계 내 질서, 형태, 분화 등이 정돈된 상태이다.
③ 항상성은 모든 사회체계의 기본 속성으로 체계의 목표와 정체성을 유지하려는 의도적 노력에 의해 수정된다.
④ 피드백은 체계의 순환적 성격을 반영하는 개념으로 안정 상태를 유지하는 데 필요하다.
⑤ 적합성은 인간의 적응 욕구와 환경자원의 부합 정도로서 특정 발달단계에서 성취된다.

093

생태체계이론의 중간체계(meso system)에 관한 설명으로 옳은 것은?
22회

① 미시체계 간의 상호작용에 초점을 둔다.
② 개인이 직접적으로 대면하는 체계를 의미한다.
③ 신념, 태도, 전통 등을 통해 영향력을 행사한다.
④ 대표적인 중간체계로 가족과 집단을 들 수 있다.
⑤ 문화, 정치, 사회, 법, 종교 등이 해당된다.

094

브론펜브레너(U. Bronfenbrenner)의 생태체계이론에서 다음에 해당하는 개념으로 옳은 것은?
22회

- 전 생애에 걸쳐 발생하는 변화와 사회역사적인 환경을 포함한다.
- 인간의 생에 단일 사건뿐 아니라 시간의 경과와 함께 연속적으로 일어나는 사건들이 누적되어 영향을 미친다는 것을 보여주고 있다.

① 미시체계(micro system)
② 외체계(exo system)
③ 거시체계(macro system)
④ 환류체계(feedback system)
⑤ 시간체계(chrono system)

095 ☐☐☐

브론펜브레너(U. Bronfenbrenner)의 중간체계 (meso system)에 관한 설명으로 옳은 것은? 23회

① 가족, 친구, 학교, 종교단체 등이 포함된다.
② 부모와 교사와의 관계, 형제 관계 등을 말한다.
③ 신념, 태도, 전통을 통해 개인에게 영향을 준다.
④ 아동의 발달에 영향을 주는 학교위원회가 해당된다.
⑤ 개인이 어느 시대에 출생했는지에 관심을 둔다.

096 ☐☐☐

브론펜브레너(U. Bronfenbrenner)의 미시체계 (micro system)에 관한 설명으로 옳은 것을 모두 고른 것은? 23회

> ㄱ. 인간이 가장 밀접하게 상호작용하는 사회환경을 말한다.
> ㄴ. 전 생애에 걸쳐 일어나는 개인의 변화와 사회 역사적 환경을 포함한다.
> ㄷ. 개인이 직접 참여하지 않으나, 부모의 직장, 형제가 속한 학급 등이 포함된다.

① ㄱ ② ㄱ, ㄴ ③ ㄱ, ㄷ
④ ㄴ, ㄷ ⑤ ㄱ, ㄴ, ㄷ

097 ☐☐☐

생태체계이론과 사회복지실천의 연관성으로 옳지 않은 것은? 23회

① 문제에 대한 총체적 이해와 접근을 용이하게 해준다.
② 사회복지실천을 위한 사정 도구로서 유용성을 가진다.
③ 환경의 체계 수준별 개입 근거를 제시한다.
④ 각 체계들로부터 다양한 정보획득이 용이하다.
⑤ 원인과 결과의 단선적 인과관계를 강조한다.

06 환경체계

기출키워드
- 가족체계
- 집단체계
- 지역사회체계
- 문화체계

최근 7개년 출제문항 수

☑ 3회독 Check ☐☐☐ 기출 3회독은 필수!

문항번호 옆 '3회독 체크표'에는 문제를 풀면서 모든 선지를 정확히 알고 풀었으면 'O', 일부 선지를 모르는 문제에는 '△', 전체적인 개념 학습이 필요한 문제는 '×'를 표시하세요.

☑ 꽈배기 문제 는 빈출 개념에 대해 혼동을 유발하거나 오답을 유도하는 선지가 출제된 문제입니다. 꽈배기 문제 분석은 해설에서 확인할 수 있습니다.

기출키워드 15 가족체계

098 ☐☐☐
개방형 가족체계에 관한 설명으로 옳은 것은? 18회

① 외부체계와의 상호작용을 하지 않는다.
② 체계 내의 가족기능은 쇠퇴하게 된다.
③ 에너지, 정보, 자원을 다른 체계들과 교환한다.
④ 주변 환경으로부터 고립되어 있다.
⑤ 지역사회와의 교류가 제한된다.

기출키워드 16 집단체계

099 ☐☐☐
집단에 관한 설명으로 옳은 것은? 18회

① 일차집단(primary group)은 목적 달성을 위해 인위적으로 만들어진 집단이다.
② 이차집단(secondary group)은 혈연이나 지연을 바탕으로 자연발생적으로 이루어진 집단이다.
③ 자연집단(natural group)은 특정위원회나 팀처럼 일정한 목적을 갖는 것이 특징이다.
④ 자조집단(self-help group)은 유사한 어려움과 관심사를 가진 구성원들의 경험을 나누며 바람직한 변화를 추구한다.
⑤ 개방집단(open-end group)은 집단이 진행되는 동안 새로운 구성원의 입회가 불가능하다.

100
집단에 관한 설명으로 옳은 것은? 21회

① 2차 집단은 인간의 성격 형성을 목적으로 한다.
② 개방집단은 구성원의 개별화와 일정 수준 이상의 심도 깊은 목적 달성에 적합하다.
③ 구성원의 상호작용이 중요하므로 최소 단위는 4인 이상이다.
④ 형성집단은 특정 목적 없이 만들 수 있다.
⑤ 집단활동을 통해 집단에 관한 정체성인 '우리의식'이 형성된다.

기출키워드 17 지역사회체계

101
다양한 사회체계에 관한 설명으로 옳은 것은? 17회

① 조직의 경계 속성은 조직의 유지 및 변화와 관련이 없다.
② 가족체계 내 반복적 상호작용은 구성원들의 행동에 영향을 미치지 않는다.
③ 집단체계의 전체는 하위체계인 개개인의 고유한 특성의 총합과 동일하다.
④ 지역사회는 완전개방체계의 속성을 유지한다.
⑤ 가상공간은 시공을 초월하여 새로운 공동체 형성을 가능하게 한다.

102 꽈배기문제
체계로서의 지역사회에 관한 설명으로 옳은 것을 모두 고른 것은? 22회

> ㄱ. 지역을 중심으로 형성된 공동체적 특징을 지닌다.
> ㄴ. 구성원에게 사회규범에 순응하도록 규제하는 사회통제의 기능을 지닌다.
> ㄷ. 사회가 향유하는 지식, 가치 등을 구성원에게 전달하는 기능을 지닌다.
> ㄹ. 외부와 상호작용을 통하여 엔트로피(entropy) 상태를 유지하는 것이 필요하다.

① ㄱ
② ㄱ, ㄴ
③ ㄱ, ㄴ, ㄷ
④ ㄴ, ㄷ, ㄹ
⑤ ㄱ, ㄴ, ㄷ, ㄹ

기출키워드 18 문화체계

103
사회체계로서 문화에 관한 설명으로 옳은 것은? 17회

① 미시체계에 해당된다.
② 후천적으로 습득되기보다는 타고나는 것이다.
③ 구성원 간 공유되는 생활양식으로 다른 사회 구성원과 구별된다.
④ 규범적 문화는 종교적 신념, 신화, 사상 등으로 구성된다.
⑤ 문화는 외부의 요구와 무관하게 고정되어 있다.

104
문화에 관한 설명으로 옳지 않은 것은? 20회

① 사회체계로서 중간체계에 해당된다.
② 사회구성원들 간에 공유된다.
③ 문화변용은 둘 이상의 문화가 지속적으로 접촉하여 한쪽이나 양쪽에 변화가 일어나는 현상이다.
④ 세대 간에 전승되며 축적된다.
⑤ 사회화에 대한 지침을 제공한다.

105 꽈배기문제
문화에 관한 설명으로 옳은 것은? 21회

① 선천적으로 습득된다.
② 개인행동에 대한 규제와 사회통제의 기능은 없다.
③ 고정적이며 구체적이다.
④ 다른 사회의 구성원과 구별되는 공통적 속성이 있다.
⑤ 다양성은 차별을 의미한다.

106 ☐☐☐

다문화에 관한 설명으로 옳지 않은 것은? 21회

① 대표적인 사회문제로 인종차별이 있다.
② 다양한 문화를 수용하고 문화의 단일화를 지향한다.
③ 서구화, 근대화, 세계화는 다문화의 중요성을 표면으로 부상시켰다.
④ 동화주의는 이민을 받는 사회의 문화적 우월성을 전제로 한다.
⑤ 용광로 개념은 동화주의와 관련이 있다.

07 인간의 성장발달단계

기출키워드
- 태아기
- 영아기 ★빈출
- 유아기 ★빈출
- 아동기
- 청소년기 ★빈출
- 청년기
- 장년기
- 노년기

최근 7개년 출제문항 수

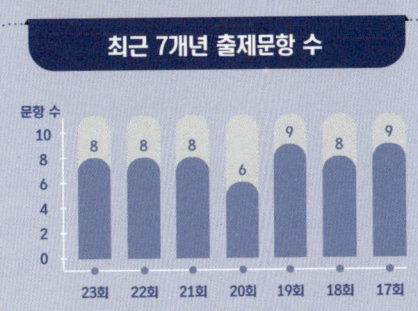

✓ 3회독 Check ☐☐☐ 기출 3회독은 필수!

문항번호 옆 '3회독 체크표'에는 문제를 풀면서 모든 선지를 정확히 알고 풀었으면 'O', 일부 선지를 모르는 문제에는 '△', 전체적인 개념 학습이 필요한 문제는 'X'를 표시하세요.

✓ 꽈배기문제 는 빈출 개념에 대해 혼동을 유발하거나 오답을 유도하는 선지가 출제된 문제입니다. 꽈배기문제 분석은 해설에서 확인할 수 있습니다.

기출키워드 19 태아기

107 ☐☐☐
태아기에 관한 설명으로 옳지 않은 것은? 17회

① 수정이 이루어지는 순간부터 출생하기까지의 시기를 말한다.
② 태내발달은 어머니의 영양상태, 학력, 질병 등으로부터 영향을 받는다.
③ 임신부 연령은 임신부와 태아 모두에게 영향을 미칠 수 있다.
④ 태아는 임신부의 정서 상태로부터 영향을 받을 수 있다.
⑤ 약물은 태아에게 치명적인 영향을 미칠 수 있다.

108 ☐☐☐ 꽈배기문제
태내기(prenatal period)의 발달에 관한 설명으로 옳지 않은 것은? 18회

① 환경호르몬, 방사능 등 외부환경과 임신부의 건강상태, 정서상태, 생활습관 등이 태아의 발달에 영향을 미친다.
② 터너(Turner)증후군은 남아가 XXY, XXXY 등의 성염색체를 가져 외모는 남성이지만 사춘기에 여성적인 2차 성징이 나타난다.
③ 양수검사는 임신초기에 할 경우 자연유산의 위험성이 있으므로 임신중기에 실시하는 것이 좋다.
④ 융모막검사는 정확도가 양수검사에 비해 떨어지고 유산의 위험성이나 사지 기형의 가능성이 있어 염색체 이상이나 노산일 경우에 제한적으로 실시하는 것이 좋다.
⑤ 다운증후군은 23쌍의 염색체 중 21번 염색체가 하나 더 존재해서 유발된다.

109
태내기(수정~출산)에 관한 설명으로 옳지 않은 것은? 19회

① 성염색체 이상증세로는 클라인펠터증후군(Klinefelter's syndrome), 터너증후군(Turner's syndrome)이 있다.
② 임산부의 심각하고 지속적인 불안은 높은 비율의 유산이나 난산, 조산, 저체중아 출산과 연관이 있다.
③ 태아의 성장, 발육을 위하여 칼슘, 단백질, 철분, 비타민 등을 충분히 섭취하여야 한다.
④ 다운증후군은 48개의 염색체를 가짐으로써 나타나는 증후군이다.
⑤ 기형발생물질이란 태내 발달에 영향을 미쳐 심각한 손상을 일으키는 환경적 매개물을 말한다.

110
태내기(수정~출산)에 유전적 요인으로 인해 발생할 수 있는 장애에 관한 설명으로 옳은 것은? 20회

① 다운증후군은 지능 저하를 동반하지 않는다.
② 헌팅톤병은 열성 유전인자 질병으로서 단백질의 대사장애를 일으킨다.
③ 클라인펠터증후군은 X염색체를 더 많이 가진 남성에게 나타난다.
④ 터너증후군은 Y염색체 하나가 더 있는 남성에게 나타난다.
⑤ 혈우병은 여성에게만 발병한다.

111
다음 중 태내기(수정~출산)에 관한 설명으로 옳지 않은 것은? 22회

① 배종기(germinal period)는 수정 후 수정란이 자궁벽에 착상할 때까지의 시기를 말한다.
② 임신 3개월이 지나면 태아의 성별구별이 가능해진다.
③ 양수검사(amniocentesis)를 통해서 다운증후군 등 다양한 유전적 결함을 판별할 수 있다.
④ 임신 중 어머니의 과도한 음주는 태아알콜증후군(fetal alcohol syndrome)을 초래할 수 있다.
⑤ 배아의 구성은 외배엽과 내배엽으로 이루어지며, 외배엽은 폐, 간, 소화기관 등을 형성하게 된다.

기출키워드 20 영아기 ★빈출

112
영아기(0~2세)의 발달 특성으로 옳은 것을 모두 고른 것은? 17회

ㄱ. 외부자극에 주로 반사운동을 한다.
ㄴ. 주 양육자와 관계를 바탕으로 신뢰감을 형성한다.
ㄷ. 대상영속성이 발달한다.
ㄹ. 서열화 사고의 특징을 나타낸다.

① ㄱ, ㄴ   ② ㄷ, ㄹ   ③ ㄱ, ㄴ, ㄷ
④ ㄱ, ㄷ, ㄹ   ⑤ ㄱ, ㄴ, ㄷ, ㄹ

113
영아기(0~2세)에 관한 설명으로 옳지 않은 것은? 18회

① 제1성장 급등기라고 할 정도로 일생 중 신체적으로 급격한 성장이 일어난다.
② 프로이트(S. Freud)의 구강기, 피아제(J. Piaget)의 감각운동기에 해당된다.
③ 생존반사로는 연하반사(삼키기반사), 빨기반사, 바빈스키반사, 모로반사 등이 있다.
④ 대상이 눈에 보이지 않아도 존재한다는 사실을 인식할 수 있는 대상영속성이 습득된다.
⑤ 양육자와의 애착관계형성은 사회·정서적 발달에 매우 중요하다.

114
영아기(0~2세)에 관한 설명으로 옳지 않은 것은? 19회

① 양육자와의 애착형성은 사회·정서적 발달에 중요하다.
② 피아제(J. Piaget)의 감각운동기에 해당한다.
③ 프로이트(S. Freud)의 구강기에 해당한다.
④ 에릭슨(E. Erikson)의 자율성 대 수치심 단계에 해당한다.
⑤ 제1성장 급등기라고 할 정도로 일생 중 신체적으로 급격한 성장이 일어난다.

115 ☐☐☐
영아기(0~2세)에 관한 설명으로 옳지 않은 것은?
21회

① 인지발달은 감각기관과 운동기능을 통해 이루어지며 언어나 추상적 개념은 포함되지 않는다.
② 정서발달은 긍정적 정서를 표현하는 것에서 시작하여 점차 부정적 정서까지 표현하게 된다.
③ 언어발달은 인지 및 사회성 발달과 밀접한 관련이 있다.
④ 영아와 보호자 사이에 애착관계 형성이 중요하다.
⑤ 낯가림이 시작된다.

116 ☐☐☐ 꽈배기문제
영아기(0~2세)에 관한 설명으로 옳은 것은?
22회

① 콜버그(L. Kohlberg): 전인습적 도덕기에 해당한다.
② 에릭슨(E. Erikson): 주 양육자와의 "신뢰 대 불신"이 중요한 시기이다.
③ 피아제(J. Piaget): 보존(conservation) 개념이 확립되는 시기이다.
④ 프로이트(S. Freud): 거세불안(castration anxiety)을 경험하는 시기이다.
⑤ 융(C. Jung): 생활양식이 형성되는 시기이다.

117 ☐☐☐
영아기(0~2세)의 특징으로 옳은 것은?
23회

① 애착관계를 형성한다.
② 분류화 개념을 획득한다.
③ 서열화를 획득한다.
④ 오이디푸스 콤플렉스(Oedipus complex)를 경험한다.
⑤ 상징적 사고가 활발한 시기이다.

기출키워드 21 유아기 ★빈출

118 ☐☐☐ 꽈배기문제
유아기(3~6세)의 발달특성에 관한 설명으로 옳지 않은 것은?
17회

① 피아제(J. Piaget)의 전조작기의 시기로 분리불안이 나타난다.
② 프로이트(S. Freud)의 오이디푸스 콤플렉스 시기로 이성 부모에게 관심을 갖게 된다.
③ 콜버그(L. Kohlberg)의 도덕발달단계에서는 보상 또는 처벌 회피를 위해 행동한다.
④ 에릭슨(E. Erikson)의 주도성 대 죄의식 단계로 부모와 가족이 가장 큰 영향을 미친다.
⑤ 성적 정체성(gender identity)이 발달하는 시기이다.

119 ☐☐☐
유아기(3~6세)의 발달에 관한 설명으로 옳은 것은?
18회

① 프로이트(S. Freud)의 오이디푸스 콤플렉스와 엘렉트라 콤플렉스가 일어나는 시기이다.
② 콜버그(L. Kohlberg)의 후인습적 단계의 도덕적 사고가 나타나는 시기이다.
③ 피아제(J. Piaget)의 자율적 도덕성의 단계이다.
④ 심리사회적 유예가 일어나는 시기이다.
⑤ 보존기술, 분류기술 등 기본적 논리체계가 획득된다.

120 ☐☐☐
유아기(3~6세)에 관한 설명으로 옳지 않은 것은?
19회

① 프로이트(S. Freud)의 오이디푸스·엘렉트라 콤플렉스가 나타나는 시기이다.
② 콜버그(L. Kohlberg)의 도덕발달단계에서는 보상 또는 처벌회피를 위해 행동을 하는 시기이다.
③ 에릭슨(E. Erikson)의 주도성 대 죄의식 단계에 해당한다.
④ 성적 정체성(gender identity)이 발달하는 시기이다.
⑤ 영아기(0~2세)에 비해 성장속도가 빨라지는 특성을 보인다.

121
유아기(3~6세)에 관한 설명으로 옳지 않은 것은? 20회

① 영아기(0~2세)보다 성장속도가 느려진다.
② 성역할의 내면화가 이루어진다.
③ 오로지 자신의 관점에 비추어 타인의 감정이나 사고를 예측하는 경향이 있다.
④ 피아제(J. Piaget)의 형식적 조작기에 해당한다.
⑤ 전환적 추론이 가능하다.

122
유아기(3~6세)에 관한 설명으로 옳은 것은? 21회

① 남아는 오이디푸스 콤플렉스를 경험하고 여아는 엘렉트라 콤플렉스를 경험한다.
② 콜버그(L. Kohlberg)에 의하면 인습적 수준의 도덕성 발달단계를 보인다.
③ 피아제의 구체적 조작기에 해당되며 상징적 사고가 가능하다.
④ 인지발달은 상위 개념과 하위 개념을 구분하여 완전한 수준의 분류능력을 보인다.
⑤ 영아기에 비해 성장 속도가 빨라지며 지속적으로 성장한다.

123
유아기(3~6세)에 관한 설명으로 옳지 않은 것은? 22회

① 자신의 성을 인식하는 성 정체성이 발달한다.
② 놀이를 통한 발달이 활발한 시기이다.
③ 신체적 성장이 영아기(0~2세)보다 빠른 속도로 진행된다.
④ 언어발달이 현저하게 이루어지는 시기이다.
⑤ 정서적 표현의 특징은 일시적이며 유동적이다.

124
유아기(3~6세)의 발달특성에 관한 설명으로 옳지 않은 것은? 23회

① 성역할의 내면화가 이루어진다.
② 영아기(0~2세)보다 발달속도가 느려진다.
③ 에릭슨(E. Erikson)의 주도성 대 죄책감 단계에 해당된다.
④ 프로이트(S. Freud)의 남근기에 해당된다.
⑤ 피아제(J. Piaget)의 자율적 도덕성 단계에 도달한다.

기출키워드 22 아동기

125
아동기(7~12세)에 관한 설명으로 옳은 것은? 17회

① 자아중심적 사고 특성을 나타낸다.
② 동성 또래 관계를 통해 사회화를 경험한다.
③ 신뢰감 대 불신감이 형성되는 시기이다.
④ 심리사회적 유예기간이다.
⑤ 경험하지 않고도 추론이 가능해진다.

126
아동기(7~12세)의 발달에 관한 설명으로 옳은 것을 모두 고른 것은? 18회

ㄱ. 에릭슨(E. Erikson)의 심리 사회적 위기 중 솔선성 대 죄의식(initiative vs guilt)에 해당된다.
ㄴ. 조합기술을 획득하기 위해서는 가역성, 보상성, 동일성의 원리에 대한 이해가 필요하다.
ㄷ. 단체놀이를 통해 개인의 목표가 단체의 목표에 속함을 인식하고 노동배분(역할분담)의 개념을 학습한다.
ㄹ. 추상적 사고가 가능해져서 미래의 사건을 예측할 수 있는 가설적, 연역적 사고가 발달한다.

① ㄱ ② ㄷ ③ ㄱ, ㄷ
④ ㄴ, ㄷ ⑤ ㄴ, ㄹ

127
아동기(7~12세)에 관한 설명으로 옳은 것을 모두 고른 것은?   19회

ㄱ. 보존개념을 획득한다.
ㄴ. 분류화·유목화가 가능하다.
ㄷ. 동성 또는 집단의 유대관계가 강화된다.
ㄹ. 자아정체감을 획득한다.

① ㄱ   ② ㄴ, ㄹ   ③ ㄱ, ㄴ, ㄷ
④ ㄱ, ㄷ, ㄹ   ⑤ ㄴ, ㄷ, ㄹ

128
아동기(7~12세)에 관한 설명으로 옳은 것을 모두 고른 것은?   21회

ㄱ. 제1의 반항기이다.
ㄴ. 조합기술의 획득으로 사칙연산이 가능해진다.
ㄷ. 객관적, 논리적 사고가 가능해진다.
ㄹ. 정서적 통제와 분화된 정서 표현이 가능해진다.
ㅁ. 타인의 입장을 고려하지 못한다.

① ㄴ, ㄷ   ② ㄱ, ㄴ, ㄹ   ③ ㄴ, ㄷ, ㄹ
④ ㄷ, ㄹ, ㅁ   ⑤ ㄱ, ㄷ, ㄹ, ㅁ

129
아동기(7~12세)의 발달에 관한 설명으로 옳은 것을 모두 고른 것은?   22회

ㄱ. 프로이트(S. Freud): 성 에너지(리비도)가 무의식 속에 잠복하는 잠재기(latency)
ㄴ. 피아제(J. Piaget): 보존, 분류, 유목화, 서열화 등의 개념을 점차적으로 획득
ㄷ. 콜버그(L. Kohlberg): 인습적 수준의 도덕성 발달단계로 옮겨가는 시기
ㄹ. 에릭슨(E. Erikson): "주도성 대 죄의식"의 발달이 중요한 시기

① ㄱ, ㄴ   ② ㄴ, ㄹ   ③ ㄱ, ㄴ, ㄷ
④ ㄱ, ㄷ, ㄹ   ⑤ ㄴ, ㄷ, ㄹ

130
생애주기와 발달적 특징의 연결로 옳지 않은 것은?   22회

① 영아기(0~2세) – 애착발달
② 아동기(7~12세) – 자아정체감 확립
③ 청소년기(13~19세) – 제2차 성징의 발달
④ 중년기(40~64세) – 신진대사의 저하
⑤ 노년기(65세 이상) – 내향성과 수동성의 증가

131
아동기(7~12세)의 발달에 관한 설명으로 옳지 않은 것은?   23회

① 가역적 사고가 발달한다.
② 단체놀이를 통해 분업의 원리를 학습한다.
③ 운동기술이나 근육의 협응능력이 정교해진다.
④ 형식적 조작사고에서 구체적 조작사고로 전환된다.
⑤ 에릭슨(E. Erikson)은 근면성의 발달을 중요한 과업으로 보았다.

기출키워드 23 청소년기 ★빈출

132
청소년기(13~19세)에 관한 설명으로 옳지 않은 것은?   17회

① 구체적 조작기에 해당한다.
② 부모의 권위에 도전하며 잦은 갈등을 겪는 시기이다.
③ 동년배 집단에 참여하여 다양한 경험을 한다.
④ 심리적 이유기라고도 한다.
⑤ 애착대상이 부모에서 친구로 이동한다.

133

청소년기(13~19세)에 관한 설명으로 옳지 않은 것은? 18회

① 신체적 성장이 급속히 이루어진다는 점에서 제2의 성장급등기라고 한다.
② 어린이도 성인도 아니라는 점에서 주변인이라고 불린다.
③ 상상적 청중과 개인적 우화는 청소년기에 타인을 배려하는 사고가 반영된 예이다.
④ 피아제(J. Piaget)의 인지발달과정 중 형식적 조작기에 해당된다.
⑤ 정서적 변화가 급격히 일어난다는 점에서 질풍노도의 시기라고 한다.

134

마샤(J. Marcia)의 자아정체감 유형에 속하지 않는 것은? 18회

① 정체감 수행(identity performance)
② 정체감 혼란(identity diffusion)
③ 정체감 성취(identity achievement)
④ 정체감 유예(identity moratorium)
⑤ 정체감 유실(identity foreclosure)

135

청소년기(13~19세)의 성적 성숙에 관한 설명으로 옳은 것은? 19회

① 성적 성숙에는 개인차가 있고 발달의 순서 또한 일정하지 않다.
② 여성은 난소에서 에스트로겐이 분비되어 초경, 가슴 발육, 음모, 겨드랑이 체모 등의 순으로 성적 성숙이 진행된다.
③ 남성은 고환에서 분비되는 안드로겐의 영향으로 음모, 고환과 음경 확대, 겨드랑이 체모, 수염 등의 순으로 성적 성숙이 진행된다.
④ 일차성징은 성적 성숙의 생리적 징후로서 여성의 가슴 발달과 남성의 넓은 어깨를 비롯하여 변성, 근육 발달 등의 변화가 나타나는 것을 말한다.
⑤ 이차성징은 여성의 난소, 나팔관, 자궁, 질, 남성의 고환, 음경, 음낭 등 생식을 위해 필요한 기관의 발달을 말한다.

136

엘킨드(D. Elkind)가 제시한 청소년기(13~19세) 자기중심성(egocentrism)에 관한 내용으로 옳지 않은 것은? 20회

① 다른 사람이 경험하는 위기가 자신에게는 일어나지 않으리라 믿는다.
② 상상적 관중을 의식하여 작은 실수에 대해서도 번민한다.
③ 자신의 감정이나 경험이 매우 특별하다고 생각한다.
④ 자신과 타인에 대해 객관적으로 이해하고 판단한다.
⑤ 자신이 타인으로부터 집중적인 관심의 대상이 된다고 믿는다.

137

청소년기(13~19세)에 관한 설명으로 옳지 않은 것은? 21회

① 친밀감 형성이 주요 발달과업이다.
② 신체적 발달이 활발하여 제2의 성장 급등기로 불린다.
③ 특징적 발달 중 하나로 성적 성숙이 있다.
④ 정서의 변화가 심하며 극단적 정서를 경험하기도 한다.
⑤ 추상적 이론과 관념적 사상에 빠져 때로 부정적 정서를 경험한다.

138

청소년기(13~19세)에 관한 설명으로 옳지 않은 것은? 22회

① 신체적 측면에서 제2의 급성장기이다.
② 심리적 이유기의 특징을 보인다.
③ 부모보다 또래집단의 영향력이 커진다.
④ 피아제(J. Piaget)에 의하면 비가역적 사고의 특징이 나타나는 시기이다.
⑤ 프로이트(S. Freud)의 심리성적발달단계에서 생식기에 해당한다.

139
청소년기(13~19세)의 발달에 관한 설명으로 옳은 것은? 23회

① 조합기술(combination skill)이 획득된다.
② 가설연역적 사고에서 경험귀납적 사고로 전환된다.
③ 마샤(J. Marcia)는 자아정체감을 4가지 유형으로 구분했다.
④ 2차 성징은 직접적인 생식기능과 관련된 성적 성숙이다.
⑤ 상상적 청중(imaginary audience)과 개인적 우화(personal fable)를 통해 자아중심성에서 벗어날 수 있다.

140
생애주기별 특징에 관한 설명으로 옳은 것은? 23회

① 영아기(0~2세) – 성역할 인식 확립
② 아동기(7~12세) – 대상영속성 형성
③ 청소년기(13~19세) – 자아정체감 확립
④ 중년기(40~64세) – 자아통합 완성
⑤ 노년기(65세 이상) – 친밀감 형성

기출키워드 24 청년기

141
청년기(20~35세)에 관한 설명으로 옳지 않은 것은? 17회

① 부모로부터의 독립에 대한 양가감정에서 해방된다.
② 직업의 준비와 선택은 주요한 발달과업이다.
③ 사랑하고 보살피는 능력이 심화되는 시기이다.
④ 사회적 성역할 정체감이 확립되는 시기이다.
⑤ 친밀감 형성과 성숙한 사회관계 성취가 중요하다.

142
하비거스트(R. Havighurst)의 청년기(20~35세) 발달과업으로 옳지 않은 것은? 19회

① 배우자 선택
② 직장생활 시작
③ 경제적 수입 감소에 따른 적응
④ 사회적 집단 형성
⑤ 직업의 준비와 선택

143
청년기(20~35세)에 관한 설명으로 옳지 않은 것은? 20회

① 자기 부양 능력을 갖추어야 하는 시기이다.
② 자아정체감 형성이 주요 발달 과제인 시기이다.
③ 부모로부터 심리적, 경제적으로 독립하여 자율성을 성취하는 시기이다.
④ 개인적 욕구와 사회적 욕구 사이에 균형을 찾아 직업을 선택하는 시기이다.
⑤ 타인과의 관계에서 친밀감을 형성하면서 결혼과 부모 됨을 고려하는 시기이다.

144
청년기(20~39세)에 관한 설명으로 옳은 것은? 22회

① 에릭슨(E. Erikson)은 근면성의 발달을 중요한 과업으로 보았다.
② 다른 시기에 비하여 경제적으로 안정되어 있고 직업에서도 높은 지위와 책임을 갖게 된다.
③ 빈둥지 증후군을 경험하는 시기이다.
④ 또래와의 상호작용을 통하여 자아개념이 발달하기 시작한다.
⑤ 직업 준비와 직업선택에 대한 의사결정을 하는 시기이다.

145 ☐☐☐
청년기(20~39세)의 발달에 관한 설명으로 옳은 것은?
23회

① 자아통합이 완성되는 시기로 삶 전체에 대한 평가를 시도한다.
② 전환적 추론이 가능해진다.
③ 부모로부터의 독립에 대한 양가감정에서 해방된다.
④ 피아제(J. Piaget)는 구체적 조작사고가 발달한다고 보았다.
⑤ 에릭슨(E. Erikson)은 친밀감 대 고립의 심리사회적 위기가 발생한다고 보았다.

기출키워드 25 장년기

146 ☐☐☐
중장년기(36~64세)의 특성으로 옳은 것을 모두 고른 것은?
17회

ㄱ. 생산성 대 침체성	ㄴ. 전인습적 도덕기
ㄷ. 빈둥지 증후군	ㄹ. 개성화

① ㄱ, ㄹ   ② ㄴ, ㄷ   ③ ㄱ, ㄷ, ㄹ
④ ㄴ, ㄷ, ㄹ   ⑤ ㄱ, ㄴ, ㄷ, ㄹ

147 ☐☐☐
중년기(성인중기, 40~64세)에 관한 설명으로 옳지 않은 것은?
18회

① 에릭슨(E. Erikson)의 생산성 대 침체성(generativity vs stagnation)의 단계에 해당된다.
② 아들러(A. Adler)는 외부에 쏟았던 에너지를 자기 내부로 돌리며 개성화 과정을 경험한다고 본다.
③ 결정성 지능은 계속 증가하지만 유동성 지능은 감소한다고 본다.
④ 성인병 같은 다양한 신체적 질환이 많이 나타나고 갱년기를 경험한다.
⑤ 남성은 테스토스테론이, 여성은 에스트로겐의 분비가 감소되는 호르몬의 변화과정을 겪는다.

148 ☐☐☐
중년기(40~64세)에 관한 설명으로 옳지 않은 것은?
19회

① 혼(J. Horn)은 유동적 지능은 증가하는 반면, 결정적 지능은 감소한다고 하였다.
② 레빈슨(D. Levinson)은 성인 초기의 생애 구조에 대한 평가, 중년기에 대한 가능성 탐구, 새로운 생애 구조 설계를 위한 선택 등을 과업으로 제시하였다.
③ 굴드(R. Gould)는 46세 이후에 그릇된 가정을 모두 극복하고 진정한 자아를 찾는 시기라고 하였다.
④ 에릭슨(E. Erikson)은 생산성 대 침체성의 시기라고 하였다.
⑤ 융(C. Jung)은 중년기에 관한 구체적인 개념을 발전시킨 학자이다.

149 ☐☐☐
중년기(40~64세)에 관한 설명으로 옳은 것은?
20회

① 펙(R. Peck)은 신체 중시로부터 신체 초월을 중년기의 중요한 발달과제로 보았다.
② 결정성(crystallized) 지능은 감소하고 유동성(fluid) 지능은 증가한다.
③ 융(C. Jung)에 따르면, 외부세계에 쏟았던 에너지를 자신의 내부에 초점을 두며 개성화의 과정을 경험한다.
④ 여성은 에스트로겐의 분비가 감소되고 남성은 테스토스테론의 분비가 증가된다.
⑤ 갱년기는 여성만이 경험하는 것으로 신체적 변화와 동시에 우울, 무기력감 등 심리적 증상을 동반한다.

150 ☐☐☐ 꽈배기문제
중년기(40~64세)에 관한 설명으로 옳은 것은?
21회

① 여성만이 우울, 무기력감 등 심리적 증상을 경험한다.
② 여성은 에스트로겐의 분비가 감소되고 남성은 테스토스테론의 분비가 증가된다.
③ 인지적 반응속도가 최고조에 달한다.
④ 외부세계에 쏟았던 에너지가 자신의 내부로 향한다.
⑤ 친밀감 형성이 주요 과업이며 사회관계망이 축소된다.

151
중년기(40~64세)의 설명으로 옳은 것은? 22회

① 에릭슨(E. Erikson)에 의하면 "생산성 대 침체"라는 심리사회적 위기를 극복하게 되면 돌봄(care)의 덕목을 갖추게 된다.
② 유동성 지능(fluid intelligence)은 높아지며 문제해결 능력도 향상될 수 있다.
③ 자아통합이 완성되는 시기로 자신의 삶에 대한 평가를 시도한다.
④ 갱년기 증상은 여성에게 나타나고 남성은 경험하지 않는다.
⑤ 융(C. Jung)에 의하면 남성에게는 아니무스가, 여성에게는 아니마가 드러나는 시기이다.

152
중년기(40~64세)에 관한 설명으로 옳은 것은? 23회

① 에릭슨(E. Erikson)의 정체성 대 침체 단계에 해당된다.
② 갱년기는 남성에게는 나타나지 않는다.
③ 여성은 에스트로겐 분비가 증가하고, 남성은 테스토스테론 분비가 감소한다.
④ 시각, 청각, 미각, 후각 등의 감각기능이 가장 좋은 시기이다.
⑤ 결정성(crystallized) 지능은 계속 발달한다.

기출키워드 26 노년기

153
퀴블러 로스(E. Kübler-Ross)의 죽음에 이르는 5단계에 관한 설명으로 옳지 않은 것은? 17회

① 1단계: 죽음을 사실로 받아들이지 않고 부정한다.
② 2단계: 주변 사람들에게 화를 내며 분노한다.
③ 3단계: 죽음의 연기를 위해 특정 대상과 타협을 시도한다.
④ 4단계: 의사의 오진이라고 생각하며 죽음을 회피한다.
⑤ 5단계: 죽음을 수용하고 임종을 준비한다.

154
노년기(성인후기, 65세 이상)에 관한 설명으로 옳지 않은 것은? 18회

① 시각, 청각, 미각 등의 감각기능이 약화되고, 생식기능 또한 점차 약화된다.
② 퀴블러 로스(E. Kübler-Ross)는 인간이 죽음에 적응하는 5단계 중 마지막 단계를 타협단계라고 하였다.
③ 신체변화에 대한 적응, 인생에 대한 평가, 역할 재조정, 죽음에 대한 대비 등이 주요 발달과업이다.
④ 에릭슨(E. Erikson)은 자아통합을 이루지 못하면 절망감을 느낀다고 보았다.
⑤ 신장기능이 저하되어 신장질환에 걸릴 가능성이 증가하고, 방광이나 요도기능의 저하로 야간에 소변보는 횟수가 증가한다.

155 ☐☐☐
노년기(65세 이상)에 관한 설명으로 옳지 않은 것은?
19회

① 분리이론은 노년기를 노인 개인과 사회가 동시에 상호 분리를 시작하는 시기로 보는 이론이다.
② 활동이론은 노년기를 잘 보내기 위해서는 은퇴와 같은 종결되는 역할들을 대치할 수 있는 활동을 발견하는 것이 중요하다는 이론이다.
③ 에릭슨(E. Erikson)은 노년기의 발달과제로 자아통합이 중요하다고 주장하였다.
④ 퀴블러 로스(E. Kübler-Ross)는 죽음과 상실에 대한 심리적 5단계를 제시하였다.
⑤ 펙(R. Peck)의 발달과업이론은 생애주기를 중년기와 노년기로 구분하여 설명하였다.

156 ☐☐☐
인생주기별 특징에 관한 설명으로 옳지 않은 것은?
19회

① 영아기(0~2세)에는 주 양육자와의 안정된 정서적 신뢰관계가 다른 사람이나 사물과의 관계를 형성하는 데 영향을 미치고 이후의 사회적 발달의 밑바탕이 된다.
② 유아기(3~6세)는 사물을 정신적으로 표상할 수 있는 능력이 발달하여 가장놀이를 즐기며, 이는 사회정서 발달에 영향을 미친다.
③ 아동기(7~12세)는 또래친구들과 함께 많은 시간을 보내면서 정서 및 사회적 발달에 영향을 받아 도당기라고도 한다.
④ 청소년기(13~19세)는 또래집단의 지지를 더 선호함으로써 부모로부터 독립하려는 경향을 보인다.
⑤ 노년기(65세 이상)는 생물학적으로 노화를 경험하는 시기이면서 경제적으로 안정된 시기이므로 심리적 위기를 경험하지 않는다.

157 ☐☐☐
다음이 설명하는 퀴블러 로스(E. Kübler-Ross)의 죽음과 상실에 대한 심리적 단계는?
19회

> 요양병원에 입원하고 있는 A씨는 간암 말기 진단을 받았다. 그는 자신이 죽는다는 것을 인정하고, 가족들이 받게 될 충격을 최소화하기 위해 만남과 헤어짐, 죽음, 추억 등의 이야기를 나누며 시간을 보내고 있다.

① 부정(Denial)
② 분노(Rage and Anger)
③ 타협(Bargaining)
④ 우울(Depression)
⑤ 수용(Acceptance)

158 ☐☐☐ 꽈배기문제
노년기(65세 이상)에 관한 설명으로 옳지 않은 것은?
23회

① 외향성이 증가한다.
② 노년기 사회적 역할과 관계망의 축소는 고독과 소외를 초래할 수도 있다.
③ 친근한 사물에 대한 애착이 증가한다.
④ 생에 대한 회상경향이 증가한다.
⑤ 에릭슨(E. Erikson)은 심리사회적 위기를 극복하면 지혜라는 능력을 얻게 된다고 보았다.

나는 내가 더 노력할수록
운이 좋아진다는 걸 발견했다.
- 미국 제3대 대통령 토머스 제퍼슨

2영역
사회복지조사론

최근 7개년 평균 출제문항 수

총 25문항

- **01** 사회복지조사와 과학적 연구 — 2.0문항
- **02** 사회복지조사의 이해 ★★★ — 5.3문항
- **03** 조사설계와 인과관계 — 1.6문항
- **04** 실험설계의 유형 — 2.7문항
- **05** 측정과 척도 ★★★ — 5.0문항
- **06** 표본추출 — 3.1문항
- **07** 자료수집방법 — 2.7문항
- **08** 욕구조사와 평가조사 — 0.6문항
- **09** 질적연구 — 2.0문항

최근 출제경향

- 사회복지조사론은 이공계의 **통계학 기반**이며 몇 년 전까지만 하더라도 사회조사방법론이라 불린, 8개 영역 중 가장 점수가 낮게 나오는 **정말 까다로운 영역**입니다.

- 최근에는 중요 내용 위주로 골고루 출제되고 있습니다. **내적타당도 저해 요인, 표본추출 방법, 실험설계의 유형, 양적조사 및 질적조사의 비교, 각종 오류**(제1, 2종 오류, 체계적 및 비체계적 오류, 생태학적 및 개별주의적 그리고 환원주의 오류 등)에 관해서는 꼭 이해하고 숙지를 해야 합니다. 또한, **과학적 이념**(실증주의, 해석주의, 비판적 사회과학, 과학적 혁명 등)도 1~2문제는 **출제**되니 어렵더라도 눈여겨 보아야 합니다.

- 사회복지조사론은 요령을 피우거나 행운을 기대하면 안됩니다. 오로지 보고 또 봐서 실력을 배양하여 논리적 사고로 문제를 풀어야 합니다. 다른 과목과 유사하게 **사례형, 보기 제시형**으로도 자주 출제되고 있으니 기출문제를 회독하여 학습효과를 높이는 것이 중요합니다.

합격생들의 학습 후기&꿀팁 | 조사론

#처음엔 멘붕의 연속
#용어 자체가 어려움
#암기보다는 이해
#생각보다 단순 암기로 풀 수 있는 문제가 많음
#너무 어려운 개념은 과감히 버림
#헷갈리는 개념은 이해될 때까지
강의 듣고 문풀 반복함
#3회독 이후부터 효과가 나옴

24회차 시험 대비 합격선을 넘는 TIP

- 사회복지조사론은 기출문제 풀이가 답입니다. 무조건 기출문제를 풀고 또 풀어야 합니다. 그리고 이해가 안 될 때는 이론을 봅니다.
- **오류**(생태학적 오류, 개별주의적 오류, 환원주의 오류, 제1종 오류, 제2종 오류, 체계적 오류, 비체계적 오류, 인과의 오류, 구성의 오류 등)와 **신뢰도 및 타당도**(개념, 유형, 저해요인)는 반드시 출제되니 필수로 암기해야 합니다.
- **표본추출**(표본의 개념, 용어, 추출방법, 장·단점)과 **가설 및 변수**(가설 및 변수의 유형 및 검증방법 등)도 출제 가능성이 높으니 반드시 눈여겨 보아야 합니다.
- 측정의 개념과 척도의 유형도 사례형 또는 보기 제시형으로 1문제는 출제됩니다.
- 양적조사 및 질적조사는 표로 정리하여 차이점을 숙지하면 효과적입니다.
- 기타 단일사례설계, 내용분석법, 관찰법은 다른 영역(실천론, 실천기술론 등)과 중복되는 내용이니 소홀히 여기지 말고 꼼꼼히 보아야 합니다.

01 사회복지조사와 과학적 연구

기출키워드
- 과학적 탐구로서의 사회복지조사
- 사회과학에서의 연구윤리
- 과학적 조사법 및 과학철학 ★빈출

최근 7개년 출제문항 수

☑ 3회독 Check ☐☐☐ 기출 3회독은 필수!
문항번호 옆 '3회독 체크표'에는 문제를 풀면서 모든 선지를 정확히 알고 풀었으면 'O', 일부 선지를 모르는 문제에는 '△', 전체적인 개념 학습이 필요한 문제는 '×'를 표시하세요.

☑ 꽈배기 문제 는 빈출 개념에 대해 혼동을 유발하거나 오답을 유도하는 선지가 출제된 문제입니다. 꽈배기 문제 분석은 해설에서 확인할 수 있습니다.

기출키워드 1 과학적 탐구로서의 사회복지조사

001 3회독 Check ☐☐☐
사회과학의 특성에 관한 설명으로 옳지 않은 것은?
19회

① 자연과학에 비해 인과관계에 대한 명확한 결론을 내리기 어렵다.
② 끊임없이 변화하는 사회현상을 규명한다.
③ 관찰대상물과 관찰자가 분명히 구분된다.
④ 인간의 행위를 연구대상으로 한다.
⑤ 사회문화적 특성의 영향을 받는다.

002 ☐☐☐
사회과학과 사회복지학에 관한 설명으로 옳은 것을 모두 고른 것은?
19회

ㄱ. 사회복지학은 사회문제에 대처하기 위한 학문이다.
ㄴ. 사회과학은 사회복지의 실천적 지식의 제공 및 이론적 발전에 기여할 수 있다.
ㄷ. 사회복지학은 응용 과학이 아닌 순수 과학에 속한다.
ㄹ. 사회복지학은 사회과학에 의해 발전된 개념들을 활용할 수 있다.

① ㄴ, ㄷ   ② ㄷ, ㄹ   ③ ㄱ, ㄴ, ㄷ
④ ㄱ, ㄴ, ㄹ   ⑤ ㄱ, ㄷ, ㄹ

003
과학적 지식의 특성에 관한 설명으로 옳은 것을 모두 고른 것은? 22회

ㄱ. 경험적으로 검증 가능하여야 한다.
ㄴ. 연구결과는 잠정적이며 수정될 수 있다.
ㄷ. 연구자의 주관적 가치 판단이 연구과정이나 결론에 작용하지 않도록 객관성을 추구한다.
ㄹ. 같은 절차를 다른 대상에 반복적으로 적용하여 같은 결과가 나오는지 검토할 수 있다.

① ㄱ, ㄷ ② ㄴ, ㄹ ③ ㄱ, ㄴ, ㄷ
④ ㄴ, ㄷ, ㄹ ⑤ ㄱ, ㄴ, ㄷ, ㄹ

004
사회복지실천을 위한 조사연구의 필요성으로 옳지 않은 것은? 23회

① 문제해결을 위한 사회복지 개입방법의 타당성을 검증할 수 있다.
② 사회복지 서비스를 위한 지식과 기술을 제공할 수 있다.
③ 문제의 원인을 설명함으로써 사회복지사의 직관에 의한 실천지식을 강화할 수 있다.
④ 프로그램의 지속 여부를 결정하는 객관적 근거를 제공할 수 있다.
⑤ 클라이언트의 욕구를 파악하여 문제해결의 방향을 제시할 수 있다.

기출키워드 2 사회과학에서의 연구윤리

005
연구윤리에 부합하는 사회복지조사로 옳은 것은? 18회

① 연구참여자가 평소와 다른 행동을 하지 않도록 연구자의 신분을 숨기고 자료를 수집하였다.
② 연구결과의 확산을 위해 연구참여자의 신분을 다른 연구기관에 동의 없이 공개하였다.
③ 연구결과에 영향을 미치지 않도록 연구참여자에게 일어날 수 있는 이익을 미리 알리지 않았다.
④ 연구참여 여부를 성적평가와 연계하여 연구참여자의 참여동기를 높였다.
⑤ 연구참여자에게 연구과정에서 발생할 수 있는 고통을 미리 알리고 사전 동의를 구하였다.

006
사회조사과정에서 준수해야 할 연구윤리로 옳지 않은 것은? 21회

① 참여자의 익명성과 비밀을 보장한다.
② 참여자가 원할 경우 언제든지 참여를 중단할 수 있음을 사전에 고지한다.
③ 일반적으로 연구의 공익적 가치가 연구윤리보다 우선해야 한다.
④ 참여자가 연구에 참여하여 얻을 수 있는 혜택은 사전에 고지한다.
⑤ 참여자의 연구 참여는 자발적이어야 한다.

007 □□□
과학적 탐구에서 제기되는 윤리적 문제에 관한 설명으로 옳지 않은 것은? 22회

① 어떤 경우라도 연구참여자 속이기는 허용되지 않는다.
② 고지된 동의는 조사대상자의 판단 능력을 고려하여야 한다.
③ 연구자는 기대했던 연구결과와 다르더라도 그 결과를 사실대로 보고해야 한다.
④ 사회복지조사에서는 비밀유지가 엄격히 지켜질 수 없는 상황이 발생할 수 있다.
⑤ 연구자는 개인정보 유출 등으로 인해 연구참여자에게 피해를 주지 않도록 신중을 기해야 한다.

기출키워드 3 과학적 조사법 및 과학철학 ★빈출

008 □□□
실증주의에 관한 설명으로 옳지 않은 것은? 17회

① 인간행위를 예측할 수 있는 확률적 법칙을 강조한다.
② 과학과 비과학을 철저히 구분하려 한다.
③ 관찰결과의 일반화 가능성을 강조한다.
④ 연구결과를 잠정적인 지식으로 간주한다.
⑤ 사회적 행동을 행위자의 입장에서 이해하려 한다.

009 □□□
후기실증주의 과학철학에 관한 설명으로 옳은 것은? 18회

① 실증주의가 주장하는 연역주의에 대한 대안이다.
② 관찰대상이 인간과 무관하게 존재할 수 있다고 본다.
③ 지식의 본질을 잠정적, 확률적으로 본다.
④ 관찰의 이론의존성을 부인한다.
⑤ 과학은 혁명적으로 변화한다고 본다.

010 □□□ 판배기 문제
과학철학에 관한 설명으로 옳은 것은? 20회

① 논리적 실증주의에 가장 큰 영향을 미친 사람은 영국의 철학자 흄(D. Hume)이다.
② 상대론적인 입장에서는 경험에 의한 지식의 객관성을 추구한다.
③ 쿤(T. Kuhn)에 의하면 과학은 기존의 이론과 상충되는 현상을 관찰하는 데서 출발하여 기존의 이론에 엄격한 검증을 행한다.
④ 반증주의는 누적적인 진보를 부정하면서 역사적 사실들과 더 잘 부합하는 새로운 패러다임을 제시하였다.
⑤ 논리적 경험주의는 과학의 이론들이 확률적으로 검증되는 관찰에 의해서만 정당화될 수 있다고 주장한다.

011 □□□
실증주의의 특징과 가장 거리가 먼 것은? 20회

① 이론의 재검증
② 객관적 조사
③ 사회현상의 주관적 의미에 대한 해석
④ 보편적이고 적용가능한 통계적 분석도구
⑤ 연구결과의 일반화

012 □□□
사회과학의 패러다임에 관한 설명으로 옳지 않은 것은? 21회

① 실증주의는 연구결과를 해석할 때 정치적 가치나 이데올로기의 영향을 적극적으로 고려한다.
② 해석주의는 삶에 관한 심층적이고 주관적인 이해를 얻고자 한다.
③ 비판주의는 사회변화를 목적으로 사회의 본질적이고 구조적 측면의 파악에 주목한다.
④ 후기실증주의는 객관적인 지식에 대한 직접적 확증은 불가능하다고 본다.
⑤ 포스트모더니즘은 객관적 실재와 진리의 보편적 기준을 거부한다.

기출분석 해설집 p.25

02 사회복지조사의 이해

기출키워드
- 사회복지조사의 특성
- 사회복지조사의 유형 ★빈출
- 사회복지조사의 절차
- 변수 ★빈출
- 정의
- 분석단위
- 가설 ★빈출

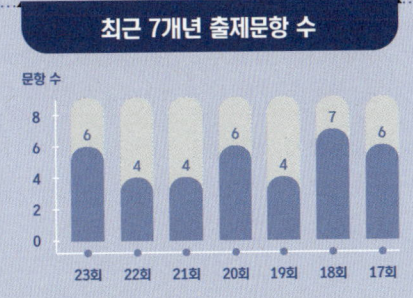
최근 7개년 출제문항 수

✅ 3회독 Check ☐☐☐ 기출 3회독은 필수!
문항번호 옆 '3회독 체크표'에는 문제를 풀면서 모든 선지를 정확히 알고 풀었으면 'O', 일부 선지를 모르는 문제에는 '△', 전체적인 개념 학습이 필요한 문제는 '×'를 표시하세요.

✅ 꽈배기 문제 는 빈출 개념에 대해 혼동을 유발하거나 오답을 유도하는 선지가 출제된 문제입니다. 꽈배기 문제 분석은 해설에서 확인할 수 있습니다.

기출키워드 4 사회복지조사의 특성

013 ☐☐☐
사회복지조사에 관한 설명으로 옳은 것을 모두 고른 것은? 20회

> ㄱ. 사회복지관련 이론 개발에 사용된다.
> ㄴ. 여론조사나 인구센서스 조사는 전형적인 탐색 목적의 조사연구이다.
> ㄷ. 연구의 전 과정에서 결정주의적 성향을 지양해야 한다.
> ㄹ. 조사범위에 따라 횡단연구와 종단연구로 나뉘어진다.

① ㄱ, ㄷ
② ㄴ, ㄹ
③ ㄱ, ㄴ, ㄷ
④ ㄴ, ㄷ, ㄹ
⑤ ㄱ, ㄴ, ㄷ, ㄹ

기출키워드 5 사회복지조사의 유형 ★빈출

014 ☐☐☐ 꽈배기문제
다음 연구 상황에 유용한 조사유형은? 18회

> 일본 후쿠시마 원전 유출이 지역주민들의 삶에 초래한 변화를 연구하고자 하였으나 관련 연구나 선행 자료가 상당히 부족함을 발견하였다.

① 평가적 연구
② 기술적 연구
③ 설명적 연구
④ 탐색적 연구
⑤ 척도개발 연구

015 ☐☐☐
혼합연구방법(mixed methodology)에 관한 설명으로 옳지 않은 것은? 18회

① 철학적, 개념적, 이론적 틀을 기반으로 한다.
② 설계유형은 병합, 설명, 구축, 실험이 있다.
③ 양적 설계에 질적자료를 단순히 추가하는 것은 아니다.
④ 각각의 연구방법을 통해 얻은 결과가 서로 확증되는지 알아보기 위해 사용한다.
⑤ 질적연구방법으로 발견한 연구주제를 양적연구방법을 이용하여 탐구하기도 한다.

016 ☐☐☐
다음 ( )에 알맞은 조사유형을 모두 나열한 것은?
19회

> 일정한 시간간격을 두고 연구대상을 표본추출하여 반복적으로 조사하는 방법에는 ( ), ( ), 동년배 조사 등이 있다.

① 패널조사, 경향조사
② 패널조사, 문헌조사
③ 전수조사, 경향조사
④ 전수조사, 표본조사
⑤ 문헌조사, 전문가조사

017 ☐☐☐
양적조사와 질적조사의 비교로 옳지 않은 것은?
19회

① 질적조사에 비하여 양적조사의 표본크기가 상대적으로 크다.
② 질적조사에 비하여 양적조사에서는 귀납법을 주로 사용한다.
③ 양적조사에 비하여 질적조사는 사회 현상의 주관적 의미에 관심을 갖는다.
④ 양적조사는 가설검증을 지향하고 질적조사는 탐색, 발견을 지향한다.
⑤ 양적조사에 비하여 질적조사는 조사결과의 일반화가 어렵다.

018 ☐☐☐
다음에서 설명하는 조사유형에 해당하는 것은?
20회

> • 둘 이상의 시점에서 조사가 이루어진다.
> • 동일대상 반복측정을 원칙으로 하지 않는다.

① 추세연구, 횡단연구
② 패널연구, 추세연구
③ 횡단연구, 동년배(cohort)연구
④ 추세연구, 동년배연구
⑤ 패널연구, 동년배연구

019 ☐☐☐
사회조사의 목적에 관한 설명으로 옳지 않은 것은?
21회

① 지난해 발생한 데이트폭력사건의 빈도와 유형을 자세히 보고하는 것은 기술적 연구이다.
② 외상후스트레스로 퇴역한 군인을 위한 서비스개발의 가능성을 파악하기 위한 초기면접은 설명적 연구이다.
③ 사회복지협의회가 매년 실시하는 사회복지기관 통계조사는 기술적 연구이다.
④ 지방도시에 비해 대도시의 아동학대비율이 높은 이유를 보고하는 것은 설명적 연구이다.
⑤ 지역사회대상 설문조사를 통해 사회복지서비스의 만족도를 조사하는 것은 기술적 연구이다.

020 ☐☐☐
종단연구(longitudinal study)에 관한 설명으로 옳은 것은?
21회

① 베이비붐세대를 시간변화에 따라 연구하는 것은 추이연구(trend study)이다.
② 일정기간 센서스 자료를 비교하여 전국 인구의 성장을 추적하는 것은 동류집단연구(cohort study)이다.
③ 매번 동일한 집단을 관찰하는 연구는 패널연구(panel study)이다.
④ 시간에 따른 변화를 가장 정확하게 알려주는 것은 동류집단연구(cohort study)이다.
⑤ 일반 모집단의 변화를 시간변화에 따라 연구하는 것은 동류집단연구(cohort study)이다.

021

다음에서 설명하는 조사유형을 바르게 짝지은 것은?

22회

> ㄱ. 동일한 표본을 대상으로 시간을 달리하여 추적 관찰하는 연구
> ㄴ. 일정연령이나 일정연령 범위 내 사람들의 집단이 조사대상인 종단연구

① ㄱ: 경향조사, ㄴ: 코호트(cohort)조사
② ㄱ: 경향조사, ㄴ: 패널조사
③ ㄱ: 코호트(cohort)조사, ㄴ: 경향조사
④ ㄱ: 패널조사, ㄴ: 경향조사
⑤ ㄱ: 패널조사, ㄴ: 코호트(cohort)조사

022

"여성가족부는 2022년 전국가정폭력실태조사 결과를 이전에 실시한 동일한 조사내용과 비교하여 보고하였다. 2025년 조사에서도 전국의 가구 중 일부를 선정하여 동일한 조사 항목에서 어떠한 변화가 있는지를 보고할 것이다." 이에 관한 조사유형에 해당하는 것으로 모두 묶인 것은?

23회

> ㄱ. 종단조사 ㄴ. 표본조사
> ㄷ. 패널조사 ㄹ. 경향조사

① ㄷ
② ㄱ, ㄴ
③ ㄴ, ㄷ
④ ㄱ, ㄴ, ㄹ
⑤ ㄱ, ㄴ, ㄷ, ㄹ

기출키워드 6 사회복지조사의 절차

023

조사연구 과정의 일부분이다. 이를 올바르게 나열한 것은?

17회

> ㄱ. '대학생들의 전공에 따라 다문화수용성이 다를 것이다'라는 가설설정
> ㄴ. 표본을 추출하여 자료수집
> ㄷ. 대학생들의 다문화수용성에 관한 선행연구 고찰
> ㄹ. 구조화된 설문지 작성

① ㄱ → ㄴ → ㄷ → ㄹ
② ㄱ → ㄷ → ㄴ → ㄹ
③ ㄱ → ㄷ → ㄹ → ㄴ
④ ㄷ → ㄱ → ㄴ → ㄹ
⑤ ㄷ → ㄱ → ㄹ → ㄴ

024

사회복지조사를 위한 수행단계로 옳은 것은?

19회

① 문제설정 → 가설설정 → 조사설계 → 자료수집 → 자료분석 → 보고서작성
② 문제설정 → 가설설정 → 자료수집 → 자료분석 → 조사설계 → 보고서작성
③ 가설설정 → 문제설정 → 자료수집 → 조사설계 → 자료분석 → 보고서작성
④ 가설설정 → 문제설정 → 자료수집 → 자료분석 → 조사설계 → 보고서작성
⑤ 가설설정 → 문제설정 → 조사설계 → 자료수집 → 자료분석 → 보고서작성

025 □□□
사회복지조사 과정을 순서대로 나열한 것은? 23회

> ㄱ. 표집방법을 수립하였다.
> ㄴ. 연구문제의 잠정적 결론으로 가설을 설정하였다.
> ㄷ. 연구가 필요한 주제를 선정하였다.
> ㄹ. 검증된 측정도구로 자료를 수집하였다.
> ㅁ. 자료를 분석하고 가설의 지지여부를 결정하였다.

① ㄱ → ㄴ → ㅁ → ㄷ → ㄹ
② ㄴ → ㄱ → ㄷ → ㄹ → ㅁ
③ ㄴ → ㄷ → ㄱ → ㅁ → ㄹ
④ ㄷ → ㄱ → ㄹ → ㅁ → ㄴ
⑤ ㄷ → ㄴ → ㄱ → ㄹ → ㅁ

기출키워드 7 변수 ★빈출

026 □□□
변수에 관한 설명으로 옳지 않은 것은? 17회

① 직접 관찰할 수 있는 것들만 측정한 것이다.
② 경험적으로 측정할 수 있는 개념이다.
③ 조작적 정의의 결과물이다.
④ 두 개 이상의 속성을 가져야만 한다.
⑤ 연속형 또는 비연속형으로 측정될 수 있다.

027 □□□ 꽐배기문제
가정폭력이 피해 여성의 우울증에 미치는 영향은 여성이 맺고 있는 사회적 네트워크의 수준에 따라 달라진다는 연구 결과가 발표되었다. 이 연구에서 존재하지 않는 변수는? 18회

① 독립변수 ② 매개변수 ③ 종속변수
④ 조절변수 ⑤ 내생변수

028 □□□
다음 연구주제를 검증하기 위하여 변수를 구성할 때 변수명(측정 방법), 해당 변수의 종류와 분석가능한 통계수치의 연결이 옳은 것은? 18회

> 학업중단 청소년의 아르바이트 경험이 삶의 만족에 미치는 영향은 또래집단의 지지정도에 따라 차이가 있을 것이다.

① 아르바이트 경험(유무) – 독립변수, 산술평균
② 아르바이트 경험(종류) – 독립변수, 최빈값
③ 아르바이트 경험(개월 수) – 조절변수, 중간값
④ 또래집단의 지지(5점 척도) – 독립변수, 산술평균
⑤ 삶의 만족(5점 척도) – 매개변수, 산술평균

029 □□□
다음 (   )에 알맞은 내용으로 옳은 것은? 19회

• 독립변수 앞에서 독립변수에 영향을 주는 변수를 (ㄱ)라고 한다.
• 독립변수의 결과인 동시에 종속변수의 원인이 되는 변수를 (ㄴ)라고 한다.
• 다른 변수에 의존하지만 다른 변수에 영향을 미칠 수 없는 변수를 (ㄷ)라고 한다.
• 독립변수와 종속변수 모두에 영향을 미치는 제3의 변수를 (ㄹ)라고 한다.

① ㄱ: 외생변수, ㄴ: 더미변수, ㄷ: 종속변수, ㄹ: 조절변수
② ㄱ: 외생변수, ㄴ: 매개변수, ㄷ: 종속변수, ㄹ: 더미변수
③ ㄱ: 선행변수, ㄴ: 조절변수, ㄷ: 종속변수, ㄹ: 외생변수
④ ㄱ: 선행변수, ㄴ: 매개변수, ㄷ: 외생변수, ㄹ: 조절변수
⑤ ㄱ: 선행변수, ㄴ: 매개변수, ㄷ: 종속변수, ㄹ: 외생변수

030

다음 사례에서 부모의 재산은 어떤 변수인가? 20회

> 한 연구에서 부모의 학력이 자녀의 대학 진학률에 영향을 미치는 것으로 나타났다. 그러나 부모의 재산이 비슷한 조사 대상에 한정하여 다시 분석해 본 결과, 부모의 학력과 자녀의 대학 진학률 사이에는 통계적으로 유의미한 관계가 없는 것으로 나타났다.

① 독립변수 ② 종속변수 ③ 조절변수
④ 억제변수 ⑤ 통제변수

031

변수에 관한 설명으로 옳지 않은 것은? 22회

① 매개변수(mediating variable)는 독립변수의 영향을 받아 종속변수에 영향을 미치는 변수이다.
② 통제변수(control variable)는 독립변수와 종속변수의 관계에 영향을 줄 수 있기 때문에 통제대상이 되는 변수이다.
③ 독립변수는 결과변수이고 종속변수는 설명변수이다.
④ 조절변수(moderating variable)는 독립변수와 종속변수 간의 관계의 강도에 영향을 미칠 수 있다.
⑤ 변수들 간의 관계는 그 속성에 따라 직선이 아닌 곡선의 형태로도 나타날 수 있다.

032

다음 가설에 포함된 변수에 관한 설명으로 옳은 것은? 23회

> 사회복지사가 느끼는 업무부담에 따른 소진정도는 동료와의 친밀도에 따라 달라질 것이다.

① 소진정도: 통제변수
② 업무부담: 매개변수
③ 소진정도: 독립변수
④ 업무부담: 종속변수
⑤ 동료와의 친밀도: 조절변수

기출키워드 8 정의

033

변수의 조작적 정의에 관한 설명으로 옳은 것을 모두 고른 것은? 21회

> ㄱ. 개념적 정의를 실제로 관찰할 수 있는 수준으로 전환시키는 것이다.
> ㄴ. 조작적 정의를 하면 개념의 의미가 다양하고 풍부해진다.
> ㄷ. 조작적 정의를 통해 개념이 더욱 추상화된다.
> ㄹ. 조작적 정의가 없이도 가설 검증이 가능하다.

① ㄱ ② ㄱ, ㄴ ③ ㄴ, ㄷ
④ ㄱ, ㄴ, ㄷ ⑤ ㄱ, ㄷ, ㄹ

034

측정의 개념적 정의와 조작적 정의에 관한 설명으로 옳은 것은? 23회

① 조작적 정의는 개념적 정의에 비해 주관적 해석의 수준이 낮다.
② 조작적 정의는 양적조사에 비해 질적조사에서 더욱 중요하다.
③ 측정하고자 하는 개념의 의미는 조작적 정의를 통해 확장된다.
④ '조작적 정의 → 개념적 정의 → 측정'의 순서로 이루어진다.
⑤ 개념적 정의를 통해 변수를 직접 측정할 수 있다.

기출키워드 9 분석단위

035 ☐☐☐

분석단위에 관한 설명으로 옳은 것을 모두 고른 것은? 22회

> ㄱ. 이혼, 폭력, 범죄 등과 같은 분석단위는 사회적 가공물(social artifacts)에 해당한다.
> ㄴ. 생태학적 오류는 집단에 대한 조사를 기초로 하여 개인을 분석단위로 주장하는 오류이다.
> ㄷ. 환원주의는 특정 분석단위 또는 변수가 다른 분석단위 또는 변수에 비해 관련성이 높다고 설명하는 경향이 있다.

① ㄴ ② ㄱ, ㄴ ③ ㄱ, ㄷ
④ ㄴ, ㄷ ⑤ ㄱ, ㄴ, ㄷ

기출키워드 10 가설 ★빈출

036 ☐☐☐

경험적으로 검증할 수 있는 가설의 예로 옳은 것은? 17회

① 불평등은 모든 사회에서 나타날 것이다.
② 대한민국에서 65세 이상인 노인이 전체 인구의 14% 이상이다.
③ 다양성이 존중되는 사회가 그렇지 않은 사회보다 더 바람직하다.
④ 여성의 노동참여율이 높을수록 출산율은 낮을 것이다.
⑤ 모든 행위는 비용과 보상에 의해 결정된다.

037 ☐☐☐ 꽈배기문제

영가설(null hypothesis)에 관한 설명으로 옳은 것은? 18회

① 변수 간의 관계가 존재한다는 가설이다.
② 변수 간 관계없음이 검증된 가설이다.
③ 조사자가 검증하고자 하는 가설이다.
④ 영가설에 대한 반증가설이 연구가설이다.
⑤ 변수 간 관계가 우연임을 말하는 가설이다.

038 ☐☐☐

가설에 관한 설명으로 옳은 것을 모두 고른 것은? 18회

> ㄱ. 이론적 배경을 가져야 한다.
> ㄴ. 변수 간 관계를 가정한 문장이다.
> ㄷ. 가설구성을 통해 연구문제가 도출된다.
> ㄹ. 창의적 해석이 가능하도록 개방적으로 구성되어야 한다.

① ㄱ, ㄴ ② ㄱ, ㄷ ③ ㄱ, ㄴ, ㄹ
④ ㄴ, ㄷ, ㄹ ⑤ ㄱ, ㄴ, ㄷ, ㄹ

039 ☐☐☐

통계적 가설검증에 관한 설명으로 옳지 않은 것은? 20회

① 영가설을 기각하면 연구가설이 잠정적으로 채택된다.
② 영가설은 연구가설과 대조되는 가설이다.
③ 통계치에 대한 확률(p)이 유의수준(α)보다 낮으면 영가설이 기각된다.
④ 연구가설은 표본의 통계치에 대한 가정이다.
⑤ 연구가설은 경험적으로 검증이 가능하여야 한다.

040 ☐☐☐

영가설에 관한 설명으로 옳은 것을 모두 고른 것은? 21회

> ㄱ. 연구가설에 대한 반증가설이 영가설이다.
> ㄴ. 영가설은 변수 간에 관계가 없음을 뜻한다.
> ㄷ. 대안가설을 검증하여 채택하는 가설이다.
> ㄹ. 변수 간의 관계가 우연이 아님을 증명한다.

① ㄱ, ㄴ ② ㄱ, ㄹ ③ ㄴ, ㄷ
④ ㄱ, ㄷ, ㄹ ⑤ ㄴ, ㄷ, ㄹ

041 ☐☐☐

영가설(null hypothesis)과 연구가설(research hypothesis)에 관한 설명으로 옳은 것은? 22회

① 연구가설은 연구의 개념적 틀 혹은 연구모형으로부터 도출될 수 있다.
② 연구가설은 그 자체를 직접 검정할 수 있다.
③ 영가설은 연구가설의 검정 결과에 따라 채택되거나 기각된다.
④ 연구가설은 수집된 자료에서 나타난 차이나 관계가 표본추출에서 오는 우연에 의한 것으로 진술된다.
⑤ 연구가설은 영가설에 대한 반증의 목적으로 설정된다.

042 ☐☐☐

통계적 가설검증에 관한 설명으로 옳은 것은? 23회

① 가설의 지지여부는 연구가설을 직접 검증하여 반증한다.
② 신뢰수준을 95%에서 99%로 높이면 제1종 오류의 가능성이 높아진다.
③ 연구가설은 두 변수 간의 관계가 오류에 의해 발생하였음을 가정한다.
④ 유의확률(p)이 설정한 유의수준(α)보다 낮으면 영가설을 기각한다.
⑤ 신뢰수준을 낮추면 제2종 오류의 가능성은 높아진다.

03 조사설계와 인과관계

기출키워드
- 조사설계의 의미와 타당도 ★빈출
- 인과관계의 성립 및 추리방법

최근 7개년 출제문항 수

✓ 3회독 Check ☐☐☐ 기출 3회독은 필수!

문항번호 옆 '3회독 체크표'에는 문제를 풀면서 모든 선지를 정확히 알고 풀었으면 'O', 일부 선지를 모르는 문제에는 '△', 전체적인 개념 학습이 필요한 문제는 '×'를 표시하세요.

✓ 꽈배기 문제 는 빈출 개념에 대해 혼동을 유발하거나 오답을 유도하는 선지가 출제된 문제입니다. 꽈배기 문제 분석은 해설에서 확인할 수 있습니다.

기출키워드 11 조사설계의 의미와 타당도 ★빈출

043 ☐☐☐
외적타당도와 내적타당도에 관한 설명으로 옳지 않은 것은?   17회

① 사전검사의 실시가 내적타당도에 부정적으로 영향을 미칠 수 있다.
② 외적타당도를 높이는 중요한 전략 중 하나는 연구를 반복적으로 실시하여 결과를 축적하는 것이다.
③ 내적타당도가 높으면 외적타당도 또한 높다.
④ 자신이 연구대상자라는 인식이 외적타당도를 낮출 수 있다.
⑤ 내적타당도는 인과관계를 추론할 수 있는 정도를 의미한다.

044 ☐☐☐
조사설계(research design)에 반드시 포함되어야 할 내용이 아닌 것은?   18회

① 구체적인 자료수집 방법
② 모집단 및 표집방법
③ 자료분석 절차와 방법
④ 연구문제의 의의와 조사의 필요성
⑤ 주요변수의 개념정의와 측정방법

045 ☐☐☐ 꽈배기 문제
실험설계의 내적타당도에 관한 설명으로 옳은 것을 모두 고른 것은?   18회

ㄱ. 우연한 사건은 내적타당도에 부정적 영향을 미칠 수 있다.
ㄴ. 사전점수가 매우 높은 집단을 선정하면 내적타당도를 저해한다.
ㄷ. 내적타당도가 높은 연구 결과는 일반화 가능성이 높다.

① ㄱ   ② ㄴ   ③ ㄱ, ㄴ
④ ㄴ, ㄷ   ⑤ ㄱ, ㄴ, ㄷ

046

다음 ( )에 알맞은 내용으로 옳은 것은? 19회

- 내적타당도를 높이기 위해서는 (ㄱ) 이외의 다른 변수가 (ㄴ)에 개입할 조건을 통제하여야 한다.
- 외적타당도를 높이기 위해서는 (ㄷ)으로 연구대상을 선정하거나 표본크기를 (ㄹ) 하여야 한다.

① ㄱ: 원인변수, ㄴ: 결과변수, ㄷ: 확률표집방법, ㄹ: 크게
② ㄱ: 원인변수, ㄴ: 결과변수, ㄷ: 무작위할당, ㄹ: 작게
③ ㄱ: 원인변수, ㄴ: 결과변수, ㄷ: 확률표집방법, ㄹ: 작게
④ ㄱ: 결과변수, ㄴ: 원인변수, ㄷ: 확률표집방법, ㄹ: 크게
⑤ ㄱ: 결과변수, ㄴ: 원인변수, ㄷ: 무작위할당, ㄹ: 작게

047

조사설계의 내적타당도와 외적타당도에 관한 설명으로 옳은 것은? 21회

① 어떤 변수가 다른 변수의 원인임을 정확하게 기술하는 것이 외적타당도이다.
② 연구결과를 연구조건을 넘어서는 상황이나 모집단으로 일반화하는 정도가 내적타당도이다.
③ 내적타당도는 외적타당도의 필요조건이지만 충분조건은 아니다.
④ 실험대상의 탈락이나 우연한 사건은 외적타당도 저해요인이다.
⑤ 외적타당도가 낮은 경우 내적타당도 역시 낮다.

048

연구의 외적타당도를 저해하는 상황으로 옳은 것은? 21회

① 연구대상의 건강 상태가 시간 경과에 따라 회복되는 상황
② 자아존중감을 동일한 측정도구로 사전-사후 검사하는 상황
③ 사회적 지지를 다른 측정도구로 사전-사후 검사하는 상황
④ 실험집단과 통제집단 간 연령 분포의 차이가 크게 발생하는 상황
⑤ 자발적 참여자만을 대상으로 연구표본을 구성하게 되는 상황

049

실험설계에서의 내적타당도 저해요인으로 옳지 않은 것은? 23회

① 실험집단과 통제집단의 참여자 간 프로그램 내용에 대해 소통하면서 상호작용이 이루어졌다.
② 프로그램 진행과정에서 일부 대상자가 참여를 중단하였다.
③ 사전검사 결과 학교 부적응 학생들이 실험집단에 과도하게 모인 것이 확인되었다.
④ 사전검사와 사후검사 척도가 동일하기 때문에 참여자의 학습효과가 발생하였다.
⑤ 일부 참여자들이 프로그램에 참여하고 있다는 것을 의식해서 평소와는 다르게 행동하였다.

기출키워드 12 인과관계의 성립 및 추리방법

050 ☐☐☐

인과관계를 성립시키기 위한 요건에 해당하는 것을 모두 고른 것은?   17회

> ㄱ. 독립변수가 종속변수를 시간적으로 앞서야 한다.
> ㄴ. 독립변수와 종속변수가 일정한 방식으로 같이 변해야 한다.
> ㄷ. 독립변수와 종속변수의 관계가 허위적 관계이어야 한다.

① ㄱ   ② ㄱ, ㄴ   ③ ㄱ, ㄷ
④ ㄴ, ㄷ   ⑤ ㄱ, ㄴ, ㄷ

051 ☐☐☐

인과관계 추론에 관한 설명으로 옳은 것은?   22회

① 독립변수들 사이의 상관관계는 인과관계 추론의 일차적 조건이다.
② 독립변수와 종속변수 간의 관계는 두 변수 모두의 원인이 되는 제3의 변수로 설명되어서는 안 된다.
③ 종속변수가 독립변수를 시간적으로 앞서야 한다.
④ 횡단적 연구는 종단적 연구에 비해 인과관계 추론에 더 적합하다.
⑤ 독립변수의 변화는 종속변수의 변화와 관련성이 없어야 한다.

기출분석 해설집 p.31

04 실험설계의 유형

기출키워드
- 순수실험설계, 유사실험설계, 전실험설계 ★빈출
- 단일사례설계

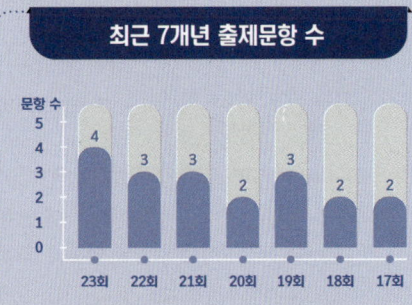
최근 7개년 출제문항 수

✓ 3회독 Check ☐☐☐ 기출 3회독은 필수!
문항번호 옆 '3회독 체크표'에는 문제를 풀면서 모든 선지를 정확히 알고 풀었으면 'O', 일부 선지를 모르는 문제에는 '△', 전체적인 개념 학습이 필요한 문제는 '×'를 표시하세요.

✓ 꽈배기 문제 는 빈출 개념에 대해 혼동을 유발하거나 오답을 유도하는 선지가 출제된 문제입니다. 꽈배기 문제 분석은 해설에서 확인할 수 있습니다.

기출키워드 13 순수실험설계, 유사실험설계, 전실험설계 ★빈출

052 ☐☐☐ 꽈배기 문제
다음에 해당하는 설계로 옳은 것은? 17회

> 학교폭력 예방프로그램의 효과를 평가하기 위해 OO시 소재 중학교 중에서 학교와 학생들의 특성이 유사한 A학교와 B학교를 선정하였다. 두 학교 학생들을 대상으로 사전검사를 실시한 다음 A학교에서 학교폭력 예방프로그램을 실시한 후 다시 한 번 두 학교 학생들을 대상으로 사후검사를 실시하였다.

① 비동일 통제집단 설계
② 통제집단 사후검사 설계
③ 정태적 집단(고정집단) 비교 설계
④ 일회검사사례연구
⑤ 솔로몬 4집단 설계

053 ☐☐☐
다음 설계에 관한 설명으로 옳은 것은? 17회

$$O_1 \; X \; O_2$$
* O_1: 사전검사, X: 개입 프로그램, O_2: 사후검사

① 내적타당도가 강한 설계이다.
② 검사효과를 통제하는 설계이다.
③ 진(순수)실험설계에 속하는 설계이다.
④ 통제집단을 확보하기 어려울 때 사용할 수 있는 설계이다.
⑤ 연구결과의 일반화가 용이한 설계이다.

054
실험설계의 유형에 관한 설명으로 옳지 않은 것은?
19회

① 다중시계열 설계(multiple time-series design)는 통제집단을 설정하지 않는다.
② 단일집단 사전사후검사 설계(one-group pretest-posttest design)는 검사효과를 통제하기 어렵다.
③ 통제집단 사후검사 설계(posttest-only control group design)는 사전검사의 영향을 배제할 수 있다.
④ 시계열 설계(time-series design)는 검사효과와 외부사건을 통제하기 어렵다.
⑤ 정태적 집단 비교설계(static group design)는 두 집단의 본래의 차이를 확인하기 어렵다.

055
순수실험설계에서 인과성 검증에 관한 설명으로 옳지 않은 것은?
20회

① 사회복지 프로그램의 실행 여부가 독립변수로 설정될 수 있다.
② 사전조사에서 실험집단과 통제집단의 종속변수 측정치는 통계적으로 유의미한 차이가 없어야 한다.
③ 사전조사와 사후조사에서 통제집단의 종속변수 측정치는 통계적으로 유의미한 차이가 있어야 한다.
④ 실험집단과 통제집단의 동질성 확보가 필요하다.
⑤ 실험집단과 통제집단의 차이는 독립변수의 개입 유무이다.

056
다음과 같은 절차로 진행된 유사(준)실험설계의 특징으로 옳지 않은 것은?
20회

- 우울예방 프로그램에 참여할 하나의 집단을 모집함
- 우울검사를 일정한 간격으로 여러 차례 실시함
- 우울예방 프로그램을 진행함
- 우울검사를 동일한 측정도구를 이용해 일정한 간격으로 여러 차례 실시함

① 통제집단을 두기 어려울 때 사용할 수 있다.
② 검사효과가 발생할 수 없다.
③ 정태적 집단비교설계(static-group comparison design)보다 내적타당도가 높다.
④ 개입효과는 사전검사와 사후검사 측정치의 평균을 비교해서 측정할 수 있다.
⑤ 사전검사와 개입의 상호작용효과가 발생할 수 있다.

057
다음의 연구에서 활용한 연구설계에 관한 설명으로 옳은 것은?
21회

청소년의 자원봉사의식 향상 프로그램의 효과성을 검증하기 위하여 청소년 200명을 무작위로 두 개의 집단으로 나눈 후 A측정도구를 활용하여 사전검사를 실시하였다. 하나의 집단에만 프로그램을 실시한 후 두 개의 집단 모두를 대상으로 A측정도구를 활용하여 사후검사를 실시하였다.

① 테스트 효과의 발생 가능성이 낮다.
② 집단 간 동질성의 확인 가능성이 낮다.
③ 사전검사와 프로그램의 상호작용 효과의 통제가 가능하다.
④ 자연적 성숙에 따른 효과의 통제가 가능하다.
⑤ 실험집단의 개입 효과가 통제집단으로 전이된다.

058
다음에서 설명하는 설계에 해당하는 것은? 22회

> 심리상담 프로그램이 시설입소노인의 정서적 안정감에 미치는 영향을 알아보기 위해 사전조사 없이 A요양원의 노인들을 대상으로 프로그램을 실시하였다. 프로그램 종료 후, 인구사회학적 배경이 유사한 B요양원 노인들을 비교집단으로 하여 두 집단의 정서적 안정감을 측정하였다.

① 비동일 통제집단 설계
② 정태적 집단비교 설계
③ 다중시계열 설계
④ 통제집단 사후검사 설계
⑤ 플라시보 통제집단 설계

059
다음에서 활용된 조사설계로 옳은 것은? 23회

> 부모를 대상으로 한 아동학대 예방 프로그램의 효과성을 평가하기 위해 연구참여자의 아동양육 태도 등을 여러 차례 측정하였다. 프로그램 개입 이후에도 여러 차례 측정하여 프로그램 개입 전후 비교를 실시하였다.

① 비동일비교집단 설계(nonequivalent comparison group design)
② 분리표본 사전사후검사 설계(separate-sample pretest-posttest design)
③ 솔로몬 4집단 설계(Solomon four-group design)
④ 단순시계열 설계(simple time-series design)
⑤ 단일집단 사전사후검사 설계(one-group pretest-posttest design)

060
솔로몬 4집단 설계에 관한 설명으로 옳지 않은 것은? 23회

① 사회복지 현장에서 실제 활용하기에 용이하다.
② 외부사건을 통제할 수 있다.
③ 내적타당도가 매우 높은 설계 유형이다.
④ 통제집단 사전사후검사 설계와 통제집단 사후검사 설계를 병행하는 방식이다.
⑤ 순수실험설계 유형이다.

기출키워드 14 단일사례설계

061
단일사례설계 중 다중기초선 설계에 관한 설명으로 옳지 않은 것은? 17회

① 내적타당도 저해요인을 통제하기 위한 주요 수단으로 개입의 철회를 사용한다.
② 일부 연구대상자에게 개입의 제공이 지연되는 문제를 갖는다.
③ 연구대상자의 수가 증가할수록 내적타당도는 증가한다.
④ 동일한 개입을 특정 연구대상자의 여러 표적행동에 적용하여 개입의 효과를 평가할 수 있다.
⑤ 수집된 자료의 분석을 위해 통계적 방법이 사용되기도 한다.

062
단일사례설계에 관한 설명으로 옳은 것을 모두 고른 것은? 21회

> ㄱ. BA설계는 개입의 긴급성이 있는 상황에 적합하다.
> ㄴ. ABAC설계는 선행 효과의 통제가 가능하다.
> ㄷ. ABAB설계는 AB설계에 비해 외부사건의 영향력에 대한 통제력이 크다.
> ㄹ. 복수기초선디자인은 AB설계에 비해 외부사건의 영향력에 대한 통제력이 크다.

① ㄱ, ㄴ   ② ㄴ, ㄹ   ③ ㄷ, ㄹ
④ ㄱ, ㄴ, ㄷ   ⑤ ㄱ, ㄷ, ㄹ

063
단일사례설계의 결과 분석 방법에 관한 설명으로 옳지 않은 것은? 21회

① 시각적 분석은 변화의 수준, 파동, 경향을 고려해야 한다.
② 통계적 분석을 할 때 기초선이 불안정한 경우 평균비교가 적합하다.
③ 평균비교에서는 평균과 표준편차를 함께 고려해야 한다.
④ 경향선 분석에서는 기초선의 측정값을 두 영역으로 나누어 경향선을 구한다.
⑤ 임상적 분석은 결과 판단에 주관적 요소의 개입 가능성이 크다.

064 ☐☐☐

단일사례연구에 관한 설명으로 옳지 않은 것은?

22회

① 복수의 각기 다른 개입방법을 연속적으로 도입할 수 없다.
② 시계열 설계의 논리를 개별사례에 적용한 것이다.
③ 윤리적인 문제가 발생할 수 있다.
④ 실천과정과 조사연구과정이 통합될 수 있다.
⑤ 다중기초선 설계의 적용이 가능하다.

065 ☐☐☐

사회복지실천현장에서 단일사례설계에 관한 설명으로 옳은 것을 모두 고른 것은?

23회

ㄱ. AB설계는 기초선 단계(A)와 개입 단계(B)로 구성된다.
ㄴ. 복수기초선 설계는 AB설계를 다양한 대상이나 상황 등에 적용하여 동일한 효과를 보이는지를 확인하는 설계방법이다.
ㄷ. 사례가 집단일 경우 개별 구성원의 정보들은 평균이나 전체 빈도 등으로 요약되어 단일사례로 취급될 수 있다.
ㄹ. 외적타당도가 높아 일반화의 가능성이 높다.

① ㄱ ② ㄴ, ㄷ ③ ㄴ, ㄹ
④ ㄱ, ㄴ, ㄷ ⑤ ㄱ, ㄴ, ㄷ, ㄹ

05 측정과 척도 ★★★

기출키워드
- 측정수준 ★빈출
- 측정의 신뢰도와 타당도 ★빈출
- 측정의 오류
- 척도의 유형

최근 7개년 출제문항 수

✓ 3회독 Check ☐☐☐ 기출 3회독은 필수!
문항번호 옆 '3회독 체크표'에는 문제를 풀면서 모든 선지를 정확히 알고 풀었으면 'O', 일부 선지를 모르는 문제에는 '△', 전체적인 개념 학습이 필요한 문제는 'X'를 표시하세요.

✓ 꽈배기 문제 는 빈출 개념에 대해 혼동을 유발하거나 오답을 유도하는 선지가 출제된 문제입니다. 꽈배기 문제 분석은 해설에서 확인할 수 있습니다.

기출키워드 15 측정수준 ★빈출

066 ☐☐☐
측정의 4등급 – 사례 – 가능한 통계분석의 연결이 옳지 않은 것은?   17회

① 명목등급 – 베이비붐 세대여부 – 백분율
② 서열등급 – 학점(A, B, C…) – 최빈치
③ 등간등급 – 온도(℃) – 중위수
④ 비율등급 – 시험점수(0~100점) – 산술평균
⑤ 명목등급 – 성별, 현재 흡연 여부 – 교차분석

067 ☐☐☐
측정 및 측정도구에 관한 설명으로 옳은 것을 모두 고른 것은?   17회

> ㄱ. 측정도구를 개발하기 위해서 조작화가 요구된다.
> ㄴ. 문화적 편견은 측정의 무작위 오류를 발생시킨다.
> ㄷ. 리커트 척도구성(scaling)은 서열척도구성이다.
> ㄹ. 수능시험은 대학에서의 학업능력을 예비적으로 파악하는 측정도구이다.

① ㄴ, ㄷ
② ㄴ, ㄹ
③ ㄱ, ㄷ, ㄹ
④ ㄴ, ㄷ, ㄹ
⑤ ㄱ, ㄴ, ㄷ, ㄹ

068 ☐☐☐
다음 변수의 측정 수준을 고려하여 변수의 유형을 순서대로 나열한 것은?   18회

> • 장애 유형 – 정신장애, 지체장애 등
> • 장애 등록 후 기간 – 개월 수
> • 장애 등록 연령 – 나이
> • 장애인의 건강 정도 – 상, 중, 하

① 비율변수, 비율변수, 서열변수, 명목변수
② 명목변수, 비율변수, 비율변수, 서열변수
③ 명목변수, 등간변수, 명목변수, 서열변수
④ 등간변수, 비율변수, 서열변수, 비율변수
⑤ 명목변수, 비율변수, 비율변수, 명목변수

069　19회
측정에 관한 설명으로 옳지 않은 것은?

① 일정한 규칙에 따라 측정대상에 값을 부여하는 과정이다.
② 이론적 모델과 사건이나 현상을 연결하는 방법이다.
③ 사건이나 현상을 세분화하고 통계적 분석에 활용할 수 있는 정보를 제공한다.
④ 측정도구의 신뢰도를 높이기 위해서는 설문문항 수가 적을수록 좋다.
⑤ 측정의 수준에 따라 명목, 서열, 등간, 비율의 4가지 유형으로 분류한다.

070　20회
측정수준이 서로 다른 변수로 묶인 것은?

① 연령, 백신 접종률
② 학년, 이수과목의 수
③ 섭씨(℃), 화씨(℉)
④ 강우량, 산불발생 건수
⑤ 거주지역, 혈액형

071　21회
다음 연구과제의 변수들을 측정할 때 ㄱ~ㄹ의 척도 유형을 바르게 짝지은 것은?

> 장애인의 성별(ㄱ)과 임금수준의 관계를 정확하게 파악하기 위해서는 장애유형(ㄴ), 거주지역(ㄷ), 직업종류(ㄹ)와 같은 변수들의 영향력을 적절히 통제해야 한다.

① ㄱ: 명목, ㄴ: 명목, ㄷ: 명목, ㄹ: 명목
② ㄱ: 명목, ㄴ: 서열, ㄷ: 서열, ㄹ: 명목
③ ㄱ: 명목, ㄴ: 서열, ㄷ: 명목, ㄹ: 비율
④ ㄱ: 명목, ㄴ: 등간, ㄷ: 명목, ㄹ: 명목
⑤ ㄱ: 명목, ㄴ: 등간, ㄷ: 서열, ㄹ: 비율

072　21회
다음 변수의 측정수준에 따른 분석 방법이 옳지 않은 것은?

> ㄱ. 출신지역: 도시, 도농복합, 농어촌, 기타
> ㄴ. 교육수준: 무학, 초등학교 졸업, 중학교 졸업, 고등학교 졸업, 대졸 이상
> ㄷ. 가출경험: 유, 무
> ㄹ. 연간기부금액: (　　)만원
> ㅁ. 연령: 10대, 20대, 30대, 40대, 50대, 60대 이상

① ㄱ: 최빈값
② ㄴ: 중위수
③ ㄷ: 백분율
④ ㄹ: 범위
⑤ ㅁ: 산술평균

073　22회
척도의 종류가 올바르게 짝지어진 것은?

> ㄱ. 종교 - 기독교, 불교, 천주교, 기타
> ㄴ. 교육연수 - 정규 학교 교육을 받은 기간(년)
> ㄷ. 학점 - A, B, C, D, F

① ㄱ: 명목척도, ㄴ: 서열척도, ㄷ: 비율척도
② ㄱ: 명목척도, ㄴ: 비율척도, ㄷ: 서열척도
③ ㄱ: 비율척도, ㄴ: 등간척도, ㄷ: 서열척도
④ ㄱ: 서열척도, ㄴ: 등간척도, ㄷ: 비율척도
⑤ ㄱ: 서열척도, ㄴ: 비율척도, ㄷ: 명목척도

074　23회
다음의 변수 중 산술평균의 산출이 적합한 변수를 모두 고른 것은?

> ㄱ. 만원 단위로 측정한 청소년의 월평균 용돈
> ㄴ. 상·중·하 등급으로 평가한 국어 교과목의 성적
> ㄷ. 연 단위로 측정한 청소년의 총 재학 기간
> ㄹ. 가출 횟수로 측정한 청소년의 가출 경험

① ㄴ
② ㄱ, ㄷ
③ ㄴ, ㄹ
④ ㄱ, ㄷ, ㄹ
⑤ ㄱ, ㄴ, ㄷ, ㄹ

기출키워드 16 측정의 신뢰도와 타당도 ★빈출

075
측정도구의 신뢰도에 관한 설명으로 옳은 것은?
17회

① 일관성 또는 안정성으로 표현될 수 있는 개념이다.
② 측정도구가 의도하는 개념의 실질적 의미를 반영하는 정도와 관련이 있다.
③ 검사-재검사 신뢰도는 가장 널리 사용되는 신뢰도 유형이다.
④ 사회적 바람직성 편향은 신뢰도를 낮추는 주요 요인이다.
⑤ 특정 개념을 측정하는 문항 수가 많을수록 신뢰도는 낮아진다.

076
다음에서 설명하는 타당도 유형은?
17회

> 최근에 개발된 불안척도를 사용하여 불안으로 치료 중인 집단과 일반인 집단의 불안 수준을 측정하였다. 측정 결과 치료집단의 평균이 일반인 집단의 평균보다 통계적으로 유의미하게 높아 불안척도는 두 집단을 잘 구별하였다.

① 액면(face)타당도
② 내용(content)타당도
③ 기준(criterion)타당도
④ 이해(nomological)타당도
⑤ 수렴(convergent)타당도

077
측정의 신뢰도와 타당도에 관한 설명으로 옳은 것은?
18회

① 신뢰도는 일관성으로 표현될 수 있는 개념이다.
② 측정도구의 문항 수가 적을수록 신뢰도는 높아진다.
③ 검사-재검사 방법은 타당도를 측정하는 방법이다.
④ 편향(bias)은 측정의 비체계적 오류와 관련된다.
⑤ 측정도구의 신뢰도가 높아지면 타당도도 높아진다.

078
다음에서 설명하고 있는 타당도는?
18회

> 측정되는 개념이 속한 이론 체계 내에서 다른 개념들과 논리적으로 어느 정도 관련성을 갖고 있는지를 경험적으로 검증하는 가장 수준이 높은 타당도

① 액면타당도(face validity)
② 기준타당도(criterion validity)
③ 동시타당도(concurrent validity)
④ 구성타당도(construct validity)
⑤ 예측타당도(predictive validity)

079
신뢰도를 측정하는 방법으로 옳은 것을 모두 고른 것은?
19회

| ㄱ. 재검사법 | ㄴ. 대안법 |
| ㄷ. 반분법 | ㄹ. 내적일관성분석법 |

① ㄴ
② ㄱ, ㄷ
③ ㄴ, ㄹ
④ ㄱ, ㄷ, ㄹ
⑤ ㄱ, ㄴ, ㄷ, ㄹ

080
신뢰도를 높이는 방법에 관한 설명으로 옳은 것은?
20회

① 측정 항목 수를 가능한 줄여야 한다.
② 유사한 질문을 2회 이상 하지 않는다.
③ 측정자에게 측정도구에 대한 교육을 사후에 실시한다.
④ 측정자들이 측정방식을 대상자에 맞게 유연하게 바꾸어야 한다.
⑤ 조사대상자가 알지 못하는 내용에 대해서는 측정하지 않는 것이 좋다.

081
신뢰도에 관한 설명으로 옳은 것을 모두 고른 것은?
20회

ㄱ. 재검사법, 반분법은 신뢰도를 평가하는 방법이다.
ㄴ. 신뢰도는 타당도의 필요충분조건이다.
ㄷ. 측정할 때마다 실제보다 5g 더 높게 측정되는 저울은 신뢰도가 있다.

① ㄱ   ② ㄴ   ③ ㄱ, ㄴ
④ ㄱ, ㄷ   ⑤ ㄱ, ㄴ, ㄷ

082
척도의 타당도를 평가하는 기준이 아닌 것은? 20회

① 하나의 개념을 측정하는 개별 항목들 간의 일관성
② 이론적으로 관련성이 없는 두 개념을 측정한 두 척도 간의 상관관계
③ 어떤 척도와 기준이 되는 척도 간의 상관관계
④ 개념 안에 포함된 포괄적인 의미를 척도가 포함하는 정도
⑤ 개별 항목들이 연구자가 의도한 개념을 구성하는 요인으로 모이는 정도

083
타당도에 관한 설명으로 옳은 것을 모두 고른 것은?
21회

ㄱ. 특정 개념에 포함되어 있는 의미를 포괄하는 정도는 내용타당도이다.
ㄴ. 개발된 측정도구의 측정값을 현재 사용되고 있는 측정도구와 비교하는 것은 동시타당도(concurrent validity)이다.
ㄷ. 예측타당도(predict validity)의 하위타당도는 기준 관련 타당도와 동시타당도(criterion-related validity)이다.
ㄹ. 측정하려는 개념이 포함된 이론체계 안에서 다른 변수와 관련된 방식에 기초한 타당도는 구성타당도(construct validity)이다.

① ㄱ, ㄴ   ② ㄴ, ㄷ   ③ ㄷ, ㄹ
④ ㄱ, ㄴ, ㄹ   ⑤ ㄱ, ㄴ, ㄷ, ㄹ

084
신뢰도를 측정하는 방법으로 옳지 않은 것은? 21회

① 동일한 상황에서 동일한 측정도구로 동일한 대상을 다시 측정하는 방법
② 측정도구를 반으로 나누어 두 개의 독립된 척도로 구성한 후 동일한 대상을 측정하는 방법
③ 상관관계가 높은 문항들을 범주화하여 하위요인을 구성하는 방법
④ 동질성이 있는 두 개의 측정도구를 동일한 대상에게 측정하는 방법
⑤ 전체 척도와 척도의 개별항목이 얼마나 상호연관성이 있는지 분석하는 방법

085
내적일관성 방법에 근거하여 신뢰도를 측정하는 방법으로 옳은 것을 모두 고른 것은?
22회

ㄱ. 검사-재검사법   ㄴ. 조사자 간 신뢰도
ㄷ. 알파계수   ㄹ. 대안법

① ㄱ   ② ㄷ   ③ ㄴ, ㄷ
④ ㄱ, ㄷ, ㄹ   ⑤ ㄴ, ㄷ, ㄹ

086
신뢰도와 타당도에 관한 설명으로 옳은 것은? 22회

① 타당도가 있다면 어느 정도 신뢰도가 있다고 볼 수 있다.
② 신뢰도가 높을 경우 타당도도 높다고 할 수 있다.
③ 요인분석법은 신뢰도를 측정하는 방법이다.
④ 신뢰도는 측정하려고 의도된 개념을 얼마나 정확하게 측정하는가를 나타내는 것이다.
⑤ 주어진 척도가 측정하고자 하는 내용을 담고 있다고 일련의 전문가가 판단할 때 판별타당도가 있다고 한다.

기출키워드 17 측정의 오류

087 ☐☐☐

측정 시 나타날 수 있는 체계적 오류에 관한 설명으로 옳지 않은 것은? 18회

① 코딩 왜곡은 체계적 오류를 발생시킨다.
② 익명의 응답은 체계적 오류를 최소화한다.
③ 편견 없는 단어는 체계적 오류를 최소화한다.
④ 척도구성 과정의 실수는 체계적 오류를 발생시킨다.
⑤ 비관여적 관찰은 체계적 오류를 최소화한다.

088 ☐☐☐

측정의 오류에 관한 설명으로 옳지 않은 것은? 21회

① 연구자의 의도가 포함된 질문은 체계적 오류를 발생시킨다.
② 사회적으로 바람직한 응답은 체계적 오류를 발생시킨다.
③ 측정의 오류는 연구의 타당도를 낮춘다.
④ 타당도가 낮은 척도의 사용은 무작위 오류를 발생시킨다.
⑤ 측정의 다각화는 측정의 오류를 줄여 객관성을 높인다.

기출키워드 18 척도의 유형

089 ☐☐☐ 꽈배기문제

척도에 관한 설명으로 옳은 것을 모두 고른 것은? 19회

ㄱ. 명목척도는 응답범주의 서열이 없는 척도이다.
ㄴ. 비율척도의 대표적인 유형은 리커트척도이다.
ㄷ. 비율척도는 절대 0점이 존재하는 척도이다.
ㄹ. 서열척도는 변수의 속성에 따라 일정한 범주로 분류한다.

① ㄱ, ㄴ   ② ㄴ, ㄹ   ③ ㄷ, ㄹ
④ ㄱ, ㄴ, ㄷ   ⑤ ㄱ, ㄷ, ㄹ

090 ☐☐☐

다음이 설명하는 척도로 옳은 것은? 19회

• 사회복지사에 대해 느끼는 감정에 대해 해당 점수에 체크하시오.
　　　　　1점　2점　3점　4점　5점　6점　7점
1. 친절한 |----|----|----|----|----|----| 불친절한
2. 행복한 |----|----|----|----|----|----| 불행한

① 리커트척도(Likert scale)
② 거트만척도(Guttman scale)
③ 보가더스척도(Borgadus scale)
④ 어의적 분화척도(Semantic differential scale)
⑤ 서스톤척도(Thurstone scale)

091 ☐☐☐

척도 유형에 관한 설명으로 옳지 않은 것은? 20회

① 리커트척도(Likert scale)는 문항 간 내적 일관성이 중요하다.
② 거트만척도(Guttman scale)는 누적 척도이다.
③ 서스톤척도(Thurstone scale)의 장점은 개발의 용이성이다.
④ 보가더스척도(Borgadus scale)는 사회집단 간의 심리적 거리감을 측정하는 데 적절하다.
⑤ 의미분화척도(semantic differential scale)의 문항은 한 쌍의 대조되는 형용사를 사용한다.

092 ☐☐☐

척도에 관한 설명으로 옳은 것은? 21회

① 리커트(Likert)척도는 개별문항의 중요도를 차등화한다.
② 보가더스(Bogardus)의 사회적 거리척도는 누적척도이다.
③ 평정(rating)척도는 문항의 적절성 평가가 용이하다.
④ 거트만(Guttman)척도는 다차원적 내용을 분석할 때 사용된다.
⑤ 의미차별(semantic differential)척도는 느낌이나 감정을 나타내는 한 쌍의 유사한 형용사를 사용한다.

093 ☐☐☐

○○고등학교에서는 전교생을 대상으로 취약 청소년 집단(A, B, C)에 대한 사회적 거리감을 조사하고자 한다. 아래에서 제시되는 척도로 옳은 것은?

23회

※ 각 대상에 관한 귀하의 생각에 해당 되는 칸에 "O"표 하십시오.

문항	A집단 청소년	B집단 청소년	C집단청소년
1. 친밀한 동아리 구성원으로 받아들임			
2. 같은 학교의 구성원으로 받아들임			
3. 일시적인 방문객으로 받아들임			

① 리커트척도(Likert scale)
② 어의적 분화척도(semantic differential scale)
③ 보가더스척도(Bogardus scale)
④ 소시오매트릭스(sociomatrix)
⑤ 서스톤척도(Thurstone scale)

06 표본추출

기출키워드
- 표본추출의 개요
- 표집의 설계 ★빈출

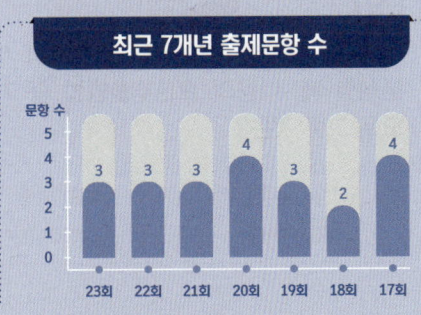

최근 7개년 출제문항 수

✓ 3회독 Check ☐☐☐ 기출 3회독은 필수!
문항번호 옆 '3회독 체크표'에는 문제를 풀면서 모든 선지를 정확히 알고 풀었으면 'O', 일부 선지를 모르는 문제에는 '△', 전체적인 개념 학습이 필요한 문제는 '×'를 표시하세요.

✓ 꽈배기 문제 는 빈출 개념에 대해 혼동을 유발하거나 오답을 유도하는 선지가 출제된 문제입니다. 꽈배기 문제 분석은 해설에서 확인할 수 있습니다.

기출키워드 19 표본추출의 개요

094 ☐☐☐
표본추출에 관한 설명으로 옳은 것은? 21회

① 모집단을 가장 잘 대표하는 표본추출방법은 유의표집이다.
② 모집단이 이질적인 경우에는 표본의 크기를 줄여야 한다.
③ 전수조사에서는 모수와 통계치의 구분이 필요하다.
④ 표집오류를 줄이기 위해 층화표집방법(stratified sampling)을 사용할 수 있다.
⑤ 체계적 표집방법(systematic sampling)은 모집단에서 유의표집을 실시한 후 일정한 표본추출 간격으로 표본을 선정한다.

095 ☐☐☐
표본 연구에 관한 설명으로 옳지 않은 것은? 23회

① 표본 연구는 전수 연구에 비해 시간과 비용 측면에서 효율적이다.
② 모집단이 큰 경우에는 표본 연구가 적합하다.
③ 표본 연구는 전수 연구에 비해 비표본오차가 크다.
④ 전수 연구에서 모수와 통계치의 구분은 필요하지 않다.
⑤ 확률표집은 비확률표집에 비해 정확한 표집틀이 필요하다.

096 ☐☐☐
다음 사례에 해당하는 표집용어와 관련한 내용으로 옳은 것은? 22회

> A종합사회복지관을 이용하는 노인들을 대상으로 노인맞춤돌봄서비스에 관한 설문조사를 위하여 노인 이용자명단에서 300명을 무작위 표본추출하였다.

① 모집단: 표본추출된 300명
② 표집방법: 할당표집
③ 관찰단위: 집단
④ 표집틀: 노인 이용자명단
⑤ 분석단위: 집단

기출키워드 20 표집의 설계 ★빈출

097 ☐☐☐ 꽈배기문제

소득주도성장에 대한 국내 일간지의 사설을 내용분석할 때, 다음의 표본추출방법 중 가능한 것을 모두 고른 것은?   17회

> ㄱ. 무작위표본추출
> ㄴ. 층화표본추출
> ㄷ. 체계적표본추출
> ㄹ. 군집(집락)표본추출

① ㄱ, ㄴ ② ㄱ, ㄹ ③ ㄴ, ㄷ
④ ㄴ, ㄷ, ㄹ ⑤ ㄱ, ㄴ, ㄷ, ㄹ

098 ☐☐☐

할당표본추출에 관한 설명으로 옳지 않은 것은?   17회

① 연구자는 모집단에 대한 사전지식을 가지고 있어야 한다.
② 연구자의 편향적 선정이 이루어질 수 있다.
③ 모집단의 구성 요소들이 표본으로 선정될 확률이 동일하지 않다.
④ 표본추출 시 할당틀을 만들어 사용한다.
⑤ 전체 모집단에서 직접 표본을 추출한다.

099 ☐☐☐

표본의 대표성에 관한 설명으로 옳지 않은 것은?   17회

① 무작위로 추출된 표본의 크기는 표본의 대표성과 관계가 있다.
② 층화표본추출은 단순무작위 표본추출보다 대표성이 높은 표본을 추출하는 방법으로 알려져 있다.
③ 표본의 대표성은 표본의 질을 판단하는 주요 기준이다.
④ 동일확률선정법으로 추출된 표본은 모집단을 완벽하게 대표한다.
⑤ 모집단의 동질성은 표본의 대표성과 관계가 있다.

100 ☐☐☐

표본추출과정을 올바르게 나열한 것은?   17회

> ㄱ. 모집단 확정
> ㄴ. 표본크기 결정
> ㄷ. 표본추출
> ㄹ. 표본추출방법 결정
> ㅁ. 표집틀 선정

① ㄱ→ㄹ→ㅁ→ㄷ→ㄴ
② ㄱ→ㅁ→ㄹ→ㄴ→ㄷ
③ ㄴ→ㅁ→ㄱ→ㄹ→ㄷ
④ ㄹ→ㄱ→ㅁ→ㄷ→ㄴ
⑤ ㅁ→ㄱ→ㄹ→ㄴ→ㄷ

101 ☐☐☐

다음에 해당하는 표집방법은?   18회

> 빈곤노인을 위한 새로운 사회복지서비스 개발을 위해 사회복지관의 노인 사례관리담당자에게 의뢰하여 자신의 욕구를 잘 표현할 수 있는 빈곤노인을 조사 대상으로 선정하였다.

① 층화표집 ② 할당표집 ③ 의도적 표집
④ 우발적 표집 ⑤ 체계적 표집

102 ☐☐☐

확률표집에 관한 설명으로 옳지 않은 것은?   18회

① 무작위추출방식으로 표본을 추출한다.
② 의식적이거나 무의식적인 편향(bias)을 방지할 수 있다.
③ 모집단의 규모와 특성을 알 때 사용할 수 있다.
④ 표본오차를 추정할 수 있다.
⑤ 질적연구에서 주로 사용된다.

103 ☐☐☐ 꽈배기 문제
질적조사에서 일반적으로 사용되는 표본추출 방법으로 옳지 않은 것은?

19회

① 이론적(theoretical) 표본추출
② 집락(cluster) 표본추출
③ 눈덩이(snowball) 표본추출
④ 극단적 사례(extreme case) 표본추출
⑤ 최대변이(maximum variation) 표본추출

104 ☐☐☐
다음 사례에서 설명하는 표본추출방법은?

19회

> 사회복지사들의 감정노동 정도를 조사하기 위하여 설문조사를 실시하였다. 표본은 전국 사회복지관에 근무하는 사회복지사를 대상으로 연령(30세 미만, 30세 이상 50세 미만, 50세 이상)을 고려하여 연령 집단별 각각 100명씩 총 300명을 임의 추출하였다.

① 비례 층화 표본추출   ② 할당 표본추출
③ 체계적 표본추출   ④ 눈덩이 표본추출
⑤ 집락 표본추출

105 ☐☐☐
다른 조건이 같다면, 확률표집에서 표집오차(sampling error)에 관한 설명으로 옳지 않은 것은?

20회

① 표준오차(standard error)가 커지면 표집오차도 커진다.
② 신뢰수준(confidence level)을 높이면 표집오차가 감소한다.
③ 표본의 수가 증가하면 표집오차가 감소한다.
④ 이질적인 모집단보다 동질적인 모집단에서 추출한 표본의 표집오차가 작다.
⑤ 층화를 통해 단순무작위추출의 표집오차를 줄일 수 있다.

106 ☐☐☐
다음 사례의 표집에 관한 설명으로 옳은 것은?

20회

> 400명의 명단에서 80명의 표본을 선정하는 경우, 그 명단에서 최초의 다섯 사람 중에서 무작위로 한 사람을 뽑는다. 그 후 표집 간격만큼을 더한 번호에 해당하는 사람을 표본으로 선택한다.

① 단순무작위 표집이다.
② 표집틀이 있어야 한다.
③ 모집단의 배열에 일정한 주기성을 가지고 있어야 한다.
④ 비확률표집법을 사용하였다.
⑤ 모집단에 대한 대표성이 부족하다.

107 ☐☐☐
표집에 관한 설명으로 옳은 것은?

20회

① 할당표집(quota sampling)은 무작위 표집을 전제로 한다.
② 유의표집(purposive sampling)은 확률표집이다.
③ 눈덩이표집(snowball sampling)은 모집단의 규모를 알아야만 사용할 수 있다.
④ 단순무작위표집(simple random sampling)은 모집단으로부터 표본으로 추출될 확률을 알 수 있다.
⑤ 임의표집(convenience sampling)은 모집단의 대표성이 높은 표본을 추출한다.

108 ☐☐☐
표집오차(sampling error)에 관한 설명으로 옳지 않은 것은?

21회

① 신뢰수준을 높이면 표집오차는 감소한다.
② 모집단의 모수와 표본의 통계치 간의 차이이다.
③ 표본의 크기가 커지면 표집오차는 커진다.
④ 모집단의 동질성에 영향을 받는다.
⑤ 표본으로 추출될 기회가 동등하면 표집오차는 감소한다.

109

할당표집방법에 관한 설명으로 옳지 않은 것은? 21회

① 모집단의 주요 특성에 대한 정보를 활용한다.
② 모집단을 구성하는 주요 변수별로 표본을 할당한 후 확률표집을 실시한다.
③ 지역주민 조사에서 전체주민의 연령대별 구성 비율에 따라 표본을 선정한다.
④ 표본추출 시 할당틀을 만들어 사용한다.
⑤ 우발적 표집보다 표본의 대표성이 높다.

110

표집에 관한 설명으로 옳지 않은 것은? 22회

① 의도적 표집(purposive sampling)은 비확률표집이다.
② 할당표집(quota sampling)은 동일추출확률에 근거한다.
③ 눈덩이표집(snowball sampling)은 질적연구나 현장연구에서 많이 사용된다.
④ 집락표집(cluster sampling)은 모집단에 대한 표집틀이 갖추어지지 않더라도 사용가능하다.
⑤ 체계적표집(systematic sampling)은 주기성(periodicity)이 문제가 될 수 있다.

111 팔패기 문제

표집오차(sampling error)에 관한 설명으로 옳지 않은 것은? 22회

① 표본의 선정과정에서 발생하는 오차이다.
② 표집방법에 따라 달라질 수 있다.
③ 동일한 조건이라면 표본크기가 클수록 감소한다.
④ 모집단의 크기와 표본크기의 차이를 말한다.
⑤ 동일한 조건이라면 이질적 집단보다 동질적 집단에서 추출한 표본의 표집오차가 작다.

112

다음의 연구에서 활용한 표집방법에 관한 설명으로 옳은 것은? 23회

> 노인복지관 만족도 조사를 위해 지역 내 전체 노인복지관별 등록자명단에서 등록인원수에 비례해서 난수표를 활용하여 표본을 선정하였다.

① 최종적인 표본 선정은 비확률표집 방법을 활용하여 이루어진다.
② 군집표집에 의한 조사에 비해 표집오차를 줄일 수 있다.
③ 표집단계에서의 편향성을 해결하기 위해 분석단계에서 가중치를 활용한다.
④ 표집틀의 부재로 상위군집에서 하위군집으로 이동하여 최종 표본을 추출한다.
⑤ 표본의 집단별 분포를 미리 정하고 할당된 수만큼의 표본을 임의로 선정한다.

113

표본의 크기에 관한 설명으로 옳은 것은? 23회

① 추정치가 모수에 근접할 확률은 표본의 크기에 반비례한다.
② 모집단 내 편차가 클수록 표본의 크기를 늘려야 한다.
③ 조사비용과 시간의 한계는 표본의 크기와 관련이 없다.
④ 표본의 크기와 표본오차는 비례한다.
⑤ 통계분석방법은 표본의 크기와 관련이 없다.

07 자료수집방법

기출키워드
- 질문지법 ★빈출
- 면접법
- 관찰법
- 내용분석법

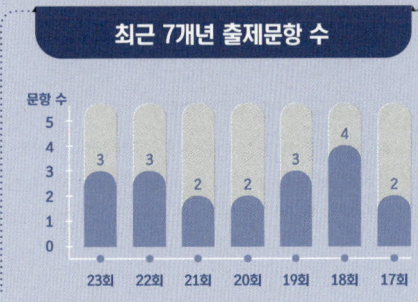
최근 7개년 출제문항 수

✓ 3회독 Check ☐☐☐ 기출 3회독은 필수!
문항번호 옆 '3회독 체크표'에는 문제를 풀면서 모든 선지를 정확히 알고 풀었으면 'O', 일부 선지를 모르는 문제에는 'Δ', 전체적인 개념 학습이 필요한 문제는 'X'를 표시하세요.

✓ 꽈배기 문제 는 빈출 개념에 대해 혼동을 유발하거나 오답을 유도하는 선지가 출제된 문제입니다. 꽈배기 문제 분석은 해설에서 확인할 수 있습니다.

기출키워드 21 질문지법 ★빈출

114 ☐☐☐
설문지 작성에 관한 내용으로 옳지 않은 것은?
18회

① 개연성 질문(contingency questions)은 사고의 흐름에 따라 배치한다.
② 고정반응(response set)을 예방하기 위해 유사질문들은 분리하여 배치한다.
③ 민감한 주제나 주관식 질문은 설문지의 뒷부분에 배치한다.
④ 명목측정을 위한 질문은 단일차원성의 원칙을 지켜 내용을 구성한다.
⑤ 신뢰도 측정을 위한 질문들은 가능한 서로 가깝게 배치한다.

115 ☐☐☐
설문지 작성 방법에 관한 설명으로 옳은 것은?
19회

① 개방형 질문은 미리 유형화된 응답범주들을 제시해 놓은 질문 유형이다.
② 행렬식(matrix) 질문은 한 주제의 응답에 따라 부가질문을 연결해서 사용하는 질문이다.
③ 많은 정보가 필요할 경우 이중질문을 사용한다.
④ 신뢰도 측정을 위해 짝(pair)으로 된 문항들은 이어서 배치한다.
⑤ 다항선택식(multiple choice) 질문은 응답범주들 중에서 하나 또는 그 이상을 선택하도록 하는 질문이다.

116
서베이(survey) 조사에 관한 설명으로 옳은 것을 모두 고른 것은? 19회

ㄱ. 전화조사는 무작위 표본추출이 가능하다.
ㄴ. 우편조사는 심층규명이 쉽다.
ㄷ. 배포조사는 응답 환경을 통제하기 쉽다.
ㄹ. 면접조사는 우편조사에 비해 비용이 많이 든다.

① ㄱ, ㄴ   ② ㄱ, ㄹ   ③ ㄴ, ㄷ
④ ㄱ, ㄷ, ㄹ   ⑤ ㄴ, ㄷ, ㄹ

117
다음에서 설문조사 결과를 해석할 때 유의해야 할 사항을 모두 고른 것은? 20회

ㄱ. 표집방법이 확률표집인가 비확률표집인가?
ㄴ. 표본의 크기는 모집단을 대표하기에 적절한가?
ㄷ. 설문조사는 언제 이루어졌는가?
ㄹ. 측정도구가 신뢰할 만한 것인가?

① ㄱ, ㄴ   ② ㄷ, ㄹ   ③ ㄱ, ㄴ, ㄷ
④ ㄱ, ㄴ, ㄹ   ⑤ ㄱ, ㄴ, ㄷ, ㄹ

118
자료수집방법에 관한 설명으로 옳은 것은? 20회

① 질문의 유형과 형태를 결정할 때 조사대상자의 응답능력을 고려할 필요가 있다.
② 설문문항 작성 시 이중질문(double-barreled question)을 넣어야 한다.
③ 비참여관찰법은 연구자가 관찰대상과 상호작용을 유지하는 것이 중요하다.
④ 설문지에서 질문 순서는 무작위 배치를 원칙으로 한다.
⑤ 우편조사는 프로빙(probing) 기술이 중요하다.

119
온라인 설문에 관한 설명으로 옳은 것은? 23회

① 표적집단 확인이 대면면접에 비해 제한적이다.
② 인터넷 접근에 상관없이 표집을 광범위하게 할 수 있다.
③ 대면설문보다 비용은 저렴하지만 시간이 더 많이 소요된다.
④ 복잡하거나 문항 수가 많은 경우에 적합하다.
⑤ 동일인의 중복응답에 대한 통제가 용이하다.

기출키워드 22 면접법

120
피면접자를 직접 대면하는 면접조사가 우편설문에 비해 갖는 장점이 아닌 것은? 21회

① 응답자의 익명성 보장 수준이 높다.
② 보충적 자료수집이 가능하다.
③ 대리 응답의 방지가 가능하다.
④ 높은 응답률을 기대할 수 있다.
⑤ 조사 내용에 대한 심층적 이해가 가능하다.

121
질문 내용 및 방법의 표준화 정도가 낮은 자료수집 유형끼리 바르게 묶인 것은? 22회

ㄱ. 스케줄-구조화 면접
ㄴ. 설문지를 이용한 면접조사
ㄷ. 심층면접
ㄹ. 비구조화 면접

① ㄱ, ㄴ   ② ㄱ, ㄹ   ③ ㄴ, ㄷ
④ ㄴ, ㄹ   ⑤ ㄷ, ㄹ

기출키워드 23   관찰법

122 ☐☐☐
관찰을 통한 자료수집에 관한 설명으로 옳은 것은?
21회

① 피관찰자에 의해 자료가 생성된다.
② 비언어적 상황의 자료수집이 용이하다.
③ 자료수집 상황에 대한 통제가 용이하다.
④ 내면적 의식의 파악이 용이하다.
⑤ 수집된 자료를 객관화하는 최적의 방법이다.

123 ☐☐☐
완전 참여자(complete participant)에 관한 설명으로 옳은 것은?
22회

① 연구대상이 관찰된다는 사실을 알기에 자연적인 상태에서의 관찰이 불가능하다.
② 관찰대상과 상호작용 없이 연구대상을 관찰할 수 있다.
③ 관찰대상의 승인을 받고 관찰대상과 어울리면서도 객관성을 유지할 수 있다.
④ 관찰대상의 승인을 받지 않고 관찰한다는 점에서 연구윤리 문제가 제기될 수 있다.
⑤ 관찰 상황을 인위적으로 통제한 상황에서 관찰을 진행할 수 있다.

기출키워드 24   내용분석법

124 ☐☐☐ 꽈배기문제
내용분석에 관한 설명으로 옳지 않은 것은?
18회

① 역사적 분석과 같은 시계열 분석에 어려움이 있다.
② 인간의 의사소통 기록을 체계적으로 분석한다.
③ 분석상의 실수를 언제라도 수정할 수 있다.
④ 양적조사와 질적조사에 공통으로 사용할 수 있다.
⑤ 기존자료를 활용하여 타당도 확보가 어렵다.

125 ☐☐☐
자료수집에 관한 설명으로 옳지 않은 것은?
18회

① 질문지법은 문서화된 질문지를 사용한다.
② 면접법은 조사대상자에게 질문내용을 구두 전달한다.
③ 관찰법은 유형, 시기, 방법, 추론 정도에 따라 조직적 관찰과 비조직적 관찰로 구분된다.
④ 비관여적 조사는 기존의 기록물이나 역사자료 등을 분석한다.
⑤ 내용분석법은 신문, 책, 일기 등의 직접자료를 수집하고 분석하는 방법이다.

126 ☐☐☐
내용분석(content analysis)에 관한 설명으로 옳지 않은 것을 모두 고른 것은?
19회

> ㄱ. 기존자료에 의존하기 때문에 연구의 범위가 무제한적이다.
> ㄴ. 선정편향(selection bias)이 발생할 수 있다.
> ㄷ. 연구대상의 반응성을 배제할 수 있다.
> ㄹ. 기존자료를 활용하는 질적조사이기 때문에 가설검증은 필요하지 않다.

① ㄴ   ② ㄱ, ㄴ   ③ ㄱ, ㄹ
④ ㄷ, ㄹ   ⑤ ㄱ, ㄴ, ㄹ

127 ☐☐☐
내용분석에 관한 설명으로 옳지 않은 것은?
22회

① 반응적(reactive) 연구방법이다.
② 서베이(survey) 조사에서 사용하는 표본추출 방법을 사용할 수 있다.
③ 연구과정에서 실수를 하더라도 재조사가 가능하다.
④ 숨은 내용(latent content)의 분석이 가능하다.
⑤ 양적분석과 질적분석 모두 적용 가능하다.

128 ☐☐☐
내용분석과 내러티브 탐구에 관한 비교로 옳지 않은 것은? 23회

① 내용분석은 2차적 자료를 분석하고, 내러티브 탐구는 1차적 자료를 분석한다.
② 모두 비관여적 혹은 비반응성 연구이다.
③ 내용분석에 비해 내러티브 탐구는 과정중심적으로 접근할 수 있다.
④ 내용분석은 내러티브 탐구에 비해 보다 많은 사례를 분석할 수 있다.
⑤ 모두 자료를 해석하고 구조화하는 데 연구자의 객관성 유지가 필요하다.

기출분석 해설집 p.42

08 욕구조사와 평가조사

기출키워드
- 욕구조사
- 평가조사

최근 7개년 출제문항 수

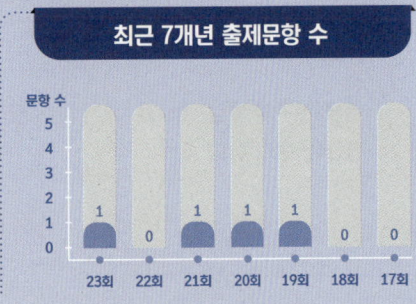

3회독 Check ☐☐☐ 기출 3회독은 필수!

문항번호 옆 '3회독 체크표'에는 문제를 풀면서 모든 선지를 정확히 알고 풀었으면 'O', 일부 선지를 모르는 문제에는 '△', 전체적인 개념 학습이 필요한 문제는 'X'를 표시하세요.

꽈배기 문제 는 빈출 개념에 대해 혼동을 유발하거나 오답을 유도하는 선지가 출제된 문제입니다. 꽈배기 문제 분석은 해설에서 확인할 수 있습니다.

기출키워드 25 욕구조사

129 ☐☐☐
초점 집단(focus group) 조사에 관한 설명으로 옳지 않은 것은? 19회

① 집단을 활용한 자료수집방법이다.
② 익명의 전문가들을 패널로 활용한다.
③ 욕구 조사에서 활용된다.
④ 직접적인 자료 수집 방법이다.
⑤ 연구자의 개입에 의해 편향이 발생할 수 있다.

130 ☐☐☐
델파이조사에 관한 설명으로 옳지 않은 것은? 21회

① 전문가 패널을 대상으로 견해를 파악한다.
② 되풀이되는 조사 과정을 통해 합의를 도출한다.
③ 반대 의견에 대한 패널 참가자들의 감정적 충돌을 줄일 수 있다.
④ 패널 참가자의 익명성 보장에 어려움이 있다.
⑤ 조사 자료의 정리에 연구자의 편향이 발생할 수 있다.

131 ☐☐☐
델파이기법에 관한 설명으로 옳지 않은 것은? 23회

① 참여자의 다양한 아이디어를 수집할 수 있다.
② 기명으로 진행되기 때문에 참여자들의 책임성을 높일 수 있다.
③ 결과 도출을 위해 반복해서 진행할 수 있다.
④ 비대면을 원칙으로 한다.
⑤ 전문가들의 합의점을 찾는 데 목표를 둔다.

기출키워드 26 평가조사

132 ☐☐☐
평가연구에 관한 설명으로 옳지 않은 것은? 20회

① 보고서의 형식은 의뢰기관의 요청에 따를 수 있다.
② 목표달성에 대한 해석이 다양한 이해관계에 영향을 받을 수 있다.
③ 질적 연구방법을 적용할 수 있다.
④ 프로그램의 실행과정도 평가할 수 있다.
⑤ 과학적 객관성을 저해하더라도 의뢰기관의 요구를 수용하여 평가결과를 조정할 수 있다.

기출분석 해설집 p.44

09 질적연구

기출키워드
- 질적연구의 특성
- 질적연구의 유형
- 질적연구의 방법

최근 7개년 출제문항 수

☑ 3회독 Check ☐☐☐ 기출 3회독은 필수!
문항번호 옆 '3회독 체크표'에는 문제를 풀면서 모든 선지를 정확히 알고 풀었으면 'O', 일부 선지를 모르는 문제에는 'Δ', 전체적인 개념 학습이 필요한 문제는 '×'를 표시하세요.

☑ 꽈배기 문제 는 빈출 개념에 대해 혼동을 유발하거나 오답을 유도하는 선지가 출제된 문제입니다. 꽈배기 문제 분석은 해설에서 확인할 수 있습니다.

기출키워드 27 질적연구의 특성

133 ☐☐☐
질적조사에 관한 설명으로 옳지 않은 것은? 17회

① 실천, 이야기, 생활방식, 하위문화 등이 질적조사의 주제가 된다.
② 자연주의는 질적조사의 오랜 전통이다.
③ 확률표본추출방법이 사용될 수 있다.
④ 일반화 가능성이 양적조사보다 높다.
⑤ 현장연구라고 명명되기도 한다.

134 ☐☐☐
질적연구에 관한 설명으로 옳지 않은 것은? 18회

① 풍부하고 자세한 사실의 발견이 가능하다.
② 문제에 대한 통찰력을 제공한다.
③ 연구참여자의 상황적 맥락 안에서 이루어진다.
④ 다른 연구자들이 재연하기 용이하다.
⑤ 현상에 대해 심층적으로 기술한다.

135 ☐☐☐
질적조사의 엄격성(rigor)을 높이는 방법으로 옳은 것을 모두 고른 것은? 19회

ㄱ. 장기간 관찰
ㄴ. 표준화된 척도의 사용
ㄷ. 부정적 사례(negative cases)분석
ㄹ. 다각화(triangulation)

① ㄱ, ㄴ ② ㄱ, ㄷ ③ ㄴ, ㄹ
④ ㄱ, ㄷ, ㄹ ⑤ ㄱ, ㄴ, ㄷ, ㄹ

136 ☐☐☐
질적연구에 관한 설명으로 옳은 것은? 22회

① 변수중심의 분석이 이루어진다.
② 논리실증주의적 관점을 견지한다.
③ 인간행동의 규칙성과 보편성을 중시한다.
④ 모집단을 대표할 수 있는 표본을 추출한다.
⑤ 관찰로부터 이론을 도출하는 귀납적 방법을 활용한다.

기출키워드 28   질적연구의 유형

137
질적조사로 보기 어려운 것은?   17회

① 근거이론연구
② 문화기술지연구
③ 솔로몬설계연구
④ 내러티브연구
⑤ 현상학적 연구

138
다음 중 질적연구와 가장 거리가 먼 것은?   20회

① 문화기술지(ethnography)연구
② 심층사례연구
③ 사회지표조사
④ 근거이론연구
⑤ 내러티브(narrative)연구

139   꽈배기 문제
다음의 연구에서 활용한 질적 연구방법에 관한 설명으로 옳은 것은?   21회

> A 사회복지사는 가정 밖 청소년들의 범죄 피해와 정신건강의 문제를 당사자의 관점에서 이해하고 주체적으로 해결하기 위해 연구를 시작하였다. 연구에 참여한 가정 밖 청소년들은 A 사회복지사와 함께 범죄피해와 정신건강과 관련된 사회 구조적인 문제를 해결하기 위한 다양한 방안들을 스스로 만들고 수행하였다.

① 개방코딩-축코딩-선택코딩의 방법을 활용한다.
② 범죄피해와 정신건강을 설명하는 이론 개발에 초점을 둔다.
③ 단일사례에 대한 깊이 있는 분석에 초점을 둔다.
④ 관찰대상의 개인적 설화(narrative)를 만드는 것에 초점을 둔다.
⑤ 사회변화와 임파워먼트에 초점을 둔다.

140
다음의 사회복지 연구 방법에서 성격이 다른 것은?   23회

① 근거이론(grounded theory)연구
② 참여행동(participatory action)연구
③ 서베이(survey)연구
④ 민속학적(ethnographic)연구
⑤ 현상학적(phenomenological)연구

기출키워드 29   질적연구의 방법

141
질적조사의 자료수집에 관한 설명으로 옳은 것은?   17회

① 심층면접은 주요 자료수집방법 중 하나이다.
② 연구자는 자료수집과정에서 배제되는 것이 원칙이다.
③ 완전관찰자로서의 연구자는 먼저 자료제공자들과 라포 형성이 요청된다.
④ 가설설정은 자료수집을 위해 필수적 요건이다.
⑤ 표준화된 측정도구를 갖추어야 자료수집이 가능하다.

142
다음에서 설명하는 근거이론의 분석방법은?   19회

> 수집된 자료에서 나타난 범주들 간의 관계를 파악하기 위해 범주들을 특정한 구조적 틀에 맞추어 연결하는 과정이다. 중심현상을 설명하는 전략들, 전략을 형성하는 맥락과 중재조건, 그리고 전략을 수행한 결과를 설정하여 찾아내는 과정이다.

① 조건 매트릭스   ② 개방코딩   ③ 축코딩
④ 괄호치기   ⑤ 선택코딩

143 ☐☐☐
근거이론의 분석방법에서 축코딩(axial coding)에
관한 설명으로 옳은 것은? 20회

① 추상화시킨 구절에 번호를 부여한다.
② 개념으로 도출된 내용을 가지고 하위 범주를 만든다.
③ 발견된 범주의 속성과 차원을 고려하여 유형화를 시도한다.
④ 이론개발을 위해 핵심 범주를 중심으로 다른 범주와의 통합과 정교화를 만드는 과정을 진행한다.
⑤ 발견된 범주를 가지고 중심 현상을 중심으로 인과적 조건을 만든다.

144 ☐☐☐
질적연구에서 일반적으로 사용되는 표집방법이
아닌 것은? 22회

① 판단(judgemental) 표집
② 체계적(systematic) 표집
③ 결정적 사례(critical case) 표집
④ 극단적 사례(extreme case) 표집
⑤ 최대변이(maximum variation) 표집

천천히 피는 꽃도,
계절이 되면 반드시 핀다.
당신의 속도에도 봄이 오고 있어요.

3영역
사회복지실천론

최근 7개년 평균 출제문항 수

총 25문항

01 사회복지실천의 개념 및 정의 — 1.1문항
02 사회복지실천의 윤리 — 2.6문항
03 사회복지실천의 발달 — 1.7문항
04 사회복지실천현장과 사회복지사의 역할 — 1.6문항
05 사회복지의 통합적 실천의 이해 ★★★ — 4.6문항
06 사회복지실천의 방법 ★★★ — 8.7문항
07 사회복지실천의 과정 ★★★ — 4.7문항

최근 출제경향

☑ 최근 사회복지실천론은 전반적으로 골고루 문제가 출제되고 있지만, 특히 **사회복지실천의 방법**과 **사회복지실천의 과정**이 자주 출제되니 반드시 숙지해야 합니다.

☑ 최근 몇 년간 보기 제시형 문제가 예년에 비해 **많이 출제**되는 경향이 있습니다. 따라서 그 패턴에 익숙해지는 학습방법이 요구됩니다.

☑ 사회복지실천론은 은근히 까다롭고 어려운 영역이니, **학자별, 모델별, 단계별 구분**을 확실하게 해두어야 합니다.

합격생들의 학습 후기&꿀팁 | 실천론

#은근 많이 틀리는 영역
#학자-이론-개념 파악 중요
#한국 사회복지실천의 역사과정 연도 꼭 알아두기
#사회복지인력 자격제도 확실하게 잡고 넘어가기

24회차 시험 대비 합격선을 넘는 TIP

- 사회복지실천론은 **사회복지실천의 방법**이 가장 중요합니다. 4체계 모델, 강점관점의 특징, 임파워먼트모델의 특성, 통합적 접근의 등장배경, 내용 등은 필수적으로 이해 및 암기해야 합니다.
- 사회복지실천의 과정을 **초기단계, 중간단계, 종결단계**로 구분하여 각 세부적인 과정까지 학습해야 합니다. 특히 단계별 주요 과업은 꼭 암기해야 합니다. 그 외에 **원조관계의 장애요인, 원조관계의 요소** 등도 자주 출제되니 숙지해두세요.
- 최근 사회복지실천론은 문제 유형이 다른 영역과 유사하게 **사례 위주, 보기 제시형**으로 출제되고 있으므로 기출문항을 면밀하게 보면서 패턴을 익혀두어야 합니다.

01 사회복지실천의 개념 및 정의

기출키워드
- 사회복지실천의 이념적 배경
- 사회복지실천의 개념 및 방법

최근 7개년 출제문항 수

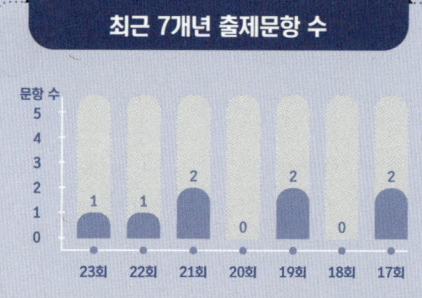

☑ 3회독 Check ☐☐☐ 기출 3회독은 필수!

문항번호 옆 '**3회독 체크표**'에는 문제를 풀면서 모든 선지를 정확히 알고 풀었으면 'O', 일부 선지를 모르는 문제에는 '△', 전체적인 개념 학습이 필요한 문제는 '×'를 표시하세요.

꽈배기 문제 는 빈출 개념에 대해 혼동을 유발하거나 오답을 유도하는 선지가 출제된 문제입니다. 꽈배기 문제 분석은 해설에서 확인할 수 있습니다.

기출키워드 1 사회복지실천의 이념적 배경

001 3회독 Check ☐☐☐ 꽈배기 문제

사회복지실천의 이념적 배경을 모두 고른 것은? 19회

| ㄱ. 인도주의 | ㄴ. 민주주의 |
| ㄷ. 개인주의 | ㄹ. 문화 다양성 |

① ㄱ, ㄴ ② ㄴ, ㄷ ③ ㄷ, ㄹ
④ ㄱ, ㄴ, ㄹ ⑤ ㄱ, ㄴ, ㄷ, ㄹ

002 ☐☐☐

개인주의가 사회복지실천에 미친 영향으로 옳은 것을 모두 고른 것은? 21회

| ㄱ. 개별화 | ㄴ. 개인의 권리와 의무 강조 |
| ㄷ. 최소한의 수혜자격 원칙 | ㄹ. 사회적 책임 중시 |

① ㄱ, ㄴ, ㄷ ② ㄱ, ㄴ, ㄹ ③ ㄱ, ㄷ, ㄹ
④ ㄴ, ㄷ, ㄹ ⑤ ㄱ, ㄴ, ㄷ, ㄹ

003 ☐☐☐

사회복지실천의 사회통제적 측면과 관련성이 가장 높은 이념은? 22회

① 인도주의 ② 민주주의 ③ 박애사상
④ 사회진화론 ⑤ 다양화

004 ☐☐☐

인도주의와 박애사상이 사회복지실천에 미친 영향으로 옳은 것을 모두 고른 것은? 23회

| ㄱ. 빈민에 대한 인도주의적 서비스 제공 |
| ㄴ. 수혜자격의 축소 |
| ㄷ. 타인을 위하여 봉사하는 정신으로 실천 |

① ㄱ ② ㄴ ③ ㄱ, ㄷ
④ ㄴ, ㄷ ⑤ ㄱ, ㄴ, ㄷ

기출키워드 2 사회복지실천의 개념 및 방법

005 □□□
사회복지실천의 목적과 기능으로 옳지 않은 것은?
17회

① 사회정의의 증진
② 클라이언트의 삶의 질 증진
③ 클라이언트의 가능성과 잠재력 개발
④ 개인과 사회 간 상호유익한 관계 증진
⑤ 개인이 조직에게 효과적으로 순응하도록 원조

006 □□□
사회복지 전문직에 관한 설명으로 옳은 것을 모두 고른 것은?
17회

ㄱ. 전문적인 이론체계를 갖고 있음
ㄴ. 개인의 변화와 사회적 변혁에 관심을 둠
ㄷ. 미시 및 거시적 개입방법을 모두 이해해야 함
ㄹ. 타 분야 전문가와의 협업을 위해 고유한 정체성의 발전은 불필요함

① ㄱ, ㄴ   ② ㄱ, ㄷ   ③ ㄴ, ㄷ
④ ㄱ, ㄴ, ㄷ   ⑤ ㄱ, ㄷ, ㄹ

007 □□□
그린우드(E. Greenwood)가 제시한 전문직의 속성 중 다음 설명에 해당하는 것은?
19회

- 자기규제를 통해 클라이언트를 보호한다.
- 전문가가 지켜야 할 전문적 행동기준과 원칙을 기술해 놓은 것이다.

① 윤리강령   ② 전문직 문화
③ 사회적인 인가   ④ 전문적인 권위
⑤ 체계적인 이론

008 □□□
거시 수준의 사회복지실천에 관한 내용으로 옳지 않은 것은?
21회

① 다문화 청소년을 위한 조례 제정을 추진한다.
② 부모와 자녀의 관계증진을 위한 소집단프로그램을 진행한다.
③ 피학대 노인 보호를 위한 제도 개선을 제안한다.
④ 장애인복지에 필요한 정부 예산 증액을 촉구한다.
⑤ 고독사 문제 해결을 위해 정책 토론회를 개최한다.

02 사회복지실천의 윤리

기출키워드
- 사회복지실천의 가치
- 사회복지사 윤리강령
- 윤리적 갈등과 해결지침 ★빈출

최근 7개년 출제문항 수

☑ 3회독 Check ☐☐☐ 기출 3회독은 필수!
문항번호 옆 '3회독 체크표'에는 문제를 풀면서 모든 선지를 정확히 알고 풀었으면 'O', 일부 선지를 모르는 문제에는 '△', 전체적인 개념 학습이 필요한 문제는 '×'를 표시하세요.

꽈배기 문제 는 빈출 개념에 대해 혼동을 유발하거나 오답을 유도하는 선지가 출제된 문제입니다. 꽈배기 문제 분석은 해설에서 확인할 수 있습니다.

기출키워드 3 사회복지실천의 가치

009 ☐☐☐ 꽈배기문제
인권의 특성으로 옳은 것을 모두 고른 것은? 19회

> ㄱ. 모든 인간에게 해당되는 보편적인 권리이다.
> ㄴ. 개인, 집단, 국가가 상호 간에 책임을 동반하는 권리이다.
> ㄷ. 사회적 약자를 위하여 지켜지고 확보되어야 하는 권리이다.
> ㄹ. 법이 보장하고 있지 않다 해도 인간의 존엄성 보장에 필요한 권리이다.

① ㄱ, ㄴ ② ㄱ, ㄷ ③ ㄴ, ㄷ
④ ㄴ, ㄷ, ㄹ ⑤ ㄱ, ㄴ, ㄷ, ㄹ

010 ☐☐☐
'양로시설에서 생활하는 노인의 의사결정을 사회복지사가 대신할 수 없다'는 의미의 인권 특성은? 20회

① 천부성
② 불가양성·불가분성
③ 보편성
④ 사회성·문화성
⑤ 환경성·평화성

011 ☐☐☐
레비(C. Levy)가 제시한 사회복지전문직의 가치 중 결과우선가치에 해당하는 것은? 21회

① 자기 결정권 존중
② 인간 존엄성에 대한 믿음
③ 비심판적 태도
④ 동등한 사회 참여 기회 제공
⑤ 개별성에 대한 인정

012 ☐☐☐
인권에 관한 설명으로 옳지 않은 것은? 22회

① 천부성은 인간이 세상에 태어나면서부터 존엄성을 가지고 태어났다는 의미이다.
② 자유권은 시민적, 정치적 권리이다.
③ 평화권은 국가들 간의 연대와 단결의 권리이다.
④ 보편성은 자기의 인권은 자기만이 소유할 수 있다는 의미이다.
⑤ 평등권은 경제적, 사회적, 문화적 권리이다.

013
인권에 관한 설명으로 옳지 않은 것은? 23회

① 평등권은 국가의 적극적 책임과 의무를 강조하는 것으로 사회보장의 권리를 의미한다.
② 자유권은 국가의 통치와 간섭으로부터 자유를 보장하기 위한 권리이다.
③ 평화권은 국가들 간의 연대와 단결의 권리이다.
④ 자유권은 국가가 반드시 보호해 주어야 하는 권리이다.
⑤ 평등권은 구속 및 인신매매로부터의 보호를 의미한다.

기출키워드 4 사회복지사 윤리강령

014 (판배기 문제)
사회복지사 윤리에 관한 설명으로 옳은 것을 모두 고른 것은? 17회

ㄱ. 사회복지사는 원조과정에서 자신의 이익을 위해 행동해서는 안 됨
ㄴ. 로웬버그와 돌고프의 윤리원칙 준거틀은 생명보호를 최우선으로 함
ㄷ. 윤리강령은 윤리적 갈등이 생겼을 때 법적 제재의 근거를 제공함
ㄹ. 사회복지사는 국가자격이므로 사회복지사 윤리강령은 국가가 채택함

① ㄱ, ㄴ ② ㄱ, ㄷ ③ ㄱ, ㄴ, ㄷ
④ ㄱ, ㄴ, ㄹ ⑤ ㄴ, ㄷ, ㄹ

015
다음은 '한국사회복지사 윤리강령' 중 어느 영역에 해당하는가? 18회

- 사회복지사는 인권존중과 인간평등을 위해 헌신해야 하며, 사회적 약자를 옹호하고 대변하는 일을 주도해야 한다.
- 사회복지사는 자신이 일하는 지역사회의 문제를 이해하고, 그것을 해결하는 일에 적극적으로 참여해야 한다.

① 사회복지사의 기본적 윤리기준
② 사회복지사의 동료에 대한 윤리기준
③ 사회복지사의 사회에 대한 윤리기준
④ 사회복지사의 클라이언트에 대한 윤리기준
⑤ 사회복지사의 기관에 대한 윤리기준

016
한국 사회복지사 윤리강령 중 다음 내용이 제시되어 있는 윤리기준은? 19회

- 사회복지사는 적법하고도 적절한 논의 없이 동료 혹은 다른 기관의 클라이언트와 전문적인 관계를 맺어서는 안 된다.
- 사회복지사는 긴급한 사정으로 인해 동료의 클라이언트를 맡게 된 경우, 자신의 의뢰인처럼 관심을 갖고 서비스를 제공한다.

① 사회복지사의 기본적인 윤리기준
② 사회복지사의 클라이언트에 대한 윤리기준
③ 사회복지사의 동료에 대한 윤리기준
④ 사회복지사의 사회에 대한 윤리기준
⑤ 사회복지사의 기관에 대한 윤리기준

017
윤리강령의 기능으로 옳은 것을 모두 고른 것은? 20회

ㄱ. 외부통제로부터 전문직 보호
ㄴ. 윤리적 갈등이 생겼을 때 지침과 원칙 제공
ㄷ. 사회복지사의 자기규제를 통한 클라이언트 보호
ㄹ. 전문가로서 사회복지사의 기본업무 및 자세 알림

① ㄱ, ㄷ ② ㄱ, ㄹ ③ ㄱ, ㄴ, ㄹ
④ ㄴ, ㄷ, ㄹ ⑤ ㄱ, ㄴ, ㄷ, ㄹ

018
한국 사회복지사 윤리강령에서 '사회복지사의 윤리기준' 중 '클라이언트에 대한 윤리기준' 영역에 해당하지 않는 것은? 22회

① 서비스의 종결
② 기록·정보 관리
③ 직업적 경계 유지
④ 정보에 입각한 동의
⑤ 이해 충돌에 대한 대처

019
한국 사회복지사 윤리강령에서 '클라이언트에 대한 윤리기준'에 해당하지 않는 것은? 23회

① 서비스의 종결
② 클라이언트의 자기 결정권 존중
③ 클라이언트의 권익옹호
④ 인간 존엄성 존중
⑤ 기록·정보 관리

기출키워드 5 윤리적 갈등과 해결지침 ★빈출

020
사회복지사의 가치갈등이나 윤리적 딜레마에 관한 설명으로 옳지 않은 것은? 17회

① 윤리기준은 지속적으로 변화된다.
② 가치갈등에 대응하는 첫 단계는 가치갈등의 존재를 인식하는 것이다.
③ 윤리적 결정에 따른 결과의 모호성으로 윤리적 딜레마가 발생할 수 있다.
④ 기관의 목표가 클라이언트 이익에 위배될 때 가치상충으로 윤리적 딜레마가 발생할 수 있다.
⑤ 윤리적 결정을 위해 로웬버그와 돌고프(F. Loewenberg & R. Dolgoff)의 일반결정모델을 활용할 수 있다.

021
사회복지사가 경험할 수 있는 윤리적 딜레마 상황을 모두 고른 것은? 18회

ㄱ. 실천 결과의 모호성
ㄴ. 사회복지사와 클라이언트 간의 힘의 불균형
ㄷ. 클라이언트 체계의 다중성
ㄹ. 기관에 대한 의무와 클라이언트에 대한 의무의 상충

① ㄱ, ㄹ   ② ㄴ, ㄷ   ③ ㄴ, ㄹ
④ ㄱ, ㄴ, ㄷ   ⑤ ㄱ, ㄴ, ㄷ, ㄹ

022
소속기관의 예산 절감 요구로 클라이언트에게 필요한 서비스를 제공하지 못할 때, 사회복지사가 겪게 되는 가치 갈등은? 19회

① 가치상충
② 의무상충
③ 결과의 모호성
④ 힘 또는 권력의 불균형
⑤ 클라이언트 체계의 다중성

023
로웬버그와 돌고프(F. Loewenberg & R. Dolgoff)의 윤리적 원칙 심사표에서 '도움을 요청해 온 클라이언트의 의사를 존중해 주는 것'에 해당하는 윤리적 원칙은? 20회

① 자율성과 자유의 원칙
② 평등과 불평등의 원칙
③ 최소 손실의 원칙
④ 사생활과 비밀보장의 원칙
⑤ 진실성과 정보개방의 원칙

024

특정 문제에 대해 어떠한 서비스를 제공할 것인가 결정할 때, 클라이언트의 의사를 존중해주는 것을 의미하는 윤리적 쟁점은? 22회

① 비밀보장
② 진실성 고수와 알 권리
③ 제한된 자원의 공정한 분배
④ 전문적 관계 유지
⑤ 클라이언트의 자기결정권

025

로웬버그와 돌고프(F. Loewenberg & R. Dolgoff)의 윤리적 원칙 중 다음 사례에서 아동학대전담공무원이 결정을 할 때 최우선적으로 고려해야 할 원칙은? 22회

> 아동학대가 발생한 가정의 학대피해아동을 원가정에서 생활하도록 할 것인가 또는 학대피해아동쉼터에서 생활하도록 할 것인가에 대해 1차 결정을 해야 한다.

① 평등과 불평등의 원칙
② 최소 손실의 원칙
③ 사회정의 실현의 원칙
④ 진실성과 정보개방의 원칙
⑤ 사생활보호와 비밀보장의 원칙

03 사회복지실천의 발달

기출키워드
- 서구 사회복지실천의 역사 ★빈출
- 우리나라 사회복지실천의 역사

최근 7개년 출제문항 수

☑ 3회독 Check ☐☐☐ 기출 3회독은 필수!

문항번호 옆 '3회독 체크표'에는 문제를 풀면서 모든 선지를 정확히 알고 풀었으면 'O', 일부 선지를 모르는 문제에는 '△', 전체적인 개념 학습이 필요한 문제는 '×'를 표시하세요.

☑ 꽈배기문제 는 빈출 개념에 대해 혼동을 유발하거나 오답을 유도하는 선지가 출제된 문제입니다. 꽈배기 문제 분석은 해설에서 확인할 수 있습니다.

기출키워드 6 서구 사회복지실천의 역사 ★빈출

026 ☐☐☐
다음에서 설명하는 사회복지실천 접근이 등장하기 전의 일을 발생한 순서대로 바르게 연결한 것은?

17회

- 사회복지실천의 공통된 원리에 기반하여 원조함
- 펄만(H. Perlman)의 문제해결 모델이 대표적 예임
- 다양해지는 사회문제에 분화된 접근으로 대응할 수 없다는 인식에 기초함

① 리치몬드(M. Richmond)의 ≪사회진단≫ 출간 – 기능주의 등장 – 진단주의 등장
② 리치몬드의 ≪사회진단≫ 출간 – 기능주의 등장 – 한국 사회복지사업법 제정
③ 일반주의 실천의 확대 – 리치몬드의 ≪사회진단≫ 출간 – 한국 사회복지사업법 제정
④ 기능주의 등장 – 사회복지실천 3대 방법론으로 분화 – 플렉스너(A. Flexner)의 사회복지직 전문성 비판
⑤ 플렉스너의 사회복지직 전문성 비판 – 리치몬드의 ≪사회진단≫ 출간 – 사회복지실천 3대 방법론으로 분화

027 ☐☐☐
사회복지실천이 봉사활동에서 전문직으로 출발하게 된 계기가 아닌 것은?

18회

① 우애방문자들의 활동에 보수를 지급하기 시작하였다.
② 우애방문자를 지도·감독하는 체계를 마련하였다.
③ 자선조직협회는 교육 프로그램을 마련하였다.
④ 의사인 카보트(R. Cabot)가 매사추세츠병원에 의료사회복지사를 정식으로 채용하였다.
⑤ 전통적 방법론의 한계로 인하여 통합적 방법론이 등장하였다.

028 ☐☐☐ 꽈배기문제
자선조직협회(COS)에 관한 설명으로 옳은 것은?

18회

① 빈민 지원 시 중복과 누락을 방지하고자 시작되었다.
② 빈곤의 원인을 개인의 도덕 문제가 아니라 산업화의 결과로 보았다.
③ 연구 및 조사를 통하여 사회제도를 개혁하고자 설립되었다.
④ 빈민 지역의 주민들을 이웃으로 생각하여 함께 생활하였다.
⑤ 집단 및 지역사회복지의 태동에 영향을 주었다.

029

자선조직협회(COS) 활동에 관한 설명으로 옳지 않은 것은? 21회

① 민간 사회복지기관의 활동을 체계적으로 조정하기 위해 등장하였다.
② 적자생존에 기반한 사회진화론을 구빈의 이론적 기반으로 삼았다.
③ 빈민지역에 거주하며 지역사회 문제에 대한 집합적이고 개혁적인 해결을 강조하였다.
④ 과학적이고 적절한 자선활동을 수행하기 위해 클라이언트 등록체계를 실시하였다.
⑤ 자선조직협회 활동은 개별사회사업의 초석이 되었다.

030

기능주의(functionalism)에서 강조한 내용으로 옳은 것을 모두 고른 것은? 22회

> ㄱ. 개인의 의지
> ㄴ. 개인에 대한 심리 내적 진단
> ㄷ. 전문가와 클라이언트 사이의 원조관계
> ㄹ. 기관의 기능

① ㄱ, ㄴ   ② ㄷ, ㄹ   ③ ㄱ, ㄷ, ㄹ
④ ㄴ, ㄷ, ㄹ   ⑤ ㄱ, ㄴ, ㄷ, ㄹ

기출키워드 7   우리나라 사회복지실천의 역사

031

한국 사회복지실천의 역사적 발달과정을 발생한 순서대로 나열한 것은? 19회

> ㄱ. 대학교에서 사회복지 전문 인력의 양성교육을 시작하였다.
> ㄴ. 사회복지사업법에 따라 사회복지사 명칭을 사용하기 시작하였다.
> ㄷ. 사회복지전문요원(이후 전담공무원)을 행정기관에 배치하기 시작하였다.
> ㄹ. 정신건강증진 및 정신질환자 복지서비스 지원에 관한 법률에 따라 정신건강사회복지사 명칭을 사용하기 시작하였다.

① ㄱ - ㄴ - ㄷ - ㄹ   ② ㄴ - ㄱ - ㄹ - ㄷ
③ ㄴ - ㄹ - ㄱ - ㄷ   ④ ㄷ - ㄴ - ㄹ - ㄱ
⑤ ㄹ - ㄷ - ㄴ - ㄱ

032

사회복지실천의 역사적 발달과정을 발생한 순서대로 옳게 나열한 것은? 21회

> ㄱ. 밀포드(Milford) 회의에서 사회복지실천의 공통요소를 발표하였다.
> ㄴ. 사회복지사업법에 따라 국내에서 사회복지사 명칭을 사용하기 시작하였다.
> ㄷ. 태화여자관이 설립되었다.
> ㄹ. 사회복지전문요원이 국내 행정기관에 배치되었다.

① ㄱ - ㄴ - ㄷ - ㄹ   ② ㄱ - ㄷ - ㄴ - ㄹ
③ ㄱ - ㄷ - ㄹ - ㄴ   ④ ㄷ - ㄱ - ㄴ - ㄹ
⑤ ㄷ - ㄱ - ㄹ - ㄴ

033

1960년대와 1970년대 외원단체 활동이 우리나라 사회복지발달에 미친 영향으로 옳지 않은 것은? 22회

① 사회복지가 종교와 밀접한 관련하에 전개되도록 하였다.
② 전문 사회복지의 시작을 촉발하였다.
③ 시설 중심보다 지역사회 중심의 사회복지가 발전하는 계기를 만들었다.
④ 사회복지가 거시적인 사회정책보다는 미시적인 사회사업 위주로 발전하게 하였다.
⑤ 사람들이 사회복지를 구호사업 또는 자선사업과 같은 것으로 인식하게 하였다.

04 사회복지실천현장과 사회복지사의 역할

기출키워드
- 사회복지실천현장의 구분 ★빈출
- 사회복지사의 역할

최근 7개년 출제문항 수

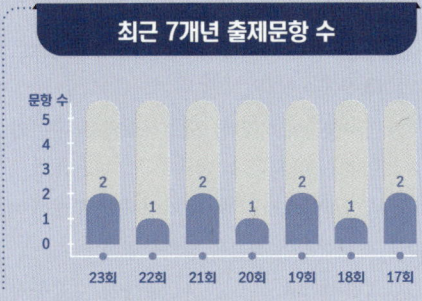

✓ 3회독 Check ☐☐☐ 기출 3회독은 필수!
문항번호 옆 '3회독 체크표'에는 문제를 풀면서 모든 선지를 정확히 알고 풀었으면 'O', 일부 선지를 모르는 문제에는 '△', 전체적인 개념 학습이 필요한 문제는 '×'를 표시하세요.

✓ 꽈배기 문제 는 빈출 개념에 대해 혼동을 유발하거나 오답을 유도하는 선지가 출제된 문제입니다. 꽈배기 문제 분석은 해설에서 확인할 수 있습니다.

기출키워드 8 사회복지실천현장의 구분 ★빈출

034 ☐☐☐
이용시설 – 간접서비스기관 – 민간기관의 예를 순서대로 바르게 나열한 것은? 17회

① 지역아동센터 – 사회복지협의회 – 주민센터
② 장애인복지관 – 주민센터 – 지역사회보장협의체
③ 청소년쉼터 – 사회복지관 – 사회복지공동모금회
④ 사회복지관 – 노인보호전문기관 – 성폭력피해상담소
⑤ 다문화가족지원센터 – 사회복지공동모금회 – 한국사회복지사협회

035 ☐☐☐ 꽈배기 문제
사회복지실천현장의 기능과 목적에 따른 분류에서 1차 현장에 해당하지 않는 것은? 20회

① 양로시설   ② 교정시설
③ 사회복지관   ④ 지역아동센터
⑤ 장애인 거주시설

036 ☐☐☐
사회복지실천현장과 분류의 연결로 옳지 않은 것은? 21회

① 사회복지관 – 1차 현장
② 종합병원 – 2차 현장
③ 발달장애인지원센터 – 이용시설
④ 노인보호전문기관 – 생활시설
⑤ 사회복지공동모금회 – 비영리기관

037 ☐☐☐
사회복지실천현장 분류의 예로 옳지 않은 것은? 22회

① 1차 현장: 노인복지관
② 이용시설: 아동보호치료시설
③ 생활시설: 장애인거주시설
④ 2차 현장: 교정시설
⑤ 생활시설: 노인요양원

038

사회복지실천현장의 예와 분류의 연결로 옳은 것은?

23회

① 지역아동센터 – 1차 현장, 이용시설
② 행정복지센터 – 1차 현장, 생활시설
③ 노인요양공동생활가정 – 1차 현장, 이용시설
④ 아동보호전문기관 – 2차 현장, 생활시설
⑤ 지역자활센터 – 2차 현장, 이용시설

기출키워드 9   사회복지사의 역할

039 꽈배기문제

사회복지사의 역할에 관한 설명으로 옳지 않은 것은?

17회

① 옹호자: 클라이언트 권익 변호
② 계획자: 변화과정 기획
③ 연구자: 개입효과 평가
④ 교육자: 지식과 기술 전수
⑤ 중개자: 조직이나 집단의 갈등 해결

040

사회복지사의 옹호 활동으로 옳지 않은 것은? 19회

① 자신의 권리를 주장할 수 없는 영유아를 대변한다.
② 무국적 아동의 교육 평등권을 위한 법안을 제안한다.
③ 사회복지사가 클라이언트 집단의 대표로 나서서 협상을 주도한다.
④ 이주 노동자에게 최저 임금을 받을 권리를 교육한다.
⑤ 철거민들의 자체 회의를 위해 종합사회복지관의 공간을 제공한다.

041

양자 간의 논쟁에 개입하여 중립을 지키면서 상호 합의를 이끌어내는 사회복지사의 역할은?

21회

① 중개자   ② 조정자   ③ 중재자
④ 옹호자   ⑤ 교육자

042

사회복지사의 역할에 관한 설명으로 옳은 것은?

23회

① 협상가(negotiator): 갈등상황에 있는 사람들 간의 합의를 이끌어 내기 위해 어느 한쪽과 동맹을 맺고 타협하는 역할
② 중개자(broker): 불이익을 받는 집단을 위해 특정 제도를 변화, 개선하는 역할
③ 중재자(mediator): 흩어져 있는 서비스들을 조직적인 형태로 정리하는 역할
④ 조력자(enabler): 관심을 끌어오지 못한 문제에 대중이 관심을 갖도록 집중시키는 역할
⑤ 교육자(educator): 권리침해나 불평등 이슈에 관심을 갖고 연대를 통해 변화를 이끄는 역할

기출분석 해설집 p.52

05 사회복지의 통합적 실천의 이해 ★★★

기출키워드
- 강점관점
- 다문화 사회복지실천
- 통합적 접근의 특징
- 통합적 접근방법의 특징
- 통합적 접근의 주요 관점
- 통합적 실천모델 ★빈출

최근 7개년 출제문항 수

✅ 3회독 Check ☐☐☐ 기출 3회독은 필수!

문항번호 옆 '3회독 체크표'에는 문제를 풀면서 모든 선지를 정확히 알고 풀었으면 'O', 일부 선지를 모르는 문제에는 '△', 전체적인 개념 학습이 필요한 문제는 '×'를 표시하세요.

꽈배기 문제 는 빈출 개념에 대해 혼동을 유발하거나 오답을 유도하는 선지가 출제된 문제입니다. 꽈배기 문제 분석은 해설에서 확인할 수 있습니다.

기출키워드 10 강점관점

043 ☐☐☐ 꽈배기문제
병리관점과 비교한 강점관점의 특징으로 옳은 것은?
17회

① 클라이언트의 문제에 초점을 둠
② 사회복지사는 클라이언트 삶의 전문가임
③ 변화를 위한 자원은 전문가의 지식과 기술임
④ 실천의 초점을 과거에서 현재와 미래로 전환함
⑤ 강점은 용기와 낙관주의 같은 개인 내적인 요소로 한정함

044 ☐☐☐
강점관점에 관한 설명으로 옳지 않은 것은? 20회

① 개입의 초점은 가능성에 있다.
② 클라이언트를 재능과 자원을 가진 사람으로 규정한다.
③ 개입의 핵심은 개인, 가족, 지역사회의 참여이다.
④ 사회복지사는 클라이언트의 진술에 대해 회의적이기 때문에 재해석하여 진단에 활용한다.
⑤ 돕는 목적은 클라이언트의 삶에 함께 하며 가치를 확고히 하도록 지원하는 것이다.

045 ☐☐☐
강점관점에 관한 설명으로 옳은 것을 모두 고른 것은?
22회

> ㄱ. 개입의 핵심은 개인과 가족, 지역사회의 참여이다.
> ㄴ. 클라이언트의 능력보다 전문가의 지식이 우선시된다.
> ㄷ. 사회복지사는 클라이언트의 진술을 긍정적으로 재해석하여 활용한다.
> ㄹ. 현재 강점을 갖게 된 어린 시절의 원인 사건에 치료의 초점을 맞춘다.

① ㄱ   ② ㄱ, ㄹ   ③ ㄴ, ㄷ
④ ㄱ, ㄷ, ㄹ   ⑤ ㄱ, ㄴ, ㄷ, ㄹ

기출키워드 11 다문화 사회복지실천

046
문화적 다양성과 사회복지 실천에 관한 설명으로 옳은 것은? 17회

① 다문화주의는 문화상대주의이다.
② 다문화사회복지실천에서 기술은 지식보다 중요하다.
③ 다문화주의는 사회통합을 위해 소수자의 동화를 유도한다.
④ 다문화사회복지실천은 클라이언트의 차이점을 고려하지 않는 중립적 실천이다.
⑤ 사회복지사는 한국사회복지사 윤리강령에 명시된 다문화적 역량증진 의무를 준수해야 한다.

047
다문화사회복지실천에서 사회복지사에게 요구되는 문화적 역량으로 옳지 않은 것은? 19회

① 문화적 상이성에 대한 수용과 존중
② 주류문화에 대한 동화주의적 실천 지향
③ 자신의 문화적 정체성과 편견에 대한 성찰적 분석
④ 다문화 배경의 클라이언트에 관한 지식의 필요성 인식
⑤ 다문화 배경의 클라이언트에게 개입하고 의사소통할 수 있는 능력

기출키워드 12 통합적 접근의 특징

048
통합적 접근에 관한 사회복지실천의 특징이 아닌 것은? 19회

① 생태체계관점을 토대로 한다.
② 클라이언트의 자기결정을 최소화한다.
③ 문제에 대해 광범위하고 포괄적으로 접근한다.
④ 체계와 체계를 둘러싼 환경 간의 관계를 중시한다.
⑤ 사회복지실천과정을 점진적 문제해결과정으로 본다.

049
통합적 접근의 특징에 관한 내용으로 옳지 않은 것은? 21회

① 생태체계 관점에서 인간과 환경 체계를 고려한다.
② 미시 수준에서 거시 수준에 이르는 다차원적 접근을 한다.
③ 개입에 적합한 이론과 방법을 폭넓게 활용한다.
④ 다양하고 복합적인 원인으로 발생하는 문제를 해결하기 위한 접근이다.
⑤ 서비스 영역별로 분화되고 전문화된 접근이다.

050
통합적 접근방법의 등장배경에 관한 설명으로 옳은 것을 모두 고른 것은? 23회

> ㄱ. 전통적 방법이 지나치게 분화되어 서비스의 파편화를 초래하였다.
> ㄴ. 전통적 방법이 공통기반을 전제하지 않아 정체성 확립에 어려움이 발생하였다.
> ㄷ. 전통적 방법이 복잡한 문제에 포괄적으로 개입하여 전문성이 부족하였다.
> ㄹ. 전통적 방법이 전문화 중심으로 교육되어 사회복지사의 분야별 이동을 어렵게 하였다.

① ㄱ, ㄴ, ㄷ ② ㄱ, ㄴ, ㄹ ③ ㄱ, ㄷ, ㄹ
④ ㄴ, ㄷ, ㄹ ⑤ ㄱ, ㄴ, ㄷ, ㄹ

기출키워드 13 통합적 접근방법의 특징

051
사회복지실천에서 통합적 접근방법에 관한 내용으로 옳지 않은 것은? 20회

① 전통적인 방법론의 한계로 인해 등장
② 클라이언트의 참여와 자기결정권 강조
③ 인간의 행동은 환경과 연결되어 있음을 전제
④ 이론이 아닌 상상력에 근거를 둔 해결방법 지향
⑤ 궁극적으로 클라이언트의 삶의 질 향상을 돕고자 함

052 ☐☐☐
통합적 접근방법에 관한 설명으로 옳지 않은 것은?
22회

① 클라이언트의 참여와 개별성을 강조한다.
② 광범위하고 포괄적으로 문제를 규정한다.
③ 클라이언트의 잠재력에 대해 미래지향적 관점을 갖는다.
④ 전통적 접근방법인 개별사회사업과 집단사회사업을 지역사회조직으로 통합하였다.
⑤ 사회복지실천 과정에서 공통적으로 적용 가능한 개념이나 원리 등이 있음을 전제한다.

기출키워드 14 통합적 접근의 주요 관점

053 ☐☐☐
체계이론이 사회복지실천에 미친 영향으로 옳지 않은 것은?
17회

① 사고의 틀을 개인중심에서 전체체계로 확대하도록 유도함
② 경계, 환류, 엔트로피 등 기능적인 체계를 설명하는 개념을 제시함
③ 문제현상에 대한 분석틀과 구체적 개입방법을 제시함으로써 적응적 변화를 유도함
④ 사회현상을 분석함에 있어 체계를 둘러싼 변수들이 상호관련된 전체라는 시각을 갖게 함
⑤ 동귀결성(equifinality)과 다중귀결성(multifinality)은 실천의 다양한 영향을 설명할 수 있게 함

054 ☐☐☐
브론펜브레너(V. Bronfenbrenner)가 제시한 생태체계에 관한 설명으로 옳은 것은?
18회

① 미시체계: 개인의 일상생활에 존재하는 실제적인 환경
② 중간체계: 개인이 직접 상호작용을 하지는 않지만 간접적인 영향을 미치고 있는 환경
③ 내부체계: 개인 내면의 심리적인 상호작용
④ 외부체계: 개인이 속한 사회의 이념이나 제도의 일반적 형태
⑤ 거시체계: 개인이 적극적으로 참여하는 둘 이상의 환경 간의 상호관계

055 ☐☐☐
일반체계이론에서 체계의 작용 과정을 순서대로 옳게 나열한 것은?
20회

| ㄱ. 투입 | ㄴ. 산출 |
| ㄷ. 환류 | ㄹ. 전환 |

① ㄱ-ㄴ-ㄷ-ㄹ
② ㄱ-ㄴ-ㄹ-ㄷ
③ ㄱ-ㄹ-ㄴ-ㄷ
④ ㄹ-ㄱ-ㄴ-ㄷ
⑤ ㄹ-ㄷ-ㄱ-ㄴ

056 ☐☐☐
개인의 적응 욕구와 환경 또는 사회적 요구 사이의 조화와 균형의 정도를 의미하는 생태체계관점의 개념은?
23회

① 경계
② 엔트로피
③ 상호교류
④ 적합성
⑤ 대처

기출키워드 15 통합적 실천모델 ★빈출

057 ☐☐☐
임파워먼트모델에 관한 설명으로 옳은 것을 모두 고른 것은? 17회

> ㄱ. 임파워먼트는 개인, 대인관계, 제도적 차원에서 이루어짐
> ㄴ. 클라이언트를 문제해결의 협력적 파트너로 인정함
> ㄷ. 클라이언트를 위해 자원을 동원하거나 권리를 옹호함
> ㄹ. 모델의 이념적 근원은 레이놀즈(B. Reynolds)의 활동에서 찾을 수 있음

① ㄱ, ㄴ ② ㄴ, ㄷ ③ ㄷ, ㄹ
④ ㄱ, ㄴ, ㄷ ⑤ ㄱ, ㄴ, ㄷ, ㄹ

058 ☐☐☐
임파워먼트모델에 관한 설명으로 옳지 않은 것은? 18회

① 클라이언트와 문제해결 방안을 함께 수립한다.
② 개인, 대인관계, 제도적 차원에서 임파워먼트가 이루어진다.
③ 클라이언트와 협력관계를 확립하는 것을 중요시한다.
④ 클라이언트의 문제와 부적응의 개입에 초점을 맞춘다.
⑤ 개입과정은 대화–발견–발달 단계로 진행된다.

059 ☐☐☐ 꼬배기문제
임파워먼트모델의 실천단계를 대화단계, 발견단계, 발전단계로 나눌 때, 대화단계에서 실천해야 할 과정을 모두 고른 것은? 19회

> ㄱ. 방향 설정   ㄴ. 자원 활성화
> ㄷ. 강점의 확인 ㄹ. 기회의 확대
> ㅁ. 파트너십 형성 ㅂ. 현재 상황의 명확화

① ㄱ, ㄴ, ㄷ ② ㄱ, ㄷ, ㄹ
③ ㄱ, ㅁ, ㅂ ④ ㄴ, ㄷ, ㄹ
⑤ ㄴ, ㄷ, ㄹ, ㅁ, ㅂ

060 ☐☐☐
펄만(H. Perlman)이 사회복지실천을 구성하는 요소로 제시한 4P에 관한 내용으로 옳은 것을 모두 고른 것은? 20회

> ㄱ. 문제(problem) – 해결하고자 하는 문제나 욕구
> ㄴ. 프로그램(program) – 문제해결을 위해 시행되는 프로그램
> ㄷ. 장소(place) – 문제해결을 위한 서비스가 제공되는 물리적 공간
> ㄹ. 전문가(professional) – 문제해결을 위해 개입하는 전문가

① ㄱ, ㄴ ② ㄱ, ㄷ ③ ㄴ, ㄹ
④ ㄴ, ㄷ, ㄹ ⑤ ㄱ, ㄴ, ㄷ, ㄹ

061 ☐☐☐
콤튼과 갤러웨이(B. Comton & Galaway)의 사회복지실천 구성체계 중 '사회복지사협회'가 해당되는 체계는? 21회

① 변화매개체계 ② 클라이언트체계
③ 표적체계   ④ 행동체계
⑤ 전문가체계

062 ☐☐☐
다음에서 설명하고 있는 사회복지실천모델은? 21회

> • 비장애인이 대부분인 사회에서 장애인 클라이언트의 취약한 권리에 주목하였다.
> • 사회복지사와 클라이언트 집단은 장애인의 권익을 옹호하는 데 협력하였다.
> • 대화, 발견, 발전의 단계를 통해 클라이언트 집단은 주도적으로 불평등한 사회제도를 개선하였다.

① 의료모델   ② 임파워먼트모델
③ 사례관리모델   ④ 생활모델
⑤ 문제해결모델

063 🥨 꽈배기 문제

핀커스와 미나한(A. Pincus & A. Minahan)의 4체계 모델을 다음 사례에 적용할 때 대상과 체계의 연결로 옳은 것은?   22회

> 가족센터의 교육 강좌를 수강 중인 결혼이민자 A는 최근 결석이 잦아졌다. A의 이웃에 살며 자매처럼 친하게 지내는 변호사 B에게서 A의 근황을 전해들은 가족센터 소속의 사회복지사 C는 A와 연락 후 가정방문을 하여 A와 남편 D, 시어머니 E를 만나 이야기를 나누었다. C는 가족센터를 이용하면 '바람이 난다'라고 여긴 E가 A를 통제하고 있는 것을 알게 되었다. 또한 D는 A를 지지하고 싶지만 E의 눈치를 보느라 소극적으로 행동하는 것도 파악하였다. A의 도움 요청을 받은 C는 우선 E의 변화를 통해 상황을 개선해보고자 한다.

① 결혼이민자(A): 행동체계
② 변호사(B): 전문가체계
③ 사회복지사(C): 의뢰-응답체계
④ 남편(D): 변화매개체계
⑤ 시어머니(E): 표적체계

064

임파워먼트모델에 관한 설명으로 옳은 것은?   22회

① 병리적 관점에 기초를 둔다.
② 어떤 경우에도 환경의 변화를 추구하지 않는다.
③ 클라이언트의 적극적인 참여를 강조한다.
④ 전문성을 기반으로 사회복지사는 클라이언트를 통제한다.
⑤ 클라이언트에 대한 정확한 진단을 최우선으로 한다.

065

임파워먼트모델에서 클라이언트와 사회복지사에 관한 설명으로 옳지 않은 것은?   23회

① 클라이언트가 원하는 변화를 위해 양자 간 협력적 관계를 형성한다.
② 클라이언트를 서비스에 대한 권리를 가진 소비자로 본다.
③ 클라이언트를 경험과 역량을 가진 원조과정의 파트너로 본다.
④ 클라이언트의 참여를 중시하고 자기결정권을 강조한다.
⑤ 사회복지사는 치료자이고, 클라이언트는 서비스의 수동적 수혜자로 여긴다.

066

임파워먼트모델의 각 단계와 실천과업을 연결한 것으로 옳은 것을 모두 고른 것은?   23회

> ㄱ. 대화(dialogue)단계 - 성공의 확인
> ㄴ. 발견(discovery)단계 - 자원역량 사정
> ㄷ. 발달(development)단계 - 파트너십 형성
> ㄹ. 발달(development)단계 - 강점의 확인

① ㄴ   ② ㄹ   ③ ㄴ, ㄷ
④ ㄱ, ㄷ, ㄹ   ⑤ ㄴ, ㄷ, ㄹ

06 사회복지실천의 방법

기출키워드
- 전문적 관계의 특징
- 전문적 관계형성의 기본요소 ★빈출
- 관계형성의 7대 원칙(비스텍) ★빈출
- 관계형성의 장애요인
- 면접기법 및 질문 ★빈출
- 면접의 유형
- 사례관리 ★빈출

최근 7개년 출제문항 수

☑ 3회독 Check ☐☐☐ 기출 3회독은 필수!
문항번호 옆 '3회독 체크표'에는 문제를 풀면서 모든 선지를 정확히 알고 풀었으면 'O', 일부 선지를 모르는 문제에는 '△', 전체적인 개념 학습이 필요한 문제는 '×'를 표시하세요.

☑ 꽈배기 문제 는 빈출 개념에 대해 혼동을 유발하거나 오답을 유도하는 선지가 출제된 문제입니다. 꽈배기 문제 분석은 해설에서 확인할 수 있습니다.

기출키워드 16 전문적 관계의 특징

067 ☐☐☐ 꽈배기 문제
전문적 원조관계의 특성으로 옳은 것은? 17회

① 사회복지사는 클라이언트에 비해 우월적 지위에 있다.
② 클라이언트에게 도움을 주기 위해 정해진 기간 동안 관계를 맺는다.
③ 사회복지사의 욕구에 부응하기 위해 상호 만족스러운 관계를 형성한다.
④ 관계의 전반적인 과정에 대해 사회복지사와 클라이언트가 공동으로 책임진다.
⑤ 전문적 관계를 통해 사회복지사는 클라이언트의 감정과 행동의 변화를 통제한다.

068 ☐☐☐
사회복지실천에서 전문적 관계의 특성에 관한 설명으로 옳지 않은 것은? 18회

① 클라이언트의 욕구가 중심이 된다.
② 시간적인 제한을 둔다.
③ 전문가 자신의 정서를 통제하는 관계이다.
④ 전문가가 설정한 목적 달성을 위해 형성된다.
⑤ 전문가는 전문성에 기반을 둔 권위를 가진다.

069 ☐☐☐
사회복지실천에서 전문적 관계의 특성으로 옳은 것은? 20회

① 사회복지사는 자신의 반응을 통제하면 안 된다.
② 클라이언트는 전문성에서 비롯된 권위를 가진다.
③ 사회복지사와 클라이언트 사이에 합의된 목적이 있다.
④ 문제가 해결되어야만 종결되는 관계이기 때문에 시간의 제한이 없다.
⑤ 사회복지사와 클라이언트는 반드시 상호 간의 이익에 헌신하는 관계이다.

070 ☐☐☐
사회복지실천의 전문적 관계에 관한 설명으로 옳지 않은 것은? 21회

① 사회복지사와 클라이언트가 합의하여 목적을 설정한다.
② 사회복지사는 소속된 기관의 특성에 영향을 받는다.
③ 사회복지사의 이익과 욕구 충족을 위한 일방적 관계이다.
④ 사회복지사는 전문성에 바탕을 둔 권위를 가진다.
⑤ 계약에 의해 이루어지는 시간제한적인 특징을 갖는다.

071
전문적 원조관계에 관한 설명으로 옳은 것은?
22회

① 클라이언트의 문제와 욕구가 중심이 된다.
② 시간적 제한을 두지 않는 관계이다.
③ 전문가의 권위는 부정적 작용을 한다.
④ 전문가가 자신과 원조 방법에 대해 통제해서는 안 된다.
⑤ 클라이언트는 전문가의 지시에 무조건 따라야 한다.

기출키워드 17 전문적 관계형성의 기본요소 ★빈출

072
원조관계에서 책임감을 갖고 절차상의 조건을 따르는 관계형성의 기본요소는?
19회

① 구체성
② 헌신과 의무
③ 감정이입
④ 자아 노출
⑤ 수용과 기대

073
사회복지실천에서 관계에 관한 설명으로 옳은 것은?
20회

① 비자발적인 클라이언트는 원천적으로 배제한다.
② 사회복지사는 전문성에 바탕을 둔 권위라도 가져서는 안 된다.
③ 클라이언트는 사회복지사와의 문화적 차이를 수용해야만 한다.
④ 사회복지사와 클라이언트 모두에게 요구되는 의무와 책임감이 있다.
⑤ 선한 목적을 위해 클라이언트에게 진실을 감추는 것은 필수적으로 허용된다.

074
다음에서 설명하고 있는 것은?
21회

> 사회복지사가 자신의 가치, 신념, 행동습관, 편견 등이 사회복지실천에 어떤 영향을 미치는지 정확하게 이해하는 것이다.

① 자기지시
② 자기규제
③ 자기노출
④ 자기인식
⑤ 자기결정

075
사회복지실천 관계의 요소인 헌신과 의무에 관한 설명으로 옳은 것을 모두 고른 것은?
22회

> ㄱ. 일관성을 포함하는 개념이다.
> ㄴ. 원조관계에서 책임감과 관련이 있다.
> ㄷ. 원조관계의 목적을 달성하기 위해 필요하다.
> ㄹ. 클라이언트는 헌신을 해야 하나 의무를 갖지는 않는다.

① ㄴ
② ㄱ, ㄴ, ㄷ
③ ㄱ, ㄷ, ㄹ
④ ㄴ, ㄷ, ㄹ
⑤ ㄱ, ㄴ, ㄷ, ㄹ

076
다음에서 설명하는 전문적 관계의 기본 요소는?
23회

> • 사회복지사가 클라이언트의 입장에서 이해하는 것
> • 반영 등의 기법을 사용하여 이해하고 있다는 것을 표현하는 것

① 공감
② 진실성
③ 문화적 민감성
④ 자기를 관찰하는 능력
⑤ 헌신

077
클라이언트와의 관계형성을 위해 사회복지사가 자신의 생각이나 경험을 공유하는 면담기술은?
23회

① 직면
② 경청
③ 자기노출
④ 해석
⑤ 질문

기출키워드 18 관계형성의 7대 원칙(비스텍) ★빈출

078 □□□
전문적 관계의 기본원칙 중 다음 내용 모두에 해당하는 것은? 17회

- 문제의 해결자가 사회복지사가 아닌 클라이언트임을 강조함
- 법률에 따라 제한되는 경우를 제외하고 최대한 존중되어야 함
- 사회복지사는 문제해결을 위해 다양한 대안을 알고 있어야 함

① 수용
② 비밀보장
③ 비심판적 태도
④ 통제된 정서적 관여
⑤ 클라이언트의 자기결정권

079 □□□
'클라이언트의 자기결정'을 돕는 데 필요한 사회복지사의 역량으로 옳은 것을 모두 고른 것은? 18회

ㄱ. 경청하고 수용하는 태도
ㄴ. 클라이언트가 활용 가능한 자원을 찾고 분석하도록 지원하는 능력
ㄷ. 클라이언트의 잠재력을 개발하는 데 도움이 되는 환경조성 능력
ㄹ. 클라이언트에게 필요한 것들을 결정하여 이를 관철시키는 능력

① ㄱ, ㄹ
② ㄴ, ㄷ
③ ㄱ, ㄴ, ㄷ
④ ㄴ, ㄷ, ㄹ
⑤ ㄱ, ㄴ, ㄷ, ㄹ

080 □□□
다음에서 설명하는 전문적 관계의 기본 원칙은? 19회

- 클라이언트는 문제에 대한 공감적 반응을 얻고자 하는 욕구가 있다.
- 사회복지사는 클라이언트 감정에 대해 민감성, 공감적 이해로 의도적이고 적절한 반응을 한다.

① 수용
② 개별화
③ 비심판적 태도
④ 의도적인 감정표현
⑤ 통제된 정서적 관여

081 □□□ 꽈배기 문제
비스텍(F. Biestek)이 제시한 사회복지실천의 관계원칙에 해당하지 않는 것은? 20회

① 클라이언트의 비밀을 보장해야 한다.
② 클라이언트의 욕구를 범주화해야 한다.
③ 클라이언트를 비난하거나 심판하지 않아야 한다.
④ 클라이언트의 감정을 자유롭게 표현하도록 해야 한다.
⑤ 클라이언트를 있는 그대로 인정하고 받아들여야 한다.

082 □□□
비스텍(F. Biestek)의 관계의 원칙 중 '의도적 감정표현'에 해당하는 것은? 21회

① 클라이언트의 부정적 감정을 자유롭게 표현할 수 있도록 지지한다.
② 클라이언트의 감정이나 태도를 있는 그대로 받아들이고 존중한다.
③ 목적달성을 위한 방안들의 장·단점을 설명하고 클라이언트가 스스로 선택하도록 한다.
④ 공감을 받고 싶어 하는 클라이언트의 욕구에 따라 클라이언트에게 공감하는 반응을 표현한다.
⑤ 사회복지사 자신의 생각과 느낌, 개인적인 경험을 이야기한다.

083 ☐☐☐

사회복지실천 관계의 요소인 수용에 관한 설명으로
옳지 않은 것은? 22회

① 클라이언트를 있는 그대로 이해한다.
② 클라이언트의 부정적인 감정도 받아들인다.
③ 사회규범에서 벗어난 행동도 허용할 수 있다.
④ 편견이나 선입관을 줄여나가면 수용에 도움이 된다.
⑤ 클라이언트가 안도감을 갖게 하여 현실적인 방법으로 문제 대처를 할 수 있도록 돕는다.

084 ☐☐☐

비스텍(F. Biestek)의 관계원칙에 관한 내용으로
옳은 것을 모두 고른 것은? 23회

> ㄱ. 수용: 클라이언트를 있는 그대로 인정해야 한다.
> ㄴ. 비심판적 태도: 클라이언트를 비난하지 않아야 한다.
> ㄷ. 통제된 정서적 관여: 클라이언트가 자신의 감정을 자유롭게 표현하도록 해야 한다.
> ㄹ. 개별화: 클라이언트의 감정에 민감성과 이해로서 반응해야 한다.

① ㄹ
② ㄱ, ㄴ
③ ㄴ, ㄷ
④ ㄱ, ㄷ, ㄹ
⑤ ㄱ, ㄴ, ㄷ, ㄹ

기출키워드 19 관계형성의 장애요인

085 ☐☐☐

전문적 원조관계 형성의 장애요인이 아닌 것은? 22회

① 전문가의 권위
② 변화에 대한 저항
③ 클라이언트의 전문가에 대한 부정적 전이
④ 전문가의 클라이언트에 대한 역전이
⑤ 클라이언트의 불신

기출키워드 20 면접기법 및 질문 ★빈출

086 ☐☐☐ 꽈배기문제

다음에서 설명하는 면접기술은? 17회

> • 클라이언트가 보여준 언행들의 의미와 관계에 대한 가설을 제시함
> • 클라이언트가 자신의 행동, 감정, 생각을 새로운 시각으로 볼 수 있게 함

① 해석
② 요약
③ 직면
④ 관찰
⑤ 초점화

087 ☐☐☐

면접을 위한 의사소통기술 중 클라이언트의 혼란
스럽고 갈등이 되는 느낌을 가려내어 분명히 해주는
기술은? 18회

① 재명명
② 재보증
③ 세분화
④ 명료화
⑤ 모델링

088 ☐☐☐

개방형 질문의 예시로 옳지 않은 것은? 18회

① 선생님은 어제 자녀와 대화를 나누셨나요?
② 부모님은 그 상황에서 무엇을 생각하셨을까요?
③ 그 상황에서 선생님의 기분은 어떠하셨나요?
④ 어떤 상황이 되면 문제가 해결되었다고 생각하세요?
⑤ 그러한 행동을 하게 되면 선생님의 가족들은 어떤 반응을 보이시나요?

089 ☐☐☐

면접에서 피해야 할 질문기술이 아닌 것은? 19회

① 개방형 질문
② 모호한 질문
③ 유도 질문
④ '왜?'라는 질문
⑤ 복합 질문

090 □□□
사회복지실천 면접에서 경청에 관한 설명으로 옳지 않은 것은? 20회

① 클라이언트의 진술을 즉각적으로 교정해 주는 것이 핵심이다.
② 클라이언트에 관한 중요한 정보를 얻는 방법 중 하나이다.
③ 클라이언트의 표정이나 몸짓도 관찰하여 의미를 파악한다.
④ 클라이언트의 사고와 감정을 이해하려는 적극적 활동이기도 하다.
⑤ 클라이언트와 사회복지사 사이의 신뢰관계 형성에 도움이 된다.

091 □□□
클라이언트와의 면접 중 질문에 관한 설명으로 옳은 것은? 20회

① 폐쇄형 질문은 클라이언트의 상세한 설명과 느낌을 듣기 위해 사용한다.
② 유도형 질문은 비심판적 태도로 상대방을 존중하기 위해 사용한다.
③ '왜'로 시작하는 질문은 클라이언트의 가장 개방적 태도를 이끌어 낼 수 있다.
④ 개방형 질문은 '예', '아니오' 또는 단답형으로 한정하여 대답한다.
⑤ 중첩형 질문(stacking question)은 클라이언트를 혼란스럽게 만들 수 있다.

092 □□□
사회복지실천 면접의 질문 기술에 관한 내용으로 옳은 것은? 21회

① 클라이언트가 방어적인 태도를 취할 수 있기에 '왜'라는 질문은 피한다.
② 클라이언트가 자유롭게 대답할 수 있도록 폐쇄형 질문을 활용한다.
③ 사회복지사가 의도하는 특정 방향으로 이끌기 위해 유도 질문을 사용한다.
④ 클라이언트에게 이중 또는 삼중 질문을 한다.
⑤ 클라이언트가 개인적으로 궁금해 하는 사적인 질문은 거짓으로 답한다.

093 □□□
경청에 관한 내용으로 옳지 않은 것은? 22회

① 클라이언트와 시선을 맞추어야 한다.
② 클라이언트의 이야기에 반응하지 않아야 한다.
③ 클라이언트의 언어적·비언어적 표현을 함께 파악해야 한다.
④ 클라이언트의 감정과 사고를 이해하고 파악하는 것이다.
⑤ 클라이언트에 대한 열린 마음과 수용적인 태도가 필요하다.

094 □□□
관찰기술에 관한 내용으로 옳지 않은 것은? 23회

① 클라이언트의 행동과 외모, 몸짓, 태도 등에 주의를 기울이는 기술
② 클라이언트가 자신에 대해 미처 알지 못한 것을 깨달을 수 있도록 설명해 주는 기술
③ 클라이언트의 언어적, 비언어적 메시지의 차이를 파악할 수 있는 기술
④ 사회복지사의 편견에 의해 판단하지 않도록 주의를 기울여야 하는 기술
⑤ 클라이언트의 침묵이 언제, 어떤 이야기 도중 발생하였는지를 파악하는 기술

기출키워드 21 면접의 유형

095 □□□ 꽈배기문제
다음 사례에서 사회복지사가 진행한 면접의 유형은? 17회

학대 의심 사례를 의뢰받은 노인보호전문기관의 사회복지사는 어르신을 만나 학대의 내용과 정도를 파악하고 어르신의 정서 상태와 욕구를 확인하는 면접을 진행하였다.

① 평가면접　　　② 치료면접
③ 정보수집면접　④ 계획수립면접
⑤ 정서지원면접

096 □□□
면접에 관한 설명으로 옳지 않은 것은? 18회

① 사회복지사와 클라이언트 사이의 특정한 역할 관계가 있다.
② 시간과 장소 등 구체적인 요건이 필요하다.
③ 목적보다는 과정 지향적 활동이므로 목적에 집착하는 것을 지양한다.
④ 클라이언트의 어려움을 극복하는 데 필요한 변화들을 가져오기도 한다.
⑤ 클라이언트를 이해하는 데 필요한 정보를 수집하기도 한다.

097 □□□
면접의 유형에 관한 예로 옳은 것을 모두 고른 것은? 22회

ㄱ. 정보수집면접: 갈등을 겪고 있는 부부를 대상으로 문제에 대한 과거력, 개인력, 가족력을 파악하는 면접을 진행함
ㄴ. 사정면접: 클라이언트의 사회적응을 위해 환경변화를 목적으로 클라이언트와 관련 있는 중요한 사람과 면접을 진행함
ㄷ. 치료면접: 학교폭력 피해학생의 자존감 향상을 위해 심리적 지지를 제공하는 면접을 진행함

① ㄱ
② ㄱ, ㄴ
③ ㄱ, ㄷ
④ ㄴ, ㄷ
⑤ ㄱ, ㄴ, ㄷ

기출키워드 22 사례관리 ★빈출

098 □□□
사례관리에 관한 설명으로 옳지 않은 것은? 17회

① 통합적 방법을 활용한다.
② 직접 서비스와 간접 서비스를 결합한 것이다.
③ 포괄이고 지속적인 서비스를 제공하는 것이다.
④ 전통적인 사회복지방법론과 전혀 다른 실천방법이다.
⑤ 기관의 범위를 넘은 지역사회 차원의 서비스 제공과 점검을 강조한다.

099 □□□
사례관리의 사정에 관한 설명으로 옳은 것을 모두 고른 것은? 17회

ㄱ. 클라이언트와 함께 문제 목록 작성
ㄴ. 클라이언트의 욕구 및 자원 확인
ㄷ. 계획된 서비스의 전달과정 추적

① ㄱ
② ㄴ
③ ㄱ, ㄴ
④ ㄴ, ㄷ
⑤ ㄱ, ㄴ, ㄷ

100 □□□
사례관리의 점검(monitoring)에 관한 설명으로 옳지 않은 것은? 17회

① 서비스의 산출결과를 검토
② 서비스의 최종 효과성을 검토
③ 서비스 계획의 목표달성 정도를 검토
④ 서비스 계획이 적절히 실행되고 있는지를 검토
⑤ 클라이언트의 욕구 변화를 점검하여 서비스 계획의 변경 필요성을 검토

101 □□□
사례관리에 관한 내용으로 옳지 않은 것은? 18회

① 중복서비스를 제공하는 전문기관의 확대로 등장
② 클라이언트의 자율성 극대화 및 역량강화
③ 주로 복합적인 욕구나 문제를 가진 사람이 대상
④ 계획-사정-연계·조정-점검의 순으로 진행
⑤ 다양한 욕구충족을 위해 포괄적인 서비스 제공

102 ☐☐☐
다음에서 사례관리자가 수행한 역할이 아닌 것은?   18회

> 사례관리자는 알코올, 가정폭력, 실직 문제가 있는 클라이언트를 면담하여 알코올 치료와 근로에 대한 동기를 부여하고, 지역자활센터 이용 방법을 설명하였다. 또한, 클라이언트의 배우자와 다른 알코올중독자들의 배우자 5명으로 집단을 구성하고 알코올중독의 영향에 대해서 체계적으로 가르쳐 주었으며, 가정폭력상담소에 연계하여 전문상담을 받도록 하였다.

① 상담가   ② 중재자   ③ 교육자
④ 중개자   ⑤ 정보제공자

103 ☐☐☐
사례관리 실천과정 중 개입(실행)단계의 과업에 해당하는 것은?   18회

① 클라이언트와 서비스 제공자 간의 갈등 발생 시 조정
② 클라이언트의 욕구에 기초하여 구체적이고 명확한 목표수립
③ 서비스 이용 대상자에 대한 적격성 여부 판별
④ 기관 내부 사례관리팀 구축 및 운영 능력 파악
⑤ 클라이언트가 달성한 변화, 성과, 영향 등을 측정하기 위한 도구 개발

104 ☐☐☐
사례관리의 원칙에 해당되지 않는 것은?   19회

① 다양한 욕구를 포괄
② 개별화된 서비스 제공
③ 클라이언트의 자율성 극대화
④ 충분하고 연속성 있는 서비스 제공
⑤ 임상적인 치료에 집중된 서비스 제공

105 ☐☐☐
사례관리의 등장배경으로 옳지 않은 것은?   19회

① 가족의 보호 부담 증가
② 장기보호에서 단기개입 중심으로 전환
③ 통합적 서비스 지원의 필요성 증가
④ 복합적인 욕구를 가진 클라이언트 증가
⑤ 시설보호에서 지역사회 보호로 전환

106 ☐☐☐
다음 설명에서 사례관리자가 수행한 역할은?   19회

> 클라이언트는 경제적 지원과 건강 지원을 요구하지만, 현재 종합사회복지관, 노인복지관, 경로당, 무료 급식소에서 중복적으로 급식 지원을 제공받고 있으며, 정서 지원도 중복되고 있다. 사례관리자는 사례회의를 통해서 평일 중식은 경로당에서, 주말 중식은 무료 급식소를 이용하고, 종합사회복지관은 경제적 지원을, 노인복지관은 건강지원을 제공하는 데 합의하였다.

① 중개자   ② 훈련가   ③ 중재자
④ 조정자   ⑤ 옹호자

107 ☐☐☐
사례관리의 목적에 해당하는 것을 모두 고른 것은?   20회

ㄱ. 서비스의 통합성 확보
ㄴ. 서비스 접근성 강화
ㄷ. 보호의 연속성 보장
ㄹ. 사회적 책임성 제고

① ㄱ, ㄴ   ② ㄴ, ㄹ   ③ ㄱ, ㄷ, ㄹ
④ ㄴ, ㄷ, ㄹ   ⑤ ㄱ, ㄴ, ㄷ, ㄹ

108 □□□
사례관리자의 역할에 관한 내용으로 옳지 않은 것은?
20회

① 중개자: 지역사회 자원이나 서비스 체계를 연계
② 옹호자: 클라이언트의 권리를 대변하는 활동 수행
③ 정보제공자: 개인이나 집단의 갈등 파악과 조정
④ 위기개입자: 위기 사정, 계획 수립, 위기 해결
⑤ 교육자: 교육, 역할 연습 등을 통한 클라이언트 역량 강화

109 □□□
다음에서 설명하고 있는 사례관리 과정은?
21회

- 계획 수정 여부 논의
- 클라이언트 욕구변화 검토
- 서비스 계획의 목표달성 정도 파악
- 서비스가 효과적으로 제공되고 있는지 확인

① 점검　② 계획　③ 사후관리
④ 아웃리치　⑤ 사정

110 □□□
사례관리자 역할과 그 예의 연결로 옳지 않은 것은?
21회

① 조정자(coordinator): 사례회의를 통해 독거노인지원 서비스가 중복 제공되지 않도록 하였다.
② 옹호자(advocate): 사례회의에서 장애아동의 입장을 대변하였다.
③ 협상가(negotiator): 사례회의를 통해 생활 형편이 어려운 가정의 아동에게 재정 후원자를 연결해주었다.
④ 평가자(evaluator): 사례 종결 여부를 결정하기 위해 목표 달성 여부를 확인하였다.
⑤ 기획가(planner): 욕구사정을 통해 클라이언트에게 필요한 자원을 설계하고 체계적인 개입 계획을 세웠다.

111 □□□
사례관리자의 역할에 관한 예로 옳은 것은?
22회

① 중개자: 독거노인의 식사지원을 위해 지역사회 내 무료급식소 연계
② 상담가: 욕구사정을 통해 클라이언트에 대한 체계적인 개입 계획을 세움
③ 조정자: 사례회의에서 시청각장애인의 입장을 대변하여 이야기함
④ 옹호자: 지역사회 기관 담당자들이 모여 난방비 지원 사업에 중복 지원되는 대상자가 없도록 사례회의를 실시함
⑤ 평가자: 청소년기 자녀와 갈등을 겪고 있는 부모와 자녀 사이에 개입하여 상호 만족스러운 합의점을 도출

112 □□□
사례관리의 원칙에 해당하지 않는 것은?
22회

① 서비스의 개별화　② 서비스의 접근성
③ 서비스의 연계성　④ 서비스의 분절성
⑤ 서비스의 체계성

113 □□□
사례관리 과정과 수행업무의 연결로 옳은 것은?
23회

① 인테이크 - 상담, 교육, 자원 제공
② 사정 - 사례관리 대상자의 적격성 판정
③ 서비스 계획 - 클라이언트의 욕구와 자원에 관한 정보 수집
④ 점검 - 서비스가 계획대로 제공되고 있는지 확인
⑤ 평가 - 서비스가 필요한 클라이언트의 욕구 확인

114 ☐☐☐
사례관리의 등장배경으로 옳지 않은 것은? 23회

① 복합적인 서비스를 필요로 하는 대상자가 증가하였다.
② 복지국가 재정위기로 정책방향을 저비용·고효율로 전환하였다.
③ 시설중심의 통합적 서비스 제공에 대한 요구가 증가하였다.
④ 지역사회에서 서비스 조정이 필요하게 되었다.
⑤ 서비스 공급주체가 중앙정부에서 지방정부로 변화하였다.

115 ☐☐☐
사례관리자가 수행하는 직접실천기술은? 23회

① 클라이언트를 서비스나 자원에 연결한다.
② 클라이언트의 권리를 보호하고 클라이언트에게 서비스에 대한 자격이 주어지도록 옹호한다.
③ 클라이언트에게 제공되는 서비스와 자원의 전달상황을 점검한다.
④ 다양한 전문가들의 협력과 조정을 수행한다.
⑤ 클라이언트와 가족 간의 문제해결을 위해 가족상담을 진행한다.

07 사회복지실천의 과정

기출키워드
- 사정단계 ★빈출
- 자료수집단계
- 개입단계 ★빈출
- 계획수립단계
- 접수단계
- 종결단계

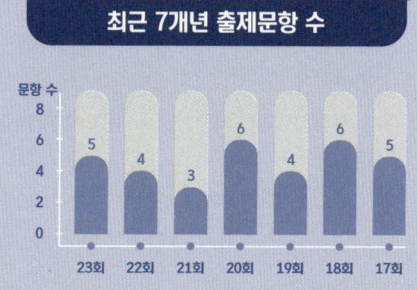

최근 7개년 출제문항 수

✓ 3회독 Check ☐☐☐ 기출 3회독은 필수!

문항번호 옆 '3회독 체크표'에는 문제를 풀면서 모든 선지를 정확히 알고 풀었으면 'O', 일부 선지를 모르는 문제에는 '△', 전체적인 개념 학습이 필요한 문제는 '×'를 표시하세요.

✓ 꽈배기 문제 는 빈출 개념에 대해 혼동을 유발하거나 오답을 유도하는 선지가 출제된 문제입니다. 꽈배기 문제 분석은 해설에서 확인할 수 있습니다.

기출키워드 23 사정단계 ★빈출

116 ☐☐☐ 꽈배기 문제

사정단계에서 클라이언트가 제시한 '남편의 일중독' 문제를 '자신이 남편에게 중요한 존재임을 느끼고 싶어 하는' 욕구로 바꾸어 진술하는 것은?

17회

① 문제발견 ② 문제형성 ③ 정보발견
④ 자료수집 ⑤ 목표설정

117 ☐☐☐

가계도에 관한 설명으로 옳지 않은 것은? 17회

① 가족과 환경의 상호작용을 볼 수 있다.
② 가족의 구조적 및 관계적 측면을 볼 수 있다.
③ 여러 세대의 가족에 대한 정보를 얻을 수 있다.
④ 가족의 문제를 체계적으로 이해할 수 있게 한다.
⑤ 세대 간 반복되는 관계유형을 찾고 통찰력을 갖게 한다.

118 ☐☐☐

사정도구와 파악할 수 있는 정보의 연결이 옳지 않은 것은? 19회

① 생태도 - 개인과 가족에 영향을 미치는 주요 환경체계 확인
② 생활력도표 - 개인의 과거 주요한 생애 사건
③ DSM-Ⅴ 분류체계 - 클라이언트의 정신장애 증상에 대한 진단
④ 소시오그램 - 집단성원 간 상호작용 및 하위 집단 형성 여부
⑤ PIE 분류체계 - 주변인과의 접촉 빈도 및 사회적 지지의 강도와 유형

119 ☐☐☐

사정(assessment)의 특성으로 옳지 않은 것은? 22회

① 클라이언트의 강점을 포함해야 한다.
② 사회복지사의 지식적 근거가 필요하다.
③ 사회복지사와 클라이언트의 상호작용 과정이다.
④ 클라이언트를 완전히 이해하는 것은 한계가 있다.
⑤ 사회복지실천의 초기단계에서만 이루어진다.

120
사정의 특성으로 옳지 않은 것은? 23회

① 클라이언트의 생활 속에서 욕구를 발견하고 문제를 정의한다.
② 클라이언트와 사회복지사 양자가 참여하는 상호과정이다.
③ 환경 속의 클라이언트를 이해하고 계획의 근거를 마련하는 이중초점을 지닌다.
④ 클라이언트의 독특한 상황과 관련하여 개별화되어야 한다.
⑤ 클라이언트에 대한 서비스 제공 여부를 판단한다.

121
생태도를 통하여 파악할 수 없는 것은? 23회

① 클라이언트 가족의 세대 간 반복되는 정서적 유형
② 클라이언트에게 스트레스가 되는 체계
③ 클라이언트와 환경 간 자원교환의 정도
④ 클라이언트가 이용하는 서비스 기관
⑤ 클라이언트에게 유용한 자원이나 환경

기출키워드 24 자료수집단계

122
자료수집에 관한 설명으로 옳지 않은 것은? 19회

① 클라이언트의 참여가 필요하다.
② 실천의 전 과정을 통해 이루어진다.
③ 상반된 정보를 제공하는 자료는 폐기한다.
④ 문제와 욕구, 강점과 자원을 모두 포함한다.
⑤ 가정방문으로 자연스러운 상호작용을 관찰할 수 있다.

123
자료수집단계에 관한 설명으로 옳은 것은? 20회

① 클라이언트 개인에게만 초점을 두어 정보를 모은다.
② 다양한 정보원으로부터 자료를 수집하므로 검사 도구를 사용하면 안 된다.
③ 초기면접은 비구조화된 양식만을 사용하여 기본적인 정보를 수집해야 한다.
④ 객관적인 자료뿐만 아니라 클라이언트의 주관적인 인식이 담긴 자료도 포함하여 수집한다.
⑤ 클라이언트로부터 얻은 정보가 가장 중요하므로 클라이언트가 직접 작성한 자료에만 의존한다.

124
자료수집을 위한 자료 출처에 해당하는 것을 모두 고른 것은? 21회

ㄱ. 문제, 사건, 기분, 생각 등에 관한 클라이언트 진술
ㄴ. 클라이언트와 직접 상호작용한 사회복지사의 경험
ㄷ. 심리검사, 지능검사, 적성검사 등의 검사 결과
ㄹ. 친구, 이웃 등 클라이언트의 중요한 타인으로부터 수집한 정보

① ㄱ, ㄴ, ㄷ   ② ㄱ, ㄴ, ㄹ   ③ ㄱ, ㄷ, ㄹ
④ ㄴ, ㄷ, ㄹ   ⑤ ㄱ, ㄴ, ㄷ, ㄹ

125 ☐☐☐ 꽈배기문제

다음 사례에서 사회복지사가 자료수집과정에서 사용한 정보의 출처가 아닌 것은?　22회

> 사회복지사는 결석이 잦은 학생 A에 대한 상담을 하기 전 담임 선생님으로부터 A와 반 학생들 사이에 갈등관계가 있음을 들었다. 이후 상담을 통해 A가 반 학생들로부터 따돌림 당하고 있음을 알게 되었다. 상담 과정에서 A는 사회복지사와 눈을 맞추지 못하고 본인의 이야기를 하는 것에 주저하는 모습을 보이며 상담 내내 매우 위축된 모습이었다. 어머니와의 전화 상담을 통해 A가 집에서 가족들과 대화를 하지 않고 방 안에서만 지내고 있다는 것을 알게 되었다.

① 클라이언트의 이야기
② 클라이언트의 비언어적 행동
③ 상호작용의 직접적 관찰
④ 주변인으로부터 정보 획득
⑤ 클라이언트와의 직접적 상호작용 경험

기출키워드 25　개입단계 ★빈출

126 ☐☐☐

사회복지실천과정의 개입단계에서 사회복지사가 수행하는 과업으로 옳은 것을 모두 고른 것은?　18회

> ㄱ. 계획된 방법으로 서비스를 제공
> ㄴ. 서비스 제공 전략 및 우선순위 결정
> ㄷ. 계획 수정 필요 시 재사정 실시
> ㄹ. 제공된 서비스에 대한 과정 및 총괄평가

① ㄱ
② ㄱ, ㄷ
③ ㄴ, ㄹ
④ ㄱ, ㄴ, ㄷ
⑤ ㄴ, ㄷ, ㄹ

127 ☐☐☐

사회복지사의 직접적인 개입 활동으로 옳은 것은?　20회

① 아동학대 예방 캠페인 진행
② 다른 기관과 협력체계 구축
③ 지역사회 전달체계 재정립
④ 가출청소년 보호 네트워크 형성
⑤ 역기능적 가족 규칙 재구성

128 ☐☐☐

사회복지실천 개입기술에 관한 설명으로 옳은 것을 모두 고른 것은?　21회

> ㄱ. 재보증은 어떤 문제에 대해 클라이언트가 부여하는 의미를 수정해 줌으로써 클라이언트의 시각을 긍정적인 방향으로 변화시키려는 전략이다.
> ㄴ. 모델링은 실제 다른 사람의 행동을 직접 관찰함으로써만 시행 가능하다.
> ㄷ. 격려기법은 주로 클라이언트 행동이 변화에 장애가 되거나 타인에게 위협이 될 때, 이를 인식하도록 하기 위한 목적으로 사용한다.
> ㄹ. 일반화란 클라이언트 혼자만이 겪는 문제가 아니라는 것을 인식하게 하는 기법이다.

① ㄱ
② ㄹ
③ ㄱ, ㄹ
④ ㄱ, ㄴ, ㄷ
⑤ ㄴ, ㄷ, ㄹ

129 ☐☐☐

사회복지실천의 간접적 개입에 해당하는 것은?　21회

① 의사소통 교육
② 프로그램 개발
③ 부모 교육
④ 가족상담
⑤ 사회기술훈련

130 ☐☐☐

클라이언트가 타인이 하는 바람직한 행동을 보고 모방함으로써 행동의 변화를 가져오는 개입 기술은?　22회

① 초점화
② 모델링
③ 환기
④ 직면
⑤ 격려

131 ☐☐☐
사회복지실천과정의 간접 개입기법 중 환경조정이 필요한 상황에 해당하지 않는 것은? 23회

① 아동이 가정에서 성적 학대를 받을 때
② 화재로 장애 청소년의 부모가 사망했을 때
③ 직장에서 성폭력 예방을 위한 교육프로그램을 제공할 때
④ 자연재해로 집을 잃었을 때
⑤ 고령의 노인이 가정에서 학대를 받을 때

132 ☐☐☐
다음에서 설명하는 의사소통기술은? 23회

- 클라이언트 혼자만이 겪는 문제가 아니라는 것을 인식하게 하는 기법
- 클라이언트의 생각과 느낌이 다른 사람과 비슷하다고 말해줌으로써 클라이언트의 소외감을 감소시켜 주는 기술

① 재명명   ② 초점화   ③ 직면
④ 일반화   ⑤ 조언

기출키워드 26 계획수립단계

133 ☐☐☐
사회복지서비스 계획수립단계에 관한 설명으로 옳지 않은 것은? 20회

① 계획의 목표는 기관의 기능과 일치해야 한다.
② 목표설정은 미시적 수준과 거시적 수준에서 클라이언트의 변화를 고려한다.
③ 계약서는 클라이언트만 작성하여 과업과 의무를 공식화한다.
④ 목표는 클라이언트가 원하는 결과를 포함하여 클라이언트의 적극적인 참여를 유도한다.
⑤ 계획단계의 목표는 클라이언트와 사회복지사가 함께 합의하여 결정한다.

134 ☐☐☐
사회복지실천과정 중 계획수립단계에서 수행해야 하는 사회복지사의 과업은? 22회

① 서비스 효과 점검
② 실천활동에 대한 동료 검토
③ 개입효과의 유지와 강화
④ 개입 목표설정
⑤ 평가 후 개입 계획 수정

기출키워드 27 접수단계

135 ☐☐☐
문제와 욕구를 확인하여 기관의 정책과 서비스에 부합하는지 판단하는 사회복지실천의 과정은? 17회

① 접수   ② 사정   ③ 평가
④ 자료수집   ⑤ 목표설정

136 ☐☐☐
의뢰에 관한 설명으로 옳은 것을 모두 고른 것은? 17회

ㄱ. 클라이언트가 거부감을 느끼지 않도록 정서적으로 지지함
ㄴ. 의뢰하는 기관과 서비스의 정보를 클라이언트에게 제공함
ㄷ. 반드시 클라이언트의 동의가 필요한 것은 아님
ㄹ. 의뢰된 기관에서 클라이언트가 서비스를 적절히 받는지 확인함

① ㄱ, ㄴ   ② ㄱ, ㄷ   ③ ㄱ, ㄴ, ㄹ
④ ㄴ, ㄷ, ㄹ   ⑤ ㄱ, ㄴ, ㄷ, ㄹ

137 ☐☐☐

노인복지관의 사회복지사가 접수단계에서 수행하는 역할로 옳지 않은 것은?　　　　　　　　　　18회

① 가족 간의 상호작용 유형을 조정한다.
② 기관 및 사회복지사 자신을 소개한다.
③ 원하는 서비스가 무엇인지 질문한다.
④ 이름과 나이를 확인한다.
⑤ 클라이언트의 저항감이 파악되면 완화시킨다.

138 ☐☐☐

접수단계에서 사회복지사가 수행해야 할 과제를 모두 고른 것은?　　　　　　　　　　　　　19회

> ㄱ. 개입 목표의 우선순위 합의
> ㄴ. 클라이언트의 강점과 자원 조사
> ㄷ. 욕구에 적합한 기관으로 의뢰
> ㄹ. 기관에서 제공하는 서비스 적격 여부 확인

① ㄱ, ㄷ　　② ㄴ, ㄹ　　③ ㄷ, ㄹ
④ ㄱ, ㄴ, ㄷ　　⑤ ㄱ, ㄴ, ㄷ, ㄹ

139 ☐☐☐

접수단계의 주요 과업에 해당하지 않는 것은?
　　　　　　　　　　　　　　　　　　20회

① 관계형성을 통한 클라이언트의 참여 유도
② 클라이언트의 드러난 문제 확인
③ 서비스의 효율성과 효과성 측정
④ 서비스에 대한 클라이언트의 동의 확인
⑤ 클라이언트의 문제가 기관의 자원과 정책에 부합되는지 판단

140 ☐☐☐

접수단계에서 수행할 수 있는 과업이 아닌 것은?
　　　　　　　　　　　　　　　　　　23회

① 의뢰　　② 관계형성　　③ 서비스 동의
④ 목표설정　　⑤ 문제 확인

기출키워드 28 　종결단계

141 ☐☐☐

종결단계에서 사회복지사의 과업이 아닌 것은?
　　　　　　　　　　　　　　　　　　18회

① 사후관리 계획 수립
② 성과 유지 전략 확인
③ 필요시 타 기관에 의뢰
④ 종결 기준 및 목표 수립
⑤ 종결에 대한 정서 다루기

142 ☐☐☐

종결단계에서 사회복지사의 과업으로 옳지 않은 것은?　　　　　　　　　　　　　　　　20회

① 사후관리 계획 수립
② 목표 달성을 위한 서비스 제공
③ 클라이언트 변화 결과에 대한 최종 확인
④ 다른 기관 또는 외부 자원 연결
⑤ 종결에 대한 클라이언트 반응 처리

기출분석 해설집 p.64

하고 싶은 게 많으면,
실패해도 절망할 시간이 없어요.
절망할 수 있지만,
거기 너무 오래 머무르지 말아요.

4영역
사회복지실천기술론

최근 7개년 평균 출제문항 수

총 25문항

- **01** 사회복지사의 전문성 — 1.9문항
- **02** 개인 대상 실천기법 ★★★ — 7.1문항
- **03** 가족 대상 실천기법 ★★★ — 8.0문항
- **04** 집단 대상 실천기법 ★★★ — 6.0문항
- **05** 사회복지실천 기록 및 평가 — 2.0문항

최근 출제경향

✓ 사회복지실천기술론(사회복지실천론, 지역사회복지론 포함)은 최근 **사례 위주의 문항 출제비중이 높아지고** 있습니다. 특히 현장 근무경험이 부족한 수험생은 그 정답을 찾아내기 힘들 정도로 난이도가 높게 출제되고 있습니다.

개념 파악 수준을 넘어 현장실습을 얼마만큼 잘 진행했는가를 사례 중심의 문항들을 제시하며 확인하고 있습니다. 이는 졸업 전 사회복지기관 또는 시설의 현장실습을 충실히 한 수험생에게 더욱 유리하게 구성되어 있습니다. 기존 자신의 실습 일지를 다시 한번 눈여겨보면서 사회복지의 기록 형태, 유형, 특징 등을 살펴보는 것이 좋습니다. 특히 **사회복지사의 윤리적 사항, 실천 현장의 분류, 초기단계 – 중간단계 – 종결단계의 특성** 등을 반드시 **숙지**해야 합니다. 기출문제에서 **사례 제시형 문제를 지속적으로 회독**하여 풀이 감각을 높이는 것이 중요합니다.

✓ **집단의 유형과 그 특성은 자주 출제**되고 있으니 정리하여 파악해야 합니다.

합격생들의 학습 후기&꿀팁 | 실천기술론

#한번 이해하면 다양한 문제들 척척해결 가능한 과목

#인행사와 겹치는 내용이 있어 인행사 내용 적용해보면서 공부하면 이해하는 데 도움됨

#모델 간의 비교 확실하게 하고 넘어가기

#실천기술모델 암기!! 인간관, 기법, 장단점, 목표, 한계를 하나의 표로 정리해서 외우기!!

24회차 시험 대비 합격선을 넘는 TIP

- ☑ 각 모델의 주요 개념, 특징, 각 단계별 주요 행동 등을 반드시 **암기**해야 합니다.
  ㉠ 정신역동모델, 심리사회모델, 위기개입모델, 해결중심모델, 과제중심모델, 권한부여모델 등
- ☑ 가족치료모델의 특징, 주요 개념 등을 이해하는 것이 중요해요.
  ㉠ 구조적 가족 치료모델, 경험적 가족 치료모델, 전략적 가족 치료모델, 이야기 치료모델
- ☑ 최근 시험에서 **윤리강령, 사회복지사의 지식** 등도 **자주 출제**되니 숙지해야 합니다.
- ☑ 단일사례 유형은 매년 1~2문제가 꼭 출제되니, 유형과 그 특징을 파악해야 합니다.

01 사회복지사의 전문성

기출키워드
- 사회복지실천기술에 대한 이해 ★빈출

3회독 Check □□□ 기출 3회독은 필수!

문항번호 옆 '3회독 체크표'에는 문제를 풀면서 모든 선지를 정확히 알고 풀었으면 'O', 일부 선지를 모르는 문제에는 '△', 전체적인 개념 학습이 필요한 문제는 '×'를 표시하세요.

꽈배기 문제는 빈출 개념에 대해 혼동을 유발하거나 오답을 유도하는 선지가 출제된 문제입니다. 꽈배기 문제 분석은 해설에서 확인할 수 있습니다.

기출키워드 1 사회복지실천기술에 대한 이해 ★빈출

001 3회독 Check □□□

사회복지실천의 지식과 기술을 습득하는 방법으로 옳은 것을 모두 고른 것은? 18회

> ㄱ. 사례회의(Case Conference)를 개최하여 통합적 지원방법에 대해 논의한다.
> ㄴ. 가족치료모델을 이해하기 위해 해결중심가족치료 세미나에 참석한다.
> ㄷ. 윤리적 가치갈등의 문제에 대하여 직장동료한테 자문을 구한다.
> ㄹ. 초점집단면접(Focus Group Interview)을 실시하여 이용자 인식을 확인한다.

① ㄱ, ㄷ ② ㄴ, ㄹ ③ ㄱ, ㄴ, ㄷ
④ ㄴ, ㄷ, ㄹ ⑤ ㄱ, ㄴ, ㄷ, ㄹ

002 □□□

초기면접을 위한 준비로 적절하지 않은 것은? 18회

① 면접 목적을 잠정적으로 설정한다.
② 모든 질문을 사전에 확정해 놓는다.
③ 슈퍼바이저나 동료에게 미리 조언을 구한다.
④ 클라이언트 특성을 고려하여 시설환경에 대한 준비를 한다.
⑤ 의뢰서에 있는 클라이언트의 문제와 관련한 전문 지식을 보완한다.

003 □□□

가정폭력 피해 경험이 있는 사회복지사가 자기노출을 고려하는 목적으로 옳은 것은? 18회

① 역전이를 활용하기 위해
② 클라이언트의 표현을 촉진하기 위해
③ 자신과 비슷한 경험인지 알아보기 위해
④ 클라이언트의 자기합리화를 돕기 위해
⑤ 사회복지사가 자신의 문제를 극복했는지 확인하기 위해

004

다음 예시에서 사회복지사가 활용한 실천기술은?   19회

> • 클라이언트: "저는 정말 나쁜 엄마예요. 저는 피곤하기도 하지만 성질이 나빠서 항상 아이들한테 소리를 지르고…."
> • 사회복지사: "선생님이 자녀에게 어떻게 하는지를 저에게 이야기할 수 있다는 사실은 자녀들과 더 좋은 관계를 가지고 싶다는 뜻이지요."

① 명료화하기 ② 초점화하기
③ 재명명하기 ④ 재보증하기
⑤ 해석하기

005

사회복지실천기술의 전문적 기반에 관한 설명으로 옳지 않은 것은?   19회

① 이론과 실천의 준거틀을 적절하게 이용하는 것은 예술적 기반에 해당된다.
② 연구자료를 수집하고 분석하는 것은 과학적 기반에 해당된다.
③ 사회복지 전문가로서 가지는 가치관은 예술적 기반에 해당된다.
④ 감정이입적 의사소통, 진실성, 융통성은 예술적 기반에 해당된다.
⑤ 사회복지사에게는 과학성과 예술성의 상호보완적이고 통합적인 실천역량이 요구된다.

006

다음 사례에 대한 초기 접근으로 옳은 것은?   20회

> 같은 반 친구를 때린 중학생 B는 학교폭력대책심의위원회의 결정에 따라 사회복지사가 진행하는 학교폭력가해자 프로그램에 의뢰되었다. 그러나 B는 억울함을 호소하며 비협조적인 태도를 보이고 있다.

① 클라이언트보다 의뢰자의 견해에 초점을 맞춰 개입한다.
② 비협조적 태도는 저항에서 비롯된 것으로 그 원인까지 탐색할 필요는 없다.
③ 원치 않는 의뢰과정에서 생긴 억눌린 감정을 표현할 수 있는 기회를 제공한다.
④ 비협조적 태도를 바꾸려고 시간을 소모하지 말고 곧바로 개입한다.
⑤ 비밀보장원칙이나 학교에 보고해야 할 사항에 대해 설명하지 않는다.

007

사회복지실천에 관한 설명으로 옳지 않은 것은?   20회

① 과학성과 예술성을 통합적으로 활용한다.
② 사회복지의 관점과 이론을 토대로 한다.
③ 심리학, 사회학 등 타 학문과 배타적 관계에 있다.
④ 클라이언트의 특성을 반영한다.
⑤ 사회복지 가치와 윤리를 반영한다.

008

사회복지실천현장의 지식 유형에 관한 설명으로 옳지 않은 것은?   21회

① 이론은 현상을 설명하기 위한 가설이나 개념의 집합체이다.
② 관점은 개인과 사회에 관한 주관적 인식의 차이를 보여주는 사고체계이다.
③ 실천지혜는 실천 활동의 원칙과 방식을 구조화한 것이다.
④ 패러다임은 역사와 사상의 흐름에 영향을 받는 추상적 개념 틀이다.
⑤ 모델은 실천과정에 직접적으로 필요한 기술적 적용방법을 제시한 것이다.

009

다음 사례에서 사회복지사가 우선적으로 개입해야 하는 것은? 21회

> A씨는 25세로 알코올 중독진단을 받았으나 문제에 대한 본인의 인식은 부족한 상황이다. 현재 A씨는 부모와 함께 살고 있으나 몇 년전부터 대화가 단절되어 있다. A씨가 술을 마실 때면 아버지로부터 학대도 발생하고 있는 상황이다.

① 경직된 가족경계를 재구조화한다.
② 단절된 의사소통의 문제를 해결한다.
③ 알코올 중독 문제에 관여한다.
④ 술 문제의 원인으로 보이는 부모를 대상으로 상담한다.
⑤ 부모 간 갈등으로부터 벗어나도록 자아분화를 촉진한다.

010

사회복지사가 가져야 할 지식의 내용으로 옳은 것을 모두 고른 것은? 22회

> ㄱ. 인간행동과 발달
> ㄴ. 인간관계와 상호작용
> ㄷ. 사회복지정책과 서비스
> ㄹ. 사회복지사 자신에 관한 지식

① ㄱ
② ㄱ, ㄴ
③ ㄴ, ㄷ
④ ㄱ, ㄷ, ㄹ
⑤ ㄱ, ㄴ, ㄷ, ㄹ

011

사회복지사가 비자발적 클라이언트와 공감하는 기술로 옳은 것은? 22회

> ㄱ. 원하지 않는 면담이 클라이언트에게 힘들다는 것을 이해한다.
> ㄴ. 클라이언트의 행동을 사회복지사의 가치관에 맞추어 평가한다.
> ㄷ. 클라이언트의 어려움을 사회복지사가 도울 수 있다는 것을 알려준다.
> ㄹ. 클라이언트의 저항을 온화한 태도로 수용한다.

① ㄱ, ㄷ
② ㄴ, ㄹ
③ ㄱ, ㄴ, ㄹ
④ ㄱ, ㄷ, ㄹ
⑤ ㄴ, ㄷ, ㄹ

012

실천지혜(practice wisdom)에 관한 설명으로 옳지 않은 것은? 23회

① 암묵적 지식과 같은 의미이다.
② 사회복지사의 직관에 영향을 받는다.
③ 실천 활동을 조작화하고 구조화한 것이다.
④ 개인의 가치체계와 경험으로부터 만들어진다.
⑤ 현장에서 유용하나 공인된 지식은 아니다.

02 개인 대상 실천기법

기출키워드
- 정신역동모델
- 심리사회모델
- 인지행동모델 ★빈출
- 동기강화모델
- 과제중심모델
- 기타 실천모델 ★빈출

최근 7개년 출제문항 수

✓ 3회독 Check ☐☐☐ 기출 3회독은 필수!
문항번호 옆 '3회독 체크표'에는 문제를 풀면서 모든 선지를 정확히 알고 풀었으면 'O', 일부 선지를 모르는 문제에는 '△', 전체적인 개념 학습이 필요한 문제는 'X'를 표시하세요.

✓ 꽈배기 문제 는 빈출 개념에 대해 혼동을 유발하거나 오답을 유도하는 선지가 출제된 문제입니다. 꽈배기 문제 분석은 해설에서 확인할 수 있습니다.

기출키워드 2 정신역동모델

013 ☐☐☐ 꽈배기 문제
정신역동모델의 개념과 개입기술에 관한 설명으로 옳은 것을 모두 고른 것은? 17회

ㄱ. 해석의 목적은 통찰력 향상에 있다.
ㄴ. 훈습은 모순이나 불일치를 직시하도록 원조하는 단회성 기법이다.
ㄷ. 전이는 반복적이며 퇴행하는 특징을 갖는다.
ㄹ. 자유연상을 시행하는 경우 주제와 관련 없는 내용은 억제시킨다.

① ㄱ, ㄴ   ② ㄱ, ㄷ   ③ ㄴ, ㄹ
④ ㄱ, ㄴ, ㄷ   ⑤ ㄱ, ㄴ, ㄷ, ㄹ

014 ☐☐☐
정신역동모델에 관한 설명으로 옳은 것은? 18회

① 통찰보다는 치료적 처방에 초점을 둔다.
② 무의식적 충동과 미래 의지를 강조한다.
③ 사회구성주의적 관점의 영향을 받았다.
④ 기능주의 학파의 이론적 기초가 되었다.
⑤ 자유연상, 훈습, 직면의 기술을 사용한다.

015 ☐☐☐
정신역동모델의 개념과 개입기법에 관한 설명으로 옳은 것을 모두 고른 것은? 19회

ㄱ. 전이는 정신역동 치료에 방해가 되므로 이를 이용해서는 안 된다.
ㄴ. 무의식적 갈등이나 불안을 표현하도록 하여 자신의 문제에 대해 이해하고 통찰할 수 있도록 한다.
ㄷ. 클라이언트와 라포가 형성되기 전에 해석을 제공하는 것이 관계형성에 도움이 된다.
ㄹ. 훈습을 통해 클라이언트의 불안은 최소화되고 적합한 방법으로 자신의 문제를 이해할 수 있는 능력을 기르게 된다.

① ㄱ, ㄷ   ② ㄴ, ㄹ   ③ ㄱ, ㄴ, ㄷ
④ ㄴ, ㄷ, ㄹ   ⑤ ㄱ, ㄴ, ㄷ, ㄹ

016 ☐☐☐
정신역동모델의 개입기법에 관한 설명으로 옳은 것을 모두 고른 것은? 21회

- ㄱ. 직면: 클라이언트의 이야기와 행동 간 불일치를 보일 때 자기모순을 직시하게 한다.
- ㄴ. 해석: 치료적 관계에서 나타나는 클라이언트의 특정 생각이나 행동의 의미를 설명한다.
- ㄷ. 전이분석: 클라이언트가 과거의 중요한 인물에 대해 느꼈던 감정을 치료사에게 재현하는 현상을 분석하여 과거 문제를 해석하고 통찰하도록 한다.
- ㄹ. 명료화: 저항이나 전이에 대한 이해를 심화·확장하여 통합적으로 이해하도록 한다.

① ㄱ ② ㄴ, ㄹ ③ ㄷ, ㄹ
④ ㄱ, ㄴ, ㄷ ⑤ ㄱ, ㄴ, ㄷ, ㄹ

017 ☐☐☐
정신역동모델 개입과정을 순서대로 옳게 나열한 것은? 22회

- ㄱ. 동일시를 위한 자아구축 단계
- ㄴ. 클라이언트의 자기이해를 원조하는 단계
- ㄷ. 관계형성 단계
- ㄹ. 클라이언트가 독립된 자아정체감을 형성하도록 원조하는 단계

① ㄱ → ㄷ → ㄹ → ㄴ ② ㄴ → ㄷ → ㄱ → ㄹ
③ ㄴ → ㄹ → ㄷ → ㄱ ④ ㄷ → ㄱ → ㄹ → ㄴ
⑤ ㄷ → ㄴ → ㄱ → ㄹ

018 ☐☐☐
정신역동모델의 개입기술에 관한 설명으로 옳은 것은? 23회

① 전이는 현재의 인물에게 느끼는 사랑이나 증오의 감정을 과거의 인물에게 전치하는 것을 말한다.
② 훈습은 경험적 확신을 갖도록 전이와 저항에 대한 분석과 해석을 반복적으로 진행하는 것이다.
③ 직면은 클라이언트의 말과 행동 사이의 불일치나 모순이 있을 때에 우회적 방법으로 알리는 것이다.
④ 해석은 클라이언트의 공감능력을 키우는 효과가 있다.
⑤ 자유연상은 클라이언트가 수치스럽게 생각하거나 도움이 안 되는 내용을 선택할 수 있다.

기출키워드 3 심리사회모델

019 ☐☐☐
음주 문제와 가정불화로 직장에 적응하지 못해 의뢰된 클라이언트에게 심리사회모델을 적용할 때 그 개입기법으로 적절하지 않은 것은? 17회

① 음주와 관련된 감정을 표출하도록 한다.
② 문제해결을 위해 직접 충고한다.
③ 클라이언트의 인지오류와 신념체계를 탐색한다.
④ 직장 상사와의 갈등이 현재에 미친 영향을 파악한다.
⑤ 유년기 문제와 현재 행동의 인과관계를 지각하도록 한다.

020 ☐☐☐ 판배기 문제
심리사회모델의 기법에 관한 설명으로 옳지 않은 것은? 18회

① 발달적 성찰: 현재 클라이언트 성격이나 기능에 영향을 미친 가족의 기원이나 초기 경험을 탐색한다.
② 지지하기: 클라이언트의 현재 또는 최근 사건을 고찰하게 하여 현실적인 해결방법을 찾는다.
③ 탐색-기술-환기: 클라이언트의 상황에 관한 사실을 드러내고 감정의 표현을 통해 감정의 전환을 제공한다.
④ 수용: 온정과 친절한 태도로 클라이언트의 감정이나 주관적인 상태에 감정이입을 하며 공감한다.
⑤ 직접적 영향: 사회복지사와 클라이언트 간의 신뢰관계를 바탕으로 클라이언트에게 제안과 설득을 제공한다.

021 ☐☐☐
심리사회모델의 개입기법에 관한 설명으로 옳지 않은 것은?
20회

① 직접적 개입과 간접적 개입으로 구분된다.
② 직접적 영향은 주변인에게 영향력을 행사하여 환경을 변화시키는 기법이다.
③ 탐색-기술(묘사)-환기는 자기 상황과 감정을 말로 표현하게 함으로써 감정전환을 도모하는 기법이다.
④ 지지는 이해, 격려, 확신감을 표현하는 기법이다.
⑤ 유형의 역동 성찰은 성격, 행동, 감정의 주요 경향에 관한 자기이해를 돕는다.

022 ☐☐☐
다음 사례에서 활용한 심리사회모델의 개입기법은?
21회

> "지금까지의 방법이 효과적이지 않다면 다른 방법을 시도해 보면 어떨까요? 제 생각에는 지금쯤 변화가 필요하니 가족상담에 참여해 보시면 어떨까 합니다."

① 지지하기
② 직접적 영향주기
③ 탐색-기술-환기
④ 인간-환경에 관한 고찰
⑤ 유형-역동성 고찰

023 ☐☐☐
심리사회모델에 관한 설명으로 옳은 것을 모두 고른 것은?
22회

> ㄱ. 심리사회모델을 체계화하는 데 홀리스(F. Hollis)가 공헌하였다.
> ㄴ. "직접적 영향주기"는 언제나 사용 가능한 기법이다.
> ㄷ. "환기"는 클라이언트의 긍정적 감정을 표출시킨다.
> ㄹ. 간접 개입기법으로 "환경조정"을 사용한다.

① ㄱ, ㄹ
② ㄴ, ㄷ
③ ㄷ, ㄹ
④ ㄴ, ㄷ, ㄹ
⑤ ㄱ, ㄴ, ㄷ, ㄹ

024 ☐☐☐
다음 사례에서 활용한 심리사회모델의 개입기법은?
23회

> 가까워지기 어려운 사람들과 친밀감을 높이기 위해 당신이 자주 사용하는 행동 패턴이 있다고 생각하십니까?

① 직접적 영향 주기
② 탐색-기술(묘사)-환기
③ 지지하기
④ 유형-역동성 고찰
⑤ 발달적 고찰

기출키워드 4 인지행동모델 ★빈출

025 ☐☐☐ 꽐배기문제
인지행동모델의 개입기법에 관한 설명으로 옳지 않은 것은?
17회

① 행동 형성은 강화원리를 따른다.
② 모델링은 관찰학습 과정을 통해 이루어진다.
③ 경험적 학습에는 인지불일치원리가 적용된다.
④ 타임아웃은 정적강화원리를 이용한 것이다.
⑤ 체계적 탈감법은 고전적 조건화에 근거한다.

026 ☐☐☐
인지행동모델에 관한 설명으로 옳지 않은 것은?
19회

① 구조화된 접근을 한다.
② 클라이언트의 무의식적 행동에 관심을 둔다.
③ 교육적 접근을 강조한다.
④ 클라이언트의 주관적인 경험, 문제 및 관련 상황에 대한 인식을 중시한다.
⑤ 클라이언트와 사회복지사의 협조적인 노력을 중시하고, 클라이언트의 능동적인 참여를 권장한다.

027 ☐☐☐

인지행동모델의 개입방법에 해당되는 것을 모두 고른 것은?　20회

| ㄱ. 내적 의사소통의 명료화 | ㄴ. 모델링 |
| ㄷ. 기록과제 | ㄹ. 자기지시 |

① ㄱ, ㄴ　② ㄷ, ㄹ　③ ㄱ, ㄴ, ㄷ
④ ㄴ, ㄷ, ㄹ　⑤ ㄱ, ㄴ, ㄷ, ㄹ

028 ☐☐☐

인지행동모델에서 비합리적인 사고에 대해 '실용성에 관한 논박기법'을 사용한 질문은?　20회

① 그 생각이 옳다는 것을 어떻게 아세요?
② 지금 느끼는 감정을 명확하게 설명할 수 있으세요?
③ 그 일이 실제로 일어날 가능성이 얼마나 될까요?
④ 그 생각이 문제해결에 얼마나 도움이 될까요?
⑤ 그 생각의 논리적 근거는 무엇입니까?

029 ☐☐☐

인지행동모델에 관한 설명으로 옳지 않은 것은?　21회

① 개인의 주관적 경험의 독특성을 중시한다.
② 클라이언트의 강점과 자원이 문제해결의 주요 요소이다.
③ 제한된 시간 내에 특정 문제에 초점을 두고 접근한다.
④ 과제 활용과 교육적인 접근으로 자기 치료가 가능하도록 한다.
⑤ 클라이언트의 적극적 참여와 협조적 태도를 중시한다.

030 ☐☐☐

인지행동모델 개입기법에 관한 설명으로 옳은 것은?　22회

① 행동시연: 관찰학습 과정을 통해 클라이언트가 시행착오를 거치지 않고 행동할 수 있도록 한다.
② 유머사용: 인지적 기법의 하나로서 비합리적인 신념에서 오는 불안을 감소시키는 데 유용하다.
③ 내적 의사소통 명료화: 클라이언트 스스로 자신에 대해 독백하고 사고하는 과정이다.
④ 역설적 의도(paradoxical intention): 클라이언트의 역기능적 사고를 인식하고 이를 현실적인 사고로 대치한다.
⑤ 이완훈련: 클라이언트가 가장 덜 위협적인 상황에서 가장 위협적인 상황까지 순서대로 제시한다.

031 ☐☐☐

다음 사례에 해당하는 인지적 오류는?　23회

| 입사시험 면접을 잘 마쳤음에도 불구하고 K씨는 부모님께 시험에 떨어질 것이라고 말씀드렸다. |

① 이분법적 사고　② 개인화　③ 과잉 일반화
④ 재앙화　⑤ 임의적 추론

기출키워드 5　동기강화모델

032 ☐☐☐

밀러와 롤닉(W. Miller & S. Rollnick)의 동기강화모델의 원리로 옳지 않은 것은?　23회

① 불일치감 인식하기
② 자기효능감 지지하기
③ 저항과 함께하기
④ 내적 의사소통 명료화하기
⑤ 공감 표현하기

기출키워드 6 과제중심모델

033 ☐☐☐
과제중심모델에 관한 설명으로 옳지 않은 것은?
19회

① 개입 초기에 빠른 사정을 한다.
② 구조화된 접근을 한다.
③ 다양한 이론과 모델을 절충적으로 활용한다.
④ 조사에 근거한 경험적 자료를 중심으로 진행한다.
⑤ 사회복지사는 적극적으로 개입하지 않고 클라이언트가 주체적인 역할을 하도록 한다.

034 ☐☐☐
과제중심모델에서 과제에 관한 설명으로 옳지 않은 것은?
20회

① 사회복지사보다 클라이언트가 제시하는 문제나 욕구를 고려하여 선정한다.
② 조작적 과제는 일반적 과제에 비해 구체적이다.
③ 과거보다 현재에 초점을 둔다.
④ 과제 수는 가급적 3개를 넘지 않게 한다.
⑤ 과제달성 정도는 최종평가 시 결정되므로 과제수행 도중에는 점검하지 않는다.

035 ☐☐☐
다음 설명에 해당하는 모델로 옳은 것은?
22회

- 구조화된 개입
- 개입의 책임성 강조
- 클라이언트의 자기결정권 강조
- 클라이언트의 환경에 대한 개입

① 심리사회모델
② 위기개입모델
③ 해결중심모델
④ 인지행동모델
⑤ 과제중심모델

036 ☐☐☐
사회복지실천모델과 기법으로 옳지 않은 것은?
22회

① 행동주의모델: 소거
② 해결중심모델: 대처질문
③ 과제중심모델: 유형-역동에 관한 고찰
④ 인지행동모델: 소크라테스식 문답법
⑤ 위기개입모델: 자살의 위험성 평가

037 ☐☐☐
과제중심모델에 관한 설명으로 옳은 것은?
23회

① 개인의 신념체계의 변화를 강조한다.
② 특정 이론보다는 경험적 자료를 통해 개입의 기초를 마련한다.
③ 인간의 신념이나 생각은 정서와 행동에 영향을 미친다고 가정한다.
④ 클라이언트가 무력한 상태에서 힘을 가진 상태로 이동하는 것을 목표로 한다.
⑤ 변화는 항상 일어나며 불가피한 것으로 본다.

기출키워드 7 기타 실천모델 ★빈출

038 ☐☐☐
해결중심모델에 관한 설명으로 옳지 않은 것은?
17회

① 클라이언트 지향적 모델이다.
② 임시대응적 기법이라는 비판이 있다.
③ 메시지 작성과 전달, 과제를 활용한다.
④ 사회복지사와 클라이언트 간 협력적 관계를 중시한다.
⑤ 문제가 해결된 상태를 가정하는 대처질문을 활용할 수 있다.

039 ☐☐☐
사회복지실천모델에 관한 설명으로 옳은 것을 모두 고른 것은?
17회

> ㄱ. 임파워먼트모델에서는 클라이언트를 일방적 수혜자로 인식하지 않는다.
> ㄴ. 과제중심모델은 펄만(H. Perlman)의 문제해결요소의 영향을 받았다.
> ㄷ. 위기개입모델에서는 클라이언트의 과거를 탐색하는 데 우선순위를 두지 않는다.
> ㄹ. 클라이언트중심모델에서는 사회복지사의 권위적인 역할이 강조된다.

① ㄱ, ㄷ ② ㄴ, ㄹ ③ ㄷ, ㄹ
④ ㄱ, ㄴ, ㄷ ⑤ ㄱ, ㄴ, ㄷ, ㄹ

040 ☐☐☐
청소년의 정체성 위기, 결혼, 자녀의 출산, 중년기의 직업 변화, 은퇴 등 개인의 생애주기에 따른 위기는?
18회

① 실존적 위기 ② 상황적 위기 ③ 발달적 위기
④ 부정적 위기 ⑤ 환경적 위기

041 ☐☐☐
해결중심모델에 관한 설명으로 옳은 것은? 18회

① 클라이언트의 문제의 원인을 심리 내부에서 찾는다.
② 의료모델을 기초로 문제 중심의 접근을 지향한다.
③ 다양한 질문기법들을 활용하여 클라이언트와 대화한다.
④ 클라이언트의 준거틀, 인식, 강점보다 문제 자체에 초점을 둔다.
⑤ 신속한 문제해결을 위해 행동변화를 위한 새로운 전략을 가르친다.

042 ☐☐☐
역량강화모델(empowerment model)에 관한 설명으로 옳은 것을 모두 고른 것은?
19회

> ㄱ. 클라이언트를 자신 문제의 전문가로 인정한다.
> ㄴ. 사회복지사와 클라이언트 간의 상호 협력적 파트너십을 강조한다.
> ㄷ. 클라이언트를 개입의 객체가 아닌 주체로 보기에 자기결정권이 잘 보호될 수 있다.
> ㄹ. 클라이언트가 가진 문제의 원인에 초점을 두고 개입한다.

① ㄱ, ㄷ ② ㄴ, ㄹ ③ ㄱ, ㄴ, ㄷ
④ ㄱ, ㄷ, ㄹ ⑤ ㄴ, ㄷ, ㄹ

043 ☐☐☐
해결중심모델에 관한 설명으로 옳지 않은 것은?
19회

① 사회복지사는 클라이언트를 변화시키는 전문가가 아니라 변화에 도움을 주는 자문가 역할을 한다.
② 문제의 원인과 발전과정에 관심을 두기보다 문제해결 방안을 모색하는 것이 더 효과적이라고 본다.
③ 모든 사람은 강점과 자원, 능력을 가지고 있다고 가정한다.
④ 클라이언트의 견해를 존중한다.
⑤ 클라이언트의 과거에 관해 깊이 탐색하여 현재와 미래에 적응하도록 돕는 데 관심을 둔다.

044 ☐☐☐
위기개입모델의 개입 원칙에 관한 설명으로 옳은 것은?
19회

① 장기적인 개입방법을 사용한다.
② 개입목표는 가능한 한 포괄적으로 설정한다.
③ 사회복지사는 비지시적인 역할을 수행한다.
④ 위기 이전의 기능수준으로 회복하도록 돕는다.
⑤ 문제의 원인에 대한 이해를 위해 클라이언트의 과거 탐색에 초점을 둔다.

045 해결중심모델에서 사용하는 질문 기법과 이에 관한 예로 옳은 것은? 19회

① 예외질문: 그 어려운 상황 속에서도 견딜 수 있었던 것은 무엇이라 생각합니까?
② 관계성 질문: 남편이 여기 있다면 당신이 어떻게 하는 것이 문제 해결에 도움이 된다고 할까요?
③ 기적질문: 잠이 안 와서 힘들다고 하셨는데, 잠을 잘 잤다고 느낄 때는 언제인가요?
④ 대처질문: 지난 1주일간 어떤 변화가 있었나요?
⑤ 척도질문: 문제가 발생하지 않았던 때는 언제인가요?

046 해결중심모델의 질문기법 예시로 옳지 않은 것은? 20회

① 관계성 질문: 두 분이 싸우지 않을 때는 어떠세요?
② 예외질문: 매일 싸운다고 하셨는데, 안 싸운 날은 없었나요?
③ 대처질문: 자녀에게 잔소리하는 횟수를 어떻게 줄일 수 있었나요?
④ 첫 상담 이전의 변화에 대한 질문: 상담신청 후 지금까지 어떤 변화가 있었나요?
⑤ 기적질문: 밤새 기적이 일어나서 문제가 다 해결됐는데, 자느라고 기적이 일어난 걸 몰라요. 아침에 뭘 보면 기적이 일어났다는 걸 알 수 있을까요?

047 사회복지실천모델에 관한 설명으로 옳지 않은 것은? 20회

① 행동수정모델은 선행요인, 행동, 강화요소에 의해 인간행동을 예측하고 통제할 수 있다고 본다.
② 심리사회모델은 상황 속 인간을 고려하되 환경보다 개인의 내적변화를 중시한다.
③ 인지행동모델은 왜곡된 사고에 의한 정서적 문제의 개입에 효과적이다.
④ 과제중심모델은 여러 모델들을 절충적으로 활용하며 개입의 책임성을 강조한다.
⑤ 위기개입모델은 위기에 의한 병리적 반응과 영구적 손상의 치료에 초점을 둔다.

048 다음 전제에 해당되는 사회복지실천모델은? 20회

- 삶에서 변화는 불가피하며 작은 변화가 더 큰 변화로 이어진다.
- 모든 문제에는 예외가 존재한다.
- 클라이언트는 자기 삶의 주체이며, 자신에게 중요한 사람과 일에 대해 가장 잘 아는 전문가이다.

① 클라이언트중심모델 ② 해결중심모델
③ 문제해결모델 ④ 정신역동모델
⑤ 동기상담모델

049 사회기술훈련에서 사용되는 행동주의모델기법을 모두 고른 것은? 20회

| ㄱ. 정적 강화 | ㄴ. 역할 연습 |
| ㄷ. 직면 | ㄹ. 과제를 통한 연습 |

① ㄱ, ㄴ ② ㄱ, ㄷ ③ ㄱ, ㄴ, ㄹ
④ ㄴ, ㄷ, ㄹ ⑤ ㄱ, ㄴ, ㄷ, ㄹ

050

다음 사례에 대한 위기 개입으로 옳은 것은? 20회

> 20대인 A씨는 최근 코로나19에 감염되어 실직한 이후 경제적 어려움과 신체적 후유증으로 인해 일상을 유지하기 힘들 정도로 우울감을 경험하며 때때로 자살까지 생각하곤 한다.

① A 씨의 문제를 발달적 위기로 사정한다.
② 코로나19 감염 이전 기능수준으로 회복하는 것을 목표로 잡는다.
③ 적절한 감정표현행동을 습득하도록 장기교육 프로그램을 실시한다.
④ A 씨 스스로 도움을 요청할 때까지 개입을 보류한다.
⑤ 보다 긍정적인 인생관을 갖도록 삶의 태도를 근본적으로 재조직한다.

051

사회복지실천모델에 관한 설명으로 옳은 것을 모두 고른 것은? 21회

> ㄱ. 위기개입모델에서는 사건에 대한 클라이언트의 주관적인 인식보다 사건 자체를 중시한다.
> ㄴ. 클라이언트중심모델에서는 현재 직면한 문제와 앞으로의 문제를 극복할 수 있도록 성장 과정을 도와준다.
> ㄷ. 임파워먼트모델에서는 클라이언트가 자신의 삶을 스스로 통제할 수 있도록 원조한다.
> ㄹ. 과제중심모델에서는 클라이언트가 인식한 문제에 초점을 두고, 클라이언트의 욕구를 최대한 반영한다.

① ㄱ
② ㄴ, ㄷ
③ ㄱ, ㄴ, ㄷ
④ ㄴ, ㄷ, ㄹ
⑤ ㄱ, ㄴ, ㄷ, ㄹ

052

위기개입모델에 관한 설명으로 옳지 않은 것은? 21회

① 클라이언트에게 실용적 정보를 제공하고 지지체계를 개발하도록 한다.
② 단기개입 서비스를 제공한다.
③ 구체적이고 관찰 가능한 문제에 초점을 둔다.
④ 위기 발달은 촉발요인이 발생한 후에 취약단계로 넘어간다.
⑤ 사회복지사는 다른 개입모델에 비해 적극적이고 직접적인 역할을 수행한다.

053

해결중심모델에 관한 설명으로 옳은 것은? 21회

① 클라이언트에게 대처행동을 가르치고 훈련함으로써 부적응을 해소하도록 한다.
② 탈이론적이고 비규범적이며 클라이언트의 견해를 존중한다.
③ 문제의 원인을 클라이언트의 심리 내적 요인에서 찾는다.
④ 클라이언트의 문제를 자원 혹은 기술 부족으로 본다.
⑤ 문제와 관련이 있는 환경과 자원을 사정하고 개입 방안을 강조한다.

054

해결중심모델에서 사용하는 질문기법과 그에 관한 예로 옳은 것은? 21회

① 관계성 질문: 재혼하신 아버지는 이 문제를 어떻게 생각하실까요?
② 기적질문: 처음 상담했을 때와 지금의 스트레스 수준을 비교한다면 지금은 몇 점인가요?
③ 대처질문: 어떻게 하면 그 문제가 발생하지 않을 것 같나요?
④ 예외질문: 당신은 그 어려운 상황에서 어떻게 견딜 수 있었나요?
⑤ 척도질문: 처음 상담을 약속했을 때와 지금은 무엇이 어떻게 달라졌는지 말씀해 주세요.

055

해결중심모델의 개입목표 설정 원칙에 관한 설명으로 옳지 않은 것은? 22회

① 클라이언트에게 중요한 것을 목표로 하기
② 작은 것을 목표로 하기
③ 목표를 종료보다는 시작으로 간주하기
④ 있는 것보다 없는 것에 관심 두기
⑤ 목표수행은 힘든 일이라고 인식하기

056

위기개입모델의 중간단계 활동으로 옳지 않은 것은? 22회

① 위기상황에 대한 초기사정을 실시한다.
② 클라이언트의 일상생활에 활용할 수 있는 자원과 지지체계를 찾아낸다.
③ 목표달성을 위한 구체적인 과제들에 대해 작업한다.
④ 위기사건 이후 상황과 관련된 자료를 보충한다.
⑤ 현재 위기와 관련된 과거 경험을 탐색한다.

057

클라이언트중심모델의 주요 개념으로 옳지 않은 것은? 23회

① 실현화 경향 ② 자아실현 욕구 ③ 인지적 개입
④ 조건부 가치 ⑤ 긍정적 관심

058

해결중심모델의 주요 원리로 옳지 않은 것은? 23회

① 건강한 것에 초점을 둔다.
② 개입의 목적을 증상 감소에 둔다.
③ 현재에 초점을 맞추며 미래지향적이다.
④ 클라이언트와의 협력관계를 중요시한다.
⑤ 탈이론적이며 비규범적이다.

059

임파워먼트모델의 실천기법으로 옳은 것을 모두 고른 것은? 23회

| ㄱ. 강점 사정하기 | ㄴ. 자원 확보하기 |
| ㄷ. 촉진적 개입하기 | ㄹ. 합류하기 |

① ㄱ, ㄴ ② ㄴ, ㄷ ③ ㄱ, ㄴ, ㄷ
④ ㄱ, ㄷ, ㄹ ⑤ ㄱ, ㄴ, ㄷ, ㄹ

060

골란(N. Golan)의 위기발달 단계로 옳은 것은? 23회

① 위험사건 – 촉발요인 – 취약단계 – 위기단계 – 재통합
② 취약단계 – 위험사건 – 촉발요인 – 위기단계 – 재통합
③ 취약단계 – 위험사건 – 위기단계 – 촉발요인 – 재통합
④ 위험사건 – 취약단계 – 위기단계 – 촉발요인 – 재통합
⑤ 위험사건 – 취약단계 – 촉발요인 – 위기단계 – 재통합

03 가족 대상 실천기법 ★★★

기출키워드
- 가족 관련 개념 및 특징 ★빈출
- 가족사정 ★빈출
- 구조적 가족치료 ★빈출
- 다세대 가족치료
- 경험적 가족치료
- 전략적 가족치료

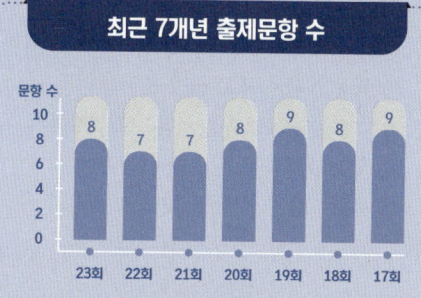
최근 7개년 출제문항 수

✓ 3회독 Check ☐☐☐ 기출 3회독은 필수!

문항번호 옆 '3회독 체크표'에는 문제를 풀면서 모든 선지를 정확히 알고 풀었으면 'O', 일부 선지를 모르는 문제에는 '△', 전체적인 개념 학습이 필요한 문제는 '×'를 표시하세요.

꽈배기 문제 는 빈출 개념에 대해 혼동을 유발하거나 오답을 유도하는 선지가 출제된 문제입니다. 꽈배기 문제 분석은 해설에서 확인할 수 있습니다.

기출키워드 8 가족 관련 개념 및 특징 ★빈출

061 ☐☐☐ 꽈배기 문제

가족에 관한 설명으로 옳지 않은 것은? 17회

① 사회 변화에 따라 가족의 구조와 기능도 변화한다.
② 위기 시 가족은 역기능적 행동을 보일 수도 있지만 가족탄력성을 보일 수도 있다.
③ 가족은 생활주기를 따라 단계적으로 발달하고 변화한다.
④ 가족은 가족 항상성을 통해 다른 가족과 구별되는 정체성을 갖는다.
⑤ 가족은 권력구조를 갖고 있지 않은 애정공동체이다.

062 ☐☐☐

가족의 특성에 관한 설명으로 옳은 것을 모두 고른 것은? 18회

> ㄱ. 사회변화에 민감한 체계이다.
> ㄴ. 현대 가족은 점차 정서적 기능이 약화되고 있다.
> ㄷ. 가족의 현재 모습은 세대 간 전승된 통합과 조정의 결과물이다.
> ㄹ. 기능적인 가족은 응집성과 적응성, 문제해결력이 높은 가족이다.

① ㄱ, ㄷ
② ㄴ, ㄹ
③ ㄱ, ㄴ, ㄷ
④ ㄴ, ㄷ, ㄹ
⑤ ㄱ, ㄴ, ㄷ, ㄹ

063

가족에 관한 체계론적 관점의 기술로 옳지 않은 것은? 20회

① 가족은 하위체계이면서 상위체계이다.
② 가족 규칙은 가족 항상성에 영향을 준다.
③ 가족 내 하위체계의 경계유형은 투과성 정도에 따라 나뉠 수 있다.
④ 가족문제의 원인을 구성원 간 상호작용에서 찾는 것을 순환적 인과관계라고 한다.
⑤ 가족이 처한 상황을 구성원의 인식과 언어체계로 표현하면서 가족 스스로 문제해결의 단서를 찾도록 한다.

064

가족경계(boundary)에 관한 설명으로 옳은 것은? 21회

① 하위체계의 경계가 경직된 경우에는 지나친 간섭이 증가한다.
② 하위체계의 경계가 희미한 경우에는 감정의 합일 현상이 증가한다.
③ 하위체계의 경계가 경직된 경우에는 가족의 보호 기능이 강화된다.
④ 하위체계의 경계가 희미한 경우에는 가족 간 의사소통이 감소한다.
⑤ 하위체계의 경계가 경직된 경우에는 가족구성원이 독립적으로 행동하기 어렵다.

065

가족개입을 위한 전제조건에 관한 설명으로 옳지 않은 것은? 21회

① 한 사람의 문제는 가족성원 모두에게 영향을 미친다.
② 한 가족성원의 개입노력은 가족 전체에 영향을 준다.
③ 가족성원의 행동은 순환적 인과성의 특성을 갖는다.
④ 가족문제의 원인은 단선적 관점으로 파악한다.
⑤ 한 가족성원이 보이는 증상은 가족의 문제를 대신해서 호소하는 것으로 본다.

066

역기능적 집단의 특성으로 옳은 것은? 22회

① 자발적인 자기표출
② 문제해결 노력의 부족
③ 모든 집단성원의 토론 참여
④ 집단성원 간 직접적인 의사소통
⑤ 집단 사회복지사를 존중

067

생태체계적 관점에서 보는 가족에 관한 설명으로 옳지 않은 것은? 22회

① 항상성: 가족구성원들이 현재 상태를 유지
② 경직된 경계: 가족이 다수의 복지서비스를 이용
③ 하위체계: 가족구성원들이 경계를 가지고 각자의 기능을 수행
④ 피드백: 가족이 사회환경과 환류를 주고 받으며 변화를 도모
⑤ 순환적 인과관계: 가족 한 사람의 행동이 다른 구성원에게 영향을 주어 가족 전체를 변화

068

사회변화에 따라 달라지는 가족에 관한 설명으로 옳지 않은 것은? 22회

① 가족 형태가 다양해지는 경향이 있다.
② 저출산 시대에는 무자녀 부부가 증가한다.
③ 세대구성이 단순화되면서 확대가족의 의미가 약해진다.
④ 단독으로 생계를 유지하는 경우는 가구의 범위에 속하지 않는다.
⑤ 양육, 보호, 교육, 부양 등에서 사회 이슈가 발생한다.

069
체계론적 관점에서 가족에 관한 설명으로 옳은 것은?
23회

① 가족의 항상성은 어떤 행동이 허용되는가를 결정하는 가족규칙을 통해 공고해진다.
② 일탈행동이나 갈등상황에 대해 부적 환류를 적용하면 최초의 일탈이나 갈등을 증폭시키는 작용을 한다.
③ 가족은 상위체계와는 독립적으로 존재하며 그 안에 다양한 하위체계를 포함한다.
④ 경직된 경계를 가진 가족은 독립성과 자율성이 결여되어 있다.
⑤ 부모-자녀하위체계는 가족을 이끄는 책임을 지는 하위체계로 권위를 갖는 것이 중요하다.

070
가족의 구조와 기능에 관한 설명으로 옳은 것을 모두 고른 것은?
23회

> ㄱ. 기능적인 가족은 가족규칙을 융통성 있게 적용한다.
> ㄴ. 부모와 자녀 간의 밀착된 관계는 하위체계 간 균형을 유지하게 한다.
> ㄷ. 밀착된 가족은 경계의 투과성이 높아 체계 간 구분이 어렵다.
> ㄹ. 기능적 가족은 가족성원에게 고정된 역할을 부여하여 혼란을 감소시킨다.

① ㄱ, ㄴ ② ㄱ, ㄷ ③ ㄴ, ㄷ
④ ㄴ, ㄷ, ㄹ ⑤ ㄱ, ㄴ, ㄷ, ㄹ

기출키워드 9 가족사정 ★빈출

071
가족사정도구에 관한 설명으로 옳은 것을 모두 고른 것은?
17회

> ㄱ. 생태도는 진행과정과 종결과정에서도 활용한다.
> ㄴ. 생활력표를 활용하여 현재의 기능수행에 영향을 미치는 발달단계상 생활경험을 이해한다.
> ㄷ. 소시오그램은 가족 구성원의 사회적 활동을 측정하는 도구이다.
> ㄹ. 가족조각은 가족역동을 시각적으로 표현하여 구성원의 인식을 파악하는 도구이다.

① ㄱ, ㄷ ② ㄱ, ㄹ ③ ㄴ, ㄷ
④ ㄱ, ㄴ, ㄹ ⑤ ㄱ, ㄴ, ㄷ, ㄹ

072
1인 가구의 가족사정에 관한 내용으로 옳은 것을 모두 고른 것은?
18회

> ㄱ. 원가족 생활주기 파악
> ㄴ. 원가족 스트레스와 레질리언스 탐색
> ㄷ. 구조적 관점으로 미분화된 경계 파악
> ㄹ. 역사적 관점으로 미해결된 과거관계의 잔재 확인

① ㄹ ② ㄱ, ㄷ ③ ㄴ, ㄹ
④ ㄱ, ㄴ, ㄷ ⑤ ㄱ, ㄴ, ㄷ, ㄹ

073
자녀양육의 어려움을 호소하는 가족의 사정도구에 관한 설명으로 옳지 않은 것은?
20회

① 가계도를 활용하여 구성원 간 관계를 파악한다.
② 생태도를 통해 회복탄력성과 문제해결능력을 확인한다.
③ 양육태도척도를 활용하여 문제가 되는 부분을 탐색한다.
④ 자녀 입장의 가족조각으로 자녀가 인식하는 가족관계를 탐색한다.
⑤ 생활력표를 활용하여 현재 어려움에 영향을 주는 발달단계상의 경험을 이해한다.

074

가족사정에 관한 설명으로 옳은 것을 모두 고른 것은? 21회

> ㄱ. 가족체계가 어떻게 기능하는지 발견하는 것이 목적이다.
> ㄴ. 가족상호작용 유형에 적합한 방법을 찾는 것이다.
> ㄷ. 가족사정과 개입과정은 상호작용적이며 순환적이다.
> ㄹ. 가족이 제시하는 문제, 생태학적 사정, 세대 간 사정, 가족 내부 사정으로 이루어진다.

① ㄱ, ㄴ
② ㄷ, ㄹ
③ ㄱ, ㄴ, ㄷ
④ ㄱ, ㄴ, ㄹ
⑤ ㄱ, ㄴ, ㄷ, ㄹ

기출키워드 10 구조적 가족치료 ★빈출

075

구조적 가족치료의 모델로 개입하기에 적절하지 않은 것은? 17회

① 아픈 어머니, 철없는 아버지 대신 동생에게 부모 역할을 하며 자신에게 소홀한 맏딸의 문제
② 비난형 아버지와 감정표현을 통제하는 어머니의 영향으로 자기감정을 억압하는 아들의 문제
③ 할머니와 어머니의 양육방식이 달라서 혼란스러운 자녀의 문제
④ 부부불화로 아들에게 화풀이를 하자 반항행동이 증가한 아들의 문제
⑤ 밀착된 아내와 딸이 남편을 밀어내어 소외감을 느끼는 남편의 문제

076

가족 실천기술과 예시의 연결로 옳은 것을 모두 고른 것은? 17회

> ㄱ. 합류 – 사회복지사가 가족의 말투나 몸짓을 따라한다.
> ㄴ. 관계성 질문 – "어머니가 여기 계신다고 가정하고 제가 어머니께 당신의 문제가 해결되면 무엇이 달라지겠냐고 묻는다면 어머니는 뭐라고 말씀하실까요?"
> ㄷ. 경계 만들기 – 부모와 딸의 갈등상황에서 딸에게 부모의 '과도한 통제'를 '관심과 염려'의 의미로 인식하게 한다.
> ㄹ. 균형 깨뜨리기 – 지배적인 남편과 온순한 아내 사이에서 사회복지사는 아내의 편을 들어 자기주장을 할 수 있게 한다.

① ㄱ, ㄴ
② ㄱ, ㄷ
③ ㄴ, ㄹ
④ ㄱ, ㄴ, ㄹ
⑤ ㄱ, ㄴ, ㄷ, ㄹ

077

다음 사례에서 사회복지사가 우선적으로 계획할 내용으로 적절한 것은? 18회

> 은옥씨는 심각한 호흡기 질환을 앓고 있으며, 28세 아들은 고교 졸업 후 게임에만 몰두하며 집에만 있다. 아들은 쓰레기를 건드리지도 못하게 하여 집은 쓰레기로 넘쳐나고, 이는 은옥씨의 건강에 치명적인 위협이 되고 있다. 은옥씨는 과거 자신의 잘못과 아들에 대한 죄책감을 호소하고 있으나, 서비스를 거부하며 특히 아들에 대한 접근을 막고 있다.

① 치료적 삼각관계 형성하기
② 가족 하위체계 간의 경계 만들기
③ 가족의 기능적 분화 수준 향상시키기
④ 가족과 합류(joining)할 수 있는 방법 탐색하기
⑤ 역설적 개입으로 치료자의 지시에 저항하도록 하기

078

아무리해도 말이 안 통한다고 하는 부부에게 "여기서 직접 한 번 서로 말씀해 보도록 하겠습니까?"라고 하는 것은 어떤 기법을 활용한 것인가? 19회

① 실연
② 추적하기
③ 빙산치료
④ 치료 삼각관계
⑤ 경계선 만들기

079

다음 가족사례에 적용된 실천기법은? 21회

> - 클라이언트: "저희 딸은 제 말은 안 들어요. 저희 남편이 뭐든 대신 다 해주거든요. 아이가 남편 말만 들어요. 결국 아이 문제로 인해 부부싸움으로 번지거든요."
> - 사회복지사: "아버지가 아이를 대신해서 다 해주시는군요. 어머니는 그 사이에서 소외된다고 느끼시네요. 자녀가 스스로 할 수 있도록 아버지는 기다려주고 어머니와 함께 지켜보는 것이 어떨까요?"

① 합류 ② 역설적 지시 ③ 경계선 만들기
④ 증상처방 ⑤ 가족조각

080

미누친(S. Minuchin)의 구조적 가족치료의 대표적 기법을 옳게 나열한 것은? 23회

① 합류하기, 균형 깨뜨리기, 실연
② 합류하기, 경계 만들기, 가족그림
③ 경계 만들기, 탈삼각화, 과제부여
④ 과제부여, 균형 깨뜨리기, 역설적 지시
⑤ 균형 깨뜨리기, 경계 만들기, 순환적 질문

기출키워드 11 다세대 가족치료

081

다음 사례에서 세대 간 반복되는 문제를 해결하기에 가장 적절한 기법은? 17회

> 이혼 이후 대인기피와 우울증세를 보이는 클라이언트의 가계도를 통해 원가족을 살펴보니 이혼과 우울증이 되풀이되고 있다. 클라이언트는 어머니와 밀착적이면서 갈등적이고, 딸과도 지나치게 밀착되어 있다.

① 기적 질문과 척도질문 ② 지시와 역설
③ 문제의 내재화 ④ 실연
⑤ 분화촉진

082

보웬(M. Bowen)의 다세대 가족치료의 주요 개념과 기법에 관한 설명으로 옳은 것을 모두 고른 것은? 23회

> ㄱ. 자아분화 수준이 더 낮은 성원이 가족투사의 대상이 된다.
> ㄴ. 가계도를 작성하고 해석하면서 가족의 정서적 과정을 이해한다.
> ㄷ. 성공적인 치료를 위해 사회복지사는 치료적 삼각관계를 형성하여 개입한다.
> ㄹ. 자아분화 수준이 낮을수록 가족원의 자율성이 증가하여 독립적으로 행동한다.

① ㄱ, ㄴ ② ㄴ, ㄷ ③ ㄱ, ㄴ, ㄷ
④ ㄱ, ㄷ, ㄹ ⑤ ㄱ, ㄴ, ㄷ, ㄹ

기출키워드 12 경험적 가족치료

083

알코올 의존을 겪는 가장과 그 자녀의 상황에 사티어(V. Satir)의 의사소통 유형을 적용한 것으로 옳은 것은? 22회

① 회유형: 모든 것이 자녀 때문이라며 자신이 외롭다고 함
② 초이성형: 스트레스가 유해하다는 연구를 인용하며 술이라도 마셔서 스트레스를 풀겠다고 침착하게 말함
③ 비난형: 어려서 고생을 많이 해서 그렇다며 벌떡 일어나 방 안을 왔다갔다 함
④ 산만형: 살기 힘들어 술을 마신다며 자신의 술 문제가 자녀 학업을 방해했다고 인정함
⑤ 일치형: 다른 사람들 말이 다 옳고 자신은 아무것도 아니라고 술 문제에 대한 벌을 달게 받겠다고 함

084 ☐☐☐
경험적 가족치료에 관한 설명으로 옳지 않은 것은?
23회

① 자아존중감을 높이는 것이 중요한 치료목표이다.
② 역기능적 의사소통 유형을 일치형으로 바꾸도록 돕는다.
③ 가족규칙을 합리적으로 바꾸고, 자기 인생에 대한 선택권을 스스로 갖도록 한다.
④ 역기능적인 상호작용의 개선이나 증상 제거보다 개인의 성장에 더 초점을 둔다.
⑤ 가족의 상호작용 유형을 확인하고 문제를 외현화한다.

기출키워드 13 전략적 가족치료

085 ☐☐☐
전략적 가족치료의 치료적 이중구속에 관한 설명으로 옳지 않은 것은?
17회

① 증상을 이용한다.
② 빙산기법을 이용한다.
③ 지시적 기법을 이용한다.
④ 역설적 기법을 이용한다.
⑤ 치료자의 지시를 따르지 않아도 문제가 해결될 수 있다.

086 ☐☐☐
가족의 문제가 개선될 때 체계의 항상성 균형이 위험하다고 판단되어 사용하는 전략으로, 변화의 속도가 빠르다고 지적하며 조금 천천히 변화하라고 하는 기법은?
19회

① 시련　　② 제지　　③ 재정의
④ 재구조화　⑤ 가족옹호

087 ☐☐☐
가족개입의 전략적 모델에 관한 설명으로 옳은 것은?
20회

① 역기능적인 구조의 재구조화를 개입 목표로 한다.
② 증상 처방이나 고된 체험기법을 비지시적으로 활용한다.
③ 가족문제가 왜 일어났는지 파악하여 원인 제거에 필요한 전략을 사용한다.
④ 가족 내 편중된 권력으로 인해 고착된 불평등한 위계구조를 재배치한다.
⑤ 문제를 보는 시각을 변화시키고 새로운 의미를 발견하는 재명명기법을 사용한다.

088 ☐☐☐
다음과 같은 기법을 사용하는 가족치료모델은?
22회

- 가족구성원들 사이 힘의 우위에 따라 대칭적이거나 보완적 관계가 형성된다.
- 비언어적 의사소통이 가족의 욕구를 나타내므로 메타 의사소통이 중요하다.
- 가족이 문제행동을 유지하도록 지시함으로써 클라이언트가 통제력을 발휘한다.

① 전략적 가족치료모델　② 해결중심 가족치료모델
③ 구조적 가족치료모델　④ 다세대 가족치료모델
⑤ 경험적 가족치료모델

04 집단 대상 실천기법

기출키워드
- 집단의 유형
- 집단의 역동성
- 집단 사회복지실천
- 집단의 치료적 효과
- 집단 지도자의 역할 및 기술
- 집단발단단계 ★빈출

최근 7개년 출제문항 수

☑ 3회독 Check ☐☐☐ 기출 3회독은 필수!
문항번호 옆 '3회독 체크표'에는 문제를 풀면서 모든 선지를 정확히 알고 풀었으면 'O', 일부 선지를 모르는 문제에는 '△', 전체적인 개념 학습이 필요한 문제는 '×'를 표시하세요.

꽈배기 문제 는 빈출 개념에 대해 혼동을 유발하거나 오답을 유도하는 선지가 출제된 문제입니다. 꽈배기 문제 분석은 해설에서 확인할 수 있습니다.

기출키워드 14 집단의 유형

089 ☐☐☐
집단성원의 주도성이 높은 것부터 순서대로 나열한 것은?
18회

| ㄱ. 자조집단 | ㄴ. 성장집단 |
| ㄷ. 치료집단 | ㄹ. 교육집단 |

① ㄱ-ㄴ-ㄹ-ㄷ
② ㄱ-ㄷ-ㄴ-ㄹ
③ ㄱ-ㄹ-ㄷ-ㄴ
④ ㄴ-ㄱ-ㄹ-ㄷ
⑤ ㄴ-ㄹ-ㄱ-ㄷ

090 ☐☐☐
토스랜드와 리바스(R. Toseland & R. Rivas)가 분류한 성장집단에 관한 설명으로 옳지 않은 것은?
18회

① 촉진자로서의 전문가 역할이 강조된다.
② 성원 간의 상호작용이 중요한 도구가 된다.
③ 개별 성원의 자기표출을 긍정적으로 인식한다.
④ 공동과업의 성공적 수행이 일차적인 목표이다.
⑤ 공감과 지지를 얻기 위해 동질성이 높은 성원으로 구성한다.

091 ☐☐☐ 꽈배기 문제
집단유형별 특성에 관한 설명으로 옳지 않은 것은?
19회

① 지지집단은 유사한 문제와 욕구를 가진 사람들로 구성하여 유대가 빨리 형성된다.
② 성장집단은 집단 참여자의 자기인식을 증가시켜 개인의 잠재력을 최대화하는 데 초점을 둔다.
③ 치료집단은 성원의 병리적 행동과 외상 후 상실된 기능을 회복하는 데 초점을 둔다.
④ 교육집단은 지도자가 집단성원의 문제와 욕구를 해결하기 위해 필요한 기술과 정보를 제공한다.
⑤ 자조집단에서는 전문가가 의도적으로 집단을 구성하여 정서적 지지와 문제 해결을 지원한다.

092
자조집단이 갖는 특징으로 옳은 것을 모두 고른 것은? 23회

- ㄱ. 동병상련의 경험에 기반을 둔다.
- ㄴ. 집단사회복지사의 주요 역할은 변화매개인이다.
- ㄷ. 집단 내 원활한 의사소통과 상호작용을 위해 공동지도자를 둔다.
- ㄹ. 노아방주의 원칙(Noah's ark principle)에 따라 성원을 모집한다.

① ㄱ   ② ㄴ, ㄷ   ③ ㄴ, ㄹ
④ ㄴ, ㄷ, ㄹ   ⑤ ㄱ, ㄴ, ㄷ, ㄹ

094
집단역동에 관한 설명으로 옳지 않은 것은? 19회

① 하위집단은 집단에 부정적인 영향을 미치기 때문에 사회복지사가 개입하여 만들어지지 않도록 한다.
② 집단성원 간 직접적 의사소통을 격려하여 집단역동을 발달시킨다.
③ 집단응집력이 강할 경우, 집단성원들 사이에 상호 의존하려는 경향이 강해진다.
④ 개별성원의 목적과 집단 전체의 목적의 일치 여부에 따라 집단역동은 달라진다.
⑤ 긴장과 갈등을 적절하고 건설적인 방법으로 해결할 때 집단은 더욱 성장할 수 있다.

095
집단 응집력에 관한 설명으로 옳은 것을 모두 고른 것은? 20회

- ㄱ. 구성원 간 신뢰감이 높을수록 응집력이 높다.
- ㄴ. 응집력이 높은 집단에서는 자기노출을 억제한다.
- ㄷ. 구성원이 소속감을 가지면 응집력이 강화된다.
- ㄹ. 응집력이 높은 집단이 낮은 집단보다 생산적인 작업에 더 유리하다.

① ㄱ   ② ㄱ, ㄷ   ③ ㄴ, ㄹ
④ ㄱ, ㄷ, ㄹ   ⑤ ㄱ, ㄴ, ㄷ, ㄹ

기출키워드 15 집단의 역동성

093
집단사회복지실천에서 하위집단에 관한 설명으로 옳은 것을 모두 고른 것은? 17회

- ㄱ. 집단 초기단계에 나타나 집단응집력을 촉진한다.
- ㄴ. 정서적 유대감을 갖게 된 집단구성원 간에 형성된다.
- ㄷ. 적게는 한 명에서 많게는 다수로 구성된다.
- ㄹ. 소시오메트리를 통해 측정 가능하다.

① ㄱ, ㄴ   ② ㄴ, ㄹ   ③ ㄱ, ㄷ, ㄹ
④ ㄴ, ㄷ, ㄹ   ⑤ ㄱ, ㄴ, ㄷ, ㄹ

096
집단문화에 관한 설명으로 옳지 않은 것은? 23회

① 집단 고유의 스타일이나 독특성을 만들어낸다.
② 집단응집력은 집단문화 형성에 영향을 미치는 요인이다.
③ 성원들의 가치가 혼합되면서 타 집단과 구분되는 특성이 만들어진다.
④ 다양한 성원들이 참여하는 개방형 집단에서 빠르게 형성된다.
⑤ 고정관념이나 편견이 많은 성원들은 집단문화 형성에 방해가 된다.

기출키워드 16 집단 사회복지실천

097 ☐☐☐
사회목표 모델에 관한 내용에 해당하지 않는 것은?
21회

① 자원 개발의 과제
② 민주적 의사결정 방식
③ 인본주의이론에 근거
④ 사회복지사의 촉진자 역할
⑤ 성원 간 소속감과 결속력 강조

기출키워드 17 집단의 치료적 효과

098 ☐☐☐
집단을 활용한 사회복지실천의 치료적 효과 요인으로 옳지 않은 것은?
17회

① 고유성
② 이타성 향상
③ 실존적 요인
④ 재경험의 기회 제공
⑤ 희망고취

099 ☐☐☐
다음에서 설명하는 집단의 치료적 효과는?
19회

집단 내 상호작용 과정에서 그동안 해결되지 않은 원가족과의 갈등에 대해 탐색하고 행동 패턴을 수정할 기회를 갖게 된다.

① 정화
② 일반화
③ 희망증진
④ 이타성 향상
⑤ 재경험의 기회 제공

100 ☐☐☐
집단 대상 실천의 장점으로 옳지 않은 것은?
21회

① 타인의 문제에 관심을 갖고 공감하면서 이타심이 커진다.
② 유사 경험을 가진 사람들을 만나면서 문제의 보편성을 경험한다.
③ 다양한 성원들로부터 새로운 행동을 학습하면서 정화 효과를 얻는다.
④ 사회복지사나 성원의 행동을 모방하면서 사회기술이 향상된다.
⑤ 성원 간 관계를 통해 원가족과의 갈등을 탐색하는 기회를 갖는다.

기출키워드 18 집단 지도자의 역할 및 기술

101 ☐☐☐
집단 사회복지실천 기술에 관한 설명으로 옳은 것은?
17회

① 집단과정의 명료화기술은 성원들이 어떻게 상호작용하고 있는지를 인식하도록 돕는 기술이다.
② 사회복지사와의 의사소통을 집단성원들 간 의사소통보다 중시해야 한다.
③ 사회복지사는 특정한 집단과정에 선택적으로 반응해서는 안 된다.
④ 직면은 집단 초반에 구성원의 침여를 촉진하는 기술이다.
⑤ 집단의 목표는 집단과정을 통해 성취하면 되므로 처음부터 설명할 필요는 없다.

102 ☐☐☐
집단을 대상으로 한 실천의 내용으로 옳지 않은 것은?
18회

① 성원 간의 갈등이 심하여 조기종결을 하였다.
② 집단과정을 촉진하기 위해 공동지도자를 두었다.
③ 적정규모를 유지하기 위해 신규 회원을 받았다.
④ 집단규칙은 사회복지사가 제공하였다.
⑤ 개별 성원의 의도적인 집단 경험을 유도하였다.

103 ☐☐☐
집단과정을 촉진하기 위한 직면하기에 관한 설명으로 옳은 것을 모두 고른 것은? 19회

> ㄱ. 시작 단계에서 가장 많이 쓰는 기법이다.
> ㄴ. 집단성원이 아직 인식하지 못했던 부분을 볼 수 있도록 한다.
> ㄷ. 말과 행동의 불일치를 밝히고 이를 해결할 수 있도록 원조한다.
> ㄹ. 행동을 구체적으로 지적하고 집단에 미치는 영향을 설명한다.

① ㄱ, ㄴ ② ㄴ, ㄹ ③ ㄱ, ㄷ, ㄹ
④ ㄴ, ㄷ, ㄹ ⑤ ㄱ, ㄴ, ㄷ, ㄹ

기출키워드 19 집단발달단계 ★빈출

104 ☐☐☐ 판배기 문제
집단의 종결단계에서 집중적으로 수행해야 하는 과업으로 적절하지 않은 것은? 17회

① 집단 의존성 감소
② 의뢰의 필요성 검토
③ 변화 노력의 일반화
④ 구성원 간 피드백 교환
⑤ 집단성원 간 공통점과 차이점 파악

105 ☐☐☐
집단 회기를 마무리하는 방식으로 옳은 것을 모두 고른 것은? 17회

> ㄱ. 회기에 대한 사회복지사의 관찰과 생각을 전달한다.
> ㄴ. 회기 중 제기된 이슈를 다 마무리하지 않고 회기를 마쳐도 된다.
> ㄷ. 회기에서 다룬 내용을 집단 밖에서 어떻게 적용할지에 대한 계획을 묻는다.
> ㄹ. 다음 회기에 다루기 원하는 주제나 문제를 질문한다.

① ㄱ, ㄷ ② ㄱ, ㄹ ③ ㄷ, ㄹ
④ ㄱ, ㄷ, ㄹ ⑤ ㄱ, ㄴ, ㄷ, ㄹ

106 ☐☐☐
집단사정이 개별성원 – 전체집단 – 집단외부환경 차원에서 수행될 때 '전체집단' 사정에 해당하는 것을 모두 고른 것은? 17회

> ㄱ. 집단을 인가하고 지원하는 기관의 목표
> ㄴ. 하위집단 형성
> ㄷ. 집단구성원의 변화와 성장
> ㄹ. 집단 내 상호작용 방식

① ㄱ ② ㄴ ③ ㄴ, ㄹ
④ ㄴ, ㄷ, ㄹ ⑤ ㄱ, ㄴ, ㄷ, ㄹ

107 ☐☐☐
집단사회복지실천의 중간단계에 해당하는 내용으로 옳은 것을 모두 고른 것은? 18회

> ㄱ. 성원의 내적 변화를 파악하기 위해 개별상담을 한다.
> ㄴ. 성원들의 참여를 촉진하기 위해 집단의 목적을 상기시킨다.
> ㄷ. 하위집단의 의사소통과 상호작용 빈도를 평가한다.
> ㄹ. 집단에 대한 의존성을 감소시키기 위해 모임주기를 조절한다.

① ㄱ, ㄷ ② ㄴ, ㄹ ③ ㄱ, ㄴ, ㄷ
④ ㄴ, ㄷ, ㄹ ⑤ ㄱ, ㄴ, ㄷ, ㄹ

108 ☐☐☐
집단 초기단계에 나타나는 특성으로 옳은 것을 모두 고른 것은? 19회

> ㄱ. 집단성원의 불안감과 저항이 높다.
> ㄴ. 집단에 대한 오리엔테이션이 필요하다.
> ㄷ. 사회복지사보다는 다른 집단성원과 대화하려고 시도한다.
> ㄹ. 문제해결과정에서 나타나는 갈등과 차이점을 적극적으로 표현한다.

① ㄹ ② ㄱ, ㄴ ③ ㄴ, ㄹ
④ ㄷ, ㄹ ⑤ ㄱ, ㄴ, ㄷ, ㄹ

109
집단구성에 관한 설명으로 옳지 않은 것은? 19회

① 집단이 커질수록 구성원의 참여의식이 증가하고 통제와 개입이 쉽다.
② 집단상담을 위해 가능하면 원형으로 서로 잘 볼 수 있는 공간을 만들 수 있는 장소가 바람직하다.
③ 집단성원의 유사함은 집단 소속감을 증가시킨다.
④ 개방집단은 새로운 정보와 자원의 유입을 허용한다.
⑤ 비구조화된 집단에서는 집단성원의 자발성이 더욱 요구된다.

110
집단활동 중 발생하는 저항에 관한 설명으로 옳지 않은 것은? 20회

① 구성원이 피하고 싶은 주제가 논의될 때 일어날 수 있다.
② 사회복지사가 제안한 과업의 실행방법을 모를 때 발생할 수 있다.
③ 목표 달성을 위해서는 저항 이유를 무시해야 한다.
④ 효과적으로 해결하면 집단 활동이 촉진될 수 있다.
⑤ 다른 구성원의 의견을 통해 해결 방안을 찾을 수 있다.

111
집단 사정을 위한 소시오그램에 관한 설명으로 옳은 것은? 20회

① 구성원 간 호감도 질문은 하위집단을 형성하므로 피한다.
② 구성원 모두가 관심을 갖는 주제를 발견하는 데 목적이 있다.
③ 소시오메트리 질문을 활용하여 정보를 파악한다.
④ 구성원 간 상호작용을 문장으로 표현한다.
⑤ 특정 구성원에 대한 상반된 입장 중 하나를 선택하는 것이다.

112
집단목표에 관한 설명으로 옳은 것은? 20회

① 목표는 구체적으로 수립한다.
② 한 번 정한 목표는 혼란 방지를 위해 수정하지 않는다.
③ 집단 크기나 기간을 정할 때 목표는 고려하지 않는다.
④ 집단목표는 구성원의 목표와 관련 없다.
⑤ 목표는 집단과정에서 자연스럽게 형성되므로 의도적인 노력은 필요 없다.

113
집단 초기단계에서 사회복지사의 역할을 모두 고른 것은? 20회

> ㄱ. 집단과 구성원의 목표를 설정한다.
> ㄴ. 지도자인 사회복지사를 소개하며 신뢰감을 형성한다.
> ㄷ. 구성원 간 유사성을 토대로 응집력을 형성한다.
> ㄹ. 구성원이 집단에 의존하는 정도를 감소시킨다.

① ㄱ, ㄴ ② ㄴ, ㄷ ③ ㄷ, ㄹ
④ ㄱ, ㄴ, ㄷ ⑤ ㄱ, ㄴ, ㄷ, ㄹ

114
집단을 준비 또는 계획하는 단계에서 고려할 사항으로 옳은 것을 모두 고른 것은? 21회

> ㄱ. 집단성원의 참여 자격
> ㄴ. 공동지도자 참여 여부
> ㄷ. 집단성원 모집 방식과 절차
> ㄹ. 집단의 회기별 주제

① ㄱ ② ㄱ, ㄷ ③ ㄴ, ㄹ
④ ㄱ, ㄷ, ㄹ ⑤ ㄱ, ㄴ, ㄷ, ㄹ

115
집단의 성과를 평가하는 방법으로 옳지 않은 것은?
21회

① 사전사후 검사
② 개별인터뷰
③ 단일사례설계
④ 델파이조사
⑤ 초점집단면접

116
집단 사회복지실천 사정에 활용되는 것을 모두 고른 것은?
22회

> ㄱ. 집단 사회복지사의 관찰
> ㄴ. 외부 전문가의 보고
> ㄷ. 표준화된 사정도구
> ㄹ. 집단성원의 자기관찰

① ㄱ, ㄴ
② ㄱ, ㄹ
③ ㄴ, ㄷ
④ ㄱ, ㄷ, ㄹ
⑤ ㄱ, ㄴ, ㄷ, ㄹ

117
집단에 관한 설명으로 옳은 것은?
22회

① 개방형 집단은 폐쇄형 집단에 비해 집단성원의 중도 가입이 어렵다.
② 개방형 집단은 폐쇄형 집단에 비해 응집력이 강하다.
③ 개방형 집단은 폐쇄형 집단에 비해 집단성원의 역할이 안정적이다.
④ 폐쇄형 집단은 개방형 집단에 비해 집단 발달단계를 예측하기 어렵다.
⑤ 폐쇄형 집단은 개방형 집단에 비해 집단 규범이 안정적이다.

118
집단 중간단계의 개입 기술에 관한 설명으로 옳지 않은 것은?
22회

① 집단성원 간 상호작용을 향상시킨다.
② 집단성원을 사후관리한다.
③ 집단의 목표를 달성하도록 원조한다.
④ 집단의 응집력을 향상시킨다.
⑤ 집단성원이 집단과정에 적극 활동하도록 촉진한다.

119
집단 종결단계에서 사회복지사의 역할로 옳은 것을 모두 고른 것은?
22회

> ㄱ. 집단과정에서 성취한 변화를 지속적으로 유지하도록 돕는다.
> ㄴ. 집단성원의 개별 목표를 설정한다.
> ㄷ. 종결을 앞두고 나타나는 다양한 감정을 토론하도록 격려한다.
> ㄹ. 집단에 대한 의존성을 서서히 감소시켜 나간다.

① ㄱ, ㄴ
② ㄷ, ㄹ
③ ㄱ, ㄴ, ㄹ
④ ㄱ, ㄷ, ㄹ
⑤ ㄴ, ㄷ, ㄹ

120
집단의 종결단계에서 수행하는 과업으로 옳은 것을 모두 고른 것은?
23회

> ㄱ. 성원 간의 이해를 돕기 위해 자기 노출의 기회를 갖는다.
> ㄴ. 집단경험을 통해 학습한 내용의 활용계획을 세운다.
> ㄷ. 공통의 관심사를 찾기 위해 개방적 토론 시간을 늘린다.
> ㄹ. 측정도구를 통해 성원 개인별 변화를 평가한다.

① ㄱ
② ㄴ, ㄷ
③ ㄴ, ㄹ
④ ㄴ, ㄷ, ㄹ
⑤ ㄱ, ㄴ, ㄷ, ㄹ

121 ☐☐☐
집단 사정 도구의 활용 목적으로 옳은 것은? 23회

① 소시오메트리: 개별 성원의 행동 패턴 분석
② 소시오그램: 성원 간 상호작용 빈도 측정
③ 사회적 관계망표: 집단성원 활동에 대한 상호 평가
④ 상호작용차트: 성원의 집단참여 수준 분석
⑤ 의의차별척도: 하위집단의 구성 여부 파악

05 사회복지실천 기록 및 평가

기출키워드
- 기록의 유형 및 특징
- 기록의 목적 및 용도
- 단일사례설계 ★빈출

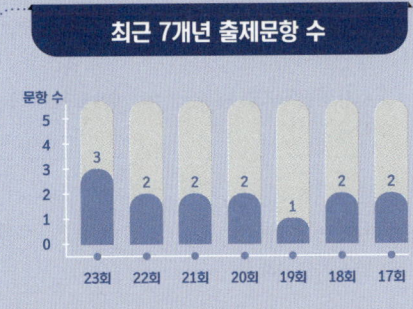

최근 7개년 출제문항 수

✅ 3회독 Check ☐ ☐ ☐ 기출 3회독은 필수!

문항번호 옆 '3회독 체크표'에는 문제를 풀면서 모든 선지를 정확히 알고 풀었으면 'O', 일부 선지를 모르는 문제에는 '△', 전체적인 개념 학습이 필요한 문제는 '×'를 표시하세요.

✅ 꽈배기 문제 는 빈출 개념에 대해 혼동을 유발하거나 오답을 유도하는 선지가 출제된 문제입니다. 꽈배기 문제 분석은 해설에서 확인할 수 있습니다.

기출키워드 20 기록의 유형 및 특징

122 ☐☐☐ 꽈배기문제
다음을 문제중심기록의 S-O-A-P 순서대로 배치한 것은? 17회

> ㄱ. 질문에만 겨우 답하고 눈물을 보이며 시선을 제대로 마주치지 못함
> ㄴ. "저는 이 문제를 해결할 수 없어요. 저를 도와줄 사람도 없고요."
> ㄷ. 우울증 검사와 욕구에 따른 인적, 물적 자원연결이 필요함
> ㄹ. 자기효능감이 저하된 상태로 지지체계가 빈약함

① ㄱ - ㄴ - ㄷ - ㄹ
② ㄱ - ㄹ - ㄴ - ㄷ
③ ㄴ - ㄱ - ㄷ - ㄹ
④ ㄴ - ㄱ - ㄹ - ㄷ
⑤ ㄴ - ㄹ - ㄱ - ㄷ

123 ☐☐☐
문제중심기록의 특성으로 옳지 않은 것은? 18회

① 현상의 복잡성을 단순화시키고 부분화를 강조하는 단점이 있다.
② 문제유형의 파악이 용이하며 책무성이 명확해진다.
③ 클라이언트의 주관적 진술과 사회복지사의 관찰과 같은 객관적 자료를 구분한다.
④ 클라이언트의 문제 상황을 진단하고 개입계획을 제외한 문제의 목록을 작성한다.
⑤ 슈퍼바이저, 조사연구자, 외부자문가 등이 함께 검토하는 데 용이하다.

124 ☐☐☐
다음 설명에 해당하는 기록방법은? 20회

- 날짜와 클라이언트의 기본사항을 기입하고 개입 내용과 변화를 간단히 기록함
- 시간 흐름에 따라 변된 상황, 개입 활동, 주요 정보 등의 요점을 기록함

① 과정기록 ② 요약기록
③ 이야기체기록 ④ 문제중심기록
⑤ 최소기본기록

125 ☐☐☐
다음에 해당되는 기록방법은? 21회

- 교육과 훈련의 중요한 수단이며, 자문의 근거자료로 유용
- 면담전개 과정을 시간의 흐름에 따라 기술하는 방식
- 사회복지사 자신의 행동분석을 통해 사례에 대한 개입능력 향상에 도움

① 과정기록
② 문제중심기록
③ 이야기체기록
④ 정보시스템을 이용한 기록
⑤ 요약기록

126 ☐☐☐
사회복지실천 과정의 개입단계 기록에 포함될 내용으로 옳지 않은 것은? 22회

① 클라이언트와의 활동
② 개입과정의 진전 상황
③ 클라이언트의 문제에 관한 추가 정보
④ 클라이언트에게 제공한 자원들
⑤ 클라이언트에 관한 사후지도 결과

기출키워드 21 기록의 목적 및 용도

127 ☐☐☐
기록의 목적과 용도에 관한 설명으로 옳은 것을 모두 고른 것은? 19회

ㄱ. 사회복지사의 전문적 활동을 입증하는 자료로 활용한다.
ㄴ. 기관 내에서만 활용하고 다른 전문직과는 공유하지 않는다.
ㄷ. 기관의 프로그램 수행 자료로 보고하며 기금을 조성하는 근거로 활용한다.
ㄹ. 클라이언트와 정보를 공유하고 의사소통하는 도구로 활용한다.

① ㄷ ② ㄱ, ㄹ ③ ㄱ, ㄷ, ㄹ
④ ㄴ, ㄷ, ㄹ ⑤ ㄱ, ㄴ, ㄷ, ㄹ

기출키워드 22 단일사례설계 ★빈출

128 ☐☐☐ 깐깐한 문제
다음 사례에 해당되는 단일사례설계의 유형은? 20회

독거노인의 우울감 해소를 위해 5주간의 전화상담(주 1회)에 이어 5주간의 집단활동(주 1회)을 진행했다. 참가자 5명을 대상으로 프로그램 시작 3주 전부터 매주 1회 우울증검사를 실시했고, 프로그램 시작 전, 5주 후, 10주 후에 삶의 만족도를 조사했다.

① AB설계 ② ABC설계
③ ABAB설계 ④ ABAC설계
⑤ 다중(복수)기초선 설계

129 □□□
다음에 해당하는 단일사례설계의 유형은? 21회

> 친구를 사귀는 데 어려움을 갖고 있는 여름이와 겨울이는 사회복지기관을 찾아가 대인관계향상 프로그램에 참여하게 되었다. 먼저 두 사람은 대인관계 수준을 측정하였으며, 여름이는 곧바로 대인관계 훈련을 시작하여 변화정도를 측정하고 있다. 3주간 시간차를 두고 겨울이의 대인관계 훈련을 시작하고 그 변화를 관찰하였다.

① AB
② BAB
③ ABC
④ ABAB
⑤ 다중기초선 설계

130 □□□
다음에 해당하는 단일사례설계 유형에 관한 설명으로 옳지 않은 것은? 22회

> 김 모 씨는 대인관계에 어려움이 있어서 지역사회복지관에서 실시하는 사회기술훈련 프로그램에 참여하였다. 개입 전 4주간(주 2회) 조사를 실시하고 4주간(주 2회) 개입의 변화를 기록한 후 개입을 멈추고 다시 4주간(주 2회)의 변화를 기록하였다.

① 기초선을 두 번 설정한다.
② 통제집단을 활용한다.
③ 개입효과성에 대한 파악이 가능하다.
④ 표본이 하나다.
⑤ 조사 기간이 길어진다.

131 □□□
단일사례설계에 관한 설명으로 옳지 않은 것은? 23회

① 동시에 여러 문제의 변화를 측정하는 것이 불가능하다.
② 개입의 효과성을 파악하기 위해 반복측정을 한다.
③ 기초선 자료수집은 개입 이전이나 이후에도 가능하다.
④ 개입과정에서 개입의 강도나 방식을 바꿀 수 있다.
⑤ 조사대상은 개인뿐 아니라 가족, 집단, 기관도 가능하다.

5영역
지역사회복지론

최근 7개년 평균 출제문항 수

총 25문항

- **01** 지역사회의 이해 — 1.7문항
- **02** 지역사회복지와 지역사회복지실천 — 1.3문항
- **03** 지역사회복지의 역사 — 2.0문항
- **04** 지역사회복지 이론과 실천모델 ★★★ — 5.7문항
- **05** 지역사회복지 실천과정과 실천기술 ★★★ — 4.9문항
- **06** 지역사회복지 네트워크 — 3.9문항
- **07** 지역사회복지실천의 추진체계 및 지역사회운동 ★★★ — 5.6문항

최근 출제경향

- 지역사회복지론은 단기간에 점수가 가장 안 나오는 **영역**입니다. 내용이 쉬운 듯하면서도 미국, 영국 등의 지역사회 개념과 모델 등이 우리나라와 상이한 부분이 많아 **이해, 암기하는 데 어려움**을 겪는 영역입니다.
- 최근에는 **사례 제시형 문항**의 출제비중이 늘고 있으므로 개별사회사업, 집단사회사업 위주로 학습할 경우 다소 버거울 수 있습니다. 따라서 본 교재의 **기출키워드**에 따라 세밀하게 살피면서 **학습**하는 것이 효과적입니다.

합격생들의 학습 후기 & 꿀팁 | 지사복

#기출반복이 답

#외울 게 많고 내용도 절레절레여서 쿨하게 버림

#은근 노답과목에 노잼

#학자가 정의한 개념은
기출 계속 보다보면 저절로 머리에 들어옴

#실천모델 위주로 암기,
한국과 외국의 지역사회 비교 꼭 잡기!

#웨일과 갬블, 로스만의
2가지 모델 비교 암기 또 암기!!

24회차 시험 대비 합격선을 넘는 TIP

- ☑ 지역사회복지론은 8개 영역 가운데 **외국의 개념, 모델들이 가장 많아** 학습하는 데 어려움을 겪을 수 있습니다. 막연하게 암기하기보다는 여유를 가지고 포털사이트, 유튜브 등을 활용하여 학자들을 검색해보며 시사공부를 한다는 생각으로 접근하면 좋습니다.
- ☑ 외국 지역사회의 개념 및 모델 등을 **그들의 관점에서** 생각하며 접근하는 것이 좋습니다.
  - 예 웨일-갬블의 근린지역사회 조직화 모델은 대도시 뉴욕이 아닌 주변 크랜베리 농장만 있는 시골 뉴저지를 떠올리면서, 여기서 필요한 것은 무엇일지(지역개발, 물질적 풍요, 삶의 질 향상, 지역주민들의 참여, 투자자 유치 등), 그에 따라 사회복지사의 역할은 어떻게 달라지는지(조직가, 교사, 코치, 촉진가)를 그들의 관점에서 구성주의 사고로 접근해야 합니다.
- ☑ 지역사회복지 실천기술 및 추진체계, 지역사회운동 등도 **우리나라뿐만 아니라 외국의 사례**(자선조직협회, 인보관 운동, 탈시설화, 지역사회보호, 성차별 반대운동, 반전운동 등)**를 함께** 이해하면서 학습해야 합니다.
- ☑ 단기간에 점수를 높이기 위해서는 개념을 큰 단위로 학습하는 것보다 **키워드별로 세분화**하여 관심 있고 **흥미로운 부분들을 하나씩** 이해해 나가는 것이 좋습니다.

01 지역사회의 이해

기출키워드
- 지역사회의 개념 ★빈출
- 지역사회의 유형

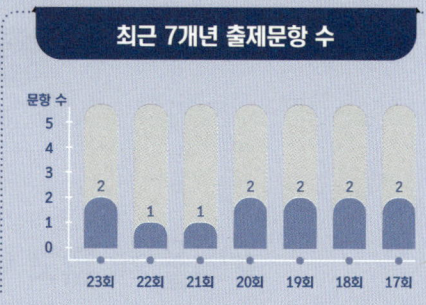
최근 7개년 출제문항 수

☑ 3회독 Check ☐☐☐ 기출 3회독은 필수!
문항번호 옆 '3회독 체크표'에는 문제를 풀면서 모든 선지를 정확히 알고 풀었으면 'O', 일부 선지를 모르는 문제에는 '△', 전체적인 개념 학습이 필요한 문제는 '×'를 표시하세요.

☑ 꽈배기 문제 는 빈출 개념에 대해 혼동을 유발하거나 오답을 유도하는 선지가 출제된 문제입니다. 꽈배기 문제 분석은 해설에서 확인할 수 있습니다.

기출키워드 1   지역사회의 개념 ★빈출

001 3회독 Check ☐☐☐
지역사회의 역량을 향상시키는 요소로 옳은 것을 모두 고른 것은?   17회

> ㄱ. 다양성 존중과 사회 가치의 공유
> ㄴ. 하위집단의 집합적인 동질성 강조
> ㄷ. 구성원의 자율성 유지와 공동 이익의 극대화
> ㄹ. 법적 테두리 내에서 공동선의 추구와 조정

① ㄱ, ㄴ   ② ㄱ, ㄹ   ③ ㄴ, ㄷ
④ ㄱ, ㄷ, ㄹ   ⑤ ㄴ, ㄷ, ㄹ

002 ☐☐☐
힐러리(G. A. Hillery)가 제시한 지역사회의 기본 요소로 옳게 묶인 것은?   17회

① 지역주민, 사회계층, 전통적 가치체계
② 사회적 상호작용, 공동의 유대감, 지리적 영역의 공유
③ 경제, 종교, 교육, 보건과 사회 복지
④ 역사적 유산의 공유, 지역 거주, 공동생활 양식
⑤ 사회적 유사성, 공동체 의식, 전통과 관습

003 ☐☐☐
지역사회에 관한 설명으로 옳지 않은 것은?   18회

① 지역사회에 대한 정의나 구분은 학자에 따라 매우 다양하다.
② 현대의 지역사회는 지리적 개념을 넘어 기능적 개념까지 포괄하는 추세이다.
③ 지역사회를 상호의존적인 집단들의 결합체로도 볼 수 있다.
④ 펠린(P. F. Fellin)은 역량 있는 지역사회를 바람직한 지역사회로 보았다.
⑤ 로스(M. G. Ross)는 지역사회의 기능을 사회통제, 사회통합 등 다섯 가지로 구분하였다.

004
기능적 공동체에 관한 설명으로 옳은 것을 모두 고른 것은? 19회

> ㄱ. 멤버십(membership) 공동체 개념을 말한다.
> ㄴ. 외국인 근로자 공동체의 사례가 포함된다.
> ㄷ. 가상공동체인 온라인 커뮤니티도 포함된다.
> ㄹ. 사회문화적 동질성이 기반이 된다.

① ㄱ ② ㄴ, ㄹ ③ ㄷ, ㄹ
④ ㄱ, ㄴ, ㄹ ⑤ ㄱ, ㄴ, ㄷ, ㄹ

005
다음은 워렌(R. Warren)이 제시한 지역사회 비교 척도 중 어느 것에 해당하는가? 20회

> 지역사회 내 상이한 단위 조직들 간의 구조적·기능적 관련 정도

① 지역적 자치성
② 서비스 영역의 일치성
③ 수평적 유형
④ 심리적 동일성
⑤ 시민 통제

006
길버트와 스펙트(N. Gilbert & H. Specht)가 제시한 지역사회의 기능으로 옳은 것은? 20회

> • (ㄱ) 기능: 지역주민들이 필요한 재화와 서비스를 어느 정도 제공받을 수 있느냐를 결정하는 것
> • (ㄴ) 기능: 구성원들이 사회의 규범에 순응하게 하는 것

① ㄱ: 생산·분배·소비 ㄴ: 사회통제
② ㄱ: 사회통합 ㄴ: 상부상조
③ ㄱ: 사회통제 ㄴ: 사회통합
④ ㄱ: 생산·분배·소비 ㄴ: 상부상조
⑤ ㄱ: 상부상조 ㄴ: 생산·분배·소비

007
다음은 길버트와 스펙트(N. Gilbert & H. Specht)의 지역사회 기능 중 무엇에 해당되는가? 21회

> 구성원들이 지역사회의 다양한 사회적 규범을 준수하고 순응하게 하는 것

① 생산·분배·소비 기능 ② 의사소통 기능
③ 사회치료 기능 ④ 상부상조 기능
⑤ 사회통제 기능

008
길버트와 스펙트(N. Gilbert & H. Specht, 1974)가 제시한 지역사회의 기능은? 22회

> 사회적 위험으로부터 어려움에 직면하게 되었을 때 구성원들 간에 서로 돕는 것

① 생산·분배·소비의 기능 ② 사회화의 기능
③ 상부상조의 기능 ④ 사회통합의 기능
⑤ 사회통제의 기능

009
다음에서 설명하는 길버트와 스펙트(N. Gilbert & H. Specht)의 지역사회 기능은? 23회

> 지역사회가 공유하는 지식, 사회적 가치, 행동양식을 지역사회 구성원들에게 전달하는 것

① 상부상조 기능 ② 생산·분배·소비 기능
③ 사회화 기능 ④ 사회통합 기능
⑤ 사회통제 기능

기출키워드 2 지역사회의 유형

010 ☐☐☐
던햄(A. Dunham)의 지역사회유형 구분과 예시의 연결로 옳지 않은 것은? 19회

① 인구 크기 – 대도시, 중·소도시 등
② 산업구조 및 경제적 기반 – 농촌, 어촌, 산업단지 등
③ 연대성 수준 – 기계적 연대지역, 유기적 연대지역 등
④ 행정구역 – 특별시, 광역시·도, 시·군·구 등
⑤ 인구 구성의 사회적 특수성 – 쪽방촌, 외국인 밀집지역 등

011 ☐☐☐
던햄(A. Dunham)의 지역사회유형에 따른 예시로 옳은 것을 모두 고른 것은? 23회

ㄱ. 인구 크기 - 대도시, 중·소도시
ㄴ. 인구구성의 사회적 특수성 - 외국인촌, 저소득층 지역
ㄷ. 경제적 기반 - 농촌, 어촌, 광산촌
ㄹ. 행정구역 - 특별시, 광역시·도, 시·군·구, 읍·면·동

① ㄱ, ㄴ ② ㄱ, ㄷ ③ ㄴ, ㄹ
④ ㄱ, ㄷ, ㄹ ⑤ ㄱ, ㄴ, ㄷ, ㄹ

02 지역사회복지와 지역사회복지실천

기출키워드
- 지역사회복지 관련 개념
- 지역사회복지 이념
- 지역사회복지실천

최근 7개년 출제문항 수

✓ 3회독 Check ☐☐☐ 기출 3회독은 필수!
문항번호 옆 '3회독 체크표'에는 문제를 풀면서 모든 선지를 정확히 알고 풀었으면 'O', 일부 선지를 모르는 문제에는 '△', 전체적인 개념 학습이 필요한 문제는 '×'를 표시하세요.

✓ 꽈배기 문제 는 빈출 개념에 대해 혼동을 유발하거나 오답을 유도하는 선지가 출제된 문제입니다. 꽈배기 문제 분석은 해설에서 확인할 수 있습니다.

기출키워드 3 지역사회복지 관련 개념

012 ☐☐☐
지역사회복지에 관한 내용으로 옳은 것은? 18회

① UN 지역사회개발 원칙은 정부의 적극적 지원을 받는 것이 아니라 민간 자원동원을 강조하였다.
② 던햄(A. Dunham)은 사회복지기관은 조직운영과 실천을 민주적으로 해야 한다고 하였다.
③ 로스(M. G. Ross)는 추진회 활동 초기에는 소수집단을 위한 사업부터 전개하는 것이 좋다고 하였다.
④ 맥닐(C. F. McNeil)은 지역사회도 자기결정의 권리가 있어 자발적인 사업추진은 거부해야 한다고 하였다.
⑤ 워렌(R. L. Warren)은 지역사회조직사업의 주요 목적은 지역사회이익 옹호, 폭넓은 권력 집중이라고 하였다.

013 ☐☐☐ 꽈배기 문제
지역사회복지 관련 이론과 내용의 연결로 옳은 것은? 19회

① 다원주의이론: 인간과 환경과의 상호작용에 초점을 둔다.
② 구조기능론: 지역사회 내 갈등이 변화의 원동력이다.
③ 사회구성주의이론: 지역사회 문제를 객관적 사실로 인정하지 않고, 특정 집단에 의해 규정된다고 본다.
④ 권력관계이론: 지역사회는 구성 부분들의 조화와 협력으로 발전된다.
⑤ 사회자본이론: 지역사회 내 소수의 엘리트 집단의 권력이 정책을 좌우한다.

014 □□□

다음이 설명하는 것은? 22회

> 1950년대 영국의 정신장애인과 지적장애인 시설수용보호에 대한 문제제기로 등장하였으며, 지역사회복지의 가치인 정상화(normalization)와 관련이 있다.

① 지역사회보호
② 지역사회 사회·경제적 개발
③ 자원개발
④ 정치·사회행동
⑤ 주민조직

기출키워드 4 지역사회복지 이념

015 □□□

다음의 설명에 해당하는 지역사회복지 이념은? 21회

> - 개인의 자유와 권리 증진의 순기능이 있다.
> - 의견수렴 과정을 통해 합리적 의사결정을 할 수 있다.
> - 지역주민의 공동체의식을 강화한다.

① 정상화 ② 주민참여 ③ 네트워크
④ 전문화 ⑤ 탈시설화

016 □□□

다음에서 설명하는 지역사회복지 이념은? 23회

> - 지역주민은 지역사회복지의 이용자인 동시에 제공자라는 관점을 강조한다.
> - 지역주민의 욕구 및 문제를 해결하기 위한 주민의 주체성에 초점을 둔다.

① 전문화 ② 정상화 ③ 탈시설화
④ 주민참여 ⑤ 사회통합

기출키워드 5 지역사회복지실천

017 □□□ 꽈배기문제

지역사회복지실천의 원칙으로 옳지 않은 것은? 17회

① 지역주민 간의 협력 관계 구축
② 지역사회 구성원 중심의 목표 형성과 평가
③ 지역사회의 특성과 문제의 일반화
④ 사회문제의 구조적 요인을 반영한 개입방안 마련
⑤ 지역사회 변화에 초점을 둔 단계적 개입

018 □□□

지역사회복지실천 가치에 관한 설명으로 옳지 않은 것은? 18회

① 상호학습이 없으면 비판적 의식은 제한적으로 생성됨
② 억압을 조장하는 사회구조 및 의사결정과정을 주시하고 이해함
③ 억압적이고 정의롭지 못한 사회현실 개혁을 위한 끊임없는 노력이 필요함
④ 실천가가 주목해야 할 역량강화는 불리한 조건에 처한 주민들의 능력 고취임
⑤ 다양한 문화에 대한 이해를 바탕으로 특수 문화가 있는 지역에서 일어나는 억압은 인정됨

019 □□□

지역사회복지실천의 원칙으로 옳지 않은 것은? 20회

① 지역사회 특성과 문제의 일반화
② 지역주민 간의 상생협력화
③ 지역사회 특징을 반영한 실천
④ 지역사회 구성원 관점의 목표 형성
⑤ 지역사회 문제의 구조적 요인을 고려한 개입

020 ☐☐☐
지역사회복지실천의 원칙으로 옳지 않은 것은?
21회

① 지역사회 기관 간 협력관계 구축
② 지역사회 특성을 반영한 계획수립
③ 지역사회 문제 인식의 획일화
④ 욕구 가변성에 따른 실천 과정의 변화 이해
⑤ 지역사회 변화에 초점을 둔 개입

021 ☐☐☐
지역사회복지실천 원칙으로 옳은 것을 모두 고른 것은?
22회

ㄱ. 지역사회 욕구 변화에 따른 유연한 대응
ㄴ. 지역사회 주민을 중심으로 개입 목표 설정과 평가
ㄷ. 지역사회 특성의 일반화
ㄹ. 지역사회의 자기결정권 강조

① ㄱ, ㄴ ② ㄷ, ㄹ ③ ㄱ, ㄴ, ㄷ
④ ㄱ, ㄴ, ㄹ ⑤ ㄱ, ㄴ, ㄷ, ㄹ

03 지역사회복지의 역사

기출키워드

- 영국의 지역사회복지 역사
- 한국의 지역사회복지 역사 ★빈출

최근 7개년 출제문항 수

✓ 3회독 Check ☐☐☐ 기출 3회독은 필수!

문항번호 옆 '**3회독 체크표**'에는 문제를 풀면서 모든 선지를 정확히 알고 풀었으면 'O', 일부 선지를 모르는 문제에는 '△', 전체적인 개념 학습이 필요한 문제는 'X'를 표시하세요.

✓ 꽈배기 문제 는 빈출 개념에 대해 혼동을 유발하거나 오답을 유도하는 선지가 출제된 문제입니다. 꽈배기 문제 분석은 해설에서 확인할 수 있습니다.

기출키워드 6 영국의 지역사회복지 역사

022 ☐☐☐
영국 지역사회복지의 발달에 영향을 미친 주요 사건을 순서대로 나열한 것은? 17회

> ㄱ. 토인비홀(Toynbee Hall) 설립
> ㄴ. 정신보건법(Mental Health Act) 제정
> ㄷ. 그리피스(Griffiths) 보고서
> ㄹ. 하버트(Harbert) 보고서
> ㅁ. 시봄(Seebohm) 보고서

① ㄱ - ㄴ - ㄷ - ㅁ - ㄹ
② ㄱ - ㄴ - ㅁ - ㄹ - ㄷ
③ ㄱ - ㅁ - ㄹ - ㄴ - ㄷ
④ ㄴ - ㄱ - ㅁ - ㄹ - ㄷ
⑤ ㄴ - ㄷ - ㅁ - ㄹ - ㄱ

023 ☐☐☐ 꽈배기 문제
영국의 지역사회복지 역사에 관한 설명으로 옳은 것은? 19회

① 헐 하우스(Hull House)는 빈민들의 도덕성 향상을 위해 노력하였다.
② 우애방문단은 기존 사회질서를 비판하고 개혁을 주장하였다.
③ 인보관 이념은 우애방문단 활동의 기반이 되었다.
④ 1960년대 존슨행정부는 '빈곤과의 전쟁'을 선포하고 다양한 지역사회 개혁을 단행하였다.
⑤ 1980년대 그리피스(E. Griffiths) 보고서는 복지 주체의 다원화에 영향을 미쳤다.

024

영국의 지역사회복지 역사에 관한 설명으로 옳지 않은 것은? 20회

① 시설보호로부터 지역사회보호로 전환이 이루어졌다.
② 자선조직협회는 사회진화론의 영향을 받았다.
③ 지역사회보호가 강조되면서 민간서비스, 비공식 서비스의 역할은 점차 감소하였다.
④ 1959년 정신보건법(Mental Health Act) 제정으로 지역사회보호가 법률적으로 규정되었다.
⑤ 그리피스 보고서(Griffiths report)에서 지역사회보호의 권한과 재정을 지방정부로 이양할 것을 권고하였다.

025

영국의 지역사회복지 역사에 관한 설명으로 옳지 않은 것은? 21회

① 중복구호 방지를 위해 자선조직협회가 설립되었다.
② 1884년에 토인비홀(Toynbee Hall)이 설립되었다.
③ 정신보건법 제정에 따라 지역사회보호가 법률적으로 규정되었다.
④ 하버트(Harbert) 보고서는 헐 하우스(Hull House) 건립의 기초가 되었다.
⑤ 그리피스(Griffiths) 보고서는 지역사회보호의 일차적 책임주체가 지방정부임을 강조하였다.

026

영국의 지역사회복지 역사에 해당하지 않는 것은? 22회

① 자선조직협회(COS)는 사회진화론에 영향을 받았다.
② 토인비홀은 사무엘 바네트(S. Barnett) 목사가 설립한 인보관이다.
③ 헐 하우스는 제인 아담스(J. Adams)에 의해 설립되었다.
④ 시봄(Seebohm) 보고서는 사회서비스의 협력과 통합을 제안하였다.
⑤ 그리피스(Griffiths) 보고서는 지방정부의 책임을 강조하였다.

027

영국의 지역사회복지 역사에 영향을 준 사건을 과거부터 시대순으로 옳게 나열한 것은? 23회

> ㄱ. 토인비홀(Toynbee Hall) 설립
> ㄴ. 시봄(Seebohm) 보고서
> ㄷ. 정신보건법(Mental Health Act) 제정
> ㄹ. 바클레이(Barclay) 보고서
> ㅁ. 하버트(Harbert) 보고서

① ㄱ → ㄴ → ㄹ → ㅁ → ㄷ
② ㄱ → ㄷ → ㄴ → ㅁ → ㄹ
③ ㄱ → ㄷ → ㄹ → ㅁ → ㄴ
④ ㄴ → ㄷ → ㅁ → ㄹ → ㄱ
⑤ ㄷ → ㄱ → ㅁ → ㄹ → ㄴ

기출키워드 7 한국의 지역사회복지 역사 ★빈출

028

2000년대 이후 한국의 지역사회복지발달에 영향을 미친 주요 사건을 모두 고른 것은? 17회

> ㄱ. 지방자치단체의 장 직접 선출
> ㄴ. 시·군·구에 희망복지지원단 설치
> ㄷ. 영구임대아파트단지 내 사회복지관 건립 의무화
> ㄹ. 지역사회서비스투자사업 실시

① ㄱ, ㄴ   ② ㄴ, ㄹ   ③ ㄷ, ㄹ
④ ㄱ, ㄴ, ㄷ   ⑤ ㄴ, ㄷ, ㄹ

029

한국 지역사회복지 역사에 관한 설명으로 옳은 것을 모두 고른 것은? 18회

> ㄱ. 1970년대: 재가복지 서비스 도입
> ㄴ. 1990년대: 사회복지공동모금제도 실시
> ㄷ. 2000년대: 지역사회복지계획 수립의 법제화

① ㄱ   ② ㄱ, ㄴ   ③ ㄱ, ㄷ
④ ㄴ, ㄷ   ⑤ ㄱ, ㄴ, ㄷ

030
한국 지역사회복지 역사에 관한 설명으로 옳은 것은?
18회

① 2001년 국민기초생활보장제도 시행으로 정부의 책임성 강화
② 2007년 「협동조합기본법」의 제정으로 자활공동체가 보다 쉽게 협동조합을 결성할 수 있게 됨
③ 2010년 사회복지통합관리망(행복e음) 구축
④ 2015년 시·군·구 희망복지지원단 운영으로 통합사례관리 시행
⑤ 2018년 주민자치센터를 행정복지센터로 명칭 변경

031
한국의 지역사회복지 역사에 관한 설명으로 옳지 않은 것은?
19회

① 새마을 운동은 정부 주도적 지역사회 개발이었다.
② 사회복지관 운영은 지역사회 기반의 복지서비스를 촉진시켰다.
③ 복지사각지대 발굴의 효과를 제고하고자 읍·면·동 복지허브화를 추진하였다.
④ 시·군·구 지역사회보장협의체는 지역사회복지협의체로 대체되었다.
⑤ 국민기초생활보장제도의 시행은 지역사회 중심의 자활사업을 촉진시켰다.

032
우리나라 지역사회복지 역사를 과거부터 순서대로 옳게 나열한 것은?
20회

> ㄱ. 영구임대주택단지 내에 사회복지관 건립이 의무화되었다.
> ㄴ. 지역사회복지협의체가 지역사회보장협의체로 명칭이 변경되었다.
> ㄷ. 국민기초생활 보장법 제정으로 공공의 책임성이 강화되었다.

① ㄱ → ㄴ → ㄷ
② ㄱ → ㄷ → ㄴ
③ ㄴ → ㄱ → ㄷ
④ ㄴ → ㄷ → ㄱ
⑤ ㄷ → ㄱ → ㄴ

033
한국의 지역사회복지 역사에 관한 설명으로 옳은 것은?
21회

① 1960년대 - 지역자활센터 설치·운영
② 1970년대 - 사회복지관 운영 국고보조금 지원
③ 1980년대 - 희망복지지원단 설치·운영
④ 1990년대 - 재가복지봉사센터 설치·운영
⑤ 2010년대 - 사회복지사무소 시범 설치·운영

034
우리나라의 지역사회복지 역사에 관한 설명으로 옳지 않은 것은?
22회

① 향약은 주민 교화 등을 목적으로 한 지식인 간의 자치적인 협동조직이다.
② 오가통 제도는 일제강점기 최초의 인보제도이다.
③ 메리 놀스(M. Knowles)에 의해 반열방이 설립되었다.
④ 태화여자관은 메리 마이어스(M. D. Myers)에 의해 설립되었다.
⑤ 농촌 새마을운동에서 도시 새마을운동으로 확대되었다.

035
한국의 지역사회복지 역사에 관한 설명으로 옳지 않은 것은?
23회

① 1950년대 - 외국민간원조한국연합회(KAVA) 결성
② 1980년대 - 사회복지관 운영·건립 국고보조사업 지침 마련
③ 1990년대 - 재가복지봉사센터 설치·운영
④ 2010년대 - 읍·면·동 복지허브화사업 실시
⑤ 2020년대 - 시·군·구 희망복지지원단 설치·운영

04 지역사회복지 이론과 실천모델

기출키워드
- 지역사회복지 주요 이론 ★빈출
- 로스만의 모델
- 웨일과 갬블의 모델
- 테일러와 로버츠의 모델
- 포플의 모델
- 지역사회복지 실천모델별 사회복지사의 역할 ★빈출

최근 7개년 출제문항 수

기출키워드 8 지역사회복지 주요 이론 ★빈출

036 □□□
다음 설명에 해당하는 지역사회복지 실천이론은?
17회

> A사회복지사는 결혼이주여성들을 지원하는 과정에서 그들의 행동에 영향을 미쳤던 자국의 사회, 경제 및 정치적 구조를 이해하고 그들의 문화적 가치와 규범에 대한 의미를 해석해야 한다.

① 사회연결망이론 ② 사회교환이론
③ 사회구성론   ④ 권력의존이론
⑤ 갈등이론

037 □□□ 꽈배기문제
갈등이론에 관한 설명으로 옳은 것을 모두 고른 것은?
18회

> ㄱ. 갈등현상을 사회적 과정의 본질로 간주한다.
> ㄴ. 사회나 조직을 지배하는 특정 소수집단의 역할이 중요하다.
> ㄷ. 사회관계는 교환적인 활동을 통해 이익이나 보상이 주어질 때 유지된다.
> ㄹ. 사회문제는 사회변화가 아닌 개인의 사회적응을 통해 해결할 수 있다.

① ㄱ   ② ㄱ, ㄴ   ③ ㄴ, ㄷ
④ ㄱ, ㄴ, ㄷ   ⑤ ㄴ, ㄷ, ㄹ

038
다음 사례에 해당하는 지역사회복지 실천이론이 올바르게 짝지어진 것은? 18회

A사회복지관은 지역의 B단체로부터 많은 후원금을 지원받았고 단체 회원들의 자원봉사 참여가 많았다. 그러나 최근에는 B단체의 후원금과 자원봉사자가 감소하여 교육을 통해 주민들의 역량을 강화시켜 복지관 사업에 함께 참여하도록 하고 있다. 또한, 다양한 후원기관을 발굴하고자 노력 중이다.

① 사회학습이론, 권력의존이론
② 권력의존이론, 사회구성이론
③ 사회구성이론, 다원주의이론
④ 다원주의이론, 엘리트이론
⑤ 엘리트이론, 사회학습이론

039
지역사회복지 관련 이론과 내용의 연결로 옳은 것은? 19회

① 다원주의이론: 인간과 환경과의 상호작용에 초점을 둔다.
② 구조기능론: 지역사회 내 갈등이 변화의 원동력이다.
③ 사회구성주의이론: 지역사회 문제를 객관적 사실로 인정하지 않고, 특정 집단에 의해 규정된다고 본다.
④ 권력관계이론: 지역사회는 구성 부분들의 조화와 협력으로 발전된다.
⑤ 사회자본이론: 지역사회 내 소수의 엘리트 집단의 권력이 정책을 좌우한다.

040
사회적 자본에 관한 설명으로 옳지 않은 것은? 19회

① 지역사회 문제해결 능력과는 무관하다.
② 네트워크는 사회적 자본의 전제가 된다.
③ 지역사회의 집합적 자산으로서 의미를 가진다.
④ 한 번 형성된 후에도 소멸될 수 있다.
⑤ 신뢰는 공동체의 문제를 해결할 수 있는 자원이다.

041
이론과 주요 개념의 연결이 옳지 않은 것은? 20회

① 사회체계이론 – 체계와 경계
② 생태학적 관점 – 분리(segregation), 경쟁, 침입, 계승
③ 사회자본이론 – 네트워크, 일반화된 호혜성 규범
④ 갈등이론 – 갈등전술, 내부결속
⑤ 사회교환이론 – 자기효능감, 집단효능감

042
이론과 관련 내용의 연결이 옳은 것은? 20회

① 지역사회상실이론 – 전통사회가 가지고 있는 지역사회의 사회적 기능을 보존할 수 있다.
② 사회구성(주의)이론 – 가치나 규범, 신념, 태도 등은 다양한 문화적 집단에 따라 다르게 구성된다.
③ 자원동원이론 – 자원이 집단행동의 성패에 영향을 미치지 않는다.
④ 다원주의이론 – 집단 간 발생하는 갈등을 활용한다.
⑤ 권력의존이론 – 사회의 주류 이데올로기가 어떻게 만들어지고 있는지에 관심을 갖는다.

043
갈등이론에 관한 설명으로 옳은 것은? 21회

① 이익과 보상으로 사회적 관계가 유지된다.
② 특정집단이 지닌 문화의 의미를 해석한다.
③ 지역사회는 상호의존적인 부분들로 구성되어 있다.
④ 조직구조 개발에 자원 동원 과정을 중요하게 여긴다.
⑤ 이해관계의 대립을 불평등한 분배로 설명한다.

044

지역사회복지를 권력의존이론의 관점에서 설명한 것을 모두 고른 것은? 21회

> ㄱ. 장애인 편의시설 설치를 위해 다양한 장애인 단체가 의사결정에 참여하도록 한다.
> ㄴ. 노인복지관은 은퇴 노인의 재능을 활용한 봉사활동을 기획한다.
> ㄷ. 사회복지관은 지방정부로부터 보조금 집행에 대한 지도점검을 받았다.

① ㄱ ② ㄷ ③ ㄱ, ㄴ
④ ㄱ, ㄷ ⑤ ㄱ, ㄴ, ㄷ

045

지역사회복지 이론에 관한 설명으로 옳은 것은? 22회

① 교환이론 – 자원의 교환을 통한 지역사회 발전 강조
② 자원동원이론 – 이익집단들 간의 갈등과 타협 강조
③ 다원주의이론 – 소수 엘리트에 의한 지역사회 발전 강조
④ 기능주의이론 – 지역사회 변화의 원동력을 갈등으로 간주
⑤ 사회자본이론 – 지역사회 하위체계의 기능과 역할 강조

046

사회자본이론과 관련된 개념을 모두 고른 것은? 22회

| ㄱ. 신뢰 | ㄴ. 호혜성 |
| ㄷ. 경계 | ㄹ. 네트워크 |

① ㄱ, ㄴ ② ㄷ, ㄹ ③ ㄱ, ㄴ, ㄷ
④ ㄱ, ㄴ, ㄹ ⑤ ㄱ, ㄴ, ㄷ, ㄹ

047

다음을 설명하고 있는 이론은? 22회

> 최근 A지방자치단체와 B지방자치단체는 중앙정부로부터 각각 100억 원의 복지 예산을 지원받았다. 노인복지단체가 많은 A지방자치단체는 지역 노인회의 요구로 노인복지 예산 편성 비율이 전체 예산의 50%를 차지하게 되었고, 상대적으로 젊은 층이 많이 거주하고 있는 B지방자치단체는 노인복지 예산의 편성비율이 20% 수준에 그쳤다.

① 교환이론 ② 갈등주의이론
③ 사회체계이론 ④ 사회자본이론
⑤ 다원주의이론

048

다음 사례에 해당하는 지역사회복지이론은? 23회

> A사회복지기관은 지방정부로부터 보조금을 지원받은 후 지방정부의 요구와 통제를 수용하였다.

① 갈등이론 ② 엘리트주의이론
③ 사회체계이론 ④ 권력의존이론
⑤ 사회자본이론

049

지역사회복지이론에 관한 설명으로 옳은 것을 모두 고른 것은? 23회

> ㄱ. 사회체계이론 - 지역사회 내 갈등이 변화의 원동력이다.
> ㄴ. 갈등이론 - 자원의 불평등한 분배로 인해 이해관계의 대립이 발생한다.
> ㄷ. 자원동원이론 - 인간행동은 타인이나 사회환경과 상호작용하는 동안에 학습된다.
> ㄹ. 사회자본이론 - 신뢰와 네트워크를 통해 지역사회 문제해결을 위한 규범 등이 형성된다.

① ㄱ, ㄷ ② ㄴ, ㄹ ③ ㄷ, ㄹ
④ ㄴ, ㄷ, ㄹ ⑤ ㄱ, ㄴ, ㄷ, ㄹ

기출키워드 9 　 로스만의 모델

050 ☐☐☐

다음 예시문의 (　)에 들어갈 내용을 옳게 나열한 것은?　17회

> 지역사회복지 실천의 효과성을 높이기 위해 로스만(J. Rothman)의 모델을 순차적으로 적용해볼 수 있다. 즉 (ㄱ) 모델로 지역사회 내의 자원 배분과 권력 이양을 성취한 후, 고도의 복잡한 지역사회 문제를 조사·분석하고 해결 방안을 모색하기 위해 (ㄴ)모델을 적용할 수 있다.

① ㄱ: 사회행동, ㄴ: 사회계획
② ㄱ: 지역사회개발, ㄴ: 계획
③ ㄱ: 사회행동, ㄴ: 근린지역의 지역사회조직
④ ㄱ: 근린지역의 지역사회조직, ㄴ: 계획
⑤ ㄱ: 연합, ㄴ: 사회계획

051 ☐☐☐ 꽈배기문제

지역사회복지 실천모델에 관한 설명으로 옳지 않은 것은?　18회

① 로스만(J. Rothman)의 사회행동모델은 불이익을 받거나 권리가 박탈당한 사람의 이익을 옹호한다.
② 로스만(J. Rothman)의 지역사회개발모델은 지역사회나 문제의 아노미 또는 쇠퇴된 상황을 전제한다.
③ 로스만(J. Rothman)의 사회계획모델은 주택이나 정신건강 등의 이슈를 명확히 하고 권력구조에 대항한다.
④ 웨일과 갬블(M. Weil & D. Gamble)의 기능적 지역사회조직모델은 발달장애아동의 부모 모임과 같이 공통 이슈를 지닌 집단의 이해관계를 기반으로 한다.
⑤ 웨일과 갬블(M. Weil & D. Gamble)의 연합모델의 표적체계는 선출직 공무원이나 재단 및 정부당국이 될 수 있다.

052 ☐☐☐

로스만(J. Rothman)의 지역사회조직모델 중 지역사회개발에 관한 설명으로 옳지 않은 것은?　20회

① 지역사회 변화를 위한 전술로 합의방법을 사용한다.
② 변화의 매개체는 과업지향의 소집단이다.
③ 지역사회의 아노미 상황에 사용할 수 있다.
④ 정부조직을 경쟁자로 인식한다.
⑤ 변화를 위한 전략으로 문제해결에 다수의 사람을 참여시킨다.

053 ☐☐☐

로스만(J. Rothman)의 지역사회복지 실천모델에 관한 설명으로 옳은 것을 모두 고른 것은?　21회

> ㄱ. 지역사회개발모델은 지역사회 구성원의 조직화를 주요 실천과정으로 본다.
> ㄴ. 지역사회개발모델의 변화 매개체는 공식적 조직과 객관적 자료이다.
> ㄷ. 사회계획모델에서 사회복지사의 핵심 역할은 협상가, 옹호자이다.
> ㄹ. 사회행동모델에서는 지역사회 내 집단들이 갈등관계로 인해 타협과 조정이 어렵다고 본다.

① ㄱ, ㄷ　② ㄱ, ㄹ　③ ㄴ, ㄷ
④ ㄱ, ㄴ, ㄹ　⑤ ㄱ, ㄷ, ㄹ

054 ☐☐☐

로스만(J. Rothman)의 사회행동모델에 해당하지 않는 것은?　22회

① 클라이언트 집단을 소비자로 본다.
② 변화를 위한 기본 전략은 '억압자에 대항하기 위한 규합'을 추구한다.
③ 지역사회 내 불평등한 권력구조의 변화를 지향한다.
④ 변화 매개체로 대중조직을 활용한다.
⑤ 여성운동, 빈민운동, 환경운동 등 시민운동에도 활용될 수 있다.

055 ☐☐☐
로스만(J. Rothman)의 지역사회복지 실천모델에 관한 설명으로 옳은 것을 모두 고른 것은? 23회

> ㄱ. 지역사회개발모델은 지역사회 역량강화, 통합, 자조를 활동목표로 둔다.
> ㄴ. 사회계획모델에서는 변화의 매개체로 과업지향적인 소집단을 활용한다.
> ㄷ. 사회행동모델에서 사회복지사의 핵심 역할은 옹호자, 선동가, 협상가이다.
> ㄹ. 지역사회개발모델은 지역사회 문제해결을 위해 전문가의 주도적 개입을 강조한다.

① ㄱ, ㄷ   ② ㄴ, ㄷ   ③ ㄴ, ㄹ
④ ㄱ, ㄴ, ㄷ   ⑤ ㄱ, ㄴ, ㄹ

기출키워드 10 웨일과 갬블의 모델

056 ☐☐☐ 🥨 판배기 문제
웨일과 갬블(M. Weil & D. Gamble)이 제안한 프로그램 개발과 지역사회연계모델에서 사회복지사의 역할로 옳게 묶인 것은? 17회

① 대변자, 계획가, 중재자
② 계획가, 관리자, 프로포절 제안자
③ 대변자, 조직가, 촉진자
④ 관리자, 대변자, 교육자
⑤ 협상가, 전문가, 프로포절 제안자

057 ☐☐☐
다음에서 설명하는 웨일과 갬블(M. Weil & D. Gamble)의 지역사회복지 실천모형에 해당하는 것은? 19회

> • 대면접촉이 이루어지는 가까운 지역사회에 초점을 둔다.
> • 조직화를 위한 구성원의 능력개발, 지역주민의 삶의 질 증진을 목표로 한다.
> • 사회복지사의 역할은 조직가, 촉진자, 교육자, 코치 등이다.

① 근린지역사회조직모형   ② 프로그램 개발모형
③ 정치사회적 행동모형   ④ 연합모형
⑤ 사회운동모형

058 ☐☐☐
다음의 설명에 해당되는 웨일과 갬블(M. Weil & D. Gamble)의 실천모델은? 20회

> • 기회를 제한하는 불평등에 도전
> • 사회적·정치적·경제적 정의를 위한 행동
> • 표적체계에 선출직 공무원도 해당

① 근린·지역사회 조직화모델
② 지역사회 사회·경제개발모델
③ 프로그램 개발과 지역사회연계모델
④ 정치·사회행동모델
⑤ 사회계획모델

059 ☐☐☐
다음에서 설명하는 웨일과 갬블(M. Weil & D. Gamble)의 지역사회복지 실천모델은? 21회

> • 공통 관심사나 특정 이슈에 대한 정책, 행위, 인식의 변화에 초점
> • 일반 대중 및 정부 기관을 변화의 표적체계로 파악
> • 조직가, 촉진자, 옹호자, 정보전달자를 사회복지사의 주요 역할로 인식

① 사회계획
② 기능적 지역사회조직
③ 프로그램 개발과 지역사회 연계
④ 연합
⑤ 정치사회행동

060 ☐☐☐
웨일과 갬블(M. Weil & D. Gamble)의 근린지역사회조직모델에 관한 설명으로 옳지 않은 것은? 23회

① 조직화를 위한 구성원의 능력개발에 초점을 둔다.
② 일차적 구성원은 지역사회 이웃주민이다.
③ 사회복지사의 주요 역할은 조직가, 교육자, 촉진자, 코치이다.
④ 지방정부, 외부개발자, 지역주민을 변화의 표적체계로 본다.
⑤ 관심 영역은 공통 관심사나 특정 이슈에 대한 정책, 행위, 인식의 변화이다.

기출키워드 11 테일러와 로버츠의 모델

061 ☐☐☐
테일러와 로버츠(S. Taylor & R. Roberts) 모델에 해당되는 것을 모두 고른 것은? 20회

> ㄱ. 프로그램 개발 및 조정   ㄴ. 지역사회개발
> ㄷ. 정치적 권력(역량) 강화   ㄹ. 연합
> ㅁ. 지역사회연계

① ㄱ, ㄴ ② ㄴ, ㄷ ③ ㄱ, ㄹ, ㅁ
④ ㄱ, ㄴ, ㄷ, ㅁ ⑤ ㄱ, ㄷ, ㄹ, ㅁ

062 ☐☐☐
테일러와 로버츠(S. Taylor & R. Roberts)의 지역사회복지 실천모델에 관한 설명으로 옳지 않은 것은? 21회

① 프로그램 개발과 조정: 지역주민의 역량강화 및 지도력 개발에 관심
② 계획: 구체적 조사전략 및 기술 강조
③ 지역사회연계: 지역사회 문제해결을 위한 관계망 구축 강조
④ 지역사회개발: 지역주민의 참여와 자조 중시
⑤ 정치적 역량강화: 상대적으로 권력이 약한 시민의 권한 강화에 관심

063 ☐☐☐
다음에서 설명하는 테일러와 로버츠(S. Taylor & R. Roberts)의 지역사회복지 실천모델은? 23회

> • 지역사회의 문제해결을 위해 관계망을 형성하거나 조정
> • 사회복지사, 자원봉사자, 행정가 등 다양한 구성원이 참여
> • 지역사회복지 실천 과정에서 클라이언트와 후원자의 영향력이 동등

① 계획모델
② 지역사회연계모델
③ 지역사회개발모델
④ 정치적 역량강화모델
⑤ 프로그램 개발 및 조정모델

기출키워드 12 포플의 모델

064 ☐☐☐
다음 사례에 해당하는 지역사회복지 실천모형은? 19회

> 행복사회복지관은 지역 내 노인, 장애인, 아동을 위해 주민 스스로 돌봄과 자원봉사활동을 활성화하도록 자조모임 지원 등 사회적 관계망을 확충하였다.

① M.Weil & D. Gamble의 연합모형
② J. Rothman의 합리적 계획모형
③ K. Popple의 커뮤니티케어모형
④ J. Rothman의 연대조직모형
⑤ M.Weil & D. Gamble의 기능적 지역조직 모형

065 ☐☐☐
포플(K. Popple, 1996)의 지역사회복지 실천모델을 모두 고른 것은? 22회

> ㄱ. 지역사회개발   ㄴ. 지역사회보호
> ㄷ. 지역사회조직   ㄹ. 지역사회연계

① ㄱ, ㄴ ② ㄷ, ㄹ ③ ㄱ, ㄴ, ㄷ
④ ㄱ, ㄴ, ㄹ ⑤ ㄱ, ㄴ, ㄷ, ㄹ

066 ☐☐☐
포플(K. Popple, 1996)의 지역사회복지 실천모델로 옳지 않은 것은? 23회

① 지역사회연계
② 지역사회교육
③ 지역사회개발
④ 지역사회행동
⑤ 인종차별 철폐 지역사회사업

기출키워드 13 | 지역사회복지 실천모델별 사회복지사의 역할 ★빈출

067 ☐☐☐
지역사회복지실천에서 조력자의 역할로 옳은 것을 모두 고른 것은?   17회

> ㄱ. 지역사회 내 다양한 집단들에 의해 표출된 불만의 집약
> ㄴ. 지역사회문제의 조사 및 평가
> ㄷ. 지역사회 내 불이익을 당하는 주민의 옹호와 대변
> ㄹ. 지역사회조직 과정에서 지역주민들에게 공동의 목표 강조

① ㄱ, ㄴ   ② ㄱ, ㄷ   ③ ㄱ, ㄹ
④ ㄴ, ㄷ   ⑤ ㄴ, ㄷ, ㄹ

068 ☐☐☐
조직가의 역할과 기술이 바르게 연결되지 않은 것은?   18회

① 교사 – 능력개발
② 옹호자 – 소송제기
③ 연계자 – 모니터링
④ 평가자 – 자금 제공
⑤ 협상가 – 회의 및 회담 진행

069 ☐☐☐
다음 사례에 해당하는 사회복지사의 역할이 아닌 것은?   18회

> A사회복지관에서는 클라이언트의 노후화된 주택의 개·보수를 위해 다양한 자원을 활용한 주거지원 서비스를 제공하려고 한다.

① 관리자   ② 후보자
③ 정보전달자   ④ 네트워커(networker)
⑤ 계획가

070 ☐☐☐
다음에 제시된 사회복지사의 핵심 역할은?   21회

> A지역은 저소득가구 밀집지역으로 방임, 결식 등 취약계층 아동 비율이 높은 곳이다. 사회복지사는 지역사회 아동의 안전한 보호와 부모의 양육부담 완화를 위해 아동돌봄시설 확충을 위한 서명운동 및 조례제정 입법 활동을 하였다.

① 옹호자   ② 교육자   ③ 중재자
④ 자원연결자 ⑤ 조정자

071 ☐☐☐
지역사회개발모델 중 조력자로서의 사회복지사 역할이 아닌 것은?   22회

① 좋은 대인관계를 조성하는 일
② 지역사회를 진단하는 일
③ 불만을 집약하는 일
④ 공동의 목표를 강조하는 일
⑤ 조직화를 격려하는 일

072 ☐☐☐
다음 사례에 제시된 사회복지사의 핵심 역할은?   23회

> A 사회복지사는 지역 내 복합적인 욕구를 가진 가구에 대한 사례관리 계획을 수립하였다. 이를 위해 지역사회의 다양한 기관들과 함께 서비스의 중복과 누락을 방지하기 위한 효율적인 개입 방안을 논의하였다.

① 옹호자   ② 교육자   ③ 조정자
④ 자원개발자 ⑤ 협상가

05 지역사회복지 실천과정과 실천기술

기출키워드
- 사정단계
- 문제확인단계
- 계획수립 및 자원동원단계
- 실행단계
- 네트워크(연계) 기술
- 자원개발·동원 기술
- 역량강화기술
- 조직화 기술
- 옹호 기술
- 협상 기술

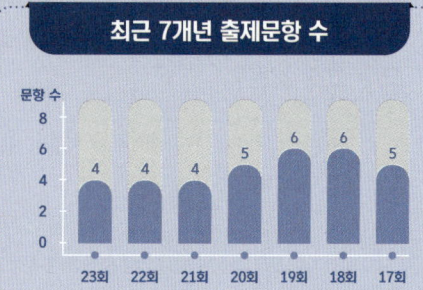
최근 7개년 출제문항 수

☑ 3회독 Check ☐☐☐ 기출 3회독은 필수!
문항번호 옆 '3회독 체크표'에는 문제를 풀면서 모든 선지를 정확히 알고 풀었으면 'O', 일부 선지를 모르는 문제에는 '△', 전체적인 개념 학습이 필요한 문제는 '×'를 표시하세요.

☑ 꽈배기 문제 는 빈출 개념에 대해 혼동을 유발하거나 오답을 유도하는 선지가 출제된 문제입니다. 꽈배기 문제 분석은 해설에서 확인할 수 있습니다.

기출키워드 14   사정단계

073 ☐☐☐ 꽈배기문제

다음에 제시된 지역사회 욕구사정 방법은? 17회

- 지역사회문제에 대한 전문지식을 갖고 있는 주요 정보제공자 구성
- 응답 내용이 합의에 이르기까지 여러 번에 걸쳐 설문 과정 반복
- 설문구성은 개방형으로 시작해서 이후에는 유사한 응답내용을 폐쇄형으로 구성하여 질문

① 델파이기법
② 초점집단기법
③ 공청회
④ 지역포럼기법
⑤ 사회지표분석

074 ☐☐☐

다음 자료를 활용한 지역사회 사정(assessment) 유형에 해당하는 것은? 19회

- 사회복지시설 및 기관의 자원봉사자 수
- 관할 지방자치단체의 사회복지분야 예산 규모
- 기업의 사회공헌 프로그램 유형과 이용자 수

① 하위체계 사정
② 포괄적 사정
③ 자원 사정
④ 문제중심 사정
⑤ 협력적 사정

075 ☐☐☐

지역사회 사정에 해당하지 않는 것은? 22회

① 지역사회의 욕구를 파악한다.
② 협력·조정을 위한 네트워크를 구축한다.
③ 지역 공청회를 통해 주민 의견을 수렴한다.
④ 명목집단 등을 활용한 욕구의 우선순위를 결정할 수 있다.
⑤ 서베이, 델파이기법 등을 활용하여 자료를 수집한다.

076 □□□

다음에서 설명하는 지역사회 욕구사정 방법에 관한 설명으로 옳은 것을 모두 고른 것은? 23회

- ㄱ. 서베이 – 지역주민으로부터 설문조사를 통해 직접적으로 자료를 수집하는 방법
- ㄴ. 초점집단기법 – 전문가 패널을 대상으로 반복된 설문을 통해 합의에 이를 때까지 의견을 수렴하는 방법
- ㄷ. 사회지표분석 – 정부기관이나 사회복지관련 조직에 의해 수집된 기존 자료를 활용하는 방법
- ㄹ. 명목집단기법 – 지역사회 내 다양한 의견을 수렴하여 욕구의 우선순위를 결정하는 방법

① ㄱ, ㄷ
② ㄱ, ㄹ
③ ㄱ, ㄴ, ㄷ
④ ㄱ, ㄷ, ㄹ
⑤ ㄴ, ㄷ, ㄹ

기출키워드 15 문제확인단계

077 □□□

다음의 설명에 해당하는 지역사회복지실천 단계는? 20회

- 이슈의 개념화
- 이슈와 관련된 다양한 가치관 고려
- 이슈와 관련된 이론과 자료 분석

① 문제확인단계
② 자원동원단계
③ 실행단계
④ 모니터링단계
⑤ 평가단계

기출키워드 16 계획수립 및 자원동원단계

078 □□□

다음에서 설명하는 사회복지사의 활동 방법은? 18회

- 업무 설계 기재
- 구체적인 실행방법 명시
- 개별 사회복지기관이 다룰 수 있는 영역과 범위 안에 있는 이슈를 해결하기 위함

① 사회지표 분석
② 프로그램 기획
③ 커뮤니티 프로파일링(community profiling)
④ 지역사회 지도 그리기
⑤ 청원

기출키워드 17 실행단계

079 □□□

지역사회복지 실천의 '실행단계'에 해당하지 않는 것은? 20회

① 재정자원 집행
② 참여자 간의 갈등 관리
③ 클라이언트의 적응 촉진
④ 실천 계획의 목표 설정
⑤ 협력과 조정을 위한 네트워크 구축

080 □□□

지역사회복지 실천과정에서 다음 과업이 수행되는 단계는? 21회

- 재정자원의 집행
- 추진 인력의 확보 및 활용
- 협력과 조정을 위한 네트워크 구축

① 문제발견 및 분석단계
② 사정 및 욕구 파악단계
③ 계획단계
④ 실행단계
⑤ 점검 및 평가단계

기출키워드 18 네트워크(연계) 기술

081
지역사회복지 실천에서 연계기술(networking)에 관한 설명으로 옳지 않은 것은? 17회

① 사회복지기관의 서비스 제공과정에서 효율성 증대
② 사회복지사의 연계망 강화 및 확장
③ 이용자 중심의 통합적 서비스 제공
④ 서비스 계획의 공동 수립과 서비스 제공에서 팀 접근 수행
⑤ 지역사회 복지의제 개발과 주민 의식화

082
네트워크 기술에 관한 설명으로 옳지 않은 것을 모두 고른 것은? 18회

ㄱ. 달성하고자 하는 목적을 위해서는 항상 강한 결속력이 필요하다.
ㄴ. 참여 기관들은 평등한 주체로서의 관계가 보장되어야 한다.
ㄷ. 구성원 사이의 신뢰와 호혜성이 형성되어야 네트워크가 지속될 수 있다.
ㄹ. 사회적 교환은 네트워크 형성과 유지의 작동원리이다.

① ㄱ ② ㄴ, ㄷ ③ ㄱ, ㄴ, ㄹ
④ ㄴ, ㄷ, ㄹ ⑤ ㄱ, ㄴ, ㄷ, ㄹ

083
네트워크 기술의 특성으로 옳지 않은 것은? 19회

① 자원의 효율적 관리
② 사회정의 준수 및 유지
③ 서비스의 중복과 누락 방지
④ 참여를 통한 시민 연대의식 강화
⑤ 지역주민에게 필요한 자원이나 서비스 연결

084
연계기술에 해당하지 않는 것은? 22회

① 클라이언트 중심의 사회적 관계망을 강화시킬 수 있다.
② 이용자 중심의 통합적 서비스를 제공할 수 있다.
③ 새로운 인프라 구축에 필요한 시간과 비용을 줄일 수 있다.
④ 사회복지시설의 서비스 중복·누락을 방지할 수 있다.
⑤ 지역사회 공공의제를 개발하고 주민 의식화를 강화할 수 있다.

기출키워드 19 자원개발·동원 기술

085
지역사회복지 실천과정에서 사회복지사가 활용한 기술은? 19회

사회복지사 A는 가족캠핑을 희망하는 한부모 가족 10세대를 대상으로 프로그램을 계획하고 있다. A는 개인적으로 참여하고 있는 수영 클럽을 통해 프로그램 운영에 필요한 예산과 자원봉사자를 확보하고자 운영진에게 모임 개최를 요청하였고, 성공적인 결과를 얻었다.

① 옹호 ② 조직화
③ 임파워먼트 ④ 지역사회교육
⑤ 자원개발 및 동원

086
다음 사례에서 사회복지사가 활용한 기술은? 21회

A 사회복지사는 독거노인이 따뜻한 겨울을 보낼 수 있도록 지역 내 종교단체에 예산과 자원봉사자를 지원해 줄 것을 요청하였다.

① 조직화 ② 옹호
③ 자원개발 및 동원 ④ 협상
⑤ 교육

087

다음 지역사회복지 실천과정에서 사회복지사가 활용한 기술은? 23회

> A 사회복지사는 사회적 고립가구 지원을 위해 OO복지재단에 신청서를 제출하여 사업에 필요한 예산을 확보하였으며 지역 대학교에 봉사자를 요청하였다.

① 협상
② 자원개발 및 동원
③ 옹호
④ 조직화
⑤ 지역사회교육

기출키워드 20 역량강화기술

088

임파워먼트 기술에 해당하는 것을 모두 고른 것은? 18회

> ㄱ. 권력 키우기
> ㄴ. 의식 고양하기
> ㄷ. 공공 의제 만들기
> ㄹ. 지역사회 사회자본 확장

① ㄹ
② ㄱ, ㄷ
③ ㄴ, ㄹ
④ ㄱ, ㄴ, ㄷ
⑤ ㄱ, ㄴ, ㄷ, ㄹ

089

다음에서 설명하고 있는 지역사회복지 실천 기술은? 19회

> 지역주민의 강점을 인정하고 스스로 삶을 결정할 수 있도록 역량을 강화하며, 지역 구성원의 능력에 대한 신념을 중요시 한다.

① 임파워먼트
② 자원개발과 동원
③ 조직화
④ 네트워크
⑤ 지역사회 연계

090

다음 사례에서 사회복지사가 활용한 기술은? 22회

> 행복시(市)에 근무하는 A사회복지사는 무력화되어 있는 클라이언트의 잠재 역량 및 자원을 인정하고 삶을 스스로 결정할 수 있도록 북돋아 주었다.

① 자원동원 기술
② 자원개발 기술
③ 임파워먼트 기술
④ 조직화 기술
⑤ 네트워크 기술

기출키워드 21 조직화 기술

091

다음 설명에 해당하는 지역사회복지 실천기술은? 17회

> A 사회복지사는 지역사회 내 저소득 장애인의 취업 문제를 해결하는 과정에서 당사자들이 문제의식을 갖게 하고, 그들 스스로 문제해결능력을 향상시키기 위해 노력하였다.

① 중개
② 연계
③ 옹호
④ 조직화
⑤ 자원개발

092

공식 사회복지조직과 주민조직을 네 가지 차원에서 비교·제시하였다. 다음에서 옳은 것을 모두 고른 것은? 19회

	차원	공식 사회복지조직	주민조직
ㄱ	목표	조직의 미션 달성	지역사회 문제해결
ㄴ	지역사회 개입모델	사회행동모델이 주로 쓰임	사회계획모델이 주로 쓰임
ㄷ	정부 통제로부터의 자율성	상대적으로 높음	상대적으로 낮음
ㄹ	주요 참여자	사회복지사 등의 전문직	일반주민

① ㄱ, ㄴ
② ㄱ, ㄷ
③ ㄱ, ㄹ
④ ㄴ, ㄹ
⑤ ㄴ, ㄷ, ㄹ

093 ☐☐☐
조직화 기술에 관한 설명으로 옳은 것을 모두 고른 것은? 20회

ㄱ. 지역주민이 주체가 되어 사회복지조직의 목표를 성취하도록 운영한다.
ㄴ. 지역주민이 자신들의 문제를 함께 풀어나가는 과정을 포함한다.
ㄷ. 지역사회 역량강화를 위해 지역사회복지 거버넌스 구조와 기능을 축소시킨다.

① ㄴ
② ㄱ, ㄴ
③ ㄱ, ㄷ
④ ㄴ, ㄷ
⑤ ㄱ, ㄴ, ㄷ

094 ☐☐☐
지역사회복지 실천기술 중 조직화 기술에 해당하지 않는 것은? 23회

① 주민의 효율적 통제 기술
② 주민회의, 토론 등을 통한 의사소통
③ 구성원 간 갈등 조율을 위한 대인관계 기술
④ 주민 지도력 발굴 및 향상 교육
⑤ 지역사회 문제와 이슈에 대한 정보수집 및 분석

기출키워드 22 옹호 기술

095 ☐☐☐
지역사회복지실천에서 옹호(advocacy)활동에 해당하지 않는 것은? 19회

① 지역사회 내 복지자원을 조정하고 연계한다.
② 시의원 등에게 정치적 압력을 행사한다.
③ 피케팅으로 해당 기관을 난처하게 한다.
④ 행정기관에 증언 청취를 요청한다.
⑤ 지역주민으로부터 탄원서에 서명을 받는다.

096 ☐☐☐
다음에 제시된 지역사회복지 실천기술은? 20회

- 소외되고, 억압된 집단의 입장을 주장한다.
- 보이콧, 피케팅 등의 방법으로 표적을 난처하게 한다.
- 지역주민이 정당한 처우나 서비스를 받지 못하는 경우에 활용된다.

① 프로그램 개발 기술
② 기획 기술
③ 자원동원 기술
④ 옹호 기술
⑤ 지역사회 사정 기술

기출키워드 23 협상 기술

097 ☐☐☐
협상(negotiation) 기술에 관한 설명으로 옳지 않은 것은? 18회

① 협상 범위를 면밀히 분석한다.
② 사회행동모델에 사용할 수 없다.
③ 협상 과정에 중재자가 개입할 수 있다.
④ 재원확보와 기관 간 협력을 만드는 데 유리하다.
⑤ 협상 시 양쪽 대표들은 이슈와 쟁점에 대해 토의해야 한다.

06 지역사회복지 네트워크

기출키워드
- 지역사회보장계획 ★빈출
- 지역사회보장협의체 ★빈출
- 지방분권화 ★빈출
- 사회복지협의회

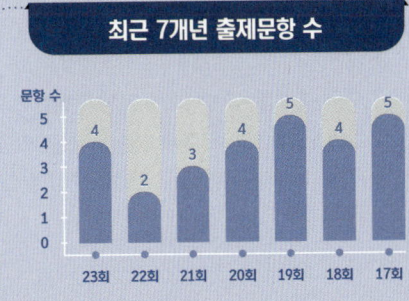
최근 7개년 출제문항 수

3회독 Check ☐☐☐ 기출 3회독은 필수!
문항번호 옆 '3회독 체크표'에는 문제를 풀면서 모든 선지를 정확히 알고 풀었으면 'O', 일부 선지를 모르는 문제에는 '△', 전체적인 개념 학습이 필요한 문제는 '×'를 표시하세요.

꽈배기 문제 는 빈출 개념에 대해 혼동을 유발하거나 오답을 유도하는 선지가 출제된 문제입니다. 꽈배기 문제 분석은 해설에서 확인할 수 있습니다.

기출키워드 24 지역사회보장계획 ★빈출

098 ☐☐☐
지역사회보장계획의 수립 과정을 순서대로 옳게 나열한 것은?
17회

> ㄱ. 세부사업 계획 수립
> ㄴ. 지역사회보장협의체 심의
> ㄷ. 지역사회보장조사
> ㄹ. 행·재정계획 수립
> ㅁ. 의회 보고
> ㅂ. 추진 비전 및 목표 수립

① ㄱ-ㄴ-ㅁ-ㄹ-ㅂ-ㄷ
② ㄴ-ㄹ-ㄱ-ㅁ-ㅂ-ㄷ
③ ㄷ-ㄹ-ㅂ-ㄱ-ㄴ-ㅁ
④ ㄷ-ㅂ-ㄹ-ㄱ-ㄴ-ㅁ
⑤ ㄷ-ㅂ-ㄱ-ㄹ-ㄴ-ㅁ

099 ☐☐☐
자원 동원 기관에 관한 설명으로 옳지 않은 것은?
17회

① 사회복지공동모금회의 신청사업은 프로그램사업과 긴급지원사업으로 나누어 공모형태로 진행된다.
② 기업의 사회공헌센터를 통한 기여 형태는 현금, 물품, 인력 등으로 다양하다.
③ 기부식품 등 제공사업은 이용자에게 기초푸드뱅크·마켓을 통해 기부물품을 제공하고 있다.
④ 자원봉사센터는 자원봉사활동기본법에 근거하여 자원봉사자를 양성·배치하는 역할을 수행한다.
⑤ 사회복지공동모금회는 노블레스 오블리주 실천을 위한 아너 소사이어티(honor society)를 운영하고 있다.

100 ☐☐☐ 꽈배기문제

시·군·구 지역사회보장계획에 포함되어야 할 내용으로 옳은 것을 모두 고른 것은?　18회

> ㄱ. 지역사회보장 전달체계의 조직과 운영
> ㄴ. 지역 내 부정수급 발생 현황 및 방지대책
> ㄷ. 사회보장급여의 사각지대 발굴 및 지원 방안
> ㄹ. 지역사회보장의 분야별 추진전략, 중점 추진사업 및 연계 협력 방안

① ㄱ, ㄹ　② ㄴ, ㄹ　③ ㄱ, ㄴ, ㄷ
④ ㄱ, ㄷ, ㄹ　⑤ ㄱ, ㄴ, ㄷ, ㄹ

101 ☐☐☐

지역사회보장계획에 관한 설명으로 옳은 것은?　19회

① 시·군·구 지역사회보장계획은 변경할 수 없다.
② 사회보장에 관한 기본계획과 연계되도록 하여야 한다.
③ 3년마다 수립하고, 매년 연차별 시행계획을 수립하여야 한다.
④ 시·군·구 지역사회보장계획은 사회보장위원회의 심의를 거쳐야 한다.
⑤ 지역사회보장계획의 평가, 지원 등을 위한 지역사회보장지원센터를 설치·운영할 수 있다.

102 ☐☐☐

시·군·구 지역사회보장계획에 포함되어야 하는 사항을 모두 고른 것은?　20회

> ㄱ. 지역사회보장 전달체계의 조직과 운영
> ㄴ. 사회보장급여의 사각지대 발굴 및 지원 방안
> ㄷ. 지역사회 보장에 관련한 통계 수집 및 관리 방안
> ㄹ. 지역사회보장에 필요한 재원의 규모와 조달 방안

① ㄱ, ㄴ　② ㄱ, ㄷ　③ ㄴ, ㄷ
④ ㄱ, ㄴ, ㄹ　⑤ ㄱ, ㄴ, ㄷ, ㄹ

103 ☐☐☐

시·군·구 지역사회보장계획에 관한 설명으로 옳은 것을 모두 고른 것은?　21회

> ㄱ. 시·군·구 지역사회보장협의체의 보고와 의회의 심의를 거쳐야 한다.
> ㄴ. 사회보장급여의 이용·제공 및 수급권자 발굴에 관한 법률에 의거한다.
> ㄷ. 시행연도의 전년도 11월 30일까지 수립하여 제출하여야 한다.
> ㄹ. 4년마다 수립하고 매년 연차별 시행계획을 수립해야 한다.

① ㄱ, ㄴ　② ㄱ, ㄷ　③ ㄴ, ㄹ
④ ㄱ, ㄴ, ㄹ　⑤ ㄴ, ㄷ, ㄹ

104 ☐☐☐

지역사회보장에 관한 계획(이하 '지역사회보장계획'이라 한다)에 관한 설명으로 옳은 것은?　22회

① 시장·군수·구청장은 4년마다 지역사회보장계획을 수립한 후 보건복지부장관에게 제출한다.
② 시·군·구의 지역사회보장계획은 시·도사회보장위원회의 심의를 거친다.
③ 지역사회보장계획은 사회복지사업법에 의거 매년 연차별 시행계획을 수립한다.
④ 시·도의 지역사회보장계획은 지역사회보장협의체의 심의를 거친다.
⑤ 지역사회보장계획의 수립 및 지역사회보장조사의 시기·방법 등에 필요한 사항은 대통령령으로 정한다.

105 □□□
시·군·구 지역사회보장계획 수립 및 시행절차에 관한 설명으로 옳은 것을 모두 고른 것은? 23회

> ㄱ. 시·군·구는 4년마다 지역사회보장계획을 수립하여야 한다.
> ㄴ. 사회보장위원회의 심의와 지방의회 보고를 거쳐 시·도지사에게 제출한다.
> ㄷ. 지역사회보장계획에는 사회보험에 필요한 재원 규모와 조달방안이 포함된다.
> ㄹ. 지역사회보장조사는 지역사회보장 욕구조사와 자원조사로 구성된다.

① ㄱ, ㄴ ② ㄱ, ㄷ ③ ㄱ, ㄹ
④ ㄴ, ㄷ ⑤ ㄴ, ㄹ

기출키워드 25 지역사회보장협의체 ★빈출

106 □□□
지역사회보장협의체의 구성 조직 및 역할을 적절하게 연결하고 있는 것은? 17회

① 대표협의체: 통합사례관리 지원
② 실무협의체: 지역사회보장계획의 의회 보고
③ 실무분과: 사회복지법인 이사의 추천과 선임 조정
④ 실무분과: 지역사회보장계획의 연차별 시행계획 모니터링
⑤ 읍·면·동 지역사회보장협의체: 실무협의체 업무 지원

107 □□□ 꽈배기 문제
읍·면·동 지역사회보장협의체의 역할로 볼 수 없는 것은? 17회

① 복지대상자 발굴
② 지역특화사업 추진
③ 지역자원의 발굴 및 연계
④ 지역인적안전망 구축
⑤ 지역사회보장 지표의 생성

108 □□□
시·군·구 지역사회보장협의체가 심의·자문하는 내용이 아닌 것은? 18회

① 시·군·구 사회보장 추진
② 시·군·구 사회보장급여 제공
③ 시·군·구 지역사회보장계획 수립·시행 및 평가
④ 읍·면·동 단위 지역사회보장협의체의 구성 및 운영
⑤ 특별자치시의 사회보장과 관련된 서비스를 제공하는 관계 기관·법인·단체·시설과의 연계·협력 강화

109 □□□
시·군·구 지역사회보장협의체의 심의·자문 사항이 아닌 것은? 20회

① 시·군·구의 지역사회보장계획 수립·시행 및 평가에 관한 사항
② 시·군·구의 사회보장급여 제공에 관한 사항
③ 시·군·구의 사회보장 추진에 관한 사항
④ 읍·면·동 단위 지역사회보장협의체의 구성 및 운영에 관한 사항
⑤ 읍·면·동의 지역사회보장 조사 및 지역사회보장지표에 관한 사항

110 □□□
지역사회보장협의체의 실무협의체 운영에 관한 설명으로 옳은 것은? 21회

① 사회보장업무를 담당하는 공무원은 제외된다.
② 위원장 1명을 포함하여 10명 미만의 위원으로 구성한다.
③ 지역사회보장계획과 관련된 조례를 제정한다.
④ 시·군·구의 사회보장급여 제공에 관한 사항을 심의·자문한다.
⑤ 전문성 원칙에 따라 현장 전문가를 중심으로 구성한다.

111
지역사회보장협의체의 구성 및 역할에 관한 설명으로 옳은 것은? 23회

① 대표협의체는 사회보장급여 제공과 관련된 조례를 제정한다.
② 대표협의체 위원에는 공무원이 포함되지 않는다.
③ 실무협의체는 사회보장급여 제공에 관한 사항을 심의·자문한다.
④ 실무협의체 위원은 10명 이상 40명 이하로 구성한다.
⑤ 읍·면·동 지역사회보장협의체는 지역사회보장계획의 시행결과를 평가한다.

기출키워드 26 지방분권화 ★빈출

112
지방자치 발달이 지역사회복지에 미치는 영향이 아닌 것은? 18회

① 지방정부 간 복지 수준 불균형 초래
② 지역주민들의 주체적 참여 기회 제공
③ 중앙정부의 사회복지 책임과 권한 강화
④ 지역주민들의 지역사회복지에 대한 책임의식 향상
⑤ 지방자치단체장 후보의 사회복지 관련 선거공약 활성화

113
지방분권에 관한 설명으로 옳지 않은 것은? 19회

① 주민참여 기회가 확대된다.
② 중앙정부의 책임성이 강화된다.
③ 지역 특성에 맞는 정책을 수립할 수 있다.
④ 지역 간 복지수준의 격차가 발생할 수 있다.
⑤ 지방자치단체의 역할과 책임을 강화시킬 수 있다.

114
지방분권에 관한 설명으로 옳은 것은? 21회

① 사회보험제도의 지방분권이 확대되고 있다.
② 주민참여로 권력의 재분배가 이루어진다.
③ 지역주민의 욕구에 대한 민감성이 약화된다.
④ 복지수준의 지역 간 균형이 이루어진다.
⑤ 중앙정부의 사회적 책임성이 강화된다.

115
지방자치제에 관한 설명으로 옳은 것을 모두 고른 것은? 22회

ㄱ. 지방자치제는 자기통치원리를 담고 있다.
ㄴ. 지방자치는 주민자치와 단체자치를 일컫는다.
ㄷ. 지방자치단체는 사회복지시설을 평가할 수 있다.
ㄹ. 지방자치법을 제정함으로써 지방 분권을 위한 법적 장치가 만들어졌다.

① ㄱ, ㄴ ② ㄷ, ㄹ ③ ㄱ, ㄴ, ㄷ
④ ㄱ, ㄴ, ㄹ ⑤ ㄱ, ㄴ, ㄷ, ㄹ

116
지방자치제도에 관한 설명으로 옳지 않은 것은? 23회

① 지역복지 활성화의 토대가 될 수 있다.
② 복지예산의 중앙집중화로 정책 효과성이 강화된다.
③ 우리나라는 지방자치법의 제정으로 도입되었다.
④ 지역복지 실현을 위해 중앙정부와 분담적 관계를 추구한다.
⑤ 사회복지서비스의 책임과 권한이 지방에 이양된다.

117
지방분권화가 지역사회복지에 미치는 영향으로 옳지 않은 것은? 23회

① 지역 간의 경쟁이 심화되어 지역 이기주의가 나타날 수 있다.
② 지역사회복지에 대한 자기통치 원리가 중요시된다.
③ 지역주민의 의사를 반영한 행정서비스가 강화된다.
④ 지역 간 상대적 박탈감으로 사회적 형평성 문제가 발생된다.
⑤ 지방의회의 사회적 책임성이 약화된다.

기출키워드 27 사회복지협의회

118
사회복지협의회에 관한 설명으로 옳은 것은? 17회

① 읍·면·동 중심의 공공부문 전달체계와 지역사회보호체계를 구축하고 운영한다.
② 관계법령에 따라 10명 이상 40명 이하의 규모로 위원회를 구성해야 한다.
③ 시·군·구 단위에 의무적으로 설치하여야 한다.
④ 사회복지시설 및 기관 중심의 지역사회복지 증진을 위한 법정단체이다.
⑤ 사회보장급여의 이용·제공 및 수급권자 발굴에 관한 법률에 근거하여 설립된다.

119
사회복지협의회에 관한 설명으로 옳지 않은 것은? 19회

① 사회복지사업법에 근거를 둔 법정단체이다.
② 민·관 협력을 위해 시·군·구에 설치된 공공기관이다.
③ 한국사회복지협의회는 기타 공공기관으로 지정되었다.
④ 사회복지기관 간 연계·협력·조정 등의 업무를 수행한다.
⑤ 광역 및 지역 단위 사회복지협의회는 독립적인 사회복지법인이다.

120
한국사회복지협의회의 주요 사업이 아닌 것은? 20회

① 사회복지에 관한 교육훈련
② 사회복지에 관한 계몽 및 홍보
③ 자원봉사활동의 진흥
④ 사회복지사업에 관한 기부문화의 조성
⑤ 읍·면·동이 위탁하는 사회복지에 관한 업무

07 지역사회복지실천의 추진체계 및 지역사회운동 ★★★

기출키워드
- 사회복지관 ★빈출
- 사회적 경제 ★빈출
- 공공 전달체계의 개편 ★빈출
- 자원봉사센터
- 사회복지공동모금회
- 지역사회복지운동
- 주민참여 8단계

최근 7개년 출제문항 수

회차	23회	22회	21회	20회	19회	18회	17회
문항 수	4	6	6	6	6	5	6

✓ 3회독 Check ☐☐☐ 기출 3회독은 필수!

문항번호 옆 '3회독 체크표'에는 문제를 풀면서 모든 선지를 정확히 알고 풀었으면 'O', 일부 선지를 모르는 문제에는 '△', 전체적인 개념 학습이 필요한 문제는 '×'를 표시하세요.

✓ **꽈배기 문제** 는 빈출 개념에 대해 혼동을 유발하거나 오답을 유도하는 선지가 출제된 문제입니다. 꽈배기 문제 분석은 해설에서 확인할 수 있습니다.

기출키워드 28 사회복지관 ★빈출

121 ☐☐☐ 꽈배기 문제

다음 사례의 ㄱ, ㄴ과 관련한 사회복지관의 역할을 순서대로 옳게 나열한 것은? 17회

> ㄱ. A종합사회복지관은 인근 독거노인의 복합적이고 장기적인 욕구를 사정하고 통합적인 서비스 제공 및 점검계획을 수립하였다.
> ㄴ. 이후 독거노인의 생활을 지원하기 위해 주민봉사단을 조직하여 정기적인 가정방문을 실시하고 있다.

① 지역사회 보호, 주민 조직화
② 사례개입, 당사자 교육
③ 서비스 연계, 자원 개발 및 관리
④ 서비스 제공, 복지네트워크 구축
⑤ 사례관리, 주민 조직화

122 ☐☐☐

다음에서 사회복지관이 사회복지서비스를 우선 제공하여야 할 대상을 모두 고른 것은? 18회

> A 씨는 국민기초생활 보장법에 따른 수급자로서, 75세인 어머니와 보호가 필요한 유아자녀, 교육이 필요한 청소년 자녀, 취업을 희망하는 배우자와 함께 살고 있다.

① A씨
② A씨, 배우자
③ 어머니, 배우자
④ 배우자, 자녀
⑤ A씨, 어머니, 배우자, 자녀

123

다음 사회복지관에 관한 설명으로 옳지 않은 것은?

19회

> 행복시(市)에서 직영하고 있는 A사회복지관은 노인, 장애인 등 취약계층의 욕구 충족과 사회적 지지체계 구축을 위한 자원봉사 프로그램을 개발하였고, 이를 심의하기 위해 운영위원회를 개최하였다.

① 운영위원회는 프로그램 개발, 평가에 관한 사항을 심의한다.
② 자원봉사자 개발·관리는 지역조직화 기능에 해당한다.
③ 취약계층 주민에게 우선적인 서비스를 제공하여야 한다.
④ 운영위원회는 5명 이상 15명 이하의 위원으로 구성한다.
⑤ 사회복지법인, 기타 비영리법인에 한하여 설치·운영할 수 있다.

124

사회복지관 사업내용 중 서비스 제공 기능에 해당하지 않는 것은?

20회

① 지역사회 보호 ② 사례관리
③ 교육문화 ④ 자활지원
⑤ 가족기능 강화

125

사회복지관 사업내용 중 지역사회조직화 기능에 해당하는 것은?

21회

① 독거노인을 위한 도시락 배달
② 한부모가정 아동을 위한 문화 프로그램 제공
③ 아동 자립생활 지원을 위한 후원자 개발
④ 학교 밖 청소년을 위한 직업기능 교육
⑤ 장애인 일상생활 지원을 위한 서비스 제공

126

사회복지관의 사업내용 중 기능이 다른 것은?

22회

① 지역 내 보호가 필요한 대상자 및 위기 개입 대상자 발굴
② 개입 대상자의 문제와 욕구에 맞는 맞춤형 서비스 제공을 위한 사례 개입
③ 지역 내 민간 및 공공자원 연계 및 의뢰
④ 발굴한 사례에 대한 개입계획 수립
⑤ 주민 협력 강화를 위한 주민의식 교육

127

사회복지사업법상 (   )에 들어갈 내용으로 옳은 것은?

22회

> 제34조의5(사회복지관의 설치 등) ① 제34조 제1항과 제2항에 따른 시설 중 사회복지관은 지역복지증진을 위하여 다음 각호의 사업을 실시할 수 있다.
> 1. 지역사회의 특성과 지역주민의 복지욕구를 고려한 (ㄱ) 사업
> 2. 국가·지방자치단체 및 민간 부문의 사회복지서비스를 연계·제공하는 (ㄴ) 사업
> 3. 지역사회 복지공동체 활성화를 위한 복지자원 관리, 주민교육 및 (ㄷ) 사업

① ㄱ: 서비스 제공, ㄴ: 사례관리, ㄷ: 조직화
② ㄱ: 서비스 제공, ㄴ: 조직화, ㄷ: 사례관리
③ ㄱ: 사례관리, ㄴ: 서비스 제공, ㄷ: 조직화
④ ㄱ: 조직화, ㄴ: 사례관리, ㄷ: 재가복지
⑤ ㄱ: 조직화, ㄴ: 지역사회보호, ㄷ: 사례관리

128

지역사회 복지기관의 역할로 옳지 않은 것은?

23회

① 사회복지협의회: 사회복지기관 간의 연계·협력·조정
② 자원봉사센터: 자원봉사 프로그램 개발·보급
③ 지역자활센터: 자활기금 설치·운영
④ 사회복지공동모금회: 모금 및 배분의 운용·관리
⑤ 사회복지관: 지역사회 복지문제 예방·해결

129 □□□
사회복지관 사업내용 중 서비스 제공 기능에 해당하는 것은? 23회

① 지역욕구조사 실시
② 자원봉사자 개발 및 관리
③ 사회복지현장실습 교육 및 지도
④ 독거노인을 위한 일상생활 지원
⑤ 후원자 개발을 위한 기관 소식지 제작

기출키워드 29 사회적 경제 ★빈출

130 □□□
사회적 경제 영역에 관한 설명으로 옳지 않은 것은? 17회

① 협동조합은 협동조합 기본법에 따라 조합원의 권익옹호와 지역사회에 공헌하는 사업조직을 말한다.
② 마을기업은 주민이 지역자원을 활용한 수익사업을 통해 지역공동체를 활성화한다.
③ 사회적 기업은 취약 계층에게 일자리를 제공하며 사회적기업 육성법에 따라 영리를 추구하지 않는다.
④ 자활기업은 저소득층이 상호 협력하여 공동사업자의 형태로 탈빈곤을 도모한다.
⑤ 사회적 경제는 사회적 목적과 민주적 운영 원리를 가진 호혜적 경제활동조직이다.

131 □□□
사회적 경제에 관한 설명으로 옳은 것을 모두 고른 것은? 18회

> ㄱ. 협동조합의 발기인은 5인 이상의 조합원 자격을 가진 자가 된다.
> ㄴ. 마을기업은 회원 외에도 지역주민의 의견을 적극 반영한다.
> ㄷ. 자활기업은 조합 또는 「부가가치세법」상의 사업자로 한다.

① ㄱ
② ㄱ, ㄴ
③ ㄱ, ㄷ
④ ㄴ, ㄷ
⑤ ㄱ, ㄴ, ㄷ

132 □□□ 꽈배기 문제
사회적 경제 주체에 해당하는 것을 모두 고른 것은? 19회

> ㄱ. 사회적기업
> ㄴ. 마을기업
> ㄷ. 사회적 협동조합
> ㄹ. 자활기업

① ㄱ, ㄴ
② ㄱ, ㄷ
③ ㄴ, ㄷ
④ ㄱ, ㄷ, ㄹ
⑤ ㄱ, ㄴ, ㄷ, ㄹ

133 □□□
사회적 경제에 관한 설명으로 옳은 것을 모두 고른 것은? 20회

> ㄱ. 사회적기업은 경제적 이익을 추구한다.
> ㄴ. 사회적 경제는 자본주의 시장 경제의 대안모델이다.
> ㄷ. 사회적 협동조합의 목적은 취약계층에게 사회서비스 또는 일자리를 제공하는 것이다.

① ㄱ
② ㄴ
③ ㄱ, ㄴ
④ ㄴ, ㄷ
⑤ ㄱ, ㄴ, ㄷ

134 □□□
사회적기업에 관한 설명으로 옳은 것을 모두 고른 것은? 21회

> ㄱ. 유급 근로자를 고용하여 영업활동을 해야 사회적기업으로 인증받을 수 있다.
> ㄴ. 조직 형태는 민법에 따른 조합, 상법에 따른 회사, 특별법에 따른 법인 등이 있다.
> ㄷ. 보건복지부로부터 사회적기업으로 인증을 받아야 활동할 수 있다.
> ㄹ. 서비스 수혜자, 근로자 등 이해관계자가 참여하는 의사결정 구조를 갖추어야 한다.

① ㄱ, ㄴ
② ㄱ, ㄷ
③ ㄴ, ㄷ
④ ㄱ, ㄴ, ㄹ
⑤ ㄱ, ㄷ, ㄹ

135
사회적 경제에 관한 설명으로 옳은 것을 모두 고른 것은? 23회

> ㄱ. 사회적 경제주체는 정부와 시장이다.
> ㄴ. 사회통합과 공동체의식 증진에 기여할 수 있다.
> ㄷ. 호혜와 연대에 기초한 사회적 자본으로 시장경제의 대안이 된다.
> ㄹ. 사회적 경제조직의 유형에는 협동조합, 마을기업, 자활기업 등이 있다.

① ㄱ ② ㄱ, ㄴ ③ ㄴ, ㄷ
④ ㄱ, ㄷ, ㄹ ⑤ ㄴ, ㄷ, ㄹ

기출키워드 30 공공 전달체계의 개편 ★빈출

136
한국 지역사회복지의 최근 동향으로 옳은 것을 모두 고른 것은? 18회

> ㄱ. 중앙정부의 '사회서비스원' 운영
> ㄴ. '시·군·구 복지 허브화' 실시
> ㄷ. '읍·면·동 찾아가는 보건복지서비스' 실시
> ㄹ. 사회적 경제주체들의 다양화

① ㄱ, ㄴ ② ㄴ, ㄹ ③ ㄷ, ㄹ
④ ㄱ, ㄷ, ㄹ ⑤ ㄱ, ㄴ, ㄷ, ㄹ

137
최근 지역사회복지의 변화 과정을 순서대로 옳게 나열한 것은? 19회

> ㄱ. 사회서비스원 시범사업
> ㄴ. 희망복지지원단 운영
> ㄷ. 사회복지통합관리망(행복e음) 구축
> ㄹ. 찾아가는 보건복지서비스

① ㄱ-ㄴ-ㄷ-ㄹ ② ㄴ-ㄷ-ㄱ-ㄹ
③ ㄴ-ㄷ-ㄹ-ㄱ ④ ㄷ-ㄴ-ㄹ-ㄱ
⑤ ㄷ-ㄹ-ㄴ-ㄱ

138
최근 지역사회복지 동향으로 옳지 않은 것은? 20회

① '찾아가는 동주민센터' 사업 실시
② 읍·면·동 맞춤형 복지 전담팀 설치
③ 지역사회통합돌봄사업의 축소
④ 행정복지센터로의 행정조직 재구조화
⑤ 지역사회복지계획이 지역사회보장계획으로 변경

139
최근 복지전달체계의 동향으로 옳지 않은 것은? 21회

① 사회복지 전담인력의 확충
② 수요자 중심 복지서비스 제공
③ 통합사례관리의 축소
④ 민·관 협력의 활성화
⑤ 보건과 연계한 서비스의 통합성 강화

기출키워드 31 자원봉사센터

140
자원봉사활동 추진체계의 역할로 옳지 않은 것은? 21회

① 보건복지부: 자원봉사활동의 진흥을 위한 국가기본계획 수립
② 지방자치단체: 자원봉사센터 운영을 위한 예산 지원
③ 중앙자원봉사센터: 자원봉사센터 정책 개발 및 연구
④ 시·도 자원봉사센터: 자원봉사 프로그램 개발 및 보급
⑤ 시·군·구 자원봉사센터: 지역 자원봉사 거점역할 수행

기출키워드 32 사회복지공동모금회

141 □□□
사회복지공동모금회에 관한 설명으로 옳지 않은 것은? 19회

① 기획, 홍보, 모금, 배분 업무를 수행한다.
② 사회복지사업법에 의한 사회복지법인이다.
③ 지정기부금 모금단체이다.
④ 사회복지 프로그램의 전문성 제고에 기여할 수 있다.
⑤ 지역사회의 자원을 동원하는 민간운동적인 특성이 있다.

142 □□□
사회복지공동모금회법상 사회복지공동모금회에 관한 설명으로 옳지 않은 것은? 20회

① 회장, 부회장 및 이사의 임기는 3년으로 하며, 한 차례만 연임할 수 있다.
② 사회복지공동모금사업을 수행한다.
③ 모금회의 업무를 처리하기 위하여 사무총장 1명과 필요한 직원 및 기구를 둔다.
④ 특별시·광역시·특별자치시·도·특별자치도 단위 사회복지공동모금지회를 둔다.
⑤ 사회복지사업이나 그 밖의 사회복지활동 등을 지원하기 위한 재원을 조성하기 위하여 기획재정부장관의 승인을 받아 복권을 발행할 수 있다.

143 □□□
사회복지공동모금회법상 사회복지공동모금회에 관한 설명으로 옳지 않은 것은? 22회

① 사회복지공동모금회는 사회복지법인이다.
② 특별시·광역시·특별자치시·도·특별자치도 단위 사회복지공동모금지회를 둔다.
③ 임원의 임기는 2년으로 하며, 한 차례만 연임할 수 있다.
④ 모금회가 아닌 자는 사회복지공동모금 또는 이와 유사한 명칭을 사용하지 못한다.
⑤ 사회복지활동 등을 지원하기 위한 재원을 조성하기 위하여 복권을 발행할 수 있다.

기출키워드 33 지역사회복지운동

144 □□□
지역사회복지운동에 관한 설명으로 옳지 않은 것은? 17회

① 지역사회복지서비스 제공기관의 주도성을 강화하기 위해 필요하다.
② 지역주민, 지역사회활동가, 사회복지전문가 등이 운동의 주체가 될 수 있다.
③ 지역사회 문제를 해결하기 위한 목적지향성을 가진다.
④ 국민기초생활보장법 시행 이후 자활후견기관(지역자활센터)이 설치·운영되어 자활운동이 공적전달 체계에 편입되었다.
⑤ 지역주민의 삶의 질과 관련된 생활영역을 포함한다.

145 □□□ 꽈배기문제
지역사회복지운동이 갖는 의의에 관한 설명으로 옳은 것을 모두 고른 것은? 18회

ㄱ. 복지권리의식과 시민의식을 배양하는 복지권 확립
ㄴ. 지역사회의 다양한 자원활용 및 관련 조직 간의 협력을 통한 지역자원 동원
ㄷ. 지역사회의 정체성 확인과 역량강화를 통해 지역사회 변화를 주도
ㄹ. 사회복지가 추구하는 사회적 가치로서 사회정의 실현

① ㄱ   ② ㄱ, ㄹ   ③ ㄴ, ㄷ
④ ㄱ, ㄴ, ㄷ   ⑤ ㄱ, ㄴ, ㄷ, ㄹ

146 □□□
지역사회복지운동에 관한 설명으로 옳은 것은? 19회

① 계획되지 않은 조직적 활동이다.
② 사회복지 전문가 중심의 활동이다.
③ 개인의 성장과 변화에 우선적인 초점을 둔다.
④ 노동자, 장애인 등 일부 주민을 대상으로 한다.
⑤ 복지권리·시민의식을 배양하는 사회권 확립운동이다.

147
지역사회복지운동에 관한 설명으로 옳지 않은 것은?

20회

① 지역사회복지운동의 계층적 기반은 노동운동이나 여성운동과 같이 뚜렷하다.
② 지역사회복지운동의 주된 관심사는 주민 삶의 질과 관련된 생활영역에 있다.
③ 지역사회의 다양한 자원 활용 및 조직 간 유기적 협력이 이루어진다.
④ 지역사회복지운동에는 다양한 이념이 사용될 수 있다.
⑤ 지역사회복지운동의 주체는 사회복지전문가, 지역활동가, 지역사회복지이용자 등 다양하다.

148
지역사회복지운동에 관한 설명으로 옳은 것은?

21회

① 사회복지전문가 중심의 활동으로 이루어진다.
② 목적지향적인 조직적 활동이다.
③ 운동의 초점은 정치권력의 장악이다.
④ 지역사회의 구조적 문제는 배제된다.
⑤ 지역사회복지운동단체는 서비스제공 활동을 하지 않는다.

149
지역사회복지운동에 관한 설명으로 옳지 않은 것은?

23회

① 지역사회의 부당한 권력구조를 변화시키기 위해 노력한다.
② 지역주민 참여를 위한 수요자 중심의 활동이 이루어진다.
③ 지역사회복지운동의 주체로 사회복지 실무자도 포함된다.
④ 특정 계층에 국한된 수단지향적인 활동이다.
⑤ 조례제정운동과 같은 제도변화 과정을 예로 들 수 있다.

기출키워드 34 주민참여 8단계

150
다음 사례에서 설명하는 아른스테인(S. Arnstein)의 주민참여 수준은?

19회

> A시(市)는 도시재생사업과 관련하여 주민들과 갈등을 겪고 있다. B씨는 A시의 추천으로 도시재생사업 추진위원회에 주민대표로 참여하였다. 하지만 회의는 B씨의 기대와는 달리 A시가 의도한 방향대로 최종 결정되었다.

① 조작 ② 회유 ③ 주민통제
④ 권한위임 ⑤ 정보제공

151
주민참여와 관련이 없는 것은?

20회

① 지방자치제도의 발달
② 마을만들기 사업(운동)
③ 지역사회복지 정책결정과정
④ 공무원 중심의 복지정책 결정권한 강화
⑤ 아른스테인(S. Arnstein)의 주장

152
지역사회복지실천에서 지역주민 참여수준이 높은 것에서 낮은 것 순서로 옳게 나열한 것은?

21회

> ㄱ. 계획단계에 참여   ㄴ. 조직대상자
> ㄷ. 단순정보수혜자   ㄹ. 의사결정권 행사

① ㄴ-ㄷ-ㄹ-ㄱ ② ㄷ-ㄱ-ㄴ-ㄹ
③ ㄷ-ㄴ-ㄱ-ㄹ ④ ㄹ-ㄱ-ㄴ-ㄷ
⑤ ㄹ-ㄴ-ㄱ-ㄷ

153
아른스테인(S. Arnstein)이 분류한 주민참여 단계에 해당하지 않는 것은?

22회

① 협동관계 ② 정보제공 ③ 주민회유
④ 주민동원 ⑤ 권한위임

6영역
사회복지정책론

최근 7개년 평균 출제문항 수

총 25문항

- 01 사회복지정책의 개념 — 3.4문항
- 02 사회복지정책의 역사적 전개 — 1.7문항
- 03 사회복지정책의 이론과 사상 — 2.4문항
- 04 사회복지정책의 정책과정 — 1.0문항
- 05 사회복지정책의 분석틀 ★★★ — 5.0문항
- 06 사회보장 — 3.1문항
- 07 사회보험제도와 공공부조제도 ★★★ — 6.6문항
- 08 빈곤과 소득불평등 — 1.7문항

최근 출제경향

- ✓ 사회복지정책론은 수험생이 가장 어려워하는 1~2위를 다투는 영역입니다. 사회복지조사론이 통계학 측면이라서 어렵다면, 사회복지정책론은 이념, 이론, 과정, 모형, 원칙, 제도, 평가 등을 종합적으로 파악해야 해서 힘든 영역입니다. 따라서 전 영역 통틀어 점수가 평균적으로 높게 나오지 않는 영역이기도 합니다.

- ✓ 최근 시험에서는 **사회복지제도**의 출제비중이 높았습니다. 특히 **사회보장급여법(약칭)**, 사회보장위원회, 긴급복지지원제도, 기초연금제도 등이 꾸준히 난이도 높게 보기 제시형으로 출제되고 있습니다.

- ✓ 전통적으로 빈출되는 개념인 **노인장기요양보험제도, 공적연금제도, 에스핑-안데르센 국가 모형, 길버트-스펙트 산출분석 모형**도 사례형 및 보기 제시형으로 출제되니 꼼꼼하게 보아야 합니다.

- ✓ 실제 생활과 연관 높은 문항들이 출제됩니다. **빈곤율, 빈곤갭, 소득분위, 기준중위소득, 근로장려세제**, 사회보장급여법(약칭)의 지원대상자, 긴급복지지원법의 지원 급여 형태 등이 최근에 자주 출제되고 있으니 눈여겨보아야 합니다.

- ✓ 사회복지정책의 가치도 난이도 높게 보기 제시형으로 제시되고 있습니다. 특히 **사회적 적절성, 사회적 효과성, 효율성(비용-편익, 비용-효과)** 등이 꾸준하게 개념 파악 문항으로 출제되고 있습니다.

합격생들의 학습 후기&꿀팁 | 정책론

#정책론은 문제 많이 풀어보는 게 좋음

#노답노잼

#기초연금보장 숙지하면 법제론에서 수월함

#평등/자유, 사회보험/공공부조, 부과/적립 등 반대되는 개념 이해하는 것 중요!

24회차 시험 대비 합격선을 넘는 TIP

- ☑ 사회복지정책론의 학습방법은 의외로 간단하지만 수행하기가 어렵습니다. 왜냐하면 지구력이 필요하기 때문입니다. 사회복지정책론은 요령을 피우지 않고 꾸준하게 할 때 고득점이 나옵니다.
- ☑ **학자, 정치가의 이론, 모형, 법률 등은 무조건 숙지**해야 합니다.
  예 파레토, 에스핑-안데르센, 길버트-스펙트, 케인즈, 베버리지, 엘리자베스, 길버트, 롤스, 스핀햄랜드, 조지-윌딩, 퍼니스-틸튼, 로렌츠, 지니, 윌렌스키-르보
- ☑ **사회보험제도, 공공부조제도** 등은 **사회복지법제론과 중복**되니 포괄적 개념파악 위주로 학습해야 합니다.
  예 공적 연금제도, 건강보험 수가제도 등
- ☑ 사회복지정책론은 집중도가 상당히 저하되는 3교시에 진행됩니다. 또한, 수험생들의 **실수를 유발하는 발문** 또는 **지문을 출제**하여 실수를 가장 많이 하는 영역이기도 합니다. 따라서 선지 하나하나 꼼꼼하고 면밀하게 확인하며 풀어야 합니다.

01 사회복지정책의 개념

기출키워드
- 사회복지정책의 특성 ★빈출
- 사회복지정책의 가치 ★빈출
- 사회복지의 국가 개입 ★빈출

최근 7개년 출제문항 수

☑ 3회독 Check ☐☐☐ 기출 3회독은 필수!

문항번호 옆 '3회독 체크표'에는 문제를 풀면서 모든 선지를 정확히 알고 풀었으면 'O', 일부 선지를 모르는 문제에는 'Δ', 전체적인 개념 학습이 필요한 문제는 'X'를 표시하세요.

☑ 꽈배기문제 는 빈출 개념에 대해 혼동을 유발하거나 오답을 유도하는 선지가 출제된 문제입니다. 꽈배기 문제 분석은 해설에서 확인할 수 있습니다.

기출키워드 1 사회복지정책의 특성 ★빈출

001 3회독 Check ☐☐☐

민간의 사회복지에 대한 우리나라 사회복지정책의 내용이 아닌 것은? 17회

① 국가와 지방자치단체는 국가 및 지방자치단체의 사회복지사업과 민간부문의 사회복지 증진활동이 원활하게 연계될 수 있도록 노력하여야 한다.
② 국가와 지방자치단체는 사회복지를 필요로 하는 사람의 인권이 충분히 존중되는 방식으로 사회복지서비스를 제공하여야 한다.
③ 보건복지부장관은 사회복지시설에서 제공하는 사회복지서비스의 최저기준을 마련하여야 한다.
④ 국가나 지방자치단체가 설치한 사회복지시설은 사회복지법인이나 비영리법인에 위탁하여 운영하게 할 수 있다.
⑤ 국가나 지방자치단체는 사회복지법인에 우선하여 사회복지시설을 설치·운영할 수 없다.

002 ☐☐☐

사회복지서비스와 다른 공공서비스들과의 차별성을 설명한 것으로 옳지 않은 것은? 17회

① 사회복지서비스는 주로 이차분배에 관여한다.
② 사회복지서비스는 사람들의 욕구를 직접적으로 충족하려는 경향이 있다.
③ 사회복지서비스는 개별적 욕구를 충족시키고자 한다.
④ 사회복지서비스에서의 교환은 쌍방적이며, 급여에 대한 대가를 반드시 지불해야 하는 이전(移轉)관계이다.
⑤ 사회복지서비스는 사람들의 욕구를 주로 공식적 기구나 제도를 통해 충족한다.

003 □□□
우리나라 비정규직 노동자에 관한 설명으로 옳은 것을 모두 고른 것은? 17회

> ㄱ. 비정규직 고용은 노동자의 인적자본 형성 기회를 줄인다.
> ㄴ. 정규직과 비정규직 노동자의 사회보험 가입률에는 차이가 없다.
> ㄷ. 비정규직의 증가원인에는 기업 규제 완화를 통한 노동의 유연성 증가가 포함된다.

① ㄱ ② ㄴ ③ ㄱ, ㄷ
④ ㄴ, ㄷ ⑤ ㄱ, ㄴ, ㄷ

004 □□□
사회복지정책의 원칙과 기능에 관한 설명으로 옳지 않은 것은? 19회

① 능력에 비례한 배분을 원칙으로 한다.
② 소득을 재분배하는 기능을 한다.
③ 경제의 자동안정화 기능을 한다.
④ 국민의 최저생활을 보장하는 기능을 한다.
⑤ 사회통합과 정치적 안정화 기능을 한다.

005 □□□
아동학대의 예방 및 방지에 관한 설명으로 옳은 것을 모두 고른 것은? 19회

> ㄱ. 아동학대를 예방하고 수시로 신고를 받을 수 있도록 아동보호전문기관은 긴급전화(1391)를 설치하여야 한다.
> ㄴ. 아동학대의 예방과 방지에 관한 관심을 높이기 위하여 아동학대 예방의 날을 지정하였다.
> ㄷ. 지역아동보호전문기관은 아동학대 신고접수, 현장조사 및 응급보호 등의 역할을 한다.
> ㄹ. 아동보호전문기관의 장은 피해아동의 가족에게 상담, 교육 및 의료적·심리적 치료 등의 필요한 지원을 제공하여야 한다.

① ㄱ, ㄹ ② ㄴ, ㄹ ③ ㄱ, ㄴ, ㄷ
④ ㄴ, ㄷ, ㄹ ⑤ ㄱ, ㄴ, ㄷ, ㄹ

006 □□□
다음 중 사회복지정책이 필요한 이유를 모두 고른 것은? 21회

> ㄱ. 국민의 생존권 보장
> ㄴ. 사회통합의 증진
> ㄷ. 개인의 자립성 증진
> ㄹ. 능력에 따른 분배

① ㄱ, ㄴ ② ㄴ, ㄷ ③ ㄴ, ㄹ
④ ㄱ, ㄴ, ㄷ ⑤ ㄱ, ㄷ, ㄹ

007 □□□
사회복지정책의 목적으로 옳지 않은 것은? 23회

① 빈부 간 갈등 예방과 사회통합
② 개인의 자립과 성장
③ 소득재분배에 의한 평등 추구
④ 사회안전망 강화와 생존권 보장
⑤ 개인의 능력에 따른 분배구조 확대

기출키워드 2 사회복지정책의 가치 ★빈출

008 □□□
재분배와 파레토(Pareto) 효율에 관한 설명으로 옳지 않은 것은? 17회

① 파레토 개선이란 다른 사람들의 효용을 감소시키지 않으면서 어떤 사람들의 효용을 증가시키는 것이다.
② 파레토 효율의 정의상 소득재분배는 매우 효율적이다.
③ 재분배를 통하여 빈곤층의 소득이 늘어나도 개인의 효용은 증가할 수 있다.
④ 파레토 개선의 예로 민간의 자선활동을 들 수 있다.
⑤ 파레토 효율은 완전경쟁시장에서 개인의 자발적인 선택을 전제로 한다.

009 ☐☐☐
사회복지의 가치 중 '자유'에 관한 설명으로 옳은 것은? 18회

① 자유지상주의 관점에서는 적극적 자유를 옹호한다.
② 소극적 자유 보장을 위해서는 국가의 역할이 많을수록 좋다.
③ 적극적 자유의 관점에서 자유의 침해는 개인에게 필요한 자원이나 기회를 박탈당한 것을 의미한다.
④ 적극적 자유의 관점에서는 임차인의 주거 안정을 위해 임대인의 자유를 제약할 수 없다.
⑤ 개인의 행동에 대한 외적 강제가 없는 상태는 적극적 자유의 핵심이다.

010 ☐☐☐ 짬뽕기문제
사회복지정책의 가치에 관한 설명으로 옳은 것은? 19회

① 비례적 평등은 개인의 능력, 업적, 공헌에 따라 사회적 자원을 분배하는 것을 의미한다.
② 적극적 자유는 타인의 간섭 혹은 의지로부터의 자유를 의미한다.
③ 결과의 평등을 달성하기 위해 부자들의 소득을 재분배하더라도 소극적 자유를 침해하지 않는다.
④ 결과가 평등하다면 과정의 불평등은 상관없다는 것이 기회의 평등이다.
⑤ 기회의 평등은 적극적인 평등의 개념이다.

011 ☐☐☐
사회복지정책의 가치에 관한 설명으로 옳지 않은 것은? 20회

① 소극적 자유는 자신이 원하는 것을 할 수 있는 자유를 강조한다.
② 평등을 추구하는 사회복지정책은 선택의 자유를 제한한다는 비판이 있다.
③ 형평성이 신빈민법의 열등처우원칙에 적용되었다.
④ 적절성은 일정한 수준의 신체적·정신적 복리를 제공하는 것을 의미한다.
⑤ 기회의 평등의 예로 사회적으로 취약한 아동을 위한 적극적 교육 지원을 들 수 있다.

012 ☐☐☐
사회복지정책 급여의 적절성에 관한 설명으로 옳지 않은 것은? 21회

① 인간다운 생활을 할 수 있는 수준의 급여를 제공하는 것을 말한다.
② 기초연금 지급액 인상은 적절성 수준을 높여줄 수 있다.
③ 급여를 받는 사람의 삶의 질에 대한 관심의 표현이다.
④ 일정한 수준의 물질적, 정신적 복지를 제공해야 한다는 것과 관련된다.
⑤ 적절성에 대한 기준은 시간과 환경에 따라 변하지 않는다.

013 ☐☐☐
사회복지정책 가치인 연대에 관한 설명으로 옳지 않은 것은? 23회

① 사람들이 서로 의무감과 책임감을 느끼고 함께 하려는 상태를 의미한다.
② 일반적으로 동질성과 동등성을 갖지 못한 대상에 대한 비배타적 특성을 반영한다.
③ 이질성과 개인화가 강조되는 상태에서 유지되는 연대를 유기적 연대라고 한다.
④ 최근 우리나라에서는 노동시장의 변화로 노동자들 간 동질성이 더욱 강화되었다.
⑤ 장애인의무고용은 연대를 제도화한 것이다.

014 ☐☐☐
마이클 샌델(M. Sandel)의 정의에 관한 설명으로 옳지 않은 것은? 23회

① 절차적 장치로써 무지의 베일 활용
② 도덕에 기초하는 정치
③ 불평등 해소방법, 연대, 시민의 미덕
④ 시장의 도덕적 한계를 인정
⑤ 시민의식, 희생, 봉사

기출키워드 3 　사회복지의 국가 개입 ★빈출

015 ☐☐☐
사회복지 재화나 서비스를 국가가 제공해야 하는 이유가 아닌 것은?　20회

① 사회복지의 공공재적 성격
② 전염병에 대한 치료의 긍정적 외부효과 발생
③ 질병의 위험에 대한 보험방식의 역선택 문제 해결
④ 경제성장의 낙수효과 발생
⑤ 의료서비스에 대한 정보의 비대칭 문제 해결

016 ☐☐☐
사회복지운동에 관한 설명으로 옳은 것을 모두 고른 것은?　21회

ㄱ. 민간이 사회복지에 대한 특정 견해를 가지고 이를 관철시키려는 실천이다.
ㄴ. 노동운동·시민운동·여성운동 단체 등 다양한 주체들이 관심과 역량을 투여하는 사회운동의 한 분야이다.
ㄷ. 사회복지종사자들이 갖고 있는 전문성을 실현하는 중요한 통로의 하나이다.
ㄹ. 우리나라의 사회복지역사에서 정부는 사회복지운동단체의 의견을 모두 수용하였다.

① ㄱ, ㄷ　② ㄴ, ㄹ　③ ㄱ, ㄴ, ㄷ
④ ㄴ, ㄷ, ㄹ　⑤ ㄱ, ㄴ, ㄷ, ㄹ

017 ☐☐☐
사회복지정책의 주체 및 그 역할에 관한 설명으로 옳지 않은 것은?　21회

① 긍정적 외부효과가 큰 영역은 민간부문이 담당하는 것이 바람직하다.
② 사회복지정책의 주체는 국가, 지방자치단체, 공공복지기관 등 다양하다.
③ 공공재적 성격이 강한 재화나 서비스는 공공부문이 개입하는 것이 바람직하다.
④ 정보의 비대칭성이 강한 영역은 정부가 개입하는 것이 바람직하다.
⑤ 민간복지기관은 정부 및 공공기관에 의하여 권한을 위임받은 경우 사회복지정책의 주체가 될 수 있다.

018 ☐☐☐
국가가 주도적으로 사회복지를 제공해야 할 필요성으로 옳지 않은 것은?　22회

① 역선택　　　　　② 도덕적 해이
③ 규모의 경제　　　④ 능력에 따른 분배
⑤ 정보의 비대칭

기출분석 해설집 p.111

02 사회복지정책의 역사적 전개

기출키워드
- 영국의 사회복지
- 미국과 독일의 사회복지
- 복지국가

최근 7개년 출제문항 수

✓ 3회독 Check ☐☐☐ 기출 3회독은 필수!

문항번호 옆 '3회독 체크표'에는 문제를 풀면서 모든 선지를 정확히 알고 풀었으면 'O', 일부 선지를 모르는 문제에는 '△', 전체적인 개념 학습이 필요한 문제는 'X'를 표시하세요.

✓ 꽈배기 문제 는 빈출 개념에 대해 혼동을 유발하거나 오답을 유도하는 선지가 출제된 문제입니다. 꽈배기 문제 분석은 해설에서 확인할 수 있습니다.

기출키워드 4 영국의 사회복지

019 ☐☐☐
사회복지역사에 관한 내용 중 연결이 옳은 것은?
18회

① 엘리자베스 구빈법(1601) - 열등처우의 원칙
② 길버트법(1782) - 원외구제 허용
③ 비스마르크 3대 사회보험 - 질병보험, 실업보험, 노령폐질보험
④ 미국 사회보장법(1935) - 보편적 의료보험제도 도입
⑤ 베버리지 보고서(1942) - 소득비례방식의 사회보험

020 ☐☐☐
베버리지(W. Beveridge)가 사회보장 프로그램의 성공을 위해 제시한 전제조건을 모두 고른 것은?
18회

| ㄱ. 아동(가족)수당 |
| ㄴ. 완전고용 |
| ㄷ. 포괄적 의료 및 재활서비스 |
| ㄹ. 최저임금 |

① ㄹ
② ㄱ, ㄷ
③ ㄴ, ㄹ
④ ㄱ, ㄴ, ㄷ
⑤ ㄱ, ㄴ, ㄷ, ㄹ

021

신빈민법(New Poor Law)에 관한 설명으로 옳지 않은 것은? 19회

① 1832년 왕립위원회(Royal Commission)의 조사를 토대로 1834년에 제정되었다.
② 국가의 도움을 받는 사람의 처우는 스스로 벌어서 생활하는 최하위 노동자의 생활 수준보다 높지 않아야 한다는 원칙을 내용으로 하고 있다.
③ 원외구제를 인정하였다.
④ 구빈행정체계를 통일시키고자 하였다.
⑤ 빈민을 가치 있는 빈민과 가치 없는 빈민으로 분류하였다.

022

1942년 베버리지 보고서에서 규정한 5대 악에 해당되지 않는 것은? 21회

① 무지 ② 질병 ③ 산업재해
④ 나태 ⑤ 결핍(궁핍)

023

영국 구빈제도의 역사에 관한 설명으로 옳지 않은 것은? 21회

① 1601년 엘리자베스 빈민법은 빈민을 노동능력 있는 빈민, 노동능력 없는 빈민, 빈곤아동으로 분류하였다.
② 1662년 정주법은 부랑자들의 자유로운 이동을 금지하였다.
③ 1782년 길버트법은 원외구제를 허용하였다.
④ 1795년 스핀햄랜드법은 열등처우의 원칙을 명문화하였다.
⑤ 1834년 신빈민법은 노동능력이 있는 빈민에 대한 원외구제를 폐지하였다.

024

영국 사회복지정책의 역사에 관한 설명으로 옳은 것을 모두 고른 것은? 22회

ㄱ. 길버트법은 빈민의 비참한 생활과 착취를 개선하기 위해 원외구제를 허용했다.
ㄴ. 스핀햄랜드법은 빈민의 임금을 보충하기 위해 가족 수에 따라 보조금을 지급할 수 있게 했다.
ㄷ. 신빈민법은 열등처우의 원칙을 적용하였고 원내구제를 금지했다.
ㄹ. 왕립빈민법위원회의 소수파보고서는 구빈법의 폐지보다는 개혁을 주장했다.
ㅁ. 베버리지보고서를 근거로 하여 가족수당법, 국민부조법 등이 제정되었다.

① ㄱ, ㄷ ② ㄷ, ㅁ ③ ㄱ, ㄴ, ㅁ
④ ㄴ, ㄷ, ㄹ ⑤ ㄴ, ㄹ, ㅁ

기출키워드 5 미국과 독일의 사회복지

025

사회복지 역사에 관한 설명으로 옳은 것을 모두 고른 것은? 20회

ㄱ. 길버트법은 작업장 노동의 비인도적인 문제에 대응하여 원외구제를 실시하였다.
ㄴ. 신빈민법은 특권적 지주계급을 위한 법으로 구빈업무를 전국적으로 통일하였다.
ㄷ. 미국의 사회보장법(1935)은 연방정부의 책임을 축소하고 지방정부의 책임을 확대하였다.
ㄹ. 비스마르크는 독일제국의 사회통합을 위해 사회보험을 도입하였다.

① ㄱ, ㄴ ② ㄱ, ㄷ ③ ㄱ, ㄹ
④ ㄴ, ㄷ ⑤ ㄷ, ㄹ

026 ☐☐☐ 짝배기문제

미국의 빈곤가족한시지원(TANF)에 관한 설명으로 옳지 않은 것은? 22회

① 수급기간 제한
② 개인 책임 강조
③ 근로연계복지 강화
④ 요보호아동가족부조(AFDC)와 병행
⑤ 주정부의 역할과 기능 강화

기출키워드 6 복지국가

027 ☐☐☐ 짝배기문제

복지국가의 이론적 기초가 되는 케인즈(J. M. Keynes) 경제이론에 관한 설명으로 옳지 않은 것은? 17회

① 고용이 증가하면 소득이 증가하고, 소득이 증가하면 유효수요가 증가한다.
② 유효수요가 감소하면 경기불황을 가져오고, 소득이 감소한다.
③ 저축이 증가하면 투자가 감소하고, 고용의 감소로 이어진다.
④ 유효수요가 증가하면 경기호황을 가져와 투자의 증가로 이어진다.
⑤ 소득이 증가하면 저축이 감소하고, 투자의 감소로 이어진다.

028 ☐☐☐

최근 논의되는 사회복지정책 이슈들에 관한 설명으로 옳지 않은 것은? 18회

① 생태주의 관점에서는 복지국가의 '성장' 패러다임을 옹호한다.
② 4차 산업혁명, 일자리 감소, 소득 양극화 심화 등의 이슈는 '기본소득' 도입의 필요성과 관련되어 있다.
③ 민달팽이유니온, 복지국가청년네트워크 등은 청년 세대운동 조직이 출현한 사례에 해당한다.
④ '마을만들기' 사업은 주민참여형 복지라고 할 수 있다.
⑤ '커뮤니티 케어'는 탈시설화와 관련되어 있다.

029 ☐☐☐

길버트(N. Gilbert)가 주장한 권능부여국가(enabling state)의 주요 요소에 해당하는 것은? 23회

① 사회적 지원, 노동의 재상품화, 공공기관에 의한 제공, 권리의 공유를 통한 연대
② 사회적 포섭, 노동의 탈상품화, 민간기관에 의한 제공, 사회권으로서의 급여
③ 사회적 포섭, 노동의 재상품화, 민영화, 사회권으로서의 급여
④ 근로촉진, 선별적 표적화, 민영화, 사회적 의무와 연계된 급여
⑤ 근로촉진, 생활임금, 공적 운영, 사회적 의무와 연계된 급여

030 ☐☐☐

제2차 세계대전 이후 서구 복지국가의 전개 과정에 관한 설명으로 옳은 것은? 23회

① 노동과 자본의 극단적인 대립
② 대규모 재분배를 가능하게 하는 케인즈주의 경제정책
③ 자유방임 자본주의를 옹호하는 사상 확산
④ 공공부조 위주의 사회보장체계 구축
⑤ 가족과 시장의 책임강조

기출분석 해설집 p.113

03 사회복지정책의 이론과 사상

기출키워드
- 사회복지정책 발달이론
- 사회복지정책 이데올로기
- 복지국가 유형화이론

최근 7개년 출제문항 수

3회독 Check ☐☐☐ 기출 3회독은 필수!

문항번호 옆 '3회독 체크표'에는 문제를 풀면서 모든 선지를 정확히 알고 풀었으면 'O', 일부 선지를 모르는 문제에는 '△', 전체적인 개념 학습이 필요한 문제는 '×'를 표시하세요.

꽈배기 문제 는 빈출 개념에 대해 혼동을 유발하거나 오답을 유도하는 선지가 출제된 문제입니다. 꽈배기 문제 분석은 해설에서 확인할 수 있습니다.

기출키워드 7 　사회복지정책 발달이론

031 ☐☐☐

사회복지발달이론에 관한 설명으로 옳지 않은 것은?
　　　　　　　　　　　　　　　　　　　　　18회

① 사회양심이론 – 사회복지는 이타주의가 제도화된 것임
② 수렴이론 – 산업화를 이룬 나라들은 사회복지제도를 도입하게 됨
③ 시민권론 – 마샬(T. H. Marshall)은 사회권(social right)을 복지권(welfare right)이라 함
④ 권력자원론 – 사회복지정책은 권력 엘리트의 산물임
⑤ 구조기능주의론 – 사회복지는 산업화, 도시화에 따른 사회문제에 대한 적응의 결과임

032 ☐☐☐

사회복지정책 발달이론에 관한 설명으로 옳지 않은 것은?
　　　　　　　　　　　　　　　　　　　　　19회

① 사회양심론은 인도주의에 기초하고 있다.
② 음모이론은 사회복지정책을 사회 안정과 질서유지를 위한 통제 수단으로 보는 이론이다.
③ 확산이론은 한 지역의 사회복지정책이 다른 지역으로 전파되어 나간다는 이론이다.
④ 시민권이론은 참정권, 공민권, 사회권 순으로 발전했다고 설명한다.
⑤ 산업화이론은 사회복지정책발달은 그 사회의 산업화 정도에 따라 결정된다고 보는 이론이다.

033 ☐☐☐

사회복지정책의 발달이론에 관한 설명으로 옳지 않은 것은? 20회

① 산업화론 – 농경사회에서 산업사회로 변화하면서 사회문제가 발생하였고, 그 대책으로 사회복지정책이 발달하였다.
② 권력자원론 – 복지국가 발전의 중요 변수들은 노동조합의 중앙집중화 정도, 노동자 정당의 영향력 등이다.
③ 수렴이론 – 사회적 양심과 이타주의의 확대에 따라 모든 국가는 복지국가로 수렴한다.
④ 시민권론 – 마샬(T. H. Marshall)에 따르면 시민권은 공민권, 참정권, 사회권 순서로 발전하였고, 사회복지정책은 사회권이 발달한 결과이다.
⑤ 국가중심적 이론 – 적극적 행위자로서 국가를 강조하고 사회복지정책의 발전을 국가 관료제의 영향으로 설명한다.

034 ☐☐☐

롤스(J. Rawls)의 정의론(공정으로서의 정의)에 관한 설명으로 옳은 것은? 21회

① 제1원칙은 기본적 자유에 대한 동등한 권리이다.
② 기회의 균등보다는 결과의 평등이 더 중요하다.
③ 사회경제적 불평등은 어떠한 경우라도 허용될 수 없다.
④ 최대다수의 최대행복을 추구한다.
⑤ 정당한 소유와 합법적인 이전은 정의로운 결과를 가져온다.

035 ☐☐☐

사회복지정책의 발달이론 중 의회민주주의의 정착과 노동자계급의 조직화된 힘을 강조하는 이론은? 21회

① 산업화론   ② 권력자원이론   ③ 확산이론
④ 사회양심이론   ⑤ 국가중심이론

036 ☐☐☐

사회복지정책의 발달을 설명하는 이론으로 옳은 것을 모두 고른 것은? 22회

ㄱ. 시민권이론은 정치권, 공민권, 사회권의 순서로 발달한 것으로 본다.
ㄴ. 권력자원이론은 노동조합의 중앙집중화 정도, 좌파정당의 집권을 복지국가 발달의 변수로 본다.
ㄷ. 이익집단이론은 다양한 이익집단들의 정치적 활동을 통해 복지국가가 발달한 것으로 본다.
ㄹ. 국가중심이론은 국가 엘리트들과 고용주들의 의지와 능력에 의해 결정된다고 본다.
ㅁ. 수렴이론은 그 사회의 기술수준과 산업화 정도에 따라 사회복지의 발달이 수렴된다고 본다.

① ㄱ, ㄴ, ㄹ   ② ㄱ, ㄷ, ㅁ   ③ ㄴ, ㄷ, ㄹ
④ ㄴ, ㄷ, ㅁ   ⑤ ㄷ, ㄹ, ㅁ

037 ☐☐☐

중상주의에 관한 설명으로 옳은 것을 모두 고른 것은? 23회

ㄱ. 15세기 중반부터 18세기 중반까지 유럽대륙을 지배하였던 경제사상을 지칭하는 용어이다.
ㄴ. 국가유지에 필요한 비용을 마련하기 위해 식민지 개척과 무역정책을 추진하였다.
ㄷ. 식량부족으로 인구증가 억제정책을 추진하였다.
ㄹ. 빈민들의 근면성을 위해 임금수준을 낮게 유지하고자 하였다.

① ㄱ   ② ㄴ, ㄷ   ③ ㄱ, ㄴ, ㄹ
④ ㄴ, ㄷ, ㄹ   ⑤ ㄱ, ㄴ, ㄷ, ㄹ

기출키워드 8   사회복지정책 이데올로기

038 □□□
반집합주의가 선호하는 가치 영역이 아닌 것은?

17회

① 개인   ② 시장   ③ 평등
④ 가족   ⑤ 경쟁

039 □□□
사회투자전략에 관한 설명으로 옳은 것은?   20회

① 인적자원에 대한 투자는 결과의 평등을 목적으로 한다.
② 사회적 약자 집단에 대한 현금 이전을 중시한다.
③ 현재 아동 세대에 대한 선제적 투자를 중시한다.
④ 사회정책과 경제정책을 분리한 전략이다.
⑤ 소득재분배와 소비 지원을 강조한다.

040 □□□ 꽈배기문제
조지와 윌딩(V. George & P. Wilding, 1976; 1994)의 사회복지모형에서 복지국가의 확대를 가장 지지하는 이념은?   20회

① 신우파   ② 반집합주의
③ 마르크스주의 ④ 페이비언 사회주의
⑤ 녹색주의

041 □□□
조지(V. George)와 윌딩(P. Wilding)이 제시한 이념 중 소극적 집합주의에 관한 설명으로 옳은 것은?

21회

① 시장에 대한 국가개입을 최소화하고 개인의 소극적 자유를 극대화하는 것이 바람직하다.
② 개인의 적극적 자유를 보장하기 위해서는 철저한 계획경제와 생산수단의 국유화가 필요하다.
③ 환경과 생태의 관점에서 자본주의의 성장과 복지국가의 확대는 지속가능하지 않다.
④ 복지국가는 노동의 성(gender) 분업과 자본주의 가부장제를 고착화시키는 역할을 한다.
⑤ 시장의 약점을 보완하고 불평등과 빈곤에 대응하기 위하여 실용적인 국가개입이 필요하다.

기출키워드 9   복지국가 유형화이론

042 □□□
에스핑-앤더슨(Esping-Andersen)의 복지국가 유형에 관한 설명으로 옳은 것을 모두 고른 것은?

19회

ㄱ. 복지국가 유형을 탈상품화, 계층화 등을 기준으로 분류하였다.
ㄴ. 자유주의 복지국가는 자산조사에 의한 공공부조의 비중이 큰 국가이다.
ㄷ. 보수주의 복지국가는 사회보험에 의존하지 않는다.
ㄹ. 사회민주주의 복지국가는 보편적 원칙과 사회권을 통한 탈상품화 효과가 크다.

① ㄱ, ㄴ   ② ㄱ, ㄹ   ③ ㄱ, ㄴ, ㄹ
④ ㄴ, ㄷ, ㄹ   ⑤ ㄱ, ㄴ, ㄷ, ㄹ

043 □□□
에스핑-앤더슨(G. Esping-Andersen)의 세 가지 복지체제에 관한 설명으로 옳지 않은 것은? 20회

① 보수주의 복지체제 국가는 가족의 중요성을 강조한다.
② 자유주의 복지체제 국가에서 탈상품화 정도가 가장 높다.
③ 사회민주주의 복지체제 국가는 보편주의를 강조한다.
④ 보수주의 복지체제 국가의 예로 독일, 프랑스, 이탈리아가 있다.
⑤ 자유주의 복지체제 국가의 사회보장급여는 잔여적 특성이 강하다.

044 □□□
에스핑-안데르센(G. Esping-Andersen)의 복지국가 유형에 관한 설명으로 옳지 않은 것은? 21회

① 탈상품화 정도, 계층화 정도 등에 따라 복지국가를 3가지 유형으로 분류하였다.
② 탈상품화는 돌봄이나 서비스 부담을 가족에게 의존하지 않는 정도를 의미한다.
③ 사회민주주의 복지국가는 탈상품화 정도가 높고 보편적 사회서비스를 제공한다.
④ 보수주의 복지국가에서 사회보험은 직업집단 등에 따라 분절적으로 운영된다.
⑤ 자유주의 복지국가는 공공부조의 역할이 크고 탈상품화 정도는 낮다.

045 □□□
에스핑-안데르센(G. Esping-Andersen)의 복지국가 유형에 관한 설명으로 옳은 것은? 22회

① 복지국가 유형을 탈상품화, 계층화 등을 기준으로 분류하였다.
② 보수주의 복지국가는 탈가족주의와 통합적 사회보험을 강조한다.
③ 자유주의 복지국가는 공공부조의 비중과 탈상품화 수준이 낮은 편이다.
④ 사회민주주의 복지국가는 국가의 책임을 최소화하고 시장을 통해 문제해결을 한다.
⑤ 보수주의 복지국가의 예로는 프랑스, 영국, 미국을 들 수 있다.

046 □□□
사회복지의 잔여적 개념과 제도적 개념에 관한 설명으로 옳은 것을 모두 고른 것은? 22회

> ㄱ. 잔여적 개념에 따르면 개인은 기본적으로 가족과 시장을 통해 욕구를 충족시킨다.
> ㄴ. 제도적 개념에 따르면 가족과 시장에 의한 개인의 욕구 충족이 실패했을 때 국가가 잠정적·일시적으로 그 기능을 대신한다.
> ㄷ. 잔여적 개념은 작은 정부를 옹호하고 시장과 민간의 역할을 중시하는 보수주의자들의 선호와 맥락을 같이한다.
> ㄹ. 제도적 개념은 사회복지를 시혜나 자선으로 보지 않지만 국가에 의해 주어진 것이므로 권리성은 약하다.

① ㄱ ② ㄹ ③ ㄱ, ㄷ
④ ㄴ, ㄷ ⑤ ㄴ, ㄷ, ㄹ

04 사회복지정책의 정책과정

기출키워드
- 사회복지정책의 평가
- 사회복지정책의 결정

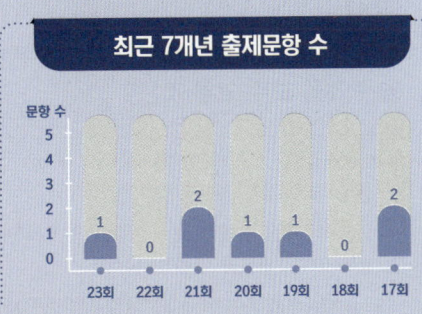
최근 7개년 출제문항 수

기출키워드 10 사회복지정책의 평가

047 □□□
사회복지정책 평가가 필요한 이유를 모두 고른 것은?

17회

ㄱ. 문제해결을 위한 정책결정에 필요한 정보를 얻기 위함
ㄴ. 기존 정책의 개선에 필요한 정보를 얻기 위함
ㄷ. 정책의 정당성 근거를 확보하기 위함
ㄹ. 정책평가는 사회복지정책 이론의 형성에 기여함

① ㄱ, ㄴ, ㄷ ② ㄱ, ㄴ, ㄹ ③ ㄱ, ㄷ, ㄹ
④ ㄴ, ㄷ, ㄹ ⑤ ㄱ, ㄴ, ㄷ, ㄹ

048 □□□
사회복지정책 평가유형에 관한 설명으로 옳은 것은?

19회

① 과정평가는 정책집행 후에 평가하는 활동을 말한다.
② 결과평가는 정책집행 중간의 평가로 전략 설계의 수정 보완을 하지 못한다.
③ 총괄평가는 정책이 집행되고 난 후 정책이 사회에 미친 영향을 평가하는 것이다.
④ 효율성평가는 정책집행의 결과에 따라 정책의 목적이 달성되었는지를 평가하는 것이다.
⑤ 효과성평가는 정책의 효과를 투입된 자원과 대비하는 평가이다.

049 □□□
사회복지정책 평가가 갖는 특징으로 옳지 않은 것은?

21회

① 정치적이다.   ② 실용적이다.
③ 종합학문적이다. ④ 기술적이다.
⑤ 가치중립적이다.

기출키워드 11 사회복지정책의 결정

050 □□□

킹돈(J. Kingdon)의 쓰레기통모형에 관한 설명으로 옳은 것을 모두 고른 것은?   17회

> ㄱ. 정책결정은 조직화된 상태 속에서 나타나는 몇 가지 흐름에 의하여 체계적으로 이루어진다.
> ㄴ. 정치의 흐름, 문제의 흐름, 정책대안의 흐름이 각각 따로 존재하며, 그 과정의 참여자도 다르다.
> ㄷ. 정책의 흐름 속에 떠다니던 정책대안이 연결되어 정책결정의 기회를 맞는다.
> ㄹ. 정치의 흐름 및 문제의 흐름 각각에 의하여 또는 이들의 결합에 의하여 정책 아젠다가 결정된다.

① ㄱ, ㄴ   ② ㄱ, ㄷ   ③ ㄴ, ㄷ
④ ㄴ, ㄷ, ㄹ   ⑤ ㄱ, ㄴ, ㄷ, ㄹ

051 □□□

정책결정이론 모형에 관한 설명으로 옳은 것을 모두 고른 것은?   20회

> ㄱ. 합리모형은 인간의 이성과 합리성을 믿고 주어진 상황에서 목표 달성을 극대화하는 최선의 정책대안을 찾아낼 수 있다고 본다.
> ㄴ. 점증모형은 조직화된 무정부상태 속에서 점진적으로 질서를 찾아가는 과정을 정책결정과정으로 설명한다.
> ㄷ. 쓰레기통모형은 문제의 흐름, 정책대안의 흐름, 정치의 흐름이 우연히 결합하여 정책의 창이 열릴 때 정책이 결정된다고 본다.
> ㄹ. 혼합모형은 합리모형과 최적모형을 혼합하여 최선의 정책결정에 도달하는 정책결정모형이다.

① ㄱ, ㄷ   ② ㄱ, ㄹ   ③ ㄴ, ㄹ
④ ㄱ, ㄴ, ㄷ   ⑤ ㄱ, ㄴ, ㄷ, ㄹ

052 □□□

다음에서 설명하고 있는 정책결정모형은?   23회

> • 큰 범위에서의 기본적인 결정은 합리적으로 이루어지지만, 세부적 결정은 기본적 결정을 보완·수정하여 점증적으로 이루어진다고 주장하는 정책결정모형이다.
> • 기본적 결정은 전체적인 방향을 설정하기 위해 중요한 대안을 탐색한 후에 이루어진다.
> • 두 개의 대립되는 극단의 모형들을 절충한 것에 지나지 않는다는 비판이 있다.

① 쓰레기통모형   ② 점증모형
③ 혼합모형   ④ 만족모형
⑤ 최적모형

05 사회복지정책의 분석틀

기출키워드
- 길버트와 테렐의 사회복지정책 분석 ★빈출
- 사회복지정책의 대상 ★빈출

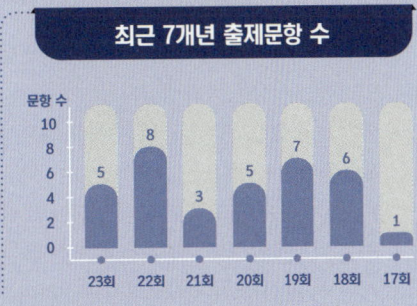

최근 7개년 출제문항 수

✓ 3회독 Check ☐☐☐ 기출 3회독은 필수!
문항번호 옆 '3회독 체크표'에는 문제를 풀면서 모든 선지를 정확히 알고 풀었으면 'O', 일부 선지를 모르는 문제에는 '△', 전체적인 개념 학습이 필요한 문제는 '×'를 표시하세요.

✓ 꽈배기 문제 는 빈출 개념에 대해 혼동을 유발하거나 오답을 유도하는 선지가 출제된 문제입니다. 꽈배기 문제 분석은 해설에서 확인할 수 있습니다.

기출키워드 12 길버트와 테렐의 사회복지정책 분석 ★빈출

053 ☐☐☐
길버트(N. Gilbert)와 스펙트(H. Specht) 등의 사회복지정책 분석에 관한 설명으로 옳지 않은 것은?
19회

① 과정분석은 정책형성에 영향을 미치는 사회정치적·기술적·방법적 변수를 중심으로 분석하는 접근방법이다.
② 산물분석은 정책선택에 관련된 여러 가지 쟁점을 분석하는 접근방법이다.
③ 성과분석은 실행된 정책이 낳은 결과를 기술하고 분석하는 접근방법이다.
④ 산물분석은 할당, 급여, 전달체계, 재정 차원으로 구분하여 분석한다.
⑤ 과정분석은 연구자의 주관을 배제해야 한다.

054 ☐☐☐
우리나라의 건강보험제도를 할당, 급여, 전달체계, 재정의 영역으로 구분한 것이다. 내용 연결이 옳은 것을 모두 고른 것은?
20회

ㄱ. 할당 - 기여조건
ㄴ. 급여 - 현금급여, 현물급여
ㄷ. 전달체계 - 민간전달체계, 공공전달체계
ㄹ. 재정 - 보험료, 국고보조금, 이용료

① ㄱ, ㄴ   ② ㄱ, ㄷ   ③ ㄱ, ㄴ, ㄷ
④ ㄴ, ㄷ, ㄹ   ⑤ ㄱ, ㄴ, ㄷ, ㄹ

055 ☐☐☐

복지다원주의 또는 복지혼합에 관한 설명으로 옳지 않은 것은? 22회

① 국가는 복지의 주된 공급자로 인정하면서도 불평등을 야기하는 시장은 복지 공급자로 수용하지 않는다.
② 국가를 포함한 복지제공의 주체를 재구성하는 논리로 활용된다.
③ 비공식부문은 제도적 복지의 발달에도 불구하고 존재하는 비복지 문제에 대응하는 복지주체이다.
④ 시민사회는 사회적 경제조직을 구성하여 지역사회에서 공급주체로 참여하는 역할을 한다.
⑤ 복지제공의 주체로 국가 외에 다른 주체를 수용한다는 점에서 복지국가를 비판하는 논리로 쓰인다.

056 ☐☐☐

사회서비스 전자바우처에 관한 설명으로 옳지 않은 것은? 22회

① 급여형태는 신용카드 또는 체크카드로 구현한 증서이다.
② 공급자 중심의 직접지원 또는 직접지불 방식이다.
③ 서비스 제공자의 도덕적 해이를 방지하기 위해 도입되었다.
④ 수요자의 선택권을 보장하기 위한 수단으로 활용되고 있다.
⑤ 금융기관 시스템을 활용하여 재정흐름의 투명성이 높아졌다.

057 ☐☐☐

조세와 사회보험료에 관한 설명으로 옳은 것은? 22회

① 조세는 사회보험료에 비해 소득역진적이다.
② 조세와 사회보험료는 공통적으로 빈곤완화, 위험분산, 소득유지, 불평등 완화의 기능을 수행한다.
③ 조세와 사회보험료는 공통적으로 상한선이 있어서 고소득층에 유리하다.
④ 사회보험료를 조세로 보기는 하지만 임금으로 보지는 않는다.
⑤ 개인소득세는 누진성이 강하고 일반소비세는 역진성이 강하다.

058 ☐☐☐

길버트와 테렐(Gilbert & Terrell)이 주장한 전달체계의 개선전략 중 서비스에 대한 접근성 자체를 중요하게 간주하여 독자적인 서비스를 제공하려는 재구조화 전략은 무엇인가? 22회

① 중앙집중화(centralization)
② 사례 수준 협력(case-level cooperation)
③ 시민참여(citizen participation)
④ 전문화된 접근구조(specialized access structure)
⑤ 경쟁(competition)

059 ☐☐☐

현물급여를 모두 고른 것은? 23회

ㄱ. 노인장기요양보험의 재가급여
ㄴ. 산업재해보상보험의 요양급여
ㄷ. 국민건강보험의 건강검진
ㄹ. 국민기초생활보장제도의 생계급여

① ㄱ
② ㄴ, ㄹ
③ ㄱ, ㄴ, ㄷ
④ ㄴ, ㄷ, ㄹ
⑤ ㄱ, ㄴ, ㄷ, ㄹ

060

사회복지전달체계에 관한 설명으로 옳은 것을 모두 고른 것은? 23회

> ㄱ. 사회복지서비스의 제공자들 사이 또는 공급자와 수급자 사이를 연결하기 위한 조직적, 구조적, 기능적 장치이다.
> ㄴ. 사회복지전달체계의 운영 주체는 크게 공공과 민간으로 나눌 수 있다.
> ㄷ. 사회복지전달체계를 발전시키기 위해서는 서비스의 분열성, 불연속성, 무책임성, 비접근성을 배제해야 한다.
> ㄹ. 비영리 민간 사회복지기관은 공공부문과 연계하여 서비스를 제공하기도 한다.

① ㄱ
② ㄱ, ㄹ
③ ㄴ, ㄷ
④ ㄴ, ㄷ, ㄹ
⑤ ㄱ, ㄴ, ㄷ, ㄹ

061

사회복지서비스 공급주체로서 중앙정부에 관한 설명으로 옳은 것은? 23회

① 서비스 수혜자의 정책결정과정 참여가 용이하다.
② 지역주민의 욕구에 신속하게 대응할 수 있다.
③ 서비스의 지속성과 안정성 확보에 유리하다.
④ 사회통합의 저해 우려가 있고 규모의 경제 실현이 어렵다.
⑤ 이용자의 다양한 선택권을 보장하는 데 유리하다.

062

사회복지 급여형태 중 운영효율성이 가장 높은 급여와 목표효율성이 가장 높은 급여를 순서대로 짝지은 것은? 23회

> ㄱ. 현금   ㄴ. 증서(바우처)
> ㄷ. 현물   ㄹ. 기회

① ㄱ, ㄴ
② ㄱ, ㄷ
③ ㄴ, ㄷ
④ ㄷ, ㄹ
⑤ ㄹ, ㄷ

기출키워드 13   사회복지정책의 대상 ★빈출

063

우리나라 사회복지정책의 대상 선정에 관한 설명으로 옳은 것은? 18회

① 소득이나 자산을 조사하여 대상을 선정하는 것은 보편주의 원칙에 부합한다.
② 아동수당은 인구학적 기준을 적용한 제도이다.
③ 장애수당은 전문가의 진단을 고려하지 않는다.
④ 긴급복지지원제도는 보편주의 원칙에 부합한다.
⑤ 기초연금의 대상 선정기준에는 부양의무자 유무가 포함된다.

064

우리나라 사회복지제도의 급여자격 조건에 관한 설명으로 옳은 것은? 20회

① 국민연금은 소득수준 하위 70%를 기준으로 급여자격이 부여되므로 자산조사 방식이 적용된다.
② 노인장기요양보험제도는 요양등급을 판정하여 급여를 제공하므로 진단적 구분이 적용된다.
③ 아동수당은 전체 아동이 적용대상이 아니므로 선별주의 제도이다.
④ 국민기초생활보장제도는 부양의무자 조건을 완화하였으므로 보편주의 제도이다.
⑤ 장애인연금은 모든 장애인에게 지급하는 보편주의 제도이다.

065 ☐☐☐ 꽈배기문제

길버트(N. Gilbert)와 테렐(P. Terrell)이 제시한 사회적 효과성에 관한 설명으로 옳은 것은? 21회

① 수급자격을 얻기 위해 개인의 특수한 욕구가 선별적인 세밀한 조사에 노출될 수밖에 없다.
② 사람들이 사회의 평등한 구성원으로 어느 정도나 대우받는가에 따라 판단하는 것이다.
③ 시민권은 수급권을 얻을 수 있는 자격이 안 된다.
④ 급여를 신청할 때 까다로운 행정절차가 반드시 필요하다.
⑤ 사회적 효과성은 단기적 비용절감을 목표로 한다.

066 ☐☐☐

보편주의와 선별주의에 관한 설명으로 옳은 것을 모두 고른 것은? 22회

> ㄱ. 보편주의는 시민권에 입각한 권리로서 복지를 제공하므로 비납세자는 사회복지대상에서 제외한다.
> ㄴ. 보편주의는 기여자와 수혜자를 구별하지 않는다.
> ㄷ. 선별주의는 수급자격이 제한된 급여를 제공하기 위해 자산조사 또는 소득조사를 한다.
> ㄹ. 보편주의자와 선별주의자 모두 사회적 평등성 또는 사회적 효과성을 나름대로 추구한다.

① ㄷ　　② ㄱ, ㄷ　　③ ㄴ, ㄹ
④ ㄱ, ㄴ, ㄹ　　⑤ ㄴ, ㄷ, ㄹ

기출분석 해설집 p.120

06 사회보장

기출키워드
- 사회보장의 개념 ★빈출
- 사회보장제도의 유형 및 특징 ★빈출

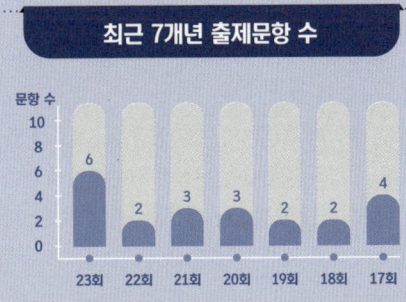
최근 7개년 출제문항 수

✓ 3회독 Check □ □ □ 기출 3회독은 필수!
문항번호 옆 '3회독 체크표'에는 문제를 풀면서 모든 선지를 정확히 알고 풀었으면 'O', 일부 선지를 모르는 문제에는 '△', 전체적인 개념 학습이 필요한 문제는 '×'를 표시하세요.

✓ 꽈배기문제 는 빈출 개념에 대해 혼동을 유발하거나 오답을 유도하는 선지가 출제된 문제입니다. 꽈배기 문제 분석은 해설에서 확인할 수 있습니다.

기출키워드 14 사회보장의 개념 ★빈출

067 □ □ □

우리나라 사회보장제도 운영주체의 책임에 관한 원칙으로 옳은 것은? 17회

① 사회보험은 국가의 책임으로 시행한다.
② 공공부조는 지방자치단체가 전적으로 책임지고 시행한다.
③ 사회서비스는 지방자치단체만의 책임으로 시행한다.
④ 국가는 사회보장에 관하여 민간단체의 참여를 제한한다.
⑤ 사회보험에 드는 비용은 국가가 전담한다.

068 □ □ □ 꽈배기문제

소득재분배에 관한 설명으로 옳은 것을 모두 고른 것은? 19회

> ㄱ. 조세를 재원으로 하는 공공부조제도에서 일반적으로 나타난다.
> ㄴ. 사회적 취약계층을 대상으로 하는 사회복지서비스는 수직적 재분배 효과가 있다.
> ㄷ. 위험 미발생집단에서 위험 발생집단으로 소득이 이전되는 것은 수평적 소득재분배에 해당한다.
> ㄹ. 재원조달 측면에서 부조방식이 보험방식보다 재분배 효과가 크다.

① ㄱ, ㄴ
② ㄱ, ㄴ, ㄷ
③ ㄱ, ㄷ, ㄹ
④ ㄴ, ㄷ, ㄹ
⑤ ㄱ, ㄴ, ㄷ, ㄹ

069

소득재분배에 관한 설명으로 옳은 것은? 20회

① 소득재분배는 1차적으로 시장을 통해서 발생한다.
② 세대 내 재분배에서는 한 세대에서 다음 세대로 소득이 이전된다.
③ 수직적 재분배의 예로 공공부조제도를 들 수 있다.
④ 수평적 재분배는 누진적 재분배의 효과가 가장 크다.
⑤ 세대 간 재분배는 적립방식을 통해 운영된다.

070

우리나라의 사회보장기본법에 근거한 사회보장제도가 아닌 것은? 20회

① 고용보험
② 국민연금
③ 최저임금제
④ 국민기초생활보장
⑤ 보육서비스

071

소득재분배에 관한 설명으로 옳은 것은? 22회

① 수평적 재분배는 공공부조를 들 수 있다.
② 세대 간 재분배는 부과방식 공적연금을 들 수 있다.
③ 수직적 재분배는 아동수당을 들 수 있다.
④ 단기적 재분배는 적립방식 공적연금을 들 수 있다.
⑤ 소득재분배는 조세를 통해서만 발생한다.

072

사회서비스에 관한 설명으로 옳은 것은? 23회

① 수급자 등 빈곤층만을 대상으로 한다.
② 주로 바우처 방식으로 수요자를 지원한다.
③ 전액 국비로 지원한다.
④ 단일 기관이 독점하여 공급한다.
⑤ 주로 획일화된 서비스를 제공한다.

073

재분배에 관한 설명으로 옳은 것은? 23회

① 건강보험은 건강한 사람으로부터 질병을 겪는 사람에게 자원을 재분배한다.
② 고용보험은 수직적 재분배효과가 가장 크다.
③ 정부는 최소극대화의 원칙에 따라 불평등을 완화하기 위해 모든 대상자에게 동일한 보험료를 부과한다.
④ 민간에서 이루어지는 자선활동에서는 파레토 개선 효과가 나타나지 않는다.
⑤ 사회민주주의에서는 개인의 효용관점에서 재분배를 정당화한다.

기출키워드 15 사회보장제도의 유형 및 특징 ★빈출

074 깔때기문제

공공부조, 사회보험, 사회수당의 특성에 관한 설명으로 옳지 않은 것은? 18회

① 공공부조는 다른 두 제도에 비해 권리성이 약하다.
② 사회수당은 수평적 재분배 효과가 있다.
③ 사회보험의 급여조건은 보험료 기여조건과 함께 사회적 위험에 직면해야 하는 조건이 부가된다.
④ 사회수당은 기여 여부와 무관하게 지급된다.
⑤ 운영효율성은 세 제도 중 공공부조가 가장 높다.

075

실업보험을 민간 시장에서 제공할 때 발생할 수 있는 문제점을 모두 고른 것은? 18회

ㄱ. 역의 선택(adverse selection)이 나타난다.
ㄴ. 가입자의 도덕적 해이가 발생할 가능성이 크다.
ㄷ. 위험발생이 상호의존적이기 때문에 보험료율 계산이 어렵다.
ㄹ. 무임승차자 문제가 발생한다.

① ㄹ
② ㄱ, ㄷ
③ ㄴ, ㄹ
④ ㄱ, ㄴ, ㄷ
⑤ ㄱ, ㄴ, ㄷ, ㄹ

076

사회보험제도에 관한 설명으로 옳지 않은 것은? 19회

① 사회보험제도는 위험의 분산이라는 보험 기술을 사용한다.
② 사회보험 급여를 받을 권리 여부는 자산조사 결과에 근거하여 결정된다.
③ 한국의 사회보험제도는 의무가입 원칙을 적용한다.
④ 사회보험은 위험이전과 위험의 광범위한 공동분담에 기초하고 있다.
⑤ 사회보험은 피보험자의 욕구에 기초하지 않고 사전에 결정된 급여를 제공한다.

077

사회보험과 민영보험의 차이점에 관한 설명으로 옳지 않은 것은? 20회

① 사회보험은 현금급여를 원칙으로 하고, 민영보험은 현물급여를 원칙으로 한다.
② 사회보험은 대부분 국가 또는 공법인이 운영하지만 민영보험은 사기업이 운영한다.
③ 사회보험은 강제로 가입되지만 민영보험은 임의로 가입한다.
④ 사회보험은 국가가 주로 독점하지만 민영보험은 사기업들이 경쟁한다.
⑤ 사회보험은 사회적 적절성을 강조하지만 민영보험은 개별 형평성을 강조한다.

078

사회보험과 비교하여 공공부조제도의 장점으로 옳은 것은? 21회

① 대상효율성이 높다.
② 가입률이 높다.
③ 수급자에 대한 낙인을 예방할 수 있다.
④ 행정비용이 발생하지 않는다.
⑤ 수평적 재분배 효과가 크다.

079

우리나라 사회보험의 운영 원리에 관한 설명으로 옳지 않은 것은? 21회

① 수익자 부담 원칙을 전제로 하고 있다.
② 사회보험은 수평적 또는 수직적 재분배 기능이 있다.
③ 가입자의 보험료율은 사회보험 종류별로 다르다.
④ 사회보험급여는 피보험자와 보험자 간 계약에 의해 규정된 법적 권리이다.
⑤ 모든 사회보험 업무가 통합되어 1개 기관에서 운영된다.

080

우리나라에서 시행 중인 소득보장제도에 관한 설명으로 옳지 않은 것은? 21회

① 기초연금은 노인의 생활안정 지원을 목적으로 한다.
② 장애정도가 심하지 않은 장애인은 장애인연금을 받을 수 없다.
③ 장애수당은 장애로 인해 발생하는 추가비용을 보전하기 위해 도입되었다.
④ 만 10세 아동은 아동수당을 받을 수 있다.
⑤ 저소득 한부모가족에게는 아동양육비가 지급될 수 있다.

081

최저임금제에 관한 설명으로 옳지 않은 것은? 23회

① 우리나라에서는 최저임금제가 2000년부터 실시되었다.
② 최저임금제는 정신장애로 근로능력이 현저히 낮은 사람에게는 적용되지 않는다.
③ 최저임금제는 근로자에게 최저한의 생계를 유지할 수 있는 수준의 임금을 보장하기 위한 제도이다.
④ 최저임금제는 저임금 근로자의 증가를 억제하는 장치로 작용할 수 있다.
⑤ 최저임금제는 사회보장 급여수준에 영향을 미칠 수 있다.

082

도덕적 해이에 관한 설명으로 옳지 않은 것은? 23회

① 도덕적 해이는 보험계약이 가입자들의 행동에 영향을 미치는 현상이다.
② 도덕적 해이는 보험가입 집단의 크기가 클수록 약화된다.
③ 도덕적 해이는 실업보험에서 발생할 가능성이 높다.
④ 도덕적 해이는 건강보험 진료비 본인부담을 정당화하는 논리로 사용된다.
⑤ 도덕적 해이가 심각해지면 민간보험사의 보험료 상승으로 이어질 수 있다.

083

사회보험과 민간보험에 관한 설명으로 옳은 것은? 23회

① 사회보험은 조세를 주된 재원으로 한다.
② 민간보험은 사회보험보다 사회적 적절성이 중요하다.
③ 사회보험은 개인에게 발생할 수 있는 모든 위험을 대상으로 한다.
④ 민간보험은 물가상승에 따른 실질가치의 변동을 보장한다.
⑤ 사회보험 급여는 민간보험 급여보다 법적 권리성이 강하다.

07 사회보험제도와 공공부조제도

기출키워드
- 공적연금의 특징
- 국민연금제도
- 국민건강보험제도
- 산업재해보상보험제도
- 고용보험제도
- 노인장기요양보험제도
- 공공부조제도 ★빈출
- 근로장려금

최근 7개년 출제문항 수

✓ 3회독 Check ☐☐☐ 기출 3회독은 필수!

문항번호 옆 '3회독 체크표'에는 문제를 풀면서 모든 선지를 정확히 알고 풀었으면 'O', 일부 선지를 모르는 문제에는 '△', 전체적인 개념 학습이 필요한 문제는 '×'를 표시하세요.

꽈배기 문제 는 빈출 개념에 대해 혼동을 유발하거나 오답을 유도하는 선지가 출제된 문제입니다. 꽈배기 문제 분석은 해설에서 확인할 수 있습니다.

기출키워드 16 　공적연금의 특징

084 ☐☐☐
확정급여식 연금과 확정기여식 연금에 관한 설명으로 옳은 것을 모두 고른 것은?　　　17회

> ㄱ. 확정급여식 연금의 재정은 완전적립방식에서 부과방식까지 다양하게 운용될 수 있다.
> ㄴ. 확정기여식 연금의 급여액은 기본적으로 적립한 기여금과 기여금의 투자수익에 의해서 결정된다.
> ㄷ. 확정급여식 연금제도에서는 투자위험에 대해서 개인이 전적으로 책임진다.
> ㄹ. 확정기여식 연금제도에서는 물가상승, 경기침체 등의 위험을 사회 전체적으로 분산대응하는 장점이 있다.

① ㄱ, ㄴ　　② ㄱ, ㄷ　　③ ㄴ, ㄹ
④ ㄱ, ㄴ, ㄷ　　⑤ ㄱ, ㄴ, ㄷ, ㄹ

085 ☐☐☐
연금제도의 적립방식과 부과방식에 관한 설명으로 옳은 것을 모두 고른 것은?　　　19회

> ㄱ. 적립방식은 부과방식에 비해 세대 내 소득재분배 효과가 크다.
> ㄴ. 부과방식은 적립방식에 비해 자본축적 효과가 크다.
> ㄷ. 부과방식은 적립방식에 비해 기금확보가 더 용이하다.

① ㄱ　　② ㄴ　　③ ㄷ
④ ㄱ, ㄴ　　⑤ ㄱ, ㄷ

086 ☐☐☐
우리나라 사회보험방식의 공적연금에 관한 설명으로 옳은 것을 모두 고른 것은?　　　21회

> ㄱ. 국민연금과 특수직역연금으로 구분하여 운영되고 있다.
> ㄴ. 국민연금이 가장 먼저 시행되었다.
> ㄷ. 2022년 12월말 기준 공적연금 수급개시연령은 동일하다.
> ㄹ. 가입자의 노령(퇴직), 장애(재해), 사망으로 인한 소득중단 시 급여를 지급한다.

① ㄱ, ㄴ　　② ㄱ, ㄹ　　③ ㄱ, ㄴ, ㄹ
④ ㄱ, ㄷ, ㄹ　　⑤ ㄴ, ㄷ, ㄹ

기출키워드 17 국민연금제도

087 ☐☐☐
국민연금의 가입기간 추가 산입에 관한 내용으로 옳지 않은 것은? 17회

① 「병역법」에 따라 현역병으로 병역의무를 수행한 경우 가입기간을 추가 산입한다.
② 가입기간의 추가 산입에 따른 비용은 국가와 사용자가 2분의 1씩 부담한다.
③ 자녀가 두 명인 경우 12개월을 추가 산입한다.
④ 「고용보험법」에 따른 구직급여를 받는 경우 구직급여를 받는 기간을 가입기간에 추가 산입한다.
⑤ 사용자가 근로자의 임금에서 기여금을 공제하고 연금보험료를 내지 아니한 경우에는 그 내지 아니한 기간의 2분의 1에 해당하는 기간을 근로자의 가입기간으로 산입하되, 1개월 미만의 기간은 1개월로 한다.

088 ☐☐☐
국민연금의 연금크레딧제도 중 가장 최근에 시행된 것은? 20회

① 실업크레딧   ② 고용크레딧   ③ 양육크레딧
④ 군복무크레딧   ⑤ 출산크레딧

089 ☐☐☐
국민연금제도에 관한 설명으로 옳은 것을 모두 고른 것은? 23회

ㄱ. 국민연금공단은 관리운영과 보험료 징수를 담당한다.
ㄴ. 기본연금액의 균등부분은 연금수급 전 3년간 전체 가입자 평균소득월액의 평균액이다.
ㄷ. 기본연금액의 균등부분에서 소득재분배 효과가 나타난다.
ㄹ. 기본연금액의 소득비례부분은 전체 가입자의 기준소득월액의 평균액이다.
ㅁ. 2028년 이후 국민연금의 소득대체율은 40년 가입 기준 40%이다.

① ㄱ, ㄷ   ② ㄴ, ㄹ
③ ㄱ, ㄹ, ㅁ   ④ ㄴ, ㄷ, ㅁ
⑤ ㄱ, ㄴ, ㄷ, ㄹ, ㅁ

기출키워드 18 국민건강보험제도

090 ☐☐☐
국민건강보험제도에 관한 설명으로 옳지 않은 것은? 18회

① 사립학교교원의 보험료는 가입자 본인, 사용자, 국가가 분담한다.
② 직장가입자의 보수월액은 직장가입자가 지급받는 보수를 기준으로 하여 산정한다.
③ 직장가입자의 보험료율은 건강보험정책심의위원회에서 심의·의결한다.
④ 부가급여로 임신·출산 진료비, 장제비, 상병수당을 지급하고 있다.
⑤ 국민건강보험공단의 회계연도는 정부의 회계연도에 따른다.

091 ☐☐☐
국민건강보험제도에 관한 설명으로 옳은 것은? 19회

① 본인의 의사에 따라 임의가입할 수 있다.
② 조합방식 의료보험제도가 통합방식으로 전환되어 국민건강보험제도로 변경되었다.
③ 건강보험료는 수직적 소득재분배 기능을 하지 않는다.
④ 국민건강보험의 보험자는 보건복지부이다.
⑤ 직장가입자의 보험료는 평균보수월액에 보험료율을 곱하여 얻은 금액이다.

092 □□□
우리나라 의료보장제도(국민건강보험, 의료급여)에서 시행하고 있는 것 중 의료비 절감효과와 관련이 가장 적은 것은? 21회

① 포괄수가제
② 의료급여 사례관리제도
③ 건강보험급여 심사평가제도
④ 행위별 수가제
⑤ 본인일부부담금

093 □□□ 짝배기 문제
건강보험 진료비 지불제도에 관한 설명으로 옳은 것은? 23회

① 행위별 수가제는 질병 범주별로 구분하여 고정금액을 보수로 지불하는 방식이다.
② 포괄수가제는 의사가 담당하는 환자 수에 비례하여 일정 금액을 지급하는 방식이다.
③ 행위별 수가제는 행정절차가 간소하여 비용절감효과가 있다.
④ 우리나라는 포괄수가제를 일부 질병군에 적용하고 있다.
⑤ 포괄수가제는 의료기관의 1년간 운영비를 포괄적으로 지불하는 제도이다.

기출키워드 19 산업재해보상보험제도

094 □□□
우리나라 산업재해보상보험제도에서 업무상 재해의 인정기준을 모두 고른 것은? 17회

| ㄱ. 출퇴근 재해 | ㄴ. 업무상 질병 |
| ㄷ. 업무상 사고 | ㄹ. 장애등급 |

① ㄴ, ㄹ   ② ㄱ, ㄴ, ㄷ   ③ ㄱ, ㄷ, ㄹ
④ ㄴ, ㄷ, ㄹ   ⑤ ㄱ, ㄴ, ㄷ, ㄹ

095 □□□
산업재해보상보험제도에 관한 설명으로 옳지 않은 것은? 18회

① 근로복지공단은 보험급여를 결정하고 지급한다.
② 업무상의 재해란 업무상의 사유에 따른 근로자의 부상·질병·장해 또는 사망을 말한다.
③ 직장 내 괴롭힘, 고객의 폭언 등으로 인한 업무상 정신적 스트레스가 원인이 되어 발생한 질병은 업무상 재해로 인정되지 않는다.
④ 업무상 질병의 인정 여부를 심의하기 위하여 근로복지공단 소속 기관에 업무상질병판정위원회를 둔다.
⑤ 국민건강보험공단이 보험료를 징수한다.

096 □□□
산업재해보상보험에서 업무상 재해 인정기준에 해당하는 것을 모두 고른 것은? 23회

ㄱ. 사업주가 주관한 행사준비 중에 발생한 사고
ㄴ. 휴게시간 중 사업주의 지배관리하에 있다고 볼 수 있는 행위로 발생한 사고
ㄷ. 통상적인 경로와 방법으로 출·퇴근하는 중 발생한 사고
ㄹ. 직장 내 괴롭힘으로 인한 업무상 정신적 스트레스가 원인이 되어 발생한 질병

① ㄱ, ㄴ   ② ㄱ, ㄷ   ③ ㄴ, ㄹ
④ ㄴ, ㄷ, ㄹ   ⑤ ㄱ, ㄴ, ㄷ, ㄹ

기출키워드 20 고용보험제도

097 □□□ 짝배기 문제
고용보험제도에 관한 설명으로 옳은 것은? 19회

① 고용보험료는 고용보험위원회에서 부과·징수한다.
② 고용보험의 가입대상은 모든 국민과 국내에 거주하는 외국인이다.
③ 고용보험 구직급여는 30일 동안의 구직기간에는 지급되지 않는다.
④ 보험가입자는 사업주와 근로자 모두 포함한다.
⑤ 고용보험의 재원은 사용자가 단독으로 부담한다.

098
우리나라의 고용보험에 관한 설명으로 옳은 것을 모두 고른 것은? 20회

- ㄱ. 직업능력개발 훈련을 실시하는 사업주를 지원할 수 있다.
- ㄴ. 예술인은 고용보험 가입대상이 아니다.
- ㄷ. 실업 신고를 한 이후에 질병·부상 또는 출산으로 취업이 불가능하여 구직활동을 할 수 없는 경우 상병급여를 지급할 수 있다.
- ㄹ. 고용안정 및 직업능력개발사업의 보험료는 사업주와 근로자가 공동으로 부담한다.

① ㄱ, ㄴ   ② ㄱ, ㄷ   ③ ㄷ, ㄹ
④ ㄴ, ㄷ, ㄹ   ⑤ ㄱ, ㄴ, ㄷ, ㄹ

099
우리나라 고용보험과 산업재해보상보험에 관한 설명으로 옳은 것은? 21회

① 소득활동 중 발생할 수 있는 소득상실 위험에 대한 사회안전망이라는 공통점을 가지고 있다.
② 구직급여는 구직활동 여부와 관계없이 지급된다.
③ 고용형태 및 근로시간에 관계없이 모든 근로자는 두 보험의 적용을 받는다.
④ 장해급여는 산업재해를 입은 모든 근로자에게 지급된다.
⑤ 두 보험의 가입자 보험료율은 동일하다.

기출키워드 21 노인장기요양보험제도

100
노인장기요양보험의 급여를 제공하는 장기요양기관이 아닌 것은? 17회

① 노인요양시설   ② 주·야간보호시설
③ 노인요양병원   ④ 단기보호시설
⑤ 노인요양공동생활가정

101
노인장기요양보험제도에 관한 설명으로 옳은 것은? 18회

① 장기요양보험사업의 보험자는 보건복지부장관이다.
② 등급판정에 따른 장기요양인정의 유효기간은 최소 6개월 이상으로서 대통령령으로 정한다.
③ 통합 징수한 장기요양보험료와 건강보험료를 각각의 독립회계로 관리하여야 한다.
④ 재가 급여비용은 수급자가 해당 장기요양급여비용의 100분의 20을 부담한다.
⑤ 수급자는 시설급여와 특별현금급여를 중복하여 받을 수 있다.

102
노인장기요양보험제도에 관한 설명으로 옳지 않은 것은? 23회

① 가족요양비는 신체·정신 등의 사유로 인하여 가족에게 요양을 받아야 하는 자에게 지급할 수 있다.
② 재가급여로 분류되는 단기보호의 급여기간은 월 9일 이내를 원칙으로 하되 특별한 사유가 있는 경우 연장 가능하다.
③ 장기요양등급판정을 받은 65세 이상 노인은 소득수준과 상관없이 장기요양보험 급여를 받을 수 있다.
④ 일반 노인장기요양보험 가입자는 재가급여를 이용할 경우 15%의 본인부담금을 부담하여야 한다.
⑤ 노인요양공동생활가정은 5인 이상 15인 이하로 운영된다.

기출키워드 22 공공부조제도 ★빈출

103
기초연금제도에 관한 설명으로 옳은 것은? 18회

① 65세 이상 모든 고령자에게 제공하는 사회수당이다.
② 무기여방식의 노후 소득보장제도이다.
③ 기초연금액의 산정 시 국민연금급여액을 고려하지 않는다.
④ 기초연금액은 가구유형, 소득과 상관없이 동일하다.
⑤ 기초연금의 수급권자가 사망하면 유족급여를 지급한다.

104
국민기초생활보장제도에 관한 설명으로 옳지 않은 것은? 18회

① 국민기초생활보장제도는 보충성의 원칙에 기반하고 있다.
② 「북한이탈주민의 보호 및 정착지원에 관한 법률」상의 북한이탈주민과 그 가족은 의료급여 2종 수급권자에 속한다.
③ 급여는 개별가구 단위로 실시하되, 특히 필요하다고 인정하는 경우에는 개인 단위로 실시할 수 있다.
④ 수급권자와 그 친족, 그 밖의 관계인은 관할 시장·군수·구청장에게 수급권자에 대한 급여를 신청할 수 있다.
⑤ 생계급여는 수급자의 소득인정액 등을 고려하여 차등지급할 수 있다.

105 팔배기문제
국민기초생활보장 대상 가구의 월 생계급여액은? (단, 다음에 제시된 2019년 기준으로 계산한다.) 18회

- 전세주택에 거주하는 부부(45세, 42세)와 두 자녀(15세, 12세)로 구성된 가구로 소득인정액은 월 100만원으로 평가됨 (부양의무자는 없음)
- 2019년 가구 규모별 기준 중위소득은 다음과 같이 가정함
  1인: 1,700,000원   2인: 2,900,000원
  3인: 3,700,000원   4인: 4,600,000원

① 0원   ② 380,000원   ③ 700,000원
④ 1,380,000원   ⑤ 3,600,000원

106
긴급복지지원제도에 관한 설명으로 옳지 않은 것은? 19회

① 주소득자가 사망, 가출, 행방불명, 구금시설에 수용되는 등의 사유로 소득을 상실한 경우 긴급지원대상자가 될 수 있다.
② 긴급지원은 위기상황에 처한 사람에게 일시적으로 신속하게 지원하는 것을 기본원칙으로 한다.
③ 긴급지원의 종류에는 금전 또는 현물 등의 직접지원과 민간기관·단체와의 연계 등의 지원이 있다.
④ 사회복지사업법에 따른 사회복지시설의 종사자는 긴급지원을 요청할 수 있다.
⑤ 국민기초생활 보장법에 따른 지원을 받고 있는 경우에 긴급복지지원법을 우선 적용한다.

107
자활지원사업에 관한 설명으로 옳지 않은 것은? 19회

① 자활급여는 근로능력이 있는 국민기초생활보장 수급자의 자활을 위한 각종 지원을 제공하는 급여이다.
② 자활기업은 조합 또는 「부가가치세법」상의 사업자로 한다.
③ 자활기관협의체의 구성 및 운영 등에 필요한 사항은 보건복지부령으로 정한다.
④ 자산형성지원으로 형성된 자산은 수급자의 소득환산액 산정 시 이를 포함한다.
⑤ 지역자활센터는 참여자의 자활의욕 고취를 위한 교육을 행한다.

108 □□□
우리나라의 의료급여에 관한 설명으로 옳지 않은 것은? 20회

① 의료급여 수급권자는 1종과 2종으로 구분한다.
② 의료급여기금에는 지방자치단체의 출연금도 포함된다.
③ 의료급여 수급권자의 1촌 직계혈족 및 그 배우자는 원칙적으로 부양의무가 있다.
④ 국민기초생활보장제도 수급자 중 보장시설에서 급여를 받는 자는 2종 수급자로 구분된다.
⑤ 「약사법」에 따라 개설등록된 약국은 의료급여를 실시하는 의료기관이다.

109 □□□
최근 10년간 국민기초생활보장제도의 변화에 관한 설명으로 옳은 것을 모두 고른 것은? 21회

ㄱ. 수급 자격 중 부양의무자 기준은 완화되었다.
ㄴ. 기준중위 소득은 2015년 이후 지속적으로 인상되었다.
ㄷ. 교육 급여가 신설되었다.
ㄹ. 근로능력 평가 방식이 변화되었다.

① ㄱ, ㄴ   ② ㄱ, ㄷ   ③ ㄱ, ㄹ
④ ㄴ, ㄹ   ⑤ ㄱ, ㄴ, ㄹ

110 □□□
다음에서 ㄱ, ㄴ을 합한 값은? 22회

긴급복지지원제도의 생계급여 지원은 최대 (ㄱ)회, 의료급여 지원은 최대 (ㄴ)회, 주거급여는 최대 12회, 복지시설 이용은 최대 6회 지원된다.

① 4   ② 6   ③ 8
④ 10   ⑤ 12

111 □□□
다음에서 ㄱ, ㄴ을 순서대로 옳게 나열한 것은? 22회

2024년 국민기초생활 보장제도 수급자 선정 소득기준은 다음과 같다. 생계급여는 기준 중위소득의 (ㄱ)% 이하, 주거급여는 기준 중위소득의 48% 이하, 의료급여는 기준 중위소득의 (ㄴ)% 이하, 교육급여는 기준 중위소득의 50% 이하이다.

① 30, 30   ② 30, 40   ③ 32, 30
④ 32, 40   ⑤ 35, 40

112 □□□
우리나라 공공부조제도에 관한 설명으로 옳지 않은 것은? 22회

① 긴급복지지원제도는 현금급여와 민간기관 연계 등의 지원을 제공한다.
② 국민기초생활보장제도 부양의무자 기준은 복지사각지대 해소를 위해 단계적으로 완화되고 있다.
③ 긴급복지지원제도는 단기 지원의 원칙, 선심사 후지원의 원칙, 다른 법률 지원 우선의 원칙이 적용된다.
④ 의료급여 수급권자에는 「입양특례법」에 따라 국내 입양된 18세 미만의 아동이 포함된다.
⑤ 국민기초생활보장제도 급여 신청은 신청주의와 직권주의를 병행하고 있다.

113 □□□
현재 우리나라의 사회복지제도 중 보편주의적 성격에 해당하지 않는 것은? 23회

① 아동수당   ② 기초연금   ③ 의무교육
④ 무상급식   ⑤ 건강보험

기출키워드 23 　근로장려금

114 □□□
우리나라의 근로장려세제에 관한 설명으로 옳지 않은 것은?
18회

① 근로장려금 신청 접수는 보건복지부에서 담당한다.
② 근로능력이 있는 빈곤층에 대해 근로의욕을 고취한다.
③ 미국의 EITC를 모델로 하였다.
④ 근로장려금은 근로소득 외에 재산보유상태 등을 반영하여 지급한다.
⑤ 근로빈곤층에게 실질적 혜택을 제공하여 빈곤탈출을 지원한다.

115 □□□
조세특례제한법상의 '총급여액 등'을 기준으로 근로장려금 산정방식을 다음과 같이 설계하였다고 가정할 때, 총급여액 등에 따른 근로장려금 계산 결과로 옳지 않은 것은?
21회

- 총급여액 등 1,000만 원 미만: 근로장려금＝총급여액 등 × 100분의 20
- 총급여액 등 1,000만 원 이상 1,200만 원 미만: 근로장려금 200만 원
- 총급여액 등 1,200만 원 이상 3,200만 원 미만: 근로장려금 ＝ 200만 원 − (총급여액 등 − 1,200만 원) × 100분의 10
- ※ 재산, 가구원 수, 부양아동 수, 소득의 종류 등 다른 조건은 일체 고려하지 않음

① 총급여액 등이 500만 원일 때, 근로장려금 100만 원
② 총급여액 등이 1,100만 원일 때, 근로장려금 200만 원
③ 총급여액 등이 1,800만 원일 때, 근로장려금 150만 원
④ 총급여액 등이 2,200만 원일 때, 근로장려금 100만 원
⑤ 총급여액 등이 2,700만 원일 때, 근로장려금 50만 원

116 □□□
우리나라 근로장려세제(EITC)에 관한 설명으로 옳지 않은 것은?
22회

① 소득재분배 효과를 기대할 수 있다.
② 근로능력이 있는 저소득층의 근로유인을 제고한다.
③ 소득과 재산보유상태 등을 반영하여 지급한다.
④ 근로장려금 모형은 점증구간, 평탄구간, 점감구간으로 되어 있다.
⑤ 사업자는 근로장려금을 받을 수 없다.

08 빈곤과 소득불평등

기출키워드
- 빈곤의 개념과 측정 ★빈출

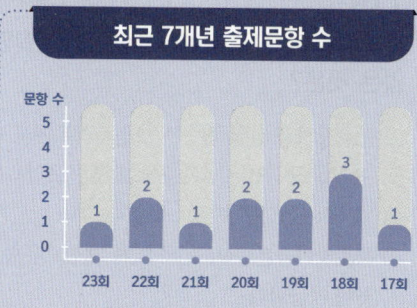
최근 7개년 출제문항 수

3회독 Check ☐☐☐ 기출 3회독은 필수!

문항번호 옆 '3회독 체크표'에는 문제를 풀면서 모든 선지를 정확히 알고 풀었으면 'O', 일부 선지를 모르는 문제에는 '△', 전체적인 개념 학습이 필요한 문제는 '×'를 표시하세요.

꽈배기 문제는 빈출 개념에 대해 혼동을 유발하거나 오답을 유도하는 선지가 출제된 문제입니다. 꽈배기 문제 분석은 해설에서 확인할 수 있습니다.

기출키워드 24 빈곤의 개념과 측정 ★빈출

117 ☐☐☐ 꽈배기 문제
빈곤 또는 불평등의 측정에 관한 설명으로 옳지 않은 것은?
17회

① 로렌츠곡선은 가로축에는 소득이 낮은 인구로부터 가장 높은 순으로 비율을 누적하여 표시하고, 세로축에는 각 인구의 소득수준을 누적한 비율을 표시한 후 그 대응점을 나타낸 곡선이다.
② 지니계수가 1에 가까울수록 평등한 상태를 의미한다.
③ 10분위 분배율에서는 수치가 클수록 평등한 상태를 의미한다.
④ 5분위 분배율에서는 수치가 작을수록 평등한 상태를 의미한다.
⑤ 빈곤율은 빈곤인구가 전체 인구에서 차지하는 비율로 정의된다.

118 ☐☐☐
빈곤과 불평등 측정에 관한 설명으로 옳은 것은?
18회

① 완전 평등 사회에서 로렌츠곡선은 45° 각도의 직선과 거리가 가장 멀어진다.
② 지니계수의 최댓값은 1, 최솟값은 -1이다.
③ 빈곤갭은 빈곤선 이하에 속하는 인구가 전체 인구에서 차지하는 비율을 의미한다.
④ 빈곤율은 빈곤선과 실제 소득과의 격차를 반영한다.
⑤ 센(Sen) 지수는 빈곤집단 내의 불평등 정도를 반영한다.

119
빈곤의 개념에 관한 설명으로 옳지 않은 것은?
18회

① 절대적 빈곤은 육체적 효율성을 유지하기 위한 최소한의 생활필수품을 소비하지 못하는 상태이다.
② 최저생계비를 계측하여 빈곤선을 설정하는 방식은 절대적 빈곤개념을 적용한 것이다.
③ 국민기초생활보장제도는 절대적 빈곤개념을 적용하고 있다.
④ 상대적 빈곤은 한 사회의 평균적인 생활수준과 비교하여 빈곤을 규정한다.
⑤ 중위소득을 활용하여 상대적 빈곤선을 설정할 수 있다.

120
새로운 사회적 위험(new social risk)에 관한 설명이 아닌 것은?
19회

① 여성들의 유급 노동시장으로의 참여 증가로 일과 가정의 양립 문제가 확산되고 있다.
② 노인인구 증가로 인한 복지비용 증가와 노인 돌봄이 중요한 문제로 대두되고 있다.
③ 노동시장의 불안정으로 근로빈곤층이 증가하고 있다.
④ 국가 간의 노동인구 이동이 줄어들고 있다.
⑤ 새로운 사회적 위험으로 인한 수요 증가에 필요한 복지재정의 부족현상이 심화되고 있다.

121
빈곤의 기준을 정하는 방법에 관한 설명으로 옳은 것은?
19회

① 전(全)물량 방식은 식료품비를 계산하고 엥겔수의 역을 곱해서 빈곤선을 기준으로 측정하는 방식이다.
② 기초생활보장제도의 수급자 선정기준은 상대적 빈곤개념을 반영하고 있다.
③ 라이덴 방식은 상대적 빈곤 측정방식이다.
④ 반물량 방식은 소득분배 분포상에서 하위 10%나 20%를 빈곤한 사람들로 간주한다.
⑤ 중위소득 또는 평균소득을 근거로 빈곤선을 측정하는 것은 절대적 빈곤 측정방식이다.

122
빈곤의 개념에 관한 설명으로 옳지 않은 것은?
20회

① 상대적 빈곤은 한 사회의 평균적인 생활수준을 기준으로 정한다.
② 절대적 빈곤은 최소한의 생필품을 구입하는 데 필요한 비용으로 정한다.
③ 반물량 방식은 모든 항목의 생계비를 계산하지 않고 엥겔계수를 활용하여 생계비를 추정한다.
④ 중위소득의 50%를 빈곤선으로 책정할 경우, 사회구성원 99명을 소득액 순으로 나열하여 이 중 50번째 사람의 소득 50%를 빈곤선으로 한다.
⑤ 상대적 박탈은 인간의 기본적 욕구의 기준을 생물학적 요인에만 초점을 둔다.

123
소득불평등과 빈곤 측정에 관한 설명으로 옳은 것을 모두 고른 것은?
20회

> ㄱ. 로렌츠곡선의 가로축은 소득을 기준으로 하위에서 상위 순서로 모든 인구의 누적분포를 표시한다.
> ㄴ. 지니계수는 불평등도가 증가할수록 수치가 커져 가장 불평등한 상태는 1이다.
> ㄷ. 빈곤율은 모든 빈곤층의 소득을 빈곤선 수준으로 끌어올리는 데에 필요한 총소득으로 빈곤의 심도를 나타낸다.
> ㄹ. 5분위 배율에서는 수치가 작을수록 평등한 상태를 나타낸다.

① ㄱ, ㄴ   ② ㄱ, ㄷ   ③ ㄴ, ㄷ
④ ㄱ, ㄴ, ㄹ   ⑤ ㄱ, ㄷ, ㄹ

124
다음 중 상대적 빈곤선을 설정(측정)하는 방식으로 옳은 것을 모두 고른 것은? 21회

ㄱ. 중위소득의 일정 비율
ㄴ. 라이덴(Leyden) 방식
ㄷ. 반물량 방식
ㄹ. 라운트리(Rowntree) 방식
ㅁ. 타운센드(Townsend) 방식

① ㄱ, ㄴ   ② ㄱ, ㅁ   ③ ㄴ, ㅁ
④ ㄷ, ㄹ   ⑤ ㄱ, ㄷ, ㄹ

125
빈곤과 소득불평등의 측정에 관한 설명으로 옳은 것은? 22회

① 반물량 방식은 엥겔계수를 활용하여 빈곤선을 추정한다.
② 상대적 빈곤은 생존에 필요한 생활수준이 최소한의 수준에 도달하지 못한 상태를 말한다.
③ 라이덴 방식은 객관적 평가에 기초하여 빈곤선을 측정한다.
④ 빈곤율은 빈곤층의 소득을 빈곤선 수준으로 끌어올리는 데 필요한 총소득을 나타낸다.
⑤ 지니계수가 1일 경우는 완전 평등한 분배상태를 의미한다.

126
사회적 배제의 특성에 관한 설명으로 옳지 않은 것은? 22회

① 문제의 초점을 소득의 결핍으로 제한한다.
② 빈곤에 대해 다차원적으로 접근하는 개념이다.
③ 빈곤의 역동성과 동태적 과정을 강조한다.
④ 개인과 집단의 박탈과 불평등을 유발하는 다양한 영역을 포괄한다.
⑤ 사회적 관계망으로부터의 단절 문제를 제기한다.

127
사회적 배제에 관한 설명으로 옳지 않은 것은? 23회

① 생활수준은 소득이나 재화뿐만 아니라 개인역량의 실현을 중심으로 판단되어야 한다.
② 사회적 배제의 범위에는 빈곤, 저학력, 열악한 주거환경 등 다양한 영역을 포괄한다.
③ 사회적 배제는 기본적으로 소득빈곤 개념의 협소성에 대한 비판으로 이해될 수 있다.
④ 사회적 배제 개념은 빈곤에 이르는 과정보다는 빈곤이라는 결과적인 상태에 초점을 둔다.
⑤ 불평등과 빈곤 개념은 소득의 차원을 넘어 다양한 차원으로 확대되어야 한다.

너의 시작을 옳게 만드는 노력,
그 단단한 걸음에 빛나는 길이 마중나올 것이니.

7영역
사회복지행정론

최근 7개년 평균 출제문항 수

총 25문항

01 사회복지행정의 개념 — 1.6문항
02 사회복지행정의 역사 — 1.7문항
03 사회복지행정의 이론적 배경 — 3.3문항
04 사회복지조직의 구조와 유형 — 2.3문항
05 사회복지서비스의 전달체계 — 1.9문항
06 사회조직의 기획과 의사결정 — 1.3문항
07 사회복지조직의 리더십 — 1.6문항
08 사회복지조직의 인적자원관리와 재정관리 ★★★ — 5.3문항
09 사회복지조직의 환경관리와 정보관리 — 1.9문항
10 프로그램 개발과 평가 — 1.7문항
11 사회복지조직의 책임성과 평가 — 1.0문항
12 사회복지조직의 마케팅 — 1.6문항

최근 출제경향

☑ 사회복지행정론은 제23회 시험에서 예년과 유사하게 그동안 자주 출제되었던 **리더십이론, 조직이론, 예산의 모형, 마케팅, 기획과 의사결정** 등에서 **평이하게 출제**되었습니다. 따라서 기출문제 유형 위주로 충실하게 학습한 수험생들에게 보다 더 유리한 상황이었습니다.

☑ 이에 제24회 시험을 준비하는 수험생들도 위에 언급된 내용 위주로 학습하는 것이 좋습니다. 특히 기존에 출제되었던 부분보다 많이 **출제되지 않았던 부분에서 출제되고 있는 추세**이니, 이런 점을 눈여겨 보아야 합니다. 예를 들어 리더십이론에서 전통적으로 블레이크-머튼의 격자이론 또는 허시-블렌차드 이론 등에서 많이 출제되었다면 최근에는 **섬김 리더십, 퀸의 경쟁가치이론** 등이 출제되고 있다는 것에 주목할 필요가 있습니다.

☑ 사회복지법제론의 제정연대 문항이 사회복지행정론에서는 **최근 사회복지조직의 동향** 등으로 자주 출제되고 있으니 꼭 관련 연대, 제정 및 실시 연도는 암기해 두어야 합니다.

합격생들의 학습 후기&꿀팁 | 행정론

#3교시 과목 중 그나마 쉬운편
#실천론, 정책론과 겹치는 부분 있어 수월함
#영국 역사에서 법은 굵직한 특징 위주로 보기
#리더십 부분은 이야기를 써내려 가듯이 외우면 이해와 암기가 잘 됨

24회차 시험 대비 합격선을 넘는 TIP

- ☑ 사회복지행정론은 전반적으로 골고루 출제되며, 그 내용이 사회복지법제론처럼 딱딱하고 너무 포괄적으로 출제가 되기에 자칫 학습 열의를 상실할 수 있습니다. 따라서 **중요한 이론부터 암기**하면서 **차근차근 학습**하는 방법이 필요합니다.
- ☑ 수험생들이 근무할 사회복지현장은 필수적으로 사회복지행정 업무를 숙지해야 하기에, **예산 유형, 평가 방법, 리더십 형태** 등이 후에 현장에서 큰 힘이 되어준다는 믿음으로 충실하게 학습하는 것이 좋습니다.
- ☑ 모든 사회복지서비스의 업무는 법령을 바탕으로 행정에서 꽃을 피웁니다. 정책론은 권력 행사자(국회의원, 지방의회의원, 지방자치단체장, 공무원 등)의 영역이라면 행정론은 실제 업무를 담당하는 사회복지사들의 핵심 영역이니 인내력을 가지고 **기출문제 풀이를 반복**할 것을 추천합니다.

01 사회복지행정의 개념

기출키워드
- 사회복지행정의 특성 ★빈출
- 사회복지행정의 과정

☑ 3회독 Check ☐☐☐ 기출 3회독은 필수!

문항번호 옆 '3회독 체크표'에는 문제를 풀면서 모든 선지를 정확히 알고 풀었으면 'O', 일부 선지를 모르는 문제에는 '△', 전체적인 개념 학습이 필요한 문제는 '×'를 표시하세요.

꽈배기 문제 는 빈출 개념에 대해 혼동을 유발하거나 오답을 유도하는 선지가 출제된 문제입니다. 꽈배기 문제 분석은 해설에서 확인할 수 있습니다.

기출키워드 1 사회복지행정의 특성 ★빈출

001 3회독 Check ☐☐☐
사회복지조직의 특성으로 옳은 것은? 17회

① 클라이언트와 직접 접촉을 피한다.
② 정부 이외의 지원을 받지 않는다.
③ 조직성과의 객관적 증명이 쉽지 않다.
④ 법률과 규칙에 의해 운영되므로 전문성은 중요하지 않다.
⑤ 기업조직과 비교할 때 대표적 차별성은 효율성을 중요하게 여긴다는 점이다.

002 ☐☐☐ 꽈배기 문제
사회복지행정의 개념에 관한 설명으로 옳지 않은 것은? 18회

① 사회복지정책을 개별적이고 구체적인 서비스로 전환시키는 과정이다.
② 사회서비스 활동으로 민간조직을 제외한 공공조직이 수행한다.
③ 관리자가 조직목표를 달성하기 위해서 수행하는 과정, 기능 그리고 활동이다.
④ 사회복지 과업수행을 위해서 인적·물적 자원을 체계적으로 결합·운영하는 합리적 행동이다.
⑤ 사회복지제도와 정책을 서비스 급여, 프로그램으로 전환시키기 위한 전달체계이다.

003

사회복지행정의 특성에 관한 설명으로 옳지 않은 것은?
18회

① 조직들 간의 통합과 연계를 중시한다.
② 지역사회 욕구를 충족시키기 위한 조직관리 기술을 필요로 한다.
③ 모든 구성원들이 조직운영 과정에 참여하여 일정 부분 영향을 미친다.
④ 조직내부 부서 간의 관료적이고 위계적인 조직관리 기술을 필요로 한다.
⑤ 사회복지조직의 관리자는 조직의 운영을 지역사회와 연관시킬 책임이 있다.

004

하센펠트(Y. Hasenfeld)가 제시한 휴먼서비스 조직의 특성으로 옳지 않은 것은?
21회

① 인간을 원료(raw material)로 한다.
② 클라이언트와의 직접적 관계 속에서 활동한다.
③ 조직의 목표가 불확실하며 모호해지기 쉽다.
④ 조직의 업무과정에서 주로 전문가에 의존한다.
⑤ 목표 달성을 위해 명확한 지식과 기술을 사용한다.

005

사회복지행정의 특징에 관한 설명으로 옳은 것은?
21회

① 서비스 성과를 평가하기 어렵다.
② 사회복지행정가는 가치중립적이어야 한다.
③ 서비스 효율성은 고려하지 않는다.
④ 재정관리는 사회복지행정에 포함되지 않는다.
⑤ 직무환경에 관계없이 획일적으로 운영된다.

006

사회복지행정의 개념에 관한 설명으로 옳은 것은?
23회

① 정부조직만을 대상으로 한다.
② 조직의 효과성보다 효율성이 중요하다.
③ 정부 재정 외에 민간 자원 활용은 배제한다.
④ 사회문제 해결 과정에서 가치판단을 배제한다.
⑤ 사회복지정책을 서비스로 전환하는 과정이다.

기출키워드 2 사회복지행정의 과정

007

사회복지행정의 실행 과정을 순서대로 나열한 것은?
20회

ㄱ. 과업 평가	ㄴ. 과업 촉진
ㄷ. 과업 조직화	ㄹ. 과업 기획
ㅁ. 환류	

① ㄱ - ㄷ - ㄹ - ㅁ - ㄴ
② ㄷ - ㄱ - ㄹ - ㄴ - ㅁ
③ ㄷ - ㄹ - ㅁ - ㄴ - ㄱ
④ ㄹ - ㄴ - ㄷ - ㄱ - ㅁ
⑤ ㄹ - ㄷ - ㄴ - ㄱ - ㅁ

008

사회복지행정의 기능에 관한 설명으로 옳은 것을 모두 고른 것은?
21회

ㄱ. 기획(planning): 조직의 목적과 목표달성 방법을 설정하는 활동
ㄴ. 조직화(organizing): 조직의 활동을 이사회와 행정기관 등에 보고하는 활동
ㄷ. 평가(evaluating): 설정된 목표에 따라 성과를 평가하는 활동
ㄹ. 인사(staffing): 직원 채용, 해고, 교육, 훈련 등의 활동

① ㄱ, ㄴ   ② ㄱ, ㄷ   ③ ㄱ, ㄷ, ㄹ
④ ㄴ, ㄷ, ㄹ   ⑤ ㄱ, ㄴ, ㄷ, ㄹ

기출분석 해설집 p.132

02 사회복지행정의 역사

기출키워드
- 한국 사회복지행정의 역사 ★빈출
- 미국 사회복지행정의 역사

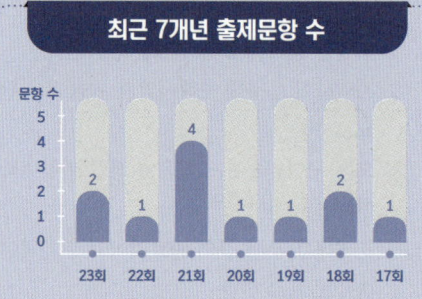
최근 7개년 출제문항 수

☑ 3회독 Check ☐☐☐ 기출 3회독은 필수!
문항번호 옆 '3회독 체크표'에는 문제를 풀면서 모든 선지를 정확히 알고 풀었으면 'O', 일부 선지를 모르는 문제에는 '△', 전체적인 개념 학습이 필요한 문제는 '×'를 표시하세요.

☑ 꽈배기 문제 는 빈출 개념에 대해 혼동을 유발하거나 오답을 유도하는 선지가 출제된 문제입니다. 꽈배기 문제 분석은 해설에서 확인할 수 있습니다.

기출키워드 3 한국 사회복지행정의 역사 ★빈출

009 ☐☐☐
최근 한국 사회복지행정의 추세에 관한 설명으로 옳지 않은 것은?   17회

① 민간부문과 공공부문의 협력이 강조되고 있다.
② 이용시설보다는 생활시설 중심의 보호가 강조된다.
③ 공공성 강화방향으로 전달체계 개편이 이루어지고 있다.
④ 영리기관의 전달체계 참여가 증가하고 있다.
⑤ 지역사회를 중심으로 서비스를 통합하려고 한다.

010 ☐☐☐
1950년대 우리나라 사회복지행정 역사에 관한 설명으로 옳지 않은 것은?   18회

① 외국민간원조기관협의회(KAVA, Korea Association of Voluntary Agencies)는 구호물자의 배분을 중심으로 사회복지행정 활동을 하였다.
② KAVA는 구호 활동과 관련된 조직관리 기술을 도입했다.
③ 사회복지기관들은 수용·보호에 바탕을 둔 행정관리 기술을 사용하였다.
④ KAVA는 서비스 중복, 누락, 서비스 제공자 간의 협력 체계 구축에 초점을 두었다.
⑤ KAVA는 지역사회 조직화나 공동체 형성을 위한 조직 관리 기술을 적극적으로 활용하였다.

011
사회복지서비스 전달체계의 도입을 시대 순으로 나열한 것은?   18회

ㄱ. 사회복지사무소 시범사업   ㄴ. 희망복지지원단
ㄷ. 사회복지전문요원   ㄹ. 보건복지사무소 시범사업
ㅁ. 지역사회보장협의체

① ㄹ - ㄷ - ㄴ - ㄱ - ㅁ
② ㄷ - ㄹ - ㄱ - ㄴ - ㅁ
③ ㄹ - ㄱ - ㄷ - ㄴ - ㅁ
④ ㄱ - ㄷ - ㄹ - ㅁ - ㄴ
⑤ ㄷ - ㄹ - ㅁ - ㄴ - ㄱ

012
우리나라 사회복지 전달체계의 변화 과정을 순서대로 나열한 것은?   19회

ㄱ. 사회복지사무소 시범사업
ㄴ. 지역사회 통합돌봄
ㄷ. 읍·면·동 복지허브화
ㄹ. 사회복지통합관리망(행복e음) 개통
ㅁ. 보건복지사무소 시범사업

① ㄱ - ㅁ - ㄷ - ㄹ - ㄴ
② ㄴ - ㄱ - ㄹ - ㅁ - ㄷ
③ ㄷ - ㄴ - ㅁ - ㄹ - ㄱ
④ ㄹ - ㅁ - ㄱ - ㄷ - ㄴ
⑤ ㅁ - ㄱ - ㄹ - ㄷ - ㄴ

013
사회복지서비스 전달체계 도입 순서가 올바르게 제시된 것은?   20회

ㄱ. 희망복지지원단 설치
ㄴ. 지역사회복지협의체 설치
ㄷ. 읍면동 복지허브화 사업 실행

① ㄱ - ㄴ - ㄷ
② ㄱ - ㄷ - ㄴ
③ ㄴ - ㄱ - ㄷ
④ ㄴ - ㄷ - ㄱ
⑤ ㄷ - ㄴ - ㄱ

014
한국의 사회복지 전달체계 개편 순서를 올바르게 나열한 것은?   21회

ㄱ. 주민생활지원서비스 전달체계
ㄴ. 사회복지통합관리망(행복e음) 개통
ㄷ. 읍·면·동 복지허브화
ㄹ. 지역사회 통합돌봄

① ㄱ - ㄴ - ㄷ - ㄹ
② ㄱ - ㄴ - ㄹ - ㄷ
③ ㄱ - ㄷ - ㄴ - ㄹ
④ ㄴ - ㄱ - ㄷ - ㄹ
⑤ ㄴ - ㄷ - ㄱ - ㄹ

015
한국 사회복지행정의 역사에 관한 설명으로 옳지 않은 것은?   21회

① 1950~1960년대 사회복지서비스는 주로 외국 원조단체들에 의해 제공되었다.
② 1970년대 사회복지사업법 제정으로 사회복지시설에 대한 제도적 지원과 감독의 근거가 마련되었다.
③ 1980년대에 사회복지전문요원제도가 도입되었다.
④ 1990년대에 사회복지시설 평가제도가 도입되었다.
⑤ 2000년대에 사회복지관에 대한 정부 보조금 지원이 제도화되었다.

016
한국 사회복지행정의 역사에 관한 설명으로 옳지 않은 것은?   22회

① 6.25전쟁 이후 외국원조기관을 중심으로 사회복지시설이 설립되었다.
② 1960년대 외국원조기관 철수 후 자생적 사회복지단체들이 성장했다.
③ 1980년대 후반부터 지역사회 이용시설 중심의 사회복지기관이 증가했다.
④ 1980년대 후반부터 사회복지전문요원이 배치되기 시작했다.
⑤ 1990년대 후반에 사회복지시설 설치기준이 허가제에서 신고제로 바뀌었다.

017 □□□
한국 사회복지행정 역사에 관한 설명으로 옳지 않은 것은? 23회

① 1950년대에는 긴급구호와 생활(수용)시설에서의 보호가 주를 이루었다.
② 1970년 「사회복지사업법」 제정으로 사회복지시설 운영에 관한 법적 근거가 마련되었다.
③ 1997년 「사회복지사업법」 개정을 통해 사회복지시설 평가가 법제화되었다.
④ 1998년 사회복지공동모금회가 설립되었다.
⑤ 2008년 노인장기요양보험제도 도입으로 민간기관의 서비스 제공이 금지되었다.

기출키워드 4 미국 사회복지행정의 역사

018 □□□ 꽈배기문제
신공공관리론(New Public Management)에 관한 설명으로 옳지 않은 것은? 21회

① 공공서비스 공급에 있어 정부실패를 해결하기 위해 대두하였다.
② 신자유주의에 이론적 기반을 둔다.
③ 시장의 경쟁원리를 공공행정에 도입하였다.
④ 민간이 공급하던 서비스를 정부가 직접 공급하도록 하였다.
⑤ 정부, 시장, 시민사회의 협치를 추구한다.

019 □□□
신공공관리(New Public Management)에 관한 설명으로 옳지 않은 것은? 23회

① 공공부문 조직운영에 시장원리를 적용한다.
② 조직규모 확장과 중앙집권화를 지향한다.
③ 행정 효율성과 고객에 대한 대응성을 중시한다.
④ 규제완화와 조직원 참여를 중시한다.
⑤ 시민과 고객을 중심으로 서비스의 질적 수준 제고에 중점을 둔다.

기출분석 해설집 p.133

03 사회복지행정의 이론적 배경

기출키워드
- 현대조직이론 ★빈출
- 인간관계이론
- 고전이론
- 조직환경이론

최근 7개년 출제문항 수

✓ 3회독 Check ☐☐☐ 기출 3회독은 필수!
문항번호 옆 '3회독 체크표'에는 문제를 풀면서 모든 선지를 정확히 알고 풀었으면 'O', 일부 선지를 모르는 문제에는 '△', 전체적인 개념 학습이 필요한 문제는 '×'를 표시하세요.

✓ 꽈배기 문제 는 빈출 개념에 대해 혼동을 유발하거나 오답을 유도하는 선지가 출제된 문제입니다. 꽈배기 문제 분석은 해설에서 확인할 수 있습니다.

기출키워드 5　현대조직이론 ★빈출

020 ☐☐☐ 꽈배기문제

사회복지기관의 서비스 질에 관한 설명으로 옳지 않은 것은?　　　　　　　　　　　　19회

① 서브퀄(SERVQUAL)에는 신뢰성과 확신성이 포함된다.
② 서비스 질은 사회복지평가의 기준이 될 수 없다.
③ 위험관리(Risk Management)는 이용자에 대한 서비스 관리 측면과 조직관리 측면을 모두 포함한다.
④ 총체적 품질관리(TQM)에서 서비스의 질은 고객의 결정에 의한다.
⑤ 서비스 이용자와 제공자 관점에서 질적 평가가 중요시되고 있다.

021 ☐☐☐

총체적 품질관리(TQM)에 관한 설명으로 옳지 않은 것은?　　　　　　　　　　　　20회

① 지속적인 품질개선을 강조하는 일련의 과정이다.
② 자료와 사실에 기반한 의사결정을 중시한다.
③ 좋은 품질이 무엇인지는 고객이 결정한다.
④ 집단의 노력보다는 개인의 노력이 품질향상에 더 기여한다고 본다.
⑤ 조직구성원에 대한 훈련을 강조한다.

022 ☐☐☐ 꽐배기 문제
현대조직운영 기법에 관한 설명으로 옳지 않은 것은?
20회

① 리스트럭처링(restructuring): 중복사업을 통합하여 조직 경쟁력 확보
② 리엔지니어링(re-engineering): 업무시간을 간소화시켜 서비스 시간 단축
③ 벤치마킹(benchmarking): 특수분야에서 우수한 대상을 찾아 뛰어난 부분 모방
④ 아웃소싱(outsourcing): 계약을 통해 외부전문가에게 조직기능 일부 의뢰
⑤ 균형성과표(balanced score card): 공정한 직원채용을 위해서 만든 면접평가표

기출키워드 6   인간관계이론

023 ☐☐☐
다음에서 설명하는 이론은?
17회

> 조직구성원은 비공식 집단의 성원으로 행동하며, 이러한 비공식 집단이 개인의 생산성에 영향을 준다.

① 인간관계이론   ② 생산집단이론
③ 과학적 관리론   ④ 상황생태이론
⑤ 개방구조이론

024 ☐☐☐
다음에서 설명하는 조직이론은?
21회

- 인간의 사회적, 심리적, 정서적 욕구 강조
- 조직 내 비공식 집단의 중요성 인식
- 조직 내 개인은 감정적이며 비물질적 보상에 민감하게 반응

① 과학적 관리론   ② 관료제론
③ 인간관계론   ④ 행정관리론
⑤ 자원의존론

025 ☐☐☐
메이요(E. Mayo)가 제시한 인간관계이론에 관한 설명으로 옳은 것은?
22회

① 생산성은 근로조건과 환경에 의해서만 좌우된다.
② 심리적 요인은 생산성 향상에 영향을 미친다.
③ 사회적 상호작용은 생산성 향상에 부정적인 영향을 미친다.
④ 공식적인 부서의 형성은 생산성 향상으로 이어진다.
⑤ 근로자는 집단 구성원이 아닌 개인으로서 행동하고 반응한다.

기출키워드 7   고전이론

026 ☐☐☐
관료제의 주요 특성으로 옳은 것을 모두 고른 것은?
17회

> ㄱ. 조직 내 권위는 수평적으로 구조화된다.
> ㄴ. 조직 운영에서 구성원 개인의 사적 감정은 배제된다.
> ㄷ. 직무 배분과 인력 배치는 공식적 규칙과 규정에 의해서 이루어진다.
> ㄹ. 업무와 활동을 분업화함으로써 전문화를 추구한다.

① ㄱ, ㄴ   ② ㄷ, ㄹ   ③ ㄱ, ㄴ, ㄷ
④ ㄴ, ㄷ, ㄹ   ⑤ ㄱ, ㄴ, ㄷ, ㄹ

027 ☐☐☐
테일러(F. W. Taylor)의 과학적 관리론에 관한 설명으로 옳은 것을 모두 고른 것은?
22회

> ㄱ. 직무의 과학적 분석: 업무시간과 동작의 체계적 분석
> ㄴ. 권위의 위계구조: 권리와 책임을 수반하는 권위의 위계
> ㄷ. 경제적 보상: 직무성과에 따른 인센티브 제공
> ㄹ. 사적 감정의 배제: 공식적인 원칙과 절차 중시

① ㄱ, ㄴ   ② ㄱ, ㄷ   ③ ㄴ, ㄹ
④ ㄱ, ㄴ, ㄷ   ⑤ ㄱ, ㄷ, ㄹ

028 □□□
사회복지조직이론에 관한 설명으로 옳은 것을 모두 고른 것은? 23회

> ㄱ. 과학적 관리론: 직무에 관한 과학적 연구와 분석
> ㄴ. 관료제이론: 표준 운영 절차를 통한 합리성과 전문성 추구
> ㄷ. 인간관계: 조직 내 인간을 심리적, 사회적 욕구를 가진 전인격적 존재로 파악
> ㄹ. 상황이론: 조직의 상황에 관계없이 효율성을 극대화할 수 있는 이상적 방법 추구

① ㄱ, ㄴ ② ㄷ, ㄹ ③ ㄱ, ㄴ, ㄷ
④ ㄴ, ㄷ, ㄹ ⑤ ㄱ, ㄴ, ㄷ, ㄹ

기출키워드 8 조직환경이론

029 □□□
다음에서 설명하고 있는 이론은? 18회

> - 서비스 전달체계에서 업무환경을 강조한다.
> - 생존을 위해서 환경으로부터 합법성을 부여받아야 한다.
> - 조직의 내·외부 환경의 역학 관계가 서비스 전달체계에 영향을 미친다.

① 관료제이론 ② 정치경제이론
③ 인간관계이론 ④ 목표관리이론(MBO)
⑤ 총체적 품질관리(TQM)

030 □□□
사회복지조직관리자가 상황이론(contingency theory)을 활용할 경우 고려해야 할 것을 모두 고른 것은? 20회

> ㄱ. 계층적 승진 제도를 통해서 직원의 성취 욕구를 고려한다.
> ㄴ. 시간과 동작 분석을 활용하여 표준시간과 표준동작을 정한다.
> ㄷ. 사회복지조직을 둘러싸고 있는 사회, 정치, 경제, 문화 변수 등을 고려한다.

① ㄱ ② ㄴ ③ ㄷ
④ ㄱ, ㄷ ⑤ ㄴ, ㄷ

031 □□□
조직이론에 관한 설명으로 옳지 않은 것은? 22회

① 학습조직이론: 개인 및 조직의 학습공유를 통해 역량 강화
② 정치경제이론: 경제적 자원과 권력 간 상호작용 강조
③ 상황이론: 조직을 폐쇄체계로 보며, 조직 내부의 상황에 초점
④ 총체적 품질관리론: 지속적이고 총체적인 서비스 질 향상을 통한 고객만족 극대화
⑤ X이론: 생산성 향상을 위해 조직 구성원에 대한 감독, 보상과 처벌, 지시 등이 필요

04 사회복지조직의 구조와 유형

기출키워드
- 조직의 구조적 요소
- 조직문화
- 조직구조의 유형
- 사회복지조직의 유형

☑ 3회독 Check ☐☐☐ 기출 3회독은 필수!
문항번호 옆 '3회독 체크표'에는 문제를 풀면서 모든 선지를 정확히 알고 풀었으면 'O', 일부 선지를 모르는 문제에는 '△', 전체적인 개념 학습이 필요한 문제는 '×'를 표시하세요.

☑ 꽈배기 문제 는 빈출 개념에 대해 혼동을 유발하거나 오답을 유도하는 선지가 출제된 문제입니다. 꽈배기 문제 분석은 해설에서 확인할 수 있습니다.

기출키워드 9 조직의 구조적 요소

032 ☐☐☐
조직 내 비공식조직의 순기능으로 옳은 것은? 18회

① 조직의 응집력을 높인다.
② 공식 업무의 신뢰성과 일관성을 높인다.
③ 정형화된 구조로 조직의 안정성을 높인다.
④ 파벌이나 정실인사의 부작용이 나타난다.
⑤ 의사결정이 하층부에 위임되어 직원들의 참여의식을 높인다.

033 ☐☐☐
조직구조에 관한 설명으로 옳은 것은? 21회

① 조직규모가 커질수록 공식화 정도가 낮아진다.
② 공식화 정도가 높을수록 직원의 재량권이 줄어든다.
③ 과업의 종류가 많을수록 수직적 분화가 늘어난다.
④ 분권화 정도가 높을수록 최고관리자에게 조직 통제권한이 집중된다.
⑤ 집권화 정도가 높을수록 직원의 권한과 책임의 범위가 모호해진다.

034 ☐☐☐
조직 구성요소에 관한 설명으로 옳은 것은? 22회

① 집권화 수준을 높이면 의사결정의 권한이 분산된다.
② 업무가 복잡할수록 공식화의 효과는 더 크다.
③ 공식화 수준을 높이면 직무의 사적 영향력이 높아진다.
④ 과업분화가 적을수록 수평적 분화가 더 이루어진다.
⑤ 수직적 분화가 많아질수록 의사소통의 절차가 복잡해진다.

035 ☐☐☐ 꽈배기 문제
조직 분권화의 특성에 관한 설명으로 옳지 않은 것은? 23회

① 최고관리자의 업무와 책임을 감소시킬 수 있다.
② 직원들의 자발적 협조를 유도할 수 있다.
③ 부서 간 협조가 늘어날 수 있다.
④ 위기와 갈등을 신속하게 해결할 수 있다.
⑤ 하위부서 재량권을 강화하는 효과가 있다.

기출키워드 10 조직문화

036 ☐☐☐
사회복지조직의 조직문화에 관한 설명으로 옳은 것을 모두 고른 것은? 18회

> ㄱ. 사회복지서비스 체계의 규범과 가치로서 역할을 한다.
> ㄴ. 사회복지서비스 제공자의 상황인식에 중요한 역할을 한다.
> ㄷ. 조직구성원의 행태와 인식 그리고 태도를 통해서 조직효과성과 연결하는 역할을 한다.

① ㄱ ② ㄷ ③ ㄱ, ㄴ
④ ㄴ, ㄷ ⑤ ㄱ, ㄴ, ㄷ

037 ☐☐☐
조직문화에 관한 설명으로 옳지 않은 것은? 22회

① 조직의 정체성을 결정하는 일련의 가치와 신념이다.
② 조직과 일체감을 갖게 함으로써 구성원의 정체감 형성에 기여한다.
③ 조직의 믿음과 가치가 깊게 공유될 때 조직문화는 더 강해진다.
④ 경직된 조직문화는 불확실한 환경에 대처하도록 돕는다.
⑤ 조직 내에서 자연적으로 생길 수 있다.

기출키워드 11 조직구조의 유형

038 ☐☐☐
행렬조직(matrix organization)에 관한 설명으로 옳은 것은? 17회

① 직무 배치가 위계와 부서별 구분에 따라 이루어지는 전형적 조직이다.
② 조직운영을 지원하는 비공식 조직을 의미한다.
③ 합리성을 강조하기 때문에 조직 유연성을 저하시킬 수 있다.
④ 직무별 분업을 인정하면서 동시에 사업별 협력을 강조한다.
⑤ 현실에서 작동하지 않는 가상의 사업조직을 일컫는다.

039 ☐☐☐
사회복지조직에서 활용되고 있는 관료제의 역기능으로 옳지 않은 것은? 18회

① 조직 운영규정 자체가 목적으로 인식될 수 있다.
② 조직변화가 어렵다.
③ 부서 이기주의가 나타날 수 있다.
④ 서비스가 최저 수준에 머무를 수 있다.
⑤ 조직의 복잡한 규칙을 적용하면서 창조성이 향상된다.

040 ☐☐☐
조직구조 유형 중 태스크포스(TF)에 관한 설명으로 옳은 것을 모두 고른 것은? 20회

> ㄱ. 팀 형식으로 운영하는 조직이다.
> ㄴ. 특정 목표달성을 위한 업무에 전문가들을 배치한다.
> ㄷ. 환경의 변화에 대응하기 위해서 만든 조직의 성격이 강하다.

① ㄱ ② ㄴ ③ ㄱ, ㄷ
④ ㄴ, ㄷ ⑤ ㄱ, ㄴ, ㄷ

041 ☐☐☐
다음 사례에 해당하는 현상은? 21회

> A사회복지기관은 프로그램 운영 성과를 높이기 위해 기부금 모금실적을 직원 직무평가에 반영하기로 했다. 직원들이 직무평가에서 높은 점수를 받기 위해 모금활동에 더 많은 시간과 노력을 기울이게 되면서 오히려 프로그램 운영 성과는 저조하게 되었다.

① 리스트럭처링(restructuring)
② 목적전치(goal displacement)
③ 크리밍(creaming)
④ 소진(burn out)
⑤ 다운사이징(downsizing)

042 □□□

다음에서 설명하는 조직구조는? 22회

- 일상 업무수행기구와는 별도로 구성
- 특별과업이나 문제해결을 위한 전문가 중심 조직
- 낮은 수준의 수직적 분화와 공식화

① 기계적 관료제 구조 ② 사업부제 구조
③ 전문적 관료제 구조 ④ 단순구조
⑤ 위원회 구조

043 □□□

다음에서 설명하는 조직구조는? 23회

- 특정 사업이나 활동수행을 위해 기존 부서에서 인력을 파견하여 구성함
- 조직구성원의 역량을 최대한 활용할 수 있음
- 임시적으로 활동하고 과업이 종료되면 해체됨

① 라인-스탭(line-staff)
② 태스크포스(task force)
③ 감사(audit)조직
④ 거버넌스(governance)조직
⑤ 위계(hierarchy)조직

기출키워드 12 사회복지조직의 유형

044 □□□

민간 비영리조직의 특성에 관한 설명으로 옳지 않은 것은? 23회

① 이윤이 발생하면 구성원에게 균등하게 배당한다.
② 시장과 정부실패를 보완할 수 있다.
③ 최소한의 조직 구조와 운영 공식성을 갖는다.
④ 지방자치단체 보조금을 받을 수 있다.
⑤ 비영리조직 회원은 자발적으로 가입한다.

기출분석 해설집 p.137

05 사회복지서비스의 전달체계

기출키워드
- 전달체계 구축의 원칙 ★빈출
- 전달체계 구분 및 역할

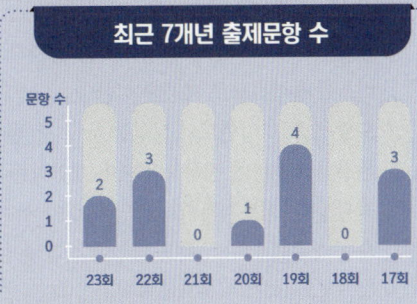
최근 7개년 출제문항 수

✓ 3회독 Check ☐☐☐ 기출 3회독은 필수!
문항번호 옆 '3회독 체크표'에는 문제를 풀면서 모든 선지를 정확히 알고 풀었으면 'O', 일부 선지를 모르는 문제에는 '△', 전체적인 개념 학습이 필요한 문제는 '×'를 표시하세요.

✓ 꽈배기문제 는 빈출 개념에 대해 혼동을 유발하거나 오답을 유도하는 선지가 출제된 문제입니다. 꽈배기 문제 분석은 해설에서 확인할 수 있습니다.

기출키워드 13 전달체계 구축의 원칙 ★빈출

045 ☐☐☐ 꽈배기문제

독거노인을 위한 복지서비스 전달체계 구축 원칙과 내용이 옳지 않은 것은? 17회

① 충분성: 치매예방서비스 양을 증가시킴
② 연속성: 치매예방 및 관리서비스를 중단 없이 이용하게 함
③ 접근성: 치매예방서비스 비용을 낮춤
④ 책임성: 치매예방서비스 불만사항 파악절차를 마련함
⑤ 통합성: 치매예방서비스를 적극적으로 홍보함

046 ☐☐☐ 꽈배기문제

다음에서 나타나지 않는 현상은? 17회

> A지역자활센터는 대상자의 취업 성공률을 높이기 위해 전담직원을 신규 채용해서 맞춤형 프로그램 기획을 담당하도록 하였다. 또한 대상자를 개별적으로 사정, 상담하여 취업 방해요인을 분석하였다. 몇몇 대상자들은 A센터의 취업성공률을 낮출 것이라고 보고 타기관으로 보낼 방안을 검토하고 이를 요청하였다.

① 서비스 과활용   ② 크리밍
③ 의뢰   ④ 사례관리
⑤ 스태핑(staffing)

047

사회복지 전달체계 구축 시 고려해야 할 사항으로 옳지 않은 것은? 19회

① 통합성: 서비스의 중복과 누락을 방지하고 다양한 서비스를 통합적으로 제공해야 한다.
② 포괄성: 클라이언트의 다양한 욕구 중 한 가지 욕구를 해결하기 위하여 전문가 집단이 개입하는 방식이다.
③ 적절성: 사회복지서비스의 양과 질이 서비스 수요자의 욕구 충족과 서비스 목표 달성에 적합해야 한다.
④ 접근성: 서비스 이용자에게 공간, 시간, 정보, 재정 등의 제약이 없는 서비스 제공을 의미한다.
⑤ 전문성: 충분한 사회복지전문가의 확보가 필요하다.

048

다음에 해당하는 사회복지조직 구조의 변화는? 19회

> A지방자치단체는 아동학대 문제에 적극 대처하기 위해 'A지역 아동보호네트워크'를 발족했다. 이 네트워크에는 지역 내 공공기관, 아동보호전문기관, 초등학교, 지역아동센터, 병원, 시민단체, 편의점 등이 참여하여 학대가 의심되는 아동을 발견했을 때 신속하게 신고, 접수 및 대응할 수 있도록 했다.

① 지역복지 거버넌스 구축
② 사업성과 평가체계 구축
③ 서비스 경쟁체계 도입
④ 복지시설 확충
⑤ 서비스 품질인증제 도입

049

사회복지서비스 전달체계에 관한 설명으로 옳지 않은 것은? 20회

① 구조·기능 차원에서 행정체계와 집행체계로 구분할 수 있다.
② 운영주체에 따라서 공공체계와 민간체계로 구분할 수 있다.
③ 전달체계의 접근성을 높이기 위해서는 서비스 이용의 장애요인을 줄여야 한다.
④ 사회복지서비스 급여의 유형과 전달체계 특성은 관련이 없다.
⑤ 서비스 제공기관을 의도적으로 중복해서 만드는 것이 전달체계를 개선해 줄 수도 있다.

050

사회복지 전달체계 구축 원칙에 관한 설명으로 옳지 않은 것은? 22회

① 서비스 비용 부담을 낮춤으로써 접근성을 높일 수 있다.
② 서비스 간 연계성을 강화함으로써 연속성을 높일 수 있다.
③ 양·질적으로 이용자 욕구에 부응함으로써 적절성을 높일 수 있다.
④ 최소 비용으로 최대 효과를 얻음으로써 전문성을 높일 수 있다.
⑤ 이용자의 요구나 불만을 파악함으로써 책임성을 높일 수 있다.

051

다음 설명에 해당되는 것은? 22회

> • 비(非)표적 인구가 서비스에 접근하여 나타나는 문제
> • 사회적 자원의 낭비 유발

① 서비스 과활용
② 크리밍
③ 레드테이프
④ 기준행동
⑤ 매몰비용

052

다음에서 설명하는 사회복지 전달체계 구축 원칙은?

23회

- 지역사회통합돌봄(커뮤니티 케어)
- 원스탑서비스 제공
- 서비스 단편성과 비연속성 문제를 해결

① 책임성　② 접근성　③ 지속성
④ 통합성　⑤ 적절성

기출키워드 14　전달체계 구분 및 역할

053

한국의 민간 사회복지조직에 관한 설명으로 옳지 않은 것은?

17회

① 사회적 기업은 사회서비스 공급에 참여할 수 없다.
② 사회서비스 공급에 영리 기관도 참여하고 있다.
③ 사회복지법인 이외에도 사회복지시설을 운영할 수 있다.
④ 지방자치단체와의 위·수탁 계약을 통해 서비스를 제공하는 경우가 있다.
⑤ 정부보조금, 후원금, 이용료 등 재원이 다양하다.

054

한국의 사회복지 행정체계에 관한 설명으로 옳지 않은 것은?

19회

① 공공 행정체계와 민간 행정체계로 구성된다.
② 중앙정부의 사회복지 담당 부처는 보건복지부이다.
③ 지방자치단체의 사회복지 행정체계는 일반 행정체계에 포함되어 있다.
④ 민간 사회복지기관은 국가나 지방자치단체의 보조금을 받지 않는다.
⑤ 사회복지 행정체계에는 영리 사업자도 참여하고 있다.

055

공공 사회복지 전달체계에 관한 설명으로 옳은 것은?

22회

① 사회복지전담공무원 제도 이후 사회복지전문요원 제도가 실시되었다.
② 보건복지사무소와 사회복지사무소 시범사업은 동시에 진행되었다.
③ 읍·면·동 복지허브화 사업 이후 읍·면·동사무소가 주민자치센터로 변경되었다.
④ 지역사회복지협의체가 지역사회보장협의체로 명칭이 변경되었다.
⑤ 사회서비스원 설치 후 전자바우처 방식의 사회서비스 사업이 시작되었다.

056

사회복지 전달체계에 관한 설명으로 옳지 않은 것은?

23회

① 공공 전달체계, 민간 전달체계, 공공과 민간 혼합 전달체계로 구분한다.
② 집행체계는 수급자와 대면 관계를 통해 서비스를 제공한다.
③ 행정복지센터, 공단, 사회복지법인은 공공 전달체계이다.
④ 사회복지서비스 공급자와 소비자를 연결하는 조직적·체계적 장치이다.
⑤ 우리나라 사회복지서비스는 공공과 민간의 혼합 전달체계로 제공된다.

06 사회조직의 기획과 의사결정

기출키워드
- 기획 기법
- 기획 과정
- 의사결정 기술 및 의사결정모형

최근 7개년 출제문항 수

✓ 3회독 Check ☐☐☐ 기출 3회독은 필수!

문항번호 옆 '3회독 체크표'에는 문제를 풀면서 모든 선지를 정확히 알고 풀었으면 'O', 일부 선지를 모르는 문제에는 '△', 전체적인 개념 학습이 필요한 문제는 '×'를 표시하세요.

꽈배기 문제 는 빈출 개념에 대해 혼동을 유발하거나 오답을 유도하는 선지가 출제된 문제입니다. 꽈배기 문제 분석은 해설에서 확인할 수 있습니다.

기출키워드 15　기획 기법

057 ☐☐☐
사회복지 기획과 관리기법에 관한 설명으로 옳은 것은?　　　17회

① PERT는 최초로 시도되는 프로그램 관리에는 유용하지 않다.
② 간트 차트는 임계통로에 대한 정확한 정보파악에 유용하다.
③ 책임행렬표는 목표, 활동, 책임유형을 구성원별로 제시한다.
④ 사례모델링이란 클라이언트의 서비스 이용경로를 제시하는 것이다.
⑤ 마일스톤은 월별 활동내용을 파악하는 주된 기법이다.

058 ☐☐☐
시간별 활동계획도표(Gantt Chart)의 설명으로 옳은 것을 모두 고른 것은?　　　18회

ㄱ. 시간별 활동계획의 설계는 확인-조정-계획-실행의 순환적 과정으로 이루어진다.
ㄴ. 헨리 간트(H. Gantt)에 의해 최초로 개발되었다.
ㄷ. 목표달성 기한을 정해놓고 목표달성을 위해 설정된 주요활동과 시간계획을 연결시켜 도표로 나타낸 것이다.
ㄹ. 활동과 활동 사이의 상관관계를 파악하기 힘들다.

① ㄱ, ㄴ　　② ㄱ, ㄷ　　③ ㄴ, ㄷ
④ ㄴ, ㄹ　　⑤ ㄷ, ㄹ

059 □□□

기획의 모델과 기법에 관한 설명으로 옳지 않은 것은? 19회

① 논리모델은 투입-활동-산출-성과로 도식화하는 방법이다.
② 전략적 기획은 과정을 강조하므로 우선순위를 설정하고 단계적인 계획을 수립한다.
③ 방침관리기획(PDCA)은 체계이론을 적용한 모델이다.
④ 간트 도표(Gantt Chart)는 사업별로 진행시간을 파악하여 각각 단계별로 분류한 시간을 단선적 활동으로 나타낸다.
⑤ 프로그램평가검토기법(PERT)은 일정한 기간에 추진해야 하는 행사에 필요한 복잡한 과업의 순서가 보이도록 하고 임계통로를 거친다.

060 □□□

다음 설명에 해당하는 프로그램 관리기법은? 22회

- 프로그램 진행 일정을 관리하는 목적으로 많이 활용됨
- 프로그램을 구성하는 활동들 간 상호관계와 연계성을 명확하게 보여줌
- 임계경로와 여유시간에 대한 정보를 파악할 수 있음

① 프로그램평가검토기법(PERT)
② 간트 차트(Gantt Chart)
③ 논리모델(Logic Model)
④ 임팩트모델(Impact Model)
⑤ 플로우 차트(Flow Chart)

061 □□□

기획에 활용되는 기법에 관한 설명으로 옳지 않은 것은? 23회

① 간트 차트(Gantt Chart)는 사업을 계획할 때 쉽고 간단하게 작성할 수 있다.
② 간트 차트(Gantt Chart)는 일정계획 변경을 유연하게 수용하기 어렵다.
③ 프로그램평가검토기법(PERT)은 업무를 체계적으로 수행하는 데 도움이 된다.
④ 프로그램평가검토기법(PERT)은 일정변경 등 유동적인 상황을 대처하는 데 어렵다.
⑤ 총괄진행표(Flow Chart)는 프로그램 제공과정을 시작부터 종료까지 한눈에 볼 수 있다.

기출키워드 16 기획 과정

062 □□□

스키드모어(R. A. Skidmore)의 기획과정을 순서대로 나열한 것은? 20회

ㄱ. 대안 모색
ㄴ. 가용자원 검토
ㄷ. 대안 결과예측
ㄹ. 최종대안 선택
ㅁ. 구체적 목표 설정
ㅂ. 프로그램 실행계획 수립

① ㄱ-ㄴ-ㄷ-ㅁ-ㅂ-ㄹ
② ㄱ-ㄷ-ㄹ-ㄴ-ㅁ-ㅂ
③ ㄱ-ㄷ-ㅁ-ㄴ-ㅂ-ㄹ
④ ㅁ-ㄴ-ㄱ-ㄷ-ㄹ-ㅂ
⑤ ㅁ-ㅂ-ㄴ-ㄱ-ㄷ-ㄹ

기출키워드 17 · 의사결정 기술 및 의사결정모형

063 □□□
사회복지조직의 의사결정모형에 관한 설명으로 옳은 것은? 21회

① 점증모형은 여러 대안을 평가하여 합리적 평가 순위를 정하는 모형이다.
② 연합모형은 경제적·시장 중심적 시각에서 이루어지는 모형이다.
③ 만족모형은 주로 해결해야 할 문제가 분명하고 단순한 의사결정에 적용된다.
④ 쓰레기통모형은 조직의 목표가 모호하고, 조직의 기술이 막연한 경우에 적용되는 모형이다.
⑤ 공공선택모형은 시민들을 공공재의 생산자로 규정하고 정부를 소비자로 규정한다.

064 □□□
다음 설명에 해당하는 의사결정 기법은? 22회

- 대면하여 의사결정
- 집단적 상호작용의 최소화
- 민주적 방식으로 최종 의사결정

① 명목집단기법   ② 브레인스토밍   ③ 델파이기법
④ SWOT기법   ⑤ 초점집단면접

065 □□□
쓰레기통모형(Garbage can Model)에 관한 설명으로 옳은 것은? 23회

① 문제 진단과 의사결정 과정이 체계적이고 논리적으로 이루어진다.
② 결정자의 행동보다는 객관적인 상황적 조건에 더 많은 주의를 기울인다.
③ 가장 합리적인 대안을 선택하는 모형이다.
④ 합리성과 비합리성을 절충한 모형이다.
⑤ 조직화된 무질서 속에서 우연히 의사결정이 이루어진다.

07 사회복지조직의 리더십

기출키워드
- 리더십이론 ★빈출
- 리더십 유형

최근 7개년 출제문항 수

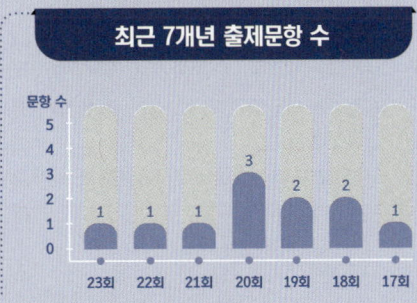

☑ **3회독 Check** ☐☐☐ 기출 3회독은 필수!
문항번호 옆 '3회독 체크표'에는 문제를 풀면서 모든 선지를 정확히 알고 풀었으면 'O', 일부 선지를 모르는 문제에는 '△', 전체적인 개념 학습이 필요한 문제는 '×'를 표시하세요.

☑ **꽈배기 문제** 는 빈출 개념에 대해 혼동을 유발하거나 오답을 유도하는 선지가 출제된 문제입니다. 꽈배기 문제 분석은 해설에서 확인할 수 있습니다.

기출키워드 18 리더십이론 ★빈출

066 ☐☐☐ 꽈배기 문제
리더십이론에 관한 설명으로 옳은 것은? 17회

① 블레이크와 머튼(R. Blake & J. Mouton)의 관리격자이론에 의하면 과업형(1.9)이 가장 이상적인 리더이다.
② 피들러(F. E. Fiedler)의 상황이론에 의하면 상황의 호의성이 모두 불리하면 리더가 인간중심의 행동을 해야 효과적이다.
③ 허시와 블랜차드(P. Hersey & K. H. Blanchard)의 상황이론에 의하면 구성원의 성숙도가 낮을 경우 위임형 리더십이 적합하다.
④ 퀸(R. Quinn)의 경쟁적 가치 리더십에 의하면 동기부여형 리더십은 목표달성가 리더십과 상반된 가치를 추구한다.
⑤ 배스(B. M. Bass)의 변혁적 리더십에 의하면 변혁적 리더는 구성원의 욕구와 보상에 주된 관심을 갖는다.

067 ☐☐☐
리더십이론에 관한 설명으로 옳지 않은 것은? 18회

① 관리격자이론은 조직원의 특성과 같은 상황적 요소를 고려하고 있다.
② 특성이론의 비판적 대안으로 행동이론이 등장하였다.
③ 섬김의 리더십(servant leadership)은 힘과 권력에 의한 조직지배를 지양한다.
④ 거래적 리더십은 교환관계를 기반으로 하여 조직성과를 높이고자 한다.
⑤ 상황이론은 과업환경에 따라 적합하게 대응하는 리더십이 효과적이라고 가정한다.

068 ☐☐☐
변혁적 리더십에 관한 설명으로 옳은 것을 모두 고른 것은? 18회

> ㄱ. 새로운 비전제시 및 지적 자극, 조직 문화 창출을 지향한다.
> ㄴ. 성과에 대한 금전적인 보상이 구성원의 높은 헌신을 가능하게 한다.
> ㄷ. 조직목표 중 개인의 사적이익을 가장 우선시한다.

① ㄱ ② ㄴ ③ ㄱ, ㄷ
④ ㄴ, ㄷ ⑤ ㄱ, ㄴ, ㄷ

069 ☐☐☐ 꽈배기문제
리더십이론에 관한 설명으로 옳은 것은? 20회

① 블레이크와 머튼(R. Blake & J. Mouton)의 관리격자 모형은 자질이론 중 하나이다.
② 블레이크와 머튼의 관리격자 모형에서 가장 바람직한 행동유형은 극단에 치우치지 않은 중도형이다.
③ 허시와 블랜차드(P. Hersey & K. H. Blanchard)의 상황적 리더십 모형에서는 구성원의 성숙도를 중요하게 고려한다.
④ 퀸(R. Quinn)의 경쟁가치 리더십 모형은 행동이론의 대표적 모형이다.
⑤ 퀸의 경쟁가치 리더십 모형에서는 조직환경의 변화에 따라 리더십이 달라져서는 안 된다는 것을 강조한다.

070 ☐☐☐
리더십이론에 관한 설명으로 옳지 않은 것은? 21회

① 상황이론에 의하면 상황에 따라 적합하게 대응하는 리더십이 효과적이다.
② 행동이론에서 컨트리클럽형(country club management)은 사람에 대한 관심과 일에 대한 관심이 모두 높은 리더이다.
③ 행동이론에서 과업형은 일에만 관심이 있고 사람에 대해서는 전혀 관심이 없는 리더이다.
④ 서번트 리더십(servant leadership)은 사회복지조직 관리에 적합한 리더십이 될 수 있다.
⑤ 생산성 측면에서 서번트 리더십은 자발적 행동의 정도를 중시한다.

071 ☐☐☐
섬김 리더십(servant leadership)에 관한 설명으로 옳은 것을 모두 고른 것은? 22회

> ㄱ. 인간 존중, 정의, 정직성, 공동체적 윤리성 강조
> ㄴ. 가치의 협상과 계약
> ㄷ. 청지기(stewardship) 책무 활동
> ㄹ. 지능, 사회적 지위, 교육 정도, 외모 강조

① ㄱ, ㄷ ② ㄴ, ㄹ ③ ㄷ, ㄹ
④ ㄱ, ㄴ, ㄷ ⑤ ㄱ, ㄴ, ㄷ, ㄹ

기출키워드 19 리더십 유형

072 ☐☐☐
다음에 해당하는 리더십 유형은? 19회

> • 조직의 목표에 대한 구성원의 참여동기가 증대될 수 있다.
> • 조직의 리더와 구성원 간 의사소통이 활발해질 수 있다.
> • 집단의 지식, 경험, 기술의 활용이 용이하다.

① 지시적 리더십 ② 참여적 리더십
③ 방임적 리더십 ④ 과업형 리더십
⑤ 위계적 리더십

073 ☐☐☐
참여적 리더십에 관한 설명으로 옳지 않은 것은? 20회

① 의사결정의 시간과 에너지가 절약될 수 있다.
② 하급자가 의사결정에 참여하는 것을 강조한다.
③ 동기부여 수준이 높은 업무자로 구성된 조직에서 효과적이다.
④ 책임성 소재가 모호해질 수 있다.
⑤ 사회복지의 가치와 부합한다.

08 사회복지조직의 인적자원관리와 재정관리 ★★★

기출키워드
- 인적자원관리 ★빈출
- 동기부여
- 슈퍼비전
- 재정관리 ★빈출

최근 7개년 출제문항 수

회차	23회	22회	21회	20회	19회	18회	17회
문항 수	6	6	4	4	5	6	6

☑ 3회독 Check ☐ ☐ ☐ 기출 3회독은 필수!

문항번호 옆 '3회독 체크표'에는 문제를 풀면서 모든 선지를 정확히 알고 풀었으면 'O', 일부 선지를 모르는 문제에는 '△', 전체적인 개념 학습이 필요한 문제는 '×'를 표시하세요.

☑ 꽈배기 문제는 빈출 개념에 대해 혼동을 유발하거나 오답을 유도하는 선지가 출제된 문제입니다. 꽈배기 문제 분석은 해설에서 확인할 수 있습니다.

기출키워드 20 | 인적자원관리 ★빈출

074 ☐ ☐ ☐
다음에서 공통적으로 설명하는 인적자원관리 방식은?   17회

- 인적자원관리의 기초가 된다.
- 직무에 대한 업무내용과 책임을 종합적으로 분류한다.
- 직무명세서 작성의 전 단계이다.

① 직무평가   ② 직무분석   ③ 직무순환
④ 직무수행평가   ⑤ 직무충실

075 ☐ ☐ ☐
직무수행평가에 관한 설명으로 옳은 것은?   18회

① 기준의 확립은 평가의 마지막 단계에서 이루어진다.
② 조직원들에게 직무수행의 기대치를 전달하는 목적을 지니고 있다.
③ 도표평정식평가(graphic rating scale)는 관대화오류(leniency error)가 발생되지 않는다.
④ 자기평가는 서비스 이용자에 의한 평가보다 많은 비용이 소모되는 어려움이 있다.
⑤ 동료평가는 직무에 대해서 평가대상자보다 넓은 지식과 이해를 하고 있다는 전제를 바탕으로 실시한다.

076 ☐☐☐
다음에서 설명하는 직원능력개발 방법은? 18회

- 지속적이고 새로운 전문지식 습득 방법
- 지역사회의 필요 및 구성원의 욕구에 따라 융통성 있게 실시 가능
- 사회복지사에게 직무연수 방식으로 제공

① 패널토의(Panel Discussion)
② 순환보직(Job Rotation)
③ 계속교육(Continuing Education)
④ 역할연기(Role Playing)
⑤ 분임토의(Syndicate)

077 ☐☐☐
인적자원관리의 영역에 해당하지 않는 것은? 19회

① 채용 ② 배치 ③ 평가
④ 승진 ⑤ 재무

078 ☐☐☐
직무를 통한 연수(OJT)에 관한 설명으로 옳은 것을 모두 고른 것은? 19회

ㄱ. 직원이 지출한 자기개발 비용을 조직에서 지원한다.
ㄴ. 일반적으로 조직의 상사나 선배를 통해 이루어진다.
ㄷ. 일상적인 업무를 통해 이루어지는 경우가 많다.
ㄹ. 조직 외부의 전문교육 기관에서 제공된다.

① ㄱ, ㄴ ② ㄱ, ㄷ ③ ㄱ, ㄹ
④ ㄴ, ㄷ ⑤ ㄷ, ㄹ

079 ☐☐☐
직무기술서에 포함되어야 할 내용으로 옳지 않은 것은? 19회

① 급여 수준 ② 직무 명칭 ③ 직무 내용
④ 직무 수행방법 ⑤ 핵심 과업

080 ☐☐☐ 꽈배기 문제
직무기술서에 관한 설명으로 옳은 것을 모두 고른 것은? 21회

ㄱ. 작업조건을 파악해서 작성한다.
ㄴ. 직무수행을 위한 책임과 행동을 명시한다.
ㄷ. 종사자의 교육 수준, 기술, 능력 등을 포함한다.
ㄹ. 직무의 성격, 내용, 수행 방법 등을 정리한 문서이다.

① ㄱ, ㄴ ② ㄱ, ㄷ ③ ㄱ, ㄴ, ㄹ
④ ㄴ, ㄷ, ㄹ ⑤ ㄱ, ㄴ, ㄷ, ㄹ

081 ☐☐☐
인적자원관리에 관한 설명으로 옳은 것을 모두 고른 것은? 20회

ㄱ. 직무분석은 직무명세 이후 가능하다.
ㄴ. 직무명세는 특정 직무수행을 위해 필요한 지식과 기능, 능력 등을 작성하는 것이다.
ㄷ. 직무평가에서는 조직목표 달성에 대한 구성원의 기여도를 고려한다.

① ㄴ ② ㄱ, ㄴ ③ ㄱ, ㄷ
④ ㄴ, ㄷ ⑤ ㄱ, ㄴ, ㄷ

082
인적자원관리의 구성요소에 관한 설명으로 옳지 않은 것은? 22회

① 확보: 직원모집, 심사, 채용
② 개발: 직원훈련, 지도, 감독
③ 보상: 임금, 복리후생
④ 정치: 승진, 근태관리
⑤ 유지: 인적자원 유지, 이직관리

083
직무수행평가 순서로 옳은 것은? 22회

> ㄱ. 실제 직무수행을 직무수행 평가기준과 비교
> ㄴ. 직원과 평가결과 회의 진행
> ㄷ. 평가도구를 사용하여 직원의 실제 직무수행을 측정
> ㄹ. 직무수행 기준 확립
> ㅁ. 직무수행 기대치를 직원에게 전달

① ㄷ - ㄹ - ㅁ - ㄱ - ㄴ
② ㄹ - ㄷ - ㄴ - ㅁ - ㄱ
③ ㄹ - ㅁ - ㄷ - ㄱ - ㄴ
④ ㅁ - ㄱ - ㄷ - ㄴ - ㄹ
⑤ ㅁ - ㄹ - ㄴ - ㄷ - ㄱ

084
인적자원관리체계에 관한 설명으로 옳은 것은? 23회

① 직무설계 - 직무 내용, 수행방법, 직무 간의 관계 등 설정
② 직무분석 - 일의 종류, 난이도, 책임수준이 유사한 직급으로 묶음
③ 직무평가 - 평가대상 직무에 종사하는 직원들 평가
④ 직무기술서 - 직무수행자 자격요건 기술
⑤ 직무명세서 - 직무 성격, 내용, 수행방법 등 기술

기출키워드 21 동기부여

085
동기부여이론에 관한 설명으로 옳지 않은 것은? 17회

① 매슬로우(A. Maslow)의 욕구단계이론에서 최상위 단계는 자아실현욕구이다.
② 알더퍼(C. Alderfer)의 ERG이론은 인간의 욕구를 세 가지 범주로 나누었다.
③ 허즈버그(F. Herzberg)의 동기-위생이론에 의하면 감독, 안전은 위생요인에 해당한다.
④ 맥클리랜드(D. McClelland)의 성취동기이론에 의하면 성장욕구는 관계욕구보다 상위단계이다.
⑤ 아담스(J. S. Adams)는 공평성이론에서 조직이 공평성을 실천함으로써 구성원을 동기부여할 수 있다고 하였다.

086
동기부여이론에 관한 설명으로 옳은 것은? 20회

① 알더퍼(C. Alderfer)의 ERG이론은 고순위 욕구가 충족되지 못하면 저순위 욕구를 더욱 원하게 된다는 좌절퇴행(frustration regression) 개념을 제시한다.
② 맥그리거(D. McGregor)의 X·Y이론은 조직에 대한 기대와 현실 간 차이가 동기수준을 결정한다는 점을 강조한다.
③ 허즈버그(F. Herzberg)의 동기-위생요인 이론은 불만 초래 요인을 동기요인으로 규정한다.
④ 맥클리랜드(D. McClelland)의 성취동기이론은 조직 공정성을 성취동기 고취를 위한 핵심요소로 간주한다.
⑤ 매슬로우(A. Maslow)의 욕구단계이론은 욕구가 존재, 관계, 성장욕구의 세 단계로 구성된다고 주장한다.

087 ☐☐☐

허즈버그(F. Herzberg)의 동기-위생이론에 따른 동기유발요인에 해당하는 것은? 23회

① 성취에 대한 인정(recognition)
② 기술적 감독(technical supervision)
③ 급여(salary)
④ 근로조건(working condition)
⑤ 인간관계(interpersonal relations)

090 ☐☐☐ 꽈배기문제

예산에 관한 설명으로 옳지 않은 것은? 19회

① 영기준 예산(Zero Based Budgeting)은 예산의 효율성을 중요시한다.
② 영기준 예산(Zero Based Budgeting)은 전년도 예산을 고려하지 않는다.
③ 성과주의 예산(Performance Budgeting)은 업무에 중점을 두는 관리지향의 예산제도이다.
④ 기획예산제도(Planning Programming Budgeting System)는 미래의 비용을 고려하지 않는다.
⑤ 품목별 예산(Line Item Budgeting)은 전년도 예산을 근거로 한다.

기출키워드 22 슈퍼비전

088 ☐☐☐

사회복지 슈퍼비전에 관한 설명으로 옳지 않은 것은? 21회

① 행정적 기능, 교육적 기능, 지지적 기능이 있다.
② 소진 발생 및 예방에 영향을 미친다.
③ 동료집단 간에는 슈퍼비전이 수행되지 않는다.
④ 슈퍼바이저는 직속상관이나 중간관리자가 주로 담당한다.
⑤ 직무를 수행하면서 훈련을 받을 수 있다는 장점이 있다.

091 ☐☐☐

사회복지조직의 재원에 관한 설명으로 옳은 것은? 19회

① 국가와 지방자치단체의 보조금은 포함되지 않는다.
② 후원금은 증가하거나 감소하는 유동적인 재원이다.
③ 서비스 이용료로 재정을 충당할 수 없다.
④ 별도의 재원 확보를 위한 모금 전략은 불필요하다.
⑤ 사회복지법인 등 비영리법인의 전입금은 공적 재원이다.

기출키워드 23 재정관리 ★빈출

089 ☐☐☐ 꽈배기문제

사회복지법인 및 사회복지시설 재무·회계규칙상 사회복지관의 결산보고서에 첨부해야 하는 서류가 아닌 것은? 18회

① 과목 전용조서   ② 사업수입명세서
③ 사업비명세서   ④ 세입·세출명세서
⑤ 인건비명세서

092 ☐☐☐ 꽈배기문제

예산 통제의 원칙으로 옳지 않은 것은? 20회

① 강제의 원칙   ② 개별화의 원칙
③ 접근성의 원칙   ④ 효율성의 원칙
⑤ 예외의 원칙

093

사회복지법인 및 시설 재무·회계 규칙상 사회복지관에서 예산 서류를 제출할 때 첨부하는 서류가 아닌 것은? 20회

① 예산총칙
② 세입·세출명세서
③ 사업수입명세서
④ 임직원 보수 일람표
⑤ 예산을 의결한 이사회 회의록 또는 예산을 보고받은 시설운영위원회 회의록 사본

094

예산에 관한 설명으로 옳은 것은? 21회

① 영기준 예산(Zero Based Budgeting)은 전년도 예산 내역을 반영하여 수립한다.
② 계획 예산(Planning Programming Budgeting System)은 국가의 단기적 계획 수립을 위한 장기적 예산 편성 방식이다.
③ 영기준 예산(Zero Based Budgeting)은 비용-편익분석, 비용-효과분석을 거치지 않고 수립한다.
④ 성과주의 예산(Performance Budgeting)은 전년도 사업의 성과를 고려하지 않고 수립한다.
⑤ 품목별 예산(Line Item Budgeting)은 수입과 지출을 항목별로 명시하여 수립한다.

095

예산집행의 통제 기제에 관한 설명으로 옳지 않은 것은? 22회

① 개별 기관의 제약조건, 요구사항 및 기대 사항에 맞게 고안되어야 한다.
② 예외적 상황에 적용되는 규칙을 명시해야 한다.
③ 보고의 규정을 두어야 한다.
④ 강제성을 갖는 규정은 두지 않는다.
⑤ 필요할 경우 규칙은 새로 개정할 수 있다.

096

예산 유형에 관한 설명으로 옳지 않은 것은? 23회

① 품목별 예산은 수입과 지출목록마다 예상되는 금액을 명시한다.
② 영기준 예산은 전년도 예산을 고려하지 않고 편성한다.
③ 기획예산제도(PPBS)는 장기적 기획과 단기적 예산 편성을 프로그램 작성을 통해 결합한다.
④ 프로그램 예산은 사업 목적보다 지출 품목을 강조한다.
⑤ 성과주의 예산은 '단위원가 × 업무량 = 예산액'으로 편성한다.

097

사회복지시설 예산 편성 및 결정 절차를 순서대로 나열한 것은? 23회

| ㄱ. 시설운영위원회 보고 |
| ㄴ. 예산 공고 |
| ㄷ. 예산 편성 |
| ㄹ. 이사회 의결 |
| ㅁ. 지방자치단체 제출 |

① ㄱ-ㅁ-ㄹ-ㄴ-ㄷ
② ㄴ-ㄷ-ㄱ-ㄹ-ㅁ
③ ㄷ-ㄱ-ㄹ-ㅁ-ㄴ
④ ㄷ-ㄱ-ㅁ-ㄹ-ㄴ
⑤ ㅁ-ㄱ-ㄹ-ㄷ-ㄴ

09 사회복지조직의 환경관리와 정보관리

기출키워드
- 환경변화의 흐름 및 대응 ★빈출
- 일반환경과 과업환경
- 사회복지조직의 정보관리

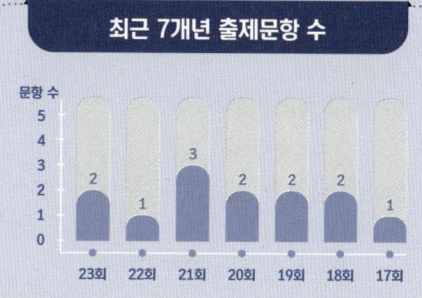
최근 7개년 출제문항 수

☑ 3회독 Check ☐☐☐ 기출 3회독은 필수!
문항번호 옆 '3회독 체크표'에는 문제를 풀면서 모든 선지를 정확히 알고 풀었으면 'O', 일부 선지를 모르는 문제에는 '△', 전체적인 개념 학습이 필요한 문제는 '×'를 표시하세요.

☑ 꽈배기 문제 는 빈출 개념에 대해 혼동을 유발하거나 오답을 유도하는 선지가 출제된 문제입니다. 꽈배기 문제 분석은 해설에서 확인할 수 있습니다.

기출키워드 24   환경변화의 흐름 및 대응 ★빈출

098 ☐☐☐ 꽈배기 문제
하센필드(Y. Hasenfeld)가 주장하는 조직환경 대응 전략이 아닌 것은?   18회

① 권위주의 전략   ② 경쟁전략   ③ 협동전략
④ 방해전략   ⑤ 전문화 전략

099 ☐☐☐ 꽈배기 문제
사회복지행정 환경의 동향에 관한 설명으로 옳지 않은 것은?   19회

① 사회서비스 확대로 사회적 일자리가 창출되고 있다.
② 지방자치단체에서 주민참여를 활성화하고 있다.
③ 주민센터를 행정복지센터로 개편하는 추세이다.
④ 지역사회 통합돌봄 추진에 따라 생활시설 거주자의 퇴소를 금지하고 있다.
⑤ 지역사회 통합돌봄 도입으로 전문직종 간 서비스를 연계하여 제공한다.

100 ☐☐☐
사회복지행정환경의 변화에 관한 설명으로 옳지 않은 것은?   21회

① 책임성 요구가 높아지고 있다.
② 서비스 이용자의 소비자주권이 강해지고 있다.
③ 빅데이터 활용이 증가하고 있다.
④ 사회서비스 공급에 민간의 참여가 증가하고 있다.
⑤ 기업의 경영관리 기법 도입이 줄어들고 있다.

101 ☐☐☐
사회복지조직 혁신의 방해 요인으로 옳지 않은 것은?   22회

① 무사안일주의
② 비전의 영향력을 과소평가
③ 비전에 대한 불충분한 의사소통
④ 핵심 리더의 변화 노력에 대한 구성원의 공개 지지
⑤ 변화를 막는 조직구조나 보상체계의 유지

102 ☐☐☐
최근 사회복지행정환경 변화에 관한 설명으로 옳은 것은? 23회

① 기업경영 방식 활용이 늘어나고 있다.
② 국가가 직접 제공하는 서비스가 늘어나고 있다.
③ 성과(outcome) 중심 평가에서 산출(output) 중심 평가로 전환되고 있다.
④ 사회복지행정의 이론적 준거틀이 필요 없게 되었다.
⑤ 사회복지서비스가 다양화되면서 전문가 활용이 감소하고 있다.

기출키워드 25 일반환경과 과업환경

103 ☐☐☐
사회복지조직의 환경에 관한 설명으로 옳은 것을 모두 고른 것은? 17회

> ㄱ. 인구사회학적 조건은 사회문제와 욕구를 가늠할 수 있게 한다.
> ㄴ. 빈곤이나 실업에 대한 사람들의 태도는 정책 수립과 실행에 영향을 미친다.
> ㄷ. 과학기술 발전정도는 사회복지조직 운영에 영향을 미친다.
> ㄹ. 조직에 미치는 영향에 따라 일반환경과 과업환경으로 구분할 수 있다.

① ㄷ, ㄹ   ② ㄱ, ㄴ, ㄷ   ③ ㄱ, ㄴ, ㄹ
④ ㄴ, ㄷ, ㄹ   ⑤ ㄱ, ㄴ, ㄷ, ㄹ

104 ☐☐☐
사회복지조직의 환경에 관한 설명으로 옳지 않은 것은? 19회

① 다른 기관과의 경쟁은 고려하지 않는다.
② 과학기술의 발전은 사회복지기관의 서비스에도 영향을 미친다.
③ 사회인구적 특성은 사회문제와 밀접한 관계가 있다.
④ 경제적 상황은 서비스 수요에 영향을 미친다.
⑤ 법적 규제가 많을수록 서비스에 대한 클라이언트의 접근이 제한된다.

기출키워드 26 사회복지조직의 정보관리

105 ☐☐☐
다음에서 설명하는 사회복지정보시스템 명칭은? 20회

> - 사회복지사업 정보와 지원대상자의 자격정보, 수급이력정보 등을 통합관리하는 시스템
> - 대상자의 소득, 재산, 인적자료, 수급이력정보 등을 연계하여 정확한 사회복지 대상자 선정 및 효율적 복지업무 처리 지원

① 복지로
② 사회보장정보시스템(범정부)
③ 사회복지시설정보시스템
④ 사회서비스전자바우처시스템
⑤ 보건복지정보시스템

106 ☐☐☐
사회복지정보화에 관한 설명으로 옳지 않은 것은? 21회

① 조직의 업무 효율성을 증대시킬 수 있다.
② 대상자 관리의 정확성, 객관성을 확보할 수 있다.
③ 클라이언트에 대한 사생활 침해 가능성이 높아졌다.
④ 학습조직의 필요성이 감소하였다.
⑤ 사회복지행정가가 정보를 체계적으로 다룰 수 있다.

107 ☐☐☐
사회복지조직에서 정보관리가 중요하게 된 이유에 관한 설명으로 옳지 않은 것은? 23회

① 사회복지조직의 책임성을 강화할 수 있기 때문이다.
② 사회복지조직에서 정보관리가 최우선이기 때문이다.
③ 업무수행을 위한 적절한 정보체계를 구축할 수 있기 때문이다.
④ 종사자의 전문성을 강화할 수 있기 때문이다.
⑤ 사회복지조직의 효과성을 높이기 때문이다.

10 프로그램 개발과 평가

기출키워드
- 프로그램 개발
- 프로그램 평가 ★빈출

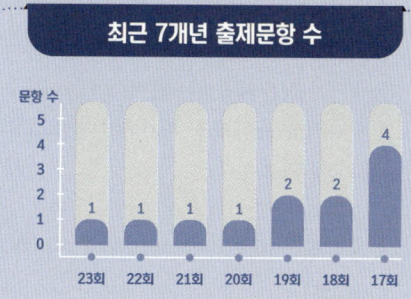

최근 7개년 출제문항 수

✅ 3회독 Check ☐☐☐ 기출 3회독은 필수!
문항번호 옆 '3회독 체크표'에는 문제를 풀면서 모든 선지를 정확히 알고 풀었으면 'O', 일부 선지를 모르는 문제에는 '△', 전체적인 개념 학습이 필요한 문제는 '×'를 표시하세요.

꽈배기 문제 는 빈출 개념에 대해 혼동을 유발하거나 오답을 유도하는 선지가 출제된 문제입니다. 꽈배기 문제 분석은 해설에서 확인할 수 있습니다.

기출키워드 27 프로그램 개발

108 ☐☐☐
논리모델을 적용하여 치매부모부양 가족원 스트레스 완화 프로그램을 설계했을 때, 옳은 것을 모두 고른 것은?   17회

> ㄱ. 투입: 스트레스 완화 프로그램 실행 비용 1,500만원
> ㄴ. 활동: 프로그램 참여자의 스트레스 완화
> ㄷ. 산출: 상담전문가 10인
> ㄹ. 성과: 치매부모부양 가족원 삶의 질 향상

① ㄱ   ② ㄱ, ㄹ   ③ ㄴ, ㄷ
④ ㄷ, ㄹ   ⑤ ㄴ, ㄷ, ㄹ

109 ☐☐☐
사회복지프로그램 기획 과정에서 대상 인구 규정에 관한 설명으로 옳은 것은?   17회

① 위험인구란 프로그램 수급 자격을 갖춘 사람을 말한다.
② 클라이언트인구란 프로그램에 실제 참여하는 사람을 말한다.
③ 일반인구란 프로그램이 해결하려는 문제에 취약성이 있는 사람을 말한다.
④ 일반적으로 표적인구가 일반인구보다 많다.
⑤ 자원이 부족하면 클라이언트인구가 표적인구보다 많아진다.

110 ☐☐☐
중·장년 고독사 예방 프로그램을 기획하기 위해 사회복지관에서 근무하는 사회복지사, 사회복지전담공무원, 보건소 간호사 등이 모여 상호 간 질의와 응답을 통해 자료를 수집하는 방법은?   18회

① 패널 조사   ② 초점집단 조사
③ 델파이기법   ④ 사회지표 조사
⑤ 서베이 조사

111

사회복지 프로그램 목표에서 성과목표로 옳은 것은?

18회

① 1시간씩 학습지도를 제공한다.
② 월 1회 요리교실을 진행한다.
③ 자아존중감을 10% 이상 향상한다.
④ 10분씩 명상훈련을 실시한다.
⑤ 주 2회 물리치료를 제공한다.

기출키워드 28 프로그램 평가 ★빈출

112

사회복지평가의 유형에 관한 설명으로 옳은 것은?

17회

① 총괄평가는 주로 프로그램 개발을 목적으로 한다.
② 형성평가의 대표적인 예는 효과성 평가이다.
③ 총괄평가는 모니터링 평가라고도 한다.
④ 형성평가는 목표달성도에 주된 관심을 갖는다.
⑤ 총괄평가는 성과와 비용에 관심이 크다.

113

사회복지평가의 기준이 되는 효율성에 관한 설명으로 옳지 않은 것은?

19회

① 사회복지조직의 책임성 평가 방식이다.
② 투입한 자원과 산출된 결과의 비율을 측정한다.
③ 자금이나 시간의 투입과 서비스 제공 실적의 비율을 파악한다.
④ 비용 절감은 서비스 이용자의 욕구 충족을 위한 목표와 관련성이 없다.
⑤ 최소한의 비용으로 최대한의 효과를 거둘 수 있도록 한다.

114

프로그램 평가에 관한 설명으로 옳은 것을 모두 고른 것은?

21회

> ㄱ. 비용-효과분석은 프로그램의 비용과 결과의 금전적 가치를 고려하지 않는다.
> ㄴ. 비용-편익분석은 프로그램의 비용과 결과를 금전적 가치로 환산하여 평가한다.
> ㄷ. 노력성 평가는 프로그램 수행에 투입된 인적·물적 자원 등을 기준으로 평가한다.
> ㄹ. 효과성 평가는 프로그램의 목표 달성 정도를 평가한다.

① ㄱ, ㄴ   ② ㄱ, ㄷ   ③ ㄴ, ㄹ
④ ㄴ, ㄷ, ㄹ   ⑤ ㄱ, ㄴ, ㄷ, ㄹ

115

사회복지 프로그램 평가의 목적과 그 설명으로 옳은 것은?

22회

① 정책개발: 사회복지실천 이념 개발
② 책임성 이행: 재무·회계적, 전문적 책임 이행
③ 이론 형성: 급여의 공평한 배분을 위한 여론 형성
④ 자료수집: 종사자의 기준행동 강화
⑤ 정보관리: 민간기관의 행정협상력 약화

116

프로그램 평가에 관한 설명으로 옳은 것을 모두 고른 것은?

23회

> ㄱ. 비용-편익분석은 효율성 평가이다.
> ㄴ. 비용-효과분석은 효과성 평가이다.
> ㄷ. 프로그램 종결 후 실시하는 성과평가는 총괄평가이다.
> ㄹ. 효과발생의 인과 경로를 밝히는 것은 형성평가이다.

① ㄱ, ㄴ   ② ㄱ, ㄷ   ③ ㄱ, ㄷ, ㄹ
④ ㄴ, ㄷ, ㄹ   ⑤ ㄱ, ㄴ, ㄷ, ㄹ

11 사회복지조직의 책임성과 평가

기출키워드
- 성과평가 및 시설평가
- 사회복지조직의 책임성

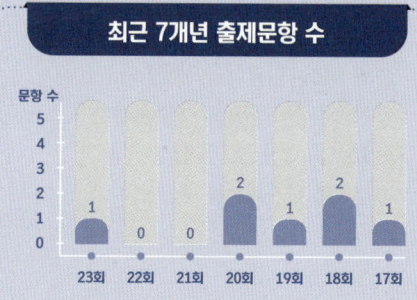
최근 7개년 출제문항 수

✓ 3회독 Check ☐☐☐ 기출 3회독은 필수!
문항번호 옆 '3회독 체크표'에는 문제를 풀면서 모든 선지를 정확히 알고 풀었으면 'O', 일부 선지를 모르는 문제에는 '△', 전체적인 개념 학습이 필요한 문제는 '×'를 표시하세요.

꽈배기 문제 는 빈출 개념에 대해 혼동을 유발하거나 오답을 유도하는 선지가 출제된 문제입니다. 꽈배기 문제 분석은 해설에서 확인할 수 있습니다.

기출키워드 29 성과평가 및 시설평가

117 ☐☐☐
다음에서 공통적으로 설명하는 것은? 17회

- 사회복지서비스 평가로 인해 발생 가능한 부정적 현상이다.
- 양적 평가지표가 많을 때 증가되기 쉽다.
- 평가지표 충족에만 관심이 집중되어 서비스 효과성이 낮아질 수 있다.

① 레드테이프 ② 모듈화 ③ 옴부즈맨
④ 기준행동 ⑤ 분절성

118 ☐☐☐
사회복지시설평가에 관한 설명으로 옳지 않은 것은? 18회

① 평가의 근거는 1997년 개정된 사회복지사업법이다.
② 평가의 목적은 시설운영의 효율화 등을 위한 것이다.
③ 이용자의 권리에 관한 지표의 경우 거주시설(생활시설)에 한해서 적용하여 평가한다.
④ 개별 사회복지시설의 고유성이 반영되지 못하는 점은 평가의 한계점으로 여겨진다.
⑤ 평가지표 선정 시 현장의견수렴 절차가 필요하다.

119 ☐☐☐
우리나라의 사회복지시설 평가제도에 관한 설명으로 옳은 것은? 19회

ㄱ. 3년마다 평가 실시
ㄴ. 5년마다 평가 실시
ㄷ. 평가 결과의 비공개원칙
ㄹ. 평가 결과를 시설 지원에 반영

① ㄱ, ㄷ ② ㄱ, ㄹ ③ ㄴ, ㄷ
④ ㄴ, ㄹ ⑤ ㄷ, ㄹ

120 ☐☐☐
사회복지관에서 제공해야 하는 서비스의 최저기준에 포함되지 않는 것은? 20회

① 시설의 환경 ② 시설의 규모
③ 시설의 안전관리 ④ 시설의 인력관리
⑤ 시설 이용자의 인권

기출키워드 30 사회복지조직의 책임성

121
사회복지조직의 책임성을 확보하기 위한 노력이 아닌 것은?
18회

① 개인정보 보호를 위해 사회복지조직 후원금 사용 정보의 미공개
② 「사회복지사업법」에 따른 사회복지법인 이사회 구성
③ 「사회복지법인 및 사회복지시설 재무·회계규칙」에 근거한 예산 편성
④ 배분사업 공모를 통한 사회복지 프로그램 재정지원 시행
⑤ 사회복지예산 수립을 위한 주민참여제도 시행

122
사회복지의 책임성 평가에 관한 설명으로 옳지 않은 것은?
19회

① 효과성 평가를 위하여 비용편익분석을 실시한다.
② 형성평가는 과정을 파악하는 동태적 분석으로 프로그램 진행 중에 실시할 수 있다.
③ 사회복지 프로그램 평가를 통하여 프로그램 수정과 정책 개발 등에 활용한다.
④ 사회복지전달체계는 사회복지의 책임성을 이행할 수 있도록 구축되어야 한다.
⑤ 우리나라의 사회복지시설 평가는 사회복지사업법에 근거하여 실시한다.

123
사회복지조직의 책임성에 관한 설명으로 옳지 않은 것은?
20회

① 업무수행 결과에 대한 책임뿐만 아니라 업무과정에 대한 정당성을 의미한다.
② 책임성 이행 측면에서 효율성을 배제하고 효과성을 극대화해야 한다.
③ 지역사회와의 관계뿐만 아니라 조직 내 상호작용에서도 정당성을 확보해야 한다.
④ 정부 및 재정자원제공자, 사회복지조직, 사회복지전문직, 클라이언트 등에게 책임성을 입증해야 한다.
⑤ 클라이언트 집단의 욕구를 충족시키고 당면한 사회문제를 해결하고 있다는 증거를 보여줘야 한다.

기출분석 해설집 p.150

12 사회복지조직의 마케팅

기출키워드
- 사회복지조직 마케팅의 특징 및 전략 ★빈출
- 마케팅 기법

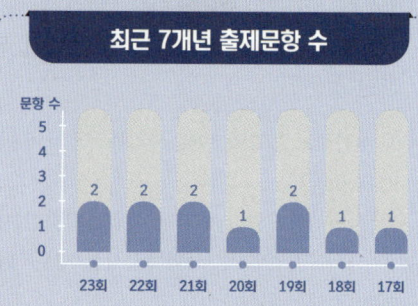
최근 7개년 출제문항 수

☑ 3회독 Check ☐☐☐ 기출 3회독은 필수!

문항번호 옆 '3회독 체크표'에는 문제를 풀면서 모든 선지를 정확히 알고 풀었으면 'O', 일부 선지를 모르는 문제에는 '△', 전체적인 개념 학습이 필요한 문제는 '×'를 표시하세요.

꽈배기 문제는 빈출 개념에 대해 혼동을 유발하거나 오답을 유도하는 선지가 출제된 문제입니다. 꽈배기 문제 분석은 해설에서 확인할 수 있습니다.

기출키워드 31 사회복지조직 마케팅의 특징 및 전략 ★빈출

124 ☐☐☐
일반적인 마케팅 믹스(4P) 전략에 포함되지 않는 것은?
17회

① 가격(Price)
② 촉진(Promotion)
③ 성과(Performance)
④ 유통(Place)
⑤ 상품(Product)

125 ☐☐☐ 꽈배기 문제
비영리조직 마케팅에 관한 설명으로 옳은 것은?
19회

① 영리추구의 목적으로만 마케팅을 추진한다.
② 비영리조직 간의 경쟁에 대한 대응은 필요없다.
③ 공익사업과 수익사업의 적절한 운영을 위하여 필요하다.
④ 사회복지조직이 제공하는 비물질적인 서비스는 마케팅 대상이 아니다.
⑤ 비영리조직의 재정자립은 마케팅의 목표가 될 수 없다.

126 ☐☐☐
비영리조직 마케팅의 특성으로 옳지 않은 것은?
21회

① 이윤추구보다는 사회적 가치 실현에 주안점을 둔다.
② 마케팅에서 교환되는 것은 유형의 재화보다는 무형의 서비스가 대부분이다.
③ 영리조직에 비해 인간의 태도나 행동을 변화시키는 것이 어렵다.
④ 서비스의 생산과 소비의 동시성을 고려한다.
⑤ 조직의 목표달성과 측정이 용이하다.

127

마케팅믹스 4P에 관한 설명으로 옳은 것을 모두 고른 것은?   21회

- ㄱ. 유통(Place): 고객이 서비스를 쉽게 이용할 수 있도록 하는 조직적 활동
- ㄴ. 가격(Price): 판매자가 이윤 극대화를 위하여 임의로 설정하는 금액
- ㄷ. 제품(Product): 고객의 욕구를 충족시키기 위하여 제공하는 재화나 서비스
- ㄹ. 촉진(Promotion): 판매 실적에 따라 직원을 승진시키는 제도

① ㄱ, ㄴ   ② ㄱ, ㄷ   ③ ㄱ, ㄴ, ㄷ
④ ㄴ, ㄷ, ㄹ   ⑤ ㄱ, ㄴ, ㄷ, ㄹ

128

비영리조직 마케팅에 관한 설명으로 옳은 것은?   23회

① 고객 욕구충족보다는 판매에 집중한다.
② 이윤을 남기는 것이 최우선 목표이다.
③ 비영리조직의 책임성과 효과성이 강조되면서 중요성이 커졌다.
④ 후원자에게만 초점이 맞춰져 있다.
⑤ 비영리조직 마케팅 목적은 프로그램을 알리는 것이지 재정확충은 아니다.

기출키워드 32   마케팅 기법

129

사회복지 마케팅 기법에 관한 설명으로 옳지 않은 것은?   22회

① 다이렉트 마케팅은 방송이나 잡지 등 대중매체를 활용하는 방식이다.
② 기업연계 마케팅은 명분 마케팅이라고도 한다.
③ 데이터베이스 마케팅은 이용자에 대한 각종 정보를 수집, 분석하여 활용하는 방식이다.
④ 사회 마케팅은 대중에 대한 캠페인 등을 통해 행동변화를 유도하는 방식이다.
⑤ 고객관계관리 마케팅은 개별 고객특성에 맞춘 서비스를 지속적으로 제공하는 방식이다.

8영역
사회복지법제론

최근 7개년 평균 출제문항 수

총 25문항

- **01 사회복지법 개관** — 2.1문항
- **02 사회복지법 발달사** — 1.3문항
- **03 사회보장기본법** — 3.0문항
- **04 사회복지사업법** — 3.3문항
- **05 사회보장급여법** — 1.3문항
- **06 사회보험법** ★★★ — 4.3문항
- **07 공공부조법** — 3.7문항
- **08 사회복지서비스법** ★★★ — 5.6문항

최근 출제경향

- 사회복지법제론은 최근 **난이도가 높게 출제**되고 있습니다.
- 전반적인 내용이 골고루 출제되나, 특히 **각 법률의 정의, 용어, 급여의 유형, 실태조사 및 기본계획의 주체, 기간** 등은 **자주 출제**되니 반드시 숙지해야 합니다.
- 사회복지서비스법에서 각 **법률의 시설 유형**(장애인복지법, 노인복지법, 아동복지법 등의 시설 유형)은 꼭 숙지를 해야 합니다.
- 각 시행령과 시행규칙도 꼼꼼하게 들여다 보아야 하고, 제22회, 제23회 시험에서는 그동안 거의 출제되지 않았던 법 조항이 다수 출제되었으니 **지엽적인 부분이라 할지라도** 소홀히 여기지 말아야 합니다.

합격생들의 학습 후기&꿀팁 | 법제론

#양이 방대하고 수치를
암기해야 하는 부분이 가장 어려운 영역

#그 어떤 영역보다도 기출이 중요한 영역

#법 제정 연도 암기 고역

#버릴 건 버림

#선지를 조금씩 바꿔서 출제하기 때문에
꼼꼼히 읽어야 함

24회차 시험 대비 합격선을 넘는 TIP

- ☑ 각 법률의 정의, 용어, 기본원칙, 주체, 수행기관, 위원 또는 임원의 숫자, 임기 등은 꼭 암기를 해야 합니다.

- ☑ 각 법률의 분류(성문법 vs 불문법, 조례 vs 규칙, 사회보험 vs 공공부조 등)를 통해 학습의 효과를 높일 수 있습니다.

- ☑ 지문의 주어 또는 서술어를 살짝 바꾸는 형태로 출제되고 있으니 주의해야 합니다.
  - 예) 지방자치단체는 사회보험의 책임을 진다. → 국가는 사회보험의 책임을 진다.
    수급권은 양도 · 담보 · 압류할 수 있다. → 수급권은 양도, 담보, 압류할 수 없다.

- ☑ 지문의 숫자를 변형하여 출제되고 있으니 숫자를 눈여겨 보아야 합니다.
  - 예) 사회복지법인의 이사 임기는 2년이다. → 사회복지법인의 이사 임기는 3년이다.
    장애인 실태조사는 4년마다 한다. → 장애인 실태조사는 3년마다 한다.

01 사회복지법 개관

기출키워드
- 법의 체계
- 법의 적용
- 헌법상의 사회복지법원

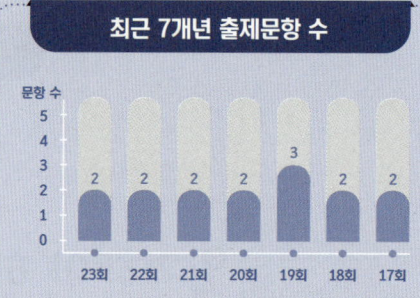
최근 7개년 출제문항 수

✓ 3회독 Check ☐☐☐ 기출 3회독은 필수!
문항번호 옆 '3회독 체크표'에는 문제를 풀면서 모든 선지를 정확히 알고 풀었으면 'O', 일부 선지를 모르는 문제에는 '△', 전체적인 개념 학습이 필요한 문제는 '×'를 표시하세요.

꽈배기 문제는 빈출 개념에 대해 혼동을 유발하거나 오답을 유도하는 선지가 출제된 문제입니다. 꽈배기 문제 분석은 해설에서 확인할 수 있습니다.

기출키워드 1 법의 체계

001 3회독 Check ☐☐☐
사회복지법의 성문법원에 해당하는 것끼리 묶은 것은?   19회

① 관습법, 판례법 ② 헌법, 판례법 ③ 헌법, 명령
④ 관습법, 법률   ⑤ 법률, 조리

002 ☐☐☐ 꽈배기 문제
자치법규에 관한 설명으로 옳지 않은 것은?   19회

① 조례는 지방의회에서 제정하는 자치법규이다.
② 지방자치단체는 법령의 범위와 무관하게 조례를 제정할 수 있다.
③ 규칙은 지방자치단체의 장이 법령이나 조례가 위임한 범위에서 그 권한에 속하는 사무에 관하여 제정할 수 있는 자치법규이다.
④ 시·군 및 자치구의 조례나 규칙은 시·도의 조례나 규칙을 위반하여서는 아니 된다.
⑤ 조례안이 지방의회에서 의결되면 의장은 의결된 날부터 5일 이내에 그 지방자치단체의 장에게 이를 이송하여야 한다.

003 ☐☐☐ 꽈배기 문제
우리나라 법체계에 관한 설명으로 옳지 않은 것은?   19회

① 법규범 위계에서 최상위 법규범은 헌법이다.
② 법률은 법규범의 위계에서 헌법 다음 단계의 규범이다.
③ 법률은 국회에서 제정하거나 행정부에서 제출하여 국회의 의결을 거쳐 제정된다.
④ 시행령은 국무총리나 행정각부의 장이 발(發)하는 명령이다.
⑤ 명령에는 시행령과 시행규칙이 있다.

004 ☐☐☐
우리나라 사회복지법의 법원에 해당하는 것을 모두 고른 것은?   20회

| ㄱ. 대통령령 | ㄴ. 조례 |
| ㄷ. 일반적으로 승인된 국제법규 | ㄹ. 규칙 |

① ㄱ   ② ㄱ, ㄴ   ③ ㄱ, ㄴ, ㄹ
④ ㄴ, ㄷ, ㄹ ⑤ ㄱ, ㄴ, ㄷ, ㄹ

005
자치법규에 관한 설명으로 옳지 않은 것은? 21회

① 지방의회는 규칙 제정권을 갖고 지방자치단체의 장은 조례 제정권을 갖는다.
② 시·군 및 자치구의 조례는 시·도의 조례를 위반해서는 아니 된다.
③ 사회복지시설의 설치·운영 및 관리는 주민의 복지증진과 관련된 지방자치단체의 사무이다.
④ 지방자치단체는 법령의 범위 안에서 자치에 관한 규정을 제정할 수 있다.
⑤ 주민은 지방자치단체의 조례를 제정할 것을 청구할 수 있다.

006
우리나라 사회복지법의 법원에 관한 설명으로 옳은 것은? 22회

① 관습법은 사회복지법의 법원이 될 수 없다.
② 법률은 정부의 의결을 거쳐 제정·공포된 법을 말한다.
③ 지방자치단체의 조례는 성문법원이다.
④ 명령은 행정기관이 제정한 법규로 국회의 의결을 거쳐야 한다.
⑤ 일반적으로 승인된 국제법규는 사회복지법의 법원에 포함되지 않는다.

007
우리나라 사회복지법 체계와 법원에 관한 설명으로 옳은 것은? 23회

① 성문법원의 종류로 관습법, 판례법, 조리가 있다.
② 시행령과 시행규칙은 국회의 의결을 거쳐 제정, 공포된 법원이다.
③ 시행령보다 시행규칙이 상위 법규범이다.
④ 대통령은 법률에서 구체적으로 위임받은 사항과 법률을 집행하기 위하여 필요한 사항에 관하여 대통령령을 발할 수 있다.
⑤ 정부는 법률안을 제출할 수 없다.

008
조례와 규칙에 관한 설명으로 옳지 않은 것은? 23회

① 조례는 지방의회의 의결을 거쳐 제정한다.
② 규칙은 지방자치단체의 장이 제정한 법규범이다.
③ 지방자치단체는 법령의 범위에서 그 사무에 관하여 조례를 제정할 수 있다.
④ 시·군 및 자치구의 규칙은 시·도의 규칙보다 상위 법규범이다.
⑤ 조례는 규칙보다 상위 법규범이다.

기출키워드 2 법의 적용

009
법령의 제정에 관한 헌법의 내용으로 옳은 것은? 18회

① 국무총리는 총리령을 발할 수 없다.
② 지방자치단체의 장은 부령을 발할 수 있다.
③ 정부는 법률안을 제출할 수 없다.
④ 법률안은 국무회의의 심의를 거쳐야 한다.
⑤ 법률은 특별한 규정이 없는 한 공포한 날로부터 90일을 경과함으로써 효력을 발생한다.

기출키워드 3 헌법상의 사회복지법원

010
헌법 규정 중 ( )에 들어갈 내용이 순서대로 옳은 것은? 17회

- 신체장애자 및 질병·노령 기타의 사유로 생활능력이 없는 국민은 ( )이 정하는 바에 의하여 국가의 보호를 받는다.
- 지방자치단체는 주민의 복리에 관한 사무를 처리하고 재산을 관리하며, ( )의 범위 안에서 자치에 관한 규정을 제정할 수 있다.

① 대통령령, 법률
② 법률, 대통령령
③ 법률, 법령
④ 법령, 법률
⑤ 대통령령, 법령

011 □□□ 짠배기문제

헌법 제34조 규정의 일부이다. ( )에 들어갈 내용이 순서대로 옳은 것은?   18회

- 국가는 사회보장·( )의 증진에 노력할 의무를 진다.
- 신체장애자 및 질병·노령 기타의 사유로 생활능력이 없는 국민은 ( )이 정하는 바에 의하여 국가의 보호를 받는다.

① 공공부조, 헌법　　② 공공부조, 법률
③ 사회복지, 헌법　　④ 사회복지, 법률
⑤ 자원봉사, 법률

012 □□□

헌법 규정의 사회적 기본권에 관한 설명으로 옳지 않은 것은?   20회

① 국가는 근로자의 고용의 증진과 적정임금의 보장에 노력하여야 한다.
② 국가는 여자의 복지와 권익의 향상을 위하여 노력하여야 한다.
③ 국가는 모든 공무원인 근로자의 단결권·단체교섭권 및 단체행동권을 보장하여야 한다.
④ 국가는 평생교육을 진흥하여야 한다.
⑤ 국가는 모성의 보호를 위하여 노력하여야 한다.

013 □□□

헌법 제10조의 일부이다. ( )에 들어갈 내용으로 옳은 것은?   22회

모든 국민은 인간으로서의 존엄과 가치를 가지며, ( )을 추구할 권리를 가진다.

① 자유권　　② 생존권
③ 인간다운 생활　　④ 행복
⑤ 인권

02 사회복지법 발달사

기출키워드
- 한국 사회복지법 발달사 ★빈출

최근 7개년 출제문항 수

✓ 3회독 Check ☐☐☐ 기출 3회독은 필수!
문항번호 옆 '3회독 체크표'에는 문제를 풀면서 모든 선지를 정확히 알고 풀었으면 'O', 일부 선지를 모르는 문제에는 '△', 전체적인 개념 학습이 필요한 문제는 '×'를 표시하세요.

✓ 꽈배기 문제 는 빈출 개념에 대해 혼동을 유발하거나 오답을 유도하는 선지가 출제된 문제입니다. 꽈배기 문제 분석은 해설에서 확인할 수 있습니다.

기출키워드 4 한국 사회복지법 발달사 ★빈출

014 ☐☐☐
법률의 제정 연도가 빠른 순서대로 나열된 것은?
17회

| ㄱ. 국민연금법 | ㄴ. 고용보험법 |
| ㄷ. 국민건강보험법 | ㄹ. 산업재해보상보험법 |

① ㄱ-ㄴ-ㄷ-ㄹ ② ㄱ-ㄷ-ㄹ-ㄴ
③ ㄹ-ㄱ-ㄴ-ㄷ ④ ㄹ-ㄱ-ㄷ-ㄴ
⑤ ㄹ-ㄴ-ㄱ-ㄷ

015 ☐☐☐
제정 연도가 가장 빠른 것과 가장 늦은 것을 순서대로 짝지은 것은?
18회

| ㄱ. 긴급복지지원법 | ㄴ. 고용보험법 |
| ㄷ. 노인복지법 | ㄹ. 기초연금법 |

① ㄴ, ㄱ ② ㄴ, ㄹ ③ ㄷ, ㄱ
④ ㄷ, ㄴ ⑤ ㄷ, ㄹ

016 ☐☐☐
법률과 그 제정 연대의 연결이 옳은 것은?
19회

① 산업재해보상보험법, 장애인복지법 - 1970년대
② 사회복지사업법, 국민기초생활 보장법 - 1980년대
③ 고용보험법, 사회복지공동모금회법 - 1990년대
④ 국민연금법, 노인복지법 - 2000년대
⑤ 아동복지법, 국민건강보험법 - 2010년대

017 ☐☐☐
법률의 제정 연도가 빠른 순서대로 옳게 나열된 것은?
21회

ㄱ. 국민기초생활 보장법	ㄴ. 산업재해보상보험법
ㄷ. 사회복지사업법	ㄹ. 고용보험법
ㅁ. 노인복지법	

① ㄱ-ㄴ-ㄷ-ㄹ-ㅁ
② ㄴ-ㄱ-ㅁ-ㄷ-ㄹ
③ ㄴ-ㄷ-ㅁ-ㄹ-ㄱ
④ ㄷ-ㄱ-ㄹ-ㅁ-ㄴ
⑤ ㄷ-ㅁ-ㄴ-ㄹ-ㄱ

018

사회복지법의 역사적 변천에 관한 설명으로 옳은 것을 모두 고른 것은? 21회

> ㄱ. 2014년 기초노령연금법이 제정되면서 기초연금법은 폐지되었다.
> ㄴ. 1999년 제정된 국민의료보험법은 국민건강보험법을 대체한 것이다.
> ㄷ. 1973년 제정된 국민복지연금법은 1986년 국민연금법으로 전부개정되었다.

① ㄱ ② ㄴ ③ ㄷ
④ ㄱ, ㄴ ⑤ ㄴ, ㄷ

019

법률의 제정 연도가 가장 최근인 것은? 22회

① 아동복지법
② 노인복지법
③ 장애인복지법
④ 한부모가족지원법
⑤ 다문화가족지원법

020

법률의 제정 연도가 가장 빠른 것은? 23회

① 산업재해보상보험법
② 국민기초생활 보장법
③ 고용보험법
④ 국민연금법
⑤ 국민건강보험법

021

우리나라 사회복지관련법의 입법 변천사에 관한 설명으로 옳은 것을 모두 고른 것은? 23회

> ㄱ. 1981년 노인복지법이 제정되었다.
> ㄴ. 2007년 노인장기요양보험법이 제정되었다.
> ㄷ. 1961년 제정된 아동복리법은 1989년 아동복지법으로 개정되었다.
> ㄹ. 1981년 제정된 심신장애자복지법은 1989년 장애인복지법으로 개정되었다.

① ㄱ ② ㄴ, ㄷ ③ ㄱ, ㄴ, ㄹ
④ ㄴ, ㄷ, ㄹ ⑤ ㄱ, ㄴ, ㄷ, ㄹ

03 사회보장기본법

기출키워드
- 사회보장기본법의 개요
- 사회보장수급권
- 사회보장제도의 운영
- 사회보장 기본계획
- 사회보장위원회

최근 7개년 출제문항 수

✓ 3회독 Check ☐☐☐ 기출 3회독은 필수!
문항번호 옆 '3회독 체크표'에는 문제를 풀면서 모든 선지를 정확히 알고 풀었으면 'O', 일부 선지를 모르는 문제에는 '△', 전체적인 개념 학습이 필요한 문제는 '×'를 표시하세요.

✓ 꽈배기 문제 는 빈출 개념에 대해 혼동을 유발하거나 오답을 유도하는 선지가 출제된 문제입니다. 꽈배기 문제 분석은 해설에서 확인할 수 있습니다.

기출키워드 5 사회보장기본법의 개요

022 ☐☐☐
사회보장기본법의 내용으로 옳지 않은 것은? 17회

① 국내에 거주하는 외국인에게 사회보장제도를 적용할 때에는 상호주의의 원칙에 따르되, 관계 법령에서 정하는 바에 따른다.
② 보건복지부장관은 사회보장정보시스템의 구축·운영을 총괄한다.
③ 사회보장정보의 보호 및 관리는 사회보장위원회의 심의·조정 사항이 아니다.
④ 모든 국민은 자신의 능력을 최대한 발휘하여 자립·자활할 수 있도록 노력하여야 한다.
⑤ 국가와 지방자치단체는 사회보장에 관한 책임과 역할을 합리적으로 분담하여야 한다.

023 ☐☐☐ 꽈배기 문제
사회보장기본법의 내용으로 옳지 않은 것은? 18회

① 사회보장위원회의 위원장은 보건복지부장관이 된다.
② 사회보장위원회는 30명 이내의 위원으로 구성한다.
③ 사회보장 기본계획은 5년마다 수립하여야 한다.
④ 보건복지부장관은 사회보장정보시스템의 구축·운영을 총괄한다.
⑤ 모든 국민은 사회보장 관계 법령에서 정하는 바에 따라 사회보장급여를 받을 권리를 가진다.

024 □□□
사회보장기본법상 용어의 정의에 관한 내용으로 옳은 것을 모두 고른 것은? 19회

> ㄱ. "사회보험"이란 국민에게 발생하는 사회적 위험을 보험의 방식으로 대처함으로써 국민의 건강과 소득을 보장하는 제도를 말한다.
> ㄴ. "공공부조"(公共扶助)란 국가와 지방자치단체의 책임하에 생활 유지 능력이 없거나 생활이 어려운 국민의 최저생활을 보장하고 자립을 지원하는 제도를 말한다.
> ㄷ. "평생사회안전망"이란 생애주기에 걸쳐 보편적으로 충족되어야 하는 기본욕구와 특정한 사회위험에 의하여 발생하는 특수욕구를 동시에 고려하여 소득·서비스를 보장하는 맞춤형 사회보장제도를 말한다.

① ㄱ
② ㄱ, ㄴ
③ ㄱ, ㄷ
④ ㄴ, ㄷ
⑤ ㄱ, ㄴ, ㄷ

025 □□□
사회보장기본법상 국가와 지방자치단체에 관한 설명으로 옳지 않은 것은? 20회

① 국가와 지방자치단체는 모든 국민의 인간다운 생활을 유지·증진하는 책임을 가진다.
② 국가와 지방자치단체는 사회보장에 관한 책임과 역할을 합리적으로 분담하여야 한다.
③ 국가와 지방자치단체는 사회보장제도의 안정적인 운영을 위하여 중장기 사회보장 재정추계를 매년 실시하고 이를 공표하여야 한다.
④ 국가와 지방자치단체는 지속가능한 사회보장제도를 확립하고 매년 이에 필요한 재원을 조달하여야 한다.
⑤ 국가와 지방자치단체는 가정이 건전하게 유지되고 그 기능이 향상되도록 노력하여야 한다.

026 □□□
사회보장기본법의 내용으로 옳지 않은 것은? 22회

① 사회보장위원회의 위원 임기는 3년으로 한다.
② 국가와 지방자치단체는 평생사회안전망을 구축하여야 한다.
③ 사회보장 기본계획에는 사회보장 관련 기금 운용방안이 포함되어야 한다.
④ 사회보장제도를 운영하는 자는 불법행위의 책임이 있는 자에 대하여 구상권을 행사할 수 있다.
⑤ 사회보장에 관한 다른 법률을 개정하는 경우에는 이 법에 부합되도록 하여야 한다.

027 □□□
사회보장기본법상 용어의 정의에 관한 설명이다. ㄱ, ㄴ에 들어갈 용어로 옳은 것은? 23회

> (ㄱ) : 국민에게 발생하는 사회적 위험을 보험의 방식으로 대처함으로써 국민의 건강과 소득을 보장하는 제도
> (ㄴ) : 국가와 지방자치단체의 책임하에 생활 유지 능력이 없거나 생활이 어려운 국민의 최저생활을 보장하고 자립을 지원하는 제도

① ㄱ: 사회보험, ㄴ: 사회서비스
② ㄱ: 사회보험, ㄴ: 공공부조
③ ㄱ: 공공부조, ㄴ: 사회보장
④ ㄱ: 사회보장, ㄴ: 사회서비스
⑤ ㄱ: 사회서비스, ㄴ: 공공부조

기출키워드 6 　사회보장수급권

028 ☐☐☐
사회보장기본법상 사회보장에 관한 국민의 권리의 내용으로 옳지 않은 것은? 　17회

① 사회보장수급권의 포기는 취소할 수 있다.
② 모든 국민은 사회보장 관계 법령에서 정하는 바에 따라 사회보장급여를 받을 권리를 가진다.
③ 국가는 관계 법령에서 정하는 바에 따라 최저보장수준과 최저임금을 매년 공표하여야 한다.
④ 사회보장수급권은 다른 사람에게 양도하거나 담보로 제공할 수 있다.
⑤ 사회보장수급권은 제한되거나 정지될 수 없다. 다만, 관계 법령에서 따로 정하고 있는 경우에는 그러하지 아니하다.

029 ☐☐☐
사회보장기본법상 사회보장수급권에 관한 내용으로 옳은 것을 모두 고른 것은? 　19회

> ㄱ. 모든 국민은 사회보장 관계 법령에서 정하는 바에 따라 사회보장급여를 받을 권리인 사회보장수급권을 가진다.
> ㄴ. 사회보장수급권은 정당한 권한이 있는 기관에게 구두로 통지하여 포기할 수 있다.
> ㄷ. 사회보장수급권은 수급자 임의로 다른 사람에게 양도할 수 있다.
> ㄹ. 사회보장수급권의 포기는 취소할 수 없다.

① ㄱ　　② ㄱ, ㄹ　　③ ㄷ, ㄹ
④ ㄱ, ㄴ, ㄹ　　⑤ ㄱ, ㄷ, ㄹ

030 ☐☐☐
각 법률의 권리구제 절차 내용으로 옳은 것은? 　19회

① 국민연금법에 따르면 심사청구와 재심사청구의 순으로 진행된다.
② 국민건강보험법에 명시되어 있는 권리구제절차는 심사청구이다.
③ 고용보험법에 명시되어 있는 권리구제절차는 이의신청이다.
④ 한부모가족지원법에 따르면 이의신청과 심판청구의 순으로 진행된다.
⑤ 기초연금법에 명시되어 있는 권리구제절차는 이의신청과 재심사청구이다.

031 ☐☐☐
사회보장기본법상 사회보장수급권에 관한 설명으로 옳지 않은 것은? 　21회

① 사회보장급여를 받으려는 사람은 국가나 지방자치단체에 신청하는 것을 원칙으로 하고 있다.
② 사회보장수급권은 다른 사람에게 양도하거나 담보로 제공할 수 없다.
③ 사회보장수급권은 원칙적으로 제한되거나 정지될 수 없다.
④ 사회보장수급권은 구두로 통지하여 포기할 수 있다.
⑤ 사회보장수급권의 포기는 취소할 수 있다.

032

사회보장기본법상 사회보장에 관한 국민의 권리에 대한 설명으로 옳지 않은 것을 모두 고른 것은?

22회

> ㄱ. 지방자치단체는 최저보장수준과 최저임금을 매년 공표하여야 한다.
> ㄴ. 사회보장수급권은 구두로 통지하여 포기할 수 있다.
> ㄷ. 사회보장수급권이 제한되는 경우에는 제한하는 목적에 필요한 최소한의 범위에 그쳐야 한다.
> ㄹ. 사회보장수급권을 포기하는 것이 다른 사람에게 피해를 주게 되는 경우 사회보장수급권을 포기할 수 없다.

① ㄱ, ㄴ
② ㄴ, ㄹ
③ ㄱ, ㄷ, ㄹ
④ ㄴ, ㄷ, ㄹ
⑤ ㄱ, ㄴ, ㄷ, ㄹ

033

사회보장기본법상 사회보장수급권의 보호와 포기에 관한 설명으로 옳지 않은 것은?

23회

① 사회보장수급권은 다른 사람에게 양도할 수 없다.
② 사회보장수급권은 담보로 제공할 수 없다.
③ 사회보장수급권은 정당한 권한이 있는 기관에 서면으로 통지하여 포기할 수 있다.
④ 사회보장수급권의 포기는 취소할 수 없다.
⑤ 사회보장수급권을 포기하는 것이 다른 사람에게 피해를 주는 경우에는 이를 포기할 수 없다.

기출키워드 7 사회보장제도의 운영

034

사회보장기본법상 국가와 지방자치단체가 구축·운영하여야 하는 사회보장급여의 관리체계로 명시되지 않은 것은?

17회

① 사회보장제도의 평가 및 개선
② 사회보장수급권자 권리구제
③ 사회보장급여의 사각지대 발굴
④ 사회보장급여의 부정·오류 관리
⑤ 사회보장급여의 과오지급액의 환수 등 관리

035

사회보장기본법상 사회보장제도의 신설 또는 변경에 따른 협의 및 조정에 관한 내용으로 옳지 않은 것은?

18회

① 국가와 지방자치단체는 기존 제도와의 관계, 사회보장 전달체계와 재정 등에 미치는 영향 등을 사전에 충분히 검토하여야 한다.
② 지방자치단체의 장은 국무조정실장과 협의하여야 한다.
③ 중앙행정기관의 장은 보건복지부장관과 협의하여야 한다.
④ 국가와 지방자치단체는 사회보장급여가 중복 또는 누락되지 아니하도록 하여야 한다.
⑤ 중앙행정기관의 장은 협의에 관련된 자료의 수집·조사 및 분석에 관한 업무를 한국사회보장정보원에 위탁할 수 있다.

036

사회보장기본법상 사회보장제도의 운영원칙에 관한 사항이다. ( )에 들어갈 내용으로 옳은 것은?

20회

> 사회보험은 (ㄱ)의 책임으로 시행하고, 공공부조와 사회서비스는 (ㄴ)의 책임으로 시행하는 것을 원칙으로 한다.

① ㄱ: 국가   ㄴ: 국가
② ㄱ: 지방자치단체   ㄴ: 지방자치단체
③ ㄱ: 국가와 지방자치단체 ㄴ: 국가
④ ㄱ: 국가   ㄴ: 국가와 지방자치단체
⑤ ㄱ: 국가와 지방자치단체 ㄴ: 국가와 지방자치단체

037

사회보장기본법상 국가와 지방자치단체의 사회보장 운영 원칙에 관한 설명으로 옳지 않은 것은? 21회

① 사회보험은 지방자치단체의 책임으로 시행하는 것을 원칙으로 한다.
② 공공부조와 사회서비스는 국가와 지방자치단체의 책임으로 시행하는 것을 원칙으로 한다.
③ 사회보장제도의 급여수준과 비용부담 등에서 형평성을 유지하여야 한다.
④ 사회보장제도를 필요로 하는 모든 국민에게 적용하여야 한다.
⑤ 국민의 다양한 복지욕구를 효율적으로 충족시키기 위하여 연계성과 전문성을 높여야 한다.

038

사회보장기본법상 사회보장 비용의 부담에 관한 설명으로 옳지 않은 것은? 23회

① 사회보장 비용의 부담은 국가, 지방자치단체 및 민간부문 간에 합리적으로 조정되어야 한다.
② 공공부조에 드는 비용은 지방자치단체가 전부 부담한다.
③ 부담 능력이 있는 국민에 대한 사회서비스에 드는 비용은 그 수익자가 부담함을 원칙으로 한다.
④ 사회보험에 드는 비용은 사용자, 피용자 및 자영업자가 부담함을 원칙으로 한다.
⑤ 사회보험에 드는 비용의 일부를 관계 법령에서 정하는 바에 따라 국가가 부담할 수 있다.

기출키워드 8 사회보장 기본계획

039

사회보장기본법과 사회보장급여의 이용·제공 및 수급권자 발굴에 관한 법률에 명시되어 있는 사회보장 관련 계획에 관한 설명으로 옳은 것은? 23회

① 사회보장 기본계획은 7년 주기로 수립된다.
② 보건복지부장관은 관계 중앙행정기관의 장과 협의하여 사회보장 기본계획을 수립하여야 한다.
③ 사회보장 기본계획은 사회보장위원회의 심의사항이 아니다.
④ 지방자치단체의 장은 지역사회보장계획을 5년마다 수립해야 한다.
⑤ 시·도 지역사회보장협의체와 시·군·구의 사회보장위원회는 지역사회보장계획을 심의·의결한다.

기출키워드 9 사회보장위원회

040

사회보장기본법상 사회보장위원회 위원으로 포함되어야 하는 중앙행정기관의 장을 모두 고른 것은? 20회

ㄱ. 행정안전부장관	ㄴ. 고용노동부장관
ㄷ. 기획재정부장관	ㄹ. 국토교통부장관

① ㄱ, ㄴ, ㄷ   ② ㄱ, ㄴ, ㄹ   ③ ㄱ, ㄷ, ㄹ
④ ㄴ, ㄷ, ㄹ   ⑤ ㄱ, ㄴ, ㄷ, ㄹ

041 □□□

사회보장기본법상 사회보장위원회에 관한 설명으로 옳은 것은? 21회

① 대통령 소속의 위원회이다.
② 위원장 1명, 부위원장 2명과 행정안전부장관, 고용노동부장관을 포함한 40명 이내의 위원으로 구성한다.
③ 위원의 임기는 3년으로 하되, 공무원인 위원의 임기는 그 재임기간으로 한다.
④ 고용노동부에 사무국을 둔다.
⑤ 관계 중앙행정기관의 장은 위원회의 심의·조정 사항을 반영하여 사회보장제도를 운영 또는 개선하여야 한다.

042 □□□ 꽈배기 문제

사회보장기본법상 사회보장위원회에 관한 설명으로 옳지 않은 것은? 23회

① 사회보장에 관한 주요시책을 심의·조정하기 위해 국무총리 소속으로 두고 있다.
② 실무위원회를 두며 실무위원회에 분야별 전문위원회를 둘 수 있다.
③ 위원은 30명 이내로 구성한다.
④ 위원의 임기는 4년이다.
⑤ 관계 중앙행정기관의 장과 지방자치단체의 장은 위원회의 심의·조정 사항을 반영하여 사회보장제도를 운영해야 한다.

기출분석 해설집 p.156

04 사회복지사업법

기출키워드
- 사회복지사업법의 개요
- 복지의 책임과 원칙
- 사회복지사
- 사회복지법인
- 사회복지시설

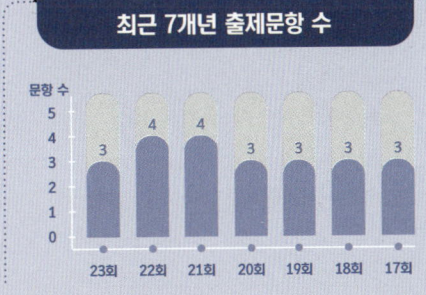
최근 7개년 출제문항 수

3회독 Check □□□ 기출 3회독은 필수!

문항번호 옆 '3회독 체크표'에는 문제를 풀면서 모든 선지를 정확히 알고 풀었으면 'O', 일부 선지를 모르는 문제에는 '△', 전체적인 개념 학습이 필요한 문제는 'x'를 표시하세요.

꽈배기 문제는 빈출 개념에 대해 혼동을 유발하거나 오답을 유도하는 선지가 출제된 문제입니다. 꽈배기 문제 분석은 해설에서 확인할 수 있습니다.

기출키워드 10 사회복지사업법의 개요

043 □□□
사회복지사업법의 내용으로 옳지 않은 것은? 17회

① 사회복지서비스를 제공하는 자는 사회복지서비스를 이용하는 사람의 선택권을 보장하여야 한다.
② 사회복지서비스를 필요로 하는 사람에 대한 사회복지서비스 제공은 현금으로 제공하는 것이 원칙이다.
③ 국가는 매년 9월 7일을 사회복지의 날로 한다.
④ 보건복지부장관은 사회복지사가 법원의 판결에 따라 자격이 정지된 경우에는 그 자격을 취소하여야 한다.
⑤ 시장·군수·구청장은 정당한 이유 없이 사회복지시설의 설치를 지연시키는 조치를 하여서는 아니 된다.

044 □□□
사회복지사업법에서 열거하고 있는 사회복지사업 관련 법률에 해당하지 않는 것은? 18회

① 아동복지법
② 노인복지법
③ 입양특례법
④ 국민건강보험법
⑤ 사회복지공동모금회법

045 □□□
사회복지사업법상 기본이념에 해당하는 것은? 19회

① 사회통합과 행복한 복지사회의 실현
② 국민의 복지증진에 이바지
③ 어려운 사람의 자활을 지원
④ 사회 참여와 평등을 통한 사회통합
⑤ 사회복지서비스를 이용하는 사람의 선택권 보장

046 □□□
사회복지사업법의 내용으로 옳은 것은? 19회

① 「사회보장기본법」상 사회서비스는 사회복지서비스의 범위에 포함되는 개념이다.
② 사회복지서비스 제공은 현물 제공이 원칙이다.
③ 사회복지사 자격은 1년을 초과하여 정지시킬 수 있다.
④ 사회복지법인은 보건복지부장관의 허가를 받아 설립한다.
⑤ 보건복지부장관은 시설에서 제공하는 서비스의 적정기준을 마련하여야 한다.

047

사회복지사업법에 명시된 날에 해당하는 것은? 19회

① 장애인의 날 4월 20일
② 노인의 날 10월 2일
③ 아동학대 예방의 날 11월 19일
④ 사회복지의 날 9월 7일
⑤ 어버이날 5월 8일

048

사회복지사업법의 내용으로 옳지 않은 것은? 20회

① 보건복지부장관은 사회복지사가 거짓으로 자격을 취득한 경우 그 자격을 취소하여야 한다.
② 사회복지법인을 설립하려는 자는 대통령령으로 정하는 바에 따라 시·도지사의 허가를 받아야 한다.
③ 사회복지법인이 설립 후 기본재산을 출연하지 아니한 때 시·도지사는 시정명령을 내릴 수 있다.
④ 누구든지 정당한 이유 없이 사회복지시설의 설치를 방해하여서는 아니 된다.
⑤ 사회복지를 필요로 하는 사람은 누구든지 자신의 의사에 따라 서비스를 신청하고 제공받을 수 있다.

049

사회복지사업법상 사회복지사업 관련 법률을 모두 고른 것은? 22회

ㄱ. 아동복지법
ㄴ. 장애인복지법
ㄷ. 국민기초생활 보장법
ㄹ. 기초연금법

① ㄱ, ㄴ
② ㄷ, ㄹ
③ ㄱ, ㄴ, ㄷ
④ ㄱ, ㄴ, ㄹ
⑤ ㄱ, ㄴ, ㄷ, ㄹ

기출키워드 11 복지의 책임과 원칙

050

사회복지사업법령상 보건복지부장관이 시설에서 제공하는 서비스의 최저기준을 마련하지 않아도 되는 시설은? 21회

① 사회복지관
② 자원봉사센터
③ 아동양육시설
④ 장애인 지역사회재활시설
⑤ 일시지원복지시설

051

사회복지사업법상 사회복지서비스 제공의 원칙에 관한 설명으로 옳지 않은 것은? 21회

① 사회복지서비스는 현물로 제공하는 것이 원칙이다.
② 지방자치단체는 사회복지서비스의 품질향상을 위하여 필요한 시책을 마련하여야 한다.
③ 지방자치단체는 사회복지시설의 서비스 환경 등을 평가할 수 있다.
④ 시장·군수·구청장은 보호대상자에게 사회복지서비스 이용권을 지급할 수 있다.
⑤ 보건복지부장관은 사회복지서비스 품질 평가를 위한 전문기관을 직접 설치·운영해야 하며, 관계기관 등에 위탁하여서는 아니 된다.

기출키워드 12 사회복지사

052 □□□
사회복지사업법상 사회복지사에 관한 설명으로 옳지 않은 것은? 21회

① 사회복지사의 등급은 1급·2급으로 한다.
② 보건복지부장관은 정신건강사회복지사·의료사회복지사·학교사회복지사의 자격을 부여할 수 있다.
③ 보건복지부장관은 사회복지사가 거짓이나 그 밖의 부정한 방법으로 자격을 취득한 경우 그 자격을 1년의 범위에서 정지할 수 있다.
④ 사회복지법인에 종사하는 사회복지사는 정기적으로 보수교육을 받아야 한다.
⑤ 자신의 사회복지사 자격증은 타인에게 빌려주어서는 아니 된다.

053 □□□ 꽈배기문제
사회복지사업법상 사회복지사에 관한 설명으로 옳지 않은 것은? 23회

① 피성년후견인 또는 피한정후견인은 사회복지사가 될 수 없다.
② 보건복지부장관은 사회복지사가 거짓이나 그 밖의 부정한 방법으로 자격을 취득한 경우 사회복지사 자격을 취소하여야 한다.
③ 보건복지부장관은 사회복지사가 자격정지 처분 기간에 자격증을 사용하여 자격 관련 업무를 수행한 경우 그 자격을 취소하거나 1년의 범위에서 정지시킬 수 있다.
④ 보건복지부장관은 자격이 취소된 사람에게는 그 취소된 날부터 2년 이내에 자격증을 재교부하지 못한다.
⑤ 사회복지법인에 종사하는 사회복지사는 정기적으로 인권에 관한 내용이 포함된 보수교육을 받아야 한다.

기출키워드 13 사회복지법인

054 □□□ 꽈배기문제
사회복지사업법상 사회복지법인(이하 '법인'이라 한다)에 관한 설명으로 옳은 것은? 17회

① 법인을 설립하려는 자는 시장·군수·구청장의 허가를 받아야 한다.
② 법인은 대표이사를 제외하고 이사 7명 이상을 두어야 한다.
③ 이사의 임기는 4년으로 하고 연임할 수 있다.
④ 법인은 수익사업에서 생긴 수익을 법인 또는 법인이 설치한 사회복지시설의 운영 외의 목적에 사용할 수 없다.
⑤ 이사는 법인이 설치한 사회복지시설의 장 또는 그 시설의 직원을 겸할 수 있다.

055 □□□
사회복지사업법상 사회복지법인(이하 '법인'이라 한다)에 관한 내용으로 옳은 것은? 18회

① 법인 설립 허가자는 보건복지부장관이다.
② 법인 설립은 시장·군수·구청장에 신고한다.
③ 해산한 법인의 남은 재산은 설립자에 귀속된다.
④ 이사는 법인이 설치한 사회복지시설의 장을 겸직할 수 있다.
⑤ 주된 사무소가 서로 다른 시·도에 소재한 법인이 합병할 경우 시·도지사에게 신고하여야 한다.

056

사회복지사업법상 사회복지법인(이하 '법인'으로 한다)에 관한 설명으로 옳지 않은 것은? 20회

① 법인이 설치한 사회복지시설의 장과 직원은 그 법인의 이사를 겸할 수 없다.
② 파산선고를 받고 복권되지 아니한 사람은 임원이 될 수 없다.
③ 법인은 대표이사를 포함한 이사 7명 이상과 감사 2명 이상을 두어야 한다.
④ 이사회는 안건, 표결 수 등을 기재한 회의록을 작성하여야 한다.
⑤ 해산한 법인의 남은 재산은 정관으로 정하는 바에 따라 국가 또는 지방자치단체에 귀속된다.

057

사회복지사업법상 사회복지법인(이하 '법인'으로 한다)에 관한 설명으로 옳지 않은 것은? 22회

① 정관에는 회의에 관한 사항이 포함되어야 한다.
② 법인은 사회복지사업의 운영에 필요한 재산을 소유하여야 한다.
③ 감사 중에 결원이 생겼을 때 3개월 이내에 보충하여야 한다.
④ 법인은 임원을 임면하는 경우에 지체 없이 시·도지사에게 보고하여야 한다.
⑤ 법인이 목적사업 외의 사업을 하였을 때 설립허가가 취소될 수 있다.

058 꽈배기문제

사회복지사업법상 사회복지법인 설립허가를 반드시 취소하여야 하는 경우를 모두 고른 것은? 23회

ㄱ. 설립허가 조건을 위반하였을 때
ㄴ. 목적 달성이 불가능하게 되었을 때
ㄷ. 거짓이나 그 밖의 부정한 방법으로 설립허가를 받았을 때
ㄹ. 법인 설립 후 기본재산을 출연하지 아니한 때

① ㄱ, ㄴ ② ㄱ, ㄷ ③ ㄴ, ㄷ
④ ㄴ, ㄹ ⑤ ㄷ, ㄹ

기출키워드 14 사회복지시설

059

사회복지사업법상 사회복지시설(이하 '시설'이라 한다)에 관한 설명으로 옳은 것은? 17회

① 국가가 시설을 설치·운영하려는 경우에는 소재지 관할 시·도지사에게 신고하여야 한다.
② 화재로 인한 손해배상책임을 이행하기 위하여 시설의 운영자는 손해보험회사의 책임보험 및 한국사회복지공제회의 책임공제에 각각 가입하여야 한다.
③ 시·도지사의 해임명령에 따라 사회복지법인의 임원에서 해임된 자는 해임된 날부터 7년 이내에는 시설의 장이 될 수 없다.
④ 시장·군수·구청장은 시설에 대하여 정기 및 수시 안전점검을 실시한 후 그 결과를 시·도지사에게 제출하여야 한다.
⑤ 국가나 지방자치단체가 설치·운영하는 시설 중 사회복지관은 지역사회의 특성과 지역주민의 복지욕구를 고려하여 서비스 제공 등 지역복지증진을 위한 사업을 실시할 수 있다.

060 꽈배기문제

사회복지사업법상 사회복지시설(이하 '시설'이라 한다)의 운영위원회에 관한 내용으로 옳은 것은? 18회

① 시설의 장은 운영위원이 될 수 없다.
② 운영위원회의 위원은 시설의 장이 위촉한다.
③ 시설 거주자 대표는 운영위원이 될 수 없다.
④ 운영위원회는 시설운영에 관하여 의결권을 갖는다.
⑤ 시설 거주자의 보호자 대표는 운영위원이 될 수 있다.

061 ☐☐☐

사회복지사업법상 사회복지시설(이하 '시설'이라고 한다)에 관한 설명으로 옳은 것은? 20회

① 지방자치단체가 시설을 설치·운영하려는 경우에는 보건복지부에 신고하여야 한다.
② 사회복지법인의 대표는 시설에 대하여 정기 및 수시 안전점검을 실시하여야 한다.
③ 시설을 설치·운영하는 자는 시설에 근무할 종사자를 채용할 수 있다.
④ 시설의 장은 시설의 운영에 관한 사항을 의결하기 위하여 시설에 운영위원회를 두어야 한다.
⑤ 지방자치단체는 시설의 책임보험 가입에 드는 비용의 전부를 보조하여야 한다.

062 ☐☐☐

사회복지사업법상 사회복지시설에 관한 설명으로 옳은 것은? 21회

① 사회복지시설 운영위원회는 심의·의결기구이다.
② 사회복지시설은 손해배상책임의 면책사업자이다.
③ 사회복지시설의 장은 비상근으로 근무할 수 있다.
④ 사회복지시설은 둘 이상의 사회복지사업을 통합하여 수행할 수 있다.
⑤ 지방자치단체는 사회복지시설을 설치·운영하여서는 아니 된다.

063 ☐☐☐

사회복지사업법상 사회복지시설(이하 '시설'이라 한다)에 관한 설명으로 옳지 않은 것은? 22회

① 사회복지관은 직업 및 취업 알선이 필요한 지역주민에게 사회복지서비스를 우선 제공하여야 한다.
② 지방자치단체는 시설의 책임보험 가입에 드는 비용의 전부를 보조할 수 없다.
③ 국가는 시설을 운영할 수 있다.
④ 시설 종사자의 근무환경 개선에 관한 사항은 운영위원회에서 심의한다.
⑤ 회계부정이 발견되었을 때 보건복지부장관은 시설의 폐쇄를 명할 수 있다.

064 ☐☐☐

사회복지사업법상 사회복지시설(이하 '시설'이라고 한다)에 관한 설명으로 옳은 것은? 23회

① 사회복지관은 사회복지서비스를 직업 및 취업 알선이 필요한 사람에게 우선 제공할 수 없다.
② 시설의 장은 시설의 운영에 관한 사항을 의결하기 위하여 시설에 운영위원회를 두어야 한다.
③ 국가 또는 지방자치단체 외의 자가 시설을 설치·운영하려는 경우에는 시장·군수·구청장에게 신고하여야 한다.
④ 대통령령으로 정하는 경우를 제외하고, 각 시설의 수용인원은 200명을 초과할 수 없다.
⑤ 시설의 장은 비상근 겸직할 수 있다.

05 사회보장급여법

기출키워드
- 사회보장급여 ★빈출

최근 7개년 출제문항 수

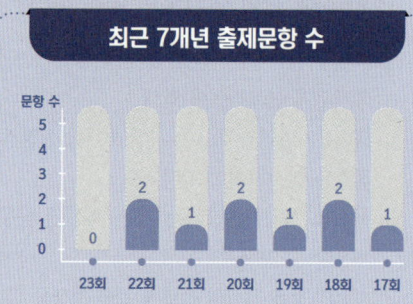

☑ 3회독 Check ☐☐☐ 기출 3회독은 필수!

문항번호 옆 '3회독 체크표'에는 문제를 풀면서 모든 선지를 정확히 알고 풀었으면 'O', 일부 선지를 모르는 문제에는 '△', 전체적인 개념 학습이 필요한 문제는 '×'를 표시하세요.

☑ 꽈배기 문제 는 빈출 개념에 대해 혼동을 유발하거나 오답을 유도하는 선지가 출제된 문제입니다. 꽈배기 문제 분석은 해설에서 확인할 수 있습니다.

기출키워드 15 사회보장급여 ★빈출

065 ☐☐☐ 꽈배기문제

사회보장급여의 이용·제공 및 수급권자 발굴에 관한 법률의 내용으로 옳은 것을 모두 고른 것은?

17회

> ㄱ. "지원대상자"란 사회보장급여를 필요로 하는 사람을 말한다.
> ㄴ. "보장기관"이란 관계 법령 등에 따라 사회보장급여를 제공하는 국가기관과 지방자치단체를 말한다.
> ㄷ. 통합사례관리를 실시하기 위하여 필요한 경우에는 특별자치시 및 시·군·구에 통합사례 관리사를 둘 수 있다.

① ㄱ　　　② ㄷ　　　③ ㄱ, ㄷ
④ ㄴ, ㄷ　　⑤ ㄱ, ㄴ, ㄷ

066 ☐☐☐

사회보장급여의 이용·제공 및 수급권자 발굴에 관한 법률상 사회복지전담공무원에 관한 내용으로 옳지 않은 것을 모두 고른 것은?

18회

> ㄱ. 시·군·구, 읍·면·동에 사회복지전담공무원을 둘 수 있고 시·도에는 둘 수 없다.
> ㄴ. 사회복지전담공무원은 「사회복지사업법」에 따른 사회복지사의 자격을 가진 사람으로 한다.
> ㄷ. 시·도지사 및 시장·군수·구청장은 「지방공무원 교육훈련법」에 따라 사회복지전담공무원의 교육훈련에 필요한 시책을 수립·시행하여야 한다.

① ㄱ　　　② ㄴ　　　③ ㄱ, ㄴ
④ ㄱ, ㄷ　　⑤ ㄴ, ㄷ

067

사회보장급여의 이용·제공 및 수급권자 발굴에 관한 법률상 사회보장정보원에 관한 내용으로 옳지 않은 것은? 18회

① 한국사회보장정보원은 법인으로 한다.
② 정부는 한국사회보장정보원의 설립에 필요한 비용을 출연할 수 있다.
③ 한국사회보장정보원의 운영에 필요한 비용은 정부가 지원할 수 없으며 정보이용자가 지불하는 부담금으로 충당한다.
④ 한국사회보장정보원에 관하여 이 법에서 규정한 사항 외에는 「민법」 중 재단법인에 관한 규정을 준용한다.
⑤ 한국사회보장정보원의 임직원은 그 직무상 알게 된 비밀을 다른 용도로 사용하여서는 아니 된다.

068

사회보장급여의 이용·제공 및 수급권자 발굴에 관한 법률의 설명으로 옳은 것은? 19회

① 2017년 12월 30일에 제정, 2018년 7월 1일부터 시행되었다.
② 지원대상자가 누락되지 않도록 하기 위해 보장기관의 업무담당자는 지원대상자의 동의를 받지 않고도 직권으로 사회보장급여의 제공을 신청할 수 있다.
③ 수급자란 사회보장급여를 받고 있는 사람을 말한다.
④ 보건복지부장관은 사회보장급여 부정수급 실태조사를 5년마다 실시하고 그 결과를 공개해야 한다.
⑤ 이 법에 따른 처분에 이의가 있는 수급권자등은 그 처분을 받은 날부터 30일 이내에 처분을 결정한 보장기관의 장에게 이의신청을 해야 한다.

069

사회보장급여의 이용·제공 및 수급권자 발굴에 관한 법률의 내용으로 옳지 않은 것은? 20회

① 보장기관의 장은 「긴급복지지원법」 제7조의2에 따른 발굴조사를 실시한 경우를 제외하고 지원대상자에 대한 발굴조사를 1년마다 정기적으로 실시하여야 한다.
② 보장기관은 지역의 사회보장 수준이 균등하게 실현될 수 있도록 노력하여야 한다.
③ 누구든지 사회적 위험으로 인하여 사회보장급여를 필요로 하는 지원대상자를 발견하였을 때에는 보장기관에 알려야 한다.
④ 이의신청은 그 처분을 받은 날로부터 90일 이내에 처분을 결정한 보장기관의 장에게 할 수 있다.
⑤ 사회서비스 제공기관의 운영자는 위기가구의 발굴 지원업무 수행을 위해 사회서비스정보시스템을 이용할 수 있다.

070

사회보장급여의 이용·제공 및 수급권자 발굴에 관한 법률상 수급자격 확인을 위해 지원대상자와 그 부양의무자에 대하여 조사할 수 있는 사항을 모두 고른 것은? 20회

ㄱ. 인적사항 및 가족관계 확인에 관한 사항
ㄴ. 소득·재산·근로능력 및 취업상태에 관한 사항
ㄷ. 사회보장급여 수급이력에 관한 사항
ㄹ. 수급권자를 선정하기 위하여 보장기관의 장이 필요하다고 인정하는 사항

① ㄱ, ㄴ
② ㄷ, ㄹ
③ ㄱ, ㄴ, ㄷ
④ ㄴ, ㄷ, ㄹ
⑤ ㄱ, ㄴ, ㄷ, ㄹ

071 □□□ 짠배기문제

사회보장급여의 이용·제공 및 수급권자의 발굴에 관한 법률의 내용으로 옳은 것은?   21회

① 시장·군수·구청장은 중앙생활보장위원회를 둔다.
② 보건복지부장관은 사회보장급여 부정수급 실태조사를 3년마다 실시하고 그 결과를 공개하여야 한다.
③ "수급권자"란 사회보장급여를 제공하는 국가기관과 지방자치단체를 말한다.
④ 보장기관의 업무담당자는 지원대상자가 심신미약 등 대통령으로 정하는 경우에 해당하면 지원대상자의 동의하에서만 직권으로 사회보장급여의 제공을 신청할 수 있다.
⑤ 보장기관의 장은 지원대상자 발굴체계의 운영 실태를 3년마다 점검하고 개선방안을 마련하여야 한다.

072 □□□

사회보장급여의 이용·제공 및 수급권자 발굴에 관한 법률의 내용으로 옳지 않은 것은?   22회

① 보장기관은 지역의 사회보장 수준이 균등하게 실현될 수 있도록 노력하여야 한다.
② 「청소년 기본법」에 따른 청소년상담사는 지원대상자의 사회보장급여를 신청할 수 있다.
③ 보장기관의 장은 위기가구를 발굴하기 위하여 노력하여야 한다.
④ 정부는 한국사회보장정보원의 설립·운영에 필요한 비용을 출연할 수 없다.
⑤ 특별자치시 지역사회보장계획은 사회보장급여 담당 인력의 양성 및 전문성 제고 방안을 포함하여야 한다.

073 □□□

사회보장급여의 이용·제공 및 수급권자 발굴에 관한 법률상 지원대상자의 발굴에 관한 설명으로 옳은 것은?   22회

① "지원대상자"란 사회보장급여를 제공받을 권리를 가진 사람을 말한다.
② 사회복지시설의 장은 사회보장급여의 제공을 직권으로 신청할 수 있다.
③ 국민건강보험공단 이사장은 보험료를 7개월 이상 체납한 사람의 가구정보를 사회보장정보시스템을 통하여 처리할 수 있다.
④ 시·도지사는 지원대상자에 대한 발굴조사를 1년마다 정기적으로 실시하여야 한다.
⑤ 보장기관의 장은 지원대상자를 발굴하기 위하여 사회보장급여의 제공 규모에 대한 정보의 제공과 홍보에 노력해야 한다.

06 사회보험법

기출키워드
- 산업재해보상보험법
- 국민연금법
- 고용보험법 ★빈출
- 국민건강보험법
- 노인장기요양보험법

최근 7개년 출제문항 수

☑ 3회독 Check ☐☐☐ 기출 3회독은 필수!
문항번호 옆 '3회독 체크표'에는 문제를 풀면서 모든 선지를 정확히 알고 풀었으면 'O', 일부 선지를 모르는 문제에는 '△', 전체적인 개념 학습이 필요한 문제는 'X'를 표시하세요.

☑ 꽈배기 문제 는 빈출 개념에 대해 혼동을 유발하거나 오답을 유도하는 선지가 출제된 문제입니다. 꽈배기 문제 분석은 해설에서 확인할 수 있습니다.

기출키워드 16 　산업재해보상보험법

074 ☐☐☐
산업재해보상보험법상 보험급여의 종류로 명시되지 않은 것은?　　　　　　　　　17회

① 휴업급여　② 구직급여　③ 유족급여
④ 상병보상연금　⑤ 장해급여

075 ☐☐☐
산업재해보상보험법상 업무상 사고에 해당하지 않는 것은?　　　　　　　　　18회

① 출장기간 중 발생한 모든 사고
② 근로자가 근로계약에 따른 업무나 그에 따르는 행위를 하던 중 발생한 사고
③ 휴게시간 중 사업주의 지배관리하에 있다고 볼 수 있는 행위로 발생한 사고
④ 사업주가 주관하거나 사업주의 지시에 따라 참여한 행사나 행사준비 중에 발생한 사고
⑤ 사업주가 제공한 시설물 등을 이용하던 중 그 시설물 등의 결함이나 관리소홀로 발생한 사고

076 ☐☐☐ 꽈배기 문제
산업재해보상보험법상 '업무상 사고'에 해당하지 않는 것은?　　　　　　　　　19회

① 근로자가 근로계약에 따른 업무나 그에 따르는 행위를 하던 중 발생한 사고
② 사업주가 제공한 시설물 등을 이용하던 중 그 시설물 등의 결함이나 관리소홀로 발생한 사고
③ 사업주가 주관하거나 사업주의 지시에 따라 참여한 행사나 행사준비 중에 발생한 사고
④ 비통상적인 경로와 방법으로 출퇴근하는 중 발생한 사고
⑤ 휴게시간 중 사업주의 지배관리하에 있다고 볼 수 있는 행위로 발생한 사고

077 □□□
산업재해보상보험법의 내용으로 옳지 않은 것은?
20회

① "업무상의 재해"란 업무상의 사유에 따른 근로자의 부상·질병·장해 또는 사망을 말한다.
② 보험급여에는 간병급여, 상병보상연금, 실업급여 등이 있다.
③ 근로복지공단은 법인으로 한다.
④ "출퇴근"이란 취업과 관련하여 주거와 취업장소 사이의 이동 또는 한 취업장소에서 다른 취업장소로의 이동을 말한다.
⑤ 요양급여는 근로자가 업무상의 사유로 부상을 당하거나 질병에 걸린 경우에 그 근로자에게 지급한다.

078 □□□
산업재해보상보험법령상 유족급여에 관한 설명으로 옳지 않은 것은?
21회

① 근로자가 업무상의 사유로 사망한 경우 유족에게 지급한다.
② 유족보상연금 수급권자가 2명 이상 있을 때 그 중 1명을 대표자로 선임할 수 있다.
③ 근로자와 「주민등록법」상 세대를 같이 하고 동거하던 유족으로서 근로자의 소득으로 생계의 상당 부분을 유지하고 있던 사람은 유족에 해당한다.
④ 근로자의 소득으로 생계의 전부를 유지하고 있던 유족으로서 학업으로 주민등록을 달리하였거나 동거하지 않았던 사람은 유족에 해당되지 않는다.
⑤ 유족보상연금 수급 권리는 배우자·자녀·부모·손자녀·조부모 및 형제자매의 순서로 한다.

079 □□□
산업재해보상보험법상 보험급여의 종류가 아닌 것은?
23회

① 요양급여
② 휴업급여
③ 예방·재활급여
④ 상병보상연금
⑤ 직업재활급여

기출키워드 17 국민연금법

080 □□□
국민연금법의 내용으로 옳은 것은?
17회

① 이 법을 적용할 때 배우자의 범위에는 사실상의 혼인관계에 있는 자를 제외한다.
② 수급권을 취득할 당시 가입자였던 자의 태아가 출생하면 그 자녀는 가입자였던 자에 의하여 생계를 유지하고 있던 자녀로 본다.
③ 가입자의 종류는 사업장가입자와 지역가입자의 2가지로 구분된다.
④ 지역가입자가 사업장가입자의 자격을 취득한 때에는 그에 해당하게 된 날의 다음 날에 지역가입자의 자격을 상실한다.
⑤ 수급권자가 사망한 경우 그 수급권자에게 미지급 급여가 있으면 그 급여를 받을 순위는 자녀, 배우자, 부모의 순으로 한다.

081 □□□ 꽈배기문제
국민연금법상 급여의 종류에 해당하는 것을 모두 고른 것은?
19회

| ㄱ. 노령연금 | ㄴ. 장해급여 |
| ㄷ. 유족연금 | ㄹ. 반환일시금 |

① ㄱ, ㄴ, ㄷ
② ㄱ, ㄴ, ㄹ
③ ㄱ, ㄷ, ㄹ
④ ㄴ, ㄷ, ㄹ
⑤ ㄱ, ㄴ, ㄷ, ㄹ

082 □□□
국민연금법상 급여의 종류에 해당하는 것을 모두 고른 것은?
20회

ㄱ. 노령연금	ㄴ. 장애인연금
ㄷ. 장해급여	ㄹ. 장애연금
ㅁ. 반환일시금	

① ㄱ, ㄴ, ㄹ
② ㄱ, ㄴ, ㅁ
③ ㄱ, ㄷ, ㅁ
④ ㄱ, ㄹ, ㅁ
⑤ ㄴ, ㄷ, ㄹ

083
국민연금법의 내용으로 옳은 것은? 22회

① 가입자의 가입 종류가 변동되면 그 가입자의 가입기간은 각 종류별 가입기간을 합산한 기간으로 한다.
② 국민연금사업은 기획재정부장관이 맡아 주관한다.
③ "수급권자"란 이 법에 따른 급여를 받을 권리를 말한다.
④ 국내에 거주하는 국민으로서 18세 이상 65세 미만인 자는 국민연금 가입 대상이 된다.
⑤ 「국민연금법」을 적용할 때 배우자에는 사실상의 혼인관계에 있는 자는 포함되지 않는다.

기출키워드 18 고용보험법 ★빈출

084
고용보험법의 내용으로 옳지 않은 것은? 17회

① "일용근로자"는 1개월 미만 동안 고용되는 자를 말한다.
② 실업급여에는 취업촉진 수당이 포함되지 않는다.
③ "실업"이란 근로의 의사와 능력이 있음에도 불구하고 취업하지 못한 상태에 있는 것을 말한다.
④ 구직급여를 지급받으려는 자는 이직 후 지체없이 직업안정기관에 출석하여 실업을 신고하여야 한다.
⑤ 65세 이후에 고용되거나 자영업을 개시한 자에 대한 고용안정·직업능력개발 사업에 관하여는 이 법을 적용한다.

085
고용보험법의 내용으로 옳은 것은? 18회

① 고용노동부장관은 보험사업에 대하여 3년마다 평가를 하여야 한다.
② 국가는 매년 보험사업에 드는 비용의 20%를 특별회계에서 부담하여야 한다.
③ 피보험자는 이 법이 적용되는 사업에 고용된 날의 다음 달부터 피보험자격을 취득한다.
④ 실업급여로서 지급된 금품에 대하여 국가는 「국세기본법」에 따른 모든 공과금을 부과하여야 한다.
⑤ 고용보험사업으로 고용안정·직업능력개발 사업, 실업급여, 육아휴직 급여 및 출산전후휴가 급여 등을 실시한다.

086
고용보험법의 내용으로 옳은 것은? 19회

① 구직급여를 지급받으려는 사람은 이직 후 지체없이 직업안정기관에 출석하여 실업을 신고하여야 한다.
② 농업·임업 및 어업 중 법인이 아닌 자가 상시 4명의 근로자를 사용하는 사업에 대하여 고용보험법은 적용된다.
③ 구직급여의 수급 요건으로서 기준기간은 피보험자의 이직일 이전 36개월로 한다.
④ 실업 신고일부터 계산하기 시작하여 14일간의 대기기간 중에는 구직급여를 지급하지 않는다.
⑤ 이주비는 구직급여의 종류에 해당한다.

087
고용보험법의 내용으로 옳은 것은? 20회

① 고용보험기금은 기획재정부장관이 관리·운용한다.
② 국가는 매년 보험사업에 드는 비용의 일부를 일반회계에서 부담하여야 한다.
③ 취업촉진 수당의 종류로는 구직급여, 직업능력개발 수당 등이 있다.
④ "실업"이란 근로의 의사와 능력이 없어 취업하지 못한 상태에 있는 것을 말한다.
⑤ "일용근로자"란 6개월 미만 동안 고용되는 사람을 말한다.

088
고용보험법령상 중대한 귀책사유로 해고된 피보험자로서 구직급여 수급자격의 제한사유에 해당되는 것을 모두 고른 것은? 21회

ㄱ. 「형법」을 위반하여 금고 이상의 형을 선고받은 경우
ㄴ. 정당한 사유 없이 근로계약을 위반하여 장기간 무단 결근한 경우
ㄷ. 사업기밀을 경쟁관계에 있는 사업자에게 제공한 경우

① ㄱ　　② ㄷ　　③ ㄱ, ㄴ
④ ㄴ, ㄷ　　⑤ ㄱ, ㄴ, ㄷ

089 ☐☐☐
고용보험법의 내용으로 옳은 것은? 22회

① "실업의 인정"이란 근로의 의사와 능력이 있음에도 불구하고 취업하지 못한 상태에 있는 것을 말한다.
② "일용근로자"란 3개월 미만 동안 고용되는 사람을 말한다.
③ 지방자치단체는 매년 보험사업에 드는 비용의 일부를 일반회계에서 부담하여야 한다.
④ 고용보험기금은 고용노동부장관이 관리·운용한다.
⑤ 실업급여를 받을 권리는 양도 또는 압류하거나 담보로 제공할 수 있다.

090 ☐☐☐
고용보험법상 실업급여의 종류로 취업촉진 수당에 해당하는 것을 모두 고른 것은? 22회

| ㄱ. 이주비 | ㄴ. 광역 구직활동비 |
| ㄷ. 직업능력개발 수당 | ㄹ. 조기재취업 수당 |

① ㄱ, ㄴ, ㄷ   ② ㄱ, ㄴ, ㄹ   ③ ㄱ, ㄷ, ㄹ
④ ㄴ, ㄷ, ㄹ   ⑤ ㄱ, ㄴ, ㄷ, ㄹ

091 ☐☐☐
고용보험법상 명시되어 있는 고용보험사업을 모두 고른 것은? 23회

| ㄱ. 고용안정·직업능력개발 사업 |
| ㄴ. 실업급여 |
| ㄷ. 육아휴직 급여 |
| ㄹ. 자활급여 |

① ㄱ, ㄴ   ② ㄱ, ㄷ   ③ ㄴ, ㄷ
④ ㄱ, ㄴ, ㄷ   ⑤ ㄴ, ㄷ, ㄹ

기출키워드 19 국민건강보험법

092 ☐☐☐ 꽈배기문제
국민건강보험법상 가입자가 자격을 상실하는 시기로 옳은 것은? 17회

① 사망한 날의 다음 날
② 국적을 잃은 날
③ 국내에 거주하지 아니하게 된 날
④ 직장가입자의 피부양자가 된 다음 날
⑤ 수급권자가 된 다음 날

093 ☐☐☐
국민건강보험법상 요양급여에 해당하지 않는 것은? 18회

① 예방·재활
② 이송(移送)
③ 요양병원간병비
④ 처치·수술 및 그 밖의 치료
⑤ 약제(藥劑)·치료재료의 지급

094 ☐☐☐
국민건강보험법상 국민건강보험공단이 관장하는 업무에 해당하지 않는 것은? 19회

① 가입자 및 피부양자의 자격 관리
② 자산의 관리·운영 및 증식사업
③ 의료시설의 운영
④ 건강보험에 관한 교육훈련 및 홍보
⑤ 요양급여비용의 심사

095

국민건강보험법상 건강보험심사평가원의 업무에 해당하는 것은? 20회

① 요양급여의 적정성 평가
② 가입자의 자격 관리
③ 보험급여의 관리
④ 보험급여 비용의 지급
⑤ 보험료의 부과·징수

096

국민건강보험법의 내용으로 옳지 않은 것은? 22회

① 「의료급여법」에 따라 의료급여를 받는 사람은 건강보험의 가입자가 될 수 없다.
② 보건복지부장관은 국민건강보험종합계획에 따라 연도별 시행계획에 따른 추진실적을 매년 평가하여야 한다.
③ 건강보험 가입자는 국내에 거주하지 아니하게 된 날에 그 자격을 잃는다.
④ 건강보험정책에 관한 사항을 심의·의결하기 위하여 보건복지부장관 소속으로 건강보험정책심의위원회를 둔다.
⑤ 건강보험 지역가입자는 직장가입자와 그 피부양자를 제외한 가입자를 말한다.

097 꽈배기문제

국민건강보험법상 국민건강보험공단에 관한 설명으로 옳지 않은 것은? 23회

① 요양급여 외에 임신·출산 진료비, 장제비, 상병수당, 그 밖의 급여를 실시할 수 있다.
② 가입자와 피부양자에 대하여 질병의 조기 발견과 그에 따른 요양급여를 하기 위하여 건강검진을 실시한다.
③ 회계연도마다 예산안을 독자적으로 편성하고 지출할 수 있다.
④ 고의 또는 중대한 과실로 인한 범죄행위에 그 원인이 있는 경우 보험급여를 하지 아니한다.
⑤ 보험료등의 납부의무자가 납부기한까지 보험료등을 내지 아니하면 그 납부기한이 지난 날부터 매 1일이 경과할 때마다 연체금을 징수한다.

기출키워드 20 노인장기요양보험법

098

노인장기요양보험법상 장기요양인정을 신청할 수 있는 자격을 갖춘 자를 모두 고른 것은? 17회

> ㄱ. 65세 미만의 자로서 대통령령으로 정하는 노인성 질병을 가진 자로 「의료급여법」 제3조 제1항에 따른 수급권자
> ㄴ. 대통령령으로 정하는 노인성 질병이 없는 65세 미만의 외국인으로서 「국민건강보험법」 제109조에 따른 건강보험의 가입자
> ㄷ. 65세 이상의 노인으로 「국민건강보험법」 제5조에 따른 건강보험 가입자의 피부양자

① ㄱ ② ㄷ ③ ㄱ, ㄴ
④ ㄱ, ㄷ ⑤ ㄱ, ㄴ, ㄷ

099

노인장기요양보험법상 장기요양급여 제공의 기본원칙에 해당하는 것을 모두 고른 것은? 18회

> ㄱ. 노인등의 심신상태나 건강 등이 악화되지 아니하도록 의료서비스와 연계하여 이를 제공하여야 한다.
> ㄴ. 노인등이 자신의 의사와 능력에 따라 최대한 자립적으로 일상생활을 수행할 수 있도록 제공하여야 한다.
> ㄷ. 노인등이 가족과 함께 생활하면서 가정에서 장기요양을 받는 재가급여를 우선적으로 제공하여야 한다.
> ㄹ. 노인등의 심신상태·생활환경과 노인등 및 그 가족의 욕구·선택을 종합적으로 고려하여 필요한 범위 안에서 이를 적정하게 제공하여야 한다.

① ㄴ, ㄹ ② ㄱ, ㄴ, ㄷ ③ ㄱ, ㄷ, ㄹ
④ ㄴ, ㄷ, ㄹ ⑤ ㄱ, ㄴ, ㄷ, ㄹ

100 ☐☐☐
노인장기요양보험법의 내용으로 옳은 것은? 20회

① 장기요양보험사업은 보건복지부장관이 관장한다.
② "장기요양급여"란 장기요양등급판정 결과에 따라 1개월 이상 동안 혼자서 일상생활을 수행하기 어렵다고 인정되는 자에게 신체활동·가사활동의 지원 또는 간병 등의 서비스를 말한다.
③ 장기요양기관은 수급자에게 재가급여 또는 시설급여를 제공한 경우 시·도지사에게 장기요양급여비용을 청구하여야 한다.
④ "노인등"이란 60세 이상의 노인 또는 60세 미만의 자로서 치매·뇌혈관성질환 등 대통령령으로 정하는 노인성질병을 가진 자를 말한다.
⑤ 재가급여에는 방문요양, 방문목욕, 특별현금급여가 있다.

101 ☐☐☐
다음의 역할을 하는 노인장기요양보험법상 기구는? 21회

- 장기요양요원의 권리 침해에 관한 상담 및 지원
- 장기요양요원의 역량강화를 위한 교육지원
- 장기요양요원에 대한 건강검진 등 건강관리를 위한 사업

① 장기요양위원회
② 등급판정위원회
③ 장기요양심사위원회
④ 장기요양요원지원센터
⑤ 공표심의위원회

102 ☐☐☐
노인장기요양보험법의 내용으로 옳지 않은 것은? 22회

① "노인등"이란 65세 이상의 노인 또는 65세 미만의 자로서 치매·뇌혈관성질환 등 대통령령으로 정하는 노인성질병을 가진 자를 말한다.
② 장기요양급여는 노인등이 가족과 함께 생활하면서 가정에서 장기요양을 받는 재가급여를 우선적으로 제공하여야 한다.
③ 장기요양보험사업은 보건복지부장관이 관장한다.
④ 장기요양급여를 받고 있는 수급자는 장기요양등급의 내용을 변경하여 장기요양급여를 받고자 하는 경우 국민건강보험공단에 변경신청을 하여야 한다.
⑤ 재가급여에는 방문요양, 방문목욕, 특별현금급여가 포함된다.

103 ☐☐☐ 꽈배기 문제
노인장기요양보험법상 장기요양인정에 관한 설명으로 옳지 않은 것은? 23회

① 장기요양기관은 수급자를 대리하여 장기요양인정을 신청한다.
② 대통령령으로 정하는 경우를 제외하고, 장기요양인정을 신청하는 자는 국민건강보험공단에 장기요양인정신청서에 의사 또는 한의사가 발급하는 소견서를 첨부하여 제출하여야 한다.
③ 국민건강보험공단은 장기요양인정 신청서를 접수한 때 소속 직원으로 하여금 신청인의 심신상태, 신청인에게 필요한 장기요양급여의 종류 및 내용 등에 대하여 조사하게 하여야 한다.
④ 등급판정위원회는 신청인이 신청자격요건을 충족하고 6개월 이상 동안 혼자서 일상생활을 수행하기 어렵다고 인정하는 경우 등급판정기준에 따라 수급자로 판정한다.
⑤ 국민건강보험공단은 등급판정위원회가 장기요양인정 및 등급판정의 심의를 완료한 경우 지체 없이 장기요양인정서를 작성하여 수급자에게 송부하여야 한다.

기출분석 해설집 p.164

07 공공부조법

기출키워드
- 국민기초생활 보장법 ★빈출
- 의료급여법
- 긴급복지지원법
- 기초연금법

최근 7개년 출제문항 수

✅ **3회독 Check** ☐☐☐ 기출 3회독은 필수!

문항번호 옆 '3회독 체크표'에는 문제를 풀면서 모든 선지를 정확히 알고 풀었으면 'O', 일부 선지를 모르는 문제에는 'Δ', 전체적인 개념 학습이 필요한 문제는 'X'를 표시하세요.

✅ **꽈배기 문제** 는 빈출 개념에 대해 혼동을 유발하거나 오답을 유도하는 선지가 출제된 문제입니다. 꽈배기 문제 분석은 해설에서 확인할 수 있습니다.

기출키워드 21 국민기초생활 보장법 ★빈출

104 ☐☐☐
국민기초생활 보장법의 내용으로 옳지 않은 것은?

17회

① 수급자에 대한 급여는 정당한 사유 없이 수급자에게 불리하게 변경할 수 없다.
② "수급자"란 이 법에 따른 급여를 받는 사람을 말한다.
③ 이 법에 따른 급여는 건강하고 문화적인 최저생활을 유지할 수 있는 것이어야 한다.
④ 수급자 및 차상위자는 상호 협력하여 자활기업을 설립·운영할 수 있다.
⑤ 교육급여는 보건복지부장관의 소관으로 한다.

105 ☐☐☐
국민기초생활 보장법상 용어의 정의로 옳은 것은?

18회

① 수급권자란 이 법에 따른 급여를 받는 사람을 말한다.
② 기준 중위소득이란 국민 가구소득의 평균값을 말한다.
③ 보장기관이란 이 법에 따른 급여를 실시하는 사회복지시설을 말한다.
④ 소득인정액이란 보장기관이 급여의 결정 및 실시 등에 사용하기 위하여 산출한 개별가구의 소득평가액과 재산의 소득환산액을 합산한 금액을 말한다.
⑤ 최저생계비란 국민이 쾌적한 문화생활을 유지하기 위하여 필요한 적정선의 비용을 말한다.

106
국민기초생활 보장법상 자활 지원에 관한 내용으로 옳지 않은 것은? 18회

① 보장기관은 자활지원사업의 원활한 추진을 위하여 자활기금을 적립한다.
② 보장기관은 지역자활센터에 국유·공유 재산의 무상임대 지원을 할 수 있다.
③ 보장기관은 수급자 및 차상위자가 자활에 필요한 자산을 형성할 수 있도록 재정적인 지원을 할 수 있다.
④ 보장기관은 수급자 및 차상위자의 자활 촉진에 필요한 사업을 수행하게 하기 위하여 법인등의 신청을 받아 지역자활센터를 지정할 수 있다.
⑤ 수급자 및 소득인정액이 기준 중위소득의 100분의 70 이상인 자는 상호 협력하여 자활 기업을 설립·운영할 수 있다.

107
국민기초생활 보장법상 외국인에 대한 특례 규정이다. ( )에 들어갈 내용이 옳지 않은 것은? 19회

> 국내에 체류하고 있는 외국인 중 (ㄱ)하여 본인 또는 배우자가 임신 중이거나 (ㄴ)하고 있거나 (ㄷ)과 (ㄹ)으로서 (ㅁ)으로 정하는 사람이 이 법에 따른 급여를 받을 수 있는 자격을 가진 경우에는 수급권자가 된다.

① ㄱ: 대한민국 국민과 혼인
② ㄴ: 대한민국 국적의 미성년 자녀를 양육
③ ㄷ: 배우자의 대한민국 국적인 직계비속
④ ㄹ: 생계나 주거를 같이하고 있는 사람
⑤ ㅁ: 대통령령

108
국민기초생활 보장법상 5년 이하의 징역 또는 5천만원 이하의 벌금에 처해지는 경우는? 19회

① 부정한 방법으로 급여를 받은 경우
② 수급권자의 금융정보를 사용·제공한 경우
③ 지급받은 급여를 용도 외로 사용한 경우
④ 직무상 알게 된 비밀을 누설한 경우
⑤ 종교상의 행위를 강제한 경우

109
국민기초생활 보장법상 보장기관과 보장시설에 대한 예시이다. '보장기관 – 보장시설'을 순서대로 옳게 짝지은 것은? 20회

> ㄱ. 「장애인복지법」 제58조 제1항 제1호의 장애인 거주시설
> ㄴ. 「사회복지사업법」 제2조 제4호의 사회복지시설 중 결핵 및 한센병요양시설
> ㄷ. 대전광역시장
> ㄹ. 전라남도지사
> ㅁ. 인천광역시 교육감

① ㄱ – ㄴ
② ㄴ – ㅁ
③ ㄷ – ㄱ
④ ㄹ – ㄷ
⑤ ㅁ – ㄹ

110
국민기초생활 보장법상 급여의 종류와 방법에 관한 설명으로 옳은 것은? 21회

① 부양의무자가 「병역법」에 따라 징집되거나 소집된 경우 부양능력이 있는 것으로 본다.
② 보장기관은 차상위자의 가구별 생활여건을 고려하여 예산의 범위에서 급여의 전부 또는 일부를 실시할 수 있다.
③ 생계급여 선정기준은 기준 중위소득의 100분의 50 이상으로 한다.
④ 생계급여는 상반기·하반기로 나누어 지급하여야 한다.
⑤ 주거급여는 주택 매입비, 수선유지비 등이 포함된다.

111
국민기초생활 보장법상 급여의 기본원칙을 모두 고른 것은? 21회

> ㄱ. 근로능력 활용   ㄴ. 보충급여
> ㄷ. 타법 우선   ㄹ. 수익자부담

① ㄱ, ㄴ
② ㄷ, ㄹ
③ ㄱ, ㄴ, ㄷ
④ ㄴ, ㄷ, ㄹ
⑤ ㄱ, ㄴ, ㄷ, ㄹ

112

국민기초생활 보장법상 보장기관에 관한 설명으로 옳은 것은? 21회

① 교육급여 및 의료급여는 시·도교육감이 실시한다.
② 생계급여는 수급자의 거주지를 관할하는 시·도지사와 시장·군수·구청장이 실시한다.
③ 보장기관은 위기개입상담원을 배치하여야 한다.
④ 생활보장위원회는 자문기구이다.
⑤ 소관 중앙행정기관의 장은 5년마다 기초생활보장 시행계획을 수립하여야 한다.

113

국민기초생활 보장법상 급여의 종류와 방법에 관한 설명으로 옳은 것은? 22회

① 생계급여는 물품으로는 지급할 수 없다.
② 생계급여는 수급자에게 주거 안정에 필요한 임차료, 수선유지비, 그 밖의 수급품을 지급하는 것으로 한다.
③ 장제급여는 자활급여를 받는 수급자가 사망한 경우 장제조치를 하는 것으로 한다.
④ 자활급여는 관련 비영리법인에 위탁하여 실시할 수 있다.
⑤ 교육급여는 보건복지부장관의 소관으로 한다.

114

국민기초생활 보장법상 지역자활센터의 사업이 아닌 것은? 22회

① 자활을 위한 사업자금 융자
② 자활을 위한 정보제공, 상담, 직업교육 및 취업알선
③ 생업을 위한 자금융자 알선
④ 자활기업의 설립·운영 지원
⑤ 자영창업 지원 및 기술·경영 지도

115

국민기초생활 보장법상 국내에 체류하고 있는 외국인에 대한 특례를 적용할 수 없는 자는? 23회

① 대한민국 국민과 혼인하여 본인 또는 배우자가 임신 중인 자
② 대한민국 국적의 미성년 자녀를 양육하고 있는 자
③ 배우자의 대한민국 국적인 직계존속과 생계를 같이하고 있는 자
④ 배우자의 대한민국 국적인 직계존속과 주거를 같이하고 있는 자
⑤ 대한민국 국적의 성인 장애인과 함께 생활하고 있는 자

116

국민기초생활 보장법상 자활지원사업 수행기관에게 요구되는 개인정보보호에 관한 설명으로 옳지 않은 것은? 23회

① 보건복지부장관은 수행기관의 통합정보전산망 사용 요청에 대하여 특별한 사정이 없는 한 모든 정보를 제공하여야 한다.
② 수행기관은 보건복지부장관에게 통합정보전산망 사용을 요청하는 경우 보안교육 등 자활지원사업 참여자의 개인정보에 대한 보호대책을 마련하여야 한다.
③ 수행기관은 통합정보전산망을 이용하고자 하는 경우 사전에 정보주체의 동의를 받아야 한다.
④ 사회보장급여 수급이력 등 개인정보는 수행기관에서 자활지원사업을 담당하는 자 중 해당 기관의 장으로부터 개인정보 취급승인을 받은 자만 취급할 수 있다.
⑤ 자활지원사업 업무에 종사하였던 자는 자활지원사업 업무 수행과 관련하여 알게 된 개인·법인의 정보를 다른 용도로 사용해서는 아니 된다.

기출키워드 22 의료급여법

117 ☐☐☐
의료급여법상 의료급여의 내용에 해당하지 않는 것은? 20회

① 진찰·검사
② 예방·재활
③ 입원
④ 간호
⑤ 화장 또는 매장 등 장제 조치

118 ☐☐☐
의료급여법의 내용으로 옳은 것은? 22회

① 시·도지사는 의료급여증을 발급하여야 한다.
② 급여비용의 재원을 충당하기 위하여 보건복지부에 의료급여기금을 설치한다.
③ 보건복지부에 두는 의료급여심의위원회는 의료급여의 수가에 관한 사항을 심의한다.
④ 시·도지사는 상환받은 대지급금을 의료급여기금에 납입하여야 한다.
⑤ 수급권자가 의료급여를 거부한 경우 시·도지사는 의료급여를 중지해야 한다.

119 ☐☐☐
의료급여법의 내용으로 옳은 것은? 23회

①「입양특례법」에 따라 국내에 입양된 아동은 25세까지 수급권자로 특례 적용된다.
② 수급권자가 업무 또는 공무로 생긴 질병·부상·재해로 다른 법령에 따른 급여나 보상을 받게 되는 경우에는 이 법에 따른 의료급여를 하지 아니한다.
③ 의료급여에 관한 업무는 수급권자의 출생지를 관할하는 시장·군수·구청장이 한다.
④「지역보건법」에 따라 설치된 보건소는 의료급여기관이 될 수 없다.
⑤ 시장·군수·구청장은 수급권자가 정당한 이유 없이 의료급여기관의 진료에 관한 지시에 따르지 아니한 경우에도 의료급여를 제한해서는 아니 된다.

기출키워드 23 긴급복지지원법

120 ☐☐☐
긴급복지지원법상 긴급지원의 종류 중 직접지원에 해당하지 않는 것은? 17회

① 생계지원   ② 의료지원
③ 교육지원   ④ 정보제공 지원
⑤ 사회복지시설 이용 지원

121 ☐☐☐
긴급복지지원법의 내용으로 옳지 않은 것은? 18회

① 주거지가 불분명한 자도 긴급지원대상자가 될 수 있다.
② 국내에 체류하는 모든 외국인은 긴급지원대상자가 될 수 없다.
③ 위기상황에 처한 사람에게 일시적으로 신속하게 지원하는 것을 기본원칙으로 한다.
④ 누구든지 긴급지원대상자를 발견한 경우에는 관할 시장·군수·구청장에게 신고하여야 한다.
⑤ 국가 및 지방자치단체는 위기상황에 처한 사람에 대한 발굴조사를 연 1회 이상 정기적으로 실시하여야 한다.

122 ☐☐☐ 판배기 문제
긴급복지지원법상 직무수행 과정에서 긴급지원대상자가 있음을 알게 된 경우 이를 신고하고, 긴급지원대상자가 신속하게 지원을 받을 수 있도록 노력하여야 하는 자에 해당하지 않는 것은? 20회

①「의료법」에 따른 의료기관의 종사자
②「고등교육법」에 따른 직원
③「지방공무원법」에 따른 공무원
④「무형문화재 보전 및 진흥에 관한 법률」에 따라 지정된 국가무형문화재의 보유자
⑤「사회복지사업법」에 따른 사회복지시설의 종사자

123

긴급복지지원법상 "위기상황"에 해당하는 사유를 모두 고른 것은?　21회

> ㄱ. 주소득자가 사망, 가출, 행방불명 등으로 소득을 상실하여 생계유지가 어렵게 된 경우
> ㄴ. 본인이 중한 질병 또는 부상을 당하여 생계유지가 어렵게 된 경우
> ㄷ. 본인이 가구구성원으로부터 방임 등을 당하여 생계유지가 어렵게 된 경우
> ㄹ. 본인이 가구구성원으로부터 성폭력을 당하여 생계유지가 어렵게 된 경우

① ㄱ, ㄴ, ㄷ　　② ㄱ, ㄴ, ㄹ　　③ ㄱ, ㄷ, ㄹ
④ ㄴ, ㄷ, ㄹ　　⑤ ㄱ, ㄴ, ㄷ, ㄹ

125

기초연금법의 내용이다. ( )에 들어갈 숫자가 순서대로 옳은 것은?　18회

> • 보건복지부장관은 선정기준액을 정하는 경우 65세 이상인 사람 중 기초연금 수급자가 100분의 ( ) 수준이 되도록 한다.
> • 본인과 그 배우자가 모두 기초연금 수급권자인 경우에는 각각의 기초연금액에서 기초연금액의 100분의 ( )에 해당하는 금액을 감액한다.

① 60, 40　　② 60, 50　　③ 70, 20
④ 70, 30　　⑤ 80, 10

기출키워드 24　기초연금법

124

기초연금법의 내용으로 옳은 것은?　17회

① "소득인정액"이란 본인 및 배우자의 소득평가액과 재산의 소득환산액을 합산한 금액을 말한다.
② 기초연금 수급권자가 국외로 이주하더라도 기초연금 수급권을 상실하지 않는다.
③ 기초연금으로 지급받은 금품은 압류할 수 있다.
④ 기초연금은 기초연금의 지급을 신청한 날이 속하는 달의 다음 달부터 지급한다.
⑤ 본인과 그 배우자가 모두 기초연금 수급권자인 경우에는 각각의 기초연금액에서 기초연금액의 100분의 50에 해당하는 금액을 감액한다.

126

기초연금법상 수급권자의 범위에 관한 내용이다. ( )에 들어갈 숫자가 옳은 것은?　19회

> • 기초연금은 (ㄱ)세 이상인 사람으로서 소득인정액이 보건복지부장관이 정하여 고시하는 금액(이하 "선정기준액"이라 한다) 이하인 사람에게 지급한다.
> • 보건복지부장관은 선정기준액을 정하는 경우 (ㄱ)세 이상인 사람 중 기초연금 수급자가 100분의 (ㄴ) 수준이 되도록 한다.

① ㄱ: 60, ㄴ: 70　　② ㄱ: 65, ㄴ: 70
③ ㄱ: 65, ㄴ: 80　　④ ㄱ: 70, ㄴ: 70
⑤ ㄱ: 70, ㄴ: 80

127 ☐☐☐

기초연금법상 기초연금의 지급정지 사유에 해당하는 것을 모두 고른 것은?　20회

> ㄱ. 기초연금 수급자가 금고 이상의 형을 선고받고 교정시설 또는 치료감호시설에 수용되어 있는 경우
> ㄴ. 기초연금 수급자가 행방불명되거나 실종되는 등 대통령령으로 정하는 바에 따라 사망한 것으로 추정되는 경우
> ㄷ. 기초연금 수급권자가 국적을 상실한 때
> ㄹ. 기초연금 수급자의 국외 체류기간이 60일 이상 지속되는 경우

① ㄱ, ㄴ　　② ㄷ, ㄹ　　③ ㄱ, ㄴ, ㄷ
④ ㄱ, ㄴ, ㄹ　　⑤ ㄱ, ㄴ, ㄷ, ㄹ

128 ☐☐☐

기초연금법의 내용으로 옳은 것을 모두 고른 것은?　22회

> ㄱ. 본인과 그 배우자가 모두 기초연금 수급권자인 경우에는 각각의 기초연금액에서 기초연금액의 100분의 20에 해당하는 금액을 감액한다.
> ㄴ. 기초연금 수급권자의 권리는 3년간 행사하지 아니하면 시효의 완성으로 소멸한다.
> ㄷ. 기초연금 수급자가 대통령령으로 정하는 바에 따라 사망한 것으로 추정되는 경우 수급권을 상실한다.

① ㄱ　　② ㄱ, ㄴ　　③ ㄱ, ㄷ
④ ㄴ, ㄷ　　⑤ ㄱ, ㄴ, ㄷ

129 ☐☐☐

기초연금법상 기초연금 수급권을 상실하게 되는 경우가 아닌 것을 모두 고른 것은?　23회

> ㄱ. 사망한 때
> ㄴ. 국적을 상실한 때
> ㄷ. 장기요양등급판정을 받은 때
> ㄹ. 국외로 이주한 때

① ㄴ　　② ㄷ　　③ ㄱ, ㄴ
④ ㄷ, ㄹ　　⑤ ㄱ, ㄷ, ㄹ

08 사회복지서비스법

기출키워드
- 장애인복지법
- 노인복지법
- 아동복지법 ★빈출
- 한부모가족지원법
- 다문화가족지원법
- 가정폭력 및 성폭력 관련법
- 기타 사회복지서비스 관련법 ★빈출

최근 7개년 출제문항 수

3회독 Check ☐☐☐ 기출 3회독은 필수!

문항번호 옆 '3회독 체크표'에는 문제를 풀면서 모든 선지를 정확히 알고 풀었으면 'O', 일부 선지를 모르는 문제에는 '△', 전체적인 개념 학습이 필요한 문제는 '×'를 표시하세요.

꽈배기 문제 는 빈출 개념에 대해 혼동을 유발하거나 오답을 유도하는 선지가 출제된 문제입니다. 꽈배기 문제 분석은 해설에서 확인할 수 있습니다.

기출키워드 25 장애인복지법

130 ☐☐☐
장애인복지법상 벌칙에 관한 내용이다. (   )에 들어갈 숫자가 순서대로 옳은 것은?   17회

> 장애인의 신체에 폭행을 가한 사람은 (   )년 이하의 징역 또는 (   )천만원 이하의 벌금에 처한다.

① 1, 1 ② 3, 3 ③ 5, 5
④ 7, 7 ⑤ 10, 7

131 ☐☐☐
장애인복지법에 근거하여 설치 또는 설립하는 것이 아닌 것은?   18회

① 장애인 거주시설
② 한국장애인개발원
③ 장애인권익옹호기관
④ 발달장애인지원센터
⑤ 장애인자립생활지원센터

132 ☐☐☐
장애인복지법의 내용으로 옳은 것은?   20회

① 「난민법」 제2조 제2호에 따른 난민인정자는 장애인등록을 할 수 있다.
② 보건복지부장관은 3년마다 장애인정책종합계획을 수립·시행하여야 한다.
③ 보건복지부장관은 5년마다 장애실태조사를 실시하여야 한다.
④ 보건복지부장관은 피해장애인의 임시 보호 및 사회복귀 지원을 위하여 장애인 쉼터를 설치·운영할 수 있다.
⑤ 장애인복지시설의 장은 장애인 거주시설에서 제공하여야 하는 서비스의 최저기준을 마련하여야 한다.

133 ☐☐☐
장애인복지법의 내용으로 옳은 것은?   23회

① 보건복지부장관 소속하에 장애인정책조정위원회를 둔다.
② 장애실태조사는 5년마다 실시하여야 한다.
③ 재외동포 및 외국인은 장애인 등록을 할 수 없다.
④ 장애인의 날은 매년 5월 20일이다.
⑤ 「장애인연금법」상의 중증장애인에게는 장애수당을 지급하지 아니한다.

기출키워드 26 노인복지법

134 □□□
노인복지법상 노인학대에 관한 내용으로 옳지 않은 것은?   18회

① 「119구조·구급에 관한 법률」에 따른 119구급대의 구급대원은 65세 이상의 사람에 대한 노인학대 신고의무자에 속한다.
② 노인학대를 알게 된 때에는 신고의무자만 신고할 수 있다.
③ 법원이 노인학대관련범죄자에 대하여 취업제한명령을 하는 경우, 취업제한기간은 10년을 초과하지 못한다.
④ 노인학대신고를 접수한 노인보호전문기관의 직원은 지체 없이 노인학대의 현장에 출동하여야 한다.
⑤ 국가와 지방자치단체는 노인학대를 예방하고 수시로 신고를 받을 수 있도록 긴급전화를 설치하여야 한다.

135 □□□
노인복지법상 노인복지시설의 종류에 해당하지 않는 것은?   19회

① 노인주거복지시설
② 독거노인종합지원센터
③ 노인보호전문기관
④ 학대피해노인 전용쉼터
⑤ 노인일자리지원기관

136 □□□
노인복지법의 내용으로 옳지 않은 것은?   20회

① 노인복지주택 입소자격자는 60세 이상의 노인이다.
② 보건복지부장관은 요양보호사가 거짓으로 자격증을 취득한 경우 그 자격을 취소하여야 한다.
③ 누구든지 노인학대를 알게 된 때에는 노인보호전문기관 또는 수사기관에 신고할 수 있다.
④ 노인일자리전담기관에는 노인인력개발기관, 노인취업알선기관, 노인일자리지원기관이 있다.
⑤ 지방자치단체는 65세 이상의 자에 대하여 건강진단과 보건교육을 실시할 수 있다.

137 □□□
노인복지법의 내용으로 옳은 것은?   22회

① 노인복지주택에 입소할 수 있는 자는 65세 이상의 노인으로 한다.
② 국가는 지역 간의 연계체계를 구축하고 노인학대를 예방하기 위하여 중앙노인보호전문기관을 설치·운영하여야 한다.
③ 노인취업알선기관은 지역사회 등에서 노인에 의한 재화의 생산·판매 등을 직접 담당하는 기관이다.
④ 노인요양공동생활가정은 노인들에게 일상생활에 필요한 편의를 제공함을 목적으로 하는 노인주거복지시설이다.
⑤ 지역노인보호전문기관은 시·군·구에 둔다.

138 □□□ 판배기 문제
노인복지법상 금지 행위에 해당하는 것을 모두 고른 것은?   23회

ㄱ. 노인에게 성적 수치심을 주는 성폭행·성희롱 등의 행위
ㄴ. 노인에게 구걸을 하게 하거나 노인을 이용하여 구걸하는 행위
ㄷ. 노인을 위하여 증여 또는 급여된 금품을 그 목적 외의 용도에 사용하는 행위

① ㄱ
② ㄷ
③ ㄱ, ㄴ
④ ㄴ, ㄷ
⑤ ㄱ, ㄴ, ㄷ

기출키워드 27 아동복지법 ★빈출

139 ☐☐☐
아동복지법의 내용으로 옳지 않은 것은? 17회

① "아동"이란 18세 미만인 사람을 말한다.
② 보건복지부장관은 5년마다 아동정책기본계획을 수립하여야 한다.
③ 국가 또는 지방자치단체 외의 자는 관할 시장·군수·구청장에게 신고하고 아동복지시설을 설치할 수 있다.
④ 아동정책조정위원회는 국무총리 소속으로 둔다.
⑤ 국가기관은 아동학대 예방교육을 연 2회 이상 실시하여야 한다.

140 ☐☐☐
아동복지법의 내용이다. ( )에 들어갈 내용이 순서대로 옳은 것은? 18회

- 국무총리 소속으로 ( )를 둔다.
- 시·도지사, 시장·군수·구청장 소속으로 ( )를 각각 둔다.
- 보건복지부장관은 아동정책기본계획을 ( )년마다 수립하여야 한다.
- 보건복지부장관은 아동종합실태를 ( )년마다 조사하여 그 결과를 공표하여야한다.

① 아동복지심의위원회, 아동정책조정위원회, 3, 5
② 아동정책조정위원회, 아동복지심의위원회, 3, 5
③ 아동복지심의위원회, 아동정책조정위원회, 5, 3
④ 아동정책조정위원회, 아동복지심의위원회, 5, 3
⑤ 아동정책조정위원회, 아동복지심의위원회, 5, 5

141 ☐☐☐
아동복지법의 내용으로 옳은 것은? 20회

① 시장·군수·구청장은 보호조치 중인 보호대상아동의 양육상황을 3년마다 점검하여야 한다.
② 시·군·구에 두는 아동위원은 명예직으로 수당을 지급할 수 없다.
③ 보건복지부장관 소속으로 아동정책조정위원회를 둔다.
④ 아동권리보장원의 장은 아동학대가 종료된 이후에도 아동학대의 재발 여부를 확인하여야 한다.
⑤ 아동복지시설의 장은 보호하고 있는 12세 이상의 아동을 대상으로 자립지원계획을 수립하여야 한다.

142 ☐☐☐
아동복지법상 보호가 필요한 아동을 발견하고 양육환경을 개선할 수 있도록 지원하기 위하여 이용할 수 있는 자료와 정보에 해당하는 것을 모두 고른 것은? 21회

> ㄱ. 「국민건강보험법」 제41조 제1항 각 호에 따른 요양급여 실시 기록
> ㄴ. 「국민건강보험법」 제52조에 따른 영유아건강검진 실시 기록
> ㄷ. 「초·중등교육법」 제25조에 따른 학교생활기록 정보
> ㄹ. 「전기사업법」 제14조에 따른 단전 가구정보

① ㄱ, ㄴ, ㄷ   ② ㄱ, ㄴ, ㄹ   ③ ㄱ, ㄷ, ㄹ
④ ㄴ, ㄷ, ㄹ   ⑤ ㄱ, ㄴ, ㄷ, ㄹ

143 ☐☐☐
아동복지법의 내용으로 옳지 않은 것은? 22회

① 지방자치단체는 아동이 항상 이용할 수 있는 아동전용시설을 설치하도록 노력하여야 한다.
② 시·도지사 또는 시장·군수·구청장은 보호조치 중인 보호대상아동의 양육상황을 분기별로 점검하여야 한다.
③ 아동정책조정위원회 위원장은 국무총리가 된다.
④ 아동위원은 명예직으로 하되, 아동위원에 대하여는 수당을 지급할 수 있다.
⑤ 보건복지부장관은 아동정책의 효율적인 추진을 위하여 5년마다 아동정책기본계획을 수립하여야 한다.

144 ☐☐☐ 팔배기문제

아동복지법령상 아동보호전문기관의 업무가 아닌 것은? 23회

① 아동학대 신고접수, 현장조사 및 응급보호
② 피해아동, 피해아동의 가족 및 아동학대행위자를 위한 상담·치료 및 교육
③ 아동학대예방 교육 및 홍보
④ 피해아동 및 피해아동 가정의 기능 회복 서비스 제공
⑤ 피해아동 가정의 사후관리

기출키워드 28 한부모가족지원법

145 ☐☐☐

한부모가족지원법의 내용으로 옳지 않은 것은? 20회

① "청소년 한부모"란 24세 이하의 모 또는 부를 말한다.
② 한부모가족의 모 또는 부와 아동은 한부모가족 관련 정책 결정과정에 참여할 권리가 있다.
③ 여성가족부장관은 자녀양육비 산정을 위한 자녀양육비 가이드라인을 마련하여 법원이 이혼 판결 시 적극 활용할 수 있도록 노력하여야 한다.
④ 국가와 지방자치단체는 청소년 한부모의 건강증진을 위하여 건강진단을 실시할 수 있다.
⑤ 국가나 지방자치단체는 아동양육비를 대여할 수 있다.

146 ☐☐☐

다음이 설명하는 한부모가족지원법상의 한부모가족 복지시설은? 21회

> 배우자(사실혼 관계에 있는 사람을 포함한다)가 있으나 배우자의 물리적·정신적 학대로 아동의 건전한 양육이나 모의 건강에 지장을 초래할 우려가 있을 경우 일시적 또는 일정 기간 동안 모와 아동 또는 모에게 주거 등을 지원하는 시설

① 일시지원시설
② 출산지원시설
③ 양육지원시설
④ 한부모가족복지상담소
⑤ 생활지원시설

147 ☐☐☐

한부모가족지원법의 내용으로 옳은 것은? 22회

① 여성가족부장관은 5년마다 한부모가족에 대한 실태조사를 실시하고 그 결과를 공표하여야 한다.
② "청소년 한부모"란 18세 이하의 모 또는 부를 말한다.
③ 교육부장관은 청소년 한부모가 학업을 계속할 수 있도록 여성가족부장관에게 협조를 요청하여야 한다.
④ "모" 또는 "부"에는 아동인 자녀를 양육하는 미혼자(사실혼 관계에 있는 자는 제외한다)도 해당된다.
⑤ 한부모가족에 대한 국민의 이해와 관심을 제고하기 위하여 매년 9월 7일을 한부모가족의 날로 한다.

148 ☐☐☐ 팔배기문제

한부모가족지원법의 내용으로 옳은 것은? 23회

① 보건복지부장관은 한부모가족 지원을 위하여 한부모가족정책에 관한 기본계획을 5년마다 수립하여야 한다.
② 청소년 한부모란 25세 이하의 모 또는 부를 말한다.
③ 아동이란 18세 미만의 자를 말하되, 병역 면제인 자가 취학 중인 경우에는 22세 미만을 말한다.
④ 혼인 관계에 있지 아니한 자로서 출산 전 임신부는 출산지원시설을 이용할 때에도 이 법에 따른 지원대상자가 될 수 없다.
⑤ 이 법에 따른 복지 급여는 생계비, 아동수당, 아동교육지원비, 아동양육비이다.

기출키워드 29 다문화가족지원법

149 ☐☐☐
다문화가족지원법의 내용으로 옳지 않은 것은?

18회

① 다문화가족은 대한민국 국적을 취득한 자로 이루어진 가족이어야 한다.
② 다문화가족이 이혼 등의 사유로 해체된 경우에도 그 구성원이었던 자녀에 대하여 이 법을 적용한다.
③ 다문화가족지원센터는 결혼이민자등에 대한 한국어 교육 업무를 수행한다.
④ 국가와 지방자치단체는 다문화가족에 대해 가족생활교육 등을 추진하는 경우, 문화의 차이를 고려한 전문적인 서비스가 제공될 수 있도록 노력하여야 한다.
⑤ 여성가족부장관은 5년마다 다문화가족정책에 관한 기본계획을 수립하여야 한다.

기출키워드 30 가정폭력 및 성폭력 관련법

150 ☐☐☐ 꽐배기 문제
성폭력방지 및 피해자보호 등에 관한 법률상 국가와 지방자치단체의 책무에 해당하는 것을 모두 고른 것은?

17회

ㄱ. 성폭력 신고체계의 구축·운영
ㄴ. 성폭력 예방을 위한 유해환경 개선
ㄷ. 성폭력 예방을 위한 조사·연구, 교육 및 홍보
ㄹ. 피해자에 대한 직업훈련 및 법률구조 등 사회복귀 지원

① ㄱ, ㄴ
② ㄴ, ㄷ
③ ㄱ, ㄷ, ㄹ
④ ㄴ, ㄷ, ㄹ
⑤ ㄱ, ㄴ, ㄷ, ㄹ

151 ☐☐☐
가정폭력방지 및 피해자보호 등에 관한 법률의 내용으로 옳지 않은 것은?

17회

① 단기보호시설은 피해자등을 6개월의 범위에서 보호하는 시설이다.
② 국가는 가정폭력 관련 상담소의 설치·운영에 드는 경비의 전부를 보조하여야 한다.
③ 여성가족부장관 또는 시·도지사는 긴급전화센터를 설치·운영하여야 한다.
④ 가정폭력의 예방과 방지에 관한 교육 및 홍보는 가정폭력 관련 상담소의 업무에 해당한다.
⑤ 사회복지법인은 시장·군수·구청장의 인가를 받아 가정폭력피해자 보호시설을 설치·운영할 수 있다.

152 ☐☐☐
성폭력방지 및 피해자보호 등에 관한 법률상 성폭력 피해자보호시설의 종류가 아닌 것은?

18회

① 일반보호시설
② 상담지원시설
③ 외국인보호시설
④ 특별지원 보호시설
⑤ 자립지원 공동생활시설

153 ☐☐☐
가정폭력방지 및 피해자보호 등에 관한 법률의 내용으로 옳지 않은 것은?

18회

① 이 법에서의 "아동"이란 18세 미만인 자를 말한다.
② 국가인권위원회 위원장은 3년마다 가정폭력에 대한 실태조사를 실시하여야 한다.
③ 시·도지사는 외국어 서비스를 제공하는 긴급전화센터를 따로 설치·운영할 수 있다.
④ 지방자치단체는 가정폭력 관련 상담소를 외국인, 장애인 등 대상별로 특화하여 운영할 수 있다.
⑤ 지방자치단체는 가정폭력 관련 상담원 교육훈련시설을 설치·운영할 수 있다.

154 □□□
성폭력방지 및 피해자보호 등에 관한 법률의 내용으로 옳지 않은 것은? 19회

① 피해자의 의사에 반하여 피해자 상담을 할 수 있다.
② 보호시설의 장이나 종사자는 업무상 알게 된 비밀을 누설해서는 아니 된다.
③ 보호시설에 대한 보호 비용의 지원 방법 및 절차 등에 필요한 사항은 여성가족부령으로 정한다.
④ 시장·군수·구청장은 민간의료시설을 피해자등의 치료를 위한 전담의료기관으로 지정할 수 있다.
⑤ 국가 또는 지방자치단체는 이 법 제27조 제2항에 따른 치료 등 의료 지원에 필요한 경비의 전부 또는 일부를 지원할 수 있다.

155 □□□ 꽈배기 문제
가정폭력방지 및 피해자보호 등에 관한 법률의 내용으로 옳지 않은 것은? 23회

① 피해자란 가정폭력으로 인하여 직접적으로 피해를 입은 자를 말한다.
② 사회복지법인과 그 밖의 비영리법인은 시장·군수·구청장의 인가를 받아 보호시설을 설치·운영할 수 있다.
③ 국가나 지방자치단체는 피해자나 피해자가 동반한 가정구성원이 아동인 경우 주소지 외의 지역에서 취학할 필요가 있을 때에는 그 취학이 원활히 이루어지도록 지원하여야 한다.
④ 유치원의 장, 어린이집의 원장, 초·중등학교의 장은 가정폭력의 예방과 방지를 위하여 필요한 교육을 실시하고, 그 결과를 여성가족부장관에게 제출하여야 한다.
⑤ 단기보호시설은 피해자등을 6개월의 범위에서 보호하는 시설이다.

기출키워드 31 기타 사회복지서비스 관련법 ★빈출

156 □□□
정신건강증진 및 정신질환자 복지서비스 지원에 관한 법률상 정신질환자의 보호의무자가 될 수 있는 사람은? 21회

① 후견인
② 파산선고를 받고 복권되지 아니한 사람
③ 해당 정신질환자를 상대로 소송 중인 사람
④ 행방불명자
⑤ 미성년자

157 □□□
사회복지공동모금회법의 내용으로 옳지 않은 것은? 19회

① 기부하는 자의 의사에 반하여 기부금품을 모집하여서는 아니 된다.
② 공동모금재원은 지역·단체·대상자 및 사업별로 복지수요가 공정하게 충족되도록 배분하여야 한다.
③ 공동모금재원의 배분은 객관적인 기준에 따라 효율적으로 이루어지도록 하고, 그 결과를 공개하여야 한다.
④ 이 법 또는 모금회의 정관으로 규정하지 아니한 사항은 「민법」 중 사단법인에 관한 규정을 준용한다.
⑤ 국가나 지방자치단체는 모금회에 기부금품 모집에 필요한 비용과 모금회의 관리·운영에 필요한 비용을 보조할 수 있다.

158

자원봉사활동의 기본방향에 관한 자원봉사활동 기본법 제2조 제2호 규정이다. ( )에 들어갈 내용이 아닌 하나는?

19회

> 자원봉사활동은 무보수성, 자발성, ( ), ( ), ( ), ( )의 원칙 아래 수행될 수 있도록 하여야 한다.

① 공익성
② 비영리성
③ 비정파성(非政派性)
④ 비종파성(非宗派性)
⑤ 무차별성

159

사회복지공동모금회법의 내용으로 옳은 것은?

20회

① 배분분과실행위원회는 위원장 1명을 포함하여 20명 이내의 위원으로 구성한다.
② 국가나 지방자치단체는 모금회의 관리·운영에 필요한 비용을 보조할 수 있다.
③ 기부금품의 기부자는 배분지역, 배분대상자 또는 사용용도를 지정할 수 없다.
④ 사회복지공동모금회는 언론기관을 모금창구로 지정할 수 있으나 지정된 언론기관의 명의로 모금계좌를 개설할 수 없다.
⑤ 모금회의 정관으로 규정하지 아니한 사항은 「민법」 중 사단법인에 관한 규정을 준용한다.

160

건강가정기본법에 관한 설명으로 옳지 않은 것은?

21회

① "가족"이라 함은 혼인·혈연·입양으로 이루어진 사회의 기본단위를 말한다.
② 모든 국민은 혼인과 출산의 사회적 중요성을 인식하여야 한다.
③ "1인가구"라 함은 성인 1명 또는 그와 생계를 같이하는 미성년자녀로 구성된 생활단위를 말한다.
④ 국가는 양성이 평등한 육아휴직제 등의 정책을 적극적으로 확대 시행하여야 한다.
⑤ 국가는 생애주기에 따르는 가족구성원의 종합적인 건강증진대책을 마련하여야 한다.

161

사회복지공동모금회법상 사회복지공동모금회(이하 '모금회'라 한다)에 관한 설명으로 옳지 않은 것은?

22회

① 모금회는 사회복지사업을 지원하기 위하여 연중 기부금품을 모집할 수 있다.
② 지방자치단체는 모금회에 기부금품 모집에 필요한 비용을 보조할 수 있다.
③ 배분분과실행위원회는 20명 이상의 위원으로 구성된다.
④ 모금회는 정관을 작성하여 보건복지부장관의 허가를 받아 등기함으로써 설립된다.
⑤ 모금회는 매년 8월 31일까지 다음 회계연도의 공동모금재원 배분기준을 정하여 공고하여야 한다.

달이 매일 차오르듯
오늘의 당신도 어제보다 조금 더 나아졌어요.
그걸 잊지 마세요.

시대에듀#은 시대에듀의 퀄리티 끌어올림# 브랜드입니다.

2026 기분좋은 사회복지사 1급 기출만 파면 합격
영역별·회차별 기출문제집 + 핵기총 BOOK

초 판 인 쇄	2025년 04월 18일
초 판 발 행	2025년 05월 24일
발 행 인	박영일
출 판 책 임	이해욱
저　　　자	한국복지문제연구소
개 발 편 집	김기임·김선아·홍수옥·유소정·변도윤·신지호
표 지 디 자 인	장미례
본 문 디 자 인	하한우
마 　 케 　 팅	박호진
발 행 처	㈜시대고시기획시대교육
출 판 등 록	제 10-1521호
주　　　소	서울시 마포구 큰우물로 75[도화동 성지빌딩]
전　　　화	1600-3600
홈 페 이 지	www.sdedu.co.kr

이 책은 저작권법의 보호를 받는 저작물이므로 무단 전재 및 복제, 배포를 금합니다.
파본은 구입하신 서점에서 교환해 드립니다.

고맙다
끝까지 애써 온 너의 최선이
너에게 다정한 결실이 되어 올 것이다

2026
최신간

사회복지사 1급
기출만 파면 합격

영역별·회차별 기출문제집 + 핵기총 BOOK

핵기총 BOOK

시대에듀
기존을 뛰어넘다!

\#
기존을 뛰어넘다, 본질을 끌어올리다
콘텐츠의 정확성과 견고함을 기반으로, 자격증수험서의 본질인 합격에 집중하는
시대에듀의 퀄리티 끌어올림# 브랜드입니다.

\#
수험생의 #니즈에 집중하다
수험생의 #말과 #마음이 자격증수험서의 본질임에 집중하여,
든든한 안심과 합격을 제공하고자 하는 시대에듀#의 아이덴티티를 담았습니다.

2026 최신간

기출 면적 통인

사회복지사 1급
기출만 파면 합격

영역별·회차별 기출문제집 + 핵기총 BOOK

핵기총 BOOK

1영역	인간행동과 사회환경	2
2영역	사회복지조사론	28
3영역	사회복지실천론	54
4영역	사회복지실천기술론	78
5영역	지역사회복지론	102
6영역	사회복지정책론	130
7영역	사회복지행정론	158
8영역	사회복지법제론	186

시대에듀
기존을 뛰어넘다!

1영역 인간행동과 사회환경

핵심 기출선지 총정리

- 기출키워드 번호는 〈1권 영역별 기출문제집〉의 기출키워드 번호와 연동되어 있습니다. 영역별 기출문제집과 함께 학습하면 학습 효과를 더욱 높일 수 있습니다.
- 형광펜 표시는 중요 내용입니다. 기출선지를 회독하면서 자연스럽게 중요 내용도 암기하는 효과를 느껴 보세요!
- 오답선지에서 어느 부분이 잘못되었는지 생각해 보고, 옳은 내용과 비교해 보세요.
- 3회독 Check ☐☐☐에 정확히 아는 선지에는 ○, 암기가 필요한 선지에는 ×를 표시하세요.
- 꽈배기 선지는 빈출 개념에 대해 혼동을 유발하거나 오답을 유도하는 선지를 의미합니다. 꽈배기 선지는 회독 시 한 번 더 눈여겨 보세요.

기출키워드 1 인간발달의 개념 ★빈출

헷갈리지 말자! 오답선지

001
- 유전과 환경의 영향을 모두 받는다. 17회
- 인간발달은 유전과 환경의 상호작용 결과이다. (꽈배기선지) 20회
- 생애 전 과정에 걸쳐 진행되는 환경적, 유전적 상호작용의 결과이다. 21회

001
- 환경적 요인보다 유전적 요인을 중요시한다. 18회

002
- 특정단계의 발달은 이전의 발달과업 성취에 기초한다. 18회
- 발달은 이전의 발달과업 성취에 기초하여 이루어진다. 20회

003
- 멈추는 일 없이 지속된다. 17회
- 발달의 정도와 속도는 개인마다 다르다. 17회
- 연속적 과정이지만 발달의 속도는 일정하지 않다. (꽈배기선지) 20회
- 발달에는 개인차가 있다. 18회, 20회, 21회

003
- 순서와 방향성이 정해져 있으므로 발달속도에는 개인차가 존재하지 않는다. 19회

004
- 일정한 순서와 방향성이 존재한다. 17회
- 일정한 순서가 있다. 18회
- 일정한 순서와 방향이 있어서 예측 가능하다. (꽈배기선지) 20회, 21회
- 순서대로 진행되고 예측 가능하다는 특징이 있다. 22회

004
- 일생에 걸친 예측 불가능한 변화이다. 17회
- 무작위적으로 발달이 진행되기 때문에 예측이 불가능하다. 19회
- 일정한 순서와 방향이 없어서 예측이 불가능하다. 23회

005
- 발달에는 결정적 시기가 있다. 18회, 19회

005
- 발달에는 최적의 시기가 존재하지 않는다. 20회

나왔던 선지가 **그대로 or 변형되어** 또 나온다!

006 ▸ 대근육이 있는 중심부위에서 소근육의 말초부위 순으로 발달한다. 20회
006 ▸ 발달은 소근육 말초부위에서 대근육 중심부위로 진행된다. 23회

007 ▸ 발달의 각 영역은 상호 밀접한 연관이 있다. 20회

008 ▸ 인간발달은 상승적 변화와 하강적 변화를 모두 포함한다. 20회
008 ▸ 긍정적·상승적 변화는 발달로 간주하지만, 부정적·퇴행적 변화는 발달로 보지 않는다. 22회

009 ▸ 발달은 분화와 통합의 과정이다. 20회

010 ▸ 각 발달단계별 인간 행동의 특성이 있다. 21회

011 ▸ 성장은 키가 커지거나 몸무게가 늘어나는 등의 양적 변화를 의미한다. 18회
  ▸ 성장(growth)은 시간의 경과에 따라 나타나는 양적 변화이다. 20회
011 ▸ 성장(growth)은 유전적으로 미리 정해진 정도까지 도달하는 생물학적 변화이다. 23회
  ▸ 키·몸무게 등의 질적 변화와 인지 특성·정서 등의 양적 변화를 모두 포함하는 개념이다. 22회

012 ▸ 성숙은 유전인자에 의해 발달 과정이 방향 지어지는 것을 의미한다. 18회
  ▸ 성숙(maturation)은 경험이나 훈련의 결과와 상관없이 진행된다. 23회

013 ▸ 학습은 직·간접 경험 및 훈련과정을 통한 변화를 의미한다. 18회
  ▸ 학습(learning)은 경험이나 훈련의 결과로 나타나는 행동변화이다. 20회

기출키워드 1-1   인간발달의 개념_인간행동과 성격

014 ▸ 인간행동은 개인의 성격특성에 따라 다르게 표출된다. 17회

015 ▸ 성격을 이해하면 행동의 변화추이를 예측할 수 있다. 17회
015 ▸ 성격은 심리역동적 특성이 있어 일관된 행동을 기대할 수 없다. 17회

016 ▸ 인간행동의 이해와 개입을 위해서는 성격의 이해가 필요하다. 17회

017 ▸ 성격이론은 인간행동의 수정 방법을 찾는 데 도움이 된다. 17회

기출키워드 2-1 인간발달이론_사회복지실천에서의 유용성

018 ▸ 개인 적응과 부적응의 판단 기준이 된다. 17회

019 ▸ 생애주기에 따른 변화와 안정 요인을 이해하게 한다. 17회

020 ▸ 모든 연령 계층의 클라이언트와 일할 수 있는 기반이 된다. 17회
    ▸ 다양한 연령층의 클라이언트와 일할 수 있는 토대가 된다. 21회

020 ▸ 다양한 클라이언트의 발달과업을 획일적으로 이해할 수 있다. 23회

021 ▸ 발달단계별 욕구를 기반으로 사회복지서비스를 개발할 수 있다. 21회, 23회
      꽈배기 선지
    ▸ 발달단계별 욕구에 따른 사회복지제도의 기반을 제공한다. 17회

022 ▸ 발달단계별 발달과제는 문제해결의 목표와 방법 설정에 유용하다. 21회

023 ▸ 발달단계별 발달 저해 요소들을 이해하는 데 유용하다. 21회

기출키워드 3 피아제의 인지발달이론

024 ▸ 인지능력의 발달은 아동과 환경 간의 상호작용에 의해 단계적으로 성취되며 발달단계의 순서는 변하지 않는다. 18회

024 ▸ 피아제(J. Piaget)의 이론은 발달단계의 순서가 개인과 문화에 따라 다르게 나타날 수 있음을 인식하는 데 공헌하였다. 19회

025 ▸ 인지는 동화와 조절의 과정을 통하여 발달한다. 21회

026 ▸ 인간은 자신과 환경 사이에 조화로운 관계인 평형화(equilibration)를 이루고자 하는 경향성이 있다. 22회

027 ▸ 감각운동기에 대상영속성(object permanence)을 획득한다. 22회
      꽈배기 선지

나왔던 선지가 **그대로 or 변형되어** 또 나온다!

028 ▸ 조절(accommodation)은 새로운 정보를 접했을 때 기존의 도식을 변경하는 것을 말한다. 22회

029 ▸ 보존(conservation) 개념 획득을 위해서는 동일성, 가역성, 보상성의 원리를 이해해야 한다. 22회

030 ▸ 인지이론은 인간의 사고가 감정과 행동을 결정한다고 본다. 23회

기출키워드 3-1 피아제의 인지발달이론_전조작기의 발달 특성

031 ▸ 상징놀이를 한다. 20회

032 ▸ 비가역적 사고를 한다. 20회

033 ▸ 물활론적 사고를 한다. 20회

034 ▸ 직관에 의존해 판단한다. 20회

기출키워드 3-2 피아제의 인지발달이론_구체적 조작기

035 ▸ 논리적 사고가 가능해진다. 23회

036 ▸ 보존개념을 획득한다. 23회

037 ▸ 순서대로 나열하는 것이 가능해진다. 23회

038 ▸ 자기중심성에서 벗어나 타인의 입장을 고려할 수 있게 된다. 23회

기출키워드 4 스키너의 행동주의이론 ★빈출

039 ▸ 스키너(B. Skinner) – 행동주의이론 – 강화계획 18회

040 ▸ 인간의 행동은 환경적 자극에 의해 동기화된다. 꽈배기선지 18회

041 ▸ 변별자극은 어떤 반응이 보상될 것이라는 단서 혹은 신호로 작용하는 자극이다. 18회

042 ▸ 강화에는 즐거운 결과를 의미하는 정적 강화와 혐오적 결과를 제거하는 부적 강화가 있고 이 두 가지는 모두 행동의 빈도를 증가시킨다. 18회
▸ 부적 강화는 바람직한 행동의 빈도를 증가시키는 데 초점을 둔다. 22회
▸ 정적 강화물의 예시로 음식, 돈, 칭찬 등을 들 수 있다. 22회

043 ▸ 행동조성(shaping)은 복잡한 행동의 점진적 습득을 설명하는 개념이다. 19회
▸ 선행조건과 결과에 따라 행동이 형성된다는 입장을 가지고 있다. 23회

044 ▸ 강화계획 중 반응률이 가장 높은 것은 가변비율(variable-ratio)계획이다. 꽈배기선지 22회, 23회

045 ▸ 고정간격(fixed-interval)계획은 정해진 시간 간격이 지난 후 강화를 주는 것이다. 23회

046 ▸ 인간행동은 예측가능하며 통제될 수 있다고 본다. 22회
▸ 인간행동은 예측가능하며 통제할 수 있다. 23회

047 ▸ 인간행동은 내적 충동보다는 외적 자극에 반응하여 나타난다. 23회

048 ▸ 경험주의에 근간을 두고 구체적으로 관찰할 수 있는 행동에 초점을 둔다. 23회

---

039 ▸ 스키너(B. Skinner) – 모델링 20회

042 ▸ 부적 강화는 특정 행동의 빈도를 감소시키는 효과를 지닌다. 19회
▸ 부적 강화는 바람직한 행동의 빈도를 감소시킨다. 23회

047 ▸ 스키너(B. Skinner)의 이론은 인간행동이 내적 동기에 의해 강화됨을 이해하는 데 공헌하였다. 19회

기출키워드 5 반두라의 사회학습이론

049 ▸ 반두라(A. Bandura) – 사회학습이론 – 자기강화, 관찰학습 17회

050 ▸ 자기강화란 자기 스스로 목표한 일을 달성하고 자신에게 강화물을 주어서 행동을 유지하고 변화해 나가는 과정이다. 18회

051 ▸ 대리적 강화(vicarious reinforcement)의 중요성을 강조하였다. 22회

052 ▸ 자기효능감은 자신이 바라는 목적을 이루기 위해 특정 행동을 성공적으로 수행할 수 있다는 신념이다. 18회
▸ 인간은 스스로 자신의 행동을 강화할 수 있음을 강조한다. 19회
▸ 특정행동을 성공적으로 수행할 수 있다는 신념을 강조한다. 19회

053 ▸ 관찰학습은 단순한 환경적 자극에 대한 반응을 통하여 행동을 학습하는 것이 아니라 타인의 행동을 관찰함으로써 행동을 습득하는 것이다. 18회
▸ 관찰학습은 주의집중과정 → 보존과정(기억과정) → 운동재생과정 → 동기화과정을 통해 이루어진다. 21회

054 ▸ 인간의 성격은 개인적, 행동적, 환경적 요소들 간의 지속적인 상호작용에 의하여 발달한다. 18회

055 ▸ 학습은 사람, 환경 및 행동의 상호작용에 의해 이루어짐을 강조한다. 19회, 21회

056 ▸ 자신이 통제할 수 있는 보상을 자신에게 줌으로써 자기 행동을 유지시키거나 개선시킬 수 있다. 21회

057 ▸ 개인이 지닌 인지적 요인의 영향력을 강조한다. 19회
▸ 개인의 신념, 기대와 같은 인지적 요인을 중요시하였다. 22회

058 ▸ 모델이 관찰자와 유사할 때 관찰자는 모델을 더욱 모방하는 경향이 있다. 21회

049 ▸ 반두라(A. Bandura) – 행동조성 20회, 22회

050 ▸ 외부로부터 주어지는 강화의 중요성을 강조하는 자기강화(self reinforcement) 개념을 제시하였다. 22회

053 ▸ 관찰학습의 마지막 단계는 운동재생단계이다. 18회
▸ 관찰학습의 첫 번째 단계는 동기유발과정이며, 학습한 내용의 행동적 전환을 강조한다. 19회

기출키워드 6 콜버그의 도덕성 발달이론

059 ▸ 법과 질서 지향 단계는 인습적 수준에 해당한다. 20회

060 ▸ 보편적 윤리 지향 단계에서는 정의, 평등 등 인권적 가치와 양심적 행위를 지향한다. 20회

061 ▸ 도덕적 딜레마가 포함된 이야기를 아동, 청소년 등에게 들려주고, 이야기 속 주인공의 행동에 대한 도덕적 판단과 그 근거를 질문한 후 그 응답에 따라 도덕성 발달단계를 파악하였다. 20회

062 ▸ 전인습적 수준에서는 행동의 원인보다 결과에 따라 옳고 그름을 판단한다. 꽈배기선지 20회

063 ▸ 후인습적 수준: 사회질서의 유지를 위해 법과 규칙은 준수되어야 하지만, 민주적인 절차를 통해 바뀔 수 있다고 생각한다. 꽈배기선지 23회
▸ 인간의 존엄성과 양심에 따라 자율적이고 독립적 판단이 가능하다. 17회

063 ▸ 후인습적 수준: 규칙을 준수하고 사회질서를 유지하는 것이 도덕적 행동이라 생각한다. 23회

기출키워드 7 프로이트의 정신분석이론 ★빈출

064 ▸ 현실적 불안: 자아가 지각한 현실세계에 있는 위협 상황에 대한 두려움이다. 17회

065 ▸ 신경증적 불안: 원초아의 충동이 의식될지도 모른다는 위협을 느낄 때 생기는 두려움이다. 17회

066 ▸ 도덕적 불안: 원초아와 초자아 간의 갈등에서 느끼는 양심에 대한 두려움이다. 17회

067 ▸ 남근기: 동성 부모에 대한 동일시의 기제가 나타나는 시기이다. 꽈배기선지 19회
▸ 남자아이는 남근기에 오이디푸스 콤플렉스(Oedipus complex)로 인한 거세불안을 경험한다. 꽈배기선지 23회

068 ▸ 잠복기에 원초아(id)는 약해지고 초자아(superego)는 강해진다. 20회

나왔던 선지가 **그대로 or 변형되어** 또 나온다!

069 ▸ 방어기제는 외부세계의 요구로부터 스스로를 보호하고자 하는 무의식적 시도이다. 20회

070 ▸ 프로이트(S. Freud) - 정신분석이론 - 원초아, 자아, 초자아 17회
▸ 성격구조를 원초아, 자아, 초자아로 구분하였다. 21회

070 ▸ 프로이트(S. Freud) - 정신분석이론 - 타임아웃기법 18회

071 ▸ 프로이트(S. Freud) - 자유연상 20회

072 ▸ 자아(ego)는 2차적 사고과정과 현실원칙에 의해 지배된다. 23회
팔배기 선지

072 ▸ 자아(ego)는 일차적 사고과정과 현실원칙을 따른다. 20회

073 ▸ 초자아(superego)의 특질은 자아 이상(ego ideal)과 양심(conscience)으로 구성된다. *팔배기 선지* 23회

073 ▸ 초자아는 현실원리에 지배되며 성격의 실행자이다. 21회

074 ▸ 프로이트(S. Freud)는 실수행위를 통해 무의식이 작용하는 증거를 파악하였다. 23회
▸ 프로이트(S. Freud) 이론은 인간행동의 무의식적 측면을 심층적으로 분석할 수 있는 기반을 제공하였다. 22회

074 ▸ 프로이트(S. Freud)의 이론은 모방학습의 중요성을 인식하는 데 공헌하였다. 19회

075 ▸ 정신분석이론은 유년기의 경험을 강조한다. 23회

기출키워드 8 에릭슨의 심리사회이론

076 ▸ 각 단계의 발달은 이전 단계의 발달을 토대로 이루어진다. 21회

077 ▸ 에릭슨(E. Erikson) 이론은 생애주기별 실천 개입의 기반을 제공하였다. 22회

078 ▸ 개인의 성격은 전 생애를 통하여 발달한다. 21회
▸ 성격발달에 있어서 환경과의 상호작용이 중요하다고 본다. 21회

078 ▸ 발달에 영향을 미치는 사회적·문화적 요인을 인정하지 않았다. 19회

079 ▸ 과학적 근거나 경험적 증거가 미흡하다. 19회

080 ▸ 유아기(2~4세, 자율성 대 수치심과 의심): 의지 - 부모 17회

080 ▸ 자율성 대 수치심과 의심 - 능력(competence) 22회

081 ▸ 학령전기(4~6세, 주도성 대 죄의식): 목적 – 가족 17회
▸ 주도성 대 죄의식 – 목적(purpose) 22회

082 ▸ 아동기(6~12세, 근면성 대 열등감): 능력 – 이웃, 학교 17회
▸ 열등감: 에릭슨의 심리사회이론에서 아동기(7~12세) 발달과업을 성취하지 못할 경우 경험하는 심리사회적 위기 20회

082 ▸ 근면성 대 열등감 – 성실(fidelity) 22회

083 ▸ 청소년기의 주요 발달과업은 자아정체감 형성이다. 꽈배기선지 21회
▸ 청소년기(12~19세, 자아정체감 대 정체감 혼란): 성실 – 또래 집단 꽈배기선지 17회

기출키워드 9 아들러의 개인심리이론

084 ▸ 인간을 사회적 존재로 보았다. 18회
▸ 인간은 사회적 관심에 의해 동기화된다. 23회
▸ 사회적 관심은 선천적으로 타고나는 것이다. 19회

084 ▸ 사회적 관심은 선천적으로 타고 나는 것이어서 의식적인 개발과 교육이 필요하지 않다. 20회

085 ▸ 인간은 목적론적 존재이다. 꽈배기선지 20회
▸ 인간을 목표지향적 존재로 본다. 꽈배기선지 22회

086 ▸ 출생순위, 가족과 형제관계에서의 경험은 생활양식에 영향을 준다. 꽈배기선지 18회

087 ▸ 지배형 생활양식은 사회적 관심은 낮으나 활동수준이 높은 유형이다. 20회

088 ▸ 출생 순위는 성격 형성에 영향을 준다. 23회

089 ▸ 개인이 지닌 창조성과 주관성을 강조한다. 19회

089 ▸ 개인의 창조성을 부정한다. 22회

090 ▸ 우월에 대한 추구는 선천적으로 타고나는 것이다. 23회

091 ▸ 열등감은 모든 인간이 지닌 보편적인 감정이다. 19회

나왔던 선지가 **그대로 or 변형되어** 또 나온다!

092 ▸ 개인이 추구하는 목표는 현실에서 검증하기 어려운 가상적 목표이다. 19회
▸ 개인이 궁극적으로 추구하는 목적은 가상적 목표이다. 20회
▸ 가상적 목표(fictional finalism)는 어려움에 부딪힐 때 효과적으로 대처하는 데 도움이 된다. 23회

093 ▸ 아동에 대한 방임은 병적 열등감을 초래할 수 있다. 20회

094 ▸ 아들러(A. Adler) – 개인심리이론 – 열등감과 보상, 생활양식 17회
▸ 개인심리이론 – 아들러(A. Adler) – 생활양식 23회

094 ▸ 아들러(A. Adler) – 집단무의식 22회

기출키워드 10 융의 분석심리이론

095 ▸ 그림자(shadow)는 인간에게 있는 동물적 본성을 포함하는 부정적인 측면이다. 21회

095 ▸ 음영(shadow)은 자기나 자아상과 같은 개념으로 인간의 어둡고 동물적인 측면이다. 18회

096 ▸ 무의식을 개인무의식과 집단무의식으로 구분하였다. 21회

097 ▸ 페르소나(persona)는 개인이 외부세계에 보여주는 이미지이며, 사회적 요구에 대한 반응이다. 18회
▸ 페르소나(persona)는 외부의 요구나 기대에 부응하는 과정에서 생긴 자아의 가면이라고 한다. 20회
▸ 페르소나(persona)는 개인이 외부세계에 보여주는 이미지 혹은 가면이다. 21회

098 ▸ 자기(Self)는 중년기 이후에 나타나는 원형(archetype)이다. 19회
▸ 융(C. Jung) 이론은 중년기 이후의 발달을 이해하는 데 도움을 제공하였다. 22회

099 ▸ 과거의 사건 및 미래에 대한 열망이 성격발달에 동시에 영향을 미친다. 19회

100 ▸ 리비도(libido)는 전반적인 삶의 에너지를 말한다. 19회

101 ▸ 성격발달은 개성화를 통한 자기실현의 과정이다. 19회

102 ▸ 개성화(individuation)를 통한 자기실현과정을 중요시하였다. 22회

기출키워드 10-1 융의 분석심리이론_성격 특성

103 ▸ 외향형: 정신에너지(리비도)가 외부세계를 향하고 있다. 17회
   ▸ 사고형: 객관적인 진실과 원리원칙에 의해 판단하며 논리적, 분석적이고 규범과 기준을 중시한다. 17회

기출키워드 11 매슬로우의 욕구이론

104 ▸ 인간의 창조성은 잠재적 본성이다. 18회
   ▸ 인간은 삶을 유지하려는 동기와 삶을 창조하려는 동기를 가진다. 21회

105 ▸ 각 개인은 통합된 전체로 간주된다. 18회

106 ▸ 극소수의 사람들만이 자아실현을 달성할 수 있다. 19회
   ▸ 인간은 자아실현을 이루려고 노력하는 존재이다. 21회

106 ▸ 대부분의 사람들이 자아실현의 욕구를 달성한다. 20회

107 ▸ 인간의 욕구는 자신을 성장하도록 동기부여한다. 18회

108 ▸ 인간 본성에 대해서 낙관적인 태도를 보이고 있다. 18회
   ▸ 인간에 대해 희망적이고 낙관적인 관점을 갖는다. 21회
   ▸ 인간의 본성은 본래 선하다고 주장하였다. 23회

108 ▸ 인간본성에 대해 비관적인 태도를 갖고 있다. 20회

109 ▸ 생리적 욕구는 가장 하위단계에 있는 욕구이다. 19회

110 ▸ 자아실현의 욕구는 가장 상위단계에 있는 욕구이다. 19회

나왔던 선지가 **그대로 or 변형되어** 또 나온다!

111 ▸ 자존감의 욕구는 소속과 사랑의 욕구보다 상위단계의 욕구이다. 20회

111 ▸ 자아존중감의 욕구는 욕구 위계에서 가장 높은 단계이다. 21회

112 ▸ 인간의 욕구는 강도와 중요도에 따라 위계적으로 구성되어 있다. 19회
▸ 일반적으로 욕구 위계서열이 높을수록 욕구의 강도가 낮다. 21회

기출키워드 12 　 로저스의 현상학이론 ★빈출

113 ▸ 비지시적인 상담의 중요성을 강조한다. 18회
▸ 공감적 상담의 중요성을 강조한다. 18회
▸ 클라이언트에 대한 공감적 이해의 중요성을 강조하였다. 22회

113 ▸ 공감과 지시적인 상담을 강조하였다. 20회

114 ▸ 비심판적 태도는 원조관계에 유용하다. 18회

115 ▸ 클라이언트의 자기결정권 중요성을 강조한다. 18회

115 ▸ 클라이언트의 과거 정신적 외상의 중요성을 강조한다. 18회

116 ▸ 개입 과정에서 상담가의 진실성 및 일치성을 강조하였다. 19회

117 ▸ 인간은 합목적적이며 건설적인 존재이다. 18회

118 ▸ 무조건적인 긍정적 관심이 건강한 성격 발달을 위한 중요한 요소이다. 〈파배기 선지〉 18회
▸ 무조건적 긍정적 관심과 수용을 강조하였다. 〈파배기 선지〉 19회

119 ▸ 완전히 기능하는 사람은 자신의 경험에 대해 개방적이다. 18회, 21회
▸ 자아실현을 하는 사람을 완전히 기능하는 인간(fully functioning person)이라는 용어로 정리하였다. 19회, 22회
▸ 인간은 자아실현 경향을 가지고 있다. 21회, 23회

120 ▸ 인간 본성이 지닌 낙관적이고 긍정적인 측면을 강조하였다. 19회
▸ 인간을 긍정적이며 창조적인 존재로 보았다. 22회

121 ▸ 인간을 통합적 존재로 규정하였다. 〈파배기 선지〉 20회, 23회

122 › 인간의 내재된 잠재력을 강조한다. 23회

122 › 모든 인간에게는 객관적 현실만 존재한다. 18회

123 › 인간의 주관적 경험을 강조하였다. 꽈배기선지 20회, 21회
› 주관적이고 사적인 경험 세계를 강조하였다. 꽈배기선지 22회
› 인간의 주관적 경험을 강조한다. 꽈배기선지 23회

123 › 인간이 지닌 보편적·객관적 경험을 강조하였다. 19회

124 › 로저스(C. Rogers) – 인본주의이론 – 완전히 기능하는 사람, 현상학적 장 17회
› 로저스(C. Rogers) – 자기실현 경향성 22회

124 › 로저스(C. Rogers) – 타임아웃 20회

기출키워드 13 일반체계이론 ★빈출

125 › 균형(equilibrium)은 외부체계로부터의 투입이 없어 체계의 구조 변화가 거의 없이 고정된 평형상태를 의미한다. 20회

125 › 균형(equilibrium): 환경과 상호작용하기 위하여 체계의 구조를 변화시키는 과정 또는 상태 19회

126 › 엔트로피(entropy)는 폐쇄체계에서 주로 나타난다. 23회

127 › 넥엔트로피(negentropy): 체계 내부의 유용하지 않은 에너지가 감소되는 상태 꽈배기선지 19회
› 넥엔트로피(negentropy)란 체계를 유지하고, 발전을 도모하고, 생존하는 것을 의미한다. 꽈배기선지 22회

128 › 공유영역(interface): 두 개 이상의 체계가 공존하는 부분으로 체계 간의 교류가 일어나는 장소 19회

129 › 항상성(homeostasis)은 비교적 안정적이며 지속적인 균형상태를 유지하기 위한 체계의 경향을 말한다. 꽈배기선지 20회, 22회

129 › 항상성(homeostasis)은 체계의 혼란과 무질서를 증가시킨다. 23회

130 › 시너지(synergy)는 체계 내부 간 혹은 외부와의 상호작용이 증가함으로써 체계 내에서 유용한 에너지양이 증가하는 현상이다. 18회, 20회

131 › 경계(boundary)란 체계와 환경 혹은 체계와 체계 간을 구분하는 일종의 테두리를 의미한다. 꽈배기선지 20회
› 경계(boundary)는 체계를 외부환경과 구분 짓는 둘레를 말한다. 꽈배기선지 22회
› 체계(system)의 속성은 경계의 개방성과 침투성에 따라 결정된다. 23회

132 ▸ 호혜성: 한 체계에서 일부가 변화하면 그 변화가 체계의 나머지 부분들의 변화를 초래하게 되는 것 22회

133 ▸ 부적 환류(negative feedback)는 체계가 목적 달성이 어려운 방식으로 움직이고 있다는 정보를 제공하여 체계의 변화를 도모한다. 22회

기출키워드 14 생태체계이론 ★빈출

134 ▸ 개인을 환경과 상황 속에서 이해한다. 18회
▸ 인간과 환경을 서로 영향을 주고받는 단일체계로 간주한다. 19회
▸ 환경 속의 인간을 강조한다. 20회
▸ 생태체계이론은 환경 속의 인간의 관점을 강조한다. 23회

135 ▸ 적합성은 인간의 욕구와 환경자원이 부합되는 정도를 말한다. 18회

135 ▸ 적합성은 인간의 적응 욕구와 환경자원의 부합 정도로서 특정 발달단계에서 성취된다. 21회

136 ▸ 생활상의 문제는 전체적 생활공간 내에서 이해한다. 18회, 20회

137 ▸ 성격은 개인과 환경 사이의 상호작용의 산물이다. 18회
▸ 성격을 개인과 환경 사이의 상호교류의 산물로 이해한다. 19회

138 ▸ 인간은 목적 지향적이다. 20회

139 ▸ 스트레스는 개인과 환경 간 상호교류에서의 불균형이 야기하는 현상이다. 20회

140 ▸ 피드백은 체계의 순환적 성격을 반영하는 개념으로 안정상태를 유지하는 데 필요하다. 21회

기출키워드 14-1 생태체계이론_생태체계이론이 사회복지실천에 유용한 점

141 ▸ 전체 체계를 고려하여 문제를 이해한다. 17회

142 ▸ 각 체계들로부터 풍부한 정보의 획득이 가능하다. 17회

143 클라이언트와 사회복지사 간의 상호교류를 중시한다. 17회

144 환경적 수준에 개입하는 근거를 제시한다. 17회
각 환경 수준별 개입의 근거를 제시한다. 21회

기출키워드 14-2 생태체계이론_브론펜브레너(U. Bronfenbrenner)의 거시체계

145 역사적·사회적·문화적 요인에 의해서 형성되고 수정되는 특성이 있다. 19회

기출키워드 14-3 생태체계이론_브론펜브레너(U. Bronfenbrenner)의 미시체계

146 개인의 성장 시기에 따라 달라지며 상호호혜성에 기반을 두는 체계이다. 20회

147 인간이 가장 밀접하게 상호작용하는 사회환경을 말한다. 23회

기출키워드 14-4 생태체계이론_브론펜브레너(U. Bronfenbrenner)의 중간체계

148 미시체계 간의 상호작용에 초점을 둔다. 22회

149 부모와 교사와의 관계, 형제 관계 등을 말한다. 23회

기출키워드 14-5 생태체계이론_브론펜브레너(U. Bronfenbrenner)의 시간체계

150 전 생애에 걸쳐 발생하는 변화와 사회역사적인 환경을 포함한다. 22회
인간의 생에 단일 사건뿐 아니라 시간의 경과와 함께 연속적으로 일어나는 사건들이 누적되어 영향을 미친다는 것을 보여주고 있다. 22회

나왔던 선지가 **그대로 or 변형되어** 또 나온다!

기출키워드 14-6 생태체계이론_생태체계이론의 유용성

151 › 문제에 대한 총체적 이해와 조망을 제공한다. 21회

152 › 각 체계들로부터 다양하고 객관적인 정보획득이 용이하다. 21회

153 › 구체적인 방법과 기술 제시에는 한계가 있다. 21회

기출키워드 15-1 가족체계_개방형 가족체계

154 › 에너지, 정보, 자원을 다른 체계들과 교환한다. 18회

154 › 외부체계와의 상호작용을 하지 않는다. 18회
› 주변 환경으로부터 고립되어 있다. 18회
› 지역사회와의 교류가 제한된다. 18회

기출키워드 16 집단체계

155 › 자조집단(self-help group)은 유사한 어려움과 관심사를 가진 구성원들의 경험을 나누며 바람직한 변화를 추구한다. 18회 (꽈배기 선지)

156 › 집단활동을 통해 집단에 관한 정체성인 '우리의식'이 형성된다. 21회

기출키워드 17-1 지역사회체계_다양한 사회체계

157 › 가상공간은 시공을 초월하여 새로운 공동체 형성을 가능하게 한다. 17회

기출키워드 17-2   지역사회체계_체계로서의 지역사회

158 ▸ 지역을 중심으로 형성된 공동체적 특징을 지닌다.   22회

159 ▸ 구성원에게 사회규범에 순응하도록 규제하는 사회통제의 기능을 지닌다.   22회

160 ▸ 사회가 향유하는 지식, 가치 등을 구성원에게 전달하는 기능을 지닌다.   22회

기출키워드 18   문화체계

161 ▸ 사회구성원들 간에 공유된다.   20회
    ▸ 구성원 간 공유되는 생활양식으로 다른 사회 구성원과 구별된다.   17회
    ▸ 다른 사회의 구성원과 구별되는 공통적 속성이 있다.   21회

162 ▸ 문화변용은 둘 이상의 문화가 지속적으로 접촉하여 한 쪽이나 양 쪽에 변화가 일어나는 현상이다.   20회

163 ▸ 세대 간에 전승되며 축적된다.   20회

164 ▸ 사회화에 대한 지침을 제공한다.   20회

기출키워드 18-1   문화체계_다문화

165 ▸ 대표적인 사회문제로 인종차별이 있다.   21회

166 ▸ 서구화, 근대화, 세계화는 다문화의 중요성을 표면으로 부상시켰다.   21회

167 ▸ 동화주의는 이민을 받는 사회의 문화적 우월성을 전제로 한다.   21회

나왔던 선지가 **그대로 or 변형되어** 또 나온다!

168 ▸ 용광로 개념은 동화주의와 관련이 있다. 꽈배기선지   21회

기출키워드 19   태아기

169 ▸ 태아의 성장, 발육을 위하여 칼슘, 단백질, 철분, 비타민 등을 충분히 섭취하여야 한다.   19회

170 ▸ 배종기(germinal period)는 수정 후 수정란이 자궁벽에 착상할 때까지의 시기를 말한다.   22회

171 ▸ 임신 3개월이 지나면 태아의 성별구별이 가능해진다.   22회

172 ▸ 임신부 연령은 임신부와 태아 모두에게 영향을 미칠 수 있다.   17회
   ▸ 태아는 임신부의 정서 상태로부터 영향을 받을 수 있다.   17회
   ▸ 약물은 태아에게 치명적인 영향을 미칠 수 있다.   17회
   ▸ 환경호르몬, 방사능 등 외부환경과 임신부의 건강상태, 정서상태, 생활습관 등이 태아의 발달에 영향을 미친다.   18회

172 ▸ 태내발달은 어머니의 영양상태, 학력, 질병 등으로부터 영향을 받는다.   17회

173 ▸ 임산부의 심각하고 지속적인 불안은 높은 비율의 유산이나 난산, 조산, 저체중아 출산과 연관이 있다.   19회

174 ▸ 임신 중 어머니의 과도한 음주는 태아알콜증후군(fetal alcohol syndrome)을 초래할 수 있다.   22회

175 ▸ 기형발생물질이란 태내 발달에 영향을 미쳐 심각한 손상을 일으키는 환경적 매개물을 말한다.   19회

176 ▸ 성염색체 이상증세로는 클라인펠터증후군(Klinefelter's syndrome), 터너증후군(Turner's syndrome)이 있다. 꽈배기선지   19회
   ▸ 클라인펠터증후군은 X염색체를 더 많이 가진 남성에게 나타난다. 꽈배기선지   20회

177 ▸ 다운증후군은 23쌍의 염색체 중 21번 염색체가 하나 더 존재해서 유발된다. 꽈배기선지   18회

178 ▸ 양수검사는 임신초기에 할 경우 자연유산의 위험성이 있으므로 임신중기에 실시하는 것이 좋다. 18회

▸ 양수검사(amniocentesis)를 통해서 다운증후군 등 다양한 유전적 결함을 판별할 수 있다. 22회

179 ▸ 융모막검사는 정확도가 양수검사에 비해 떨어지고 유산의 위험성이나 사지 기형의 가능성이 있어 염색체 이상이나 노산일 경우에 제한적으로 실시하는 것이 좋다. 18회

기출키워드 20 영아기 ★빈출

180 ▸ 외부자극에 주로 반사운동을 한다. 17회

181 ▸ 대상영속성이 발달한다. 17회
▸ 대상이 눈에 보이지 않아도 존재한다는 사실을 인식할 수 있는 대상영속성이 습득된다. 18회

182 ▸ 제1성장 급등기라고 할 정도로 일생 중 신체적으로 급격한 성장이 일어난다. 18회, 19회

183 ▸ 주 양육자와 관계를 바탕으로 신뢰감을 형성한다. 17회
▸ 양육자와의 애착관계형성은 사회·정서적 발달에 매우 중요하다. 18회, 19회, 21회, 23회
▸ 영아기(0~2세)에는 주 양육자와의 안정된 정서적 신뢰관계가 다른 사람이나 사물과의 관계를 형성하는 데 영향을 미치고 이후의 사회적 발달의 밑바탕이 된다. 19회
▸ 영아기(0~2세) - 애착발달 22회

183 ▸ 영아기(0~2세) - 성역할 인식 확립 23회

184 ▸ 낯가림이 시작된다. 21회

185 ▸ 인지발달은 감각기관과 운동기능을 통해 이루어지며 언어나 추상적 개념은 포함되지 않는다. 21회

186 ▸ 언어발달은 인지 및 사회성 발달과 밀접한 관련이 있다. 21회

187 ▸ 프로이트(S. Freud)의 구강기, 피아제(J. Piaget)의 감각운동기에 해당된다. 18회, 19회

나왔던 선지가 **그대로 or 변형되어** 또 나온다!

188 ▸ 에릭슨(E. Erikson): 주 양육자와의 "**신뢰 대 불신**"이 중요한 시기 이다. 22회

188 ▸ 에릭슨(E. Erikson)의 자율성 대 수치심 단계에 해당한다. 19회

기출키워드 21   유아기 ★빈출

189 ▸ 영아기(0~2세)보다 성장속도가 느려진다. 20회
▸ 영아기(0~2세)보다 발달속도가 느려진다. 23회

189 ▸ 영아기(0~2세)에 비해 성장속도가 빨라지는 특성을 보인다. 19회
▸ 영아기에 비해 성장속도가 빨라지며 지속적으로 성장한다. 21회
▸ 신체적 성장이 영아기(0~2세)보다 빠른 속도로 진행된다. 22회

190 ▸ <mark>성적 정체성(gender identity)</mark>이 발달하는 시기이다. 17회, 19회
▸ <mark>성역할의 내면화</mark>가 이루어진다. 〔꽈배기 선지〕 20회, 23회
▸ 자신의 <mark>성을 인식하는 성 정체성이 발달</mark>한다. 〔꽈배기 선지〕 22회

191 ▸ 오로지 자신의 관점에 비추어 타인의 감정이나 사고를 예측하는 경향이 있다. 20회

192 ▸ 전환적 추론이 가능하다. 20회

193 ▸ 놀이를 통한 발달이 활발한 시기이다. 22회
▸ <mark>유아기(3~6세)는 사물을 정신적으로 표상할 수 있는 능력이 발달하여 가장놀이를 즐기며, 이는 사회정서 발달</mark>에 영향을 미친다. 〔꽈배기 선지〕 19회

194 ▸ 언어발달이 현저하게 이루어지는 시기이다. 22회

195 ▸ 정서적 표현의 특징은 일시적이며 유동적이다. 〔꽈배기 선지〕 22회

196
- 프로이트(S. Freud)의 오이디푸스 콤플렉스 시기로 이성 부모에게 관심을 갖게 된다. 17회
- 프로이트(S. Freud)의 오이디푸스 콤플렉스와 엘렉트라 콤플렉스가 일어나는 시기이다. 18회, 19회
- 남아는 오이디푸스 콤플렉스를 경험하고 여아는 엘렉트라 콤플렉스를 경험한다. 21회
- 프로이트(S. Freud)의 남근기에 해당된다. 23회

197
- 콜버그(L. Kohlberg)의 도덕발달단계에서는 보상 또는 처벌 회피를 위해 행동한다. 17회, 19회

198
- 에릭슨(E. Erikson)의 주도성 대 죄의식 단계로 부모와 가족이 가장 큰 영향을 미친다. 17회
- 에릭슨(E. Erikson)의 주도성 대 죄의식 단계에 해당한다. 19회, 23회

기출키워드 22 　 아동기

199
- 동성 또래 관계를 통해 사회화를 경험한다. 17회
- 동성 또는 집단의 유대관계가 강화된다. 19회
- 아동기(7~12세)는 또래 친구들과 함께 많은 시간을 보내면서 정서 및 사회적 발달에 영향을 받아 도당기라고도 한다. 19회

200
- 단체놀이를 통해 개인의 목표가 단체의 목표에 속함을 인식하고 노동배분(역할분담)의 개념을 학습한다. 18회
- 단체놀이를 통해 분업의 원리를 학습한다. 23회

201
- 보존개념을 획득한다. 19회

202
- 분류화·유목화가 가능하다. 19회

203
- 조합기술의 획득으로 사칙연산이 가능해진다. 21회

204
- 객관적, 논리적 사고가 가능해진다. 21회
- 가역적 사고가 발달한다. 23회

204
- 추상적 사고가 가능해져서 미래의 사건을 예측할 수 있는 가설적, 연역적 사고가 발달한다. 18회

나왔던 선지가 **그대로 or 변형되어** 또 나온다!

205 ▸ 운동기술이나 근육의 협응능력이 정교해진다. 23회

206 ▸ 정서적 통제와 분화된 정서 표현이 가능해진다. 21회

207 ▸ 프로이트(S. Freud): 성 에너지(리비도)가 무의식 속에 잠복하는 잠재기(latency) 22회

208 ▸ 피아제(J. Piaget): 보존, 분류, 유목화, 서열화 등의 개념을 점차적으로 획득 22회

209 ▸ 콜버그(L. Kohlberg): 인습적 수준의 도덕성 발달단계로 옮겨가는 시기 22회

210 ▸ 에릭슨(E. Erikson)은 근면성의 발달을 중요한 과업으로 보았다. 23회

기출키워드 23 청소년기 ★빈출

211 ▸ 애착대상이 부모에서 친구로 이동한다. 17회
▸ 동년배 집단에 참여하여 다양한 경험을 한다. 17회
▸ 청소년기(13~19세)는 또래집단의 지지를 더 선호함으로써 부모로부터 독립하려는 경향을 보인다. 19회
▸ 부모보다 또래집단의 영향력이 커진다. 22회

212 ▸ 부모의 권위에 도전하며 잦은 갈등을 겪는 시기이다. 17회

213 ▸ 심리적 이유기라고도 한다. 17회, 22회

214 ▸ 정서적 변화가 급격히 일어난다는 점에서 질풍노도의 시기라고 한다. 18회
▸ 정서의 변화가 심하며 극단적 정서를 경험하기도 한다. 21회

215 ▸ 추상적 이론과 관념적 사상에 빠져 때로 부정적 정서를 경험한다. 21회

216 › 어린이도 성인도 아니라는 점에서 주변인이라고 불린다. 18회

217 › 상상적 관중을 의식하여 작은 실수에 대해서도 번민한다. 20회

218 › 다른 사람이 경험하는 위기가 자신에게는 일어나지 않으리라 믿는다. 20회

219 › 자신의 감정이나 경험이 매우 특별하다고 생각한다. 20회

220 › 자신이 타인으로부터 집중적인 관심의 대상이 된다고 믿는다. 20회

221 › 청소년기(13~19세) - 자아정체감 확립 23회

222 › 신체적 성장이 급속히 이루어진다는 점에서 제2의 성장 급등기라고 한다. 18회, 21회, 22회

223 › 이차성징은 여성의 난소, 나팔관, 자궁, 질, 남성의 고환, 음경, 음낭 등 생식을 위해 필요한 기관의 발달을 말한다. 19회
   › 특징적 발달 중 하나로 성적 성숙이 있다. 21회
   › 청소년기(13~19세) - 제2차 성징의 발달 22회

223 › 일차성징은 성적 성숙의 생리적 징후로서 여성의 가슴 발달과 남성의 넓은 어깨를 비롯하여 변성, 근육 발달 등의 변화가 나타나는 것을 말한다. 19회

224 › 피아제(J. Piaget)의 인지발달과정 중 형식적 조작기에 해당된다. 18회

225 › 프로이트(S. Freud)의 심리성적발달단계에서 생식기에 해당한다. 22회

기출키워드 23-1 청소년기_마샤(J. Marcia)의 자아정체감 유형

226 › 정체감 혼란(identity diffusion) 18회
   › 정체감 성취(identity achievement) 18회
   › 정체감 유예(identity moratorium) 18회
   › 정체감 유실(identity foreclosure) 18회

227 마샤(J. Marcia)는 자아정체감을 4가지 유형으로 구분했다. 23회

기출키워드 24 청년기

228 부모로부터 심리적, 경제적으로 독립하여 자율성을 성취하는 시기이다. 20회

228 부모로부터의 독립에 대한 양가감정에서 해방된다. 17회, 23회

229
- 직업의 준비와 선택은 주요한 발달과업이다. 17회
- 직업 준비와 직업선택에 대한 의사결정을 하는 시기이다. 22회
- 개인적 욕구와 사회적 욕구 사이에 균형을 찾아 직업을 선택하는 시기이다. 20회
- 자기 부양 능력을 갖추어야 하는 시기이다. 20회

229 다른 시기에 비하여 경제적으로 안정되어 있고 직업에서도 높은 지위와 책임을 갖게 된다. 22회

230 사랑하고 보살피는 능력이 심화되는 시기이다. 17회

231 사회적 성역할 정체감이 확립되는 시기이다. 17회

232
- 친밀감 형성과 성숙한 사회관계 성취가 중요하다. 17회
- 타인과의 관계에서 친밀감을 형성하면서 결혼과 부모됨을 고려하는 시기이다. 20회

233 에릭슨(E. Erikson)은 친밀감 대 고립의 심리사회적 위기가 발생한다고 보았다. 23회

233 에릭슨(E. Erikson)은 근면성의 발달을 중요한 과업으로 보았다. 22회

기출키워드 25 장년기

234
- 결정성 지능은 계속 증가하지만 유동성 지능은 감소한다고 본다. 18회
- 결정성(crystallized) 지능은 계속 발달한다. 23회

234 결정성(crystallized) 지능은 감소하고 유동성(fluid) 지능은 증가한다. 20회

235 남성은 테스토스테론이, 여성은 에스트로겐의 분비가 감소되는 호르몬의 변화과정을 겪는다. 18회

235
- 여성은 에스트로겐의 분비가 감소되고 남성은 테스토스테론의 분비가 증가된다. 20회, 21회
- 여성은 에스트로겐 분비가 증가하고, 남성은 테스토스테론 분비가 감소한다. 23회

236 ▸ 성인병 같은 다양한 신체적 질환이 많이 나타나고 갱년기를 경험한다. 18회

237 ▸ 에릭슨(E. Erikson)의 생산성 대 침체성(generativity vs stagnation)의 단계에 해당된다. 18회
▸ 에릭슨(E. Erikson)은 생산성 대 침체성의 시기라고 하였다. 19회
▸ 에릭슨(E. Erikson)에 의하면 "생산성 대 침체"라는 심리사회적 위기를 극복하게 되면 돌봄(care)의 덕목을 갖추게 된다. 22회

237 ▸ 에릭슨(E. Erikson)의 정체성 대 침체 단계에 해당된다. 23회

238 ▸ 레빈슨(D. Levinson)은 성인 초기의 생애 구조에 대한 평가, 중년기에 대한 가능성 탐구, 새로운 생애 구조 설계를 위한 선택 등을 과업으로 제시하였다. 19회

239 ▸ 융(C. Jung)은 중년기에 관한 구체적인 개념을 발전시킨 학자이다. 19회
▸ 융(C. Jung)에 따르면, 외부세계에 쏟았던 에너지를 자신의 내부에 초점을 두며 개성화의 과정을 경험한다. 20회
▸ 외부세계에 쏟았던 에너지가 자신의 내부로 향한다. 21회

기출키워드 26 노년기

240 ▸ 신체변화에 대한 적응, 인생에 대한 평가, 역할 재조정, 죽음에 대한 대비 등이 주요 발달과업이다. 18회

241 ▸ 시각, 청각, 미각 등의 감각기능이 약화되고, 생식기능 또한 점차 약화된다. 18회
▸ 신장기능이 저하되어 신장질환에 걸릴 가능성이 증가하고, 방광이나 요도기능의 저하로 야간에 소변보는 횟수가 증가한다. 18회

242 ▸ 친근한 사물에 대한 애착이 증가한다. 23회

243 ▸ 생에 대한 회상경향이 증가한다. 23회

244 ▸ 노년기 사회적 역할과 관계망의 축소는 고독과 소외를 초래할 수도 있다. 23회

245 ▸ 분리이론은 노년기를 노인 개인과 사회가 동시에 상호분리를 시작하는 시기로 보는 이론이다. 19회

246
- 에릭슨(E. Erikson)은 자아통합을 이루지 못하면 절망감을 느낀다고 보았다. 18회
- 에릭슨(E. Erikson)은 노년기의 발달과제로 자아통합이 중요하다고 주장하였다. 19회
- 에릭슨(E. Erikson)은 심리사회적 위기를 극복하면 지혜라는 능력을 얻게 된다고 보았다. 23회

기출키워드 26-1 노년기_ 퀴블러 로스의 죽음에 이르는 5단계

247
- 퀴블러 로스(E. Kübler-Ross)는 죽음과 상실에 대한 심리적 5단계를 제시하였다. 꽈배기선지 19회

248
- 1단계: 죽음을 사실로 받아들이지 않고 부정한다. 꽈배기선지 17회
- 2단계: 주변 사람들에게 화를 내며 분노한다. 꽈배기선지 17회
- 3단계: 죽음의 연기를 위해 특정 대상과 타협을 시도한다. 꽈배기선지 17회
- 5단계: 죽음을 수용하고 임종을 준비한다. 꽈배기선지 17회

2영역 사회복지조사론

핵심 기출선지 총정리

- 기출키워드 번호는 〈1권 영역별 기출문제집〉의 기출키워드 번호와 연동되어 있습니다. 영역별 기출문제집과 함께 학습하면 학습 효과를 더욱 높일 수 있습니다.
- **형광펜** 표시는 중요 내용입니다. 기출선지를 회독하면서 자연스럽게 중요 내용도 암기하는 효과를 느껴 보세요!
- 오답선지에서 어느 부분이 잘못되었는지 생각해 보고, 옳은 내용과 비교해 보세요.
- 3회독 Check □□□에 정확히 아는 선지에는 ○, 암기가 필요한 선지에는 ×를 표시하세요.
- **꽈배기선지**는 빈출 개념에 대해 혼동을 유발하거나 오답을 유도하는 선지를 의미합니다. 꽈배기 선지는 회독 시 한 번 더 눈여겨 보세요.

기출키워드 1-1 과학적 탐구로서의 사회복지조사_사회과학

헷갈리지 말자! 오답선지

001 ▸ 자연과학에 비해 인과관계에 대한 명확한 결론을 내리기 어렵다. 〔꽈배기선지〕 19회

002 ▸ 끊임없이 변화하는 **사회현상을 규명**한다. 〔꽈배기선지〕 19회

003 ▸ **인간의 행위를 연구대상**으로 한다. 〔꽈배기선지〕 19회

004 ▸ **사회문화적 특성의 영향**을 받는다. 〔꽈배기선지〕 19회

기출키워드 1-2 과학적 탐구로서의 사회복지조사_사회복지학

005 ▸ 사회복지학은 사회문제에 대처하기 위한 학문이다. 19회
　　▸ 사회과학은 사회복지의 실천적 지식의 제공 및 이론적 발전에 기여할 수 있다. 19회

006 ▸ 사회복지학은 사회과학에 의해 발전된 개념들을 활용할 수 있다. 19회

나왔던 선지가 **그대로 or 변형되어** 또 나온다!

기출키워드 1-3 과학적 탐구로서의 사회복지조사_과학적 지식

007 › 경험적으로 검증 가능하여야 한다. 〈빠배기 선지〉 22회

008 › 연구결과는 잠정적이며 수정될 수 있다. 〈빠배기 선지〉 22회

009 › 연구자의 주관적 가치 판단이 연구과정이나 결론에 작용하지 않도록 객관성을 추구한다. 〈빠배기 선지〉 22회

010 › 같은 절차를 다른 대상에 반복적으로 적용하여 같은 결과가 나오는지 검토할 수 있다. 〈빠배기 선지〉 22회

기출키워드 1-4 과학적 탐구로서의 사회복지조사_사회복지실천을 위한 조사연구의 필요성

011 › 문제해결을 위한 사회복지 개입방법의 타당성을 검증할 수 있다. 23회

012 › 사회복지서비스를 위한 지식과 기술을 제공할 수 있다. 23회

013 › 프로그램의 지속 여부를 결정하는 객관적 근거를 제공할 수 있다. 23회

014 › 클라이언트의 욕구를 파악하여 문제해결의 방향을 제시할 수 있다. 23회

기출키워드 2 사회과학에서의 연구윤리

015 › 연구참여자에게 연구과정에서 발생할 수 있는 고통을 미리 알리고 사전 동의를 구하였다. 18회

› 참여자가 연구에 참여하여 얻을 수 있는 혜택은 사전에 고지한다. 21회

› 참여자가 원할 경우 언제든지 참여를 중단할 수 있음을 사전에 고지한다. 21회

› 고지된 동의는 조사대상자의 판단 능력을 고려하여야 한다. 22회

015 › 연구결과에 영향을 미치지 않도록 연구참여자에게 일어날 수 있는 이익을 미리 알리지 않았다. 18회

016
- 참여자의 익명성과 비밀을 보장한다. 21회
- 연구자는 개인정보 유출 등으로 인해 연구참여자에게 피해를 주지 않도록 신중을 기해야 한다. 22회
- 사회복지조사에서는 비밀유지가 엄격히 지켜질 수 없는 상황이 발생할 수 있다. 22회

016
- 연구결과의 확산을 위해 연구참여자의 신분을 다른 연구기관에 동의 없이 공개하였다. 18회

017
- 참여자의 연구참여는 자발적이어야 한다. 21회

017
- 연구참여 여부를 성적평가와 연계하여 연구참여자의 참여 동기를 높였다. 18회

018
- 연구자는 기대했던 연구결과와 다르더라도 그 결과를 사실대로 보고해야 한다. 22회

기출키워드 3-1 과학적 조사법 및 과학철학_과학철학

019
- 논리적 경험주의는 과학의 이론들이 확률적으로 검증되는 관찰에 의해서만 정당화될 수 있다고 주장한다. 20회

020
- 해석주의는 삶에 관한 심층적이고 주관적인 이해를 얻고자 한다. 21회

021
- 비판주의는 사회변화를 목적으로 사회의 본질적이고 구조적 측면의 파악에 주목한다. 21회

022
- 포스트모더니즘은 객관적 실재와 진리의 보편적 기준을 거부한다. 21회

기출키워드 3-2 과학적 조사법 및 과학철학_실증주의

023
- 인간행위를 예측할 수 있는 확률적 법칙을 강조한다. 17회

023
- 사회적 행동을 행위자의 입장에서 이해하려 한다. 17회

024
- 과학과 비과학을 철저히 구분하려 한다. 17회

025
- 관찰결과의 일반화 가능성을 강조한다. 17회

나왔던 선지가 **그대로 or 변형되어** 또 나온다!

026 ▸ 연구결과를 잠정적인 지식으로 간주한다. 17회

기출키워드 3-3 　 과학적 조사법 및 과학철학_후기실증주의

027 ▸ 지식의 본질을 잠정적, 확률적으로 본다. 🍠꽈배기선지 18회

028 ▸ 후기실증주의는 객관적인 지식에 대한 직접적 확증은 불가능하다고 본다. 🍠꽈배기선지 21회

기출키워드 4 　 사회복지조사의 특성

029 ▸ 사회복지관련 이론 개발에 사용된다. 20회

030 ▸ 연구의 전 과정에서 결정주의적 성향을 지양해야 한다. 20회

기출키워드 5-1 　 사회복지조사의 유형_혼합연구방법

031 ▸ 철학적, 개념적, 이론적 틀을 기반으로 한다. 18회

032 ▸ 양적 설계에 질적자료를 단순히 추가하는 것은 아니다. 18회
　　▸ 질적연구방법으로 발견한 연구주제를 양적연구방법을 이용하여 탐구하기도 한다. 🍠꽈배기선지 18회

033 ▸ 각각의 연구방법을 통해 얻은 결과가 서로 확증되는지 알아보기 위해 사용한다. 18회

기출키워드 5-2 사회복지조사의 유형_양적조사와 질적조사

034 ▸ 질적조사에 비하여 양적조사의 표본크기가 상대적으로 크다. 19회

035 ▸ 양적조사에 비하여 질적조사는 사회 현상의 주관적 의미에 관심을 갖는다. 19회

036 ▸ 양적조사는 가설검증을 지향하고 질적조사는 탐색, 발견을 지향한다. 19회

036 ▸ 질적조사에 비하여 양적조사에서는 귀납법을 주로 사용한다. 19회

기출키워드 5-3 사회복지조사의 유형_사회조사 목적에 따른 구분

037 ▸ 지난해 발생한 데이트폭력사건의 빈도와 유형을 자세히 보고하는 것은 기술적 연구이다. 21회
▸ 사회복지협의회가 매년 실시하는 사회복지기관 통계조사는 기술적 연구이다. 21회
▸ 지역사회대상 설문조사를 통해 사회복지서비스의 만족도를 조사하는 것은 기술적 연구이다. 21회

038 ▸ 지방도시에 비해 대도시의 아동학대 비율이 높은 이유를 보고하는 것은 설명적 연구이다. 21회

기출키워드 5-4 사회복지조사의 유형_자료수집시점에 따른 구분

039 ▸ 매번 동일한 집단을 관찰하는 연구는 패널연구(panel study)이다. 21회
▸ 패널조사: 동일한 표본을 대상으로 시간을 달리하여 추적 관찰하는 연구 20회

040 ▸ 코호트조사: 일정연령이나 일정연령 범위 내 사람들의 집단이 조사대상인 종단연구 20회

040 ▸ 일정기간 센서스 자료를 비교하여 전국 인구의 성장을 추적하는 것은 동류집단연구(cohort study)이다. 21회

041 ▸ 추세연구, 패널연구, 코호트(동년배)연구: 둘 이상의 시점에서 조사가 이루어진다. 22회
▸ 추세연구, 동년배연구: 동일대상 반복측정을 원칙으로 하지 않는다. 22회

041 ▸ 베이비붐세대를 시간변화에 따라 연구하는 것은 추이연구(trend study)이다. 21회

기출키워드 7 변수 ★ 빈출

042 ▸ 경험적으로 측정할 수 있는 개념이다. 17회

043 ▸ 조작적 정의의 결과물이다. 17회

044 ▸ 두 개 이상의 속성을 가져야만 한다. 17회

045 ▸ 연속형 또는 비연속형으로 측정될 수 있다. 17회

046 ▸ 변수들 간의 관계는 그 속성에 따라 직선이 아닌 곡선의 형태로도 나타날 수 있다. 22회

047 ▸ 외생변수: 독립변수와 종속변수 모두에 영향을 미치는 제3의 변수 19회

048 ▸ 매개변수: 독립변수의 결과인 동시에 종속변수의 원인이 되는 변수 19회
▸ 매개변수(mediating variable)는 독립변수의 영향을 받아 종속변수에 영향을 미치는 변수이다. 22회

049 ▸ 선행변수: 독립변수 앞에서 독립변수에 영향을 주는 변수 19회

050 ▸ 종속변수: 다른 변수에 의존하지만 다른 변수에 영향을 미칠 수 없는 변수 19회

051 ▸ 통제변수(control variable)는 독립변수와 종속변수의 관계에 영향을 줄 수 있기 때문에 통제대상이 되는 변수이다. 22회

052 ▸ 조절변수(moderating variable)는 독립변수와 종속변수 간의 관계의 강도에 영향을 미칠 수 있다. 22회

---

042 ▸ 직접 관찰할 수 있는 것들만 측정한 것이다. 17회

050 ▸ 독립변수는 결과변수이고 종속변수는 설명변수이다. 22회

기출키워드 8-1 정의_조작적 정의

053 ▸ 개념적 정의를 실제로 관찰할 수 있는 수준으로 전환시키는 것이다. 21회

053 ▸ 조작적 정의를 통해 개념이 더욱 추상화된다. 21회
▸ 조작적 정의를 하면 개념의 의미가 다양하고 풍부해진다. 21회
▸ 개념적 정의를 통해 변수를 직접 측정할 수 있다. 23회
▸ 측정하고자 하는 개념의 의미는 조작적 정의를 통해 확장된다. 23회

054 ▸ 조작적 정의는 개념적 정의에 비해 <mark>주관적 해석의 수준이 낮다</mark>. 23회 (꽈배기 선지)

기출키워드 9 분석단위

055 ▸ 이혼, 폭력, 범죄 등과 같은 분석단위는 <mark>사회적 가공물(social artifacts)</mark>에 해당한다. 22회

056 ▸ <mark>생태학적 오류</mark>는 집단에 대한 조사를 기초로 하여 개인을 분석단위로 주장하는 오류이다. 22회 (꽈배기 선지)

057 ▸ <mark>환원주의</mark>는 특정 분석단위 또는 변수가 다른 분석단위 또는 변수에 비해 관련성이 높다고 설명하는 경향이 있다. 22회 (꽈배기 선지)

기출키워드 10 가설 ★ 빈출

058 ▸ 이론적 배경을 가져야 한다. 18회

059 ▸ 변수 간 관계를 가정한 문장이다. 18회

기출키워드 10-1　가설_영가설

060
- 변수 간 관계가 우연임을 말하는 가설이다. 18회
- 영가설은 변수 간에 관계가 없음을 뜻한다. 21회

061
- 연구가설에 대한 반증가설이 영가설이다. 21회

060
- 변수 간의 관계가 존재한다는 가설이다. 18회
- 변수 간 관계없음이 검증된 가설이다. 18회
- 변수 간의 관계가 우연이 아님을 증명한다. 21회

061
- 영가설에 대한 반증가설이 연구가설이다. 18회

기출키워드 10-2　가설_연구가설

062
- 연구가설은 연구의 개념적 틀 혹은 연구모형으로부터 도출될 수 있다. 짝배기 선지 22회

062
- 연구가설은 그 자체를 직접 검정할 수 있다. 22회
- 연구가설은 영가설에 대한 반증의 목적으로 설정된다. 22회

기출키워드 10-3　가설_통계적 가설검증

063
- 영가설을 기각하면 연구가설이 잠정적으로 채택된다. 20회

064
- 영가설은 연구가설과 대조되는 가설이다. 짝배기 선지 20회

065
- 통계치에 대한 확률(p)이 유의수준(α)보다 낮으면 영가설이 기각된다. 짝배기 선지 20회
- 유의확률(p)이 설정한 유의수준(α)보다 낮으면 영가설을 기각한다. 짝배기 선지 23회

066
- 연구가설은 경험적으로 검증이 가능하여야 한다. 20회

기출키워드 11-1 조사설계의 의미와 타당도_외적타당도와 내적타당도

067 ▸ 외적타당도를 높이는 중요한 전략 중 하나는 <mark>연구를 반복적으로 실시하여 결과를 축적</mark>하는 것이다. 17회

068 ▸ 내적타당도는 인과관계를 추론할 수 있는 정도를 의미한다. 17회

069 ▸ <mark>내적타당도는 외적타당도의 필요조건이지만 충분조건은 아니다.</mark> 21회

067 ▸ 실험대상의 탈락이나 우연한 사건은 외적타당도 저해요인이다. 21회

068 ▸ 연구결과를 연구조건을 넘어서는 상황이나 모집단으로 일반화하는 정도가 내적타당도이다. 21회

069 ▸ 내적타당도가 높으면 외적타당도 또한 높다. 17회
▸ 외적타당도가 낮은 경우 내적타당도 역시 낮다. 21회

기출키워드 11-2 조사설계의 의미와 타당도_외적타당도 저해요인

070 ▸ 자발적 참여자만을 대상으로 연구표본을 구성하게 되는 상황 21회

071 ▸ <mark>자신이 연구대상자라는 인식</mark>이 외적타당도를 낮출 수 있다. 17회

기출키워드 11-3 조사설계의 의미와 타당도_내적타당도 저해요인

072 ▸ 실험집단과 통제집단의 참여자 간 프로그램 내용에 대해 소통하면서 상호작용이 이루어졌다. 23회

073 ▸ 프로그램 진행과정에서 일부 대상자가 참여를 중단하였다. 23회

074 ▸ 사전검사 결과 학교 부적응 학생들이 실험집단에 과도하게 모인 것이 확인되었다. 23회

075 ▸ 사전검사와 사후검사 척도가 동일하기 때문에 참여자의 학습효과가 발생하였다. 23회
▸ 사전검사의 실시가 내적타당도에 부정적으로 영향을 미칠 수 있다. 17회

076 ▸ 우연한 사건은 내적타당도에 부정적 영향을 미칠 수 있다. 18회

077 ▸ 사전점수가 매우 높은 집단을 선정하면 내적타당도를 저해한다. 18회

기출키워드 11-4 조사설계의 의미와 타당도_조사설계에 반드시 포함되어야 할 내용

078 ▸ 구체적인 자료수집 방법 18회

079 ▸ 모집단 및 표집방법 18회

080 ▸ 자료분석 절차와 방법 18회

081 ▸ 주요변수의 개념정의와 측정방법 18회

기출키워드 12 인과관계의 성립 및 추리방법

082 ▸ 독립변수가 종속변수를 시간적으로 앞서야 한다. 17회

082 ▸ 종속변수가 독립변수를 시간적으로 앞서야 한다. 22회

083 ▸ 독립변수와 종속변수가 일정한 방식으로 같이 변해야 한다. 17회

083 ▸ 독립변수의 변화는 종속변수의 변화와 관련성이 없어야 한다. 22회

▸ 독립변수들 사이의 상관관계는 인과관계 추론의 일차적 조건이다. 22회

084 ▸ 독립변수와 종속변수 간의 관계는 두 변수 모두의 원인이 되는 제3의 변수로 설명되어서는 안 된다. 22회

084 ▸ 독립변수와 종속변수의 관계가 허위적 관계이어야 한다. 17회

기출키워드 13 순수실험설계, 유사실험설계, 전실험설계 ★빈출

085 ▸ 시계열 설계(time-series design)는 검사효과와 외부사건을 통제하기 어렵다. 19회

086 ▸ 정태적 집단 비교설계(static group design)는 두 집단의 본래의 차이를 확인하기 어렵다. 19회

기출키워드 13-1 전실험설계_단일집단 사전사후검사 설계

087 ▸ 통제집단을 확보하기 어려울 때 사용할 수 있는 설계이다. 꽈배기선지 17회

088 ▸ 단일집단 사전사후검사 설계(one-group pretest-posttest design)는 검사효과를 통제하기 어렵다. 19회

088 ▸ 검사효과를 통제하는 설계이다. 17회
▸ 연구결과의 일반화가 용이한 설계이다. 17회

기출키워드 13-2 순수실험설계

089 ▸ 사회복지 프로그램의 실행 여부가 독립변수로 설정될 수 있다. 20회

090 ▸ 사전조사에서 실험집단과 통제집단의 종속변수 측정치는 통계적으로 유의미한 차이가 없어야 한다. 꽈배기선지 20회

090 ▸ 사전조사와 사후조사에서 통제집단의 종속변수 측정치는 통계적으로 유의미한 차이가 있어야 한다. 20회

091 ▸ 실험집단과 통제집단의 동질성 확보가 필요하다. 20회

092 ▸ 실험집단과 통제집단의 차이는 독립변수의 개입 유무이다. 20회

기출키워드 13-3 유사실험설계

093 ▸ 통제집단을 두기 어려울 때 사용할 수 있다. 20회

나왔던 선지가 **그대로 or 변형되어** 또 나온다!

094 ▸ 정태적 집단비교설계(static-group comparison design)보다 내적타당도가 높다. 20회

095 ▸ 개입효과는 사전검사와 사후검사 측정치의 평균을 비교해서 측정할 수 있다. 20회

096 ▸ 사전검사와 개입의 상호작용효과가 발생할 수 있다. 20회

096 ▸ 검사효과가 발생할 수 없다. 20회

기출키워드 13-4 전실험설계_통제집단 사전사후검사 설계

097 ▸ 자연적 성숙에 따른 효과의 통제가 가능하다. 21회

098 ▸ 통제집단 사후검사 설계(posttest-only control group design)는 사전검사의 영향을 배제할 수 있다. 19회

098 ▸ 사전검사와 프로그램의 상호작용 효과의 통제가 가능하다. 21회

기출키워드 13-5 순수실험설계_솔로몬 4집단 설계

099 ▸ 외부사건을 통제할 수 있다. 23회

100 ▸ 내적타당도가 매우 높은 설계 유형이다. 23회

101 ▸ 통제집단 사전사후검사 설계와 통제집단 사후검사 설계를 병행하는 방식이다. 꽈배기 선지 23회

102 ▸ 순수실험설계 유형이다. 23회

기출키워드 14 단일사례설계

103 ▸ BA설계는 개입의 긴급성이 있는 상황에 적합하다. 21회

104 › ABAB설계는 AB설계에 비해 외부사건의 영향력에 대한 통제력이 크다. 21회

105 › 복수기초선디자인은 AB설계에 비해 외부사건의 영향력에 대한 통제력이 크다. 꽈배기선지 21회
› 복수기초선 설계는 AB설계를 다양한 대상이나 상황 등에 적용하여 동일한 효과를 보이는지를 확인하는 설계방법이다. 꽈배기선지 23회

106 › 시각적 분석은 <mark>변화의 수준, 파동, 경향을 고려</mark>해야 한다. 꽈배기선지 21회

107 › 평균비교에서는 평균과 표준편차를 함께 고려해야 한다. 꽈배기선지 21회

108 › 경향선 분석에서는 기초선의 측정값을 두 영역으로 나누어 경향선을 구한다. 꽈배기선지 21회

109 › 임상적 분석은 결과 판단에 주관적 요소의 개입 가능성이 크다. 꽈배기선지 21회

110 › 시계열 설계의 논리를 개별사례에 적용한 것이다. 22회

111 › 윤리적인 문제가 발생할 수 있다. 22회

112 › 실천과정과 조사연구과정이 통합될 수 있다. 22회

113 › 다중기초선 설계의 적용이 가능하다. 22회

114 › AB설계는 기초선 단계(A)와 개입 단계(B)로 구성된다. 23회

115 › 사례가 집단일 경우 개별 구성원의 정보들은 평균이나 전체 빈도 등으로 요약되어 단일사례로 취급될 수 있다. 23회

기출키워드 14-1 단일사례설계_다중기초선 설계

116 ▸ 일부 연구대상자에게 개입의 제공이 지연되는 문제를 갖는다. 17회

117 ▸ 연구대상자의 수가 증가할수록 내적타당도는 증가한다. 17회

118 ▸ 동일한 개입을 특정 연구대상자의 여러 표적행동에 적용하여 개입의 효과를 평가할 수 있다. 17회

119 ▸ 수집된 자료의 분석을 위해 통계적 방법이 사용되기도 한다. 17회

기출키워드 15-1 측정수준_측정도구

120 ▸ 측정도구를 개발하기 위해서 조작화가 요구된다. 17회

121 ▸ 리커트 척도구성(scaling)은 서열척도구성이다. 17회

122 ▸ 수능시험은 대학에서의 학업능력을 예비적으로 파악하는 측정도구이다. 17회

기출키워드 15-2 측정수준_측정

123 ▸ 일정한 규칙에 따라 측정대상에 값을 부여하는 과정이다. 19회

124 ▸ 이론적 모델과 사건이나 현상을 연결하는 방법이다. 19회

125 ▸ 사건이나 현상을 세분화하고 통계적 분석에 활용할 수 있는 정보를 제공한다. 19회

126 ▸ 측정의 수준에 따라 명목, 서열, 등간, 비율의 4가지 유형으로 분류한다. 　19회

기출키워드 16　측정의 신뢰도와 타당도 ★ 빈출

127 ▸ 타당도가 있다면 어느 정도 신뢰도가 있다고 볼 수 있다. 　22회

127 ▸ 측정도구의 신뢰도가 높아지면 타당도도 높아진다. 　18회
▸ 신뢰도가 높을 경우 타당도도 높다고 할 수 있다. 　22회
▸ 신뢰도는 타당도의 필요충분조건이다. 　20회

기출키워드 16-1　측정의 신뢰도와 타당도_측정의 신뢰도

128 ▸ 일관성 또는 안정성으로 표현될 수 있는 개념이다. 　파배기선지　17회
▸ 신뢰도는 일관성으로 표현될 수 있는 개념이다. 　파배기선지　18회
▸ 측정할 때마다 실제보다 5g 더 높게 측정되는 저울은 신뢰도가 있다. 　파배기선지　20회

129 ▸ 재검사법, 반분법은 신뢰도를 평가하는 방법이다. 　20회

130 ▸ 조사대상자가 알지 못하는 내용에 대해서는 측정하지 않는 것이 좋다. 　20회

기출키워드 16-2　측정의 신뢰도와 타당도_신뢰도 측정 방법

131 ▸ 동일한 상황에서 동일한 측정도구로 동일한 대상을 다시 측정하는 방법 　21회
▸ 측정도구를 반으로 나누어 두 개의 독립된 척도로 구성한 후 동일한 대상을 측정하는 방법 　21회
▸ 동질성이 있는 두 개의 측정도구를 동일한 대상에게 측정하는 방법 　21회

131 ▸ 상관관계가 높은 문항들을 범주화하여 하위요인을 구성하는 방법 　21회

132 ▸ 전체 척도와 척도의 개별항목이 얼마나 상호연관성이 있는지 분석하는 방법 　21회

기출키워드 16-3 측정의 신뢰도와 타당도_측정의 타당도

133 ▸ 특정 개념에 포함되어 있는 의미를 포괄하는 정도는 **내용타당도**이다. 21회

134 ▸ 개발된 측정도구의 측정값을 현재 사용되고 있는 측정도구와 비교하는 것은 **동시타당도(concurrent validity)**이다. 21회

135 ▸ 측정하려는 개념이 포함된 이론체계 안에서 다른 변수와 관련된 방식에 기초한 타당도는 **구성타당도(construct validity)**이다. 21회

기출키워드 17 측정의 오류

136 ▸ **익명의 응답**은 체계적 오류를 최소화한다. 18회
▸ **편견 없는 단어**는 체계적 오류를 최소화한다. 18회
▸ **비관여적 관찰**은 체계적 오류를 최소화한다. 18회

137 ▸ **척도구성 과정의 실수**는 체계적 오류를 발생시킨다. 18회
▸ **연구자의 의도가 포함된 질문**은 체계적 오류를 발생시킨다. 21회
▸ **사회적으로 바람직한 응답**은 체계적 오류를 발생시킨다. 21회

138 ▸ 측정의 오류는 연구의 타당도를 낮춘다. 21회

139 ▸ 측정의 다각화는 측정의 오류를 줄여 객관성을 높인다. 21회

기출키워드 18 척도의 유형

140 ▸ 명목척도는 응답범주의 서열이 없는 척도이다. 19회

141 ▸ 비율척도는 **절대 0점이 존재하는** 척도이다. 19회

141 ▸ 비율척도의 대표적인 유형은 리커트척도이다. 19회

142 ▸ 서열척도는 변수의 속성에 따라 일정한 범주로 분류한다. 19회

143 ▸ 리커트척도(Likert scale)는 문항 간 내적 일관성이 중요하다. 20회

143 ▸ 리커트(Likert)척도는 개별문항의 중요도를 차등화한다. 21회

144 ▸ 거트만척도(Guttman scale)는 누적 척도이다. 20회

144 ▸ 거트만(Guttman)척도는 다차원적 내용을 분석할 때 사용된다. 21회

145 ▸ 보가더스척도(Borgadus scale)는 사회집단 간의 심리적 거리감을 측정하는 데 적절하다. 20회
▸ 보가더스(Bogardus)의 사회적 거리척도는 누적척도이다. 21회

146 ▸ 의미분화척도(semantic differential scale)의 문항은 한 쌍의 대조되는 형용사를 사용한다. 20회

146 ▸ 의미차별(semantic differential)척도는 느낌이나 감정을 나타내는 한 쌍의 유사한 형용사를 사용한다. 21회

기출키워드 19 표본추출의 개요

147 ▸ 표집오류를 줄이기 위해 층화표집방법(stratified sampling)을 사용할 수 있다. 21회

148 ▸ 전수 연구에서 모수와 통계치의 구분은 필요하지 않다. 23회

148 ▸ 전수조사에서는 모수와 통계치의 구분이 필요하다. 21회

149 ▸ 표본 연구는 전수 연구에 비해 시간과 비용 측면에서 효율적이다. 23회

149 ▸ 표본 연구는 전수 연구에 비해 비표본오차가 크다. 23회

150 ▸ 모집단이 큰 경우에는 표본 연구가 적합하다. 23회

151 ▸ 확률표집은 비확률표집에 비해 정확한 표집틀이 필요하다. 23회

기출키워드 20 표집의 설계 ★ 빈출

152 ▸ 무작위로 추출된 표본의 크기는 표본의 대표성과 관계가 있다. 17회
▸ 모집단의 동질성은 표본의 대표성과 관계가 있다. 17회

152 ▸ 동일확률선정법으로 추출된 표본은 모집단을 완벽하게 대표한다. 17회

나왔던 선지가 **그대로 or 변형되어** 또 나온다!

153 ▸ 층화표본추출은 단순무작위 표본추출보다 대표성이 높은 표본을 추출하는 방법으로 알려져 있다. 17회

154 ▸ 표본의 대표성은 표본의 질을 판단하는 주요 기준이다. 꽈배기선지 17회

155 ▸ 단순무작위표집(simple random sampling)은 모집단으로부터 표본으로 추출될 확률을 알 수 있다. 20회

156 ▸ 눈덩이표집(snowball sampling)은 질적연구나 현장연구에서 많이 사용된다. 22회

156 ▸ 눈덩이표집(snowball sampling)은 모집단의 규모를 알아야만 사용할 수 있다. 20회

157 ▸ 의도적 표집(purposive sampling)은 비확률표집이다. 꽈배기선지 22회

158 ▸ 집락표집(cluster sampling)은 모집단에 대한 표집틀이 갖추어지지 않더라도 사용가능하다. 22회

159 ▸ 모집단 내 편차가 클수록 표본의 크기를 늘려야 한다. 꽈배기선지 23회

159 ▸ 표본의 크기와 표본오차는 비례한다. 23회

기출키워드 20-1 표집의 설계_표집오차

160 ▸ 신뢰수준을 높이면 표집오차는 감소한다. 꽈배기선지 21회

161 ▸ 모집단의 모수와 표본의 통계치 간의 차이이다. 21회

161 ▸ 모집단의 크기와 표본크기의 차이를 말한다. 22회

162 ▸ 표본으로 추출될 기회가 동등하면 표집오차는 감소한다. 꽈배기선지 21회
  ▸ 동일한 조건이라면 표본크기가 클수록 감소한다. 꽈배기선지 22회
  ▸ 동일한 조건이라면 이질적 집단보다 동질적 집단에서 추출한 표본의 표집오차가 작다. 꽈배기선지 22회
  ▸ 모집단의 동질성에 영향을 받는다. 21회

163 ▸ 표본의 선정과정에서 발생하는 오차이다. 22회

164 ▸ 표집방법에 따라 달라질 수 있다.   22회

기출키워드 20-2   표집의 설계_할당표본추출

165 ▸ 연구자는 모집단에 대한 사전지식을 가지고 있어야 한다.   17회
     ▸ 모집단의 주요 특성에 대한 정보를 활용한다.   21회

166 ▸ 연구자의 편향적 선정이 이루어질 수 있다.   17회

167 ▸ 모집단의 구성 요소들이 표본으로 선정될 확률이 동일하지 않다.   17회

168 ▸ 표본추출 시 할당틀을 만들어 사용한다.   17회, 21회

169 ▸ 지역주민 조사에서 전체주민의 연령대별 구성 비율에 따라 표본을 선정한다.   21회

170 ▸ 우발적 표집보다 표본의 대표성이 높다.   21회

기출키워드 20-3   표집의 설계_확률표집

171 ▸ 무작위추출방식으로 표본을 추출한다.   18회

172 ▸ 의식적이거나 무의식적인 편향(bias)을 방지할 수 있다.   18회

173 ▸ 모집단의 규모와 특성을 알 때 사용할 수 있다.   18회

나왔던 선지가 그대로 or 변형되어 또 나온다!

174 › 표본오차를 추정할 수 있다. 꽈배기선지   18회
› 표준오차(standard error)가 커지면 표집오차도 커진다. 꽈배기선지   20회
› 표본의 수가 증가하면 표집오차가 감소한다. 꽈배기선지   20회
› 층화를 통해 단순무작위추출의 표집오차를 줄일 수 있다. 꽈배기선지   20회

174 › 다른 조건이 같다면, 신뢰수준(confidence level)을 높이면 표집오차가 감소한다.   20회

175 › 이질적인 모집단보다 동질적인 모집단에서 추출한 표본의 표집오차가 작다. 꽈배기선지   20회

176 › 군집표집에 의한 조사에 비해 표집오차를 줄일 수 있다.   23회

기출키워드 20-4 표집의 설계_체계적표집

177 › 표집틀이 있어야 한다.   20회

178 › 체계적표집(systematic sampling)은 주기성(periodicity)이 문제가 될 수 있다.   22회

178 › 모집단의 배열에 일정한 주기성을 가지고 있어야 한다.   20회

기출키워드 21 질문지법 ★ 빈출

179 › 질문의 유형과 형태를 결정할 때 조사대상자의 응답능력을 고려할 필요가 있다.   20회

180 › 전화조사는 무작위 표본추출이 가능하다.   19회

181 › 면접조사는 우편조사에 비해 비용이 많이 든다.   19회

기출키워드 21-1　질문지법_설문지 작성

182
- 개연성 질문(contingency questions)은 사고의 흐름에 따라 배치한다. 〈짝배기 선지〉　18회
- 고정반응(response set)을 예방하기 위해 유사질문들은 분리하여 배치한다. 〈짝배기 선지〉　18회
- 민감한 주제나 주관식 질문은 설문지의 뒷부분에 배치한다. 〈짝배기 선지〉　18회

183
- 명목측정을 위한 질문은 <mark>단일차원성</mark>의 원칙을 지켜 내용을 구성한다.　18회

184
- 다항선택식(multiple choice) 질문은 응답범주들 중에서 하나 또는 그 이상을 선택하도록 하는 질문이다.　19회

182
- 설문지에서 질문 순서는 무작위 배치를 원칙으로 한다.　20회

기출키워드 21-2　질문지법_설문조사 결과 해석 시 유의사항

185
- 표집방법이 확률표집인가 비확률표집인가?　20회

186
- 표본의 크기는 모집단을 대표하기에 적절한가?　20회

187
- 설문조사는 언제 이루어졌는가?　20회

188
- 측정도구가 신뢰할 만한 것인가?　20회

기출키워드 21-3　질문지법_온라인 설문

189
- 표적집단 확인이 대면면접에 비해 제한적이다.　23회

기출키워드 22 면접법

190 ▸ 보충적 자료수집이 가능하다. 21회

191 ▸ 대리 응답의 방지가 가능하다. 21회

192 ▸ 높은 응답률을 기대할 수 있다. 21회

193 ▸ 조사 내용에 대한 심층적 이해가 가능하다. 21회

기출키워드 23 관찰법

194 ▸ 비언어적 상황의 자료수집이 용이하다. 21회

194 ▸ 자료수집 상황에 대한 통제가 용이하다. 21회

기출키워드 23-1 관찰법_완전 참여자

195 ▸ 관찰대상의 승인을 받지 않고 관찰한다는 점에서 연구 윤리 문제가 제기될 수 있다. 22회

기출키워드 24 내용분석법

196 ▸ 인간의 의사소통 기록을 체계적으로 분석한다. 18회

197 ▸ 분석상의 실수를 언제라도 수정할 수 있다. 18회
▸ 연구과정에서 실수를 하더라도 재조사가 가능하다. 22회

198 ▸ 양적조사와 질적조사에 공통으로 사용할 수 있다. 18회, 22회

| 199 | 기존자료를 활용하여 타당도 확보가 어렵다. 18회 | 199 | 내용분석법은 신문, 책, 일기 등의 직접자료를 수집하고 분석하는 방법이다. 18회 |

199 ▸ 기존자료에 의존하기 때문에 연구의 범위가 무제한적이다. 19회

▸ 기존자료를 활용하는 질적조사이기 때문에 가설검증은 필요하지 않다. 19회

200 ▸ 선정편향(selection bias)이 발생할 수 있다. 19회

201 ▸ 연구대상자의 반응성을 배제할 수 있다. 19회

201 ▸ 반응적(reactive) 연구방법이다. 22회

202 ▸ 서베이(survey) 조사에서 사용하는 표본추출 방법을 사용할 수 있다. 22회

203 ▸ 숨은 내용(latent content)의 분석이 가능하다. 22회

기출키워드 24-1   내용분석법_내용분석과 내러티브 탐구

204 ▸ 내용분석은 2차적 자료를 분석하고, 내러티브 탐구는 1차적 자료를 분석한다. 23회

205 ▸ 내용분석에 비해 내러티브 탐구는 과정중심적으로 접근할 수 있다. 23회

206 ▸ 내용분석은 내러티브 탐구에 비해 보다 많은 사례를 분석할 수 있다. 23회

207 ▸ 모두 자료를 해석하고 구조화하는 데 연구자의 객관성 유지가 필요하다. 23회

기출키워드 25-1   욕구조사_초점 집단 조사

208 ▸ 집단을 활용한 자료수집방법이다. 19회

나왔던 선지가 **그대로 or 변형되어** 또 나온다!

209 ▸ 직접적인 자료수집방법이다. 19회

210 ▸ 욕구조사에서 활용된다. 19회

211 ▸ 연구자의 개입에 의해 편향이 발생할 수 있다. 19회

기출키워드 25-2 욕구조사_델파이조사

212 ▸ 전문가 패널을 대상으로 견해를 파악한다. 21회

213 ▸ 되풀이되는 조사 과정을 통해 합의를 도출한다. 꽈배기선지 21회
▸ 결과 도출을 위해 반복해서 진행할 수 있다. 꽈배기선지 23회
▸ 전문가들의 합의점을 찾는 데 목표를 둔다. 꽈배기선지 23회

214 ▸ 반대 의견에 대한 패널 참가자들의 감정적 충돌을 줄일 수 있다. 21회

215 ▸ 조사 자료의 정리에 연구자의 편향이 발생할 수 있다. 21회

216 ▸ 비대면을 원칙으로 한다. 23회

216 ▸ 패널 참가자의 익명성 보장에 어려움이 있다. 21회
▸ 기명으로 진행되기 때문에 참여자들의 책임성을 높일 수 있다. 23회

217 ▸ 참여자의 다양한 아이디어를 수집할 수 있다. 23회

기출키워드 26 평가조사

218 ▸ 보고서의 형식은 의뢰기관의 요청에 따를 수 있다. 20회

219 ▸ 목표달성에 대한 해석이 다양한 이해관계에 영향을 받을 수 있다.
20회

220 ▸ 질적연구방법을 적용할 수 있다.
20회

221 ▸ 프로그램의 실행과정도 평가할 수 있다.
20회

기출키워드 27 | 질적연구의 특성

222 ▸ 실천, 이야기, 생활방식, 하위문화 등이 질적조사의 주제가 된다.
17회

223 ▸ 자연주의는 질적조사의 오랜 전통이다.
17회

224 ▸ 현장연구라고 명명되기도 한다. 꽈배기 선지
17회

225 ▸ 연구참여자의 상황적 맥락 안에서 이루어진다. 꽈배기 선지
18회

226 ▸ 확률표본추출방법이 사용될 수 있다.
17회

227 ▸ 풍부하고 자세한 사실의 발견이 가능하다.
18회

228 ▸ 문제에 대한 통찰력을 제공한다.
18회

229 ▸ 현상에 대해 심층적으로 기술한다.
18회

230 ▸ 관찰로부터 이론을 도출하는 귀납적 방법을 활용한다. 꽈배기 선지
22회

기출키워드 29 질적연구의 방법

231 ▸ 심층면접은 주요 자료수집방법 중 하나이다.   17회

232 ▸ 판단(judgemental) 표집   22회

233 ▸ 결정적 사례(critical case) 표집   22회

234 ▸ 극단적 사례(extreme case) 표집   22회

235 ▸ 최대변이(maximum variation) 표집   22회

기출키워드 29-1 질적연구의 방법_축코딩

236 ▸ 발견된 범주를 가지고 중심 현상을 중심으로 인과적 조건을 만든다.   20회

3영역 사회복지실천론

핵심 기출선지 총정리

- 기출키워드 번호는 〈1권 영역별 기출문제집〉의 기출키워드 번호와 연동되어 있습니다. 영역별 기출문제집과 함께 학습하면 학습 효과를 더욱 높일 수 있습니다.
- **형광펜** 표시는 중요 내용입니다. 기출선지를 회독하면서 자연스럽게 중요 내용도 암기하는 효과를 느껴 보세요.
- 오답선지에서 어느 부분이 잘못되었는지 생각해 보고, 옳은 내용과 비교해 보세요.
- 3회독 Check □□□에 정확히 아는 선지에는 ○, 암기가 필요한 선지에는 ×를 표시하세요.
- 꽈배기선지 는 빈출 개념에 대해 혼동을 유발하거나 오답을 유도하는 선지를 의미합니다. 꽈배기 선지는 회독 시 한 번 더 눈여겨 보세요.

기출키워드 2-1 사회복지실천의 개념 및 방법_사회복지실천의 목적과 기능

> 헷갈리지 말자! **오답선지**

001 ▸ 사회정의의 증진   17회

002 ▸ 클라이언트의 삶의 질 증진   17회

003 ▸ 클라이언트의 가능성과 잠재력 개발   17회

004 ▸ 개인과 사회 간 상호유익한 관계 증진   17회

기출키워드 2-2 사회복지실천의 개념 및 방법_사회복지 전문직

005 ▸ 전문적인 이론체계를 갖고 있음   17회

006 ▸ 개인의 변화와 사회적 변혁에 관심을 둠 꽈배기선지   17회

007 ▸ 미시 및 거시적 개입방법을 모두 이해해야 함   17회

나왔던 선지가 **그대로 or 변형되어** 또 나온다!

기출키워드 2-3 사회복지실천의 개념 및 방법_거시 수준의 사회복지실천

008 ▸ 다문화 청소년을 위한 조례 제정을 추진한다. 꽈배기선지 　21회

009 ▸ 피학대 노인 보호를 위한 제도 개선을 제안한다. 꽈배기선지 　21회

010 ▸ 장애인복지에 필요한 정부 예산 증액을 촉구한다. 　21회

011 ▸ 고독사 문제 해결을 위한 정책 토론회를 개최한다. 　21회

기출키워드 3-1 사회복지실천의 가치_인권

012 ▸ 모든 인간에게 해당되는 보편적인 권리이다. 　19회
　　▸ 개인, 집단, 국가가 상호 간에 책임을 동반하는 권리이다. 　19회
　　▸ 사회적 약자를 위하여 지켜지고 확보되어야 하는 권리이다. 　19회
　　▸ 법이 보장하고 있지 않다 해도 인간의 존엄성 보장에 필요한 권리이다. 꽈배기선지 　19회

013 ▸ 불가양성·불가분성: '양로시설에서 생활하는 노인의 의사결정을 사회복지사가 대신할 수 없다' 꽈배기선지 　20회

014 ▸ 천부성은 인간이 세상에 태어나면서부터 존엄성을 가지고 태어났다는 의미이다. 　22회

015 ▸ 자유권은 시민적, 정치적 권리이다. 　22회
　　▸ 자유권은 국가의 통치와 간섭으로부터 자유를 보장하기 위한 권리이다. 꽈배기선지 　23회
　　▸ 자유권은 국가가 반드시 보호해 주어야 하는 권리이다. 　23회

016 ▸ 평화권은 국가들 간의 연대와 단결의 권리이다. 꽈배기선지 　22회

017 ▸ 평등권은 경제적, 사회적, 문화적 권리이다. 22회
☐☐☐ ▸ 평등권은 국가의 적극적 책임과 의무를 강조하는 것으로 사회보장의 권리를 의미한다. 꽈배기선지 23회

017 ▸ 평등권은 구속 및 인신매매로부터의 보호를 의미한다. 23회

기출키워드 4 　사회복지사 윤리강령

018 ▸ 사회복지사는 원조과정에서 자신의 이익을 위해 행동해서는 안 됨
☐☐☐ 17회

019 ▸ 로웬버그와 돌고프의 윤리원칙 준거틀은 생명보호를 최우선으로 함
☐☐☐ 17회

기출키워드 4-1 　사회복지사 윤리강령_사회에 대한 윤리기준

020 ▸ 사회복지사는 인권존중과 인간평등을 위해 헌신해야 하며, 사회적 약자를 옹호하고 대변하는 일을 주도해야 한다. 꽈배기선지 18회
☐☐☐ ▸ 사회복지사는 자신이 일하는 지역사회의 문제를 이해하고, 그것을 해결하는 일에 적극적으로 참여해야 한다. 18회

기출키워드 4-2 　사회복지사 윤리강령_클라이언트에 대한 윤리기준

021 ▸ 사회복지사는 적법하고도 적절한 논의 없이 동료 혹은 다른 기관의 클라이언트와 전문적인 관계를 맺어서는 안 된다. 19회
☐☐☐

022 ▸ 사회복지사는 긴급한 사정으로 인해 동료의 클라이언트를 맡게 된 경우, 자신의 의뢰인처럼 관심을 갖고 서비스를 제공한다. 꽈배기선지 19회
☐☐☐

023 ▸ 서비스의 종결 22회, 23회
☐☐☐

024 ▸ 기록·정보 관리 22회, 23회
☐☐☐

025 ▸ 직업적 경계 유지 22회
☐☐☐

> 나왔던 선지가 **그대로 or 변형되어** 또 나온다!

026 정보에 입각한 동의   22회

기출키워드 4-3   사회복지사 윤리강령_윤리강령의 기능

027 외부통제로부터 전문직 보호   20회

028 윤리적 갈등이 생겼을 때 지침과 원칙 제공   20회

029 사회복지사의 자기규제를 통한 클라이언트 보호   20회

030 전문가로서 사회복지사의 기본업무 및 자세 알림   20회

기출키워드 5-1   윤리적 갈등과 해결지침_가치갈등과 윤리적 딜레마

031 윤리기준은 지속적으로 변화된다.   17회

032 가치갈등에 대응하는 첫 단계는 가치갈등의 존재를 인식하는 것이다.   17회

033 의무상충: 소속기관의 예산 절감 요구로 클라이언트에게 필요한 서비스를 제공하지 못할 때, 사회복지사가 겪게 되는 가치갈등   19회

034 윤리적 결정에 따른 결과의 모호성으로 윤리적 딜레마가 발생할 수 있다.   17회

035 윤리적 결정을 위해 로웬버그와 돌고프(F. Loewenberg R. Dolgoff)의 일반결정모델을 활용할 수 있다.   17회

기출키워드 5-2 윤리적 갈등과 해결지침_로웬버그와 돌고프의 윤리적 원칙

036
- 자율성과 자유의 원칙: 로웬버그와 돌고프(F. Loewenberg & R. Dolgoff)의 윤리적 원칙 심사표에서 도움을 요청해 온 클라이언트의 의사를 존중해 주는 것에 해당하는 윤리적 원칙 20회
- 클라이언트의 자기결정권: 특정 문제에 대해 어떠한 서비스를 제공할 것인가 결정할 때, 클라이언트의 의사를 존중해주는 것을 의미하는 윤리적 쟁점 22회

기출키워드 6-1 서구 사회복지실천의 역사_전문직으로서의 사회복지실천

037
- 우애방문자들의 활동에 보수를 지급하기 시작하였다. 깔배기선지 18회
- 우애방문자를 지도·감독하는 체계를 마련하였다. 깔배기선지 18회

038
- 자선조직협회는 교육 프로그램을 마련하였다. 깔배기선지 18회

039
- 의사인 카보트(R. Cabot)가 매사추세츠병원에 의료사회복지사를 정식으로 채용하였다. 18회

기출키워드 6-2 서구 사회복지실천의 역사_자선조직협회(COS)

040
- 빈민 지원 시 중복과 누락을 방지하고자 시작되었다. 18회

041
- 민간 사회복지기관의 활동을 체계적으로 조정하기 위해 등장하였다. 깔배기선지 21회

041
- 연구 및 조사를 통하여 사회제도를 개혁하고자 설립되었다. 18회

042
- 적자생존에 기반한 사회진화론을 구빈의 이론적 기반으로 삼았다. 21회

043
- 과학적이고 적절한 자선활동을 수행하기 위해 클라이언트 등록체계를 실시하였다. 21회

044
- 자선조직협회 활동은 개별사회사업의 초석이 되었다. 21회

044
- 집단 및 지역사회복지의 태동에 영향을 주었다. 18회

나왔던 선지가 **그대로 or 변형되어** 또 나온다!

기출키워드 6-3　서구 사회복지실천의 역사_기능주의에서 강조한 내용

045　개인의 의지　　　　　　　　　　　　　　　　　　　22회

046　전문가와 클라이언트 사이의 원조관계　(팔배기 선지)　　22회

047　기관의 기능　　　　　　　　　　　　　　　　　　　22회

기출키워드 7-1　우리나라 사회복지실천의 역사_1960년대와 1970년대 외원단체 활동이 우리나라사회복지발달에 미친 영향

048　사회복지가 종교와 밀접한 관련하에 전개되도록 하였다.　22회

049　전문 사회복지의 시작을 촉발하였다.　　　　　　　　22회

050　사회복지가 거시적인 사회정책보다는 미시적인 사회사업 위주로 발전하게 하였다.　22회

051　사람들이 사회복지를 구호사업 또는 자선사업과 같은 것으로 인식하게 하였다.　22회

기출키워드 8　사회복지실천현장의 구분 ★빈출

052　사회복지관 – 1차 현장　　　　　　　　　　　　　　21회
　　　　1차 현장: 노인복지관　　　　　　　　　　　　　　22회

053　2차 현장: 교정시설　　　　　　　　　　　　　　　22회
　　　　종합병원 – 2차 현장　　　　　　　　　　　　　　21회

054　지역아동센터 – 1차 현장, 이용시설　(팔배기 선지)　　23회
　　　　발달장애인지원센터 – 이용시설　(팔배기 선지)　　　21회

055 ▸ 사회복지공동모금회 - 비영리기관 꽈배기선지   21회

056 ▸ 생활시설: 노인요양원   22회
　　▸ 생활시설: 장애인거주시설   22회

056 ▸ 노인보호전문기관 - 생활시설   21회

기출키워드 9   사회복지사의 역할

057 ▸ 옹호자: 클라이언트 권익 변호   17회

058 ▸ 계획자: 변화과정 기획   17회

059 ▸ 연구자: 개입효과 평가   17회

060 ▸ 교육자: 지식과 기술 전수   17회

060 ▸ 교육자(educator): 권리침해나 불평등 이슈에 관심을 갖고 연대를 통해 변화를 이끄는 역할   23회

061 ▸ 중재자: 양자 간의 논쟁에 개입하여 중립을 지키면서 상호합의를 이끌어내는 사회복지사의 역할 꽈배기선지   21회

061 ▸ 중재자: 조직이나 집단의 갈등 해결   17회
　　▸ 중개자(broker): 불이익을 받는 집단을 위해 특정 제도를 변화, 개선하는 역할   23회
　　▸ 중재자(mediator): 흩어져 있는 서비스들을 조직적인 형태로 정리하는 역할   23회

062 ▸ 협상가(negotiator): 갈등상황에 있는 사람들 간의 합의를 이끌어내기 위해 어느 한쪽과 동맹을 맺고 타협하는 역할 꽈배기선지   23회

기출키워드 9-1   사회복지사의 역할_사회복지사의 옹호 활동

063 ▸ 자신의 권리를 주장할 수 없는 영유아를 대변한다.   19회

064 ▸ 무국적 아동의 교육 평등권을 위한 법안을 제안한다.   19회

나왔던 선지가 **그대로 or 변형되어** 또 나온다!

065 ▸ 이주 노동자에게 최저 임금을 받을 권리를 교육한다. 19회

066 ▸ 철거민들의 자체 회의를 위해 종합사회복지관의 공간을 제공한다. 19회
　　　　파배기 선지

기출키워드 10　강점관점

067 ▸ 실천의 초점을 과거에서 현재와 미래로 전환함 17회

067 ▸ 현재 강점을 갖게 된 어린 시절의 원인 사건에 치료의 초점을 맞춘다. 22회

068 ▸ 개입의 초점은 가능성에 있다. 20회
　　　▸ 개입의 핵심은 개인, 가족, 지역사회의 참여이다. 파배기 선지 20회, 22회

068 ▸ 클라이언트의 문제에 초점을 둠 17회

069 ▸ 클라이언트를 재능과 자원을 가진 사람으로 규정한다. 20회

070 ▸ 돕는 목적은 클라이언트의 삶에 함께 하며 가치를 확고히 하도록 지원하는 것이다. 20회

기출키워드 11　다문화 사회복지실천

071 ▸ 다문화주의는 문화상대주의이다. 17회

072 ▸ 사회복지사는 한국사회복지사 윤리강령에 명시된 다문화적 역량 증진 의무를 준수해야 한다. 17회

기출키워드 11-1　다문화 사회복지실천_사회복지사에게 요구되는 문화적 역량

073 ▸ 문화적 상이성에 대한 수용과 존중 19회

074 ▸ 자신의 문화적 정체성과 편견에 대한 성찰적 분석 19회

075 ▸ 다문화 배경의 클라이언트에 관한 지식의 필요성 인식
19회

기출키워드 12　통합적 접근의 특징

076 ▸ 생태체계관점을 토대로 한다. 19회
▸ 생태체계관점에서 인간과 환경 체계를 고려한다. 21회
▸ 체계와 체계를 둘러싼 환경 간의 관계를 중시한다. 19회

077 ▸ 문제에 대해 광범위하고 포괄적으로 접근한다. 19회
▸ 다양하고 복합적인 원인으로 발생하는 문제를 해결하기 위한 접근이다. 21회
▸ 미시 수준에서 거시 수준에 이르는 다차원적 접근을 한다. 21회

078 ▸ 사회복지실천과정을 점진적 문제해결과정으로 본다. 19회

079 ▸ 개입에 적합한 이론과 방법을 폭넓게 활용한다. 21회

기출키워드 12-1　통합적 접근의 특징_통합적 접근방법의 등장배경

080 ▸ 전통적 방법이 지나치게 분화되어 서비스의 파편화를 초래하였다. 23회

080 ▸ 전통적 방법이 복잡한 문제에 포괄적으로 개입하여 전문성이 부족하였다. 23회

081 ▸ 전통적 방법이 공통기반을 전제하지 않아 정체성 확립에 어려움이 발생하였다. 23회

082 ▸ 전통적 방법이 전문화 중심으로 교육되어 사회복지사의 분야별 이동을 어렵게 하였다. 23회

기출키워드 13　통합적 접근방법의 특징

083 ▸ 전통적인 방법론의 한계로 인해 등장 20회

084 ▸ 클라이언트의 참여와 자기결정권 강조 20회
    ▸ 클라이언트의 참여와 개별성을 강조한다. 22회

085 ▸ 클라이언트의 잠재력에 대해 미래지향적 관점을 갖는다. 22회

086 ▸ 인간의 행동은 환경과 연결되어 있음을 전제 20회
    ▸ 광범위하고 포괄적으로 문제를 규정한다. 22회
    ▸ 사회복지실천 과정에서 공통적으로 적용 가능한 개념이나 원리 등이 있음을 전제한다. 22회

086 ▸ 이론이 아닌 상상력에 근거를 둔 해결방법 지향 20회

087 ▸ 궁극적으로 클라이언트의 삶의 질 향상을 돕고자 함 20회

기출키워드 14-1 통합적 접근의 주요 관점_체계이론이 사회복지실천에 미친 영향

088 ▸ 사고의 틀을 개인중심에서 전체 체계로 확대하도록 유도함 17회

089 ▸ 경계, 환류, 엔트로피 등 기능적인 체계를 설명하는 개념을 제시함 17회

090 ▸ 사회현상을 분석함에 있어 체계를 둘러싼 변수들이 상호관련된 전체라는 시각을 갖게 함 17회

091 ▸ 동귀결성(equifinality)과 다중귀결성(multifinality)은 실천의 다양한 영향을 설명할 수 있게 함 17회

기출키워드 14-2 통합적 접근의 주요 관점_브론펜브레너 생태체계

092 ▸ 미시체계: 개인의 일상생활에 존재하는 실제적인 환경 18회

093 ▸ 적합성: 개인의 적응 욕구와 환경 또는 사회적 요구 사이의 조화와 균형의 정도를 의미하는 생태체계관점의 개념 23회

기출키워드 15-1 통합적 실천모델_임파워먼트모델

094 ▸ 임파워먼트는 개인, 대인관계, 제도적 차원에서 이루어짐 17회, 18회

095 ▸ 클라이언트를 문제해결의 협력적 파트너로 인정함 17회
▸ 클라이언트와 문제해결 방안을 함께 수립한다. 18회
▸ 클라이언트와 협력관계를 확립하는 것을 중요시한다. 18회
▸ 클라이언트가 원하는 변화를 위해 양자 간 협력적 관계를 형성한다. 23회

096 ▸ 클라이언트의 적극적인 참여를 강조한다. 22회
▸ 클라이언트의 참여를 중시하고 자기결정권을 강조한다. 23회

097 ▸ 클라이언트를 위해 자원을 동원하거나 권리를 옹호함 17회

098 ▸ 비장애인이 대부분인 사회에서 장애인 클라이언트의 취약한 권리에 주목하였다. (맞배기 선지) 21회
▸ 사회복지사와 클라이언트 집단은 장애인의 권익을 옹호하는데 협력하였다. 21회

099 ▸ 개입과정은 대화 – 발견 – 발달 단계로 진행된다. (맞배기 선지) 18회
▸ 대화, 발견, 발전의 단계를 통해 클라이언트 집단은 주도적으로 불평등한 사회제도를 개선하였다. 21회

100 ▸ 클라이언트를 서비스에 대한 권리를 가진 소비자로 본다. 23회
▸ 클라이언트를 경험과 역량을 가진 원조과정의 파트너로 본다. 23회

100 ▸ 사회복지사는 치료자이고, 클라이언트는 서비스의 수동적 수혜자로 여긴다. 23회

기출키워드 15-2 통합적 실천모델_임파워먼트모델의 단계별 실천과업

101 ▸ 발견(discovery)단계 – 자원역량 사정 23회

102 ▸ 전문가체계: 콤튼과 갤러웨이(B. Comton & Galaway)의 사회복지실천 구성체계 중 '사회복지사협회'가 해당되는 체계 (맞배기 선지) 21회

기출키워드 15-3 | 통합적 실천모델_펄만의 사회복지실천 구성요소 4P

103 ▸ 문제(problem) – 해결하고자 하는 문제나 욕구   20회

104 ▸ 장소(place) – 문제해결을 위한 서비스가 제공되는 물리적 공간   20회

기출키워드 16 | 전문적 관계의 특징

105 ▸ 클라이언트에게 도움을 주기 위해 정해진 기간 동안 관계를 맺는다.   17회
▸ 시간적인 제한을 둔다.   18회
▸ 계약에 의해 이루어지는 시간제한적인 특징을 갖는다.   21회

105 ▸ 문제가 해결되어야만 종결되는 관계이기 때문에 시간의 제한이 없다.   20회
▸ 시간적 제한을 두지 않는 관계이다.   22회

106 ▸ 사회복지사와 클라이언트 사이에 합의된 목적이 있다.   20회
▸ 사회복지사와 클라이언트가 합의하여 목적을 설정한다.   21회

107 ▸ 클라이언트의 욕구가 중심이 된다.   18회
▸ 클라이언트의 문제와 욕구가 중심이 된다.   22회

108 ▸ 전문가 자신의 정서를 통제하는 관계이다.   18회

108 ▸ 전문적 관계를 통해 사회복지사는 클라이언트의 감정과 행동의 변화를 통제한다.   17회
▸ 사회복지사는 자신의 반응을 통제하면 안 된다.   20회

109 ▸ 전문가는 전문성에 기반을 둔 권위를 가진다.   18회
▸ 사회복지사는 전문성에 바탕을 둔 권위를 가진다.   21회 (꽈배기 선지)

109 ▸ 클라이언트는 전문성에서 비롯된 권위를 가진다.   20회

110 ▸ 사회복지사는 소속된 기관의 특성에 영향을 받는다.   21회

기출키워드 17 | 전문적 관계형성의 기본요소 ★빈출

111 ▸ 사회복지사와 클라이언트 모두에게 요구되는 의무와 책임감이 있다.   20회

112 ▸ **자기인식**: 사회복지사가 **자신의 가치, 신념, 행동습관, 편견** 등이 사회복지실천에 어떤 영향을 미치는지 정확하게 이해하는 것이다.
21회

113 ▸ **공감**: 사회복지사가 클라이언트의 입장에서 이해하는 것 23회
▸ **공감**: **반영** 등의 기법을 사용하여 **이해하고 있다는 것을 표현**하는 것 23회
꽈배기 선지

114 ▸ **자기노출**: 클라이언트와의 관계형성을 위해 사회복지사가 **자신의 생각이나 경험을 공유**하는 면담기술 23회

기출키워드 17-1　전문적 관계형성의 기본요소_헌신과 의무

115 ▸ 원조관계에서 **책임감**을 갖고 **절차상의 조건**을 따르는 관계형성의 기본요소 19회
▸ **일관성을 포함**하는 개념이다. 22회
▸ 원조관계에서 **책임감**과 관련이 있다. 꽈배기 선지 22회
▸ 원조관계의 **목적을 달성**하기 위해 필요하다. 꽈배기 선지 22회

기출키워드 18　관계형성의 7대 원칙(비스텍) ★빈출

116 ▸ 클라이언트의 **비밀을 보장**해야 한다. 20회

117 ▸ 클라이언트를 비난하거나 심판하지 않아야 한다. 20회
▸ **비심판적 태도**: **클라이언트를 비난하지 않아야 한다**. 23회

118 ▸ 클라이언트의 감정을 **자유롭게 표현**하도록 해야 한다. 20회

118 ▸ 클라이언트의 욕구를 범주화해야 한다. 20회

기출키워드 18-1　관계형성의 7대 원칙(비스텍)_클라이언트의 자기결정권

119 ▸ 문제의 **해결자**가 사회복지사가 아닌 **클라이언트임을 강조**함 17회

120 ▸ 법률에 따라 제한되는 경우를 제외하고 최대한 존중되어야 함 17회

121 ▸ 사회복지사는 문제해결을 위해 다양한 대안을 알고 있어야 함 17회

122 ▸ 경청하고 수용하는 태도 18회

123 ▸ 클라이언트가 활용 가능한 자원을 찾고 분석하도록 지원하는 능력 (팔배기선지) 18회

123 ▸ 클라이언트에게 필요한 것들을 결정하여 이를 관철시키는 능력 18회

124 ▸ 클라이언트의 잠재력을 개발하는 데 도움이 되는 환경조성 능력

기출키워드 18-2 관계형성의 7대 원칙(비스텍)_통제된 정서적 관여

125 ▸ 클라이언트는 문제에 대한 공감적 반응을 얻고자 하는 욕구가 있다. 19회
  ▸ 사회복지사는 클라이언트 감정에 대해 민감성, 공감적 이해로 의도적이고 적절한 반응을 한다. 19회

기출키워드 18-3 관계형성의 7대 원칙(비스텍)_의도적 감정표현

126 ▸ 클라이언트의 부정적 감정을 자유롭게 표현할 수 있도록 지지한다. 21회

기출키워드 18-4 관계형성의 7대 원칙(비스텍)_수용

127 ▸ 클라이언트를 있는 그대로 이해한다. 20회, 22회, 23회
  ▸ 클라이언트의 부정적인 감정도 받아들인다. 22회
  ▸ 편견이나 선입관을 줄여나가면 수용에 도움이 된다. 22회
  ▸ 클라이언트가 안도감을 갖게 하여 현실적인 방법으로 문제 대처를 할 수 있도록 돕는다. (팔배기선지) 22회

기출키워드 20-1 면접기법 및 질문_면접질문

128 중첩형 질문(stacking question)은 클라이언트를 혼란스럽게 만들 수 있다. 20회

129 클라이언트가 방어적인 태도를 취할 수 있기에 '왜'라는 질문은 피한다. 21회

128 클라이언트에게 이중 또는 삼중 질문을 한다. 21회

129 '왜'로 시작하는 질문은 클라이언트의 가장 개방적 태도를 이끌어 낼 수 있다. 20회

기출키워드 20-2 면접기법 및 질문_해석

130 클라이언트가 보여준 언행들의 의미와 관계에 대한 가설을 제시함 17회

131 클라이언트가 자신의 행동, 감정, 생각을 새로운 시각으로 볼 수 있게 함 (팔배기 선지) 17회

기출키워드 20-3 면접기법 및 질문_명료화

132 면접을 위한 의사소통기술 중 클라이언트의 혼란스럽고 갈등이 되는 느낌을 가려내어 분명히 해주는 기술 18회

기출키워드 20-4 면접기법 및 질문_경청

133 클라이언트에 관한 중요한 정보를 얻는 방법 중 하나이다. 20회

134 클라이언트의 표정이나 몸짓도 관찰하여 의미를 파악한다. 20회

135 클라이언트의 사고와 감정을 이해하려는 적극적 활동이기도 하다. (팔배기 선지) 20회, 22회

136 클라이언트와 사회복지사 사이의 신뢰관계 형성에 도움이 된다. 20회

137 ▸ 클라이언트와 시선을 맞추어야 한다. 22회

138 ▸ 클라이언트의 언어적·비언어적 표현을 함께 파악해야 한다. 22회

139 ▸ 클라이언트에 대한 열린 마음과 수용적인 태도가 필요하다. 22회

140 ▸ 클라이언트의 감정과 사고를 이해하고 파악하는 것이다. 22회

기출키워드 20-5 면접기법 및 질문_관찰기술

141 ▸ 클라이언트의 행동과 외모, 몸짓, 태도 등에 주의를 기울이는 기술 23회

142 ▸ 클라이언트의 언어적, 비언어적 메시지의 차이를 파악할 수 있는 기술 23회

143 ▸ 사회복지사의 편견에 의해 판단하지 않도록 주의를 기울여야 하는 기술 꽈배기선지 23회

144 ▸ 클라이언트의 침묵이 언제, 어떤 이야기 도중 발생하였는지를 파악하는 기술 23회

기출키워드 21 면접의 유형

145 ▸ 정보수집면접: 갈등을 겪고 있는 부부를 대상으로 문제에 대한 과거력, 개인력, 가족력을 파악하는 면접을 진행함 꽈배기선지 22회

146 ▸ 치료면접: 학교폭력 피해학생의 자존감 향상을 위해 심리적 지지를 제공하는 면접을 진행함 22회

기출키워드 21-1 면접의 유형_면접의 특징

147 ▸ 사회복지사와 클라이언트 사이의 <mark>특정한 역할 관계</mark>가 있다. 18회

148 ▸ <mark>시간과 장소 등 구체적인 요건</mark>이 필요하다. 18회

149 ▸ 클라이언트의 어려움을 극복하는 데 필요한 변화들을 가져오기도 한다. 18회

150 ▸ 클라이언트를 이해하는 데 <mark>필요한 정보를 수집</mark>하기도 한다. 18회

기출키워드 22 사례관리 ★빈출

151 ▸ 통합적 방법을 활용한다. 17회

152 ▸ 중복서비스를 제공하는 전문기관의 확대로 등장 18회

153 ▸ 주로 복합적인 욕구나 문제를 가진 사람이 대상 18회

154 ▸ <mark>직접 서비스와 간접 서비스를 결합</mark>한 것이다. 17회

155 ▸ <mark>기관의 범위를 넘은 지역사회 차원의 서비스 제공과 점검을 강조</mark>한다. 17회

156 ▸ <mark>개별화</mark>된 서비스 제공 19회

157 ▸ <mark>충분하고 연속성 있는</mark> 서비스 제공 19회

> 나왔던 선지가 **그대로 or 변형되어** 또 나온다!

158 › 포괄적이고 지속적인 서비스를 제공하는 것이다. 17회
› 다양한 욕구충족을 위해 포괄적인 서비스 제공 18회
› 다양한 욕구를 포괄 19회

159 › 클라이언트의 자율성 극대화 및 역량강화 18회
› 클라이언트의 자율성 극대화 19회

기출키워드 22-1   사례관리_사례관리의 사정

160 › 클라이언트와 함께 문제 목록 작성 17회

161 › 클라이언트의 욕구 및 자원 확인 17회

기출키워드 22-2   사례관리_사례관리의 점검

162 › 서비스의 산출결과를 검토 17회
› 서비스 계획의 목표달성 정도를 검토 17회
› 서비스 계획이 적절히 실행되고 있는지를 검토 17회
› 클라이언트의 욕구 변화를 점검하여 서비스 계획의 변경 필요성을 검토 17회
› 점검 – 서비스가 계획대로 제공되고 있는지 확인 23회

162 › 서비스의 최종 효과성을 검토 17회

기출키워드 22-3   사례관리_개입(실행)단계의 과업

163 › 클라이언트와 서비스 제공자 간의 갈등 발생 시 조정 18회

기출키워드 22-4   사례관리_등장배경

164 › 가족의 보호 부담 증가 19회

165 ▸ 복지국가 재정위기로 정책방향을 저비용·고효율로 전환하였다. 23회

166 ▸ 통합적 서비스 지원의 필요성 증가 19회
▸ 복합적인 욕구를 가진 클라이언트 증가 〈꽈배기선지〉 19회
▸ 복합적인 서비스를 필요로 하는 대상자가 증가하였다. 23회

167 ▸ 시설보호에서 지역사회 보호로 전환 〈꽈배기선지〉 19회
▸ 지역사회에서 서비스 조정이 필요하게 되었다. 23회
▸ 서비스 공급주체가 중앙정부에서 지방정부로 변화하였다. 〈꽈배기선지〉 23회

기출키워드 22-5 사례관리_사례관리자의 역할

168 ▸ 중개자: 지역사회 자원이나 서비스 체계를 연계 20회
▸ 중개자: 독거노인의 식사지원을 위해 지역사회 내 무료급식소 연계 22회

169 ▸ 옹호자: 클라이언트의 권리를 대변하는 활동 수행 20회
▸ 옹호자(advocate): 사례회의에서 장애아동의 입장을 대변하였다. 21회

169 ▸ 옹호자: 지역사회 기관 담당자들이 모여 난방비 지원사업에 중복 지원되는 대상자가 없도록 사례회의를 실시함 22회

170 ▸ 위기개입자: 위기 사정, 계획 수립, 위기 해결 〈꽈배기선지〉 20회

171 ▸ 교육자: 교육, 역할 연습 등을 통한 클라이언트 역량 강화 20회

172 ▸ 조정자(coordinator): 사례회의를 통해 독거노인지원서비스가 중복 제공되지 않도록 하였다. 21회

172 ▸ 조정자: 사례회의에서 시청각장애인의 입장을 대변하여 이야기함 22회

173 ▸ 평가자(evaluator): 사례 종결 여부를 결정하기 위해 목표 달성 여부를 확인하였다. 21회

173 ▸ 평가자: 청소년기 자녀와 갈등을 겪고 있는 부모와 자녀 사이에 개입하여 상호 만족스러운 합의점을 도출함 22회

174 ▸ 기획가(planner): 욕구사정을 통해 클라이언트에게 필요한 자원을 설계하고 체계적인 개입 계획을 세웠다. 〈꽈배기선지〉 21회

기출키워드 22-6 사례관리_사례관리의 원칙

175 ▸ 서비스의 개별화 22회

176 ▸ 서비스의 접근성 22회

177 ▸ 서비스의 연계성 22회

178 ▸ 서비스의 체계성 22회

기출키워드 22-7 사례관리_사례관리자 수행 직접실천기술

179 ▸ 클라이언트와 가족 간의 문제해결을 위해 가족상담을 진행한다. 23회

기출키워드 23 사정단계 ★빈출

180 ▸ 클라이언트의 강점을 포함해야 한다. 22회

181 ▸ 사회복지사의 지식적 근거가 필요하다. 22회

182 ▸ 사회복지사와 클라이언트의 상호작용 과정이다. 22회
▸ 클라이언트와 사회복지사 양자가 참여하는 상호과정이다. 23회
팔배기 선지

183 ▸ 클라이언트를 완전히 이해하는 것은 한계가 있다. 22회

184 ▸ 클라이언트의 생활 속에서 욕구를 발견하고 문제를 정의한다. 23회

185 ▸ <mark>환경 속의 클라이언트를 이해하고 계획의 근거를 마련하는 이중초점을 지닌다.</mark> 짬뽕기 선지   23회

186 ▸ 클라이언트의 독특한 상황과 관련하여 개별화되어야 한다.   23회

187 ▸ 문제형성: 사정단계에서 클라이언트가 제시한 '남편의 일중독' 문제를 '자신이 남편에게 중요한 존재임을 느끼고 싶어 하는' 욕구로 바꾸어 진술하는 것   17회

기출키워드 23-1 사정단계_가계도

188 ▸ 가족의 구조적 및 관계적 측면을 볼 수 있다.   17회

189 ▸ 여러 세대의 가족에 대한 정보를 얻을 수 있다.   17회

190 ▸ 가족의 문제를 체계적으로 이해할 수 있게 한다.   17회

191 ▸ <mark>세대 간 반복되는 관계유형을 찾고 통찰력을 갖게 한다.</mark> 짬뽕기 선지   17회

기출키워드 23-2 사정단계_사정도구

192 ▸ 생태도 – 개인과 가족에 영향을 미치는 주요 환경체계 확인   19회

193 ▸ 생활력도표 – 개인의 과거 주요한 생애 사건   19회

194 ▸ DSM-Ⅴ 분류체계 – 클라이언트의 정신장애 증상에 대한 진단   19회

195 ▸ <mark>소시오그램 – 집단성원 간 상호작용 및 하위 집단 형성 여부</mark> 짬뽕기 선지   19회

나왔던 선지가 **그대로 or 변형되어** 또 나온다!

기출키워드 24 자료수집단계

196 › 클라이언트의 참여가 필요하다. 19회

197 › 실천의 전 과정을 통해 이루어진다. 19회

198 › 문제와 욕구, 강점과 자원을 모두 포함한다. 19회

198 › 클라이언트 개인에게만 초점을 두어 정보를 모은다. 20회

199 › 가정방문으로 자연스러운 상호작용을 관찰할 수 있다. 19회

200 › 객관적인 자료뿐만 아니라 클라이언트의 주관적인 인식이 담긴 자료도 포함하여 수집한다. 20회

200 › 클라이언트로부터 얻은 정보가 가장 중요하므로 클라이언트가 직접 작성한 자료에만 의존한다. 20회

기출키워드 24-1 자료수집단계_자료수집을 위한 자료 출처

201 › 문제, 사건, 기분, 생각 등에 관한 클라이언트 진술 21회

202 › 클라이언트와 직접 상호작용한 사회복지사의 경험 21회

203 › 심리검사, 지능검사, 적성검사 등의 검사 결과 21회

204 › 친구, 이웃 등 클라이언트의 중요한 타인으로부터 수집한 정보 21회

기출키워드 25-1 개입단계_사회복지사 수행과업

205 › 계획된 방법으로 서비스를 제공 18회

3영역 사회복지실천론 75

206 · 계획 수정 필요 시 재사정 실시 『꽈배기선지』 18회

기출키워드 25-2 　개입단계_모델링

207 · 클라이언트가 타인이 하는 바람직한 행동을 보고 모방함으로써 행동의 변화를 가져오는 개입 기술 22회

207 · 모델링은 실제 다른 사람의 행동을 직접 관찰함으로써만 시행 가능하다. 21회

기출키워드 25-3 　개입단계_일반화

208 · 클라이언트 혼자만이 겪는 문제가 아니라는 것을 인식하게 하는 기법 『꽈배기선지』 21회, 23회
 · 클라이언트의 생각과 느낌이 다른 사람과 비슷하다고 말해줌으로써 클라이언트의 소외감을 감소시켜 주는 기술 23회

기출키워드 26 　계획수립단계

209 · 계획의 목표는 기관의 기능과 일치해야 한다. 20회

210 · 목표설정은 미시적 수준과 거시적 수준에서 클라이언트의 변화를 고려한다. 『꽈배기선지』 20회

211 · 목표는 클라이언트가 원하는 결과를 포함하여 클라이언트의 적극적인 참여를 유도한다. 20회
 · 계획단계의 목표는 클라이언트와 사회복지사가 함께 합의하여 결정한다. 20회
 · 개입 목표설정 22회

기출키워드 27 　접수단계

212 · 기관에서 제공하는 서비스 적격 여부 확인 19회
 · 클라이언트의 문제가 기관의 자원과 정책에 부합되는지 판단 『꽈배기선지』 20회
 · 문제와 욕구를 확인하여 기관의 정책과 서비스에 부합하는지 판단하는 사회복지실천의 과정 17회

나왔던 선지가 **그대로 or 변형되어** 또 나온다!

213 ▸ 관계형성을 통한 클라이언트의 참여 유도 　　20회
□□□ ▸ 관계형성 　　23회

214 ▸ 클라이언트의 드러난 문제 확인 　　20회
□□□ ▸ 문제 확인 　　23회

215 ▸ 서비스에 대한 클라이언트의 동의 확인 　　20회
□□□ ▸ 서비스 동의 　　23회

기출키워드 27-1　접수단계_의뢰

216 ▸ 클라이언트가 거부감을 느끼지 않도록 정서적으로 지지함 　　17회
□□□

217 ▸ 의뢰하는 기관과 서비스의 정보를 클라이언트에게 제공함 　　17회
□□□

218 ▸ 의뢰된 기관에서 클라이언트가 서비스를 적절히 받는지 확인함
□□□　　판배기 선지 　　17회

기출키워드 28　종결단계

219 ▸ 사후관리 계획 수립 　　18회, 20회
□□□

220 ▸ 성과 유지 전략 확인 　　18회
□□□

221 ▸ 필요시 타 기관에 의뢰 　　18회
□□□ ▸ 다른 기관 또는 외부 자원 연결　판배기 선지 　　20회

222 ▸ 종결에 대한 정서 다루기 　　18회
□□□ ▸ 종결에 대한 클라이언트 반응 처리　판배기 선지 　　20회

223 ▸ 클라이언트 변화 결과에 대한 최종 확인 　　20회
□□□

4영역 사회복지실천기술론

핵심 기출선지 총정리

- 기출키워드 번호는 〈1권 영역별 기출문제집〉의 기출키워드 번호와 연동되어 있습니다. 영역별 기출문제집과 함께 학습하면 학습 효과를 더욱 높일 수 있습니다.
- 형광펜 표시는 중요 내용입니다. 기출선지를 회독하면서 자연스럽게 중요 내용도 암기하는 효과를 느껴 보세요!
- 오답선지에서 어느 부분이 잘못되었는지 생각해 보고, 옳은 내용과 비교해 보세요.
- 3회독 Check □□□ 에 정확히 아는 선지에는 ○, 암기가 필요한 선지에는 ×를 표시하세요.
- 꽈배기 선지 는 빈출 개념에 대해 혼동을 유발하거나 오답을 유도하는 선지를 의미합니다. 꽈배기 선지는 회독 시 한 번 더 눈여겨 보세요.

기출키워드 1 사회복지실천기술에 대한 이해 ★빈출

> 헷갈리지 말자! 오답선지

001 ▸ 과학성과 예술성을 통합적으로 활용한다. 꽈배기 선지 20회

002 ▸ 사회복지의 관점과 이론을 토대로 한다. 20회

003 ▸ 클라이언트의 특성을 반영한다. 20회

004 ▸ 사회복지 가치와 윤리를 반영한다. 20회

기출키워드 1-1 사회복지실천기술에 대한 이해_사회복지실천의 지식과 기술을 습득하는 방법

005 ▸ 사례회의(case conference)를 개최하여 통합적 지원방법에 대해 논의한다. 18회

006 ▸ 가족치료모델을 이해하기 위해 해결중심가족치료 세미나에 참석한다. 18회

007 ▸ 윤리적 가치갈등의 문제에 대하여 직장동료한테 자문을 구한다. 18회

나왔던 선지가 **그대로 or 변형되어** 또 나온다!

008 ▸ 초점집단면접(Focus Group Interview)을 실시하여 이용자 인식을 확인한다. 18회

기출키워드 1-2 사회복지실천기술에 대한 이해_초기면접 준비

009 ▸ 면접 목적을 잠정적으로 설정한다. 18회

010 ▸ 슈퍼바이저나 동료에게 미리 조언을 구한다. 18회

011 ▸ 클라이언트 특성을 고려하여 시설환경에 대한 준비를 한다. 18회

012 ▸ 의뢰서에 있는 클라이언트의 문제와 관련한 전문 지식을 보완한다. 꽈배기 선지 18회

기출키워드 1-3 사회복지실천기술에 대한 이해_사회복지실천기술의 전문적 기반

013 ▸ 연구자료를 수집하고 분석하는 것은 과학적 기반에 해당된다. 19회

014 ▸ 사회복지 전문가로서 가지는 가치관은 예술적 기반에 해당된다. 19회
▸ 감정이입적 의사소통, 진실성, 융통성은 예술적 기반에 해당된다. 19회

014 ▸ 이론과 실천의 준거틀을 적절하게 이용하는 것은 예술적 기반에 해당된다. 19회

015 ▸ 사회복지사에게는 과학성과 예술성의 상호보완적이고 통합적인 실천역량이 요구된다. 꽈배기 선지 19회

기출키워드 1-4 사회복지실천기술에 대한 이해_사회복지실천현장의 지식 유형

016 ▸ 이론은 현상을 설명하기 위한 가설이나 개념의 집합체이다. 21회

017 ▸ 관점은 개인과 사회에 관한 주관적 인식의 차이를 보여주는 사고 체계이다. 21회

018 패러다임은 역사와 사상의 흐름에 영향을 받는 추상적 개념 틀이다. *꽈배기선지* 21회

019 모델은 실천과정에 직접적으로 필요한 기술적 적용방법을 제시한 것이다. 21회

기출키워드 1-5 사회복지실천기술에 대한 이해_실천지혜

020 암묵적 지식과 같은 의미이다. 23회

021 사회복지사의 직관에 영향을 받는다. 23회

022 개인의 가치체계와 경험으로부터 만들어진다. 23회

023 현장에서 유용하나 공인된 지식은 아니다. 23회

기출키워드 1-6 사회복지실천기술에 대한 이해_사회복지사가 비자발적 클라이언트와 공감하는 기술

024 원하지 않는 면담이 클라이언트에게 힘들다는 것을 이해한다. 22회

025 클라이언트의 어려움을 사회복지사가 도울 수 있다는 것을 알려준다. 22회

026 클라이언트의 저항을 온화한 태도로 수용한다. 22회

기출키워드 2 정신역동모델

027 해석의 목적은 통찰력 향상에 있다. *꽈배기선지* 17회
해석: 치료적 관계에서 나타나는 클라이언트의 특정 생각이나 행동의 의미를 설명한다. *꽈배기선지* 21회

027 해석은 클라이언트의 공감능력을 키우는 효과가 있다. 23회

나왔던 선지가 그대로 or 변형되어 또 나온다!

028
- 전이는 반복적이며 퇴행하는 특징을 갖는다. 17회
- 전이분석: 클라이언트가 과거의 중요한 인물에 대해 느꼈던 감정을 치료사에게 재현하는 현상을 분석하여 과거 문제를 해석하고 통찰하도록 한다. 21회

028
- 전이는 현재의 인물에게 느끼는 사랑이나 증오의 감정을 과거의 인물에게 전치하는 것을 말한다. 23회

029
- 훈습을 통해 클라이언트의 불안은 최소화되고 적합한 방법으로 자신의 문제를 이해할 수 있는 능력을 기르게 된다. 19회
- 훈습은 경험적 확신을 갖도록 전이와 저항에 대한 분석과 해석을 반복적으로 진행하는 것이다. 23회

029
- 훈습은 모순이나 불일치를 직시하도록 원조하는 단회성 기법이다. 17회

030
- 자유연상, 훈습, 직면의 기술을 사용한다. 18회
- 무의식적 갈등이나 불안을 표현하도록 하여 자신의 문제에 대해 이해하고 통찰할 수 있도록 한다. 19회

030
- 무의식적 충동과 미래 의지를 강조한다. 18회

031
- 직면: 클라이언트의 이야기와 행동 간 불일치를 보일 때 자기모순을 직시하게 한다. 21회

031
- 직면은 클라이언트의 말과 행동 사이의 불일치나 모순이 있을 때에 우회적 방법으로 알리는 것이다. 23회

기출키워드 3 심리사회모델

032
- 발달적 성찰: 현재 클라이언트 성격이나 기능에 영향을 미친 가족의 기원이나 초기 경험을 탐색한다. 18회

033
- 탐색-기술-환기: 클라이언트의 상황에 관한 사실을 드러내고 감정의 표현을 통해 감정의 전환을 제공한다. 18회
- 탐색-기술(묘사)-환기는 자기 상황과 감정을 말로 표현하게 함으로써 감정전환을 도모하는 기법이다. 20회

034
- 수용: 온정과 친절한 태도로 클라이언트의 감정이나 주관적인 상태에 감정이입을 하며 공감한다. 18회

035
- 직접적 영향: 사회복지사와 클라이언트 간의 신뢰관계를 바탕으로 클라이언트에게 제안과 설득을 제공한다. 18회

035
- 직접적 영향은 주변인에게 영향력을 행사하여 환경을 변화시키는 기법이다. 20회

036
- 지지는 이해, 격려, 확신감을 표현하는 기법이다. 20회

036
- 지지하기: 클라이언트의 현재 또는 최근 사건을 고찰하게 하여 현실적인 해결방법을 찾는다. 18회

037
- 직접적 개입과 간접적 개입으로 구분된다. 20회
- 간접적 개입기법으로 "환경조정"을 사용한다. 22회

038 ▸ 유형의 역동 성찰은 성격, 행동, 감정의 주요 경향에 관한 자기이해를 돕는다. 20회

039 ▸ 심리사회모델을 체계화하는 데 홀리스(F. Hollis)가 공헌하였다. 22회

기출키워드 4 인지행동모델 ★빈출

040 ▸ 행동 형성은 강화원리를 따른다. 17회

041 ▸ 모델링은 관찰학습 과정을 통해 이루어진다. 17회

042 ▸ 경험적 학습에는 인지불일치 원리가 적용된다. 17회

043 ▸ 체계적 탈감법은 고전적 조건화에 근거한다. 17회

044 ▸ 구조화된 접근을 한다. 19회
▸ 교육적 접근을 강조한다. 19회
▸ 제한된 시간 내에 특정 문제에 초점을 두고 접근한다. 21회
▸ 과제 활용과 교육적인 접근으로 자기 치료가 가능하도록 한다. 21회

045 ▸ 클라이언트의 주관적인 경험, 문제 및 관련 상황에 대한 인식을 중시한다. 19회
▸ 클라이언트와 사회복지사의 협조적인 노력을 중시하고, 클라이언트의 능동적인 참여를 권장한다. 19회
▸ 클라이언트의 적극적 참여와 협조적 태도를 중시한다. 21회
▸ 개인의 주관적 경험의 독특성을 중시한다. 21회

046 ▸ 내적 의사소통의 명료화 20회
▸ 내적 의사소통 명료화: 클라이언트 스스로 자신에 대해 독백하고 사고하는 과정이다. 22회

047 ▸ 기록과제 20회
▸ 자기지시 20회

048 ▸ 인지행동모델은 왜곡된 사고에 의한 정서적 문제의 개입에 효과적이다. 20회

기출키워드 6 과제중심모델

049 ▸ 개입초기에 빠른 사정을 한다. 19회

050 ▸ ==구조화된 접근==을 한다. 19회

051 ▸ 다양한 이론과 모델을 ==절충적으로 활용==한다. 19회

052 ▸ 조사에 근거한 경험적 자료를 중심으로 진행한다. 19회
▸ 특정 이론보다는 경험적 자료를 통해 개입의 기초를 마련한다. 23회

053 ▸ 사회복지사보다 클라이언트가 제시하는 문제나 욕구를 고려하여 선정한다. 20회

054 ▸ 과거보다 현재에 초점을 둔다. 20회

055 ▸ 조작적 과제는 일반적 과제에 비해 구체적이다. 꽈배기선지 20회

056 ▸ 과제 수는 가급적 3개를 넘지 않게 한다. 20회

057 ▸ 과제중심모델은 여러 모델들을 절충적으로 활용하며 개입의 책임성을 강조한다. 꽈배기선지 20회
▸ 과제중심모델에서는 클라이언트가 인식한 문제에 초점을 두고, 클라이언트의 욕구를 최대한 반영한다. 꽈배기선지 21회
▸ 과제중심모델은 펄만(H. Perlman)의 문제해결요소의 영향을 받았다. 17회

기출키워드 7　　기타 실천모델 ★빈출

058 ▸ 행동수정모델은 선행요인, 행동, 강화요소에 의해 인간 행동을 예측하고 통제할 수 있다고 본다. 　20회

059 ▸ 심리사회모델은 상황 속 인간을 고려하되 환경보다 개인의 내적변화를 중시한다. 　20회

기출키워드 7-1　　기타 실천모델_해결중심모델

060
▸ 클라이언트 지향적 모델이다. 　17회
▸ 클라이언트의 견해를 존중한다. 　19회
▸ 클라이언트는 자기 삶의 주체이며, 자신에게 중요한 사람과 일에 대해 가장 잘 아는 전문가이다. 꽈배기 선지 　20회
▸ 탈이론적이고 비규범적이며 클라이언트의 견해를 존중한다. 꽈배기 선지 　21회
▸ 탈이론적이며 비규범적이다. 　23회

061 ▸ 임시대응적 기법이라는 비판이 있다. 　17회

062 ▸ 메시지 작성과 전달, 과제를 활용한다. 　17회

063 ▸ 사회복지사와 클라이언트 간 협력적 관계를 중시한다. 　17회, 23회

064 ▸ 다양한 질문기법들을 활용하여 클라이언트와 대화한다. 　18회

065 ▸ 사회복지사는 클라이언트를 변화시키는 전문가가 아니라 변화에 도움을 주는 자문가 역할을 한다. 　19회

066 ▸ 모든 사람은 강점과 자원, 능력을 가지고 있다고 가정한다. 　19회

067
▸ 문제의 원인과 발전과정에 관심을 두기보다 문제해결 방안을 모색하는 것이 더 효과적이라고 본다. 　19회
▸ 해결중심모델: 모든 문제에는 예외가 존재한다. 　20회

067 ▸ 클라이언트의 준거틀, 인식, 강점보다 문제 자체에 초점을 둔다. 　18회

068
- 해결중심모델: 삶에서 변화는 불가피하며 작은 변화가 더 큰 변화로 이어진다. 20회
  - 클라이언트에게 중요한 것을 목표로 하기 22회
  - 작은 것을 목표로 하기 22회
  - 목표를 종료보다는 시작으로 간주하기 22회
  - 목표수행은 힘든 일이라고 인식하기 22회

069
- 건강한 것에 초점을 둔다. 꽈배기선지 23회
- **현재에 초점**을 맞추며 **미래지향적**이다. 꽈배기선지 23회

기출키워드 7-2 기타 실천모델_역량강화모델

070
- 클라이언트를 자신 문제의 **전문가로 인정**한다. 19회
- 클라이언트를 개입의 객체가 아닌 **주체**로 보기에 자기결정권이 잘 보호될 수 있다. 19회

071
- 사회복지사와 클라이언트 간의 **상호 협력적 파트너십**을 강조한다. 19회

072
- 임파워먼트모델에서는 클라이언트가 자신의 삶을 스스로 통제할 수 있도록 원조한다. 21회

073
- 임파워먼트모델에서는 클라이언트를 일방적 수혜자로 인식하지 않는다. 17회

074
- 강점 사정하기 23회
- 자원 확보하기 23회
- 촉진적 개입하기 23회

기출키워드 7-3 기타 실천모델_위기개입모델

075
- 클라이언트에게 실용적 정보를 제공하고 지지체계를 개발하도록 한다. 21회

076
- **단기개입** 서비스를 제공한다. 꽈배기선지 21회

076
- 장기적인 개입방법을 사용한다. 19회

077 › 구체적이고 관찰 가능한 문제에 초점을 둔다. 파배기선지 21회
› 목표달성을 위한 구체적인 과제들에 대해 작업한다. 22회

078 › 사회복지사는 다른 개입모델에 비해 적극적이고 직접적인 역할을 수행한다. 21회

078 › 사회복지사는 비지시적인 역할을 수행한다. 19회

079 › 클라이언트의 일상생활에 활용할 수 있는 자원과 지지체계를 찾아낸다. 22회

080 › 위기개입모델에서는 클라이언트의 과거를 탐색하는 데 우선순위를 두지 않는다. 17회

080 › 문제의 원인에 대한 이해를 위해 클라이언트의 과거 탐색에 초점을 둔다. 19회

081 › 위기 이전의 기능 수준으로 회복하도록 돕는다. 파배기선지 19회
› 위기사건 이후 상황과 관련된 자료를 보충한다. 22회
› 현재 위기와 관련된 과거 경험을 탐색한다. 22회

081 › 위기상황에 대한 초기사정을 실시한다. 22회

기출키워드 7-4 기타 실천모델_클라이언트중심모델

082 › 클라이언트중심모델에서는 현재 직면한 문제와 앞으로의 문제를 극복할 수 있도록 성장 과정을 도와준다. 파배기선지 21회

083 › 실현화 경향 23회
› 자아실현 욕구 23회
› 조건부 가치 23회
› 긍정적 관심 23회

기출키워드 8 가족 관련 개념 및 특징 ★빈출

084 › 사회 변화에 따라 가족의 구조와 기능도 변화한다. 17회
› 사회변화에 민감한 체계이다. 18회
› 가족 형태가 다양해지는 경향이 있다. 22회

085 › 위기 시 가족은 역기능적 행동을 보일 수도 있지만 가족탄력성을 보일 수도 있다. 17회

086 › 가족은 생활주기를 따라 단계적으로 발달하고 변화한다. 17회

나왔던 선지가 **그대로 or 변형되어** 또 나온다!

087 ▸ 현대 가족은 점차 정서적 기능이 약화되고 있다. 18회

088 ▸ 가족의 현재 모습은 세대 간 전승된 통합과 조정의 결과물이다. 18회

089 ▸ 기능적인 가족은 응집성과 적응성, 문제해결력이 높은 가족이다. 18회
　　　▸ 기능적인 가족은 가족규칙을 융통성 있게 적용한다. 23회

089 ▸ 기능적 가족은 가족성원에게 고정된 역할을 부여하여 혼란을 감소시킨다. 23회

090 ▸ 저출산 시대에는 무자녀 부부가 증가한다. 22회

091 ▸ 세대구성이 단순화되면서 확대가족의 의미가 약화된다. 22회

092 ▸ 양육, 보호, 교육, 부양 등에서 사회 이슈가 발생한다. 22회

093 ▸ 밀착된 가족은 경계의 투과성이 높아 체계 간 구분이 어렵다. 23회

기출키워드 8-1　가족 관련 개념 및 특징_가족에 관한 체계론적 관점

094 ▸ 가족은 가족 항상성을 통해 다른 가족과 구별되는 정체성을 갖는다. 17회
　　　▸ 가족규칙은 가족 항상성에 영향을 준다. 20회
　　　▸ 항상성: 가족구성원들이 현재 상태를 유지 22회
　　　▸ 가족의 항상성은 어떤 행동이 허용되는가를 결정하는 가족규칙을 통해 공고해진다. 23회

095 ▸ 가족은 하위체계이면서 상위체계이다. 20회
　　　▸ 가족 내 하위체계의 경계유형은 투과성 정도에 따라 나뉠 수 있다. 20회
　　　▸ 하위체계: 가족구성원들이 경계를 가지고 각자의 기능을 수행 22회

095 ▸ 가족은 상위체계와는 독립적으로 존재하며 그 안에 다양한 하위체계를 포함한다. 23회

096
- 가족문제의 원인을 구성원 간 상호작용에서 찾는 것을 순환적 인과관계라고 한다. 20회
- <mark>순환적 인과관계</mark>: 가족 한 사람의 행동이 다른 구성원에게 영향을 주어 가족전체를 변화 22회

097
- <mark>피드백</mark>: 가족이 사회환경과 환류를 주고 받으며 변화를 도모 22회

기출키워드 8-2 가족 관련 개념 및 특징_가족경계

098
- 하위체계의 경계가 희미한 경우에는 <mark>감정의 합일 현상이 증가</mark>한다. 21회

098
- 하위체계의 경계가 희미한 경우에는 가족 간 의사소통이 감소한다. 21회
- 하위체계의 경계가 경직된 경우에는 지나친 간섭이 증가한다. 21회
- 하위체계의 경계가 경직된 경우에는 가족의 보호 기능이 강화된다. 21회
- 하위체계의 경계가 경직된 경우에는 가족구성원이 독립적으로 행동하기 어렵다. 21회

기출키워드 8-3 가족 관련 개념 및 특징_가족개입을 위한 전제조건

099
- 한 사람의 문제는 <mark>가족성원 모두에게 영향</mark>을 미친다. 21회
- 한 가족성원의 개입노력은 <mark>가족 전체에 영향</mark>을 준다. 21회

099
- 가족문제의 원인은 단선적 관점으로 파악한다. 21회

100
- 가족성원의 행동은 <mark>순환적 인과성</mark>의 특성을 갖는다. 21회

101
- 한 가족성원이 보이는 증상은 가족의 문제를 대신해서 호소하는 것으로 본다. 21회

기출키워드 8-4 가족 관련 개념 및 특징_역기능적 집단의 특성

102
- 문제해결 노력의 부족 22회

기출키워드 9 가족사정 ★빈출

103 ▸ 가족체계가 어떻게 기능하는지 발견하는 것이 목적이다. 21회

104 ▸ 가족상호작용 유형에 적합한 방법을 찾는 것이다. 21회

105 ▸ 가족사정과 개입과정은 상호작용적이며 순환적이다. 21회

106 ▸ 가족이 제시하는 문제, 생태학적 사정, 세대 간 사정, 가족 내부 간 사정으로 이루어진다. 21회

기출키워드 9-1 가족사정_가족사정도구

107 ▸ 생태도는 진행과정과 종결과정에서도 활용한다. 17회

108 ▸ 생활력표를 활용하여 현재의 기능수행에 영향을 미치는 발달단계 상 생활경험을 이해한다. 17회

109 ▸ 가족조각은 가족역동을 시각적으로 표현하여 구성원의 인식을 파악하는 도구이다. 17회

기출키워드 9-2 가족사정_자녀양육의 어려움을 호소하는 가족의 사정도구

110 ▸ 가계도를 활용하여 구성원 간 관계를 파악한다. 20회

111 ▸ 양육태도척도를 활용하여 문제가 되는 부분을 탐색한다. 20회

112 ▸ 자녀 입장의 가족조각으로 자녀가 인식하는 가족관계를 탐색한다. 20회

113 ▸ 생활력표를 활용하여 현재 어려움에 영향을 주는 발달 단계상의
경험을 이해한다.   20회

기출키워드 9-3 가족사정_1인 가구의 가족사정

114 ▸ 원가족 생활주기 파악   18회
▸ 원가족 스트레스와 레질리언스 탐색   18회
▸ 구조적 관점으로 미분화된 경계 파악 (꽈배기 선지)   18회
▸ 역사적 관점으로 미해결된 과거관계의 잔재 확인   18회

기출키워드 10-1 구조적 가족치료_미누친(S. Minuchin)의 구조적 가족치료 기법

115 ▸ 합류 – 사회복지사가 가족의 말투나 몸짓을 따라한다. (꽈배기 선지)   17회

116 ▸ 관계성 질문 – "어머니가 여기 계신다고 가정하고 제가 어머니께
당신의 문제가 해결되면 무엇이 달라지겠냐고 묻는다면 어머니는
뭐라고 말씀하실까요?"   17회

117 ▸ 균형 깨뜨리기 – 지배적인 남편과 온순한 아내 사이에서 사회복지
사는 아내의 편을 들어 자기주장을 할 수 있게 한다. (꽈배기 선지)   17회

118 ▸ 실연: 아무리해도 말이 안 통한다고 하는 부부에게 "여기서 직접
한 번 서로 말씀해 보도록 하겠습니까?"라고 하는 것   19회

119 ▸ 합류하기, 균형 깨뜨리기, 실연   23회

기출키워드 11 다세대 가족치료

120 ▸ 자아분화 수준이 더 낮은 성원이 가족투사의 대상이 된다. (꽈배기 선지)   23회

121 ▸ 가계도를 작성하고 해석하면서 가족의 정서적 과정을 이해한다.   23회

122 성공적인 치료를 위해 사회복지사는 치료적 삼각관계를 형성하여 개입한다. 23회

기출키워드 12 경험적 가족치료

123 자아존중감을 높이는 것이 중요한 치료목표이다. 23회

124 역기능적 의사소통 유형을 일치형으로 바꾸도록 돕는다. 23회

125 가족규칙을 합리적으로 바꾸고, 자기 인생에 대한 선택권을 스스로 갖도록 한다. 꽈배기선지 23회

126 역기능적인 상호작용의 개선이나 증상 제거보다 개인의 성장에 더 초점을 둔다. 23회

기출키워드 13 전략적 가족치료

127 제지: 가족의 문제가 개선될 때 체계의 항상성 균형이 위험하다고 판단되어 사용하는 전략으로, 변화의 속도가 빠르다고 지적하며 조금 천천히 변화하라고 하는 기법 19회

128 문제를 보는 시각을 변화시키고 새로운 의미를 발견하는 재명명기법을 사용한다. 20회

129 가족구성원들 사이 힘의 우위에 따라 대칭적이거나 보완적 관계가 형성된다. 꽈배기선지 22회

130 비언어적 의사소통이 가족의 욕구를 나타내므로 메타 의사소통이 중요하다. 22회

131 가족이 문제행동을 유지하도록 지시함으로써 클라이언트가 통제력을 발휘한다. 22회

129 가족 내 편중된 권력으로 인해 고착된 불평등한 위계 구조를 재배치한다. 20회

기출키워드 13-1 전략적 가족치료_치료적 이중구속

132 ▸ 증상을 이용한다. 17회

133 ▸ 지시적 기법을 이용한다. 17회

134 ▸ 역설적 기법을 이용한다. 17회

135 ▸ 치료자의 지시를 따르지 않아도 문제가 해결될 수 있다. 17회

기출키워드 14 집단의 유형

136 ▸ 지지집단은 유사한 문제와 욕구를 가진 사람들로 구성하여 유대가 빨리 형성된다. 19회

137 ▸ 자조집단: 동병상련의 경험에 기반을 둔다. 23회

138 ▸ 치료집단은 성원의 병리적 행동과 외상 후 상실된 기능을 회복하는 데 초점을 둔다. 19회

139 ▸ 교육집단은 지도자가 집단성원의 문제와 욕구를 해결하기 위해 필요한 기술과 정보를 제공한다. 19회

기출키워드 14-1 집단의 유형_토스랜드와 리바스(R. Toseland & R. Rivas)가 분류한 성장집단

140 ▸ 촉진자로서의 전문가 역할이 강조된다. 18회

141 ▸ 성원 간의 상호작용이 중요한 도구가 된다. 18회

142 › 개별 성원의 자기표출을 긍정적으로 인식한다. 18회

143 › 공감과 지지를 얻기 위해 <mark>동질성이 높은</mark> 성원으로 구성한다.
꽈배기 선지
18회

144 › <mark>성장집단</mark>은 집단 참여자의 자기인식을 증가시켜 개인의 잠재력을 최대화하는 데 초점을 둔다. 19회

기출키워드 15 집단의 역동성

145 › 집단성원 간 직접적 의사소통을 격려하여 집단역동을 발달시킨다. 19회
› 개별성원의 목적과 집단 전체의 목적의 일치 여부에 따라 집단역동은 달라진다. 19회

146 › 집단응집력이 강할 경우, 집단성원들 사이에 상호 의존하려는 경향이 강해진다. 19회
› 구성원 간 신뢰감이 높을수록 응집력이 높다. 20회
› 구성원이 소속감을 가지면 <mark>응집력이 강화</mark>된다. 20회
› 응집력이 높은 집단이 낮은 집단보다 <mark>생산적인 작업에 더 유리</mark>하다. 20회

146 › 응집력이 높은 집단에서는 자기노출을 억제한다. 20회

147 › 긴장과 갈등을 적절하고 건설적인 방법으로 해결할 때 집단은 더욱 성장할 수 있다. 꽈배기 선지 19회

기출키워드 15-1 집단의 역동성_하위집단

148 › 정서적 유대감을 갖게 된 집단구성원 간에 형성된다. 17회

149 › 소시오메트리를 통해 측정 가능하다. 17회

기출키워드 15-2　집단의 역동성_집단문화

150 ▸ 집단 고유의 스타일이나 독특성을 만들어낸다. 　23회

151 ▸ 집단응집력은 <mark>집단문화 형성에 영향</mark>을 미치는 요인이다. 　23회

152 ▸ 성원들의 가치가 혼합되면서 타 집단과 구분되는 특성이 만들어진다. 　23회

153 ▸ 고정관념이나 편견이 많은 성원들은 집단문화 형성에 방해가 된다. 　23회

기출키워드 16-1　집단 사회복지실천_사회목표 모델

154 ▸ 자원 개발의 과제 　21회

155 ▸ 민주적 의사결정 방식 　21회

156 ▸ 사회복지사의 촉진자 역할 　21회

157 ▸ 성원 간 소속감과 결속력 강조 　21회

기출키워드 17　집단의 치료적 효과

158 ▸ 실존적 요인 　17회

159 ▸ 재경험의 기회 제공 　17회
▸ <mark>재경험의 기회 제공</mark>: 집단 내 상호작용 과정에서 그동안 해결되지 않은 원가족과의 갈등에 대해 탐색하고 행동 패턴을 수정할 기회를 갖게 된다. 　19회

나왔던 선지가 **그대로 or 변형되어** 또 나온다!

160 ▸ 이타성 향상   17회
▸ 타인의 문제에 관심을 갖고 공감하면서 이타심이 커진다.   21회

161 ▸ 희망고취   17회

162 ▸ 유사 경험을 가진 사람들을 만나면서 문제의 보편성을 경험한다.   21회

163 ▸ 사회복지사나 성원의 행동을 모방하면서 사회기술이 향상된다.   21회

164 ▸ 성원 간 관계를 통해 원가족과의 갈등을 탐색하는 기회를 갖는다.   21회

기출키워드 18   집단 지도자의 역할 및 기술

165 ▸ 집단과정의 명료화기술은 성원들이 어떻게 상호작용하고 있는지를 인식하도록 돕는 기술이다.   17회

166 ▸ 성원 간의 갈등이 심하여 조기종결을 하였다.   18회

167 ▸ 집단과정을 촉진하기 위해 공동지도자를 두었다.   18회

168 ▸ 적정규모를 유지하기 위해 신규 회원을 받았다.   18회

169 ▸ 개별 성원의 의도적인 집단 경험을 유도하였다.   18회

기출키워드 18-1   집단 지도자의 역할 및 기술_집단과정을 촉진하기 위한 직면하기

170 ▸ 집단성원이 아직 인식하지 못했던 부분을 볼 수 있도록 한다.   19회

171 말과 행동의 불일치를 밝히고 이를 해결할 수 있도록 원조한다.
19회

172 행동을 구체적으로 지적하고 집단에 미치는 영향을 설명한다.
19회

기출키워드 19 집단발달단계 ★빈출

173 집단상담을 위해 가능하면 원형으로 서로 잘 볼 수 있는 공간을 만들 수 있는 장소가 바람직하다.
19회

174 집단성원의 유사함은 집단 소속감을 증가시킨다.
19회

175 개방집단은 새로운 정보와 자원의 유입을 허용한다.
19회

176 비구조화된 집단에서는 집단성원의 자발성이 더욱 요구된다.
맘배기 선지
19회

177 폐쇄형 집단은 개방형 집단에 비해 집단규범이 안정적이다.
22회

177 개방형 집단은 폐쇄형 집단에 비해 집단성원의 역할이 안정적이다.
22회

기출키워드 19-1 집단발달단계_저항

178 사회복지사가 제안한 과업의 실행방법을 모를 때 발생할 수 있다.
20회

179 효과적으로 해결하면 집단 활동이 촉진될 수 있다.
20회

180 다른 구성원의 의견을 통해 해결방안을 찾을 수 있다.
20회

나왔던 선지가 **그대로 or 변형되어** 또 나온다!

기출키워드 19-2 집단발달단계_집단의 성과평가

181 ▸ 사전사후 검사 　　　　　　　　　　　　　21회

182 ▸ 개별인터뷰 　　　　　　　　　　　　　　21회

183 ▸ 단일사례설계 　　　　　　　　　　　　　21회

184 ▸ 초점집단면접 　　　　　　　　　　　　　21회

기출키워드 19-3 집단발달단계_집단 사회복지실천 사정

185 ▸ 집단 사회복지사의 관찰 　　　　　　　　　22회

186 ▸ 외부 전문가의 보고 　　　　　　　　　　　22회

187 ▸ 표준화된 사정도구 　　　　　　　　　　　22회

188 ▸ 집단성원의 자기관찰 　　　　　　　　　　22회

189 ▸ 상호작용차트: 성원의 집단참여 수준 분석 　23회

190 ▸ 소시오메트리 질문을 활용하여 정보를 파악한다. 　20회

기출키워드 19-4 집단발달단계_초기단계

191 › 집단성원의 불안감과 저항이 높다. 19회

192 › 집단에 대한 오리엔테이션이 필요하다. 19회

193 › 집단과 구성원의 목표를 설정한다. 20회
› 목표는 구체적으로 수립한다. 20회

193 › 집단목표는 구성원의 목표와 관련 없다. 20회

194 › 지도자인 사회복지사를 소개하며 신뢰감을 형성한다. 20회

195 › 구성원 간 유사성을 토대로 응집력을 형성한다. 20회

196 › 집단성원의 참여 자격 21회

197 › 공동지도자 참여 여부 21회

198 › 집단성원 모집 방식과 절차 21회

199 › 집단의 회기별 주제 21회

기출키워드 19-5 집단발달단계_중간단계

200 › 성원의 내적 변화를 파악하기 위해 개별상담을 한다. 18회

201 › 성원들의 참여를 촉진하기 위해 집단의 목적을 상기시킨다. 18회
› 집단성원이 집단과정에 적극 활동하도록 촉진한다. 22회
› 집단의 목표를 달성하도록 원조한다. 22회

202	▸ 하위집단의 의사소통과 상호작용 빈도를 평가한다.	18회
▸ 집단성원 간 상호작용을 향상시킨다. 꽈배기선지	22회
▸ 집단의 응집력을 향상시킨다. 꽈배기선지	22회

202 ▸ 집단에 대한 의존성을 감소시키기 위해 모임주기를 조절한다. 18회

기출키워드 19-6 집단발달단계_종결단계

203 ▸ 집단 의존성 감소 17회
▸ 집단에 대한 의존성을 서서히 감소시켜 나간다. 꽈배기선지 22회

204 ▸ 의뢰의 필요성 검토 17회

205 ▸ 변화 노력의 일반화 17회
▸ 집단과정에서 성취한 변화를 지속적으로 유지하도록 돕는다. 22회

206 ▸ 구성원 간 피드백 교환 17회

207 ▸ 종결을 앞두고 나타나는 다양한 감정을 토론하도록 격려한다. 꽈배기선지 22회

208 ▸ 측정도구를 통해 성원 ==개인별 변화==를 평가한다. 23회

209 ▸ 집단경험을 통해 학습한 내용의 활용계획을 세운다. 23회

기출키워드 19-7 집단발달단계_집단 회기를 마무리하는 방식

210 ▸ 회기에 대한 사회복지사의 관찰과 생각을 전달한다. 17회

211 ▸ 회기 중 제기된 이슈를 다 마무리하지 않고 회기를 마쳐도 된다. 17회

212 ▸ 회기에서 다룬 내용을 집단 밖에서 어떻게 적용할지에 대한 계획을 묻는다. 꽈배기선지 17회

213 ▸ 다음 회기에 다루기 원하는 주제나 문제를 질문한다. 17회

기출키워드 20   기록의 유형 및 특징

214 ▸ 요약기록: 날짜와 클라이언트의 기본사항을 기입하고 개입 내용과 변화를 간단히 기록함 20회

▸ 요약기록: 시간 흐름에 따라 변화된 상황, 개입 활동, 주요 정보 등의 요점을 기록함 20회

215 ▸ 과정기록: 교육과 훈련의 중요한 수단이며, 자문의 근거자료로 유용 21회

▸ 과정기록: 면담전개 과정을 시간의 흐름에 따라 기술하는 방식 21회

▸ 과정기록: 사회복지사 자신의 행동분석을 통해 사례에 대한 개입 능력 향상에 도움 21회

기출키워드 20-1   기록의 유형 및 특징_개입단계 기록

216 ▸ 클라이언트와의 활동 22회

217 ▸ 개입과정의 진전 상황 22회

218 ▸ 클라이언트의 문제에 관한 추가 정보 22회

219 ▸ 클라이언트에게 제공한 자원들 22회

기출키워드 20-2   기록의 유형 및 특징_문제중심기록의 특성

220 ▸ 현상의 복잡성을 단순화시키고 부분화를 강조하는 단점이 있다. 18회

나왔던 선지가 **그대로 or 변형되어** 또 나온다!

221 ▸ 문제유형의 파악이 용이하며 책무성이 명확해진다. 18회

222 ▸ 클라이언트의 주관적 진술과 사회복지사의 관찰과 같은 객관적 자료를 구분한다. 18회

223 ▸ 슈퍼바이저, 조사연구자, 외부자문가 등이 함께 검토하는 데 용이하다. 18회

기출키워드 21 기록의 목적 및 용도

224 ▸ 사회복지사의 전문적 활동을 입증하는 자료로 활용한다. 19회

225 ▸ 기관의 프로그램 수행 자료로 보고하며 기금을 조성하는 근거로 활용한다. 19회

226 ▸ 클라이언트와 정보를 공유하고 의사소통하는 도구로 활용한다. 19회

기출키워드 22 단일사례설계 ★빈출

227 ▸ 개입의 효과성을 파악하기 위해 반복측정을 한다. 23회

228 ▸ 기초선 자료수집은 개입 이전이나 이후에도 가능하다. 23회

229 ▸ 개입과정에서 개입의 강도나 방식을 바꿀 수 있다. 23회

230 ▸ 조사대상은 개인뿐 아니라 가족, 집단, 기관도 가능하다. 23회

5영역 지역사회복지론

핵심 기출선지 총정리

- 기출키워드 번호는 〈1권 영역별 기출문제집〉의 기출키워드 번호와 연동되어 있습니다. 영역별 기출문제집과 함께 학습하면 학습 효과를 더욱 높일 수 있습니다.
- 형광펜 표시는 중요 내용입니다. 기출선지를 회독하면서 자연스럽게 중요 내용도 암기하는 효과를 느껴 보세요!
- 오답선지에서 어느 부분이 잘못되었는지 생각해 보고, 옳은 내용과 비교해 보세요.
- 3회독 Check □□□ 에 정확히 아는 선지에는 ○, 암기가 필요한 선지에는 ×를 표시하세요.
- 꽈배기 선지 는 빈출 개념에 대해 혼동을 유발하거나 오답을 유도하는 선지를 의미합니다. 꽈배기 선지는 회독 시 한 번 더 눈여겨 보세요.

기출키워드 1 지역사회의 개념 ★빈출

헷갈리지 말자! 오답선지

001 ▸ 지역사회에 대한 정의나 구분은 학자에 따라 매우 다양하다. 18회

002 ▸ 현대의 지역사회는 지리적 개념을 넘어 기능적 개념까지 포괄하는 추세이다. 꽈배기 선지 18회

003 ▸ 지역사회를 상호의존적인 집단들의 결합체로도 볼 수 있다. 18회

004 ▸ 펠린(P. F. Fellin)은 역량 있는 지역사회를 바람직한 지역사회로 보았다. 18회

기출키워드 1-1 지역사회의 개념_지역사회의 역량을 향상시키는 요소

005 ▸ 다양성 존중과 사회 가치의 공유 17회

006 ▸ 구성원의 자율성 유지와 공동 이익의 극대화 17회
▸ 법적 테두리 내에서 공동선의 추구와 조정 17회

> 나왔던 선지가 **그대로 or 변형되어** 또 나온다!

기출키워드 1-2   지역사회의 개념_힐러리의 지역사회 기본 요소

007 ▸ 사회적 상호작용, 공동의 유대감, 지리적 영역의 공유 〈파배기선지〉   17회

007 ▸ 사회적 유사성, 공동체 의식, 전통과 관습   17회

기출키워드 1-3   지역사회의 개념_기능적 공동체

008 ▸ 멤버십(membership) 공동체 개념을 말한다.   19회

009 ▸ 가상공동체인 온라인 커뮤니티도 포함된다.   19회

010 ▸ 외국인 근로자 공동체의 사례가 포함된다.   19회

011 ▸ 사회문화적 동질성이 기반이 된다.   19회

기출키워드 1-4   지역사회의 개념_워렌의 지역사회 비교척도

012 ▸ 수평적 유형: 지역사회 내 상이한 단위 조직들 간의 구조적·기능적 관련 정도   20회

기출키워드 1-5   지역사회의 개념_길버트와 스펙트의 지역사회의 기능

013 ▸ 생산·분배·소비 기능: 지역주민들이 필요한 재화와 서비스를 어느 정도 제공받을 수 있느냐를 결정하는 것   20회
▸ 생산·분배·소비 기능 〈파배기선지〉   20회, 21회, 22회, 23회

014 ▸ 사회통제 기능: 구성원들이 사회의 규범에 순응하게 하는 것   20회
▸ 사회통제 기능 〈파배기선지〉   20회, 21회, 22회, 23회

015 ▸ 상부상조 기능: 사회적 위험으로부터 어려움에 직면하게 되었을 때 구성원 간에 서로 돕는 것   22회
▸ 상부상조 기능   20회, 21회, 22회, 23회

016 ▸ 사회화 기능 22회, 23회
☐☐☐

017 ▸ 사회통합 기능 20회, 22회, 23회
☐☐☐

기출키워드 2-1   지역사회의 유형_던햄의 지역사회유형

018 ▸ 인구 크기 – 대도시, 중·소도시 등 19회, 23회
☐☐☐

019 ▸ 산업구조 및 경제적 기반 – 농촌, 어촌, 산업단지 등 19회
☐☐☐

020 ▸ 행정구역 – 특별시, 광역시·도, 시·군·구 등 19회
☐☐☐ ▸ 행정구역 – 특별시, 광역시·도, 시·군·구, 읍·면·동 23회

021 ▸ 인구 구성의 사회적 특수성 – 쪽방촌, 외국인 밀집지역 등 19회
☐☐☐ ▸ 인구 구성의 사회적 특수성 – 외국인촌, 저소득층 지역 23회

022 ▸ 경제적 기반 – 농촌, 어촌, 광산촌 23회
☐☐☐

기출키워드 3-1   지역사회복지 관련 개념_지역사회복지 개념

023 ▸ 던햄(A. Dunham)은 사회복지기관은 조직운영과 실천을 민주적
☐☐☐ 으로 해야 한다고 하였다. 18회

기출키워드 3-2   지역사회복지 관련 개념_지역사회복지 관련 이론

024 ▸ 사회구성주의이론: 지역사회 문제를 객관적 사실로 인정하지 않
☐☐☐ 고, 특정 집단에 의해 규정된다고 본다. 19회

기출키워드 3-3 지역사회복지 관련 개념_지역사회보호

025
- 1950년대 영국의 정신장애인과 지적장애인시설수용보호에 대한 문제제기로 등장하였으며, 지역사회복지의 가치인 정상화(normalization)와 관련이 있다. 〔판배기 선지〕 22회

기출키워드 4 지역사회복지 이념

026
- 주민참여 21회, 23회
- 개인의 자유와 권리 증진의 순기능이 있다. 21회
- 의견수렴 과정을 통해 합리적 의사결정을 할 수 있다. 21회
- 지역주민의 공동체의식을 강화한다. 21회
- 지역주민의 욕구 및 문제를 해결하기 위한 주민의 주체성에 초점을 둔다. 23회
- 지역주민은 지역사회복지의 이용자인 동시에 제공자라는 관점을 강조한다. 23회

027
- 정상화 21회, 23회

028
- 네트워크(조직화) 21회, 23회

029
- 사회통합 21회, 23회

030
- 탈시설화 21회, 23회

기출키워드 5-1 지역사회복지실천_지역사회복지실천의 원칙

031
- 지역주민 간의 협력 관계 구축 17회
- 지역주민 간의 상생협력화 20회

032
- 지역사회 구성원 중심의 목표 형성과 평가 17회
- 지역사회 구성원 관점의 목표 형성 20회
- 지역사회 주민을 중심으로 개입 목표 설정과 평가 22회

033 ▸ 지역사회의 자기결정권 강조　　22회

034 ▸ 사회문제의 구조적 요인을 반영한 개입방안 마련　　17회
　　　▸ 지역사회 문제의 구조적 요인을 고려한 개입　　20회

035 ▸ 지역사회 변화에 초점을 둔 단계적 개입　　17회, 21회

036 ▸ 지역사회 특징을 반영한 실천　　20회
　　　▸ 지역사회 특성을 반영한 계획수립　　21회

036 ▸ 지역사회의 특성과 문제의 일반화　　17회, 20회, 22회
　　　▸ 지역사회 문제 인식의 획일화　　21회

037 ▸ 욕구 가변성에 따른 실천 과정의 변화 이해　　21회
　　　▸ 지역사회 욕구 변화에 따른 유연한 대응　　22회

기출키워드 5-2　지역사회복지실천_지역사회복지실천의 가치

038 ▸ 상호학습이 없으면 비판적 의식은 제한적으로 생성됨　　18회

039 ▸ 억압을 조장하는 사회구조 및 의사결정과정을 주시하고 이해함　　18회
　　　▸ 억압적이고 정의롭지 못한 사회현실 개혁을 위한 끊임없는 노력이 필요함　　18회

039 ▸ 다양한 문화에 대한 이해를 바탕으로 특수 문화가 있는 지역에서 일어나는 억압은 인정됨　　18회

040 ▸ 실천가가 주목해야 할 역량강화는 불리한 조건에 처한 주민들의 능력 고취임　　18회

기출키워드 6　영국의 지역사회복지 역사

041 ▸ 시봄(Seebohm) 보고서는 사회서비스의 협력과 통합을 제안하였다.
　　　　　　판배기 선지　　22회

042 ▸ 토인비홀(Toynbee Hall) 설립　　17회
　　　▸ 1884년에 토인비홀(Toynbee Hall)이 설립되었다.　　21회
　　　▸ 토인비홀은 사무엘 바네트(S. Barnett) 목사가 설립한 인보관이다.　　22회

나왔던 선지가 **그대로 or 변형되어** 또 나온다!

043
- 정신보건법(Mental Health Act) 제정 　17회
- 1959년 정신보건법(Mental Health Act) 제정으로 지역사회보호가 법률적으로 규정되었다. 　20회
- 정신보건법 제정에 따라 지역사회보호가 법률적으로 규정되었다. 　21회
- 시설보호로부터 지역사회보호로 전환이 이루어졌다. 　20회

044
- 그리피스(Griffiths) 보고서 　17회
- 1980년대 그리피스(E. Griffiths) 보고서는 복지 주체의 다원화에 영향을 미쳤다. 　19회
- 그리피스 보고서(Griffiths report)에서 지역사회보호의 권한과 재정을 지방정부로 이양할 것을 권고하였다. 　20회
- 그리피스(Griffiths) 보고서는 지역사회보호의 일차적 책임주체가 지방정부임을 강조하였다. 　21회
- 그리피스(Griffiths) 보고서는 지방정부의 책임을 강조하였다. 　22회

045
- 자선조직협회는 사회진화론의 영향을 받았다. 　20회, 22회
- 중복구호 방지를 위해 자선조직협회가 설립되었다. 　21회

기출키워드 7 　한국의 지역사회복지 역사 ★빈출

046
- 새마을 운동은 정부 주도적 지역사회 개발이었다. 　19회
- 농촌 새마을운동에서 도시 새마을 운동으로 확대되었다. 　22회

047
- 사회복지관 운영은 지역사회 기반의 복지서비스를 촉진시켰다. 　19회

048
- 복지사각지대 발굴의 효과를 제고하고자 읍·면·동 복지허브화를 추진하였다. 　19회

049
- 국민기초생활보장제도의 시행은 지역사회 중심의 자활사업을 촉진시켰다. 　19회

050
- 향약은 주민 교화 등을 목적으로 한 지식인 간의 자치적인 협동조직이다. 　22회

051 ▸ 메리 놀스(M. Knowles)에 의해 반열방이 설립되었다.   22회

052 ▸ 태화여자관은 메리 마이어스(M. D. Myers)에 의해 설립되었다.   22회

기출키워드 7-1 한국의 지역사회복지 역사_연도별 한국의 지역사회복지 역사

053 ▸ 2010년대 - 읍·면·동 복지허브화사업 실시   23회

053 ▸ 2010년대 - 사회복지사무소 시범 설치·운영   21회

054 ▸ 2000년대: 시·군·구에 희망복지지원단 설치   17회
▸ 2000년대: 지역사회서비스투자사업 실시   17회
▸ 2000년대: 지역사회복지계획 수립의 법제화   18회

055 ▸ 1990년대: 사회복지공동모금제도 실시   18회
▸ 1990년대 - 재가복지봉사센터 설치·운영   21회, 23회

056 ▸ 1980년대 - 사회복지관 운영·건립 국고보조사업 지침 마련   23회

056 ▸ 1980년대 - 희망복지지원단 설치·운영   21회

057 ▸ 1950년대 - 외국민간원조한국연합회(KAVA) 결성   23회

기출키워드 8-1 지역사회복지 주요 이론_사회구성(주의)이론

058 ▸ 사회구성주의이론: 지역사회 문제를 객관적 사실로 인정하지 않고, 특정 집단에 의해 규정된다고 본다.   19회

059 ▸ 사회구성(주의)이론 – 가치나 규범, 신념, 태도 등은 ==다양한 문화적 집단에 따라 다르게 구성==된다.   20회

기출키워드 8-2 지역사회복지 주요 이론_갈등이론

060 ▸ 갈등현상을 사회적 과정의 본질로 간주한다.   18회

나왔던 선지가 **그대로 or 변형되어** 또 나온다!

061 › 갈등이론 – 갈등전술, 내부결속 20회

062 › 이해관계의 대립을 불평등한 분배로 설명한다. 21회
› 갈등이론 – 자원의 불평등한 분배로 인해 이해관계의 대립이 발생한다. 23회

기출키워드 8-3 지역사회복지 주요 이론_사회적 자본

063 › 네트워크는 사회적 자본의 전제가 된다. 19회
› 네트워크 22회

064 › 한 번 형성된 후에도 소멸될 수 있다. 19회

065 › 지역사회의 집합적 자산으로서 의미를 가진다. 19회

066 › 신뢰는 공동체의 문제를 해결할 수 있는 자원이다. 19회
› 신뢰 22회

066 › 지역사회 문제해결 능력과는 무관하다. 19회

067 › 사회자본이론 – 네트워크, 일반화된 호혜성 규범 (꽈배기 선지) 20회
› 사회자본이론 – 신뢰와 네트워크를 통해 지역사회 문제해결을 위한 규범 등이 형성된다. (꽈배기 선지) 23회

068 › 호혜성 22회

기출키워드 8-4 지역사회복지 주요 이론_사회교환이론

069 › 교환이론 – 자원의 교환을 통한 지역사회 발전 강조 (꽈배기 선지) 22회

기출키워드 8-5 지역사회복지 주요 이론_사회체계이론

070 › 사회체계이론 – 체계와 경계 20회

기출키워드 8-6 지역사회복지 주요 이론_생태학적 관점

071 ▸ 생태학적 관점 – 분리(segregation), 경쟁, 침입, 계승 20회

기출키워드 8-7 지역사회복지 주요 이론_권력의존이론

072 ▸ 사회복지관은 지방정부로부터 보조금 집행에 대한 지도점검을 받았다. 21회

기출키워드 9-1 로스만의 모델_지역사회개발모델

073 ▸ 로스만(J. Rothman)의 지역사회개발모델은 지역사회나 문제의 아노미 또는 쇠퇴된 상황을 전제한다. 18회
▸ 지역사회의 아노미 상황에 사용할 수 있다. 20회

074 ▸ 지역사회 변화를 위한 전술로 합의방법을 사용한다. 20회
▸ 변화를 위한 전략으로 문제해결에 다수의 사람을 참여시킨다. 20회

075 ▸ 변화의 매개체는 과업지향의 소집단이다. 20회

076 ▸ 지역사회개발모델은 지역사회 역량강화, 통합, 자조를 활동 목표로 둔다. (꽈배기 선지) 23회

기출키워드 9-2 로스만의 모델_사회행동모델

077 ▸ 로스만(J. Rothman)의 사회행동모델은 불이익을 받거나 권리가 박탈당한 사람의 이익을 옹호한다. (꽈배기 선지) 18회

078 ▸ 변화를 위한 기본 전략은 '억압자에 대항하기 위한 규합'을 추구한다. 22회

079 ▸ 지역사회 내 불평등한 권력구조의 변화를 지향한다. 22회

080 ▸ 변화 매개체로 대중조직을 활용한다. 22회

081 ▸ 사회행동모델에서는 지역사회 내 집단들이 갈등관계로 인해 타협과 조정이 어렵다고 본다. 21회

082 ▸ 여성운동, 빈민운동, 환경운동 등 시민운동에도 활용될 수 있다. 22회

083 ▸ 사회행동모델에서 사회복지사의 핵심 역할은 옹호자, 선동가, 협상가이다. 23회

기출키워드 10-1 웨일과 갬블의 모델_기능적 지역사회조직모델

084 ▸ 웨일과 갬블(M. Weil & D. Gamble)의 기능적 지역사회조직모델은 발달장애아동의 부모 모임과 같이 공통이슈를 지닌 집단의 이해관계를 기반으로 한다. 18회
▸ 공통 관심사나 특정 이슈에 대한 정책, 행위, 인식의 변화에 초점 21회

085 ▸ 일반 대중 및 정부 기관을 변화의 표적체계로 파악 21회

086 ▸ 조직가, 촉진자, 옹호자, 정보전달자를 사회복지사의 주요 역할로 인식 21회

기출키워드 10-2 웨일과 갬블의 모델_근린지역사회조직모형

087 ▸ 대면접촉이 이루어지는 가까운 지역사회에 초점을 둔다. 19회
▸ 일차적 구성원은 지역사회 이웃주민이다. 23회

088 ▸ 조직화를 위한 구성원의 능력개발, 지역주민의 삶의 질 증진을 목표로 한다. 19회
▸ 조직화를 위한 구성원의 능력개발에 초점을 둔다. 23회

089 ▸ 사회복지사의 역할은 조직가, 촉진자, 교육자, 코치 등이다. 19회, 23회

090 ▸ 지방정부, 외부개발자, 지역주민을 변화의 표적체계로 본다. 23회

기출키워드 10-3 웨일과 갬블의 모델_정치·사회행동모델

091 ▸ 기회를 제한하는 불평등에 도전 20회

092 ▸ 사회적·정치적·경제적 정의를 위한 행동 20회

093 ▸ 표적체계에 선출직 공무원도 해당 20회

기출키워드 10-4 웨일과 갬블의 모델_연합모델

094 ▸ 웨일과 갬블(M. Weil & D. Gamble)의 연합모델의 표적체계는 선출직 공무원이나 재단 및 정부 당국이 될 수 있다. 18회

기출키워드 11 테일러와 로버츠의 모델

095 ▸ 계획: 구체적 조사전략 및 기술 강조 21회

096 ▸ 지역사회개발: 지역주민의 참여와 자조 중시 21회

097 ▸ 정치적 역량강화: 상대적으로 권력이 약한 시민의 권한 강화에 관심 21회

> 나왔던 선지가 **그대로 or 변형되어** 또 나온다!

기출키워드 11-1 테일러와 로버츠의 모델_지역사회연계모델

098 ▸ 지역사회연계: 지역사회 문제해결을 위한 관계망 구축 강조 *꽈배기 선지* 21회

▸ 지역사회의 문제해결을 위해 관계망을 형성하거나 조정 *꽈배기 선지* 23회

099 ▸ 사회복지사, 자원봉사자, 행정가 등 다양한 구성원이 참여 23회

100 ▸ 지역사회복지 실천 과정에서 클라이언트와 후원자의 영향력이 동등 23회

기출키워드 12 포플의 모델

101 ▸ 지역사회개발 22회, 23회

102 ▸ 지역사회보호 22회

103 ▸ 지역사회조직 22회

104 ▸ 지역사회교육 23회

105 ▸ 지역사회행동 23회

106 ▸ 인종차별 철폐 지역사회사업 23회

기출키워드 13 지역사회복지 실천모델별 사회복지사의 역할 ★빈출

107 ▸ 교사 – 능력개발 18회

5영역 지역사회복지론 113

108 ▸ 옹호자 – 소송제기 　　　　　　　　　　　　　　　　18회

109 ▸ 연계자 – 모니터링 　　　　　　　　　　　　　　　　18회

110 ▸ 협상가 – 회의 및 회담 진행 　　　　　　　　　　　　18회

기출키워드 13-1 지역사회복지 실천모델별 사회복지사의 역할_조력자의 역할

111 ▸ 지역사회 내 다양한 집단들에 의해 표출된 불만의 집약 〈짝배기 선지〉 　17회
　　▸ 불만을 집약하는 일 〈짝배기 선지〉 　　　　　　　　　　22회

112 ▸ 지역사회조직 과정에서 지역주민들에게 공동의 목표 강조 〈짝배기 선지〉 　17회
　　▸ 공동의 목표를 강조하는 일 〈짝배기 선지〉 　　　　　　22회
　　▸ 조직화를 격려하는 일 〈짝배기 선지〉 　　　　　　　　22회

113 ▸ 좋은 대인관계를 조성하는 일 〈짝배기 선지〉 　　　　　22회

기출키워드 14 사정단계

114 ▸ 지역사회의 욕구를 파악한다. 　　　　　　　　　　　　22회
　　▸ 명목집단 등을 활용한 욕구의 우선순위를 결정할 수 있다. 　22회

115 ▸ 지역 공청회를 통해 주민 의견을 수렴한다. 　　　　　　22회

116 ▸ 서베이, 델파이기법 등을 활용하여 자료를 수집한다. 　　22회

나왔던 선지가 **그대로 or 변형되어** 또 나온다!

기출키워드 14-1 사정단계_욕구사정 방법

117 → 서베이 – 지역주민으로부터 설문조사를 통해 직접적으로 자료를 수집하는 방법
23회

118 → 사회지표분석 – 정부기관이나 사회복지관련 조직에 의해 수집된 기존 자료를 활용하는 방법
23회

119 → 명목집단기법 – 지역사회 내 다양한 의견을 수렴하여 욕구의 우선순위를 결정하는 방법 꽈배기선지
23회

기출키워드 14-2 사정단계_델파이기법

120 → 지역사회문제에 대한 전문지식을 갖고 있는 주요 정보제공자 구성 꽈배기선지
17회

121 → 응답 내용이 합의에 이르기까지 여러 번에 걸쳐 설문 과정 반복
17회

122 → 설문구성은 개방형으로 시작해서 이후에는 유사한 응답내용을 폐쇄형으로 구성하여 질문
17회

기출키워드 14-3 사정단계_자원 사정

123 → 사회복지시설 및 기관의 자원봉사자 수 19회
→ 관할 지방자치단체의 사회복지분야 예산 규모 19회
→ 기업의 사회공헌 프로그램 유형과 이용자 수 19회

기출키워드 15 문제확인단계

124 → 이슈의 개념화 20회
→ 이슈와 관련된 다양한 가치관 고려 20회
→ 이슈와 관련된 이론과 자료 분석 20회

기출키워드 16-1 계획수립 및 자원동원단계_프로그램 기획

125 ▸ 업무 설계 기재 　　　　　　　　　　　　　　　18회
　　　▸ 구체적인 실행방법 명시 　　　　　　　　　　　18회

126 ▸ 개별 사회복지기관이 다룰 수 있는 영역과 범위 안에 있는 이슈를
　　　　해결하기 위함 　　　　　　　　　　　　　　　18회

기출키워드 17 실행단계

127 ▸ 참여자 간의 갈등 관리 　　　　　　　　　　　　20회

128 ▸ 클라이언트의 적응 촉진 　　　　　　　　　　　20회

129 ▸ 재정자원 집행 　　　　　　　　　　　　　20회, 21회

130 ▸ 협력과 조정을 위한 네트워크 구축 　　　　20회, 21회

131 ▸ 추진 인력의 확보 및 활용 　　　　　　　　　　　21회

기출키워드 18 네트워크(연계) 기술

132 ▸ 사회복지기관의 서비스 제공과정에서 효율성 증대 　17회
　　　▸ 자원의 효율적 관리 　　　　　　　　　　　　　19회
　　　▸ 서비스의 중복과 누락 방지 　　　　　　　　　　19회
　　　▸ 사회복지시설의 서비스 중복·누락을 방지할 수 있다. 　22회
　　　▸ 서비스 계획의 공동 수립과 서비스 제공에서 팀 접근 수행 　17회

133 ▸ 사회복지사의 연계망 강화 및 확장   17회
▸ 사회적 교환은 네트워크 형성과 유지의 작동원리이다.   18회
▸ 구성원 사이의 신뢰와 호혜성이 형성되어야 네트워크가 지속될 수 있다.   18회
▸ 참여를 통한 시민 연대의식 강화   19회

134 ▸ 이용자 중심의 통합적 서비스 제공   17회, 22회
▸ 클라이언트 중심의 사회적 관계망을 강화시킬 수 있다.   22회

135 ▸ 참여 기관들은 평등한 주체로서의 관계가 보장되어야 한다.   18회

136 ▸ 지역주민에게 필요한 자원이나 서비스 연결 (꽈배기 선지)   19회

137 ▸ 새로운 인프라 구축에 필요한 시간과 비용을 줄일 수 있다.   22회

기출키워드 20   역량강화기술

138 ▸ 권력 키우기   18회

139 ▸ 의식 고양하기   18회

140 ▸ 공공 의제 만들기   18회

141 ▸ 지역사회 사회자본 확장   18회

142 ▸ 지역주민의 강점을 인정하고 스스로 삶을 결정할 수 있도록 역량을 강화하며, 지역 구성원의 능력에 대한 신념을 중요시한다. (꽈배기 선지)   19회

기출키워드 21   조직화 기술

143
- 지역주민이 주체가 되어 사회복지조직의 목표를 성취하도록 운영한다. 〈꽈배기 선지〉   20회
- 지역주민이 자신들의 문제를 함께 풀어나가는 과정을 포함한다.   20회

144
- 주민회의, 토론 등을 통한 의사소통   23회
- 구성원 간 갈등 조율을 위한 대인관계 기술   23회
- 주민 지도력 발굴 및 향상 교육   23회
- 지역사회 문제와 이슈에 대한 정보수집 및 분석   23회

기출키워드 22   옹호 기술

145
- 시의원 등에게 정치적 압력을 행사한다.   19회
- 피케팅으로 해당 기관을 난처하게 한다.   19회
- 지역주민으로부터 탄원서에 서명을 받는다.   19회
- 행정기관에 증언 청취를 요청한다.   19회
- ==보이콧, 피케팅== 등의 방법으로 표적을 난처하게 한다.   20회

146
- ==소외되고, 억압된 집단의 입장을 주장==한다. 〈꽈배기 선지〉   20회

147
- 지역주민이 정당한 처우나 서비스를 받지 못하는 경우에 활용된다.   20회

기출키워드 23   협상 기술

148
- 협상 범위를 면밀히 분석한다.   18회
- 협상 과정에 중재자가 개입할 수 있다.   18회
- 협상 시 ==양쪽 대표들은 이슈와 쟁점에 대해 토의==해야 한다.   18회

149
- 재원확보와 기관 간 협력을 만드는 데 유리하다.   18회

나왔던 선지가 **그대로 or 변형되어** 또 나온다!

기출키워드 24 지역사회보장계획 ★빈출

150 ▸ 기업의 사회공헌센터를 통한 기여 형태는 현금, 물품, 인력 등으로 다양하다. 17회

151 ▸ 기부식품 등 제공사업은 이용자에게 기초푸드뱅크·마켓을 통해 기부물품을 제공하고 있다. 17회

152 ▸ 자원봉사센터는 자원봉사활동기본법에 근거하여 <mark>자원봉사자를 양성·배치하는 역할을</mark> 수행한다. 꽈배기선지 17회

153 ▸ 사회복지공동모금회는 노블레스 오블리주 실천을 위한 아너 소사이어티(honor society)를 운영하고 있다. 17회

154 ▸ 지역사회보장 전달체계의 조직과 운영 18회

155 ▸ 지역 내 부정수급 발생 현황 및 방지대책 18회

156 ▸ 사회보장급여의 사각지대 발굴 및 지원 방안 18회

157 ▸ 지역사회보장의 분야별 추진전략, 중점 추진사업 및 연계 협력 방안 18회

158 ▸ 사회보장에 관한 기본계획과 연계되도록 하여야 한다. 19회
▸ 지역사회보장계획의 수립 및 지역사회보장조사의 시기·방법 등에 필요한 사항은 <mark>대통령령으로 정한다.</mark> 꽈배기선지 22회
▸ 지역사회보장조사는 지역사회보장 욕구조사와 자원조사로 구성된다. 23회

기출키워드 24-1 지역사회보장계획_시·군·구 지역사회보장계획

159 ▸ 지역사회보장 전달체계의 조직과 운영 20회
▸ 지역사회 보장에 관련한 통계 수집 및 관리 방안 20회
▸ 지역사회보장에 필요한 재원의 규모와 조달 방안 20회

160 ▸ 사회보장급여의 사각지대 발굴 및 지원 방안 20회
□□□ ▸ 사회보장급여의 이용·제공 및 수급권자 발굴에 관한 법률에 의거한다. 21회

161 ▸ 4년마다 수립하고 매년 연차별 시행계획을 수립해야 한다. 21회
□□□ ▸ 시·군·구는 4년마다 지역사회보장계획을 수립하여야 한다.
꽈배기 선지 23회

기출키워드 25   지역사회보장협의체 ★빈출

162 ▸ 실무분과: 지역사회보장계획의 연차별 시행계획 모니터링 17회
□□□

162 ▸ 실무분과: 사회복지법인 이사의 추천과 선임 조정 17회

기출키워드 25-1   지역사회보장협의체_읍·면·동 지역사회보장협의체

163 ▸ 복지대상자 발굴 17회
□□□

164 ▸ 지역특화사업 추진 17회
□□□

165 ▸ 지역자원의 발굴 및 연계 17회
□□□

166 ▸ 지역인적안전망 구축 17회
□□□

기출키워드 25-2   지역사회보장협의체_시·군·구 지역사회보장협의체

167 ▸ 시·군·구 사회보장 추진 18회, 20회
□□□

168 ▸ 시·군·구 사회보장급여 제공 18회, 20회
□□□

169 ▸ 시·군·구 지역사회보장계획 수립·시행 및 평가 18회
□□□

170 ▸ 읍·면·동 단위 지역사회보장협의체의 구성 및 운영   18회, 20회

171 ▸ 시·군·구의 지역사회보장계획 수립·시행 및 평가에 관한 사항   20회

기출키워드 25-3 지역사회보장협의체_실무협의체

172 ▸ 전문성 원칙에 따라 현장 전문가를 중심으로 구성한다.   21회

173 ▸ 실무협의체 위원은 10명 이상 40명 이하로 구성한다. 꽈배기선지   23회

기출키워드 26 지방분권화 ★빈출

174 ▸ 지방정부 간 복지 수준 불균형 초래   18회
▸ 지역 간 복지 수준의 격차가 발생할 수 있다. 꽈배기선지   19회
▸ 지역 간의 경쟁이 심화되어 지역 이기주의가 나타날 수 있다.   23회
▸ 지역 간 상대적 박탈감으로 사회적 형평성 문제가 발생된다. 꽈배기선지   23회

175 ▸ 지역주민들의 주체적 참여 기회 제공   18회
▸ 지역주민들의 지역사회복지에 대한 책임의식 향상   18회
▸ 주민참여 기회가 확대된다.   19회
▸ 주민참여로 권력의 재분배가 이루어진다.   21회
▸ 지역주민의 의사를 반영한 행정서비스가 강화된다.   23회

176 ▸ 지방자치단체장 후보의 사회복지 관련 선거공약 활성화   18회
▸ 지역복지 활성화의 토대가 될 수 있다.   23회

177 ▸ 지역 특성에 맞는 정책을 수립할 수 있다. 꽈배기선지   19회

178 ▸ 지방자치단체의 역할과 책임을 강화시킬 수 있다.   19회
▸ 지역사회복지에 대한 자기통치 원리가 중요시된다.   22회, 23회

179 ▸ 지방자치는 주민자치와 단체자치를 일컫는다. 22회

180 ▸ 지방자치단체는 사회복지시설을 평가할 수 있다. 22회

181 ▸ 지방자치법을 제정함으로써 지방 분권을 위한 법적 장치가 만들어졌다. 22회
▸ 우리나라는 지방자치법의 제정으로 도입되었다. 23회

182 ▸ 지역복지 실현을 위해 중앙정부와 분담적 관계를 추구한다. 23회
▸ 사회복지서비스의 책임과 권한이 지방에 이양된다. 23회

기출키워드 27 사회복지협의회

183 ▸ 시·군·구 단위에 의무적으로 설치하여야 한다. 17회

184 ▸ 사회복지시설 및 기관 중심의 지역사회복지 증진을 위한 법정단체이다. 17회
▸ 사회복지사업법에 근거를 둔 법정단체이다. 19회

185 ▸ 한국사회복지협의회는 기타 공공기관으로 지정되었다. 19회
▸ 광역 및 지역 단위 사회복지협의회는 독립적인 사회복지법인이다. 19회

186 ▸ 사회복지기관 간 연계·협력·조정 등의 업무를 수행한다. 19회

187 ▸ 사회복지에 관한 교육훈련 20회

188 ▸ 사회복지에 관한 계몽 및 홍보 20회

189 ▸ 자원봉사활동의 진흥 20회

190 ▸ 사회복지사업에 관한 기부문화의 조성 20회

기출키워드 28　사회복지관 ★빈출

191 ▸ 운영위원회는 프로그램 개발, 평가에 관한 사항을 심의한다. 　19회

192 ▸ 자원봉사자 개발·관리는 지역조직화 기능에 해당한다. 　19회

193 ▸ 취약계층 주민에게 우선적인 서비스를 제공하여야 한다. 　19회

194 ▸ 운영위원회는 5명 이상 15명 이하의 위원으로 구성한다. 　19회
　　　꽈배기 선지

195 ▸ 사회복지관: 지역사회 복지문제 예방·해결 　23회

기출키워드 28-1　사회복지관_서비스 제공 기능

196 ▸ 지역사회 보호 　20회

197 ▸ 교육문화 　20회

198 ▸ 자활지원 　20회

199 ▸ 가족기능 강화 　20회

200 ▸ 독거노인을 위한 일상생활 지원 　23회

기출키워드 28-2 사회복지관_지역사회조직화 기능

201 › 아동 자립생활 지원을 위한 후원자 개발 꽈배기선지 21회

202 › 주민 협력 강화를 위한 주민의식 교육 꽈배기선지 22회

기출키워드 28-3 사회복지관_사례관리 기능

203 › 지역 내 보호가 필요한 대상자 및 위기 개입 대상자 발굴 22회

204 › 개입 대상자의 문제와 욕구에 맞는 맞춤형 서비스 제공을 위한 사례 개입 22회

205 › 지역 내 민간 및 공공자원 연계 및 의뢰 꽈배기선지 22회

206 › 발굴한 사례에 대한 개입계획 수립 22회

기출키워드 29 사회적 경제 ★빈출

207 › 사회통합과 공동체의식 증진에 기여할 수 있다. 23회
› 호혜와 연대에 기초한 사회적 자본으로 시장경제의 대안이 된다. 23회

208 › 협동조합은 협동조합 기본법에 따라 조합원의 권익옹호와 지역사회에 공헌하는 사업조직을 말한다. 17회
› 협동조합의 발기인은 5인 이상의 조합원 자격을 가진 자가 된다. 꽈배기선지 18회
› 사회적 협동조합의 목적은 취약계층에게 사회서비스 또는 일자리를 제공하는 것이다. 꽈배기선지 20회

209 ▸ 마을기업은 주민이 지역자원을 활용한 수익사업을 통해 지역공동체를 활성화한다. 17회

▸ 마을기업은 회원 외에도 지역주민의 의견을 적극 반영한다. 18회

210 ▸ 자활기업은 저소득층이 상호 협력하여 공동사업자의 형태로 탈빈곤을 도모한다. 17회

▸ 자활기업은 조합 또는 「부가가치세법」상의 사업자로 한다. 18회

211 ▸ 사회적 경제는 사회적 목적과 민주적 운영 원리를 가진 호혜적 경제활동조직이다. 17회

▸ 사회적 경제는 자본주의 시장 경제의 대안모델이다. 20회

▸ 사회적 경제조직의 유형에는 협동조합, 마을기업, 자활기업 등이 있다. 23회

기출키워드 29-1 사회적 경제_사회적기업

212 ▸ 사회적기업은 경제적 이익을 추구한다. 20회

213 ▸ 유급 근로자를 고용하여 영업활동을 해야 사회적기업으로 인증받을 수 있다. 21회

214 ▸ 조직 형태는 민법에 따른 조합, 상법에 따른 회사, 특별법에 따른 법인 등이 있다. 21회

215 ▸ 서비스 수혜자, 근로자 등 이해관계자가 참여하는 의사결정 구조를 갖추어야 한다. 21회

기출키워드 30 공공 전달체계의 개편 ★빈출

216 ▸ '읍·면·동 찾아가는 보건복지서비스' 실시 18회, 20회

217 ▸ 사회적 경제주체들의 다양화 18회

218	읍·면·동 맞춤형 복지 전담팀 설치	20회
219	행정복지센터로의 행정조직 재구조화	20회
220	사회복지 전담인력의 확충	21회
221	수요자 중심 복지서비스 제공	21회
222	민·관 협력의 활성화	21회
223	보건과 연계한 서비스의 통합성 강화	21회
224	지역사회복지계획이 지역사회보장계획으로 변경	20회

기출키워드 31 자원봉사센터

225	지방자치단체: 자원봉사센터 운영을 위한 예산 지원	21회
226	중앙자원봉사센터: 자원봉사센터 정책 개발 및 연구	21회
227	시·도 자원봉사센터: 자원봉사 프로그램 개발 및 보급	21회
228	시·군·구 자원봉사센터: 지역 자원봉사 거점역할 수행	21회

기출키워드 32 사회복지공동모금회

229 ▸ 기획, 홍보, 모금, 배분 업무를 수행한다. 19회

230 ▸ 사회복지사업법에 의한 사회복지법인이다. 19회, 22회

231 ▸ 사회복지 프로그램의 전문성 제고에 기여할 수 있다. 19회

232 ▸ 지역사회의 자원을 동원하는 민간운동적인 특성이 있다. 19회

233 ▸ 회장, 부회장 및 이사의 임기는 3년으로 하며, 한 차례만 연임할 수 있다. 20회
▸ 모금회의 업무를 처리하기 위하여 사무총장 1명과 필요한 직원 및 기구를 둔다. 20회

233 ▸ 임원의 임기는 2년으로 하며, 한 차례만 연임할 수 있다. 22회

234 ▸ 사회복지공동모금사업을 수행한다. 20회
▸ 특별시·광역시·특별자치시·도·특별자치도 단위 사회복지공동모금지회를 둔다. 20회, 22회
▸ 모금회가 아닌 자는 사회복지공동모금 또는 이와 유사한 명칭을 사용하지 못한다. 22회

235 ▸ 사회복지활동 등을 지원하기 위한 재원을 조성하기 위하여 **복권을 발행**할 수 있다. 22회 (꽈배기 선지)

235 ▸ 사회복지사업이나 그 밖의 사회복지활동 등을 지원하기 위한 재원을 조성하기 위하여 기획재정부장관의 승인을 받아 복권을 발행할 수 있다. 20회

기출키워드 33 지역사회복지운동

236 ▸ 지역주민, 지역사회활동가, 사회복지전문가 등이 운동의 주체가 될 수 있다. 17회
▸ 지역사회복지운동의 주체는 사회복지전문가, 지역활동가, 지역사회복지이용자 등 다양하다. 20회
▸ 지역사회복지운동의 주체로 사회복지 실무자도 포함된다. 23회

236 ▸ 사회복지 전문가 중심의 활동이다. 19회
▸ 사회복지전문가 중심의 활동으로 이루어진다. 19회, 21회

237 ▸ 지역사회 문제를 해결하기 위한 목적지향성을 가진다. 17회

▸ 지역주민의 삶의 질과 관련된 생활영역을 포함한다. 17회, 20회

▸ 목적지향적인 조직적 활동이다. 21회

▸ 지역사회의 부당한 권력구조를 변화시키기 위해 노력한다. 23회

238 ▸ 국민기초생활보장법 시행 이후 자활후견기관(지역자활 센터)이 설치·운영되어 자활운동이 공적전달 체계에 편입되었다. 17회

239 ▸ 복지권리·시민의식을 배양하는 사회권 확립운동이다. 19회

▸ 조례제정운동과 같은 제도변화 과정을 예로 들 수 있다. 23회

240 ▸ 지역사회의 다양한 자원 활용 및 조직 간 유기적 협력이 이루어진다. 20회

▸ 지역주민 참여를 위한 수요자 중심의 활동이 이루어진다. 23회

241 ▸ 지역사회복지운동에는 다양한 이념이 사용될 수 있다. 20회

237 ▸ 계획되지 않은 조직적 활동이다. 19회

▸ 지역사회의 구조적 문제는 배제된다. 21회

기출키워드 33-1 지역사회복지운동_지역사회복지운동이 갖는 의의

242 ▸ 복지권리의식과 시민의식을 배양하는 복지권 확립 18회

243 ▸ 지역사회의 다양한 자원활용 및 관련 조직 간의 협력을 통한 지역 자원 동원 18회

244 ▸ 지역사회의 정체성 확인과 역량강화를 통해 지역사회 변화를 주도 18회

245 ▸ 사회복지가 추구하는 사회적 가치로서 사회정의 실현 18회

이기고 싶다면,
더 필요한 사람이 되세요.
탓 그만 하고.

6영역 사회복지정책론

핵심 기출선지 총정리

- 기출키워드 번호는 〈1권 영역별 기출문제집〉의 기출키워드 번호와 연동되어 있습니다. 영역별 기출문제집과 함께 학습하면 학습 효과를 더욱 높일 수 있습니다.
- 형광펜 표시는 중요 내용입니다. 기출선지를 회독하면서 자연스럽게 중요 내용도 암기하는 효과를 느껴 보세요!
- 오답선지에서 어느 부분이 잘못되었는지 생각해 보고, 옳은 내용과 비교해 보세요.
- 3회독 Check ☐☐☐ 에 정확히 아는 선지에는 ○, 암기가 필요한 선지에는 ×를 표시하세요.
- 꽈배기선지 는 빈출 개념에 대해 혼동을 유발하거나 오답을 유도하는 선지를 의미합니다. 꽈배기 선지는 회독 시 한 번 더 눈여겨 보세요.

기출키워드 1 사회복지정책의 특성 ★ 빈출

헷갈리지 말자! 오답선지

001 ▸ 비정규직 고용은 노동자의 인적자본 형성 기회를 줄인다. 〔꽈배기선지〕 17회

002 ▸ 비정규직의 증가 원인에는 기업 규제 완화를 통한 **노동의 유연성 증가**가 포함된다. 17회

003 ▸ 아동학대의 예방과 방지에 관한 관심을 높이기 위하여 아동학대 예방의 날을 지정하였다. 19회

004 ▸ 아동보호전문기관의 장은 피해아동의 가족에게 상담, 교육 및 의료적·심리적 치료 등의 필요한 지원을 제공하여야 한다. 〔꽈배기선지〕 19회

005 ▸ 국가와 지방자치단체는 국가 및 지방자치단체의 사회 복지사업과 민간부문의 사회복지 증진활동이 **원활하게 연계될** 수 있도록 노력하여야 한다. 17회

006 ▸ 국가와 지방자치단체는 사회복지를 필요로 하는 사람의 **인권이 충분히 존중**되는 방식으로 사회복지서비스를 제공하여야 한다. 17회

007 ▸ 국가나 지방자치단체가 설치한 사회복지시설은 **사회복지법인이나 비영리법인에 위탁하여 운영**하게 할 수 있다. 17회

나왔던 선지가 **그대로 or 변형되어** 또 나온다!

008 ▸ 보건복지부장관은 사회복지시설에서 제공하는 사회복지서비스의 **최저기준을 마련**하여야 한다. 꽈배기선지 17회

009 ▸ 소득을 재분배하는 기능을 한다. 19회
▸ 소득재분배에 의한 평등 추구 23회

009 ▸ 능력에 비례한 배분을 원칙으로 한다. 19회

010 ▸ **경제의 자동안정화 기능**을 한다. 19회

011 ▸ 국민의 최저생활을 보장하는 기능을 한다. 꽈배기선지 19회
▸ 개인의 자립과 성장 꽈배기선지 23회

012 ▸ **사회통합과 정치적 안정화 기능**을 한다. 19회

013 ▸ 빈부 간 갈등 예방과 사회통합 23회

014 ▸ **사회안전망 강화와 생존권 보장** 23회

기출키워드 1-1 사회복지정책의 특성_사회복지서비스

015 ▸ 사회복지서비스는 주로 **이차분배**에 관여한다. 17회

016 ▸ 사회복지서비스는 **사람들의 욕구를 직접적으로 충족**하려는 경향이 있다. 꽈배기선지 17회
▸ 사회복지서비스는 **개별적 욕구를 충족**시키고자 한다. 17회
▸ 사회복지서비스는 사람들의 욕구를 주로 공식적 기구나 제도를 통해 충족한다. 17회

기출키워드 2 사회복지정책의 가치 ★ 빈출

017 ▸ 적극적 자유의 관점에서 자유의 침해는 개인에게 필요한 **자원이나 기회를 박탈당한 것**을 의미한다. 18회

017 ▸ 자유지상주의 관점에서는 적극적 자유를 옹호한다. 18회

018 ▸ 비례적 평등은 개인의 능력, 업적, 공헌에 따라 사회적 자원을 분배하는 것을 의미한다. 꽈배기선지   19회

019 ▸ 평등을 추구하는 사회복지정책은 선택의 자유를 제한한다는 비판이 있다.   20회

020 ▸ 형평성이 신빈민법의 열등처우원칙에 적용되었다. 꽈배기선지   20회

021 ▸ 적절성은 일정한 수준의 신체적·정신적 복리를 제공하는 것을 의미한다.   20회

022 ▸ 기회의 평등의 예로 사회적으로 취약한 아동을 위한 적극적 교육 지원을 들 수 있다.   20회

022 ▸ 결과가 평등하다면 과정의 불평등은 상관없다는 것이 기회의 평등이다.   19회
　　　▸ 기회의 평등은 적극적인 평등의 개념이다.   19회

023 ▸ 연대란 사람들이 서로 의무감과 책임감을 느끼고 함께하려는 상태를 의미한다. 꽈배기선지   23회
　　　▸ 이질성과 개인화가 강조되는 상태에서 유지되는 연대를 유기적 연대라고 한다. 꽈배기선지   23회
　　　▸ 최근 우리나라에서는 노동시장의 변화로 노동자들 간 동질성이 더욱 강화되었다. 꽈배기선지   23회
　　　▸ 장애인의무고용은 연대를 제도화한 것이다. 꽈배기선지   23회

기출키워드 2-1 　사회복지정책의 가치_재분배와 파레토 효율

024 ▸ 파레토 개선이란 다른 사람들의 효용을 감소시키지 않으면서 어떤 사람들의 효용을 증가시키는 것이다.   17회

025 ▸ 파레토 개선의 예로 민간의 자선활동을 들 수 있다. 꽈배기선지   17회

026 ▸ 파레토 효율은 완전경쟁시장에서 개인의 자발적인 선택을 전제로 한다. 꽈배기선지   17회

026 ▸ 파레토 효율의 정의상 소득재분배는 매우 효율적이다.   17회

027 ▸ 재분배를 통하여 빈곤층의 소득이 늘어나도 개인의 효용은 증가할 수 있다.   17회

나왔던 선지가 **그대로 or 변형되어** 또 나온다!

기출키워드 2-2 사회복지정책의 가치_마이클 샌델의 정의

028 ▸ 도덕에 기초하는 정치   23회

029 ▸ 불평등 해소방법, 연대, 시민의 미덕   23회

030 ▸ 시장의 도덕적 한계를 인정   23회

031 ▸ 시민의식, 희생, 봉사   23회

기출키워드 2-3 사회복지정책의 가치_사회복지정책 급여의 적절성

032 ▸ 인간다운 생활을 할 수 있는 수준의 급여를 제공하는 것을 말한다. 21회
　　　 ▸ 급여를 받는 사람의 삶의 질에 대한 관심의 표현이다. 21회
　　　 ▸ 일정한 수준의 물질적, 정신적 복지를 제공해야 한다는 것과 관련된다. 21회

033 ▸ 기초연금 지급액 인상은 적절성 수준을 높여줄 수 있다. 21회

기출키워드 3-1 사회복지의 국가 개입_사회복지정책의 주체 및 그 역할

034 ▸ 사회복지정책의 주체는 국가, 지방자치단체, 공공복지기관 등 다양하다. 21회
　　　 ▸ 민간복지기관은 정부 및 공공기관에 의하여 권한을 위임받은 경우 사회복지정책의 주체가 될 수 있다. 21회

035 ▸ 공공재적 성격이 강한 재화나 서비스는 공공부문이 개입하는 것이 바람직하다. 21회

036 ▸ 정보의 비대칭성이 강한 영역은 정부가 개입하는 것이 바람직하다. 21회

기출키워드 3-2 사회복지의 국가 개입_국가 주도 사회복지의 필요성

037 › 사회복지의 공공재적 성격 20회

038 › 전염병에 대한 치료의 긍정적 외부효과 발생 20회

039 › 질병의 위험에 대한 보험방식의 역선택 문제 해결 20회
 › 역선택 22회

040 › 의료서비스에 대한 정보의 비대칭 문제 해결 20회
 › 정보의 비대칭 22회

041 › 도덕적 해이 22회

042 › 규모의 경제 22회

기출키워드 3-3 사회복지의 국가 개입_사회복지운동

043 › 민간이 사회복지에 대한 특정 견해를 가지고 이를 관철시키려는 실천이다. 《파배기 선지》 21회

044 › 노동운동·시민운동·여성운동 단체 등 다양한 주체들이 관심과 역량을 투여하는 사회운동의 한 분야이다. 《파배기 선지》 21회

045 › 사회복지종사자들이 갖고 있는 전문성을 실현하는 중요한 통로의 하나이다. 21회

기출키워드 4　영국의 사회복지

046
- 길버트법(1782) – 원외구제 허용　18회
- 길버트법은 작업장 노동의 비인도적인 문제에 대응하여 원외구제를 실시하였다.　20회
- 1782년 길버트법은 원외구제를 허용하였다.　21회
- 길버트법은 빈민의 비참한 생활과 착취를 개선하기 위해 원외구제를 허용했다.　22회

047
- 베버리지보고서를 근거로 하여 가족수당법, 국민부조법 등이 제정되었다.　22회

047
- 베버리지 보고서(1942) – 소득비례방식의 사회보험　18회

048
- 1601년 엘리자베스 빈민법은 빈민을 노동능력 있는 빈민, 노동능력 없는 빈민, 빈곤아동으로 분류하였다.　21회

049
- 1662년 정주법은 부랑자들의 자유로운 이동을 금지하였다.　21회

050
- 스핀햄랜드법은 빈민의 임금을 보충하기 위해 가족 수에 따라 보조금을 지급할 수 있게 했다. 〔꽈배기선지〕　22회

050
- 1795년 스핀햄랜드법은 열등처우의 원칙을 명문화하였다.　21회

기출키워드 4-1　영국의 사회복지_신빈민법

051
- 1832년 왕립위원회(Royal Commission)의 조사를 토대로 1834년에 제정되었다.　19회

052
- 국가의 도움을 받는 사람의 처우는 스스로 벌어서 생활하는 최하위 노동자의 생활 수준보다 높지 않아야 한다는 원칙을 내용으로 하고 있다. 〔꽈배기선지〕　19회
- 1834년 신빈민법은 노동능력이 있는 빈민에 대한 원외구제를 폐지하였다. 〔꽈배기선지〕　21회

052
- 원외구제를 인정하였다.　19회
- 신빈민법은 열등처우의 원칙을 적용하였고 원내구제를 금지했다.　22회

053
- 구빈행정체계를 통일시키고자 하였다.　19회

054
- 빈민을 가치 있는 빈민과 가치 없는 빈민으로 분류하였다.　19회

| 기출키워드 5 | 미국과 독일의 사회복지 |

055 ▸ 비스마르크는 독일제국의 사회통합을 위해 사회보험을 도입하였다.
20회

| 기출키워드 6 | 복지국가 |

056 ▸ 4차 산업혁명, 일자리 감소, 소득 양극화 심화 등의 이슈는 '기본소득' 도입의 필요성과 관련되어 있다.
18회

057 ▸ 민달팽이유니온, 복지국가청년네트워크 등은 청년 세대운동 조직이 출현한 사례에 해당한다.
18회

058 ▸ '마을만들기' 사업은 주민참여형 복지라고 할 수 있다. 꽈배기 선지
18회

059 ▸ '커뮤니티 케어'는 탈시설화와 관련되어 있다.
18회

060 ▸ 대규모 재분배를 가능하게 하는 케인즈주의 경제정책
23회

| 기출키워드 6-1 | 복지국가_케인즈 경제이론 |

061 ▸ 고용이 증가하면 소득이 증가하고, 소득이 증가하면 유효수요가 증가한다. 꽈배기 선지
17회

062 ▸ 유효수요가 감소하면 경기불황을 가져오고, 소득이 감소한다. 17회
유효수요가 증가하면 경기호황을 가져와 투자의 증가로 이어진다. 꽈배기 선지
17회

062 ▸ 소득이 증가하면 저축이 감소하고, 투자의 감소로 이어진다.
17회

063 ▸ 저축이 증가하면 투자가 감소하고, 고용의 감소로 이어진다. 17회

기출키워드 6-2 복지국가_길버트의 권능부여국가 주요 요소

064 ▸ 근로촉진, 선별적 표적화, 민영화, 사회적 의무와 연계된 급여 23회

064 ▸ 근로촉진, 생활임금, 공적 운영, 사회적 의무와 연계된 급여 23회

기출키워드 7 사회복지정책 발달이론

065 ▸ 사회양심이론 – 사회복지는 이타주의가 제도화된 것임 18회
▸ 사회양심론은 인도주의에 기초하고 있다. 19회

066 ▸ 수렴이론 – 산업화를 이룬 나라들은 사회복지제도를 도입하게 됨 18회
▸ 수렴이론은 그 사회의 기술수준과 산업화 정도에 따라 사회복지의 발달이 수렴된다고 본다. 22회

067 ▸ 시민권론 – 마샬(T. H. Marshall)은 사회권(social right)을 복지권(welfare right)이라 함 18회
▸ 시민권론 – 마샬(T. H. Marshall)에 따르면 시민권은 공민권, 참정권, 사회권 순서로 발전하였고, 사회복지 정책은 사회권이 발달한 결과이다. 20회

067 ▸ 시민권이론은 참정권, 공민권, 사회권 순으로 발전했다고 설명한다. 19회

068 ▸ 구조기능주의론 – 사회복지는 산업화, 도시화에 따른 사회문제에 대한 적응의 결과임 18회

069 ▸ 권력자원론 – 복지국가 발전의 중요 변수들은 노동조합의 중앙집중화 정도, 노동자 정당의 영향력 등이다. 20회
▸ 권력자원이론은 노동조합의 중앙집중화 정도, 좌파정당의 집권을 복지국가 발달의 변수로 본다. 22회

070 ▸ 음모이론은 사회복지정책을 사회 안정과 질서유지를 위한 통제 수단으로 보는 이론이다. 19회

071 ▸ 확산이론은 한 지역의 사회복지정책이 다른 지역으로 전파되어 나간다는 이론이다. 19회

072 ▸ 산업화이론은 사회복지정책발달은 그 사회의 산업화 정도에 따라 결정된다고 보는 이론이다. 19회

▸ 산업화론 – 농경사회에서 산업사회로 변화하면서 사회문제가 발생하였고, 그 대책으로 사회복지정책이 발달하였다. 20회

073 ▸ 국가중심적 이론 – 적극적 행위자로서 국가를 강조하고 사회복지정책의 발전을 국가 관료제의 영향으로 설명한다. 꽈배기 선지 20회

074 ▸ 이익집단이론은 다양한 이익집단들의 정치적 활동을 통해 복지국가가 발달한 것으로 본다. 꽈배기 선지 22회

기출키워드 7-1 사회복지정책 발달이론_롤즈의 정의론

075 ▸ 제1원칙은 기본적 자유에 대한 동등한 권리이다. 21회

기출키워드 7-2 사회복지정책 발달이론_중상주의

076 ▸ 15세기 중반부터 18세기 중반까지 유럽대륙을 지배하였던 경제사상을 지칭하는 용어이다. 23회

077 ▸ 국가유지에 필요한 비용을 마련하기 위해 식민지 개척과 무역정책을 추진하였다. 23회

078 ▸ 빈민들의 근면성을 위해 임금수준을 낮게 유지하고자 하였다. 23회

기출키워드 8-1 사회복지정책 이데올로기_사회투자전략

079 ▸ 현재 아동 세대에 대한 선제적 투자를 중시한다. 꽈배기 선지 20회

나왔던 선지가 **그대로 or 변형되어** 또 나온다!

기출키워드 8-2 사회복지정책 이데올로기_조지와 윌딩의 소극적 집합주의

080 ▸ 시장의 약점을 보완하고 불평등과 빈곤에 대응하기 위하여 실용적인 국가개입이 필요하다. 21회

080 ▸ 시장에 대한 국가개입을 최소화하고 개인의 소극적 자유를 극대화하는 것이 바람직하다. 21회

기출키워드 9-1 복지국가 유형화이론_에스핑-앤더슨의 복지국가 유형

081 ▸ 복지국가 유형을 탈상품화, 계층화 등을 기준으로 분류하였다. 19회, 22회
▸ 탈상품화 정도, 계층화 정도 등에 따라 복지국가를 3가지 유형으로 분류하였다. 21회

082 ▸ 자유주의 복지국가는 자산조사에 의한 공공부조의 비중이 큰 국가이다. 19회
▸ 자유주의 복지국가는 공공부조의 역할이 크고 탈상품화 정도는 낮다. 21회

082 ▸ 자유주의 복지체제 국가에서 탈상품화 정도가 가장 높다. 20회
▸ 자유주의 복지국가는 공공부조의 비중과 탈상품화 수준이 낮은 편이다. 22회

083 ▸ 자유주의 복지체제 국가의 사회보장급여는 잔여적 특성이 강하다. 20회

084 ▸ 사회민주주의 복지국가는 보편적 원칙과 사회권을 통한 탈상품화 효과가 크다. 19회
▸ 사회민주주의 복지체제 국가는 보편주의를 강조한다. 20회
▸ 사회민주주의 복지국가는 탈상품화 정도가 높고 보편적 사회서비스를 제공한다. 21회

085 ▸ 보수주의 복지체제 국가는 가족의 중요성을 강조한다. 20회

085 ▸ 보수주의 복지국가는 탈가족주의와 통합적 사회보험을 강조한다. 22회

086 ▸ 보수주의 복지체제 국가의 예로 독일, 프랑스, 이탈리아가 있다. 20회

086 ▸ 보수주의 복지국가의 예로는 프랑스, 영국, 미국을 들 수 있다. 22회

087 ▸ 보수주의 복지국가에서 사회보험은 직업집단 등에 따라 분절적으로 운영된다. 21회

087 ▸ 보수주의 복지국가는 사회보험에 의존하지 않는다. 19회

기출키워드 9-2 복지국가 유형화이론_사회복지의 잔여적 개념과 제도적 개념

088 잔여적 개념에 따르면 개인은 기본적으로 가족과 시장을 통해 욕구를 충족시킨다. 〔빠배기 선지〕 22회

089 잔여적 개념은 작은 정부를 옹호하고 시장과 민간의 역할을 중시하는 보수주의자들의 선호와 맥락을 같이한다. 〔빠배기 선지〕 22회

기출키워드 10 사회복지정책의 평가

090 총괄평가는 정책이 집행되고 난 후 정책이 사회에 미친 영향을 평가하는 것이다. 19회

기출키워드 10-1 사회복지정책의 평가_사회복지정책 평가의 필요성

091
- 문제해결을 위한 정책결정에 필요한 정보를 얻기 위함 17회
- 기존 정책의 개선에 필요한 정보를 얻기 위함 17회

092 정책의 정당성 근거를 확보하기 위함 17회

093 정책평가는 사회복지정책 이론의 형성에 기여함 〔빠배기 선지〕 17회

기출키워드 11 사회복지정책의 결정

094 합리모형은 인간의 이성과 합리성을 믿고 주어진 상황에서 목표 달성을 극대화하는 최선의 정책대안을 찾아낼 수 있다고 본다. 〔빠배기 선지〕 20회

기출키워드 11-1 사회복지정책의 결정_쓰레기통모형

095
- 정치의 흐름, 문제의 흐름, 정책대안의 흐름이 각각 따로 존재하며, 그 과정의 참여자도 다르다. 17회
- 쓰레기통모형은 문제의 흐름, 정책대안의 흐름, 정치의 흐름이 우연히 결합하여 정책의 창이 열릴 때 정책이 결정된다고 본다. 20회
- 정책의 흐름 속에 떠다니던 정책대안이 연결되어 정책결정의 기회를 맞는다. 17회
- 정치의 흐름 및 문제의 흐름 각각에 의하여 또는 이들의 결합에 의하여 정책 아젠다가 결정된다. 17회

095
- 정책결정은 조직화된 상태 속에서 나타나는 몇 가지 흐름에 의하여 체계적으로 이루어진다. 17회

기출키워드 11-2 사회복지정책의 결정_혼합모형

096
- 큰 범위에서의 기본적인 결정은 합리적으로 이루어지지만, 세부적 결정은 기본적 결정을 보완·수정하여 점증적으로 이루어진다고 주장하는 정책결정모형이다. 23회

097
- 기본적 결정은 전체적인 방향을 설정하기 위해 중요한 대안을 탐색한 후에 이루어진다. 23회

098
- 두 개의 대립되는 극단의 모형들을 절충한 것에 지나지 않는다는 비판이 있다. 23회

096
- 혼합모형은 합리모형과 최적모형을 혼합하여 최선의 정책결정에 도달하는 정책결정모형이다. 20회

기출키워드 12 길버트와 테렐의 사회복지정책 분석 ★빈출

099
- 과정분석은 정책형성에 영향을 미치는 사회정치적·기술적·방법적 변수를 중심으로 분석하는 접근방법이다. 19회

100
- 산물분석은 정책선택에 관련된 여러 가지 쟁점을 분석하는 접근방법이다. 19회
- 산물분석은 할당, 급여, 전달체계, 재정 차원으로 구분하여 분석한다. 19회

101
- 성과분석은 실행된 정책이 낳은 결과를 기술하고 분석하는 접근방법이다. 19회

기출키워드 12-1 길버트와 테렐의 사회복지정책 분석_건강보험제도

102 ▸ 할당 – 기여조건 🍪 파배기선지 20회

103 ▸ 급여 – 현금급여, 현물급여 🍪 파배기선지 20회

104 ▸ 전달체계 – 민간전달체계, 공공전달체계 🍪 파배기선지 20회

105 ▸ 재정 – 보험료, 국고보조금, 이용료 🍪 파배기선지 20회

기출키워드 12-2 길버트와 테렐의 사회복지정책 분석_복지다원주의

106 ▸ 국가를 포함한 복지제공의 주체를 재구성하는 논리로 활용된다. 22회

107 ▸ 비공식부문은 제도적 복지의 발달에도 불구하고 존재하는 비복지 문제에 대응하는 복지주체이다. 22회

108 ▸ 시민사회는 사회적 경제조직을 구성하여 지역사회에서 공급주체로 참여하는 역할을 한다. 🍪 파배기선지 22회

109 ▸ 복지제공의 주체로 국가 외에 다른 주체를 수용한다는 점에서 복지국가를 비판하는 논리로 쓰인다. 22회

기출키워드 12-3 길버트와 테렐의 사회복지정책 분석_전자바우처

110 ▸ 급여형태는 신용카드 또는 체크카드로 구현한 증서이다. 22회

111 ▸ 서비스 제공자의 도덕적 해이를 방지하기 위해 도입되었다. 🍪 파배기선지 22회

112 수요자의 선택권을 보장하기 위한 수단으로 활용되고 있다. 22회

113 금융기관 시스템을 활용하여 재정흐름의 투명성이 높아졌다. 22회

기출키워드 12-4 길버트와 테렐의 사회복지정책 분석_조세와 사회보험료

114 개인소득세는 누진성이 강하고 일반소비세는 역진성이 강하다.
꽈배기 선지 22회

기출키워드 12-5 길버트와 테렐의 사회복지정책 분석_사회복지전달체계

115 사회복지서비스의 제공자들 사이 또는 공급자와 수급자 사이를 연결하기 위한 조직적, 구조적, 기능적 장치이다. 23회

116 사회복지전달체계의 운영 주체는 크게 공공과 민간으로 나눌 수 있다. 23회

117 사회복지전달체계를 발전시키기 위해서는 서비스의 분열성, 불연속성, 무책임성, 비접근성을 배제해야 한다. 꽈배기 선지 23회

118 비영리 민간 사회복지기관은 공공부문과 연계하여 서비스를 제공하기도 한다. 23회

기출키워드 12-6 길버트와 테렐의 사회복지정책 분석_사회복지서비스 공급주체로서의 중앙정부

119 서비스의 지속성과 안정성 확보에 유리하다. 23회

기출키워드 13-1 사회복지정책의 대상_사회복지정책 대상 선정

120 아동수당은 인구학적 기준을 적용한 제도이다. 18회

120 아동수당은 전체 아동이 적용대상이 아니므로 선별주의 제도이다. 20회

121 ▸ 노인장기요양보험제도는 요양등급을 판정하여 급여를 제공하므로 진단적 구분이 적용된다. 꽈배기선지   20회

기출키워드 13-2 사회복지정책의 대상_사회적 효과성

122 ▸ 사람들이 사회의 평등한 구성원으로 어느 정도나 대우받는가에 따라 판단하는 것이다.   21회

기출키워드 13-3 사회복지정책의 대상_보편주의와 선별주의

123 ▸ 보편주의는 기여자와 수혜자를 구별하지 않는다. 꽈배기선지   22회
▸ 보편주의자와 선별주의자 모두 사회적 평등성 또는 사회적 효과성을 나름대로 추구한다. 꽈배기선지   22회

124 ▸ 선별주의는 수급자격이 제한된 급여를 제공하기 위해 자산 조사 또는 소득조사를 한다.   22회

기출키워드 14-1 사회보장의 개념_사회보장제도 운영주체의 책임

125 ▸ 사회보험은 국가의 책임으로 시행한다. 꽈배기선지   17회

125 ▸ 사회보험에 드는 비용은 국가가 전담한다.   17회

기출키워드 14-2 사회보장의 개념_소득재분배 및 재분배

126 ▸ 조세를 재원으로 하는 공공부조제도에서 일반적으로 나타난다.   19회

127 ▸ 사회적 취약계층을 대상으로 하는 사회복지서비스는 수직적 재분배 효과가 있다.   19회

128 ▸ 위험 미발생집단에서 위험 발생집단으로 소득이 이전되는 것은 수평적 소득재분배에 해당한다. 꽈배기선지   19회

129 ▸ 재원조달 측면에서 부조방식이 보험방식보다 재분배 효과가 크다.   19회

나왔던 선지가 **그대로 or 변형되어** 또 나온다!

130 ▸ 수직적 재분배의 예로 공공부조제도를 들 수 있다. 20회

130 ▸ 수평적 재분배는 공공부조를 들 수 있다. 22회
▸ 수직적 재분배는 아동수당을 들 수 있다. 22회

131 ▸ 세대 간 재분배는 부과방식 공적연금을 들 수 있다. 22회

131 ▸ 세대 간 재분배는 적립방식을 통해 운영된다. 20회

132 ▸ 건강보험은 건강한 사람으로부터 질병을 겪는 사람에게 자원을 재분배한다. 23회

132 ▸ 정부는 최소극대화의 원칙에 따라 불평등을 완화하기 위해 모든 대상자에게 동일한 보험료를 부과한다. 23회

기출키워드 14-3 사회보장의 개념_사회서비스

133 ▸ 주로 바우처 방식으로 수요자를 지원한다. 23회

133 ▸ 전액 국비로 지원한다. 23회

기출키워드 15 사회보장제도의 유형 및 특징 ★ 빈출

134 ▸ 공공부조는 다른 두 제도에 비해 권리성이 약하다. 18회

135 ▸ 사회수당은 수평적 재분배 효과가 있다. 18회
▸ 사회수당은 기여 여부와 무관하게 지급된다. 18회

136 ▸ 사회보험의 급여조건은 보험료 기여조건과 함께 사회적 위험에 직면해야 하는 조건이 부가된다. 18회

136 ▸ 사회보험 급여를 받을 권리 여부는 자산조사 결과에 근거하여 결정된다. 19회

137 ▸ 사회보험제도는 위험의 분산이라는 보험 기술을 사용한다. 19회

138 ▸ 한국의 사회보험제도는 의무가입 원칙을 적용한다. 19회

139 ▸ 사회보험 급여는 민간보험 급여보다 법적 권리성이 강하다. 23회

140 ▸ 사회보험은 대부분 국가 또는 공법인이 운영하지만 민영보험은 사기업이 운영한다. 20회

▸ 사회보험은 국가가 주로 독점하지만 민영보험은 사기업들이 경쟁한다. 20회

141 ▸ 사회보험은 강제로 가입되지만 민영보험은 임의로 가입한다. 20회

142 ▸ 사회보험은 사회적 적절성을 강조하지만 민영보험은 개별 형평성을 강조한다. 20회

142 ▸ 민간보험은 사회보험보다 사회적 적절성이 중요하다. 23회

기출키워드 15-1 사회보장제도의 유형 및 특징_소득보장제도

143 ▸ 기초연금은 노인의 생활안정 지원을 목적으로 한다. 21회

144 ▸ 장애정도가 심하지 않은 장애인은 장애인연금을 받을 수 없다. 21회

145 ▸ 장애수당은 장애로 인해 발생하는 추가비용을 보전하기 위해 도입되었다. 21회

146 ▸ 저소득 한부모가족에게는 아동양육비가 지급될 수 있다. 21회

기출키워드 15-2 사회보장제도의 유형 및 특징_최저임금제

147 ▸ 최저임금제는 정신장애로 근로능력이 현저히 낮은 사람에게는 적용되지 않는다. 23회

148 ▸ 최저임금제는 근로자에게 최저한의 생계를 유지할 수 있는 수준의 임금을 보장하기 위한 제도이다. 23회

149 ▸ 최저임금제는 저임금 근로자의 증가를 억제하는 장치로 작용할 수 있다. 23회

150 ▸ 최저임금제는 사회보장 급여수준에 영향을 미칠 수 있다. 23회

기출키워드 15-3 사회보장제도의 유형 및 특징_공공부조제도의 장점

151 ▸ 대상효율성이 높다. 21회

기출키워드 15-4 사회보장제도의 유형 및 특징_사회보험의 운영 원리

152 ▸ 수익자 부담 원칙을 전제로 하고 있다. 21회

153 ▸ 사회보험은 수평적 또는 수직적 재분배 기능이 있다. 21회

154 ▸ 가입자의 보험료율은 사회보험 종류별로 다르다. 21회

155 ▸ 사회보험급여는 피보험자와 보험자 간 계약에 의해 규정된 법적 권리이다. 21회

기출키워드 15-5 사회보장제도의 유형 및 특징_도덕적 해이

156 ▸ 도덕적 해이는 보험계약이 가입자들의 행동에 영향을 미치는 현상이다. 23회

157 ▸ 도덕적 해이는 실업보험에서 발생할 가능성이 높다. 23회

158 ▸ 도덕적 해이는 건강보험 진료비 본인부담을 정당화하는 논리로 사용된다. 23회

159 ▸ 도덕적 해이가 심각해지면 민간보험사의 보험료 상승으로 이어질 수 있다. 23회

기출키워드 16 공적연금의 특징

160 ▸ 확정급여식 연금의 재정은 완전적립방식에서 부과방식까지 다양하게 운용될 수 있다. 짜배기선지 17회

161 ▸ 확정기여식 연금의 급여액은 기본적으로 적립한 기여금과 기여금의 투자수익에 의해서 결정된다. 짜배기선지 17회

162 ▸ 적립방식은 부과방식에 비해 세대 내 소득재분배 효과가 크다. 19회

162 ▸ 부과방식은 적립방식에 비해 자본축적 효과가 크다. 19회
▸ 부과방식은 적립방식에 비해 기금 확보가 더 용이하다. 19회

기출키워드 16-1 공적연금의 특징_사회보험방식의 공적연금

163 ▸ 국민연금과 특수직역연금으로 구분하여 운영되고 있다. 21회

164 ▸ 가입자의 노령(퇴직), 장애(재해), 사망으로 인한 소득중단 시 급여를 지급한다. 21회

기출키워드 17 국민연금제도

165 ▸ 「병역법」에 따라 현역병으로 병역의무를 수행한 경우 가입기간을 추가 산입한다. 짜배기선지 17회

166 ▸ 자녀가 두 명인 경우 12개월을 추가 산입한다. 짜배기선지 17회

167 ▸ 「고용보험법」에 따른 구직급여를 받는 경우 구직급여를 받는 기간을 가입기간에 추가 산입한다. 짜배기선지 17회

168 ▸ 사용자가 근로자의 임금에서 기여금을 공제하고 연금보험료를 내지 아니한 경우에는 그 내지 아니한 기간의 2분의 1에 해당하는 기간을 근로자의 가입기간으로 산입하되, 1개월 미만의 기간은 1개월로 한다. 짜배기선지 17회

169
- 기본연금액의 균등부분은 연금수급 전 3년간 전체 가입자 평균소득월액의 평균액이다. 23회
- 기본연금액의 균등부분에서 소득재분배 효과가 나타난다. 23회
- 2028년 이후 국민연금의 소득대체율은 40년 가입 기준 40%이다. 23회

기출키워드 18 국민건강보험제도

170
- 사립학교 교원의 보험료는 가입자 본인, 사용자, 국가가 분담한다. 18회

171
- 직장가입자의 보수월액은 직장가입자가 지급받는 보수를 기준으로 하여 산정한다. 18회

171
- 직장가입자의 보험료는 평균보수월액에 보험료율을 곱하여 얻은 금액이다. 19회

172
- 직장가입자의 보험료율은 건강보험정책심의위원회에서 심의·의결한다. 18회

173
- 국민건강보험공단의 회계연도는 정부의 회계연도에 따른다. 18회

174
- 조합방식 의료보험제도가 통합방식으로 전환되어 국민건강보험제도로 변경되었다. 19회

기출키워드 18-1 국민건강보험제도_진료비 지불제도

175
- 우리나라는 포괄수가제를 일부 질병군에 적용하고 있다. 23회

기출키워드 19 산업재해보상보험제도

176
- 근로복지공단은 보험급여를 결정하고 지급한다. 18회

177
- 국민건강보험공단이 보험료를 징수한다. 18회

178 ▸ 업무상의 재해란 업무상의 사유에 따른 근로자의 부상·질병·장해 또는 사망을 말한다. 18회

178 ▸ 직장 내 괴롭힘, 고객의 폭언 등으로 인한 업무상 정신적 스트레스가 원인이 되어 발생한 질병은 업무상 재해로 인정되지 않는다. 18회

179 ▸ 업무상 질병의 인정 여부를 심의하기 위하여 근로복지공단 소속 기관에 업무상질병판정위원회를 둔다. 18회

기출키워드 20 고용보험제도

180 ▸ 보험가입자는 **사업주와 근로자 모두 포함**한다. 19회

180 ▸ 고용보험의 가입대상은 모든 국민과 국내에 거주하는 외국인이다. 19회
▸ 예술인은 고용보험 가입대상이 아니다. 20회

181 ▸ 직업능력개발 훈련을 실시하는 사업주를 지원할 수 있다. 20회

182 ▸ 실업 신고를 한 이후에 질병·부상 또는 출산으로 취업이 불가능하여 구직활동을 할 수 없는 경우 상병급여를 지급할 수 있다. 20회

기출키워드 20-1 고용보험제도_고용보험과 산업재해보상보험

183 ▸ 소득활동 중 발생할 수 있는 소득상실 위험에 대한 사회안전망이라는 공통점을 가지고 있다. 21회

기출키워드 21 노인장기요양보험제도

184 ▸ 통합 징수한 장기요양보험료와 건강보험료를 각각의 **독립회계로 관리**하여야 한다. 18회

185 ▸ 장기요양등급판정을 받은 **65세 이상 노인**은 소득수준과 상관없이 장기요양보험 급여를 받을 수 있다. 23회

186 ▸ 재가급여로 분류되는 단기보호의 급여기간은 **월 9일 이내를 원칙**으로 하되 특별한 사유가 있는 경우 연장 가능하다. 23회

187 ▸ 일반 노인장기요양보험 가입자는 재가급여를 이용할 경우 15%의 본인부담금을 부담하여야 한다. 23회

187 ▸ 재가 급여비용은 수급자가 해당 장기요양급여비용의 100분의 20을 부담한다. 18회

188 ▸ 가족요양비는 신체·정신 등의 사유로 인하여 가족에게 요양을 받아야 하는 자에게 지급할 수 있다. 23회

기출키워드 22-1 공공부조제도_기초연금제도

189 ▸ 무기여방식의 노후 소득보장제도이다. 18회

기출키워드 22-2 공공부조제도_국민기초생활보장제도

190 ▸ 국민기초생활보장제도는 보충성의 원칙에 기반하고 있다. 18회

191 ▸ 수급 자격 중 부양의무자 기준은 완화되었다. 21회
▸ 국민기초생활보장제도 부양의무자 기준은 복지사각지대 해소를 위해 단계적으로 완화되고 있다. 22회

192 ▸ 수급권자와 그 친족, 그 밖의 관계인은 관할 시장·군수·구청장에게 수급권자에 대한 급여를 신청할 수 있다. 18회
▸ 국민기초생활보장제도 급여 신청은 신청주의와 직권주의를 병행하고 있다. 22회

193 ▸ 급여는 개별가구 단위로 실시하되, 특히 필요하다고 인정하는 경우에는 개인 단위로 실시할 수 있다. 18회
▸ 생계급여는 수급자의 소득인정액 등을 고려하여 차등 지급할 수 있다. 18회

194 ▸ 기준중위 소득은 2015년 이후 지속적으로 인상되었다. 21회

195 ▸ 근로능력 평가 방식이 변화되었다. 21회

기출키워드 22-3 공공부조제도_긴급복지지원제도

196 › 주소득자가 사망, 가출, 행방불명, 구금시설에 수용되는 등의 사유로 소득을 상실한 경우 긴급지원대상자가 될 수 있다.
_{파배기 선지} 19회

197 › 긴급지원은 위기상황에 처한 사람에게 일시적으로 신속하게 지원하는 것을 기본원칙으로 한다. 19회

198 › 긴급지원의 종류에는 금전 또는 현물 등의 직접지원과 민간기관·단체와의 연계 등의 지원이 있다. 19회
  › 긴급복지지원제도는 현금급여와 민간기관 연계 등의 지원을 제공한다. _{파배기 선지} 22회

199 › 사회복지사업법에 따른 사회복지시설의 종사자는 긴급지원을 요청할 수 있다. 19회

기출키워드 22-4 공공부조제도_자활사업

200 › 자활급여는 근로능력이 있는 국민기초생활보장 수급자의 자활을 위한 각종 지원을 제공하는 급여이다. 19회

201 › 자활기업은 조합 또는 「부가가치세법」상의 사업자로 한다. 19회

202 › 자활기관협의체의 구성 및 운영 등에 필요한 사항은 보건복지부령으로 정한다. 19회

203 › 지역자활센터는 참여자의 자활의욕 고취를 위한 교육을 행한다. 19회

기출키워드 22-5 공공부조제도_의료급여

204 › 의료급여 수급권자는 1종과 2종으로 구분한다. _{파배기 선지} 20회

205 › 의료급여 수급권자의 1촌 직계혈족 및 그 배우자는 원칙적으로 부양의무가 있다. 20회

나왔던 선지가 **그대로 or 변형되어** 또 나온다!

206 ▸ 의료급여 수급권자에는 「입양특례법」에 따라 국내 입양된 18세 미만의 아동이 포함된다. 22회

207 ▸ 의료급여기금에는 지방자치단체의 출연금도 포함된다. 20회

208 ▸ 「약사법」에 따라 개설등록된 약국은 의료급여를 실시하는 의료기관이다. 20회

기출키워드 23 근로장려금

209 ▸ 근로능력이 있는 빈곤층에 대해 근로의욕을 고취한다. 꽈배기 선지 18회
▸ 근로능력이 있는 저소득층의 근로유인을 제고한다. 꽈배기 선지 22회

210 ▸ 미국의 EITC를 모델로 하였다. 18회

211 ▸ 근로장려금은 근로소득 외에 재산보유상태 등을 반영하여 지급한다. 18회
▸ 소득과 재산보유상태 등을 반영하여 지급한다. 22회

212 ▸ 근로빈곤층에게 실질적 혜택을 제공하여 빈곤탈출을 지원한다. 18회

213 ▸ 소득재분배 효과를 기대할 수 있다. 22회

214 ▸ 근로장려금 모형은 점증구간, 평탄구간, 점감구간으로 되어 있다. 22회

| 기출키워드 24-1 | 빈곤의 개념과 측정_빈곤과 불평등의 측정 |

215
- 로렌츠곡선은 가로축에는 소득이 낮은 인구로부터 가장 높은 순으로 비율을 누적하여 표시하고, 세로축에는 각 인구의 소득수준을 누적한 비율을 표시한 후 그 대응점을 나타낸 곡선이다. 17회
- 로렌츠곡선의 가로축은 소득을 기준으로 하위에서 상위 순서로 모든 인구의 누적분포를 표시한다. 20회

215
- 완전 평등 사회에서 로렌츠곡선은 45° 각도의 직선과 거리가 가장 멀어진다. 18회

216
- 10분위 분배율에서는 수치가 클수록 평등한 상태를 의미한다. 17회

217
- 5분위 분배율에서는 수치가 작을수록 평등한 상태를 의미한다. 17회, 20회

218
- 빈곤율은 빈곤인구가 전체 인구에서 차지하는 비율로 정의된다. 17회

218
- 빈곤율은 빈곤선과 실제 소득과의 격차를 반영한다. 18회
- 빈곤율은 모든 빈곤층의 소득을 빈곤선 수준으로 끌어올리는 데에 필요한 총소득으로 빈곤의 심도를 나타낸다. 20회
- 빈곤율은 빈곤층의 소득을 빈곤선 수준으로 끌어올리는 데 필요한 총소득을 나타낸다. 22회

219
- 중위소득의 50%를 빈곤선으로 책정할 경우, 사회구성원 99명을 소득액 순으로 나열하여 이 중 50번째 사람의 소득 50%를 빈곤선으로 한다. 20회

220
- 지니계수는 불평등도가 증가할수록 수치가 커져 가장 불평등한 상태는 1이다. 20회

220
- 지니계수가 1에 가까울수록 평등한 상태를 의미한다. 17회

221
- 센(Sen) 지수는 빈곤집단 내의 불평등 정도를 반영한다. 18회

222
- 반물량 방식은 모든 항목의 생계비를 계산하지 않고 엥겔계수를 활용하여 생계비를 추정한다. 20회
- 반물량 방식은 엥겔계수를 활용하여 빈곤선을 추정한다. 22회

222
- 반물량 방식은 소득분배 분포상에서 하위 10%나 20%를 빈곤한 사람들로 간주한다. 19회

기출키워드 24-2 빈곤의 개념과 측정_빈곤의 개념

223 ▸ 절대적 빈곤은 육체적 효율성을 유지하기 위한 최소한의 생활필수품을 소비하지 못하는 상태이다. 18회
▸ 절대적 빈곤은 최소한의 생필품을 구입하는 데 필요한 비용으로 정한다. 20회

224 ▸ 최저생계비를 계측하여 빈곤선을 설정하는 방식은 절대적 빈곤개념을 적용한 것이다. 꽈배기 선지 18회

225 ▸ 상대적 빈곤은 한 사회의 평균적인 생활수준과 비교하여 빈곤을 규정한다. 18회
▸ 상대적 빈곤은 한 사회의 평균적인 생활수준을 기준으로 정한다. 꽈배기 선지 20회

225 ▸ 상대적 빈곤은 생존에 필요한 생활수준이 최소한의 수준에도 달하지 못한 상태를 말한다. 22회

226 ▸ 중위소득을 활용하여 상대적 빈곤선을 설정할 수 있다. 18회

227 ▸ 기초생활보장제도의 수급자 선정기준은 상대적 빈곤 개념을 반영하고 있다. 19회

기출키워드 24-3 빈곤의 개념과 측정_새로운 사회적 위험

228 ▸ 여성들의 유급 노동시장으로의 참여 증가로 일과 가정의 양립 문제가 확산되고 있다. 19회

229 ▸ 노인인구 증가로 인한 복지비용 증가와 노인 돌봄이 중요한 문제로 대두되고 있다. 19회

230 ▸ 노동시장의 불안정으로 근로빈곤층이 증가하고 있다. 꽈배기 선지 19회

231 ▸ 새로운 사회적 위험으로 인한 수요 증가에 필요한 복지 재정의 부족현상이 심화되고 있다. 19회

기출키워드 24-4 빈곤의 개념과 측정_사회적 배제

232 › 빈곤에 대해 다차원적으로 접근하는 개념이다. 22회
› 불평등과 빈곤 개념은 소득의 차원을 넘어 다양한 차원으로 확대되어야 한다. 23회

233 › 빈곤의 역동성과 동태적 과정을 강조한다. 22회

234 › 개인과 집단의 박탈과 불평등을 유발하는 다양한 영역을 포괄한다. 꽈배기선지 22회

235 › 생활수준은 소득이나 재화뿐만 아니라 개인역량의 실현을 중심으로 판단되어야 한다. 꽈배기선지 23회

236 › 사회적 배제의 범위에는 빈곤, 저학력, 열악한 주거환경 등 다양한 영역을 포괄한다. 꽈배기선지 23회

237 › 사회적 관계망으로부터의 단절 문제를 제기한다. 22회

238 › 사회적 배제는 기본적으로 소득빈곤 개념의 협소성에 대한 비판으로 이해될 수 있다. 23회

232 › 문제의 초점을 소득의 결핍으로 제한한다. 22회

233 › 사회적 배제 개념은 빈곤에 이르는 과정보다는 빈곤이라는 결과적인 상태에 초점을 둔다. 23회

뿌리 튼튼한 날개를 가지세요.
어떤 힘듦과 절망이 나를 통과해도
단단하게, 자유롭게.

7영역 사회복지행정론

핵심 기출선지 총정리

- 기출키워드 번호는 〈1권 영역별 기출문제집〉의 기출키워드 번호와 연동되어 있습니다. 영역별 기출문제집과 함께 학습하면 학습 효과를 더욱 높일 수 있습니다.
- 형광펜 표시는 중요 내용입니다. 기출선지를 회독하면서 자연스럽게 중요 내용도 암기하는 효과를 느껴 보세요!
- 오답선지에서 어느 부분이 잘못되었는지 생각해 보고, 옳은 내용과 비교해 보세요.
- 3회독 Check □□□ 에 정확히 아는 선지에는 O, 암기가 필요한 선지에는 ×를 표시하세요.
- 꽈배기 선지 는 빈출 개념에 대해 혼동을 유발하거나 오답을 유도하는 선지를 의미합니다. 꽈배기 선지는 회독 시 한 번 더 눈여겨 보세요.

기출키워드 1 | 사회복지행정의 특성 ★빈출

> 헷갈리지 말자! 오답선지

001
- 사회복지정책을 개별적이고 구체적인 서비스로 전환시키는 과정이다. 18회
- 사회복지제도와 정책을 <mark>서비스 급여, 프로그램으로 전환시키기 위한 전달체계</mark>이다. 18회
- 사회복지정책을 <mark>서비스로 전환</mark>하는 과정이다. 23회
- 사회복지 과업수행을 위해서 <mark>인적·물적 자원을 체계적으로 결합·운영</mark>하는 합리적 행동이다. 18회

002
- 관리자가 조직목표를 달성하기 위해서 수행하는 과정, 기능 그리고 활동이다. 〔꽈배기 선지〕 18회
- 사회복지조직의 관리자는 조직의 운영을 지역사회와 연관시킬 책임이 있다. 〔꽈배기 선지〕 18회
- 지역사회 욕구를 충족시키기 위한 <mark>조직관리 기술을 필요</mark>로 한다. 18회

003
- 조직들 간의 <mark>통합과 연계를 중시</mark>한다. 18회
- 모든 구성원들이 조직운영 과정에 참여하여 일정 부분 영향을 미친다. 18회

004
- 서비스 성과를 평가하기 어렵다. 21회

나왔던 선지가 **그대로 or 변형되어** 또 나온다!

기출키워드 1-1   사회복지행정의 특성_사회복지조직의 특성

005 ▸ 조직성과의 객관적 증명이 쉽지 않다. 〈빠배기 선지〉   17회

기출키워드 1-2   사회복지행정의 특성_하센펠트(Y. Hasenfeld)가 제시한 휴먼서비스 조직의 특성

006 ▸ 인간을 원료(raw material)로 한다. 〈빠배기 선지〉   21회

007 ▸ 클라이언트와의 직접적 관계 속에서 활동한다.   21회

008 ▸ 조직의 목표가 불확실하며 모호해지기 쉽다.   21회

009 ▸ 조직의 업무과정에서 주로 전문가에 의존한다.   21회

기출키워드 2   사회복지행정의 과정

010 ▸ 기획(planning): 조직의 목적과 목표달성 방법을 설정하는 활동   21회
〈빠배기 선지〉

011 ▸ 평가(evaluating): 설정된 목표에 따라 성과를 평가하는 활동   21회

012 ▸ 인사(staffing): 직원 채용, 해고, 교육, 훈련 등의 활동   21회

기출키워드 3   한국 사회복지행정의 역사 ★빈출

013
- 1950~1960년대 사회복지서비스는 주로 외국 원조단체들에 의해 제공되었다. 21회
- 6·25전쟁 이후 외국원조기관을 중심으로 사회복지시설이 설립되었다. 22회
- 1950년대에는 긴급구호와 생활(수용)시설에서의 보호가 주를 이루었다. 23회

014
- 1970년대 사회복지사업법 제정으로 사회복지시설에 대한 제도적 지원과 감독의 근거가 마련되었다. 21회
- 1970년 「사회복지사업법」 제정으로 사회복지시설 운영에 관한 법적 근거가 마련되었다. 23회

015
- 1980년대에 사회복지전문요원제도가 도입되었다. 꽈배기선지 21회
- 1980년대 후반부터 지역사회 이용시설 중심의 사회복지기관이 증가했다. 꽈배기선지 22회
- 1980년대 후반부터 사회복지전문요원이 배치되기 시작했다. 꽈배기선지 22회

016
- 1990년대에 사회복지시설 평가제도가 도입되었다. 21회
- 1990년대 후반에 사회복지시설 설치기준이 허가제에서 신고제로 바뀌었다. 22회
- 1997년 「사회복지사업법」 개정을 통해 사회복지시설 평가가 법제화되었다. 23회
- 1998년 사회복지공동모금회가 설립되었다. 23회

013
- 1960년대 외국원조기관 철수 후 자생적 사회복지단체들이 성장했다. 22회

기출키워드 3-1   한국 사회복지행정의 역사_최근 한국사회복지행정의 추세

017
- 민간부문과 공공부문의 협력이 강조되고 있다. 17회

018
- 공공성 강화방향으로 전달체계 개편이 이루어지고 있다. 17회

019
- 영리기관의 전달체계 참여가 증가하고 있다. 꽈배기선지 17회

020 ▸ 지역사회를 중심으로 서비스를 통합하려고 한다.   17회

기출키워드 3-2 　한국 사회복지행정의 역사_1950년대 우리나라 사회복지행정 역사

021 ▸ 외국민간원조기관협의회(KAVA, Korea Association of Voluntary Agencies)는 구호물자의 배분을 중심으로 사회복지행정 활동을 하였다.   18회

022 ▸ KAVA는 구호 활동과 관련된 조직관리 기술을 도입했다.   18회

022 ▸ KAVA는 지역사회 조직화나 공동체 형성을 위한 조직 관리 기술을 적극적으로 활용하였다.   18회

023 ▸ 사회복지기관들은 수용·보호에 바탕을 둔 행정관리 기술을 사용하였다.   18회

024 ▸ KAVA는 서비스 중복, 누락, 서비스 제공자 간의 협력 체계 구축에 초점을 두었다.   18회

기출키워드 4-1 　미국 사회복지행정의 역사_신공공관리론

025 ▸ 공공서비스 공급에 있어 정부실패를 해결하기 위해 대두하였다.   21회

▸ 신자유주의에 이론적 기반을 둔다.   21회

026 ▸ 시장의 경쟁원리를 공공행정에 도입하였다.   21회
▸ 공공부문 조직운영에 시장원리를 적용한다.   23회

027 ▸ 정부, 시장, 시민사회의 협치를 추구한다.   21회

028 ▸ 행정 효율성과 고객에 대한 대응성을 중시한다.   23회
▸ 시민과 고객을 중심으로 서비스의 질적 수준 제고에 중점을 둔다.   23회

029 ▸ 규제완화와 조직원 참여를 중시한다.   23회

기출키워드 5 현대조직이론 ★빈출

030 ▸ 학습조직이론: 개인 및 조직의 학습공유를 통해 역량 강화   22회

기출키워드 5-1 현대조직이론_사회복지기관의 서비스 질

031 ▸ 서브퀄(SERVQUAL)에는 신뢰성과 확신성이 포함된다.   19회

032 ▸ 위험관리(Risk Management)는 이용자에 대한 서비스 관리 측면과 조직관리 측면을 모두 포함한다.   19회

033 ▸ 서비스 이용자와 제공자 관점에서 질적 평가가 중요시되고 있다.   19회

033 ▸ 서비스 질은 사회복지평가의 기준이 될 수 없다.   19회

기출키워드 5-2 현대조직이론_총제적 품질관리(TQM)

034 ▸ 총체적 품질관리(TQM)에서 서비스의 질은 고객의 결정에 의한다.   19회
 ▸ 좋은 품질이 무엇인지는 고객이 결정한다.   20회

035 ▸ 지속적인 품질개선을 강조하는 일련의 과정이다.   20회
 ▸ 총체적 품질관리론: 지속적이고 총체적인 서비스 질 향상을 통한 고객만족 극대화   22회

036 ▸ 자료와 사실에 기반한 의사결정을 중시한다.   20회

037 ▸ 조직구성원에 대한 훈련을 강조한다.   20회

기출키워드 5-3 현대조직이론_현대조직운영 기법

038 ▸ 리스트럭처링(restructuring): 중복사업을 통합하여 조직 경쟁력 확보   20회

나왔던 선지가 **그대로 or 변형되어** 또 나온다!

039 ▸ 리엔지니어링(re-engineering): 업무시간을 간소화시켜 서비스 시간 단축 *20회*

040 ▸ 벤치마킹(benchmarking): 특수분야에서 우수한 대상을 찾아 뛰어난 부분 모방 *20회*

041 ▸ 아웃소싱(outsourcing): 계약을 통해 외부전문가에게 조직기능 일부 의뢰 *20회*

기출키워드 6 인간관계이론

042 ▸ 조직구성원은 비공식 집단의 성원으로 행동하며, 이러한 비공식 집단이 개인의 생산성에 영향을 준다. *17회*
　　▸ 조직 내 비공식 집단의 중요성 인식 *21회*

043 ▸ 인간의 사회적, 심리적, 정서적 욕구 강조 *21회*

044 ▸ X이론: 생산성 향상을 위해 조직구성원에 대한 감독, 보상과 처벌, 지시 등이 필요 *22회*

045 ▸ 조직 내 개인은 감정적이며 비물질적 보상에 민감하게 반응 *21회*

기출키워드 6-1 인간관계이론_메이요(E. Mayo)가 제시한 인간관계이론

046 ▸ 심리적 요인은 생산성 향상에 영향을 미친다. *22회*

046 ▸ 생산성은 근로조건과 환경에 의해서만 좌우된다. *22회*

047 ▸ 인간관계론: 조직 내 인간을 심리적, 사회적 욕구를 가진 전인격적 존재로 파악 *23회*

기출키워드 7-1 고전이론_관료제의 주요 특성

048 ▸ 조직 운영에서 구성원 개인의 사적 감정은 배제된다. *17회*

049 › 직무 배분과 인력 배치는 공식적 규칙과 규정에 의해서 이루어진다.
17회

050 › 업무와 활동을 분업화함으로써 전문화를 추구한다. 파배기 선지
17회

051 › 관료제이론: 표준 운영 절차를 통한 합리성과 전문성 추구 파배기 선지
23회

기출키워드 7-2 고전이론_테일러(F. W. Taylor)의 과학적 관리론

052 › 직무의 과학적 분석: 업무시간과 동작의 체계적 분석 22회
› 경제적 보상: 직무성과에 따른 인센티브 제공 22회

053 › 과학적 관리론: 직무에 관한 과학적 연구와 분석 23회

기출키워드 8-1 조직환경이론_정치경제이론

054 › 서비스 전달체계에서 업무환경을 강조한다. 파배기 선지
18회
› 생존을 위해서 환경으로부터 합법성을 부여받아야 한다. 파배기 선지
18회
› 조직의 내·외부 환경의 역학 관계가 서비스 전달체계에 영향을 미친다. 파배기 선지
18회
› 경제적 자원과 권력 간 상호작용 강조 파배기 선지
22회

기출키워드 8-2 조직환경이론_사회복지조직관리자가 상황이론을 활용할 때 고려할 사항

055 › 사회복지조직을 둘러싸고 있는 사회, 정치, 경제, 문화 변수 등을 고려한다.
20회

나왔던 선지가 **그대로 or 변형되어** 또 나온다!

기출키워드 9 조직의 구조적 요소

056 ▸ 공식화 정도가 높을수록 직원의 재량권이 줄어든다.  21회

056 ▸ 공식화 수준을 높이면 직무의 사적 영향력이 높아진다. 22회

057 ▸ 수직적 분화가 많아질수록 의사소통의 절차가 복잡해진다. 22회

기출키워드 9-1 조직의 구조적 요소_조직 내 비공식조직의 순기능

058 ▸ 조직의 응집력을 높인다. 18회

기출키워드 9-2 조직의 구조적 요소_조직분권화

059 ▸ 최고관리자의 업무와 책임을 감소시킬 수 있다. 23회

060 ▸ 직원들의 자발적 협조를 유도할 수 있다. 23회

061 ▸ 부서 간 협조가 늘어날 수 있다. 23회

062 ▸ 하위부서 재량권을 강화하는 효과가 있다. 23회

기출키워드 10 조직문화

063 ▸ 사회복지서비스 체계의 규범과 가치로서 역할을 한다.  18회
▸ 사회복지서비스 제공자의 상황인식에 중요한 역할을 한다. 18회
▸ 조직구성원의 행태와 인식 그리고 태도를 통해서 조직효과 성과 연결하는 역할을 한다. 18회

064 ▸ 조직의 정체성을 결정하는 일련의 가치와 신념이다. 22회
▸ 조직과 일체감을 갖게 함으로써 구성원의 정체감 형성에 기여한다. 22회

065 ▸ 조직의 믿음과 가치가 깊게 공유될 때 조직문화는 더 강해진다. 22회
▸ 조직 내에서 자연적으로 생길 수 있다. 22회

기출키워드 11-1 조직구조의 유형_위원회 구조

066 ▸ 일상 업무수행기구와는 별도로 구성 22회

067 ▸ 특별과업이나 문제해결을 위한 전문가 중심 조직 22회

068 ▸ 낮은 수준의 수직적 분화와 공식화 22회

기출키워드 11-2 조직구조의 유형_태스크포스

069 ▸ 특정 목표달성을 위한 업무에 전문가들을 배치한다. 20회
▸ 태스크포스: 특정 사업이나 활동수행을 위해 기존 부서에서 인력을 파견하여 구성함 23회

070 ▸ 태스크포스: 조직구성원의 역량을 최대한 활용할 수 있음 23회

071 ▸ 팀 형식으로 운영하는 조직이다. 20회
▸ 태스크포스: 임시적으로 활동하고 과업이 종료되면 해체됨 23회

072 ▸ 환경의 변화에 대응하기 위해서 만든 조직의 성격이 강하다. 20회

나왔던 선지가 **그대로 or 변형되어** 또 나온다!

기출키워드 11-3   조직구조의 유형_행렬조직(matrix organization)

073 ▸ 직무별 분업을 인정하면서 동시에 사업별 협력을 강조한다.   17회

기출키워드 11-4   조직구조의 유형_관료제의 역기능

074 ▸ 조직 운영규정 자체가 목적으로 인식될 수 있다.   18회
▸ 전달체계의 접근성을 높이기 위해서는 서비스 이용의 장애요인을 줄여야 한다.   20회

075 ▸ 조직변화가 어렵다.   18회

076 ▸ 부서 이기주의가 나타날 수 있다.   18회

077 ▸ 서비스가 최저 수준에 머무를 수 있다.   18회

기출키워드 12-1   사회복지조직의 유형_민간 비영리조직의 특성

078 ▸ 시장과 정부실패를 보완할 수 있다. 〔꽈배기 선지〕   23회

079 ▸ 최소한의 조직 구조와 운영 공식성을 갖는다.   23회

080 ▸ 지방자치단체 보조금을 받을 수 있다.   23회

081 ▸ 비영리조직 회원은 자발적으로 가입한다.   23회

기출키워드 13 전달체계 구축의 원칙 ★빈출

082 › 충분성: 치매예방서비스 양을 증가시킴　17회

083 › 연속성: 치매예방 및 관리서비스를 중단 없이 이용하게 함　17회
› 서비스 간 연계성을 강화함으로써 연속성을 높일 수 있다.　22회

084 › 접근성: 치매예방서비스 비용을 낮춤 <꽈배기선지>　17회
› 접근성: 서비스 이용자에게 공간, 시간, 정보, 재정 등의 제약이 없는 서비스 제공을 의미한다. <꽈배기선지>　19회
› 서비스 비용 부담을 낮춤으로써 접근성을 높일 수 있다.　22회

085 › 책임성: 치매예방서비스 불만사항 파악절차를 마련함 <꽈배기선지>　17회
› 이용자의 요구나 불만을 파악함으로써 책임성을 높일 수 있다. <꽈배기선지>　22회

086 › 통합성: 서비스의 중복과 누락을 방지하고 다양한 서비스를 통합적으로 제공해야 한다. <꽈배기선지>　19회
› 통합성: 지역사회통합돌봄(커뮤니티 케어) <꽈배기선지>　23회
› 통합성: 원스탑서비스 제공 <꽈배기선지>　23회
› 통합성: 서비스 단편성과 비연속성 문제를 해결 <꽈배기선지>　23회

086 › 통합성: 치매예방서비스를 적극적으로 홍보함　17회

087 › 적절성: 사회복지서비스의 양과 질이 서비스 수요자의 욕구 충족과 서비스 목표 달성에 적합해야 한다.　19회
› 양·질적으로 이용자 욕구에 부응함으로써 적절성을 높일 수 있다.　22회

088 › 전문성: 충분한 사회복지전문가의 확보가 필요하다.　19회

089 › 서비스 제공기관을 의도적으로 중복해서 만드는 것이 전달체계를 개선해 줄 수도 있다.　20회

090 › 서비스 과활용: 비(非)표적 인구가 서비스에 접근하여 나타나는 문제 <꽈배기선지>　22회
› 서비스 과활용: 사회적 자원의 낭비 유발 <꽈배기선지>　22회

나왔던 선지가 **그대로 or 변형되어** 또 나온다!

기출키워드 14 전달체계 구분 및 역할

091 ▸ 구조 기능 차원에서 행정체계와 집행체계로 구분할 수 있다. 20회

092 ▸ 운영주체에 따라서 공공체계와 민간체계로 구분할 수 있다. 20회

093 ▸ 공공 행정체계와 민간 행정체계로 구성된다. 19회
▸ 지방자치단체의 사회복지 행정체계는 일반 행정체계에 포함되어 있다. 19회
▸ 사회복지 행정체계에는 영리 사업자도 참여하고 있다. 19회

094 ▸ 중앙정부의 사회복지 담당 부처는 보건복지부이다. 19회

095 ▸ 지역사회복지협의체가 지역사회보장협의체로 명칭이 변경되었다. 22회

096 ▸ 공공 전달체계, 민간 전달체계, 공공과 민간 혼합 전달체계로 구분한다. 23회
▸ 우리나라 사회복지서비스는 공공과 민간의 혼합 전달체계로 제공된다. 23회 (꽈배기 선지)

097 ▸ 집행체계는 수급자와 대면 관계를 통해 서비스를 제공한다. 23회

098 ▸ 사회복지서비스 공급자와 소비자를 연결하는 조직적·체계적 장치이다. 23회

기출키워드 14-1 전달체계 구분 및 역할_민간 사회복지조직

099 ▸ 사회서비스 공급에 영리 기관도 참여하고 있다. 17회

100 ▸ 사회복지법인 이외에도 사회복지시설을 운영할 수 있다. 17회

101 ▸ 지방자치단체와의 위·수탁 계약을 통해 서비스를 제공하는 경우가 있다. 17회

102 ▸ 정부보조금, 후원금, 이용료 등 재원이 다양하다. 17회

기출키워드 15   기획기법

103 ▸ 책임행렬표는 목표, 활동, 책임유형을 구성원별로 제시한다. 17회

104 ▸ 논리모델은 투입 – 활동 – 산출 – 성과로 도식화하는 방법이다. 19회

105 ▸ 전략적 기획은 과정을 강조하므로 우선순위를 설정하고 단계적인 계획을 수립한다. 19회

106 ▸ 간트 도표(Gantt Chart)는 사업별로 진행시간을 파악하여 각각 단계별로 분류한 시간을 단선적 활동으로 나타낸다. 꽈배기선지 19회

  ▸ 간트 차트(Gantt Chart)는 사업을 계획할 때 쉽고 간단하게 작성할 수 있다. 꽈배기선지 23회

  ▸ 간트 차트(Gantt Chart)는 일정계획 변경을 유연하게 수용하기 어렵다. 꽈배기선지 23회

107 ▸ 프로그램평가검토기법(PERT)은 일정한 기간에 추진해야 하는 행사에 필요한 복잡한 과업의 순서가 보이도록 하고 임계통로를 거친다. 꽈배기선지 19회

  ▸ 프로그램평가검토기법(PERT): 프로그램 진행 일정을 관리하는 목적으로 많이 활용됨 꽈배기선지 22회

  ▸ 프로그램평가검토기법(PERT): 프로그램을 구성하는 활동들 간 상호관계와 연계성을 명확하게 보여줌 꽈배기선지 22회

  ▸ 프로그램평가검토기법(PERT): 임계경로와 여유시간에 대한 정보를 파악할 수 있음 꽈배기선지 22회

  ▸ 프로그램평가검토기법(PERT)은 업무를 체계적으로 수행하는 데 도움이 된다. 꽈배기선지 23회

107 ▸ 프로그램평가검토기법(PERT)은 일정변경 등 유동적인 상황을 대처하는 데 어렵다. 23회

108 ▸ 총괄진행표(Flow Chart)는 프로그램 제공과정을 시작부터 종료까지 한눈에 볼 수 있다. 23회

나왔던 선지가 **그대로 or 변형되어** 또 나온다!

기출키워드 15-1 기획기법_시간별 활동계획도표(Gantt Chart)

109 ▸ 헨리 간트(H. Gantt)에 의해 최초로 개발되었다. 18회

110 ▸ 활동과 활동 사이의 상관관계를 파악하기 힘들다. 18회

기출키워드 17-1 의사결정 기술 및 의사결정모형_쓰레기통모형

111 ▸ 조직화된 무질서 속에서 우연히 의사결정이 이루어진다. 23회

112 ▸ 쓰레기통모형은 조직의 목표가 모호하고, 조직의 기술이 막연한 경우에 적용되는 모형이다. 21회

기출키워드 18 리더십이론 ★빈출

113 ▸ 퀸(R. Quinn)의 경쟁적 가치 리더십에 의하면 동기부여형 리더십은 목표달성가 리더십과 상반된 가치를 추구한다. 꽈배기선지 17회

114 ▸ 특성이론의 비판적 대안으로 행동이론이 등장하였다. 18회
▸ 행동이론에서 과업형은 일에만 관심이 있고 사람에 대해서는 전혀 관심이 없는 리더이다. 꽈배기선지 21회

115 ▸ 거래적 리더십은 교환관계를 기반으로 하여 조직성과를 높이고자 한다. 18회

116 ▸ 상황이론은 과업환경에 따라 적합하게 대응하는 리더십이 효과적이라고 가정한다. 18회
▸ 허시와 블랜차드(P. Hersey & K. H. Blanchard)의 상황적 리더십 모형에서는 구성원의 성숙도를 중요하게 고려한다. 꽈배기선지 20회
▸ 상황이론에 의하면 상황에 따라 적합하게 대응하는 리더십이 효과적이다. 21회

기출키워드 18-1　리더십이론_변혁적 리더십

117 ▸ 새로운 비전 제시 및 지적자극, 조직문화 창출을 지향한다. 18회

기출키워드 18-2　리더십이론_서번트(섬김) 리더십

118 ▸ 섬김의 리더십(servant leadership)은 힘과 권력에 의한 조직지배를 지양한다. 18회
　　▸ 인간 존중, 정의, 정직성, 공동체적 윤리성 강조 22회
　　▸ 청지기(stewardship) 책무 활동 22회

118 ▸ 지능, 사회적 지위, 교육 정도, 외모 강조 22회

119 ▸ 서번트 리더십(servant leadership)은 사회복지조직 관리에 적합한 리더십이 될 수 있다. 21회
　　▸ 생산성 측면에서 서번트 리더십은 자발적 행동의 정도를 중시한다. 21회

기출키워드 19-1　리더십 유형_참여적 리더십

120 ▸ 조직의 목표에 대한 구성원의 참여동기가 증대될 수 있다. 19회
　　▸ 조직의 리더와 구성원 간 의사소통이 활발해질 수 있다. 19회
　　▸ 집단의 지식, 경험, 기술의 활용이 용이하다. 19회

121 ▸ 하급자가 의사결정에 참여하는 것을 강조한다. 20회

122 ▸ 동기부여 수준이 높은 업무자로 구성된 조직에서 효과적이다. 20회

123 ▸ 책임성 소재가 모호해질 수 있다. 20회

124 ▸ 사회복지의 가치와 부합한다. 20회

기출키워드 20 인적자원관리 ★빈출

125
- 직무분석: 인적자원관리의 기초가 된다. (파빼기선지) 17회
- 직무분석: 직무에 대한 업무내용과 책임을 종합적으로 분류한다. (파빼기선지) 17회
- 직무분석: 직무명세서 작성의 전 단계이다. (파빼기선지) 17회

126
- 직무명세는 특정 직무수행을 위해 필요한 지식과 기능, 능력 등을 작성하는 것이다. 20회

127
- 직무평가에서는 조직목표 달성에 대한 구성원의 기여도를 고려한다. 20회

128
- 직무기술서: 작업조건을 파악해서 작성한다. (파빼기선지) 21회
- 직무기술서: 직무수행을 위한 책임과 행동을 명시한다. (파빼기선지) 21회
- 직무기술서: 직무의 성격, 내용, 수행 방법 등을 정리한 문서이다. (파빼기선지) 21회

129
- 직무설계 – 직무내용, 수행방법, 직무 간의 관계 등 설정 23회

130
- 확보: 직원모집, 심사, 채용 22회
- 개발: 직원훈련, 지도, 감독 22회
- 보상: 임금, 복리후생 22회
- 유지: 인적자원 유지, 이직관리 22회

125
- 직무분석은 직무명세 이후 가능하다. 20회
- 직무분석 – 일의 종류, 난이도, 책임수준이 유사한 직급으로 묶음 23회

126
- 직무명세서 – 직무 성격, 내용, 수행방법 등 기술 23회

127
- 직무평가 – 평가대상 직무에 종사하는 직원들 평가 23회

128
- 직무기술서: 종사자의 교육 수준, 기술, 능력 등을 포함한다. 21회
- 직무기술서 – 직무수행자 자격요건 기술 23회

기출키워드 20-1 인적자원관리_직원능력개발 방법

131
- 계속교육: 지속적이고 새로운 전문지식 습득 방법 18회
- 계속교육: 지역사회의 필요 및 구성원의 욕구에 따라 융통성 있게 실시 가능 18회
- 계속교육: 사회복지사에게 직무연수 방식으로 제공 18회

| 기출키워드 20-2 | 인적자원관리_직무수행평가 |

132 ▸ 조직원들에게 직무수행의 기대치를 전달하는 목적을 지니고 있다. 18회

| 기출키워드 20-3 | 인적자원관리_직무를 통한 연수(OJT) |

133 ▸ 일반적으로 조직의 상사나 선배를 통해 이루어진다. 19회

133 ▸ 조직 외부의 전문교육 기관에서 제공된다. 19회

134 ▸ 일상적인 업무를 통해 이루어지는 경우가 많다. 19회

| 기출키워드 21 | 동기부여 |

135 ▸ 매슬로우(A. Maslow)의 욕구단계이론에서 최상위 단계는 자아실현욕구이다. 17회

136 ▸ 알더퍼(C. Alderfer)의 ERG이론은 인간의 욕구를 세 가지 범주로 나누었다. 꽈배기선지 17회
▸ 알더퍼(C. Alderfer)의 ERG이론은 고순위 욕구가 충족되지 못하면 저순위 욕구를 더욱 원하게 된다는 좌절퇴행(frustration regression) 개념을 제시한다. 꽈배기선지 20회

137 ▸ 허즈버그(F. Herzberg)의 동기-위생이론에 의하면 감독, 안전은 위생요인에 해당한다. 17회

138 ▸ 아담스(J. S. Adams)는 공평성이론에서 조직이 공평성을 실천함으로써 구성원을 동기부여할 수 있다고 하였다. 17회

| 기출키워드 22 | 슈퍼비전 |

139 ▸ 행정적 기능, 교육적 기능, 지지적 기능이 있다. 꽈배기선지 21회

140 ▸ 소진 발생 및 예방에 영향을 미친다. 21회

141 ▸ 슈퍼바이저는 직속상관이나 중간관리자가 주로 담당한다. 21회

142 ▸ 직무를 수행하면서 훈련을 받을 수 있다는 장점이 있다. 21회

기출키워드 23-1 재정관리_사회복지조직의 재원

143 ▸ 후원금은 증가하거나 감소하는 유동적인 재원이다. 19회

기출키워드 23-2 재정관리_예산

144 ▸ 영기준 예산(Zero Based Budgeting)은 예산의 효율성을 중요시한다. 19회
▸ 영기준 예산(Zero Based Budgeting)은 전년도 예산을 고려하지 않는다. 19회
▸ 영기준 예산은 전년도 예산을 고려하지 않고 편성한다. 23회

145 ▸ 성과주의 예산(Performance Budgeting)은 업무에 중점을 두는 관리지향의 예산제도이다. 19회
▸ 성과주의 예산은 '단위원가 × 업무량 = 예산액'으로 편성한다. 23회

146 ▸ 품목별 예산(Line Item Budgeting)은 전년도 예산을 근거로 한다. 19회
▸ 품목별 예산(Line Item Budgeting)은 수입과 지출을 항목별로 명시하여 수립한다. 21회
▸ 품목별 예산은 수입과 지출목록마다 예상되는 금액을 명시한다. 23회

147 ▸ 기획예산제도(PPBS)는 장기적 기획과 단기적 예산 편성을 프로그램 작성을 통해 결합한다. 23회

144 ▸ 영기준 예산(Zero Based Budgeting)은 전년도 예산 내역을 반영하여 수립한다. 21회

147 ▸ 계획 예산(Planning Programming Budgeting System)은 국가의 단기적 계획 수립을 위한 장기적 예산 편성 방식이다. 21회

148	▸ 강제의 원칙	20회
▸ 개별화의 원칙	20회
▸ 효율성의 원칙	20회
▸ 예외의 원칙	20회

148 ▸ 강제성을 갖는 규정은 두지 않는다. 22회

149 ▸ 개별 기관의 제약조건, 요구사항 및 기대 사항에 맞게 고안되어야 한다. 22회
▸ 예외적 상황에 적용되는 규칙을 명시해야 한다. 22회
▸ 필요할 경우 규칙은 새로 개정할 수 있다. 22회
▸ 보고의 규정을 두어야 한다. 22회

기출키워드 24 환경변화의 흐름 및 대응 ★빈출

150 ▸ 사회서비스 확대로 사회적 일자리가 창출되고 있다. 19회

151 ▸ 지방자치단체에서 주민참여를 활성화하고 있다. 19회

152 ▸ 주민센터를 행정복지센터로 개편하는 추세이다. 19회

153 ▸ 지역사회 통합돌봄 도입으로 전문직종 간 서비스를 연계하여 제공한다. 19회

154 ▸ 책임성 요구가 높아지고 있다. 21회

155 ▸ 서비스 이용자의 소비자주권이 강해지고 있다. 21회

156 ▸ 빅데이터 활용이 증가하고 있다. 21회

157 ▸ 사회서비스 공급에 민간의 참여가 증가하고 있다. 21회

158 ▸ 기업경영 방식 활용이 늘어나고 있다. 23회

나왔던 선지가 **그대로 or 변형되어** 또 나온다!

기출키워드 24-1   환경변화의 흐름 및 대응_하센필드(Y. Hasenfeld)의 조직환경 대응전략

159 ▸ 권위주의 전략   18회

160 ▸ 경쟁전략   18회

161 ▸ 협동전략   18회

162 ▸ 방해전략   18회

기출키워드 24-2   환경변화의 흐름 및 대응_사회복지조직 혁신의 방해요인

163 ▸ 무사안일주의   22회

164 ▸ 비전의 영향력을 과소평가   22회

165 ▸ 비전에 대한 불충분한 의사소통   22회

166 ▸ 변화를 막는 조직구조나 보상체계의 유지   22회

기출키워드 25   일반환경과 과업환경

167 ▸ 인구사회학적 조건은 사회문제와 욕구를 가늠할 수 있게 한다. 17회

168 ▸ 빈곤이나 실업에 대한 사람들의 태도는 정책 수립과 실행에 영향을 미친다.   17회

169 → 과학기술 발전정도는 사회복지조직 운영에 영향을 미친다. 17회
→ 과학기술의 발전은 사회복지기관의 서비스에도 영향을 미친다. 19회

170 → 조직에 미치는 영향에 따라 일반환경과 과업환경으로 구분할 수 있다. 17회

171 → 사회인구적 특성은 사회문제와 밀접한 관계가 있다. 19회

172 → 경제적 상황은 서비스 수요에 영향을 미친다. 19회

173 → 법적 규제가 많을수록 서비스에 대한 클라이언트의 접근이 제한된다. 19회

기출키워드 26 사회복지조직의 정보관리

174 → 조직의 업무 효율성을 증대시킬 수 있다. 21회

175 → 대상자 관리의 정확성, 객관성을 확보할 수 있다. 21회

176 → 클라이언트에 대한 사생활 침해 가능성이 높아졌다. 21회

177 → 사회복지행정가가 정보를 체계적으로 다룰 수 있다. 21회

178 → 사회보장정보시스템(범정부): 사회복지사업 정보와 지원대상자의 자격정보, 수급이력정보 등을 통합관리하는 시스템 20회
→ 사회보장정보시스템(범정부): 대상자의 소득, 재산, 인적자료, 수급이력정보 등을 연계하여 정확한 사회복지 대상자 선정 및 효율적 복지업무 처리 지원 20회

나왔던 선지가 **그대로 or 변형되어** 또 나온다!

기출키워드 26-1 사회복지조직의 정보관리_사회복지조직에서 정보관리의 중요성

179 ▸ 사회복지조직의 책임성을 강화할 수 있기 때문이다. 23회

180 ▸ 업무수행을 위한 적절한 정보체계를 구축할 수 있기 때문이다. 23회

181 ▸ 종사자의 전문성을 강화할 수 있기 때문이다. 23회

182 ▸ 사회복지조직의 효과성을 높이기 때문이다. 23회

기출키워드 27 프로그램 개발

183 ▸ 초점집단조사: 중·장년 고독사 예방 프로그램을 기획하기 위해 사회복지관에서 근무하는 사회복지사, 사회복지전담공무원, 보건소 간호사 등이 모여 상호 간 질의와 응답을 통해 자료를 수집하는 방법 18회

기출키워드 27-1 프로그램 개발_기획 과정에서 인구 규정

184 ▸ 클라이언트인구란 프로그램에 실제 참여하는 사람을 말한다. 17회

기출키워드 28 프로그램 평가 ★빈출

185 ▸ 비용 – 편익분석은 프로그램의 비용과 결과를 금전적 가치로 환산하여 평가한다. 21회
▸ 비용 – 편익분석은 효율성 평가이다. 23회

186 ▸ 총괄평가는 성과와 비용에 관심이 크다. 17회

185 ▸ 비용 – 효과분석은 프로그램의 비용과 결과의 금전적 가치를 고려하지 않는다. 21회
▸ 비용 – 효과분석은 효과성 평가이다. 23회

186 ▸ 총괄평가는 주로 프로그램 개발을 목적으로 한다. 17회

187 ▸ 노력성 평가는 프로그램 수행에 투입된 인적·물적 자원 등을 기준으로 평가한다. 21회

188 ▸ 효과성 평가는 프로그램의 목표 달성 정도를 평가한다. 21회

189 ▸ 프로그램 종결 후 실시하는 성과평가는 총괄평가이다. 23회

190 ▸ 효과발생의 인과 경로를 밝히는 것은 형성평가이다. 23회

191 ▸ 책임성 이행: 재무·회계적, 전문적 책임 이행 22회

기출키워드 28-1 프로그램 평가_효율성

192 ▸ 사회복지조직의 책임성 평가 방식이다. 19회

193 ▸ 투입한 자원과 산출된 결과의 비율을 측정한다. 19회

194 ▸ 자금이나 시간의 투입과 서비스 제공 실적의 비율을 파악한다. 19회

195 ▸ 최소한의 비용으로 최대한의 효과를 거둘 수 있도록 한다. (꽈배기 선지) 19회

기출키워드 29 성과평가 및 시설평가

196 ▸ 기준행동: 사회복지서비스 평가로 인해 발생 가능한 부정적 현상이다. (꽈배기 선지) 17회

▸ 기준행동: 양적 평가지표가 많을 때 증가되기 쉽다. (꽈배기 선지) 17회

▸ 기준행동: 평가지표 충족에만 관심이 집중되어 서비스 효과성이 낮아질 수 있다. (꽈배기 선지) 17회

기출키워드 29-1 성과평가 및 시설평가_사회복지시설평가

197 › 평가의 근거는 1997년 개정된 사회복지사업법이다. 18회

198 › 평가의 목적은 시설운영의 효율화 등을 위한 것이다. 18회

199 › 개별 사회복지시설의 고유성이 반영되지 못하는 점은 평가의 한계점으로 여겨진다. 18회

200 › 평가지표 선정 시 현장의견수렴 절차가 필요하다. 18회

201 › 3년마다 평가 실시 19회   **201** › 5년마다 평가 실시 19회

202 › 평가 결과를 시설 지원에 반영 19회   **202** › 평가 결과의 비공개원칙 19회

기출키워드 29-2 성과평가 및 시설평가_사회복지관에서 제공해야 하는 서비스의 최저기준

203 › 시설의 환경 20회

204 › 시설의 안전관리 20회

205 › 시설의 인력관리 20회

206 › 시설 이용자의 인권 20회

기출키워드 30 사회복지조직의 책임성

207 ▸ 형성평가는 과정을 파악하는 **동태적 분석**으로 프로그램 진행 중에 실시할 수 있다. 19회

208 ▸ 사회복지 프로그램 평가를 통하여 프로그램 수정과 정책 개발 등에 활용한다. 19회

209 ▸ 사회복지전달체계는 사회복지 책임성을 이행할 수 있도록 구축되어야 한다. 19회
▸ 정부 및 재정자원제공자, 사회복지조직, 사회복지전문직, 클라이언트 등에게 책임성을 입증해야 한다. 20회

210 ▸ 우리나라의 사회복지시설 평가는 **사회복지사업법에 근거하여 실시**한다. 19회

211 ▸ 업무수행 결과에 대한 책임뿐만 아니라 업무과정에 대한 정당성을 의미한다. 팔배기선지 20회
▸ 지역사회와의 관계뿐만 아니라 조직 내 상호작용에서도 정당성을 확보해야 한다. 팔배기선지 20회

212 ▸ 클라이언트 집단의 욕구를 충족시키고 당면한 사회문제를 해결하고 있다는 증거를 보여줘야 한다. 20회

기출키워드 30-1 사회복지조직의 책임성_사회복지조직의 책임성을 확보하기 위한 노력

213 ▸ 「사회복지사업법」에 따른 사회복지법인 이사회 구성 18회

214 ▸ 「사회복지법인 및 사회복지시설 재무·회계규칙」에 근거한 예산 편성 18회

215 ▸ 배분사업 공모를 통한 사회복지 프로그램 재정지원 시행 18회

216 ▸ 사회복지예산 수립을 위한 주민참여제도 시행 18회

기출키워드 31 사회복지조직 마케팅의 특징 및 전략 ★빈출

217 ▸ 공익사업과 수익사업의 적절한 운영을 위하여 필요하다. 19회

218 ▸ 이윤추구보다는 사회적 가치 실현에 주안점을 둔다. 21회

218 ▸ 이윤을 남기는 것이 최우선 목표이다. 23회

219 ▸ 마케팅에서 교환되는 것은 유형의 재화보다는 무형의 서비스가 대부분이다. 21회

220 ▸ 서비스의 생산과 소비의 동시성을 고려한다. 21회

221 ▸ 영리조직에 비해 인간의 태도나 행동을 변화시키는 것이 어렵다. 21회

222 ▸ 비영리조직의 책임성과 효과성이 강조되면서 중요성이 커졌다. 23회

기출키워드 31-1 사회복지조직 마케팅의 특징 및 전략_마케팅 믹스(4P)

223 ▸ 가격(Price) 17회

224 ▸ 유통(Place) 17회
▸ 유통(Place): 고객이 서비스를 쉽게 이용할 수 있도록 하는 조직적 활동 21회

225 ▸ 상품(Product) 17회
▸ 제품(Product): 고객의 욕구를 충족시키기 위하여 제공하는 재화나 서비스 21회

226 ▸ 촉진(Promotion) 17회

기출키워드 32 마케팅 기법

227 기업연계 마케팅은 <mark>명분 마케팅</mark>이라고도 한다. 〔꽈배기 선지〕 22회

228 데이터베이스 마케팅은 이용자에 대한 각종 정보를 수집, 분석하여 활용하는 방식이다. 〔꽈배기 선지〕 22회

229 사회 마케팅은 대중에 대한 <mark>캠페인 등을 통해 행동변화를 유도하</mark>는 방식이다. 〔꽈배기 선지〕 22회

230 고객관계관리 마케팅은 <mark>개별 고객특성에 맞춘 서비스를 지속적으로 제공하는 방식</mark>이다. 〔꽈배기 선지〕 22회

남에게 하듯 나에게
구체적으로, 다정하게 칭찬해주세요.

8영역 사회복지법제론

핵심 기출선지 총정리

- 기출키워드 번호는 〈1권 영역별 기출문제집〉의 기출키워드 번호와 연동되어 있습니다. 영역별 기출문제집과 함께 학습하면 학습 효과를 더욱 높일 수 있습니다.
- 형광펜 표시는 중요 내용입니다. 기출선지를 회독하면서 자연스럽게 중요 내용도 암기하는 효과를 느껴 보세요!
- 오답선지에서 어느 부분이 잘못되었는지 생각해 보고, 옳은 내용과 비교해 보세요.
- 3회독 Check □□□에 정확히 아는 선지에는 ○, 암기가 필요한 선지에는 ×를 표시하세요.
- 꽈배기 선지는 빈출 개념에 대해 혼동을 유발하거나 오답을 유도하는 선지를 의미합니다. 꽈배기 선지는 회독 시 한 번 더 눈여겨 보세요.

기출키워드 1 법의 체계

헷갈리지 말자! 오답선지

001 ▸ 법규범 위계에서 **최상위 법규범은 헌법**이다. 　19회
▸ 법률은 법규범의 위계에서 헌법 다음 단계의 규범이다. 　19회

002 ▸ 법률은 국회에서 제정하거나 행정부에서 제출하여 **국회의 의결을 거쳐 제정**된다. 　19회

002 ▸ 법률은 정부의 의결을 거쳐 제정·공포된 법을 말한다. 　22회

003 ▸ 명령에는 시행령과 시행규칙이 있다. 　19회

004 ▸ 지방자치단체의 **조례는 성문법원**이다. 　22회

005 ▸ 대통령은 법률에서 구체적으로 위임받은 사항과 법률을 집행하기 위하여 필요한 사항에 관하여 대통령령을 발할 수 있다. 　23회
　[꽈배기 선지]

기출키워드 1-1 법의 체계_자치법규

006 ▸ 시·군 및 자치구의 조례나 규칙은 시·도의 조례나 규칙을 위반하여서는 아니 된다. 　19회

나왔던 선지가 **그대로 or 변형되어** 또 나온다!

007 ▸ 사회복지시설의 설치·운영 및 관리는 주민의 복지 증진과 관련된 지방자치단체의 사무이다. 21회

008 ▸ 지방자치단체는 법령의 범위 안에서 자치에 관한 규정을 제정할 수 있다. 21회, 23회

008 ▸ 지방자치단체는 법령의 범위와 무관하게 조례를 제정할 수 있다. 19회

009 ▸ 조례는 지방의회에서 제정하는 자치법규이다. 19회, 23회

009 ▸ 지방의회는 규칙 제정권을 갖고 지방자치단체의 장은 조례 제정권을 갖는다. 21회

010 ▸ 조례는 규칙보다 상위 법규범이다. 23회

011 ▸ 주민은 지방자치단체의 조례를 제정할 것을 청구할 수 있다. 21회
꽈배기 선지

012 ▸ 조례안이 지방의회에서 의결되면 의장은 의결된 날부터 5일 이내에 그 지방자치단체의 장에게 이를 이송하여야 한다. 꽈배기 선지 19회

013 ▸ 규칙은 지방자치단체의 장이 법령이나 조례가 위임한 범위에서 그 권한에 속하는 사무에 관하여 제정할 수 있는 자치법규이다. 19회

기출키워드 2 　법의 적용

014 ▸ 법률안은 국무회의 심의를 거쳐야 한다. 18회

014 ▸ 정부는 법률안을 제출할 수 없다. 18회

기출키워드 3-1 　헌법상의 사회복지법원_헌법 규정의 사회적 기본권

015 ▸ 국가는 근로자의 고용의 증진과 적정임금의 보장에 노력하여야 한다. 20회

016 ▸ 국가는 여자의 복지와 권익의 향상을 위하여 노력하여야 한다. 20회

017 ▸ 국가는 평생교육을 진흥하여야 한다. 20회

018 ▸ 국가는 모성의 보호를 위하여 노력하여야 한다. 20회

기출키워드 4   한국 사회복지법 발달사 ★빈출

019 ▸ <mark>1973년 제정된 국민복지연금법</mark>은 1986년 국민연금법으로 전부개정되었다. 21회

020 ▸ 1981년 노인복지법이 제정되었다. 23회

021 ▸ 1981년 제정된 심신장애자복지법은 1989년 장애인복지법으로 개정되었다. 23회

022 ▸ 고용보험법, 사회복지공동모금회법 – 1990년대 19회

023 ▸ <mark>2007년 노인장기요양보험법</mark>이 제정되었다. 23회

기출키워드 5-1   사회보장기본법의 개요_사회보장기본법

024 ▸ 국내에 거주하는 외국인에게 사회보장제도를 적용할 때에는 상호주의의 원칙에 따르되, 관계 법령에서 정하는 바에 따른다. 17회

025 ▸ 보건복지부장관은 사회보장정보시스템의 구축·운영을 총괄한다. 17회, 18회

026 ▸ <mark>모든 국민</mark>은 자신의 능력을 최대한 발휘하여 자립·자활할 수 있도록 노력하여야 한다. 17회
   ▸ 모든 국민은 사회보장 관계 법령에서 정하는 바에 따라 <mark>사회보장급여를 받을 권리</mark>를 가진다. 18회

027 ▸ 사회보장위원회는 30명 이내의 위원으로 구성한다. 18회

028 ▸ 사회보장 기본계획은 5년마다 수립하여야 한다. 18회

나왔던 선지가 **그대로 or 변형되어** 또 나온다!

029 ▸ 사회보장 기본계획에는 사회보장 관련 기금 운용방안이 포함되어야 한다.
22회

030 ▸ 사회보장제도를 운영하는 자는 불법행위의 책임이 있는 자에 대하여 구상권을 행사할 수 있다.
22회

031 ▸ 사회보장에 관한 다른 법률을 개정하는 경우에는 이 법에 부합되도록 하여야 한다.
22회

기출키워드 5-2 사회보장기본법의 개요_국가와 지방자치단체

032 ▸ 국가와 지방자치단체는 사회보장에 관한 책임과 역할을 합리적으로 분담하여야 한다.
17회, 20회

033 ▸ 국가와 지방자치단체는 모든 국민의 인간다운 생활을 유지·증진하는 책임을 가진다.
20회
▸ 국가와 지방자치단체는 가정이 건전하게 유지되고 그 기능이 향상되도록 노력하여야 한다.
20회

034 ▸ 국가와 지방자치단체는 지속 가능한 사회보장제도를 확립하고 매년 이에 필요한 재원을 조달하여야 한다.
20회
▸ 국가와 지방자치단체는 평생사회안전망을 구축하여야 한다.
22회

기출키워드 5-3 사회보장기본법의 개요_용어의 정의

035 ▸ "사회보험"이란 국민에게 발생하는 사회적 위험을 보험의 방식으로 대처함으로써 국민의 건강과 소득을 보장하는 제도를 말한다.
19회

036 ▸ "공공부조"(公共扶助)란 국가와 지방자치단체의 책임하에 생활 유지 능력이 없거나 생활이 어려운 국민의 최저생활을 보장하고 자립을 지원하는 제도를 말한다.
19회

037 ▸ "평생사회안전망"이란 생애주기에 걸쳐 보편적으로 충족되어야 하는 기본욕구와 특정한 사회위험에 의하여 발생하는 특수욕구를 동시에 고려하여 소득·서비스를 보장하는 맞춤형 사회보장제도를 말한다.
19회

기출키워드 6   사회보장수급권

038 ・ 모든 국민은 사회보장 관계 법령에서 정하는 바에 따라 사회보장 급여를 받을 권리를 가진다. 17회
・ 모든 국민은 사회보장 관계 법령에서 정하는 바에 따라 사회보장 급여를 받을 권리인 사회보장수급권을 가진다. 19회

039 ・ 사회보장급여를 받으려는 사람은 <mark>국가나 지방자치단체에 신청</mark>하는 것을 원칙으로 하고 있다. 21회

040 ・ 사회보장수급권은 다른 사람에게 <mark>양도하거나 담보로 제공할 수 없다.</mark> 21회, 23회 (팔배기 선지)

040 ・ 사회보장수급권은 다른 사람에게 양도하거나 담보로 제공할 수 있다. 17회
・ 사회보장수급권은 수급자 임의로 다른 사람에게 양도할 수 있다. 19회

041 ・ 사회보장수급권은 제한되거나 정지될 수 없다. 다만, 관계 법령에서 따로 정하고 있는 경우에는 그러하지 아니하다. 17회
・ 사회보장수급권은 원칙적으로 제한되거나 정지될 수 없다. 21회
・ 사회보장수급권이 제한되는 경우에는 제한하는 목적에 필요한 최소한의 범위에 그쳐야 한다. 22회

042 ・ 사회보장수급권은 정당한 권한이 있는 기관에 <mark>서면으로 통지하여 포기</mark>할 수 있다. 23회
・ 사회보장수급권을 포기하는 것이 다른 사람에게 피해를 주게 되는 경우 사회보장수급권을 포기할 수 없다. 22회, 23회 (팔배기 선지)
・ <mark>사회보장수급권의 포기는 취소할 수 있다.</mark> 17회, 21회

042 ・ 사회보장수급권은 정당한 권한이 있는 기관에게 구두로 통지하여 포기할 수 있다. 19회
・ 사회보장수급권은 구두로 통지하여 포기할 수 있다. 21회, 22회
・ 사회보장수급권의 포기는 취소할 수 없다. 19회, 23회

043 ・ 국가는 관계 법령에서 정하는 바에 따라 최저보장수준과 <mark>최저임금을 매년 공표</mark>하여야 한다. 17회

043 ・ 지방자치단체는 최저보장수준과 최저임금을 매년 공표하여야 한다. 22회

기출키워드 6-1   사회보장수급권_각 법률의 권리구제 절차

044 ・ 국민연금법에 따르면 심사청구와 재심사청구의 순으로 진행된다. 19회

044 ・ 국민건강보험법에 명시되어 있는 권리구제절차는 심사청구이다. 19회

나왔던 선지가 **그대로 or 변형되어** 또 나온다!

기출키워드 7 사회보장제도의 운영

045 ▸ 국가와 지방자치단체는 기존 제도와의 관계, 사회보장 전달체계와 재정 등에 미치는 영향 등을 사전에 충분히 검토하여야 한다. 18회

046 ▸ 중앙행정기관의 장은 보건복지부장관과 협의하여야 한다. 18회

046 ▸ 지방자치단체의 장은 국무조정실장과 협의하여야 한다. 18회

047 ▸ 중앙행정기관의 장은 협의에 관련된 자료의 수집·조사 및 분석에 관한 업무를 한국사회보장정보원에 위탁할 수 있다. 18회

048 ▸ 국가와 지방자치단체는 사회보장급여가 중복 또는 누락되지 아니하도록 하여야 한다. 꽈배기 선지 18회

기출키워드 7-1 사회보장제도의 운영_사회보장제도의 운영 원칙

049 ▸ 공공부조와 사회서비스는 국가와 지방자치단체의 책임으로 시행하는 것을 원칙으로 한다. 꽈배기 선지 21회

049 ▸ 사회보험은 지방자치단체의 책임으로 시행하는 것을 원칙으로 한다. 21회

050 ▸ 사회보장제도의 급여수준과 비용부담 등에서 형평성을 유지하여야 한다. 21회

051 ▸ 사회보장제도를 필요로 하는 모든 국민에게 적용하여야 한다. 21회

052 ▸ 국민의 다양한 복지욕구를 효율적으로 충족시키기 위하여 연계성과 전문성을 높여야 한다. 꽈배기 선지 21회

기출키워드 7-2 사회보장제도의 운영_사회보장 비용의 부담

053 ▸ 사회보장 비용의 부담은 국가, 지방자치단체 및 민간부문 간에 합리적으로 조정되어야 한다. 23회

053 ▸ 공공부조에 드는 비용은 지방자치단체가 전부 부담한다. 23회

054 ▸ 부담 능력이 있는 국민에 대한 사회서비스에 드는 비용은 그 수익자가 부담함을 원칙으로 한다. 꽈배기 선지 23회

055
- 사회보험에 드는 비용은 사용자, 피용자 및 자영업자가 부담함을 원칙으로 한다. 23회
- 사회보험에 드는 비용의 일부를 관계 법령에서 정하는 바에 따라 국가가 부담할 수 있다. 23회

기출키워드 8 사회보장 기본계획

056 보건복지부장관은 관계 중앙행정기관의 장과 협의하여 사회보장 기본계획을 수립하여야 한다. 꽈배기선지 23회

056 사회보장 기본계획은 사회보장위원회의 심의사항이 아니다. 23회

기출키워드 9 사회보장위원회

057 관계 중앙행정기관의 장은 위원회의 심의·조정 사항을 반영하여 사회보장제도를 운영 또는 개선하여야 한다. 21회

058 사회보장에 관한 주요시책을 심의·조정하기 위해 국무총리 소속으로 두고 있다. 꽈배기선지 23회

058 대통령 소속의 위원회이다. 21회

059 실무위원회를 두며 실무위원회에 분야별 전문위원회를 둘 수 있다. 23회

060 위원은 30명 이내로 구성한다. 23회

060 위원장 1명, 부위원장 2명과 행정안전부장관, 고용노동부장관을 포함한 40명 이내의 위원으로 구성한다. 21회

061 관계 중앙행정기관의 장과 지방자치단체의 장은 위원회의 심의·조정 사항을 반영하여 사회보장제도를 운영해야 한다. 꽈배기선지 23회

기출키워드 10 사회복지사업법의 개요

062
- 사회복지서비스를 제공하는 자는 사회복지서비스를 이용하는 사람의 선택권을 보장하여야 한다. 17회
- 사회복지를 필요로 하는 사람은 누구든지 자신의 의사에 따라 서비스를 신청하고 제공받을 수 있다. 꽈배기선지 20회

063 국가는 매년 9월 7일을 사회복지의 날로 한다. 17회

064 ▸ 사회복지법인을 설립하려는 자는 대통령령으로 정하는 바에 따라 시·도지사의 허가를 받아야 한다. 20회

064 ▸ 사회복지법인은 보건복지부장관의 허가를 받아 설립한다. 19회

065 ▸ 시장·군수·구청장은 정당한 이유 없이 사회복지시설의 설치를 지연시키는 조치를 하여서는 아니 된다. 17회
▸ 누구든지 정당한 이유 없이 사회복지시설의 설치를 방해하여서는 아니 된다. 20회

066 ▸ 보건복지부장관은 사회복지사가 법원의 판결에 따라 자격이 정지된 경우에는 그 자격을 취소하여야 한다. 17회
▸ 보건복지부장관은 사회복지사가 거짓으로 자격을 취득한 경우 그 자격을 취소하여야 한다. 20회

기출키워드 11-1 복지의 책임과 원칙_사회복지서비스 제공의 원칙

067 ▸ 사회복지서비스 제공은 현물 제공이 원칙이다. 19회
▸ 사회복지서비스는 현물로 제공하는 것이 원칙이다. 21회

067 ▸ 사회복지서비스를 필요로 하는 사람에 대한 사회복지 서비스 제공은 현금으로 제공하는 것이 원칙이다. 17회

068 ▸ 지방자치단체는 사회복지서비스의 품질향상을 위하여 필요한 시책을 마련하여야 한다. 21회

069 ▸ 지방자치단체는 사회복지시설의 서비스 환경 등을 평가할 수 있다. 21회

070 ▸ 시장·군수·구청장은 보호대상자에게 사회복지서비스 이용권을 지급할 수 있다. 21회

기출키워드 12 사회복지사

071 ▸ 사회복지사의 등급은 1급·2급으로 한다. 21회

072 ▸ 보건복지부장관은 정신건강사회복지사·의료사회복지사·학교사회복지사의 자격을 부여할 수 있다. 21회

073 ▸ 사회복지법인에 종사하는 사회복지사는 정기적으로 보수교육을 받아야 한다. 21회

▸ 사회복지법인에 종사하는 사회복지사는 정기적으로 인권에 관한 내용이 포함된 보수교육을 받아야 한다. 23회

074 ▸ 자신의 사회복지사 자격증은 타인에게 빌려주어서는 아니 된다. 21회

075 ▸ 보건복지부장관은 사회복지사가 거짓이나 그 밖의 부정한 방법으로 자격을 취득한 경우 사회복지사 자격을 취소하여야 한다. 23회

075 ▸ 보건복지부장관은 사회복지사가 거짓이나 그 밖의 부정한 방법으로 자격을 취득한 경우 그 자격을 1년의 범위에서 정지할 수 있다. 21회

076 ▸ 보건복지부장관은 사회복지사가 자격정지 처분 기간에 자격증을 사용하여 자격 관련업무를 수행한 경우 그 자격을 취소하거나 1년의 범위에서 정지시킬 수 있다. 23회

077 ▸ 보건복지부장관은 자격이 취소된 사람에게는 그 취소된 날부터 2년 이내에 자격증을 재교부하지 못한다. 23회

기출키워드 13 사회복지법인

078 ▸ 법인은 수익사업에서 생긴 수익을 법인 또는 법인이 설치한 사회복지시설의 운영 외의 목적에 사용할 수 없다. 17회

079 ▸ 법인은 사회복지사업의 운영에 필요한 재산을 소유하여야 한다. 22회

080 ▸ 법인이 목적사업 외의 사업을 하였을 때 설립허가가 취소될 수 있다. 22회

081 ▸ 법인은 대표이사를 포함한 이사 7명 이상과 감사 2명 이상을 두어야 한다. 20회

081 ▸ 법인은 대표이사를 제외하고 이사 7명 이상을 두어야 한다. 17회

082 ▸ 법인은 임원을 임면하는 경우에 지체 없이 시·도지사에게 보고하여야 한다. 22회

나왔던 선지가 **그대로 or 변형되어** 또 나온다!

083 ▸ 이사는 법인이 설치한 사회복지시설의 장을 겸직할 수 있다. 18회

083 ▸ 이사는 법인이 설치한 사회복지시설의 장 또는 그 시설의 직원을 겸할 수 있다. 17회

▸ 법인이 설치한 사회복지시설의 장과 직원은 그 법인의 이사를 겸할 수 없다. 20회

084 ▸ 해산한 법인의 남은 재산은 정관으로 정하는 바에 따라 국가 또는 지방자치단체에 귀속된다. 꽈배기 선지 20회

084 ▸ 해산한 법인의 남은 재산은 설립자에 귀속된다. 18회

085 ▸ 파산 선고를 받고 복권되지 아니한 사람은 임원이 될 수 없다. 20회

086 ▸ 이사회는 안건, 표결 수 등을 기재한 회의록을 작성하여야 한다. 20회

087 ▸ 정관에는 회의에 관한 사항이 포함되어야 한다. 22회

기출키워드 14 사회복지시설

088 ▸ 국가나 지방자치단체가 설치·운영하는 시설 중 사회복지관은 지역사회의 특성과 지역주민의 복지욕구를 고려하여 서비스 제공 등 지역복지증진을 위한 사업을 실시할 수 있다. 17회

089 ▸ 국가는 시설을 운영할 수 있다. 꽈배기 선지 22회
▸ 국가 또는 지방자치단체 외의 자가 시설을 설치·운영하려는 경우에는 시장·군수·구청장에게 신고하여야 한다. 꽈배기 선지 23회

089 ▸ 국가가 시설을 설치·운영하려는 경우에는 소재지 관할 시·도지사에게 신고하여야 한다. 17회

090 ▸ 시설을 설치·운영하는 자는 시설에 근무할 종사자를 채용할 수 있다. 20회

091 ▸ 시설 종사자의 근무환경 개선에 관한 사항은 운영위원회에서 심의한다. 22회

092 ▸ 시설거주자의 보호자 대표는 운영위원이 될 수 있다. 꽈배기 선지 18회

092 ▸ 시설거주자 대표는 운영위원이 될 수 없다. 18회

093 ▸ 사회복지시설은 둘 이상의 사회복지사업을 통합하여 수행할 수 있다. 21회

094 ▸ 사회복지관은 직업 및 취업 알선이 필요한 지역주민에게 사회복지서비스를 우선 제공하여야 한다. 22회

094 ▸ 사회복지관은 사회복지서비스를 직업 및 취업 알선이 필요한 사람에게 우선 제공할 수 없다. 23회

095 ▸ 회계부정이 발견되었을 때 보건복지부장관은 시설의 폐쇄를 명할 수 있다. 22회

기출키워드 15-1 사회보장급여_사회보장급여의 이용·제공 및 수급권자 발굴에 관한 법률

096 ▸ "지원대상자"란 사회보장급여를 필요로 하는 사람을 말한다. 17회 〔꽈배기선지〕

096 ▸ "지원대상자"란 사회보장급여를 제공받을 권리를 가진 사람을 말한다. 22회

097 ▸ 수급자란 사회보장급여를 받고 있는 사람을 말한다. 19회 〔꽈배기선지〕

097 ▸ "수급권자"란 사회보장급여를 제공하는 국가기관과 지방자치단체를 말한다. 21회

098 ▸ "보장기관"이란 관계 법령 등에 따라 사회보장급여를 제공하는 국가기관과 지방자치단체를 말한다. 17회 〔꽈배기선지〕

099 ▸ 보장기관은 지역의 사회보장 수준이 균등하게 실현될 수 있도록 노력하여야 한다. 20회, 22회

100 ▸ 통합사례관리를 실시하기 위하여 필요한 경우에는 특별자치시 및 시·군·구에 통합사례 관리사를 둘 수 있다. 17회

101 ▸ 사회복지전담공무원은 「사회복지사업법」에 따른 사회복지사의 자격을 가진 사람으로 한다. 18회

102 ▸ 시·도지사 및 시장·군수·구청장은 「지방공무원 교육훈련법」에 따라 사회복지전담공무원의 교육훈련에 필요한 시책을 수립·시행하여야 한다. 18회

103 ▸ 사회보장정보원은 법인으로 한다. 18회

104 ▸ 사회보장정보원에 관하여 이 법에서 규정한 사항 외에는 「민법」 중 재단법인에 관한 규정을 준용한다. 18회

105 ▸ 사회보장정보원의 임직원은 그 직무상 알게 된 비밀을 다른 용도로 사용하여서는 아니 된다. 18회

나왔던 선지가 **그대로 or 변형되어** 또 나온다!

106 ▸ 정부는 사회보장정보원의 설립에 필요한 비용을 출연할 수 있다. 18회

106 ▸ 정부는 한국사회보장정보원의 설립·운영에 필요한 비용을 출연할 수 없다. 22회

107 ▸ 보건복지부장관은 사회보장급여 부정수급 실태조사를 3년마다 실시하고 그 결과를 공개하여야 한다. 21회

107 ▸ 보건복지부장관은 사회보장급여 부정수급 실태조사를 5년마다 실시하고 그 결과를 공개해야 한다. 19회

108 ▸ 누구든지 사회적 위험으로 인하여 사회보장급여를 필요로 하는 지원대상자를 발견하였을 때에는 보장기관에 알려야 한다. 20회

109 ▸ 사회서비스 제공기관의 운영자는 위기가구의 발굴 지원 업무 수행을 위해 사회서비스정보시스템을 이용할 수 있다. 20회

110 ▸ 보장기관의 장은 지원대상자 발굴체계의 운영 실태를 3년마다 점검하고 개선방안을 마련하여야 한다. 21회

110 ▸ 보장기관의 장은 「긴급복지지원법」 제7조의2에 따른 발굴조사를 실시한 경우를 제외하고 지원대상자에 대한 발굴조사를 1년마다 정기적으로 실시하여야 한다. 20회

▸ 시·도지사는 지원대상자에 대한 발굴조사를 1년마다 정기적으로 실시하여야 한다. 22회

111 ▸ 보장기관의 장은 위기가구를 발굴하기 위하여 노력하여야 한다. 22회

112 ▸ 이의신청은 그 처분을 받은 날로부터 90일 이내에 처분을 결정한 보장기관의 장에게 할 수 있다. 20회

113 ▸ 「청소년 기본법」에 따른 청소년상담사는 지원대상자의 사회보장급여를 신청할 수 있다. 22회

114 ▸ 특별자치시 지역사회보장계획은 사회보장급여 담당 인력의 양성 및 전문성 제고 방안을 포함하여야 한다. 22회

기출키워드 16 산업재해보상보험법

115 ▸ "업무상의 재해"란 업무상의 사유에 따른 근로자의 부상·질병·장해 또는 사망을 말한다. 20회

116 ▸ "출퇴근"이란 취업과 관련하여 주거와 취업장소 사이의 이동 또는 한 취업장소에서 다른 취업장소로의 이동을 말한다. 20회

117 ▸ 근로복지공단은 법인으로 한다. 20회

118 ▸ 요양급여는 근로자가 업무상의 사유로 부상을 당하거나 질병에 걸린 경우에 그 근로자에게 지급한다. 꽈배기선지 20회

기출키워드 16-1 산업재해보상보험법_업무상 사고

119 ▸ 근로자가 근로계약에 따른 업무나 그에 따르는 행위를 하던 중 발생한 사고 18회, 19회

120 ▸ 휴게시간 중 사업주의 지배관리하에 있다고 볼 수 있는 행위로 발생한 사고 꽈배기선지 18회, 19회

121 ▸ 사업주가 주관하거나 사업주의 지시에 따라 참여한 행사나 행사준비 중에 발생한 사고 18회, 19회

122 ▸ 사업주가 제공한 시설물 등을 이용하던 중 그 시설물 등의 결함이나 관리소홀로 발생한 사고 18회, 19회

기출키워드 16-2 산업재해보상보험법_유족급여

123 ▸ 근로자가 업무상의 사유로 사망한 경우 유족에게 지급한다. 21회

124 ▸ 근로자와 「주민등록법」상 세대를 같이 하고 동거하던 유족으로서 근로자의 소득으로 생계의 상당 부분을 유지하고 있던 사람은 유족에 해당한다. 꽈배기선지 21회

125 ▸ 유족보상연금 수급 권리는 배우자·자녀·부모·손자녀·조부모 및 형제자매의 순서로 한다. 21회

126 ▸ 유족보상연금 수급권자가 2명 이상 있을 때 그중 1명을 대표자로 선임할 수 있다. 21회

기출키워드 17 국민연금법

127 › 수급권을 취득할 당시 가입자였던 자의 태아가 출생하면 그 자녀는 가입자였던 자에 의하여 생계를 유지하고 있던 자녀로 본다. 17회

128 › 가입자의 가입 종류가 변동되면 그 가입자의 가입기간은 각 종류별 가입기간을 합산한 기간으로 한다. 22회

기출키워드 18 고용보험법 ★빈출

129 › "일용근로자"는 1개월 미만 동안 고용되는 자를 말한다. 17회

129 › "일용근로자"란 6개월 미만 동안 고용되는 사람을 말한다. 20회

› "일용근로자"란 3개월 미만 동안 고용되는 사람을 말한다. 22회

130 › "실업"이란 근로의 의사와 능력이 있음에도 불구하고 취업하지 못한 상태에 있는 것을 말한다. (꽈배기 선지) 17회

130 › "실업"이란 근로의 의사와 능력이 없어 취업하지 못한 상태에 있는 것을 말한다. 20회

131 › 65세 이후에 고용되거나 자영업을 개시한 자에 대한 고용안정·직업능력개발 사업에 관하여는 이 법을 적용한다. 17회

132 › 고용보험사업으로 고용안정·직업능력개발 사업, 실업급여, 육아휴직급여 및 출산전후 휴가급여 등을 실시한다. 18회

133 › 국가는 매년 보험사업에 드는 비용의 일부를 일반회계에서 부담하여야 한다. 20회

133 › 지방자치단체는 매년 보험사업에 드는 비용의 일부를 일반회계에서 부담하여야 한다. 22회

134 › 고용보험기금은 고용노동부장관이 관리·운용한다. 22회

134 › 고용보험기금은 기획재정부장관이 관리·운용한다. 20회

135 › 구직급여를 지급 받으려는 자는 이직 후 지체 없이 직업 안정기관에 출석하여 실업을 신고하여야 한다. (꽈배기 선지) 17회, 19회

기출키워드 19 국민건강보험법

136 › 보건복지부장관은 국민건강보험종합계획에 따라 연도별 시행계획에 따른 추진실적을 매년 평가하여야 한다. 22회

137 건강보험정책에 관한 사항을 심의·의결하기 위하여 보건복지부장관 소속으로 건강보험정책심의위원회를 둔다. 22회

138 「의료급여법」에 따라 의료급여를 받는 사람은 건강보험의 가입자가 될 수 없다. 22회

139 건강보험 지역가입자는 직장가입자와 그 피부양자를 제외한 가입자를 말한다. 22회

140 가입자와 피부양자에 대하여 질병의 조기 발견과 그에 따른 요양급여를 하기 위하여 건강검진을 실시한다. 23회

141 요양급여 외에 임신·출산 진료비, 장제비, 상병수당, 그 밖의 급여를 실시할 수 있다. 23회

142 고의 또는 중대한 과실로 인한 범죄행위에 그 원인이 있는 경우 보험급여를 하지 아니한다. 23회

143 보험료등의 납부의무자가 납부기한까지 보험료등을 내지 아니하면 그 납부기한이 지난 날부터 매 1일이 경과할 때마다 연체금을 징수한다. 23회

기출키워드 20 노인장기요양보험법

144 "노인등"이란 65세 이상의 노인 또는 65세 미만의 자로서 치매·뇌혈관성질환 등 대통령령으로 정하는 노인성 질병을 가진 자를 말한다. 22회

144 "노인등"이란 60세 이상의 노인 또는 60세 미만의 자로서 치매·뇌혈관성질환 등 대통령령으로 정하는 노인성 질병을 가진 자를 말한다. 20회

145 장기요양급여는 노인등의 심신상태나 건강 등이 악화되지 아니하도록 의료 서비스와 연계하여 이를 제공하여야 한다. 18회

146 장기요양급여는 노인등이 자신의 의사와 능력에 따라 최대한 자립적으로 일상생활을 수행할 수 있도록 제공하여야 한다. 18회

147 장기요양급여는 노인등이 가족과 함께 생활하면서 가정에서 장기요양을 받는 재가급여를 우선적으로 제공하여야 한다. 18회, 22회

148 장기요양급여는 노인등의 심신상태·생활환경과 노인 등 및 그 가족의 욕구·선택을 종합적으로 고려하여 필요한 범위 안에서 이를 적정하게 제공하여야 한다. 18회

> 나왔던 선지가 **그대로 or 변형되어** 또 나온다!

149 ▸ 장기요양보험사업은 보건복지부장관이 관장한다. 🥜**파배기 선지**
20회, 22회

150 ▸ 장기요양급여를 받고있는 수급자는 장기요양등급의 내용을 변경하여 장기요양급여를 받고자 하는 경우 국민건강보험공단에 **변경신청**을 하여야 한다.
22회

기출키워드 20-1 노인장기요양보험법_장기요양인정

151 ▸ 대통령령으로 정하는 경우를 제외하고, 장기요양인정을 신청하는 자는 국민건강보험공단에 장기요양인정신청서에 의사 또는 한의사가 발급하는 소견서를 첨부하여 제출하여야 한다.
23회

152 ▸ 국민건강보험공단은 장기요양인정 신청서를 접수한 때 소속 직원으로 하여금 신청인의 심신상태, 신청인에게 필요한 장기요양급여의 종류 및 내용 등에 대하여 조사하게 하여야 한다.
23회

153 ▸ 등급판정위원회는 신청인이 신청자격요건을 충족하고 **6개월 이상** 동안 혼자서 일상생활을 수행하기 어렵다고 인정하는 경우 등급판정기준에 따라 수급자로 판정한다.
23회

154 ▸ 국민건강보험공단은 등급판정위원회가 장기요양인정 및 등급판정의 심의를 완료한 경우 지체 없이 장기요양 인정서를 작성하여 수급자에게 송부하여야 한다.
23회

기출키워드 21 국민기초생활 보장법 ★빈출

155 ▸ "수급자"란 이 법에 따른 급여를 받는 사람을 말한다.
17회

155 ▸ 수급권자란 이 법에 따른 급여를 받는 사람을 말한다.
18회

156 ▸ **수급자 및 차상위자**는 상호 협력하여 **자활기업**을 설립·운영할 수 있다.
17회

157 ▸ 수급자에 대한 급여는 정당한 사유 없이 수급자에게 불리하게 변경할 수 없다.
17회

158 ▸ 이 법에 따른 급여는 **건강하고 문화**적인 **최저생활**을 유지할 수 있는 것이어야 한다.
17회

159 소득인정액이란 보장기관이 급여의 결정 및 실시 등에 사용하기 위하여 산출한 개별가구의 소득평가액과 재산의 소득환산액을 합산한 금액을 말한다. 18회

160 생계급여는 수급자의 거주지를 관할하는 시·도지사와 시장·군수·구청장이 실시한다. 21회

기출키워드 21-1 국민기초생활 보장법_자활지원

161 보장기관은 자활지원사업의 원활한 추진을 위하여 자활기금을 적립한다. 18회

162 보장기관은 지역자활센터에 국유·공유 재산의 무상임대 지원을 할 수 있다. 18회

163 보장기관은 수급자 및 차상위자가 자활에 필요한 자산을 형성할 수 있도록 재정적인 지원을 할 수 있다. 18회

164 보장기관은 수급자 및 차상위자의 자활 촉진에 필요한 사업을 수행하게 하기 위하여 법인등의 신청을 받아 지역자활센터를 지정할 수 있다. 18회

기출키워드 21-2 국민기초생활 보장법_급여의 종류와 방법

165 보장기관은 차상위자의 가구별 생활여건을 고려하여 예산의 범위에서 급여의 전부 또는 일부를 실시할 수 있다. 21회

166 자활급여는 관련 비영리법인에 위탁하여 실시할 수 있다. 22회

기출키워드 21-3 국민기초생활 보장법_개인정보보호

167 수행기관은 보건복지부장관에게 통합정보전산망 사용을 요청하는 경우 보안교육 등 자활지원사업 참여자의 개인정보에 대한 보호대책을 마련하여야 한다. 23회

168 수행기관은 통합정보전산망을 이용하고자 하는 경우 사전에 정보 주체의 동의를 받아야 한다. 23회

169 사회보장급여 수급이력 등 개인정보는 수행기관에서 자활지원사업을 담당하는 자 중 해당 기관의 장으로부터 개인정보취급 승인을 받은 자만 취급할 수 있다. 23회

170 자활지원사업 업무에 종사하였던 자는 자활지원사업 업무 수행과 관련하여 알게 된 개인·법인의 정보를 다른 용도로 사용해서는 아니 된다. 23회

기출키워드 22 의료급여법

171 보건복지부에 두는 <mark>의료급여심의위원회</mark>는 의료급여의 수가에 관한 사항을 심의한다. 22회

172 수급권자가 업무 또는 공무로 생긴 질병·부상·재해로 다른 법령에 따른 급여나 보상을 받게 되는 경우에는 이 법에 따른 의료급여를 하지 아니한다. 23회

기출키워드 23 긴급복지지원법

173 주거지가 불분명한 자도 긴급지원대상자가 될 수 있다. 18회

174 위기상황에 처한 사람에게 <mark>일시적</mark>으로 신속하게 지원하는 것을 기본 원칙으로 한다. 18회

175 누구든지 긴급지원 대상자를 발견한 경우에는 관할 시장·군수·구청장에게 신고하여야 한다. 18회

176 국가 및 지방자치단체는 위기상황에 처한 사람에 대한 <mark>발굴조사를 연 1회 이상</mark> 정기적으로 실시하여야 한다. 18회

기출키워드 24 기초연금법

177 "소득인정액"이란 본인 및 배우자의 소득평가액과 재산의 소득환산액을 합산한 금액을 말한다. 17회

178 ▸ 본인과 그 배우자가 모두 기초연금 수급권자인 경우에는 각각의 기초연금액에서 기초연금액의 100분의 20에 해당하는 금액을 감액한다. 꽈배기 선지   22회

178 ▸ 본인과 그 배우자가 모두 기초연금 수급권자인 경우에는 각각의 기초연금액에서 기초연금액의 100분의 50에 해당하는 금액을 감액한다.   17회

기출키워드 25   장애인복지법

179 ▸ 「난민법」 제2조 제2호에 따른 난민인정자는 장애인등록을 할 수 있다.   20회

180 ▸ 「장애인연금법」상의 중증장애인에게는 장애수당을 지급하지 아니한다. 꽈배기 선지   23회

기출키워드 26   노인복지법

181 ▸ 노인복지주택 입소자격자는 60세 이상의 노인이다. 꽈배기 선지   20회

182 ▸ 지방자치단체는 65세 이상의 자에 대하여 건강진단과 보건교육을 실시할 수 있다. 꽈배기 선지   20회

182 ▸ 노인복지주택에 입소할 수 있는 자는 65세 이상의 노인으로 한다.   22회

183 ▸ 국가는 지역 간의 연계체계를 구축하고 노인학대를 예방하기 위하여 중앙노인보호전문기관을 설치·운영하여야 한다.   22회

기출키워드 26-1   노인복지법_노인학대

184 ▸ 「119구조·구급에 관한 법률」에 따른 119구급대의 구급대원은 65세 이상의 사람에 대한 노인학대 신고의무자에 속한다.   18회

185 ▸ 누구든지 노인학대를 알게 된 때에는 노인보호전문기관 또는 수사기관에 신고할 수 있다.   20회

185 ▸ 노인학대를 알게 된 때에는 신고의무자만 신고할 수 있다.   18회

186 ▸ 노인학대신고를 접수한 노인보호전문기관의 직원은 지체 없이 노인학대의 현장에 출동하여야 한다.   18회

187 ▸ 국가와 지방자치단체는 노인학대를 예방하고 수시로 신고를 받을 수 있도록 긴급전화를 설치하여야 한다. 꽈배기 선지   18회

188 법원이 노인학대관련범죄자에 대하여 취업제한명령을 하는 경우, 취업제한기간은 10년을 초과하지 못한다. 18회

기출키워드 27 아동복지법 ★빈출

189 "아동"이란 18세 미만인 사람을 말한다. 17회

190 보건복지부장관은 5년마다 아동정책기본계획을 수립하여야 한다. 17회

보건복지부장관은 아동정책의 효율적인 추진을 위하여 5년마다 아동정책기본계획을 수립하여야 한다. 22회

191 국가 또는 지방자치단체 외의 자는 관할 시장·군수·구청장에게 신고하고 아동복지시설을 설치할 수 있다. 17회

192 아동정책조정위원회는 국무총리 소속으로 둔다. 17회
아동정책조정위원회 위원장은 국무총리가 된다. 22회

192 보건복지부장관 소속으로 아동정책조정위원회를 둔다. 20회

193 아동권리보장원의 장은 아동학대가 종료된 이후에도 아동학대의 재발 여부를 확인하여야 한다. 20회

194 아동위원은 명예직으로 하되, 아동위원에 대하여는 수당을 지급할 수 있다. 22회

194 시·군·구에 두는 아동위원은 명예직으로 수당을 지급할 수 없다. 20회

195 지방자치단체는 아동이 항상 이용할 수 있는 아동전용 시설을 설치하도록 노력하여야 한다. 22회

기출키워드 28 한부모가족지원법

196 "청소년 한부모"란 24세 이하의 모 또는 부를 말한다. 20회

196 "청소년 한부모"란 18세 이하의 모 또는 부를 말한다. 22회

청소년 한부모란 25세 이하의 모 또는 부를 말한다. 23회

197 한부모가족의 모 또는 부와 아동은 한부모가족 관련 정책결정과정에 참여할 권리가 있다. 20회

198 여성가족부장관은 자녀양육비 산정을 위한 자녀양육비 가이드라인을 마련하여 법원이 이혼 판결 시 적극 활용할 수 있도록 노력하여야 한다. 20회

199 국가와 지방자치단체는 청소년 한부모의 건강증진을 위하여 건강진단을 실시할 수 있다. 20회

200 "모" 또는 "부"에는 아동인 자녀를 양육하는 미혼자(사실혼 관계에 있는 자는 제외한다)도 해당된다. 22회

기출키워드 29 다문화가족지원법

201 여성가족부장관은 5년마다 다문화가족정책에 관한 기본계획을 수립하여야 한다. 18회

202 국가와 지방자치단체는 다문화가족에 대해 가족생활교육 등을 추진하는 경우, 문화의 차이를 고려한 전문적인 서비스가 제공될 수 있도록 노력하여야 한다. 18회

203 다문화가족지원센터는 결혼이민자등에 대한 한국어 교육 업무를 수행한다. 18회

204 다문화가족이 이혼 등의 사유로 해체된 경우에도 그 구성원이었던 자녀에 대하여 이 법을 적용한다. 18회

기출키워드 30-1 가정폭력 및 성폭력 관련법_가정폭력 방지 및 피해자보호 등에 관한 법률

205 이 법에서의 "아동"이란 18세 미만인 자를 말한다. 18회
피해자란 가정폭력으로 인하여 직접적으로 피해를 입은 자를 말한다. 23회

206 단기보호시설은 피해자 등을 6개월의 범위에서 보호하는 시설이다. 17회, 23회

207 사회복지법인은 시장·군수·구청장의 인가를 받아 가정폭력피해자 보호시설을 설치·운영할 수 있다. 17회
사회복지법인과 그 밖의 비영리법인은 시장·군수·구청장의 인가를 받아 보호시설을 설치·운영할 수 있다. 23회

나왔던 선지가 **그대로 or 변형되어** 또 나온다!

208 › 가정폭력의 예방과 방지에 관한 교육 및 홍보는 가정폭력 관련 상담소의 업무에 해당한다. 17회

209 › 지방자치단체는 가정폭력 관련 상담소를 외국인, 장애인 등 대상별로 특화하여 운영할 수 있다. 18회

210 › 지방자치단체는 가정폭력 관련 상담원 교육훈련시설을 설치·운영할 수 있다. 18회

211 › 여성가족부장관 또는 시·도지사는 긴급전화센터를 설치·운영하여야 한다. 17회

› 시·도지사는 외국어 서비스를 제공하는 긴급전화센터를 따로 설치·운영할 수 있다. 18회

212 › 국가나 지방자치단체는 피해자나 피해자가 동반한 가정구성원이 아동인 경우 주소지 외의 지역에서 취학할 필요가 있을 때에는 그 취학이 원활히 이루어지도록 지원하여야 한다. 23회

기출키워드 30-2 가정폭력 및 성폭력 관련법_성폭력 방지 및 피해자보호 등에 관한 법률

213 › 보호시설에 대한 보호 비용의 지원 방법 및 절차 등에 필요한 사항은 여성가족부령으로 정한다. 19회

214 › 시장·군수·구청장은 민간의료시설을 피해자등의 치료를 위한 전담 의료기관으로 지정할 수 있다. 19회

215 › 국가 또는 지방자치단체는 이 법 제27조 제2항에 따른 치료 등 의료지원에 필요한 경비의 전부 또는 일부를 지원할 수 있다. 19회

216 › 보호시설의 장이나 종사자는 업무상 알게 된 비밀을 누설해서는 아니 된다. 19회

기출키워드 31-1 기타 사회복지서비스 관련법_사회복지공동모금회법

217 › 모금회는 사회복지사업을 지원하기 위하여 연중 기부금품을 모집할 수 있다. 22회

218 › 기부하는 자의 의사에 반하여 기부금품을 모집하여서는 아니 된다. 19회

219 ▸ 공동모금재원은 지역·단체·대상자 및 사업별로 복지 수요가 공정하게 충족되도록 배분하여야 한다. 19회

▸ 공동모금재원의 배분은 객관적인 기준에 따라 효율적으로 이루어지도록 하고, 그 결과를 공개하여야 한다. 19회

▸ 모금회는 매년 8월 31일까지 다음 회계연도의 공동모금재원 배분기준을 정하여 공고하여야 한다. 22회

220 ▸ 국가나 지방자치단체는 모금회에 기부금품 모집에 필요한 비용과 모금회의 관리·운영에 필요한 비용을 보조할 수 있다. 19회

▸ 국가나 지방자치단체는 모금회의 관리·운영에 필요한 비용을 보조할 수 있다. 20회

▸ 지방자치단체는 모금회에 기부금품 모집에 필요한 비용을 보조할 수 있다. 22회

221 ▸ 배분분과실행위원회는 20명 이상의 위원으로 구성된다. 22회

221 ▸ 배분분과실행위원회는 위원장 1명을 포함하여 20명 이내의 위원으로 구성한다. 20회

2026 최신간

기출 덕후 빵빵~

사회복지사 1급
기출만 파면 합격

영역별·회차별 기출문제집+핵기총 BOOK

회차별 기출문제집

시대에듀
기존을 뛰어넘다!

2025년도 제23회 사회복지사 1급
1교시 | 사회복지기초

문제형별	시간	시험영역
A	50분	• 인간행동과 사회환경 • 사회복지조사론

※ 본 책의 마지막 페이지에 수록된 OCR 답안카드를 활용하여 실제 시험처럼 제한시간 내에 마킹까지 완료하는 연습을 해보세요.

각 문제에서 요구하는 가장 적합한 답 1개만을 고르시오.

사회복지기초(인간행동과 사회환경)

1. 인간발달이론과 사회복지실천에 관한 설명으로 옳은 것은?

   ① 인간발달이론은 문제의 사정단계에서만 유용하다.
   ② 발달단계별 욕구를 기반으로 사회복지서비스를 개발할 수 있다.
   ③ 클라이언트를 둘러싼 환경의 영향력을 평가할 수 없다.
   ④ 사회환경보다 클라이언트의 생물학적 요소를 더 중시한다.
   ⑤ 다양한 클라이언트의 발달과업을 획일적으로 이해할 수 있다.

2. 인간발달의 개념과 원리에 관한 설명으로 옳은 것은?

   ① 발달에는 개인차가 존재하므로 최적의 시기가 따로 존재하지 않는다.
   ② 일정한 순서와 방향이 없어서 예측이 불가능하다.
   ③ 성숙(maturation)은 경험이나 훈련의 결과와 상관없이 진행된다.
   ④ 발달은 소근육 말초부위에서 대근육 중심부위로 진행된다.
   ⑤ 성장(growth)은 유전적으로 미리 정해진 정도까지 도달하는 생물학적 변화이다.

3. 인간행동에 관한 관점으로 옳지 않은 것은?

   ① 정신분석이론은 유년기의 경험을 강조한다.
   ② 생태체계이론은 환경속의 인간의 관점을 강조한다.
   ③ 인지이론은 인간의 사고가 감정과 행동을 결정한다고 본다.
   ④ 인본주의이론은 인간에 대한 무조건적인 존중을 강조한다.
   ⑤ 행동주의이론은 개인의 무의식을 강조한다.

4. 성격이론, 학자 및 주요 개념의 연결이 옳은 것은?

① 인본주의이론 – 융(C. Jung) – 동화
② 정신분석이론 – 매슬로우(A. Maslow) – 열등감
③ 인지발달이론 – 피아제(J. Piaget) – 결핍동기
④ 개인심리이론 – 아들러(A. Adler) – 생활양식
⑤ 분석심리이론 – 로저스(C. Rogers) – 아니마

5. 행동주의이론에 관한 설명으로 옳은 것을 모두 고른 것은?

ㄱ. 인간을 주관적인 존재로 규정하였다.
ㄴ. 인간행동은 인간이 지닌 자유의지의 결과이다.
ㄷ. 선행조건과 결과에 따라 행동이 형성된다는 입장을 가지고 있다.
ㄹ. 경험주의에 근간을 두고 구체적으로 관찰할 수 있는 행동에 초점을 둔다.

① ㄱ, ㄴ   ② ㄱ, ㄷ   ③ ㄴ, ㄷ
④ ㄷ, ㄹ   ⑤ ㄱ, ㄴ, ㄹ

6. 스키너(B. Skinner)의 이론에 관한 설명으로 옳지 않은 것은?

① 부적 강화는 바람직한 행동의 빈도를 감소시킨다.
② 가변비율(variable-ratio)계획이 강화계획 중에서 반응률이 가장 높다.
③ 인간행동은 내적 충동보다는 외적 자극에 반응하여 나타난다.
④ 고정간격(fixed-interval)계획은 정해진 시간 간격이 지난 후 강화를 주는 것이다.
⑤ 인간행동은 예측 가능하며 통제할 수 있다.

7. 아들러(A. Adler)의 이론에 관한 설명으로 옳지 않은 것은?

① 인간은 사회적 관심에 의해 동기화된다.
② 출생 순위는 성격 형성에 영향을 준다.
③ 우월에 대한 추구는 선천적으로 타고 나는 것이다.
④ 성격유형을 태도와 기능의 조합에 따라 구분했다.
⑤ 가상적 목표(fictional finalism)는 어려움에 부딪힐 때 효과적으로 대처하는 데 도움이 된다.

8. 프로이트(S. Freud)의 이론에 관한 설명으로 옳지 않은 것은?

　① 초자아(superego)의 특질은 자아이상(ego ideal)과 양심(conscience)으로 구성된다.
　② 프로이트(S. Freud)는 실수행위를 통해 무의식이 작용하는 증거를 파악하였다.
　③ 내면화(introjection)는 심리적 갈등이 근육계통의 증상으로 나타나는 방어기제이다.
　④ 자아(ego)는 2차적 사고과정과 현실원칙에 의해 지배된다.
　⑤ 남자아이는 남근기에 오이디푸스 콤플렉스(Oedipus complex)로 인한 거세불안을 경험한다.

9. 로저스(C. Rogers)의 이론에 관한 설명으로 옳지 않은 것은?

　① 인간의 내재된 잠재력을 강조한다.　　② 인간의 욕구발달단계를 제시한다.
　③ 인간의 자아실현 경향성을 강조한다.　④ 인간의 주관적 경험을 강조한다.
　⑤ 인간을 통합적 존재로 본다.

10. 피아제(J. Piaget)의 이론에서 '구체적 조작기'에 관한 설명으로 옳지 않은 것은?

　① 물활론적 사고를 한다.
　② 논리적 사고가 가능해진다.
　③ 보존개념을 획득한다.
　④ 순서대로 나열하는 것이 가능해진다.
　⑤ 자기중심성에서 벗어나 타인의 입장을 고려할 수 있게 된다.

11. 매슬로우(A. Maslow)의 이론에 관한 설명으로 옳은 것은?

　① 인간의 무의식을 강조하였다.
　② 인간의 본성은 본래 선하다고 주장하였다.
　③ 인간행동에 대한 환경결정론을 강조하였다.
　④ 자기완성의 필수요인으로 열등감 극복을 강조하였다.
　⑤ 모방학습의 중요성을 강조하였다.

12. 생태체계이론과 사회복지실천의 연관성으로 옳지 않은 것은?

① 문제에 대한 총체적 이해와 접근을 용이하게 해준다.
② 사회복지실천을 위한 사정도구로서 유용성을 가진다.
③ 환경의 체계 수준별 개입 근거를 제시한다.
④ 각 체계들로부터 다양한 정보획득이 용이하다.
⑤ 원인과 결과의 단선적 인과관계를 강조한다.

13. 사회체계이론에 관한 설명으로 옳은 것을 모두 고른 것은?

    ㄱ. 엔트로피(entropy)는 폐쇄체계에서 주로 나타난다.
    ㄴ. 항상성(homeostasis)은 체계의 혼란과 무질서를 증가시킨다.
    ㄷ. 체계(system)의 속성은 경계의 개방성과 침투성에 따라 결정된다.
    ㄹ. 균형(equilibrium)은 주로 외부와의 교류가 활발한 개방체계에서 나타난다.

① ㄱ, ㄴ   ② ㄱ, ㄷ   ③ ㄴ, ㄹ
④ ㄷ, ㄹ   ⑤ ㄴ, ㄷ, ㄹ

14. 콜버그(L. Kohlberg)의 이론에 관한 설명으로 옳은 것은?

① 전인습적 수준: 사회적인 인정에 관심을 가지고 착한 행동을 함으로써 타인의 인정을 받고자 한다.
② 인습적 수준: 개인의 양심에 비추어 옳고 그름을 판단한다.
③ 인습적 수준: 행동의 결과가 가져오는 보상이나 처벌에 의해 옳고 그름을 판단한다.
④ 후인습적 수준: 사회질서의 유지를 위해 법과 규칙은 준수되어야 하지만, 민주적인 절차를 통해 바뀔 수 있다고 생각한다.
⑤ 후인습적 수준: 규칙을 준수하고 사회질서를 유지하는 것이 도덕적 행동이라 생각한다.

15. 다음에 해당하는 사회환경 수준으로 옳은 것은?

    ○ 개인에게 영향을 주는 정부의 입법과 사회정책
    ○ 방송매체를 통하여 형성된 외모, 의복, 문화 등에 관한 유행

① 미시체계   ② 중간체계   ③ 거시체계
④ 외체계   ⑤ 시간체계

16. 브론펜브레너(U. Bronfenbrenner)의 중간체계(meso system)에 관한 설명으로 옳은 것은?

① 가족, 친구, 학교, 종교단체 등이 포함된다.
② 부모와 교사와의 관계, 형제관계 등을 말한다.
③ 신념, 태도, 전통을 통해 개인에게 영향을 준다.
④ 아동의 발달에 영향을 주는 학교위원회가 해당된다.
⑤ 개인이 어느 시대에 출생했는지에 관심을 둔다.

17. 브론펜브레너(U. Bronfenbrenner)의 미시체계(micro system)에 관한 설명으로 옳은 것을 모두 고른 것은?

> ㄱ. 인간이 가장 밀접하게 상호작용하는 사회환경을 말한다.
> ㄴ. 전 생애에 걸쳐 일어나는 개인의 변화와 사회역사적 환경을 포함한다.
> ㄷ. 개인이 직접 참여하지 않으나, 부모의 직장, 형제가 속한 학급 등이 포함된다.

① ㄱ
② ㄱ, ㄴ
③ ㄱ, ㄷ
④ ㄴ, ㄷ
⑤ ㄱ, ㄴ, ㄷ

18. 영아기(0-2세)의 특징으로 옳은 것은?

① 애착관계를 형성한다.
② 분류화 개념을 획득한다.
③ 서열화를 획득한다.
④ 오이디푸스 콤플렉스(Oedipus complex)를 경험한다.
⑤ 상징적 사고가 활발한 시기이다.

19. 유아기(3-6세)의 발달특성에 관한 설명으로 옳지 않은 것은?

① 성역할의 내면화가 이루어진다.
② 영아기(0-2세)보다 발달속도가 느려진다.
③ 에릭슨(E. Erikson)의 주도성 대 죄책감 단계에 해당된다.
④ 프로이트(S. Freud)의 남근기에 해당된다.
⑤ 피아제(J. Piaget)의 자율적 도덕성 단계에 도달한다.

20. 아동기(7-12세)의 발달에 관한 설명으로 옳지 않은 것은?
   ① 가역적 사고가 발달한다.
   ② 단체놀이를 통해 분업의 원리를 학습한다.
   ③ 운동기술이나 근육의 협응능력이 정교해진다.
   ④ 형식적 조작사고에서 구체적 조작사고로 전환된다.
   ⑤ 에릭슨(E. Erikson)은 근면성의 발달을 중요한 과업으로 보았다.

21. 청소년기(13-19세)의 발달에 관한 설명으로 옳은 것은?
   ① 조합기술(combination skill)이 획득된다.
   ② 가설연역적 사고에서 경험귀납적 사고로 전환된다.
   ③ 마샤(J. Marcia)는 자아정체감을 4가지 유형으로 구분했다.
   ④ 2차 성징은 직접적인 생식기능과 관련된 성적 성숙이다.
   ⑤ 상상적 청중(imaginary audience)과 개인적 우화(personal fable)를 통해 자아중심성에서 벗어날 수 있다.

22. 청년기(20-39세)의 발달에 관한 설명으로 옳은 것은?
   ① 자아통합이 완성되는 시기로 삶 전체에 대한 평가를 시도한다.
   ② 전환적 추론이 가능해진다.
   ③ 부모로부터의 독립에 대한 양가감정에서 해방된다.
   ④ 피아제(J. Piaget)는 구체적 조작사고가 발달한다고 보았다.
   ⑤ 에릭슨(E. Erikson)은 친밀감 대 고립의 심리사회적 위기가 발생한다고 보았다.

23. 중년기(40-64세)에 관한 설명으로 옳은 것은?
   ① 에릭슨(E. Erikson)의 정체성 대 침체 단계에 해당된다.
   ② 갱년기는 남성에게는 나타나지 않는다.
   ③ 여성은 에스트로겐 분비가 증가하고, 남성은 테스토스테론 분비가 감소한다.
   ④ 시각, 청각, 미각, 후각 등의 감각기능이 가장 좋은 시기이다.
   ⑤ 결정성(crystallized)지능은 계속 발달한다.

24. 노년기(65세 이상)에 관한 설명으로 옳지 않은 것은?

① 외향성이 증가한다.
② 노년기 사회적 역할과 관계망의 축소는 고독과 소외를 초래할 수도 있다.
③ 친근한 사물에 대한 애착이 증가한다.
④ 생에 대한 회상경향이 증가한다.
⑤ 에릭슨(E. Erikson)은 심리사회적 위기를 극복하면 지혜라는 능력을 얻게 된다고 보았다.

25. 생애주기별 특징에 관한 설명으로 옳은 것은?

① 영아기(0-2세) - 성역할 인식 확립
② 아동기(7-12세) - 대상영속성 형성
③ 청소년기(13-19세) - 자아정체감 확립
④ 중년기(40-64세) - 자아통합 완성
⑤ 노년기(65세 이상) - 친밀감 형성

사회복지기초(사회복지조사론)

26. 사회복지실천을 위한 조사연구의 필요성으로 옳지 않은 것은?

① 문제해결을 위한 사회복지 개입방법의 타당성을 검증할 수 있다.
② 사회복지 서비스를 위한 지식과 기술을 제공할 수 있다.
③ 문제의 원인을 설명함으로써 사회복지사의 직관에 의한 실천지식을 강화할 수 있다.
④ 프로그램의 지속 여부를 결정하는 객관적 근거를 제공할 수 있다.
⑤ 클라이언트의 욕구를 파악하여 문제해결의 방향을 제시할 수 있다.

27. 사회복지 조사연구에서 과학적 연구방법으로 옳은 것은?

① 기술(description)연구에서 문제발생의 원인을 설명하고자 하였다.
② 연구결과의 일반화를 위해 모집단의 속성이 반영된 충분한 표본을 조사하였다.
③ 가설 검증 결과가 연구자의 기대와 달라서 가설을 연구결과에 맞추어 수정하였다.
④ 연구자의 주관적 판단에 입각하여 연구결과를 해석하였다.
⑤ 조사를 통해 검증된 인과관계에 입각하여 문제의 발생을 단정적 결정론으로 예측하였다.

28. "여성가족부는 2022년 전국가정폭력실태조사 결과를 이전에 실시한 동일한 조사내용과 비교하여 보고하였다. 2025년 조사에서도 전국의 가구 중 일부를 선정하여 동일한 조사항목에서 어떠한 변화가 있는지를 보고할 것이다." 이에 관한 조사유형에 해당하는 것으로 모두 묶인 것은?

ㄱ. 종단조사	ㄴ. 표본조사	ㄷ. 패널조사	ㄹ. 경향조사

① ㄷ
② ㄱ, ㄴ
③ ㄴ, ㄷ
④ ㄱ, ㄴ, ㄹ
⑤ ㄱ, ㄴ, ㄷ, ㄹ

29. 사회복지조사 과정을 순서대로 나열한 것은?

> ㄱ. 표집방법을 수립하였다.
> ㄴ. 연구문제의 잠정적 결론으로 가설을 설정하였다.
> ㄷ. 연구가 필요한 주제를 선정하였다.
> ㄹ. 검증된 측정도구로 자료를 수집하였다.
> ㅁ. 자료를 분석하고 가설의 지지여부를 결정하였다.

① ㄱ → ㄴ → ㅁ → ㄷ → ㄹ
② ㄴ → ㄱ → ㄷ → ㄹ → ㅁ
③ ㄴ → ㄷ → ㄱ → ㅁ → ㄹ
④ ㄷ → ㄱ → ㄹ → ㅁ → ㄴ
⑤ ㄷ → ㄴ → ㄱ → ㄹ → ㅁ

30. 통계적 가설검증에 관한 설명으로 옳은 것은?

① 가설의 지지여부는 연구가설을 직접 검증하여 반증한다.
② 신뢰수준을 95%에서 99%로 높이면 제1종 오류의 가능성이 높아진다.
③ 연구가설은 두 변수 간의 관계가 오류에 의해 발생하였음을 가정한다.
④ 유의확률(p)이 설정한 유의수준(α)보다 낮으면 영가설을 기각한다.
⑤ 신뢰수준을 낮추면 제2종 오류의 가능성은 높아진다.

31. 다음 가설에 포함된 변수에 관한 설명으로 옳은 것은?

> 사회복지사가 느끼는 업무부담에 따른 소진정도는 동료와의 친밀도에 따라 달라질 것이다.

① 소진정도: 통제변수
② 업무부담: 매개변수
③ 소진정도: 독립변수
④ 업무부담: 종속변수
⑤ 동료와의 친밀도: 조절변수

32. 다음의 사례에서 확인하고 있는 타당도로 옳은 것은?

> A사회복지사는 종합사회복지관 이용만족에 관한 측정도구의 타당도를 확인하고자 한다. 이를 위해 전문가들을 대상으로 프로그램, 사회복지사의 전문성 등의 요소가 측정문항에 충분히 포함되어 있는지에 대한 의견을 확인하였다.

① 내용타당도
② 판별타당도
③ 예측타당도
④ 동시타당도
⑤ 수렴타당도

33. ○○고등학교에서는 전교생을 대상으로 취약 청소년 집단(A, B, C)에 대한 사회적 거리감을 조사하고자 한다. 아래에서 제시되는 척도로 옳은 것은?

문항	A집단 청소년	B집단 청소년	C집단 청소년
※ 각 대상에 관한 귀하의 생각에 해당 되는 칸에 "○"표 하십시오.			
1. 친밀한 동아리 구성원으로 받아들임			
2. 같은 학교의 구성원으로 받아들임			
3. 일시적인 방문객으로 받아들임			

① 리커트척도(Likert scale)
② 어의적 분화척도(semantic differential scale)
③ 보가더스척도(Bogardus scale)
④ 소시오매트릭스(sociomatrix)
⑤ 서스톤척도(Thurstone scale)

34. 측정도구의 타당도와 신뢰도에 관한 설명으로 옳지 않은 것은?

① 신뢰도는 측정값의 일관성 정도를 의미한다.
② 타당도는 측정하고자 하는 바를 반영하는 정도를 의미한다.
③ 측정항목의 수가 적어지면 신뢰도가 낮아지는 경향이 있다.
④ 신뢰도는 타당도의 필요충분조건이 된다.
⑤ 타당도가 높으면 신뢰도는 높은 경우가 많다.

35. 측정의 개념적 정의와 조작적 정의에 관한 설명으로 옳은 것은?

① 조작적 정의는 개념적 정의에 비해 주관적 해석의 수준이 낮다.
② 조작적 정의는 양적조사에 비해 질적조사에서 더욱 중요하다.
③ 측정하고자 하는 개념의 의미는 조작적 정의를 통해 확장된다.
④ '조작적 정의 → 개념적 정의 → 측정'의 순서로 이루어진다.
⑤ 개념적 정의를 통해 변수를 직접 측정할 수 있다.

36. 표본 연구에 관한 설명으로 옳지 않은 것은?

① 표본 연구는 전수 연구에 비해 시간과 비용 측면에서 효율적이다.
② 모집단이 큰 경우에는 표본 연구가 적합하다.
③ 표본 연구는 전수 연구에 비해 비표본오차가 크다.
④ 전수 연구에서 모수와 통계치의 구분은 필요하지 않다.
⑤ 확률표집은 비확률표집에 비해 정확한 표집틀이 필요하다.

37. 다음의 변수 중 산술평균의 산출이 적합한 변수를 모두 고른 것은?

> ㄱ. 만원 단위로 측정한 청소년의 월평균 용돈
> ㄴ. 상·중·하 등급으로 평가한 국어 교과목의 성적
> ㄷ. 연 단위로 측정한 청소년의 총 재학 기간
> ㄹ. 가출 횟수로 측정한 청소년의 가출 경험

① ㄴ ② ㄱ, ㄷ ③ ㄴ, ㄹ
④ ㄱ, ㄷ, ㄹ ⑤ ㄱ, ㄴ, ㄷ, ㄹ

38. 다음의 연구에서 활용한 표집방법에 관한 설명으로 옳은 것은?

> 노인복지관 만족도 조사를 위해 지역 내 전체 노인복지관별 등록자명단에서 등록인원 수에 비례해서 난수표를 활용하여 표본을 선정하였다.

① 최종적인 표본 선정은 비확률표집 방법을 활용하여 이루어진다.
② 군집표집에 의한 조사에 비해 표집오차를 줄일 수 있다.
③ 표집단계에서의 편향성을 해결하기 위해 분석단계에서 가중치를 활용한다.
④ 표집틀의 부재로 상위군집에서 하위군집으로 이동하여 최종 표본을 추출한다.
⑤ 표본의 집단별 분포를 미리 정하고 할당된 수만큼의 표본을 임의로 선정한다.

39. 표본의 크기에 관한 설명으로 옳은 것은?

① 추정치가 모수에 근접할 확률은 표본의 크기에 반비례한다.
② 모집단 내 편차가 클수록 표본의 크기를 늘려야 한다.
③ 조사비용과 시간의 한계는 표본의 크기와 관련이 없다.
④ 표본의 크기와 표본오차는 비례한다.
⑤ 통계분석방법은 표본의 크기와 관련이 없다.

40. 다음에서 활용된 조사설계로 옳은 것은?

> 부모를 대상으로 한 아동학대 예방 프로그램의 효과성을 평가하기 위해 연구 참여자의 아동양육 태도 등을 여러 차례 측정하였다. 프로그램 개입 이후에도 여러 차례 측정하여 프로그램 개입 전후 비교를 실시하였다.

① 비동일비교집단 설계(nonequivalent comparison group design)
② 분리표본 사전사후검사 설계(separate-sample pretest-posttest design)
③ 솔로몬 4집단 설계(Solomon four-group design)
④ 단순시계열 설계(simple time-series design)
⑤ 단일집단 사전사후검사 설계(one-group pretest-posttest design)

41. 온라인 설문에 관한 설명으로 옳은 것은?

① 표적집단 확인이 대면면접에 비해 제한적이다.
② 인터넷 접근에 상관없이 표집을 광범위하게 할 수 있다.
③ 대면설문보다 비용은 저렴하지만 시간이 더 많이 소요된다.
④ 복잡하거나 문항수가 많은 경우에 적합하다.
⑤ 동일인의 중복응답에 대한 통제가 용이하다.

42. 실험설계에서의 내적타당도 저해요인으로 옳지 않은 것은?

① 실험집단과 통제집단의 참여자 간 프로그램 내용에 대해 소통하면서 상호작용이 이루어졌다.
② 프로그램 진행과정에서 일부 대상자가 참여를 중단하였다.
③ 사전검사 결과 학교 부적응 학생들이 실험집단에 과도하게 모인 것이 확인되었다.
④ 사전검사와 사후검사 척도가 동일하기 때문에 참여자의 학습효과가 발생하였다.
⑤ 일부 참여자들이 프로그램에 참여하고 있다는 것을 의식해서 평소와는 다르게 행동하였다.

43. 솔로몬 4집단 설계에 관한 설명으로 옳지 않은 것은?

① 사회복지 현장에서 실제 활용하기에 용이하다.
② 외부사건을 통제할 수 있다.
③ 내적타당도가 매우 높은 설계 유형이다.
④ 통제집단 사전사후검사 설계와 통제집단 사후검사 설계를 병행하는 방식이다.
⑤ 순수실험설계 유형이다.

44. 다음의 조사설계에 관한 설명으로 옳은 것은?

> A기관에서는 사회복지프로그램의 효과성을 측정하기 위한 조사설계를 진행하였다. 이를 위해 참여자를 실험집단과 통제집단에 무작위로 배정하여 종속변수의 변화를 측정하였다.

① 인과적 추론 정도가 무작위 배정을 하지 않은 실험설계보다 낮다.
② 외생변수 통제, 독립변수 조작, 종속변수의 비교 등에 한계가 있을 때 주로 활용한다.
③ 개입 전에 두 집단의 동질성을 가정할 수 없다.
④ 정태적 집단비교 설계(static-group comparison design)에 해당된다.
⑤ 전실험설계(pre-experimental design)보다 내적타당도가 높다.

45. 델파이기법에 관한 설명으로 옳지 않은 것은?
① 참여자의 다양한 아이디어를 수집할 수 있다.
② 기명으로 진행되기 때문에 참여자들의 책임성을 높일 수 있다.
③ 결과 도출을 위해 반복해서 진행할 수 있다.
④ 비대면을 원칙으로 한다.
⑤ 전문가들의 합의점을 찾는 데 목표를 둔다.

46. 양적 연구 방법에 관한 설명으로 옳지 않은 것은?
① 논리실증주의에 기반한다.
② 주관적이며 직관적인 관점에서 접근한다.
③ 구조화된 조사표에 대한 활용 빈도가 높다.
④ 변인에 대한 통제와 측정이 가능하다.
⑤ 질적연구보다 일반화의 가능성이 높다.

47. 사회복지실천현장에서 단일사례설계에 관한 설명으로 옳은 것을 모두 고른 것은?

> ㄱ. AB설계는 기초선 단계(A)와 개입 단계(B)로 구성된다.
> ㄴ. 복수기초선 설계는 AB설계를 다양한 대상이나 상황 등에 적용하여 동일한 효과를 보이는지를 확인하는 설계방법이다.
> ㄷ. 사례가 집단일 경우 개별 구성원의 정보들은 평균이나 전체 빈도 등으로 요약되어 단일사례로 취급될 수 있다.
> ㄹ. 외적타당도가 높아 일반화의 가능성이 높다.

① ㄱ
② ㄴ, ㄷ
③ ㄴ, ㄹ
④ ㄱ, ㄴ, ㄷ
⑤ ㄱ, ㄴ, ㄷ, ㄹ

48. 자료수집방법에 관한 설명으로 옳은 것은?

① 관찰법은 참여자가 면접에 비협조적인 경우에도 활용가능하다.
② 우편조사법은 대면면접법에 비해 조사자의 편견을 배제하기 힘들다.
③ 전화면접법은 대면면접법에 비해 익명성 보장이 어렵다.
④ 대면면접법은 복잡한 질문의 사용을 배제해야 한다.
⑤ 대면면접법 중 반구조화된 면접은 질문의 순서, 질문 문항 등을 명확하게 제시해야 한다.

49. 다음의 사회복지 연구 방법에서 성격이 다른 것은?

① 근거이론(grounded theory)연구
② 참여행동(participatory action)연구
③ 서베이(survey)연구
④ 민속학적(ethnographic)연구
⑤ 현상학적(phenomenological)연구

50. 내용분석과 내러티브 탐구에 관한 비교로 옳지 않은 것은?

① 내용분석은 2차적 자료를 분석하고, 내러티브 탐구는 1차적 자료를 분석한다.
② 모두 비관여적 혹은 비반응성 연구이다.
③ 내용분석에 비해 내러티브 탐구는 과정중심적으로 접근할 수 있다.
④ 내용분석은 내러티브 탐구에 비해 보다 많은 사례를 분석할 수 있다.
⑤ 모두 자료를 해석하고 구조화하는 데 연구자의 객관성 유지가 필요하다.

2025년도 제23회 사회복지사 1급
2교시 | 사회복지실천

문제형별	시간	시험영역
A	75분	• 사회복지실천론 • 사회복지실천기술론 • 지역사회복지론

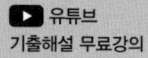

※ 본 책의 마지막 페이지에 수록된 OCR 답안카드를 활용하여 실제 시험처럼 제한시간 내에 마킹까지 완료하는 연습을 해보세요.

각 문제에서 요구하는 가장 적합한 답 1개만을 고르시오.

사회복지실천(사회복지실천론)

1. 임파워먼트모델에서 클라이언트와 사회복지사에 관한 설명으로 옳지 않은 것은?

① 클라이언트가 원하는 변화를 위해 양자 간 협력적 관계를 형성한다.
② 클라이언트를 서비스에 대한 권리를 가진 소비자로 본다.
③ 클라이언트를 경험과 역량을 가진 원조과정의 파트너로 본다.
④ 클라이언트의 참여를 중시하고 자기결정권을 강조한다.
⑤ 사회복지사는 치료자이고, 클라이언트는 서비스의 수동적 수혜자로 여긴다.

2. 사례관리과정에서 사정영역에 관한 내용으로 옳은 것을 모두 고른 것은?

ㄱ. 욕구에 대한 클라이언트의 능력
ㄴ. 클라이언트의 욕구 및 문제
ㄷ. 클라이언트 지원체계의 능력
ㄹ. 지원체계 활용의 장애

① ㄱ, ㄴ, ㄷ
② ㄱ, ㄴ, ㄹ
③ ㄱ, ㄷ, ㄹ
④ ㄴ, ㄷ, ㄹ
⑤ ㄱ, ㄴ, ㄷ, ㄹ

3. 핀커스와 미나한(A. Pincus & A. Minahan)이 제시한 사회복지실천의 목적을 설명한 것으로 옳지 않은 것은?

① 개인의 문제해결과 대처능력을 향상한다.
② 개인을 사회자원, 서비스, 기회를 제공해주는 환경체계와 연결한다.
③ 다양한 사회복지기관이나 조직의 효과적이고 효율적인 운영을 촉진한다.
④ 개인과 환경 간 불균형 발생 시 문제를 극대화하도록 돕는다.
⑤ 사회정책의 개발과 향상에 기여한다.

4. 임파워먼트모델의 각 단계와 실천과업을 연결한 것으로 옳은 것을 모두 고른 것은?

ㄱ. 대화(dialogue)단계 - 성공의 확인
ㄴ. 발견(discovery)단계 - 자원역량 사정
ㄷ. 발달(development)단계 - 파트너십 형성
ㄹ. 발달(development)단계 - 강점의 확인

① ㄴ
② ㄹ
③ ㄴ, ㄷ
④ ㄱ, ㄷ, ㄹ
⑤ ㄴ, ㄷ, ㄹ

5. 사회복지실천의 역사적 발달과정을 발생한 순서대로 옳게 나열한 것은?

ㄱ. 기능주의 학파와 진단주의 학파의 갈등
ㄴ. 밀포드(Milford) 회의에서 개별사회사업 방법론을 기본으로 하는 사회복지실천의 공통요소 제시
ㄷ. 사회복지실천에 관한 이론과 방법을 최초로 체계화한 「사회진단」 출간
ㄹ. 사회복지실천 방법으로 통합적방법론 등장

① ㄱ-ㄴ-ㄷ-ㄹ
② ㄴ-ㄱ-ㄹ-ㄷ
③ ㄴ-ㄷ-ㄹ-ㄱ
④ ㄷ-ㄱ-ㄴ-ㄹ
⑤ ㄷ-ㄴ-ㄱ-ㄹ

6. 개인의 적응 욕구와 환경 또는 사회적 요구 사이의 조화와 균형의 정도를 의미하는 생태체계관점의 개념은?

① 경계
② 엔트로피
③ 상호교류
④ 적합성
⑤ 대처

7. 사회복지실천현장의 예와 분류의 연결로 옳은 것은?

   ① 지역아동센터 – 1차 현장, 이용시설
   ② 행정복지센터 – 1차 현장, 생활시설
   ③ 노인요양공동생활가정 – 1차 현장, 이용시설
   ④ 아동보호전문기관 – 2차 현장, 생활시설
   ⑤ 지역자활센터 – 2차 현장, 이용시설

8. 인도주의와 박애사상이 사회복지실천에 미친 영향으로 옳은 것을 모두 고른 것은?

   ┌───┐
   │ ㄱ. 빈민에 대한 인도주의적 서비스 제공   │
   │ ㄴ. 수혜자격의 축소   │
   │ ㄷ. 타인을 위하여 봉사하는 정신으로 실천   │
   └───┘

   ① ㄱ   ② ㄴ   ③ ㄱ, ㄷ
   ④ ㄴ, ㄷ   ⑤ ㄱ, ㄴ, ㄷ

9. 관찰기술에 관한 내용으로 옳지 않은 것은?

   ① 클라이언트의 행동과 외모, 몸짓, 태도 등에 주의를 기울이는 기술
   ② 클라이언트가 자신에 대해 미처 알지 못한 것을 깨달을 수 있도록 설명해 주는 기술
   ③ 클라이언트의 언어적, 비언어적 메시지의 차이를 파악할 수 있는 기술
   ④ 사회복지사의 편견에 의해 판단하지 않도록 주의를 기울여야 하는 기술
   ⑤ 클라이언트의 침묵이 언제, 어떤 이야기 도중 발생하였는지를 파악하는 기술

10. 클라이언트와의 관계형성을 위해 사회복지사가 자신의 생각이나 경험을 공유하는 면담기술은?

    ① 직면   ② 경청   ③ 자기노출
    ④ 해석   ⑤ 질문

11. 비스텍(F. Biestek)의 관계원칙에 관한 내용으로 옳은 것을 모두 고른 것은?

> ㄱ. 수용: 클라이언트를 있는 그대로 인정해야 한다.
> ㄴ. 비심판적 태도: 클라이언트를 비난하지 않아야 한다.
> ㄷ. 통제된 정서적 관여: 클라이언트가 자신의 감정을 자유롭게 표현하도록 해야 한다.
> ㄹ. 개별화: 클라이언트의 감정에 민감성과 이해로서 반응해야 한다.

① ㄹ ② ㄱ, ㄴ ③ ㄴ, ㄷ
④ ㄱ, ㄷ, ㄹ ⑤ ㄱ, ㄴ, ㄷ, ㄹ

12. 한국 사회복지사 윤리강령에서 '클라이언트에 대한 윤리기준'에 해당하지 않는 것은?
① 서비스의 종결
② 클라이언트의 자기 결정권 존중
③ 클라이언트의 권익옹호
④ 인간 존엄성 존중
⑤ 기록·정보 관리

13. 사회복지사의 역할에 관한 설명으로 옳은 것은?
① 협상가(negotiator): 갈등상황에 있는 사람들 간의 합의를 이끌어 내기 위해 어느 한쪽과 동맹을 맺고 타협하는 역할
② 중개자(broker): 불이익을 받는 집단을 위해 특정 제도를 변화, 개선하는 역할
③ 중재자(mediator): 흩어져 있는 서비스들을 조직적인 형태로 정리하는 역할
④ 조력자(enabler): 관심을 끌어오지 못한 문제에 대중이 관심을 갖도록 집중시키는 역할
⑤ 교육자(educator): 권리침해나 불평등 이슈에 관심을 갖고 연대를 통해 변화를 이끄는 역할

14. 인권에 관한 설명으로 옳지 않은 것은?
① 평등권은 국가의 적극적 책임과 의무를 강조하는 것으로 사회보장의 권리를 의미한다.
② 자유권은 국가의 통치와 간섭으로부터 자유를 보장하기 위한 권리이다.
③ 평화권은 국가들 간의 연대와 단결의 권리이다.
④ 자유권은 국가가 반드시 보호해 주어야 하는 권리이다.
⑤ 평등권은 구속 및 인신매매로부터의 보호를 의미한다.

15. 통합적 접근방법의 등장배경에 관한 설명으로 옳은 것을 모두 고른 것은?

> ㄱ. 전통적 방법이 지나치게 분화되어 서비스의 파편화를 초래하였다.
> ㄴ. 전통적 방법이 공통기반을 전제하지 않아 정체성 확립에 어려움이 발생하였다.
> ㄷ. 전통적 방법이 복잡한 문제에 포괄적으로 개입하여 전문성이 부족하였다.
> ㄹ. 전통적 방법이 전문화 중심으로 교육되어 사회복지사의 분야별 이동을 어렵게 하였다.

① ㄱ, ㄴ, ㄷ ② ㄱ, ㄴ, ㄹ ③ ㄱ, ㄷ, ㄹ
④ ㄴ, ㄷ, ㄹ ⑤ ㄱ, ㄴ, ㄷ, ㄹ

16. 다음 사례에서 콤튼과 갤러웨이(B. Compton & B. Galaway)의 사회복지실천대상과 체계의 연결로 옳은 것은?

> 학교사회복지사 A는 학교 징계위원회로부터 상담명령을 받은 학교폭력 가해자인 학생 B를 만났다. B는 비밀보장을 요청하며 상담을 해달라고 하였다. 그러나 담임교사와 학교는 학생과의 면담을 모두 보고하도록 요구하였다. 결국 A는 이 문제를 학교사회복지사협회와 의논하여 학교에 사회복지사의 비밀보장 의무에 대한 공문을 요청하였다. A는 가해자로 지목된 다른 학생 C, D와 B를 대상으로 집단 프로그램을 운영하였다.

① 학교 징계위원회 - 응답체계
② 학교사회복지사협회 - 전문가체계
③ 학교사회복지사 A - 행동체계
④ 담임교사 - 표적체계
⑤ 가해자 학생 C, D - 변화매개 체계

17. 다음에서 설명하는 전문적 관계의 기본 요소는?

> ○ 사회복지사가 클라이언트의 입장에서 이해하는 것
> ○ 반영 등의 기법을 사용하여 이해하고 있다는 것을 표현하는 것

① 공감 ② 진실성 ③ 문화적 민감성
④ 자기를 관찰하는 능력 ⑤ 헌신

18. 다음에서 설명하는 의사소통기술은?

   ○ 클라이언트 혼자만이 겪는 문제가 아니라는 것을 인식하게 하는 기법
   ○ 클라이언트의 생각과 느낌이 다른 사람과 비슷하다고 말해줌으로써 클라이언트의 소외감을 감소시켜 주는 기술

   ① 재명명
   ② 초점화
   ③ 직면
   ④ 일반화
   ⑤ 조언

19. 사회복지실천과정의 간접 개입기법 중 환경조정이 필요한 상황에 해당하지 않는 것은?

   ① 아동이 가정에서 성적 학대를 받을 때
   ② 화재로 장애 청소년의 부모가 사망했을 때
   ③ 직장에서 성폭력 예방을 위한 교육프로그램을 제공할 때
   ④ 자연재해로 집을 잃었을 때
   ⑤ 고령의 노인이 가정에서 학대를 받을 때

20. 사례관리 과정과 수행업무의 연결로 옳은 것은?

   ① 인테이크 – 상담, 교육, 자원 제공
   ② 사정 – 사례관리 대상자의 적격성 판정
   ③ 서비스 계획 – 클라이언트의 욕구와 자원에 관한 정보수집
   ④ 점검 – 서비스가 계획대로 제공되고 있는지 확인
   ⑤ 평가 – 서비스가 필요한 클라이언트의 욕구 확인

21. 접수단계에서 수행할 수 있는 과업이 아닌 것은?

   ① 의뢰
   ② 관계형성
   ③ 서비스 동의
   ④ 목표설정
   ⑤ 문제 확인

22. 사정의 특성으로 옳지 않은 것은?

① 클라이언트의 생활 속에서 욕구를 발견하고 문제를 정의한다.
② 클라이언트와 사회복지사 양자가 참여하는 상호과정이다.
③ 환경 속의 클라이언트를 이해하고 계획의 근거를 마련하는 이중초점을 지닌다.
④ 클라이언트의 독특한 상황과 관련하여 개별화되어야 한다.
⑤ 클라이언트에 대한 서비스 제공 여부를 판단한다.

23. 사례관리의 등장배경으로 옳지 않은 것은?

① 복합적인 서비스를 필요로 하는 대상자가 증가하였다.
② 복지국가 재정위기로 정책방향을 저비용·고효율로 전환하였다.
③ 시설중심의 통합적 서비스 제공에 대한 요구가 증가하였다.
④ 지역사회에서 서비스 조정이 필요하게 되었다.
⑤ 서비스 공급주체가 중앙정부에서 지방정부로 변화하였다.

24. 사례관리자가 수행하는 직접실천기술은?

① 클라이언트를 서비스나 자원에 연결한다.
② 클라이언트의 권리를 보호하고 클라이언트에게 서비스에 대한 자격이 주어지도록 옹호한다.
③ 클라이언트에게 제공되는 서비스와 자원의 전달상황을 점검한다.
④ 다양한 전문가들의 협력과 조정을 수행한다.
⑤ 클라이언트와 가족 간의 문제해결을 위해 가족상담을 진행한다.

25. 생태도를 통하여 파악할 수 없는 것은?

① 클라이언트 가족의 세대 간 반복되는 정서적 유형
② 클라이언트에게 스트레스가 되는 체계
③ 클라이언트와 환경 간 자원교환의 정도
④ 클라이언트가 이용하는 서비스 기관
⑤ 클라이언트에게 유용한 자원이나 환경

사회복지실천(사회복지실천기술론)

26. 실천지혜(practice wisdom)에 관한 설명으로 옳지 않은 것은?

① 암묵적 지식과 같은 의미이다.
② 사회복지사의 직관에 영향을 받는다.
③ 실천 활동을 조작화하고 구조화한 것이다.
④ 개인의 가치체계와 경험으로부터 만들어진다.
⑤ 현장에서 유용하나 공인된 지식은 아니다.

27. 정신역동모델의 개입기술에 관한 설명으로 옳은 것은?

① 전이는 현재의 인물에게 느끼는 사랑이나 증오의 감정을 과거의 인물에게 전치하는 것을 말한다.
② 훈습은 경험적 확신을 갖도록 전이와 저항에 대한 분석과 해석을 반복적으로 진행하는 것이다.
③ 직면은 클라이언트의 말과 행동 사이의 불일치나 모순이 있을 때에 우회적 방법으로 알리는 것이다.
④ 해석은 클라이언트의 공감능력을 키우는 효과가 있다.
⑤ 자유연상은 클라이언트가 수치스럽게 생각하거나 도움이 안 되는 내용을 선택할 수 있다.

28. 다음 사례에서 활용한 심리사회모델의 개입기법은?

> 가까워지기 어려운 사람들과 친밀감을 높이기 위해 당신이 자주 사용하는 행동 패턴이 있다고 생각하십니까?

① 직접적 영향 주기   ② 탐색-기술(묘사)-환기   ③ 지지하기
④ 유형-역동성 고찰   ⑤ 발달적 고찰

29. 다음 사례에 해당하는 인지적 오류는?

> 입사시험 면접을 잘 마쳤음에도 불구하고 K씨는 부모님께 시험에 떨어질 것이라고 말씀드렸다.

① 이분법적 사고   ② 개인화   ③ 과잉 일반화
④ 재앙화   ⑤ 임의적 추론

30. 클라이언트중심모델의 주요 개념으로 옳지 않은 것은?
① 실현화 경향　　② 자아실현 욕구　　③ 인지적 개입
④ 조건부 가치　　⑤ 긍정적 관심

31. 과제중심모델에 관한 설명으로 옳은 것은?
① 개인의 신념체계의 변화를 강조한다.
② 특정 이론보다는 경험적 자료를 통해 개입의 기초를 마련한다.
③ 인간의 신념이나 생각은 정서와 행동에 영향을 미친다고 가정한다.
④ 클라이언트가 무력한 상태에서 힘을 가진 상태로 이동하는 것을 목표로 한다.
⑤ 변화는 항상 일어나며 불가피한 것으로 본다.

32. 해결중심모델의 주요 원리로 옳지 않은 것은?
① 건강한 것에 초점을 둔다.　　② 개입의 목적을 증상 감소에 둔다.
③ 현재에 초점을 맞추며 미래지향적이다.　　④ 클라이언트와의 협력관계를 중요시한다.
⑤ 탈이론적이며 비규범적이다.

33. 밀러와 롤닉(W. Miller & S. Rollnick)의 동기강화모델의 원리로 옳지 않은 것은?
① 불일치감 인식하기　　② 자기효능감 지지하기　　③ 저항과 함께하기
④ 내적 의사소통 명료화하기　　⑤ 공감 표현하기

34. 임파워먼트모델의 실천기법으로 옳은 것을 모두 고른 것은?

| ㄱ. 강점 사정하기 | ㄴ. 자원 확보하기 |
| ㄷ. 촉진적 개입하기 | ㄹ. 합류하기 |

① ㄱ, ㄴ　　② ㄴ, ㄷ　　③ ㄱ, ㄴ, ㄷ
④ ㄱ, ㄷ, ㄹ　　⑤ ㄱ, ㄴ, ㄷ, ㄹ

35. 골란(N. Golan)의 위기발달 단계로 옳은 것은?

① 위험사건 – 촉발요인 – 취약단계 – 위기단계 – 재통합
② 취약단계 – 위험사건 – 촉발요인 – 위기단계 – 재통합
③ 취약단계 – 위험사건 – 위기단계 – 촉발요인 – 재통합
④ 위험사건 – 취약단계 – 위기단계 – 촉발요인 – 재통합
⑤ 위험사건 – 취약단계 – 촉발요인 – 위기단계 – 재통합

36. 실천과정에서 "환류하기"에 관한 설명으로 옳은 것은?

① 개입단계에서 그간의 문제해결 과정을 점검하는 활동이다.
② 사회복지사와 클라이언트 간 합의된 목표의 달성도를 측정하는 것이다.
③ 클라이언트의 문제해결에 필요한 자원을 적극적으로 끌어들이기 위한 전략이다.
④ 욕구를 재확인하여 서비스 계획이나 개입전략을 수정하는 과정이다.
⑤ 클라이언트의 주변체계에 문제의 심각성을 알리고 적극적으로 옹호하는 활동이다.

37. 가족치료모델의 개입 목표에 관한 설명으로 옳지 않은 것은?

① 해결중심 가족치료: 가족이 문제 중심에서 벗어나 해결방안을 모색하고 실행하도록 돕는다.
② 다세대 가족치료: 가족구성원의 불안 감소 및 미분화된 원가족과의 관계에서 자아분화를 증진시킨다.
③ 구조적 가족치료: 역기능적 가족구조를 재구조화한다.
④ 경험적 가족치료: 자아존중감 향상과 의사소통 방식의 변화를 통해 대처능력을 향상시킨다.
⑤ 전략적 가족치료: 다양한 전략을 활용하여 제시된 문제의 원인을 찾도록 돕는다.

38. 미누친(S. Minuchin)의 구조적 가족치료의 대표적 기법을 옳게 나열한 것은?

① 합류하기, 균형 깨뜨리기, 실연
② 합류하기, 경계 만들기, 가족그림
③ 경계 만들기, 탈삼각화, 과제부여
④ 과제부여, 균형 깨뜨리기, 역설적 지시
⑤ 균형 깨뜨리기, 경계 만들기, 순환적 질문

39. 다음 사례에 해당하는 가족개입 기법은?

끊임없는 잔소리로 말다툼이 잦아 갈등을 겪고 있는 부부에게 매일 1회 시간을 정해서 30분 동안 부부싸움을 하도록 하였다.

① 실연
② 재구성
③ 역설적 지시
④ 순환적 질문하기
⑤ 긍정적 의미부여

40. 보웬(M. Bowen)의 다세대 가족치료의 주요 개념과 기법에 관한 설명으로 옳은 것을 모두 고른 것은?

ㄱ. 자아분화 수준이 더 낮은 성원이 가족투사의 대상이 된다.
ㄴ. 가계도를 작성하고 해석하면서 가족의 정서적 과정을 이해한다.
ㄷ. 성공적인 치료를 위해 사회복지사는 치료적 삼각관계를 형성하여 개입한다.
ㄹ. 자아분화 수준이 낮을수록 가족원의 자율성이 증가하여 독립적으로 행동한다.

① ㄱ, ㄴ
② ㄴ, ㄷ
③ ㄱ, ㄴ, ㄷ
④ ㄱ, ㄷ, ㄹ
⑤ ㄱ, ㄴ, ㄷ, ㄹ

41. 경험적 가족치료에 관한 설명으로 옳지 않은 것은?

① 자아존중감을 높이는 것이 중요한 치료목표이다.
② 역기능적 의사소통 유형을 일치형으로 바꾸도록 돕는다.
③ 가족규칙을 합리적으로 바꾸고, 자기 인생에 대한 선택권을 스스로 갖도록 한다.
④ 역기능적인 상호작용의 개선이나 증상 제거보다 개인의 성장에 더 초점을 둔다.
⑤ 가족의 상호작용 유형을 확인하고 문제를 외현화한다.

42. 체계론적 관점에서 가족에 관한 설명으로 옳은 것은?

① 가족의 항상성은 어떤 행동이 허용되는가를 결정하는 가족규칙을 통해 공고해진다.
② 일탈행동이나 갈등상황에 대해 부적 환류를 적용하면 최초의 일탈이나 갈등을 증폭시키는 작용을 한다.
③ 가족은 상위체계와는 독립적으로 존재하며 그 안에 다양한 하위체계를 포함한다.
④ 경직된 경계를 가진 가족은 독립성과 자율성이 결여되어 있다.
⑤ 부모-자녀하위체계는 가족을 이끄는 책임을 지는 하위체계로 권위를 갖는 것이 중요하다.

43. 가족의 구조와 기능에 관한 설명으로 옳은 것을 모두 고른 것은?

> ㄱ. 기능적인 가족은 가족규칙을 융통성 있게 적용한다.
> ㄴ. 부모와 자녀 간의 밀착된 관계는 하위체계 간 균형을 유지하게 한다.
> ㄷ. 밀착된 가족은 경계의 투과성이 높아 체계 간 구분이 어렵다.
> ㄹ. 기능적 가족은 가족성원에게 고정된 역할을 부여하여 혼란을 감소시킨다.

① ㄱ, ㄴ ② ㄱ, ㄷ ③ ㄴ, ㄷ
④ ㄴ, ㄷ, ㄹ ⑤ ㄱ, ㄴ, ㄷ, ㄹ

44. 집단문화에 관한 설명으로 옳지 않은 것은?

① 집단 고유의 스타일이나 독특성을 만들어낸다.
② 집단응집력은 집단문화 형성에 영향을 미치는 요인이다.
③ 성원들의 가치가 혼합되면서 타 집단과 구분되는 특성이 만들어진다.
④ 다양한 성원들이 참여하는 개방형 집단에서 빠르게 형성된다.
⑤ 고정관념이나 편견이 많은 성원들은 집단문화 형성에 방해가 된다.

45. 자조집단이 갖는 특징으로 옳은 것을 모두 고른 것은?

> ㄱ. 동병상련의 경험에 기반을 둔다.
> ㄴ. 집단사회복지사의 주요 역할은 변화매개인이다.
> ㄷ. 집단 내 원활한 의사소통과 상호작용을 위해 공동지도자를 둔다.
> ㄹ. 노아방주의 원칙(Noah's ark principle)에 따라 성원을 모집한다.

① ㄱ ② ㄴ, ㄷ ③ ㄴ, ㄹ
④ ㄴ, ㄷ, ㄹ ⑤ ㄱ, ㄴ, ㄷ, ㄹ

46. 집단대상 실천의 치료적 효과에 해당하는 것을 모두 고른 것은?

> ㄱ. 정보 습득 ㄴ. 보편성 ㄷ. 이타심 ㄹ. 정화

① ㄱ ② ㄴ, ㄷ ③ ㄴ, ㄹ
④ ㄴ, ㄷ, ㄹ ⑤ ㄱ, ㄴ, ㄷ, ㄹ

47. 집단 사정도구의 활용 목적으로 옳은 것은?

① 소시오메트리: 개별 성원의 행동패턴 분석
② 소시오그램: 성원 간 상호작용 빈도 측정
③ 사회적 관계망표: 집단성원 활동에 대한 상호 평가
④ 상호작용차트: 성원의 집단참여 수준 분석
⑤ 의의차별척도: 하위집단의 구성여부 파악

48. 집단의 종결단계에서 수행하는 과업으로 옳은 것을 모두 고른 것은?

> ㄱ. 성원 간의 이해를 돕기 위해 자기 노출의 기회를 갖는다.
> ㄴ. 집단경험을 통해 학습한 내용의 활용계획을 세운다.
> ㄷ. 공통의 관심사를 찾기 위해 개방적 토론 시간을 늘린다.
> ㄹ. 측정도구를 통해 성원 개인별 변화를 평가한다.

① ㄱ
② ㄴ, ㄷ
③ ㄴ, ㄹ
④ ㄴ, ㄷ, ㄹ
⑤ ㄱ, ㄴ, ㄷ, ㄹ

49. 단일사례설계에 관한 설명으로 옳지 않은 것은?

① 동시에 여러 문제의 변화를 측정하는 것이 불가능하다.
② 개입의 효과성을 파악하기 위해 반복측정을 한다.
③ 기초선 자료수집은 개입 이전이나 이후에도 가능하다.
④ 개입과정에서 개입의 강도나 방식을 바꿀 수 있다.
⑤ 조사대상은 개인뿐 아니라 가족, 집단, 기관도 가능하다.

50. 클라이언트의 개인정보 보호를 위한 기록 방법으로 옳지 않은 것은?

① 정확한 정보를 기록하고, 부정확한 것으로 확인되면 삭제나 수정할 수 있다.
② 서비스 신청에 필요하더라도 민감한 사적 정보는 제외한다.
③ 개인정보가 담긴 사례기록을 방치하는 것은 위법 행위이다.
④ 클라이언트의 사생활이나 비밀스러운 내용은 일반적인 용어로 바꾸어 기록한다.
⑤ 전산화된 기록에 대한 접근 권한을 제한하기 위해 암호화한다.

사회복지실천(지역사회복지론)

51. 다음에서 설명하는 지역사회복지 이념은?

   - 지역주민은 지역사회복지의 이용자인 동시에 제공자라는 관점을 강조한다.
   - 지역주민의 욕구 및 문제를 해결하기 위한 주민의 주체성에 초점을 둔다.

   ① 전문화 ② 정상화 ③ 탈시설화
   ④ 주민참여 ⑤ 사회통합

52. 다음에서 설명하는 길버트와 스펙트(N. Gilbert & H. Specht)의 지역사회 기능은?

   지역사회가 공유하는 지식, 사회적 가치, 행동양식을 지역사회 구성원들에게 전달하는 것

   ① 상부상조 기능 ② 생산·분배·소비 기능 ③ 사회화 기능
   ④ 사회통합 기능 ⑤ 사회통제 기능

53. 던햄(A. Dunham)의 지역사회유형에 따른 예시로 옳은 것을 모두 고른 것은?

   ㄱ. 인구 크기 - 대도시, 중·소도시
   ㄴ. 인구구성의 사회적 특수성 - 외국인촌, 저소득층 지역
   ㄷ. 경제적 기반 - 농촌, 어촌, 광산촌
   ㄹ. 행정구역 - 특별시, 광역시·도, 시·군·구, 읍·면·동

   ① ㄱ, ㄴ ② ㄱ, ㄷ ③ ㄴ, ㄹ
   ④ ㄱ, ㄷ, ㄹ ⑤ ㄱ, ㄴ, ㄷ, ㄹ

54. 한국의 지역사회복지 역사에 관한 설명으로 옳지 않은 것은?

   ① 1950년대 - 외국민간원조한국연합회(KAVA) 결성
   ② 1980년대 - 사회복지관 운영·건립 국고보조사업 지침 마련
   ③ 1990년대 - 재가복지봉사센터 설치·운영
   ④ 2010년대 - 읍·면·동 복지허브화사업 실시
   ⑤ 2020년대 - 시·군·구 희망복지지원단 설치·운영

55. 영국의 지역사회복지 역사에 영향을 준 사건을 과거부터 시대순으로 옳게 나열한 것은?

ㄱ. 토인비홀(Toynbee Hall) 설립
ㄴ. 시봄(Seebohm)보고서
ㄷ. 정신보건법(Mental Health Act) 제정
ㄹ. 바클레이(Barclay)보고서
ㅁ. 하버트(Harbert)보고서

① ㄱ → ㄴ → ㄹ → ㅁ → ㄷ
② ㄱ → ㄷ → ㄴ → ㅁ → ㄹ
③ ㄱ → ㄷ → ㄹ → ㅁ → ㄴ
④ ㄴ → ㄷ → ㅁ → ㄹ → ㄱ
⑤ ㄷ → ㄱ → ㅁ → ㄹ → ㄴ

56. 다음 사례에 해당하는 지역사회복지이론은?

A사회복지기관은 지방정부로부터 보조금을 지원 받은 후 지방정부의 요구와 통제를 수용하였다.

① 갈등이론
② 엘리트주의이론
③ 사회체계이론
④ 권력의존이론
⑤ 사회자본이론

57. 지역사회복지이론에 관한 설명으로 옳은 것을 모두 고른 것은?

ㄱ. 사회체계이론 - 지역사회 내 갈등이 변화의 원동력이다.
ㄴ. 갈등이론 - 자원의 불평등한 분배로 인해 이해관계의 대립이 발생한다.
ㄷ. 자원동원이론 - 인간행동은 타인이나 사회환경과 상호작용하는 동안에 학습된다.
ㄹ. 사회자본이론 - 신뢰와 네트워크를 통해 지역사회 문제 해결을 위한 규범 등이 형성된다.

① ㄱ, ㄷ
② ㄴ, ㄹ
③ ㄷ, ㄹ
④ ㄴ, ㄷ, ㄹ
⑤ ㄱ, ㄴ, ㄷ, ㄹ

58. 포플(K. Popple, 1996)의 지역사회복지 실천모델로 옳지 않은 것은?

① 지역사회연계
② 지역사회교육
③ 지역사회개발
④ 지역사회행동
⑤ 인종차별 철폐지역사회사업

59. 로스만(J. Rothman)의 지역사회복지 실천모델에 관한 설명으로 옳은 것을 모두 고른 것은?

> ㄱ. 지역사회개발모델은 지역사회 역량강화, 통합, 자조를 활동 목표로 둔다.
> ㄴ. 사회계획모델에서는 변화의 매개체로 과업지향적인 소집단을 활용한다.
> ㄷ. 사회행동모델에서 사회복지사의 핵심 역할은 옹호자, 선동가, 협상가이다.
> ㄹ. 지역사회개발모델은 지역사회 문제해결을 위해 전문가의 주도적 개입을 강조한다.

① ㄱ, ㄷ ② ㄴ, ㄷ ③ ㄴ, ㄹ
④ ㄱ, ㄴ, ㄷ ⑤ ㄱ, ㄴ, ㄹ

60. 웨일과 갬블(M. Weil & D. Gamble)의 근린지역사회조직모델에 관한 설명으로 옳지 않은 것은?

① 조직화를 위한 구성원의 능력개발에 초점을 둔다.
② 일차적 구성원은 지역사회 이웃주민이다.
③ 사회복지사의 주요 역할은 조직가, 교육자, 촉진자, 코치이다.
④ 지방정부, 외부개발자, 지역주민을 변화의 표적체계로 본다.
⑤ 관심 영역은 공통 관심사나 특정 이슈에 대한 정책, 행위, 인식의 변화이다.

61. 다음에서 설명하는 테일러와 로버츠(S. Taylor & R. Roberts)의 지역사회복지 실천모델은?

> ○ 지역사회의 문제해결을 위해 관계망을 형성하거나 조정
> ○ 사회복지사, 자원봉사자, 행정가 등 다양한 구성원이 참여
> ○ 지역사회복지 실천 과정에서 클라이언트와 후원자의 영향력이 동등

① 계획모델 ② 지역사회연계모델 ③ 지역사회개발모델
④ 정치적 역량강화모델 ⑤ 프로그램 개발 및 조정모델

62. 지역사회개발모델에서 사회복지사의 핵심 역할이 아닌 것은?

① 치료자 ② 조력자 ③ 촉진자
④ 안내자 ⑤ 교육자

63. 지역사회복지 실천과정에 관한 설명으로 옳지 않은 것은?

① 지역사회문제 해결과정으로 볼 수 있다.
② 지역사회 사정은 지역사회의 욕구와 자원을 파악하는 단계이다.
③ 지역사회 문제나 욕구는 지역사회 상황에 따라 다양한 형태로 나타날 수 있다.
④ 자원동원, 재정집행, 네트워크는 실행단계에서 수행된다.
⑤ 총괄평가는 수행과정 중에 실시되어 실천과정의 문제점을 수정하는데 유용하다.

64. 다음에서 설명하는 지역사회 욕구사정 방법에 관한 설명으로 옳은 것을 모두 고른 것은?

ㄱ. 서베이 – 지역주민으로부터 설문조사를 통해 직접적으로 자료를 수집하는 방법
ㄴ. 초점집단기법 – 전문가 패널을 대상으로 반복된 설문을 통해 합의에 이를 때까지 의견을 수렴하는 방법
ㄷ. 사회지표분석 – 정부기관이나 사회복지관련 조직에 의해 수집된 기존 자료를 활용하는 방법
ㄹ. 명목집단기법 – 지역사회 내 다양한 의견을 수렴하여 욕구의 우선순위를 결정하는 방법

① ㄱ, ㄷ   ② ㄱ, ㄹ   ③ ㄱ, ㄴ, ㄷ
④ ㄱ, ㄷ, ㄹ   ⑤ ㄴ, ㄷ, ㄹ

65. 지역사회복지 실천기술 중 조직화 기술에 해당하지 않는 것은?

① 주민의 효율적 통제 기술
② 주민회의, 토론 등을 통한 의사소통
③ 구성원 간 갈등 조율을 위한 대인관계 기술
④ 주민 지도력 발굴 및 향상 교육
⑤ 지역사회 문제와 이슈에 대한 정보수집 및 분석

66. 다음 지역사회복지 실천과정에서 사회복지사가 활용한 기술은?

A사회복지사는 사회적 고립가구 지원을 위해 ○○복지재단에 신청서를 제출하여 사업에 필요한 예산을 확보하였으며 지역 대학교에 봉사자를 요청하였다.

① 협상   ② 자원개발 및 동원   ③ 옹호
④ 조직화   ⑤ 지역사회 교육

67. 다음 사례에 제시된 사회복지사의 핵심 역할은?

> A사회복지사는 지역 내 복합적인 욕구를 가진 가구에 대한 사례관리 계획을 수립하였다. 이를 위해 지역사회의 다양한 기관들과 함께 서비스의 중복과 누락을 방지하기 위한 효율적인 개입 방안을 논의하였다.

① 옹호자 ② 교육자 ③ 조정자
④ 자원개발자 ⑤ 협상가

68. 지방자치제도에 관한 설명으로 옳지 않은 것은?

① 지역복지 활성화의 토대가 될 수 있다.
② 복지예산의 중앙집중화로 정책 효과성이 강화된다.
③ 우리나라는 지방자치법의 제정으로 도입되었다.
④ 지역복지 실현을 위해 중앙정부와 분담적 관계를 추구한다.
⑤ 사회복지서비스의 책임과 권한이 지방에 이양된다.

69. 지방분권화가 지역사회복지에 미치는 영향으로 옳지 않은 것은?

① 지역 간의 경쟁이 심화되어 지역 이기주의가 나타날 수 있다.
② 지역사회복지에 대한 자기통치 원리가 중요시된다.
③ 지역주민의 의사를 반영한 행정서비스가 강화된다.
④ 지역 간 상대적 박탈감으로 사회적 형평성 문제가 발생된다.
⑤ 지방의회의 사회적 책임성이 약화된다.

70. 지역사회보장협의체의 구성 및 역할에 관한 설명으로 옳은 것은?

① 대표협의체는 사회보장급여 제공과 관련된 조례를 제정한다.
② 대표협의체 위원에는 공무원이 포함되지 않는다.
③ 실무협의체는 사회보장급여 제공에 관한 사항을 심의·자문한다.
④ 실무협의체 위원은 10명 이상 40명 이하로 구성한다.
⑤ 읍·면·동 지역사회보장협의체는 지역사회보장계획의 시행결과를 평가한다.

71. 시·군·구 지역사회보장계획 수립 및 시행절차에 관한 설명으로 옳은 것을 모두 고른 것은?

ㄱ. 시·군·구는 4년마다 지역사회보장계획을 수립하여야 한다.
ㄴ. 사회보장위원회의 심의와 지방의회 보고를 거쳐 시·도지사에게 제출한다.
ㄷ. 지역사회보장계획에는 사회보험에 필요한 재원 규모와 조달방안이 포함된다.
ㄹ. 지역사회보장조사는 지역사회보장 욕구조사와 자원조사로 구성된다.

① ㄱ, ㄴ   ② ㄱ, ㄷ   ③ ㄱ, ㄹ
④ ㄴ, ㄷ   ⑤ ㄴ, ㄹ

72. 지역사회 복지기관의 역할로 옳지 않은 것은?

① 사회복지협의회: 사회복지기관 간의 연계·협력·조정
② 자원봉사센터: 자원봉사 프로그램 개발·보급
③ 지역자활센터: 자활기금 설치·운영
④ 사회복지공동모금회: 모금 및 배분의 운용·관리
⑤ 사회복지관: 지역사회 복지문제 예방·해결

73. 사회복지관 사업 내용 중 서비스제공 기능에 해당하는 것은?

① 지역욕구조사 실시   ② 자원봉사자 개발 및 관리
③ 사회복지현장실습 교육 및 지도   ④ 독거노인을 위한 일상생활 지원
⑤ 후원자 개발을 위한 기관 소식지 제작

74. 사회적 경제에 관한 설명으로 옳은 것을 모두 고른 것은?

ㄱ. 사회적 경제주체는 정부와 시장이다.
ㄴ. 사회통합과 공동체의식 증진에 기여할 수 있다.
ㄷ. 호혜와 연대에 기초한 사회적 자본으로 시장경제의 대안이 된다.
ㄹ. 사회적 경제조직의 유형에는 협동조합, 마을기업, 자활기업 등이 있다.

① ㄱ   ② ㄱ, ㄴ   ③ ㄴ, ㄷ
④ ㄱ, ㄷ, ㄹ   ⑤ ㄴ, ㄷ, ㄹ

75. 지역사회복지운동에 관한 설명으로 옳지 않은 것은?

① 지역사회의 부당한 권력구조를 변화시키기 위해 노력한다.
② 지역주민 참여를 위한 수요자 중심의 활동이 이루어진다.
③ 지역사회복지운동의 주체로 사회복지 실무자도 포함된다.
④ 특정 계층에 국한된 수단지향적인 활동이다.
⑤ 조례제정운동과 같은 제도변화과정을 예로 들 수 있다.

2025년도 제23회 사회복지사 1급
3교시 | 사회복지정책과 제도

문제형별	시간	시험영역
A	75분	• 사회복지정책론 • 사회복지행정론 • 사회복지법제론

※ 본 책의 마지막 페이지에 수록된 OCR 답안카드를 활용하여 실제 시험처럼 제한시간 내에 마킹까지 완료하는 연습을 해보세요.

각 문제에서 요구하는 가장 적합한 답 1개만을 고르시오.

사회복지정책과 제도(사회복지정책론)

1. 사회복지정책의 목적으로 옳지 않은 것은?
   ① 빈부 간 갈등 예방과 사회통합
   ② 개인의 자립과 성장
   ③ 소득재분배에 의한 평등 추구
   ④ 사회안전망 강화와 생존권 보장
   ⑤ 개인의 능력에 따른 분배구조 확대

2. 사회복지정책 가치인 연대에 관한 설명으로 옳지 않은 것은?
   ① 사람들이 서로 의무감과 책임감을 느끼고 함께 하려는 상태를 의미한다.
   ② 일반적으로 동질성과 동등성을 갖지 못한 대상에 대한 비배타적 특성을 반영한다.
   ③ 이질성과 개인화가 강조되는 상태에서 유지되는 연대를 유기적 연대라고 한다.
   ④ 최근 우리나라에서는 노동시장의 변화로 노동자들 간 동질성이 더욱 강화되었다.
   ⑤ 장애인의무고용은 연대를 제도화한 것이다.

3. 마이클 샌델(M. Sandel)의 정의에 관한 설명으로 옳지 않은 것은?
   ① 절차적 장치로써 무지의 베일 활용
   ② 도덕에 기초하는 정치
   ③ 불평등 해소방법, 연대, 시민의 미덕
   ④ 시장의 도덕적 한계를 인정
   ⑤ 시민의식, 희생, 봉사

4. 사회복지정책의 역사를 세 단계로 나눌 때 ( )에 들어갈 내용을 순서대로 나열한 것은?

	대상자	사회복지 주체	권리수준
빈민법	걸인, 부랑인, 구제가치가 있는 빈민	(ㄱ)	무권리, 정책당국의 재량
사회보험	노동자 계급	국가, 노동조합	(ㄴ)
복지국가	(ㄷ)	국가, 시민단체	시민권

① ㄱ: 노동조합 ㄴ: 계약에 입각한 권리 ㄷ: 노동자 계급
② ㄱ: 국가, 노동조합 ㄴ: 시민권 ㄷ: 노동자 계급
③ ㄱ: 국가, 교회, 영주 ㄴ: 계약에 입각한 권리 ㄷ: 시민, 개인
④ ㄱ: 노동조합 ㄴ: 정책 당국의 재량 ㄷ: 시민, 개인
⑤ ㄱ: 국가, 교회, 영주 ㄴ: 시민권 ㄷ: 노동자 계급

5. 제2차 세계대전 이후 서구 복지국가의 전개과정에 관한 설명으로 옳은 것은?

① 노동과 자본의 극단적인 대립
② 대규모 재분배를 가능하게 하는 케인즈주의 경제정책
③ 자유방임 자본주의를 옹호하는 사상 확산
④ 공공부조 위주의 사회보장체계 구축
⑤ 가족과 시장의 책임강조

6. 중상주의에 관한 설명으로 옳은 것을 모두 고른 것은?

ㄱ. 15세기 중반부터 18세기 중반까지 유럽대륙을 지배하였던 경제사상을 지칭하는 용어이다.
ㄴ. 국가유지에 필요한 비용을 마련하기 위해 식민지 개척과 무역정책을 추진하였다.
ㄷ. 식량부족으로 인구증가 억제정책을 추진하였다.
ㄹ. 빈민들의 근면성을 위해 임금수준을 낮게 유지하고자 하였다.

① ㄱ
② ㄴ, ㄷ
③ ㄱ, ㄴ, ㄹ
④ ㄴ, ㄷ, ㄹ
⑤ ㄱ, ㄴ, ㄷ, ㄹ

7. 재분배에 관한 설명으로 옳은 것은?

　① 건강보험은 건강한 사람으로부터 질병을 겪는 사람에게 자원을 재분배한다.
　② 고용보험은 수직적 재분배효과가 가장 크다.
　③ 정부는 최소극대화의 원칙에 따라 불평등을 완화하기 위해 모든 대상자에게 동일한 보험료를 부과한다.
　④ 민간에서 이루어지는 자선활동에서는 파레토 개선 효과가 나타나지 않는다.
　⑤ 사회민주주의에서는 개인의 효용관점에서 재분배를 정당화한다.

8. 사회적 배제에 관한 설명으로 옳지 않은 것은?

　① 생활수준은 소득이나 재화뿐만 아니라 개인역량의 실현을 중심으로 판단되어야 한다.
　② 사회적 배제의 범위에는 빈곤, 저학력, 열악한 주거환경 등 다양한 영역을 포괄한다.
　③ 사회적 배제는 기본적으로 소득빈곤 개념의 협소성에 대한 비판으로 이해될 수 있다.
　④ 사회적 배제 개념은 빈곤에 이르는 과정보다는 빈곤이라는 결과적인 상태에 초점을 둔다.
　⑤ 불평등과 빈곤 개념은 소득의 차원을 넘어 다양한 차원으로 확대되어야 한다.

9. 길버트(N. Gilbert)가 주장한 권능부여국가(enabling state)의 주요 요소에 해당하는 것은?

　① 사회적 지원, 노동의 재상품화, 공공기관에 의한 제공, 권리의 공유를 통한 연대
　② 사회적 포섭, 노동의 탈상품화, 민간기관에 의한 제공, 사회권으로서의 급여
　③ 사회적 포섭, 노동의 재상품화, 민영화, 사회권으로서의 급여
　④ 근로촉진, 선별적 표적화, 민영화, 사회적 의무와 연계된 급여
　⑤ 근로촉진, 생활임금, 공적 운영, 사회적 의무와 연계된 급여

10. 다음에서 설명하고 있는 정책결정모형은?

> ○ 큰 범위에서의 기본적인 결정은 합리적으로 이루어지지만, 세부적 결정은 기본적 결정을 보완·수정하여 점증적으로 이루어진다고 주장하는 정책결정모형이다.
> ○ 기본적 결정은 전체적인 방향을 설정하기 위해 중요한 대안을 탐색한 후에 이루어진다.
> ○ 두 개의 대립되는 극단의 모형들을 절충한 것에 지나지 않는다는 비판이 있다.

　① 쓰레기통모형　　② 점증모형　　③ 혼합모형
　④ 만족모형　　　　⑤ 최적모형

11. 사회복지 급여형태 중 운영효율성이 가장 높은 급여와 목표효율성이 가장 높은 급여를 순서대로 짝지은 것은?

ㄱ. 현금   ㄴ. 증서(바우처)   ㄷ. 현물   ㄹ. 기회

① ㄱ, ㄴ   ② ㄱ, ㄷ   ③ ㄴ, ㄷ
④ ㄷ, ㄹ   ⑤ ㄹ, ㄷ

12. 사회복지 공공재원에 관한 설명으로 옳지 않은 것은?

① 조세는 다른 재원에 비해서 평등을 구현하는 데 용이하다.
② 사회보험료는 소득세에 비해 상대적으로 조세저항이 약하다.
③ 사회보험료는 조세와 비교해 상대적으로 소득재분배 효과가 약하다.
④ 소득세 누진성이 낮을수록 재분배효과가 크다.
⑤ 조세는 재원의 안정성과 지속성이 가장 강하다.

13. 사회복지서비스 공급주체로서 중앙정부에 관한 설명으로 옳은 것은?

① 서비스 수혜자의 정책결정과정 참여가 용이하다.
② 지역주민의 욕구에 신속하게 대응할 수 있다.
③ 서비스의 지속성과 안정성 확보에 유리하다.
④ 사회통합의 저해 우려가 있고 규모의 경제 실현이 어렵다.
⑤ 이용자의 다양한 선택권을 보장하는 데 유리하다.

14. 사회복지전달체계에 관한 설명으로 옳은 것을 모두 고른 것은?

| ㄱ. 사회복지서비스의 제공자들 사이 또는 공급자와 수급자 사이를 연결하기 위한 조직적, 구조적, 기능적 장치이다.
ㄴ. 사회복지전달체계의 운영주체는 크게 공공과 민간으로 나눌 수 있다.
ㄷ. 사회복지전달체계를 발전시키기 위해서는 서비스의 분열성, 불연속성, 무책임성, 비접근성을 배제해야 한다.
ㄹ. 비영리 민간 사회복지기관은 공공부문과 연계하여 서비스를 제공하기도 한다. |
|---|

① ㄱ   ② ㄱ, ㄹ   ③ ㄴ, ㄷ
④ ㄴ, ㄷ, ㄹ   ⑤ ㄱ, ㄴ, ㄷ, ㄹ

15. 현물급여를 모두 고른 것은?

┌───┐
│   ㄱ. 노인장기요양보험의 재가급여   ㄴ. 산업재해보상보험의 요양급여 │
│   ㄷ. 국민건강보험의 건강검진   ㄹ. 국민기초생활보장제도의 생계급여 │
└───┘

① ㄱ ② ㄴ, ㄹ ③ ㄱ, ㄴ, ㄷ
④ ㄴ, ㄷ, ㄹ ⑤ ㄱ, ㄴ, ㄷ, ㄹ

16. 현재 우리나라의 사회복지제도 중 보편주의적 성격에 해당하지 않는 것은?

① 아동수당 ② 기초연금 ③ 의무교육
④ 무상급식 ⑤ 건강보험

17. 산업재해보상보험에서 업무상 재해 인정기준에 해당하는 것을 모두 고른 것은?

┌───┐
│   ㄱ. 사업주가 주관한 행사준비 중에 발생한 사고   │
│   ㄴ. 휴게시간 중 사업주의 지배관리하에 있다고 볼 수 있는 행위로 발생한 사고 │
│   ㄷ. 통상적인 경로와 방법으로 출·퇴근하는 중 발생한 사고   │
│   ㄹ. 직장 내 괴롭힘으로 인한 업무상 정신적 스트레스가 원인이 되어 발생한 질병 │
└───┘

① ㄱ, ㄴ ② ㄱ, ㄷ ③ ㄴ, ㄹ
④ ㄴ, ㄷ, ㄹ ⑤ ㄱ, ㄴ, ㄷ, ㄹ

18. 국민연금제도에 관한 설명으로 옳은 것을 모두 고른 것은?

┌───┐
│   ㄱ. 국민연금공단은 관리운영과 보험료 징수를 담당한다.   │
│   ㄴ. 기본연금액의 균등부분은 연금수급 전 3년간 전체 가입자 평균소득월액의 평균액이다. │
│   ㄷ. 기본연금액의 균등부분에서 소득재분배 효과가 나타난다.   │
│   ㄹ. 기본연금액의 소득비례부분은 전체 가입자의 기준소득월액의 평균액이다. │
│   ㅁ. 2028년 이후 국민연금의 소득대체율은 40년 가입 기준 40%이다. │
└───┘

① ㄱ, ㄷ ② ㄴ, ㄹ ③ ㄱ, ㄹ, ㅁ
④ ㄴ, ㄷ, ㅁ ⑤ ㄱ, ㄴ, ㄷ, ㄹ, ㅁ

19. 건강보험 진료비 지불제도에 관한 설명으로 옳은 것은?
   ① 행위별 수가제는 질병 범주별로 구분하여 고정금액을 보수로 지불하는 방식이다.
   ② 포괄수가제는 의사가 담당하는 환자 수에 비례하여 일정 금액을 지급하는 방식이다.
   ③ 행위별 수가제는 행정절차가 간소하여 비용절감효과가 있다.
   ④ 우리나라는 포괄수가제를 일부 질병군에 적용하고 있다.
   ⑤ 포괄수가제는 의료기관의 1년간 운영비를 포괄적으로 지불하는 제도이다.

20. 노인장기요양보험제도에 관한 설명으로 옳지 않은 것은?
   ① 가족요양비는 신체·정신 등의 사유로 인하여 가족에게 요양을 받아야 하는 자에게 지급할 수 있다.
   ② 재가급여로 분류되는 단기보호의 급여기간은 월 9일 이내를 원칙으로 하되 특별한 사유가 있는 경우 연장 가능하다.
   ③ 장기요양등급판정을 받은 65세 이상 노인은 소득수준과 상관없이 장기요양보험 급여를 받을 수 있다.
   ④ 일반 노인장기요양보험 가입자는 재가급여를 이용할 경우 15%의 본인부담금을 부담하여야 한다.
   ⑤ 노인요양공동생활가정은 5인 이상 15인 이하로 운영된다.

21. 공공부조와 사회보험의 차이에 관한 설명으로 옳은 것은?
   ① 사회보험은 주로 보험료로 재정을 충당하며, 공공부조는 조세로 충당한다.
   ② 사회보험은 사후적인 성격이 강한 반면 공공부조는 예방적인 성격이 강하다.
   ③ 사회보험과 공공부조 모두 빈곤을 예방하는 데 목적이 있다.
   ④ 공공부조가 사회보험보다 계약적 권리성이 강하다.
   ⑤ 사회보험은 중앙과 지방정부가, 공공부조는 정부가 위임한 관리운영기구가 운영주체이다.

22. 사회서비스에 관한 설명으로 옳은 것은?
   ① 수급자 등 빈곤층만을 대상으로 한다.
   ② 주로 바우처 방식으로 수요자를 지원한다.
   ③ 전액 국비로 지원한다.
   ④ 단일 기관이 독점하여 공급한다.
   ⑤ 주로 획일화된 서비스를 제공한다.

23. 최저임금제에 관한 설명으로 옳지 않은 것은?

① 우리나라에서는 최저임금제가 2000년부터 실시되었다.
② 최저임금제는 정신장애로 근로능력이 현저히 낮은 사람에게는 적용되지 않는다.
③ 최저임금제는 근로자에게 최저한의 생계를 유지할 수 있는 수준의 임금을 보장하기 위한 제도이다.
④ 최저임금제는 저임금 근로자의 증가를 억제하는 장치로 작용할 수 있다.
⑤ 최저임금제는 사회보장 급여수준에 영향을 미칠 수 있다.

24. 도덕적 해이에 관한 설명으로 옳지 않은 것은?

① 도덕적 해이는 보험계약이 가입자들의 행동에 영향을 미치는 현상이다.
② 도덕적 해이는 보험가입 집단의 크기가 클수록 약화된다.
③ 도덕적 해이는 실업보험에서 발생할 가능성이 높다.
④ 도덕적 해이는 건강보험 진료비 본인부담을 정당화하는 논리로 사용된다.
⑤ 도덕적 해이가 심각해지면 민간보험사의 보험료 상승으로 이어질 수 있다.

25. 사회보험과 민간보험에 관한 설명으로 옳은 것은?

① 사회보험은 조세를 주된 재원으로 한다.
② 민간보험은 사회보험보다 사회적 적절성이 중요하다.
③ 사회보험은 개인에게 발생할 수 있는 모든 위험을 대상으로 한다.
④ 민간보험은 물가상승에 따른 실질가치의 변동을 보장한다.
⑤ 사회보험 급여는 민간보험 급여보다 법적 권리성이 강하다.

사회복지정책과 제도(사회복지행정론)

26. 사회복지행정의 개념에 관한 설명으로 옳은 것은?

① 정부조직만을 대상으로 한다.
② 조직의 효과성보다 효율성이 중요하다.
③ 정부 재정 외에 민간자원 활용은 배제한다.
④ 사회문제 해결 과정에서 가치판단을 배제한다.
⑤ 사회복지정책을 서비스로 전환하는 과정이다.

27. 한국 사회복지행정 역사에 관한 설명으로 옳지 않은 것은?

① 1950년대에는 긴급구호와 생활(수용)시설에서의 보호가 주를 이루었다.
② 1970년 「사회복지사업법」 제정으로 사회복지시설 운영에 관한 법적 근거가 마련되었다.
③ 1997년 「사회복지사업법」 개정을 통해 사회복지시설 평가가 법제화되었다.
④ 1998년 사회복지공동모금회가 설립되었다.
⑤ 2008년 노인장기요양보험제도 도입으로 민간기관의 서비스 제공이 금지되었다.

28. 사회복지조직 이론에 관한 설명으로 옳은 것을 모두 고른 것은?

ㄱ. 과학적 관리론: 직무에 관한 과학적 연구와 분석
ㄴ. 관료제이론: 표준 운영 절차를 통한 합리성과 전문성 추구
ㄷ. 인간관계론: 조직 내 인간을 심리적, 사회적 욕구를 가진 전인격적 존재로 파악
ㄹ. 상황이론: 조직의 상황에 관계없이 효율성을 극대화할 수 있는 이상적 방법 추구

① ㄱ, ㄴ
② ㄷ, ㄹ
③ ㄱ, ㄴ, ㄷ
④ ㄴ, ㄷ, ㄹ
⑤ ㄱ, ㄴ, ㄷ, ㄹ

29. 신공공관리(New Public Management)에 관한 설명으로 옳지 않은 것은?
   ① 공공부문 조직운영에 시장원리를 적용한다.
   ② 조직규모 확장과 중앙집권화를 지향한다.
   ③ 행정 효율성과 고객에 대한 대응성을 중시한다.
   ④ 규제완화와 조직원 참여를 중시한다.
   ⑤ 시민과 고객을 중심으로 서비스의 질적 수준 제고에 중점을 둔다.

30. 민간 비영리조직의 특성에 관한 설명으로 옳지 않은 것은?
   ① 이윤이 발생하면 구성원에게 균등하게 배당한다.
   ② 시장과 정부 실패를 보완할 수 있다.
   ③ 최소한의 조직 구조와 운영 공식성을 갖는다.
   ④ 지방자치단체 보조금을 받을 수 있다.
   ⑤ 비영리조직 회원은 자발적으로 가입한다.

31. 조직 분권화의 특성에 관한 설명으로 옳지 않은 것은?
   ① 최고관리자의 업무와 책임을 감소시킬 수 있다.
   ② 직원들의 자발적 협조를 유도할 수 있다.
   ③ 부서 간 협조가 늘어날 수 있다.
   ④ 위기와 갈등을 신속하게 해결할 수 있다.
   ⑤ 하위부서 재량권을 강화하는 효과가 있다.

32. 다음에서 설명하는 조직구조는?

   ○ 특정 사업이나 활동수행을 위해 기존 부서에서 인력을 파견하여 구성함
   ○ 조직구성원의 역량을 최대한 활용할 수 있음
   ○ 임시적으로 활동하고 과업이 종료되면 해체됨

   ① 라인-스탭(line-staff) ② 태스크포스(task force) ③ 감사(audit)조직
   ④ 거버넌스(governance)조직 ⑤ 위계(hierarchy)조직

33. 허츠버그(F. Herzberg)의 동기-위생이론에 따른 동기유발요인에 해당하는 것은?

① 성취에 대한 인정(recognition)
② 기술적 감독(technical supervision)
③ 급여(salary)
④ 근로조건(working condition)
⑤ 인간관계(interpersonal relations)

34. 블레이크와 무톤(R. Blake & J. Mouton)의 관리격자(Managerial Grid) 리더십유형 분류에 관한 설명으로 옳은 것은?

① 효과성과 효율성에 대한 관심을 교차하여 유형화하였다.
② 이상적 유형은 컨트리클럽형(1.9)이다.
③ 팀형(9.9)은 과업성과보다는 구성원의 사기와 공동체 의식을 중시한다.
④ 중도형(5.5)은 인간적 요소와 조직성과 간의 타협과 균형을 추구한다.
⑤ 무기력형(1.1)은 인간적 요소에 최대의 관심을 갖는다.

35. 인적자원관리체계에 관한 설명으로 옳은 것은?

① 직무설계 - 직무 내용, 수행방법, 직무 간의 관계 등 설정
② 직무분석 - 일의 종류, 난이도, 책임수준이 유사한 직급으로 묶음
③ 직무평가 - 평가대상 직무에 종사하는 직원들 평가
④ 직무기술서 - 직무수행자 자격요건 기술
⑤ 직무명세서 - 직무 성격, 내용, 수행방법 등 기술

36. 사회복지조직에서 수행되는 슈퍼비전에 관한 설명으로 옳지 않은 것은?

① 조직구성원 훈련 및 개발에 유용한 도구이다.
② 교육적 기능은 직원의 정신적, 심리적 부담을 완화한다.
③ 행정적 기능은 효율적으로 일하는 구조와 자원을 제공한다.
④ 슈퍼바이저는 관리자, 중재자, 멘토 역할을 한다.
⑤ 슈퍼비전 구성요소는 슈퍼바이지, 슈퍼바이저, 클라이언트, 조직 등이다.

37. 예산 유형에 관한 설명으로 옳지 않은 것은?
    ① 품목별 예산은 수입과 지출목록마다 예상되는 금액을 명시한다.
    ② 영기준 예산은 전년도 예산을 고려하지 않고 편성한다.
    ③ 기획예산제도(PPBS)는 장기적 기획과 단기적 예산 편성을 프로그램 작성을 통해 결합한다.
    ④ 프로그램 예산은 사업 목적보다 지출 품목을 강조한다.
    ⑤ 성과주의 예산은 '단위원가×업무량=예산액'으로 편성한다.

38. 사회복지조직의 재무·회계에 관한 설명으로 옳지 않은 것은?
    ① 보건복지부는 「국가재정법」을 적용한다.
    ② 사회복지시설은 「사회복지법인 및 사회복지시설 재무·회계규칙」을 적용한다.
    ③ 사회복지법인 회계는 법인회계, 시설회계, 수익사업회계로 구분한다.
    ④ 법인회계와 수익사업회계는 필요시 복식부기도 할 수 있다.
    ⑤ 사회복지법인 대표이사는 관·항·목 간 예산을 전용할 수 없다.

39. 사회복지시설 예산 편성 및 결정 절차를 순서대로 나열한 것은?

    | ㄱ. 시설운영위원회 보고 | ㄴ. 예산 공고 | ㄷ. 예산 편성 |
    | ㄹ. 이사회 의결 | ㅁ. 지방자치단체 제출 | |

    ① ㄱ - ㅁ - ㄹ - ㄴ - ㄷ
    ② ㄴ - ㄷ - ㄱ - ㄹ - ㅁ
    ③ ㄷ - ㄱ - ㄹ - ㅁ - ㄴ
    ④ ㄷ - ㄱ - ㅁ - ㄹ - ㄴ
    ⑤ ㅁ - ㄱ - ㄹ - ㄷ - ㄴ

40. 패러슈라만 등(A. Parasuraman, V. A. Zeithaml & L. L. Berry)의 서비스 질 구성 차원 중 다음에 해당하는 것은?

    ○ 직원의 지식수준과 정중함, 신뢰와 확신을 심어줄 수 있는 능력
    ○ 긍정적 의사소통기법을 사용, 제품과 서비스를 정확히 설명

    ① 즉응성(responsiveness)   ② 확신성(assurance)   ③ 신뢰성(reliability)
    ④ 유형성(tangible)   ⑤ 공감성(empathy)

41. 다음에서 설명하는 사회복지 전달체계 구축 원칙은?

> ○ 지역사회통합돌봄(커뮤니티 케어)
> ○ 원스탑서비스 제공
> ○ 서비스 단편성과 비연속성 문제를 해결

① 책임성 ② 접근성 ③ 지속성
④ 통합성 ⑤ 적절성

42. 사회복지 전달체계에 관한 설명으로 옳지 않은 것은?

① 공공 전달체계, 민간 전달체계, 공공과 민간 혼합 전달체계로 구분한다.
② 집행체계는 수급자와 대면 관계를 통해 서비스를 제공한다.
③ 행정복지센터, 공단, 사회복지법인은 공공 전달체계이다.
④ 사회복지서비스 공급자와 소비자를 연결하는 조직적·체계적 장치이다.
⑤ 우리나라 사회복지서비스는 공공과 민간의 혼합 전달체계로 제공된다.

43. 기획에 활용되는 기법에 관한 설명으로 옳지 않은 것은?

① 간트차트(Gantt Chart)는 사업을 계획할 때 쉽고 간단하게 작성할 수 있다.
② 간트차트(Gantt Chart)는 일정계획 변경을 유연하게 수용하기 어렵다.
③ 프로그램평가검토기법(PERT)은 업무를 체계적으로 수행하는 데 도움이 된다.
④ 프로그램평가검토기법(PERT)은 일정변경 등 유동적인 상황을 대처하는 데 어렵다.
⑤ 총괄진행표(Flow Chart)는 프로그램 제공과정을 시작부터 종료까지 한눈에 볼 수 있다.

44. 사회복지조직에서 정보관리가 중요하게 된 이유에 관한 설명으로 옳지 않은 것은?

① 사회복지조직의 책임성을 강화할 수 있기 때문이다.
② 사회복지조직에서 정보관리가 최우선이기 때문이다.
③ 업무수행을 위한 적절한 정보체계를 구축할 수 있기 때문이다.
④ 종사자의 전문성을 강화할 수 있기 때문이다.
⑤ 사회복지조직의 효과성을 높이기 때문이다.

45. 쓰레기통모형(Garbage can Model)에 관한 설명으로 옳은 것은?

① 문제 진단과 의사결정 과정이 체계적이고 논리적으로 이루어진다.
② 결정자의 행동보다는 객관적인 상황적 조건에 더 많은 주의를 기울인다.
③ 가장 합리적인 대안을 선택하는 모형이다.
④ 합리성과 비합리성을 절충한 모형이다.
⑤ 조직화된 무질서 속에서 우연히 의사결정이 이루어진다.

46. 비영리조직 마케팅에 관한 설명으로 옳은 것은?

① 고객 욕구충족보다는 판매에 집중한다.
② 이윤을 남기는 것이 최우선 목표이다.
③ 비영리조직의 책임성과 효과성이 강조되면서 중요성이 커졌다.
④ 후원자에게만 초점이 맞춰져 있다.
⑤ 비영리조직 마케팅 목적은 프로그램을 알리는 것이지 재정확충은 아니다.

47. 사회복지조직 책임성에 관한 설명으로 옳지 않은 것은?

① 획일적 기준으로 책임성을 규명하기 어렵다.
② 사회복지 공급주체가 다양해지면서 책임성 요구가 늘어나고 있다.
③ 사회복지시설 민간위탁으로 책임성 요구가 커졌다.
④ 「사회복지사업법」 개정으로 사회복지시설 평가는 법으로 제도화되었다.
⑤ 책임성 요구가 증가하면서 사회복지서비스에 대한 질적평가는 제외되었다.

48. 최근 사회복지행정환경 변화에 관한 설명으로 옳은 것은?

① 기업경영 방식 활용이 늘어나고 있다.
② 국가가 직접 제공하는 서비스가 늘어나고 있다.
③ 성과(outcome) 중심 평가에서 산출(output) 중심 평가로 전환되고 있다.
④ 사회복지행정의 이론적 준거틀이 필요 없게 되었다.
⑤ 사회복지서비스가 다양화되면서 전문가 활용이 감소하고 있다.

49. 프로그램평가에 관한 설명으로 옳은 것을 모두 고른 것은?

> ㄱ. 비용-편익분석은 효율성 평가이다.
> ㄴ. 비용-효과분석은 효과성 평가이다.
> ㄷ. 프로그램 종결 후 실시하는 성과평가는 총괄평가이다.
> ㄹ. 효과발생의 인과 경로를 밝히는 것은 형성평가이다.

① ㄱ, ㄴ
② ㄱ, ㄷ
③ ㄱ, ㄷ, ㄹ
④ ㄴ, ㄷ, ㄹ
⑤ ㄱ, ㄴ, ㄷ, ㄹ

50. 사회복지마케팅전략에 관한 설명으로 옳은 것은?

① 생산과 소비의 동시성을 고려한다.
② 세분화(segmentation)는 시장을 임의로 구분한다.
③ 클라이언트 집단은 마케팅전략의 대상이 될 수 없다.
④ 시장조사를 하지 않는다.
⑤ 영리마케팅에 비하여 상품의 내구성을 고려한 전략을 수립한다.

사회복지정책과 제도(사회복지법제론)

51. 법률의 제정 연도가 가장 빠른 것은?

① 산업재해보상보험법　　② 국민기초생활 보장법　　③ 고용보험법
④ 국민연금법　　　　　　⑤ 국민건강보험법

52. 우리나라 사회복지법 체계와 법원에 관한 설명으로 옳은 것은?

① 성문법원의 종류로 관습법, 판례법, 조리가 있다.
② 시행령과 시행규칙은 국회의 의결을 거쳐 제정, 공포된 법원이다.
③ 시행령보다 시행규칙이 상위 법규범이다.
④ 대통령은 법률에서 구체적으로 위임받은 사항과 법률을 집행하기 위하여 필요한 사항에 관하여 대통령령을 발할 수 있다.
⑤ 정부는 법률안을 제출할 수 없다.

53. 우리나라 사회복지관련법의 입법 변천사에 관한 설명으로 옳은 것을 모두 고른 것은?

> ㄱ. 1981년 노인복지법이 제정되었다.
> ㄴ. 2007년 노인장기요양보험법이 제정되었다.
> ㄷ. 1961년 제정된 아동복리법은 1989년 아동복지법으로 개정되었다.
> ㄹ. 1981년 제정된 심신장애자복지법은 1989년 장애인복지법으로 개정되었다.

① ㄱ　　　　　　② ㄴ, ㄷ　　　　　　③ ㄱ, ㄴ, ㄹ
④ ㄴ, ㄷ, ㄹ　　⑤ ㄱ, ㄴ, ㄷ, ㄹ

54. 사회보장기본법상 사회보장수급권의 보호와 포기에 관한 설명으로 옳지 않은 것은?

① 사회보장수급권은 다른 사람에게 양도할 수 없다.
② 사회보장수급권은 담보로 제공할 수 없다.
③ 사회보장수급권은 정당한 권한이 있는 기관에 서면으로 통지하여 포기할 수 있다.
④ 사회보장수급권의 포기는 취소할 수 없다.
⑤ 사회보장수급권을 포기하는 것이 다른 사람에게 피해를 주는 경우에는 이를 포기할 수 없다.

55. 사회보장기본법과 사회보장급여의 이용·제공 및 수급권자 발굴에 관한 법률에 명시되어 있는 사회보장 관련 계획에 관한 설명으로 옳은 것은?

① 사회보장 기본계획은 7년 주기로 수립된다.
② 보건복지부장관은 관계 중앙행정기관의 장과 협의하여 사회보장 기본계획을 수립하여야 한다.
③ 사회보장 기본계획은 사회보장위원회의 심의사항이 아니다.
④ 지방자치단체의 장은 지역사회보장계획을 5년마다 수립해야 한다.
⑤ 시·도 지역사회보장협의체와 시·군·구의 사회보장위원회는 지역사회보장계획을 심의·의결한다.

56. 사회보장기본법상 용어의 정의에 관한 설명이다. ㄱ, ㄴ에 들어갈 용어로 옳은 것은?

(ㄱ): 국민에게 발생하는 사회적 위험을 보험의 방식으로 대처함으로써 국민의 건강과 소득을 보장하는 제도
(ㄴ): 국가와 지방자치단체의 책임하에 생활 유지 능력이 없거나 생활이 어려운 국민의 최저생활을 보장하고 자립을 지원하는 제도

① ㄱ: 사회보험, ㄴ: 사회서비스
② ㄱ: 사회보험, ㄴ: 공공부조
③ ㄱ: 공공부조, ㄴ: 사회보장
④ ㄱ: 사회보장, ㄴ: 사회서비스
⑤ ㄱ: 사회서비스, ㄴ: 공공부조

57. 사회보장기본법상 사회보장위원회에 관한 설명으로 옳지 않은 것은?

① 사회보장에 관한 주요시책을 심의·조정하기 위해 국무총리 소속으로 두고 있다.
② 실무위원회를 두며 실무위원회에 분야별 전문위원회를 둘 수 있다.
③ 위원은 30명 이내로 구성한다.
④ 위원의 임기는 4년이다.
⑤ 관계 중앙행정기관의 장과 지방자치단체의 장은 위원회의 심의·조정 사항을 반영하여 사회보장제도를 운영해야 한다.

58. 조례와 규칙에 관한 설명으로 옳지 않은 것은?

① 조례는 지방의회의 의결을 거쳐 제정한다.
② 규칙은 지방자치단체의 장이 제정한 법규범이다.
③ 지방자치단체는 법령의 범위에서 그 사무에 관하여 조례를 제정할 수 있다.
④ 시·군 및 자치구의 규칙은 시·도의 규칙보다 상위 법규범이다.
⑤ 조례는 규칙보다 상위 법규범이다.

59. 사회보장기본법상 사회보장 비용의 부담에 관한 설명으로 옳지 않은 것은?

① 사회보장 비용의 부담은 국가, 지방자치단체 및 민간부문 간에 합리적으로 조정되어야 한다.
② 공공부조에 드는 비용은 지방자치단체가 전부 부담한다.
③ 부담 능력이 있는 국민에 대한 사회서비스에 드는 비용은 그 수익자가 부담함을 원칙으로 한다.
④ 사회보험에 드는 비용은 사용자, 피용자 및 자영업자가 부담함을 원칙으로 한다.
⑤ 사회보험에 드는 비용의 일부를 관계 법령에서 정하는 바에 따라 국가가 부담할 수 있다.

60. 사회복지사업법상 사회복지사에 관한 설명으로 옳지 않은 것은?

① 피성년후견인 또는 피한정후견인은 사회복지사가 될 수 없다.
② 보건복지부장관은 사회복지사가 거짓이나 그 밖의 부정한 방법으로 자격을 취득한 경우 사회복지사 자격을 취소하여야 한다.
③ 보건복지부장관은 사회복지사가 자격정지 처분 기간에 자격증을 사용하여 자격 관련 업무를 수행한 경우 그 자격을 취소하거나 1년의 범위에서 정지시킬 수 있다.
④ 보건복지부장관은 자격이 취소된 사람에게는 그 취소된 날부터 2년 이내에 자격증을 재교부하지 못한다.
⑤ 사회복지법인에 종사하는 사회복지사는 정기적으로 인권에 관한 내용이 포함된 보수교육을 받아야 한다.

61. 사회복지사업법상 사회복지법인 설립허가를 반드시 취소하여야 하는 경우를 모두 고른 것은?

> ㄱ. 설립허가 조건을 위반하였을 때
> ㄴ. 목적 달성이 불가능하게 되었을 때
> ㄷ. 거짓이나 그 밖의 부정한 방법으로 설립허가를 받았을 때
> ㄹ. 법인 설립 후 기본재산을 출연하지 아니한 때

① ㄱ, ㄴ ② ㄱ, ㄷ ③ ㄴ, ㄷ
④ ㄴ, ㄹ ⑤ ㄷ, ㄹ

62. 사회복지사업법상 사회복지시설(이하 '시설'이라고 한다)에 관한 설명으로 옳은 것은?

① 사회복지관은 사회복지서비스를 직업 및 취업 알선이 필요한 사람에게 우선 제공할 수 없다.
② 시설의 장은 시설의 운영에 관한 사항을 의결하기 위하여 시설에 운영위원회를 두어야 한다.
③ 국가 또는 지방자치단체 외의 자가 시설을 설치·운영하려는 경우에는 시장·군수·구청장에게 신고하여야 한다.
④ 대통령령으로 정하는 경우를 제외하고, 각 시설의 수용인원은 200명을 초과할 수 없다.
⑤ 시설의 장은 비상근 겸직할 수 있다.

63. 아동복지법령상 아동보호전문기관의 업무가 아닌 것은?

① 아동학대 신고접수, 현장조사 및 응급보호
② 피해아동, 피해아동의 가족 및 아동학대행위자를 위한 상담·치료 및 교육
③ 아동학대예방 교육 및 홍보
④ 피해아동 및 피해아동 가정의 기능 회복 서비스 제공
⑤ 피해아동 가정의 사후관리

64. 노인복지법상 금지행위에 해당하는 것을 모두 고른 것은?

ㄱ. 노인에게 성적 수치심을 주는 성폭행·성희롱 등의 행위
ㄴ. 노인에게 구걸을 하게 하거나 노인을 이용하여 구걸하는 행위
ㄷ. 노인을 위하여 증여 또는 급여된 금품을 그 목적 외의 용도에 사용하는 행위

① ㄱ
② ㄷ
③ ㄱ, ㄴ
④ ㄴ, ㄷ
⑤ ㄱ, ㄴ, ㄷ

65. 장애인복지법의 내용으로 옳은 것은?

① 보건복지부장관 소속하에 장애인정책조정위원회를 둔다.
② 장애실태조사는 5년마다 실시하여야 한다.
③ 재외동포 및 외국인은 장애인 등록을 할 수 없다.
④ 장애인의 날은 매년 5월 20일이다.
⑤ 「장애인연금법」상의 중증장애인에게는 장애수당을 지급하지 아니한다.

66. 한부모가족지원법의 내용으로 옳은 것은?

① 보건복지부장관은 한부모가족 지원을 위하여 한부모가족 정책에 관한 기본계획을 5년마다 수립하여야 한다.
② 청소년 한부모란 25세 이하의 모 또는 부를 말한다.
③ 아동이란 18세 미만의 자를 말하되, 병역 면제인 자가 취학 중인 경우에는 22세 미만을 말한다.
④ 혼인 관계에 있지 아니한 자로서 출산 전 임신부는 출산지원시설을 이용할 때에도 이 법에 따른 지원 대상자가 될 수 없다.
⑤ 이 법에 따른 복지 급여는 생계비, 아동수당, 아동교육비, 아동양육비이다.

67. 가정폭력방지 및 피해자보호 등에 관한 법률의 내용으로 옳지 않은 것은?

① 피해자란 가정폭력으로 인하여 직접적으로 피해를 입은 자를 말한다.
② 사회복지법인과 그 밖의 비영리법인은 시장·군수·구청장의 인가를 받아 보호시설을 설치·운영할 수 있다.
③ 국가나 지방자치단체는 피해자나 피해자가 동반한 가정구성원이 아동인 경우 주소지 외의 지역에서 취학할 필요가 있을 때에는 그 취학이 원활히 이루어지도록 지원하여야 한다.
④ 유치원의 장, 어린이집의 원장, 초·중등학교의 장은 가정폭력의 예방과 방지를 위하여 필요한 교육을 실시하고, 그 결과를 여성가족부장관에게 제출하여야 한다.
⑤ 단기보호시설은 피해자등을 6개월의 범위에서 보호하는 시설이다.

68. 국민기초생활 보장법상 국내에 체류하고 있는 외국인에 대한 특례를 적용할 수 없는 자는?

① 대한민국 국민과 혼인하여 본인 또는 배우자가 임신 중인 자
② 대한민국 국적의 미성년 자녀를 양육하고 있는 자
③ 배우자의 대한민국 국적인 직계존속과 생계를 같이하고 있는 자
④ 배우자의 대한민국 국적인 직계존속과 주거를 같이하고 있는 자
⑤ 대한민국 국적의 성인 장애인과 함께 생활하고 있는 자

69. 국민기초생활 보장법상 자활지원사업 수행기관에게 요구되는 개인정보보호에 관한 설명으로 옳지 않은 것은?

① 보건복지부장관은 수행기관의 통합정보전산망 사용 요청에 대하여 특별한 사정이 없는 한 모든 정보를 제공하여야 한다.
② 수행기관은 보건복지부장관에게 통합정보전산망 사용을 요청하는 경우 보안교육 등 자활지원사업 참여자의 개인정보에 대한 보호대책을 마련하여야 한다.
③ 수행기관은 통합정보전산망을 이용하고자 하는 경우 사전에 정보주체의 동의를 받아야 한다.
④ 사회보장급여 수급이력 등 개인정보는 수행기관에서 자활지원사업을 담당하는 자 중 해당 기관의 장으로부터 개인정보 취급승인을 받은 자만 취급할 수 있다.
⑤ 자활지원사업 업무에 종사하였던 자는 자활지원사업 업무 수행과 관련하여 알게 된 개인·법인의 정보를 다른 용도로 사용해서는 아니 된다.

70. 기초연금법상 기초연금 수급권을 상실하게 되는 경우가 아닌 것을 모두 고른 것은?

ㄱ. 사망한 때
ㄴ. 국적을 상실한 때
ㄷ. 장기요양등급판정을 받은 때
ㄹ. 국외로 이주한 때

① ㄴ
② ㄷ
③ ㄱ, ㄴ
④ ㄷ, ㄹ
⑤ ㄱ, ㄷ, ㄹ

71. 의료급여법의 내용으로 옳은 것은?

① 「입양특례법」에 따라 국내에 입양된 아동은 25세까지 수급권자로 특례 적용된다.
② 수급권자가 업무 또는 공무로 생긴 질병·부상·재해로 다른 법령에 따른 급여나 보상을 받게 되는 경우에는 이 법에 따른 의료급여를 하지 아니한다.
③ 의료급여에 관한 업무는 수급권자의 출생지를 관할하는 시장·군수·구청장이 한다.
④ 「지역보건법」에 따라 설치된 보건소는 의료급여기관이 될 수 없다.
⑤ 시장·군수·구청장은 수급권자가 정당한 이유 없이 의료급여기관의 진료에 관한 지시에 따르지 아니한 경우에도 의료급여를 제한해서는 아니 된다.

72. 국민건강보험법상 국민건강보험공단에 관한 설명으로 옳지 않은 것은?

① 요양급여 외에 임신·출산 진료비, 장제비, 상병수당, 그 밖의 급여를 실시할 수 있다.
② 가입자와 피부양자에 대하여 질병의 조기 발견과 그에 따른 요양급여를 하기 위하여 건강검진을 실시한다.
③ 회계연도마다 예산안을 독자적으로 편성하고 지출할 수 있다.
④ 고의 또는 중대한 과실로 인한 범죄행위에 그 원인이 있는 경우 보험급여를 하지 아니한다.
⑤ 보험료등의 납부의무자가 납부기한까지 보험료등을 내지 아니하면 그 납부기한이 지난 날부터 매 1일이 경과할 때마다 연체금을 징수한다.

73. 산업재해보상보험법상 보험급여의 종류가 아닌 것은?

① 요양급여　　② 휴업급여　　③ 예방·재활급여
④ 상병보상연금　　⑤ 직업재활급여

74. 고용보험법상 명시되어 있는 고용보험사업을 모두 고른 것은?

| ㄱ. 고용안정·직업능력개발 사업 | ㄴ. 실업급여 |
| ㄷ. 육아휴직 급여 | ㄹ. 자활급여 |

① ㄱ, ㄴ　　② ㄱ, ㄷ　　③ ㄴ, ㄷ
④ ㄱ, ㄴ, ㄷ　　⑤ ㄴ, ㄷ, ㄹ

75. 노인장기요양보험법상 장기요양인정에 관한 설명으로 옳지 않은 것은?

① 장기요양기관은 수급자를 대리하여 장기요양인정을 신청한다.
② 대통령령으로 정하는 경우를 제외하고, 장기요양인정을 신청하는 자는 국민건강보험공단에 장기요양인정신청서에 의사 또는 한의사가 발급하는 소견서를 첨부하여 제출하여야 한다.
③ 국민건강보험공단은 장기요양인정 신청서를 접수한 때 소속 직원으로 하여금 신청인의 심신상태, 신청인에게 필요한 장기요양급여의 종류 및 내용 등에 대하여 조사하게 하여야 한다.
④ 등급판정위원회는 신청인이 신청자격요건을 충족하고 6개월 이상 동안 혼자서 일상생활을 수행하기 어렵다고 인정하는 경우 등급판정기준에 따라 수급자로 판정한다.
⑤ 국민건강보험공단은 등급판정위원회가 장기요양인정 및 등급판정의 심의를 완료한 경우 지체 없이 장기요양인정서를 작성하여 수급자에게 송부하여야 한다.

2024년도 제22회 사회복지사 1급
1교시 | 사회복지기초

문제형별	시간	시험영역
A	50분	• 인간행동과 사회환경 • 사회복지조사론

※ 본 책의 마지막 페이지에 수록된 OCR 답안카드를 활용하여 실제 시험처럼 제한시간 내에 마킹까지 완료하는 연습을 해보세요.

각 문제에서 요구하는 가장 적합한 답 1개만을 고르시오.

사회복지기초(인간행동과 사회환경)

1. 인간발달이론이 사회복지실천에 미친 영향으로 옳지 않은 것은?

   ① 스키너(B. Skinner) 이론은 행동결정요인으로 인지와 정서의 중요성을 이해하는 계기를 제공하였다.
   ② 융(C. Jung) 이론은 중년기 이후의 발달을 이해하는데 도움을 제공하였다.
   ③ 에릭슨(E. Erikson) 이론은 생애주기별 실천개입의 기반을 제공하였다.
   ④ 프로이트(S. Freud) 이론은 인간행동의 무의식적 측면을 심층적으로 분석할 수 있는 기반을 제공하였다.
   ⑤ 매슬로우(A. Maslow) 이론은 인간의 욕구를 파악할 수 있는 근거를 마련하였다.

2. 인간발달에 관한 설명으로 옳은 것은?

   ① 긍정적·상승적 변화는 발달로 간주하지만, 부정적·퇴행적 변화는 발달로 보지 않는다.
   ② 순서대로 진행되고 예측가능하다는 특징이 있다.
   ③ 인간의 전반적 변화를 다루기 때문에 개인차는 중요하지 않다고 본다.
   ④ 키·몸무게 등의 질적 변화와 인지특성·정서 등의 양적 변화를 모두 포함하는 개념이다.
   ⑤ 각 발달단계에서의 발달 속도는 거의 일정한 것으로 알려져 있다.

3. 문화와 관련된 설명으로 옳지 않은 것은?

   ① 문화는 인간집단의 생활양식의 총체로 정의할 수 있다.
   ② 다문화주의는 다양한 문화나 언어를 공유하고 상호 존중하여 적극 수용하려는 입장을 취한다.
   ③ 베리(J. Berry)의 이론에서 동화(assimilation)는 자신의 고유문화와 새로운 문화를 모두 존중하는 상태를 의미한다.
   ④ 문화는 학습되고 전승되는 특징이 있다.
   ⑤ 주류와 비주류 문화 사이의 권력 차이로 차별이 발생할 수 있다.

4. 스키너(B. Skinner)의 이론에 관한 설명으로 옳지 않은 것은?

　① 강화계획 중 반응율이 가장 높은 것은 가변비율(variable-ratio) 계획이다.
　② 정적 강화물의 예시로 음식, 돈, 칭찬 등을 들 수 있다.
　③ 인간행동은 예측가능하며 통제될 수 있다고 본다.
　④ 인간의 창조성과 자아실현을 강조한다.
　⑤ 부적 강화는 바람직한 행동의 빈도를 증가시키는데 초점을 둔다.

5. 학자와 주요개념의 연결로 옳은 것을 모두 고른 것은?

　　ㄱ. 로저스(C. Rogers) - 자기실현 경향성
　　ㄴ. 벡(A. Beck) - 비합리적인 신념
　　ㄷ. 반두라(A. Bandura) - 행동조성
　　ㄹ. 아들러(A. Adler) - 집단무의식

　① ㄱ　　　　　　　　② ㄱ, ㄴ　　　　　　　　③ ㄴ, ㄷ
　④ ㄱ, ㄴ, ㄷ　　　　⑤ ㄴ, ㄷ, ㄹ

6. 아들러(A. Adler)의 이론에 관한 설명으로 옳은 것은?

　① 성격은 점성원리에 따라 발달한다.　　② 개인의 창조성을 부정한다.
　③ 무의식적 결정론을 고수하고 있다.　　④ 유전적·환경적 요인의 중요성을 배제한다.
　⑤ 인간을 목표지향적 존재로 본다.

7. 에릭슨(E. Erikson)의 심리사회적 발달단계 위기와 성취 덕목(virtue)이 옳게 연결된 것은?

　① 근면성 대 열등감 - 성실(fidelity)
　② 주도성 대 죄의식 - 목적(purpose)
　③ 신뢰 대 불신 - 의지(will)
　④ 자율성 대 수치심과 의심 - 능력(competence)
　⑤ 정체감 대 정체감 혼란 - 희망(hope)

8. 로저스(C. Rogers) 이론에 관한 설명으로 옳지 않은 것은?

① 개인의 잠재력 실현을 위하여 조건적 긍정적 관심의 제공이 중요함을 강조하였다.
② 자기실현을 완성하는 사람의 특성을 완전히 기능하는 사람(fully functioning person)이라는 용어로 제시하였다.
③ 클라이언트에 대한 공감적 이해의 중요성을 강조하였다.
④ 주관적이고 사적인 경험 세계를 강조하였다.
⑤ 인간을 긍정적이며 창조적인 존재로 보았다.

9. 융(C. Jung)의 이론에 관한 설명으로 옳은 것은?

① 정신분석(psychoanalysis)이론이라 불린다.
② 사회적 관심과 활동수준을 기준으로 심리적 유형을 8가지로 구분하였다.
③ 발달단계에 관하여 언급하지 않았다는 특징을 지니고 있다.
④ 개성화(individuation)를 통한 자기실현과정을 중요시하였다.
⑤ 성격형성에 있어서 창조적 자기(creative self)의 역할을 강조하였다.

10. 반두라(A. Bandura)의 이론에 관한 설명으로 옳은 것을 모두 고른 것은?

> ㄱ. 개인의 신념, 기대와 같은 인지적 요인을 중요시 하였다.
> ㄴ. 대리적 강화(vicarious reinforcement)의 중요성을 강조하였다.
> ㄷ. 자기효능감을 높이는 가장 효과적인 방법으로 대리적 경험을 제시하였다.
> ㄹ. 외부로부터 주어지는 강화의 중요성을 강조하는 자기강화(self reinforcement)의 개념을 제시하였다.

① ㄱ ② ㄴ ③ ㄱ, ㄴ
④ ㄴ, ㄷ, ㄹ ⑤ ㄱ, ㄴ, ㄷ, ㄹ

11. 방어기제와 그 예시로 옳지 않은 것은?

① 합리화(rationalization): 지원한 회사에 불합격한 후 그냥 한번 지원해본 것이며 합격했어도 다니지 않았을 것이라 생각한다.
② 억압(repression): 시험을 망친 후 성적발표 날짜를 아예 잊어버린다.
③ 투사(projection): 자신이 싫어하는 직장 상사에 대해서 상사가 자기를 싫어하기 때문에 사이가 나쁘다고 여긴다.
④ 반동형성(reaction formation): 관심이 가는 이성에게 오히려 짓궂은 말을 하게 된다.
⑤ 전치(displacement): 낮은 성적을 받은 이유를 교수가 중요치 않은 문제만 출제한 탓이라 여긴다.

12. 피아제(J. Piaget)의 이론에 관한 설명으로 옳지 않은 것은?

① 인간은 자신과 환경 사이에 조화로운 관계인 평형화(equilibration)를 이루고자 하는 경향성이 있다.
② 감각운동기에 대상영속성(object permanence)을 획득한다.
③ 조절(accommodation)은 새로운 정보를 접했을 때 기존의 도식을 변경하는 것을 말한다.
④ 구체적 조작기에는 추상적 사고가 가능해진다.
⑤ 보존(conservation) 개념 획득을 위해서는 동일성, 가역성, 보상성의 원리를 이해해야 한다.

13. 생태체계 이론의 중간체계(meso system)에 관한 설명으로 옳은 것은?

① 미시체계 간의 상호작용에 초점을 둔다.
② 개인이 직접적으로 대면하는 체계를 의미한다.
③ 신념, 태도, 전통 등을 통해 영향력을 행사한다.
④ 대표적인 중간체계로 가족과 집단을 들 수 있다.
⑤ 문화, 정치, 사회, 법, 종교 등이 해당된다.

14. 체계로서의 지역사회에 관한 설명으로 옳은 것을 모두 고른 것은?

ㄱ. 지역을 중심으로 형성된 공동체적 특징을 지닌다.
ㄴ. 구성원에게 사회규범에 순응하도록 규제하는 사회통제의 기능을 지닌다.
ㄷ. 사회가 향유하는 지식, 가치 등을 구성원에게 전달하는 기능을 지닌다.
ㄹ. 외부와 상호작용을 통하여 엔트로피(entropy) 상태를 유지하는 것이 필요하다.

① ㄱ
② ㄱ, ㄴ
③ ㄱ, ㄴ, ㄷ
④ ㄴ, ㄷ, ㄹ
⑤ ㄱ, ㄴ, ㄷ, ㄹ

15. 브론펜브레너(U. Bronfenbrenner)의 생태체계이론에서 다음에 해당하는 개념으로 옳은 것은?

○ 전 생애에 걸쳐 발생하는 변화와 사회역사적인 환경을 포함한다.
○ 인간의 생에 단일 사건뿐 아니라 시간의 경과와 함께 연속적으로 일어나는 사건들이 누적되어 영향을 미친다는 것을 보여주고 있다.

① 미시체계(micro system)
② 외체계(exo system)
③ 거시체계(macro system)
④ 환류체계(feedback system)
⑤ 시간체계(chrono system)

16. 다음에 해당하는 개념으로 옳은 것은?

> ○ 한 체계에서 일부가 변화하면 그 변화가 체계의 나머지 부분들의 변화를 초래하게 되는 개념을 말한다.
> ○ 예시로는 회사에서 간부 직원이 바뀌었을 때, 파생적으로 나타나는 조직의 변화 및 직원 역할의 변화 등을 들 수 있다.

① 균형(equilibrium) ② 호혜성(reciprocity) ③ 안정상태(steady state)
④ 항상성(homeostasis) ⑤ 적합성(goodness of fit)

17. 영아기(0-2세)에 관한 설명으로 옳은 것은?

① 콜버그(L. Kohlberg): 전인습적 도덕기에 해당한다.
② 에릭슨(E. Erikson): 주 양육자와의 "신뢰 대 불신"이 중요한 시기이다.
③ 피아제(J. Piaget): 보존(conservation) 개념이 확립되는 시기이다.
④ 프로이트(S. Freud): 거세불안(castration anxiety)을 경험하는 시기이다.
⑤ 융(C. Jung): 생활양식이 형성되는 시기이다.

18. 청소년기(13-19세)에 관한 설명으로 옳지 않은 것은?

① 신체적 측면에서 제2의 급성장기이다.
② 심리적 이유기의 특징을 보인다.
③ 부모보다 또래집단의 영향력이 커진다.
④ 피아제(J. Piaget)에 의하면 비가역적 사고의 특징이 나타나는 시기이다.
⑤ 프로이트(S. Freud)의 심리성적발달단계에서 생식기에 해당한다.

19. 유아기(3-6세)에 관한 설명으로 옳지 않은 것은?

① 자신의 성을 인식하는 성 정체성이 발달한다.
② 놀이를 통한 발달이 활발한 시기이다.
③ 신체적 성장이 영아기(0-2세)보다 빠른 속도로 진행된다.
④ 언어발달이 현저하게 이루어지는 시기이다.
⑤ 정서적 표현의 특징은 일시적이며 유동적이다.

20. 청년기(20-39세)에 관한 설명으로 옳은 것은?

① 에릭슨(E. Erikson)은 근면성의 발달을 중요한 과업으로 보았다.
② 다른 시기에 비하여 경제적으로 안정되어 있고 직업에서도 높은 지위와 책임을 갖게 된다.
③ 빈둥지 증후군을 경험하는 시기이다.
④ 또래와의 상호작용을 통하여 자아개념이 발달하기 시작한다.
⑤ 직업 준비와 직업선택에 대한 의사결정을 하는 시기이다.

21. 생애주기와 발달적 특징의 연결로 옳지 않은 것은?

① 영아기(0-2세) - 애착발달
② 아동기(7-12세) - 자아정체감 확립
③ 청소년기(13-19세) - 제2차 성징의 발달
④ 중년기(40-64세) - 신진대사의 저하
⑤ 노년기(65세 이상) - 내향성과 수동성의 증가

22. 다음 중 태내기(수정-출산)에 관한 설명으로 옳지 않은 것은?

① 배종기(germinal period)는 수정 후 수정란이 자궁벽에 착상할 때까지의 시기를 말한다.
② 임신 3개월이 지나면 태아의 성별구별이 가능해진다.
③ 양수검사(amniocentesis)를 통해서 다운 증후군 등 다양한 유전적 결함을 판별할 수 있다.
④ 임신 중 어머니의 과도한 음주는 태아알콜증후군(fetal alcohol syndrome)을 초래할 수 있다.
⑤ 배아의 구성은 외배엽과 내배엽으로 이루어지며, 외배엽은 폐, 간, 소화기관 등을 형성하게 된다.

23. 중년기(40-64세)의 설명으로 옳은 것은?

① 에릭슨(E. Erikson)에 의하면 "생산성 대 침체"라는 심리사회적 위기를 극복하게 되면 돌봄(care)의 덕목을 갖추게 된다.
② 유동성 지능(fluid intelligence)은 높아지며 문제해결능력도 향상될 수 있다.
③ 자아통합이 완성되는 시기로 자신의 삶에 대한 평가를 시도한다.
④ 갱년기 증상은 여성에게 나타나고 남성은 경험하지 않는다.
⑤ 융(C. Jung)에 의하면 남성에게는 아니무스가, 여성에게는 아니마가 드러나는 시기이다.

24. 아동기(7~12세)의 발달에 관한 설명으로 옳은 것을 모두 고른 것은?

ㄱ. 프로이트(S. Freud): 성 에너지(리비도)가 무의식 속에 잠복하는 잠재기(latency stage)
ㄴ. 피아제(J. Piaget): 보존, 분류, 유목화, 서열화 등의 개념을 점차적으로 획득
ㄷ. 콜버그(L. Kohlberg): 인습적 수준의 도덕성 발달단계로 옮겨가는 시기
ㄹ. 에릭슨(E. Erikson): "주도성 대 죄의식"의 발달이 중요한 시기

① ㄱ, ㄴ   ② ㄴ, ㄹ   ③ ㄱ, ㄴ, ㄷ
④ ㄱ, ㄷ, ㄹ   ⑤ ㄴ, ㄷ, ㄹ

25. 체계이론에 관한 설명으로 옳지 않은 것은?

① 넥엔트로피(negentropy)란 체계를 유지하고, 발전을 도모하고, 생존하는 것을 의미한다.
② 항상성(homeostasis)은 비교적 안정적으로 균형 상태를 유지하기 위한 체계의 경향을 말한다.
③ 경계(boundary)는 체계를 외부 환경과 구분 짓는 둘레를 말한다.
④ 다중종결성(multifinality)은 서로 다른 경로와 방법을 통해 같은 결과에 도달할 수 있음을 말한다.
⑤ 부적 환류(negative feedback)는 체계가 목적 달성이 어려운 방식으로 움직이고 있다는 정보를 제공하여 체계의 변화를 도모한다.

사회복지기초(사회복지조사론)

26. 과학철학에 관한 설명으로 옳지 않은 것은?

① 쿤(T. Kuhn)은 과학적 혁명에서 패러다임 전환을 제시하였다.
② 쿤(T. Kuhn)은 당대의 지배적 패러다임에서 벗어나지 않는 것을 정상과학이라고 지칭하였다.
③ 포퍼(K. Popper)는 쿤의 과학적 인식에 내재된 문제점을 극복하기 위하여 반증주의를 제시하였다.
④ 포퍼(K. Popper)의 반증주의는 연역법에 의존한다.
⑤ 포퍼(K. Popper)는 이론이란 증명되는 것이 아니라 반증되는 것이라고 하였다.

27. 과학적 탐구에서 제기되는 윤리적 문제에 관한 설명으로 옳지 않은 것은?

① 어떤 경우라도 연구참여자 속이기는 허용되지 않는다.
② 고지된 동의는 조사대상자의 판단능력을 고려하여야 한다.
③ 연구자는 기대했던 연구결과와 다르더라도 그 결과를 사실대로 보고해야 한다.
④ 사회복지조사에서는 비밀유지가 엄격히 지켜질 수 없는 상황이 발생할 수 있다.
⑤ 연구자는 개인정보 유출 등으로 인해 연구참여자에게 피해를 주지 않도록 신중을 기해야 한다.

28. 과학적 지식의 특성에 관한 설명으로 옳은 것을 모두 고른 것은?

ㄱ. 경험적으로 검증 가능하여야 한다.
ㄴ. 연구결과는 잠정적이며 수정될 수 있다.
ㄷ. 연구자의 주관적 가치 판단이 연구과정이나 결론에 작용하지 않도록 객관성을 추구한다.
ㄹ. 같은 절차를 다른 대상에 반복적으로 적용하여 같은 결과가 나오는지 검토할 수 있다.

① ㄱ, ㄷ
② ㄴ, ㄹ
③ ㄱ, ㄴ, ㄷ
④ ㄴ, ㄷ, ㄹ
⑤ ㄱ, ㄴ, ㄷ, ㄹ

29. 다음에서 설명하는 조사유형을 바르게 짝지은 것은?

> ㄱ. 동일한 표본을 대상으로 시간을 달리하여 추적 관찰하는 연구
> ㄴ. 일정연령이나 일정연령 범위 내 사람들의 집단이 조사대상인 종단연구

① ㄱ: 경향조사,　　　　　ㄴ: 코호트(cohort)조사
② ㄱ: 경향조사,　　　　　ㄴ: 패널조사
③ ㄱ: 코호트(cohort)조사,　ㄴ: 경향조사
④ ㄱ: 패널조사,　　　　　ㄴ: 경향조사
⑤ ㄱ: 패널조사,　　　　　ㄴ: 코호트(cohort)조사

30. 분석단위에 관한 설명으로 옳은 것을 모두 고른 것은?

> ㄱ. 이혼, 폭력, 범죄 등과 같은 분석단위는 사회적 가공물(social artifacts)에 해당한다.
> ㄴ. 생태학적 오류는 집단에 대한 조사를 기초로 하여 개인을 분석단위로 주장하는 오류이다.
> ㄷ. 환원주의는 특정 분석단위 또는 변수가 다른 분석단위 또는 변수에 비해 관련성이 높다고 설명하는 경향이 있다.

① ㄴ
② ㄱ, ㄴ
③ ㄱ, ㄷ
④ ㄴ, ㄷ
⑤ ㄱ, ㄴ, ㄷ

31. 변수에 관한 설명으로 옳지 않은 것은?

① 매개변수(mediating variable)는 독립변수의 영향을 받아 종속변수에 영향을 미치는 변수이다.
② 통제변수(control variable)는 독립변수와 종속변수의 관계에 영향을 줄 수 있기 때문에 통제 대상이 되는 변수이다.
③ 독립변수는 결과변수이고 종속변수는 설명변수이다.
④ 조절변수(moderating variable)는 독립변수와 종속변수 간의 관계의 강도에 영향을 미칠 수 있다.
⑤ 변수들 간의 관계는 그 속성에 따라 직선이 아닌 곡선의 형태로도 나타날 수 있다.

32. 영가설(null hypothesis)과 연구가설(research hypothesis)에 관한 설명으로 옳은 것은?

① 연구가설은 연구의 개념적 틀 혹은 연구모형으로부터 도출될 수 있다.
② 연구가설은 그 자체를 직접 검정할 수 있다.
③ 영가설은 연구가설의 검정 결과에 따라 채택되거나 기각된다.
④ 연구가설은 수집된 자료에서 나타난 차이나 관계가 표본추출에서 오는 우연에 의한 것으로 진술된다.
⑤ 연구가설은 영가설에 대한 반증의 목적으로 설정된다.

33. 인과관계 추론에 관한 설명으로 옳은 것은?

① 독립변수들 사이의 상관관계는 인과관계 추론의 일차적 조건이다.
② 독립변수와 종속변수 간의 관계는 두 변수 모두의 원인이 되는 제3의 변수로 설명되어서는 안 된다.
③ 종속변수가 독립변수를 시간적으로 앞서야 한다.
④ 횡단적 연구는 종단적 연구에 비해 인과관계 추론에 더 적합하다.
⑤ 독립변수의 변화는 종속변수의 변화와 관련성이 없어야 한다.

34. 척도의 종류가 올바르게 짝지어진 것은?

> ㄱ. 종교 – 기독교, 불교, 천주교, 기타
> ㄴ. 교육연수 – 정규 학교 교육을 받은 기간(년)
> ㄷ. 학점 – A, B, C, D, F

① ㄱ: 명목척도, ㄴ: 서열척도, ㄷ: 비율척도
② ㄱ: 명목척도, ㄴ: 비율척도, ㄷ: 서열척도
③ ㄱ: 비율척도, ㄴ: 등간척도, ㄷ: 서열척도
④ ㄱ: 서열척도, ㄴ: 등간척도, ㄷ: 비율척도
⑤ ㄱ: 서열척도, ㄴ: 비율척도, ㄷ: 명목척도

35. 측정의 수준이 서로 다른 변수로 묶인 것은?

① 대학 전공, 아르바이트 경험 유무
② 복지비 지출 증가율, 월평균 소득(만원)
③ 온도(℃), 지능지수(IQ)
④ 생활수준(상, 중, 하), 혈액형
⑤ 성별, 현재 흡연여부

36. 측정에 관한 설명으로 옳지 않은 것은?

① 측정은 연구대상의 속성에 대하여 일정한 규칙에 따라 숫자나 기호를 부여하는 과정이다.
② 사회과학에서는 개념을 측정하기 위해 특질 자체를 측정하기 보다는 특질을 나타내는 지표를 사용하여 간접적으로 측정하는 경우가 많다.
③ 보가더스(Bogardus)의 사회적 거리척도는 등간척도의 한 종류이다.
④ 리커트(Likert) 척도는 각 문항의 점수를 합산하여 전체적인 경향이나 특성을 측정하는 방법이다.
⑤ 측정항목의 수를 많게 하면 신뢰도가 높아지는 경향이 있다.

37. 내적일관성 방법에 근거하여 신뢰도를 측정하는 방법으로 옳은 것을 모두 고른 것은?

| ㄱ. 검사-재검사법 | ㄴ. 조사자 간 신뢰도 |
| ㄷ. 알파계수 | ㄹ. 대안법 |

① ㄱ
② ㄷ
③ ㄴ, ㄷ
④ ㄱ, ㄷ, ㄹ
⑤ ㄴ, ㄷ, ㄹ

38. 신뢰도와 타당도에 관한 설명으로 옳은 것은?

① 타당도가 있다면 어느 정도 신뢰도가 있다고 볼 수 있다.
② 신뢰도가 높을 경우 타당도도 높다고 할 수 있다.
③ 요인분석법은 신뢰도를 측정하는 방법이다.
④ 신뢰도는 측정하려고 의도된 개념을 얼마나 정확하게 측정하는가를 나타내는 것이다.
⑤ 주어진 척도가 측정하고자 하는 내용을 담고 있다고 일련의 전문가가 판단할 때 판별타당도가 있다고 한다.

39. 다음 사례에 해당하는 표집용어와 관련한 내용으로 옳은 것은?

A종합사회복지관을 이용하는 노인들을 대상으로 노인맞춤돌봄서비스에 관한 설문조사를 위하여 노인 이용자명단에서 300명을 무작위 표본추출하였다.

① 모집단: 표본추출된 300명
② 표집방법: 할당표집
③ 관찰단위: 집단
④ 표집틀: 노인 이용자명단
⑤ 분석단위: 집단

40. 표집에 관한 설명으로 옳지 않은 것은?

① 의도적표집(purposive sampling)은 비확률표집이다.
② 할당표집(quota sampling)은 동일추출확률에 근거한다.
③ 눈덩이표집(snowball sampling)은 질적연구나 현장연구에서 많이 사용된다.
④ 집락표집(cluster sampling)은 모집단에 대한 표집틀이 갖추어지지 않더라도 사용가능하다.
⑤ 체계적표집(systematic sampling)은 주기성(periodicity)이 문제가 될 수 있다.

41. 표집오차(sampling error)에 관한 설명으로 옳지 않은 것은?

① 표본의 선정과정에서 발생하는 오차이다.
② 표집방법에 따라 달라질 수 있다.
③ 동일한 조건이라면 표본크기가 클수록 감소한다.
④ 모집단의 크기와 표본크기의 차이를 말한다.
⑤ 동일한 조건이라면 이질적 집단보다 동질적 집단에서 추출한 표본의 표집오차가 작다.

42. 질적연구에서 일반적으로 사용되는 표집방법이 아닌 것은?

① 판단(judgemental) 표집
② 체계적(systematic) 표집
③ 결정적 사례(critical case) 표집
④ 극단적 사례(extreme case) 표집
⑤ 최대변이(maximum variation) 표집

43. 다음 사례에 관한 설명으로 옳지 않은 것은?

> 다문화교육이 청소년들의 다문화수용성에 미치는 영향을 알아보기 위해 청소년 100명을 무작위로 두 집단으로 나누었다. 교육 실시 전 두 집단의 다문화수용성을 측정하고, 한 집단에만 다문화 교육을 실시한 후 다시 두 집단 모두 다문화수용성을 측정하였다.

① 전형적인 실험설계이다.
② 교육에 참여한 집단이 실험집단이다.
③ 외적 요인의 통제를 시도하지 않았다.
④ 내적 타당도의 저해요인이 발생할 수 있다.
⑤ 두 집단 간의 사전, 사후 측정치를 비교하여 효과를 판단할 수 있다.

44. 내용분석에 관한 설명으로 옳지 않은 것은?

① 반응적(reactive) 연구방법이다.
② 서베이(survey) 조사에서 사용하는 표본 추출방법을 사용할 수 있다.
③ 연구과정에서 실수를 하더라도 재조사가 가능하다.
④ 숨은 내용(latent content)의 분석이 가능하다.
⑤ 양적분석과 질적분석 모두 적용 가능하다.

45. 단일사례연구에 관한 설명으로 옳지 않은 것은?

① 복수의 각기 다른 개입방법을 연속적으로 도입할 수 없다.
② 시계열설계의 논리를 개별사례에 적용한 것이다.
③ 윤리적인 문제가 발생할 수 있다.
④ 실천과정과 조사연구과정이 통합될 수 있다.
⑤ 다중기초선 설계의 적용이 가능하다.

46. 질적연구에 관한 설명으로 옳은 것은?

① 변수중심의 분석이 이루어진다.
② 논리실증주의적 관점을 견지한다.
③ 인간행동의 규칙성과 보편성을 중시한다.
④ 모집단을 대표할 수 있는 표본을 추출한다.
⑤ 관찰로부터 이론을 도출하는 귀납적 방법을 활용한다.

47. 다음에서 설명하는 설계에 해당하는 것은?

> 심리상담 프로그램이 시설입소노인의 정서적 안정감에 미치는 영향을 알아보기 위해 사전조사 없이 A요양원의 노인들을 대상으로 프로그램을 실시하였다. 프로그램 종료 후, 인구사회학적 배경이 유사한 B요양원 노인들을 비교집단으로 하여 두 집단의 정서적 안정감을 측정하였다.

① 비동일 통제집단 설계　② 정태적 집단비교 설계　③ 다중시계열 설계
④ 통제집단 사후검사 설계　⑤ 플라시보 통제집단 설계

48. 질문 내용 및 방법의 표준화 정도가 낮은 자료수집 유형끼리 바르게 묶인 것은?

ㄱ. 스케줄-구조화 면접
ㄴ. 설문지를 이용한 면접조사
ㄷ. 심층면접
ㄹ. 비구조화 면접

① ㄱ, ㄴ
② ㄱ, ㄹ
③ ㄴ, ㄷ
④ ㄴ, ㄹ
⑤ ㄷ, ㄹ

49. 내적 타당도 저해 요인 중 통계적 회귀에 관한 설명으로 옳은 것은?

① 프로그램의 개입 후 측정치가 기초선으로 돌아가려는 경향
② 프로그램 개입의 효과가 완전한 선형관계로 나타나는 경향
③ 프로그램의 개입과 관계없이 사후검사 측정치가 평균값에 근접하려는 경향
④ 프로그램 개입 전부터 이미 이질적인 두 집단이 사후조사 결과에서도 차이가 나타나는 경향
⑤ 프로그램의 개입 전후에 각각 다른 측정도구로 측정함으로써 차이가 나타나는 경향

50. 완전참여자(complete participant)에 관한 설명으로 옳은 것은?

① 연구대상이 관찰된다는 사실을 알기에 자연적인 상태에서의 관찰이 불가능하다.
② 관찰대상과 상호작용 없이 연구대상을 관찰할 수 있다.
③ 관찰대상의 승인을 받고 관찰대상과 어울리면서도 객관성을 유지할 수 있다.
④ 관찰대상의 승인을 받지 않고 관찰한다는 점에서 연구윤리문제가 제기될 수 있다.
⑤ 관찰 상황을 인위적으로 통제한 상황에서 관찰을 진행할 수 있다.

2024년도 제22회 사회복지사 1급
2교시 | 사회복지실천

문제형별	시간	시험영역
A	75분	• 사회복지실천론 • 사회복지실천기술론 • 지역사회복지론

※ 본 책의 마지막 페이지에 수록된 OCR 답안카드를 활용하여 실제 시험처럼 제한시간 내에 마킹까지 완료하는 연습을 해보세요.

각 문제에서 요구하는 가장 적합한 답 1개만을 고르시오.

사회복지실천(사회복지실천론)

1. 사회복지실천의 사회통제적 측면과 관련성이 가장 높은 이념은?

① 인도주의
② 민주주의
③ 박애사상
④ 사회진화론
⑤ 다양화

2. 기능주의(functionalism)에서 강조한 내용으로 옳은 것을 모두 고른 것은?

ㄱ. 개인의 의지
ㄴ. 개인에 대한 심리 내적 진단
ㄷ. 전문가와 클라이언트 사이의 원조관계
ㄹ. 기관의 기능

① ㄱ, ㄴ
② ㄷ, ㄹ
③ ㄱ, ㄷ, ㄹ
④ ㄴ, ㄷ, ㄹ
⑤ ㄱ, ㄴ, ㄷ, ㄹ

3. 특정 문제에 대해 어떠한 서비스를 제공할 것인가 결정할 때, 클라이언트의 의사를 존중해주는 것을 의미하는 윤리적 쟁점은?

① 비밀보장
② 진실성 고수와 알 권리
③ 제한된 자원의 공정한 분배
④ 전문적 관계 유지
⑤ 클라이언트의 자기결정권

4. 인권에 관한 설명으로 옳지 않은 것은?

① 천부성은 인간이 세상에 태어나면서부터 존엄성을 가지고 태어났다는 의미이다.
② 자유권은 시민적, 정치적 권리이다.
③ 평화권은 국가들 간의 연대와 단결의 권리이다.
④ 보편성은 자기의 인권은 자기만이 소유할 수 있다는 의미이다.
⑤ 평등권은 경제적, 사회적, 문화적 권리이다.

5. 로웬버그와 돌고프(F. Loewenberg & R. Dolgoff)의 윤리적 원칙 중 다음 사례에서 아동학대전담공무원이 결정을 할 때 최우선적으로 고려해야 할 원칙은?

> 아동학대가 발생한 가정의 학대피해아동을 원가정에서 생활하도록 할 것인가 또는 학대피해아동쉼터에서 생활하도록 할 것인가에 대해 1차 결정을 해야 한다.

① 평등과 불평등의 원칙
② 최소 손실의 원칙
③ 사회정의 실현의 원칙
④ 진실성과 정보 개방의 원칙
⑤ 사생활보호와 비밀보장의 원칙

6. 1960년대와 1970년대 외원단체 활동이 우리나라 사회복지발달에 미친 영향으로 옳지 않은 것은?

① 사회복지가 종교와 밀접한 관련하에 전개되도록 하였다.
② 전문 사회복지의 시작을 촉발하였다.
③ 시설 중심보다 지역사회 중심의 사회복지가 발전하는 계기를 만들었다.
④ 사회복지가 거시적인 사회정책보다는 미시적인 사회사업 위주로 발전하게 하였다.
⑤ 사람들이 사회복지를 구호사업 또는 자선사업과 같은 것으로 인식하게 하였다.

7. 1929년 밀포드(Milford) 회의에서 발표한 사회복지사가 갖추어야 할 기본적인 지식 및 방법론에 관한 공통요소에 해당하지 않는 것은?

① 사회에서 받아들여지는 규범적 행동에서 벗어난 행동에 관한 지식
② 인간관계 규범의 활용도
③ 클라이언트 사회력(social history)의 중요성
④ 사회치료(social treatment)에 지역사회자원 활용
⑤ 집단사회사업의 목적, 윤리, 의무를 결정하는 철학적 배경 이해

8. 사회복지실천현장 분류의 예로 옳지 않은 것은?

① 1차 현장: 노인복지관
② 이용시설: 아동보호치료시설
③ 생활시설: 장애인거주시설
④ 2차 현장: 교정시설
⑤ 생활시설: 노인요양원

9. 강점관점에 관한 설명으로 옳은 것을 모두 고른 것은?

> ㄱ. 개입의 핵심은 개인과 가족, 지역사회의 참여이다.
> ㄴ. 클라이언트의 능력보다 전문가의 지식이 우선시 된다.
> ㄷ. 사회복지사는 클라이언트의 진술을 긍정적으로 재해석하여 활용한다.
> ㄹ. 현재 강점을 갖게 된 어린 시절의 원인 사건에 치료의 초점을 맞춘다.

① ㄱ
② ㄱ, ㄹ
③ ㄴ, ㄷ
④ ㄱ, ㄷ, ㄹ
⑤ ㄱ, ㄴ, ㄷ, ㄹ

10. 전문적 원조관계에 관한 설명으로 옳은 것은?

① 클라이언트의 문제와 욕구가 중심이 된다.
② 시간적 제한을 두지 않는 관계이다.
③ 전문가의 권위는 부정적 작용을 한다.
④ 전문가가 자신과 원조 방법에 대해 통제해서는 안 된다.
⑤ 클라이언트는 전문가의 지시에 무조건 따라야 한다.

11. 핀커스와 미나한(A. Pincus & A. Minahan)의 4체계 모델을 다음 사례에 적용할 때 대상과 체계의 연결로 옳은 것은?

> 가족센터의 교육 강좌를 수강 중인 결혼이민자 A는 최근 결석이 잦아졌다. A의 이웃에 살며 자매처럼 친하게 지내는 변호사 B에게서 A의 근황을 전해들은 가족센터 소속의 사회복지사 C는 A와 연락 후 가정방문을 하여 A와 남편 D, 시어머니 E를 만나 이야기를 나누었다. C는 가족센터를 이용하면 '바람이 난다'라고 여긴 E가 A를 통제하고 있는 것을 알게 되었다. 또한, D는 A를 지지하고 싶지만 E의 눈치를 보느라 소극적으로 행동하는 것도 파악하였다. A의 도움 요청을 받은 C는 우선 E의 변화를 통해 상황을 개선해보고자 한다.

① 결혼이민자(A): 행동체계
② 변호사(B): 전문가체계
③ 사회복지사(C): 의뢰-응답체계
④ 남편(D): 변화매개체계
⑤ 시어머니(E): 표적체계

12. 임파워먼트 모델에 관한 설명으로 옳은 것은?

    ① 병리적 관점에 기초를 둔다.
    ② 어떤 경우에도 환경의 변화를 추구하지 않는다.
    ③ 클라이언트의 적극적인 참여를 강조한다.
    ④ 전문성을 기반으로 사회복지사는 클라이언트를 통제한다.
    ⑤ 클라이언트에 대한 정확한 진단을 최우선으로 한다.

13. 통합적 접근 방법에 관한 설명으로 옳지 않은 것은?

    ① 클라이언트의 참여와 개별성을 강조한다.
    ② 광범위하고 포괄적으로 문제를 규정한다.
    ③ 클라이언트의 잠재력에 대해 미래지향적 관점을 갖는다.
    ④ 전통적 접근 방법인 개별사회사업과 집단사회사업을 지역사회조직으로 통합하였다.
    ⑤ 사회복지실천 과정에서 공통적으로 적용 가능한 개념이나 원리 등이 있음을 전제한다.

14. 사회복지실천 관계의 요소인 헌신과 의무에 관한 설명으로 옳은 것을 모두 고른 것은?

    ㄱ. 일관성을 포함하는 개념이다.
    ㄴ. 원조관계에서 책임감과 관련이 있다.
    ㄷ. 원조관계의 목적을 달성하기 위해 필요하다.
    ㄹ. 클라이언트는 헌신을 해야 하나 의무를 갖지는 않는다.

    ① ㄴ
    ② ㄱ, ㄴ, ㄷ
    ③ ㄱ, ㄷ, ㄹ
    ④ ㄴ, ㄷ, ㄹ
    ⑤ ㄱ, ㄴ, ㄷ, ㄹ

15. 한국 사회복지사 윤리강령에서 '사회복지사의 윤리기준' 중 '클라이언트에 대한 윤리기준' 영역에 해당하지 않는 것은?

    ① 서비스의 종결
    ② 기록·정보 관리
    ③ 직업적 경계 유지
    ④ 정보에 입각한 동의
    ⑤ 이해 충돌에 대한 대처

16. 전문적 원조관계 형성의 장애요인이 아닌 것은?

① 전문가의 권위
② 변화에 대한 저항
③ 클라이언트의 전문가에 대한 부정적 전이
④ 전문가의 클라이언트에 대한 역전이
⑤ 클라이언트의 불신

17. 사회복지실천 관계의 요소인 수용에 관한 설명으로 옳지 않은 것은?

① 클라이언트를 있는 그대로 이해한다.
② 클라이언트의 부정적인 감정도 받아들인다.
③ 사회규범에서 벗어난 행동도 허용할 수 있다.
④ 편견이나 선입관을 줄여나가면 수용에 도움이 된다.
⑤ 클라이언트가 안도감을 갖게 하여 현실적인 방법으로 문제 대처를 할 수 있도록 돕는다.

18. 사정(assessment)의 특성으로 옳지 않은 것은?

① 클라이언트의 강점을 포함해야 한다.
② 사회복지사의 지식적 근거가 필요하다.
③ 사회복지사와 클라이언트의 상호작용 과정이다.
④ 클라이언트를 완전히 이해하는 것은 한계가 있다.
⑤ 사회복지실천의 초기 단계에서만 이루어진다.

19. 사례관리자의 역할에 관한 예로 옳은 것은?

① 중개자: 독거노인의 식사지원을 위해 지역사회 내 무료급식소 연계
② 상담가: 욕구사정을 통해 클라이언트에 대한 체계적인 개입 계획을 세움
③ 조정자: 사례회의에서 시청각장애인의 입장을 대변하여 이야기함
④ 옹호자: 지역사회 기관 담당자들이 모여 난방비 지원사업에 중복 지원되는 대상자가 없도록 사례회의를 실시함
⑤ 평가자: 청소년기 자녀와 갈등을 겪고 있는 부모와 자녀 사이에 개입하여 상호 만족스러운 합의점을 도출함

20. 클라이언트가 타인이 하는 바람직한 행동을 보고 모방함으로써 행동의 변화를 가져오는 개입 기술은?

① 초점화   ② 모델링   ③ 환기
④ 직면   ⑤ 격려

21. 사례관리의 원칙에 해당하지 않는 것은?

① 서비스의 개별화   ② 서비스의 접근성   ③ 서비스의 연계성
④ 서비스의 분절성   ⑤ 서비스의 체계성

22. 다음 사례에서 사회복지사가 자료수집과정에서 사용한 정보의 출처가 아닌 것은?

> 사회복지사는 결석이 잦은 학생 A에 대한 상담을 하기 전 담임선생님으로부터 A와 반 학생들 사이에 갈등 관계가 있음을 들었다. 이후 상담을 통해 A가 반 학생들로부터 따돌림 당하고 있음을 알게 되었다. 상담 과정에서 A는 사회복지사와 눈을 맞추지 못하고 본인의 이야기를 하는 것에 주저하는 모습을 보이며 상담 내내 매우 위축된 모습이었다. 어머니와의 전화 상담을 통해 A가 집에서 가족들과 대화를 하지 않고 방안에서만 지내고 있다는 것을 알게 되었다.

① 클라이언트의 이야기   ② 클라이언트의 비언어적 행동
③ 상호작용의 직접적 관찰   ④ 주변인으로부터 정보 획득
⑤ 클라이언트와의 직접적 상호작용 경험

23. 경청에 관한 내용으로 옳지 않은 것은?

① 클라이언트와 시선을 맞추어야 한다.
② 클라이언트의 이야기에 반응하지 않아야 한다.
③ 클라이언트의 언어적·비언어적 표현을 함께 파악해야 한다.
④ 클라이언트의 감정과 사고를 이해하고 파악하는 것이다.
⑤ 클라이언트에 대한 열린 마음과 수용적인 태도가 필요하다.

24. 사회복지실천과정 중 계획수립단계에서 수행해야 하는 사회복지사의 과업은?

① 서비스 효과 점검 ② 실천활동에 대한 동료 검토 ③ 개입효과의 유지와 강화
④ 개입 목표 설정 ⑤ 평가 후 개입 계획 수정

25. 면접의 유형에 관한 예로 옳은 것을 모두 고른 것은?

> ㄱ. 정보수집면접: 갈등을 겪고 있는 부부를 대상으로 문제에 대한 과거력, 개인력, 가족력을 파악하는 면접을 진행함
> ㄴ. 사정면접: 클라이언트의 사회적응을 위해 환경변화를 목적으로 클라이언트와 관련 있는 중요한 사람과 면접을 진행함
> ㄷ. 치료면접: 학교폭력 피해학생의 자존감 향상을 위해 심리적 지지를 제공하는 면접을 진행함

① ㄱ ② ㄱ, ㄴ ③ ㄱ, ㄷ
④ ㄴ, ㄷ ⑤ ㄱ, ㄴ, ㄷ

사회복지실천(사회복지실천기술론)

26. 사회복지사가 가져야 할 지식의 내용으로 옳은 것을 모두 고른 것은?

ㄱ. 인간행동과 발달
ㄴ. 인간관계와 상호작용
ㄷ. 사회복지정책과 서비스
ㄹ. 사회복지사 자신에 관한 지식

① ㄱ
② ㄱ, ㄴ
③ ㄴ, ㄷ
④ ㄱ, ㄷ, ㄹ
⑤ ㄱ, ㄴ, ㄷ, ㄹ

27. 다음 설명에 해당하는 모델로 옳은 것은?

○ 구조화된 개입
○ 개입의 책임성 강조
○ 클라이언트의 자기결정권 강조
○ 클라이언트의 환경에 대한 개입

① 심리사회모델
② 위기개입모델
③ 해결중심모델
④ 인지행동모델
⑤ 과제중심모델

28. 해결중심모델의 개입목표 설정 원칙에 관한 설명으로 옳지 않은 것은?

① 클라이언트에게 중요한 것을 목표로 하기
② 작은 것을 목표로 하기
③ 목표를 종료보다는 시작으로 간주하기
④ 있는 것 보다 없는 것에 관심두기
⑤ 목표수행은 힘든 일이라고 인식하기

29. 위기개입모델의 중간단계 활동으로 옳지 않은 것은?

① 위기상황에 대한 초기사정을 실시한다.
② 클라이언트의 일상생활에 활용할 수 있는 자원과 지지체계를 찾아낸다.
③ 목표달성을 위한 구체적인 과제들에 대해 작업한다.
④ 위기사건 이후 상황과 관련된 자료를 보충한다.
⑤ 현재 위기와 관련된 과거 경험을 탐색한다.

30. 사회복지실천모델과 기법으로 옳지 않은 것은?

① 행동주의모델: 소거
② 해결중심모델: 대처질문
③ 과제중심모델: 유형 – 역동에 관한 고찰
④ 인지행동모델: 소크라테스식 문답법
⑤ 위기개입모델: 자살의 위험성 평가

31. 심리사회모델에 관한 설명으로 옳은 것을 모두 고른 것은?

> ㄱ. 심리사회모델을 체계화하는데 홀리스(F. Hollis)가 공헌하였다.
> ㄴ. "직접적 영향주기"는 언제나 사용 가능한 기법이다.
> ㄷ. "환기"는 클라이언트의 긍정적 감정을 표출시킨다.
> ㄹ. 간접적 개입기법으로 "환경조정"을 사용한다.

① ㄱ, ㄹ
② ㄴ, ㄷ
③ ㄷ, ㄹ
④ ㄴ, ㄷ, ㄹ
⑤ ㄱ, ㄴ, ㄷ, ㄹ

32. 인지행동모델 개입 기법에 관한 설명으로 옳은 것은?

① 행동시연: 관찰학습 과정을 통해 클라이언트가 시행착오를 거치지 않고 행동할 수 있도록 한다.
② 유머사용: 인지적 기법의 하나로서 비합리적인 신념에서 오는 불안을 감소시키는 데 유용하다.
③ 내적 의사소통 명료화: 클라이언트 스스로 자신에 대해 독백하고 사고하는 과정이다.
④ 역설적 의도(paradoxical intention): 클라이언트의 역기능적 사고를 인식하고 이를 현실적인 사고로 대치한다.
⑤ 이완훈련: 클라이언트가 가장 덜 위협적인 상황에서 가장 위협적인 상황까지 순서대로 제시한다.

33. 사회복지실천모델에 관한 설명으로 옳지 않은 것은?

① 역량강화모델의 발견단계에서는 사정, 분석, 계획하기를 수행한다.
② 클라이언트중심모델은 문제해결에 대한 클라이언트의 책임을 강조한다.
③ 행동주의모델에서는 인간을 병리적인 관점에서 바라본다.
④ 위기개입모델에서 위기는 사건 자체보다 사건에 대한 개인의 주관적 현실에 기반을 두고 있다.
⑤ 해결중심모델은 사회구성주의 시각을 가진다.

34. 정신역동모델 개입과정을 순서대로 옳게 나열한 것은?

    ㄱ. 동일시를 위한 자아구축 단계
    ㄴ. 클라이언트의 자기이해를 원조하는 단계
    ㄷ. 관계형성 단계
    ㄹ. 클라이언트가 독립된 자아정체감을 형성하도록 원조하는 단계

    ① ㄱ → ㄷ → ㄹ → ㄴ
    ② ㄴ → ㄷ → ㄱ → ㄹ
    ③ ㄴ → ㄹ → ㄷ → ㄱ
    ④ ㄷ → ㄱ → ㄹ → ㄴ
    ⑤ ㄷ → ㄴ → ㄱ → ㄹ

35. 사회복지사가 비자발적 클라이언트와 공감하는 기술로 옳은 것을 모두 고른 것은?

    ㄱ. 원하지 않는 면담이 클라이언트에게 힘들다는 것을 이해한다.
    ㄴ. 클라이언트의 행동을 사회복지사의 가치관에 맞추어 평가한다.
    ㄷ. 클라이언트의 어려움을 사회복지사가 도울 수 있다는 것을 알려준다.
    ㄹ. 클라이언트의 저항을 온화한 태도로 수용한다.

    ① ㄱ, ㄷ
    ② ㄴ, ㄹ
    ③ ㄱ, ㄴ, ㄹ
    ④ ㄱ, ㄷ, ㄹ
    ⑤ ㄴ, ㄷ, ㄹ

36. 생태체계적 관점에서 보는 가족에 관한 설명으로 옳지 않은 것은?

    ① 항상성: 가족구성원들이 현재 상태를 유지
    ② 경직된 경계: 가족이 다수의 복지서비스를 이용
    ③ 하위체계: 가족구성원들이 경계를 가지고 각자의 기능을 수행
    ④ 피드백: 가족이 사회환경과 환류를 주고 받으며 변화를 도모
    ⑤ 순환적 인과관계: 가족 한 사람의 행동이 다른 구성원에게 영향을 주어 가족 전체를 변화

37. 알코올 의존을 겪는 가장과 그 자녀의 상황에 사티어(V. Satir)의 의사소통 유형을 적용한 것으로 옳은 것은?

① 회유형: 모든 것이 자녀 때문이라며 자신이 외롭다고 함
② 초이성형: 스트레스가 유해하다는 연구를 인용하며 술이라도 마셔서 스트레스를 풀겠다고 침착하게 말함
③ 비난형: 어려서 고생을 많이 해서 그렇다며 벌떡 일어나 방 안을 왔다갔다 함
④ 산만형: 살기 힘들어 술을 마신다며 자신의 술 문제가 자녀 학업을 방해했다고 인정함
⑤ 일치형: 다른 사람들 말이 다 옳고 자신은 아무것도 아니라고 술 문제에 대한 벌을 달게 받겠다고 함

38. 가족치료모델의 개입 목표에 관한 설명으로 옳지 않은 것은?

① 이야기 가족치료: 문제중심 이야기에서 벗어나 새롭고 건설적인 가족 이야기 작성
② 구조적 가족치료: 가족관계 역기능을 유발하는 가족 위계와 경계의 변화 도모
③ 경험적 가족치료: 가족이 미분화에서 벗어나 가족체계의 변화를 달성
④ 전략적 가족치료: 의사소통과 행동 문제의 순환 고리를 끊고 연쇄작용 변화
⑤ 해결중심 가족치료: 문제가 일어나지 않는 예외상황을 찾아서 확대

39. 보웬(M. Bowen)의 다세대 가족치료의 기법이 적용된 사례에 관한 설명으로 옳지 않은 것은?

① 자아분화: 가족의 빈곤한 상황에서도 아동 자녀가 자율적으로 생각하고 행동함
② 삼각관계: 아동 자녀가 부모와의 갈등을 피하기 위해 경찰에 신고함
③ 정서적 체계: 부모의 긴장관계가 아동 자녀에게 주는 정서적 영향을 파악함
④ 가족투사 과정: 핵가족의 부부체계가 자신들의 불안을 아동 자녀에게 투영하는 과정을 검토함
⑤ 다세대 전이: 가족의 관계 형성이나 정서, 증상이 여러 세대에 걸쳐 전수되는 것을 파악함

40. 사회변화에 따라 달라지는 가족에 관한 설명으로 옳지 않은 것은?

① 가족 형태가 다양해지는 경향이 있다.
② 저출산 시대에는 무자녀 부부가 증가한다.
③ 세대구성이 단순화되면서 확대가족의 의미가 약화된다.
④ 단독으로 생계를 유지하는 경우는 가구의 범위에 속하지 않는다.
⑤ 양육, 보호, 교육, 부양 등에서 사회 이슈가 발생한다.

41. 다음과 같은 기법을 사용하는 가족치료모델은?

> ○ 가족구성원들 사이 힘의 우위에 따라 대칭적이거나 보완적 관계가 형성된다.
> ○ 비언어적 의사소통이 가족의 욕구를 나타내므로 메타 의사소통이 중요하다.
> ○ 가족이 문제행동을 유지하도록 지시함으로써 클라이언트가 통제력을 발휘한다.

① 전략적 가족치료모델　　② 해결중심 가족치료모델　　③ 구조적 가족치료모델
④ 다세대 가족치료모델　　⑤ 경험적 가족치료모델

42. 토스랜드와 리바스(R. Toseland & R. Rivas)가 분류한 집단 모델에 관한 설명으로 옳은 것은?

① 치료모델은 집단의 사회적 목표를 강조한다.
② 상호작용모델은 개인 치료를 위한 수단으로 집단을 강조한다.
③ 상호작용모델은 개인의 역기능 변화가 목적이다.
④ 사회적 목표모델은 민주시민의 역량 개발에 초점을 둔다.
⑤ 사회적 목표모델은 집단성원 간 투사를 활용한다.

43. 집단 사회복지실천 사정에 활용되는 것을 모두 고른 것은?

> ㄱ. 집단 사회복지사의 관찰　　ㄴ. 외부 전문가의 보고
> ㄷ. 표준화된 사정도구　　ㄹ. 집단성원의 자기관찰

① ㄱ, ㄴ　　② ㄱ, ㄹ　　③ ㄴ, ㄷ
④ ㄱ, ㄷ, ㄹ　　⑤ ㄱ, ㄴ, ㄷ, ㄹ

44. 집단에 관한 설명으로 옳은 것은?

① 개방형 집단은 폐쇄형 집단에 비해 집단 성원의 중도 가입이 어렵다.
② 개방형 집단은 폐쇄형 집단에 비해 응집력이 강하다.
③ 개방형 집단은 폐쇄형 집단에 비해 집단 성원의 역할이 안정적이다.
④ 폐쇄형 집단은 개방형 집단에 비해 집단 발달단계를 예측하기 어렵다.
⑤ 폐쇄형 집단은 개방형 집단에 비해 집단 규범이 안정적이다.

45. 집단 중간단계의 개입기술에 관한 설명으로 옳지 않은 것은?

① 집단성원 간 상호작용을 향상시킨다.
② 집단성원을 사후관리한다.
③ 집단의 목표를 달성하도록 원조한다.
④ 집단의 응집력을 향상시킨다.
⑤ 집단성원이 집단과정에 적극 활동하도록 촉진한다.

46. 집단 종결단계에서 사회복지사의 역할로 옳은 것을 모두 고른 것은?

ㄱ. 집단과정에서 성취한 변화를 지속적으로 유지하도록 돕는다.
ㄴ. 집단성원의 개별 목표를 설정한다.
ㄷ. 종결을 앞두고 나타나는 다양한 감정을 토론하도록 격려한다.
ㄹ. 집단에 대한 의존성을 서서히 감소시켜 나간다.

① ㄱ, ㄴ ② ㄷ, ㄹ ③ ㄱ, ㄴ, ㄹ
④ ㄱ, ㄷ, ㄹ ⑤ ㄴ, ㄷ, ㄹ

47. 역기능적 집단의 특성으로 옳은 것은?

① 자발적인 자기표출
② 문제 해결 노력의 부족
③ 모든 집단성원의 토론 참여
④ 집단성원 간 직접적인 의사소통
⑤ 집단 사회복지사를 존중

48. 집단 사회복지실천의 장점에 관한 설명으로 옳지 않은 것은?

① 모방행동: 기존의 행동을 고수한다.
② 희망의 고취: 문제가 개선될 수 있다는 희망을 갖게 한다.
③ 이타심: 위로, 지지 등으로 서로 도움을 주고 받는다.
④ 사회기술의 발달: 대인관계에 관한 사회기술을 습득한다.
⑤ 보편성: 다른 사람들도 비슷한 경험을 하는 것으로 위로를 받는다.

49. 사회복지실천 과정의 개입단계 기록에 포함될 내용으로 옳지 않은 것은?

① 클라이언트와의 활동
② 개입과정의 진전 상황
③ 클라이언트의 문제에 관한 추가 정보
④ 클라이언트에게 제공한 자원들
⑤ 클라이언트에 관한 사후지도 결과

50. 다음에 해당하는 단일사례설계유형에 관한 설명으로 옳지 않은 것은?

> 김 모 씨는 대인관계에 어려움이 있어서 지역사회복지관에서 실시하는 사회기술훈련프로그램에 참여하였다. 개입 전 4주간(주 2회) 조사를 실시하고 4주간(주 2회) 개입의 변화를 기록한 후 개입을 멈추고 다시 4주간(주 2회)의 변화를 기록하였다.

① 기초선을 두 번 설정한다.
② 통제집단을 활용한다.
③ 개입효과성에 대한 파악이 가능하다.
④ 표본이 하나다.
⑤ 조사기간이 길어진다.

사회복지실천(지역사회복지론)

51. 다음이 설명하는 것은?

> 1950년대 영국의 정신장애인과 지적장애인 시설수용보호에 대한 문제제기로 등장하였으며, 지역사회복지의 가치인 정상화(normalization)와 관련이 있다.

① 지역사회보호 ② 지역사회 사회·경제적 개발 ③ 자원개발
④ 정치·사회행동 ⑤ 주민조직

52. 길버트와 스펙트(N. Gilbert & H. Specht, 1974)가 제시한 지역사회의 기능은?

> 사회적 위험으로부터 어려움에 직면하게 되었을 때 구성원들 간에 서로 돕는 것

① 생산·분배·소비의 기능 ② 사회화의 기능 ③ 상부상조의 기능
④ 사회통합의 기능 ⑤ 사회통제의 기능

53. 우리나라의 지역사회복지 역사에 관한 설명으로 옳지 않은 것은?

① 향약은 주민 교화 등을 목적으로 한 지식인 간의 자치적인 협동조직이다.
② 오가통 제도는 일제강점기 최초의 인보제도이다.
③ 메리 놀스(M. Knowles)에 의해 반열방이 설립되었다.
④ 태화여자관은 메리 마이어스(M. D. Myers)에 의해 설립되었다.
⑤ 농촌 새마을운동에서 도시 새마을운동으로 확대되었다.

54. 영국의 지역사회복지 역사에 해당하지 않는 것은?

① 자선조직협회(COS)는 사회진화론에 영향을 받았다.
② 토인비홀은 사무엘 바네트(S. Barnett) 목사가 설립한 인보관이다.
③ 헐하우스는 제인 아담스(J. Adams)에 의해 설립되었다.
④ 시봄(Seebohm)보고서는 사회서비스의 협력과 통합을 제안하였다.
⑤ 그리피스(Griffiths)보고서는 지방정부의 책임을 강조하였다.

55. 지역사회복지 이론에 관한 설명으로 옳은 것은?

① 교환이론 - 자원의 교환을 통한 지역사회 발전 강조
② 자원동원이론 - 이익집단들 간의 갈등과 타협 강조
③ 다원주의이론 - 소수 엘리트에 의한 지역사회 발전 강조
④ 기능주의이론 - 지역사회 변화의 원동력을 갈등으로 간주
⑤ 사회자본이론 - 지역사회 하위체계의 기능과 역할 강조

56. 사회자본이론과 관련된 개념을 모두 고른 것은?

| ㄱ. 신뢰 | ㄴ. 호혜성 | ㄷ. 경계 | ㄹ. 네트워크 |

① ㄱ, ㄴ
② ㄷ, ㄹ
③ ㄱ, ㄴ, ㄷ
④ ㄱ, ㄴ, ㄹ
⑤ ㄱ, ㄴ, ㄷ, ㄹ

57. 다음을 설명하고 있는 이론은?

최근 A지방자치단체와 B지방자치단체는 중앙정부로부터 각각 100억 원의 복지 예산을 지원받았다. 노인복지단체가 많은 A지방자치단체는 지역 노인회의 요구로 노인복지 예산 편성 비율이 전체 예산의 50%를 차지하게 되었고, 상대적으로 젊은 층이 많이 거주하고 있는 B지방자치단체는 노인복지 예산의 편성비율이 20% 수준에 그쳤다.

① 교환이론
② 갈등주의이론
③ 사회체계이론
④ 사회자본이론
⑤ 다원주의이론

58. 다음 ( )에 들어갈 내용은?

사회복지사는 자신이 가지고 있는 가치와 신념, 행동과 관습 등이 참여자보다 상위에 있는 전문가라고 생각할 수 있기 때문에 (   )을/를 통하여 참여자들의 문화적 배경에 대해 배우고자 하는 자세가 필요하다.

① 상호학습
② 의사통제
③ 우월의식
④ 지역의 자치성
⑤ 서비스 영역의 일치성

59. 지역사회복지실천 원칙으로 옳은 것을 모두 고른 것은?

> ㄱ. 지역사회 욕구 변화에 따른 유연한 대응
> ㄴ. 지역사회 주민을 중심으로 개입 목표 설정과 평가
> ㄷ. 지역사회 특성의 일반화
> ㄹ. 지역사회의 자기결정권 강조

① ㄱ, ㄴ   ② ㄷ, ㄹ   ③ ㄱ, ㄴ, ㄷ
④ ㄱ, ㄴ, ㄹ   ⑤ ㄱ, ㄴ, ㄷ, ㄹ

60. 포플(K. Popple, 1996)의 지역사회복지실천 모델을 모두 고른 것은?

> ㄱ. 지역사회개발   ㄴ. 지역사회보호   ㄷ. 지역사회조직   ㄹ. 지역사회연계

① ㄱ, ㄴ   ② ㄷ, ㄹ   ③ ㄱ, ㄴ, ㄷ
④ ㄱ, ㄴ, ㄹ   ⑤ ㄱ, ㄴ, ㄷ, ㄹ

61. 다음 사례에서 사회복지사가 활용한 기술은?

> 행복시(市)에 근무하는 A사회복지사는 무력화되어 있는 클라이언트의 잠재 역량 및 자원을 인정하고 삶을 스스로 결정할 수 있도록 북돋아주었다.

① 자원동원 기술   ② 자원개발 기술   ③ 임파워먼트 기술
④ 조직화 기술   ⑤ 네트워크 기술

62. 지역사회 사정에 해당하지 않은 것은?

① 지역사회의 욕구를 파악한다.
② 협력·조정을 위한 네트워크를 구축한다.
③ 지역 공청회를 통해 주민 의견을 수렴한다.
④ 명목집단 등을 활용한 욕구의 우선순위를 결정할 수 있다.
⑤ 서베이, 델파이기법 등을 활용하여 자료를 수집한다.

63. 지역사회복지실천 과정의 순서로 옳은 것은?

   ㄱ. 지역사회 사정   ㄴ. 실행   ㄷ. 성과평가   ㄹ. 실행계획 수립

   ① ㄱ → ㄴ → ㄷ → ㄹ
   ② ㄱ → ㄹ → ㄴ → ㄷ
   ③ ㄹ → ㄱ → ㄴ → ㄷ
   ④ ㄹ → ㄱ → ㄷ → ㄴ
   ⑤ ㄹ → ㄴ → ㄷ → ㄱ

64. 지역사회개발 모델 중 조력자로서의 사회복지사 역할이 아닌 것은?

   ① 좋은 대인관계를 조성하는 일
   ② 지역사회를 진단하는 일
   ③ 불만을 집약하는 일
   ④ 공동의 목표를 강조하는 일
   ⑤ 조직화를 격려하는 일

65. 사회계획 모델에서 샌더스(I. T. Sanders)가 주장한 사회복지사의 역할이 아닌 것은?

   ① 분석가
   ② 조직가
   ③ 계획가
   ④ 옹호자
   ⑤ 행정가

66. 로스만(J. Rothman)의 사회행동 모델에 해당하지 않는 것은?

   ① 클라이언트 집단을 소비자로 본다.
   ② 변화를 위한 기본 전략은 '억압자에 대항하기 위한 규합'을 추구한다.
   ③ 지역사회 내 불평등한 권력구조의 변화를 지향한다.
   ④ 변화 매개체로 대중조직을 활용한다.
   ⑤ 여성운동, 빈민운동, 환경운동 등 시민운동에도 활용될 수 있다.

67. 연계기술에 해당하지 않는 것은?

   ① 클라이언트 중심의 사회적 관계망을 강화시킬 수 있다.
   ② 이용자 중심의 통합적 서비스를 제공할 수 있다.
   ③ 새로운 인프라 구축에 필요한 시간과 비용을 줄일 수 있다.
   ④ 사회복지시설의 서비스 중복·누락을 방지할 수 있다.
   ⑤ 지역사회 공공의제를 개발하고 주민 의식화를 강화할 수 있다.

68. 지방자치제에 관한 설명으로 옳은 것을 모두 고른 것은?

> ㄱ. 지방자치제는 자기통치원리를 담고 있다.
> ㄴ. 지방자치는 주민자치와 단체자치를 일컫는다.
> ㄷ. 지방자치단체는 사회복지시설을 평가할 수 있다.
> ㄹ. 지방자치법을 제정함으로써 지방 분권을 위한 법적 장치가 만들어졌다.

① ㄱ, ㄴ
② ㄷ, ㄹ
③ ㄱ, ㄴ, ㄷ
④ ㄱ, ㄴ, ㄹ
⑤ ㄱ, ㄴ, ㄷ, ㄹ

69. 지역사회보장에 관한 계획(이하 '지역사회보장계획'이라 한다)에 관한 설명으로 옳은 것은?

① 시장·군수·구청장은 4년마다 지역사회보장계획을 수립한 후 보건복지부장관에게 제출한다.
② 시·군·구의 지역사회보장계획은 시·도사회보장위원회의 심의를 거친다.
③ 지역사회보장계획은 사회복지사업법에 의거 매년 연차별 시행계획을 수립한다.
④ 시·도의 지역사회보장계획은 지역사회보장협의체의 심의를 거친다.
⑤ 지역사회보장계획의 수립 및 지역사회보장조사의 시기·방법 등에 필요한 사항은 대통령령으로 정한다.

70. 사회복지사업법상 ( )에 들어갈 내용으로 옳은 것은?

> **제34조의5(사회복지관의 설치 등)** ① 제34조제1항과 제2항에 따른 시설 중 사회복지관은 지역복지증진을 위하여 다음 각 호의 사업을 실시할 수 있다.
> 1. 지역사회의 특성과 지역주민의 복지욕구를 고려한 (ㄱ) 사업
> 2. 국가·지방자치단체 및 민간 부문의 사회복지서비스를 연계·제공하는 (ㄴ) 사업
> 3. 지역사회 복지공동체 활성화를 위한 복지자원 관리, 주민교육 및 (ㄷ) 사업

① ㄱ: 서비스 제공, ㄴ: 사례관리, ㄷ: 조직화
② ㄱ: 서비스 제공, ㄴ: 조직화, ㄷ: 사례관리
③ ㄱ: 사례관리, ㄴ: 서비스 제공, ㄷ: 조직화
④ ㄱ: 조직화, ㄴ: 사례관리, ㄷ: 재가복지
⑤ ㄱ: 조직화, ㄴ: 지역사회보호, ㄷ: 사례관리

71. 사회복지관의 사업내용 중 기능이 다른 것은?
   ① 지역 내 보호가 필요한 대상자 및 위기 개입 대상자 발굴
   ② 개입 대상자의 문제와 욕구에 맞는 맞춤형 서비스 제공을 위한 사례 개입
   ③ 지역 내 민간 및 공공자원 연계 및 의뢰
   ④ 발굴한 사례에 대한 개입계획 수립
   ⑤ 주민 협력 강화를 위한 주민의식 교육

72. 사회복지공동모금회법상 사회복지공동모금회에 관한 설명으로 옳지 않은 것은?
   ① 사회복지공동모금회는 사회복지법인이다.
   ② 특별시·광역시·특별자치시·도·특별자치도 단위 사회복지공동모금지회를 둔다.
   ③ 임원의 임기는 2년으로 하며, 한 차례만 연임할 수 있다.
   ④ 모금회가 아닌 자는 사회복지공동모금 또는 이와 유사한 명칭을 사용하지 못한다.
   ⑤ 사회복지활동 등을 지원하기 위한 재원을 조성하기 위하여 복권을 발행할 수 있다.

73. 다음 설명을 모두 충족하는 것은?

   ○ 지역공동체에 기반하여 활동한다.
   ○ 도시재생 활성화 및 지원에 관한 특별법에 근거를 두고 있다.
   ○ 주민이 지역자원을 활용한 수익사업을 통해 지역공동체를 활성화한다.

   ① 사회적기업   ② 마을기업   ③ 자활기업
   ④ 협동조합   ⑤ 자선단체

74. 아른스테인(S. Arnstein)이 분류한 주민참여단계에 해당하지 않는 것은?
   ① 협동관계   ② 정보제공   ③ 주민회유
   ④ 주민동원   ⑤ 권한위임

75. 우리나라 지역사회복지 환경 변화의 순서로 옳은 것은?

> ㄱ. 희망복지지원단 설치·운영
> ㄴ. 사회복지통합관리망(행복e음) 구축
> ㄷ. 지역사회통합돌봄(커뮤니티케어) 선도사업 시행
> ㄹ. '읍·면·동 복지 허브화' 사업 시행

① ㄱ → ㄴ → ㄷ → ㄹ   ② ㄱ → ㄴ → ㄹ → ㄷ   ③ ㄴ → ㄱ → ㄷ → ㄹ
④ ㄴ → ㄱ → ㄹ → ㄷ   ⑤ ㄴ → ㄷ → ㄱ → ㄹ

2024년도 제22회 사회복지사 1급
3교시 | 사회복지정책과 제도

문제형별	시간	시험영역
A	75분	• 사회복지정책론 • 사회복지행정론 • 사회복지법제론

※ 본 책의 마지막 페이지에 수록된 OCR 답안카드를 활용하여 실제 시험처럼 제한시간 내에 마킹까지 완료하는 연습을 해보세요.

각 문제에서 요구하는 가장 적합한 답 1개만을 고르시오.

사회복지정책과 제도(사회복지정책론)

1. 사회복지의 잔여적 개념과 제도적 개념에 관한 설명으로 옳은 것을 모두 고른 것은?

   ㄱ. 잔여적 개념에 따르면 개인은 기본적으로 가족과 시장을 통해 욕구를 충족시킨다.
   ㄴ. 제도적 개념에 따르면 가족과 시장에 의한 개인의 욕구 충족이 실패했을 때 국가가 잠정적·일시적으로 그 기능을 대신한다.
   ㄷ. 잔여적 개념은 작은 정부를 옹호하고 시장과 민간의 역할을 중시하는 보수주의자들의 선호와 맥락을 같이 한다.
   ㄹ. 제도적 개념은 사회복지를 시혜나 자선으로 보지 않지만 국가에 의해 주어진 것이므로 권리성은 약하다.

   ① ㄱ
   ② ㄹ
   ③ ㄱ, ㄷ
   ④ ㄴ, ㄷ
   ⑤ ㄴ, ㄷ, ㄹ

2. 복지다원주의 또는 복지혼합에 관한 설명으로 옳지 않은 것은?

   ① 국가는 복지의 주된 공급자로 인정하면서도 불평등을 야기하는 시장은 복지 공급자로 수용하지 않는다.
   ② 국가를 포함한 복지제공의 주체를 재구성하는 논리로 활용된다.
   ③ 비공식부문은 제도적 복지의 발달에도 불구하고 존재하는 비복지 문제에 대응하는 복지주체이다.
   ④ 시민사회는 사회적경제조직을 구성하여 지역사회에서 공급주체로 참여하는 역할을 한다.
   ⑤ 복지제공의 주체로 국가 외에 다른 주체를 수용한다는 점에서 복지국가를 비판하는 논리로 쓰인다.

3. 급여의 형태에 관한 설명으로 옳은 것을 모두 고른 것은?

> ㄱ. 현금급여는 선택의 자유를 보장하지만 사회적 통제가 부과된다.
> ㄴ. 현물급여는 집합적 선을 추구하고 용도 외 사용을 방지하지만 관리비용이 많이 든다.
> ㄷ. 서비스는 클라이언트를 위한 제반 활동을 말하며 목적 외 다른 용도로 사용할 수 없다.
> ㄹ. 증서는 일정한 범위 내에서만 교환가치를 가지기 때문에 개인주의자와 집합주의자 모두 선호한다.
> ㅁ. 기회는 재화와 자원을 통제할 수 있는 영향력을 의미하며 정책에 관한 의사결정권을 갖는 것을 말한다.

① ㄱ, ㄹ
② ㄴ, ㅁ
③ ㄱ, ㄴ, ㄷ
④ ㄱ, ㄷ, ㅁ
⑤ ㄴ, ㄷ, ㄹ

4. 사회서비스 전자바우처에 관한 설명으로 옳지 않은 것은?

① 급여형태는 신용카드 또는 체크카드로 구현한 증서이다.
② 공급자 중심의 직접지원 또는 직접지불 방식이다.
③ 서비스 제공자의 도덕적 해이를 방지하기 위해 도입되었다.
④ 수요자의 선택권을 보장하기 위한 수단으로 활용되고 있다.
⑤ 금융기관 시스템을 활용하여 재정흐름의 투명성이 높아졌다.

5. 보편주의와 선별주의에 관한 설명으로 옳은 것을 모두 고른 것은?

> ㄱ. 보편주의는 시민권에 입각해 권리로서 복지를 제공하므로 비납세자는 사회복지 대상에서 제외한다.
> ㄴ. 보편주의는 기여자와 수혜자를 구별하지 않는다.
> ㄷ. 선별주의는 수급자격이 제한된 급여를 제공하기 위해 자산조사 또는 소득조사를 한다.
> ㄹ. 보편주의자와 선별주의자 모두 사회적 평등성 또는 사회적 효과성을 나름대로 추구한다.

① ㄷ
② ㄱ, ㄷ
③ ㄴ, ㄹ
④ ㄱ, ㄴ, ㄹ
⑤ ㄴ, ㄷ, ㄹ

6. 사회복지의 민간재원에 관한 설명으로 옳은 것은?

① 사회복지의 민간재원에는 조세지출, 기부금, 기업복지, 퇴직금 등이 포함된다.
② 기부금 규모는 국세청이 추산한 액수보다 더 적을 것으로 추정된다.
③ 이용료는 클라이언트가 직접 지불한 것을 제외하고 사회보장기관 등의 제3자가 서비스 비용을 지불한 것을 의미한다.
④ 기업복지는 기업이 그 피용자들에게 제공하는 임금과 임금 외 급여 또는 부가급여를 의미한다.
⑤ 기업복지의 규모가 커질수록 노동자들 사이의 불평등이 증가한다.

7. 조세와 사회보험료에 관한 설명으로 옳은 것은?

① 조세는 사회보험료에 비해 소득역진적이다.
② 조세와 사회보험료는 공통적으로 빈곤완화, 위험분산, 소득유지, 불평등 완화의 기능을 수행한다.
③ 조세와 사회보험료는 공통적으로 상한선이 있어서 고소득층에 유리하다.
④ 사회보험료를 조세로 보기는 하지만 임금으로 보지는 않는다.
⑤ 개인소득세는 누진성이 강하고 일반소비세는 역진성이 강하다.

8. 길버트와 테렐(Gilbert & Terrell)이 주장한 전달체계의 개선전략 중 서비스에 대한 접근성 자체를 중요하게 간주하여 독자적인 서비스를 제공하려는 재구조화 전략은 무엇인가?

① 중앙집중화(centralization)
② 사례수준 협력(case-level cooperation)
③ 시민참여(citizen participation)
④ 전문화된 접근구조(specialized access structure)
⑤ 경쟁(competition)

9. 사회복지정책의 발달을 설명하는 이론으로 옳은 것을 모두 고른 것은?

> ㄱ. 시민권이론은 정치권, 공민권, 사회권의 순서로 발달한 것으로 본다.
> ㄴ. 권력자원이론은 노동조합의 중앙집중화 정도, 좌파정당의 집권을 복지국가 발달의 변수로 본다.
> ㄷ. 이익집단이론은 다양한 이익집단들의 정치적 활동을 통해 복지국가가 발달한 것으로 본다.
> ㄹ. 국가중심이론은 국가 엘리트들과 고용주들의 의지와 능력에 의해 결정된다고 본다.
> ㅁ. 수렴이론은 그 사회의 기술수준과 산업화 정도에 따라 사회복지의 발달이 수렴된다고 본다.

① ㄱ, ㄴ, ㄹ　　② ㄱ, ㄷ, ㅁ　　③ ㄴ, ㄷ, ㄹ
④ ㄴ, ㄷ, ㅁ　　⑤ ㄷ, ㄹ, ㅁ

10. 빈곤과 소득불평등의 측정에 관한 설명으로 옳은 것은?

① 반물량 방식은 엥겔계수를 활용하여 빈곤선을 추정한다.
② 상대적 빈곤은 생존에 필요한 생활수준이 최소한의 수준에 도달하지 못한 상태를 말한다.
③ 라이덴 방식은 객관적 평가에 기초하여 빈곤선을 측정한다.
④ 빈곤율은 빈곤층의 소득을 빈곤선 수준으로 끌어올리는데 필요한 총소득을 나타낸다.
⑤ 지니계수가 1일 경우는 완전 평등한 분배상태를 의미한다.

11. 사회적 배제의 특성에 관한 설명으로 옳지 않은 것은?

① 문제의 초점을 소득의 결핍으로 제한한다.
② 빈곤에 대해 다차원적으로 접근하는 개념이다.
③ 빈곤의 역동성과 동태적 과정을 강조한다.
④ 개인과 집단의 박탈과 불평등을 유발하는 다양한 영역을 포괄한다.
⑤ 사회적 관계망으로부터의 단절 문제를 제기한다.

12. 영국 사회복지정책의 역사에 관한 설명으로 옳은 것을 모두 고른 것은?

ㄱ. 길버트법은 빈민의 비참한 생활과 착취를 개선하기 위해 원외구제를 허용했다.
ㄴ. 스핀햄랜드법은 빈민의 임금을 보충하기 위해 가족 수에 따라 보조금을 지급할 수 있게 했다.
ㄷ. 신빈민법은 열등처우의 원칙을 적용하였고 원내구제를 금지했다.
ㄹ. 왕립빈민법위원회의 소수파보고서는 구빈법의 폐지보다는 개혁을 주장했다.
ㅁ. 베버리지보고서를 근거로 하여 가족수당법, 국민부조법 등이 제정되었다.

① ㄱ, ㄷ ② ㄷ, ㅁ ③ ㄱ, ㄴ, ㅁ
④ ㄴ, ㄷ, ㄹ ⑤ ㄴ, ㄹ, ㅁ

13. 미국의 빈곤가족한시지원(TANF)에 관한 설명으로 옳지 않은 것은?

① 수급기간 제한
② 개인 책임 강조
③ 근로연계복지 강화
④ 요보호아동가족부조(AFDC)와 병행
⑤ 주정부의 역할과 기능 강화

14. 국가가 주도적으로 사회복지를 제공해야 할 필요성으로 옳지 않은 것은?

① 역선택
② 도덕적 해이
③ 규모의 경제
④ 능력에 따른 분배
⑤ 정보의 비대칭

15. 에스핑-안데르센(G. Esping-Andersen)의 복지국가 유형에 관한 설명으로 옳은 것은?

① 복지국가 유형을 탈상품화, 계층화 등을 기준으로 분류하였다.
② 보수주의 복지국가는 탈가족주의와 통합적 사회보험을 강조한다.
③ 자유주의 복지국가는 공공부조의 비중과 탈상품화 수준이 낮은 편이다.
④ 사회민주주의 복지국가는 국가의 책임을 최소화하고 시장을 통해 문제해결을 한다.
⑤ 보수주의 복지국가의 예로는 프랑스, 영국, 미국을 들 수 있다.

16. 소득재분배에 관한 설명으로 옳은 것은?

① 수평적 재분배는 공공부조를 들 수 있다.
② 세대간 재분배는 부과방식 공적연금을 들 수 있다.
③ 수직적 재분배는 아동수당을 들 수 있다.
④ 단기적 재분배는 적립방식 공적연금을 들 수 있다.
⑤ 소득재분배는 조세를 통해서만 발생한다.

17. 다음에서 ㄱ, ㄴ을 순서대로 옳게 나열한 것은?

> 2024년 국민기초생활보장제도 수급자 선정 소득기준은 다음과 같다. 생계급여는 기준 중위소득의 (ㄱ)% 이하, 주거급여는 기준 중위소득의 48% 이하, 의료급여는 기준 중위소득의 (ㄴ)% 이하, 교육급여는 기준 중위소득의 50% 이하이다.

① 30, 30   ② 30, 40   ③ 32, 30
④ 32, 40   ⑤ 35, 40

18. 사회보장기본법상 사회서비스에 관한 설명으로 옳지 않은 것은?

① 주체는 민간부문을 제외한 국가와 지방자치단체이다.
② 대상은 도움이 필요한 모든 국민이다.
③ 분야는 복지, 보건, 의료, 교육, 고용, 주거, 문화, 환경 등이다.
④ 상담, 재활, 돌봄, 정보의 제공, 관련시설의 이용, 역량개발, 사회참여 지원 등을 내용으로 한다.
⑤ 인간다운 생활을 보장하고 국민의 삶의 질이 향상되도록 지원하는 제도이다.

19. 우리나라 사회보험제도에 관한 설명으로 옳은 것은?

① 기여방식 공적연금은 국민연금, 특수직역연금, 기초연금으로 구분하여 운영된다.
② 고용보험의 고용안정 및 직업능력개발사업 보험료는 노사가 1/2씩 부담한다.
③ 노인장기요양보험의 시설급여 제공기관에는 노인요양공동생활가정과 노인전문요양병원이 포함된다.
④ 국민건강보험의 직장가입자 보험료는 노사가 1/2씩 부담하지만 사립학교 교직원으로서 사립학교에 근무하는 교원은 국가가 20% 부담한다.
⑤ 산업재해보상보험의 급여에는 상병수당과 상병보상연금이 있다.

20. 우리나라 공공부조제도에 관한 설명으로 옳지 않은 것은?

① 긴급복지지원제도는 현금급여와 민간기관 연계 등의 지원을 제공한다.
② 국민기초생활보장제도 부양의무자 기준은 복지사각지대 해소를 위해 단계적으로 완화되고 있다.
③ 긴급복지지원제도는 단기 지원의 원칙, 선심사 후지원의 원칙, 다른 법률 지원 우선의 원칙이 적용된다.
④ 의료급여 수급권자에는 「입양특례법」에 따라 국내 입양된 18세 미만의 아동이 포함된다.
⑤ 국민기초생활보장제도 급여 신청은 신청주의와 직권주의를 병행하고 있다.

21. 다음에서 ㄱ, ㄴ을 합한 값은?

> 긴급복지지원제도의 생계급여 지원은 최대 (ㄱ)회, 의료급여 지원은 최대 (ㄴ)회, 주거급여는 최대 12회, 복지시설 이용은 최대 6회 지원된다.

① 4   ② 6   ③ 8   ④ 10   ⑤ 12

22. 사회보장의 특성에 관한 설명으로 옳은 것을 모두 고른 것은?

> ㄱ. 공공부조는 사회보험에 비해 권리성이 약하다.
> ㄴ. 사회보험과 비교할 때 공공부조는 비용효과성이 높다.
> ㄷ. 사회수당과 사회보험은 기여 여부를 급여 지급 요건으로 한다.
> ㄹ. 사회보험과 공공부조는 방빈제도이고 사회수당은 구빈제도이다.

① ㄱ   ② ㄱ, ㄴ   ③ ㄴ, ㄷ
④ ㄷ, ㄹ   ⑤ ㄱ, ㄴ, ㄹ

23. 우리나라 근로장려세제(EITC)에 관한 설명으로 옳지 않은 것은?

① 소득재분배 효과를 기대할 수 있다.
② 근로능력이 있는 저소득층의 근로유인을 제고한다.
③ 소득과 재산보유상태 등을 반영하여 지급한다.
④ 근로장려금 모형은 점증구간, 평탄구간, 점감구간으로 되어 있다.
⑤ 사업자는 근로장려금을 받을 수 없다.

24. 사회보장 급여 중 현물급여가 아닌 것은?

① 산업재해보상보험의 요양급여
② 고용보험의 상병급여
③ 노인장기요양보험의 재가급여
④ 국민기초생활보장의 의료급여
⑤ 국민건강보험의 건강검진

25. 보건복지부장관이 관장하는 사회보험제도를 모두 고른 것은?

| ㄱ. 국민연금 | ㄴ. 국민건강보험 | ㄷ. 산업재해보상보험 |
| ㄹ. 고용보험 | ㅁ. 노인장기요양보험 | |

① ㄱ, ㄴ
② ㄴ, ㄷ
③ ㄱ, ㄴ, ㅁ
④ ㄱ, ㄷ, ㄹ
⑤ ㄷ, ㄹ, ㅁ

사회복지정책과 제도(사회복지행정론)

26. 사회복지조직의 특성에 관한 설명으로 옳지 않은 것은?

① 사회복지사의 전문성과 자율성을 인정한다.
② 클라이언트와 사회복지사의 관계에 따라 서비스의 효과성이 좌우된다.
③ 서비스의 효과성을 객관적으로 입증하기가 용이하다.
④ 다양한 상황에서 윤리적 딜레마와 가치 선택에 직면한다.
⑤ 조직의 목표가 명확하거나 구체적이기 어렵다.

27. 한국 사회복지행정의 역사에 관한 설명으로 옳지 않은 것은?

① 6·25 전쟁 이후 외국원조기관을 중심으로 사회복지시설이 설립되었다.
② 1960년대 외국원조기관 철수 후 자생적 사회복지단체들이 성장했다.
③ 1980년대 후반부터 지역사회 이용시설 중심의 사회복지기관이 증가했다.
④ 1980년대 후반부터 사회복지전문요원이 배치되기 시작했다.
⑤ 1990년대 후반에 사회복지시설 설치기준이 허가제에서 신고제로 바뀌었다.

28. 메이요(E. Mayo)가 제시한 인간관계이론에 관한 설명으로 옳은 것은?

① 생산성은 근로조건과 환경에 의해서만 좌우된다.
② 심리적 요인은 생산성 향상에 영향을 미친다.
③ 사회적 상호작용은 생산성 향상에 부정적인 영향을 미친다.
④ 공식적인 부서의 형성은 생산성 향상으로 이어진다.
⑤ 근로자는 집단 구성원이 아닌 개인으로서 행동하고 반응한다.

29. 조직이론에 관한 설명으로 옳지 않은 것은?

① 학습조직이론: 개인 및 조직의 학습공유를 통해 역량강화
② 정치경제이론: 경제적 자원과 권력 간 상호작용 강조
③ 상황이론: 조직을 폐쇄체계로 보며, 조직 내부의 상황에 초점
④ 총체적 품질관리론: 지속적이고 총체적인 서비스 질 향상을 통한 고객만족 극대화
⑤ X이론: 생산성 향상을 위해 조직 구성원에 대한 감독, 보상과 처벌, 지시 등이 필요

30. 테일러(F. W. Taylor)의 과학적 관리론에 관한 설명으로 옳은 것을 모두 고른 것은?

   ㄱ. 직무의 과학적 분석: 업무시간과 동작의 체계적 분석
   ㄴ. 권위의 위계구조: 권리와 책임을 수반하는 권위의 위계
   ㄷ. 경제적 보상: 직무성과에 따른 인센티브 제공
   ㄹ. 사적 감정의 배제: 공식적인 원칙과 절차 중시

   ① ㄱ, ㄴ
   ② ㄱ, ㄷ
   ③ ㄴ, ㄹ
   ④ ㄱ, ㄴ, ㄷ
   ⑤ ㄱ, ㄷ, ㄹ

31. 조직 구성요소에 관한 설명으로 옳은 것은?

   ① 집권화 수준을 높이면 의사결정의 권한이 분산된다.
   ② 업무가 복잡할수록 공식화의 효과는 더 크다.
   ③ 공식화 수준을 높이면 직무의 사적 영향력이 높아진다.
   ④ 과업분화가 적을수록 수평적 분화가 더 이루어진다.
   ⑤ 수직적 분화가 많아질수록 의사소통의 절차가 복잡해진다.

32. 다음에서 설명하는 조직구조는?

   ○ 일상 업무수행기구와는 별도로 구성
   ○ 특별과업이나 문제해결을 위한 전문가 중심 조직
   ○ 낮은 수준의 수직적 분화와 공식화

   ① 기계적 관료제 구조
   ② 사업부제 구조
   ③ 전문적 관료제 구조
   ④ 단순구조
   ⑤ 위원회 구조

33. 조직문화에 관한 설명으로 옳지 않은 것은?

   ① 조직의 정체성을 결정하는 일련의 가치와 신념이다.
   ② 조직과 일체감을 갖게 함으로써 구성원의 정체감 형성에 기여한다.
   ③ 조직의 믿음과 가치가 깊게 공유될 때 조직문화는 더 강해진다.
   ④ 경직된 조직문화는 불확실한 환경에 대처하도록 돕는다.
   ⑤ 조직 내에서 자연적으로 생길 수 있다.

34. 섬김 리더십(servant leadership)에 관한 설명으로 옳은 것을 모두 고른 것은?

> ㄱ. 인간 존중, 정의, 정직성, 공동체적 윤리성 강조
> ㄴ. 가치의 협상과 계약
> ㄷ. 청지기(stewardship) 책무 활동
> ㄹ. 지능, 사회적 지위, 교육 정도, 외모 강조

① ㄱ, ㄷ ② ㄴ, ㄹ ③ ㄷ, ㄹ
④ ㄱ, ㄴ, ㄷ ⑤ ㄱ, ㄴ, ㄷ, ㄹ

35. 사회복지행정가 A는 직원의 불만족 요인을 낮추기 위하여 급여를 높이고, 업무환경 개선을 위한 사무실 리모델링을 진행하여 조직의 성과를 높이고자 하였다. 이때 적용한 이론은?

① 브룸(V. H. Vroom)의 기대이론
② 허즈버그(F. Herzberg)의 동기위생이론
③ 스위스(K. E. Swiss)의 TQM이론
④ 맥그리거(D. McGregor)의 XY이론
⑤ 아담스(J. S. Adams)의 형평성 이론

36. 인적자원관리의 구성요소에 관한 설명으로 옳지 않은 것은?

① 확보: 직원모집, 심사, 채용
② 개발: 직원훈련, 지도, 감독
③ 보상: 임금, 복리후생
④ 정치: 승진, 근태관리
⑤ 유지: 인적자원 유지, 이직관리

37. 다음에서 설명하는 인적자원개발 방법은?

> ○ 짧은 시간에 많은 사람을 대상으로 교육내용을 체계적으로 전달할 때 사용
> ○ 직원들에게 사회복지시설 평가제도에 대한 이해를 높여서 기관평가에 좋은 결과를 얻도록 하기 위하여 사용

① 멘토링 ② 감수성 훈련 ③ 역할연기
④ 소시오 드라마 ⑤ 강의

38. 직무수행평가 순서로 옳은 것은?

> ㄱ. 실제 직무수행을 직무수행 평가기준과 비교
> ㄴ. 직원과 평가결과 회의 진행
> ㄷ. 평가도구를 사용하여 직원의 실제 직무수행을 측정
> ㄹ. 직무수행 기준 확립
> ㅁ. 직무수행 기대치를 직원에게 전달

① ㄷ - ㄹ - ㅁ - ㄱ - ㄴ
② ㄹ - ㄷ - ㄴ - ㅁ - ㄱ
③ ㄹ - ㅁ - ㄷ - ㄱ - ㄴ
④ ㅁ - ㄱ - ㄷ - ㄴ - ㄹ
⑤ ㅁ - ㄹ - ㄴ - ㄷ - ㄱ

39. 사회복지조직의 재정관리에 관한 설명으로 옳지 않은 것은?

① 「사회복지법인 및 사회복지시설 재무·회계 규칙」을 따른다.
② 사회복지법인과 시설은 매년 1회 이상 감사를 실시한다.
③ 시설운영 사회복지법인인 경우, 시설회계와 법인회계는 통합하여 관리한다.
④ 사회복지법인의 회계년도는 정부의 회계년도를 따른다.
⑤ 사회복지법인이 설치·운영하는 시설의 경우 시설운영위원회에 보고하고 법인 이사회의 의결을 통해 예산편성을 확정한다.

40. 예산집행의 통제 기제에 관한 설명으로 옳지 않은 것은?

① 개별 기관의 제약조건, 요구사항 및 기대사항에 맞게 고안되어야 한다.
② 예외적 상황에 적용되는 규칙을 명시해야 한다.
③ 보고의 규정을 두어야 한다.
④ 강제성을 갖는 규정은 두지 않는다.
⑤ 필요할 경우 규칙은 새로 개정할 수 있다.

41. 패러슈라만 등(A. Parasuraman, V. A. Zeithaml & L. L. Berry)의 SERVQUAL 구성차원에 해당하는 질문을 모두 고른 것은?

> ㄱ. 약속한 대로 서비스를 제공했는가?
> ㄴ. 안전하게 서비스를 제공했는가?
> ㄷ. 자신감을 가지고 정확하게 서비스를 제공했는가?
> ㄹ. 위생적이고 정돈된 시설에서 서비스를 제공했는가?

① ㄱ, ㄹ　　② ㄴ, ㄷ　　③ ㄴ, ㄹ
④ ㄱ, ㄴ, ㄷ　　⑤ ㄱ, ㄷ, ㄹ

42. 공공 사회복지전달체계에 관한 설명으로 옳은 것은?

① 사회복지전담공무원 제도 이후 사회복지전문요원 제도가 실시되었다.
② 보건복지사무소와 사회복지사무소 시범사업은 동시에 진행되었다.
③ 읍·면·동 복지허브화 사업 이후 읍·면·동사무소가 주민자치센터로 변경되었다.
④ 지역사회복지협의체가 지역사회보장협의체로 명칭이 변경되었다.
⑤ 사회서비스원 설치 후 전자바우처 방식의 사회서비스 사업이 시작되었다.

43. 사회복지전달체계 구축 원칙에 관한 설명으로 옳지 않은 것은?

① 서비스 비용 부담을 낮춤으로써 접근성을 높일 수 있다.
② 서비스 간 연계성을 강화함으로써 연속성을 높일 수 있다.
③ 양·질적으로 이용자 욕구에 부응함으로써 적절성을 높일 수 있다.
④ 최소 비용으로 최대 효과를 얻음으로써 전문성을 높일 수 있다.
⑤ 이용자의 요구나 불만을 파악함으로써 책임성을 높일 수 있다.

44. 다음 설명에 해당하는 의사결정 기법은?

> ○ 대면하여 의사결정
> ○ 집단적 상호작용의 최소화
> ○ 민주적 방식으로 최종 의사결정

① 명목집단기법　　② 브레인스토밍　　③ 델파이기법
④ SWOT기법　　⑤ 초점집단면접

45. 다음 설명에 해당하는 프로그램 관리기법은?

> ○ 프로그램 진행 일정을 관리하는 목적으로 많이 활용됨
> ○ 프로그램을 구성하는 활동들 간 상호관계와 연계성을 명확하게 보여줌
> ○ 임계경로와 여유시간에 대한 정보를 파악할 수 있음

① 프로그램 평가 검토기법(PERT)
② 간트 차트(Gantt Chart)
③ 논리모델(Logic Model)
④ 임팩트모델(Impact Model)
⑤ 플로우 차트(Flow Chart)

46. 사회복지서비스 마케팅 과정을 옳게 연결한 것은?

> ㄱ. STP 전략 설계
> ㄴ. 고객관계관리(CRM)
> ㄷ. 마케팅 믹스
> ㄹ. 고객 및 시장 조사

① ㄱ-ㄴ-ㄷ-ㄹ
② ㄱ-ㄹ-ㄴ-ㄷ
③ ㄷ-ㄹ-ㄱ-ㄴ
④ ㄹ-ㄱ-ㄴ-ㄷ
⑤ ㄹ-ㄱ-ㄷ-ㄴ

47. 사회복지 마케팅 기법에 관한 설명으로 옳지 않은 것은?

① 다이렉트 마케팅은 방송이나 잡지 등 대중매체를 활용하는 방식이다.
② 기업연계 마케팅은 명분마케팅이라고도 한다.
③ 데이터베이스 마케팅은 이용자에 대한 각종 정보를 수집, 분석하여 활용하는 방식이다.
④ 사회 마케팅은 대중에 대한 캠페인 등을 통해 행동변화를 유도하는 방식이다.
⑤ 고객관계관리 마케팅은 개별 고객특성에 맞춘 서비스를 지속적으로 제공하는 방식이다.

48. 다음 설명에 해당되는 것은?

> ○ 비(非)표적 인구가 서비스에 접근하여 나타나는 문제
> ○ 사회적 자원의 낭비 유발

① 서비스 과활용
② 크리밍
③ 레드테이프
④ 기준행동
⑤ 매몰비용

49. 사회복지 프로그램 평가의 목적과 그 설명으로 옳은 것은?

① 정책개발: 사회복지실천 이념 개발
② 책임성 이행: 재무·회계적, 전문적 책임 이행
③ 이론 형성: 급여의 공평한 배분을 위한 여론 형성
④ 자료수집: 종사자의 기준행동 강화
⑤ 정보관리: 민간기관의 행정협상력 약화

50. 사회복지조직 혁신의 방해 요인으로 옳지 않은 것은?

① 무사안일주의
② 비전의 영향력을 과소평가
③ 비전에 대한 불충분한 의사소통
④ 핵심리더의 변화노력에 대한 구성원의 공개 지지
⑤ 변화를 막는 조직구조나 보상체계의 유지

사회복지정책과 제도(사회복지법제론)

51. 헌법 제10조의 일부이다. (   )에 들어갈 내용으로 옳은 것은?

> 모든 국민은 인간으로서의 존엄과 가치를 가지며, (   )을 추구할 권리를 가진다.

① 자유권　　　② 생존권　　　③ 인간다운 생활
④ 행복　　　　⑤ 인권

52. 법률의 제정 연도가 가장 최근인 것은?

① 아동복지법　　　② 노인복지법　　　③ 장애인복지법
④ 한부모가족지원법　　　⑤ 다문화가족지원법

53. 우리나라 사회복지법의 법원에 관한 설명으로 옳은 것은?

① 관습법은 사회복지법의 법원이 될 수 없다.
② 법률은 정부의 의결을 거쳐 제정·공포된 법을 말한다.
③ 지방자치단체의 조례는 성문법원이다.
④ 명령은 행정기관이 제정한 법규로 국회의 의결을 거쳐야 한다.
⑤ 일반적으로 승인된 국제법규는 사회복지법의 법원에 포함되지 않는다.

54. 사회복지사업법상 사회복지사업 관련 법률을 모두 고른 것은?

> ㄱ. 아동복지법　　　ㄴ. 장애인복지법
> ㄷ. 국민기초생활 보장법　　　ㄹ. 기초연금법

① ㄱ, ㄴ　　　② ㄷ, ㄹ　　　③ ㄱ, ㄴ, ㄷ
④ ㄱ, ㄴ, ㄹ　　　⑤ ㄱ, ㄴ, ㄷ, ㄹ

55. 사회복지사업법상 사회복지법인(이하 '법인'으로 한다)에 관한 설명으로 옳지 않은 것은?

① 정관에는 회의에 관한 사항이 포함되어야 한다.
② 법인은 사회복지사업의 운영에 필요한 재산을 소유하여야 한다.
③ 감사 중에 결원이 생겼을 때 3개월 이내에 보충하여야 한다.
④ 법인은 임원을 임면하는 경우에 지체 없이 시·도지사에게 보고하여야 한다.
⑤ 법인이 목적사업 외의 사업을 하였을 때 설립허가가 취소될 수 있다.

56. 사회복지사업법상 사회복지시설(이하 '시설'이라 한다)에 관한 설명으로 옳지 않은 것은?

① 사회복지관은 직업 및 취업 알선이 필요한 지역주민에게 사회복지서비스를 우선 제공하여야 한다.
② 지방자치단체는 시설의 책임보험 가입에 드는 비용의 전부를 보조할 수 없다.
③ 국가는 시설을 운영할 수 있다.
④ 시설 종사자의 근무환경 개선에 관한 사항은 운영위원회에서 심의한다.
⑤ 회계부정이 발견되었을 때 보건복지부장관은 시설의 폐쇄를 명할 수 있다.

57. 사회복지사업법의 내용으로 옳은 것은?

① 사회복지서비스는 현금과 현물로 제공하는 것을 원칙으로 한다.
② 국가는 사회복지 자원봉사활동을 지원·육성하기 위하여 자원봉사활동의 홍보 및 교육을 실시하여야 한다.
③ 사회복지에 관한 조사·연구 및 정책 건의를 위하여 한국사회복지사협회를 둔다.
④ 사회복지사 자격증을 다른 사람에게 빌려주거나 빌린 사람은 10년 이하의 징역 또는 1억원 이하의 벌금에 처한다.
⑤ 시·도지사는 사회복지에 관한 전문지식과 기술을 가진 사람에게 사회복지사 자격증을 발급할 수 있다.

58. 사회보장기본법상 사회보장에 관한 국민의 권리에 대한 설명으로 옳지 않은 것을 모두 고른 것은?

> ㄱ. 지방자치단체는 최저보장수준과 최저임금을 매년 공표하여야 한다.
> ㄴ. 사회보장수급권은 구두로 통지하여 포기할 수 있다.
> ㄷ. 사회보장수급권이 제한되는 경우에는 제한하는 목적에 필요한 최소한의 범위에 그쳐야 한다.
> ㄹ. 사회보장수급권을 포기하는 것이 다른 사람에게 피해를 주게 되는 경우 사회보장 수급권을 포기할 수 없다.

① ㄱ, ㄴ ② ㄴ, ㄹ ③ ㄱ, ㄷ, ㄹ
④ ㄴ, ㄷ, ㄹ ⑤ ㄱ, ㄴ, ㄷ, ㄹ

59. 사회보장기본법상 사회보장제도의 운영에 관한 설명으로 옳은 것은?

① 사회보험은 국가와 지방자치단체의 책임으로 시행한다.
② 국가는 사회보장 관계 법령에서 정하는 바에 따라 사회보장에 관한 상담에 응하여야 한다.
③ 일정 소득 수준 이하의 국민에 대한 사회서비스에 드는 비용은 수익자 부담을 원칙으로 한다.
④ 통계청장은 제출된 사회보장통계를 종합하여 사회보장위원회에 제출하여야 한다.
⑤ 지방자치단체의 장은 사회보장제도를 신설할 경우 보건복지부장관과 합의하여야 한다.

60. 사회보장기본법의 내용으로 옳지 않은 것은?

① 사회보장위원회의 위원 임기는 3년으로 한다.
② 국가와 지방자치단체는 평생사회안전망을 구축하여야 한다.
③ 사회보장 기본계획에는 사회보장 관련 기금 운용방안이 포함되어야 한다.
④ 사회보장제도를 운영하는 자는 불법행위의 책임이 있는 자에 대하여 구상권을 행사할 수 있다.
⑤ 사회보장에 관한 다른 법률을 개정하는 경우에는 이 법에 부합되도록 하여야 한다.

61. 사회보장급여의 이용·제공 및 수급권자 발굴에 관한 법률의 내용으로 옳지 않은 것은?

① 보장기관은 지역의 사회보장 수준이 균등하게 실현될 수 있도록 노력하여야 한다.
② 「청소년 기본법」에 따른 청소년상담사는 지원대상자의 사회보장급여를 신청할 수 있다.
③ 보장기관의 장은 위기가구를 발굴하기 위하여 노력하여야 한다.
④ 정부는 한국사회보장정보원의 설립·운영에 필요한 비용을 출연할 수 없다.
⑤ 특별자치시 지역사회보장계획은 사회보장급여 담당 인력의 양성 및 전문성 제고 방안을 포함하여야 한다.

62. 사회보장급여의 이용·제공 및 수급권자 발굴에 관한 법률상 지원대상자의 발굴에 관한 설명으로 옳은 것은?

① "지원대상자"란 사회보장급여를 제공받을 권리를 가진 사람을 말한다.
② 사회복지시설의 장은 사회보장급여의 제공을 직권으로 신청할 수 있다.
③ 국민건강보험공단 이사장은 보험료를 7개월 이상 체납한 사람의 가구정보를 사회보장정보시스템을 통하여 처리할 수 있다.
④ 시·도지사는 지원대상자에 대한 발굴조사를 1년마다 정기적으로 실시하여야 한다.
⑤ 보장기관의 장은 지원대상자를 발굴하기 위하여 사회보장급여의 제공규모에 대한 정보의 제공과 홍보에 노력하여야 한다.

63. 국민기초생활 보장법상 급여의 종류와 방법에 관한 설명으로 옳은 것은?

① 생계급여는 물품으로는 지급할 수 없다.
② 생계급여는 수급자에게 주거 안정에 필요한 임차료, 수선유지비, 그 밖의 수급품을 지급하는 것으로 한다.
③ 장제급여는 자활급여를 받는 수급자가 사망한 경우 장제조치를 하는 것으로 한다.
④ 자활급여는 관련 비영리법인에 위탁하여 실시할 수 있다.
⑤ 교육급여는 보건복지부장관의 소관으로 한다.

64. 국민기초생활 보장법상 지역자활센터의 사업이 아닌 것은?

① 자활을 위한 사업자금 융자
② 자활을 위한 정보제공, 상담, 직업교육 및 취업알선
③ 생업을 위한 자금융자 알선
④ 자활기업의 설립·운영 지원
⑤ 자영창업 지원 및 기술·경영 지도

65. 의료급여법의 내용으로 옳은 것은?

① 시·도지사는 의료급여증을 발급하여야 한다.
② 급여비용의 재원을 충당하기 위하여 보건복지부에 의료급여기금을 설치한다.
③ 보건복지부에 두는 의료급여심의위원회는 의료급여의 수가에 관한 사항을 심의한다.
④ 시·도지사는 상환받은 대지급금을 의료급여기금에 납입하여야 한다.
⑤ 수급권자가 의료급여를 거부한 경우 시·도지사는 의료급여를 중지해야 한다.

66. 기초연금법의 내용으로 옳은 것을 모두 고른 것은?

> ㄱ. 본인과 그 배우자가 모두 기초연금 수급권자인 경우에는 각각의 기초연금액에서 기초연금액의 100분의 20에 해당하는 금액을 감한다.
> ㄴ. 기초연금 수급권자의 권리는 3년간 행사하지 아니하면 시효의 완성으로 소멸한다.
> ㄷ. 기초연금 수급자가 대통령령으로 정하는 바에 따라 사망한 것으로 추정되는 경우 수급권을 상실한다.

① ㄱ ② ㄱ, ㄴ ③ ㄱ, ㄷ
④ ㄴ, ㄷ ⑤ ㄱ, ㄴ, ㄷ

67. 국민건강보험법의 내용으로 옳지 않은 것은?

① 「의료급여법」에 따라 의료급여를 받는 사람은 건강보험의 가입자가 될 수 없다.
② 보건복지부장관은 국민건강보험종합계획에 따라 연도별 시행계획에 따른 추진실적을 매년 평가하여야 한다.
③ 건강보험 가입자는 국내에 거주하지 아니하게 된 날에 그 자격을 잃는다.
④ 건강보험정책에 관한 사항을 심의·의결하기 위하여 보건복지부장관 소속으로 건강보험정책 심의위원회를 둔다.
⑤ 건강보험 지역가입자는 직장가입자와 그 피부양자를 제외한 가입자를 말한다.

68. 노인장기요양보험법의 내용으로 옳지 않은 것은?

① "노인등"이란 65세 이상의 노인 또는 65세 미만의 자로서 치매·뇌혈관성질환 등 대통령령으로 정하는 노인성 질병을 가진 자를 말한다.
② 장기요양급여는 노인등이 가족과 함께 생활하면서 가정에서 장기요양을 받는 재가급여를 우선적으로 제공하여야 한다.
③ 장기요양보험사업은 보건복지부장관이 관장한다.
④ 장기요양급여를 받고 있는 수급자는 장기요양등급의 내용을 변경하여 장기요양급여를 받고자 하는 경우 국민건강보험공단에 변경신청을 하여야 한다.
⑤ 재가급여에는 방문요양, 방문목욕, 특별현금급여가 포함된다.

69. 국민연금법의 내용으로 옳은 것은?

① 가입자의 가입 종류가 변동되면 그 가입자의 가입기간은 각 종류별 가입기간을 합산한 기간으로 한다.
② 국민연금사업은 기획재정부장관이 맡아 주관한다.
③ "수급권자"란 이 법에 따른 급여를 받을 권리를 말한다.
④ 국내에 거주하는 국민으로서 18세 이상 65세 미만인 자는 국민연금 가입 대상이 된다.
⑤ 「국민연금법」을 적용할 때 배우자에는 사실상의 혼인관계에 있는 자는 포함되지 않는다.

70. 고용보험법의 내용으로 옳은 것은?

① "실업의 인정"이란 근로의 의사와 능력이 있음에도 불구하고 취업하지 못한 상태에 있는 것을 말한다.
② "일용근로자"란 3개월 미만 동안 고용되는 사람을 말한다.
③ 지방자치단체는 매년 보험사업에 드는 비용의 일부를 일반회계에서 부담하여야 한다.
④ 고용보험기금은 고용노동부장관이 관리·운용한다.
⑤ 실업급여를 받을 권리는 양도 또는 압류하거나 담보로 제공할 수 있다.

71. 고용보험법상 실업급여의 종류로 취업촉진 수당에 해당하는 것을 모두 고른 것은?

| ㄱ. 이주비 | ㄴ. 광역 구직활동비 |
| ㄷ. 직업능력개발 수당 | ㄹ. 조기재취업 수당 |

① ㄱ, ㄴ, ㄷ ② ㄱ, ㄴ, ㄹ ③ ㄱ, ㄷ, ㄹ
④ ㄴ, ㄷ, ㄹ ⑤ ㄱ, ㄴ, ㄷ, ㄹ

72. 노인복지법의 내용으로 옳은 것은?

① 노인복지주택에 입소할 수 있는 자는 65세 이상의 노인으로 한다.
② 국가는 지역 간의 연계체계를 구축하고 노인학대를 예방하기 위하여 중앙노인보호전문기관을 설치·운영하여야 한다.
③ 노인취업알선기관은 지역사회 등에서 노인에 의한 재화의 생산·판매 등을 직접 담당하는 기관이다.
④ 노인요양공동생활가정은 노인들에게 일상생활에 필요한 편의를 제공함을 목적으로 하는 노인주거복지시설이다.
⑤ 지역노인보호전문기관은 시·군·구에 둔다.

73. 아동복지법의 내용으로 옳지 않은 것은?

① 지방자치단체는 아동이 항상 이용할 수 있는 아동전용시설을 설치하도록 노력하여야 한다.
② 시·도지사 또는 시장·군수·구청장은 보호조치 중인 보호대상아동의 양육상황을 분기별로 점검하여야 한다.
③ 아동정책조정위원회 위원장은 국무총리가 된다.
④ 아동위원은 명예직으로 하되, 아동위원에 대하여는 수당을 지급할 수 있다.
⑤ 보건복지부장관은 아동정책의 효율적인 추진을 위하여 5년마다 아동정책기본계획을 수립하여야 한다.

74. 한부모가족지원법의 내용으로 옳은 것은?

① 여성가족부장관은 5년마다 한부모가족에 대한 실태조사를 실시하고 그 결과를 공표하여야 한다.
② "청소년 한부모"란 18세 이하의 모 또는 부를 말한다.
③ 교육부장관은 청소년 한부모가 학업을 계속할 수 있도록 여성가족부장관에게 협조를 요청하여야 한다.
④ "모" 또는 "부"에는 아동인 자녀를 양육하는 미혼자(사실혼 관계에 있는 자는 제외한다)도 해당된다.
⑤ 한부모가족에 대한 국민의 이해와 관심을 제고하기 위하여 매년 9월 7일을 한부모가족의 날로 한다.

75. 사회복지공동모금회법상 사회복지공동모금회(이하 '모금회'라 한다)에 관한 설명으로 옳지 않은 것은?

① 모금회는 사회복지사업을 지원하기 위하여 연중 기부금품을 모집할 수 있다.
② 지방자치단체는 모금회에 기부금품 모집에 필요한 비용을 보조할 수 있다.
③ 배분분과실행위원회는 20명 이상의 위원으로 구성된다.
④ 모금회는 정관을 작성하여 보건복지부장관의 허가를 받아 등기함으로써 설립된다.
⑤ 모금회는 매년 8월 31일까지 다음 회계연도의 공동모금재원 배분기준을 정하여 공고하여야 한다.

2023년도 제21회 사회복지사 1급
1교시 | 사회복지기초

문제형별	시간	시험영역
A	50분	• 인간행동과 사회환경 • 사회복지조사론

※ 본 책의 마지막 페이지에 수록된 OCR 답안카드를 활용하여 실제 시험처럼 제한시간 내에 마킹까지 완료하는 연습을 해보세요.

각 문제에서 요구하는 가장 적합한 답 1개만을 고르시오.

사회복지기초(인간행동과 사회환경)

1. 인간발달에 관한 설명으로 옳지 않은 것은?

   ① 영아기에서 노년기까지 시간 흐름의 과정이다.
   ② 일정한 순서와 방향성이 있어 예측이 가능하다.
   ③ 생애 전 과정에 걸쳐 진행되는 환경적, 유전적 상호작용의 결과이다.
   ④ 각 발달단계별 인간행동의 특성이 있다.
   ⑤ 발달에는 개인차가 있다.

2. 생태체계이론의 유용성에 관한 설명으로 옳지 않은 것은?

   ① 문제에 대한 총체적 이해와 조망을 제공한다.
   ② 각 체계들로부터 다양하고 객관적인 정보획득이 용이하다.
   ③ 각 환경 수준별 개입의 근거를 제시한다.
   ④ 구체적인 방법과 기술 제시에는 한계가 있다.
   ⑤ 개인보다 가족, 집단, 공동체 등의 문제에 적용하는데 유용하다.

3. 인간발달이론과 사회복지실천에 관한 설명으로 옳지 않은 것은?

   ① 다양한 연령층의 클라이언트와 일할 수 있는 토대가 된다.
   ② 발달단계별 욕구를 기반으로 사회복지서비스를 개발할 수 있다.
   ③ 발달단계별 발달과제는 문제해결의 목표와 방법 설정에 유용하다.
   ④ 발달단계별 발달 저해 요소들을 이해하는데 유용하다.
   ⑤ 인간발달이론은 문제 사정단계에서만 유용하다.

4. 생태체계이론의 주요 개념에 관한 설명으로 옳은 것은?

① 시너지는 폐쇄체계 내에서 체계 구성요소들 간 유용한 에너지의 증가를 의미한다.
② 엔트로피는 체계 내 질서, 형태, 분화 등이 정돈된 상태이다.
③ 항상성은 모든 사회체계의 기본 속성으로 체계의 목표와 정체성을 유지하려는 의도적 노력에 의해 수정된다.
④ 피드백은 체계의 순환적 성격을 반영하는 개념으로 안정 상태를 유지하는데 필요하다.
⑤ 적합성은 인간의 적응욕구와 환경자원의 부합정도로서 특정 발달단계에서 성취된다.

5. 에릭슨(E. Erikson)의 이론으로 옳지 않은 것은?

① 개인의 성격은 전 생애를 통하여 발달한다.
② 청소년기의 주요 발달과업은 자아정체감 형성이다.
③ 각 단계의 발달은 이전 단계의 발달을 토대로 이루어진다.
④ 성격발달에 있어서 환경과의 상호작용이 중요하다고 본다.
⑤ 학령기(아동기)는 자율성 대 수치와 의심의 심리사회적 위기를 겪는다.

6. 프로이트(S. Freud)의 정신분석이론에 관한 설명으로 옳은 것은?

① 인간이 가진 자유의지의 중요성을 강조하였다.
② 거세불안과 남근선망은 주로 생식기(genital stage)에 나타난다.
③ 성격구조를 원초아, 자아, 초자아로 구분하였다.
④ 초자아는 현실원리에 지배되며 성격의 실행자이다.
⑤ 성격의 구조나 발달단계를 제시하지 않았다.

7. 매슬로우(A. Maslow)의 이론으로 옳지 않은 것은?

① 인간에 대해 희망적이고 낙관적인 관점을 갖는다.
② 자아존중감의 욕구는 욕구 위계에서 가장 높은 단계이다.
③ 일반적으로 욕구 위계서열이 높을수록 욕구의 강도가 낮다.
④ 인간은 삶을 유지하려는 동기와 삶을 창조하려는 동기를 가진다.
⑤ 인간은 자아실현을 이루려고 노력하는 존재이다.

8. 반두라(A. Bandura)의 사회학습이론의 주요 개념으로 옳지 않은 것은?

① 모델이 관찰자와 유사할 때 관찰자는 모델을 더욱 모방하는 경향이 있다.
② 자신이 통제할 수 있는 보상을 자신에게 줌으로써 자기 행동을 유지시키거나 개선시킬 수 있다.
③ 학습은 사람, 환경 및 행동의 상호작용에 의해 이루어짐을 강조한다.
④ 조작적 조건화에 의해 행동은 습득된다.
⑤ 관찰학습은 주의집중과정 → 보존과정(기억과정) → 운동재생과정 → 동기화과정을 통해 이루어진다.

9. 영아기(0-2세)에 관한 설명으로 옳지 않은 것은?

① 인지발달은 감각기관과 운동기능을 통해 이루어지며 언어나 추상적 개념은 포함되지 않는다.
② 정서발달은 긍정적 정서를 표현하는 것에서 시작하여 점차 부정적 정서까지 표현하게 된다.
③ 언어발달은 인지 및 사회성 발달과 밀접한 관련이 있다.
④ 영아와 보호자 사이에 애착관계 형성이 중요하다.
⑤ 낯가림이 시작된다.

10. 중년기(40-64세)에 관한 설명으로 옳은 것은?

① 여성만이 우울, 무기력감 등 심리적 증상을 경험한다.
② 여성은 에스트로겐의 분비가 감소되고 남성은 테스토스테론의 분비가 증가된다.
③ 인지적 반응속도가 최고조에 달한다.
④ 외부세계에 쏟았던 에너지가 자신의 내부로 향한다.
⑤ 친밀감 형성이 주요 과업이며 사회관계망이 축소된다.

11. 유아기(3-6세)에 관한 설명으로 옳은 것은?

① 남아는 오이디푸스 콤플렉스를 경험하고 여아는 엘렉트라 콤플렉스를 경험한다.
② 콜버그(L. Kohlberg)에 의하면 인습적 수준의 도덕성 발달단계를 보인다.
③ 피아제의 구체적 조작기에 해당되며 상징적 사고가 가능하다.
④ 인지발달은 상위 개념과 하위 개념을 구분하여 완전한 수준의 분류능력을 보인다.
⑤ 영아기에 비해 성장 속도가 빨라지며 지속적으로 성장한다.

12. 로저스(C. Rogers)의 인본주의 이론에 관한 설명으로 옳은 것을 모두 고른 것은?

   ㄱ. 인간의 주관적 경험을 강조한다.
   ㄴ. 인간은 자아실현경향을 가지고 있다.
   ㄷ. 인간의 욕구발달단계를 제시했다.
   ㄹ. 완전히 기능하는 사람은 자신의 경험에 개방적이다.

   ① ㄱ, ㄹ   ② ㄴ, ㄷ   ③ ㄱ, ㄴ, ㄹ
   ④ ㄴ, ㄷ, ㄹ   ⑤ ㄱ, ㄴ, ㄷ, ㄹ

13. 융(C. Jung)의 이론으로 옳은 것을 모두 고른 것은?

   ㄱ. 무의식을 개인무의식과 집단무의식으로 구분하였다.
   ㄴ. 그림자(shadow)는 인간에게 있는 동물적 본성을 포함하는 부정적인 측면이다.
   ㄷ. 페르소나(persona)는 개인이 외부세계에 보여주는 이미지 혹은 가면이다.
   ㄹ. 남성의 여성적 면은 아니무스(animus), 여성의 남성적 면은 아니마(anima)이다.

   ① ㄱ, ㄴ   ② ㄷ, ㄹ   ③ ㄱ, ㄴ, ㄷ
   ④ ㄱ, ㄴ, ㄹ   ⑤ ㄱ, ㄴ, ㄷ, ㄹ

14. 브론펜브레너(U. Bronfenbrenner)의 사회환경체계에 관한 설명으로 옳은 것은?

   ① 문화, 정치, 교육정책 등 거시체계는 개인의 삶에 직접적이고 강력한 영향을 미친다.
   ② 인간을 둘러싼 사회환경을 미시체계, 중간체계, 내부체계, 거시체계로 구분했다.
   ③ 중간체계는 상호작용하는 둘 이상의 미시체계 간의 관계로 구성된다.
   ④ 내부체계는 개인이 직접 참여하거나 관여하지는 않으나 개인에게 영향을 미치는 체계로 부모의 직장 등이 포함된다.
   ⑤ 미시체계는 개인이 새로운 환경으로 이동할 때마다 형성되거나 확대된다.

15. 집단에 관한 설명으로 옳은 것은?

   ① 2차집단은 인간의 성격형성을 목적으로 한다.
   ② 개방집단은 구성원의 개별화와 일정 수준 이상의 심도 깊은 목적 달성에 적합하다.
   ③ 구성원의 상호작용이 중요하므로 최소 단위는 4인 이상이다.
   ④ 형성집단은 특정 목적 없이 만들 수 있다.
   ⑤ 집단활동을 통해 집단에 관한 정체성인 '우리의식'이 형성된다.

16. 문화에 관한 설명으로 옳은 것은?

① 선천적으로 습득된다.
② 개인행동에 대한 규제와 사회통제의 기능은 없다.
③ 고정적이며 구체적이다.
④ 다른 사회의 구성원과 구별되는 공통적 속성이 있다.
⑤ 다양성은 차별을 의미한다.

17. 피아제(J. Piaget)의 인지발달이론에 관한 설명으로 옳은 것은?

① 전 생애의 인지발달을 다루고 있다.
② 문화적·사회경제적·인종적 차이를 고려하였다.
③ 추상적 사고의 확립은 구체적 조작기의 특징이다.
④ 인지는 동화와 조절의 과정을 통하여 발달한다.
⑤ 전조작적 사고 단계에서 보존개념이 획득된다.

18. 행동주의 이론에 관한 설명으로 옳은 것을 모두 고른 것은?

ㄱ. 인간행동에 대한 환경의 결정력을 강조한다.
ㄴ. 강화계획은 행동의 반응 가능성을 증가시키고 유지시키기 위한 방법이다.
ㄷ. 행동조성(shaping)은 복잡한 행동의 점진적 습득을 설명하는 개념이다.
ㄹ. 고정간격 강화계획은 정해진 수의 반응이 일어난 후 강화를 주는 것이다.

① ㄱ, ㄴ
② ㄱ, ㄹ
③ ㄴ, ㄹ
④ ㄷ, ㄹ
⑤ ㄱ, ㄴ, ㄷ

19. 다문화에 관한 설명으로 옳지 않은 것은?

① 대표적인 사회문제로 인종차별이 있다.
② 다양한 문화를 수용하고 문화의 단일화를 지향한다.
③ 서구화, 근대화, 세계화는 다문화의 중요성을 표면으로 부상시켰다.
④ 동화주의는 이민을 받는 사회의 문화적 우월성을 전제로 한다.
⑤ 용광로 개념은 동화주의와 관련이 있다.

20. 노년기(65세 이상)에 관한 설명으로 옳지 않은 것은?

① 주요 과업은 이제까지의 자신의 삶을 수용하는 것이다.
② 생에 대한 회상이 증가하고 사고의 융통성이 증가한다.
③ 친근한 사물에 대한 애착이 많아진다.
④ 치매의 발병 가능성이 다른 연령대에 비해 높아진다.
⑤ 내향성이 증가한다.

21. 신생아기(출생-1개월)의 반사운동에 관한 설명으로 옳지 않은 것은?

① 바빈스키반사(babinski reflect)는 입 부근에 부드러운 자극을 주면 자극이 있는 쪽으로 입을 벌리는 반사운동이다.
② 파악반사(grasping reflect)는 손에 닿는 것을 움켜쥐고 놓지 않으려는 반사운동이다.
③ 연하반사(swallowing reflect)는 입 속에 있는 음식물을 삼키려는 반사운동이다.
④ 모로반사(moro reflect)는 갑작스러운 외부 자극에 팔과 다리를 쭉 펴면서 껴안으려고 하는 반사운동이다.
⑤ 원시반사(primitive reflect)에는 바빈스키, 모로, 파악, 걷기 반사 등이 있다.

22. 청소년기(13-19세)에 관한 설명으로 옳지 않은 것은?

① 친밀감 형성이 주요 발달과업이다.
② 신체적 발달이 활발하여 제2의 성장 급등기로 불린다.
③ 특징적 발달 중 하나로 성적 성숙이 있다.
④ 정서의 변화가 심하며 극단적 정서를 경험하기도 한다.
⑤ 추상적 이론과 관념적 사상에 빠져 때로 부정적 정서를 경험한다.

23. 아동기(7-12세)에 관한 설명으로 옳은 것을 모두 고른 것은?

ㄱ. 제1의 반항기이다.
ㄴ. 조합기술의 획득으로 사칙연산이 가능해진다.
ㄷ. 객관적, 논리적 사고가 가능해진다.
ㄹ. 정서적 통제와 분화된 정서표현이 가능해진다.
ㅁ. 타인의 입장을 고려하지 못한다.

① ㄴ, ㄷ ② ㄱ, ㄴ, ㄹ ③ ㄴ, ㄷ, ㄹ
④ ㄷ, ㄹ, ㅁ ⑤ ㄱ, ㄷ, ㄹ, ㅁ

24. 생애주기별 특징으로 옳은 것을 모두 고른 것은?

> ㄱ. 유아기(3-6세)는 성역할을 인식하기 시작한다.
> ㄴ. 아동기(7-12세)는 자기중심성을 보이며 자신의 시각에서 사물을 본다.
> ㄷ. 성인기(20-35세)는 신체적 기능이 최고조에 달하며 이 시기를 정점으로 쇠퇴하기 시작한다.
> ㄹ. 노년기(65세 이상)는 단기기억보다 장기기억의 감퇴 속도가 느리다.

① ㄱ, ㄴ   ② ㄱ, ㄹ   ③ ㄴ, ㄷ
④ ㄱ, ㄷ, ㄹ   ⑤ ㄴ, ㄷ, ㄹ

25. 이상행동과 사회복지실천에 관한 설명으로 옳지 않은 것은?

① 사회문화적 규범에서 벗어나거나 개인과 타인에게 불편과 고통을 유발하는 행동이다.
② 유일한 진단분류체계로 '정신질환 진단 및 통계편람(DSM)'이 있다.
③ 이상행동의 개념은 사회문화, 역사진행과정의 영향을 받는다.
④ 정신건강사회복지사가 전문실천가로 활동한다.
⑤ 이상행동은 클라이언트들이 겪는 문제의 원인이나 결과가 되기도 한다.

사회복지기초(사회복지조사론)

26. 사회조사과정에서 준수해야 할 연구윤리로 옳지 않은 것은?

① 참여자의 익명성과 비밀을 보장한다.
② 참여자가 원할 경우 언제든지 참여를 중단할 수 있음을 사전에 고지한다.
③ 일반적으로 연구의 공익적 가치가 연구윤리보다 우선해야 한다.
④ 참여자가 연구에 참여하여 얻을 수 있는 혜택은 사전에 고지한다.
⑤ 이참여자의 연구 참여는 자발적이어야 한다.

27. 사회과학의 패러다임에 관한 설명으로 옳지 않은 것은?

① 실증주의는 연구결과를 해석할 때 정치적 가치나 이데올로기의 영향을 적극적으로 고려한다.
② 해석주의는 삶에 관한 심층적이고 주관적인 이해를 얻고자 한다.
③ 비판주의는 사회변화를 목적으로 사회의 본질적이고 구조적 측면의 파악에 주목한다.
④ 후기실증주의는 객관적인 지식에 대한 직접적 확증은 불가능하다고 본다.
⑤ 포스트모더니즘은 객관적 실재와 진리의 보편적 기준을 거부한다.

28. 종단연구(longitudinal study)에 관한 설명으로 옳은 것은?

① 베이비붐세대를 시간변화에 따라 연구하는 것은 추이연구(trend study)이다.
② 일정기간 센서스 자료를 비교하여 전국 인구의 성장을 추적하는 것은 동류집단연구(cohort study)이다.
③ 매번 동일한 집단을 관찰하는 연구는 패널연구(panel study)이다.
④ 시간에 따른 변화를 가장 정확하게 알려주는 것은 동류집단연구(cohort study)이다.
⑤ 일반 모집단의 변화를 시간변화에 따라 연구하는 것은 동류집단연구(cohort study)이다.

29. 영가설에 관한 설명으로 옳은 것을 모두 고른 것은?

> ㄱ. 연구가설에 대한 반증가설이 영가설이다.
> ㄴ. 영가설은 변수 간에 관계가 없음을 뜻한다.
> ㄷ. 대안가설을 검증하여 채택하는 가설이다.
> ㄹ. 변수 간의 관계가 우연이 아님을 증명한다.

① ㄱ, ㄴ 　② ㄱ, ㄹ 　③ ㄴ, ㄷ
④ ㄱ, ㄷ, ㄹ 　⑤ ㄴ, ㄷ, ㄹ

30. 사회조사의 목적에 관한 설명으로 옳지 않은 것은?

① 지난해 발생한 데이트폭력사건의 빈도와 유형을 자세히 보고하는 것은 기술적 연구이다.
② 외상후스트레스로 퇴역한 군인을 위한 서비스개발의 가능성을 파악하기 위한 초기면접은 설명적 연구이다.
③ 사회복지협의회가 매년 실시하는 사회복지기관 통계조사는 기술적 연구이다.
④ 지방도시에 비해 대도시의 아동학대비율이 높은 이유를 보고하는 것은 설명적 연구이다.
⑤ 지역사회대상 설문조사를 통해 사회복지서비스의 만족도를 조사하는 것은 기술적 연구이다.

31. 다음 연구과제의 변수들을 측정할 때 ㄱ~ㄹ의 척도유형을 바르게 짝지은 것은?

> 장애인의 성별(ㄱ)과 임금수준의 관계를 정확하게 파악하기 위해서는 장애유형(ㄴ), 거주지역(ㄷ), 직업종류(ㄹ)와 같은 변수들의 영향력을 적절히 통제해야 한다.

① ㄱ: 명목, ㄴ: 명목, ㄷ: 명목, ㄹ: 명목
② ㄱ: 명목, ㄴ: 서열, ㄷ: 서열, ㄹ: 명목
③ ㄱ: 명목, ㄴ: 서열, ㄷ: 명목, ㄹ: 비율
④ ㄱ: 명목, ㄴ: 등간, ㄷ: 명목, ㄹ: 명목
⑤ ㄱ: 명목, ㄴ: 등간, ㄷ: 서열, ㄹ: 비율

32. 조사설계의 내적 타당도와 외적 타당도에 관한 설명으로 옳은 것은?

① 어떤 변수가 다른 변수의 원인임을 정확하게 기술하는 것이 외적 타당도이다.
② 연구결과를 연구조건을 넘어서는 상황이나 모집단으로 일반화하는 정도가 내적 타당도이다.
③ 내적 타당도는 외적 타당도의 필요조건이지만 충분조건은 아니다.
④ 실험대상의 탈락이나 우연한 사건은 외적 타당도 저해요인이다.
⑤ 외적 타당도가 낮은 경우 내적 타당도 역시 낮다.

33. 피면접자를 직접 대면하는 면접조사가 우편설문에 비해 갖는 장점이 아닌 것은?

① 응답자의 익명성 보장 수준이 높다.
② 보충적 자료 수집이 가능하다.
③ 대리 응답의 방지가 가능하다.
④ 높은 응답률을 기대할 수 있다.
⑤ 조사 내용에 대한 심층적 이해가 가능하다.

34. 다음 변수의 측정 수준에 따른 분석 방법이 옳지 않은 것은?

> ㄱ. 출신지역: 도시, 도농복합, 농어촌, 기타
> ㄴ. 교육수준: 무학, 초등학교 졸업, 중학교 졸업, 고등학교 졸업, 대졸 이상
> ㄷ. 가출경험: 유, 무
> ㄹ. 연간기부금액: (   )만 원
> ㅁ. 연령: 10대, 20대, 30대, 40대, 50대, 60대 이상

① ㄱ: 최빈값
② ㄴ: 중위수
③ ㄷ: 백분율
④ ㄹ: 범위
⑤ ㅁ: 산술평균

35. 델파이조사에 관한 설명으로 옳지 않은 것은?

① 전문가 패널을 대상으로 견해를 파악한다.
② 되풀이 되는 조사 과정을 통해 합의를 도출한다.
③ 반대 의견에 대한 패널 참가자들의 감정적 충돌을 줄일 수 있다.
④ 패널 참가자의 익명성 보장에 어려움이 있다.
⑤ 조사 자료의 정리에 연구자의 편향이 발생할 수 있다.

36. 관찰을 통한 자료 수집에 관한 설명으로 옳은 것은?

① 피관찰자에 의해 자료가 생성된다.
② 비언어적 상황의 자료 수집이 용이하다.
③ 자료 수집 상황에 대한 통제가 용이하다.
④ 내면적 의식의 파악이 용이하다.
⑤ 수집된 자료를 객관화하는 최적의 방법이다.

37. 다음의 연구에서 활용한 질적 연구방법에 관한 설명으로 옳은 것은?

> A사회복지사는 가정 밖 청소년들의 범죄피해와 정신건강의 문제를 당사자의 관점에서 이해하고 주체적으로 해결하기 위해 연구를 시작하였다. 연구에 참여한 가정 밖 청소년들은 A사회복지사와 함께 범죄피해와 정신건강과 관련된 사회 구조적인 문제를 해결하기 위한 다양한 방안들을 스스로 만들고 수행하였다.

① 개방코딩-축코딩-선택코딩의 방법을 활용한다.
② 범죄피해와 정신건강을 설명하는 이론 개발에 초점을 둔다.
③ 단일사례에 대한 깊이 있는 분석에 초점을 둔다.
④ 관찰대상의 개인적 설화(narrative)를 만드는 것에 초점을 둔다.
⑤ 사회변화와 임파워먼트에 초점을 둔다.

38. 다음의 연구에서 활용한 연구설계에 관한 설명으로 옳은 것은?

> 청소년의 자원봉사의식 향상 프로그램의 효과성을 검증하기 위하여 청소년 200명을 무작위로 두 개의 집단으로 나눈 후 A측정도구를 활용하여 사전 검사를 실시하였다. 하나의 집단에만 프로그램을 실시한 후 두 개의 집단 모두를 대상으로 A측정도구를 활용하여 사후 검사를 실시하였다.

① 테스트 효과의 발생 가능성이 낮다.
② 집단 간 동질성의 확인 가능성이 낮다.
③ 사전 검사와 프로그램의 상호작용 효과의 통제가 가능하다.
④ 자연적 성숙에 따른 효과의 통제가 가능하다.
⑤ 실험집단의 개입 효과가 통제집단으로 전이된다.

39. 연구의 외적 타당도를 저해하는 상황으로 옳은 것은?

① 연구대상의 건강 상태가 시간 경과에 따라 회복되는 상황
② 자아존중감을 동일한 측정도구로 사전-사후 검사하는 상황
③ 사회적 지지를 다른 측정도구로 사전-사후 검사하는 상황
④ 실험집단과 통제집단 간 연령 분포의 차이가 크게 발생하는 상황
⑤ 자발적 참여자만을 대상으로 연구표본을 구성하게 되는 상황

40. 단일사례설계에 관한 설명으로 옳은 것을 모두 고른 것은?

   ㄱ. BA설계는 개입의 긴급성이 있는 상황에 적합하다.
   ㄴ. ABAC설계는 선행 효과의 통제가 가능하다.
   ㄷ. ABAB설계는 AB설계에 비해 외부사건의 영향력에 대한 통제력이 크다.
   ㄹ. 복수기초선디자인은 AB설계에 비해 외부사건의 영향력에 대한 통제력이 크다.

   ① ㄱ, ㄴ
   ② ㄴ, ㄹ
   ③ ㄷ, ㄹ
   ④ ㄱ, ㄴ, ㄷ
   ⑤ ㄱ, ㄷ, ㄹ

41. 단일사례설계의 결과 분석 방법에 관한 설명으로 옳지 않은 것은?

   ① 시각적 분석은 변화의 수준, 파동, 경향을 고려해야 한다.
   ② 통계적 분석을 할 때 기초선이 불안정한 경우 평균비교가 적합하다.
   ③ 평균비교에서는 평균과 표준편차를 함께 고려해야 한다.
   ④ 경향선 분석에서는 기초선의 측정값을 두 영역으로 나누어 경향선을 구한다.
   ⑤ 임상적 분석은 결과 판단에 주관적 요소의 개입 가능성이 크다.

42. 측정의 오류에 관한 설명으로 옳지 않은 것은?

   ① 연구자의 의도가 포함된 질문은 체계적 오류를 발생시킨다.
   ② 사회적으로 바람직한 응답은 체계적 오류를 발생시킨다.
   ③ 측정의 오류는 연구의 타당도를 낮춘다.
   ④ 타당도가 낮은 척도의 사용은 무작위 오류를 발생시킨다.
   ⑤ 측정의 다각화는 측정의 오류를 줄여 객관성을 높인다.

43. 변수의 조작적 정의에 관한 설명으로 옳은 것을 모두 고른 것은?

   ㄱ. 개념적 정의를 실제로 관찰할 수 있는 수준으로 전환시키는 것이다.
   ㄴ. 조작적 정의를 하면 개념의 의미가 다양하고 풍부해진다.
   ㄷ. 조작적 정의를 통해 개념이 더욱 추상화된다.
   ㄹ. 조작적 정의가 없이도 가설 검증이 가능하다.

   ① ㄱ
   ② ㄱ, ㄴ
   ③ ㄴ, ㄷ
   ④ ㄱ, ㄴ, ㄷ
   ⑤ ㄱ, ㄷ, ㄹ

44. 표집오차(sampling error)에 관한 설명으로 옳지 않은 것은?

① 신뢰수준을 높이면 표집오차는 감소한다.
② 모집단의 모수와 표본의 통계치 간의 차이이다.
③ 표본의 크기가 커지면 표집오차는 커진다.
④ 모집단의 동질성에 영향을 받는다.
⑤ 표본으로 추출될 기회가 동등하면 표집오차는 감소한다.

45. 「마을만들기 사업 참여경험에 관한 연구」의 엄격성을 높이는 방법으로 옳은 것을 모두 고른 것은?

| ㄱ. 삼각측정(triangulation) | ㄴ. 예외사례 표본추출 |
| ㄷ. 장기적 관찰 | ㄹ. 연구윤리 강화 |

① ㄱ, ㄴ
② ㄷ, ㄹ
③ ㄱ, ㄴ, ㄷ
④ ㄱ, ㄴ, ㄹ
⑤ ㄱ, ㄴ, ㄷ, ㄹ

46. 표본추출에 관한 설명으로 옳은 것은?

① 모집단을 가장 잘 대표하는 표본추출방법은 유의표집이다.
② 모집단이 이질적인 경우에는 표본의 크기를 줄여야 한다.
③ 전수조사에서는 모수와 통계치의 구분이 필요하다.
④ 표집오류를 줄이기 위해 층화표집방법(stratified sampling)을 사용할 수 있다.
⑤ 체계적표집방법(systematic sampling)은 모집단에서 유의표집을 실시한 후 일정한 표본추출 간격으로 표본을 선정한다.

47. 척도에 관한 설명으로 옳은 것은?

① 리커트(Likert)척도는 개별문항의 중요도를 차등화한다.
② 보가더스(Bogardus)의 사회적 거리척도는 누적척도이다.
③ 평정(rating)척도는 문항의 적절성 평가가 용이하다.
④ 거트만(Guttman)척도는 다차원적 내용을 분석할 때 사용된다.
⑤ 의미차별(semantic differential)척도는 느낌이나 감정을 나타내는 한 쌍의 유사한 형용사를 사용한다.

48. 타당도에 관한 설명으로 옳은 것을 모두 고른 것은?

> ㄱ. 특정 개념에 포함되어 있는 의미를 포괄하는 정도는 내용타당도(content validity)이다.
> ㄴ. 개발된 측정도구의 측정값을 현재 사용되고 있는 측정도구와 비교하는 것은 동시타당도(concurrent validity)이다.
> ㄷ. 예측타당도(predict validity)의 하위타당도는 기준관련타당도(criterion-related validity)와 동시타당도이다.
> ㄹ. 측정하려는 개념이 포함된 이론체계 안에서 다른 변수와 관련된 방식에 기초한 타당도는 구성타당도(construct validity)이다.

① ㄱ, ㄴ ② ㄴ, ㄷ ③ ㄷ, ㄹ
④ ㄱ, ㄴ, ㄹ ⑤ ㄱ, ㄴ, ㄷ, ㄹ

49. 신뢰도를 측정하는 방법으로 옳지 않은 것은?

① 동일한 상황에서 동일한 측정도구로 동일한 대상을 다시 측정하는 방법
② 측정도구를 반으로 나누어 두 개의 독립된 척도로 구성한 후 동일한 대상을 측정하는 방법
③ 상관관계가 높은 문항들을 범주화하여 하위요인을 구성하는 방법
④ 동질성이 있는 두 개의 측정도구를 동일한 대상에게 측정하는 방법
⑤ 전체 척도와 척도의 개별항목이 얼마나 상호연관성이 있는지 분석하는 방법

50. 할당표집방법에 관한 설명으로 옳지 않은 것은?

① 모집단의 주요 특성에 대한 정보를 활용한다.
② 모집단을 구성하는 주요 변수별로 표본을 할당한 후 확률표집을 실시한다.
③ 지역주민 조사에서 전체주민의 연령대별 구성 비율에 따라 표본을 선정한다.
④ 표본추출 시 할당틀을 만들어 사용한다.
⑤ 우발적표집보다 표본의 대표성이 높다.

2023년도 제21회 사회복지사 1급
2교시 | 사회복지실천

문제형별	시간	시험영역
A	75분	• 사회복지실천론 • 사회복지실천기술론 • 지역사회복지론

※ 본 책의 마지막 페이지에 수록된 OCR 답안카드를 활용하여 실제 시험처럼 제한시간 내에 마킹까지 완료하는 연습을 해보세요.

각 문제에서 요구하는 가장 적합한 답 1개만을 고르시오.

사회복지실천(사회복지실천론)

1. 사회복지실천의 역사적 발달과정을 발생한 순서대로 옳게 나열한 것은?

    ㄱ. 밀포드(Milford) 회의에서 사회복지실천의 공통요소를 발표하였다.
    ㄴ. 사회복지사업법에 따라 국내에서 사회복지사 명칭을 사용하기 시작하였다.
    ㄷ. 태화여자관이 설립되었다.
    ㄹ. 사회복지전문요원이 국내 행정기관에 배치되었다.

    ① ㄱ - ㄴ - ㄷ - ㄹ
    ② ㄱ - ㄷ - ㄴ - ㄹ
    ③ ㄱ - ㄷ - ㄹ - ㄴ
    ④ ㄷ - ㄱ - ㄴ - ㄹ
    ⑤ ㄷ - ㄱ - ㄹ - ㄴ

2. 양자 간의 논쟁에 개입하여 중립을 지키면서 상호합의를 이끌어내는 사회복지사의 역할은?

    ① 중개자
    ② 조정자
    ③ 중재자
    ④ 옹호자
    ⑤ 교육자

3. 다음에서 설명하고 있는 것은?

    사회복지사가 자신의 가치, 신념, 행동습관, 편견 등이 사회복지실천에 어떤 영향을 미치는지 정확하게 이해하는 것이다.

    ① 자기지시
    ② 자기규제
    ③ 자기노출
    ④ 자기인식
    ⑤ 자기결정

4. 사회복지실천 면접의 질문기술에 관한 내용으로 옳은 것은?

① 클라이언트가 방어적인 태도를 취할 수 있기에 '왜'라는 질문은 피한다.
② 클라이언트가 자유롭게 대답할 수 있도록 폐쇄형 질문을 활용한다.
③ 사회복지사가 의도하는 특정방향으로 이끌기 위해 유도 질문을 사용한다.
④ 클라이언트에게 이중 또는 삼중 질문을 한다.
⑤ 클라이언트가 개인적으로 궁금해 하는 사적인 질문은 거짓으로 답한다.

5. 생태도 작성에 관한 내용으로 옳은 것을 모두 고른 것은?

ㄱ. 용지의 중앙에 가족 또는 클라이언트체계를 나타내는 원을 그린다.
ㄴ. 중심원 내부에 클라이언트 또는 동거가족을 그린다.
ㄷ. 중심원 외부에 클라이언트 또는 가족과 상호작용하는 외부체계를 작은 원으로 그린다.
ㄹ. 자원의 양은 '선'으로, 관계의 속성은 '원'으로 표시한다.

① ㄹ
② ㄱ, ㄷ
③ ㄴ, ㄹ
④ ㄱ, ㄴ, ㄷ
⑤ ㄱ, ㄴ, ㄷ, ㄹ

6. 다음에서 설명하고 있는 면접 기술은?

○ 클라이언트가 말하는 것만으로도 치료효과를 얻을 수 있다.
○ 클라이언트의 억압된 또는 부정적인 감정이 문제해결을 방해하거나 감정자체에 문제가 있는 경우 이를 표출하게 하여 감정을 해소시키려 할 때 활용한다.

① 해석
② 환기
③ 직면
④ 반영
⑤ 재보증

7. 다음에서 설명하고 있는 사회복지사의 자질은?

○ 클라이언트의 감정을 잘 관찰하는 것과 경청하는 과정에서 비롯된다.
○ 클라이언트가 언어적으로 표현한 것뿐만 아니라 표현하지 않은 비언어적 내용들도 파악한다.

① 민감성
② 진실성
③ 헌신
④ 수용
⑤ 일치성

8. 자선조직협회(COS) 활동에 관한 설명으로 옳지 않은 것은?

① 민간 사회복지기관의 활동을 체계적으로 조정하기 위해 등장하였다.
② 적자생존에 기반한 사회진화론을 구빈의 이론적 기반으로 삼았다.
③ 빈민지역에 거주하며 지역사회 문제에 대한 집합적이고 개혁적인 해결을 강조하였다.
④ 과학적이고 적절한 자선활동을 수행하기 위해 클라이언트 등록체계를 실시하였다.
⑤ 자선조직협회 활동은 개별사회사업의 초석이 되었다.

9. 개인주의가 사회복지실천에 미친 영향으로 옳은 것을 모두 고른 것은?

ㄱ. 개별화	ㄴ. 개인의 권리와 의무 강조
ㄷ. 최소한의 수혜자격 원칙	ㄹ. 사회적 책임 중시

① ㄱ, ㄴ, ㄷ   ② ㄱ, ㄴ, ㄹ   ③ ㄱ, ㄷ, ㄹ
④ ㄴ, ㄷ, ㄹ   ⑤ ㄱ, ㄴ, ㄷ, ㄹ

10. 거시 수준의 사회복지실천에 관한 내용으로 옳지 않은 것은?

① 다문화 청소년을 위한 조례 제정을 추진한다.
② 부모와 자녀의 관계증진을 위한 소집단프로그램을 진행한다.
③ 피학대 노인 보호를 위한 제도 개선을 제안한다.
④ 장애인복지에 필요한 정부 예산 증액을 촉구한다.
⑤ 고독사 문제 해결을 위해 정책 토론회를 개최한다.

11. 다음에서 설명하고 있는 사회복지실천모델은?

○ 비장애인이 대부분인 사회에서 장애인 클라이언트의 취약한 권리에 주목하였다.
○ 사회복지사와 클라이언트 집단은 장애인의 권익을 옹호하는데 협력하였다.
○ 대화, 발견, 발전의 단계를 통해 클라이언트 집단은 주도적으로 불평등한 사회제도를 개선하였다.

① 의료모델   ② 임파워먼트모델   ③ 사례관리모델
④ 생활모델   ⑤ 문제해결모델

12. 통합적 접근의 특징에 관한 내용으로 옳지 않은 것은?

① 생태체계 관점에서 인간과 환경 체계를 고려한다.
② 미시 수준에서 거시 수준에 이르는 다차원적 접근을 한다.
③ 개입에 적합한 이론과 방법을 폭넓게 활용한다.
④ 다양하고 복합적인 원인으로 발생하는 문제를 해결하기 위한 접근이다.
⑤ 서비스 영역별로 분화되고 전문화된 접근이다.

13. 사회복지 실천현장과 분류의 연결로 옳지 않은 것은?

① 사회복지관 – 1차 현장
② 종합병원 – 2차 현장
③ 발달장애인지원센터 – 이용시설
④ 노인보호전문기관 – 생활시설
⑤ 사회복지공동모금회 – 비영리기관

14. 콤튼과 갤러웨이(B. Compton & B. Galaway)의 사회복지실천 구성체계 중 '사회복지사협회'가 해당되는 체계는?

① 변화매개체계
② 클라이언트체계
③ 표적체계
④ 행동체계
⑤ 전문가체계

15. 사회복지실천의 전문적 관계에 관한 설명으로 옳지 않은 것은?

① 사회복지사와 클라이언트가 합의하여 목적을 설정한다.
② 사회복지사는 소속된 기관의 특성에 영향을 받는다.
③ 사회복지사의 이익과 욕구 충족을 위한 일방적 관계이다.
④ 사회복지사는 전문성에 바탕을 둔 권위를 가진다.
⑤ 계약에 의해 이루어지는 시간제한적인 특징을 갖는다.

16. 비스텍(F. Biestek)의 관계의 원칙 중 '의도적 감정표현'에 해당하는 것은?

① 클라이언트의 부정적 감정을 자유롭게 표현할 수 있도록 지지한다.
② 클라이언트의 감정이나 태도를 있는 그대로 받아들이고 존중한다.
③ 목적달성을 위한 방안들의 장·단점을 설명하고 클라이언트가 스스로 선택하도록 한다.
④ 공감을 받고 싶어 하는 클라이언트의 욕구에 따라 클라이언트에게 공감하는 반응을 표현한다.
⑤ 사회복지사 자신의 생각과 느낌, 개인적인 경험을 이야기한다.

17. 다음에서 설명하고 있는 사례관리 개입 원칙은?

○ 변화하는 클라이언트 욕구에 반응하여 장기적으로 서비스를 제공해야 한다.
○ 클라이언트에게 필요한 서비스를 중단하지 않고 제공해야 한다.

① 서비스의 체계성
② 서비스의 접근성
③ 서비스의 개별화
④ 서비스의 연계성
⑤ 서비스의 지속성

18. 원조관계에서 사회복지사의 태도에 관한 내용으로 옳은 것은?

① 개선의 여지가 있다고 판단된 경우에 한해서 클라이언트와 전문적 관계를 형성하였다.
② 클라이언트의 감정에 이입되어 면담을 지속할 수 없었다.
③ 자신의 생각과 다른 클라이언트의 의견은 관계형성을 위해 즉시 수정하도록 지시하였다.
④ 법정으로부터 정보공개 명령을 받고 관련된 클라이언트 정보를 제공하였다.
⑤ 클라이언트 특성이나 상황이 일반적인 경우와 다르지만 획일화된 서비스를 그대로 제공하였다.

19. 자료 수집을 위한 자료 출처에 해당하는 것을 모두 고른 것은?

ㄱ. 문제, 사건, 기분, 생각 등에 관한 클라이언트 진술
ㄴ. 클라이언트와 직접 상호작용한 사회복지사의 경험
ㄷ. 심리검사, 지능검사, 적성검사 등의 검사 결과
ㄹ. 친구, 이웃 등 클라이언트의 중요한 타인으로부터 수집한 정보

① ㄱ, ㄴ, ㄷ
② ㄱ, ㄴ, ㄹ
③ ㄱ, ㄷ, ㄹ
④ ㄴ, ㄷ, ㄹ
⑤ ㄱ, ㄴ, ㄷ, ㄹ

20. 레비(C. Levy)가 제시한 사회복지전문직의 가치 중 결과우선가치에 해당하는 것은?

① 자기 결정권 존중
② 인간 존엄성에 대한 믿음
③ 비심판적 태도
④ 동등한 사회 참여 기회 제공
⑤ 개별성에 대한 인정

21. 사회복지실천 개입기술에 관한 설명으로 옳은 것을 모두 고른 것은?

ㄱ. 재보증은 어떤 문제에 대해 클라이언트가 부여하는 의미를 수정해 줌으로써 클라이언트의 시각을 긍정적인 방향으로 변화시키려는 전략이다.
ㄴ. 모델링은 실제 다른 사람의 행동을 직접 관찰함으로써만 시행 가능하다.
ㄷ. 격려기법은 주로 클라이언트 행동이 변화에 장애가 되거나 타인에게 위협이 될 때, 이를 인식하도록 하기 위한 목적으로 사용한다.
ㄹ. 일반화란 클라이언트 혼자만이 겪는 문제가 아니라는 것을 인식하게 하는 기법이다.

① ㄱ
② ㄹ
③ ㄱ, ㄹ
④ ㄱ, ㄴ, ㄷ
⑤ ㄴ, ㄷ, ㄹ

22. 사례관리 등장 배경에 관한 설명으로 옳지 않은 것은?

① 탈 시설화로 인해 많은 정신 장애인이 지역사회 내에서 생활하게 되었다.
② 지역사회 내 서비스 간 조정이 필요하게 되었다.
③ 복지비용 절감에 관심이 커지면서 저비용 고효율을 지향하게 되었다.
④ 인구·사회적 변화에 따라 다양하고, 복합적이며 만성적인 욕구를 가진 클라이언트가 증가하였다.
⑤ 사회복지서비스 공급주체가 지방정부에서 중앙정부로 변화하였다.

23. 사회복지실천의 간접적 개입에 해당하는 것은?

① 의사소통 교육
② 프로그램 개발
③ 부모교육
④ 가족상담
⑤ 사회기술훈련

24. 다음에서 설명하고 있는 사례관리 과정은?

> ○ 계획 수정 여부 논의
> ○ 클라이언트 욕구변화 검토
> ○ 서비스 계획의 목표달성 정도 파악
> ○ 서비스가 효과적으로 제공되고 있는지 확인

① 점검　　　　　② 계획　　　　　③ 사후관리
④ 아웃리치　　　⑤ 사정

25. 사례관리자 역할과 그 예의 연결로 옳지 않은 것은?

① 조정자(coordinator): 사례회의를 통해 독거노인지원서비스가 중복 제공되지 않도록 하였다.
② 옹호자(advocate): 사례회의에서 장애아동의 입장을 대변하였다.
③ 협상가(negotiator): 사례회의를 통해 생활 형편이 어려운 가정의 아동에게 재정 후원자를 연결해주었다.
④ 평가자(evaluator): 사례 종결 여부를 결정하기 위해 목표 달성 여부를 확인하였다.
⑤ 기획가(planner): 욕구사정을 통해 클라이언트에게 필요한 자원을 설계하고 체계적인 개입 계획을 세웠다.

사회복지실천(사회복지실천기술론)

26. 사회복지실천현장의 지식 유형에 관한 설명으로 옳지 않은 것은?

① 이론은 현상을 설명하기 위한 가설이나 개념의 집합체이다.
② 관점은 개인과 사회에 관한 주관적 인식의 차이를 보여주는 사고체계이다.
③ 실천지혜는 실천 활동의 원칙과 방식을 구조화한 것이다.
④ 패러다임은 역사와 사상의 흐름에 영향을 받는 추상적 개념 틀이다.
⑤ 모델은 실천과정에 직접적으로 필요한 기술적 적용방법을 제시한 것이다.

27. 위기개입모델에 관한 설명으로 옳지 않은 것은?

① 클라이언트에게 실용적 정보를 제공하고 지지체계를 개발하도록 한다.
② 단기개입 서비스를 제공한다.
③ 구체적이고 관찰 가능한 문제에 초점을 둔다.
④ 위기 발달은 촉발요인이 발생한 후에 취약단계로 넘어간다.
⑤ 사회복지사는 다른 개입모델에 비해 적극적이고 직접적인 역할을 수행한다.

28. 해결중심모델에 관한 설명으로 옳은 것은?

① 클라이언트에게 대처행동을 가르치고 훈련함으로써 부적응을 해소하도록 한다.
② 탈이론적이고 비규범적이며 클라이언트의 견해를 존중한다.
③ 문제의 원인을 클라이언트의 심리 내적 요인에서 찾는다.
④ 클라이언트의 문제를 자원 혹은 기술 부족으로 본다.
⑤ 문제와 관련이 있는 환경과 자원을 사정하고 개입 방안을 강조한다.

29. 인지적 오류(왜곡)에 관한 예로 옳지 않은 것은?

① 임의적 추론: 내가 뚱뚱해서 지나가는 사람들이 나만 쳐다봐.
② 개인화: 그때 내가 전화만 받았다면 동생이 사고를 당하지 않았을 텐데. 나 때문이야.
③ 이분법적 사고: 이 일을 완벽하게 하지 못하면 실패한 것이야.
④ 과잉일반화: 시험보는 날인데 아침에 미역국을 먹었으니 나는 떨어질 거야.
⑤ 선택적 요약: 지난번 과제에 나쁜 점수를 받았어. 이건 내가 꼴찌라는 것을 의미해.

30. 인지행동모델에 관한 설명으로 옳지 않은 것은?
   ① 개인의 주관적 경험의 독특성을 중시한다.
   ② 클라이언트의 강점과 자원이 문제해결의 주요 요소이다.
   ③ 제한된 시간 내에 특정 문제에 초점을 두고 접근한다.
   ④ 과제 활용과 교육적인 접근으로 자기 치료가 가능하도록 한다.
   ⑤ 클라이언트의 적극적 참여와 협조적 태도를 중시한다.

31. 사회복지실천의 개입기법에 관한 설명으로 옳지 않은 것은?
   ① 소거: 부적 처벌의 원리를 이용하여 바람직하지 않은 행동을 중단시키는 것
   ② 시연: 클라이언트가 힘들어하는 행동에 대해 실생활에서 실행 전에 반복적으로 연습하는 것
   ③ 행동조성: 특정 행동 수준까지 끌어올리기 위해 작은 단위의 행동으로 나누어 과제를 주는 것
   ④ 체계적 둔감법: 두려움이 적은 상황부터 큰 상황까지 단계적으로 노출시켜 문제를 극복하도록 하는 것
   ⑤ 내적 의사소통의 명료화: 클라이언트가 자신의 생각을 말로 표현하고, 피드백을 통해 사고의 명료화를 돕는 것

32. 사회복지실천모델에 관한 설명으로 옳은 것을 모두 고른 것은?

   ㄱ. 위기개입모델에서는 사건에 대한 클라이언트의 주관적인 인식보다 사건 자체를 중시한다.
   ㄴ. 클라이언트중심모델에서는 현재 직면한 문제와 앞으로의 문제를 극복할 수 있도록 성장 과정을 도와준다.
   ㄷ. 임파워먼트모델에서는 클라이언트가 자신의 삶을 스스로 통제할 수 있도록 원조한다.
   ㄹ. 과제중심모델에서는 클라이언트가 인식한 문제에 초점을 두고, 클라이언트의 욕구를 최대한 반영한다.

   ① ㄱ
   ② ㄴ, ㄷ
   ③ ㄱ, ㄴ, ㄷ
   ④ ㄴ, ㄷ, ㄹ
   ⑤ ㄱ, ㄴ, ㄷ, ㄹ

33. 해결중심모델에서 사용하는 질문기법과 그에 관한 예로 옳은 것은?
   ① 관계성 질문: 재혼하신 아버지는 이 문제를 어떻게 생각하실까요?
   ② 기적질문: 처음 상담했을 때와 지금의 스트레스 수준을 비교한다면 지금은 몇 점인가요?
   ③ 대처질문: 어떻게 하면 그 문제가 발생하지 않을 것 같나요?
   ④ 예외질문: 당신은 그 어려운 상황에서 어떻게 견딜 수 있었나요?
   ⑤ 척도질문: 처음 상담을 약속했을 때와 지금은 무엇이 어떻게 달라졌는지 말씀해 주세요.

34. 다음 사례에서 활용한 심리사회모델의 개입기법은?

> "지금까지의 방법이 효과적이지 않다면 다른 방법을 시도해 보면 어떨까요? 제 생각에는 지금쯤 변화가 필요하니 가족상담에 참여해 보시면 어떨까 합니다."

① 지지하기
② 직접적 영향주기
③ 탐색-기술-환기
④ 인간-환경에 관한 고찰
⑤ 유형-역동성 고찰

35. 정신역동모델의 개입기법에 관한 설명으로 옳은 것을 모두 고른 것은?

> ㄱ. 직면: 클라이언트의 이야기와 행동 간 불일치를 보일 때 자기모순을 직시하게 한다.
> ㄴ. 해석: 치료적 관계에서 나타나는 클라이언트의 특정 생각이나 행동의 의미를 설명한다.
> ㄷ. 전이분석: 클라이언트가 과거의 중요한 인물에 대해 느꼈던 감정을 치료사에게 재현하는 현상을 분석하여 과거 문제를 해석하고 통찰하도록 한다.
> ㄹ. 명료화: 저항이나 전이에 대한 이해를 심화·확장하여 통합적으로 이해하도록 한다.

① ㄱ
② ㄴ, ㄹ
③ ㄷ, ㄹ
④ ㄱ, ㄴ, ㄷ
⑤ ㄱ, ㄴ, ㄷ, ㄹ

36. 클라이언트와의 면접 중에 주제를 전환하기 위한 목적으로 사용하는 실천기술은?

① 반영
② 요약
③ 해석
④ 직면
⑤ 초점화

37. 가족개입을 위한 전제조건에 관한 설명으로 옳지 않은 것은?

① 한 사람의 문제는 가족성원 모두에게 영향을 미친다.
② 가족성원의 개입노력은 가족 전체에 영향을 준다.
③ 가족성원의 행동은 순환적 인과성의 특성을 갖는다.
④ 가족문제의 원인은 단선적 관점으로 파악한다.
⑤ 한 가족성원이 보이는 증상은 가족의 문제를 대신해서 호소하는 것으로 본다.

38. 다음 가족사례에 적용된 실천기법은?

> ○ 클라이언트: "저희 딸은 제 말은 안 들어요. 저희 남편이 뭐든 대신 다 해주거든요. 아이가 남편 말만 들어요. 결국 아이문제로 인해 부부싸움으로 번지거든요."
> ○ 사회복지사: "아버지가 아이를 대신해서 다 해주시는군요. 어머니는 그 사이에서 소외된다고 느끼시네요. 자녀가 스스로 할 수 있도록 아버지는 기다려주고 어머니와 함께 지켜보는 것이 어떨까요?"

① 합류
② 역설적 지시
③ 경계선 만들기
④ 증상처방
⑤ 가족조각

39. 다음 사례에서 사회복지사가 우선적으로 개입해야 하는 것은?

> A씨는 25세로 알코올 중독진단을 받았으나 문제에 대한 본인의 인식은 부족한 상황이다. 현재 A씨는 부모와 함께 살고 있으나 몇 년전부터 대화가 단절되어 있다. A씨가 술을 마실 때면 아버지로부터 학대도 발생하고 있는 상황이다.

① 경직된 가족경계를 재구조화한다.
② 단절된 의사소통의 문제를 해결한다.
③ 알코올 중독 문제에 관여한다.
④ 술 문제의 원인으로 보이는 부모를 대상으로 상담한다.
⑤ 부모 간 갈등으로부터 벗어나도록 자아분화를 촉진한다.

40. 가족경계(boundary)에 관한 설명으로 옳은 것은?

① 하위체계의 경계가 경직된 경우에는 지나친 간섭이 증가한다.
② 하위체계의 경계가 희미한 경우에는 감정의 합일현상이 증가한다.
③ 하위체계의 경계가 경직된 경우에는 가족의 보호 기능이 강화된다.
④ 하위체계의 경계가 희미한 경우에는 가족 간 의사소통이 감소한다.
⑤ 하위체계의 경계가 경직된 경우에는 가족구성원이 독립적으로 행동하기 어렵다.

41. 가족사정에 관한 설명으로 옳은 것을 모두 고른 것은?

> ㄱ. 가족체계가 어떻게 기능하는지 발견하는 것이 목적이다.
> ㄴ. 가족상호작용 유형에 적합한 방법을 찾는 것이다.
> ㄷ. 가족사정과 개입과정은 상호작용적이며 순환적이다.
> ㄹ. 가족이 제시하는 문제, 생태학적 사정, 세대 간 사정, 가족내부 간 사정으로 이루어진다.

① ㄱ, ㄴ
② ㄷ, ㄹ
③ ㄱ, ㄴ, ㄷ
④ ㄱ, ㄴ, ㄹ
⑤ ㄱ, ㄴ, ㄷ, ㄹ

42. 가족실천 모델과 주요개념, 기법의 연결로 옳지 않은 것은?

① 보웬모델 – 자아분화 – 탈삼각화
② 구조적모델 – 하위체계 – 균형깨뜨리기
③ 경험적모델 – 자기대상 – 외현화
④ 전략적모델 – 환류고리 – 재구성
⑤ 해결중심모델 – 강점과 자원 – 예외질문

43. 집단 대상 실천의 장점으로 옳지 않은 것은?

① 타인의 문제에 관심을 갖고 공감하면서 이타심이 커진다.
② 유사 경험을 가진 사람들을 만나면서 문제의 보편성을 경험한다.
③ 다양한 성원들로부터 새로운 행동을 학습하면서 정화 효과를 얻는다.
④ 사회복지사나 성원의 행동을 모방하면서 사회기술이 향상된다.
⑤ 성원간 관계를 통해 원가족과의 갈등을 탐색하는 기회를 갖는다.

44. 집단을 준비 또는 계획하는 단계에서 고려할 사항으로 옳은 것을 모두 고른 것은?

> ㄱ. 집단성원의 참여 자격
> ㄴ. 공동지도자 참여 여부
> ㄷ. 집단성원 모집방식과 절차
> ㄹ. 집단의 회기별 주제

① ㄱ
② ㄱ, ㄷ
③ ㄴ, ㄹ
④ ㄱ, ㄷ, ㄹ
⑤ ㄱ, ㄴ, ㄷ, ㄹ

45. 집단의 성과를 평가하는 방법으로 옳지 않은 것은?

① 사전사후 검사 ② 개별인터뷰 ③ 단일사례설계
④ 델파이조사 ⑤ 초점집단면접

46. 사회기술훈련의 단계를 순서대로 옳게 나열한 것은?

| ㄱ. 역할극 | ㄴ. 적용 | ㄷ. 시연 | ㄹ. 평가 |

① ㄱ → ㄷ → ㄴ → ㄹ
② ㄱ → ㄷ → ㄹ → ㄴ
③ ㄴ → ㄷ → ㄹ → ㄱ
④ ㄷ → ㄱ → ㄴ → ㄹ
⑤ ㄷ → ㄱ → ㄹ → ㄴ

47. 집단발달의 초기단계에 적합한 실천기술에 해당하는 것을 모두 고른 것은?

ㄱ. 집단성원이 신뢰감을 갖고 참여할 수 있는 분위기를 조성한다.
ㄴ. 집단성원이 수행한 과제에 대해 솔직하고 구체적인 피드백을 준다.
ㄷ. 집단역동을 촉진하기 위해 사회복지사가 의도적인 자기노출을 한다.
ㄹ. 집단성원의 행동과 태도가 불일치하는 경우에 직면을 통해 지적한다.

① ㄱ
② ㄱ, ㄷ
③ ㄴ, ㄹ
④ ㄱ, ㄷ, ㄹ
⑤ ㄱ, ㄴ, ㄷ, ㄹ

48. 사회목표모델에 관한 내용에 해당하지 않는 것은?

① 자원 개발의 과제
② 민주적 의사결정 방식
③ 인본주의이론에 근거
④ 사회복지사의 촉진자 역할
⑤ 성원 간 소속감과 결속력 강조

49. 다음에 해당되는 기록방법은?

> ○ 교육과 훈련의 중요한 수단이며, 자문의 근거자료로 유용
> ○ 면담전개 과정을 시간의 흐름에 따라 기술하는 방식
> ○ 사회복지사 자신의 행동분석을 통해 사례에 대한 개입능력 향상에 도움

① 과정기록　　　　　　　　② 문제중심기록
③ 이야기체기록　　　　　　④ 정보시스템을 이용한 기록
⑤ 요약기록

50. 다음에 해당하는 단일사례설계의 유형은?

> 친구를 사귀는데 어려움을 갖고 있는 여름이와 겨울이는 사회복지기관을 찾아가 대인관계향상 프로그램에 참여하게 되었다. 먼저 두 사람은 대인관계 수준을 측정하였으며, 여름이는 곧바로 대인관계 훈련을 시작하여 변화정도를 측정하고 있다. 3주간 시간차를 두고 겨울이의 대인관계 훈련을 시작하고 그 변화를 관찰하였다.

① AB　　　　　　　　② BAB　　　　　　　　③ ABC
④ ABAB　　　　　　　⑤ 다중기초선설계

사회복지실천(지역사회복지론)

51. 다음은 길버트와 스펙트(N. Gilbert & H. Specht)의 지역사회 기능 중 무엇에 해당되는가?

> 구성원들이 지역사회의 다양한 사회적 규범을 준수하고 순응하게 하는 것

① 생산·분배·소비 기능 ② 의사소통 기능 ③ 사회치료 기능
④ 상부상조 기능 ⑤ 사회통제 기능

52. 다음의 설명에 해당하는 지역사회복지 이념은?

> ○ 개인의 자유와 권리 증진의 순기능이 있다.
> ○ 의견수렴과정을 통해 합리적 의사결정을 할 수 있다.
> ○ 지역주민의 공동체의식을 강화한다.

① 정상화 ② 주민참여 ③ 네트워크
④ 전문화 ⑤ 탈시설화

53. 한국의 지역사회복지 역사에 관한 설명으로 옳은 것은?

① 1960년대 – 지역자활센터 설치·운영
② 1970년대 – 사회복지관 운영 국고보조금 지원
③ 1980년대 – 희망복지지원단 설치·운영
④ 1990년대 – 재가복지봉사센터 설치·운영
⑤ 2010년대 – 사회복지사무소 시범 설치·운영

54. 영국의 지역사회복지 역사에 관한 설명으로 옳지 않은 것은?

① 중복구호 방지를 위해 자선조직협회가 설립되었다.
② 1884년에 토인비홀(Toynbee Hall)이 설립되었다.
③ 정신보건법 제정에 따라 지역사회보호가 법률적으로 규정되었다.
④ 하버트(Harbert) 보고서는 헐하우스(Hull House) 건립의 기초가 되었다.
⑤ 그리피스(Griffiths) 보고서는 지역사회보호의 일차적 책임주체가 지방정부임을 강조하였다.

55. 갈등이론에 관한 설명으로 옳은 것은?

① 이익과 보상으로 사회적 관계가 유지된다.
② 특정집단이 지닌 문화의 의미를 해석한다.
③ 지역사회는 상호의존적인 부분들로 구성되어 있다.
④ 조직구조 개발에 자원 동원 과정을 중요하게 여긴다.
⑤ 이해관계의 대립을 불평등한 분배로 설명한다.

56. 다음 A지역의 변화를 분석하기 위한 지역사회복지 실천이론은?

> A지역은 외국인 노동자의 유입으로 특정 국적의 외국인 주거 공동체가 형성되기 시작하면서 주민 간 갈등이 발생하였다.

① 생태학이론   ② 사회학습이론   ③ 엘리트주의이론
④ 교환이론   ⑤ 다원주의이론

57. 지역사회복지를 권력의존이론의 관점에서 설명한 것을 모두 고른 것은?

> ㄱ. 장애인 편의시설 설치를 위해 다양한 장애인 단체가 의사결정에 참여하도록 한다.
> ㄴ. 노인복지관은 은퇴 노인의 재능을 활용한 봉사활동을 기획한다.
> ㄷ. 사회복지관은 지방정부로부터 보조금 집행에 대한 지도점검을 받았다.

① ㄱ   ② ㄷ   ③ ㄱ, ㄴ
④ ㄱ, ㄷ   ⑤ ㄱ, ㄴ, ㄷ

58. 지역사회복지실천의 원칙으로 옳지 않은 것은?

① 지역사회 기관 간 협력관계 구축
② 지역사회 특성을 반영한 계획 수립
③ 지역사회 문제 인식의 획일화
④ 욕구 가변성에 따른 실천과정의 변화 이해
⑤ 지역사회 변화에 초점을 둔 개입

59. 다음에서 설명하는 웨일과 갬블(M. Weil & D. Gamble)의 지역사회복지 실천모델은?

> ○ 공통 관심사나 특정 이슈에 대한 정책, 행위, 인식의 변화에 초점
> ○ 일반대중 및 정부기관을 변화의 표적체계로 파악
> ○ 조직가, 촉진자, 옹호자, 정보전달자를 사회복지사의 주요 역할로 인식

① 사회계획
② 기능적 지역사회조직
③ 프로그램 개발과 지역사회 연계
④ 연합
⑤ 정치사회행동

60. 로스만(J. Rothman)의 지역사회복지 실천모델에 관한 설명으로 옳은 것을 모두 고른 것은?

> ㄱ. 지역사회개발모델은 지역사회 구성원의 조직화를 주요 실천과정으로 본다.
> ㄴ. 지역사회개발모델의 변화 매개체는 공식적 조직과 객관적 자료이다.
> ㄷ. 사회계획모델에서 사회복지사의 핵심 역할은 협상가, 옹호자이다.
> ㄹ. 사회행동모델에서는 지역사회 내 집단들이 갈등관계로 인해 타협과 조정이 어렵다고 본다.

① ㄱ, ㄷ
② ㄱ, ㄹ
③ ㄴ, ㄷ
④ ㄱ, ㄴ, ㄹ
⑤ ㄱ, ㄷ, ㄹ

61. 테일러와 로버츠(S. Taylor & R. Roberts)의 지역사회복지 실천모델에 관한 설명으로 옳지 않은 것은?

① 프로그램 개발과 조정: 지역주민의 역량강화 및 지도력 개발에 관심
② 계획: 구체적 조사전략 및 기술 강조
③ 지역사회연계: 지역사회 문제해결을 위한 관계망 구축 강조
④ 지역사회개발: 지역주민의 참여와 자조 중시
⑤ 정치적 역량강화: 상대적으로 권력이 약한 시민의 권한 강화에 관심

62. 지역사회복지 실천과정에서 다음 과업이 수행되는 단계는?

> ○ 재정자원의 집행
> ○ 추진인력의 확보 및 활용
> ○ 협력과 조정을 위한 네트워크 구축

① 문제발견 및 분석단계 ② 사정 및 욕구 파악단계 ③ 계획단계
④ 실행단계 ⑤ 점검 및 평가단계

63. 지역사회 욕구사정 방법에 관한 설명으로 옳은 것은?

① 명목집단기법: 지역주민으로부터 설문조사를 통해 직접적으로 자료를 획득
② 초점집단기법: 전문가 패널을 대상으로 반복된 설문을 통해 합의에 이를 때까지 의견을 수렴
③ 델파이기법: 정부기관이나 사회복지관련 조직에 의해 수집된 기존 자료를 활용
④ 지역사회포럼: 지역주민이 참여할 수 있는 공개 모임을 개최하여 구성원의 의견을 모색
⑤ 사회지표분석: 지역사회 문제를 잘 파악하고 있는 사람들을 대상으로 정보를 확보

64. 다음에 제시된 사회복지사의 핵심 역할은?

> A지역은 저소득가구 밀집지역으로 방임, 결식 등 취약계층 아동 비율이 높은 곳이다. 사회복지사는 지역사회 아동의 안전한 보호와 부모의 양육부담 완화를 위해 아동돌봄시설 확충을 위한 서명운동 및 조례제정 입법활동을 하였다.

① 옹호자 ② 교육자 ③ 중재자
④ 자원연결자 ⑤ 조정자

65. 지역사회복지 실천기술 중 연계에 관한 내용으로 옳지 않은 것은?

① 인적·물적 자원의 효율적 관리
② 사회복지사의 자원 네트워크 확장
③ 지역의 사회적 자본 확대
④ 클라이언트 중심의 통합적 서비스 제공
⑤ 지역주민 권익향상을 위한 사회행동

66. 다음 사례에서 사회복지사가 활용한 기술은?

> A사회복지사는 독거노인이 따뜻한 겨울을 보낼 수 있도록 지역 내 종교단체에 예산과 자원봉사자를 지원해 줄 것을 요청하였다.

① 조직화　　　　② 옹호　　　　③ 자원개발 및 동원
④ 협상　　　　　⑤ 교육

67. 지방분권에 관한 설명으로 옳은 것은?

① 사회보험제도의 지방분권이 확대되고 있다.
② 주민참여로 권력의 재분배가 이루어진다.
③ 지역주민의 욕구에 대한 민감성이 약화된다.
④ 복지수준의 지역 간 균형이 이루어진다.
⑤ 중앙정부의 사회적 책임성이 강화된다.

68. 시·군·구 지역사회보장계획에 관한 설명으로 옳은 것을 모두 고른 것은?

> ㄱ. 시·군·구 지역사회보장협의체의 보고와 의회의 심의를 거쳐야 한다.
> ㄴ. 사회보장급여의 이용·제공 및 수급권자 발굴에 관한 법률에 의거한다.
> ㄷ. 시행연도의 전년도 11월 30일까지 수립하여 제출하여야 한다.
> ㄹ. 4년마다 수립하고 매년 연차별 시행계획을 수립해야 한다.

① ㄱ, ㄴ　　　　② ㄱ, ㄷ　　　　③ ㄴ, ㄹ
④ ㄱ, ㄴ, ㄹ　　⑤ ㄴ, ㄷ, ㄹ

69. 지역사회보장협의체의 실무협의체 운영에 관한 설명으로 옳은 것은?

① 사회보장업무를 담당하는 공무원은 제외된다.
② 위원장 1명을 포함하여 10명 미만의 위원으로 구성한다.
③ 지역사회보장계획과 관련된 조례를 제정한다.
④ 시·군·구의 사회보장급여 제공에 관한 사항을 심의·자문한다.
⑤ 전문성 원칙에 따라 현장 전문가를 중심으로 구성한다.

70. 자원봉사활동 추진체계의 역할로 옳지 않은 것은?

① 보건복지부: 자원봉사활동의 진흥을 위한 국가기본계획 수립
② 지방자치단체: 자원봉사센터 운영을 위한 예산 지원
③ 중앙자원봉사센터: 자원봉사센터 정책 개발 및 연구
④ 시·도 자원봉사센터: 자원봉사 프로그램 개발 및 보급
⑤ 시·군·구 자원봉사센터: 지역 자원봉사 거점역할 수행

71. 사회복지관 사업 내용 중 지역사회조직화 기능에 해당하는 것은?

① 독거노인을 위한 도시락 배달
② 한부모 가정 아동을 위한 문화 프로그램 제공
③ 아동 자립생활 지원을 위한 후원자 개발
④ 학교 밖 청소년을 위한 직업기능 교육
⑤ 장애인 일상생활 지원을 위한 서비스 제공

72. 사회적기업에 관한 설명으로 옳은 것을 모두 고른 것은?

ㄱ. 유급근로자를 고용하여 영업활동을 해야 사회적기업으로 인증받을 수 있다.
ㄴ. 조직형태는 민법에 따른 조합, 상법에 따른 회사, 특별법에 따른 법인 등이 있다.
ㄷ. 보건복지부로부터 사회적기업으로 인증을 받아야 활동할 수 있다.
ㄹ. 서비스 수혜자, 근로자 등 이해관계자가 참여하는 의사결정 구조를 갖추어야 한다.

① ㄱ, ㄴ
② ㄱ, ㄷ
③ ㄴ, ㄷ
④ ㄱ, ㄴ, ㄹ
⑤ ㄱ, ㄷ, ㄹ

73. 지역사회복지실천에서 지역주민 참여수준이 높은 것에서 낮은 것 순서로 옳게 나열한 것은?

> ㄱ. 계획단계에 참여
> ㄴ. 조직대상자
> ㄷ. 단순정보수혜자
> ㄹ. 의사결정권 행사

① ㄴ - ㄷ - ㄹ - ㄱ
② ㄷ - ㄱ - ㄴ - ㄹ
③ ㄷ - ㄴ - ㄱ - ㄹ
④ ㄹ - ㄱ - ㄴ - ㄷ
⑤ ㄹ - ㄴ - ㄱ - ㄷ

74. 지역사회복지운동에 관한 설명으로 옳은 것은?

① 사회복지전문가 중심의 활동으로 이루어진다.
② 목적지향적인 조직적 활동이다.
③ 운동의 초점은 정치권력의 장악이다.
④ 지역사회의 구조적 문제는 배제된다.
⑤ 지역사회복지운동단체는 서비스제공 활동을 하지 않는다.

75. 최근 복지전달체계의 동향으로 옳지 않은 것은?

① 사회복지 전담인력의 확충
② 수요자 중심 복지서비스 제공
③ 통합사례관리의 축소
④ 민·관 협력의 활성화
⑤ 보건과 연계한 서비스의 통합성 강화

2023년도 제21회
사회복지사 1급
3교시 | 사회복지정책과 제도

문제형별	시간	시험영역
A	75분	• 사회복지정책론 • 사회복지행정론 • 사회복지법제론

※ 본 책의 마지막 페이지에 수록된 OCR 답안카드를 활용하여 실제 시험처럼 제한시간 내에 마킹까지 완료하는 연습을 해보세요.

각 문제에서 요구하는 가장 적합한 답 1개만을 고르시오.

사회복지정책과 제도(사회복지정책론)

1. 1942년 베버리지 보고서에서 규정한 5대 악에 해당되지 않는 것은?

   ① 무지
   ② 질병
   ③ 산업재해
   ④ 나태
   ⑤ 결핍(궁핍)

2. 사회복지정책 평가가 갖는 특징으로 옳지 않은 것은?

   ① 정치적이다.
   ② 실용적이다.
   ③ 종합학문적이다.
   ④ 기술적이다.
   ⑤ 가치중립적이다.

3. 롤스(J. Rawls)의 정의론(공정으로서의 정의)에 관한 설명으로 옳은 것은?

   ① 제1원칙은 기본적 자유에 대한 동등한 권리이다.
   ② 기회의 균등보다는 결과의 평등이 더 중요하다.
   ③ 사회경제적 불평등은 어떠한 경우라도 허용될 수 없다.
   ④ 최대다수의 최대행복을 추구한다.
   ⑤ 정당한 소유와 합법적인 이전은 정의로운 결과를 가져온다.

4. 다음 중 사회복지정책이 필요한 이유를 모두 고른 것은?

> ㄱ. 국민의 생존권 보장　　　ㄴ. 사회통합의 증진
> ㄷ. 개인의 자립성 증진　　　ㄹ. 능력에 따른 분배

① ㄱ, ㄴ　　② ㄴ, ㄷ　　③ ㄴ, ㄹ
④ ㄱ, ㄴ, ㄷ　　⑤ ㄱ, ㄷ, ㄹ

5. 사회복지정책의 발달이론 중 의회민주주의의 정착과 노동자계급의 조직화된 힘을 강조하는 이론은?

① 산업화론　　② 권력자원이론　　③ 확산이론
④ 사회양심이론　　⑤ 국가중심이론

6. 영국 구빈제도의 역사에 관한 설명으로 옳지 않은 것은?

① 1601년 엘리자베스 빈민법은 빈민을 노동능력 있는 빈민, 노동능력 없는 빈민, 빈곤 아동으로 분류하였다.
② 1662년 정주법은 부랑자들의 자유로운 이동을 금지하였다.
③ 1782년 길버트법은 원외구제를 허용하였다.
④ 1795년 스핀햄랜드법은 열등처우의 원칙을 명문화하였다.
⑤ 1834년 신빈민법은 노동능력이 있는 빈민에 대한 원외구제를 폐지하였다.

7. 조지(V. George)와 윌딩(P. Wilding)이 제시한 이념 중 소극적 집합주의에 관한 설명으로 옳은 것은?

① 시장에 대한 국가개입을 최소화하고 개인의 소극적 자유를 극대화하는 것이 바람직하다.
② 개인의 적극적 자유를 보장하기 위해서는 철저한 계획경제와 생산수단의 국유화가 필요하다.
③ 환경과 생태의 관점에서 자본주의의 성장과 복지국가의 확대는 지속가능하지 않다.
④ 복지국가는 노동의 성(gender) 분업과 자본주의 가부장제를 고착화시키는 역할을 한다.
⑤ 시장의 약점을 보완하고 불평등과 빈곤에 대응하기 위하여 실용적인 국가개입이 필요하다.

8. 에스핑-안데르센(G. Esping-Andersen)의 복지국가 유형에 관한 설명으로 옳지 않은 것은?

① 탈상품화 정도, 계층화 정도 등에 따라 복지국가를 3가지 유형으로 분류하였다.
② 탈상품화는 돌봄이나 서비스 부담을 가족에게 의존하지 않는 정도를 의미한다.
③ 사회민주주의 복지국가는 탈상품화 정도가 높고 보편적 사회서비스를 제공한다.
④ 보수주의 복지국가에서 사회보험은 직업집단 등에 따라 분절적으로 운영된다.
⑤ 자유주의 복지국가는 공공부조의 역할이 크고 탈상품화 정도는 낮다.

9. 우리나라 의료보장제도(국민건강보험, 의료급여)에서 시행하고 있는 것 중 의료비 절감효과와 관련이 가장 적은 것은?

① 포괄수가제
② 의료급여 사례관리제도
③ 건강보험급여 심사평가제도
④ 행위별 수가제
⑤ 본인일부부담금

10. 조세특례제한법상의 '총급여액 등'을 기준으로 근로장려금 산정방식을 다음과 같이 설계하였다고 가정할 때, 총급여액 등에 따른 근로장려금 계산 결과로 옳지 않은 것은?

> ○ 총급여액 등 1,000만 원 미만: 근로장려금＝총급여액 등×100분의 20
> ○ 총급여액 등 1,000만 원 이상 1,200만 원 미만: 근로장려금 200만 원
> ○ 총급여액 등 1,200만 원 이상 3,200만 원 미만: 근로장려금＝200만 원－(총급여액 등－1,200만 원)×100분의 10
> ※ 재산, 가구원 수, 부양아동 수, 소득의 종류 등 다른 조건은 일체 고려하지 않음

① 총급여액 등이 500만 원 일 때, 근로장려금 100만 원
② 총급여액 등이 1,100만 원 일 때, 근로장려금 200만 원
③ 총급여액 등이 1,800만 원 일 때, 근로장려금 150만 원
④ 총급여액 등이 2,200만 원 일 때, 근로장려금 100만 원
⑤ 총급여액 등이 2,700만 원 일 때, 근로장려금 50만 원

11. 최근 10년간 국민기초생활보장제도의 변화에 관한 설명으로 옳은 것을 모두 고른 것은?

> ㄱ. 수급자격 중 부양의무자 기준은 완화되었다.
> ㄴ. 기준중위소득은 2015년 이후 지속적으로 인상되었다.
> ㄷ. 교육급여가 신설되었다.
> ㄹ. 근로능력평가 방식이 변화되었다.

① ㄱ, ㄴ ② ㄱ, ㄷ ③ ㄱ, ㄹ
④ ㄴ, ㄹ ⑤ ㄱ, ㄴ, ㄹ

12. 사회보험과 비교하여 공공부조제도의 장점으로 옳은 것은?

① 대상효율성이 높다.
② 가입률이 높다.
③ 수급자에 대한 낙인을 예방할 수 있다.
④ 행정비용이 발생하지 않는다.
⑤ 수평적 재분배 효과가 크다.

13. 우리나라가 시행하고 있는 취약계층 취업지원 제도에 관한 설명으로 옳은 것은?

① 노인 일자리사업의 총괄 운영기관은 대한노인회이다.
② 장애인고용의무제도는 모든 사업체에 적용된다.
③ 맞춤형 취업지원서비스로 취업성공패키지가 운영되고 있다.
④ 모든 국민기초생활보장 수급자는 반드시 자활사업에 참여해야 한다.
⑤ 고령자를 채용하지 않는 기업은 정부에 부담금을 납부해야 한다.

14. 우리나라 고용보험과 산업재해보상보험에 관한 설명으로 옳은 것은?

① 소득활동 중 발생할 수 있는 소득상실 위험에 대한 사회안전망이라는 공통점을 가지고 있다.
② 구직급여는 구직활동 여부와 관계없이 지급된다.
③ 고용형태 및 근로시간에 관계없이 모든 근로자는 두 보험의 적용을 받는다.
④ 장해급여는 산업재해를 입은 모든 근로자에게 지급된다.
⑤ 두 보험의 가입자 보험료율은 동일하다.

15. 다음 중 상대적 빈곤선을 설정(측정)하는 방식으로 옳은 것을 모두 고른 것은?

   ㄱ. 중위소득의 일정 비율
   ㄴ. 라이덴(Leyden) 방식
   ㄷ. 반물량 방식
   ㄹ. 라운트리(Rowntree) 방식
   ㅁ. 타운센드(Townsend) 방식

   ① ㄱ, ㄴ
   ② ㄱ, ㅁ
   ③ ㄴ, ㅁ
   ④ ㄷ, ㄹ
   ⑤ ㄱ, ㄷ, ㄹ

16. 우리나라 사회보험의 운영 원리에 관한 설명으로 옳지 않은 것은?

   ① 수익자 부담 원칙을 전제로 하고 있다.
   ② 사회보험은 수평적 또는 수직적 재분배 기능이 있다.
   ③ 가입자의 보험료율은 사회보험 종류별로 다르다.
   ④ 사회보험급여는 피보험자와 보험자 간 계약에 의해 규정된 법적 권리이다.
   ⑤ 모든 사회보험 업무가 통합되어 1개 기관에서 운영된다.

17. 우리나라 사회보험방식의 공적연금에 관한 설명으로 옳은 것을 모두 고른 것은?

   ㄱ. 국민연금과 특수직역연금으로 구분하여 운영되고 있다.
   ㄴ. 국민연금이 가장 먼저 시행되었다.
   ㄷ. 2022년 12월말 기준 공적연금 수급개시연령은 동일하다.
   ㄹ. 가입자의 노령(퇴직), 장애(재해), 사망으로 인한 소득중단 시 급여를 지급한다.

   ① ㄱ, ㄴ
   ② ㄱ, ㄹ
   ③ ㄱ, ㄴ, ㄹ
   ④ ㄱ, ㄷ, ㄹ
   ⑤ ㄴ, ㄷ, ㄹ

18. 길버트(N. Gilbert)와 테렐(P. Terrell)이 주장한 사회복지전달체계 재구조화 전략으로 옳지 않은 것은?

   ① 수급자 수요 강화
   ② 기관들의 동일 장소 배치
   ③ 사례별 협력
   ④ 관료적 구조로부터의 전문가 이탈
   ⑤ 시민 참여

19. 사회복지정책의 주체 및 그 역할에 관한 설명으로 옳지 않은 것은?

① 긍정적 외부효과가 큰 영역은 민간부문이 담당하는 것이 바람직하다.
② 사회복지정책의 주체는 국가, 지방자치단체, 공공복지기관 등 다양하다.
③ 공공재적 성격이 강한 재화나 서비스는 공공부문이 개입하는 것이 바람직하다.
④ 정보의 비대칭성이 강한 영역은 정부가 개입하는 것이 바람직하다.
⑤ 민간복지기관은 정부 및 공공기관에 의하여 권한을 위임받은 경우 사회복지정책의 주체가 될 수 있다.

20. 사회복지정책분석에서 산물(product) 분석의 한계에 관한 설명으로 옳은 것은?

① 정해진 틀에 따라 사회복지정책 내용을 분석함으로써 적용된 사회적 가치를 평가하기 쉽다.
② 사회복지정책의 방향성을 제시하기가 용이하다.
③ 현행 사회복지정책에서 배제되고 차별받는 사람들의 욕구를 파악하기 쉽다.
④ 산물분석 결과는 기존의 사회주류적 입장을 대변할 가능성이 높다.
⑤ 사회복지정책의 구체적인 대안을 담아내기 쉽다.

21. 길버트(N. Gilbert)와 테렐(P. Terrell)이 제시한 사회적 효과성에 관한 설명으로 옳은 것은?

① 수급자격을 얻기 위해 개인의 특수한 욕구가 선별적인 세밀한 조사에 노출될 수밖에 없다.
② 사람들이 사회의 평등한 구성원으로 어느 정도나 대우받는가에 따라 판단하는 것이다.
③ 시민권은 수급권을 얻을 수 있는 자격이 안 된다.
④ 급여를 신청할 때 까다로운 행정절차가 반드시 필요하다.
⑤ 사회적 효과성은 단기적 비용절감을 목표로 한다.

22. 정책결정 모형 중 드로어(Y. Dror)가 제시한 최적모형에 관한 설명으로 옳은 것을 모두 고른 것은?

> ㄱ. 합리모형과 점증모형의 단순혼합이 아닌 정책성과를 최적화하려는 데 초점을 둔다.
> ㄴ. 합리적 요소와 초합리적 요소를 다 고려하는 질적 모형이다.
> ㄷ. 초합리성의 구체적인 달성 방법에 대한 명확한 설명이 제시되었다.
> ㄹ. 정책결정을 체계론적 시각에서 파악한다.
> ㅁ. 정책결정 과정에서 실현가능성이 낮다는 비판이 있다.

① ㄱ, ㄴ ② ㄱ, ㄷ, ㄹ ③ ㄱ, ㄴ, ㄹ, ㅁ
④ ㄱ, ㄷ, ㄹ, ㅁ ⑤ ㄴ, ㄷ, ㄹ, ㅁ

23. 사회복지정책 급여의 적절성에 관한 설명으로 옳지 않은 것은?

① 인간다운 생활을 할 수 있는 수준의 급여를 제공하는 것을 말한다.
② 기초연금 지급액 인상은 적절성 수준을 높여줄 수 있다.
③ 급여를 받는 사람의 삶의 질에 대한 관심의 표현이다.
④ 일정한 수준의 물질적, 정신적 복지를 제공해야 한다는 것과 관련된다.
⑤ 적절성에 대한 기준은 시간과 환경에 따라 변하지 않는다.

24. 사회복지운동에 관한 설명으로 옳은 것을 모두 고른 것은?

> ㄱ. 민간이 사회복지에 대한 특정 견해를 가지고 이를 관철시키려는 실천이다.
> ㄴ. 노동운동·시민운동·여성운동 단체 등 다양한 주체들이 관심과 역량을 투여하는 사회운동의 한 분야이다.
> ㄷ. 사회복지종사자들이 갖고 있는 전문성을 실현하는 중요한 통로의 하나이다.
> ㄹ. 우리나라의 사회복지역사에서 정부는 사회복지운동단체의 의견을 모두 수용하였다.

① ㄱ, ㄷ
② ㄴ, ㄹ
③ ㄱ, ㄴ, ㄷ
④ ㄴ, ㄷ, ㄹ
⑤ ㄱ, ㄴ, ㄷ, ㄹ

25. 우리나라에서 시행 중인 소득보장제도에 관한 설명으로 옳지 않은 것은?

① 기초연금은 노인의 생활안정 지원을 목적으로 한다.
② 장애정도가 심하지 않은 장애인은 장애인연금을 받을 수 없다.
③ 장애수당은 장애로 인해 발생하는 추가비용을 보전하기 위해 도입되었다.
④ 만 10세 아동은 아동수당을 받을 수 있다.
⑤ 저소득 한부모가족에게는 아동양육비가 지급될 수 있다.

사회복지정책과 제도(사회복지행정론)

26. 한국 사회복지행정의 역사에 관한 설명으로 옳지 않은 것은?

① 1950~1960년대 사회복지서비스는 주로 외국 원조단체들에 의해 제공되었다.
② 1970년대 사회복지사업법 제정으로 사회복지시설에 대한 제도적 지원과 감독의 근거가 마련되었다.
③ 1980년대에 사회복지전문요원제도가 도입되었다.
④ 1990년대에 사회복지시설 평가제도가 도입되었다.
⑤ 2000년대에 사회복지관에 대한 정부 보조금 지원이 제도화되었다.

27. 사회복지행정의 기능에 관한 설명으로 옳은 것을 모두 고른 것은?

ㄱ. 기획(planning): 조직의 목적과 목표달성 방법을 설정하는 활동
ㄴ. 조직화(organizing): 조직의 활동을 이사회와 행정기관 등에 보고하는 활동
ㄷ. 평가(evaluating): 설정된 목표에 따라 성과를 평가하는 활동
ㄹ. 인사(staffing): 직원 채용, 해고, 교육, 훈련 등의 활동

① ㄱ, ㄴ
② ㄱ, ㄷ
③ ㄱ, ㄷ, ㄹ
④ ㄴ, ㄷ, ㄹ
⑤ ㄱ, ㄴ, ㄷ, ㄹ

28. 사회복지행정의 특징에 관한 설명으로 옳은 것은?

① 서비스 성과를 평가하기 어렵다.
② 사회복지행정가는 가치중립적이어야 한다.
③ 서비스 효율성은 고려하지 않는다.
④ 재정관리는 사회복지행정에 포함되지 않는다.
⑤ 직무환경에 관계없이 획일적으로 운영된다.

29. 다음에서 설명하는 조직이론은?

> ○ 인간의 사회적, 심리적, 정서적 욕구 강조
> ○ 조직 내 비공식 집단의 중요성 인식
> ○ 조직 내 개인은 감정적이며 비물질적 보상에 민감하게 반응

① 과학적 관리론　　② 관료제론　　③ 인간관계론
④ 행정관리론　　　⑤ 자원의존론

30. 베버(M. Weber)가 제시한 이상적 관료제형으로 옳지 않은 것은?

① 공식적 위계와 업무처리 구조
② 전문성에 근거한 분업구조
③ 전통적 권위에 의한 조직 통제
④ 직무 범위와 권한의 명확화
⑤ 조직의 기능은 규칙에 의해 제한

31. 신공공관리론(New Public Management)에 관한 설명으로 옳지 않은 것은?

① 공공서비스 공급에 있어 정부실패를 해결하기 위해 대두하였다.
② 신자유주의에 이론적 기반을 둔다.
③ 시장의 경쟁원리를 공공행정에 도입하였다.
④ 민간이 공급하던 서비스를 정부가 직접 공급하도록 하였다.
⑤ 정부, 시장, 시민사회의 협치를 추구한다.

32. 하센펠트(Y. Hasenfeld)가 제시한 휴먼서비스 조직의 특성으로 옳지 않은 것은?

① 인간을 원료(raw material)로 한다.
② 클라이언트와의 직접적 관계 속에서 활동한다.
③ 조직의 목표가 불확실하며 모호해지기 쉽다.
④ 조직의 업무과정에서 주로 전문가에 의존한다.
⑤ 목표 달성을 위해 명확한 지식과 기술을 사용한다.

33. 조직구조에 관한 설명으로 옳은 것은?

① 조직규모가 커질수록 공식화 정도가 낮아진다.
② 공식화 정도가 높을수록 직원의 재량권이 줄어든다.
③ 과업의 종류가 많을수록 수직적 분화가 늘어난다.
④ 분권화 정도가 높을수록 최고관리자에게 조직 통제권한이 집중된다.
⑤ 집권화 정도가 높을수록 직원의 권한과 책임의 범위가 모호해진다.

34. 다음 사례에 해당하는 현상은?

> A사회복지기관은 프로그램 운영 성과를 높이기 위해 기부금 모금실적을 직원 직무평가에 반영하기로 했다. 직원들이 직무평가에서 높은 점수를 받기 위해 모금활동에 더 많은 시간과 노력을 기울이게 되면서 오히려 프로그램 운영 성과는 저조하게 되었다.

① 리스트럭쳐링(restructuring)
② 목적전치(goal displacement)
③ 크리밍(creaming)
④ 소진(burn out)
⑤ 다운사이징(downsizing)

35. 리더십 이론에 관한 설명으로 옳지 않은 것은?

① 상황이론에 의하면 상황에 따라 적합하게 대응하는 리더십이 효과적이다.
② 행동이론에서 컨트리클럽형(country club management)은 사람에 대한 관심과 일에 대한 관심이 모두 높은 리더이다.
③ 행동이론에서 과업형은 일에만 관심이 있고 사람에 대해서는 전혀 관심이 없는 리더이다.
④ 서번트 리더십(servant leadership)은 사회복지조직 관리에 적합한 리더십이 될 수 있다.
⑤ 생산성 측면에서 서번트 리더십은 자발적 행동의 정도를 중시한다.

36. 사회복지조직의 인적자원관리에 관한 설명으로 옳지 않은 것은?

① 동기부여를 위한 보상관리는 해당되지 않는다.
② 직원채용, 직무수행 평가, 직원개발을 포함한다.
③ 목표관리법(MBO)으로 직원을 평가할 수 있다.
④ 직무수행 과정에서 경력을 개발해 나갈 수 있도록 한다.
⑤ 직무만족도 개선과 소진관리가 포함된다.

37. 직무기술서에 관한 설명으로 옳은 것을 모두 고른 것은?

  ㄱ. 작업조건을 파악해서 작성한다.
  ㄴ. 직무수행을 위한 책임과 행동을 명시한다.
  ㄷ. 종사자의 교육수준, 기술, 능력 등을 포함한다.
  ㄹ. 직무의 성격, 내용, 수행 방법 등을 정리한 문서이다.

① ㄱ, ㄴ
② ㄱ, ㄷ
③ ㄱ, ㄴ, ㄹ
④ ㄴ, ㄷ, ㄹ
⑤ ㄱ, ㄴ, ㄷ, ㄹ

38. 사회복지 슈퍼비전에 관한 설명으로 옳지 않은 것은?

① 행정적 기능, 교육적 기능, 지지적 기능이 있다.
② 소진 발생 및 예방에 영향을 미친다.
③ 동료집단 간에는 슈퍼비전이 수행되지 않는다.
④ 슈퍼바이저는 직속상관이나 중간관리자가 주로 담당한다.
⑤ 직무를 수행하면서 훈련을 받을 수 있다는 장점이 있다.

39. 예산에 관한 설명으로 옳은 것은?

① 영기준 예산(Zero Based Budgeting)은 전년도 예산 내역을 반영하여 수립한다.
② 계획 예산(Planning Programming Budgeting System)은 국가의 단기적 계획 수립을 위한 장기적 예산편성 방식이다.
③ 영기준 예산(Zero Based Budgeting)은 비용 - 편익분석, 비용 - 효과분석을 거치지 않고 수립한다.
④ 성과주의 예산(Performance Budgeting)은 전년도 사업의 성과를 고려하지 않고 수립한다.
⑤ 품목별 예산(Line Item Budgeting)은 수입과 지출을 항목별로 명시하여 수립한다.

40. 한국 사회복지행정 체계에 관한 설명으로 옳지 않은 것은?

① 읍·면·동 중심의 서비스 제공에 노력하고 있다.
② 사회서비스는 단일한 공급주체에 의해 제공된다.
③ 위험관리는 위험의 사전예방과 사후관리를 모두 포함한다.
④ 지역사회 통합돌봄(커뮤니티 케어) 시행으로 지역사회 내 보건복지 서비스 제공이 확대되고 있다.
⑤ 사회서비스의 개념이 기존의 사회복지서비스를 포괄하고 있다.

41. 사회복지조직의 서비스 질 관리에 관한 설명으로 옳은 것은?

① 서비스 질 관리를 위하여 위험관리가 필요하다.
② 총체적 품질관리(TQM)는 기업의 소비자 만족을 극대화하기 위한 기법이므로 사회복지기관에 적용하기에는 적합하지 않다.
③ 총체적 품질관리는 지속적인 개선보다는 현상유지에 초점을 둔다.
④ 서브퀄(SERVQUAL)의 요소에 확신성(assurance)은 포함되지 않는다.
⑤ 서브퀄에서 유형성(tangible)은 고객 요청에 대한 즉각적 반응을 말한다.

42. 한국의 사회복지전달체계 개편 순서를 올바르게 나열한 것은?

| ㄱ. 주민생활지원서비스 전달체계 | ㄴ. 사회복지통합관리망(행복e음) 개통 |
| ㄷ. 읍·면·동 복지허브화 | ㄹ. 지역사회 통합돌봄 |

① ㄱ - ㄴ - ㄷ - ㄹ
② ㄱ - ㄴ - ㄹ - ㄷ
③ ㄱ - ㄷ - ㄴ - ㄹ
④ ㄴ - ㄱ - ㄷ - ㄹ
⑤ ㄴ - ㄷ - ㄱ - ㄹ

43. 사회복지조직의 의사결정모형에 관한 설명으로 옳은 것은?

① 점증모형은 여러 대안을 평가하여 합리적 평가 순위를 정하는 모형이다.
② 연합모형은 경제적·시장 중심적 시각에서 이루어지는 모형이다.
③ 만족모형은 주로 해결해야 할 문제가 분명하고 단순한 의사결정에 적용된다.
④ 쓰레기통모형은 조직의 목표가 모호하고, 조직의 기술이 막연한 경우에 적용되는 모형이다.
⑤ 공공선택모형은 시민들을 공공재의 생산자로 규정하고 정부를 소비자로 규정한다.

44. 사회복지정보화에 관한 설명으로 옳지 않은 것은?

① 조직의 업무효율성을 증대시킬 수 있다.
② 대상자 관리의 정확성, 객관성을 확보할 수 있다.
③ 클라이언트에 대한 사생활침해 가능성이 높아졌다.
④ 학습조직의 필요성이 감소하였다.
⑤ 사회복지행정가가 정보를 체계적으로 다룰 수 있다.

45. 비영리조직 마케팅의 특성으로 옳지 않은 것은?

① 이윤추구보다는 사회적 가치 실현에 주안점을 둔다.
② 마케팅에서 교환되는 것은 유형의 재화보다는 무형의 서비스가 대부분이다.
③ 영리조직에 비해 인간의 태도나 행동을 변화시키는 것이 어렵다.
④ 서비스의 생산과 소비의 동시성을 고려한다.
⑤ 조직의 목표달성과 측정이 용이하다.

46. 마케팅믹스 4P에 관한 설명으로 옳은 것을 모두 고른 것은?

ㄱ. 유통(Place): 고객이 서비스를 쉽게 이용할 수 있도록 하는 조직적 활동
ㄴ. 가격(Price): 판매자가 이윤 극대화를 위하여 임의로 설정하는 금액
ㄷ. 제품(Product): 고객의 욕구를 충족시키기 위하여 제공하는 재화나 서비스
ㄹ. 촉진(Promotion): 판매 실적에 따라 직원을 승진시키는 제도

① ㄱ, ㄴ ② ㄱ, ㄷ ③ ㄱ, ㄴ, ㄷ
④ ㄴ, ㄷ, ㄹ ⑤ ㄱ, ㄴ, ㄷ, ㄹ

47. 프로그램 평가에 관한 설명으로 옳은 것을 모두 고른 것은?

ㄱ. 비용 - 효과분석은 프로그램의 비용과 결과의 금전적 가치를 고려하지 않는다.
ㄴ. 비용 - 편익분석은 프로그램의 비용과 결과를 금전적 가치로 환산하여 평가한다.
ㄷ. 노력성 평가는 프로그램 수행에 투입된 인적·물적 자원 등을 기준으로 평가한다.
ㄹ. 효과성 평가는 프로그램의 목표 달성 정도를 평가한다.

① ㄱ, ㄴ ② ㄱ, ㄷ ③ ㄴ, ㄹ
④ ㄴ, ㄷ, ㄹ ⑤ ㄱ, ㄴ, ㄷ, ㄹ

48. 사회복지조직의 혁신에 관한 설명으로 옳은 것은?

　① 변혁적 리더십은 부하 직원의 변화를 필요로 하지 않는다.
　② 혁신은 목표를 더 효과적으로 달성하기 위한 인위적이고 계획적인 활동이다.
　③ 사회환경 변화와 조직 혁신은 무관하다.
　④ 조직 내부환경을 고려하지 않고 변화를 추진할 때 혁신이 성공한다.
　⑤ 변혁적 리더십은 조직보다는 개인의 사적 이익을 강조한다.

49. 비영리 사회복지조직에 관한 설명으로 옳지 않은 것은?

　① 수익성과 서비스 질을 고려하지 않고 조직을 운영한다.
　② 정부조직에 비해 관료화 정도가 낮다.
　③ 국가와 시장이 공급하기 어려운 서비스를 제공할 수 있다.
　④ 특정 이익집단을 위한 서비스를 제공할 수 있다.
　⑤ 개입대상 선정과 개입방법을 특화할 수 있다.

50. 사회복지행정환경의 변화에 관한 설명으로 옳지 않은 것은?

　① 책임성 요구가 높아지고 있다.
　② 서비스 이용자의 소비자주권이 강해지고 있다.
　③ 빅데이터 활용이 증가하고 있다.
　④ 사회서비스 공급에 민간의 참여가 증가하고 있다.
　⑤ 기업의 경영관리 기법 도입이 줄어들고 있다.

사회복지정책과 제도(사회복지법제론)

51. 법률의 제정 연도가 빠른 순서대로 옳게 나열된 것은?

> ㄱ. 국민기초생활보장법　　ㄴ. 산업재해보상보험법　　ㄷ. 사회복지사업법
> ㄹ. 고용보험법　　ㅁ. 노인복지법

① ㄱ - ㄴ - ㄷ - ㄹ - ㅁ
② ㄴ - ㄱ - ㅁ - ㄷ - ㄹ
③ ㄴ - ㄷ - ㅁ - ㄹ - ㄱ
④ ㄷ - ㄱ - ㄹ - ㅁ - ㄴ
⑤ ㄷ - ㅁ - ㄴ - ㄹ - ㄱ

52. 헌법 제34조 규정의 일부이다. ㄱ~ㄷ에 들어갈 내용으로 옳은 것은?

> ○ 국가는 (ㄱ)·(ㄴ)의 증진에 노력할 의무를 진다.
> ○ 신체장애자 및 질병·노령 기타의 사유로 생활능력이 없는 국민은 (ㄷ)이 정하는 바에 의하여 국가의 보호를 받는다.

① ㄱ: 사회보장, ㄴ: 사회복지, ㄷ: 법률
② ㄱ: 사회보장, ㄴ: 공공부조, ㄷ: 법률
③ ㄱ: 사회복지, ㄴ: 공공부조, ㄷ: 헌법
④ ㄱ: 사회복지, ㄴ: 사회복지서비스, ㄷ: 헌법
⑤ ㄱ: 공공부조, ㄴ: 사회복지서비스, ㄷ: 법률

53. 사회복지법의 역사적 변천에 관한 설명으로 옳은 것을 모두 고른 것은?

> ㄱ. 2014년 기초노령연금법이 제정되면서 기초연금법은 폐지되었다.
> ㄴ. 1999년 제정된 국민의료보험법은 국민건강보험법을 대체한 것이다.
> ㄷ. 1973년 제정된 국민복지연금법은 1986년 국민연금법으로 전부 개정되었다.

① ㄱ　　② ㄴ　　③ ㄷ
④ ㄱ, ㄴ　　⑤ ㄴ, ㄷ

54. 사회보장기본법상 국가와 지방자치단체의 사회보장 운영원칙에 관한 설명으로 옳지 않은 것은?

① 사회보험은 지방자치단체의 책임으로 시행하는 것을 원칙으로 한다.
② 공공부조와 사회서비스는 국가와 지방자치단체의 책임으로 시행하는 것을 원칙으로 한다.
③ 사회보장제도의 급여수준과 비용부담 등에서 형평성을 유지하여야 한다.
④ 사회보장제도를 필요로 하는 모든 국민에게 적용하여야 한다.
⑤ 국민의 다양한 복지욕구를 효율적으로 충족시키기 위하여 연계성과 전문성을 높여야 한다.

55. 사회보장기본법상 사회보장수급권에 관한 설명으로 옳지 않은 것은?

① 사회보장급여를 받으려는 사람은 국가나 지방자치단체에 신청하는 것을 원칙으로 하고 있다.
② 사회보장수급권은 다른 사람에게 양도하거나 담보로 제공할 수 없다.
③ 사회보장수급권은 원칙적으로 제한되거나 정지될 수 없다.
④ 사회보장수급권은 구두로 통지하여 포기할 수 있다.
⑤ 사회보장수급권의 포기는 취소할 수 있다.

56. 사회보장기본법상 사회보장위원회에 관한 설명으로 옳은 것은?

① 대통령 소속의 위원회이다.
② 위원장 1명, 부위원장 2명과 행정안전부장관, 고용노동부장관을 포함한 40명 이내의 위원으로 구성한다.
③ 위원의 임기는 3년으로 하되, 공무원인 위원의 임기는 그 재임기간으로 한다.
④ 고용노동부에 사무국을 둔다.
⑤ 관계 중앙행정기관의 장은 위원회의 심의·조정 사항을 반영하여 사회보장제도를 운영 또는 개선하여야 한다.

57. 자치법규에 관한 설명으로 옳지 않은 것은?

① 지방의회는 규칙 제정권을 갖고 지방자치단체의 장은 조례 제정권을 갖는다.
② 시·군 및 자치구의 조례는 시·도의 조례를 위반해서는 아니 된다.
③ 사회복지시설의 설치·운영 및 관리는 주민의 복지증진과 관련된 지방자치단체의 사무이다.
④ 지방자치단체는 법령의 범위안에서 자치에 관한 규정을 제정할 수 있다.
⑤ 주민은 지방자치단체의 조례를 제정할 것을 청구할 수 있다.

58. 사회보장급여의 이용·제공 및 수급권자의 발굴에 관한 법률의 내용으로 옳은 것은?

① 시장·군수·구청장은 중앙생활보장위원회를 둔다.
② 보건복지부장관은 사회보장급여 부정수급 실태조사를 3년마다 실시하고 그 결과를 공개하여야 한다.
③ "수급권자"란 사회보장급여를 제공하는 국가기관과 지방자치단체를 말한다.
④ 보장기관의 업무담당자는 지원대상자가 심신미약 등 대통령령으로 정하는 경우에 해당하면 지원대상자의 동의하에서만 직권으로 사회보장급여의 제공을 신청할 수 있다.
⑤ 보장기관의 장은 지원대상자 발굴체계의 운영 실태를 3년마다 점검하고 개선방안을 마련하여야 한다.

59. 사회복지사업법상 사회복지서비스 제공의 원칙에 관한 설명으로 옳지 않은 것은?

① 사회복지서비스는 현물로 제공하는 것이 원칙이다.
② 지방자치단체는 사회복지서비스의 품질향상을 위하여 필요한 시책을 마련하여야 한다.
③ 지방자치단체는 사회복지시설의 서비스 환경 등을 평가할 수 있다.
④ 시장·군수·구청장은 보호대상자에게 사회복지서비스 이용권을 지급할 수 있다.
⑤ 보건복지부장관은 사회복지서비스 품질 평가를 위한 전문기관을 직접 설치·운영해야 하며, 관계기관 등에 위탁하여서는 아니 된다.

60. 사회복지사업법상 사회복지사에 관한 설명으로 옳지 않은 것은?

① 사회복지사의 등급은 1급·2급으로 한다.
② 보건복지부장관은 정신건강사회복지사·의료사회복지사·학교사회복지사의 자격을 부여할 수 있다.
③ 보건복지부장관은 사회복지사가 거짓이나 그 밖의 부정한 방법으로 자격을 취득한 경우 그 자격을 1년의 범위에서 정지할 수 있다.
④ 사회복지법인에 종사하는 사회복지사는 정기적으로 보수교육을 받아야 한다.
⑤ 자신의 사회복지사 자격증은 타인에게 빌려주어서는 아니 된다.

61. 사회복지사업법상 사회복지시설에 관한 설명으로 옳은 것은?

① 사회복지시설 운영위원회는 심의·의결기구이다.
② 사회복지시설은 손해배상책임의 면책사업자이다.
③ 사회복지시설의 장은 비상근으로 근무할 수 있다.
④ 사회복지시설은 둘 이상의 사회복지사업을 통합하여 수행할 수 있다.
⑤ 지방자치단체는 사회복지시설을 설치·운영하여서는 아니 된다.

62. 국민기초생활 보장법상 급여의 종류와 방법에 관한 설명으로 옳은 것은?

① 부양의무자가 「병역법」에 따라 징집되거나 소집된 경우 부양능력이 있는 것으로 본다.
② 보장기관은 차상위자의 가구별 생활여건을 고려하여 예산의 범위에서 급여의 전부 또는 일부를 실시할 수 있다.
③ 생계급여 선정기준은 기준 중위소득의 100분의 50 이상으로 한다.
④ 생계급여는 상반기·하반기로 나누어 지급하여야 한다.
⑤ 주거급여는 주택 매입비, 수선유지비 등이 포함된다.

63. 국민기초생활 보장법상 급여의 기본원칙을 모두 고른 것은?

ㄱ. 근로능력 활용 ㄴ. 보충급여 ㄷ. 타법 우선 ㄹ. 수익자부담

① ㄱ, ㄴ
② ㄷ, ㄹ
③ ㄱ, ㄴ, ㄷ
④ ㄴ, ㄷ, ㄹ
⑤ ㄱ, ㄴ, ㄷ, ㄹ

64. 긴급복지지원법상 "위기상황"에 해당하는 사유를 모두 고른 것은?

ㄱ. 주소득자가 사망, 가출, 행방불명 등으로 소득을 상실하여 생계유지가 어렵게 된 경우
ㄴ. 본인이 중한 질병 또는 부상을 당하여 생계유지가 어렵게 된 경우
ㄷ. 본인이 가구구성원으로부터 방임 등을 당하여 생계유지가 어렵게 된 경우
ㄹ. 본인이 가구구성원으로부터 성폭력을 당하여 생계유지가 어렵게 된 경우

① ㄱ, ㄴ, ㄷ
② ㄱ, ㄴ, ㄹ
③ ㄱ, ㄷ, ㄹ
④ ㄴ, ㄷ, ㄹ
⑤ ㄱ, ㄴ, ㄷ, ㄹ

65. 건강가정기본법에 관한 설명으로 옳지 않은 것은?

① "가족"이라 함은 혼인·혈연·입양으로 이루어진 사회의 기본단위를 말한다.
② 모든 국민은 혼인과 출산의 사회적 중요성을 인식하여야 한다.
③ "1인가구"라 함은 성인 1명 또는 그와 생계를 같이하는 미성년자녀로 구성된 생활단위를 말한다.
④ 국가는 양성이 평등한 육아휴직제 등의 정책을 적극적으로 확대 시행하여야 한다.
⑤ 국가는 생애주기에 따르는 가족구성원의 종합적인 건강증진대책을 마련하여야 한다.

66. 사회복지사업법령상 보건복지부장관이 시설에서 제공하는 서비스의 최저기준을 마련하지 않아도 되는 시설은?

① 사회복지관　　　　② 자원봉사센터　　　　③ 아동양육시설
④ 장애인 지역사회재활시설　　⑤ 일시지원시설

67. 국민기초생활 보장법상 보장기관에 관한 설명으로 옳은 것은?

① 교육급여 및 의료급여는 시·도교육감이 실시한다.
② 생계급여는 수급자의 거주지를 관할하는 시·도지사와 시장·군수·구청장이 실시한다.
③ 보장기관은 위기개입상담원을 배치하여야 한다.
④ 생활보장위원회는 자문기구이다.
⑤ 소관 중앙행정기관의 장은 5년마다 기초생활보장 시행계획을 수립하여야 한다.

68. 고용보험법령상 중대한 귀책사유로 해고된 피보험자로서 구직급여 수급자격의 제한사유에 해당되는 것을 모두 고른 것은?

> ㄱ. 「형법」을 위반하여 금고 이상의 형을 선고받은 경우
> ㄴ. 정당한 사유 없이 근로계약을 위반하여 장기간 무단 결근한 경우
> ㄷ. 사업기밀을 경쟁관계에 있는 사업자에게 제공한 경우

① ㄱ　　　　　　　② ㄷ　　　　　　　③ ㄱ, ㄴ
④ ㄴ, ㄷ　　　　　⑤ ㄱ, ㄴ, ㄷ

69. 산업재해보상보험법령상 유족급여에 관한 설명으로 옳지 않은 것은?

① 근로자가 업무상의 사유로 사망한 경우 유족에게 지급한다.
② 유족보상연금 수급권자가 2명 이상 있을 때 그 중 1명을 대표자로 선임할 수 있다.
③ 근로자와 「주민등록법」상 세대를 같이 하고 동거하던 유족으로서 근로자의 소득으로 생계의 상당 부분을 유지하고 있던 사람은 유족에 해당한다.
④ 근로자의 소득으로 생계의 전부를 유지하고 있던 유족으로서 학업으로 주민등록을 달리하였거나 동거하지 않았던 사람은 유족에 해당되지 않는다.
⑤ 유족보상연금 수급 권리는 배우자·자녀·부모·손자녀·조부모 및 형제자매의 순서로 한다.

70. 정신건강증진 및 정신질환자 복지서비스 지원에 관한 법률상 정신질환자의 보호의무자가 될 수 있는 사람은?

① 후견인
② 파산선고를 받고 복권되지 아니한 사람
③ 해당 정신질환자를 상대로 소송 중인 사람
④ 행방불명자
⑤ 미성년자

71. 다음이 설명하는 한부모가족지원법상의 한부모가족복지시설은?

> 배우자(사실혼 관계에 있는 사람을 포함한다)가 있으나 배우자의 물리적·정신적 학대로 아동의 건전한 양육이나 모의 건강에 지장을 초래할 우려가 있을 경우 일시적 또는 일정 기간 동안 모와 아동 또는 모에게 주거와 생계를 지원하는 시설

① 일시지원시설
② 출산지원시설
③ 양육지원시설
④ 한부모가족복지상담소
⑤ 생활지원시설

72. 의족 파손에 따른 요양급여 청구사건 대법원 판례(2012두20991)의 내용으로 옳지 않은 것은?

> (개요) 의족을 착용하고 아파트 경비원으로 근무하던 갑이 제설작업 중 넘어져 의족이 파손되는 등의 재해를 입고 요양급여를 신청하였으나, 근로복지공단이 '의족 파손'은 요양급여 기준에 해당하지 않는다는 이유로 요양불승인처분을 한 사안에 대하여 요양불승인처분 취소

① 업무상 재해로 인한 부상의 대상인 신체를 반드시 생래적 신체에 한정할 필요는 없다.
② 의족 파손을 업무상 재해로 보지 않을 경우 장애인 근로자에 대한 보상과 재활에 상당한 공백을 초래한다.
③ 신체 탈부착 여부를 기준으로 요양급여 대상을 가르는 것이 합리적이라 할 수 없다.
④ 의족 파손을 업무상 재해에서 제외한다면, 사업자들로 하여금 의족 착용 장애인들의 고용을 소극적으로 만들 우려가 있다.
⑤ 업무상의 사유로 근로자가 장착한 의족이 파손된 경우는 「산업재해보상보험법」상 요양급여의 대상인 근로자의 부상에 포함되지 않는다.

73. 다음의 역할을 하는 노인장기요양보험법상 기구는?

> ○ 장기요양요원의 권리 침해에 관한 상담 및 지원
> ○ 장기요양요원의 역량강화를 위한 교육지원
> ○ 장기요양요원에 대한 건강검진 등 건강관리를 위한 사업

① 장기요양위원회　　② 등급판정위원회　　③ 장기요양심사위원회
④ 장기요양요원지원센터　　⑤ 공표심의위원회

74. 다음과 같은 역할을 하는 사회복지시설은?

> ○ 아동의 안전한 보호
> ○ 안전하고 균형 있는 급식 및 간식의 제공
> ○ 등·하교 전후, 야간 또는 긴급상황 발생 시 돌봄서비스 제공
> ○ 체험활동 등 교육·문화·예술·체육 프로그램의 연계·제공
> ○ 돌봄 상담, 관련 정보의 제공 및 서비스의 연계

① 장애인 지역사회재활시설　　② 다함께돌봄센터　　③ 아동보호전문기관
④ 지역장애아동지원센터　　⑤ 노인공동생활가정

75. 아동복지법상 보호가 필요한 아동을 발견하고 양육환경을 개선할 수 있도록 지원하기 위하여 이용할 수 있는 자료와 정보에 해당하는 것을 모두 고른 것은?

> ㄱ. 「국민건강보험법」 제41조제1항 각 호에 따른 요양급여 실시 기록
> ㄴ. 「국민건강보험법」 제52조에 따른 영유아건강검진 실시 기록
> ㄷ. 「초·중등교육법」 제25조에 따른 학교생활기록 정보
> ㄹ. 「전기사업법」 제14조에 따른 단전 가구정보

① ㄱ, ㄴ, ㄷ　　② ㄱ, ㄴ, ㄹ　　③ ㄱ, ㄷ, ㄹ
④ ㄴ, ㄷ, ㄹ　　⑤ ㄱ, ㄴ, ㄷ, ㄹ

국가전문자격시험 답안카드

국가전문자격시험 답안카드

国家전문자격시험 답안카드

국가전문자격시험 답안카드

국가전문자격시험 답안카드

국가전문자격시험 답안카드

국가전문자격시험 답안카드

국가전문자격시험 답안카드

국가전문자격시험 답안카드

2026
최신간

사회복지사 1급
기출만 파면 합격

영역별·회차별 기출문제집+핵기총 BOOK

기출분석 해설집

영역별 기출문제 — 1영역 인간행동과 사회환경

🥜 **꽈배기 문제**는 빈출 개념에 대해 혼동을 유발하거나 오답을 유도하는 선지가 출제된 문제입니다. 꽈배기 문제까지 맞힌다면 해당 영역은 합격 안정권 점수를 받을 수 있습니다.

01 인간발달과 사회복지

001	002	003	004	005
⑤	②	①	⑤	②
006	007	008	009	010
①	②	①	①	②
011	012	013	014	015
③	⑤	④	①	①
016	017	018	019	020
①	⑤	⑤	①	①
021	022			
②	④			

001　정답 ⑤
출제포인트 성격의 학자별 정의

성격은 개인이 환경과 상호작용하면서 나타나는 독특하고 일관성 있는 안정된 행동이나 사고방식을 말한다. 성격은 시간과 환경에 따라 변화를 일으키기도 하나 변하지 않고 일관된 안정성을 유지하는 부분이 존재하여 일관성을 가진다고 본다.

➕ **기출개념** 더 알아보기

성격의 학자별 정리

고던 올포트	개인이 환경에 독특하게 적응하도록 결정지어 주는 심리·물리적 체계의 역동적 조직
한스 에이젠크	환경에 독특하게 적응하도록 하는 한 개인의 성품, 기질, 지성 등의 안정성 있는 조직
존 홀랜더	한 개인을 유일하고 독특하게 하는 특징의 총합
월터 미셀	개인이 접하는 생활 상황에 대해 독특한 적응을 나타내는 사고와 감정을 포함한 구별되는 행동 패턴
로버트 와인버그 & 다니엘 굴드	다른 사람과 구별되어 독특한 존재로 변별하여 주는 여러 특성들의 총합

002　정답 ②
출제포인트 인간발달의 원리

일생에 걸친 예측 가능한 변화이다.

003　정답 ①
출제포인트 인간발달의 원리

유전과 환경의 영향을 모두 받는다.

004　정답 ⑤
출제포인트 성장, 성숙, 학습

ㄱ. 성장은 신체나 지적 능력의 양적 증가를 말한다.
ㄴ. 성숙은 유전인자가 지니고 있는 정보에 따른 질적 확장 및 확대를 말한다.
ㄷ. 학습은 경험·훈련·연습 등의 반복을 통해 개인이 내적으로 변화하는 것을 말한다.

➕ **기출개념** 더 알아보기

성장, 성숙, 학습의 개념

성장	• 신체적인 양적 팽창 • 근력의 증가, 인지의 확대 예) 몇 년 사이에 키가 훌쩍 컸구나.
성숙	• 부모에게 받은 유전인자가 갖고 있는 정보에 따라 이루어지는 질적 확장 및 확대의 의미 • 내적 및 유전적 기제에 의해 나타나는 신체 및 심리적 변화 예) 아버지가 군 장교더니 아들도 육사에 입학하였군. 어머니가 유명 화가시더니 딸도 그 재능을 이어받아 미대 수석 입학했네.
학습	훈련, 연습 등의 반복을 통하여 개인이 내적으로 변화하는 것을 의미

005 정답 ②
출제포인트 인간발달의 원리

오답분석
① 일관된 주기에 의거하여 지속적으로 누적되므로 예측이 가능하다.
③ 안정적 속성과 변화적 속성 모두를 포함하고 있다.
④ 신체의 상부에서 하부로, 중심부위에서 말초부위로 진행된다.
⑤ 순서와 방향성이 정해져 있고 발달속도에는 개인차가 존재한다.

006 정답 ①
출제포인트 인간발달의 원리

발달에는 최적의 시기가 존재한다.

007 정답 ②
출제포인트 인간발달 및 그 유사개념

꽈배기 문제 #성장 #성숙 #빈출 #혼동유발 #개념숙지
성장과 성숙에 대한 개념 및 특성을 묻는 문제가 자주 출제되며, 수험생들의 혼동을 유발시키므로 개념을 꼭 숙지해야 해요.

성숙(maturation)은 환경과의 상호작용에 의한 사회적 발달보다 부모에게 물려받은 유전적 기제에 의해 나타나는 신체 및 심리적 변화이다.

008 정답 ①
출제포인트 인간발달 특징

A~C의 대화에서 알 수 있는 인간발달의 특징과 원리는 '개인차'이다. 발달은 보편적인 과정을 거치나 성장 및 성숙의 속도에는 개인차가 있다.

+ 기출개념 더 알아보기

인간발달의 특징
- 발달은 일정한 방향으로 정해진 순서에 따라 이루어진다.
- 신체는 서로 상반되는 두 특성이 균형을 이루어 가면서 발달한다.
- 어느 정도의 비대칭이 오히려 실제로 기능적이다.
  예) 오른손잡이, 왼손잡이

009 정답 ①
출제포인트 인간발달 전반에 대한 이해

인간발달은 태내기~사망까지 전 생애에 걸쳐서 이루어지는 변화를 말한다.

010 정답 ②
출제포인트 인간발달 전반에 대한 이해

오답분석
① 긍정적·상승적 변화 및 부정적·퇴행적 변화도 발달로 본다.
③ 인간의 전반적 변화를 다루며 개인차의 중요성을 강조한다.
④ 키·몸무게 등의 양적 변화와 본질, 구조, 비율, 기능 등의 질적 변화를 모두 포함하는 개념이다.
⑤ 각 발달단계에서의 발달속도는 개인차가 있어 일정하지 않다.

011 정답 ③
출제포인트 인간발달 전반에 대한 이해

오답분석
① 발달에는 개인차가 존재하며 최적의 시기가 따로 존재한다(적기성).
② 일정한 순서와 방향이 있으며 예측이 가능하다.
④ 발달은 대근육 중심부위에서 소근육 말초부위로 진행된다.
⑤ 성숙(maturity)은 유전적으로 미리 정해진 정도까지 도달하는 변화이다.

012 정답 ⑤
출제포인트 스키너의 행동주의 특징

꽈배기 문제 #인간행동 #이론별 정의 #오답유발주의
인간행동의 각 이론별 정의, 개념 및 특성을 혼재시켜 수험생의 오답을 유도하는 형태의 선지가 자주 출제되니 주의해야 해요.

개인의 무의식을 강조하는 것은 정신역동모델이다. 반면 스키너, 파블로프 등의 행동주의는 외부의 자극을 통한 성격 및 행동의 발현을 강조한다.

013 정답 ④
출제포인트 인간발달이론의 개념

인간발달은 인간(개인)의 출생부터 사망까지 일생 동안의 환경과의 상호작용을 기반으로 정신 및 행동의 변화를 다루는 개념이다. 인간발달이론은 개인의 지적·정서적·사회적 과정의 전개에 관심을 두고 발달의 복합적, 지속적인 면까지도 통합적으로 보는 전 생애적인 발달 과정을 다룬다.

014 정답 ①
출제포인트 학자별 주요 이론

- 에릭슨(E. Erikson) – 심리사회이론 – 자아, 자아 정체감, 수용
- 융(K. jung) – 분석심리이론 – 원형, 집단무의식

015 정답 ①
출제포인트 학자별 주요 이론

오답분석
② 프로이트(S. Freud) – 정신분석이론 – 해석, 훈습, 전이, 역전이 등
③ 피아제(J. Piaget) – 인지주의이론 – 성숙, 물리적 경험, 사회적 상호작용, 평형화 등
④ 매슬로우(A. Maslow) – 인본주의이론 – 수용, 자아존중 등
⑤ 융(C. Jung) – 분석심리이론 – 적극적 상상기법 등

016 정답 ①
출제포인트 학자별 주요 개념

 #인간발달이론 #학자별 주요 개념 숙지
인간발달이론에서는 학자별 주요 개념에 대해 옳은 것, 또는 옳지 않은 것을 고르는 형태의 문제가 자주 출제되고 있어요.

오답분석
② 피아제(J. Piaget)의 이론에서 발달단계의 연령은 개인과 문화에 따라 다르게 나타날 수 있지만 발달단계의 순서는 일정하다고 하였다.
③ 모방학습의 중요성을 인식하는 데 공헌한 것은 반두라이다.
④ 스키너(B. Skinner)의 이론은 인간행동이 외적 동기(자극)에 의해 강화됨을 이해하는 데 공헌하였다.
⑤ 클라이언트의 생애발달단계를 파악하고 평가하는 데 공헌한 것은 에릭슨 등이며 로저스는 인간발달단계보다 심리적 성장 7단계를 언급하였다.

017 정답 ⑤
출제포인트 학자별 주요 기법

오답분석
① 스키너(B. Skinner) – 행동조성
② 스키너(B. Skinner) – 타임아웃
③ 반두라(A. Bandura) – 모델링
④ 사티어(V. satir) – 가족조각

018 정답 ⑤
출제포인트 인간발달이론의 유용성

인간발달이론은 문제 사정단계를 포함한 모든 단계에서 유용하다.

019 정답 ①
출제포인트 인지주의와 행동주의의 특징

인지와 정서의 중요성을 이해하는 계기를 제공한 것은 인지주의의 피아제이다. 반면 스키너는 행동주의를 표방하며 외부의 자극을 지속적으로 받을 시 성격 및 행동이 발현되는 강화가 이루어진다고 강조하였다.

020 정답 ①
출제포인트 로저스의 현상학이론 주요 개념

오답분석
ㄴ. 벡(A. Beck) – 인지적 왜곡(오류)
반면 비합리적인 신념은 엘리스이다.
ㄷ. 반두라(A. Bandura) – 인지행동주의(사회학습이론): 관찰 및 모방
반면 행동조성은 스키너의 행동주의 이론의 개념이다.
ㄹ. 아들러(A. Adler) – 개인심리이론: 열등감(보상)
반면 집단무의식은 융의 분석심리이론의 개념이다.

021 정답 ②
출제포인트 사회복지실천에서의 인간발달이론

오답분석
① 인간발달이론은 문제 사정단계를 포함한 모든 단계에서 유용하다.
③ 클라이언트를 둘러싼 환경의 영향력을 평가할 수 있다.
④ 사회환경, 클라이언트의 생물학적 요소 모두 종합적으로 중시한다.
⑤ 다양한 클라이언트의 발달과업을 다양하게(variety) 이해할 수 있다.

022 정답 ④
출제포인트 성격이론: 학자 및 주요 개념

오답분석
① 인본주의이론 – 매슬로우(A. Maslow) – 자아실현
② 정신분석이론 – 프로이트(S. Freud) – 무의식, 성적 본능
③ 인지발달이론 – 피아제(J. Piaget) – 스키마, 조절(적응, 동화)
⑤ 분석심리이론 – 융(C. Jung) – 자기, 집단무의식, 아니마 및 아니무스

02 인지발달이론 및 행동이론

023	024	025	026	027
②	②	⑤	④	④
028	029	030	031	032
①	⑤	①	⑤	③
033	034	035	036	037
④	④	①	④	④
038	039	040	041	042
④	④	③	③	②
043				
④				

023 정답 ②
출제포인트 피아제의 발달단계

오답분석
① 추상적으로 사고하고 추론을 통해 가설을 검증할 수 있는 것은 형식적 조작기이다.
③ 인간의 무의식에 초점을 두는 것은 정신분석이론이다.
④ 도덕발달단계를 6단계로 구분한 것은 콜버그이다.
피아제는 발달단계를 감각운동기 – 전조작기 – 구체적 조작기 – 형식적 조작기로 구분하였다.

💡 **암기TIP** 감·전 되었어 구·형이라서

⑤ 보존개념은 구체적 조작기에 획득된다.

024 정답 ②
출제포인트 인지발달의 촉진요인

피아제가 제시한 인지발달의 촉진요인은 다음과 같다.
• 성숙
• 물리적 경험
• 사회적 상호작용
• 평형화

💡 **암기TIP** 피아제가 서(성숙)울(물리적 경험)사(사회적 경험)평(평형화)역에서 촉진하라고~

025 정답 ⑤
출제포인트 전조작기의 특징

다중 유목화의 논리를 이해하는 것은 구체적 조작기이다.

➕ **기출개념 더 알아보기**

전조작기의 특징
• 상징놀이
• 비가역적 사고
• 물활론적 사고
• 직관에 의존한 판단
• 자기중심성

026 정답 ④
출제포인트 피아제의 인지발달이론

🥜 **꽈배기문제** #피아제의 인지발달이론 #학자별 비교 #오답유발
피아제의 인지발달이론 문제는 다른 학자들의 이론을 선지에 포함하여 오답을 유도하거나 개념을 달리 해석하는 형태로 자주 출제되니 주의해야 해요.

오답분석
① 피아제는 청소년기까지의 인지발달을 다루고 있다.

② 문화적·사회경제적·인종적 차이를 고려함에 미흡한 점이 있었다.
③ 추상적 사고의 확립은 형식적 조작기의 특징이다.
⑤ 보존개념이 획득되는 것은 구체적 조작기이다.

027 정답 ④
출제포인트 피아제의 발달단계: 형식적 조작기

형식적 조작기에는 추상적 사고(가설, 귀납법, 형이상학적 개념)가 가능해진다.

028 정답 ①
출제포인트 피아제의 발달단계: 구체적 조작기

물활론적 사고를 하는 시기는 전조작기이다.

029 정답 ⑤
출제포인트 행동주의이론의 특징

ㄱ. 인간의 행동은 환경적 자극에 의해 동기화되며, 강화에 의해 성격 형성이 된다고 주장하였다.
ㄴ. 변별자극은 어떤 반응이 보상될 것이라는 단서 혹은 신호로 작용하는 자극이다.
  예 아빠가 시험성적을 보시고 미간을 찌푸리셨다. (아~ 혼날 수 있겠다.)
ㄷ. 강화는 모두 행동의 유지 및 증가를 목표로 한다. 정적 강화는 유쾌한 자극을 주는 것이고 부적 강화는 불쾌한 자극을 없애는 것이다.

030 정답 ①
출제포인트 스키너의 행동주의이론의 특징

오답분석
② 스키너는 조작적 행동(강화)을 강조하였으며 이를 긍정적 강화, 부정적 강화로 구분하였다.
③ 평균적으로 일정한 수의 반응이 일어난 후에 강화물을 제공하는 것은 가변(변동)비율계획을 말한다. 반면 가변(변동)간격계획은 강화 시행의 간격이 다르지만, 평균적으로 확인할 수 있는 시간 간격이 지난 후에 강화를 부여한다.
④ 인간행동은 외부의 지속적인 자극으로 인한 강화의 결과이다.
⑤ 특정 행동의 빈도를 감소시키는 효과를 보이는 것은 처벌이다. 반면 부적 강화 및 정적 강화는 특정 행동의 빈도를 증가시키는 효과를 지닌다.

031 정답 ⑤
출제포인트 가변(변동)간격 강화

> **꽈배기문제** #스키너의 강화계획 #사례 #빈출
> 최근에 스키너의 강화계획과 관련된 사례를 고르는 문제가 자주 출제되고 있어요.

'가변(변동)간격 강화'란 최초에는 강화를 일정한 시간 간격에 따라 제공하지만 그 뒤 점점 강화 사이의 간격을 불규칙하게 두어 제공하거나, 평균적인 시간이 지난 후 행동에 대하여 강화를 줌으로써 강화계획을 예측할 수 없도록 하는 것이다. 주로 불시(정해진 시간이 아닌)에 하는 형태로 표현된다(불시 점검, 불시 방문, 불시 확인 등).

오답분석
① 정시 출근한 아르바이트생에게 매주 추가수당을 지급하여 정시 출근을 유도한다(고정간격).
② 어린이집에서 어린이가 규칙을 지킬 때마다 바로 칭찬해서 규칙을 지키는 행동이 늘어나도록 한다(고정비율).
③ 수강생이 평균 10회 출석할 경우 상품을 1개 지급하되, 출석 5회 이상 15회 이내에서 무작위로 지급하여 성실한 출석을 유도한다(가변비율).
④ 영업사원이 판매 목표를 10%씩 초과 달성할 때마다 초과 달성분의 3%를 성과급으로 지급하여 의욕을 고취한다(고정비율).

+ 기출개념 더 알아보기

스키너의 강화계획: 간헐적 강화계획

고정간격	규칙적인 시간에 따라서 강화를 주는 것
가변간격	불규칙적인 시간에 따라서 강화를 주는 것
고정비율	규칙적인 횟수에 따라서 강화를 주는 것
가변비율	불규칙적인 횟수에 따라서 강화를 주는 것

032 정답 ③
출제포인트 고전적 조건형성의 학습 원리

오답분석
ㄱ. 시간의 원리: 조건자극이 무조건자극보다 먼저 제공되어야 조건형성이 이루어진다.
ㄴ. 강도의 원리: 조건자극보다 무조건자극이 더 강해야 조건형성이 이루어진다.

033 정답 ④
출제포인트 인본주의이론

인간의 창조성과 자아실현을 강조한 것은 인본주의이론이며 대표적인 학자는 욕구위계이론의 매슬로우, 현상학 이론의 로저스이다.

💡 **암기 TIP** 로저(스) 형(현상학), 제발 **매일 술로**(매슬로우) **욕구**(이론)를 채우지 마세요.

034 정답 ④
출제포인트 행동주의이론의 주요 개념

오답분석
ㄱ. 인간을 기계적, 수동적 존재로 규정하였다.
ㄴ. 인간행동을 인간이 지닌 자유의지의 결과로 보는 것은 인본주의이론(매슬로우, 로저스)이다. 반면 행동주의는 인간행동을 환경에 의한 자극, 강화의 결과로 본다.

035 정답 ①
출제포인트 부적 강화의 개념

부적 강화는 특정 행동의 빈도를 증가시키는 효과를 위해 불쾌한 자극을 제거하는 것이다.
㉮ 차량 탑승 시 시끄러운 경고음 소리가 계속 울려 결국 안전벨트를 매면 경고음이 사라진다.

036 정답 ④
출제포인트 자기효능감 형성 요인

행동조성은 반두라의 인지행동주의이론의 개념보다는 스키너의 행동주의 개입기법에 더 가깝다.
자기효능감 형성 요인은 다음과 같다.
- **대**리경험
- **정**서적 각성
- **성**취경험
- **언**어적 설득

💡 **암기 TIP** 자기효능감은 대리경험보다 정·성을 다해 언어적 설득을 해야 한다.

037 정답 ④
출제포인트 관찰학습의 단계

🥜 **파배기 문제** #반두라의 사회학습이론 #개념숙지 필수
반두라는 각 개념의 정의가 자주 출제되니 헷갈리지 않도록 개념을 확실하게 숙지해야 해요.

관찰학습의 마지막 단계는 동기화(자기 강화)이다.
관찰학습의 단계: 주의집중 → 파지(보존, 기억) → 운동재생 → 동기화(자기강화)

💡 **암기 TIP** 관찰은 **주**(주의집중)·**파**(파지)·**운**(운동)·**동**(동기화)으로~

038 정답 ④
출제포인트 관찰학습의 단계

관찰학습의 첫 번째 단계는 주의집중 단계이다.

🔍 **참고**
어떤 대학 교재에서는 모델링을 첫 번째 단계라 표기하기도 함

039 정답 ④
출제포인트 반두라의 사회학습이론 특징

조작적 조건화에 의해 행동이 습득된다고 강조한 학자는 스키너(행동주의)이다.

오답분석
반두라는 인지행동주의로서 사회학습이론을 통해 관찰 및 모방의 대리적 조건화를 말하였다. 이는 주의집중과정 → 보존과정(기억과정) → 운동재생과정 → 동기화과정을 통해 이루어지며 이렇게 터득한 학습은 사람, 환경, 행동의 상호작용(상호 결정론)이 요인이 된다고 하였다.

040 정답 ③
출제포인트 반두라의 사회학습이론 특징

오답분석
ㄷ. 자기효능감을 높이는 방법으로는 대리 경험, 언어적 설득, 정서적 각성, 성취 경험이 있으며 이 가운데 성취 경험을 가장 효과적인 방법이라 제시하였다.
ㄹ. 외부로부터 주어지는 강화의 중요성을 강조하는 것보다 자신이 통제할 수 있는 보상을 스스로에게 주어서 자신의 행동

을 유지 또는 변화시키는 과정을 의미하는 자기강화 개념을 제시하였다.

041 정답 ③

출제포인트 콜버그의 후인습적 수준의 도덕성

오답분석
① 일반윤리에 의해 자신의 이익을 초월하여 행동하고 판단한다.
② 개인 상호 간 대인관계의 조화를 바탕으로 행동하는 것은 인습적 수준이다.
④ 개인 중심에서 벗어나 타인의 욕구충족을 위해 행동하기도 한다.
⑤ 법을 초월하여 보편적 윤리기준을 기반으로 하는 도덕적 단계(수준)이다.

042 정답 ②

출제포인트 콜버그의 도덕성 발달 수준 및 단계

콜버그는 피아제 학파의 전통을 이은 대표적 학자로 피아제의 도덕 추론 연구를 성인기까지 확장했다.

+ 기출개념 더 알아보기

콜버그의 도덕성 발달이론

전인습적 수준 (4~10세)	1단계	벌과 복종의 단계: 행동의 결과로서의 벌을 피하기 위해 권위에 복종함(부모, 조부모, 선생님 등)
	2단계	자기중심적 단계: 자신의 이익을 우선시하며, 타인의 이해를 고려하지 않는 단계(쾌락 원리)
인습적 수준 (10~13세)	3단계	대인관계의 조화단계: 타인과의 관계를 중시하며, 사회적 기대에 부응하려 함(권선징악, 착한 소년, 착한 소녀)
	4단계	사회질서 유지단계: 법과 규칙을 준수하여 사회의 질서를 유지하려는데 초점을 둠(준법정신, 규칙 준수)
후인습적 수준 (13세 이상)	5단계	사회계약 단계: 개인의 권리와 사회의 복지를 균형 있게 고려함(양보, 배려, 타협, 자율, 민주주의)
	6단계	보편적 도덕원리 단계: 개인이 스스로 선택한 도덕원리에 따라 행동함(양심, 헌신, 순교, 순국)

043 정답 ④

출제포인트 콜버그의 도덕성 발달 수준 및 단계

꽐배기문제 #콜버그 #단계별 개념 파악 #혼동주의

콜버그는 각 수준과 단계별 개념이 섞여서 출제돼요. 따라서 도덕성 발달이론을 정확히 파악하고 있어야 해요.

오답분석
① 사회적인 인정에 관심을 가지고 착한 행동을 함으로써 타인의 인정을 받고자 하는 것은 인습적 수준 3단계이다.
② 개인의 양심에 비추어 옳고 그름을 판단하는 것은 후인습적 수준의 6단계이다.
③ 행동의 결과가 가져오는 보상이나 처벌에 의해 옳고 그름을 판단하는 것은 전인습적 수준의 1단계이다.
⑤ 규칙을 준수하고 사회질서를 유지하는 것이 도덕적 행동이라 생각하는 것은 인습적 수준의 4단계이다.

03 정신역동이론

044	045	046	047	048
④	①	③	③	⑤
049	050	051	052	053
③	①	⑤	⑤	⑤
054	055	056	057	058
②	⑤	②	⑤	⑤
059	060	061	062	063
④	①	④	⑤	①
064	065			
③	④			

044 정답 ④

출제포인트 프로이트의 정신분석이론: 불안

오답분석
ㄱ. 불안(anxiety): 긴장 및 공포 상태로서 인간은 불안을 통해 위급한 상황에 적합한 방법으로 반응하게 된다. 이는 각 개인에게 피해야만 하는 긴박한 위험 및 스트레스의 원인을 알려주는 자아(ego)의 기능이다.

045 정답 ①

출제포인트 프로이트의 심리성적발달단계

오답분석
② 양육자와의 상호작용 과정에서 최초로 갈등을 경험하는 시기는 구강기이다.
③ 자율성과 수치심을 주로 경험하는 시기는 항문기이다.
④ 오이디푸스·엘렉트라 콤플렉스가 강해지는 시기는 남근기이다.
⑤ 리비도(libido)가 항문 부위로 집중되는 시기는 항문기이다.

💡 **암기 TIP** 프로이트의 배는 신항보다 **구항 남쪽**에 주로 정박한다. 그 배는 **2톤**(0~2세), **4톤**(2~4세), **6톤**(4~6세) **이하**라네~

046 정답 ③

출제포인트 프로이트의 정신분석이론

오답분석
ㄱ. 원초아(id)는 일차적 사고과정과 쾌락원칙을 따른다.
ㄷ. 신경증적 불안은 원초아(id)의 충동이 의식될지도 모른다는 위협을 느낄 때 생기는 두려움으로, 현실을 고려하는 이성적인 자아(ego)와 본능인 원초아(id)가 충돌될 때 발생한다.

047 정답 ③

출제포인트 프로이트의 정신분석이론

오답분석
① 인간이 가진 무의식, 본능의 중요성을 강조하였다.
② 거세불안과 남근선망은 주로 남근기에 나타난다.
④ 자아는 현실원리에 지배되며 성격의 실행자이다.
⑤ 성격의 구조와 발달단계를 제시하였다(구강기 – 항문기 – 남근기 – 잠복기).

048 정답 ⑤

출제포인트 방어기제

낮은 성적을 받은 이유를 교수가 중요치 않은 문제만 출제한 탓이라 여기는 것은 투사형 합리화에 해당한다. 반면 전치는 투사의 일종이며 주로 약자에게 이루어지는 형태이다.
㉠ 어머니에게 혼이 나서 여동생을 이유없이 때리는 것, 사장님께 질책받고 자신의 부하 직원들에게 화풀이를 하는 부장님

049 정답 ③

출제포인트 프로이트의 정신분석이론

🥨 **꽈배기 문제** #프로이트의 정신분석이론 #개념 #정의 #발달단계 #오답유발
프로이트의 정신분석이론 또는 정신역동모델에서는 개념, 정의, 발달단계가 주로 출제돼요. 이를 달리 설명하거나 다른 학자의 개념을 제시하여 오답을 유도하니 주의해야 해요.

심리적 갈등이 근육계통의 증상으로 나타나는 방어기제는 신체화이다.

050 정답 ①

출제포인트 에릭슨의 심리사회적 발달단계

영아기의 긍정적 결과는 희망이다.

➕ 기출개념 더 알아보기

에릭슨의 인간발달 8단계

단계	시기	위기	긍정적 결과	주요 관계
1단계	영아기 (0~2세)	신뢰감 대 불신감	희망	어머니
2단계	유아기 (2~4세)	자율성 대 수치심과 의심	의지	부모
3단계	학령전기 (4~6세)	주도성 대 죄의식	목적	가족
4단계	학령기(아동기) (6~12세)	근면성 대 열등감	능력	이웃, 학교
5단계	청소년기 (12~19세)	자아정체감 대 정체감 혼란	성실	또래 집단
6단계	성인 초기 (19~29세)	친밀감 대 고립감	사랑	우정, 협동, 경쟁
7단계	성인기 (30~65세)	생산성 대 침체기	배려, 양보	직장(동료), 친척
8단계	노년기 (65세 이후)	자아 통합 대 절망	지혜	인류, 동족

💡 **암기 TIP** **신**(신뢰감)**불**(불신감)자가 **자**(자율성)**수**(수치심)하면 **주**(주도성)된 **죄**(죄의식)도 **검**(근면감)**열**(열등감) 후 **자**(자아정체감)**정**(정체혼란)시켜준다. 그러니 **친**(친밀감)**구**(고립감)야. **새**(생산성)**침**(침체기)하게 **좌**(자아통합)**절**(정말)하지마라.

051 정답 ⑤

출제포인트 에릭슨의 심리사회적 발달단계

오답분석
① 발달에 영향을 미치는 유전적·생물학적 요인을 포함하였다.
② 발달에 영향을 미치는 사회적·문화적 요인을 중요시하였다.
③ 성인기 이후의 발달을 고려하였다(성인 초기 – 중년기 – 노년기).
④ 자아(ego)의 자율적, 창조적 기능을 고려하여 자아정체감을 특히 강조하였다.

052 정답 ⑤

출제포인트 심리사회 발달과업: 아동기

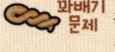 **꽈배기 문제** #에릭슨의 심리사회이론 #단계별 발달과업 및 성취과업 모두 숙지
에릭슨의 심리사회이론에서 가장 많이 출제되는 것이 발달단계이며 발달단계별 과업 및 성취과업 등을 모두 숙지해야 해요.

에릭슨의 심리사회이론에서 아동기(6~12세) 발달과업을 성취하지 못할 경우 경험하는 심리사회적 위기는 열등감이다. 발달과업의 긍정적 결과는 능력이며 이는 이웃, 학교(교우) 등의 관계를 통해서 이루어진다고 하였다.

오답분석
① 불신감 → 유아기(출생~18개월)
② 절망감 → 노년기(65세 이후)
③ 침체감 → 성인기(40~65세)
④ 고립감 → 성인초기(20~24세)

053 정답 ⑤

출제포인트 에릭슨의 심리사회이론의 특징

자율성 대 수치와 의심의 심리사회적 위기를 겪는 시기는 유아기이다. 반면 학령기(아동기)는 근면성 대 열등감의 심리사회적 위기를 겪는다.

054 정답 ②

출제포인트 에릭슨의 심리사회적 발달단계 성취 덕목

오답분석
① 근면성 대 열등감 – 능력(competence)
③ 신뢰 대 불신 – 희망(hope)
④ 자율성 대 수치심과 의심 – 의지(will)
⑤ 정체감 대 정체감 혼란 – 성실(fidelity)

055 정답 ⑤

출제포인트 아들러의 개인심리이론

오답분석
ㄴ. 아들러는 인간의 성격발달단계를 제시하지 않았다. 성격(도덕 포함) 발달단계를 언급한 대표적인 학자는 프로이트(4단계), 에릭슨(8단계), 피아제(4단계), 융(4단계), 콜버그(6단계) 등이다.

056 정답 ②

출제포인트 아들러의 생활양식 유형

위기와 전념을 기준으로 자아정체감을 4가지 유형으로 구분한 것은 마르시아이다. 반면 아들러는 생활양식을 활동수준과 사회적 관심을 기준으로 지배형, 획득형, 회피형, 사회형으로 구분하였다.

057 정답 ⑤

출제포인트 아들러의 사회적 관심

사회적 관심과 우월성 추구는 선천적으로 타고나지만 이를 개발, 교육, 훈련하는 후천적 요인도 중요시하였다.

058 정답 ⑤

출제포인트 아들러의 개인심리이론

꽈배기 문제 #아들러의 개인심리이론 #개념숙지
아들러의 개인심리이론에서는 열등감, 보상, 사회적 관심, 창조성, 출생순위 등의 개념 정의를 파악하고 숙지해야 해요. 개념 설명의 옳고 그름을 판단하는 문제가 주로 출제돼요.

오답분석
① 성격이 점성원리에 따라 발달한다고 강조한 학자는 에릭슨이다.
② 개인의 창조성을 대단히 강조하였다.
③ 무의식적 결정론을 고수하고 있는 이론은 프로이트의 이론이다.
④ 유전적·환경적 요인의 중요성을 배제하지 않는다.

059 정답 ④

출제포인트 아들러의 성격유형 분류 기준

아들러는 성격유형을 사회적 관심과 활동 수준 2가지 영역으로 구분하여 4가지 형태로 제시하였다.

+ 기출개념 더 알아보기

가상적 목표(fictional finalism)

개인의 행동을 이끄는 마음속의 중심 목표로서 진실에 의해서가 아니라 진실이라고 믿는 것에 의해 동기가 유발된다는 것을 강조하였다. 이는 주관적이고 개인의 창조물이며 무의식에서 이루어진다는 특징이 있다.

060 정답 ①

출제포인트 융의 성격특성

오답분석

ㄴ. 감각형: 구체적이고 사실적인 측면에 초점을 두고 일관성 있는 현실수용을 중시한다.
ㄹ. 직관형: 미래의 가능성과 육감에 초점을 두어 변화와 다양성을 중시하며 이성을 필요로 하지 않는다.

061 정답 ④

출제포인트 융의 분석심리이론의 주요 개념

오답분석

① 남성의 여성적인 면은 아니마(anima), 여성의 남성적인 면은 아니무스(animus)이다.

💡 **암기TIP** 이탈리아 언어에서 ~a는 여성이름임(monica, maria, Angelina, Fiona). 그리고 오페라, 뮤지컬에서 남성은 bravo, 여성은 brava라 외침. 정리하면, 무의식을 기준으로 여성이면 anima(겉은 남성), 남성이면 animus(겉은 여성)임.

② 원초아(id), 자아(ego), 초자아(super-ego)의 중요성을 강조한 것은 프로이트이다.
③ 음영(shadow)은 긍정적 자아상과 반대되는 개념으로 인간 내면의 어둡고 동물적인 측면이다.
⑤ 다양한 콤플렉스에 기초하는 것은 개인무의식(personal unconcious)이다. 반면 집단무의식(collective unconscious)은 인류에게 대대로 유전되어 내려오는 무의식을 말한다.

062 정답 ⑤

출제포인트 융의 분석심리이론의 특징

🍪 **꽈배기문제** #융의 분석심리이론 #개념숙지 #오답유발주의
융의 분석심리이론은 주로 각 개념의 특징을 표로 제시하는 형태로 자주 출제돼요. 이때 상충되는 설명으로 수험생의 오답을 유도하니 주의해야 해요.

ㄱ~ㄹ. 모두 옳은 설명이다.

+ 기출개념 더 알아보기

융의 분석심리이론의 특징

- 자기(Self)는 중년기 이후에 나타나는 원형(archetype)이다.
- 과거의 사건 및 미래에 대한 열망이 성격발달에 동시에 영향을 미친다.
- 리비도(libido)는 전반적인 삶의 에너지를 말한다.
- 성격발달은 개성화를 통한 자기실현의 과정이다.
- 원형(archetype)은 집단무의식에 있는 구조적 요소, 핵을 의미한다.
- 아니마(anima)는 남성 속의 여성향, 아니무스(animus)는 여성 속의 남성향을 의미한다.
- 콤플렉스(complex)는 무의식 내에 있는 관념 덩어리를 말하며 누구나 가지고 있고 이를 인정하는 의식화가 필요하다고 강조하였다.
- 페르소나(persona)는 사회적 얼굴(가면)이며 타인에게 보여주고 싶은 도덕적인 모습을 띤 자신을 의미한다.
- 음영(shadow)은 내면에 있는 동물적 본능, 공격적 본능이며 창조적 행위의 원천이 된다.

063 정답 ①

출제포인트 융의 분석심리이론의 주요 개념

오답분석

② 인간을 성(性)적 에너지인 리비도(libido)에 의해 지배되는 수동적 존재로 본 것은 프로이트이다.
③ 원형(archetype)이란 개인의 무의식 속에 존재하는 보편적, 근원적인 핵을 의미한다.
④ 아니무스(animus)는 여성이 억압시킨 남성 성향이다.
⑤ 감각(sensing)과 직관(intuiting)은 이성을 필요로 하지 않는 비합리적 기능이다.

064 정답 ③

출제포인트 융의 분석심리이론의 주요 개념

오답분석

ㄹ. 남성의 여성적인 면은 아니마(anima), 여성의 남성적인 면은 아니무스(animus)이다.

065 정답 ④
출제포인트 융의 분석심리이론의 특징

오답분석
① 분석심리이론이라 불린다.
② 융은 2가지 태도와 4가지 기능을 토대로 심리적 유형을 8가지로 구분하였다. 반면 사회적 관심과 활동수준을 기준으로 생활양식을 4가지로 구분한 것은 아들러이다.
③ 융은 발달단계를 아동기, 청년 및 성인기, 중년기, 노년기의 4단계로 구분하였다.
⑤ 성격형성에 있어서 창조적 자기(creative self)의 역할을 강조한 것은 아들러이다.

04 인본주의이론

066	067	068	069	070
③	④	②	②	②
071	072	073	074	075
⑤	④	③	②	③
076	077			
①	②			

066 정답 ③
출제포인트 매슬로우의 욕구이론

안전의 욕구는 2단계이고, 소속과 사랑의 욕구는 3단계로, 안전의 욕구가 소속과 사랑의 욕구보다 하위단계의 욕구이다.

+ 기출개념 더 알아보기

매슬로우의 욕구 단계

- 5단계: 자아실현의 욕구(최상위 욕구)
- 4단계: 자아존중의 욕구
- 3단계: 애정(사랑) / 소속의 욕구
- 2단계: 안전의 욕구
- 1단계: 생리적 욕구(최하위 욕구)

067 정답 ④
출제포인트 매슬로우의 욕구 이론

매슬로우의 욕구 단계에서 하위 욕구가 선행적으로 충족되어야 그 다음 상위단계의 욕구를 원하게 된다고 강조하였다. 즉, 최상위 자아실현도 결국 최하위 생리적 욕구부터 충족되지 않으면 요원(so far away)한 욕구인 것이다. 그러나 하위단계의 욕구가 일정 부분 충족되어도 상위 욕구가 발생된다고 하였다.

068 정답 ②
출제포인트 매슬로우의 욕구이론-인본주의

꽈배기문제 #매슬로우의 이론 #인본주의 관점에서의 욕구 이론 개념 파악
매슬로우의 욕구위계이론의 최근 출제경향은 욕구 단계(5단계)보다 인본주의로서의 각 개념을 묻는 형태가 출제되고 있어요.

오답분석
① 소수의 인원만이 최상위 자아실현의 욕구를 달성한다.
③ 인간본성에 대해 낙관적인 태도를 갖고 있다.
④ 매슬로우는 인간을 환경과 조화를 이루며 살아가는 역동적 존재로 보았다. 반면 인간의 성격이 환경에 의해 수동적으로 결정된다고 본 학자는 스키너이다.
⑤ 무조건적인 긍정적 관심을 강조한 학자는 로저스이다.

069 정답 ②
출제포인트 매슬로우의 욕구이론

욕구 위계에서 가장 높은 단계는 자아실현의 욕구이다. 반면 자아존중감의 욕구는 4단계이다.

070 정답 ②
출제포인트 매슬로우의 욕구이론

오답분석
① 인간의 무의식을 강조한 학자는 정신분석이론의 프로이트이다.
③ 인간행동에 대한 환경결정론을 강조한 학자는 행동주의이론의 스키너, 파블로프 등이다.
④ 자기완성의 필수요인으로 열등감 극복을 강조한 학자는 개인심리이론의 아들러이다.
⑤ 모방학습의 중요성을 강조한 학자는 사회학습이론의 반두라이다.

071 정답 ⑤
출제포인트 로저스의 현상학이론

클라이언트의 과거 정신적 외상의 중요성을 강조한 학자는 정신분석이론의 프로이트이다.

072 정답 ④
출제포인트 로저스의 현상학이론의 인간관

오답분석
ㄴ. 로저스는 모든 인간에게 주관적 경험에 의한 현실만 존재한다고 보았다.

073 정답 ③
출제포인트 로저스의 현상학이론

로저스의 현상학이론에서는 인간이 지닌 개별적이며 주관적인 경험을 강조하였다. 이에 클라이언트의 생각, 의미, 언어가 중요하고 이를 위해 비지시적, 비심판적 태도를 견지하며 클라이언트에 대한 무조건적 수용을 강조하였다.

암기 TIP
Realistic: 현실적, 현상학적
Outright: 무조건적
Specialty: 특별한
Exist: 존재
Respect: 존중, 비심판적
Subjective: 주관적

074 정답 ②
출제포인트 로저스의 현상학이론의 인간관

오답분석
ㄴ. 공감과 비지시적인 상담을 강조하였다.
ㄹ. 인간의 욕구발달단계를 제시한 학자는 매슬로우이다.

075 정답 ③
출제포인트 인본주의 관점에서의 현상학이론

오답분석
ㄷ. 인간의 욕구발달단계를 제시한 학자는 매슬로우이다.

076 정답 ①
출제포인트 로저스의 현상학이론

개인의 잠재력 실현을 위하여 무조건적 긍정적 관심의 제공이 중요함을 강조하였다.

077 정답 ②
출제포인트 로저스의 현상학이론

인간의 욕구발달단계를 제시한 학자는 매슬로우이다.

05 사회체계이론

078	079	080	081	082
②	③	①	②	④
083	084	085	086	087
②	⑤	⑤	⑤	③
088	089	090	091	092
②	③	②	⑤	④
093	094	095	096	097
①	⑤	②	①	⑤

078 정답 ②
출제포인트 체계이론의 주요 개념

체계 내부 간 또는 체계 외부와의 상호작용이 증가함으로써 체계 내의 에너지양이 증가하는 것은 시너지(synergy)이다.

오답분석
① 엔트로피(entropy): 외부와의 상호작용이 감소함에 따라 유용한 에너지가 감소하여 무질서와 혼란이 일어나는 형태
③ 항상성(homeostasis): 균형을 위협받을 때 회복하고자 하는 경향
④ 넥엔트로피(negentropy): 외부의 에너지가 유입되면서 불필요한 에너지의 양이 감소하는 형태

⑤ 홀론(holon): 중간체계의 이중적 성격(하나의 체계는 상위체계의 하위체계이면서 동시에 다른 체계의 상위체계일 수 있음)

079 정답 ③
출제포인트 체계이론의 주요 개념

오답분석
ㄱ. 균형(equilibrium): 외부의 에너지가 유입되지 않은 상태에서 그 체계의 속성을 유지하려는 과정 또는 상태
ㄹ. 홀론(holon): 부분이 전체가 되는 또는 전체가 부분이 되는 현상 또는 상태

080 정답 ①
출제포인트 넥엔트로피, 엔트로피

넥엔트로피(negentropy)는 외부의 에너지가 유입되면서(개방체계) 불필요한 에너지의 양이 감소하는 형태를 의미한다.

081 정답 ②
출제포인트 호혜성(reciprocity)의 특징

호혜성은 한 체계에서 일부가 변화하면 그 변화가 체계의 나머지 부분들의 변화를 초래하게 되는 개념을 말한다.

참고
보웬의 순환적 인과성, 파급 효과와 유사한 개념

오답분석
① 균형(equilibrium): 폐쇄체계에서 주로 발생하며 그 체계의 속성을 유지하려는 것
③ 안정상태(steady state): 개방체계에서 이루어지며 외부의 에너지가 유입되어 체계의 속성이 변화되는 것
④ 항상성(homeostasis): 개방체계에서 주로 이루어지며 외부의 에너지를 유입하여 그 체계의 속성을 유지하려는 것
⑤ 적합성(goodness of fit): 인간의 욕구와 환경자원이 부합되는 정도

082 정답 ④
출제포인트 다중종결성과 동등종결성

다중종결성(multifinality)은 초기 조건과 방법이 동일 또는 유사하더라도 결과는 서로 다르게 나타날 수 있다는 체계의 속성을 의미한다. 즉, 사회복지사가 동일 또는 비슷한 방법의 개입기법을 활용하더라도 각 체계의 특성과 상황에 따라 결과가 달라질 수 있다는 것을 말한다. 반면 서로 다른 경로와 방법을 통해 같은 결과에 도달할 수 있다고 보는 것은 동등결과성(equifinality)이다.

083 정답 ②
출제포인트 체계이론의 주요 개념

오답분석
ㄴ. 체계의 혼란과 무질서를 증가시키는 것은 엔트로피(entropy)이다. 반면 항상성(homeostasis)은 지속적인 균형상태를 유지하고자 하는 속성이다.
ㄹ. 균형(equilibrium)은 주로 외부와의 교류가 거의 없는 폐쇄체계에서 나타난다.

084 정답 ⑤
출제포인트 생태학(생태체계이론: Eco-System Theory)

생태학은 개인, 집단 및 환경 간의 상호작용을 강조한다.

+ 기출개념 더 알아보기

생태학의 개념
생태학(생태체계이론: Eco-System Theory)은 일반체계이론에 생태학적 관점을 결합시킨 것이며 인간의 생활과 같이 역동적으로 시시각각 변화하는 지속적인 과정을 파악하는 데 있어 매우 의미 있는 관점이라 할 수 있다.

생태체계이론의 주요 특징
체계이론은 전체의 중요성을 강조하고, 전체의 한 부분으로서 관계를 중요시하는 유기체적 관점을 기본으로 한다.
- 유기체의 계속적인 상호 관련 과정으로 구성되는 복합적인 환경(environment) – 행동(behavior) – 인간(person)을 의미함
- 개인, 집단 및 환경 간의 상호작용을 강조함
- 체계론적 개념들은 생태학적인 전체 내에서 복합적인 여러 상호관계를 분석하는 데 활용됨
- 사정(assessment)과 평가(evaluation)는 완전하고 있는 그대로의 유기체 및 환경체계에 대한 사실적이고도 직접적인 관찰을 통해 이루어져야 함
- 인간의 행동은 인간과 변화무쌍한 환경 간의 교류적인 상호관계의 결과물임

085 정답 ⑤
출제포인트 생태체계이론의 실천기법

개인의 심리 역동적 변화의지 향상에 초점을 두는 것은 정신역

동모델이다.

086 정답 ⑤
출제포인트 생태체계이론의 특징

> **꼭배기 문제** #생태학적 접근 방법 #중요 #숙지 필수
> 최근 사회복지사 1급의 출제 경향은 생태학적 접근 방법을 강조해요. 이는 인행사, 실천론, 실천기술론, 지사복과 모두 밀접한 연관이 있으니 꼼꼼하게 숙지해야 해요.

생태체계이론은 <u>환경과의 상호작용에서 인간을 능동적인 존재</u>로 본다.

087 정답 ③
출제포인트 생태체계이론의 인간과 환경에 대한 관점

ㄴ. <u>인간본성에 대한 정신적·환경적 결정론을 거부한다.</u>
ㄹ. <u>타인과 관계를 맺는 인간의 능력은 후천적 습득보다 유전적, 본능적, 선천적으로 습득된다고 전제한다.</u>

088 정답 ②
출제포인트 생태체계의 구성: 거시체계

오답분석
① 가족체계를 구성하는 요소는 개인이며 이는 <u>미시체계</u>에 해당된다.
③ 개인이 가장 밀접하게 상호작용하는 사회적·물리적 환경은 <u>미시체계</u>이다.
④ 개인, 가족, 이웃, 소집단은 미시체계, 문화는 거시체계이다.
⑤ <u>인간의 삶과 행동에 상호작용한다</u>(Person In Environment).

089 정답 ③
출제포인트 생태체계의 구성: 미시체계

오답분석
① <u>미시체계</u>는 개인(클라이언트)의 생활에 직접적으로 개입하는 체계이다(가족, 친구 등).
② 조직수준에서 영향을 미칠 수 있는 체계는 <u>외부체계</u>이다.
④ 부모의 직업, 자녀의 학교, 공공기관 등은 <u>외부체계</u>에 해당한다. 미시체계는 중간체계, 거시체계와 밀접 상호작용을 하는 체계이다.

⑤ 개인이 사회관습과 유행을 통해 자신의 가치관을 표현하는 것은 <u>거시체계</u>이다.

090 정답 ②
출제포인트 적합성과 유능성의 차이

개인이 환경과 효과적으로 <u>상호작용을 할 수 있는 능력은 유능성</u>이다. 반면 <u>적합성은 인간의 욕구와 환경의 자원이 부합되는 정도</u>를 말한다.

💡 **암기 TIP**
• 유능성: 개인 ↔ 환경 **능력**
• 적합성: 개인 ↔ 환경 **욕구**

091 정답 ⑤
출제포인트 생태체계이론의 필요성 및 중요성

생태체계이론이란 전통적인 실천 방법을 개인, 가족, 집단, 공동체 등의 문제에 적용하는 데 그 한계가 발생하여 이를 둘러싼 <u>환경(지역, 국가, 국제사회 및 동·식물 등)까지 포함시키는 개념</u>이다. 예 독거노인이 최근 자살을 하여 그 원인을 파악하였더니 15년간 함께한 반려견이 며칠 전 자연사하였다. 이에 크게 상심한 노인이 스스로 생을 마감하였던 것이다. 이는 단순히 노인, 그 친족, 경로당 어르신, 동네 주민만 보는 것이 아닌 주변의 <u>모든 것(동물-반려견)을 아우르는 관점으로 조망해야 한다는 것</u>이다. 이러한 점이 생태체계이론의 큰 특징이다. 설마 개 하나 때문에 스스로 생을 단념하셨을까?라는 생각으로 이를 유력선상에서 배제하면 솔루션(solution)은 나오기가 어렵다.

092 정답 ④
출제포인트 생태체계이론의 주요 개념

오답분석
① 시너지(synergy)는 체계 내부 간 혹은 외부와의 상호작용이 증가함으로써 체계 내에서 유용한 에너지양이 증가하는 현상이다.
② 엔트로피(entropy)는 외부의 에너지가 유입되지 않고 그 체계 내 무질서, 혼란 등이 발생하는 형태이다.
③ 항상성(homeostasis)은 비교적 안정적이며 지속적인 균형 상태를 유지하기 위한 체계의 경향을 말한다.
⑤ 적합성(goodness of fit)은 인간의 적응 욕구와 환경자원의 부합 정도로서 <u>인간의 전 생애</u>에 걸쳐서 성취된다.

093 정답 ①

출제포인트 생태체계의 구성: 중간체계

오답분석
② 개인이 직접적으로 대면하는 체계는 미시체계이다.
③ 신념, 태도, 전통 등을 통해 영향력을 행사하는 것은 거시체계이다.
④ 가족과 집단은 개인에 대한 미시체계이며, 중간체계는 이들 간의 관계 및 상호작용이다.
⑤ 문화, 정치, 사회, 법, 종교 등은 거시체계이다.

094 정답 ⑤

출제포인트 생태체계이론의 구성: 시간체계

시간체계에 대한 설명이다.

+ 기출개념 더 알아보기

시간체계
- 전 생애에 걸쳐 발생하는 변화와 사회 역사적인 환경을 포함함
- 인간의 생에 단일 사건뿐 아니라 시간의 경과와 함께 연속적으로 일어나는 사건들이 누적되어 영향을 미친다는 것을 보여줌
- 생애 주기별 상태, 상황이 해당함
- 예) 입학 시기, 사춘기, 갱년기, 결혼 시기, 임신기, 은퇴 시기, 군 입대 시기, 취업 시기 등

095 정답 ②

출제포인트 생태체계의 구성: 중간체계

오답분석
① 가족, 친구, 학교, 종교단체 등 개인에게 직접적 영향을 주는 체계는 미시체계이다.
③ 신념, 태도, 전통을 통해 개인에게 영향을 주는 것은 거시체계이다.
④ 아동의 발달에 영향을 주는 학교위원회는 외부체계이다.
⑤ 개인이 어느 시대에 출생했는지에 관심을 두는 것은 시간체계이다.

096 정답 ①

출제포인트 생태체계의 구성: 미시체계

오답분석
ㄴ. 전 생애에 걸쳐 일어나는 개인의 변화와 사회 역사적 환경은 시간체계이다.
ㄷ. 개인이 직접 참여하지 않으나, 부모의 직장, 형제가 속한 학급 등은 외부체계이다.

097 정답 ⑤

출제포인트 생태체계이론의 기능

생태체계이론은 원인에 있어서 다양성, 결과에 있어서도 열린 결과를 지향하는 역동적 인과관계를 강조한다.

06 환경체계

098	099	100	101	102
③	④	⑤	⑤	③
103	104	105	106	
③	①	④	②	

098 정답 ③

출제포인트 개방형 가족체계

오답분석
① 외부체계와의 상호작용을 원만하게 한다.
② 체계 내의 가족기능은 유지 또는 증가한다.
④ 주변 환경으로부터 열려 있다.
⑤ 지역사회와의 교류가 활발하다.

099 정답 ④

출제포인트 집단의 유형

오답분석
① 이차집단(secondary group)은 목적 달성을 위해 인위적으로 만들어진 집단이다.
② 일차집단(primary group)은 혈연이나 지연을 바탕으로 자연 발생적으로 이루어진 집단이다.
③ 형성집단(formed group)은 특정위원회나 팀처럼 일정한 목적을 갖는 것이 특징이다.
⑤ 개방집단(open-end group)은 집단이 진행되는 동안 새로운 구성원의 입·탈퇴가 가능하다.

100
정답 ⑤

출제포인트 집단의 특징

오답분석
① 1차 집단은 인간의 성격 형성 등을 목적으로 하며 2차 집단은 과업 달성을 목적으로 한다.
② 개방집단은 입·탈퇴가 자유로워 일정 수준 이상의 심도 깊은 목적 달성에 부적합하다.
③ 구성원의 상호작용이 중요하므로 최소 단위는 2인 이상이다.
④ 형성집단은 특정 목적을 위해 만들어진 집단이다.

101
정답 ⑤

출제포인트 지역사회체계의 유형

오답분석
① 조직의 경계 속성은 조직의 유지 및 변화와 밀접한 관련이 있다.
② 가족체계 내 반복적 상호작용은 구성원들의 행동에 영향을 미친다.
③ 집단체계의 전체는 하위체계인 개개인의 고유한 특성의 총합 그 이상이다(시너지 효과).
④ 지역사회는 완전개방체계 또는 완전폐쇄체계의 속성을 유지한다는 개념과 거리가 있다.

102
정답 ③

출제포인트 지역사회체계의 특징

🍪 **꽈배기 문제** #지역사회체계 #빈출 #포괄적 개념파악 중요
최근에 지역사회체계가 자주 출제되고 있어요. 주로 포괄적인 개념 파악이 이루어졌는지를 묻는 형태로 출제돼요.

오답분석
ㄹ. 외부와 상호작용을 통하여 넥엔트로피(negentropy) 상태를 유지하는 것이 필요하다.

103
정답 ③

출제포인트 사회체계의 이해: 문화

오답분석
① 문화는 거시체계(정치, 경제, 예술, 종교 등 포함)에 해당된다.
② 후천적으로 습득되는 과정이다.
④ 관념적 문화는 종교적 신념, 신화, 사상 등으로 구성된다.
⑤ 문화는 고정되어 있지 않으며 외부와의 환경과 지속적인 교류를 한다.

104
정답 ①

출제포인트 문화의 분류

문화는 정치, 경제, 종교, 철학, 예술, 사상 등과 더불어 거시체계에 해당된다.

105
정답 ④

출제포인트 문화의 특성: 다양성

🍪 **꽈배기 문제** #문화 #다양성 개념 숙지 #실수 조심
문화는 자주 출제되지는 않지만 의외로 실수를 유발하는 형태로 제시돼요. 특히 다양성과 관련된 개념을 꼭 숙지해야 해요.

오답분석
① 선천적보다 후천적으로 습득된다.
② 개인행동에 대한 규제와 사회통제의 기능이 강하다.
③ 역동적이며 변화성이 있다.
⑤ 다양성은 차별보다 차이를 의미한다.

106
정답 ②

출제포인트 다문화의 특징

다양한 문화를 수용하고 문화의 다양성, 포괄성을 지향한다.

07 인간의 성장발달단계

107	108	109	110	111
①, ②	②	④	③	⑤
112	113	114	115	116
③	③	④	②	②
117	118	119	120	121
①	①	①	⑤	④
122	123	124	125	126
①	③	⑤	②	②
127	128	129	130	131
③	③	③	②	④
132	133	134	135	136
①	③	①	⑤	④
137	138	139	140	141
①	④	③	③	①
142	143	144	145	146
③	②	⑤	⑤	③
147	148	149	150	151
②	①	③	④	①
152	153	154	155	156
⑤	④	②	⑤	⑤
157	158			
⑤	①			

107 정답 ①, ②

출제포인트 태아기의 개념

① 수정이 이루어지는 순간부터 출생하기까지의 시기(발생기 – 배아기 – 태아기)를 태내기로 보고 그 안에 태아기가 포함되는 것이다.
② 태내발달은 어머니의 영양상태, 질병, 음주와 흡연 및 정서적 상태 등으로부터 영향을 받으며 학력과는 무관하다.

※ 출제오류로 복수정답 처리됨

108 정답 ②

출제포인트 태내기의 특징

 #태아기 #태내기 #의학적 개념 필요

태아기 또는 태내기는 의학적 지식을 요구하는 방향으로 출제가 되고 있어요. 따라서 부인과 및 비뇨기과의 기초적인 상식선의 의학적 개념들을 파악해야 해요.

남아가 XXY, XXXY 등의 성염색체를 가져 외모는 남성이지만 사춘기에 여성적인 2차 성징이 나타나는 것은 클라인펠터증후군이다.

109 정답 ④

출제포인트 태내기의 특징

다운증후군은 47개의 염색체를 가짐으로써 나타나는 증후군이다.

※ 출제오류로 전부 정답처리된 문제로, 출제의도에 맞게 변형하여 수록함

110 정답 ③

출제포인트 유전적 요인에 의한 발달장애

오답분석
① 다운증후군은 지능 저하, 발달 지연을 동반한다.
② 헌팅톤병은 19세기 의사 조지 헌팅턴이 명명한 퇴행성 뇌질환이며 우성 유전인자 질병으로서 중추신경계에 영향을 미쳐 환자에게 스스로 조절 및 통제 불가능한 이상 운동을 일으킨다. 이때 모습이 꼭 춤을 추는 것과 같다 하여 무도병(춤추는 병)이라 불리기도 한다.
④ 터너증후군은 X염색체를 하나만 가진 여성에게 나타난다.
⑤ 혈우병은 여성보다 주로 남성에게 발병한다. 이때 여성은 혈우병 인자를 잠복한 상태에서 대부분 그 후대 아들, 손자에게 대물림이 이루어진다.
  예) 빅토리아 여왕이 혈우병 인자를 가진 상태에서 그 딸 알렉산드라 공주에게 유전인자를, 그리고 알렉산드라 공주는 러시아 니콜라이 2세와 결혼 후 아들(알렉세이)을 낳았고 역시 혈우병이 발생하였다. 그리고 이를 치료하기 위해 주술사인 라스푸친이 국정농단 및 전횡을 일삼고 결국 볼셰비키 혁명의 도화선이 된다.

111 정답 ⑤
출제포인트 배아의 구성

배아의 구성은 외배엽과 내배엽으로 이루어지며, 내배엽은 폐, 간, 소화기관 등을 형성하게 된다.
- 외배엽: 뇌, 척추, 피부 등의 조직 형성
- 중배엽: 근육, 뼈, 혈관 등의 조직 형성
- 내배엽: 폐, 간, 소화기관의 조직 형성

112 정답 ③
출제포인트 영아기 발달 특성

오답분석
ㄹ. 서열화 사고의 특징을 나타내는 것은 구체적 조작기(7~12세)이다.

113 정답 ③
출제포인트 생존반사운동의 분류

생존반사로는 근원반사, 빨기반사, 연하반사(삼키기반사) 등이 있다. 이러한 반사운동이 발생하는 시기는 영아기(0~2세)이며 감각운동기에 해당된다. 반면 바빈스키반사, 모로반사는 원시 반사이다.

114 정답 ④
출제포인트 영아기의 특징

에릭슨(E. Erikson)의 신뢰감 대 불신감의 단계에 해당한다.

115 정답 ②
출제포인트 영아기의 특징

분화가 덜 된 정서에서 분화된 정서를 표현하는 방식으로 확대 및 발전한다. 또한, 1차 정서(기쁨, 공포, 분노)에서 2차 정서(당황, 수치, 질투)로 발달하게 된다.

116 정답 ②
출제포인트 영아기의 특징

> **꽐배기 문제** #영아기 #학자별 발달 시기 #빈출
> 영아기는 각 학자별 발달 시기와 연관하여 그 특징을 묻는 형태로 자주 출제돼요.

오답분석
① 콜버그의 전인습적 도덕기는 4~10세로, 영아기(0~2세)는 이에 해당하지 않는다.
③ 피아제의 보존 개념이 확립되는 시기는 구체적 조작기(7~12세)이다.
④ 프로이트의 거세불안을 경험하는 시기는 남근기(3~6세)이다.
⑤ 생활양식의 개념은 아들러이다. 아들러는 통상 4~5세경 생활양식이 형성된다고 하였다.

117 정답 ①
출제포인트 영아기의 특징

오답분석
② 분류화 개념을 획득하는 시기는 구체적 조작기(7~12세)이다.
③ 서열화를 획득하는 시기는 구체적 조작기(7~12세)이다.
④ 오이디푸스 콤플렉스(Oedipus complex)를 경험하는 시기는 남근기(3~6세)이다.
⑤ 상징적 사고가 활발한 시기는 전 조작기 2~7세이다.

118 정답 ①
출제포인트 분리불안 발생 시기

> **꽐배기 문제** #유아기 #학자별 발달 시기 #빈출
> 유아기는 일관되게 각 학자별 발달 시기와 연관하여 그 특징을 묻는 형태로 출제되고 있어요.

유아기(3~6세)가 피아제의 전조작기의 시기인 것은 맞으나, 분리불안은 감각운동기인 영아기(0~2세)의 발달 특징이다.

119 정답 ①
출제포인트 프로이트의 남근기 특징

프로이트(S. Freud)의 오이디푸스 콤플렉스와 엘렉트라 콤플렉스가 일어나는 시기는 남근기(3~6세)이다.

오답분석
② 콜버그(L. Kohlberg)의 전인습적 단계의 도덕적 사고가 나타나는 시기이다.
③ 피아제(J. Piaget)의 타율적 도덕성의 단계이다.
④ 심리사회적 유예가 일어나는 시기는 청소년기이다.
⑤ 보존기술, 분류기술 등 기본적 논리체계가 획득되는 시기는 구체적 조작기(7~12세)이다.

120   정답 ⑤
출제포인트   영아기의 특징

영아기(0~2세)에 비해 성장속도가 빨라지는 특성을 보이지는 않는다. 오히려 영아기가 제1성장 급등기이다.

121   정답 ④
출제포인트   유아기의 특징

피아제(J. Piaget)의 전조작기에 해당된다. 프로이트의 남근기, 에릭슨의 주도성 대 죄의식의 시기와 유사하다.

122   정답 ①
출제포인트   유아기의 특징

남아가 오이디푸스 콤플렉스를 경험하고, 여아가 엘렉트라 콤플렉스를 경험하는 시기는 남근기(3~6세)이다.

오답분석
② 콜버그(L. Kohlberg)에 의하면 전인습적 수준의 도덕성 발달 단계를 보인다.
③ 피아제의 전조작기에 해당되며 상징적 사고가 가능하다.
④ 인지발달에서 상위 개념과 하위 개념을 구분하여 완전한 수준의 분류능력을 보이는 것은 구체적 조작기(7~12세)이다.
⑤ 영아기에 비해 성장속도가 느려진다.

123   정답 ③
출제포인트   유아기의 특징

영아기(0~2세)는 인생 중에 가장 빠른 급성장 시기이다.

124   정답 ⑤
출제포인트   유아기의 발달 특성

피아제의 타율적 도덕성 단계에 도달한다.

125   정답 ②
출제포인트   아동기의 특징

아동기(7~12세)에는 애정의 대상이 또래친구로 변화되고 특히 이성보다는 동성친구와 더 친밀한 유대관계를 형성하려 한다.

오답분석
① 자아중심적 사고 특성을 나타내는 것은 유아기이다.
③ 신뢰감 대 불신감이 형성되는 시기는 영아기이다.
④ 심리사회적 유예기간은 청소년기를 의미한다.
⑤ 경험하지 않고도 추론이 가능한 시기는 통상 형식적 조작기(청소년기)이다.

126   정답 ②
출제포인트   아동기의 사회적 발달

오답분석
ㄱ. 에릭슨의 심리 사회적 위기 중 근면성 대 열등감에 해당된다.
ㄴ. 조합기술보다 보존개념 획득과 연관되며 이를 위해 가역성, 보상성, 동일성의 원리에 대한 이해가 필요하다.
ㄹ. 추상적 사고가 가능해져서 미래의 사건을 예측할 수 있는 가설적, 연역적 사고가 발달하는 시기는 형식적 조작기인 청소년기에 해당된다.

127   정답 ③
출제포인트   아동기의 특징

오답분석
ㄹ. 자아정체감을 획득하는 시기는 청소년기이다.

※ 출제오류로 전부 정답처리된 문제로, 출제의도에 맞게 변형하여 수록함

128
정답 ③

출제포인트 아동기의 특징

오답분석
ㄱ. 제1의 반항기는 유아기(3~6세)이다.
ㅁ. 타인의 입장을 고려하지 못하는 것은 유아기(3~6세)이다.

129
정답 ③

출제포인트 학자별 아동기 발달의 특징

파배기 문제 #아동기 #학자별 시기의 특징 #빈출
아동기는 각 학자별 그 시기의 특징을 혼재하여 묻는 형태로 자주 출제되고 있어요.

오답분석
ㄹ. 에릭슨: 근면성 대 열등감의 발달이 중요한 시기

130
정답 ②

출제포인트 생애주기별 발달적 특징

자아정체감의 확립은 청소년기의 발달 과업이다.

+ 기출개념 더 알아보기

아동기의 특징
- 7~12세(학령기, 초등학생 시기)
- 자신의 정서적 통제가 이루어지기 시작함
- 또래 집단 활용
- 초기에는 타율적 도덕관에서, 후기에는 자율적 도덕관으로 점차 변화됨

131
정답 ④

출제포인트 아동기의 인지적 발달 특징

구체적 조작사고에서 형식적 조작사고로 전환된다.

132
정답 ①

출제포인트 청소년기의 특징

구체적 조작기는 통상 6세(7세)에서 12세(13세)까지를 말하며 청소년기(형식적 조작기)는 그다음 단계의 연령대 13세(14세)부터 18세(19세)까지를 의미한다.

133
정답 ③

출제포인트 청소년기의 특징

상상적 청중과 개인적 우화는 청소년기의 두드러진 특징이며 이는 자기중심적 사고가 반영된 예이다.

134
정답 ①

출제포인트 마샤(J. Marcia)의 자아정체감 유형

정체감 수행은 마샤의 자아정체감 유형에 속하지 않는다.

+ 기출개념 더 알아보기

마샤(J. Marcia)의 자아정체감 유형

자아정체감 형성(성취)	청소년기 역경, 시련을 극복하고자 노력함
자아정체감 유예	청소년기 역경, 시련은 있었지만 극복하고자 노력하지 않음
자아정체감 유실	청소년기 역경, 시련은 없었지만 열심히 노력함
자아정체감 혼란	청소년기 역경, 시련도 없고 열심히 노력도 하지 않음

암기 TIP 성실하게 모범적으로 공부하여 졸업 후 대기업에 취업한 것은 자아정체감 유실에 해당됨

135
정답 ⑤

출제포인트 청소년기의 성적 성숙

오답분석
① 성적 성숙에는 개인차가 있지만 발달의 순서는 일정하다.
② 여성은 난소에서 에스트로겐이 분비되어 가슴 발육, 음모, 겨드랑이 체모, 초경 등의 순으로 성적 성숙이 진행된다.
③ 남성은 고환에서 분비되는 안드로겐의 영향으로 고환과 음경 확대, 음모, 겨드랑이 체모, 수염 등의 순으로 성적 성숙이 진행된다.
④ 이차성징은 성적 성숙의 생리적 징후로서 여성의 가슴 발달과 남성의 넓은 어깨를 비롯하여 변성, 근육 발달 등의 변화가 나타나는 것을 말한다.

136 정답 ④
출제포인트 엘킨드(D. Elkind)의 청소년기 자기중심성

#청소년기 #엘킨드 #출제가능성 99%
최근에 엘킨드(D. Elkind)의 청소년기의 특징이 자주 출제되고 있고 앞으로도 출제될 확률이 매우 높아요.

청소년기에는 자신과 타인에 대해 자기중심적으로 이해하고 판단한다. 자신과 타인에 대해 객관적으로 이해하고 판단하는 시기는 청소년기 후반에 들어서면서 나타나기 시작하며, 통상 성인 초기(20세 이후)부터 역지사지로서 타인을 이해하며 배려할 줄 아는 모습들이 보인다.

137 정답 ①
출제포인트 청소년기의 특징

친밀감 및 대인관계의 강화는 청년기의 주요 발달과업에 포함된다.

138 정답 ④
출제포인트 청소년기의 특징

피아제(J. Piaget)에 의하면 비가역적 사고의 특징이 나타나는 시기는 구체적 조작기(7~12세)이다.

139 정답 ③
출제포인트 청소년기의 특징

오답분석
① 조합기술(combination skill)이 획득되는 것은 아동기이다.
② 경험귀납적 사고에서 가설연역적 사고로 전환된다.
④ 2차 성징은 생식기능을 포함한 신체적 변화로, 성별에 따른 외형적 변화를 의미한다.
⑤ 상상적 청중(imaginary audience)과 개인적 우화(personal fable)를 통해 자아중심성에서 벗어나는 것은 청년기 이후이다.

140 정답 ③
출제포인트 생애주기별 특징

오답분석
① 유아기(3~6세) - 성역할 인식 확립
② 영아기(0~2세) - 대상영속성 형성
④ 노년기(65세 이상) - 자아통합 완성
⑤ 성인 초기(20~40세) - 친밀감 형성

141 정답 ①
출제포인트 청년기의 특징: 양가감정의 발생

부모로부터의 독립에 대한 양가감정에서 해방되는 것보다 오히려 양가감정(독립, 안주)이 본격적으로 발생하는 시기이다.

142 정답 ③
출제포인트 히비거스트의 청년기 발달과업

경제적 수입 감소에 따른 적응은 노년기의 발달과업이다.

143 정답 ②
출제포인트 청년기의 특징

자아정체감 형성이 주요 발달 과제인 시기는 청소년기이다. 청년기는 타인과의 친밀감 형성, 대인관계 강화 등에 역점을 둔다.

144 정답 ⑤
출제포인트 청년기의 특징

오답분석
① 에릭슨이 근면성의 발달을 중요한 과업으로 본 발달단계는 아동기(7~12세)이다.
② 다른 시기에 비하여 경제적으로 불안정되어 있고 직업에서도 낮은 지위와 제한된 책임을 갖게 된다.
③ 빈둥지 증후군을 경험하는 시기는 중년기(장년기)이다.
④ 또래와의 상호작용을 통하여 자아개념이 발달하기 시작하는 시기는 아동기(7~12세)이다.

145 정답 ⑤
출제포인트 청년기의 발달과업: 에릭슨의 친밀감 형성

오답분석
① 자아통합이 완성되는 시기로 삶 전체에 대한 평가를 시도하는 것은 노년기이다.
② 전환적 추론(transductive reasoning)은 유아기의 특징으로 전 개념적 사고의 한계 때문에 나타난다.

③ 부모로부터의 독립에 대한 양가감정이 본격적으로 발생한다.
④ 피아제(J. Piaget)는 아동기에 구체적 조작사고가 발달한다고 보았다.

146 정답 ③
출제포인트 중장년기의 특징

오답분석
ㄴ. 전인습적 도덕기는 유아기나 아동기의 도덕적 수준 시기를 의미한다.

147 정답 ②
출제포인트 개성화

개성화는 중년기에 나타나는 대표적 현상으로 융의 분석심리이론의 주요 개념이며, 융(Jung)은 고유한 자기의 모습이 되는 것이라 표현하였다. 이는 자기실현이 된 모습이며 모든 콤플렉스를 수용하고 자신의 역기능적 성격과 부조화를 아우르는 역할을 한다고 하였다. 동양에서는 이 시기를 불혹(유혹에 흔들리지 않음), 지천명(하늘의 운명을 이해함)이라 하였다.

148 정답 ①
출제포인트 혼(J. Horn)의 유동적 지능, 결정적 지능

혼(J. Horn)은 중년기에 유동적 지능은 감소하는 반면, 결정적 지능은 증가한다고 하였다. 여기서 유동적 지능은 순발력, 임기응변, 탄력적 사고를, 결정적 지능은 경험과 학습을 바탕으로 한 지식과 판단능력을 의미한다.

149 정답 ③
출제포인트 중년기의 특징

오답분석
① 펙(R. Peck)은 신체 중시로부터 신체 초월을 노년기의 중요한 발달과제로 보았다.
② 결정성(crystallized) 지능은 증가하고 유동성(fluid) 지능은 감소한다.
④ 여성은 에스트로겐의 분비가 감소되고 남성은 테스토스테론의 분비가 감소된다.
⑤ 갱년기는 여성 및 남성 모두 경험하는 것으로 신체적 변화와 동시에 우울, 무기력감 등 심리적 증상을 동반한다.

150 정답 ④
출제포인트 중년기 우울증

꽈배기 문제 #중년기 #우울증 #여성남성 모두
중년기의 특징으로 여성만 우울증이 있는 것이 아닌 남성도 우울증이 발생한다는 것을 꼭 기억해야 해요!

오답분석
① 여성 포함 남성도 우울, 무기력감 등 심리적 증상을 경험한다.
② 여성은 에스트로겐의 분비가 감소되고 남성도 테스토스테론의 분비가 감소된다.
③ 인지적 반응속도가 꺾이기 시작한다.
⑤ 친밀감 형성은 성인 초기의 주요 과업이며, 사회관계망이 축소되는 것은 노년기의 특징이다.

151 정답 ①
출제포인트 중년기 발달과업: 에릭슨의 생산성 대 침체

오답분석
② 유동성 지능(fluid intelligence)은 낮아진다.
③ 자아통합이 완성되는 시기는 노년기이다.
④ 갱년기 증상은 여성에게 나타나고 남성도 여성보다 늦기는 하지만 갱년기를 경험한다.
⑤ 융(C. Jung)에 의하면 남성에게는 아니마가, 여성에게는 아니무스가 드러나는 시기이다.

152 정답 ⑤
출제포인트 중년기 특징

오답분석
① 에릭슨(E. Erikson)의 생산성 대 침체 단계에 해당된다.
② 갱년기는 남성에게도 발생한다.
③ 여성은 에스트로겐 분비가 감소하고, 남성은 테스토스테론 분비가 감소한다.
④ 시각, 청각, 미각, 후각 등의 감각기능이 가장 좋은 시기는 청소년 및 청년기이다.

153
정답 ④

출제포인트: 퀴블러-로스의 비애의 과정

4단계는 모든 노력이 수포로 돌아가자 극심한 우울상태에 이르는 우울에 해당하며, 의사의 오진이라고 생각하며 죽음을 회피하는 것은 1단계인 부인(부정)에 해당한다.

➕ 기출개념 더 알아보기

퀴블러-로스의 비애의 과정

1단계	부정	사실을 인정하지 않는 단계 ⑩ 홍길동 선생님, 안타깝게도 검진 결과 말기 암이시네요/ 그럴리가요. 전 건강합니다.
2단계	분노	사실에 대해 분노하며 이를 타인 또는 가족들에 투사하는 단계 ⑩ 한의원, 한방병원에도 가 봐야지…. 그런데 동일하게 말기암 판정, 내가 왜? 왜?
3단계	타협	희망, 기대를 가지고 대안을 탐색하는 단계 ⑩ 한국의 암 명의들을 다 찾아보고 진료, 처치, 수술 등을 받았지만 효과 없음
4단계	우울	모든 노력이 수포로 돌아가자 극심한 우울상태에 이르는 단계 ⑩ 모든 노력의 수고가 의미 없어짐
5단계	수용	죽음에 대해 담담하게 받아들이고 수용하는 단계 ⑩ 그 사이 생존 기간은 한달 남짓, 항암 치료보다는 이제 내가 하고 싶은 걸 하면서 살아보겠다고 결심함

154
정답 ②

출제포인트: 퀴블러-로스의 비애의 과정

퀴블러-로스의 비애의 5단계에서 마지막 단계는 수용단계이다.

155
정답 ⑤

출제포인트: 펙(R. Peck)의 생애주기

펙(R. Peck)의 발달과업이론은 생애주기를 중년기와 노년기를 통합하여 설명하였다.

156
정답 ⑤

출제포인트: 인생주기별 특징

오답분석

노년기(65세 이상)는 생물학적으로 노화를 경험하는 시기이며 경제적으로 불안정된 시기이고 심리적으로도 위기를 경험한다.

➕ 기출개념 더 알아보기

노인의 4가지 고통

고독고(苦)	가까운 사람들이 하나씩 세상을 떠나거나 주위에 없음
질병고(苦)	만성적 질환에 시달리며 건강관리에 대해 민감해짐
빈곤고(苦)	소비 및 지출은 일정한데 수입은 급격히 감소함
무위고(苦)	주변에서 불러주는 사람도 없고 특별히 할 일도 없음

157
정답 ⑤

출제포인트: 수용 단계

제시된 내용은 퀴블러 로스의 비애의 과정 중 5단계인 죽음에 대해 인정하고 수용하는 단계이며 자신에게 발생된 안 좋은 사실들을 받아들인다. 또한, 모든 것으로부터 초연해지고 자신의 과오, 실수를 정리하며 순리대로 마무리를 하고자 하는 단계이다.

158
정답 ①

출제포인트: 노년기의 심리적 특징

꽈배기 문제 #노년기 #에릭슨 발달단계 8단계

노년기는 에릭슨의 심리사회적 발달단계의 마지막 8단계와 연관하여 자주 출제되며 노년의 포괄적인 측면에서 묻는 형태가 주로 출제돼요.

노년기에는 외향성보다 내향성이 증가한다. 즉, 대외적 활동을 자제하고 생을 회고하여 추억을 담고 가까운 주변 사람(가족, 친족, 이웃 등)에게 영향을 주는 정도이다.

영역별 기출문제 2영역 사회복지조사론

꽈배기 문제는 빈출 개념에 대해 혼동을 유발하거나 오답을 유도하는 선지가 출제된 문제입니다. 꽈배기 문제까지 맞힌다면 해당 영역은 합격 안정권 점수를 받을 수 있습니다.

01 사회복지조사와 과학적 연구

001	002	003	004	005
③	④	⑤	③	⑤
006	007	008	009	010
③	①	⑤	③	⑤
011	012			
③	①			

001 정답 ③
출제포인트 사회과학의 특성

관찰대상물과 관찰자가 분명히 구분되는 것은 자연과학의 특성이다. 반면 사회과학은 양자가 상호작용한다.

002 정답 ④
출제포인트 사회과학과 사회복지학의 구분

오답분석
ㄷ. 사회복지학은 순수 과학의 성격도 있지만 사회에 유용하게 활용할 수 있는 지식기반을 제공해 주는 역할이 더 크기에 응용 과학에 더 가깝다.

003 정답 ⑤
출제포인트 과학적 지식의 특성

ㄱ~ㄹ. 모두 과학적 지식에 대한 설명이다.
과학적 지식의 특성은 다음과 같다.
- 잠정적, 확률적으로 설명 가능해야 함
- 수정 가능, 반복 가능(재현성)해야 함
- 객관적 타당성(가치 중립적)
- 경험적 검증 가능성 확보

004 정답 ③
출제포인트 사회복지 실천을 위한 조사연구의 필요성

사회복지조사에서 가장 중요한 점은 객관적 자료수집 및 분석을 통한 사실 증명이다.
이때 제3의 변수의 영향을 받지 않은 원인변수(독립변수)와 결과변수(종속변수)의 인과관계가 성립되어야 한다. 따라서 사회복지사 개인의 직관적 실천지식보다 일반화 가능한 객관적 지식과 경험을 기반으로 문제의 원인 및 결과를 입증(설명)할 수 있어야 한다.

005 정답 ⑤
출제포인트 사회복지조사의 연구 윤리

오답분석
① 연구참여자가 평소와 다른 행동을 하지 않도록 연구자의 신분을 숨기고 자료를 수집할 수 있지만 이는 기만(속임수)행위에 해당된다.
② 연구결과의 확산을 위해 연구참여자의 신분은 연구참여자 및 다른 연구기관의 사전 동의하에 공개할 수 있다.
③ 연구참여자에게 일어날 수 있는 이익 및 불이익을 사전에 고지해야 한다.
④ 연구참여 여부를 성적평가와 연계하는 형태의 조건부 참여는 자발적 참여의 윤리원칙에 위배된다.

006 정답 ③
출제포인트 사회복지 연구의 윤리성

연구윤리와 공익적 가치를 함께 확보해야 한다.

007 정답 ①
출제포인트 과학적 탐구의 윤리적 문제

상황과 대상 그리고 피치 못할 경우에는 연구참여자의 기만이 최소한의 범위에서 제한적으로 허용되기도 한다.

008 정답 ⑤
출제포인트 실증주의

실증주의는 사회적 행동을 객관적 입장에서 이해한다. 반면 사회적 행동을 행위자의 입장에서 이해하려 하는 것은 해석주의이다.

009 정답 ③
출제포인트 후기실증주의 과학철학

오답분석
① 실증주의가 가지고 있던 연역주의적 성격의 단점을 보완한다.
② 관찰대상을 인간과 상호작용하는 밀접한 관계로 보았다.
④ 관찰의 이론의존성을 일정 부분 수용한다.
⑤ 과학이 혁명적으로 변화한다고 보는 것은 쿤의 패러다임 개념이다.

010 정답 ⑤
출제포인트 과학철학의 특징

꽈배기 문제 #패러다임 #빈출 #오답유발선지 #고난도 #숙지필수
패러다임은 다른 과학적 사상과 혼재하여 자주 출제돼요. 또한, 난이도도 높게 출제되니 유념하여 숙지해 두어야 해요.

오답분석
① 논리적 실증주의에 가장 큰 영향을 미친 사람은 프랑스의 콩트(Comte)이다.
② 상대론적인 입장에서는 경험에 의한 지식의 주관성을 추구한다.
③ 기존의 이론과 상충되는 현상을 관찰하는 데서 출발하여 기존의 이론에 엄격한 검증을 행하는 것은 포퍼(Popper)의 반증주의이다.
④ 누적적인 진보를 부정하면서 역사적 사실들과 더 잘 부합하는 새로운 패러다임을 제시하는 것은 쿤(Kuhn)의 과학적 혁명이다.

011 정답 ③
출제포인트 실증주의 특징

사회현상의 주관적 의미에 대한 해석은 해석주의이다.

012 정답 ①
출제포인트 사회과학의 패러다임

연구결과를 해석할 때 정치적 가치나 이데올로기의 영향을 적극적으로 고려하는 것은 해석주의에 가깝다.

02 사회복지조사의 이해

013	014	015	016	017
①	④	②	①	②
018	019	020	021	022
④	②	③	⑤	④
023	024	025	026	027
⑤	①	⑤	①	②
028	029	030	031	032
②	⑤	⑤	③	⑤
033	034	035	036	037
①	①	⑤	④	⑤
038	039	040	041	042
①	④	①	①	④

013 정답 ①
출제포인트 사회복지조사의 특징

오답분석
ㄴ. 여론조사나 인구센서스 조사는 전형적인 기술적 조사, 횡단조사이다.
ㄹ. 조사범위에 따라 전수조사와 표본조사로 구분된다. 반면 횡단연구, 종단연구는 시간의 차원에 따른 분류이다.

014 정답 ④
출제포인트 탐색적 연구의 특징

꽈배기 문제 #조사 유형 #사례 파악
조사 유형은 최근 보기 제시형으로 출제되고 있기에 제시된 사례를 이해하고 정답을 고르는 능력을 길러야 해요.

제시된 연구 상황에 유용한 조사유형은 탐색적 연구이다.

+ 기출개념 더 알아보기

탐색적 연구의 특징
- 예비조사의 형태를 가짐
- 가설을 설정하기 위한 준비조사 성격
- 문헌조사, 전문가조사, 특례조사로 구분됨

015   정답 ②
출제포인트 혼합연구방법의 특징

혼합연구방법의 설계유형은 <u>삼각화 설계, 내재적 설계, 설명적 설계, 탐색적 설계</u>가 있다. 이외 혼합연구방법의 특징은 다음과 같다.
- 철학적, 개념적, 이론적 틀을 기반
- 양적설계에 질적자료를 단순히 추가하는 것은 아님
- 양적 연구의 결과에서 질적연구로 시작, 질적연구의 결과에서 양적 연구로 시작 가능
- 연구자에 따라 어떤 연구 방법에 더 비중을 두는가는 차이가 있음
- 혼합연구방법은 양적연구의 실증주의, 질적연구의 해석주의를 포함한 다양한 연구 패러다임을 받아들임

016   정답 ①
출제포인트 종단조사의 유형 및 특징

주어진 설명은 종단조사 방법에 대한 것이므로 괄호 안에 들어갈 조사유형은 <u>패널조사, 경향조사</u>이다.

+ 기출개념 더 알아보기

종단조사의 유형 및 특징

패널조사	• 동일한 대상(패널)에 대해 동일한 주제로 2회 이상 조사 • 시간, 경비, 노력이 많이 소요 • 객관성, 정확성 확보
경향 (추이, 트렌드) 조사	• 비동일대상에 대해 동일한 주제로 2회 이상 조사 • 효율성이 높음 • 타당도 높은 자료수집에는 제한적, 일반화 높음
동년배 (동류집단, 코호트) 조사	• 동일 연배(年輩), 비동일대상에 대해 동일한 주제로 2회 이상 조사 • 특정 연배 집단의 경향 파악 예) 베이비붐세대, MZ 세대 등

017   정답 ②
출제포인트 양적조사와 질적조사의 비교

<u>귀납법</u>을 사용하는 것은 <u>질적조사</u>이고, <u>양적조사</u>에서는 <u>연역법</u>을 주로 사용한다.

+ 기출개념 더 알아보기

양적조사와 질적조사의 비교

양적조사	질적조사
• 설문조사, 실험 등 정형화 도구 강조 • 복잡한 내용(맥락) 및 심리적 요소 간과 • 인과관계 파악 목적 • 대규모 자료수집 및 분석 용이 • 일반화 가능 • 주관적 해석 지양 • 연역적 전개 방법	• 인터뷰, 관찰, 탐색 등 비정형화 도구 강조 • 숨겨진, 복잡한 심리적 맥락 파악 • 상관관계 파악 목적 • 소규모 대상 자료수집 용이 • 일반화 제한 • 주관적 해석 지향 • 귀납적 전개 방법

018   정답 ④
출제포인트 사회복지조사의 유형

> **꽈배기 문제** #종단조사의 유형 #빈출 #숙지필수
> 종단조사의 유형은 반드시 출제되니 각 특성과 개념을 파악해 두어야 해요.

- 둘 이상의 시점에서 조사가 이루어지는 것은 <u>추세, 패널, 코호트</u>연구이다.
- 동일 대상 반복측정을 원칙으로 하지 않는 것은 <u>추세, 동년배(동류집단, 코호트)</u>연구이다.

019   정답 ②
출제포인트 사회조사의 목적

외상후스트레스로 퇴역한 군인을 위한 <u>서비스개발의 가능성</u>을 파악하기 위한 초기면접은 <u>탐색적 연구</u>이다.

020   정답 ③
출제포인트 종단연구의 특징

오답분석
① 베이비붐세대를 시간변화에 따라 연구하는 것은 <u>동년배연구(동류집단연구, 코호트연구)</u>이다.
② 일정기간 센서스 자료를 비교하여 전국 인구의 성장을 추적하는 것은 <u>경향연구(추이연구, 트렌드연구)</u>이다.

④ 시간에 따른 변화를 가장 정확하게 알려주는 것은 패널연구이다.
⑤ 일반 모집단의 변화를 시간변화에 따라 연구하는 것은 경향연구(추이연구, 트렌드연구)이다.

021   정답 ⑤
출제포인트   사회복지조사의 유형

- 동일한 표본을 대상으로 시간을 달리하여 추적 관찰하는 연구: 패널조사
- 일정연령이나 일정연령 범위 내 사람들의 집단이 조사대상인 종단연구: 동년배, 동류집단, 코호트조사

022   정답 ④
출제포인트   사회복지조사의 유형

주어진 사례를 분석하면 다음과 같다.

> 여성가족부는 2022년 전국가정폭력실태조사 결과를 이전에 실시한 동일한 조사내용과 비교하여 보고하였다. 2025년(종단조사) 조사에서도 전국의 가구 중 일부를 선정(경향조사, 표본조사)하여 동일한 조사 항목에서 어떠한 변화가 있는지를 보고할 것이다.

따라서 이에 관한 조사유형에 해당하는 것은 ㄱ, ㄴ, ㄹ이다.

023   정답 ⑤
출제포인트   사회복지 조사 과정

조사연구 과정을 올바르게 나열하면 '대학생들의 다문화수용성에 관한 선행연구 고찰(ㄷ) – '대학생들의 전공에 따라 다문화수용성이 다를 것이다'라는 가설설정(ㄱ) – 구조화된 설문지 작성 조사설계(ㄹ) – 표본을 추출하여 자료수집(ㄴ)'이다.

024   정답 ①
출제포인트   사회복지조사 과정

사회복지조사를 위한 수행단계는 다음과 같다.

문제설정 → 가설설정 → 조사설계 → 자료수집 → 자료분석 → 보고서작성

💡 암기 TIP 문제가 조사자 수분이니 보고하자!

025   정답 ⑤
출제포인트   사회복지조사 과정

사회복지조사 과정을 순서대로 나열하면 다음과 같다.
ㄷ. 연구가 필요한 주제를 선정하였다(문제형성).
ㄴ. 연구문제의 잠정적 결론으로 가설을 설정하였다(가설설정).
ㄱ. 표집방법을 수립하였다(조사설계).
ㄹ. 검증된 측정도구로 자료를 수집하였다(자료수집).
ㅁ. 자료를 분석하고 가설의 지지여부를 결정하였다(자료분석).

026   정답 ①
출제포인트   변수의 특징

직접 및 간접 관찰할 수 있는 것들이 측정의 대상에 포함된다.

027   정답 ②
출제포인트   변수의 유형

#변수의 유형 #각 변수의 특징 파악 #사례로 익히기
변수의 유형은 본 문제처럼 일련의 사례를 파악하여 정답을 도출하는 형태로 출제되고 있으니 각 변수의 특징을 잘 파악해서 적용할 수 있어야 해요.

주어진 사례를 분석하면 다음과 같다.

> 가정폭력(독립변수)이 피해 여성의 우울증(종속변수)에 미치는 영향은 여성이 맺고 있는 사회적 네트워크의 수준(조절변수)에 따라 달라진다.

따라서 이 연구에서 존재하지 않는 변수는 매개변수이다.

참고
내생변수: 인과경로 모형의 내부에 포함되는 변수
본 문항에서는 가정폭력, 피해 여성의 우울증, 여성이 맺고 있는 사회적 네트워크 수준이 내생변수에 포함된다.

028   정답 ②
출제포인트   변수의 유형별 측정 방법

오답분석
① 아르바이트 경험(유무): 독립변수, 최빈값, 백분율
③ 아르바이트 경험(개월 수): 독립변수, 기하평균
④ 또래집단의 지지(5점 척도): 조절변수, 산술평균
⑤ 삶의 만족(5점 척도): 종속변수, 산술평균

029 정답 ⑤

출제포인트 변수의 특징

ㄱ. 선행변수: 인과관계에서 독립변수에 앞서고 독립변수에 유효한 영향을 미치는 변수이다.
ㄴ. 매개변수: 독립변수와 종속변수 사이의 매개자 역할의 변수로 주로 눈에 보이지 않는 심리적 요소들이 많다. 이는 독립변수의 결과인 동시에 종속변수의 원인이 된다.
  ㉠ 완벽주의자는 심리적 부담감이 높기에 우울 증상이 높다.
  → 완벽주의자(독립) – 심리적 부담감(종속), 심리적 부담감(독립) – 우울 증상(종속)
ㄷ. 종속변수: 결과변수라고도 하며 독립변수에 의해 발생하는 변수이다.
ㄹ. 외생변수: 내생변수의 반대 개념이며 연구모형의 밖에서 만들어지는 모형이다.
  ㉠ 수험생이 고사장 밖 전문가의 도움으로 교실에서 정답을 체크하였고 만점을 받았다.

💡 **암기 TIP**
- 매개변수: **간접적** 역할로 종속변수에 영향
- 외생변수: **직접적** 역할로 종속변수에 영향(허위관계)
- 억제변수: **직접적** 역할로 종속변수에 영향(**허위관계이면서 결과가 없게 만듦**)

030 정답 ⑤

출제포인트 변수의 유형

주어진 사례를 분석하면 다음과 같다.
- 부모의 학력 → 독립변수
- 자녀의 대학 진학률 → 종속변수
- 부모의 재산이 비슷한 조사 대상에 한정하여 다시 분석 → 종속변수가 독립변수에 의한 변수였는지를 확인하기 위해 통제집단 확보

따라서 부모의 재산은 통제변수가 된다.

031 정답 ③

출제포인트 변수의 유형

독립변수는 설명변수, 원인변수라 하고 종속변수는 피설명변수, 결과변수라 한다.

➕ 기출개념 더 알아보기

조절변수와 종속변수

조절변수는 성별, 연령, 학력, 인종, 지역, 종교, 소득 등 인구학적 조건들이 해당된다. 즉, 조절변수로 인해 종속(결과)변수가 더 강화 또는 완화되는 것이다.
㉠ 열심히 노력하는 초등학생 영식이는 부모가 고학력자이며 교육에 관심이 많을수록 성적이 높게 나올 것이다. → 결과가 더 강화됨
㉠ 열심히 노력하는 초등학생 영식이는 부모가 저학력자이며 교육에 관심이 적을수록 성적이 낮게 나올 것이다. → 결과가 더 약화됨

032 정답 ⑤

출제포인트 변수의 유형

주어진 사례를 분석하면 다음과 같다.

사회복지사가 느끼는 업무부담(독립변수)에 따른 소진정도(종속변수)는 동료와의 친밀도(조절변수)에 따라 달라질 것이다.

'업무부담은 동료와의 친밀도에 따라 소진정도가 달라진다.'로 재진술되고 이는 친밀도가 높으면 소진정도가 낮아지며(더 완화), 동료와 친밀도가 낮으면 소진정도가 높아질 수 있다(더 강화)는 의미이다. 즉 친밀도에 따라 업무부담의 소진정도에 대한 영향력이 달라지므로 친밀도는 조절변수에 해당한다.

033 정답 ①

출제포인트 조작적 정의

오답분석
ㄴ, ㄷ. 조작적 정의는 개념의 의미가 다양하고 풍부해지는 것이 아닌 측정이 실질적으로 가능하게 구체적으로 규정하는 것을 의미한다.
ㄹ. 조작적 정의가 이루어진 후 가설설정과 검증이 가능해진다.

034 정답 ①

출제포인트 측정의 개념적 정의와 조작적 정의

오답분석
② 조작적 정의는 질적조사보다 양적조사에서 더욱 중요하다.
③ 측정하고자 하는 개념의 의미는 개념적 정의를 통해 확장된다.
④ '개념적 정의 → 조작적 정의 → 측정'의 순서로 이루어진다.
⑤ 조작적 정의를 통해 변수를 직접 측정할 수 있다.

035 정답 ⑤

출제포인트 분석단위의 유형

제시된 사례는 모두 분석단위에 관한 설명에 해당된다.
ㄱ. 사회적 가공물이란 사람이 만들어 낸 사회적 상호작용, 대중매체(언론, 포털사이트, SNS 등) 등을 말한다.
ㄴ. 생태학적 오류란 전체를 분석단위로 한 것을 개인에게 적용시키는 오류를 말한다.
ㄷ. 환원주의(축소주의)는 여러 요인을 대상으로 할 것을 한두 가지로 적용시키는 오류를 말한다.

참고
개별주의적 오류: 개인을 분석단위로 한 것을 전체에 적용시키는 오류

+ 기출개념 더 알아보기

분석단위의 유형

사회적 가공물	사회적 상호작용, 대중매체(언론, 포털사이트, SNS 등)
개인	개인의 태도, 행동, 경험 중심
집단	부부, 가족, 팀, 소규모의 집단(갈등, 긴장, 교류 등 중심)
공식 조직	사회복지기관, 비영리단체(전달 체계, 조직문화 등 중심)
지역사회	시·도, 시·군·구 등(특정 지역의 서비스 접근성, 편의성 등 중심)
국가	한국, 일본, 미국 등 각 나라(각 나라 간 복지 법률, 정책, 행정 등 중심)

036 정답 ④

출제포인트 올바른 가설설정의 유형

오답분석
① 불평등은 모든 사회에서 나타날 것이다. → 모든 사회라는 의미가 너무 포괄적, 광의임
② 대한민국에서 65세 이상인 노인이 전체 인구의 14% 이상이다. → 검증된 사실은 경험적 검증이 불필요함
③ 다양성이 존중되는 사회가 그렇지 않은 사회보다 더 바람직하다. → 주관적, 개인적 견해는 경험적 검증이 제한적임
⑤ 모든 행위는 비용과 보상에 의해 결정된다. → 모든 행위라는 의미가 너무 포괄적, 광의임

037 정답 ⑤

출제포인트 영가설의 특징

 #영가설 #연구가설 #혼동주의 #개념숙지 필수
영가설은 개념 파악이 중요해요. 연구가설의 개념과 혼동될 수 있으므로 헷갈리지 않도록 잘 파악해 두어야 해요.

오답분석
① 변수 간의 관계가 존재한다는 가설은 연구가설이다.
② 영가설은 변수 간의 관계가 없음을 가정하는 형태로 시작한다.
③ 조사자가 검증하고자 하는 가설은 연구가설이다.
④ 연구가설에 대한 반증가설이 영가설이다.

참고
- $p<0.05$: p값이 5%(유의수준)보다 작다. → 영가설 기각(대립가설 채택)
- $p>0.05$: p값이 5%(유의수준)보다 크다. → 영가설 기각 못함 (대립가설 미채택)

038 정답 ①

출제포인트 가설의 특징

오답분석
ㄷ. 이론을 통해 연구문제가 도출된다.
ㄹ. 상식선에서 경험적 검증이 가능하게 구성되어야 한다.

039 정답 ④

출제포인트 통계적 가설검증의 특징

연구가설은 이론으로부터 나온 가설로, 가설로서 검증될 때까지 임시적·잠정적으로 여기는 이론이다.

오답분석
③ 통계치에 대한 확률(p)은 영가설(귀무가설)이 옳다고 가정했을 때 통계치가 관측될 확률을 의미하며, 유의수준(α)은 연구가설이 옳지 않다고(기각) 가정하는 기준을 말한다. 따라서 p값이 α보다 낮다는 것은 영가설이 기각됨을 의미한다.

040 정답 ①

출제포인트 영가설의 특징

오답분석

ㄷ. 영가설은 대안가설이 아닌 <u>연구가설을 검증하기 위해 채택</u>하는 가설이다.

ㄹ. 변수 간의 관계가 우연임을 입증하는 것이 영가설이고 변수 간의 관계가 우연이 아님을 증명하는 것이 <u>연구가설</u>이다.

041 정답 ①

출제포인트 영가설과 연구가설

오답분석

② <u>연구가설은 영가설을 통해 입증된다.</u>
③ <u>연구가설은 영가설의 검정 결과에 따라 채택되거나 기각된다.</u>
④ <u>영가설은 수집된 자료에서 나타난 차이나 관계가 표본추출에서 오는 우연에 의한 것으로 진술된다.</u>
⑤ <u>영가설은 연구가설에 대한 반증의 목적으로 설정된다.</u>

042 정답 ④

출제포인트 통계적 가설검증

오답분석

① 가설의 지지여부는 연구가설을 직접 검증하는 것이 아닌 <u>영가설을 통해 입증</u>한다.
② 신뢰수준을 95%에서 99%로 높이면 <u>제1종 오류의 가능성이 낮아진다</u>(신뢰도가 높아지면 응당 실수 유발은 낮아진다).
③ <u>영가설은 두 변수 간의 관계가 오류(우연, 실수)에 의해 발생하였음을 가정한다.</u>
⑤ <u>신뢰수준을 낮추면 제1종 오류의 가능성이 높아진다.</u>

03 조사설계와 인과관계

043	044	045	046	047
③	④	③	①	③
048	049	050	051	
⑤	⑤	②	②	

043 정답 ③

출제포인트 외적타당도와 내적타당도

<u>내적타당도가 높다고 해서 반드시 외적타당도가 높지는 않다.</u>

㉮ 동물을 대상으로 한 실험에서 내적타당도가 높게 나왔다고 해서 사람을 대상으로 한 임상실험에서도 같은 결과가 나오는 것은 아니다.

➕ 기출개념 더 알아보기

내적타당도 vs 외적타당도

내적타당도	외적타당도
• 연구실, 실험실에서 생성되는 타당도 • 논리적 인과관계의 추론 타당도 • 독립변수(조작)에 의한 것임을 규명 • 인위적 실험 환경 조성 및 통제 • 우연한 사건, 성숙, 검사 및 도구 효과, 통계적 회귀, 선별적 편의, 선택과의 상호작용(확산 및 모방효과) 등의 저해 요인 발생	• 실제 임상에서 생성되는 타당도 • 결과의 일반화 여부 • 연구의 결과가 대부분 사람들에게 적용 가능한지를 확인 • 표본의 대표성, 호손효과, 플라시보효과 등의 저해요인 발생

044 정답 ④

출제포인트 조사설계(research design) 포함사항

연구문제의 의의와 조사의 필요성은 <u>조사설계 이전에 고려되어야 할 사항</u>이다.

045 정답 ③

출제포인트 실험설계의 내적타당도

꽈배기 문제 #내적타당도 저해요인 #빈출 #암기필수

내적타당도 저해요인은 단골로 출제되고 있으니 저해요인 유형을 반드시 암기해야 해요.

오답분석

ㄷ. <u>외적타당도가 높은 연구 결과는 일반화 가능성이 높다.</u>

046 정답 ①
출제포인트 내적타당도와 외적타당도

- 내적타당도를 높이기 위해서는 (원인변수, 독립변수) 이외의 다른 변수가 (결과변수, 종속변수)에 개입할 조건을 통제하여야 한다.
- 외적타당도를 높이기 위해서는 (확률표집방법)으로 연구대상을 선정하거나 표본크기를 (크게) 하여야 한다.

047 정답 ③
출제포인트 내적타당도와 외적타당도

오답분석
① 어떤 변수가 다른 변수의 원인임을 정확하게 기술하는 것은 내적타당도이다.
② 연구결과를 연구조건을 넘어서는 상황이나 모집단으로 일반화할 수 있는 정도는 외적타당도이다.
④ 실험대상의 탈락이나 우연한 사건은 내적타당도 저해요인이다.
⑤ 외적타당도가 낮더라도 내적타당도가 높은 경우가 있다.

048 정답 ⑤
출제포인트 외적타당도의 저해요인

자발적 참여자만을 대상으로 연구표본을 구성할 경우 표본의 대표성이 떨어져 외적타당도가 저해된다.

오답분석
① 연구대상의 건강 상태가 시간 경과에 따라 회복되는 상황: 시간의 경과(성숙) → 내적타당도 저해요인
② 자아존중감을 동일한 측정도구로 사전–사후 검사하는 상황: 검사효과(테스트 효과) → 내적타당도 저해요인
③ 사회적 지지를 다른 측정도구로 사전–사후 검사하는 상황: 도구 효과 → 내적타당도 저해요인
④ 실험집단과 통제집단 간 연령 분포의 차이가 크게 발생하는 상황: 선별요인 → 내적타당도 저해요인

049 정답 ⑤
출제포인트 내적타당도 저해요인

일부 참여자들이 프로그램에 참여하고 있다는 것을 의식해서 평소와는 다르게 행동(실험자 반응성, 호손효과)하는 것은 외적타당도 저해요인에 해당한다.

오답분석
① 실험집단과 통제집단의 참여자 간 프로그램 내용에 대해 소통하면서 상호작용 형성(확산 및 모방효과)
② 프로그램 진행 과정에서 일부 대상자가 참여를 중단(연구 대상자 상실)
③ 사전검사 결과 학교 부적응 학생들이 실험집단에 과도하게 모인 것이 확인(선택적 편향)
④ 사전검사와 사후검사 척도가 동일하기 때문에 참여자의 학습 효과가 발생(검사효과, 주시험 효과, 초두효과, 테스트 효과)

050 정답 ②
출제포인트 인과관계 성립 요건

ㄱ. 독립변수가 종속변수를 시간적으로 앞서야 한다(시간적 우선성).
ㄴ. 독립변수와 종속변수가 일정한 방식으로 같이 변해야 한다(공변성).

오답분석
ㄷ. 외생변수를 통제하더라도 독립변수와 종속변수의 관계가 허위 관계이어서는 안된다(비가식적 관계).

051 정답 ②
출제포인트 인과관계의 추리방법

오답분석
① 독립변수와 종속변수의 공변성이 인과관계 추론의 일차적 조건이다.
③ 독립변수가 종속변수를 시간적으로 선행한다.
④ 종단적 연구는 횡단적 연구에 비해 인과관계 추론에 더 적합하다.
⑤ 독립변수의 변화는 종속변수의 변화와 관련성이 있어야 한다(공변성).

04 실험설계의 유형

052	053	054	055	056
①	④	①	③	②
057	058	059	060	061
④	②	④	①	①
062	063	064	065	
⑤	②	①	④	

052 정답 ①

출제포인트 비동일 통제집단의 설계

> 꽈배기 문제 #실험설계 유형 #사례 제시형 #고난도
> 실험설계 유형은 최근에 개념 보기형, 사례 제시형으로 출제되고 있어요. 난이도가 높은 만큼 문제풀이에 시간이 많이 소요되니 기출문항을 눈에 익혀두어야 해요.

제시된 사례에서 실험집단(A학교)과 통제집단(B학교)을 임의로 선정한 후 사전·사후 검사를 진행하였으므로 비동일 통제집단 설계에 해당한다.

➕ 기출개념 더 알아보기

비동일 통제집단 설계의 특징
- 통제집단 사전·사후 검사설계에서 무작위 대신 작위적으로 표본추출하는 형태
- 사회복지기관에서 주로 사용되는 설계
- 외적타당도가 어느 정도 확보됨
- 통제집단이 실험집단을 모방하는 내적타당도 저해요인이 발생하기도 함

053 정답 ④

출제포인트 단일집단 사전사후검사 설계

제시된 설계는 단일집단 사전사후검사 설계이다.

오답분석
① 내적타당도가 낮은 설계이다.
② 검사효과를 통제하기에 제한적인 설계이다.
③ 원시(전)실험설계에 속하는 설계이다.
⑤ 연구결과의 일반화가 어려운 설계이다.

054 정답 ①

출제포인트 다중(복수)시계열 설계

> 꽈배기 문제 #실험설계 유형 #매우 중요 #보기 제시형 #유형 및 특성 숙지필수
> 실험설계 유형은 매우 중요한 개념이에요. 보기 제시형으로 자주 출제되므로 관련 유형과 특성을 눈여겨보아야 해요.

다중시계열 설계(복수시계열 설계)는 단순시계열 설계에 통제집단을 추가한 것이다. 이는 단순시계열 설계의 단점을 보완하기 위해 구성된 것이며 외생변수의 통제가 단순시계열 설계보다 높다.

055 정답 ③

출제포인트 순수실험설계의 인과성 검증

사전조사와 사후조사에서 통제집단의 종속변수 측정치는 통계적으로 유의미한 차이가 있어서는 안 된다. 만약 유의미한 차이가 있다면 이는 대개 실험집단이 통제집단을 모방 및 확산했다는 의미이며 내적타당도 저해요인에 해당된다.

056 정답 ②

출제포인트 단순시계열 설계

제시된 유사(준)실험설계는 단순시계열 설계에 해당한다.

- 우울예방 프로그램에 참여할 하나의 집단을 모집함
- 우울검사를 일정한 간격으로 여러 차례 실시함(O_1, O_2, O_3)
- 우울예방 프로그램을 진행함(X)
- 우울검사를 동일한 측정도구를 이용해 일정한 간격으로 여러 차례 실시함(O_4, O_5, O_6)

단순시계열 설계도 통제집단 사전사후검사 설계처럼 검사효과가 발생한다.

057 정답 ④

출제포인트 통제집단 사전사후검사 설계

제시된 연구는 통제집단 사전사후검사 설계의 유형이며 이는 검사효과는 발생하지만 그 외의 내적타당도 저해요인(도구효과, 성숙 등)을 통제할 수 있다는 장점이 있다.

오답분석
① 테스트 효과의 발생 가능성이 높다.
② 집단 간 동질성의 확인 가능성이 높다.
③ 사전검사와 프로그램의 상호작용 효과의 통제가 제한적이다.
⑤ 실험집단의 개입 효과가 통제집단으로 전이되는 것은 비동일 통제집단 설계이다.

058 정답 ②

출제포인트 정태적 집단비교 설계

제시된 사례에서 연구자가 사전조사 없이 선정한 A요양원에 프로그램을 실시한 후 그 결과를 임의적으로(무작위할당이 아닌 실험집단과 비슷한 성격을 가진 다른 집단을 임의적으로 선정) 선정한 B요양원과 비교하여 정서적 안정감을 측정하였다.

실험집단	X	O_1
통제집단		O_2

* X: 실험처치, O_n: n번째 관찰

이는 통제집단 사후검사 설계에서 무작위할당이 배제된 형태로 정태적 집단비교 설계에 해당한다. 이는 선실험설계(전실험설계)의 유형에 해당하며 집단비교 설계라고도 한다.

059 정답 ④
출제포인트 단순시계열 설계

주어진 사례를 분석하면 다음과 같다.

> 부모를 대상으로 한 아동학대 예방 프로그램의 효과성을 평가하기 위해 연구 참여자의 아동양육 태도 등을 여러 차례 측정(O_1, O_2, O_3)하였다. 프로그램 개입(X) 이후에도 여러 차례 측정(O_4, O_5, O_6)하여 프로그램 개입 전후 비교를 실시하였다.

여러 차례 사전검사와 사후검사를 실시하여 실험효과를 검증하는 것은 <u>단순시계열 설계</u>이다.

060 정답 ①
출제포인트 솔로몬 4집단 설계의 특징

사회복지 현장에서 주로 사용하는 것은 <u>비동일 통제집단 설계(유사 실험 설계)</u>이다.

➕ 기출개념 더 알아보기

솔로몬 4집단 설계의 특징
- 순수실험설계 중 통제집단 사전사후검사 설계와 통제집단 사후검사 설계를 결합함
- 내적타당도가 높음
- 검사효과(테스트 효과, 시험효과)와 도구효과를 방지
- 이론적, 학술적으로 많이 사용함
- 시간, 경비, 노력이 과다하게 소요됨

061 정답 ①
출제포인트 다중기초선설계의 특징

개입의 철회를 사용하면 오히려 <u>내적타당도 저해요인이 증가할 수 있다</u>(성급한 연구의 중단, 철회).

062 정답 ⑤
출제포인트 단일사례설계의 특징

 #단일사례설계 #보기제시형 #고난도 #유형파악 필수

단일사례설계는 최근에 보기 제시형으로 난이도 높게 출제되고 있어요. 따라서 각 유형을 차근차근 이해하고 파악해 두어야 해요.

오답분석

ㄴ. ABAC설계는 선행 효과의 통제가 제한적이다.
  ⑩ 정서적 불안을 가지고 있는 아동(7세)의 개입 시 <u>3개월 관찰(A) 후 3개월 정서적 기능 향상 프로그램 개입(B), 다시 3개월 관찰 후(A) 부모와의 유대강화 향상 프로그램(C)을 진행한다면, 앞서 진행된 개입(B)은 후행된 개입(C)에 영향을 준다.</u> 이는 선행 효과가 있다고 할 수 있다.

063 정답 ②
출제포인트 단일사례설계의 분석방법

기초선이 불안정한 경우에 사용하는 방법은 <u>경향선 접근법</u>이다. 경향선 분석은 <u>자료의 값을 분석하여 가장 대표적인 값을 산출하는 것을 목적</u>으로 하며 대표적인 하위집단으로는 <u>평균값, 중앙값, 최빈값</u>이 있다. 이때 경향선 분석은 <u>통상 불규칙, 불안정한 기초선</u>을 가지고 있다.

참고

- 평균값: 모든 자료의 값을 합산한 후 그 자료의 수로 나눈 값으로, 이상치의 영향을 많이 받음
- 중앙값: 자료를 크기 순서대로 정렬했을 때 중앙에 위치한 값으로, 이상치의 영향을 최소화함
- 최빈값: 자료의 현상에서 가장 빈번하게 나타나는 값으로, 자료의 주된 경향성을 보여줌

➕ 기출개념 더 알아보기

단일사례 분석방법

시각적 분석 방법	변화의 수준, 파동, 경향
임상적 분석 방법	실제 임상에서의 변화 파악, 주관적 요소 큼
통계학적 분석 방법	평균값, 중앙값, 최빈값의 경향선 분석

064 정답 ①
출제포인트 단일사례연구의 특징

단일사례설계의 A-B-C-D(다중요소)설계는 복수의 각기 다른 개입 방법을 연속적으로 <u>도입할 수 있다</u>.

065 정답 ④
출제포인트 단일사례설계의 특징

오답분석
ㄹ. 단일사례설계는 사회복지실천 현장에서 주로 활용되며 대상(클라이언트) 인원의 개입이 소수이기에 외적타당도가 다른 실험설계보다 높지 않아 일반화의 가능성이 제한적이다.

05 측정과 척도

066	067	068	069	070
④	③	②	④	②
071	072	073	074	075
①	⑤	②	④	①
076	077	078	079	080
③	①	④	⑤	⑤
081	082	083	084	085
④	①	④	③	②
086	087	088	089	090
①	①	④	⑤	④
091	092	093		
③	②	③		

066 정답 ④
출제포인트 척도의 유형

시험점수(0~100점)는 서열 또는 등간척도(수준)에 해당된다.

067 정답 ③
출제포인트 측정도구

오답분석
ㄴ. 문화적 편견은 측정의 체계적 오류를 발생시킨다.

+ 기출개념 더 알아보기
체계적 오류
일정한 방향으로 흐르는 오류를 말하며, 체계적 오류의 종류는 다음과 같다.

인구, 사회경제적 특성으로 인한 오류
응답의 선행효과	고학력일수록 앞쪽 답 선택
응답의 후행효과	저학력일수록 뒤쪽 답 선택

개인 성향에 의한 오류
가혹적 오류	응답자가 일관되게 부정적인 답을 선택하는 경향(무성의)
관용적 오류	응답자가 일관되게 긍정적인 답을 선택하는 경향(무성의)
중앙 집중적 오류	응답자가 가운데 위치의 답을 선택하는 경향(무성의)

편중에 의한 오류
사회적 적절성	윤리적·사회적으로 용인받는 것을 선택
문화적 차이	타 문화를 이해하지 못할 때 발생하는 오류
고정응답군	일정한 유형의 문항을 반복적으로 물어 보았을 때 동일한 답을 반복하는 오류

068 정답 ②
출제포인트 변수의 측정수준

- 장애 유형 - 정신장애, 지체장애 → 다른 의미 없이 다른 변수와의 구분을 위한 용도(명목변수)
- 장애 등록 후 기간 - 개월 수 → 변수 간 범주가 상호배타적으로 비교와 계산이 가능(비율변수)
- 장애 등록 연령 - 나이 → 변수 간 범주가 상호배타적으로 비교와 계산이 가능(비율변수)
- 장애인의 건강 정도 - 상, 중, 하 → 변수 내 서술 및 순서가 존재(서열변수)

069 정답 ④
출제포인트 측정의 특징

측정도구의 신뢰도를 높이기 위해서는 설문문항 수를 늘려야 한다.

070 정답 ②
출제포인트 변수의 측정수준

학년은 서열 측정, 이수과목의 수는 명목 측정에 해당한다.

> 참고

비율측정(척도)의 구분은 통상적으로 영어의 "How many~"가 적용된다.
  예 연세가 얼마나 많이 드셨어요?/동네에서 백신을 접종한 사람이 얼마나 많아요?/비가 얼마나 많이 왔어요?/산불이 얼마나 많이 발생했어요?

범위	일정하게 한정된 영역의 규모
산술평균	가장 일반적인 평균으로 다 합쳐서 개수만큼 나눠서 얻는 값(등간척도)
기하평균	곱한 표본을 루트를 통해 값을 도출하는 것 예 2024년 경제성장률 3%, 2025년 경제성장률 12%면 $\sqrt{3} \times \sqrt{12} = \sqrt{36}$ 따라서 6%의 평균 경제성장률이 됨(비율척도)

071 정답 ①

출제포인트 변수의 척도 유형

#측정수준 #출제경향 #보기제시형 #측정수준의 대상 #암기필수
측정수준(척도 유형)은 주로 보기 제시형으로 출제되고 있으므로 각 측정수준(척도 유형)의 대상을 반드시 암기해야 해요.

성별, 연령, 유형(직업), 거주지역, 버스 및 지하철 노선, 운동선수 백넘버 등은 대표적인 명목척도이다.

> 오답분석
- 서열척도: 등급제(수능, 내신, 장애인 등), 학교 점수, 교육, 생활, 소득 수준(상·중·하) 등
- 등간척도: 온도, IQ, EQ 등
- 비율척도: 횟수(방문율, 출생률, 투표율, 시청률, 구독률, 취업률 등)

072 정답 ⑤

출제포인트 변수의 측정수준

ㄱ. 출신지역: 도시, 도농복합, 농어촌, 기타(명목척도, 최빈값)
ㄴ. 교육수준: 무학, 초등학교 졸업, 중학교 졸업, 고등학교 졸업, 대졸 이상(서열척도, 중위값)
ㄷ. 가출경험: 유, 무(명목척도, 최빈값, 백분율 가능) → 한 반에서 100명 중 10명이 가출 경험이 있다면 백분율로 10%임
ㄹ. 연간기부금액: (   )만원(비율척도, 범위, 백분율, 기하평균) → 한 달 월급 500만원에서 50만원 기부한다면 10%의 범위를 가짐
ㅁ. 연령: 10대, 20대, 30대, 40대, 50대, 60대 이상(서열척도, 중위값)

> ➕ 기출개념 더 알아보기

분석 방법 용어의 정의

최빈값	가장 많이 뽑혀지는 값(명목척도)
중위수(값)	처음부터 끝까지 놓고 중간에 위치하는 값(서열척도)
백분율	전체를 합친 다음에 N수로 나눈 값(%)(비율척도)

073 정답 ②

출제포인트 척도의 유형별 특징

ㄱ. 종교 – 기독교, 불교, 천주교, 기타 → 범주 내 구분을 위해 부여하며 상호배타적 성격을 갖음(명목척도)
ㄴ. 교육연수 – 정규 학교 교육을 받은 기간(년) → 속성의 실제 양(비율척도)
ㄷ. 학점 – A, B, C, D, F → 범주 간 서열 및 순서가 존재(서열척도)

> 참고

비율척도는 절대영점이 있으며 등간척도는 절대영점이 없다.
  예 Q. 교육연수를 받은 적이 있습니까?
     A. 아니요. 한번도 없습니다. → 절대영점이 있는 것

074 정답 ④

출제포인트 변수의 척도

ㄱ, ㄷ, ㄹ. 모두 비율변수로 산술평균의 산출이 적합하다.

> 참고

산술평균: 전체 합한 것을 총개수만큼 나눈 것을 의미한다.

> 오답분석
ㄴ. 상·중·하 등급으로 평가한 국어 교과목의 성적: 서열, 중위값

075 정답 ①

출제포인트 측정도구의 신뢰도

> 오답분석
② 측정도구가 의도하는 개념의 실질적 의미를 반영하는 것은 타당도이다.
③ 가장 널리 사용되는 신뢰도 유형은 반분법 또는 내적 일관성법이다.
④ 사회적 바람직성 편향은 타당도를 낮추는 주요 요인이다(체계적 오류 발생).
⑤ 특정 개념을 측정하는 문항 수가 많을수록 신뢰도는 높아진다.

076 정답 ③
출제포인트 기준타당도

꽐배기 문제 #타당도의 유형 #사례 제시형 #고난도
타당도의 유형은 본 문항처럼 사례 제시형으로 출제되고 있어요. 난이도가 높게 출제되니 헷갈리지 않도록 하나하나 짚어가며 이해해야 해요.

제시된 사례는 기준타당도 가운데 동시타당도에 대한 사례에 해당한다. 기준타당도는 타당성이 입증된 기존의 측정도구와 연구자가 만든 측정도구의 결과치를 비교하여 타당도를 평가하는 방법으로 예측타당도(기존의 도구를 기준으로 예측할 수 있는 것)와 동시타당도(새로운 도구를 통해 비교할 수 있는 것)로 분류된다.

077 정답 ①
출제포인트 측정의 신뢰도와 타당도

오답분석
② 측정도구의 문항 수가 적을수록 신뢰도는 낮아진다.
③ 검사-재검사 방법은 신뢰도를 측정하는 방법이다.
④ 편향(bias)은 측정의 체계적 오류와 관련된다.
⑤ 측정도구의 신뢰도가 높아질 때 타당도는 높아지기도 하고 낮아지기도 한다.

078 정답 ④
출제포인트 구성타당도

제시된 설명은 구성타당도에 대한 설명이다.

+기출개념 더 알아보기
구성타당도의 특징
- 측정하고자 하는 개념이 이론적 틀 내에서 논리적인 연관 여부를 경험적으로 검증하는 것
- 통계학적으로 상관분석, 다측정 다속성 행렬분석으로 이루어짐
- 검증 방법으로는 수렴타당도, 판별타당도, 요인분석이 있음

079 정답 ⑤
출제포인트 신뢰도 검사 유형

ㄱ~ㄹ. 모두 신뢰도를 측정하는 방법에 해당된다.
ㄱ. 재검사법: 동일한 척도를 사용하여 검사 및 재검사하는 것
ㄴ. 대안법: 유사한 척도를 사용하여 검사하는 것
ㄷ. 반분법: 동일한 척도를 동시에 이분절기하여 검사하는 것
ㄹ. 내적일관성분석법: 크론바하알파계수를 활용하여 검사하는 것

080 정답 ⑤
출제포인트 신뢰도를 높이는 방법

오답분석
① 측정 항목 수를 가능한 늘려야 한다.
② 유사한 질문을 다수해야 한다.
③ 측정자에게 측정도구에 대한 교육을 사전에 실시한다.
④ 측정자들이 측정방식을 대상자에 대해 일관성 있게 유지해야 한다.

081 정답 ④
출제포인트 신뢰도의 특징

오답분석
ㄴ. 타당도는 신뢰도의 충분조건이지만 신뢰도는 타당도의 필요조건에 해당된다.

+기출개념 더 알아보기
필요조건과 충분조건

필요조건	사건이 일어나기 위해서 충족되어야 하는 조건 ⑩ 먹구름이 있어 비가 올 것 같다면 우산을 가져야야 한다.
충분조건	조건만 충족되면 무조건 사건 발생 ⑩ 비가 오고 있다면 우산을 가져가야 한다. ※ 충분조건은 필요조건보다 더 강한 조건임

082 정답 ①
출제포인트 척도의 타당도 평가

하나의 개념을 측정하는 개별 항목들 간의 일관성은 신뢰도에 관한 것이다.

오답분석
② 이론적으로 관련성이 없는 두 개념을 측정한 두 척도 간의 상관관계: 변별타당도
③ 어떤 척도와 기준이 되는 척도 간의 상관관계: 기준타당도
④ 개념 안에 포함된 포괄적인 의미를 척도가 포함하는 정도: 내용타당도
⑤ 개별 항목들이 연구자가 의도한 개념을 구성하는 요인으로 모이는 정도: 요인분석

083 정답 ④
출제포인트 타당도의 특징

오답분석
ㄷ. 기준 관련 타당도의 하위타당도는 예측타당도와 동시타당도이다.

➕기출개념 더 알아보기

기준타당도

측정의 기준점이 되는 타당도이며 기준타당도는 예측타당도와 동시타당도로 구분된다.

예측타당도	기준이 되면서 예측 가능하게 하는 타당도 예) 모의고사
동시타당도	한 측정도구가 기준이 되면서 다른 도구와 비교를 하는 것 예) A도구와 B도구의 비교

084 정답 ③
출제포인트 신뢰도 측정방법

상관관계가 높은 문항들을 범주화하여 하위요인을 구성하는 방법은 타당도 검사법 중 요인분석법에 해당한다.

오답분석
① 동일한 상황에서 동일한 측정도구로 동일한 대상을 다시 측정하는 방법: 검사-재검사법
② 측정도구를 반으로 나누어 두 개의 독립된 척도로 구성한 후 동일한 대상을 측정하는 방법: 반분법, 이분절기법
④ 동질성이 있는 두 개의 측정 도구를 동일한 대상에게 측정하는 방법: 대안법
⑤ 전체 척도와 척도의 개별항목이 얼마나 상호연관성이 있는지 분석하는 방법: 내적 일관성법

085 정답 ②
출제포인트 신뢰도 측정방법: 내적일관성 방법

내적일관성 방법은 검사문항 간 상호연관성을 통해 신뢰도를 평가하는 방법으로 반분법, 크론바흐 알파계수가 이에 해당된다.

086 정답 ①
출제포인트 신뢰도와 타당도

오답분석
② 신뢰도가 높을 경우 타당도는 높을 수도 낮을 수도 있다.
③ 요인분석법은 타당도를 측정하는 방법이다.
④ 타당도는 측정하려고 의도된 개념을 얼마나 정확하게 측정하는가를 나타내는 것이다.
⑤ 주어진 척도가 측정하고자 하는 내용을 담고 있다고 일련의 전문가가 판단할 때 내용타당도가 있다고 한다.

087 정답 ①
출제포인트 측정 시 발생하는 체계적 오류

코딩 왜곡(부호화 기입 시 실수)은 비체계적 오류(신뢰도, 일관성)를 발생시킨다.
예) 교재의 페이지가 일련번호가 아닌 들쭉날쭉이면 일관성(신뢰도)에 문제가 발생하고 이는 비체계적 오류와 연관된다.

088 정답 ④
출제포인트 측정의 오류 특징

타당도가 낮은 척도의 사용은 체계적 오류를 발생시킨다.

089 정답 ⑤
출제포인트 척도의 유형

 꽈배기 문제 #척도 유형별 특징 #빈출 #사례 제시형 #숙지 필수
각 척도 유형의 특징을 묻는 형태가 자주 출제돼요. 주로 사례 제시형으로 출제되니 꼼꼼하게 숙지해 두어야 해요.

오답분석
ㄴ. 리커트척도는 서열척도이다.

090 정답 ④
출제포인트 어의적 분화척도의 특징

제시된 척도는 어의적 분화척도에 해당된다. 어의적 분화척도는 어떠한 대상이 주는 주관적 의미를 양극단에 형용사를 배치하여

측정하는 형태이며 주로 7점 척도로 구성된다. 이는 의미분화척도, 의의차별 척도라고도 한다.

091 정답 ③

출제포인트 척도의 유형별 특징

서스톤척도는 개발 과정상 시간, 경비, 노력이 많이 소요되고 복잡성으로 실제 현장에서의 활용도가 저하된다는 단점이 있다. 서스톤척도는 등현간척도라고도 하며 리커트척도의 단점(내용 파악의 어려움)을 극복하고자 개발한 척도이다.
서스톤척도는 사전 문항 평가자를 대상으로 표본값을 산정한 후 가중치를 부여한다. 이때 양극단의 값은 통계적 회귀를 방지하기 위하여 기각시킨다는 특징을 가진다.

092 정답 ②

출제포인트 척도의 유형별 특징

오답분석
① 리커트(Likert)척도는 개별문항의 중요도를 대부분 동일하게 한다.
③ 평정(rating)척도는 문항의 적절성 여부를 판단함에 주관적 견해가 개입될 수 있다.
④ 거트만(Guttman)척도는 단일차원적 내용을 분석할 때 사용된다.
⑤ 의미차별(semantic differential)척도는 느낌이나 감정을 나타내는 양극단에 배치된 형용사를 사용한다.

093 정답 ③

출제포인트 보가더스 사회적 거리척도

제시된 척도는 보가더스의 사회적 거리척도이다. 이는 측정하고자 하는 것에 대해 개인이 어느 정도의 수준까지 수용할 수 있는지 측정할 때 사용한다.

＋기출개념 더 알아보기

사회적 거리척도의 특징
- 서열척도
- 강도, 원근에 따라 서열화함
- 이민자, 난민, 특정 민족, 집단(저소득층), 인종, 종교에 대한 사회적 거리감의 정도를 측정하는 데 적절함
- 일련의 연속성이 있는 문항들로 구성함

06 표본추출

094	095	096	097	098
④	③	④	⑤	⑤
099	100	101	102	103
④	②	③	⑤	②
104	105	106	107	108
②	②	②	④	③
109	110	111	112	113
②	②	④	②	②

094 정답 ④

출제포인트 표본추출의 특징

오답분석
① 모집단을 가장 잘 대표하는 표본추출방법은 층화표집이다.
② 모집단이 이질적인 경우에는 표본의 크기를 늘려야 한다.
③ 전수조사에서는 모수와 통계치의 구분이 불필요하다.
⑤ 체계적 표집방법(systematic sampling)은 모집단에서 임의의 숫자를 무작위로 선발한 후 사전 약속된 배수로 표본추출하는 형태이다.

095 정답 ③

출제포인트 표본 연구의 특징

표본 연구는 전수 연구에 비해 비표본오차가 작다.
표본오차와 비표본오차는 표본의 크기와 연관이 있으며 표본의 크기가 크면 표본오차는 작아지고, 비표본오차는 커진다. 이때 표본오차는 모수치와 통계치의 차이를, 비표본오차는 표본의 측정, 기록, 관찰 시 발생되는 오류를 의미한다.

096 정답 ④

출제포인트 표집용어

오답분석
① 모집단: A종합사회복지관을 이용하는 노인들
② 표집방법: 단순 무작위
③ 관찰단위: 개인
⑤ 분석단위: 개인

097 정답 ⑤
출제포인트 내용분석법의 표본추출법

> **꽈배기 문제** #표본추출의 유형과 특징 #빈출
> 표본추출의 유형과 특징은 단골로 출제되고 있어요. 각 표본추출의 유형과 특징을 잘 파악해 두어야 해요.

ㄱ~ㄹ. 모두 가능한 방법이다.
ㄱ. 무작위표본추출: 국내 수많은 일간지 대상
ㄴ. 층화표본추출: 발행 부수별, 구독자 인원별, 사설 논조(진보, 보수)별 등
ㄷ. 체계적표본추출: k번째 연도(k번: 2000년)를 기점으로 배열 순 추출
ㄹ. 군집(집락)표본추출: '국내 총소득 < 서울특별시 총소득 < 강남구 총소득' 순 추출

098 정답 ⑤
출제포인트 할당표본추출

전체 모집단에서 직접 표본을 추출하는 것이 아닌 일정한 범주를 구성한 후 작위적으로 표본을 추출한다.

099 정답 ④
출제포인트 표본의 대표성

동일확률선정법(확률표본추출)으로 추출된 표본은 모집단을 완벽하지는 않지만 유사하게 대표한다는 특징을 가진다.

100 정답 ②
출제포인트 표본추출과정

표본추출 과정은 다음과 같다.
모집단 확정(ㄱ) → 표집틀 선정(ㅁ) → 표본추출방법 결정(ㄹ) → 표본크기 결정(ㄴ) → 표본추출(ㄷ)

101 정답 ③
출제포인트 의도적 표집

주어진 사례를 분석하면 다음과 같다.

> 빈곤노인을 위한 새로운 사회복지서비스 개발을 위해(특정 연구 목적) 사회복지관의 노인 사례관리담당자에게 의뢰하여 자신의 욕구를 잘 표현할 수 있는 빈곤노인(특정 연구 목적대상)을 조사 대상으로 선정(작위적 추출)하였다.

따라서 주어진 사례는 의도적 표집방법에 해당하며 의도적 표집은 특정 연구 주제, 목적을 위하여 특정 대상을 작위적(임의적)으로 표본추출하는 것이다.

102 정답 ⑤
출제포인트 확률표집 방법

양적연구에 주로 활용된다.

> **참고**
> 확률표집 방법에는 단순무작위 표집, 체계적 표집, 층화표집, 집락(군집)표집 등이 해당됨

103 정답 ②
출제포인트 질적조사의 표본추출 방법

> **꽈배기 문제** #질적조사의 표본추출 #추출 유형 파악
> 질적조사의 표본추출은 자주 출제되지는 않지만 눈에 쉽게 들어오는 지문이 아니기에 관련 유형을 숙지해야 해요.

집락(cluster) 표본추출은 양적조사에서 많이 사용되는 표본추출 방법이다. 집락(集落)은 일본식 한자 표현이며 우리식 표현은 '고을, 마을'로 마을 단위(행정구역, 시·도·시·군·구·읍·면·동·리) 순으로 추출하는 방법을 의미한다. 여기서 중요한 점은 마지막 행정단위에서 추출한다는 것이다.

+ 기출개념 더 알아보기

질적조사의 표본추출 방법

이론적 (theoretical) 표본추출	정립된 이론에서 개념들을 구성하고 이를 토대로 연구 요소를 선정하며 두역적, 지속적 비교로 이론적 표본을 추출함
눈덩이 (snowball) 표본추출	누적, 연쇄표집이라 하며 눈덩이가 커지듯 처음에는 소수 표본을 바탕으로 소개, 알선을 통해 점차 그 표본의 수를 확대해 나감
극단적 사례 (extreme case) 표본추출	주로 유의표집에서 특이하고 예외적인 표본들을 추출함

최대변이 (maximum variation) 표본추출	변이극대화 표집이라고도 하며, 모집단에서 매우 다양하고 이질적인 특성을 가진 표본들을 추출함(극단적 사례보다 더 특이한 요소들을 추출하는 것)

104 정답 ②
출제포인트 할당표본추출

주어진 사례에서 연령 집단별 각각 100명씩 총 300명을 임의추출하였으므로 할당표집에 해당한다.

참고
만약 연령 집단별 각각 100명씩 총 300명을 무작위 추출하였다면 층화표집이 됨

105 정답 ②
출제포인트 확률표집 방법

신뢰수준은 표본의 신뢰구간이 모수를 의미하는 비율로, 다른 조건이 같은 경우에 신뢰수준을 높이면 신뢰구간의 폭은 넓어지고 모집단 추정치의 정확성이 감소하며 표집오차가 커지게 된다.

106 정답 ②
출제포인트 체계적 표집

주어진 사례를 분석하면 다음과 같다.

> 400명의 명단에서 80명의 표본을 선정하는 경우, 그 명단에서 최초의 다섯 사람 중에서 무작위로 한 사람을 뽑는다(K번째 숫자). 그 후 표집간격 만큼을 더한 번호(배열)에 해당하는 사람을 표본으로 선택한다.

따라서 주어진 사례는 체계적 표본추출에 해당하며 체계적(계통적 표집)은 모집단 목록(표집틀)에서 K번째 숫자를 무작위로 선정한 후 배열(사전 정해진 배수)만큼 표본을 선택하는 것으로, 모집단의 배열이 일정한 주기성과 특정 경향성을 보일 경우 편견이 개입되어 대표성이 문제된다.

107 정답 ④
출제포인트 표집의 방법

오답분석
① 할당표집은 작위적 표집을 전제로 한다.
② 유의(판단, 의도적)표집은 비확률표집이다.
③ 눈덩이(연쇄, 누적)표집은 모집단의 규모를 알기 어려울 때 주로 사용한다.
⑤ 임의(편의, 우발적)표집은 모집단의 대표성이 낮은 표본을 추출한다.

108 정답 ③
출제포인트 표집오차의 특징

표본의 크기가 커지면 표집오차는 감소한다.

109 정답 ②
출제포인트 할당표집 방법의 특징

모집단을 구성하는 주요 변수별로 표본을 할당한 후 비확률표집(임의적, 작위적 표집)을 실시한다.

110 정답 ②
출제포인트 표집의 방법

할당표집은 연구자의 임의적, 작위적 선정으로 비동일추출확률에 근접한다.

오답분석
① 의도적(판단, 유의) 표집은 비확률표집이며 특수연구 목적에 적합하다.
③ 눈덩이표집은 소개, 중개, 알선 등을 통해 점차 그 표본을 늘려가는 형태이며 질적연구나 현장연구에서 많이 사용된다.
④ 집락표집은 모집단에 대한 표집틀이 갖추어지지 않더라도 사용가능하다(상시적으로 편리하게 시, 군, 구, 읍, 면, 동, 리 형태로 추출 가능함).
⑤ 체계적 표집은 무작위로 숫자를 추출 후 사전 약속된 배수를 적용시켜 주기성(periodicity, 배열)이 문제가 될 수 있다.

111 정답 ④
출제포인트 표집오차

#표집오차 #혼동유발 #실수주의
표집오차는 의외로 쉬운데 지문을 헷갈리게 제시하여 수험생의 실수를 유발하게 하는 형태로 자주 출제돼요. 선지 내용을 보고 헷갈리지 않도록 개념을 꼼꼼하게 확인해야 해요.

표집오차는 통계치와 모수(치)의 차이를 말한다.

112 정답 ②
출제포인트 확률표집 방법의 특징

제시된 사례에서 난수표를 활용하여 무작위로 표본을 추출하였으므로 이는 확률표집에 해당한다. 그중에서도 모집단의 주요 특성을 중심으로 범주화하여 여러 개의 층으로 나누고(노인복지관별) 범주화된 집단 내에서 다시 표본을 추출(등록자명단)하였으므로 층화표집에 해당한다.
또한, 등록인원수에 비례해서 표본을 선정하였으므로 층화표집 중에서도 비례층화표집에 해당한다. 비례층화표집은 초점군집을 선정한 후 해당 군락에서만 표본을 추출하는 군집표집에 비해 표집오차가 작다는 장점이 있다.

참고
층화표집은 확률표집방법 중 하나로, 이는 비례층화표집과 비비례층화표집으로 구분됨

오답분석
① 최종적인 표본 선정은 확률표집 방법을 활용하여 이루어진다.
③ 표집단계에서의 편향성을 해결하기 위해 분석단계에서 가중치를 활용하는 것은 비비례층화표집에 가깝다.
④ 노인복지관별 등록자명단이라는 표집틀이 존재한다.
⑤ 표본의 집단별 분포를 미리 정하고 할당된 수만큼의 표본을 임의로 선정하는 것은 할당표집이다.

113 정답 ②
출제포인트 표본의 크기

오답분석
① 추정치가 모수에 근접할 확률은 표본의 크기에 비례한다.
③ 조사비용과 시간의 한계는 표본의 크기와 관련성이 높다.
④ 표본의 크기와 비표본오차는 비례한다.
⑤ 통계분석방법은 표본의 크기와 관련이 깊다.

07 자료수집방법

114	115	116	117	118
⑤	⑤	②	⑤	①
119	120	121	122	123
①	①	⑤	②	④
124	125	126	127	128
①	⑤	③	①	②

114 정답 ⑤
출제포인트 설문지 작성의 주요 내용

신뢰도 측정을 위한 질문들은 가능한 서로 분리 또는 떨어져서 배치(고정반응 발생 방지)한다.

115 정답 ⑤
출제포인트 설문지 작성 방법

오답분석
① 미리 유형화된 응답범주들을 제시해 놓은 질문 유형은 폐쇄형 질문이다.
② 부가질문을 연결해서 사용하는 질문은 부가(부연) 질문이다.
③ 이중, 중첩, 폭탄 질문 및 유도 질문, 왜(why) 질문, 부정 질문은 지양한다.
④ 신뢰도 측정을 위해 짝(pair)으로 된 문항들은 분리 배치한다.

116 정답 ②
출제포인트 서베이(survey) 조사의 특징

오답분석
ㄴ. 우편조사는 심층규명이 어려우며, 오히려 심층면접이 용이하다.
ㄷ. 배포조사는 응답 환경을 통제하는 데 제한적이다.

117 정답 ⑤
출제포인트 설문조사 해석 시 유의사항

ㄱ~ㄹ. 모두 설문조사 결과 해석 시 유의해야 할 사항에 해당된다. 설문조사 해석은 다음과 같은 사항들을 고려하여 진행되어야 한다.
• 양적조사의 장·단점을 파악하였는가?
• 표집방법이 확률표집인가 비확률표집인가?

- 표본의 크기는 모집단을 대표하기에 적절한가?
- 설문조사는 언제 이루어졌는가?
- 측정도구가 신뢰할 만한 것인가?
- 분석 및 해석 시 통계적 객관성을 확보했는가?
- 진술 및 서술 간 작성 기준에 부합되었는가?

118 정답 ①
출제포인트 자료수집방법의 특징

오답분석
② 설문문항 작성 시 이중질문(double-barreled question)은 가급적 지양해야 한다.
③ 참여관찰법은 연구자가 관찰 대상과 상호작용을 유지하는 것이 중요하다.
④ 설문지에서 질문 순서는 기술적, 임의적 배치를 원칙으로 한다.
⑤ 프로빙(probing, 탐침 검사, 특수 검사) 기술은 심층면접 등에 사용된다.

119 정답 ①
출제포인트 온라인설문의 특징

오답분석
② 인터넷 접근에 가능한 인원들만 접근하기에 표집에 제한이 발생한다.
③ 대면설문보다 비용과 시간 소요가 절감된다.
④ 복잡하거나 문항 수가 많은 경우에 부적합하다.
⑤ 동일인의 중복응답에 대한 통제가 제한적(ID 다수의 중복 가능, 매크로 프로그램)이다.

120 정답 ①
출제포인트 면접조사의 장점

응답자의 익명이 보장되지 못하는 것은 면접조사의 단점에 포함된다.

121 정답 ⑤
출제포인트 질문의 표준화 정도

오답분석
ㄱ. 스케줄-구조화 면접 → 구조화된 면접 → 표준화 높음
ㄴ. 설문지를 이용한 면접조사 → 구조화된 면접 → 표준화 높음

122 정답 ②
출제포인트 관찰을 통한 자료수집 방법

오답분석
① 관찰자에 의해 자료가 생성된다.
③ 자료수집 상황에 대한 통제가 제한적이다(임의적, 통제적 상황보다 자연스러운 상황에서 자료 수집).
④ 내면적 의식의 파악이 제한적이다. 반면 내면적 의식 파악이 용이한 것은 서베이(servey)이다.
⑤ 수집된 자료를 객관화하는 방법은 서베이(servey)이다.

123 정답 ④
출제포인트 완전 참여자(complete participant)

오답분석
① 연구대상이 관찰된다는 사실을 알지 못하여 자연적인 상태에서의 관찰이 가능하다.
② 완전 참여자는 관찰대상과 상호작용하며 연구대상을 관찰할 수 있다.
③ 관찰대상의 승인을 받지 않고 관찰대상과 어울리면서 객관성을 유지할 수 있다.
⑤ 관찰 상황을 인위적으로 통제하지 않고 자연스럽게 생활하며 관찰을 진행할 수 있다.

124 정답 ①
출제포인트 내용분석법의 특징

꽈배기 문제 #내용분석법 #헷갈림 주의 #개념파악 우선
은근히 헷갈리는 것이 내용분석법이에요. 개념 파악이 먼저 이루어져야 하고 특히 질적자료를 양적조사로 전환한다는 특징을 꼭 기억해야 해요!

역사적 분석과 같은 시계열 분석에 유용하다.
이외에 내용분석법의 특징은 다음과 같다.
- 기록물(문헌, 녹음, 녹취, 영상, 그림 등)을 대상으로 분석한다.
- 질적자료를 양적조사 형태로 변환한다.

125 정답 ⑤
출제포인트 자료수집의 특성

내용분석법은 신문, 책, 일기 등의 자료를 수집하고 분석하는 간접조사(2차 자료분석, 비관여적 조사)방법이다.

126 정답 ③
출제포인트: 내용분석법의 특징

ㄱ. 기존자료에 의존하기 때문에 연구의 범위가 제한적이다.
ㄹ. 기존자료를 활용하며 질적자료를 양적조사 형태로 도출하는 것이기에 가설설정이 필요하다.

127 정답 ①
출제포인트: 내용분석법의 특징

내용분석법은 비반응적, 비관여적 연구방법이다. 반면 반응적(reactive) 연구방법은 면접조사이다.

128 정답 ②
출제포인트: 내용분석법, 내러티브 탐구

내용분석은 비반응적, 비관여적 조사이며 내러티브 탐구는 반응적(면접) 조사형태이다.

➕기출개념 더 알아보기
내러티브 연구
- 서사 연구, 구술 연구, 스토리텔링이라 함
- 개인의 경험, 서사를 중심으로 연구
- 주관적 관점을 강조
- 서사적 구성 강조
  - ⓔ 한부모 가족의 내러티브에서 평생 미화원으로 뒷바라지한 아버지의 직업을 친구들에게 대기업 부장이라 속인 아들의 대학교 졸업식에, 아들의 이런 점을 이미 알고 계셨던 아버지가 아들의 자존심을 지켜주고자 멋진 양복에 대기업 배지를 달고 졸업식에 등장하셨고 이를 본 아들이 죄송스러운 마음에 울먹였다.

08 욕구조사와 평가조사

129	130	131	132
②	④	②	⑤

129 정답 ②
출제포인트: 초점 집단(focus group) 조사

익명의 전문가들을 패널로 활용하는 것은 델파이기법이다.

➕기출개념 더 알아보기
초점 집단(focus group) 조사의 특징
- 소수, 대표, 주요 인원들을 대상으로 실시
- 심층 면접이라고도 하며 심도 깊은 자료수집 가능
- 시간, 경비 등 절감(효율성 증대)
- 집단 활용
- 직접적인 자료 수집 방법
- 소수 인원에 대한 의사결정 왜곡 발생 가능

130 정답 ④
출제포인트: 델파이기법의 특징

델파이기법은 익명을 기반으로 한다. 이외 델파이기법의 특징은 다음과 같다.
- 전문가 집단의 의사결정 강조
- 우편조사 형식을 활용
- 만장일치 선호, 의견 미일치 시 피로도 증가로 탈락자 발생
- 연구자의 의견 조작 가능(편향성)

131 정답 ②
출제포인트: 델파이기법의 특징

무기명으로 진행되기 때문에 참여자들의 책임성이 떨어질 수 있다(후광효과 방지).

132 정답 ⑤
출제포인트: 평가연구의 특징

평가연구에서 과학적 객관성은 저해되어서는 안 된다. 이에 의뢰기관의 요구를 수용하되 신빙성, 타당도에 영향을 줄 수 있는 조작 및 조정은 지양해야 한다.

오답분석
④ 프로그램의 실행과정도 형성평가, 과정평가 등으로 평가 가능하다.

09 질적연구

133	134	135	136	137
④	④	④	⑤	③
138	139	140	141	142
③	⑤	③	①	③
143	144			
⑤	②			

133 정답 ④
출제포인트 질적조사의 특징

일반화 가능성이 양적조사보다 낮다.

참고
대표적으로 근거이론(현장이론, 현실기반이론), 문화기술지, 현상학, 내러티브 연구 등이 질적연구에 해당된다.

134 정답 ④
출제포인트 질적연구의 특징

질적연구는 다른 연구자들에 의한 재연이 제한적이다. 이는 연구자 각 개인의 연구주제, 연구방법, 연구과정들의 차이가 있기 때문이다. 반면 재연(재현)이 용이한 것은 양적연구인데 표준화된 도구, 과정을 통해 동일한 결과를 얻기 때문이다(반복성, 재현성).

135 정답 ④
출제포인트 질적연구의 엄격성

오답분석
ㄴ. 표준화된 척도를 포함한 비표준화된 척도도 사용한다.

+ 기출개념 더 알아보기

질적조사의 엄격성
- 질적조사의 일반화, 객관화의 한계를 극복하고자 대두
- 단기간보다 장기간 관찰 실시
- 긍정적 사례보다 예외, 부정적 사례 포함
- 획일화, 표준화보다 다양 및 다각화

136 정답 ⑤
출제포인트 질적연구의 특징

오답분석
①, ②, ③, ④ 모두 양적연구에 대한 설명이다.

+ 기출개념 더 알아보기

질적연구의 특징
- 변수, 상황, 대상 등을 전부 포함하여 분석이 이루어지는 것
- 해석주의, 현상학 이론 등을 견지
- 인간행동의 주관적 경험 및 고유성, 다양성 중시
- 모집단의 대표 표본을 추출하는 것이 제한적

137 정답 ③
출제포인트 질적조사연구의 유형

솔로몬설계연구는 순수실험설계 유형 가운데 하나이다.

138 정답 ③
출제포인트 질적연구의 유형

사회지표조사는 통계학적 양적연구방법에 해당한다.

139 정답 ⑤
출제포인트 참여행동연구의 특징

꽈배기문제 #질적연구 #사례제시
질적연구는 최근에는 본 문제처럼 사례 제시형으로 출제되고 있으니, 면밀하게 파악하고 이해하도록 해요.

제시된 사례에서 연구대상자는 자신의 문제를 스스로 정의하고 이를 해결하기 위해 주도적으로 역할을 수행한다. 이는 참여행동연구에 해당하며 사회변화와 임파워먼트에 초점을 둔다.

오답분석
① 개방코딩-축코딩-선택코딩의 방법을 활용하는 것은 근거이론연구이다.
② 범죄피해와 정신건강을 설명하는 이론 개발에 초점을 두는 것은 근거이론연구이다.
③ 단일사례에 대한 깊이 있는 분석에 초점을 두는 것은 단일사례연구이다.
④ 관찰대상의 개인적 설화(narrative)를 만드는 것에 초점을 두는 것은 내러티브연구이다.

140 정답 ③

출제포인트 질적연구 유형

서베이(survey, 설문)연구는 대표적인 양적연구 유형이다.

141 정답 ①

출제포인트 질적조사의 자료수집

오답분석
② 연구자는 자료수집과정에서 상호작용한다.
③ 완전관찰자로서의 연구자는 자신의 신분, 연구 목적 및 방법 등을 노출하지 않는다.
④ 가설설정이 자료수집을 위한 필수적 요건인 것은 양적조사이다.
⑤ 표준화된 측정도구를 갖추어야 자료수집이 가능한 것은 양적조사이다.

142 정답 ③

출제포인트 축코딩

제시된 사례에서 설명하는 근거이론의 분석방법은 축코딩에 해당한다.

+ 기출개념 더 알아보기

근거이론 분석방법

개방코딩	데이터(자료)를 세분화하여 주제, 패턴 등을 발견하는 과정
축코딩	개방코딩한 것을 연결, 맞추는 과정(구체화 과정)
선택코딩	축코딩한 것을 특정화, 이론화시키는 과정

143 정답 ⑤

출제포인트 축코딩

발견된 범주를 가지고 중심 현상을 중심으로 인과적 조건을 형성하는 것은 축코딩이다.

암기 TIP 사막에 O·AXI·S(오아시스)가 있다는 근거이론은? → Open coding(개방코딩) – Axial coding(축코딩) – Selective coding(선택코딩)

오답분석
① 추상화시킨 구절에 번호 부여: 개방코딩
② 개념으로 도출된 내용을 가지고 하위 범주를 만드는 것: 개방코딩
③ 발견된 범주의 속성과 차원을 고려하여 유형화 시도: 선택코딩
④ 이론개발을 위해 핵심 범주를 중심으로 다른 범주와의 통합과 정교화를 만드는 과정: 선택코딩

144 정답 ②

출제포인트 질적연구 표집유형

체계적(systematic) 표집은 양적조사 표집 유형 가운데 확률적 표집방법에 속한다.

+ 기출개념 더 알아보기

질적연구 표집유형

기준 표집	연구자가 연구하고자 하는 초점에 맞추어 사전 결정한 기준을 충족시키는 사례 등을 선정하는 것(민속지학, 현상학에서 주로 사용)
판단 표집	특수한 목적에 부합되는 사례들을 추출하는 것
결정적 사례 표집	아주 극단적인 요점을 제공해 주는 사례를 통해 비슷한 결과가 도출될 것이라 예상하여 선정하는 것
극단적 사례 표집	연구자가 알고 있는 사례와 전혀 다른 극단적 사례들만 선정하는 것
최대 변이 표집	작은 표본 내에 다양한 속성을 가진 사례들을 골고루 확보하기 위한 표집 형태(집단의 핵심적 경험, 양상 파악 시 이점)

영역별 기출문제 3영역 사회복지실천론

> 🍪 **꽈배기 문제** 는 빈출 개념에 대해 혼동을 유발하거나 오답을 유도하는 선지가 출제된 문제입니다. 꽈배기 문제까지 맞힌다면 해당 영역은 합격 안정권 점수를 받을 수 있습니다.

01 사회복지실천의 개념 및 정의

001	002	003	004	005
⑤	①	④	③	⑤
006	007	008		
④	①	②		

001 정답 ⑤
출제포인트 사회복지실천의 이념적 배경

> 🍪 **꽈배기 문제** #사회복지의 이념 #매년 출제 #개념숙지필수
> 사회복지의 이념은 매년 1~2문제가 출제되고 있으므로 유형 및 개념을 꼭 숙지해야 해요.

ㄱ~ㄹ. 모두 사회복지실천의 이념적 배경에 해당한다.
ㄱ. <u>인도주의</u>: 만민평등의 사상으로 차별 없이 인간의 존엄성, 생명보호를 강조하는 것
ㄴ. <u>민주주의</u>: 스스로 결정하는 자기 결정권을 의미하며 억압, 탄압받지 않는 것을 강조함
ㄷ. <u>개인주의</u>: 개인의 권리와 의무를 강조하고 최소한의 수혜 자격과 연관 있음
ㄹ. <u>문화 다양성</u>: 급변하는 시대에 다양한 각 계층을 포용, 수용하고 이는 통합적 접근을 하되 클라이언트의 문제들은 개별화시켜야 한다는 것

002 정답 ①
출제포인트 개인주의 특성

ㄱ. <u>개별화</u>: 클라이언트의 고유성을 강조하며 그들의 문제는 개별적으로 접근해야 함
ㄴ. <u>개인의 권리와 의무 강조</u>: 개인주의를 기반으로 하며 스스로 선택할 수 있음을 강조
ㄷ. <u>최소한의 수혜자격 원칙</u>: 스스로 선택한 사항에 대해서는 개인의 자유를 존중하며, 공공의 개입 불간섭을 강조한다.

오답분석
ㄹ. 사회적 책임 중시는 <u>사회주의(평등주의)</u>와 연관된다.

003 정답 ④
출제포인트 사회진화론

사회복지실천의 사회통제적 측면과 관련성이 가장 높은 이념은 <u>사회진화론</u>이다. 사회진화론의 특징은 다음과 같다.
- 다윈의 진화론을 인간 사회에 적용시킴(H. Spencer)
- 환경에 적응한 개체만 살아남는다는 <u>적자생존 원리</u> 강조
- <u>사회의 제도(정치, 문화, 종교)에 적응 또는 순응</u> 원리

004 정답 ③
출제포인트 사회복지실천의 이념적 배경: 인도주의, 박애사상

오답분석
ㄴ. 수혜자격의 축소: 인도주의 및 박애사상보다 <u>개인주의</u>와 연관이 높다.

005 정답 ⑤
출제포인트 사회복지실천의 목적과 기능

사회복지실천은 <u>개인이 조직 및 환경에 적응하도록 원조</u>한다. 이외 사회복지실천의 목적과 기능은 다음과 같다.
- 사회정의 실현
- 클라이언트 삶의 질 향상
- 클라이언트의 잠재역량 개발
- 클라이언트와 사회복지사 또는 환경 간의 상호작용
- 개인의 역기능 원조
- 문제해결 능력 배양 및 대처 능력 향상

반면 조직에 순응하도록 하는 것은 사회진화론에 가깝다.

006 정답 ④
출제포인트 사회복지 전문직

오답분석
ㄹ. 타 분야 전문가와의 협업을 위해 <u>고유한 정체성의 발전도 포함시켜야 한다.</u>

007   정답 ①
출제포인트   전문직 속성의 윤리강령

주어진 내용은 윤리강령에 해당하는 내용이다.

+ 기출개념 더 알아보기

사회복지사 윤리강령
- 자기규제를 통해 클라이언트를 보호한다.
- 사회복지 전문직으로서 전문성을 확보하고 외부통제로부터 전문직을 보호한다.
- 일반대중에게 전문가로서의 사회복지 기본업무 및 자세를 알리는 일차적 수단으로 기능한다.
- 선언적 선서를 통해 사회복지 전문가들의 윤리적 민감성을 고양시키고 윤리적으로 무장시킨다.

008   정답 ②
출제포인트   거시 수준의 사회복지실천

부모와 자녀의 관계증진을 위한 소집단프로그램을 진행하는 것은 미시 수준의 사회복지실천에 관한 내용이다.

02 사회복지실천의 윤리

009	010	011	012	013
⑤	②	④	④	⑤
014	015	016	017	018
①	③	②	⑤	⑤
019	020	021	022	023
④	④	④	②	①
024	025			
⑤	②			

009   정답 ⑤
출제포인트   인권의 특성

#인권의 특성 #인권의 유형 #자주 출제 #암기 필수
최근에 인권의 특성, 유형 등이 선지로 자주 출제되니 꼭 암기하세요.

ㄱ. 모든 인간에게 해당되는 보편적인 권리이다. (천부적 권리)
ㄴ. 개인, 집단, 국가가 상호 간에 책임을 동반하는 권리이다. (연대책임)
ㄷ. 사회적 약자를 위하여 지켜지고 확보되어야 하는 권리이다. (사회적 약자를 위한 권리)
ㄹ. 법이 보장하고 있지 않다 해도 인간의 존엄성 보장에 필요한 권리이다. (인간의 존엄성)

인권은 보편성, 천부성(양도불가성), 불가분성, 상호의존성을 바탕으로 하며 이는 아래와 같은 특징이 있다.
- 모든 인간에게 해당되는 보편적인 권리
- 개인, 집단, 국가가 상호 간에 책임을 동반하는 권리
- 사회적 약자를 위하여 지켜지고 확보되어야 하는 권리
- 법이 보장하고 있지 않다 해도 인간의 존엄성 보장에 필요한 권리

010   정답 ②
출제포인트   인권의 특징

- 불가양성: 다른 사람에게 양도할 수 없다는 의미
- 불가분성: 그 어떤 것과도 나눌 수 없다는 의미

011   정답 ④
출제포인트   레비의 사회복지전문직의 가치

동등한 사회 참여 기회 제공은 결과우선가치에 해당된다.

+ 기출개념 더 알아보기

레비의 사회복지전문직의 가치

구분	내용	예시
수단우선 가치	사회복지 서비스를 수행하는 그 방법, 도구, 수단에 대한 가치	윤리성, 도덕성 및 비심판적 태도와 연관, 클라이언트의 자기 결정권 강조
결과우선 가치	사회복지 서비스 제공 후 그 결과에 대한 가치	개인의 성장 및 기회 강조, 긍정적 기대, 건설적 변화, 사회적 기여 및 참여 등
사람우선 가치	사회복지 서비스가 제공되는 클라이언트에 대한 가치	인간의 존엄성, 생명보호, 수용, 개별성, 욕구 충족 등

012   정답 ④
출제포인트   인권의 특성

보편성은 자기의 인권은 자기만이 소유할 수 있다는 의미가 아닌 인종, 지역, 종교, 소득, 성별 등을 막론하고 인간이라면 누구나 가지는 것을 의미한다.

013 정답 ⑤
출제포인트 인권의 유형

구속 및 인신매매로부터의 보호를 의미하는 것은 자유권에 더 가깝다.

> 참고
> 구속(拘束): 개인의 행동, 자유로운 의사 표현 등을 속박함

014 정답 ①
출제포인트 사회복지사 윤리강령

 #개정 윤리강령 #해당 영역 찾기
개정된 윤리강령을 바탕으로 해당 윤리강령이 어느 영역에 해당되는지를 묻는 형태로 꼭 출제되고 있으니 대비해야 해요.

오답분석
ㄷ. 윤리강령은 윤리적 갈등이 생겼을 때 윤리적 제재의 근거를 제공함
ㄹ. 사회복지사는 국가자격이지만 사회복지사 윤리강령은 한국사회복지사협회에서 채택함

015 정답 ③
출제포인트 사회에 대한 윤리기준

주어진 내용은 사회복지사의 사회에 대한 윤리기준에 해당한다.

＋기출개념 더 알아보기

사회복지사의 사회에 대한 윤리기준
- 사회복지사는 자신이 일하는 지역사회를 이해하고, 클라이언트가 지역사회에서 서로 도우며 함께 살아가도록 지원해야 한다.
- 사회복지사는 정치적 영역이 클라이언트의 권익과 사회복지 실천에 미치는 영향을 인식하여 사회정의 실현을 위한 사회정책의 수립과 법령 제·개정을 지원·옹호해야 한다.
- 사회복지사는 사회재난과 국가 위급 상황에서 문제를 해결하기 위해 적극적으로 활동해야 한다.
- 사회복지사는 지역사회, 국가, 나아가 전 세계와 그 구성원의 복지 증진, 삶의 질 향상을 위해 적극적으로 노력해야 한다.
- 사회복지사는 인간과 자연이 서로 떨어져 살 수 없음을 깨닫고, 인간과 자연환경, 생명 등 생태에 미칠 영향을 생각하며 실천해야 한다.

016 정답 ②
출제포인트 클라이언트에 대한 윤리기준

제시된 내용은 사회복지사의 클라이언트에 대한 윤리기준에 대한 내용이다. 그중 동료의 클라이언트와의 관계를 다룬 내용으로 직업적 경계 유지에 해당한다.

＋기출개념 더 알아보기

클라이언트에 대한 윤리기준: 직업적 경계 유지
- 사회복지사는 클라이언트와의 전문적 관계를 자신의 개인적 이익을 위해 이용해서는 안 된다.
- 사회복지사는 업무 외의 목적으로 정보통신기술을 사용해 클라이언트와 의사소통을 해서는 안 된다.
- 사회복지사는 어떠한 상황에서도 클라이언트와 사적 금전 거래, 성적 관계 등 부적절한 행동을 해서는 안 된다.
- 동료의 클라이언트를 의뢰받을 때는 기관 및 슈퍼바이저와 논의하는 과정을 거쳐야 하며, 클라이언트에게 설명하고 동의를 얻은 후 서비스를 제공한다.
- 사회복지사는 정보처리기술을 이용하는 것이 클라이언트의 권리를 침해할 위험성이 있다는 사실을 인식하고 직업적 범위 안에서 활용한다.

017 정답 ⑤
출제포인트 사회복지 윤리강령의 기능

ㄱ~ㄹ. 모두 윤리강령의 기능에 해당한다. 이외 사회복지 윤리강령의 기능은 다음과 같다.
- 사회복지 서비스의 질 제고
- 사회복지사의 전문직 자세, 태도, 행동의 지침 제공
- 클라이언트와의 신뢰관계 구축 역할
- 윤리적 딜레마 상황에 기준 제시

018 정답 ⑤
출제포인트 클라이언트에 대한 윤리기준

이해 충돌에 대한 대처는 기본적 윤리기준에 해당된다.

＋기출개념 더 알아보기

클라이언트에 대한 윤리기준
- 클라이언트의 권익옹호
- 클라이언트의 자기 결정권 존중
- 클라이언트의 사생활 보호 및 비밀 보장
- 정보에 입각한 동의
- 기록·정보 관리
- 직업적 경계 유지
- 서비스의 종결

019 정답 ④
출제포인트 클라이언트에 대한 윤리기준

인간의 존엄성 존중은 기본적 윤리기준 가운데 전문가로서의 자세에 해당된다.

020 정답 ④
출제포인트 의무상충의 딜레마

클라이언트의 이익(의무)과 사회복지사가 소속된 사회복지기관의 이익(의무)이 상충 시 이는 윤리적 딜레마가 아닌 의무 상충 딜레마에 해당된다.

021 정답 ④
출제포인트 윤리적 딜레마 상황

오답분석
ㄹ. 기관에 대한 의무와 클라이언트에 대한 의무의 상충은 의무 상충 딜레마에 해당된다.

022 정답 ②
출제포인트 의무상충의 딜레마

클라이언트의 이익과 소속기관의 이익이 상충될 경우는 윤리적 갈등이 아닌 의무상충에 해당된다.

023 정답 ①
출제포인트 로웬버그와 돌고프의 윤리적 원칙 심사표

도움을 요청해 온 클라이언트의 의사를 존중해 주는 것은 클라이언트가 스스로(자율적) 결정한 사항이기에 로웬버그와 돌고프의 윤리원칙 중 자율성과 자유에 해당된다.

024 정답 ⑤
출제포인트 클라이언트의 자기 결정권

서비스 제공 시 클라이언트의 의사를 존중해주는 것은 클라이언트의 자기 결정권에 대한 내용이다. 클라이언트의 자기 결정권에 대한 특징은 다음과 같다.

- 민주주의 원리에 기반
- 문제에 대한 해결방안 결정은 사회복지사가 아닌 클라이언트가 최종적으로 함

참고 자기결정과 자율성과의 차이점은 사회복지사가 어떤 서비스를 제공받을 것인가에서 클라이언트의 결정을 존중하는 것은 자기결정이며, 서비스 의뢰를 타인보다 스스로 결정하는 것은 자율성(자유)에 해당된다.

025 정답 ②
출제포인트 로웬버그와 돌고프의 윤리적 원칙

주어진 사례는 최소 손실(최소 해악)의 원칙에 대한 내용이다. 이외에 로웬버그와 돌고프의 윤리적 원칙에는 다음과 같은 원칙들이 해당된다.
- 생명 보호(인간의 존엄성)의 원칙
- 평등 및 불평등의 원칙
- 자율 및 자유의 원칙
- 클라이언의 삶의 질 향상의 원칙
- 비밀보장(사생활보호)의 원칙
- 완전 개방(정보공개, 진실성, 성실)의 원칙

03 사회복지실천의 발달

026	027	028	029	030
⑤	⑤	①	③	③
031	032	033		
①	④	③		

026 정답 ⑤
출제포인트 전문적 사회복지실천의 발달

제시된 내용은 통합적 사회복지실천 접근의 등장에 대한 설명으로, 1950년대의 사회복지실천의 역사를 묻는 문항이다.

오답분석
① 리치몬드(M. Richmond)의 ≪사회진단≫ 출간 – 진단주의 등장 – 기능주의 등장
② 한국 「사회복지사업법」은 1970년에 제정되어 시기상 1950년대 이후에 해당한다.
③ 리치몬드의 ≪사회진단≫ 출간 – 일반주의 실천의 확대 – 한국 「사회복지사업법」 제정
④ 플렉스너(A. Flexner)의 사회복지직 전문성 비판 – 사회복지실천 3대 방법론으로 분화 – 기능주의 등장

027 정답 ⑤
출제포인트 전문적 사회복지실천의 특징

전문직으로서의 사회복지실천이 시작된 시기는 1900년대~1920년대 무렵이며, 전통적 방법론의 한계로 인하여 통합적 방법론이 등장한 것은 펄만(Perlman) 이후(1950년대 이후)이다.

028 정답 ①
출제포인트 자선조직협회(COS)의 특징

 #자선조직협회 #인보관 #비교 #빈출 #숙지필수
자선조직협회와 인보관의 비교 내용이 자주 출제되니 반드시 숙지해 두어야 해요.

오답분석
②~⑤ 모두 인보관에 대한 설명이다.

+ 기출개념 더 알아보기

자선조직협회(COS)의 특징
- 청교도(영국 성공회) 사상을 기반으로 함
- 민간 사회복지기관의 활동을 체계적으로 조정하기 위해 등장함
- 적자생존에 기반한 사회진화론을 구빈의 이론적 기반으로 함
- 과학적이고 적절한 자선활동을 수행하기 위해 클라이언트 등록체계를 실시함
- 개별사회사업의 초석
- 빈민 지원 시 중복과 누락을 방지(사례관리 강조)
- 지역사회조직사업에 영향을 줌
- 영국의 로이드 조지 수상의 의회 대토론에서 다수파에 해당(소수파는 인보관)
- 우애방문단 활용

인보관(settlement house)의 특징
- 진보주의(급진주의, 사회주의)를 기반으로 함
- 빈곤의 원인을 개인의 도덕 문제가 아니라 산업화의 결과로 봄
- 연구 및 조사를 통하여 사회제도 개혁
- 빈민 지역의 주민들을 이웃으로 생각하여 함께 생활
- 집단 및 지역사회복지운동에 영향을 줌
- 집단사회사업의 초석
- 영국의 로이드 조지 수상의 의회 대토론에서 소수파에 해당

029 정답 ③
출제포인트 자선조직협회(COS)의 특징

빈민지역에 거주하며 지역사회 문제에 대한 집합적이고 개혁적인 해결을 강조한 것은 인보관(settlement house)이다.

030 정답 ③
출제포인트 진단주의와 기능주의 비교

오답분석
ㄴ. 개인에 대한 심리 내적 진단은 진단주의에 해당되는 개념이다.

+ 기출개념 더 알아보기

진단주의와 기능주의 비교

구분	진단주의	기능주의
대상	인간(person)	환경(environment)
초점	병리적 문제	기능적 문제
목표	치료	원조, 적응
과정	클라이언트의 과거 경험 중심	클라이언트의 현재 환경 중심
표적	성격	의지
사회복지사 역할	치료자, 전문가	원조자, 조력자
대표적 학자	리치몬드	랭크

031 정답 ①
출제포인트 한국 사회복지실천의 역사적 흐름

#연대별 역사적 흐름 #암기필수
사회복지법제론처럼 연대별 역사적 흐름을 묻는 형태가 나오니 꼭 중요사항을 암기하세요!

ㄱ. 대학교에서 사회복지 전문 인력의 양성교육을 시작하였다(1947년).
ㄴ. 「사회복지사업법」에 따라 사회복지사 명칭을 사용하기 시작하였다(1983년).
ㄷ. 사회복지전문요원(이후 전담공무원)을 행정기관에 배치하기 시작하였다(1987년).
ㄹ. 「정신건강증진 및 정신질환자 복지서비스 지원에 관한 법률」에 따라 정신건강사회복지사 명칭을 사용하기 시작하였다(2017년).

따라서 한국 사회복지실천의 역사적 발달과정을 순서대로 나열하면 'ㄱ-ㄴ-ㄷ-ㄹ'이다.

032 정답 ④
출제포인트 사회복지실천의 역사적 발달과정

ㄱ. 밀포드(Milford) 회의에서 사회복지실천의 공통요소 발표(1929년)
ㄴ. 「사회복지사업법」에 따라 국내에서 사회복지사 명칭을 사용

하기 시작(1983년)
ㄷ. 태화여자관 설립(1921년)
ㄹ. 사회복지전문요원이 국내 행정기관에 배치(1987년)
따라서 사회복지실천의 역사적 발달과정을 순서대로 나열하면
'ㄷ – ㄱ – ㄴ – ㄹ'이다.

033 정답 ③

출제포인트 1960년대와 1970년대 외국 원조 단체 활동

지역사회 중심보다 시설 중심의 사회복지가 발전하는 계기를 만들었다.

04 사회복지실천현장과 사회복지사의 역할

034	035	036	037	038
⑤	②	④	②	①
039	040	041	042	
⑤	③	③	①	

034 정답 ⑤

출제포인트 사회복지실천현장의 구분

오답분석
① 지역아동센터(이용시설) – 사회복지협의회(간접서비스) – 주민센터(공공기관)
② 장애인복지관(이용시설) – 주민센터(공공기관, 직접서비스) – 지역사회보장협의체(민관협력기관)
③ 청소년쉼터(생활시설) – 사회복지관(민간기관, 직·간접서비스) – 사회복지공동모금회(민간기관)
④ 사회복지관(이용시설) – 노인보호전문기관(민간기관, 직·간접서비스) – 성폭력피해상담소(민간기관)

035 정답 ②

출제포인트 사회복지실천현장의 구분

파배기문제 #사회복지실천현장 #유형 #빈출 #암기필수
사회복지실천현장은 그 유형을 묻는 형태가 반드시 출제되니 암기를 해야 해요.

- 1차 현장: 사회복지가 주업무인 곳
- 2차 현장: 사회복지가 보조업무인 곳

교정시설은 교정업무가 주업무이고 사회복지가 보조업무이므로 2차 현장에 해당된다.

오답분석
④ 지역아동센터: 최초에는 방과 후 교실(교육)을 중점으로 하는 2차 현장이었지만 최근 법률 개정으로 돌봄 사업이 우선으로 되어 1차 현장으로 편성됨

+ 기출개념 더 알아보기

1차 현장과 2차 현장

1차 현장	클라이언트가 필요로 하는 사회복지서비스의 제공을 주로 담당하는 기관으로 사회복지사들이 중심이 되어 활동하는 실천현장
2차 현장	전문적으로 사회복지실천을 수행하기 위해 설립된 기관은 아니지만 필요한 경우 부분적으로 사회복지실천의 활동이 이루어지는 실천현장

036 정답 ④

출제포인트 이용시설과 생활시설의 구분

노인보호전문기관은 이용시설에 포함된다.

+ 기출개념 더 알아보기

이용시설과 생활시설의 구분

이용시설	일정 시간에만 서비스를 제공하는 곳
생활시설	숙식, 숙박 등을 하면서 종일 서비스를 제공하는 곳

037 정답 ②

출제포인트 생활시설과 이용시설의 비교

아동보호치료시설은 생활시설에 속한다.

038 정답 ①

출제포인트 사회복지실천현장의 구분

오답분석
② 행정복지센터 – 2차 현장, 이용시설
③ 노인요양공동생활가정 – 2차 현장, 생활시설
④ 아동보호전문기관 – 1차 현장, 이용시설
⑤ 지역자활센터 – 1차 현장, 이용시설

039 정답 ⑤

출제포인트 사회복지사의 역할

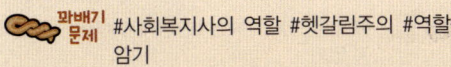
#사회복지사의 역할 #헷갈림주의 #역할구분 암기
사회복지사의 역할은 은근히 혼동되니 계획가, 안내자, 중개자, 중재자 등의 각 역할을 제대로 정립하여 암기해야 해요.

조직이나 집단의 갈등을 해결(중립적 입장)하는 것은 중재자의 역할에 해당한다. 반면 중개자는 자원의 연결, 소개, 알선하는 역할을 한다. 이외에도 협상가는 클라이언트편에서 갈등을 중재, 해결하는 역할을 수행한다.

040 정답 ③

출제포인트 사회복지사의 옹호 활동

사회복지사가 클라이언트 집단의 대표로 나서서 협상을 주도하는 역할은 협상가이다.

+ 기출개념 더 알아보기

사회복지사의 옹호 활동

- 클라이언트에 대해 법률적 대변 역할
- 클라이언트의 억울함에 대한 법적, 윤리적 변호 역할
- 클라이언트가 어눌하고 언변이 부족할 경우 대신 달변가로서의 역할
- 클라이언트가 법적 권한이 있음에도 인지하지 못할 시 절차적으로 획득하게 해주는 역할
- 사회적 약자들에 대한 부조리, 불평등한 상황을 극복하게 도움을 주는 역할

041 정답 ③

출제포인트 사회복지사의 중재자 역할

중재자(mediator): 중립적인 입장에서 좌우로 치우치지 않고 문제, 갈등, 역기능 대상자들을 상대로 문제해결, 갈등 해소, 긴장 완화 등의 역할을 수행하는 것

참고
중재자(mediator)의 뜻은 중간(medium)에 있는 자(~tor)란 의미이며, 중개자(broker)와 혼동하면 안 됨

042 정답 ①

출제포인트 사회복지사의 역할

오답분석
② 중개자(broker): 자원의 연결, 소개, 알선
③ 중재자(mediator): 조직이나 집단의 갈등 해결(중립적 입장)
④ 조력자(enabler): 클라이언트 잠재 역량을 극대화시켜 스스로 문제를 해결하게 하는 역할
⑤ 교육자(educator): 강의, 훈련, 프로그램 진행 등으로 가르치는 역할

05 사회복지의 통합적 실천의 이해

043	044	045	046	047
④	④	①	①, ⑤	②
048	049	050	051	052
②	⑤	②	④	④
053	054	055	056	057
③	①	③	④	④
058	059	060	061	062
④	③	②	⑤	②
063	064	065	066	
⑤	③	⑤	①	

043 정답 ④

출제포인트 강점관점의 특징

#병리관점 #강점관점 #비교 #헷갈림주의
병리관점과 강점관점은 단골로 출제되는데 특히 2개를 비교하여 지문으로 제시되니 헷갈리지 않도록 개념을 정확히 암기해야 해요.

오답분석
① 클라이언트의 문제에 초점을 두는 것은 병리관점이다.
② 사회복지사를 클라이언트 삶의 전문가(치료자)라고 하는 것은 병리관점이다.
③ 변화를 위한 자원이 전문가(치료자)의 지식과 기술이라고 하는 것은 병리관점이다.
⑤ 강점을 용기와 낙관주의 같은 개인 내적인 요소로 한정하는 것은 병리관점이다.

044 정답 ④
출제포인트 | 강점관점의 특징

사회복지사가 클라이언트의 진술에 대해 회의적이기 때문에 재해석하여 진단에 활용하는 개념은 병리관점이다.

045 정답 ①
출제포인트 | 강점관점의 특징

오답분석
- ㄴ. 클라이언트의 능력보다 전문가의 지식이 우선시되는 것은 병리관점이다.
- ㄷ. 사회복지사가 클라이언트의 진술을 긍정적으로 재해석하여 활용하는 것은 병리관점이다.
- ㄹ. 현재 강점을 갖게 된 어린 시절의 원인 사건에 치료의 초점을 맞추는 것은 병리관점이다.

046 정답 ①, ⑤
출제포인트 | 다문화사회복지실천의 주요 내용

오답분석
② 다문화사회복지실천에서 기술과 지식은 모두 중요하다.
③ 다문화주의는 사회통합을 위해 소수자의 동화보다 적응, 상호교류를 유도한다.
④ 다문화사회복지실천은 클라이언트의 차이점을 고려하는 가치 지향적 실천이다.

※ 출제오류로 복수정답 처리됨

047 정답 ②
출제포인트 | 다문화사회복지실천의 핵심

주류문화에 대한 교류주의적 실천을 지향한다. 이외 다문화사회복지실천에서 요구되는 문화적 역량은 다음과 같다.
- 편견을 배제한 수용 자세
- 문화적 상대주의 고수(상대의 문화를 이해하고 포용하는 것)
- 주류문화에 대한 적응, 교류주의적 실천 지향
- 다양한 문화에 대한 인정, 존중, 배려 중심

048 정답 ②
출제포인트 | 통합적 접근의 특징

파배기 문제 #통합적 접근 #특징 #등장배경 #개념 #헷갈리지 말기
통합적 접근의 특징, 등장배경, 개념 등을 묻는 형태로 주로 출제되니 헷갈리지 않도록 개념을 정확히 암기해야 해요.

클라이언트의 자기결정을 최소화하는 것은 진단주의적 접근방식이다.

049 정답 ⑤
출제포인트 | 통합적 접근의 특징

서비스 영역별로 분화되고 전문화된 접근은 병리적 관점인 진단주의 접근방식이다.

050 정답 ②
출제포인트 | 통합적 접근방법의 등장배경

오답분석
ㄷ. 전통적 방법이 복잡한 문제에 세부적, 부분적, 전문화로 개입하여 포괄성, 다양성이 부족하였다.

051 정답 ④
출제포인트 | 통합적 접근방법

상상력이 아닌 이론에 근거를 둔 해결방법을 지향한다.

➕ 기출개념 | 더 알아보기

통합적 접근방법의 특징
- 진단주의와 기능주의 결합
- 병리적 관점과 강점관점의 포괄
- 개인과 환경의 이중초점
- 일반체계, 사회체계, 생태체계이론을 기반
- 단선적 관계보다 순환적 관계 강조
- 일방적보다 상호 교류 관계의 확대

052 정답 ④
출제포인트 통합적 접근방법

통합적 접근방법은 전통적 접근방법인 개별사회사업과 집단사회사업을 지역사회조직으로 단선적, 획일적으로 통합하는 것이 아닌 대상, 상황, 문제 등에 부합되게 적용해야 된다고 보았다.

053 정답 ③
출제포인트 체계이론의 특징

문제현상에 대한 분석틀과 구체적 개입방법은 제시하지 않았다(대상, 상황, 문제 등을 그때마다 부합되게 적용함을 강조함).

054 정답 ①
출제포인트 브론펜브레너의 생태체계

오답분석
② 중간체계: 미시체계 간의 관계(부-모의 관계, 형-제의 관계, 자-매의 관계, 상사-부하의 관계, 친구-친구의 관계 등)
③ 브론펜브레너의 생태체계 중 내부체계는 없음
④ 외부체계: 미시체계의 미시체계(부모의 직장, 부모의 실직, 가정의 빈곤, 주거환경, 공공기관 등)
⑤ 거시체계: 사회적, 문화적, 정치적, 종교적, 예술적 제도 등

055 정답 ③
출제포인트 일반체계이론: 체계의 작용 과정

일반체계이론에서 체계의 작용 과정은 '투입(ㄱ) - 전환(ㄹ) - 산출(ㄴ) - 환류(ㄷ)'이다.

+ 기출개념 더 알아보기

일반체계이론: 체계의 작용 과정

1단계	투입	환경의 에너지, 자원, 정보 등을 수용하는 것
2단계	전환(활동)	투입한 것을 체계 내에서 처리하는 것
3단계	산출	전환(활동)의 직접적 결과물
4단계	환류(성과, 영향)	최초의 목적 달성 여부 확인, 타 체계와 기능적 교류

056 정답 ④
출제포인트 생태체계이론의 주요 개념: 적합성

적합성에 대한 설명이다.

오답분석
① 경계: 체계와 체계를 구분하는 보이지 않는 선(line)
② 엔트로피: 외부의 에너지가 유입되지 않아 불용한 에너지가 증가하여 혼란스러운 상태
③ 상호교류: 인간과 환경 사이의 역동적인 상호작용
⑤ 대처: 환경 문제에 적응하고자 노력하는 것

057 정답 ④
출제포인트 임파워먼트모델의 특징

오답분석
ㄹ. 모델의 이념적 근원은 인보관 운동이다.

+ 기출개념 더 알아보기

레이놀즈(B. Reynolds)

미국의 사회주의 노동운동가로, 프랭클린 루즈벨트 대통령과 대선에서 격돌하였으며 압도적인 표차로 패배, 급진적인 사회주의식 제도개혁을 주장하였다. 후에 케인즈, 베버리지에게 영향을 미쳤다.

058 정답 ④
출제포인트 임파워먼트모델의 특징

클라이언트의 문제와 부적응의 개입에 초점을 맞추는 것은 병리적 관점으로 정신역동모델에 가깝다.

059 정답 ③
출제포인트 임파워먼트모델의 실천 단계

꽈배기 문제 #임파워먼트모델 #각 단계별 과업사항 #빈출 #암기 필수

임파워먼트모델은 각 과정(단계)별 주요 과업 사항을 묻는 형태가 자주 출제되고 있으니 꼭 암기를 해야 해요.

대화단계에서 실천해야 할 과정은 방향 설정(ㄱ), 파트너십 형성(ㅁ), 현재 상황의 명확화(ㅂ)이다.

➕ 기출개념 더 알아보기

임파워먼트모델의 실천단계

대화단계	• 방향 설정 • 파트너십 형성 • 현재 상황 파악
발견단계	• 강점 확인 • 해결책 고안(모색) • 자원역량 분석(사정)
발전(발달)단계	• 성과 집대성(확인) • 기회 집대성(확인) • 자원 집대성(확인)

060 정답 ②
출제포인트 펄만의 4P

펄만의 사회복지실천의 구성요소는 다음과 같다.
• 사람(person) – 문제를 가진 자
• 문제(problem) – 해결하고자 하는 문제나 욕구
• 장소(place) – 문제해결을 위한 서비스가 제공되는 물리적 공간
• 원조(process) – 문제해결을 위해 개입하는 과정, 방법

061 정답 ⑤
출제포인트 콤튼과 갤러웨이의 6체계 모형

사회복지사협회 등 전문가나 전문가단체가 해당되는 체계는 전문체계(전문가체계)이다.

➕ 기출개념 더 알아보기

콤튼과 갤러웨이의 6체계 모형

표적체계	문제를 내포하고 있는 자, 변화의 대상자
클라이언트체계	의뢰를 요청한 자
변화매개체계	사회복지사, 사회복지기관
행동체계	변화매개 체계와 함께 표적체계에 대해 영향을 주는 사람(들)
전문체계 (전문가체계)	전문가, 전문가단체, 교육체계 ⑩ 사회복지사협회 등
문제인식체계 (의뢰-응답체계)	• 의뢰체계: 법원, 검찰청, 시청 • 응답체계: 클라이언트(개인, 가족, 집단 등)

062 정답 ②
출제포인트 임파워먼트모델의 특징

주어진 사례는 모두 임파워먼트모델의 특징을 가진다.

063 정답 ⑤
출제포인트 핀커스–미나한 4체계 모델

> 🍪 **꽈배기 문제** #핀커스–미나한 #콤튼–갤러웨이 #사례제시 #고난도 출제
> 최근 핀커스–미나한, 콤튼–갤러웨이는 사례를 제시하여 난이도 높게 출제되고 있으니 기출유형을 잘 분석하여 정답을 도출할 수 있어야 해요!

오답분석

① 결혼이민자(A): 클라이언트체계
② 변호사(B): 행동체계
③ 사회복지사(C): 변화매개체계
④ 남편(D): 행동체계

➕ 기출개념 더 알아보기

핀커스–미나한의 4체계 모델

표적체계	문제를 내포하고 있는 자, 변화의 대상자
클라이언트체계	의뢰를 요청한 자
변화매개체계	사회복지사, 사회복지기관
행동체계	변화매개체계와 함께 표적체계에 대해 영향을 주는 사람(들)

064 정답 ③
출제포인트 임파워먼트모델의 특징

오답분석

① 병리적 관점에 기초를 두는 것은 정신역동모델에 가깝다.
② 임파워먼트모델은 환경의 변화를 추구한다.
④ 전문성을 기반으로 사회복지사가 클라이언트를 통제하는 것은 병리적 관점의 정신역동모델이다.
⑤ 클라이언트에 대한 정확한 진단을 최우선으로 하는 것은 병리적 관점의 정신역동모델이다.

065 정답 ⑤
출제포인트 임파워먼트모델의 클라이언트와 사회복지사 역할

사회복지사는 치료자(전문가), 클라이언트는 서비스의 수동적 수혜자로 여기는 것은 병리적 관점의 정신역동모델이다.

066 정답 ①
출제포인트 임파워먼트모델 단계별 실천과업

오답분석
ㄱ. 대화단계: 방향 설정, 파트너십 형성, 현재 상황 파악
ㄷ. 발달(발전)단계: 성과 집대성(확인), 기회 집대성(확인), 자원 집대성(확인)
ㄹ. 발견단계: 강점의 확인

06 사회복지실천의 방법

067	068	069	070	071
②	④	③	③	①
072	073	074	075	076
②	④	④	②	①
077	078	079	080	081
③	⑤	③	⑤	②
082	083	084	085	086
①	③	②	①	①
087	088	089	090	091
④	①	①	①	⑤
092	093	094	095	096
①	②	②	③	③
097	098	099	100	101
③	④	③	②	④
102	103	104	105	106
②	①	⑤	②	④
107	108	109	110	111
⑤	③	①	③	①
112	113	114	115	
④	④	③	⑤	

067 정답 ②
출제포인트 전문적 원조관계의 특징

 #전문적 관계 #출제가능성 99% #원칙 #특성 #개념 #헷갈림 주의
전문적 관계는 꼭 출제가 되고 있으니 원칙, 특성, 개념 등을 꼭 파악해두어야 해요!

오답분석
① 사회복지사는 클라이언트와 파트너십 관계이다.
③ 사회복지사의 욕구보다 클라이언트의 욕구에 부응하기 위해 상호 만족스러운 관계를 형성한다.
④ 관계의 전반적인 과정에 대해 사회복지사는 전문적인 책임을 진다.
⑤ 전문적 관계를 통해 사회복지사가 클라이언트의 감정과 행동의 변화를 통제하기보다 격려, 지지, 조력한다.

068 정답 ④
출제포인트 전문적 관계의 특징

전문가가 설정한 목적 달성이 아닌 클라이언트와 전문가가 합의하여 설정한 목적 달성을 위해 형성된다.

+기출개념 더 알아보기

사회복지실천: 전문적 관계의 특성
- 클라이언트와 사회복지사와의 공적 관계를 기반
- 서로의 합의된 목적
- 단기적 문제해결 지향
- 클라이언트의 욕구 중심
- 사회복지사의 감정, 정서의 통제
- 전문직으로서 권위

069 정답 ③
출제포인트 전문적 관계의 특징

오답분석
① 사회복지사는 자신의 반응을 적절하게 통제해야 한다.
② 사회복지사는 전문성에서 비롯된 권위를 가진다.
④ 시간의 제한성이 있다.
⑤ 사회복지사는 클라이언트의 이익에 헌신한다.

070 정답 ③
출제포인트 전문적 관계의 특징

클라이언트의 이익과 욕구 충족을 위한 전문적 관계이다.

071 정답 ①
출제포인트 전문적 원조관계의 특징

오답분석
② 시간 제한성 특성이 있다.
③ 전문가의 권위를 인정한다.
④ 전문가가 자신의 감정, 정서를 통제해야 한다.
⑤ 클라이언트가 전문가의 지시에 무조건 따라야 한다는 것은 원조관계가 아닌 병리적 관점의 치료의 개념이다.

072 정답 ②
출제포인트 헌신과 의무

헌신과 의무에 대한 설명이다.

+기출개념 더 알아보기

헌신과 의무
- 원조 관계에서 책임감을 가지고 절차상의 조건을 수행하는 것
- 책임과 일관성을 포함함
- 최선을 다하는 과정에서 클라이언트의 신뢰 제고
- 정직하고 개방적 의사표현 중요시

073 정답 ④
출제포인트 전문적 관계형성의 기본요소

오답분석
① 비자발적인 클라이언트도 포함된다.
② 사회복지사는 전문성에 바탕을 둔 전문적 권위를 가진다.
③ 사회복지사는 클라이언트와의 문화적 차이를 수용한다.
⑤ 선한 목적을 위해 클라이언트에게 진실을 감추는 것은 상황에 따라서 임시적으로 허용한다.

074 정답 ④
출제포인트 자기인식

주어진 설명은 자기인식에 대한 내용이다. 이외 자기인식에 대한 특징은 다음과 같다.
- 사회복지사가 자신의 강점 및 약점을 파악하고 있는 것
- 사회복지사의 가치관, 신념, 성향 등이 클라이언트에게 미치는 파급효과를 알고 있는 것
- 사회복지사가 스스로 모니터링하는 기반으로 작동

075 정답 ②
출제포인트 헌신과 의무

오답분석
ㄹ. 사회복지사는 헌신과 의무를, 클라이언트는 클라이언트로서의 의무(원조에 적극 참여)를 가진다.

076 정답 ①
출제포인트 콤튼-갤러웨이 관계형성의 기본 요소

공감에 대한 설명이다.

+기출개념 더 알아보기

콤튼-갤러웨이 관계형성의 기본 요소

열망	조건 없는 인정과 목적의식을 가지고 관계를 유지함
공감	클라이언트 입장에 이해하고 해결 방법을 모색하는 것
진실성과 일치성	클라이언트에 대해 기만, 속임 없이 진실된 관계를 가지는 것
헌신과 의무	클라이언트에 대한 책임성, 신뢰성, 일관성을 형성하는 것
권위와 권한	사회복지사는 지식적 경험 등을 클라이언트에게 어떤 권한과 권위로서 어떻게 활용하는지 분명하게 설명할 수 있어야 함

077 정답 ③
출제포인트 자기노출

클라이언트와의 관계형성을 위해 사회복지사가 자신의 생각이나 경험을 공유하는 면담 기술은 자기노출이다. 이외에 자기노출에 대한 특징은 다음과 같다.
- 클라이언트에게 자신의 문제점, 단점 등을 말해 주는 것
- 문제를 가진 클라이언트는 사회복지사와 동질적 공감대 형성
- 개입의 증대, 확장을 위해 필요(시의 적절)

078 정답 ⑤
출제포인트 클라이언트의 자기결정권

주어진 내용은 모두 클라이언트의 자기결정권에 해당한다.

079 정답 ③
출제포인트 관계형성의 7대 원칙: 클라이언트의 자기결정

오답분석
ㄹ. 클라이언트에게 필요한 것들을 결정하여 이를 관철시키는 능력과는 무관하다.

+ 기출개념 더 알아보기

클라이언트의 자기결정 시 사회복지사 역할
- 클라이언트와의 힘의 불균형을 해소하고자 충분한 정보 제공
- 클라이언트의 입장에서 이해하고 수용하는 태도
- 자기결정을 위한 잠재역량 개발 시 조력자 역할
- 클라이언트가 스스로 문제를 해결하게 지원해 주는 역할

080 정답 ⑤
출제포인트 통제된 정서적 관여

주어진 설명은 통제된 정서적 관여에 대한 내용이다. 이외 통제된 정서적 관여의 특징은 다음과 같다.
- 클라이언트에 대한 역전이를 방지하고자 사회복지사의 절제, 통제를 의미
- 클라이언트에 대한 민감성, 공감성, 이해 등을 강조
- 클라이언트 입장에서 객관적·공감적인 반응을 얻고자 하는 것
- 사회복지사의 전문적 판단에 의거 방향 설정 형성

081 정답 ②
출제포인트 비스텍(F. Biestek)의 관계 원칙

 꽐배기 문제 #비스텍 #중요 #빈출 #암기필수
비스텍은 중요도가 높기에 잘 이해하고 암기를 해두어야 해요.

클라이언트의 욕구를 범주화, 표준화하기보다는 개별화(고유화)시켜야 한다.

+ 기출개념 더 알아보기

비스텍의 관계형성 7대 원칙
- 개별화
- 수용
- 비심판적 태도
- 의도적인 감정 표현
- 통제된 정서적 반응
- 비밀보장
- 클라이언트의 자기결정권

082 정답 ①
출제포인트 비스텍(F. Biestek)의 관계 원칙

오답분석
② 클라이언트의 감정이나 태도를 있는 그대로 받아들이고 존중하는 것은 수용이다.
③ 목적달성을 위한 방안들의 장·단점을 설명하고 클라이언트가 스스로 선택하도록 하는 것은 클라이언트의 자기결정권이다.
④ 공감을 받고 싶어 하는 클라이언트의 욕구에 따라 클라이언트에게 공감하는 반응을 표현하는 것은 통제된 정서적 관여이다.
⑤ 사회복지사 자신의 생각과 느낌, 개인적인 경험을 이야기하는 것은 자기노출이다.

083 정답 ③
출제포인트 수용의 의미

클라이언트의 부정적인 감정은 받아들이지만 그릇된 사고, 생각 및 사회규범에서 벗어난 행동도 수용한다는 의미는 아니다. 이외 수용의 특징은 다음과 같다.
- 편견 없이 있는 그대로 클라이언트를 받아들인다.
- 성별, 연령, 종교, 소득, 지역 등을 이유로 선입견을 가지면 안 된다.

084 정답 ②
출제포인트 비스텍(F. Biestek)의 관계 원칙

오답분석
ㄷ. 클라이언트가 자신의 감정을 자유롭게 표현하도록 해야 한다는 것은 의도적 감정표현이다.
ㄹ. 클라이언트의 감정에 민감성과 이해로서 반응해야 한다는 것은 통제된 정서적 관여이다. 반면 개별화란 클라이언트의 고유성을 인정하고 표준화시키지 않는 것을 의미한다.

085 정답 ①
출제포인트 원조관계의 장애요인

전문가의 권위는 전문적 원조관계 형성의 장애요인에 해당하지 않는다.

➕ 기출개념 더 알아보기

전문적 원조관계 형성의 장애요인
- 클라이언트의 변화에 대한 저항
- 클라이언트의 불신
- 클라이언트의 비자발성
- 동정
- 역전이
- 클라이언트의 전문가에 대한 부정적 전이

086 정답 ①
출제포인트 면접기술

> 🍞 **판매기문제** #면접 # 의사소통기술 #면접기술 #각 기술별 개념 숙지
> 면접의 의사소통기술, 면접기술은 각 기술별로 그 의미와 특징을 잘 숙지해두어야 해요.

제시된 설명에 해당하는 면접기술은 해석이다. 해석은 클라이언트가 보여준 언행들의 의미와 관계에 대한 가설을 제시하며 클라이언트가 자신의 행동, 감정, 생각을 새로운 시각으로 볼 수 있게 해주는 기법이다.

예 클라이언트가 사회복지사 앞에서 우물쭈물하는 것을 보고 "중요하게 할 말이 있으세요?"라고 물어보는 것, 안절부절하는 아들을 보면서 "혹시 아빠가 알아서는 안 되는 사고쳤니?"라며 물어보는 것 등

오답분석
② 요약: 클라이언트가 한 말의 내용과 그 속에 담겨 전해진 감정들을 전체적으로 압축해서 주제를 명확하게 하도록 하는 것
③ 직면: 클라이언트의 언행 불일치를 지적하는 것
④ 관찰: 클라이언트의 행동, 말 등을 주의깊게 눈여겨보는 것
⑤ 초점화: 클라이언트가 논점을 이탈할 시 핵심주제로 되돌리는 것

087 정답 ④
출제포인트 면접기법: 명료화

명료화는 의료적 개념으로 보면 진단에 가깝다. 클라이언트가 자신의 문제가 무엇인지 잘 모를 때 꼭 집어서 알려주는 기술이며 구체화, 명확화라고도 한다.

오답분석
① 재명명: 사고의 전환, 생각의 전환으로 부정적인 생각을 긍정적인 의미로 만들어 주는 것
② 재보증: 안심이라고도 하며 클라이언트가 죄책감, 회의감 등을 가질 때 위안시켜 주는 것
③ 세분화: 클라이언트와의 면접 시 자세하고 면밀하게 주제에 접근하는 것
⑤ 모델링: 클라이언트가 활용하기를 바라거나 필요로 하는 절차에 대해 시범을 보이는 것

088 정답 ①
출제포인트 개방형 질문의 특징

"예", "아니오"와 같이 단답식 형태의 답변을 취하는 폐쇄형 질문에 해당한다.

> 🔍 **참고**
> 개방형 질문은 단답식이 아닌 주관식 형태의 답변을 취한다.

089 정답 ①
출제포인트 5대 금지 질문 유형

개방형 질문은 클라이언트가 자신의 문제나 생각, 감정에 대해 광범위하고 자유롭게 이야기할 수 있도록 질문하는 질문 유형이다. 이는 다양한 정보가 필요한 경우에 유용하다.

➕ 기출개념 더 알아보기

5대 금지 질문 유형

유도 질문	의도, 결과를 정해 놓고 유인하기에 답변의 객관성을 저해함
중첩(폭탄, 복합, 이중) 질문	답변자의 실수, 혼동을 유발함
부정 질문	중첩 질문처럼 답변자의 실수, 혼동을 유발함
왜(why) 질문	답변을 은연 중에 강요하게 하는 형태가 이루어짐
모호한 질문	답변자가 질문에 대한 정확한 이해가 안 되어 실수, 혼동이 유발될 수 있음

090 정답 ①
출제포인트 사회복지실천의 면접: 경청의 특징

클라이언트의 진술에 대한 즉각적인 교정보다 클라이언트의 정서, 감정 상태를 먼저 파악해 주는 것이 핵심이다. 그 후 클라이언트가 이해 가능하게 교정을 해주어야 한다.

091 정답 ⑤
출제포인트 면접 기술: 질문

오답분석
① 개방형 질문은 클라이언트의 상세한 설명과 느낌을 듣기 위해 사용한다.
② 유도형 질문은 면접자가 자신이 원하는 방향으로 이끌기 위해 진행하는 형태이다.
③ '왜'로 시작하는 질문은 클라이언트에게 중압감을 주어 소극적인 답변이 나올 수 있다.
④ 폐쇄형 질문은 '예', '아니오' 또는 단답형으로 한정하여 대답한다.

092 정답 ①
출제포인트 면접 기술: 질문

오답분석
② 클라이언트가 자유롭게 대답할 수 있도록 개방형 질문을 활용한다.
③ 사회복지사가 의도하는 특정 방향으로 이끌기 위해 유도 질문을 사용해서는 안 된다.
④ 클라이언트에게 이중 또는 삼중 질문을 해서는 안 된다.
⑤ 클라이언트가 개인적으로 궁금해 하는 사적인 질문은 거짓으로 답하는 것보다 짧게 답하고 주제에 접근해야 한다.

093 정답 ②
출제포인트 경청 기법

클라이언트의 이야기에 적절히 반응해야 한다.

094 정답 ②
출제포인트 관찰기술의 특징

클라이언트가 자신에 대해 미처 알지 못한 것을 깨달을 수 있도록 설명해 주는 기술은 직면, 명료화, 초점 등으로 다양하다.

095 정답 ③
출제포인트 면접의 유형

 #면접의 유형 #사례 파악 #출제경향 #고난도 출제 가능성↑ #숙지필수
면접의 유형은 최근에 사례형으로 출제되고 있고, 난이도도 높게 출제되기에 충분한 개념 숙지가 필요해요.

제시된 사례에서 사회복지사가 진행한 면접 유형은 정보수집면접에 해당한다. 정보수집면접은 자료수집면접이라고도 하며 클라이언트의 수평적·수직적 자원과 내적 및 외적 자원, 개인 및 환경 등 전 영역에 대해 탐색 및 분석하는 면접 형태이다.

오답분석
① 평가면접: 클라이언트의 활동에 대한 책임성 제고를 위해 이루어지는 평가 형태의 면접
② 치료면접: 클라이언트에 대한 치료를 목적으로 이루어지는 면접
④ 계획수립면접: 클라이언트에 대한 정보수집면접 후 치료에 대한 계획 구성의 면접
⑤ 정서지원면접: 클라이언트에 대한 정서적·심리적 안정을 높이고 스트레스 및 불안감 감소를 목적으로 이루어지는 면접

096 정답 ③
출제포인트 면접의 특징

면접은 목적지향적 활동으로 목적에 따라 의사소통이 제한된다. 이외 면접에 대한 특징은 다음과 같다.
- 면접을 위한 시간 및 공간 필요
- 클라이언트와 사회복지사 간의 언어 및 비언어를 포함한 의사소통
- 클라이언트의 변화를 도모
- 클라이언트의 다각적 이해에 유용

097 정답 ③
출제포인트 면접의 유형

오답분석
ㄴ. 클라이언트의 사회적응을 위해 환경변화를 목적으로 클라이언트와 관련 있는 중요한 사람과 면접을 진행하는 것은 치료면접에 해당한다.

3영역 사회복지실천론

098 정답 ④

출제포인트 사례관리의 특징

#사례관리 전반에 대한 이해 #빈출 #출제가능성↑ #숙지필수

사례관리는 개념, 원칙, 등장배경, 각 과정 등을 반드시 숙지해야 해요. 최근 23회에서는 사례관리에서만 무려 3문항이 난이도 높게 출제되었어요.

전통적인 사회복지방법론과 전혀 다른 실천 방법이 아닌, 이를 포함시켜 진행되는 통합적 접근방법이다.

099 정답 ③

출제포인트 사례관리의 사정

오답분석

ㄷ. 계획된 서비스의 전달과정 추적은 점검단계의 내용이다.

+ 기출개념 더 알아보기

사례관리의 과정

접수(인테이크)단계	사례 발견, 사례관리 대상이 되는 클라이언트 판단
사정단계	클라이언트의 욕구 파악, 문제해결 장애요소 확인, 문제 목록 작성
계획단계	문제의 우선순위 설정, 개입 전략 수립
개입단계	다른 지원체계와의 연계 및 조정, 정보제공자, 안내자, 교육자 등 역할 수행
점검단계	계획된 서비스의 전달과정 추적, 현재의 서비스 유지 여부 판단, 산출 결과 검토, 목표달성 검토, 클라이언트 욕구 변화 확인
평가단계	클라이언트의 만족도 확인, 서비스의 효과성 파악

100 정답 ②

출제포인트 사례관리의 점검단계

서비스의 최종 효과성 검토는 평가단계의 내용이다.

101 정답 ④

출제포인트 사례관리 과정

사례관리는 다음과 같은 순서로 진행된다.
접수단계 → 사정단계 → 계획단계 → 개입단계 → 점검단계 → 평가(종결)단계

102 정답 ②

출제포인트 사례관리자의 역할

주어진 사례를 분석하면 다음과 같다.

> 사례관리자는 알코올, 가정폭력, 실직 문제가 있는 클라이언트를 면담(상담가)하여 알코올 치료와 근로에 대한 동기를 부여하고, 지역자활센터 이용 방법을 설명(정보제공자)하였다. 또한, 클라이언트의 배우자와 다른 알코올중독자들의 배우자 5명으로 집단을 구성하고 알코올중독의 영향에 대해서 체계적으로 가르쳐 주었으며(교육자), 가정폭력상담소에 연계하여 전문상담을 받도록 하였다(중개자).

103 정답 ①

출제포인트 사례관리의 개입(실행)단계

오답분석

② 클라이언트의 욕구에 기초하여 구체적이고 명확한 목표 수립: 계획단계
③ 서비스 이용 대상자에 대한 적격성 여부 판별: 접수단계
④ 기관 내부 사례관리팀 구축 및 운영 능력 파악: 사정단계
⑤ 클라이언트가 달성한 변화, 성과, 영향 등을 측정하기 위한 도구 개발: 계획단계

104 정답 ⑤

출제포인트 사례관리의 원칙

사례관리에서는 임상적인 치료에만 집중하는 것이 아닌 다양한 서비스를 연계하여 제공하도록 한다.

+ 기출개념 더 알아보기

사례관리의 원칙

포괄성	서비스 제공에 있어서 단편적이 아닌 포괄하여 이루어짐
개별성	서비스 제공에 있어서 비표준화하여 각 특성에 맞게 이루어짐
자율성	클라이언트의 자기결정권을 존중하고 스스로 문제해결에 조력함
지속성	중단 없이 연속선상에서 서비스의 제공이 이루어져야 함
통합성(체계성)	서비스의 중복과 누락을 방지하기 위해 체계적으로 관리해야 함
연계성	서비스 제공 기관 간의 유기적인 연대가 이루어져야 함
다양성	획일적, 단선적 서비스 제공이 아닌 욕구에 부합되게 다양한 서비스가 제공되어야 함

접근성	서비스의 제공에 있어서 물리적, 심리적, 비용적 요소들을 고려하여 이루어져야 함

105 정답 ②
출제포인트 사례관리의 등장배경

장기보호와 단기개입과 같은 개입계획은 사례에 따라 적절하게 수립된다. 오히려 기존의 단편적인 서비스만을 제공하던 지원 방식에서 지속적인 지원에 대한 요구가 증가하면서 이를 사례에 맞게 적용할 수 있는 통합적 서비스 지원의 필요성이 대두되었고 이는 사례관리의 등장 배경에 해당한다.

+ 기출개념 더 알아보기

사례관리의 등장배경
- 가족의 보호 부담 증가
- 통합적 서비스 지원의 필요성 증가
- 복합적인 욕구를 가진 클라이언트 증가
- 시설보호에서 지역사회 보호로 전환
- 초고령 사회 진입 등 인구 사회학적 변화의 대두
- 지역사회 보호의 중요성 강조
- 사회복지서비스 공급 주체의 다원화

106 정답 ④
출제포인트 사례관리자의 역할

사회복지사가 분산 또는 중복되어 있는 서비스나 서비스 기관을 유기적으로 연계, 연결하여 서비스의 효율성 및 효과성을 높이는 역할을 하는 것은 조정자로서의 역할이다.

107 정답 ⑤
출제포인트 사례관리의 목적

ㄱ~ㄹ. 모두 사례관리의 목적에 해당한다. 이외 사례관리의 목적은 다음과 같다.
- 서비스의 통합성 확보
- 서비스 접근성 강화
- 보호의 연속성 보장
- 사회적 책임성 제고
- 성과 관리와 책임성 제고
- 클라이언트의 삶의 질 향상

108 정답 ③
출제포인트 사례관리자의 역할

개인이나 집단의 갈등 파악 및 조정은 중재자 또는 갈등 관리자의 역할이다. 반면 정보제공자는 클라이언트가 필요로 하는 정보를 제공하는 역할을 의미한다.

109 정답 ①
출제포인트 사례관리 과정의 점검단계의 특징

제시된 설명은 점검단계에 대한 내용이다.

110 정답 ③
출제포인트 사례관리자의 역할

사례회의를 통해 생활 형편이 어려운 가정의 아동에게 재정 후원자를 연결해주는 것은 중개자 역할에 더 가깝다. 반면 협상가는 클라이언트 편에서 갈등과 긴장을 해결하는 역할을 의미한다.

오답분석
① 조정자는 서비스의 중복, 분산 등에 관해 효율성을 높이기 위하여 유기적으로 연계하는 역할을 한다.

111 정답 ①
출제포인트 사례관리자의 역할

오답분석
② 욕구사정을 통해 클라이언트에 대한 체계적인 개입 계획을 세우는 것은 계획가 역할이다.
③ 사례회의에서 시청각장애인의 입장을 대변하여 이야기하는 것은 대변인(옹호인) 역할이다.
④ 지역사회 기관 담당자들이 모여 난방비 지원사업에 중복 지원되는 대상자가 없도록 사례회의를 실시하는 것은 조정자 역할이다.
⑤ 청소년기 자녀와 갈등을 겪고 있는 부모와 자녀 사이에 개입하여 상호 만족스러운 합의점을 도출하는 것은 중재자 역할이다.

112 정답 ④
출제포인트 사례관리의 원칙

서비스의 분절성은 사례관리의 원칙에 해당하지 않는다.
사례관리는 제공하는 서비스에 있어서 개별화, 접근성, 연계성, 체계성, 자율성, 포괄성, 지속성 등을 기본 원칙으로 한다.

113 정답 ④
출제포인트 사례관리 과정별 수행업무

오답분석
① 상담, 교육, 자원 제공은 개입단계이다.
② 사례관리 대상자의 적격성 판정은 인테이크(접수)단계이다.
③ 클라이언트의 욕구와 자원에 관한 정보수집은 사정단계이다.
⑤ 서비스가 필요한 클라이언트의 욕구 확인은 사정단계이다.

114 정답 ③
출제포인트 사례관리의 등장배경

시설중심의 통합적 서비스 제공에 대한 요구가 감소되고 지역사회보호 중심의 서비스 욕구가 증가하였다.

115 정답 ⑤
출제포인트 사례관리의 직접실천기술

사례관리의 직접실천기술에는 교육, 상담, 훈련, 돌봄, 재활 등이 해당된다.

오답분석
자원의 연결(조정), 클라이언트의 옹호, 전달체계 점검, 후원자 발굴, 프로그램 개발, 유관기관의 협력 등은 간접실천기술에 해당된다.

07 사회복지실천의 과정

116	117	118	119	120
②	①	⑤	⑤	⑤
121	122	123	124	125
①	③	④	⑤	③
126	127	128	129	130
②	⑤	②	②	②
131	132	133	134	135
③	④	③	④	①
136	137	138	139	140
③	①	③	③	④
141	142			
④	②			

116 정답 ②
출제포인트 사정단계의 특징

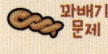 #사정단계 #단계별 특성 #출제빈도↑ #숙지필수
각 단계별 특성에서 사정단계가 가장 출제빈도가 높으니 반드시 숙지해야 해요.

문제형성이란 클라이언트를 통해 얻은 정보를 기반으로 전문적인 시각에 의거하여 진단을 내리는 것을 의미한다. '남편의 일중독' 문제를 '자신이 남편에게 중요한 존재임을 느끼고 싶어 하는' 욕구로 바꾸어 진술하는 것은 재진술 형태이며 이를 통해 클라이언트의 문제가 무엇인지 구체적으로 형상화할 수 있다.

117 정답 ①
출제포인트 보웬의 가계도 특징

가족과 환경의 상호작용을 볼 수 있는 것은 생태도이다.

+기출개념 더 알아보기

보웬의 가계도 특징
- 2~3대 직계 및 방계에 대한 상호작용 확인
- 가족의 구조적 및 관계적 측면 탐색
- 가계의 문제점 및 역기능 정보 파악 가능
- 가계의 유전적인 역기능 요소 유추
- 세대 간 반복되는 관계유형을 통해 통찰력 구비

118 정답 ⑤
출제포인트 사정도구의 특징

PIE 분류체계란 Person-In-Environment System Code의 약어로 통상 임상사회복지 사정분류체계라 지칭한다. 이는 사회복지사의 고유한 직무수행방법을 사정하기 위해 구성된 사정도구이며 사회학, 심리학, 정신의학 그리고 사회복지학의 개념과 구조에 영향을 받아 4가지 형태(제1구축: 사회기능상 문제, 제2구축: 환경상 문제, 제3구축: 정신건강상 문제(DSM-Ⅴ), 제4구축: 신체건강상 문제)로 구성되어 있다. 반면 주변인과의 접촉 빈도 및 사회적 지지의 강도와 유형은 사회적 관계망 도표의 설명이다.

119 정답 ⑤
출제포인트 사정(assessment)의 특성

사정은 주로 초기단계에서 진행되지만 필요시 다른 과정에서도 이루어진다.

➕ 기출개념 더 알아보기

사정(assessment)의 특성
- 클라이언트의 강점을 포함해야 함
- 사회복지사의 지식적 근거 필요
- 사회복지사와 클라이언트의 상호작용 과정
- 클라이언트를 완전히 이해하는 것에 한계가 있음
- 수직적·수평적 자원을 포괄하여 탐색함
- 내적·외적 자원 확인

120 정답 ⑤
출제포인트 사정(assessment)의 특성

클라이언트에 대한 서비스 제공 여부를 판단하는 것은 접수단계에 해당한다. 접수단계에서는 클라이언트의 문제확인, 의뢰여부 결정, 관계형성, 양가감정 수용과 저항 해소, 동기부여 등이 이루어진다.

121 정답 ①
출제포인트 사정도구: 생태도

클라이언트 가족의 세대 간 반복되는 정서적 유형을 파악하는 것은 가계도이다.

122 정답 ③
출제포인트 자료수집단계의 특징

상반된 정보를 제공하는 자료는 차후 참고자료로 보관한다.

➕ 기출개념 더 알아보기

자료수집단계의 특징
- 클라이언트의 참여 필요
- 실천의 전 과정을 통해 이루어짐
- 문제와 욕구, 강점과 자원을 모두 포함
- 가정방문으로 자연스러운 상호작용을 관찰할 수 있음
- 지속적이고 집중적으로 이루어짐

123 정답 ④
출제포인트 자료수집단계의 특징

오답분석
① 클라이언트 개인뿐만 아니라 그 주변의 환경도 초점을 두어 정보를 모은다.
② 다양한 정보원으로부터 자료를 수집하기에 적절한 검사 도구를 사용해야 한다.
③ 초기면접은 구조화, 반구조화 및 비구조화된 양식 등을 사용하여 기본적인 정보를 수집해야 한다.
⑤ 클라이언트가 직접 작성한 자료를 포함한 다양한 자료를 탐색해야 한다.

124 정답 ⑤
출제포인트 자료수집을 위한 자료 출처

ㄱ~ㄹ. 모두 자료수집을 위한 자료출처에 해당한다. 이외 자료수집을 위한 자료 출처는 다음과 같다.
- 설문조사(survey)를 통한 자료수집
- 관찰법(observation)을 통한 자료수집
- 각종 검사도구를 활용한 자료수집
- 전문가 및 경험자를 통한 자료수집
- 가까운 지인, 가족, 이웃 등의 진술을 통한 자료수집

125 정답 ③

출제포인트 자료수집을 위한 자료 출처

 #자료수집단계 #사례 제시형 #이해 기반 학습

자료수집단계는 사례를 제시하는 형태로 출제될 경우 난이도가 높게 나오니 특징을 단순 암기하는 것보다는 이해를 기반으로 한 정답 도출 학습이 필요해요.

주어진 사례를 분석하면 다음과 같다.

> 사회복지사는 결석이 잦은 학생 A에 대한 상담을 하기 전 담임 선생님으로부터 A와 반 학생들 사이에 갈등관계가 있음을 들었다. 이후 상담을 통해 A가 반 학생들로부터 따돌림 당하고 있음을 알게 되었다(클라이언트의 이야기). 상담 과정에서 A는 사회복지사와 눈을 맞추지 못하고 본인의 이야기를 하는 것에 주저하는 모습을 보이며(클라이언트의 비언어적 행동) 상담 내내 매우 위축된 모습이었다(클라이언트와의 직접적 상호작용 경험). 어머니와의 전화 상담을 통해 A가 집에서 가족들과 대화를 하지 않고 방 안에서만 지내고 있다는 것을 알게 되었다(주변인으로부터 정보 획득).

126 정답 ②

출제포인트 개입단계 수행 과업

오답분석

ㄴ. 서비스 제공 전략 및 우선순위 결정: 계획단계
ㄹ. 제공된 서비스에 대한 과정 및 총괄평가: 종결 및 평가단계

+ 기출개념 더 알아보기

개입단계
- 서비스, 프로그램 진행 및 수행
- 클라이언트의 변화를 모색하는 과정

127 정답 ⑤

출제포인트 직접적 개입 활동

가족 내 상호작용과 구조 개편을 중심으로 가족 문제를 해결하고 가족의 기능을 개선하는 접근법은 재구성(재구조화)이며 이는 각 구성원의 고유한 역할과 규칙 속에서 기능적 상호작용이 가능하다고 보는 개념이다. 이에 사회복지사는 가족 또는 집단의 하위체계 경계를 구분, 조정해 주고 역기능적 패턴을 개선시키는 직접적 개입을 진행한다.

오답분석

①, ②, ③, ④ 모두 간접적 개입에 해당한다.

128 정답 ②

출제포인트 사회복지실천 개입 기술

오답분석

ㄱ. 어떤 문제에 대해 클라이언트가 부여하는 의미를 수정해 줌으로써 클라이언트의 시각을 긍정적인 방향으로 변화시키려는 전략은 재명명(재구성)에 해당된다.
ㄴ. 모델링은 실제 다른 사람의 행동을 직접 관찰하거나 유튜브, 텔레비전 등을 통해서도 간접적 모델링을 할 수 있다.
ㄷ. 클라이언트 행동이 변화에 장애가 되거나 타인에게 위협이 될 때, 이를 인식하도록 하기 위한 목적으로 사용하는 것은 직면기법이다.

129 정답 ②

출제포인트 간접적 개입

간접적 개입에 해당하는 것은 다음과 같다.
- 자원의 연결(조정)
- 클라이언트의 옹호
- 전달체계 점검
- 후원자 발굴
- 프로그램 개발
- 유관기관의 협력
- 환경 조작(조정)

130 정답 ②

출제포인트 모델링

바람직한 행동을 보고 모방함으로써 행동의 변화를 가져오는 개입 기술은 모델링에 해당하며 이는 타인의 언행, 태도, 사고 등을 유심히 관찰하여 모방함으로써 자신의 행동변화를 가져오는 기법이다.

131 정답 ③

출제포인트 간접 개입기법: 환경조정

직접적 개입에는 교육, 훈련, 프로그램 진행, 상담, 재활, 돌봄 등이 해당된다.

132 정답 ④
출제포인트 일반화, 보편화

제시된 내용은 일반화에 대한 설명이다. 일반화의 특징은 다음과 같다.
- 클라이언트의 문제를 완화, 감소시키는 것이 주목적
- 혼자만의 문제가 아님을 역설
- 시험에 나만 떨어진 줄 알았는데 와서 보니 다 떨어졌구나!

133 정답 ③
출제포인트 계획수립단계

계약서는 클라이언트, 사회복지사 및 관련 이해관계인들이 작성하여 과업과 의무를 공식화한다.

134 정답 ④
출제포인트 계획수립단계

오답분석
① 서비스 효과 점검(개입단계)
② 실천활동에 대한 동료 검토(종결 및 평가단계)
③ 개입효과의 유지와 강화(종결 및 평가단계)
⑤ 평가 후 개입 계획 수정(종결 및 평가단계)

135 정답 ①
출제포인트 접수단계

접수단계에 대한 설명이다.

+ 기출개념 더 알아보기

사회복지실천 과정

접수단계	문제와 욕구 파악, 서비스 일치 여부 확인, 의뢰
자료 수집 및 사정단계	클라이언트에 대한 자료수집 및 분석
계획 및 계약단계	계약, 우선순위에 의한 목표 설정
개입단계	프로그램 진행
종결 및 평가단계	클라이언트의 감정 다루기, 총괄평가 실시, 사후관리

136 정답 ③
출제포인트 접수단계: 의뢰

오답분석
ㄷ. 의뢰(referral) 시에는 반드시 클라이언트의 동의가 필요하다.

137 정답 ①
출제포인트 접수단계: 수행 과업

가족 간의 상호작용 유형을 조정하는 것은 개입단계의 과업이다.

+ 기출개념 더 알아보기

접수단계 과업
- 문제와 욕구 파악
- 서비스 일치 여부 확인
- 의뢰
- 기관의 서비스 내용 안내
- 양가감정 수용
- 라포 형성

138 정답 ③
출제포인트 접수단계의 주요 과업

오답분석
ㄱ. 개입 목표의 우선순위 합의는 계획단계의 과업이다.
ㄴ. 클라이언트의 강점과 자원 조사는 사정단계의 과업이다.

139 정답 ③
출제포인트 접수단계의 주요 과업

서비스의 효율성과 효과성 측정은 종결 및 평가단계의 과업이다.

140 정답 ④
출제포인트 접수단계의 주요 과업

목표설정은 계획단계의 과업이다.

141 정답 ④

출제포인트 종결단계의 사회복지사 과업

종결 기준 및 목표 수립은 계획 및 계약단계(목표설정)에서 이루어진다.

142 정답 ②

출제포인트 종결단계

목표 달성을 위한 서비스 제공은 개입단계의 과업이다.

영역별 기출문제 — 4영역 사회복지실천기술론

꽈배기 문제 는 빈출 개념에 대해 혼동을 유발하거나 오답을 유도하는 선지가 출제된 문제입니다. 꽈배기 문제까지 맞힌다면 해당 영역은 합격 안정권 점수를 받을 수 있습니다.

01 사회복지사의 전문성

001	002	003	004	005
⑤	②	②	③	①
006	007	008	009	010
③	③	③	③	⑤
011	012			
④	③			

001 정답 ⑤
출제포인트 사회복지시설의 지식과 기술

ㄱ~ㄹ. 모두 사회복지실천의 지식과 기술을 습득하는 방법에 해당한다. 이때 사회복지실천의 지식과 기술에 해당하는 것은 다음과 같다.
- 인간관계와 상호작용에 대한 지식
- 실천이론과 모델에 대한 지식 및 기술
- 통합적 접근방법 기술(ㄱ)
- 특정 분야, 대상, 집단에 대한 이론 및 기술(ㄴ)
- 가치 및 윤리를 기반으로 한 전문적 지식 및 기술(ㄷ)
- 다양한 기법을 활용한 실천적 기법(ㄹ)

002 정답 ②
출제포인트 대인관계 기술: 면접 기술

초기에는 모든 질문을 사전에 확정하는 것보다 클라이언트와 라포를 형성하는 데 주목적을 둔다. 이에 상황에 맞게 능동적, 순발력 있는 개방형 질문으로 전개하는 것이 바람직하다.

003 정답 ②
출제포인트 사회복지사의 자기노출

자기노출이란 사회복지사가 원조과정에서 클라이언트의 표현을 유지·지속시키기 위해 적절하다고 생각되는 자신의 경험을 클라이언트와 나누는 것이다.

참고
시험에서는 클라이언트가 사회복지사에게 표현하는 것으로 자주 출제됨

004 정답 ③
출제포인트 재명명, 긍정적 의미 부여

사례에서 사회복지사는 클라이언트의 부정적 사고, 생각, 의식 등을 수용 가능한 긍정적 의미로 재명명하였다.
예) 저는 청소부입니다. / 아닙니다. 환경을 깨끗하게 해 주시는 환경미화원이세요.

005 정답 ①
출제포인트 사회복지실천기술의 전문적 기반

꽈배기 문제 #사회복지실천의 전문적 기반 #빈출 #숙지 필수
사회복지실천의 전문적 기반은 단골로 출제되며 과학적, 예술적 기반이 어떤 것인지 반드시 숙지해야 해요.

이론과 실천의 준거틀을 적절하게 이용하는 것은 과학적 기반에 해당된다.

006 정답 ③
출제포인트 사회복지실천 과정 초기단계

오답분석
① 의뢰자를 포함한 클라이언트 견해에 초점을 맞춰 개입한다.
② 비협조적 태도는 저항에서 비롯된 것이기에 그 원인의 탐색이 필요하다.
④ 클라이언트가 비협조적일 경우 효율적인 개입이 어려우므로 클라이언트가 잘 따라올 수 있도록 노력해야 한다.
⑤ 비밀보장 원칙이나 학교에 보고해야 할 사항에 대해 사전에 고지하고 동의를 구한다.

007 정답 ③
출제포인트 사회복지실천의 특징

심리학, 사회학 등 타 학문과 통합적, 공생적, 다학문적 관계에 있다.

008 정답 ③
출제포인트 사회복지실천현장의 지식 유형

실천 활동의 원칙과 방식을 구조화한 것은 모델이다.
실천지혜는 쉽게 말하여 노하우(KNOW-HOW)를 의미한다. 수년간 학습되고 숙련된 과정에서 얻어진 자신만의 감각, 직관, 지식 등을 포괄하는 개념으로 실천현장에서의 경험으로 만들어진 비구조화된 지식이다.

009 정답 ③
출제포인트 만치니의 개입 우선순위

사례에서 A씨는 이미 진단(알코올 중독)을 받은 상태이며 이에 대한 인지가 부족한 상황이다. 이에 A씨의 알코올 중독 문제에 관여하는 개인 차원의 개입이 우선적으로 이루어져야 한다.

오답분석

①, ②, ④, ⑤ 모두 개인 차원의 개입이 이루어진 후 진행되어야 하는 가족 차원의 개입에 해당한다.

+ 기출개념 더 알아보기

만치니의 개입 우선순위

A상황	가장 중요하다고 생각되며 신속하게 처리되어야 하는 것
B상황	처리가 지연될 경우 A상황에 이르는 것
C상황	처리가 지연되어도 크게 문제는 없지만 상황에 따라 A, B에 이르는 것
D상황	해도 무방, 안 해도 무방한 것

010 정답 ⑤
출제포인트 사회복지사가 가져야 할 지식

ㄱ~ㄹ. 모두 옳은 내용이다.
사회복지사가 가져야할 지식은 다음과 같다.
- 인간행동과 발달
- 인간관계와 상호작용
- 사회복지정책과 서비스
- 사회복지사 자신에 관한 지식
- 실천이론과 모델에 관한 지식
- 사회복지 조사에 관한 지식
- 사회복지행정에 관한 지식

011 정답 ④
출제포인트 비자발적 클라이언트와 공감하는 기술

오답분석

ㄴ. 클라이언트의 행동을 클라이언트의 입장과 상황에서 평가해야 하며 이는 클라이언트의 경험을 강조하는 인본주의 학자 칼 로저스의 현상학이론의 핵심이다.

012 정답 ③
출제포인트 실천지혜의 특징

실천 활동을 조작화하고 구조화한 것은 모델이다.

+ 기출개념 더 알아보기

실천지혜의 특징
- 현장에서 귀납적으로 만들어진 지식
- 의식적으로 표현되거나 구체적으로 명시하기 어려움(암묵적 지식)
- 사회복지사의 경험적 직관에 영향을 받음
- 개인의 가치체계와 경험으로부터 유래

02 개인 대상 실천기법

013	014	015	016	017
②	⑤	②	④	④
018	019	020	021	022
②	③	②	②	②
023	024	025	026	027
①	④	④	②	⑤
028	029	030	031	032
④	②	③	⑤	④
033	034	035	036	037
⑤	⑤	⑤	③	②
038	039	040	041	042
⑤	④	③	③	③
043	044	045	046	047
⑤	④	②	①	⑤
048	049	050	051	052
②	③	②	④	④
053	054	055	056	057
②	①	④	①	③
058	059	060		
②	③	⑤		

013 정답 ②
출제포인트 정신역동모델 개입기술

꽈배기 문제 #정신역동모델 주요 개념 #오답유발선지 #꼼꼼한 개념 숙지

정신역동모델에서는 주요 개념이 난해하게 설명되어 출제되고 있으니 개념 파악을 확실하게 하는 것이 중요해요.

오답분석
ㄴ. 훈습은 세세하고 면밀하게 클라이언트의 역기능적 면모를 교정하는 기법이다.
ㄹ. 자유연상을 시행하는 경우 주제와 관련 없어도 자유롭게 언급하게 한다. 반면 주제와 관련 없는 내용을 억제시키는 것은 최면술이다.

014 정답 ⑤
출제포인트 정신역동모델의 특징

오답분석
① 치료보다는 통찰(역기능 파악)에 초점을 둔다.
② 무의식적 충동과 과거의 경험을 강조한다.
③ 사회구성주의적 관점의 영향을 받은 것은 해결중심모델이다.
④ 진단주의 학파의 이론적 기초가 되었다.

015 정답 ②
출제포인트 정신역동모델 개입기법

오답분석
ㄱ. 전이는 정신역동 치료에 도움이 되기에 활용해야 한다(역전이는 지양).
ㄷ. 클라이언트와 라포가 형성된 후 해석을 제공하는 것이 관계형성에 도움이 된다.

016 정답 ④
출제포인트 정신역동모델 개입기법

오답분석
ㄹ. 저항이나 전이에 대한 이해를 심화·확장하여 통합적으로 이해하도록 하는 것은 훈습이다.

017 정답 ④
출제포인트 정신역동모델 개입과정

정신역동모델의 개입과정은 다음과 같다.
관계형성 단계(ㄷ) → 동일시를 위한 자아구축 단계(ㄱ) → 클라이언트가 독립된 자아정체감을 형성하도록 원조하는 단계(ㄹ) → 클라이언트의 자기이해를 원조하는 단계(ㄴ)

+ 기출개념 더 알아보기

정신역동모델의 개입과정

관계형성 단계	클라이언트와 사회복지사의 라포가 형성되는 단계
동일시를 위한 자아구축 단계	클라이언트가 사회복지사를 동일시하며 수용하는 단계
클라이언트가 독립된 자아정체감을 형성하도록 원조하는 단계	클라이언트가 독립된 정체감을 확립하는 것이 필요하나 퇴행을 보일 수도 있는 단계

클라이언트의 자기이해를 원조하는 단계	클라이언트가 자신의 행동과 과거의 외상 경험을 이해하게 원조하는 단계

018 정답 ②

출제포인트 정신역동모델 개입기술

오답분석

① 전이는 과거의 인물에게 느꼈던 사랑이나 증오의 감정을 현재의 인물에게 전치하는 것을 말한다.

암기 TIP 중전마마가 콩쥐를 보며 '너를 보니 죽은 내 딸 모습이 보이는구나': 전이

공주가 된 콩쥐(S·W)가 언니들에게 구박받는 신데렐라(C·T)를 보고 '옛날의 내 모습을 보는 것 같네': 역전이

③ 직면은 클라이언트의 말과 행동 사이의 불일치나 모순이 있을 때 직접적으로 지적하여 주목할 수 있도록 하는 것이다.

④ 해석은 치료과정에서 나타나는 행동의 의미를 클라이언트에게 설명하며 가르치는 것이므로 공감능력과는 관련이 없다.

⑤ 자유연상은 클라이언트가 수치스럽게 생각하거나 도움이 안 되는 내용을 선택하도록 유도하는 것이 아니라 클라이언트가 느끼는 감정, 생각, 기억, 환상, 꿈 등의 전반적인 것들을 자유롭게 떠올리고 말하도록 하는 것이다.

019 정답 ③

출제포인트 심리사회모델의 특징

클라이언트의 인지오류(Beck)와 신념체계(Elis)를 탐색하는 것은 인지행동주의이다.

020 정답 ②

출제포인트 심리사회모델 기법의 특징

짬뽕기 문제 #심리사회모델 주요 기법 #빈출 #암기필수
심리사회모델은 주요 기법의 유형에 대해 묻는 문제가 자주 출제돼요.

클라이언트의 현재 또는 최근 사건을 고찰하게 하여 현실적인 해결방법을 찾는 것은 인간-환경 간의 고찰(성찰)에 해당된다.

021 정답 ②

출제포인트 심리사회모델의 개입기법

주변인에게 영향력을 행사하여 환경을 변화시키는 기법은 간접적 개입에 해당한다. 반면 직접적 영향주기는 직접적 개입기법으로 사회복지사가 클라이언트에게 조언, 제안, 설득 등을 하는 과정을 말한다.

➕ 기출개념 더 알아보기

심리사회모델 개입기법

직접적 개입	지지	클라이언트를 수용, 원조하려는 의사를 갖고 있음을 전달하는 것 또한 클라이언트가 문제해결능력을 갖고 있음을 확신한다는 것을 표현하는 것 예 "선생님 지금의 그런 느낌들은 자연스러운 겁니다." "누구나 그런 문제를 갖고 있습니다."
	직접적 영향주기	클라이언트의 행동을 향상하기 위해 조언, 제안, 설득 등을 하는 과정 예 "~하는 게 정말 도움이 될까요?" "~하는 게 훨씬 좋을 것으로 보여지는데 어떻게 생각하세요?" "선생님에게 당장 필요한 것은 ~라고 생각이 드는데 어떻게 생각하세요?"
	탐색-기술-환기(정화)	어떤 문제가 있는지 탐색하고, 그 사실에 대해 기술(묘사)하도록 하며, 환기(통곡, 소리지르기, 몸부림치기 등)를 통해 사실과 관련된 부정적 감정을 끄집어내어 카타르시스를 경험하도록 원조하는 것
	인간-환경에 대한 고찰	클라이언트의 외부 환경과 주관적인 내부 상황, 원조 상황을 고찰하는 것
	유형-역동성 고찰	클라이언트가 사용하는 방어기제를 분석하고, 클라이언트가 가지고 있는 행동 경향, 감정의 패턴을 확인하는 것
	발달적 고찰	과거의 유아기, 아동기 경험과 이런 경험이 미치는 영향에 대해 고찰하는 것
간접적 개입		• 인적 및 물적 자원 확보를 위한 환경 조정 • 다른 체계와의 중재, 중개 • 클라이언트의 옹호, 대변 • 자원의 개발, 발굴

022 정답 ②

출제포인트 직접적 영향주기

주어진 사례에서 활용한 심리사회모델의 개입기법은 직접적 영향주기이다.

+ 기출개념 더 알아보기

직접적 영향주기의 기법

제안(제언)	클라이언트에게 문제 해결을 위해 권유, 제안 등을 하는 것
설득	클라이언트의 역기능적 문제를 치료하기 위해 노력하는 것
조언	지식, 경험적 기반 등을 기초로 앞으로 나아갈 방향에 대해 제시하는 것

023 정답 ①
출제포인트 심리사회모델 개입기법

오답분석
ㄴ. "직접적 영향주기"는 가급적 클라이언트의 요청이 있을 때 신중하게 접근을 해야 한다.
ㄷ. "환기"는 클라이언트의 부정적 감정(슬픔, 억울함, 분노 등)을 표출시킨다.

💡 **암기 TIP** 펑펑 울고 나면 기분이 팡팡!(정화, 환기, 카타르시스)

024 정답 ④
출제포인트 유형–역동성 고찰

주어진 사례에서 활용한 심리사회모델의 개입기법은 유형–역동성 고찰이다.
유형–역동성 고찰은 클라이언트의 역기능적 패턴을 분석하는 기법이다. 주로 일정한 유형을 찾아 그 원인을 파악하고 해결하는 데 주안을 둔다.

025 정답 ④
출제포인트 인지행동모델의 개입기법의 특징

🥨 **꽈배기 문제** #인지행동모델의 개념과 기법 #다른 모델들과의 비교
인지행동모델은 개념, 기법 등이 다른 모델들의 개념과 혼재되어 출제되니 주의해야 해요.

타임아웃(생각하는 의자, 면벽, 독방)은 부적 처벌에 가깝다.

🔍 **참고** 타임아웃(time-out): 원래 시계를 꺼버린다에서 유래된 것으로, 도박, 알코올, 게임, 약물 중독자들이 이를 할 수 있는 시간이 다가올수록 점점 역기능이 발생되는 것을 방지하고자 시계를 보지 못하게 하는 데서 유래됨. 대표적으로 백화점에서 시계를 설치하지 않음으로써 귀가하고자 하는 생각을 막아버림

026 정답 ②
출제포인트 인지행동모델의 특징

인지행동모델은 클라이언트의 의식적 목표 달성 의지(will)에 관심을 둔다.

027 정답 ⑤
출제포인트 인지행동모델의 개입기법

ㄱ~ㄹ. 모두 인지행동모델의 개입기법에 해당한다.
ㄱ. 내적 의사소통의 명료화: 독백처럼 자신에게 문제에 대해 질문하고 답변하는 형태(자기 인터뷰)
ㄴ. 모델링: 문제 해결을 위해 도움이 되는 특정 대상, 집단, 사물(동·식물 등)을 표방하는 것
ㄷ. 기록과제: 자신의 문제점을 형식에 얽매이지 않고 기술하는 것
ㄹ. 자기지시: 스스로 과제를 부여하고 과제 여부 달성을 냉철하게 타인처럼 점검, 평가하는 것

028 정답 ④
출제포인트 엘리스의 논박(dispute)기법 원칙

엘리스의 합리적 정서치료에서 논박기법은 논리성, 현실성, 실용성을 기준으로 이루어지며 이중 실용성에 관한 논박기법이란 비건설적인 생각이라는 것을 지적하는 것이다.

🔍 **참고**
- 논리성: 논리적으로 설득 및 설명함
- 현실성: 비현실적이라는 것을 직시하게 함

029 정답 ②
출제포인트 인지행동모델의 특징

클라이언트의 강점과 자원이 잠재력을 가지고 있다고 전제하며 이를 문제해결의 중점에 두는 것은 해결중심모델의 특징이다.

+ 기출개념 더 알아보기

인지행동모델 개입의 특징
- 주관적 경험의 독특성
- 협력적 노력
- 자신과 타인을 위한 무조건적 관심
- 구조화되고 직접적인 접근
- 적극적인 참여
- 교육적 모델

- 소크라테스식 문답방법
- 경험적인 초점
- 개입의 단기화
- 문제 재발의 방지
- 다양한 개입방법

인지적 기법	문답식 대화, 논박 등
정서적 기법	합리적 정서적 심상법, 내담자 수용
행동적 기법	역할 연습, 역할 바꾸기, 과제 수행 등

030 정답 ③
출제포인트 인지행동모델 개입기법

오답분석

① 행동시연: 클라이언트가 시행착오를 통해 실제 상황에서 시행착오를 겪지 않게 하는 것이다.
② 유머사용: 인지적 기법보다 클라이언트의 정서, 감정의 전환을 위한 기법이고 이는 불안을 감소시키는 데 일정 부분 유용하다.
④ 역설적 의도(paradoxical intention): 반어법 형태로서 변화하고자 하는 모습과 정반대를 제시하여 현재 상태를 파악하게 하는 것이다.
⑤ 클라이언트가 가장 덜 위협적인 상황에서 가장 위협적인 상황까지 순서대로 제시하는 것은 체계적 둔감법이다.

031 정답 ⑤
출제포인트 임의적 추론, 비논리적 추론

주어진 사례는 명확하고 확실한 증거가 없음에도 임의적, 개연적으로 예측하는 임의적 추론에 해당한다.

032 정답 ④
출제포인트 동기강화모델의 원리

내적 의사소통 명료화하기는 인지행동모델의 개입기법이다.

+ 기출개념 더 알아보기

밀러-롤닉의 동기강화모델의 개입기법의 특징

- 클라이언트 중심
- 양가 감정 다루기
- 불일치감 해소
- 공감 표현
- 협력
- 목표 지향적
- 자기효능감 지지
- 저항과 함께하기

033 정답 ⑤
출제포인트 과제중심모델의 주요 내용

사회복지사는 적극적으로 개입하며 클라이언트와 파트너적 관계를 형성한다.

034 정답 ⑤
출제포인트 과제중심모델의 특징

과제수행 도중에도 과제달성을 위해 형성(중간)평가를 실시하여 과제달성 정도를 점검한다.

+ 기출개념 더 알아보기

과제중심모델의 특징

- 시간 제한적(단기 개입)
- 구체적 과제 설정(통상 2~3개)
- 구조적 접근
- 외부 환경자원의 활용
- 클라이언트가 인식한 욕구, 문제 우선
- 클라이언트와 파트너십 형성
- 클라이언트와 협의
- 과거보다 현재에 중점
- 사회복지사의 경험적 요소 강조
- 과제달성 위해 형성(중간)평가 실시
- 책임성 구비
- 클라이언트의 자기결정권

035 정답 ⑤
출제포인트 과제중심모델의 특징

과제중심모델에 대한 설명이다.

036 정답 ③
출제포인트 사회복지실천모델별 기법

오답분석

유형-역동에 관한 고찰(성찰)은 심리사회모델의 주요 기법이다.

037 정답 ②

출제포인트 과제중심모델의 특징

오답분석
① 개인의 신념체계의 변화를 강조하는 것은 인지행동주의이다.
③ 인간의 신념이나 생각이 정서와 행동에 영향을 미친다고 가정하는 것은 엘리스의 비합리적 신념에 해당된다.
④ 클라이언트가 무력한 상태에서 힘을 가진 상태로 이동하는 것을 목표로 하는 것은 임파워먼트모델이다.
⑤ 변화는 항상 일어나며 불가피한 것으로 보는 것은 해결중심모델이다.

038 정답 ⑤

출제포인트 해결중심모델의 주요 내용

문제가 해결된 상태를 가정하는 기적질문을 활용할 수 있다.

+ 기출개념 더 알아보기

해결중심모델의 질문기법

상담 전 변화의 질문	치료를 위한 상담에 대해 클라이언트의 기대, 희망을 확인하는 질문
대처(극복) 질문	과거에 성공적으로 경험한 내용을 확인케 하여 자신감을 상승시키는 질문
기적질문	문제가 해결된 상태를 가정하는 질문
척도질문	클라이언트가 당면 문제를 얼마만큼 인지하고 있는지 수치화하여 확인하는 질문
예외질문	당면 문제가 발생하지 않았던 예외적 상황을 통해 희망, 기대를 확인하는 질문
관계성 질문	클라이언트와 가까운 대상자의 입장에서 진행하는 질문

039 정답 ④

출제포인트 사회복지실천모델

오답분석
ㄹ. 클라이언트중심모델에서는 사회복지사의 권위적인 역할보다 인간적이며 협력적인 파트너십 관계를 강조한다.

040 정답 ③

출제포인트 발달적 위기

생애 동안 성장, 발달하는 과정에서 발생하는 변화 과정(사춘기, 갱년기, 출산기, 은퇴기 등)인 발달적 위기에 해당한다.

041 정답 ③

출제포인트 해결중심모델의 특징

오답분석
① 클라이언트의 문제의 원인을 심리 내부에서 찾는 것은 정신역동모델이며 해결중심모델은 문제의 원인보다 그 해결방법에 초점을 둔다.
② 의료모델을 기초로 문제 중심의 접근을 지향하는 것은 정신역동모델이며 해결중심모델은 포스트모더니즘, 사회구성주의를 기반으로 한다.
④ 문제 자체에 초점을 두는 것보다 클라이언트의 준거틀, 인식, 강점에 주안을 두며 해결 방법에 역량을 집중한다.
⑤ 신속한 문제해결을 위해 행동변화를 위한 새로운 전략을 가르치기보다는 클라이언트의 자발적 변화를 위한 자문가, 조력자 역할을 수행한다.

042 정답 ③

출제포인트 역량강화모델의 특징

오답분석
ㄹ. 클라이언트가 가진 문제의 원인보다 잠재역량에 초점을 두고 개입한다.

043 정답 ⑤

출제포인트 해결중심모델의 특징

클라이언트의 과거보다 현재와 미래에 관해 깊이 탐색하여 문제를 해결하는 데 관심을 둔다.

044 정답 ④

출제포인트 위기개입모델의 개입 원칙

오답분석
① 단기적인 개입방법을 사용한다.
② 개입목표는 가능한 한 간결하고 구체적으로 설정한다.
③ 사회복지사는 적극적이고 직접적인 역할을 수행한다.
⑤ 클라이언트의 과거 탐색보다 현재의 구체적인 문제에 초점을 둔다.

045 정답 ②

출제포인트 해결중심모델의 질문기법

> **꽐배기문제** #해결중심모델의 질문기법 #사례 파악
> 해결중심모델에서 질문기법은 사례로 자주 출제되니 확실하게 숙지해야 해요.

오답분석
① 대처(극복)질문에 해당한다.
③ 예외질문에 해당한다.
④ 상담 전 변화의 질문에 해당한다.
⑤ 예외질문에 해당한다.

046 정답 ①

출제포인트 해결중심모델의 질문기법의 유형

예외질문에 해당한다.

047 정답 ⑤

출제포인트 위기개입모델의 내용

위기개입모델은 즉각적이며 단기적인 접근 방법을 강조하고 위기 이전의 기능 수준으로 돌아가게 하는 것을 목적으로 한다. 따라서 위기로 인해 이미 발생한 병리적 반응과 영구적 손상을 치료하는 데까지는 미치지 못한다.

참고
위기개입모델은 위기에 처한 클라이언트가 예상하지 못했던 사건으로 인하여 발생된 정서적, 행동적, 인지적 위기상태를 인식하게 한다.

048 정답 ②

출제포인트 해결중심모델의 특징

해결중심모델에 해당한다.

암기 TIP 해결중심모델은 '짬뽕'이다. (다양한 재료를 넣어서 손님이 원하는 얼큰한 맛으로 속을 풀어주는 역할)

+ 기출개념 더 알아보기

해결중심모델의 특징
- 문제의 해결에 초점
- 다양한 이론, 기법을 접목(탈이론, 비표준화, 통합적 접근)
- 작은 변화를 시작으로 중요한 문제에 접근
- 질문기법 강조(예외질문, 기적질문, 관계성 질문, 대처질문, 척도질문 등)

049 정답 ③

출제포인트 사회기술훈련에서의 행동주의모델기법

오답분석
ㄷ. 직면: 클라이언트의 언행 불일치를 지적하는 기법으로 사회기술 훈련보다 인지 재구조화, 인지 능력 향상 등에 주로 사용되는 기법이다.

+ 기출개념 더 알아보기

행동주의 사회기술 훈련

정적 강화	바람직한 행동을 계속 유지 및 증가하는 것
역할 연습	바람직한 모습을 위해 역할을 부여받아 반복, 숙달 행동하는 것
과제를 통한 연습	과제 부여라고 하며 행동을 통해 달성 과정에 주안을 두는 것

050 정답 ②

출제포인트 위기 개입

위기 개입의 목적은 기능 감소, 손상 이전의 상태로 돌려놓는 것이다.

051 정답 ④

출제포인트 사회복지실천모델

오답분석
ㄱ. 위기개입모델에서는 동일한 사건을 경험하더라도 위기로 인한 인식 또는 인지에 대해 클라이언트마다 다르다고 본다. 따라서 발생 사건에 대한 클라이언트의 주관적인 인식, 인지를 중시한다.

052 정답 ④
출제포인트 위기개입모델의 특징

위기 발달은 촉발요인이 발생한 후에 실제 위기 상태로 넘어간다.

053 정답 ②
출제포인트 해결중심모델의 특징

오답분석
① 클라이언트의 잠재역량을 개발하고 건강한 강점을 문제해결에 활용한다.
③ 문제의 원인을 클라이언트의 심리 내적 요인, 외부 요인에서 함께 찾는다.
④ 클라이언트의 문제를 자원 혹은 기술 부족이 아닌 환경과 상호작용 미흡으로 본다.
⑤ 문제와의 관련보다 환경과 자원을 사정하고 개입 방안을 강조한다.

054 정답 ①
출제포인트 해결중심모델의 질문기법의 유형

오답분석
② 척도질문에 해당한다.
③ 예외질문에 해당한다.
④ 대처(극복)질문에 해당한다.
⑤ 상담 전 변화의 질문에 해당한다.

055 정답 ④
출제포인트 해결중심모델의 개입목표 설정 원칙

없는 것보다 있는 것에 관심을 둔다.

+ 기출개념 더 알아보기

해결중심모델의 개입목표 설정 원칙 7가지
- 클라이언트에게 중요한 것을 목표로 하기
- 작은 것을 목표로 하기
- 구체적이고 명확하며 행동적인 것을 목표로 하기
- 없는 것보다는 있는 것에 관심을 두기
- 목표를 중지하기보다는 시작으로 간주하기
- 목표수행은 힘든 일이라고 인식하기
- 클라이언트의 생활에서 현실적이고 성취 가능한 것을 목표로 하기

056 정답 ①
출제포인트 위기개입모델의 단계별 특징

위기개입에 대한 초기사정을 하는 것은 시작(초기)단계이다.

+ 기출개념 더 알아보기

위기개입모델의 단계별 특징

시작단계	• 클라이언트와 라포를 형성함 • 초기사정을 실시 • 클라이언트와 함께 표적 문제 설정 • 계약
중간단계	• 과거의 경험을 탐색 • 자원 및 지지체계 확보 • 구체적 과제에 대한 원조
종결단계	• 저항 다루기(아쉬움, 서운함 등) • 요약하기(달성과제, 미달성 과제 브리핑) • 사후관리

057 정답 ③
출제포인트 클라이언트중심모델의 특징

인지적 개입은 인지행동모델의 개념이다.

058 정답 ②
출제포인트 해결중심모델의 주요 원리

개입의 목적을 증상 감소보다 문제해결에 둔다.

059 정답 ③
출제포인트 임파워먼트모델의 실천기법

오답분석
ㄹ. 합류하기는 구조적 가족치료모델의 첫 번째 개입과정이다. 이는 클라이언트와 동질성 및 라포 형성을 위해 역기능적 모습을 일정 기간 따라하는 것이다.

060 정답 ⑤
출제포인트 골란(N. Golan)의 위기발달 단계

골란의 위기발달 단계는 '위험사건 - 취약단계 - 촉발요인 - 위기단계 - 재통합' 순이다.

03 가족 대상 실천기법

061	062	063	064	065
⑤	⑤	⑤	②	④
066	067	068	069	070
②	②	④	①	②
071	072	073	074	075
④	⑤	②	⑤	②
076	077	078	079	080
④	④	①	③	①
081	082	083	084	085
⑤	③	②	⑤	②
086	087	088		
②	⑤	①		

061 정답 ⑤
출제포인트 가족의 주요 내용

꽈배기문제 #가족의 특징 및 흐름 #빈출 #개념 정리 필수
가족의 특징 및 흐름은 매년 1~2문제씩 출제되니 개념 정리를 철저히 해야 해요.

가족은 어느 정도의 권력구조를 갖고 있다. 부모, 장남(장녀), 조부모 등이 권력자로서 가족의 의사결정에 막대한 영향력을 미친다.

062 정답 ⑤
출제포인트 가족의 특성

ㄱ~ㄹ. 모두 가족의 특성에 해당한다.
가족의 특성은 다음과 같다.
- 양적 관계보다 질적 관계 중요시
- 생산기능보다 소비기능 강조
- 유연성 및 개방성 확대
- 사회변화에 민감한 체계
- 현대 가족은 점차 정서적 기능이 약화
- 가족의 현재 모습은 세대 간 전승된 통합과 조정의 결과물
- 기능적인 가족은 응집성과 적응성, 문제해결력이 높은 가족

063 정답 ⑤
출제포인트 가족에 대한 체계론적 관점

가족이 처한 상황을 구성원의 인식과 언어체계로 표현하면서 가족 스스로 문제해결의 단서를 찾는 것은 사회구성주의 관점이다.

064 정답 ②
출제포인트 가족경계의 특징

오답분석
① 하위체계의 경계가 애매한 경우에는 지나친 간섭이 증가한다.
③ 하위체계의 경계가 명확한 경우에는 가족의 보호 기능이 강화된다.
④ 하위체계의 경계가 경직된 경우에는 가족 간 의사소통이 감소한다.
⑤ 하위체계의 경계가 애매한 경우에는 가족구성원이 독립적으로 행동하기 어렵다.

065 정답 ④
출제포인트 순환적 인과관계

가족체계의 순환적 인과성에 대한 내용으로 단선적 인과관계보다 복잡하고 다양한 상관관계에 초점을 둔다. 이외 순환적 인과관계의 내용은 다음과 같다.
- 가족 성원 한 사람의 변화가 다른 성원에게 파급효과를 가져옴
- 상호작용의 원리를 강조
- 한 가족 성원의 문제는 누적된 가족 전체의 문제로 봄

066 정답 ②
출제포인트 역기능적 집단

역기능적 집단의 특징은 다음과 같다.
- 문제해결 노력의 부족
- 비현실적, 비건설적 주제로 토의
- 복지부동, 무사안일, 책임회피 만연
- 일치되지 않는 의사결정 및 태도
- 논공행상, 보너스 등에 몰두

067 정답 ②
출제포인트 경직된 경계의 의미

가족이 다수의 복지서비스를 이용한다는 것은 개방된 경계에 대한 설명이다. 경직된 경계에 대한 특징은 다음과 같다.
- 외부와의 교류가 거의 없음
- 침투력이 없음
- 가족만의 가족 규범을 중요시함

068 정답 ④
출제포인트 가족의 변화

단독으로 생계를 유지하는 경우도 가구의 범위에 속한다.
예) 1인 가족, 독거노인 가족 등의 단독가구

069 정답 ①
출제포인트 체계론적 관점에서의 가족

오답분석
② 일탈행동이나 갈등상황에 대해 정적 환류를 적용하면 최초의 일탈이나 갈등을 증폭시키는 작용을 한다.
③ 가족은 상위체계와 독립적으로 존재하지 않으며 그 안에 다양한 하위체계를 포함한다.
④ 밀착된 경계를 가진 가족은 독립성과 자율성이 결여되어 있다.
⑤ 부모-자녀하위체계는 부모와 자녀 사이의 상호작용과 역할 등을 강조한다.

070 정답 ②
출제포인트 가족의 구조와 기능

오답분석
ㄴ. 부모와 자녀 간의 명확한 관계는 하위체계 간 균형을 유지하게 한다.
ㄹ. 기능적 가족은 가족성원에게 탄력적·기능적 역할을 부여하여 혼란을 감소시킨다.

071 정답 ④
출제포인트 가족사정도구

 #가족의 사정도구 #빈출 #개념정리필수

가족의 사정도구는 그 유형과 특징을 꼭 알아두어야 해요.

오답분석
ㄷ. 소시오그램은 집단사정도구로서 대인관계에서 이끌리는 정도를 그림으로 파악한다. 이는 집단성원 간의 관심 및 무관심, 배척 정도와 유형을 측정할 수 있다.

참고
- 소시오메트리: 집단 내 관계를 수치 자료로 제시
- 소시오그램: 소시오메트리의 수치 결과를 그림으로 제시

072 정답 ⑤
출제포인트 가족사정의 내용

ㄱ~ㄹ. 모두 1인 가구의 가족사정에 대한 설명이다. 1인 가구의 가족사정의 특징은 다음과 같다.
- 가족의 기능 및 역기능 구조 파악
- 생태 환경적 측면 이해
- 내적 및 외적 자원 확인
- 원가족 생활주기 파악
- 원가족 스트레스와 레질리언스 탐색
- 구조적 관점으로 미분화된 경계 파악
- 역사적 관점으로 미해결된 과거관계의 잔재 확인

참고
레질리언스(resilience)는 통상적으로 회복탄력성, 다시 일어서는 힘 등으로 의역되며 사회복지학에서의 의미는 주로 선천적 또는 후천적으로 발달된 성격, 내면의 정신 역량을 말한다. 이는 시련, 역경, 우울, 불안, 심리적 고통, 스트레스 등을 극복하고 어려움을 예방하는 능력 등을 포함한다.

073 정답 ②
출제포인트 생태도

생태도는 가족을 둘러싼 환경체계를 살펴보기 위한 사정도구로서 회복 탄력성과 문제해결능력 등을 파악하는 데 제한이 있다.

074 정답 ⑤
출제포인트 가족사정의 주요 내용

ㄱ~ㄹ. 모두가 가족사정에 대한 내용이다. 가족사정은 가족을 하나의 단위로 파악하여 내부 및 외부에서 발생하는 상호작용을 파악하기 위해 자료를 수집 및 분석하는 과정이며 이는 구성원 간의 경계, 가족 규칙, 가족 문화, 의사소통, 생활환경 및 주기 등을 면밀하게 이해 및 파악하는 것이다.

075 정답 ②
출제포인트 구조적 가족치료모델의 특징

비난형 아버지와 감정표현을 통제하는 어머니의 영향으로 자기 감정을 억압하는 아들의 문제는 의사소통으로 문제해결을 강조하는 사티어의 경험적 가족치료모델이 더 적합하다.

➕ 기출개념 더 알아보기

구조적 가족치료모델의 특징
- 클라이언트보다 역기능적 가족의 구조에 초점을 둠
- 가족 간의 경계를 명확히 하여 감정적, 정서적 침범을 억제시킴
- 권력의 편중을 벗어나게 하는 균형 깨뜨리기를 강조함
- 과제 부여를 통한 클라이언트 스스로의 자각을 유도함

076 정답 ④
출제포인트 가족 대상 실천기술

오답분석

ㄷ. 부모와 딸의 갈등 상황에서 딸에게 부모의 '과도한 통제'를 '관심과 염려'의 의미로 인식하게 한다는 긍정적 의미부여, 재명명, 재구성에 해당한다.

077 정답 ④
출제포인트 가족 대상 실천기술

은옥씨는 과거 자신의 잘못과 아들에 대한 죄책감을 호소하고 있으나, 서비스를 거부하며 특히 아들에 대한 접근을 막고 있으므로 합류하기(모방하기, 따라하기) 기법을 적용하면서 서서히 접근해야 한다.
합류하기는 점진적으로 역기능 가족을 따라 하면서 동질성을 확보해 나가고 이를 통해 역기능 가족성원의 저항, 거부를 무력화시키는 것이다.

참고
합류하기 기법은 본래 사막에서 낙타가 텐트 내 있는 카라반을 몰아낼 때 사용하는 기법에서 유래되었다. 낙타가 한쪽 다리를 살짝 텐트에 집어넣고 반응을 살피며, 괜찮으면 조금 더 깊게, 이어서 엉덩이, 몸통 순으로 점차 확대해나가다 결국 자기가 텐트를 차지한다.

078 정답 ①
출제포인트 실연: enactment

주어진 사례는 실연 기법에 해당한다. 실연 기법의 특징은 다음과 같다.
- 클라이언트가 가지고 있는 문제점을 사회복지사 앞에서 실제로 재연해 보이는 것
- 아무리해도 말이 안 통한다고 하는 부부에게 "여기서 직접 한 번 서로 말씀해 보도록 하겠습니까?"라고 하는 것

079 정답 ③
출제포인트 경계선 만들기

제시된 사례에 적용된 실천기법은 경계선 만들기이다. 경계선 만들기의 특징은 다음과 같다.
- 체계와 체계를 구분하는 것
- 상위체계, 하위체계를 명확하게 함
- 체계 간 독립 및 자율성 강조

080 정답 ①
출제포인트 미누친의 구조적 가족치료모델

미누친의 구조적 가족치료의 대표적 기법은 다음과 같다.
- 합류하기
- 경계 만들기
- 균형 깨뜨리기
- 긴장 고조시키기
- 실연
- 과제부여
- 시연

오답분석

가족그림은 경험적 가족치료모델, 탈삼각화는 다세대 전이치료모델, 역설적 지시는 전략적 가족치료모델, 순환적 질문은 전략적 가족치료모델의 개념이다.

081 정답 ⑤
출제포인트 보웬의 분화 촉진

제시된 사례에서 클라이언트는 가족 내의 정서적 혼란으로 인해 문제상황을 되풀이하고 있으므로 클라이언트가 자아분화를 통해 가족자아 덩어리로부터 벗어날 수 있도록 돕는 개입기법이 필요하다. 이는 보웬의 다세대 가족치료와 관련이 있으며 보웬의 다세대 가족치료의 특징은 다음과 같다.
- 역기능 원가족으로부터 독립적인 분화가 이루어지지 않는 것에 주안을 둠
- 자아분화 촉진을 개입목표로 함
- 탈삼각관계 강조
- 가계도를 통한 가족문제 사정

082 정답 ③
출제포인트 보웬의 다세대 가족치료

오답분석
ㄹ. 자아분화 수준이 높을수록 가족원의 자율성이 증가하여 독립적으로 행동한다.

083 정답 ②
출제포인트 사티어(V. Satir)의 의사소통 유형

초이성형(계산형)은 자신과 타인을 모두 무시한 채 상황만을 중시하는 것으로 연구, 통계, 보도 등과 같은 논리적 단서만을 문제해결의 중심에 둔다.

오답분석
① 모든 것이 자녀 때문이라며 자신이 외롭다고 함 → 모든 것을 남의 탓으로 돌림(비난형)
③ 어려서 고생을 많이 해서 그렇다며 벌떡 일어나 방 안을 왔다갔다 함 → 제대로 된 상황판단과 의사표현을 하지 못함(혼란형)
④ 살기 힘들어 술을 마신다며 자신의 술 문제가 자녀 학업을 방해했다고 인정함 → 자신, 타인, 상황을 모두 고려하고 말과 행동에 일관성이 있음(일치형)
⑤ 다른 사람들 말이 다 옳고 자신은 아무것도 아니라고 술 문제에 대한 벌을 달게 받겠다고 함 → 상대방의 의견에 무조건적으로 동의하며 비위를 맞추기 위한 의사소통을 함(회유형)

084 정답 ⑤
출제포인트 문제의 외현화

문제의 외현화는 이야기치료모델의 핵심 개념으로 문제의 원인과 해결에 초점을 두기보다는 문제 자체에 대한 관심을 덜 가지게 하는 것이 목적이다. 즉 동떨어진 별개의 것으로 여겨 그 문제의 심각성을 감소시키는 것이다.
이는 가족의 상호작용 유형을 확인하는 과정에 필요하지 않으며 가족과 개인의 상호작용이나 경험 등을 변화시킴으로써 성장할 수 있는 경험을 하게 하는 것을 목표로 하는 경험적 가족치료와는 관련이 없다.

085 정답 ②
출제포인트 전략적 가족치료의 기법

빙산기법은 클라이언트의 행동이 빙산의 윗부분이라고 한다면, 실제 그 행동을 유발시킨 요인들은 수면 아래에 있는 것이라 보면서 그 감정, 정서, 지각, 열망 등을 파악하는 기법이다.

086 정답 ②
출제포인트 제지 기법

제지 기법은 클라이언트에게 역설적으로 변화 속도가 너무 빠르다고 하면서 문제해결을 진행시키는 것이다. 이는 주로 과장된 표현으로 진행된다.
㉑ 금연한 클라이언트에게 호들갑스럽게 금단 현상 발생하니 한 두 개비의 담배는 괜찮다고 하는 것
이외 제지 기법의 특징은 다음과 같다.
- 전략적 가족치료 모델 기법의 일종임
- 클라이언트가 역기능을 개선 및 수정할 때 진행 속도가 빠르다는 것을 인식시켜주는 것
- 속도 조절, 완급 조절 형태

087 정답 ⑤
출제포인트 전략적 가족치료의 특징

오답분석
①, ④ 구조적 가족치료모델에 해당한다.
② 증상 처방이나 고된 체험기법을 지시적으로 활용한다.
③ 가족문제가 왜 일어났는지 파악하여 원인 제거에 필요한 전략을 사용하기보다는 어떻게 하면 클라이언트 행동에 변화를 발생하게 할까에 초점을 둔다.

088 정답 ①

출제포인트 전략적 가족치료모델

제시된 기법은 전략적 가족치료모델에 해당한다. 전략적 가족치료모델의 특징은 다음과 같다.
- 반어법, 역설적 지시로 구성
- 클라이언트가 통제력을 발휘하게 하는데 중점(증상처방기법: 문제 증상을 방어하지 말고 더 하라고 주문함)
- 메타 의사소통 강조: 객관성을 바탕으로 내용보다 표현 방식에 중점을 둠
- 시련 기법, 제지 기법 등이 활용됨

04 집단 대상 실천기법

089	090	091	092	093
①	④	⑤	①	②
094	095	096	097	098
①	④	④	③	①
099	100	101	102	103
⑤	③	①	④	④
104	105	106	107	108
⑤	⑤	③	③	②
109	110	111	112	113
①	③	③	①	④
114	115	116	117	118
⑤	④	⑤	⑤	②
119	120	121		
④	③	④		

089 정답 ①

출제포인트 집단의 특징

집단성원의 주도성이 높은 것부터 순서대로 나열하면 다음과 같다.
ㄱ. 자조집단: 자신의 역기능을 스스로 해결하게 하는 역량강화에 목적을 두는 집단이며 주로 중독자(알코올릭, 도박, 인터넷 게임, 약물 등)들을 대상으로 한다.
ㄴ. 성장집단: 소크라테스의 "너 자신을 알라"의 명언처럼 자신의 현재 역기능, 문제, 상황등을 객관적으로 냉철하게 인식시키는 집단 형태이다. 이는 클라이언트로 하여금 잠재 역량을 개발하고 스스로 문제를 해결하게 하는 데 초점을 둔다.
ㄹ. 교육집단: 교육, 강의, 강연, 훈련 등을 통하여 지식, 정보, 기술등을 습득하게 하는 것이 주요 목적이다.

ㄷ. 치료집단: 가장 포괄적 개념의 집단이며 클라이언트가 가지고 있는 문제, 역기능 등을 해결(치료)하는 데 주안을 둔다.

090 정답 ④

출제포인트 성장집단의 특징

공동과업의 성공적 수행을 일차적인 목표로 두는 것은 과업집단이다.

+ 기출개념 더 알아보기

성장집단의 특징
- 집단성원의 자기 인식 증진에 주안
- 잠재력의 최대화 개발
- 집단성원의 주도성이 높음
- 상호작용 강조
- 사회복지사의 촉진자 역할 강조

091 정답 ⑤

출제포인트 집단의 유형별 특성

꽐배기문제 #집단의 유형 #사례 #빈출 #고난도
집단의 유형은 매년 1~2문제가 난이도 높게 출제되고 있어요. 사례와 결부해서 숙지해야 해요.

자조집단은 집단 구성원들의 상호 원조를 바탕으로 이루어진다. 주로 상호 간의 유사한 문제나 공통의 관심사를 가진 성원들이 주축이 된다.

092 정답 ①

출제포인트 자조집단의 특징

오답분석
ㄴ. 자조집단은 성원들의 자발적, 주도적, 참여적 프로그램 진행을 강조하기에 사회복지사의 역할은 크지 않다.
ㄷ. 집단 내 공동지도자보다 모두가 참여하고 솔선하는 형태로 구성된다.
ㄹ. 노아방주의 원칙이란 구약 성경의 노아가 대 홍수전에 각 쌍으로 된 동물 및 식물 들을 방주에 태운 것에서 유래한 것으로 연관 있는 인종, 성별, 지역, 대상, 소득 등으로 선별하여 프로그램화 하는 것으로 자조집단의 성원 모집 방법으로 적절하지 않다. 자조집단은 유사한 어려움이나 공통된 관심사를 가진 성원들이 자발적으로 만드는 집단이다.

093 정답 ②

출제포인트 집단 사회복지실천: 하위집단

오답분석

ㄱ. 집단응집력은 집단 초기단계보다 개입단계에서 주로 발생하고, 높아진다.
ㄷ. 적게는 두세 명에서 많게는 다수로 구성된다.

094 정답 ①

출제포인트 집단의 역동성

하위집단은 집단에 부정적인 영향보다 긍정적 영향을 주로 미치기에 억지로 제지할 필요는 없다.

참고

집단의 역동성은 이질적 집단보다 동질적 집단에서 더 많이 발휘된다.

+ 기출개념 더 알아보기

집단의 역동성의 구성요소

- 의사소통 유형
- 집단응집력
- 대인관계
- 가치와 집단규범
- 긴장과 갈등
- 집단 목적
- 하위집단
- 집단문화
- 지위와 역할

095 정답 ④

출제포인트 집단 응집력

오답분석

ㄴ. 응집력이 높은 집단에서는 자기노출이 확대되는 경향이 있다.

096 정답 ④

출제포인트 집단문화

집단문화는 고정적 성원들이 폐쇄적 집단에서 생활할 때 점진적으로 형성된다.

097 정답 ③

출제포인트 사회목표모델의 특징

사회목표모델의 특징은 다음과 같다.
- 지역사회 목표에 부응하는 모델
- 시민의식, 민주시민 교양 함양
- 수준 높은 시민으로서 교양, 의식 등을 강조(민주적 의사결정 방식)
- 지역에 대한 소속감 중요시
- 사회복지사의 촉진자 역할 강조
- 보이스카우트, 걸스카우트, RCY, 라이온스 클럽, JC청년단, 의용 소방대, 자율 방범대 등

098 정답 ①

출제포인트 집단의 치료적 효과

고유성이 아닌 보편성이 집단의 치료 효과에 해당한다. 보편성은 자기만의 특별한 고유의 문제(고유성)가 아닌, 문제는 모두가 일상적으로 가지고 있다라는 개념이다.

+ 기출개념 더 알아보기

집단치료의 효과

얄롬의 11가지 집단치료의 효과	말레코프의 9가지 집단치료의 효과
• 이타성 향상 • 실존적 요인 • 희망 고취 • 보편성 • 모방행동 • 정화 • 집단의 응집력 • 정보전달 • 사회기술의 개발 • 초기가족의 교정적 재현 • 대인관계 학습	• 상호지지 • 일반화 • 희망 증진 • 이타성 향상 • 새로운 지식과 기술 습득 • 집단의 통제감 및 소속감 • 정화의 기능 • 재경험 기회 제공 • 현실감각의 테스트 효과

099 정답 ⑤

출제포인트 집단의 치료적 효과

보기에서 설명하는 집단의 치료적 효과는 '재경험의 기회 제공'에 해당한다.

+ 기출개념 더 알아보기

집단치료의 효과

재경험의 기회 제공	원가족에게서 받지 못했던 정서적 유대감을 집단에서 느끼는 것

새로운 지식과 기술 습득	집단성원 간의 새로운 정보, 지식, 기술의 교류
정화(환기)	자신의 부정적인 감정, 역기능을 공유함으로써 보다 객관적인 해결 기회의 마련
집단의 통제 및 소속감	집단성원으로서의 소속감으로 자긍심, 목표의식의 고양
희망 증진	집단을 통해 문제의 해결 방안을 모색하고 그로 인해 희망, 기대감 제고
일반화	자신만의 문제가 아닌 모두의 일상적 문제라 인식하여 문제해결 의지 고양
이타성 향상	동병상련, 상부상조 개념으로 집단성원 간 서로 돕는 것
현실감각의 테스트 효과	집단성원들이 서로의 잘못된 생각이나 가치를 집단성원과 공유함으로써 잘못된 생각을 고쳐나갈 수 있는 기회를 갖는 것
상호지지	서로에 대한 지지를 통해 집단성원 간에 도움을 주고받는 것

100 정답 ③

출제포인트 집단 대상 실천의 장점

다양한 성원들로부터 새로운 행동을 학습하면서 모방 효과를 습득한다. 이외 집단 대상 실천의 장점은 다음과 같다.
• 이타심 향상
• 공감대 형성 및 확대
• 일반화, 보편화 경험
• 사회기술 및 유대관계 증진
• 원가족의 갈등에 대한 재사회화 과정 형성

101 정답 ①

출제포인트 집단 사회복지실천 기술

오답분석
② 집단성원들 간 의사소통이 사회복지사와의 의사소통보다 중요하다.
③ 사회복지사는 특정한 집단과정에 선택적으로 반응을 표현한다.
④ 집단 초반에 구성원의 참여를 촉진하기 위해 직면 기법을 사용하는 것은 적절하지 않다(저항 유발).
⑤ 집단의 목표는 처음부터 성취 동기 유발을 위해 설명해야 한다.

102 정답 ④

출제포인트 집단 대상 실천 내용

집단규칙은 사회복지사보다 집단성원들과 함께 토의, 결정하는 것이다.

103 정답 ④

출제포인트 집단과정 촉진기술: 직면하기

오답분석
ㄱ. 시작 단계에서 직면 기법(지적) 사용 시 라포(rapport)가 형성되지 않으면 강력한 저항이 발생한다.

104 정답 ⑤

출제포인트 집단의 종결단계 과업

> 꽈배기 문제 #집단발달단계 #단계별 수행과업 #암기필수
> 집단의 발달단계는 주로 '종결 - 초기 - 중간단계' 순으로 자주 출제되고 있으니, 각 단계별 수행 과업들을 파악하는 것이 중요해요.

집단성원 간 공통점과 차이점 파악은 중간단계에서 진행되는 과업이다.

105 정답 ⑤

출제포인트 집단 회기 마무리

ㄱ~ㄹ. 모두 옳은 설명이다.
집단 회기를 마무리하는 방식은 다음과 같다.
• 회기에 대한 사회복지사의 관찰과 생각 전달
• 회기 중 제기된 이슈를 다 마무리하지 않고 회기를 마쳐도 무방
• 회기에서 다룬 내용을 집단 밖에서 어떻게 적용할지에 대한 계획 파악
• 다음 회기에 다루기 원하는 주제나 문제 질문
• 회기에 투입된 물적, 심리적 노력 확인
• 브리핑(요약) 실시
• 성공적 마무리 성원에 대한 보상 실시

106 정답 ③
출제포인트 집단 사정

오답분석
ㄱ. 집단을 인가하고 지원하는 기관의 목표는 집단 외부 환경 차원이다.
ㄷ. 집단구성원의 변화와 성장은 개별 성원 차원이다.

107 정답 ③
출제포인트 집단의 중간단계의 특징

오답분석
ㄹ. 집단에 대한 의존성을 감소시키기 위해 모임주기를 조절하는 것은 종결단계에 해당된다.

+ 기출개념 더 알아보기

중간단계의 주요 내용
- 성원의 내적 변화를 파악하기 위해 개별상담(개입) 실시
- 성원들의 참여를 촉진하기 위해 집단의 목적을 상기
- 하위집단의 의사소통과 상호작용 빈도를 평가(중간평가)

108 정답 ②
출제포인트 집단의 초기단계의 특징

오답분석
ㄷ. 다른 집단성원과 대화하려고 시도하는 것보다 사회복지사에게 더 많이 의존하려 한다.
ㄹ. 문제해결과정에서 나타나는 갈등과 차이점을 적극적으로 표현하는 것은 중간단계이다.

109 정답 ①
출제포인트 집단의 구성

집단이 작아질수록 구성원의 참여의식이 증가한다. 이외 집단구성에 대한 특징은 다음과 같다.
- 집단이 작아질수록 통제와 개입이 용이함
- 집단상담을 위해 원형 테이블 형태가 바람직함
- 집단 성원의 동질성, 유사성은 집단 소속감을 증가시킴
- 개방집단은 새로운 정보와 자원의 유입을 허용
- 비구조화된 집단에서는 집단 성원의 자발성이 더욱 요구됨

110 정답 ③
출제포인트 저항 다루기

집단 활동 중 발생하는 저항은 그 의미가 크므로 원인, 정도, 크기 등을 파악하고 참여를 유도해야 한다.

111 정답 ③
출제포인트 집단 사정도구: 소시오그램

오답분석
① 구성원 간 호감도 질문은 하위집단 파악을 위해서 필요하다.
② 구성원의 호감도를 통해 집단성원간의 관계를 파악하는 데 목적이 있다.
④ 구성원 간 상호작용을 도표(그림)로 표현한다.
⑤ 특정 구성원에 대한 상반된 입장 중 하나를 선택하는 것은 의의 차별 척도이다.

112 정답 ①
출제포인트 집단목표

오답분석
② 목표는 사정을 통해 수정 가능하다.
③ 집단 크기, 기간 설정 시 목표를 고려해야 한다.
④ 집단목표는 구성원의 목표와 연관되어야 한다.
⑤ 목표는 집단과정에서 자연스럽게 형성되고 성원들의 의도적인 노력을 필요로 한다.

113 정답 ④
출제포인트 집단의 초기단계의 과업

오답분석
ㄹ. 구성원이 집단에 의존하는 정도를 감소시키는 것은 종결단계의 과업이다.

114 정답 ⑤
출제포인트 집단 준비단계

ㄱ~ㄹ. 모두 옳은 설명이다.
집단 준비단계에서 고려할 사항은 다음과 같다.
- 집단의 결성 목적

- 집단성원의 참여 자격
- 집단성원 모집 방식과 절차
- 공동지도자 참여 여부
- 집단의 회기별 주제
- 지속 기간

115 정답 ④
출제포인트 집단의 성과 평가 방법

델파이기법은 문제의 해결방법 모색을 위해 전문가들의 의견을 묻는 형태의 기법으로 집단의 성과 평가보다는 문제해결방안을 모색할 때 유용한 기법 중 하나이다.

116 정답 ⑤
출제포인트 집단사회복지실천 사정 도구

ㄱ~ㄹ. 모두 집단 사회복지실천 사정에 활용 가능하다.
- 집단 사회복지사의 관찰(자기인식)
- 외부 전문가의 보고(메타 보고)
- 표준화된 사정 도구(사정의 객관성 확보)
- 집단 성원의 자기관찰(내적 인식 고양)

117 정답 ⑤
출제포인트 개방형 집단과 폐쇄형 집단

오답분석
① 폐쇄형 집단은 개방형 집단에 비해 집단 성원의 중도 가입이 어렵다.
② 폐쇄형 집단은 개방형 집단에 비해 응집력이 강하다.
③ 폐쇄형 집단은 개방형 집단에 비해 집단 성원의 역할이 안정적이다.
④ 개방형 집단은 폐쇄형 집단에 비해 집단 발달단계를 예측하기 어렵다.

118 정답 ②
출제포인트 집단의 중간단계의 개입 기술

집단성원을 사후관리하는 것은 종결단계에 해당된다.

119 정답 ④
출제포인트 집단의 종결단계에서의 사회복지사의 역할

오답분석
ㄴ. 집단성원의 개별 목표를 설정하는 것은 초기단계의 과업이다.

120 정답 ③
출제포인트 집단의 종결단계 수행과업

오답분석
ㄱ. 성원 간의 이해를 돕기 위해 자기 노출의 기회를 갖는 것은 초기 및 중간단계이다.
ㄷ. 공통의 관심사를 찾기 위해 개방적 토론 시간을 늘리는 것은 초기 및 중간단계이다.

121 정답 ④
출제포인트 집단 사정도구의 활용 목적

오답분석
① 소시오메트리: 성원 간 상호작용 빈도 측정
② 소시오그램: 성원 간의 관계를 파악, 하위집단 구성 여부 확인
③ 사회적 관계망표: 사회적 지지체계를 표로 명시
⑤ 의의차별 척도: 어떤 개념, 의미에 대해 5~7점 척도를 제시하고 양극단에 형용사 배치

05 사회복지실천 기록 및 평가

122	123	124	125	126
④	④	②	①	⑤
127	128	129	130	131
③	②	⑤	②	①

122 정답 ④
출제포인트 문제중심기록의 S-O-A-P 순서

꽈배기 문제 #문제중심기록 #S-O-A-P #개념과 사례 중요
기록의 유형에서 문제중심기록이 자주 출제되고 있어요. 특히 S-O-A-P의 개념과 사례를 눈여겨 보아야 해요.

ㄴ. S(클라이언트 주관적 정보)

ㄱ. O(사회복지사 객관적 정보)
ㄹ. A(사정, 진단)
ㄷ. P(계획)

123 정답 ④
출제포인트 문제중심기록의 특징

클라이언트의 문제 상황을 진단하고 개입계획을 포함한 문제의 목록을 작성한다.

➕ 기출개념 더 알아보기

문제중심기록의 특징
- 의료적인 기록 양식을 취함
- 전문직 간의 의사소통에 유리(슈퍼바이저, 조사연구자, 외부자문가 등이 함께 검토하는 데 용이)
- 문제유형의 파악이 용이하며 책무성이 명확함
- 클라이언트의 주관적 진술과 사회복지사의 관찰과 같은 객관적 자료를 구분함
- 현상의 복잡성을 단순화시키고 부분화를 강조하는 단점이 있음

124 정답 ②
출제포인트 요약기록의 특징

요약기록의 특징은 다음과 같다.
- 사회복지시설, 기관 등에서 널리 사용되는 기록 형태
- 서비스의 개입 내용을 개조식으로 일목요연하게 작성
- 클라이언트의 변화 내용에 주안을 두며 작성
- 가급적 핵심 요점을 기록(신문기사체 방식)

125 정답 ①
출제포인트 과정기록의 특징

과정기록의 특징은 다음과 같다.
- 교육과 훈련의 중요한 수단이며, 자문의 근거자료로 유용
- 면담전개 과정을 시간의 흐름에 따라 기술하는 방식
- 사회복지사 자신의 행동분석을 통해 사례에 대한 개입능력 향상에 도움
- 사회복지사와 클라이언트의 상호작용을 상세히 기록
- 대화체 형태의 기록 방식

126 정답 ⑤
출제포인트 개입단계 기록에 포함될 내용

클라이언트에 관한 사후지도 결과는 종결단계의 기록에 포함된다.

127 정답 ③
출제포인트 기록의 목적 및 용도

오답분석
ㄴ. 기관 내외에서 활용하고 다른 전문직과도 공유한다.

128 정답 ②
출제포인트 ABC설계, ABCD설계의 특징

🍪 **꽈배기문제** #단일사례설계 #종류와 특징 파악 #사례 #빈출

단일사례설계는 사회복지조사론에서도 자주 출제되고 있어요. 특히 사회복지실천기술론에서는 사례와 결부하여 출제되니 각 종류 및 특징들을 꼭 파악해야 해요.

제시된 사례는 ABC설계에 해당한다. ABC설계의 특징은 다음과 같다.
- 첫 개입에 대한 효과 미 발생 시 다른 방법, 방식으로 개입
- 최초부터 다중 개입 방법을 계획
- 클라이언트에게 새로운 방법을 연속적으로 적용 가능함
- 이월효과, 순서효과 발생

129 정답 ⑤
출제포인트 다중기초선 설계

다중기초선 설계는 둘 이상의 클라이언트, 둘 이상의 문제에 대해 적용하는 설계로서 동시에 기초선을 측정해 가면서 각각 다른 시점에 개입한다.

130 정답 ②
출제포인트 단일사례설계의 특징

제시된 사례는 대표적인 A-B-A설계이다. 이는 단일사례설계에 해당하며 단일사례설계는 그 의미대로 단일이기에 통제집단을 내포하지 않으며 통상 표본이 1~2개의 소수이다.

> **참고**
>
> 단일사례설계는 한 개인, 한 조직, 한 지역사회에 대해 프로그램 개입을 통하여 그 효과성을 입증하는 데 주 목적을 가진다. 반면 외생변수 통제, 통제집단 설정 등으로 타당도를 높여 가설의 검증을 주 목적으로 하는 것은 실험설계에 해당된다.

131 정답 ①

출제포인트 단일사례설계의 특징

동시에 여러 문제의 변화를 측정하는 것이 가능하다.

+ 기출개념 더 알아보기

다중기초선 설계

문제 간 다중기초선 설계	한 사람에게 여러 문제 상황을 순차적으로 적용하여 비교함
대상자 간 다중기초선 설계	여러 대상들에게 같은 문제 상황을 순차적으로 적용하여 비교함
행동 간 다중기초선 설계	한 사람에게 나타나는 여러 행동들에 대하여 같은 문제 상황을 순차적으로 적용하여 비교함

영역별 기출문제 — 5영역 지역사회복지론

> **꽈배기문제**는 빈출 개념에 대해 혼동을 유발하거나 오답을 유도하는 선지가 출제된 문제입니다. 꽈배기 문제까지 맞힌다면 해당 영역은 합격 안정권 점수를 받을 수 있습니다.

01 지역사회의 이해

001	002	003	004	005
④	②	⑤	⑤	③
006	007	008	009	010
①	⑤	③	③	③
011				
⑤				

001 정답 ④
출제포인트 지역사회의 역량 향상 요소

오답분석
ㄴ. 상위집단을 포함한 하위집단의 다양성(이질적 특성 포함), 복합성, 통합성 강조

002 정답 ②
출제포인트 힐러리의 지역사회 기본 요소

힐러리의 지역사회 기본 요소는 다음과 같다.
- **공**동의 **유**대감
- **사**회적 **상**호작용
- 지리적 영역의 **공**유

💡 **암기 TIP** 힐러리 여사가 오징어 게임 보고 **공유**(공동의 유대감)의 **사상**(사회적 상호작용)을 **공유**(영역의 공유)하자 말했다네.

003 정답 ⑤
출제포인트 지역사회의 주요 내용

길버트-스펙트는 지역사회의 기능을 사회통제, 사회통합, 사회화, 생산·분배·소비, 상부상조 등의 다섯 가지로 구분하였다.

004 정답 ⑤
출제포인트 기능적 공동체

기능적 공동체란 이익, 가치, 신념, 직장, 취미 등을 기반으로 이루어진 공동체를 말한다. 이는 혈연, 지역을 초월한 사회 문화적 동질성을 기반으로 하며 외국인 근로자 공동체, 가상 공동체, 멤버십 공동체 등이 이에 해당한다.

005 정답 ③
출제포인트 워렌의 지역사회 비교척도

제시된 내용은 수평적 유형에 해당한다. 워렌이 제시한 지역사회 비교척도는 다음과 같다.
- **심**리적 동일성: 지역주민들이 자신의 지역에 어느 정도의 소속감을 가지고 있는가 정도
- **수**평적 유형: 지역사회 내 상이한 단위 조직들 간의 구조적·기능적 관련 정도
- **지역**적 자치성: 다른 지역에 의존하는 정도
- **서**비스 영역의 일치성: 서비스 영역이 동일 지역에서 얼마나 이루어지는가의 정도

💡 **암기 TIP** 워렌이 **심**씨, **수·지·역**에서 **서**라고 말했어유~

006 정답 ①
출제포인트 길버트-스펙트의 지역사회복지 기능

> **꽈배기문제** #길버트-스펙트의 지역사회복지 기능 #빈출 #암기필수
> 길버트-스펙트의 지역사회복지 기능은 시험에 자주 출제되니 5가지의 기능을 꼭 암기해야 해요.

주어진 사례를 분석하면 다음과 같다.
- **(생산·분배·소비)** 기능: 지역주민들이 필요한 재화와 서비스를 어느 정도 제공받을 수 있느냐를 결정하는 것
- **(사회통제)** 기능: 구성원들이 사회의 규범에 순응하게 하는 것

➕ 기출개념 더 알아보기

길버트-스펙트의 지역사회복지 기능

생산·분배·소비 기능	일상생활을 하는 데 필요한 재화와 서비스를 생산, 분배, 소비하는 것과 관련된 기능(경제제도)
사회화 기능	사회를 구성하는 가족, 집단, 조직 등을 통해 향유되는 지역사회의 지식, 가치, 행동 양태 등을 터득하는 기능(가족제도)
사회통제 기능	지역사회의 다양한 사회적 규범을 준수하고 순응하게 하는 기능(정치제도)
사회통합 기능	구성원들의 상호 간 협력, 결속력 등을 강조하는 기능(종교제도)
상부상조 기능	구성원들의 욕구가 주요 사회제도에 의해 충족되지 못할 경우 서로 도움을 주고받는 기능(사회복지제도)

007 정답 ⑤
출제포인트 길버트-스펙트의 지역사회복지 기능: 사회통제 기능

길버트와 스펙트(N. Gilbert & H. Specht)는 구성원들이 지역사회의 다양한 사회적 규범을 준수하고 순응하게 하는 것으로 <u>정치 및 법률 제도(사회통제 기능)</u>를 강조하였다.

008 정답 ③
출제포인트 길버트-스펙트의 지역사회복지 기능: 상부상조 기능

길버트와 스펙트(N. Gilbert & H. Specht)는 사회적 위험으로부터 어려움에 직면하게 되었을 때 구성원들 간에 서로 돕는 것으로 <u>복지 제도(상부상조 기능)</u>를 강조하였다.

009 정답 ③
출제포인트 길버트-스펙트의 지역사회복지 기능: 사회화 기능

길버트와 스펙트(N. Gilbert & H. Specht)는 지역사회가 공유하는 지식, 사회적 가치, 행동양식을 지역사회 구성원들에게 전달하는 것으로 <u>가족 제도(사회화 기능)</u>를 강조하였다.

010 정답 ③
출제포인트 던햄(A. Dunham)의 지역사회유형

지역사회를 기계적 연대지역, 유기적 연대지역으로 구분한 것은 <u>뒤르켐(Durkheim)</u>이다.

011 정답 ⑤
출제포인트 던햄(A. Dunham)의 지역사회유형

던햄의 지역사회유형에 따른 예시는 다음과 같다.

인구 크기 기준	대도시, 소도시 등
경제적 기반 기준	농촌, 어촌, 공단 등
정부 행정구역 기준	시·군·구·읍·면·동
사회적 특수성 기준	다문화 마을, 코리아 타운, 차이나 타운 등

02 지역사회복지와 지역사회복지실천

012	013	014	015	016
②	③	①	②	④
017	018	019	020	021
③	⑤	①	③	④

012 정답 ②
출제포인트 지역사회복지 개념

오답분석

① UN 지역사회개발 원칙은 <u>정부의 적극적 지원을 받아야 한다</u>고 강조하였다.
③ 로스(M. G. Ross)는 추진회 활동 초기부터 <u>다양한 문제를 발견하고 모든 주민의 공론화를 통해 합의된 목표를 설정하여 사업을 전개하는 것이 좋다</u>고 하였다.
④ 맥닐(C. F. McNeil)은 지역사회도 <u>자기결정의 권리가 있기에 자발적인 사업 추진을 장려해야 한다</u>고 강조하였다.
⑤ 워렌(R. L. Warren)은 지역사회 내 <u>권력의 분산이 폭넓게 이루어져야 한다</u>고 강조하였다.

013 정답 ③
출제포인트 지역사회복지 관련 이론

> **꽐배기 문제** #개념 상호교차 출제 #오답유발 #개념 명확히 파악
>
> 지역사회복지이론은 상호 교차해서 자주 출제되며 그 개념을 애매모호하게 설명하는 형태로 출제돼요. 이에 각 이론들을 명확히 파악하는 것이 중요해요.

오답분석
① 생태학이론: 인간과 환경과의 상호작용에 초점을 둔다.
② 갈등이론: 지역사회 내 갈등이 변화의 원동력이다.
④ 구조(기능)주의이론: 지역사회는 구성 부분들의 조화와 협력으로 발전된다.
⑤ 엘리트이론: 지역사회 내 소수의 엘리트 집단의 권력이 정책을 좌우한다.

014 정답 ①
출제포인트 지역사회보호

지역사회보호는 1950년대 영국의 정신장애인과 지적장애인 시설 수용 보호에 대한 문제 제기로 등장하였으며, 시설보호에 대하여 반대하고, 일상적인 생활 형태를 유지할 수 있도록 사회복지서비스를 제공한다는 개념이다. 이는 지역사회복지의 가치 중 탈시설화 및 정상화와 관련이 있다.
현재 정상화(normalization)는 장애인 복지 분야의 서비스의 질을 개선시키는 기준으로 자리 잡았으며 지역사회복지의 핵심개념으로 대두되었다.

015 정답 ②
출제포인트 지역사회복지의 이념: 주민 참여

보기는 주민참여에 대한 설명이다.

오답분석
② 정상화: 지역사회보호를 위한 탈시설화와 지역주민이 가치 있는 역할을 수행하도록 강조한다.
③ 네트워크(조직화): 공급 주체들의 효과성, 효율성, 책임성, 접근 편의성 등의 제고를 위해 상호 간에 연계, 연결하는 것을 의미한다.
④ 전문화: 지역사회복지 수행에 있어서 사회복지사, 사회복지 수행기관의 전문성을 의미한다.
⑤ 탈시설화: 기존의 시설보호에서 서비스가 필요한 중증 대상자를 제외한 클라이언트의 자기결정권 차원에서 재가 보호를 받게 하는 개념이다.

➕ 기출개념 더 알아보기
지역사회복지의 이념

정상화	특별한 장애나 욕구를 가진 사람도 시설보호를 벗어나 일상적인 삶을 유지할 수 있도록 해야 한다는 이념
네트워크 (조직화)	공급 주체들의 효과성, 효율성, 책임성, 접근 편의성 등의 제고를 위해 상호 간에 연계, 연결
사회통합	지역사회 보호대상자들이 지역사회 주민들과 함께 생활할 수 있도록 계층의 격차 및 전반적인 불평등을 줄이는 것을 추구
탈시설화	폐쇄적인 대규모 수용시설에서 벗어나 그룹홈, 주간보호시설, 단기보호시설 등 다양한 개방적 체제로의 전환을 지향
주민참여	클라이언트의 자기결정권에 입각하여 지역사회 및 지역주민이 당면 문제를 스스로 해결하도록 하는 개념으로 주로 지역주민과 행정기관의 파트너십 형성을 통해 수행

016 정답 ④
출제포인트 지역사회복지의 이념: 주민참여

주어진 설명은 주민참여에 대한 설명이다.

017 정답 ③
출제포인트 지역사회복지실천의 원칙

> **꽈배기문제** #지역사회복지실천 #원칙과 개념 #암기필수
> 지역사회복지실천은 6개년간 꾸준히 출제되고 있어요. 주로 그 원칙과 개념 등을 묻는 형태로 출제되므로 암기가 필수예요.

지역사회복지실천 원칙에 따르면 지역사회의 특성과 문제에 대한 개별화된 접근을 강조한다.

018 정답 ⑤
출제포인트 지역사회복지실천 가치

다양한 문화에 대한 이해를 바탕으로 하나 특수 문화가 있는 지역에서 일어나는 억압은 지양되어야 한다.

019 정답 ①
출제포인트 지역사회복지실천의 원칙

지역사회 특성과 문제의 개별화이다. 각 지역사회들은 특수성을 가지기에 지역사회의 특성과 문제에 대한 개별화된 접근이 필요하다.

020 정답 ③
출제포인트 지역사회복지실천의 원칙

지역사회 문제의 <u>다양성을 인정해야 한다</u>(다양화).

021 정답 ④
출제포인트 지역사회복지 실천의 원칙

오답분석
ㄷ. 지역사회 특성의 <u>개별화</u>

03 지역사회복지의 역사

022	023	024	025	026
②	⑤	③	④	③
027	028	029	030	031
②	②	④	③	④
032	033	034	035	
②	④	②	⑤	

022 정답 ②
출제포인트 영국 지역사회복지 역사 변천

주요 사건을 순서대로 나열하면 다음과 같다.
ㄱ. 토인비홀(Toynbee Hall) 설립: <u>1884년</u>
ㄴ. 정신보건법(Mental Health Act) 제정: <u>1959년</u>
ㅁ. 시봄(Seebohm) 보고서: <u>1968년</u>
ㄹ. 하버트(Harbert) 보고서: <u>1971년</u>
ㄷ. 그리피스(Griffiths) 보고서: <u>1988년</u>

023 정답 ⑤
출제포인트 영국의 지역사회복지 역사

꽈배기 문제 #인보관 #자선조직협회 #빈출 #암기필수
인보관, 자선조직협회는 단골 출제 개념이니 꼭 암기를 해야 해요!

오답분석
① 빈민들의 도덕성 향상을 위해 노력한 것은 <u>자선조직협회</u>이다.
② <u>인보관</u>은 기존 사회질서를 비판하고 개혁을 주장하였다.
③ 우애방문단 활동의 기반이 된 것은 <u>자선조직협회</u>이다.
④ 1960년대 존슨행정부는 '빈곤과의 전쟁'을 선포하고 <u>다양한 빈곤의 퇴치에 역점을 두었다.</u>

024 정답 ③
출제포인트 영국의 지역사회복지 역사

1950년대 이후 지역사회보호가 강조되면서 민간서비스, 비공식 서비스의 역할은 더욱 <u>증가하였다</u>.

025 정답 ④
출제포인트 허버트 보고서

하버트 보고서는 헐 하우스(Hull House) 건립의 기초와는 거리가 멀다.

+ 기출개념 더 알아보기

하버트 보고서의 특징
- 공공서비스와 민간서비스의 가족체계를 기반으로 하는 지역사회근린에 초점을 둠
- 비공식 서비스의 중요성 강조
- 친구와 친척에 의한 비공식 보호를 지원해야 된다고 역설

026 정답 ③
출제포인트 인보관의 역사

제인 아담스(J. Adams)에 의해 설립된 헐 하우스는 미국의 인보관이다(미국 시카고에 위치).

027 정답 ②
출제포인트 영국 지역사회복지 역사 변천

주요 사건을 시대순으로 나열하면 다음과 같다.
ㄱ. 토인비홀(Toynbee Hall) 설립: <u>1884년</u>
ㄷ. 정신보건법(Mental Health Act) 제정: <u>1959년</u>
ㄴ. 시봄(Seebohm) 보고서: <u>1968년</u>
ㅁ. 하버트(Harbert) 보고서: <u>1971년</u>
ㄹ. 바클레이(Barclay) 보고서: <u>1982년</u>

028 정답 ②
출제포인트 한국의 지역사회복지 역사

오답분석
ㄱ. 지방자치단체의 장 직접 선출: 1995년
ㄷ. 영구임대아파트단지 내 사회복지관 건립 의무화: 1989년

029 정답 ④
출제포인트 한국의 지역사회복지 역사

오답분석
ㄱ. 1992년: 재가복지 서비스 도입(재가복지봉사센터의 설치 및 운영지침에 관한 법률)

030 정답 ③
출제포인트 한국의 지역사회복지 역사

 #행정 및 정책의 역사 #법 #정책 #행정 #흐름 파악필수

지역사회복지론에서 주로 행정 및 정책의 역사가 출제가 되고 있으니 기본적인 관련 법, 정책, 행정의 흐름을 파악해 두어야 해요.

오답분석
① 2000년 국민기초생활보장제도 시행으로 정부의 책임성 강화
② 2012년 「협동조합기본법」의 제정으로 자활공동체가 보다 쉽게 협동조합을 결성할 수 있게 됨
④ 2012년 시·군·구 희망복지지원단 운영으로 통합사례관리 시행
⑤ 2016년 주민자치센터를 행정복지센터로 명칭 변경

031 정답 ④
출제포인트 지역사회보장협의체

2015년 7월 「사회보장급여의 이용·제공 및 수급권자 발굴에 관한 법률」이 시행됨에 따라 지역사회복지협의체는 지역사회보장협의체로 그 명칭이 변경되었다.

032 정답 ②
출제포인트 한국의 지역사회복지 역사의 흐름

ㄱ. 영구임대주택단지 내 사회복지관 건립 의무화: 1989년
ㄷ. 「국민기초생활 보장법」 제정으로 공공의 책임성 강화: 1999년 제정
ㄴ. 지역사회복지협의체가 지역사회보장협의체로 명칭 변경: 2015년 시행

033 정답 ④
출제포인트 한국의 지역사회복지 역사

오답분석
① 2000년대 – 지역자활센터 설치·운영(2006년 자활후견기관에서 명칭 변경)
② 1980년대 – 사회복지관 운영 국고보조금 지원
③ 2010년대 – 희망복지지원단 설치·운영(2012년)
⑤ 2000년대 – 사회복지사무소 시범 설치·운영(2004년)

034 정답 ②
출제포인트 오가통 제도

오가통 또는 오가작통이라고도 하며 이는 조선 현종 때 발생한 경신대기근 당시 유랑민 발생을 방지하고 안정적인 세수 확보를 위해 5가구 단위로 묶어서 관리하였던 제도이다. 후에 일제강점기를 거쳐 해방 후 행정구역의 통, 반의 개념으로 이어졌다.

035 정답 ⑤
출제포인트 한국의 지역사회복지 역사

시·군·구 희망복지지원단 설치·운영: 2012년

04 지역사회복지 이론과 실천모델

036	037	038	039	040
③	①	①	③	①
041	042	043	044	045
⑤	②	⑤	②	①
046	047	048	049	050
④	⑤	④	②	①
051	052	053	054	055
③	④	②	①	①
056	057	058	059	060
②	①	④	②	⑤
061	062	063	064	065
④	①	②	③	③
066	067	068	069	070
①	③	④	②	①
071	072			
②	③			

036 정답 ③
출제포인트 지역사회복지 주요 이론: 사회구성주의이론

사회구성론은 모든 현상에 대한 객관적 진실이 존재한다는 점에 회의적이며 상징적 상호주의의 요소로서 문화적 규범, 가치, 언어 등을 통해 구성되는 일상 행동의 주관적인 면을 강조하였다. 이는 로저스의 현상학이론에 영향을 주었으며 클라이언트의 입장에서 그들의 문제를 이해해야 한다는 관점을 제시한다.

037 정답 ①
출제포인트 지역사회복지 주요 이론: 갈등이론

파배기 문제 #갈등이론 #빈출 #개념 및 특성 #숙지필수
지역사회복지이론 중 갈등이론이 많이 출제되니 그 개념, 특성 등을 잘 파악해야 해요.

오답분석
ㄴ. 사회나 조직을 지배하는 특정 소수집단의 역할을 중요하게 보는 것은 엘리트이론이다.
ㄷ. 사회관계가 교환적인 활동을 통해 이익이나 보상이 주어질 때 유지된다고 하는 것은 사회교환이론이다.
ㄹ. 사회변화가 아닌 개인의 사회적응을 통해 사회문제를 해결할 수 있다는 것은 구조(기능)주의이론이다.

038 정답 ①
출제포인트 지역사회복지 주요 이론: 사회학습이론, 권력의존이론

파배기 문제 #실천이론 #사례제시
최근에 본 문제처럼 사례를 제시하고 해당되는 실천이론을 고르는 형태가 출제되고 있어요. 기출문제를 통해 해당 문제 유형에 익숙해지도록 해야 해요.

주어진 사례를 분석하면 다음과 같다.

> A사회복지관은 지역의 B단체로부터 많은 후원금을 지원받았고 단체회원들의 자원봉사 참여가 많았다. 그러나 최근에는 B단체의 후원금과 자원봉사자가 감소하여 교육을 통해 주민들의 역량을 강화(사회학습이론)시켜 복지관 사업에 함께 참여하도록 하고 있다. 또한, 다양한 후원기관을 발굴(권력의존이론)하고자 노력 중이다.

039 정답 ③
출제포인트 지역사회복지 주요 이론: 사회구성주의이론

오답분석
① 생태학이론: 인간과 환경과의 상호작용에 초점을 둔다.
② 갈등이론: 지역사회 내 갈등이 변화의 원동력이다.
④ 구조(기능)주의이론: 지역사회는 구성 부분들의 조화와 협력으로 발전된다.
⑤ 엘리트이론: 지역사회 내 소수의 엘리트 집단의 권력이 정책을 좌우한다.

040 정답 ①
출제포인트 사회자본의 특징

사회적 자본은 지역사회에 공유되고 지역사회의 문제해결에 직접적 영향을 끼친다. 사회자본의 특징은 다음과 같다.
- 지역사회의 신뢰를 기반으로 생산 및 소비를 지향하며 생태체계적 관점 지지
- 효율적 자원 활용을 위한 시장 유통보다 지역주민을 통한 유통 경로 확대
- 지역사회의 개별적, 개인적 자산보다 공동체적 집합 자산에 관심
- 네트워크, 신뢰 붕괴 시 소멸
- 대표적으로 당근마켓, 아나바다운동, 우버 택시, 하우스 렌탈(한 달 살기) 등

041
정답 ⑤

출제포인트 지역사회복지 주요 이론: 사회교환이론

자기효능감, 집단효능감은 인지행동주의이다.

+ 기출개념 더 알아보기

사회교환이론

> 인간은 자신의 이익을 위해 사회적 관계를 포함해서 물질적, 비물질적 자원의 상호 교환으로 작동이 되어지며 이는 투입 대비 산출의 보상이 상대적으로 낮을 경우 인간관계 및 지역사회, 국가사회의 모든 영역에서의 관계는 종료되거나 감소, 포기된다는 것이다.

042
정답 ②

출제포인트 지역사회복지 주요 이론: 사회구성주의 이론

오답분석

① 지역사회상실이론 – 전통사회가 가지고 있는 지역사회의 사회적 기능을 보존할 수 없다고 본다.
③ 자원동원이론 – 자원이 집단행동의 성패에 지대한 영향을 미친다.
④ 다원주의이론 – 집단 간 발생하는 경쟁을 활용한다.
⑤ 권력의존이론 – 조직의 자원 및 권력 소유 방식과 소유 여부에 따라 외부 조직에 대한 권력의 행사와 의존도를 설명한다.

043
정답 ⑤

출제포인트 지역사회복지 주요 이론: 갈등이론

오답분석

① 이익과 보상으로 사회적 관계가 유지된다고 하는 것은 사회교환이론이다.
② 특정집단이 지닌 문화의 의미를 해석하는 것은 사회구성주의이론이다.
③ 지역사회가 상호의존적인 부분들로 구성되어 있다고 하는 것은 체계이론이다.
④ 조직구조 개발에 자원 동원 과정을 중요하게 여기는 것은 자원동원이론이다.

044
정답 ②

출제포인트 지역사회복지 주요 이론: 권력의존이론

오답분석

ㄱ. 장애인 편의시설 설치를 위해 다양한 장애인 단체가 의사결정에 참여하도록 한다: 다원주의이론
ㄴ. 노인복지관은 은퇴 노인의 재능을 활용한 봉사활동을 기획한다: 교환이론

045
정답 ①

출제포인트 지역사회복지 주요 이론: 교환이론

오답분석

② 이익집단들 간의 갈등과 타협 강조: 이익집단이론(다원주의이론)
③ 소수 엘리트에 의한 지역사회 발전 강조: 엘리트이론
④ 지역사회 변화의 원동력을 갈등으로 간주: 갈등이론
⑤ 지역사회 하위체계의 기능과 역할 강조: 구조(기능)주의이론

046
정답 ④

출제포인트 사회자본의 구성 요소

사회자본의 구성 요소는 다음과 같다.

- 신뢰
- 호혜성
- 규범
- 네트워크

오답분석

ㄷ. 경계는 체계이론의 개념이다.

047
정답 ⑤

출제포인트 지역사회복지 주요 이론: 다원주의이론

주어진 사례를 보면 두 지방자치단체가 정부로부터 동일한 복지예산을 지원 받았으나, 각 지역 내 이익집단에 의해 예산 편성이 다르게 진행되었음을 알 수 있다. 이는 다원주의이론을 적용한 사회복지실천에 해당한다. 다원주의이론의 특징은 다음과 같다.

- 다양한 이익집단들이 사회를 이끌어가고 있다고 봄 → 이익집단(정당, 협회, 결사체 등)의 경쟁을 강조
- 경쟁을 통한 혜택은 소비자(지역주민)가 받음
- 정책결정 과정에서 정부는 공정한 심판자, 조정가의 역할을 수행
- 주로 선진국에 보이는 형태(후진국은 엘리트이론)

048 정답 ④
출제포인트 지역사회복지 주요 이론: 권력의존이론

주어진 사례에서 A사회복지관은 재화와 권력에 의존하는 모습을 보이며 공공기관의 요구와 통제를 수용한다. 이는 권력의존이론을 적용한 사회복지실천에 해당한다.

049 정답 ②
출제포인트 지역사회복지 주요 이론

오답분석
ㄱ. 지역사회 내 갈등을 변화의 원동력으로 본 것은 갈등이론이다.
ㄷ. 인간행동이 타인이나 사회환경과 상호작용하는 동안에 학습된다고 본 것은 사회학습이론이다.

050 정답 ①
출제포인트 로스만의 지역사회복지 실천모델

주어진 사례를 분석하면 다음과 같다.

> 지역사회복지 실천의 효과성을 높이기 위해 로스만(J. Rothman)의 모델을 순차적으로 적용해볼 수 있다. 즉 (사회행동)모델로 지역사회 내의 자원 배분과 권력 이양을 성취한 후, 고도의 복잡한 지역사회 문제를 조사·분석하고 해결 방안을 모색하기 위해 (사회계획)모델을 적용할 수 있다.

오답분석
- 지역사회개발모델: 지역사회의 변화를 위한 주민참여를 강조하며 자조정신, 자발적 협동, 민주적 절차, 교육, 토착 지도자 개발에 초점을 둔다. (로스만)
- 계획모델: 로스만의 사회계획모델의 과학적 접근을 지적하며 의사결정에 있어 사회교류와 인간지향적 특성을 추가하였다. (테일러와 로버츠)
- 근린지역의 지역사회조직모델: 지리적 의미의 지역사회에 중점을 두며 지역사회 개발을 통한 지역주민의 삶의 질 향상을 도모한다. (웨일과 갬블)
- 연합모델: 하나의 집단의 노력만으로는 문제해결이 어렵다고 보아 분리된 개별 조직을 연합하여 활동에 동참시킨다. (웨일과 갬블)

051 정답 ③
출제포인트 로스만의 사회계획모델

> **꽈배기 문제** #로스만의 3분형 모델 #왕중요 #모델유형의 개념 #클라이언트 #사회복지사 역할 #숙지필수
> 로스만의 3분형 모델은 절대적으로 중요하니 각 모델 유형의 개념, 클라이언트, 사회복지사 역할 등을 꼭 숙지해 두어야 해요.

사회계획모델은 지역사회에 만연된 문제, 예를 들면 주택문제, 환경문제, 치안문제 등을 해결하기 위한 객관적 기술과 방법을 강조하는 모델이다. 반면 권력구조에 대항하는 것은 사회행동모델에 더 가깝다.

052 정답 ④
출제포인트 로스만의 지역사회개발모델

로스만의 지역사회개발모델에서 정부조직 등의 공공기관은 경쟁자보다 협력 및 협업기관으로 인식한다.

+ 기출개념 더 알아보기

로스만의 지역사회개발모델의 특징
- 지역사회 변화를 위한 전술로 합의 방법을 사용함
- 변화의 매개체는 과업지향의 소집단임
- 지역사회의 아노미 상황에 사용 가능
- 변화를 위한 전략으로 문제해결에 다수의 사람을 참여시킴
- 사회복지사의 역할은 조력자, 계몽가, 교사, 소집가, 토론가 등

053 정답 ②
출제포인트 로스만의 지역사회복지 실천모델

오답분석
ㄴ. 사회계획모델의 변화 매개체는 공식적 조직과 객관적 자료이다.
ㄷ. 사회행동모델에서 사회복지사의 핵심 역할은 협상가, 옹호자이다.

054 정답 ①
출제포인트 로스만의 사회행동모델

클라이언트를 소비자(고객)로 보는 것은 사회계획모델이다.

055 정답 ①
출제포인트 로스만의 지역사회복지 실천모델

오답분석
ㄴ. 지역사회개발모델에서는 변화의 매개체로 과업지향적인 소집단을 활용한다.
ㄹ. 사회계획모델은 지역사회 문제해결을 위해 전문가의 주도적 개입을 강조한다.

056 정답 ②
출제포인트 프로그램 개발과 지역사회연계모델의 사회복지사 역할

 #웨일-갬블 #모델의 유형 #사회복지사 역할 #빈출
웨일-갬블은 최근 모델의 유형과 함께 사회복지사의 역할이 더 자주 출제되고 있으니 눈여겨 보아야 해요.

웨일과 갬블이 제안한 프로그램 개발과 지역사회연계모델에서 사회복지사는 대변자, 계획가, 관리자, 프로포절 제안자(제안서 작성자)의 역할을 수행한다.

057 정답 ①
출제포인트 근린지역사회조직모델

제시된 내용은 근린지역사회조직모형에 해당하는 설명이다.

+ 기출개념 더 알아보기

웨일과 갬블의 지역사회복지 실천모델

근린지역의 지역사회조직모델	지리적 의미의 지역사회에 중점을 두며 지역사회 개발을 통한 지역주민의 삶의 질 향상을 도모함
기능적 지역사회조직모델	기능적 지역사회에 초점을 두며 공통된 이해관계를 가진 집단의 문제해결에 관심을 둠
지역사회의 사회·경제적 개발모델	지역사회 개발과 경제개발을 동시에 진행함
사회계획모델	객관성과 합리성을 기반으로 지역사회문제를 해결함
프로그램개발과 지역사회연계모델	지역사회와 연계하여 프로그램을 개발 및 확장시킴
정치·사회행동모델	정책 또는 정책 결정자의 변화에 초점을 두며 사회정의를 구현함
연합모델	하나의 집단의 노력만으로는 문제해결이 어렵다고 보아 분리된 개별 조직을 연합하여 활동에 동참시킴
사회운동모델	광범위한 차원의 사회정의 실현을 위해 사회 전체의 변화를 도모함

058 정답 ④
출제포인트 정치·사회행동모델

제시된 내용은 정치·사회행동모델에 대한 설명이다.

059 정답 ②
출제포인트 기능적 지역사회조직모델

제시된 내용은 기능적 지역사회조직모델에 대한 설명이다.

060 정답 ⑤
출제포인트 근린지역사회조직모델

관심 영역이 공통 관심사나 특정 이슈에 대한 정책, 행위, 인식의 변화라고 하는 것은 기능적 지역사회조직모델이다.

061 정답 ④
출제포인트 테일러와 로버츠의 지역사회복지 실천모델

오답분석
ㄹ. 연합모델은 웨일-갬블의 지역사회복지 실천모델에 해당한다.

+ 기출개념 더 알아보기

테일러와 로버츠의 모델
- 프로그램 개발 및 조정
- 지역사회개발
- 정치적 권력(역량) 강화
- 지역사회연계
- 계획

062 정답 ①
출제포인트 테일러와 로버츠의 지역사회복지 실천모델

프로그램 개발과 조정모델은 지역사회의 효율적인 변화를 위해 공공기관을 중심으로 프로그램을 개발하고 조정해 나가는 모델이다. 반면 지역주민의 역량 강화 및 지도력 개발에 관심을 두는 모델은 지역사회개발모델이다.

+ 기출개념 더 알아보기

테일러와 로버츠의 모델

프로그램 개발 및 조정모델	공공기관이 프로그램을 개발하고 조정해 나가는 형태(권력행사: 공공기관 100%)
계획모델	인간 지향적인 측면을 강조하며 합리적 기획모델에 기초한 조사전략 및 기술을 강조함(권력행사: 공공기관 70%, 클라이언트 30%)
지역사회 연계모델	클라이언트의 개별적 문제들을 지역사회문제로 연계하는 형태(권력행사: 공공기관 50%, 클라이언트 50%)
지역사회 개발모델	지역사회의 역량 강화와 주민의 자발적 참여 등을 통한 문제해결 강조(권력 행사: 공공기관 30%, 클라이언트 70%)
정치적 권력강화 모델	사회적으로 배제된 집단에 초점을 둠. 웨일과 갬블의 정치·사회행동모델과 유사하며 사회복지사는 교육자, 자원개발자, 사회운동가 역할을 담당(권력행사: 클라이언트 100%)

063 정답 ②
출제포인트 지역사회연계모델

제시된 내용은 지역사회연계모델에 대한 설명이다.

064 정답 ③
출제포인트 포플의 커뮤니티케어 모형

K. Popple의 커뮤니티케어 모형은 지역사회 내 사회적 약자(노인, 장애인 등)의 복지를 위한 관계망, 지지망의 확충과 자발적인 서비스를 증진하는 데 그 목적을 두고 있다. 특히 자립, 자활, 자조를 강조한다.

065 정답 ③
출제포인트 포플의 지역사회복지 실천모델

오답분석
ㄹ. 지역사회연계모델은 <u>테일러와 로버츠의 실천모델</u>이다.

+ 기출개념 더 알아보기

포플의 지역사회복지 실천모델
- 지역사회개발
- 지역사회조직
- 지역사회교육
- 여권주의적 지역사회사업
- 지역사회보호
- 사회·지역계획
- 지역사회행동
- 인종차별 철폐 지역사회사업

066 정답 ①
출제포인트 포플의 지역사회복지 실천모델

지역사회연계모델은 테일러와 로버츠의 실천모델에 해당한다.

067 정답 ③
출제포인트 지역사회복지 실천모델별 사회복지사의 역할: 조력자

꽈배기 문제 #사회복지사 역할 #사례연관
지역사회복지실천에서 사회복지사의 역할은 본 문제처럼 각 과업을 파악하고 사례를 연동하여 학습하는 것이 효과적이에요.

오답분석
ㄴ. 지역사회문제의 조사 및 평가는 <u>전문가</u>의 역할이다.
ㄷ. 지역사회 내 불이익을 당하는 주민의 옹호와 대변은 <u>옹호자, 대변인</u>의 역할이다.

068 정답 ④
출제포인트 지역사회복지 실천모델별 사회복지사의 역할: 조직가

자금 제공은 <u>후원자(sponsor)</u>의 역할기술이다.

+ 기출개념 더 알아보기

평가자의 역할
지역사회의 프로그램 및 그 체계가 제대로 작동되고 있는지와 그 책임성, 효과성, 효율성 등을 점검하고 평가하는 역할이다.

069 정답 ②
출제포인트 지역사회복지 실천모델별 사회복지사의 역할

주어진 사례를 분석하면 다음과 같다.

A사회복지관에서는 클라이언트의 노후화된 주택의 개·보수를 위해 다양한 자원을 활용(네트워커, 관리자)한 주거지원 서비스를 제공(정보전달자, 서비스 제공자)하려고 한다(계획가).

후보자는 중앙 및 지방자치단체에서 피선거권을 활용하는 역할을 의미한다.

070 정답 ①
출제포인트 지역사회복지 실천모델별 사회복지사의 역할: 옹호자

주어진 사례에서 사회복지사는 주민의 입장에서 문제가 해결될 수 있도록 직접 서명운동 및 조례제정 입법 활동을 수행하였다. 이는 단순 중개자의 역할을 뛰어넘어 클라이언트의 역할을 대변하는 옹호자(대변자)의 역할에 해당한다.

071 정답 ②
출제포인트 지역사회복지 실천모델별 사회복지사의 역할: 조력자

지역사회를 진단하는 일은 전문가 또는 사회치료자의 역할이다.

072 정답 ③
출제포인트 지역사회복지 실천모델별 사회복지사의 역할: 조정자

제시된 사례에서 다양한 기관들과 함께 서비스의 중복과 누락을 방지(조정자)하기 위한 효율적인 개입 방안을 논의하였으므로 이는 조정자의 역할에 해당한다. 조정자는 지역사회 내 다양한 기관, 유사 기관의 역량을 한 곳으로 집중하여 효과성, 효율성을 높이는 것을 의미한다.

참고
조직가는 다양하되 이질적인 기관의 역량을 집중하여 효과성, 효율성을 높이는 것이다.

05 지역사회복지 실천과정과 실천기술

073	074	075	076	077
①	③	②	④	①
078	079	080	081	082
②	④	④	⑤	①
083	084	085	086	087
②	⑤	⑤	③	②
088	089	090	091	092
⑤	①	③	④	③
093	094	095	096	097
②	①	①	④	②

073 정답 ①
출제포인트 지역사회 욕구사정 방법

꽈배기문제 #지역사회 욕구사정 방법 #영역별 출제 가능성↑ #숙지필수
지역사회 욕구사정 방법은 사회복지행정론에서는 의사결정 방법으로, 사회복지조사론에서는 자료수집 방법으로, 사회복지정책론에서는 정책대안 비교기법으로 설명되고 있어요. 어느 영역이든 반드시 출제된다고 생각하고 영역별 특성을 파악해 두어야 해요.

서로 모르는 사이인 전문가들이 우편조사를 통해 의사 결정을 하는 형태는 델파이기법에 해당한다. 이는 후광효과를 방지하여 정확한 의견 전달이 가능하나 의견일치가 지연될수록 피로도가 증가하여 탈락자가 발생할 수 있다는 단점이 있다.

참고
델파이는 그리스의 도시 델피(Delphi)에서 따온 이름이며 아테네의 민주의회에서 의견일치가 되지 않을 시 의제를 아폴로 신전에 올려 신탁을 받아 결정하는 것에서 유래되었다.

오답분석
② 초점집단기법: 소수로 구성된 집단 성원들의 토론 및 질의응답을 통해 문제에 대한 의견을 듣는 방법
③ 공청회: 정부의 프로그램이나 계획에 대해 해당 분야의 전문가 등으로부터 공식 석상에서 의견을 듣는 방법
④ 지역포럼기법: 토론자들이 먼저 문제에 대한 토론을 진행한 후 방청한 지역주민들과 질의응답을 진행하는 방법
⑤ 사회지표분석: 2차자료를 활용하는 방법으로 통계청, 국가기관, 복지 관련 기관 등에서 발표한 수치화된 자료를 활용하여 욕구를 파악하는 방법

074 정답 ③
출제포인트 사정의 유형

자원봉사자 수, 사회복지예산분야 예산 규모, 프로그램 유형과 이용자 수 등 지역사회의 활용 가능한 인원, 재정, 기술 등을 파악하는 것은 자원 사정에 해당한다.

+기출개념 더 알아보기

사정의 유형

자원 사정	지역사회 활용 가능한 인원, 재정, 기술, 권력 등을 파악하는 것
하위체계 사정	전체보다 특정 일부분의 지역사회를 파악하는 것
포괄적 사정	지역사회 전반을 대상으로 파악하는 것
문제 중심 사정	특정 문제에 집중하여 파악하는 것(노인문제, 환경문제, 치안문제 등)
협력적 사정	지역사회 참여자들의 공동 협력으로 사정하는 것

075 정답 ②
출제포인트 사정단계의 특징

협력·조정을 위한 네트워크를 구축하는 것은 실행단계의 과업이다.

076 정답 ④
출제포인트 지역사회 욕구사정 방법

오답분석

ㄴ. 초점집단기법은 주요 인원, 소수의 대표자들이 모여서 토의하여 의사결정하는 형태이다.
반면 전문가 패널을 대상으로 반복된 설문을 통해 협의에 이를 때까지 의견을 수렴하는 방법은 델파이기법에 해당한다.

077 정답 ①
출제포인트 문제확인단계

제시된 설명은 문제(이슈)를 파악하는 과정에 대한 내용이며 이는 문제확인단계에 해당한다.
문제확인단계는 문제가 어떤 의미를 가지는지를 명확히 판단하는 단계로 이 과정에서 다양한 가치관을 고려하며 객관적이고 실증적인 자료를 수집하고 분석한다.

078 정답 ②
출제포인트 프로그램 기획

제시된 내용은 프로그램 기획에 대한 설명이다.

오답분석

① 사회지표 분석: 2차 자료 분석, 내용분석이라고도 하며 기존의 통계적 자료 기반으로 사회지표를 분석하는 것
③ 커뮤니티 프로파일링(community profiling): 지역의 과거 및 현재의 특징을 수집, 분석하여 미래를 예측하는 기법
④ 지역사회 지도 그리기: 지역사회 시설물, 공공기관, 각종 랜드마크 빌딩, 공원 등을 도표화시키는 것으로 지역사회 자원 접근과 관련하여 문제를 파악하는 중요한 도구가 됨
⑤ 청원: 권리구제, 이의신청, 청구 등 다양한 용어로도 표현되며, 이는 공공기관 또는 민간기관에 개인(집단)의 요구, 욕구를 절차에 의거하여 요청하는 것을 말함

+ 기출개념 더 알아보기

사회복지사의 활동 방법: 프로그램 기획의 특징

- 업무 목적에 부합되는 가치, 윤리, 개념 등 포함
- 업무 설계 및 방법 기재
- 구체적인 실행방법 확보
- 실행과정 중 우발적 요인 예측 및 포함
- 개별 사회복지기관이 다룰 수 있는 영역과 범위 안에 있는 이슈를 해결하기 위함

079 정답 ④
출제포인트 지역사회복지 실천 5단계

실천 계획의 목표 설정은 3단계인 계획단계에 해당한다.

+ 기출개념 더 알아보기

지역사회복지 실천 5단계

1단계	문제발견 및 분석
2단계	사정(자료수집 및 분석, 욕구 파악)
3단계	계획(목표 설정)
4단계	실행(재정자원 집행, 참여자 간의 갈등 관리, 클라이언트의 적응 촉진, 협력과 조정을 위한 연계, 추진 인력의 확보 및 활용)
5단계	점검 및 평가(모니터링, 최종 사례회의, 사례 평가, 사후관리)

080 정답 ④
출제포인트 실행단계의 과업

제시된 내용은 실행단계에 해당되며 실행단계에서의 과업은 다음과 같다.

- 재정자원의 집행
- 추진 인력의 확보 및 활용
- 협력과 조정을 위한 네트워크 구축
- 참여자 적응 촉진
- 참여자의 갈등 관리

081 정답 ⑤
출제포인트 네트워크(연계) 기술

꽈배기 문제 #네트워크(연계)기술 #중요개념 #암기필수
지역사회복지론에서 네트워크(연계)기술은 중요한 개념이니 반드시 암기해야 해요.

지역사회 복지의제 개발과 주민 의식화는 임파워먼트 기술에 해당된다.

082 정답 ①
출제포인트 네트워크(연계) 기술

ㄱ. 달성하고자 하는 목적을 위해 항상 강한 결속력을 유지하기보다는 평등한 수평적 의사소통을 추구하고 설득과 정보교환 등을 통해 네트워크가 이루어져야 한다.

083 정답 ②
출제포인트 네트워크(연계) 기술

사회정의 준수 및 유지는 옹호 기술에 가깝다.

084 정답 ⑤
출제포인트 네트워크(연계) 기술

지역사회 공공의제를 개발하고 주민 의식화를 강화할 수 있는 것은 임파워먼트 기술에 해당된다.

085 정답 ⑤
출제포인트 자원개발 · 동원 기술

주어진 사례를 분석하면 다음과 같다.

> 사회복지사 A는 가족캠핑을 희망하는(욕구) 한부모 가족 10세대를 대상으로 프로그램을 계획하고 있다. A는 개인적으로 참여하고 있는 수영 클럽을 통해 프로그램 운영에 필요한 예산(물적 자원)과 자원봉사자(인적 자원)를 확보하고자 운영진에게 모임 개최를 요청하였고, 성공적인 결과를 얻었다.

이와 같이 지역주민의 욕구를 충족하기 위해 필요한 자원을 발굴하고 동원하는 기술은 자원개발 · 동원 기술이며 이때 가장 핵심이 되는 자원은 물적 자원과 인적 자원이다.

086 정답 ③
출제포인트 자원개발 · 동원 기술

주어진 사례를 분석하면 다음과 같다.

> A 사회복지사는 독거노인이 따뜻한 겨울을 보낼 수 있도록(문제해결) 지역 내 종교단체에 예산(물적 자원)과 자원봉사자(인적 자원)를 지원해 줄 것을 요청하였다.

이와 같이 지역사회의 문제해결을 위해 자원을 발굴하고 동원하는 것은 자원개발 · 동원 기술에 해당한다.

087 정답 ②
출제포인트 자원개발 · 동원 기술

주어진 사례를 분석하면 다음과 같다.

> A 사회복지사는 사회적 고립가구 지원을 위해 ○○복지재단에 신청서를 제출하여 사업에 필요한 예산을 확보(물적 자원)하였으며 지역 대학교에 봉사자를 요청(인적 자원)하였다.

자원개발 및 동원은 그 목적 달성을 위해 인적 자원과 물적 자원을 동원하는 것을 의미한다.

088 정답 ⑤
출제포인트 임파워먼트 기술

ㄱ~ㄹ. 모두 임파워먼트 기술에 해당한다. 임파워먼트 기술의 특징은 다음과 같다.
- 의식 고양
- 공공 의제 형성
- 지역사회 사회자본 확장
- 지역주민 삶의 질 향상 목표
- 민주적 의사결정
- 자율적 참여 증진

089 정답 ①
출제포인트 임파워먼트 기술

제시된 설명은 임파워먼트 기술에 대한 설명이다. 임파워먼트 기술의 특징은 다음과 같다.
- 지역주민의 숨겨진 역량 개발(약점보다 강점에 주안)
- 스스로 문제를 해결하는 능력 배양
- 사회복지사는 조력자, 정보 제공자, 안내자, 교사 역할

090 정답 ③
출제포인트 임파워먼트 기술

제시된 사례에서 사회복지사는 클라이언트의 잠재 역량 및 자원을 인정하고 삶을 스스로 결정할 수 있도록 북돋아 주었으므로 이는 임파워먼트 기술에 해당한다.

091 정답 ④
출제포인트 조직화 기술

 #조직화 기술 #사례 적용 #고난도
조직화 기술은 사례와 결부하여 난이도가 높게 출제되니 꼼꼼하게 학습을 해야 해요.

조직화 기술은 클라이언트가 스스로 문제를 인식하고 그 문제를 해결하기 위해 노력을 결집하는 형태로서 이때 사회복지사는 지역에 흩어져 있는 각 기관들을 결집시켜 지역사회 문제나 욕구를 해결해 나갈 수 있도록 하는 역할을 담당한다.

092 정답 ③
출제포인트 공식 사회복지조직과 주민조직

오답분석
ㄴ. 지역사회개입모델에서 공식 사회복지조직은 주민의 문제해결을 목표로 하는 사회계획모델이, 주민조직은 주민의 역량강화에 목표로 하는 지역사회개발모델이 주로 쓰인다.
ㄷ. 정부통제로부터의 자율성 측면에서 공식 사회복지조직은 관료제적 성격으로 자율성이 상대적으로 낮고 주민조직은 자율성이 높다.

093 정답 ②
출제포인트 조직화 기술

오답분석
ㄷ. 지역사회 역량강화를 위해 지역사회복지 거버넌스 구조와 기능을 확대시킨다.

094 정답 ①
출제포인트 조직화 기술

조직화 기술은 주민의 효율적 통제보다 자발적 참여를 강조한다.

095 정답 ①
출제포인트 옹호(advocacy) 기술

지역사회 내 복지자원을 조정하고 연계하는 것은 연계기술에 해당한다.

➕ 기출개념 더 알아보기

옹호 기술

설득	표적체계가 기존 결정과는 다른 결정을 내릴 수 있도록 함
공청회 또는 증언 청취	행정기관에 증언 청취 요청
표적을 난처하게 하기	피케팅, 파업, 농성 등의 대결 전술 실시
정치적 압력	시의원 등에게 정치적 압력을 행사
탄원서 서명	탄원서에 서명을 받아 문제를 지지하거나 공감하는 사람이 많음을 알림
청원	국가기관에 대하여 의견 등을 개진

096 정답 ④
출제포인트 옹호(advocacy) 기술

제시된 내용은 옹호 기술에 해당한다.

097 정답 ②
출제포인트 협상 기술

협상은 클라이언트편에서 갈등, 긴장, 분쟁, 마찰을 해결하려고 노력하는 모든 행위를 의미한다. 사회행동모델은 전술에 있어서 대결 및 협상 전술을 병행하고 있다. 이때 대결 전술은 시위, 농성, 파업, 불매 운동 등이며 협상 전술은 당사자 간 대화, 노사정회의, 법률자문가(중재자)를 통한 공동 협의 등이 해당된다.

06 지역사회복지 네트워크

098	099	100	101	102
⑤	①	⑤	②	⑤
103	104	105	106	107
③	⑤	③	④	⑤
108	109	110	111	112
⑤	⑤	⑤	④	③
113	114	115	116	117
②	②	⑤	②	⑤
118	119	120		
③, ④	②	⑤		

098　정답 ⑤
출제포인트 지역사회보장계획의 수립 과정

지역사회보장계획의 수립 과정은 다음과 같다.
지역사회보장조사(ㄷ) → 추진 비전 및 목표 수립(ㅂ) → 세부사업 계획 수립(ㄱ) → 행·재정계획 수립(ㄹ) → 지역사회보장협의체 심의(ㄴ) → 의회 보고(ㅁ)

099　정답 ①
출제포인트 자원 동원 기관

사회복지공동모금회의 배분사업에는 신청사업, 기획사업, 긴급지원사업, 지정기탁사업이 있으며 그중 신청사업은 프로그램사업과 기능보강사업으로 구분된다.

+ 기출개념　더 알아보기

자원 동원 기관의 특징
- 기여 형태는 현금, 물품, 인력 등으로 다양
- 자원봉사자의 양성·배치
- 프로그램 진행의 전문성 확보
- 책임성(효과성, 효율성 포함) 및 사명감 지향

100　정답 ⑤
출제포인트 시·군·구 지역사회보장계획 포함사항

꽐배기 문제 #지역사회보장계획의 포함 사항 #빈출 #숙지 필수

지역사회보장계획은 포함사항이 자주 출제되므로 유념하여 숙지해야 해요.

ㄱ~ㄹ. 모두 시·군·구 지역사회보장계획에 포함되어야 할 내용이다.

+ 기출개념　더 알아보기

시·군·구 지역사회보장계획의 내용
- 지역사회보장 수요의 측정, 목표 및 추진전략
- 지역 내 부정수급 발생 현황 및 방지 대책
- 사회보장급여의 사각지대 발굴 및 지원 방안
- 지역사회보장의 분야별 추진전략, 중점 추진사업 및 연계협력 방안
- 지역사회보장의 목표를 점검할 수 있는 지표의 설정 및 목표
- 지역사회보장 전달체계의 조직과 운영
- 지역사회보장에 필요한 재원의 규모와 조달 방안
- 지역사회보장에 관련한 통계 수집 및 관리 방안
- 그 밖에 대통령령으로 정하는 사항

101　정답 ②
출제포인트 지역사회보장계획

오답분석
① 시·군·구 지역사회보장계획은 변경할 수 있다.
③ 4년마다 수립하고, 매년 연차별 시행계획을 수립하여야 한다.
④ 시·군·구 지역사회보장계획은 시·군·구 지역사회보장협의체 심의를 거쳐야 한다.
⑤ 지역사회보장계획의 평가, 지원 등을 위한 지역사회보장균형발전지원센터를 설치·운영할 수 있다.

102　정답 ⑤
출제포인트 시·군·구 지역사회보장계획 포함사항

ㄱ~ㄹ. 모두 시·군·구 지역사회보장계획에 포함되어야 할 내용이다.

103 정답 ③
출제포인트 시·군·구 지역사회보장계획

오답분석
ㄱ. 시·군·구 지역사회보장협의체의 심의와 의회 보고를 거쳐야 한다.
ㄷ. 시·군·구 지역사회보장계획은 시행연도의 전년도 9월 30일까지 수립하여 제출하여야 한다.
반면 연차별 시행계획은 시행연도의 전년도 11월 30일까지 제출해야 한다.

104 정답 ⑤
출제포인트 지역사회보장계획

오답분석
① 시장·군수·구청장은 4년마다 지역사회보장계획을 수립한 후 심의와 보고를 거쳐서 시·도지사에게 제출한다.
② 시·군·구의 지역사회보장계획은 시·군·구 지역사회보장협의체의 심의를 거친다.
③ 지역사회보장계획은 「사회보장급여의 이용·제공 및 수급권자 발굴에 관한 법률」에 의거하여 매년 연차별 시행계획을 수립한다.
④ 시·도의 지역사회보장계획은 시·도 사회보장위원회의 심의를 거친다.

105 정답 ③
출제포인트 시·군·구 지역사회보장계획 수립 및 시행절차

오답분석
ㄴ. 지역사회보장협의체 심의와 지방의회 보고를 거쳐 시·도지사에게 제출한다.
ㄷ. 지역사회보장계획에는 사회보험에 필요한 재원 규모와 조달방안이 미포함된다.

106 정답 ④
출제포인트 지역사회보장협의체의 구성 조직 및 역할

오답분석
① 대표협의체: 사회복지법인 이사의 추천과 선임 조정
② 실무협의체: 통합사례관리 지원
③ 실무분과: 실무협의체 업무 수행 지원
⑤ 읍·면·동 지역사회보장협의체: 읍·면·동 복지 업무의 점검, 심의, 통합사례관리 지원

107 정답 ⑤
출제포인트 읍·면·동 지역사회보장협의체의 역할

> **꽐배기 문제** #지역사회보장협의체의 역할 #빈출 #숙지필수
> 최근에 읍·면·동 지역사회보장협의체의 역할이 자주 출제되고 있으니 시·군·구 지역사회보장협의체와 함께 잘 파악해 두어야 해요.

지역사회보장 지표의 생성은 대표협의체의 역할이며, 실무협의체는 이를 모니터링한다.

108 정답 ⑤
출제포인트 시·군·구 지역사회보장협의체 심의·자문 내용

특별자치시(광역단체급으로서 대표적으로 세종시)의 사회보장과 관련된 서비스를 제공하는 관계 기관·법인·단체·시설과의 연계·협력 강화는 시·도 사회보장위원회의 심의·지문 내용이다.

109 정답 ⑤
출제포인트 시·군·구 지역사회보장협의체 심의·자문 내용

읍·면·동이 아닌 시·군·구의 지역사회보장 조사 및 지역사회보장지표에 관한 사항을 심의·자문한다.

+ 기출개념 더 알아보기

시·군·구 지역사회보장협의체의 심의·자문 사항
- 시·군·구 지역사회보장계획의 수립·시행 및 평가에 관한 사항
- 시·군·구 지역사회보장조사 및 지역사회보장 지표에 관한 사항
- 시·군·구 지역사회보장급여 제공에 관한 사항
- 시·군·구 지역사회보장 추진에 관한 사항
- 읍·면·동 단위 지역사회보장협의체 구성 및 운영에 관한 사항
- 그 밖에 위원장이 필요하다고 인정하는 사항

110 정답 ⑤
출제포인트 지역사회보장협의체의 실무협의체 운영

오답분석
① 사회보장업무를 담당하는 공무원은 당연직으로 포함된다.
② 위원장 1명을 포함하여 10명 이상 40명 미만의 위원으로 구성한다.

> **암기 TIP**
> 실무 ┌ **시무**(始務): 시작은 **1 또는 0**부터 → **10명**
> 　　└ **사무**(事務): 사(4) → **40명**

③ 지역사회보장계획과 관련된 조례를 제정하는 것은 지방의회이다.
④ 시·군·구의 사회보장급여 제공에 관한 사항을 심의·자문하는 것은 대표협의체이다.

111 　　정답 ④
출제포인트 지역사회보장협의체의 구성 및 역할

오답분석
① 대표협의체는 사회보장급여 제공과 관련된 조례를 제정하지 못한다. 조례 제정은 지방의회에서 이루어진다.
② 대표협의체 위원에는 공무원이 당연직으로 포함된다.
③ 사회보장급여 제공에 관한 사항을 심의·자문하는 것은 주로 대표협의체의 역할이다.
⑤ 읍·면·동 지역사회보장협의체는 지역사회보장계획의 시행결과를 평가할 권한이 없으며 이는 상급 기관에서 이루어진다.

112 　　정답 ③
출제포인트 지방자치 발달이 지역사회복지에 미치는 영향

중앙정부의 사회복지 책임과 권한이 약화된다. 이외 지방자치 발달이 지역사회복지에 미치는 부정적 영향은 다음과 같다.
- 특정 사업 편중에 따른 예산의 오·남용 발생 가능
- 복지서비스의 지역 간 불균형 초래
- 지역 간의 복지 경쟁 심화
- 행정적 통일성 저하

113 　　정답 ②
출제포인트 지방분권의 특성

중앙정부의 책임성이 약화된다.

114 　　정답 ②
출제포인트 지방분권의 특성

오답분석
① 사회보험제도는 국가책임으로 이루어지고 있다.

③ 지역주민의 욕구에 대한 민감성이 강화된다.
④ 복지수준의 지역 간 불균형이 이루어질 수 있다.
⑤ 중앙정부의 사회적 책임성이 약화될 우려가 있다.

115 　　정답 ⑤
출제포인트 지방자치제의 특징

ㄱ~ㄹ. 모두 지방자치제에 관한 설명에 해당한다. 지방자치제의 특징은 다음과 같다.
- 지방자치제는 민주성 강화, 주민의 자율적인 행정 보장을 목적으로 함
- 지방자치제는 지방 정부가 지역 주민의 의견을 반영하여 정책을 결정하고 집행케 함
- 중앙집권적인 국가 운영 방식과 대비(지역의 고유 특성 반영)
- 1948년 대한민국 정부 수립 이후 실시(1952년 지방선거를 계기로 본격화)
- 1961년 군사 정권의 등장으로 중단
- 1995년 4대 지방 동시선거를 통해 재개
- 지방자치제는 자기통치원리 적용, 사회복지시설 평가 기능 등을 가짐

116 　　정답 ②
출제포인트 지방자치제도의 장점

복지 예산의 중앙집중화로 정책 효과성이 강화되는 것은 중앙정부 장점이다.

> **+ 기출개념 더 알아보기**
>
> **지방자치제도의 장점**
> - 분권화에 따른 지방으로의 권력 이양
> - 지역성을 기반으로 한 효과성 효율성 증대
> - 접근 편의성 확대
> - 지역 복지 활성화 토대

117 　　정답 ⑤
출제포인트 지방분권화가 지역사회복지에 미치는 영향

지방의회의 사회적 책임성이 증대된다.

118
정답 ③, ④

출제포인트 사회복지협의회

오답분석
① 읍·면·동 중심의 공공부문 전달체계와 지역사회 보호 체계를 구축, 운영하는 것은 지역사회보장협의체이다.
② 관계법령에 따라 대표이사 1인을 포함한 15~30명 이내의 임원으로 구성된다.
③ 17회 출제 당시 시·군·구 협의회는 임의 규정으로 반드시 설치되어야 하는 것은 아니었으나, 현재는 의무 설치로 개정되었다.(2023.12.08. 「사회복지사업법」 일부개정안 통과)
※ 2023년 법 개정으로 복수정답 처리함
⑤ 사회복지사업법에 근거하여 설립된다. 반면 「사회보장급여의 이용·제공 및 수급권자 발굴에 관한 법률」에 근거하여 설립하는 것은 지역사회보장협의체임

119
정답 ②

출제포인트 사회복지협의회

민·관 협력을 위해 시·군·구에 설치된 공공기관은 지역사회보장협의체이다. 사회복지협의회의 특징은 다음과 같다.
- 사회복지사업법에 근거를 둔 민간 단체(공익적 성격 단체)
- 한국사회복지협의회는 기타 공공기관으로 지정
- 사회복지기관 간 연계·협력·조정 등의 업무를 수행
- 광역 및 지역 단위 사회복지협의회는 독립적인 사회복지법인
- 사회복지기관의 지원 및 유지 기능
- 사회복지기관의 교육 및 훈련 강화 역할
- 정책적, 행정적 지원을 받기 위한 공공기관과의 협력

120
정답 ⑤

출제포인트 한국사회복지협의회의 주요 사업

읍·면·동이 위탁하는 사회복지에 관한 업무는 한국사회복지협의회의 주요 사업이 아니다.
한국사회복지협의회의 특징은 다음과 같다.
- 사회복지에 관한 조사 및 연구, 정책 건의
- 사회복지기관 간의 연계, 협력, 조정
- 소외계층 발굴 및 민간사회복지자원과의 연계 및 협력
- 사회복지에 대한 학술도입과 국제 사회복지단체와의 교류 및 협력 강화
- 사회복지에 관한 교육훈련
- 사회복지에 관한 계몽 및 홍보
- 자원봉사활동의 진흥
- 사회복지사업에 관한 기부문화의 조성
- 사회복지에 관한 자료수집 및 간행물 발간
- 보건복지부장관이 위탁하는 사회복지에 관한 업무
- 시·도지사 및 중앙협의회가 위탁하는 사회복지에 관한 업무
- 시·도지사, 시장·군수·구청장, 중앙협의회 및 시·도협의회가 위탁하는 사회복지에 관한 업무

07 지역사회복지실천의 추진체계 및 지역사회운동

121	122	123	124	125
⑤	⑤	⑤	②	③
126	127	128	129	130
⑤	①	③	④	③
131	132	133	134	135
⑤	⑤	⑤	④	⑤
136	137	138	139	140
③	④	③	③	①
141	142	143	144	145
③	⑤	③	①	⑤
146	147	148	149	150
⑤	①	②	④	②
151	152	153		
④	④	④		

121
정답 ⑤

출제포인트 사회복지관의 역할

#사회복지관의 3대 기능 #사례 파악 #빈출 #숙지필수

사회복지관의 3대 기능은 전통적으로 자주 출제되고, 최근에 본 문제처럼 사례와 결부하여 출제되고 있으니 잘 파악해 두어야 해요.

주어진 사례를 분석하면 다음과 같다.

> ㄱ. A종합사회복지관은 인근 독거노인의 복합적이고 장기적인 욕구를 사정하고 통합적인 서비스 제공 및 점검계획을 수립하였다(사례관리 중 사례발굴).
> ㄴ. 이후 독거노인의 생활을 지원하기 위해 주민봉사단을 조직하여 정기적인 가정방문을 실시하고 있다(주민 조직화).

122 정답 ⑤
출제포인트: 사회복지관의 사회복지서비스 제공

사회복지관은 모든 지역주민을 대상으로 사회복지서비스를 실시하되, 다음의 지역주민에게 우선 제공하여야 한다.
1. 「국민기초생활 보장법」에 따른 수급자 및 차상위계층(A씨)
2. 장애인, 노인, 한부모가족 및 다문화가족(어머니)
3. 직업 및 취업 알선이 필요한 사람(배우자)
4. 보호와 교육이 필요한 유아·아동 및 청소년(자녀)
5. 그 밖에 사회복지관의 사회복지서비스를 우선 제공할 필요가 있다고 인정되는 사람

따라서 사회복지서비스를 우선 제공하여야 할 대상은 A씨, 어머니, 배우자, 자녀이다.

123 정답 ⑤
출제포인트: 사회복지관

국가 및 지방자치단체, 사회복지법인, 비영리법인 등은 사회복지관을 설치 및 운영할 수 있다.

124 정답 ②
출제포인트: 사회복지관의 3대 기능

사례관리는 사례관리 기능에 해당한다.

+ 기출개념 더 알아보기

사회복지관의 3대 기능

서비스 제공 기능	가족기능 강화, 지역사회 보호, 교육문화, 자활지원 등
사례관리 기능	사례발굴, 사례개입, 서비스 연계
지역조직화 기능	복지 네트워크 구축, 주민 조직화, 자원개발 및 관리

125 정답 ③
출제포인트: 사회복지관의 지역사회조직화 기능

아동 자립생활 지원을 위한 후원자 개발은 지역사회조직화 기능 중 자원개발 및 관리에 해당한다.

오답분석
① 독거노인을 위한 도시락 배달 → 서비스 제공 기능 중 지역사회보호
② 한부모가정 아동을 위한 문화 프로그램 제공 → 서비스 제공 기능 중 교육문화
④ 학교 밖 청소년을 위한 직업기능 교육 → 서비스 제공 기능 중 자활지원
⑤ 장애인 일상생활 지원을 위한 서비스 제공 → 서비스 제공 기능 중 지역사회 보호

+ 기출개념 더 알아보기

지역사회조직화 기능
- 복지 네트워크 구축
- 주민 조직화
- 자원개발 및 관리

126 정답 ⑤
출제포인트: 사회복지기관의 3대 기능

①~④ 선지는 모두 사례관리 기능에 해당되며, 주민 협력 강화를 위한 주민의식 교육은 지역조직화 기능에 해당된다.

127 정답 ①
출제포인트: 「사회복지사업법」 제34조의5

「사회복지사업법」 34조의 5에 관한 내용이며 주어진 사례를 분석하면 다음과 같다.

- 지역사회의 특성과 지역주민의 복지욕구를 고려한 서비스 제공 사업
- 국가·지방자치단체 및 민간 부문의 사회복지서비스를 연계·제공하는 사례 관리 사업
- 지역사회 복지공동체 활성화를 위한 복지자원 관리, 주민 교육 및 조직화 사업

128 정답 ③
출제포인트: 자활기금 설치 및 운영

자활기관의 설치·운영은 자활지원 사업의 원활한 추진을 위하여 보장기관이 담당한다.
보장기관은 국가 및 지방자치단체를 의미하며, 보장기관은 자활지원사업의 효율적 추진을 위하여 필요하다고 인정하는 경우에 자활기금의 관리·운영을 자활복지개발원 또는 자활지원사업을 수행하는 비영리법인에 위탁할 수 있다. 이 경우 그에 드는 비용은 보장기관이 부담한다.

129 정답 ④
출제포인트 사회복지관의 서비스 제공 기능

사회복지관의 서비스 제공 기능은 다음과 같다.
- 일상생활 지원
- 가족기능 강화
- 지역사회 보호
- 교육문화
- 자활 지원

130 정답 ③
출제포인트 사회적 경제 주체

사회적 기업은 취약 계층에게 사회 서비스 또는 일자리를 제공하거나 지역사회에 공헌함으로써 지역 주민의 삶의 질을 높이는 등의 사회적 목적을 추구하면서 재화 및 서비스의 생산·판매 등 영업활동을 하는 기업이다.

131 정답 ⑤
출제포인트 사회적 경제

ㄱ~ㄷ. 모두 사회적 경제에 관한 설명이다.
ㄱ. 5인 이상의 조합원 자격을 가진 자가 발기인이 되어 정관을 작성하고 창립총회의 의견을 거친 후 소재지 관할 시·도지사에 신고해야 한다.
ㄴ. 마을 주민이 일정 비율 이상 참여해야 한다.
ㄷ. 조합 또는 「부가가치세법」상의 사업자의 형태를 갖추고 저소득층(기초생활 수급자 또는 차상위자)을 2인 이상 포함해야 한다.

➕ 기출개념 더 알아보기

사회적 경제주체

사회적 기업	이윤보다는 지역사회적 문제해결을 우선으로 하는 영리기업으로, 소외계층의 경제활동 참여 등 일자리 창출, 사회적 문제해결을 공공기관과 함께 고민하여 공공의 이익에 부합하는 사회적 가치를 창출하는 영리와 비영리의 중간적 형태의 기업을 의미함
마을기업	지역의 욕구와 문제를 잘 파악하고 있는 마을 주민들이 주체가 되어 지역의 경제적·사회적 문제를 해결하고 경제 체계의 자립과 지역사회 공동의 가치를 구현하는 것을 목적으로 하는 기업형태이며 주로 행정안전부에서 관장함
협동조합	회원 가입제로 운영되며 회원들의 이익을 위해 영리적 특성을 지니고 지역의 일자리 창출 및 공동체 회복, 지역경제 활성화에 주력함
자활기업	2인 이상의 기초생활 수급자 또는 차상위자의 저소득층이 상호 협력하여 조합, 또는 공동 사업자의 형태로 탈빈곤을 위한 자활 사업을 운영하는 기업의 형태를 의미함

132 정답 ⑤
출제포인트 사회적 경제의 주체

> **딸배기 문제** #사회적 경제주체와 특징 #암기필수
> 사회적 경제 주체와 그 특성은 반드시 암기해야 해요.

사회적 경제주체에는 사회적 기업, 마을기업, 사회적협동조합, 자활기업이 포함된다.

133 정답 ⑤
출제포인트 사회적 경제

ㄱ~ㄷ. 모두 사회적 경제에 관한 내용이다.
ㄱ. 사회적 기업은 경제적 이익을 추구할 수 있다(영리와 비영리의 중간 형태).
ㄴ. 사회적 경제는 다양한 사회문제가 나타난 자본주의 시장 경제의 대안모델이다.
ㄷ. 사회적 협동조합은 취약 계층에게 사회서비스 또는 일자리를 제공하는 등 영리를 목적으로 하지 아니하는 협동조합을 말한다.

134 정답 ④
출제포인트 사회적 기업

오답분석

ㄷ. 사회적 기업은 사회적기업 육성법에 따라 고용노동부장관의 인증을 받아야 활동할 수 있다.

135 정답 ⑤
출제포인트 사회적 경제

오답분석

ㄱ. 사회적 경제주체는 지역 주민, 비영리법인, 공익법인, 사회적 협동조합 등이다.
반면 정부와 시장(생산자 및 소비자)은 시장경제의 주체이다.

136 정답 ③
출제포인트 지역사회복지의 최근 동향

오답분석
ㄱ. 지방자치단체의 '사회서비스원' 운영(2020년)
ㄴ. '읍·면·동 복지 허브화' 실시(2016년)

137 정답 ④
출제포인트 지역사회복지의 변화 과정

제시된 지역사회복지의 변화 과정은 다음과 같다.
사회복지통합관리망(행복e음) 구축(2010년)(ㄷ) → 희망복지지원단 운영(2012년)(ㄴ) → 찾아가는 보건복지서비스(2014년)(ㄹ) → 사회서비스원 시범사업(2019년)(ㄱ)

138 정답 ③
출제포인트 지역사회복지의 최근 동향

지역사회통합돌봄사업의 확대(2026년 통합돌봄 보편적 실행)

139 정답 ③
출제포인트 복지전달체계의 최근 동향

통합사례관리가 확대되고 있다.

140 정답 ①
출제포인트 자원봉사활동 추진체계의 역할

행정안전부장관은 관계 중앙행정기관장과 협의하여 자원봉사활동 진흥을 위한 국가기본계획을 5년마다 수립해야 한다.

141 정답 ③
출제포인트 사회복지공동모금회

공익법인 중 전문 모금기관이다.

142 정답 ⑤
출제포인트 사회복지공동모금회

사회복지공동모금회는 사회복지사업이나 그 밖의 사회복지활동 등을 지원하기 위한 재원을 조성하기 위하여 복권을 발행할 수 있다. 이 복권을 발행하려면 그 종류, 조건, 금액 및 방법 등에 관하여 미리 보건복지부장관의 승인을 받아야 한다.

143 정답 ③
출제포인트 사회복지공동모금회

임원의 임기는 3년으로 하며, 한 차례만 연임할 수 있다.

144 정답 ①
출제포인트 지역사회복지운동의 주요 내용

지역사회복지운동은 지역사회복지서비스 제공기관의 주도성 강화보다 수요자(지역주민)들의 주도성을 강화하기 위해 필요하다.

145 정답 ⑤
출제포인트 지역사회복지운동의 의의

> **판배기 문제** #지역사회복지운동 #개념숙지필수 #빈출
> 지역사회복지운동은 매년 1~2문제 출제되고 있으니 그 개념을 꼭 숙지해야 해요.

지역사회복지운동의 의의는 다음과 같다.
- 지역주민의 정체성 강화, 지역사회 변화 주도
- 시민의식 및 복지권리 의식 배양
- 지역사회 생활 운동으로 확대
- 다양한 자원 활용 및 유관기관의 유기적 연대 제고
- 사회정의 실현

146 정답 ⑤
출제포인트 지역사회복지운동

오답분석
① 지역주민의 역량강화와 지역사회 변화를 위한 계획된 조직적 활동이다.
② 사회복지 전문가 포함 비전문가까지 모두가 중심이 되는 활동이다.

③ 개인의 성장과 변화보다 사회적 약자의 보호 및 서비스 제공에 우선적인 초점을 둔다.
④ 노동자, 장애인을 포함한 지역주민 전체를 대상으로 한다.

147 정답 ①
출제포인트 지역사회복지운동

지역사회복지운동의 계층적 기반은 포괄적·보편적 지역주민 전체에 두고 있다.

148 정답 ②
출제포인트 지역사회복지운동

오답분석
① 사회복지전문가를 포함한 모든 사회구성원들이 중심이 되어 활동한다.
③ 운동의 초점은 정치권력의 장악보다 지역주민 욕구충족, 사회연대의식 고취, 네트워크 형성이다.
④ 지역사회의 구조적 문제를 포함하여 각종 문제를 해결하는 데 주안을 둔다.
⑤ 지역사회복지운동단체는 각종 복지 서비스 제공, 관계망 형성, 교육 활동 등을 한다.

149 정답 ④
출제포인트 지역사회복지운동

특정 계층에 국한된 수단지향적인 활동이 아닌 포괄적·보편적 활동에 초점을 둔, 지역사회 문제를 해결하기 위한 목적지향적 활동이다.

150 정답 ②
출제포인트 아른스테인의 주민참여 8단계: 회유

꽈배기 문제 #주민참여 수준 #빈출 #암기필수
아른스테인(S. Arnstein)의 주민참여 수준은 매년 단독 문제 또는 선지로 출제되고 있으니 반드시 암기해야 해요.

제시된 사례에서 설명하는 아른스테인(S. Arnstein)의 주민참여 8단계 수준은 회유에 해당한다. 회유는 주민자치위원회, 추진위원회 등에 지역주민을 참여시키지만 최종적인 의사결정은 공공기관에 있는 형태이다.

+ 기출개념 더 알아보기

아른스테인(S. Arnstein)의 주민참여 8단계

구분	범주	내용
1단계	조작	비참여	• 주민은 단순히 참여만 함 • 공공이 모든 것을 행사함
2단계	처방(치료)		• 공공이 주민을 계몽 대상으로 간주 • 주민의 욕구불만을 일정 사업에만 표출케 함
3단계	정보제공	명목적 참여 (형식적 참여)	• 공공이 주민에게 일방적으로 정보 제공함 • 피드백 없음
4단계	협의(상담)		• 주민 의견, 아이디어 수렴
5단계	회유		• 위원회 중심으로 주민참여 확대 • 최종 결정은 공공기관
6단계	파트너십 (협동관계)	주민권력	• 주민과 정부가 동등한 입장
7단계	권한위임		• 주민 주도적 역할 • 계획 집행 과정에 우월한 결정권
8단계	주민통제		주민 스스로 통제하는 단계(입안, 집행, 평가)

※ 범주 칸: 1~2단계=비참여, 3~5단계=명목적 참여(형식적 참여), 6~8단계=주민권력

151 정답 ④
출제포인트 주민참여의 개념

주민참여는 공적인 정부의 의사결정 과정에 주민들의 욕구가 반영되도록 하는 적극적인 노력을 말한다. 주민참여의 개념은 다음과 같다.
• 지역주민들이 권력기관의 의사결정에 참여하는 것
• 지역주민들의 의견이 권력기관에 반영되게 하는 것
• 합법적인 권한 행사로 이루어짐(청구권, 주민소환권, 가처분 금지 신청권 등)

152 정답 ④
출제포인트 지역주민 참여수준

지역사회복지실천에서 지역주민 참여수준이 높은 것에서 낮은 것 순서로 나열하면 다음과 같다.
의사결정권 행사(권한 위임)(ㄹ) → 계획단계에 참여(회유)(ㄱ) → 조직대상자(상담)(ㄴ) → 단순정보수혜자(정보 제공)(ㄷ)

153 정답 ④
출제포인트 아른스테인의 주민참여 8단계

주민동원은 아른스테인의 주민참여 단계에 해당하지 않는다.

영역별 기출문제 — 6영역 사회복지정책론

> **꽈배기 문제**는 빈출 개념에 대해 혼동을 유발하거나 오답을 유도하는 선지가 출제된 문제입니다. 꽈배기 문제까지 맞힌다면 해당 영역은 합격 안정권 점수를 받을 수 있습니다.

01 사회복지정책의 개념

001	002	003	004	005
⑤	④	③	①	②
006	007	008	009	010
④	⑤	④	③	①
011	012	013	014	015
①	⑤	②	①	④
016	017	018		
③	①	④		

001 정답 ⑤
출제포인트 우리나라 사회복지정책의 주요 내용

국가나 지방자치단체는 사회복지법인에 우선하여 사회복지시설을 설치·운영할 수 있다. 반면 국가나 지방자치단체 외의 자가 사회복지시설을 설치·운영할 경우 시·군·구청장에게 신고해야 한다.

002 정답 ④
출제포인트 사회복지서비스의 특징

사회복지서비스에서의 교환은 일방적이며, 급여에 대한 대가를 반드시 지불하지 않아도 되는 소비적 특성이 있다. 반면 교환이 쌍방적이며, 급여에 대한 대가를 반드시 지불해야 하는 이전(移轉)관계에 있는 것은 시장의 민간 서비스에 해당한다.

003 정답 ③
출제포인트 우리나라 비정규직 노동자

오답분석
ㄴ. 정규직과 비정규직 노동자의 사회보험 가입률은 그 차이가 크다. 비정규직 노동자의 사회보험 가입률은 정규직 노동자에 비해 현저히 낮다.

004 정답 ①
출제포인트 사회복지정책의 원칙 및 기능

능력에 비례한 배분을 원칙으로 하는 것은 경제(시장) 원칙이다.

참고
자동안정화 기능: 사회복지정책의 핵심 중 하나는 조세 정책인데 예를 들어 경기침체로 국민소득 감소 시 조세를 자동적으로 덜 징수하고 경기 호황으로 국민소득 증가 시 자동적으로 더 많이 징수하는 것을 말한다. 이를 통해 국민의 소득 보장 및 경기 활성화 등의 정책 목표를 달성할 수 있다.

005 정답 ②
출제포인트 아동학대 예방 및 방지 관련

오답분석
ㄱ. 아동학대를 예방하고 수시로 신고를 받을 수 있도록 지방자치단체는 긴급전화(1391)를 설치해야 한다.
ㄷ. 시·도지사 또는 시장·군수·구청장은 아동학대 신고접수, 현장조사 및 응급보호 등의 역할을 한다.

※ 출제오류로 전부 정답처리된 문제로, 출제의도에 맞게 변형하여 수록함

006 정답 ④
출제포인트 사회복지정책의 필요성

오답분석
ㄹ. 능력에 따른 분배는 경제 정책의 논리이며 사회복지정책은 능력을 초월하는 국가에 의한 재분배(이전소득)를 강조한다.

007 정답 ⑤
출제포인트 사회복지정책의 목적

개인의 능력에 따른 분배구조 확대는 경제(경영) 정책이다.

+ 기출개념 더 알아보기

사회복지정책의 목적

- 사회적 가치 실현
- 사회적 평등 증진
- 자동안정화 기능 향상
- 개인 삶의 질 제고
- 빈부 간 갈등 예방과 사회통합
- 개인의 자립과 성장
- 소득 재분배에 의한 평등 추구
- 사회안전망 강화와 생존권 보장

008　　　　　　　　　　　정답 ②
출제포인트　파레토 효율: 배분적 효율

파레토 효율의 정의상 공공에 의한 소득재분배는 매우 비효율적이다.

009　　　　　　　　　　　정답 ③
출제포인트　사회복지정책의 가치: 자유

오답분석
① 자유지상주의 관점에서는 소극적 자유(간섭을 받지 않을 자유)를 옹호한다.
② 소극적 자유 보장을 위해서는 국가의 역할이 적을수록 좋다.
④ 적극적 자유(~할 수 있는 자유)의 관점에서는 임차인(세입자)의 주거 안정을 위해 임대인(집주인)의 자유를 제약할 수 있다.
⑤ 개인의 행동에 대한 외적 강제가 없는 상태는 소극적 자유의 핵심이다.

010　　　　　　　　　　　정답 ①
출제포인트　사회복지정책의 가치

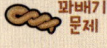
#사회복지정책의 가치 #적극적 자유 #평등과 구분

사회복지정책의 가치 중 적극적 자유는 평등과 비교하는 문항으로 자주 출제되니 눈여겨 보아야 해요.

오답분석
② 소극적 자유는 타인의 간섭 혹은 의지로부터의 자유를 의미한다.
③ 결과의 평등을 달성하기 위해 부자들의 소득을 재분배하면 소극적 자유를 침해한다.
④ 결과가 평등하다면 과정의 불평등은 상관없다는 것이 결과의 평등이다.
⑤ 기회의 평등은 소극적인 평등의 개념이다.

011　　　　　　　　　　　정답 ①
출제포인트　사회복지정책의 가치

적극적 자유는 자신이 원하는 것을 할 수 있는 자유를 강조한다.

오답분석
② 평등을 추구하는 사회복지정책은 선택의 자유(소극적 자유)를 제한한다는 비판이 있다.
③ 형평성(비례적 평등)이 신빈민법의 열등처우원칙에 적용되었다.
④ 적절성(충분성)은 일정한 수준의 신체적·정신적 복리를 제공하는 것을 의미한다.

012　　　　　　　　　　　정답 ⑤
출제포인트　사회복지급여의 적절성

적절성에 대한 기준은 시간과 환경에 따라 변한다(옛날에 농촌 사회 중심에서는 쌀밥 한 그릇 충족이 중요하였지만 현재 현대 사회는 잡곡류, 빵, 라면, 짜장면, 마라탕 등 다양한 형태로 변함).

013　　　　　　　　　　　정답 ④
출제포인트　사회복지정책의 가치: 연대

최근 우리나라의 노동시장의 변화는 동질성보다는 직업의 변화, 참여의 확대, 소득의 양극화 등으로 이질적인 측면이 확대되고 있는 추세이다. 이외 사회복지정책의 가치인 사회연대의식의 특징은 다음과 같다.

- 일반적으로 동질성과 동등성을 갖지 못한 대상, 예를 들어 사회적 약자에 대한 긍정적 차별 특성을 반영
- 사회연대의식은 사회공동체 구성원이 함께 살아가고 있음을 인식하는 것
- 사회 구성원으로서 어떤 일에 대해 함께 책임을 지려는 마음가짐
- 사회연대의식은 신뢰, 봉사, 협력을 포함한 유효한 사회적 자산임

※ 출제의도에 맞게 변형하여 수록함

014 정답 ①
출제포인트 마이클 샌델(M. Sandel)의 정의

무지의 베일은 롤스의 개념이다.

+ 기출개념 더 알아보기

마이클 샌델(M. Sandel)의 정의란 무엇인가?
- 도덕에 기초한 정치
- 시장의 도덕적 한계성 인정
- 희생, 봉사 등의 시민의식 제고
- 공동체적, 도덕적 가치 강조
- 수준 높은 시민의식으로 불평등 해소방법 창출

015 정답 ④
출제포인트 사회복지의 공공주체 필요성

경제성장의 낙수효과는 민간 및 시장 경제 주체의 주장이다(대기업이 살아야 하청기업도 생존한다는 논리).

오답분석
① 사회복지의 공공재적 성격 → 전기, 도로, 수도, 의료, 교육 등의 사회복지 소비 재화는 누구나 사용 가능한 공공재적 성격을 가지기에 필요성에 따라 공급해야 할 경우 국가의 개입이 필요하다.
② 전염병에 대한 치료의 긍정적 외부효과 발생 → 국가는 경제활동에서 발생할 수 있는 외부효과를 조절한다(부정적 외부효과를 통제하고 긍정적 외부효과를 증대하는 방식).
③ 질병의 위험에 대한 보험방식의 역선택 문제 해결 → 사회보험 방식으로 역선택의 문제를 해결한다.
⑤ 의료서비스에 대한 정보의 비대칭 문제 해결 → 도덕적 해이와 결부하여 소비자에게 원산지 표기 등과 같은 더 많은 정보를 제공한다.

016 정답 ③
출제포인트 사회복지운동

오답분석
ㄹ. 우리나라의 사회복지역사에서 정부는 사회복지운동단체의 의견을 모두 수용하지는 않았다. 권력자원이론에 의거 사회복지운동 단체가 정부의 의견을 대부분 수용하는 역사의 반복이었다.

017 정답 ①
출제포인트 사회복지정책의 주체 및 역할

긍정적 외부효과가 큰 영역은 공공부문이 담당하는 것이 바람직하다.

오답분석
② 사회복지정책의 주체는 복지 다원주의에 입각하여 국가, 지방자치단체, 공공복지기관 등 다양하다.

018 정답 ④
출제포인트 국가 주도 사회복지의 필요성

능력에 따른 분배는 자본주의 시장에 의한 분배로 국가가 주도로 하는 사회복지 제공과 관련이 없다.

+ 기출개념 더 알아보기

국가 주도 사회복지 필요성
- 공공재 확보의 실패
- 정보의 비대칭성
- 역선택
- 외부 효과
- 도덕적 해이
- 규모의 경제

02 사회복지정책의 역사적 전개

019	020	021	022	023
②	④	③	③	④
024	025	026	027	028
③	③	④	⑤	①
029	030			
④	②			

019 정답 ②
출제포인트 영국의 사회복지정책의 역사

오답분석
① 열등처우의 원칙은 개정 구빈법(신빈민법, 1834년)이다.
③ 비스마르크 3대 사회보험은 질병보험(1883년), 산재보험(1884), 노령폐질보험(1889년)이다.
④ 미국 사회보장법(1935)의 핵심 중 하나는 보건-복지프로그램(공공부조)이며, 의료보험은 포함되지 않았다.
⑤ 베버리지 보고서(1942)는 균일 기여-균일급여의 사회보험을 강조하였다.

020 정답 ④
출제포인트 베버리지의 3대 전제조건

베버리지의 3대 전제조건은 다음과 같다.
- 아동(가족)수당 부활
- 완전고용 확대
- 포괄적 의료 및 재활서비스(국민보건서비스, NHS) 실시

021 정답 ③
출제포인트 신빈민법, 개정 구빈법(1834)의 3대 원칙

신빈민법의 3대 원칙은 다음과 같다.
- 작업장 활용의 원칙: 길버트법 이후 시행된 원외구제를 폐지하고 빈민들의 급여 제공은 작업장에서의 근로 및 노동력 제공을 선결로 제시함
- 열등처우의 원칙: 빈민의 급여 제공은 최하층 노동자가 받는 임금보다 적어야 한다는 것임
- 전국 균일 처우의 원칙: 빈민에 대한 급여 및 활용 등에 대한 것은 지방자치단체별로 수행되는 것이 아닌 연방정부(국가) 차원에서 이루어져야 한다는 것임

참고
신빈민법의 제정은 후에 자선조직협회에 영향을 줌(가치 있는 빈민, 가치 없는 빈민 구분)

022 정답 ③
출제포인트 베버리지 보고서의 5대 악

산업재해는 베버리지 보고서의 5대 악에 해당하지 않는다.

+ 기출개념 더 알아보기

베버리지 보고서의 5대 악

무지	전 국민에 대한 의무교육 제고
불결	전 지역에 대한 열악한 주거환경 정비, 도시 재개발 강조
나태	비정규직보다 정규직(완전고용) 확대
결핍	전 국민에 대한 최저 수준(National Minimum) 보장(사회보험 강조)
질병	전 국민에 대한 무상 보건 및 의료서비스의 포괄적 서비스 확대(NHS)

023 정답 ④
출제포인트 영국의 구빈제도의 발달

꽈배기문제 #영국의 구빈법 #역사의 순서 #숙지필수
영국의 구빈법 제도의 역사는 전반적인 영국의 사회복지 역사의 흐름과 함께 순서대로 숙지해 두어야 해요.

1795년 스핀햄랜드법은 최초로 임금 보조제도를 실시(아동수당)하였다. 열등처우의 원칙은 신빈민법(1834)의 주요 원칙 중 하나이다.

오답분석
① 1601년 엘리자베스 빈민법은 빈민을 노동능력 있는 빈민(작업장 입소), 노동능력 없는 빈민(구빈원 입소), 빈곤아동(도제 활용)으로 분류하였으며 지역단위 구빈세로 재원을 충당하고 중앙에서 구빈 감독관이 파견되어 지도·감독하였다.
② 1662년 정주법은 부랑자들의 자유로운 이동을 금지하여 세금의 안정적인 징수를 도모하였다.
③ 1782년 길버트법은 빈민에 대한 인권 보장을 위해 최초로 원외구제(재가 보호)를 허용하였다.
⑤ 1834년 신빈민법은 노동능력이 있는 빈민에 대한 원외구제를 폐지(작업장 활용의 원칙)하였다.

024 정답 ③
출제포인트 영국의 사회복지정책의 역사

오답분석
ㄷ. 신빈민법은 열등처우의 원칙을 적용하였고 원내구제를 허용하였다.
ㄹ. 왕립빈민법위원회의 소수파보고서는 구빈법의 폐지를 강조하였으며 다수파는 기존의 구빈제도를 수정, 보완하자고 주장하였다.

참고
당시 소수파의 젊은 인재는 윌리엄 베버리지이고 다수파는 윈스턴 처칠이었다. 후에 로이드 조지 수상에 의해 두 사람은 독일의 비스마르크 사회보험에 대해 공식 조사단으로 방문하게 되었으며 획기적이었던 독일의 사회보험을 영국에서도 실시해야 한다는 공통적인 의견 제출로 더 이상의 소수파, 다수파의 논쟁은 종결되었고 영국 최초의 사회보험법인 국민보험법(1911)이 제정되었다(2차 세계 대전 이후 영국의 부흥을 위해 수상인 처칠은 베버리지에게 영국 복지정책의 계획을 맡김).

025 정답 ③

출제포인트 사회복지정책의 역사

오답분석
ㄴ. 특권적 지주계급은 엘리자베스 빈민법(1601년), 특권적 자본가 계급을 위한 법은 신빈민법(1834년)이다. 구빈업무를 전국적으로 통일한 것은 공통 사항이다.
ㄷ. 미국의 사회보장법(1935)은 연방정부의 책임을 확대하고 지방정부의 책임을 축소하였다. 루즈벨트정부 시절 각 주(州)별로 다양하고 차이가 있던 개별법 형태를 종합하여 사회보장법을 제정하였다.

026 정답 ④

출제포인트 빈곤가족한시지원(TANF)

파레기문제 #TANF #AFDC # 특징파악 #고난이도 #숙지필수

TANF, AFDC는 자주 출제되지는 않지만 출제될 경우 높은 난이도의 문항으로 구성되니 각 관련 특징을 잘 파악해 두어야 해요.

TANF는 AFDC의 역차별 논란으로 등장하였으며, 근로연계복지의 대두와 함께 AFDC 폐지 및 TANF가 실시되었다.

암기 TIP 알파벳 A가 먼저 시작되듯이 AFDC → TANF

참고
당시 AFDC(요보호아동 가족 부조)의 주수급자는 흑인 및 동양계, 히스패닉의 저소득층이었음. 1, 2차 오일쇼크 후 전 세계적 공황으로 실직한 백인 중심의 사회구성원들은 AFDC 제외 발생

027 정답 ⑤

출제포인트 케인즈 경제이론

파레기문제 #케인즈의 경제이론 #출제가능성↑ #숙지필수

케인즈의 경제이론의 특징은 단골로 출제되는 개념이니 반드시 눈여겨보아야 해요.

케인즈는 소득이 증가하면 소비가 증가하고 투자의 확대로 이어진다고 하였다.

+ 기출개념 더 알아보기

케인즈 이론의 주요 내용
케인즈는 다음의 일련의 과정을 강조하였고 이를 소득주도 성장이라 함
- 국가의 시장에 대한 적극적 개입 강조
- 독과점 금지, 공정거래위원회 기능 확대, 국가의 재정지출 확대(기본 소득) 주장
- 국가의 재정지출 확대(기본 소득)로 노동자의 실질적 유효소득 증대
- 소득 증대를 통한 유효수요 창출
- 생산자, 생산업체의 매출 및 이익 증대
- 생산자, 생산업체의 설비 확대로 노동자의 유효 일자리 증가
- 경기 불황 탈출(대공황 극복)

028 정답 ①

출제포인트 최근 사회복지정책 이슈

복지정책의 생태주의 관점에서는 경제의 성장 패러다임으로 인한 폐해를 비판한다. 또한, 생태주의 관점은 인간성 회복, 개인과 사회, 그리고 환경 간의 상호작용을 중시하며, 통합적 접근과 복잡하고 다양한 상호작용을 통해 사회구성원의 삶의 질이 향상된다고 주장한다.

029 정답 ④

출제포인트 길버트-스펙트의 권능부여국가

제2차 세계대전 이후 베버리지 보고서를 필두로 서유럽의 대부분 국가에서 복지국가를 표방하다가 1973년 1차 오일쇼크, 1976년 영국의 IMF 구제금융 신청, 1978년 2차 오일쇼크 등으로 복지국가 주도 정책이 제한을 받기 시작하자 새로운 대안으로 대두되었다. 권능부여국가는 무조건적 보편주의, 소비적 복지, 국유화 복지 정책에서 탈피하여 노동자의 근로촉진, 선별적 표적화, 민영화, 사회적 의무와 연계된 급여 등을 강조하였다.

030 정답 ②

출제포인트 제2차 세계대전 이후 서국 복지국가의 전개과정

제2차 세계대전 이후, 즉 1945년부터 1973년(1차 오일 쇼크 발생)까지 거의 30년간은 인류 역사상 찾아보기 힘든 복지국가 시대이다. 특징으로는 보편주의(사회보험, 사회수당), 국유화, 사회적 평등 추구, 노동자 우선(사회민주주의), 국민의 권리 강조, 복지이념으로 베버리즘, 케인즈주의 등이었다.
그 후 2차례의 오일쇼크, 중동 전쟁 등의 여파로 세계적인 스태그플레이션(물가상승, 경기침체)이 발생되었고 이는 신자유주의(공공부조, 선별주의, 개인, 가족, 시장중심, 자본주의 옹호, 기업 우선 정책, 복지이념으로 슘페테리언, 대처리즘, 레이거 노믹스) 대두로 이어졌다.

03 사회복지정책의 이론과 사상

031	032	033	034	035
④	④	③	①	②
036	037	038	039	040
④	③	③	③	④
041	042	043	044	045
⑤	③	②	②	①
046				
③				

031 정답 ④
출제포인트 | 사회복지발달이론의 유형 및 특징

사회복지정책이 권력 엘리트의 산물이라는 주장은 엘리트이론이다. 반면 권력자원론은 노동자 세력의 정치 세력화가 사회민주주의 형태로 복지발달을 가져왔다고 주장한 것이다.

오답분석
① 사회양심이론: 사회복지는 이타주의가 제도화된 것, 국가의 자선활동으로 보았다(공공부조 강조).
② 수렴이론(산업화이론): 산업화(경제발전)를 달성한 국가들은 체제가 무엇이든 최종적으로 사회복지제도를 도입하게 된다는 이론이다(체제의 종말).
③ 시민권론: 사회진화론적으로 시민권 – 공민권 – 참정권 – 사회권(복지권, 기본권) 순으로 발전하였다고 강조한다.
⑤ 구조기능주의론: 사회복지는 기능별, 역할별 과업을 수행해 나갈 때 기능적으로 발전한다는 이론이다.

032 정답 ④
출제포인트 | 사회복지정책 발달이론

시민권이론은 사회복지정책이 시민권, 공민권, 참정권, 사회권 순으로 발전했다고 설명한다.

오답분석
① 사회양심론: 인도주의, 박애주의에 기초한다(공공부조 강조, 복지는 국가의 자선활동으로 봄).
② 음모이론: 사회복지정책을 사회 안정, 질서유지를 위한 통제 수단으로 본다(사회통제이론이라고도 함).
③ 확산이론: 한 지역의 사회복지정책이 다른 지역으로 전파되어 나간다는 이론이다(모방이론, 근대화이론, 전파이론이라고도 함).
⑤ 산업화이론: 사회복지정책발달은 그 사회의 산업화 정도에 따라 결정된다고 보는 이론이다(수렴이론이라고도 함).

033 정답 ③
출제포인트 | 사회복지정책 발달이론

수렴이론은 사회문제가 발생하면 각 나라들은 이를 해결하기 위해 체제와 무관하게 복지로 수렴한다고 하였다.

오답분석
① 산업화론(수렴이론): 농경사회에서 산업사회로 변화하면서 사회문제가 발생하고 그 대책으로 사회복지정책이 발달했다고 본다(산업화 – 도시화 – 사회문제 발생 – 복지발달 순).
② 권력자원론: 복지국가 발전의 중요 변수들로 노동조합의 중앙집중화 정도, 노동자 정당의 영향력 등을 거론한다(사회민주주의이론이라고도 함).
④ 시민권론: 시민권 – 공민권(선거권) – 참정권(피선거권) – 사회권(복지권, 기본권) 순서로 발전, 사회복지정책은 사회권이 발달한 결과로 보았다.
⑤ 국가중심적 이론: 적극적 행위자로서 국가를 강조, 사회복지정책의 발전을 국가 관료제의 영향으로 설명하였다.
 ⓔ 경제개발 5개년 계획 등

034 정답 ①
출제포인트 | 롤스의 사회정의론

오답분석
② 기회의 균등이 결과의 평등보다 중요하다.
③ 사회경제적 불평등은 근본적으로 허용되지 않으나 특정 조건 하에서 정당화될 수 있다.
④ 최대다수의 최대행복은 공리주의 학자 벤담(Bentham)의 주장이다.
⑤ 정당한 소유, 합법적 이전이 정의로운 결과를 가져온다고 주장한 학자는 노직(Nozick)이다.

035 정답 ②
출제포인트 | 권력자원 이론, 사회민주주의 이론의 특징

제시된 설명은 권력자원이론에 대한 설명이다.

+ 기출개념 더 알아보기

권력자원이론, 사회민주주의이론의 특징

- 1인 1투표를 행사하는 민주주의 선거에서 다수를 차지하는 노동자 대표 후보가 당선될 확률이 높다는 가정에서 출발
- 노동자계급의 단결, 연대, 조직화된 힘(권력)을 강조
- 급진적 마르크스 사회주의와 달리 의회 내에서 합법적으로 사회적 평등 달성을 목표로 함
- 대표적으로 영국의 노동당, 독일의 기독사회당이 있음

036 정답 ④
출제포인트: 사회복지정책 발달이론

오답분석
ㄱ. 시민권이론은 시민권 – 공민권(선거권) – 참정권(정치권, 피선거권) – 사회권(복지권, 기본권) 순으로 발달한 것으로 본다.
ㄹ. 사회복지정책의 발달이 국가 엘리트들과 고용주들의 의지와 능력에 의해 결정된다고 본 것은 신마르크스주의이다. 반면 국가중심이론은 중앙부처 공무원들(관료)에 의해 국가의 복지정책이 수립 및 시행된다고 본다.

037 정답 ③
출제포인트: 중상주의 관점에서의 사회복지정책

오답분석
ㄷ. 식량 및 재화의 확보를 위한 인구증가 정책을 추진하였다.

참고
대표적인 사례가 스핀햄랜드법(1795)이다. 당시 식민지 확대 및 쟁탈이 유럽 강대국의 최대 화두였으며 이에 선제적으로 영국은 자녀를 출산할 때마다 현금 또는 현물을 지급하는 형태의 아동수당을 도입하였다. 이는 영국의 급진적인 인구 증가를 가져왔다. 그 후 산업혁명의 완성으로 노동력의 과잉 공급에 따른 재정의 악순환을 극복하고자 신빈민법(1834)을 제정하였고 선결 과제로 스핀햄랜드법의 아동수당을 폐지하였다. 이는 다시 제1, 2차 세계대전에 따른 전사자 유발로 노동력의 감소로 이어졌고 1942년 베버리지 보고서를 통해 아동수당을 부활시켰다.

038 정답 ③
출제포인트: 조지와 월딩의 4분법: 반집합주의

평등은 사회주의(진보주의, 박애주의, 사회민주주의) 가치에 해당된다.

+ 기출개념 더 알아보기
반집합주의(자유주의, 자유방임주의, 신우파)의 가치

자유	그 누구의 간섭 및 개입을 반대하며 스스로 판단 및 행동하는 일체의 개념
개인	독립적이며 자율적인 유기체(인간, 사람)
민간	자유로운 각 개인들의 집합
시장	거래를 통해 이익을 얻을 수 있는 공간
경쟁	각 개인이 자신의 이익을 위해 타인을 대상으로 홍보, 설득, 판매 등을 하는 행위 일체

보수	기존의 제도, 가치를 옹호, 유지하는 것

039 정답 ③
출제포인트: 사회투자전략

오답분석
① 인적자원에 대한 투자는 기회의 평등을 목적으로 한다.
② 사회적 약자 집단에 대한 현금 이전보다 사회구성원의 기회 창출, 신뢰 형성, 네트워크 구축에 초점을 둔다.
④ 사회정책과 경제정책을 통합한 전략이다.
⑤ 소득재분배와 생태체계 관점에서의 생산과 소비를 강조한다 (예 아·나·바·다 운동).

+ 기출개념 더 알아보기
사회투자전략의 특징
- 여성의 일자리 창출 및 재취업 강조(선제적으로 아동 복지 투자 강조, 어린이집 확충 등)
- 다원주의(네트워크 강조)
- 생산적 복지(선근로, 노동 – 후복지, 급여 제공)
- 민영화(영리법인의 공공 분야 참여 확대)

040 정답 ④
출제포인트: 조지-윌딩의 복지국가 6분형 모형

 #조지-윌딩의 6분형 #빈출 #4분형과 함께 암기
조지-윌딩의 6분형은 최근 자주 출제되고 있으니 기존의 4분형을 포함하여 그 특징을 정확히 숙지해야 해요.

페이비언 사회주의에 대한 설명이다.

+ 기출개념 더 알아보기
조지-윌딩의 복지국가 6분형 모형

구분	복지 찬성 또는 반대 여부
신우파 (반집합주의, 신자유주의)	반대
중도 노선 (소극적 집합주의, 수정 자본주의)	찬성
사회민주주의 (페이비언 사회주의)	적극 찬성
여성주의 (페미니즘)	조건부 찬성
녹색주의	조건부 찬성
마르크스 사회주의	반대

041 정답 ⑤
출제포인트 조지-윌딩의 소극적 집합주의

오답분석
① 시장에 대한 국가개입을 최소화하고 개인의 소극적 자유를 극대화하는 것은 신우파이다.
② 개인의 적극적 자유를 보장하기 위해서 철저한 계획경제와 생산수단의 국유화가 필요하다고 주장하는 것은 마르크스 사회주의이다.
③ 환경과 생태의 관점에서 자본주의의 성장과 복지국가의 확대는 지속가능하지 않다는 것은 녹색주의이다.
④ 복지국가가 노동의 성(gender) 분업과 자본주의 가부장제를 고착화시키는 역할을 한다는 것은 페미니즘이다.

+ 기출개념 더 알아보기

소극적 집합주의 특징
- 국가의 시장 개입 일정 부분 허용(사회주의 얼굴을 한 자본주의)
- 자본주의, 자유주의 근간은 유지하되 수단 및 방법에 있어 부분 사회주의 모방
- 실용적인 노선 유지
- 수정 자본주의와 의미가 유사함

042 정답 ③
출제포인트 에스핑-앤더슨의 복지국가 유형

오답분석
ㄷ. 보수주의 복지국가의 대표적인 것은 사회보험이다.

043 정답 ②
출제포인트 에스핑-앤더슨의 복지국가 유형

에스핑-앤더슨의 복지국가 유형에서 자유주의 복지국가는 탈상품화 정도가 가장 낮다. 반면 탈상품화 정도가 가장 높은 복지국가 유형은 사회민주주의 복지국가이다.

044 정답 ②
출제포인트 에스핑-앤더슨의 복지국가 유형

탈상품화는 개인이 시장에 상품을 내놓지 않아도 인간다운 삶을 누릴 수 있는 정도를 의미한다.

+ 기출개념 더 알아보기

에스핑-안데르센의 복지국가 유형

자유주의 복지국가	• 탈상품화 가장 낮음 • 계층화 지수 가장 높음 • 신자유주의 기반 • 공공부조 강조 • 가족, 민간 중심 급여(탈공공화) • 미국, 호주 등 • 국가의 시장 개입 최소화
보수주의 복지국가	• 탈상품화 중간 • 계층화 지수 높음 • 중도 노선 기반 • 사회보험 강조 • 민간+공공 중심 급여(가족 구조 중시) • 독일, 프랑스 등 • 국가의 시장 개입 찬성
사회민주주의 복지국가	• 탈상품화 가장 높음 • 계층화 지수 가장 낮음 • 사회민주주의 이론 기반 • 사회서비스 강조 • 공공 중심 급여(탈가족화) • 스웨덴, 덴마크 등 • 국가의 시장 개입 적극 찬성

045 정답 ①
출제포인트 에스핑-앤더슨의 복지국가 유형

오답분석
② 탈가족주의를 강조한 것은 사회민주주의 복지국가이고 통합적 사회보험을 강조한 것은 보수주의 복지국가이다.
③ 자유주의 복지국가는 공공부조의 비중은 높고 탈상품화 수준은 낮은 편이다.
④ 사회민주주의 복지국가는 국가의 책임을 최대화하고 시장을 통해 문제해결을 하는 것은 자유주의 복지국가이다.
⑤ 보수주의 복지국가의 예로는 프랑스, 독일이 있다.

046 정답 ③
출제포인트 사회복지의 잔여적 개념과 제도적 개념

오답분석
ㄴ. 잔여적 개념에 따르면 가족과 시장에 의한 개인의 욕구 충족이 실패했을 때 국가가 잠정적·일시적으로 그 기능을 대신한다.
ㄹ. 제도적 개념은 사회복지를 시혜나 자선으로 보지 않고 국가에 의해 주어진 것이므로 권리성은 강하다.

04 사회복지정책의 정책과정

047	048	049	050	051
⑤	③	⑤	④	①
052				
③				

047 정답 ⑤
출제포인트 사회복지정책 평가의 이유

ㄱ~ㄹ. 모두 사회복지정책 평가의 이유에 해당한다.

+ 기출개념 더 알아보기

사회복지정책 평가의 이유
- 정책 효과성 및 효율성 증진
- 책임성 확보
- 정책대안에 대한 기초자료 제시
- 문제해결을 위한 정책결정 필요 정보 획득
- 기존 정책의 개선에 필요한 정보 획득
- 정책의 정당성 근거 확보
- 사회복지정책 이론 형성에 기여

048 정답 ③
출제포인트 사회복지정책 평가유형

#사회복지정책의 평가 유형 #유형별 특징 파악 #암기필수

과정 및 산출, 성과 평가는 그 의미와 특징을 정확하게 숙지해야 해요.

오답분석
① 과정평가는 정책집행 중간에 평가하는 활동을 의미한다.
② 결과평가는 정책집행 완료 후 기획부터 종결까지의 전 과정에 대해 목적달성 여부를 평가한다.
④ 효과성평가는 정책집행의 결과에 따라 정책의 목적이 달성되었는지를 평가하는 것이다.
⑤ 효율성평가는 정책의 효과를 투입된 자원과 대비하는 평가이다.

049 정답 ⑤
출제포인트 사회복지정책 평가의 특징

가치중립적이 아니라 가치지향적(판단적)이다.

참고
가치중립적이라는 용어가 나오는 영역은 유일하게 사회복지조사론이다. 그 외 영역은 가치지향적(판단적)이다.

050 정답 ④
출제포인트 사회복지정책 결정이론 모형: 쓰레기통 모형

오답분석
ㄱ. 정책결정은 조직화된 상태 속에서 나타나는 몇 가지 흐름에 의하여 우연히 이루어진다.

+ 기출개념 더 알아보기

쓰레기통 모형의 특징
- 정책결정이 조직화된 무질서에서 우연히, 자연스럽게 결정된다는 주장
- 계획적, 합리적, 논리적 정책 결정과는 상이
- 최적모형과의 차이점은 최적모형은 합리성을 기반으로 직관, 감각, 창의적 아이디어, 행운들이 포함되지만 쓰레기통 모형은 무질서, 혼란 가운데 뜻하지 않게 정책 결정이 된다는 것임

051 정답 ①
출제포인트 사회복지정책 결정이론 모형

오답분석
ㄴ. 쓰레기통 모형은 조직화된 무정부상태 속에서 우연히 정책 결정이 되는 것을 의미한다.
ㄹ. 혼합모형은 합리모형과 점증모형을 혼합하여, 기본적인 사항은 합리모형, 세부적인 사항은 점증모형으로 이루어지는 형태이다.

052 정답 ③
출제포인트 혼합모형의 특징

제시된 설명은 혼합모형에 해당한다. 혼합모형은 대립되는 극단의 합리모형과 점증모형을 절충한 모형으로 기본적 결정에는 합리성이 작용하지만 세부적인 결정에서는 점증적인 결정이 이루어진다고 본다. 이는 현실적으로 적용되기에 무리가 있으며 단순히 합리모형과 점증모형을 혼합한 것에 그치지 않는다는 비판이 있다.

⑩ 지난 20년간 전국의 모든 사회복지사 1급 합격자를 기본 사항(합리모형)으로 분석한 후 그 가운데 여성, 30대~50대, 수도권 합격자 중심(점증모형)으로 세부적인 사항에 대한 파악을 진행한다.

05 사회복지정책의 분석틀

053	054	055	056	057
⑤	⑤	①	②	⑤
058	059	060	061	062
④	③	⑤	③	②
063	064	065	066	
②	②	②	⑤	

053 정답 ⑤
출제포인트 사회복지정책 분석틀의 유형

연구자의 주관을 배제해야 하는 것은 성과분석에 해당한다.

+ 기출개념 더 알아보기

길버트와 스펙트의 사회복지정책 분석 유형 3P

과정분석	• 기획, 계획 과정을 의미 • 정책 형성의 역동성 및 상호작용에 주목함(자료수집, 정보 파악 및 분석을 통한 준비, 영향분석이 해당됨. 기획자의 주관적 견해 개입 가능)
산출분석	과정 분석을 통해 도출된 대안들을 분석하는 것, 즉 프로그램 또는 법률의 형태로 이루어진 일련의 정책선택을 분석하는 것(할당, 급여, 전달체계, 재정으로 구분)
성과분석	정책이 실시된 후 그 결과에 대해 분석하는 것, 즉 결과에 대한 평가 및 분석을 의미함

054 정답 ⑤
출제포인트 우리나라의 건강보험제도

ㄱ. 할당: 누구에게 급여를 제공하는가? (기여, 즉 보험료 납부)
ㄴ. 급여: 무엇을 줄 것인가? (현금 - 상병수당, 요양비)/(현물 - 진찰, 간호, 수술, 이송 등)
ㄷ. 전달체계: 어떻게 전달하는가? (민간: 민간병원/공공: 국·공립 병원)
ㄹ. 재정: 재원은 어떻게 마련하는가? (보험료, 국고보조금, 이용료)

055 정답 ①
출제포인트 복지다원주의

복지다원주의의 특징은 다음과 같다.
• 국가는 복지의 주된 공급자로 인정하며 시장도 복지 공급자로 수용
• 국가를 포함한 복지제공의 주체를 재구성하는 논리로 활용
• 비공식부문은 제도적 복지의 발달에도 불구하고 존재하는 비복지 문제에 대응하는 복지주체
• 시민사회는 사회적 경제조직을 구성하여 지역사회에서 공급주체로 참여하는 역할
• 국유화보다 민영화 강조
• 생산적 복지(work fare) 확대
• 통합적 실천의 일환으로 포괄적이며 종합적인 서비스 제공 증대 강조

056 정답 ②
출제포인트 전자바우처

전자바우처의 특징은 다음과 같다.
• 현물 급여와 현금 급여의 장점을 결합한 형태
• 제3자 지불방식
• 공급자 간의 경쟁 유발
• 수요자 중심의 서비스
• 최근 급여 형태는 신용카드 또는 체크카드
• 도덕적 해이를 방지하기 위해 도입
• 수요자의 선택권 보장
• 금융기관 시스템을 활용하여 재정 흐름 투명성 제고

057 정답 ⑤
출제포인트 조세와 사회보험료

오답분석
① 사회보험료는 조세에 비해 소득 역진적(고소득에 유리한 소득 상한선제도)이다.
② 사회보험료는 위험분산, 소득유지의 기능이 있고, 공공부조는 빈곤완화, 불평등 완화를 수행한다.
③ 사회보험료는 소득상한선이 있어서 고소득층에 유리하다.
④ 사회보험료를 준 조세 및 임금으로 간주한다.

058 정답 ④
출제포인트 길버트-테렐의 전달체계 개선전략

전문화된 접근구조에 대한 설명이다.

+ 기출개념 더 알아보기

길버트-테렐(Gilbert & Terrell)의 전달체계 개선전략

전문화된 접근구조	• 전문화된 관료적 서비스 제공(독자적인 서비스의 공급을 강조) • 사례옹호, 자문, 정보제공, 의뢰 서비스 해당

의도적인 중복	• 기존 서비스 제공을 새로운 서비스 기관에서 다시 제공 • 서비스 공급주체 간의 경쟁 유도 • 경쟁을 통한 클라이언트 선택 폭 확대(클라이언트 욕구에 즉각 반응) • 기존 서비스 제공 소외 대상에 대해 예외적 서비스 제공

059 정답 ③
출제포인트 현물급여

오답분석
ㄹ. 국민기초생활보장제도의 생계급여는 현금급여 원칙으로 제공된다(매달 말일 수급자 계좌 입금).

060 정답 ⑤
출제포인트 사회복지전달체계

ㄱ~ㄹ. 모두 옳은 설명이다.
ㄱ. 사회복지서비스의 제공자들 사이 또는 공급자와 수급자 사이를 연결하기 위한 조직적, 구조적, 기능적 장치(네트워크 원칙)
ㄴ. 사회복지 전달체계의 운영 주체는 크게 공공과 민간으로 나눔(복지 다원주의로서 중앙정부와 지방자치단체, 공공과 민간, 비영리와 영리의 결합으로 이루어짐)
ㄷ. 사회복지 전달체계를 발전시키기 위해서는 서비스의 통합성, 연속성, 책임성, 접근성을 포함해야 함
ㄹ. 비영리 민간 사회복지기관은 공공부문과 연계하여 서비스를 제공(복지 다원주의)

061 정답 ③
출제포인트 사회복지서비스 공급 주체: 중앙정부

오답분석
① 서비스 수혜자의 정책결정과정 참여가 제한적이다.
② 지역주민의 욕구에 대한 신속한 대응이 어렵다.
④ 사회통합의 장점이 있고 대규모의 경제 실현에 유리하다.
⑤ 이용자의 다양한 선택권을 보장하는 데 유리한 것은 지방자치단체 또는 민간의 장점이다.

062 정답 ②
출제포인트 효율성 순위

• 운영효율성이 가장 높은 것은 현금이며 그 다음 증서(바우처), 현물 순임
• 목표효율성이 가장 높은 것은 현물이며 그 다음 증서(바우처), 현금 순임

💡 **암기 TIP** 바우처(Voucher, 증서, 이용권)은 순위에서 항상 가운데(중간)에 위치함

063 정답 ②
출제포인트 우리나라 사회복지정책의 대상 선정

오답분석
① 소득이나 자산을 조사하여 대상을 선정하는 것은 선별주의 원칙에 부합한다.
③ 장애수당은 전문가의 진단을 기반으로 이루어진다.
④ 긴급복지지원제도는 선별주의 원칙에 부합한다.
⑤ 기초연금의 대상 선정 기준에는 부양의무자 유무와 관계없이 연령 및 소득인정액으로 판단한다.

참고
아동수당: 대표적인 사회수당이며 인구학적 기준(일정 연령 대상)의 형태

064 정답 ②
출제포인트 우리나라 사회복지제도의 급여자격 조건

오답분석
① 기초연금은 소득수준 하위 70%를 기준으로 급여 자격이 부여되므로 자산조사 방식 적용된다.
③ 아동수당은 인구학적 조건에 따른 일정 연령 전체 아동 적용대상이므로 보편주의 제도이다.
④ 국민기초생활보장제도는 부양의무자 조건을 완화하였어도 공공부조법상의 선별적 프로그램이다.
⑤ 장애인연금은 중증 장애인에게 지급하는 공공부조법상의 선별적 프로그램이다.

065 정답 ②

출제포인트 사회복지정책의 분석 기본틀: 사회적 효과성

#길버트-스펙트(테렐)의 분석틀 #빈출 #고난도 #숙지필수

길버트-스펙트의 분석틀은 매번 빠지지 않고 출제되며 그 난이도가 갈수록 높아지니 개념부터 차근히 숙지해야 해요.

오답분석
① 수급자격을 얻기 위해 개인의 특수한 욕구가 선별적인 세밀한 조사에 노출될 수밖에 없다는 것은 자산조사(선별주의) 개념이며 이는 비용 효과성(효율성) 개념과 함께 한다.
③ 시민권은 수급권을 얻을 수 있는 중요한 자격 요건이다.
④ 급여를 신청할 때 까다로운 행정절차가 반드시 필요한 것은 비용 효과성(효율성)이다.
⑤ 사회적 효과성은 단기적 비용절감보다 사회구성원에 대한 존엄성, 삶의 질 향상, 소득재분배, 평등에 더 주안을 두며 이는 단기적 성과보다 중·장기적 성과에 목표를 가진다.

066 정답 ⑤

출제포인트 보편주의와 선별주의

오답분석
ㄱ. 보편주의는 시민권에 입각한 권리로서 복지를 제공하기에 납세자 또는 비납세자를 구분하지 않고 모두 사회복지대상에 포함시킨다.

06 사회보장

067	068	069	070	071
①	⑤	③	③	②
072	073	074	075	076
②	①	⑤	④	②
077	078	079	080	081
①	①	⑤	④	①
082	083			
②	⑤			

067 정답 ①

출제포인트 사회보장제도 운영주체의 책임

오답분석
② 공공부조는 국가 및 지방자치단체가 책임지고 시행한다.
③ 사회서비스는 국가 및 지방자치단체의 책임으로 시행하며 민간을 포함시킨다.
④ 국가는 사회보장에 관하여 민간단체의 참여를 증진시켜야 한다.
⑤ 사회보험에 드는 비용은 사용자, 피용자(被傭者) 및 자영업자가 부담하는 것을 원칙으로 하되, 관계 법령에서 정하는 바에 따라 국가가 그 비용의 일부를 부담한다.

068 정답 ⑤

출제포인트 소득재분배의 유형 및 특징

#소득재분배 #유형 #대상 #방법 #개념 숙지 필수

소득재분배와 관련하여 그 유형, 대상, 방법의 특징을 상세하게 알아두어야 해요.

ㄱ~ㄹ. 모두 옳은 설명이다.

➕ 기출개념 더 알아보기

소득재분배의 특징
- 이전 소득이라 하며 국가 및 지방자치단체 등 공공에 의해 주로 이루어진다.
- 수직적 재분배 효과가 높은 공공부조제도에서 일반적으로 나타난다.
- 위험 미발생집단에서 위험 발생집단으로 소득이 이전되는 사회보험은 수평적 재분배에 해당된다.
- 재원조달 측면에서 공적 부조방식이 사회보험방식보다 재분배 효과가 높게 나타난다.
- 공적연금의 적립방식은 세대 내 재분배, 부과방식은 세대 간 재분배 효과가 있다.

069 정답 ③

출제포인트 소득재분배의 특징

오답분석
① 1차적으로 시장을 통해서 발생하는 것은 분배이며 국가(공공)에 의해서 발생되는 2차적인 것을 재분배라 한다.
② 세대 간 재분배에서는 한 세대에서 다음 세대로 소득이 이전된다.
④ 수직적 재분배는 누진적 재분배의 효과가 가장 크다.

⑤ 세대 간 재분배는 부과방식을 통해 운영된다.

070 정답 ③
출제포인트 사회보장기본법상의 사회보장제도

최저임금제는 「최저임금법」에 해당된다.

➕ 기출개념 더 알아보기

「사회보장기본법」상의 사회보장제도
- 고용보험
- 국민연금
- 국민기초생활보장
- 보육 서비스
- 건강보험
- 산재보험
- 돌봄 서비스
- 재활 서비스
- 그 밖의 대통령령으로 정한 사항

071 정답 ②
출제포인트 소득재분배

오답분석
① 수평적 재분배는 사회보험이며 공공부조는 수직적 재분배에 해당한다.
③ 수직적 재분배는 공공부조, 누진율을 적용한 소득세 등이 있다.
④ 단기적 재분배는 공공부조 및 사회보험 중 건강보험이며 적립방식 공적연금은 장기적 재분배에 해당한다.
⑤ 소득재분배는 조세, 사회보험료, 사적 이전 등을 통해서 발생한다.

072 정답 ②
출제포인트 사회서비스

오답분석
① 수급자 등 빈곤층을 포함한 서비스를 필요로 하는 모든 대상을 포함한다.
③ 수익자 부담을 전제로 하며 국가 및 지방자치단체가 전부 또는 일부를 보조한다.
④ 공공과 민간, 비영리와 영리 결합 형태의 다원주의 공급을 한다.
⑤ 다양화된 서비스를 제공한다.

073 정답 ①
출제포인트 소득재분배

오답분석
② 고용보험은 수평적 재분배 효과가 있다.
③ 정부는 최소극대화의 원칙에 따라 불평등을 완화하기 위해 가장 불리한 위치에 있는 대상자들에게 가장 큰 이익을 주어야 하고 주로 생계급여, 세금 감면, 지역 간 균형 발전, 장애인 의무 고용, 여성인력 할당제, 농어촌 특례입학 등으로 나타나고 있다.
④ 민간에서 이루어지는 자선활동에서는 파레토 개선 효과가 높게 발생한다.
⑤ 사회민주주의에서는 사회적 효용관점에서 재분배를 정당화한다.

074 정답 ⑤
출제포인트 사회보장제도의 유형별 특징

꽈배기 문제 #사회보장제도 #유형별 특징 파악 #출제경향 #비교 #차이점 찾기
사회보장제도는 본 문항처럼 유형별로 비교를 하여 그 차이를 묻는 형태가 반드시 출제되니 헷갈리지 않도록 잘 숙지해야 해요.

공공부조는 목표효율성이 높지만 운영효율성은 낮고(자산조사로 행정비용 발생), 사회보험 및 사회수당은 운영효율성은 높지만 목표효율성은 낮다(불필요 대상에게도 급여 지급).

➕ 기출개념 더 알아보기

사회보장제도의 행정비용 용어의 정의(목표효율성과 운영효율성)

목표효율성	대상 효율성과 함께 사용되며 투입 대비 최대의 산출에서 대상 및 목표에 얼마만큼 부합되는지를 보는 것
운영효율성	투입 대비 최대의 산출에서 운영 측면에서 얼마만큼 부합되는지를 보는 것

075 정답 ④
출제포인트 실업보험을 민간시장에서 제공 시 문제점

오답분석
ㄹ. 무임승차자 문제의 발생은 시장의 실패에 해당된다.

참고
무임승차자(free-rider): 사회적 급여 혜택을 가장 많이 받는 대상자들이 그 어떤 기여, 노고, 노력을 하지 않는 것(대표적 사례:

경부 고속도로 건설 시 대기업의 기여는 미비한데 수출입을 통한 대기업의 이익을 위해 경부 고속도로를 빈번하게 사용하는 것)

076 정답 ②
출제포인트 사회보험제도의 특징

사회보험 급여를 받을 권리 여부는 기여(보험료 납부)에 근거한다. 반면 자산조사 결과에 근거하여 결정되는 것은 공공부조이다.

오답분석
① 사회보험제도는 위험의 분산이라는 보험 기술을 사용하며 수지상등의 원칙에 따른 비례적 평등을 기초로 한다.
③ 우리나라의 사회보험제도는 법령에 의한 의무가입(강제 가입) 원칙을 적용한다.
⑤ 대상자의 현재 드러난 욕구에 기초하여 지급되는 것은 공공부조이며, 사회보험은 피보험자의 현재 욕구에 기초하지 않고 사전에 결정된 급여(규정된 욕구)를 제공한다.

077 정답 ①
출제포인트 사회보험 및 민영보험의 특징

사회보험은 현금과 현물급여를 원칙으로 하고, 민영보험은 현금급여를 원칙으로 한다.

참고
사회적 적절성은 법령의 최저보장수준에 따라 일정 수준 이하인 가입자에게도 최저한의 급여를 보장해 주는 것이고, 개인적 형평성은 가입자가 납부한 보험료를 그대로 전액 보존 받는 것(이자 포함)을 강조함

078 정답 ①
출제포인트 공공부조제도의 장점

공공부조제도는 한정된 예산으로 가입자를 선별하여 적용한다는 점에서 전 국민을 대상으로 하는 사회보험에 비해 대상효율성이 높다.

오답분석
②~⑤ 모두 사회보험과 비교하였을 때 나타나는 공공부조제도의 단점에 해당하는 내용이다.
② 공공부조제도는 가입자를 자산조사에 따라 선별하므로 전 국민을 대상으로 하는 사회보험보다 가입률이 낮다.
③ 공공부조제도는 자산조사에 따라 선별적으로 적용되므로 수급자에 대한 낙인을 예방하기 어렵다.
④ 공공부조제도는 가입자 선별 단계에서 많은 행정비용이 발생할 수 있다.
⑤ 공공부조제도는 자산조사에 따라 차등적으로 적용되므로 수평적 재분배 효과가 나타날 수 없다(수직적 재분배 효과가 큼).

079 정답 ⑤
출제포인트 사회보험의 운영 원리

사회보험의 징수업무는 통합되어 1개 기관(건강보험공단)에서 운영되나, 이외의 업무들은 각 해당 기관들에서 운영된다.

오답분석
② 사회보험은 수평적 재분배(건강보험, 고용보험 등) 또는 수직적 재분배(국민연금) 기능이 있다.

080 정답 ④
출제포인트 소득보장제도

아동수당은 만 8세 미만의 아동을 대상으로 매월 10만 원을 지급하며, 보편적 프로그램 유형이다.

081 정답 ①
출제포인트 최저임금제도

최저임금제도는 1986년 제정(1988년 시행)되었다.

082 정답 ②
출제포인트 도덕적 해이

도덕적 해이는 보험 가입 집단의 크기가 클수록 강화된다.

+ 기출개념 더 알아보기

도덕적 해이

- 법적으로 문제가 되지는 않지만 윤리적, 도덕적으로는 문제가 되는 것
  - 예) 사회보험 가입자가 단순 감기로 대학병원 응급실을 방문하는 것, 건강보험 가입자가 불요불급한 의료서비스를 제공받는 것, 요양기관장이 불필요한 의료서비스를 제공받으라고 알려주는 것 등
- 도덕적 해이는 보험계약이 가입자들의 행동에 영향을 미치는 현상
- 도덕적 해이는 실업보험에서 발생할 가능성이 높음(고용 일자리가 있음에도 재취업하지 않고 구직급여를 만기까지 수령하는 것)

- 도덕적 해이는 건강보험 진료비 본인 부담을 정당화하는 논리로 사용
- 도덕적 해이가 심각해지면 민간보험사의 보험료 상승으로 이어짐

083   정답 ⑤

출제포인트   민간보험의 특징

오답분석

① 사회보험은 보험료를 주된 재원으로 한다.
② 사회보험은 민간보험보다 사회적 적절성이 중요하다.
③ 민간보험은 개인에게 발생할 수 있는 모든 위험을 대상으로 한다.
④ 사회보험은 물가상승에 따른 실질가치의 변동을 보장한다.

07 사회보험제도와 공공부조제도

084	085	086	087	088
①	①	②	②	①
089	090	091	092	093
④	④	②	④	④
094	095	096	097	098
②	③	⑤	④	②
099	100	101	102	103
①	③	③	⑤	②
104	105	106	107	108
②	②	⑤	④	④
109	110	111	112	113
⑤	③	④	③	②
114	115	116		
①	③	⑤		

084   정답 ①

출제포인트   확정급여식 연금과 확정기여식 연금

오답분석

ㄷ. 확정기여식 연금제도에서는 투자위험에 대해서 개인이 전적으로 책임진다.
ㄹ. 확정급여식 연금제도에서는 물가상승, 경기침체 등의 위험을 사회 전체적으로 분산대응하는 장점이 있다.

085   정답 ①

출제포인트   연금제도의 적립방식과 부과방식

오답분석

ㄴ. 부과방식은 적립방식에 비해 자본축적 효과가 낮다.
ㄷ. 부과방식은 적립방식에 비해 기금확보가 용이하지 않다.

➕ 기출개념 더 알아보기

공적연금방식

적립방식	부과방식
• 적립 형태(20년) • 세대 내 재분배 • 자본축적 효과 높음 • 운영 기금 및 자산 확보 • 우리나라, 일본 등	• 비적립 형태(1년) • 세대 간 재분배 • 자본축적 효과 낮음 • 운영 기금 및 자산 확보 애로 • 북유럽

086   정답 ②

출제포인트   공적연금의 특징

오답분석

ㄴ. 「공무원연금법」이 가장 먼저 시행되었다(1960년).
ㄷ. 2022년 12월말 기준 공적연금 수급개시연령은 동일하지 않다.

➕ 기출개념 더 알아보기

국민연금 출생연도별 수급 개시 연령

출생연도	수급 개시 연령
1953~1956년	61세
1957~1960년	62세
1961~1964년	63세
1965~1968년	64세
1969년 이후	65세

087   정답 ②

출제포인트   국민연금 가입기간 추가 산입

가입기간의 추가 산입에 따른 비용은 국가가 전부 또는 일부를 부담한다.

➕ 기출개념 더 알아보기

국민연금 가입기간 추가 산입

출산 크레딧	자녀 2명인 경우 12개월 추가 인정
군 복무 (사회복무요원 등 포함) 크레딧	최대 6개월 추가 인정(국가 전부 부담)

실업 크레딧	최대 1년간 지원 가능(국가가 연금 보험료의 전부 또는 일부를 일반회계, 국민연금기금 및 고용보험기금에서 지원 가능)

088 정답 ①

출제포인트 국민연금 연금크레딧

국민연금의 연금크레딧제도 시행 순서는 다음과 같다.
- 실업크레딧(2016년부터 시행)
- 군복무크레딧(2008년부터 입대자 적용)
- 출산크레딧(2008년부터 출산·입양자 적용)

089 정답 ④

출제포인트 국민연금제도의 특징

오답분석
ㄱ. 보험료 징수는 국민건강보험공단이 담당한다(통합 징수법에 근거).
ㄹ. 기본연금액의 소득비례부분은 가입자 본인의 가입 기간 중 기준소득월액의 평균액이다.

090 정답 ④

출제포인트 국민건강보험제도의 특징

#국민건강보험 #가입자 유형 #비용 부담 #출제경향 #숙지필수
최근 국민건강보험 가입자 유형과 비용 부담 문항이 선지로도 자주 출제되고 있으므로 꼼꼼하게 숙지해야 해요.

부가급여로 임신·출산 진료비, 장제비, 상병수당을 규정하나, 실제 장제비는 2008년도 폐지, 상병수당은 시범사업 및 사회적 논의 중이다. 현재 장제비(장의비) 지급은 「국민기초생활 보장법」과 「산업재해보상보험법」에서 실시되고 있다.

091 정답 ②

출제포인트 국민건강보험제도의 특징

오답분석
① 모든 사회보험은 강제 가입 원칙이며, 본인의 의사에 따라 임의가입할 수 있는 것은 국민연금이다(임의가입자, 임의 계속 가입자).
③ 건강보험료도 소득 비례제에 의해 어느 정도 수직적 소득재

분배 기능을 한다.
④ 국민건강보험의 보험자는 국민건강보험공단이다.
⑤ 직장가입자의 보험료는 보수월액보험료와 보수 외 소득월액 보험료에 보험료율(7.09%)을 곱하여 산정한 금액을 납부한다(사업주 50%, 근로자 50% 적용).

092 정답 ④

출제포인트 의료보장제도의 특징

행위별 수가제는 의료종사자 또는 의료기관의 경쟁을 심화시켜 과잉진료를 유발할 가능성이 높고 이는 불필요한 진료로 이어져 의료비 절감의 제한을 초래한다.

➕기출개념 더 알아보기

건강보험 진료비 지불제도

포괄수가제	의료비 절감 효과가 높게 발생(질병군으로 묶어서 진료비 책정, 과소 진료 우려)
행위별 수가제	의료비 절감 효과가 낮게 발생(진료 행위별 진료비 책정, 과잉 진료 우려)

093 정답 ④

출제포인트 건강보험 진료비 지불제도

#국민건강보험 진료비 지불제도 #수가제도 #차이점 파악
국민건강보험 수가제도는 그 특징을 눈여겨보면 충분히 풀 수 있는 문항들로 구성되니 각 차이점을 잘 파악해 두도록 해요.

오답분석
① 질병 범주별로 구분하여 고정금액을 보수로 지불하는 방식은 포괄수가제이다.
② 의사가 담당하는 환자 수에 비례하여 일정 금액을 지급하는 방식은 인두제이다.
③ 행위별 수가제는 행정절차가 복잡하며 비용상승효과가 발생한다.
⑤ 의료기관의 1년간 운영비를 포괄적으로 지불하는 제도는 총액 계약제이다.

094 정답 ②

출제포인트 「산업재해보험법」상 업무상 재해 인정기준

오답분석
ㄹ. 장애등급은 「국민연금법」에 규정되어 있다.

+ 기출개념 더 알아보기

업무상 재해 인정기준
- 출퇴근 재해
- 업무상 질병
- 업무상 사고

095 정답 ③

출제포인트 업무상 재해 인정기준

「근로기준법」에 따른 직장 내 괴롭힘, 고객의 폭언 등으로 인한 업무상 정신적 스트레스가 원인이 되어 발생한 질병은 업무상 질병에 해당한다.

+ 기출개념 더 알아보기

업무상 재해인정 유형

업무상 사고
- 근로자가 근로계약에 따른 업무나 그에 따르는 행위를 하던 중 발생한 사고
- 사업주가 제공한 시설물 등을 이용하던 중 그 시설물 등의 결함이나 관리소홀로 발생한 사고
- 사업주가 주관하거나 사업주의 지시에 따라 참여한 행사나 행사 준비 중에 발생한 사고
- 휴게시간 중 사업주의 지배관리하에 있다고 볼 수 있는 행위로 발생한 사고
- 그 밖에 업무와 관련하여 발생한 사고

업무상 질병
- 업무수행 과정에서 물리적 인자(因子), 화학물질, 분진, 병원체, 신체에 부담을 주는 업무 등 근로자의 건강에 장해를 일으킬 수 있는 요인을 취급하거나 그에 노출되어 발생한 질병
- 업무상 부상이 원인이 되어 발생한 질병
- 「근로기준법」에 따른 직장 내 괴롭힘, 고객의 폭언 등으로 인한 업무상 정신적 스트레스가 원인이 되어 발생한 질병
- 그 밖에 업무와 관련하여 발생한 질병

출퇴근 재해
- 사업주가 제공한 교통수단이나 그에 준하는 교통수단을 이용하는 등 사업주의 지배관리하에서 출퇴근하는 중 발생한 사고
- 그 밖에 통상적인 경로와 방법으로 출퇴근하는 중 발생한 사고

096 정답 ⑤

출제포인트 업무상 재해 인정기준

ㄱ~ㄹ. 모두 「산업재해보상보험법」상 업무상 재해 인정기준에 해당한다.
- 사업주가 주관하거나 사업주의 지시에 따라 참여한 행사나 행사준비 중에 발생한 사고 → 업무상 사고

- 휴게시간 중 사업주의 지배관리하에 있다고 볼 수 있는 행위로 발생한 사고 → 업무상 사고
- 통상적인 경로와 방법으로 출퇴근하는 중 발생한 사고 → 출퇴근 재해
- 직장 내 괴롭힘, 고객의 폭언 등으로 인한 업무상 정신적 스트레스가 원인이 되어 발생한 질병 → 업무상 질병

097 정답 ④

출제포인트 고용보험제도의 특징

 #고용보험의 용어 정의 #고난이도 #출제경향 #숙지필수

고용보험에서는 용어의 정의가 높은 난이도의 문항으로 출제되고 있어요. 이에 하나하나 세세하게 암기하는 것이 필요해요.

오답분석
① 고용보험료는 근로복지공단이 부과하고, 징수는 건강보험공단이 한다.
② 외국인근로자의 경우에는 「외국인근로자의 고용 등에 관한 법률」에 적용되는 외국인근로자만이 가입대상에 포함된다.
③ 고용보험 구직급여는 7일 동안의 구직기간에는 미지급된다.
⑤ 고용보험의 재원은 사용자와 근로자가 서로 분담한다.

098 정답 ②

출제포인트 고용보험제도

오답분석
ㄴ. 예술인은 고용보험 가입대상(「예술인복지법」에 근거 특례 적용)이다.
ㄹ. 고용안정 및 직업능력개발사업의 보험료는 사업주가 전액 부담한다.

099 정답 ①

출제포인트 고용보험과 산재보험

오답분석
② 구직급여는 구직활동을 실시해야 지급된다.
③ 시행령에 의거하여 일부 사업에 대하여 적용하지 않는다(고용형태 및 근로시간).
④ 장해급여는 장해를 입은 근로자에게 지급된다.
⑤ 두 보험의 가입자 보험료율은 동일하지 않다(고용보험은 사업장 규모에 따라, 산재보험은 사업종류에 따라 구분됨).

100 정답 ③

출제포인트 노인장기요양보험 급여 기관

노인요양병원은 「의료법」상의 노인 전문 병원이다.

오답분석
① 노인요양시설(시설보호)
② 주·야간보호시설(재가보호)
④ 단기보호시설(재가보호)
⑤ 노인요양공동생활가정(시설보호)

101 정답 ③

출제포인트 노인장기요양보험제도

오답분석
① 장기요양보험사업의 보험자는 국민건강보험공단이다.
② 등급판정에 따른 장기요양인정의 유효기간은 최소 1년 이상으로서 대통령령으로 정한다.
④ 재가 급여비용은 수급자가 해당 장기요양급여비용의 100분의 15를 부담한다.
⑤ 수급자는 시설급여와 특별현금급여를 중복하여 받을 수 없다.

102 정답 ⑤

출제포인트 노인요양공동생활가정 기준 및 설비, 인력 요건

노인요양공동생활가정의 입소정원은 최소 5명 이상, 최대 9명 이하이다.

오답분석
④ 일반 노인장기요양보험 가입자는 재가급여 이용 시 15%의 본인부담금(시설의 경우 20%)을 부담하여야 한다.

+ 기출개념 더 알아보기

노인요양공동생활가정 기준 및 설비, 인력요건

입소 정원	최소 5명 이상, 최대 9명 이하
공간 면적	입소 정원 1인당 연면적 15.9㎡ 이상의 공간 확보 필수
주요 시설 및 겸용 가능 공간	침실, 사무실, 요양보호사실, 의료 및 간호사실 등
시설 종사 인원	시설장 1명, 사무국장 1명(시설장과 겸직 가능), 사회복지사 1명(시설장, 사무국장과 겸직 가능), 의사(한의사 포함) 또는 촉탁의사 입소자 3명당 1명 (치매전담실은 2.5명당 1명), 간호사 또는 간호조무사 1명(겸직 가능), 물리치료사 또는 작업치료사 1명(겸직 가능), 요양보호사(필요시), 사무원, 영양사, 조리원, 위생원, 관리인 등

103 정답 ②

출제포인트 기초연금제도

오답분석
① 65세 이상 100분의 70 수준의 노인에게 제공하는 공공부조이다.
③ 기초연금액의 산정 시 국민연금급여액을 고려한다.
④ 기초연금액은 소득에 따라 차등 지급된다.
⑤ 기초연금의 수급권자가 사망하면 수급권은 소멸된다.

104 정답 ②

출제포인트 국민기초생활보장제도

「북한이탈주민의 보호 및 정착지원에 관한 법률」상의 북한이탈주민과 그 가족은 의료급여 1종 수급권자에 속한다.

참고

최근 관계 법령의 개정으로 무조건 1종 수급권자가 아닌 자격요건에 부합되는 인원만 1종 수급자로 조정됨

105 정답 ②

출제포인트 국민기초생활보장제도 생계급여액

꽈배기 문제 #생계급여액 #계산 문제 #사전연습
본 문항과같이 급여액을 구하는 계산 문제가 출제되는데, 당황하지 말고 산정방식과 그 풀이 요령을 미리 연습하도록 해요.

생계급여 공식: 가구당 최저 보장수준(대상자 선정 기준)× 30%-소득인정액=생계급여
따라서 4백 6십만 원×30%-1백만 원=38만 원이다.

106 정답 ⑤

출제포인트 긴급복지지원제도

긴급복지지원제도의 특징은 다음과 같다.
- 선지원, 후조사 형태
- 위기상황에 처한 사람에게 일시적 지원을 원칙(1개월 지원 후 지자체장 판단하에 2개월 추가, 긴급복지심의위원회 3개월 추가 지원 가능)
- 긴급지원의 종류에는 금전, 현물 등의 직접지원과 민간기관·단체와의 연계 등의 지원
- 사회복지시설 종사자는 긴급 지원을 요청 가능
- 「국민기초생활 보장법」에 따른 지원을 받고 있는 경우에 「긴급

- 복지지원법」 적용 제외
- 대표적인 공공부조법의 유형

- 주거급여 최대 12회
- 복지시설 이용 최대 6회

107 정답 ④
출제포인트 자활지원사업

자산형성지원으로 형성된 자산은 대통령령으로 정하는 바에 따라 수급자의 재산의 소득환산액 산정 시 포함하지 아니한다(국민기초생활 보장법 제18조의8 제3항).

108 정답 ④
출제포인트 의료급여

국민기초생활보장제도 수급자 중 보장시설에서 급여를 받는 자는 1종 수급자로 구분된다.

➕ 기출개념 더 알아보기

의료급여법상 수급자 대상

1종 수급권자	근로 무능력 가구, 희귀난치성·중증질환 등록자, 시설수급자, 타법 적용자, 행려환자(타법 적용자: 이재민, 의상자 및 의사자의 유족, 입양아동(18세 미만), 국가유공자, 중요무형문화재 보유자, 북한이탈주민, 5·18 민주화운동 관련자, 노숙인)
2종 수급권자	국민기초생활보장제도에 따른 의료급여수급자 중 1종 수급대상이 아닌 가구

109 정답 ⑤
출제포인트 국민기초생활보장제도의 변화

오답분석

ㄷ. 교육급여가 신설된 것은 1979년이며 1982년 생활보호법의 전면개정으로 별도의 프로그램으로 진행되다가 2000년 10월 1일부로 「국민기초생활 보장법」에서 실시되었다. 참고로 교육급여는 교육부에서 지급한다.

110 정답 ③
출제포인트 긴급복지지원제도의 지원횟수

긴급복지지원제도의 지원 횟수는 다음과 같다.
- 생계급여 지원 최대 6회(ㄱ)
- 의료급여 지원 최대 2회(ㄴ)

111 정답 ④
출제포인트 국민기초생활 보장제도 수급자 선정 소득 기준

국민기초생활 보장제도 수급자 선정 소득기준은 다음과 같다.
- 생계급여 기준 중위소득 32% 이하(ㄱ)
- 주거급여 기준 중위소득 48% 이하
- 의료급여 기준 중위소득 40% 이하(ㄴ)
- 교육급여 기준 중위소득 50% 이하

112 정답 ③
출제포인트 긴급복지지원제도의 원칙

긴급복지지원제도의 원칙은 다음과 같다.
- 선지원, 후심사의 원칙
- 단기 지원의 원칙
- 타급여 중복 금지의 원칙
- 가구 단위 지원의 원칙

113 정답 ②
출제포인트 보편주의적 성격의 사회복지제도

기초연금은 인구학적 조건(만 65세 이상), 급여대상의 포괄성(전체 100분의 70 수준) 측면에서 보편주의적 성격으로 볼 수 있지만 노인 어르신의 경제적 소득 보장을 목적으로 자산조사를 실시하기에 공공부조에 포함된다.

114 정답 ①
출제포인트 근로장려세제

우리나라 근로장려세제의 특징은 다음과 같다.
- 근로장려금 신청 접수는 국세청(세무서)에서 담당한다.
- 「조세특례제한법」에 근거한다.
- 수급자, 차상위자가 아닌 근로빈곤층을 대상으로 한다.
- 근로능력이 있는 빈곤층에 대해 근로의욕을 고취시킨다.
- 미국의 클린턴 행정부에서 진행한 EITC가 모델을 채택하였다.
- 근로장려금은 근로소득 외에 재산 보유상태 등을 반영하여 지급한다.
- 근로빈곤층에게 실질적 혜택을 제공하여 빈곤탈출을 지원한다.

115 정답 ③
출제포인트 근로장려금 산정방식

총급여액 등이 1,800만 원일 때, 이는 총급여액이 1,200만 원 이상~3,200만 원 미만에 해당하므로 근로장려금은 200만 원 −(1,800만 원−1,200만 원)×10%=1,400,000원이다.

116 정답 ⑤
출제포인트 근로장려세제의 특징

사업자도 근로장려금을 수령할 수 있다(2015년부터 적용, 일부 전문직 제외).

08 빈곤과 소득불평등

117	118	119	120	121
②	⑤	③	④	②
122	123	124	125	126
⑤	④	②	①	①
127				
④				

117 정답 ②
출제포인트 빈곤의 측정: 지니계수

#빈곤의 측정 #측정 방법 #출제가능성99% #숙지필수
로렌츠 곡선, 지니계수, 5분위, 10분위의 개념과 특징은 반드시 출제된다고 생각하고 꼼꼼하게 숙지하도록 해요.

지니계수가 1에 가까울수록 불평등한 상태이다.

참고
로렌츠곡선에서 아래로 볼록할수록 불평등 상태, 대각선(45도 선)인 완전 균등선에 가까울수록 평등 상태이다.

118 정답 ⑤
출제포인트 빈곤의 측정: 빈곤선

오답분석
① 완전 평등 사회에서 로렌츠곡선은 45° 각도의 직선과 거리가 가장 가깝다.

② 지니계수의 최댓값은 1, 최솟값은 0이다.
③ 빈곤갭은 모든 빈곤층의 소득을 빈곤선까지 끌어올리는 데 필요한 총소득을 말한다.
④ 빈곤율은 빈곤선과 실제 소득과의 격차를 반영하는 것이 아닌 빈곤선을 기준으로 도출한 빈곤가구에 속하는 개인의 수가 차지하는 비율을 반영한 것이다.

119 정답 ③
출제포인트 빈곤의 개념

국민기초생활보장제도는 상대적 빈곤개념을 적용한 것(기준 중위소득 반영)이다.

오답분석
① 절대적 빈곤은 육체적 효율성을 유지하기 위한 최소한의 생활필수품을 소비하지 못하는 상태(오샨스키방식, 라운트리방식)이다.

120 정답 ④
출제포인트 테일러−구비 신사회적 위험

테일러−구비의 신사회적 위험의 내용은 다음과 같다.
• 저숙련 노동자의 가정과 직장의 양립 문제
• 초고령 사회 진입에 따른 지역사회 보호, 연금 및 노인 부양비 증가 등의 문제
• 기술 발전에 따른 비숙련직 노동자의 불필요, 국제 간 노동력의 이동으로 국내 일자리 감소, 사회적 배제 증가
• 민영화, 수급요건 강화, 복지예산 축소에 따른 양질의 서비스를 제공받지 못하는 것

121 정답 ②
출제포인트 빈곤의 측정 방식

오답분석
① 반물량 방식은 식료품비를 계산하고 엥겔수의 역을 곱해서 빈곤선을 기준으로 측정하는 방식(오샨스키 방식)이다.
③ 라이덴 방식은 주관적 빈곤 측정방식이다.
④ 소득분배 분포상에서 하위 10%나 20%를 빈곤한 사람들로 간주하는 것은 상대적 빈곤 측정방식이다.
⑤ 중위소득 또는 평균소득을 근거로 빈곤선을 측정하는 것은 상대적 빈곤 측정방식이다.

122 정답 ⑤
출제포인트 절대적 빈곤

절대적 빈곤은 인간의 기본적 욕구의 기준을 생물학적 요인에만 초점을 둔다.

오답분석
① 상대적 빈곤은 한 사회의 평균적인 생활수준을 기준으로 하고 중위소득 또는 평균소득을 근거로 빈곤선을 측정하며, 타운젠트 방식이라 한다. 우리나라 국민기초생활보장제도에 해당한다.
② 절대적 빈곤은 최소한의 생필품을 구입하는 데 필요한 비용으로 정하며, 엥겔계수 반영, 최저생계비 산정, 오샨스키 방식이라 한다.
④ 중위소득의 50%를 빈곤선으로 책정할 경우, 사회구성원 99명을 소득액 순으로 나열하여 이 중 50번째 사람의 소득 50%를 빈곤선으로 하는 것은 상대적 빈곤 측정방식이다.

123 정답 ④
출제포인트 빈곤의 측정: 빈곤갭

오답분석
ㄷ. 빈곤갭은 모든 빈곤층의 소득을 빈곤선 수준으로 끌어올리는 데에 필요한 총소득으로 빈곤의 심도를 나타낸다.

참고
빈곤갭은 모든 빈곤층의 소득을 빈곤선 수준으로 끌어올리는 데에 필요한 총지출(총비용)이라고도 정의한다(국민 입장에서 보면 총소득, 국가 입장에서 보면 총지출, 전부 맞는 의미임).

124 정답 ②
출제포인트 상대적 빈곤 측정방식 유형

 #빈곤의 측정 방법 #학자명 명칭과 우리말 명칭 #모두 숙지
빈곤의 측정 방법에서 학자의 이름이 들어간 방식과 우리말로 번역된 것을 잘 매칭하여 파악하도록 해요.

오답분석
ㄴ. 라이덴 방식: 주관적 빈곤 측정방식
ㄷ. 반물량(오샨스키) 방식: 절대적 빈곤 측정방식
ㄹ. 라운트리(전물량) 방식: 절대적 빈곤 측정방식

125 정답 ①
출제포인트 빈곤과 소득불평등의 측정

오답분석
② 절대적 빈곤은 생존에 필요한 생활수준이 최소한의 수준에 도달하지 못한 상태를 말한다.
③ 라이덴 방식은 주관적 평가에 기초하여 빈곤선을 측정한다.
④ 빈곤갭은 빈곤층의 소득을 빈곤선 수준으로 끌어올리는 데 필요한 총소득을 나타낸다.
⑤ 지니계수가 1일 경우는 완전 불평등한 분배상태를 의미한다.

126 정답 ①
출제포인트 사회적 배제의 특성

#사회적 배제의 개념 #의미 #고난이도 #출제경향 #숙지필수
사회적 배제는 그 개념과 의미가 난이도 있게 출제되니 관련 내용을 꼼꼼하게 숙지해두어야 해요.

사회적 배제는 빈곤이 소득의 절대적·상대적 궁핍이라기보다는 개인의 역량 박탈로 이해되어야 하며, 개인의 복리에 영향을 미치는 역량 박탈에 기여하는 요인에는 소득 외에도 다양한 요소가 존재한다는 개념이다. 아르마티아 센은 소득은 단지 역량을 만들어내는 하나의 도구일 뿐이라고 주장하였다.

➕기출개념 더 알아보기

사회적 배제의 특성
- 프랑스의 북아프리카 식민지 이민자들에 대한 역동적 빈곤에서 출발(전 유럽 확대)
- 역동적 빈곤은 정치, 경제, 사회 등의 전 영역에서 교묘하게 소외, 배제당함을 의미
- 사회적 관계망으로부터의 단절 문제 제기
- 문제의 초점을 소득의 결핍 및 기회의 박탈, 참여의 제한 등 광범위 적용
- 개인과 집단의 박탈과 불평등을 유발하는 다양한 영역 포괄(인종, 종교, 소득, 지역 등)
- 빈곤에 대해 다차원적 접근
- 빈곤의 역동성과 동태적 과정 강조(현재 진행형)

127 정답 ④
출제포인트 사회적 배제

사회적 배제 개념은 결과적인 상태를 포함한 빈곤에 이르는 과정에 초점을 둔다(현재 진행형).

영역별 기출문제 — 7영역 사회복지행정론

> **꽈배기문제** 는 빈출 개념에 대해 혼동을 유발하거나 오답을 유도하는 선지가 출제된 문제입니다. 꽈배기 문제까지 맞힌다면 해당 영역은 합격 안정권 점수를 받을 수 있습니다.

01 사회복지행정의 개념

001	002	003	004	005
③	②	④	⑤	①
006	007	008		
⑤	⑤	③		

001   정답 ③
출제포인트   사회복지조직의 특성

오답분석
① 클라이언트와 직접 접촉을 주로 한다.
② 정부 지원 외에 지역사회로부터 후원금, 기부금 등을 받는다.
④ 법률과 규칙을 기반으로 사회복지의 전문성도 함께 강조된다.
⑤ 효율성은 기업조직과 사회복지조직에서 공통적으로 중요한 가치이다.

002   정답 ②
출제포인트   사회복지행정의 개념

> **꽈배기문제** #사회복지행정 #개념과 특성 빈출 #선지변형 주의
> 사회복지행정은 개념과 특성이 자주 출제돼요. 단어나 용어를 살짝 변형하여 출제되니 꼼꼼히 살펴보며 문제를 풀어야 해요.

사회서비스 활동으로 민간조직을 포함한 공공조직이 함께 수행한다(다원주의).

003   정답 ④
출제포인트   사회복지행정의 특성

조직내부 부서 간의 관료적이고 위계적인 조직관리 기술보다 수평적 의사소통을 더욱 필요로 한다.

004   정답 ⑤
출제포인트   하센펠트(Y. Hasenfeld)의 휴먼서비스 조직 특성

하센펠트에 따르면 휴먼서비스 조직은 인간의 변화성이나 윤리적 특성을 고려해야 하므로 명확한 지식과 기술의 사용이 제한된다. 따라서 상황과 대상에 맞춘 탄력적인 접근이 요구된다.

005   정답 ①
출제포인트   사회복지행정의 특성

오답분석
② 사회복지행정가는 가치판단적(가치지향적)이어야 한다.
    예) 선택의 문제에서, 즉 급여를 누구에게 줄 것인가에서 선별주의, 보편주의를, 무엇을 줄 것인가에서 현물, 현금을, 어떻게 전달할 것인가에서 공공 또는 민간 등의 가치판단을 요구받게 됨
③ 서비스 효율성은 사회복지 행정 및 정책에서 중요한 가치 요소이다.
    참고) 국민의 소중한 세금, 후원자의 뜻깊은 기부금을 방만하게 운영하면 안 되기에 효율성의 가치는 더욱 부각되고 있음
④ 재정관리는 사회복지행정에 포함된다.
    참고) 사회복지행정 과정에서 POSDCoRBE의 B가 재정(Budgeting)임
⑤ 직무환경과 상호작용하며 다양하고 포괄적으로 운영된다.

006    정답 ⑤
출제포인트   사회복지행정의 개념

오답분석
① 정부조직과 민간조직을 대상으로 한다.
② 조직의 효과성과 효율성 모두 중요시한다.
③ 정부 재정 및 민간 자원의 활용도 강조된다.
④ 사회문제 해결 과정에서 가치판단을 포함한다.

007 정답 ⑤
출제포인트 사회복지행정의 과정

사회복지행정의 실행 과정은 '과업 기획(ㄹ) – 과업 조직화(ㄷ) – 과업 촉진(ㄴ) – 과업 평가(ㄱ) – 환류(ㅁ)' 순이다.

참고
현대 사회복지행정의 과정
목표설정 → 정책 결정 → 과업 기획 → 과업 조직화 → 과업 동기부여·촉진 → 과업 평가 → 환류

+ 기출개념 더 알아보기

굴릭의 사회복지행정의 과정: POSDCoRBE

기획(P) → 조직(O) → 인사(S) → 지시(D) → 조정(Co) → 보고(R) → 재정(B) → 평가(E)
- Planning(기획)
- Organizing(조직)
- Staffing(인사)
- Directing(지시)
- Coordinating(조정)
- Reporting(보고)
- Budgeting(재정)
- Evaluating(평가)

008 정답 ③
출제포인트 사회복지행정의 기능

오답분석
ㄴ. <u>보고(reporting)</u>: 조직의 활동을 이사회와 행정기관 등에 보고하는 활동

02 사회복지행정의 역사

009	010	011	012	013
②	⑤	②	⑤	③
014	015	016	017	018
①	⑤	②	⑤	④
019				
②				

009 정답 ②
출제포인트 최근 사회복지행정의 추세

<u>생활시설보다는 이용시설 중심의 보호가 강조된다.</u>

오답분석
① 민간부문과 공공부문의 협력이 강조된다. → <u>다원주의</u>
⑤ 사회복지서비스원의 설립, 지역사회통합돌봄 등과 같은 <u>지역사회복지중심의 서비스 제공</u>

010 정답 ⑤
출제포인트 외국민간원조기관협의회(KAVA)

<u>KAVA</u>는 한국전쟁 이후 <u>구호물자의 배분</u>을 중심으로 사회복지행정 활동을 하였으며 <u>지역사회 조직화나 공동체 형성을 위한 활동을 하지는 않았다.</u>

011 정답 ②
출제포인트 사회복지서비스 전달체계 도입 순서

ㄱ. 사회복지사무소 시범사업: <u>2004년</u>
ㄴ. 희망복지지원단: <u>2012년</u>
ㄷ. 사회복지전문요원: <u>1987년</u>
ㄹ. 보건복지사무소 시범사업: <u>1995년</u>
ㅁ. 지역사회보장협의체: <u>2015년</u>

따라서 사회복지서비스 전달체계의 도입을 시대 순으로 나열하면 'ㄷ – ㄹ – ㄱ – ㄴ – ㅁ'이다.

012 정답 ⑤
출제포인트 한국 사회복지 전달체계의 변화

꽈배기 문제 #사회복지 전달체계 #단골출제 #연도 암기필수
사회복지법제론처럼 사회복지 전달체계의 변화 과정은 단골로 출제가 되고 있으니 꼭 순서대로 연도를 암기해야 해요.

ㄱ. <u>사회복지사무소 시범사업</u>: <u>2004년</u>
ㄴ. 지역사회 통합돌봄: <u>2019년</u>
ㄷ. 읍·면·동 복지허브화: <u>2016년</u>
ㄹ. 사회복지통합관리망(행복e음) 개통: <u>2010년</u>
ㅁ. 보건복지사무소 시범사업: <u>1995년</u>

암기 TIP 가위, 바위, <u>보</u>(5) → <u>95</u>년 <u>보</u>건복지사무소
200<u>4</u>년 → <u>사</u>회복지사무소

따라서 우리나라 사회복지 전달체계의 변화 과정은 'ㅁ – ㄱ – ㄹ – ㄷ – ㄴ'순이다.

013　정답 ③

출제포인트　사회복지서비스 전달체계 도입 순서

ㄱ. 희망복지지원단 설치: 2012년
ㄴ. 지역사회복지협의체 설치: 2005년
ㄷ. 읍면동 복지허브화 사업 실행: 2016년
따라서 사회복지서비스 전달체계 도입 순서는 'ㄴ – ㄱ – ㄷ'이다.

014　정답 ①

출제포인트　한국 사회복지 전달체계 개편 순서

ㄱ. 주민생활지원서비스 전달체계: 2006년
ㄴ. 사회복지통합관리망(행복e음) 개통: 2010년
ㄷ. 읍·면·동 복지허브화: 2016년
ㄹ. 지역사회 통합돌봄: 2019년
따라서 한국의 사회복지 전달체계 개편 순서는 'ㄱ – ㄴ – ㄷ – ㄹ'이다.

015　정답 ⑤

출제포인트　한국 사회복지행정의 역사

사회복지관에 대한 정부 보조금은 1980년대부터 진행되었으며 특히 1983년 「사회복지사업법」 개정으로 사회복지관의 정부 보조가 시작되었다. 또한, 1986년에 사회복지관 운영 및 국고보조 사업 지침이 마련되어 본격적이고 체계적인 집행틀이 만들어졌다.

➕기출개념 더 알아보기

한국 사회복지행정의 역사

- 사회복지서비스는 주로 외국 원조단체들에 의해 제공(KAVA 1952~1969년)
- 「사회복지사업법」 제정으로 사회복지시설에 대한 제도적 지원과 감독에 관한 법적 근거 마련(1970년)
- 사회복지전문요원제도 도입(1987년)
- 사회복지시설 평가제도 도입(1997년)
- 사회복지시설 설치 기준 변경(허가제 → 신고제, 1997년)

016　정답 ②

출제포인트　한국 사회복지행정의 역사

1960년대 후반 외국원조기관 철수 후 사회복지단체들이 축소되는 경향이 나타났다.

017　정답 ⑤

출제포인트　한국 사회복지행정의 역사

2008년 노인장기요양보험제도 도입으로 민간기관의 서비스 제공이 확대되었다.

018　정답 ④

출제포인트　신공공관리론

> **꽈배기문제** #사회복지전달체계 #빈출 #개념과 특성 암기
> 최근에 신공공관리론이 단독 문제 또는 선지로 자주 출제되고 있어요. 우리나라 관공서의 대세이기도 한 신공공관리론에 대한 특성과 개념을 면밀하게 파악해두어야 해요.

정부가 직접 공급하였던 복지서비스를 민간 참여(위탁, 운영)로 확대하였다.

➕기출개념 더 알아보기

신공공관리론의 특징

- 경쟁 원리: 공공기관에 시장의 경쟁 요소 도입, 신자유주의 기반
- 성과 중심: 전통적 호봉 방식보다 업무성과와 결과에 따른 평가 및 보상
- 민영화: 공공의 기능 축소와 함께, 효율성 제고를 위한 서비스의 민간기관 위탁
- 유연성, 시장원리 강조
- 분산된 결정권과 관리자의 책임 및 의무 중시
- 시민 참여 확대 및 공공과 민간의 네트워크 강조
- 효율성 중시
- 관료제의 비효율성 해소

019　정답 ②

출제포인트　신공공관리론

조직규모 확장보다 축소를, 중앙집권화보다 권력의 분산을 지향한다.

03 사회복지행정의 이론적 배경

020	021	022	023	024
②	④	⑤	①	③
025	026	027	028	029
②	④	②	③	②
030	031			
③	③			

020 정답 ②
출제포인트 서비스의 질의 주요 내용

 #총체적 품질관리 #중요개념
총체적 품질관리는 중요한 개념이므로 꼼꼼하게 그 특성을 살펴봐야 해요.

서비스 질은 사회복지평가의 대표적인 기준이 된다.

오답분석
① 서브퀄(SERVQUAL)에는 신뢰성, 확신성, 유형성, 응답성, 공감성이 포함된다.

021 정답 ④
출제포인트 총체적 품질관리(TQM)의 주요 원칙

총체적 품질관리는 모든 직원의 참여를 토대로 그들의 창의력과 전문 기술이 동원된다.

+ 기출개념 더 알아보기

총체적 품질관리(TQM)의 주요 원칙
- 고객에 초점을 둠
- 결과뿐만 아니라 과정도 중시
- 결과를 포함한 예방에 중점
- 모든 직원의 참여를 토대로 그들의 창의력과 전문 기술 동원
- 현상 및 사실에 입각한 의사결정
- 점검에 의한 지속적 품질개선 추진
- 돌발상황에 대한 예측
- 만족도(품질)의 최종 평가자는 소비자(클라이언트)
- 지속적인 서비스 교육 및 훈련

022 정답 ⑤
출제포인트 현대조직운영 기법

 #현대조직이론 #용어의미 #빈출 #숙지필수
현대조직이론은 경영기법의 일환인데 각 용어들의 의미가 자주 출제되니 꼭 숙지해야 해요.

균형성과표(balanced score card, BSC)는 과거의 성과에 대한 재무적인 측정지표에 추가하여 고객, 공급자, 종업원, 프로세스 및 혁신에 대한 지표를 통해 미래가치를 창출하도록 관리하는 시스템으로, 네 가지 측면(고객중심, 재정적 접근, 내부업무관리, 학습과 성장)에서 성과지표들을 개발한다.

023 정답 ①
출제포인트 인간관계이론

인간관계이론에 대한 설명이다.

+ 기출개념 더 알아보기

인간관계이론의 특징
- 정서적, 심리적 유대 요인 중요
- 자율성, 책임성 강조
- 민주적 참여 및 의사결정 지향
- 개인보다 집단(팀) 강조
- 공식적보다 비공식적 활동 중요시
- 과정을 통한 생산성 확대
- 상호 간의 유대관계 중요

024 정답 ③
출제포인트 인간관계이론

인간관계이론에 대한 설명이다.

오답분석
① 과학적 관리론: 테일러 시스템이라고 하며 개인 중심, 인간의 이기심 강조, 물질적 보상을 강조한 이론이다. 특히 시간에 따른 노동자의 성과에 초점을 맞춘다.
② 관료제론: 막스 베버의 관료제이론의 특징은 전문가 수행, 수직적 위계, 상의하달식 의사소통, 호봉제, 신상필벌, 업무의 분업화 및 책임 강조 등이다.
④ 행정관리론: 조직의 능률성, 효과성 제고를 위해 능률을 기본 가치로 하는 이론으로 관리자가 따라야 할 원리와 기능을 개발하는 데 초점을 둔다. 합리적 분업화와 전문화를 추구하며 분업화된 일들의 효율적인 조정과 관리에 역점을 둔다.

⑤ 자원의존론: 조직구조의 환경에 대한 단순 적응보다 정책결정자의 선택을 강조하며 물질적 자원, 인적 자원의 확보가 사회복지조직 운영의 성패를 결정한다고 본다.

025 정답 ②

출제포인트 메이요(E. Mayo)의 인간관계이론

오답분석
① 생산성은 근로조건과 환경 및 동료와의 정서적, 심리적 유대를 통해서도 결정된다.
③ 사회적 상호작용은 생산성 향상에 긍정적인 영향을 미친다.
④ 비공식적인 부서의 형성은 생산성 향상으로 이어진다.
⑤ 근로자는 개인보다 집단 구성원으로서 행동하고 반응한다.

026 정답 ④

출제포인트 관료제의 특성

오답분석
ㄱ. 조직 내 권위는 수직적으로 구조화된다.

027 정답 ②

출제포인트 테일러(F. W. Taylor)의 과학적 관리론

오답분석
ㄴ. 권위의 위계구조는 관료제이론의 특징이다.
ㄹ. 사적 감정의 배제는 관료제이론의 특징이다.

028 정답 ③

출제포인트 사회복지조직이론의 특성

오답분석
ㄹ. 상황이론: 조직의 상황을 바탕으로 가장 합리적이고 효율성을 도출하는 데 중점을 둔다.

029 정답 ②

출제포인트 조직환경이론: 정치경제이론

정치경제이론에 대한 설명이다.

➕ 기출개념 더 알아보기

한계효용체감의 원리

정치경제이론에서 한계효용체감의 원리는 무척 중요한 개념이다. 이는 소비자가 동일한 재화를 반복적으로 소비할 때 그 재화에서 얻는 추가적인 만족(효용이라 함)이 점점 줄어든다는 의미이다. 예를 들어 장기요양기관이 장기요양보호 서비스 중 방문 목욕 서비스를 제공하는 과정에서 소비자(수급자)는 최초 그 만족도가 높았지만 두 번, 세 번 진행하면서 매번 번거롭고, 남에게 자신의 알몸을 보여주어야 하는 것에 대해 프라이버시를 침해받는다고 생각하게 된다. 또한, 해도 그만, 안 해도 그만인 것을 느끼면서 점차 방문 목욕 서비스 신청을 줄여나가게 된다. 이에 공급 주체인 장기요양기관은 꼭 필요하지만 수요가 적은 방문 목욕 서비스를 점차 배제하게 된다. 이는 조직의 내·외부 환경의 역학 관계가 서비스 전달체계에 영향을 미치는 대표적인 경우이다.

030 정답 ③

출제포인트 조직환경이론: 상황이론

오답분석
ㄱ. 계층적 승진 제도를 통해서 직원의 성취 욕구를 고려하는 것은 관료제의 특성이다.
ㄴ. 시간과 동작 분석을 활용하여 표준시간과 표준동작을 정하는 것은 과학적 관리론의 특성이다.

➕ 기출개념 더 알아보기

상황이론

• 모든 상황에 동일하게 적용되는 최선의 수단은 존재하지 않음을 전제로 함
• 변수, 변인에 능동적으로 대처하는 것을 강조
• 조직환경, 조직구성의 적합성이 조직의 성패를 결정
• 환경결정론적 관점

031 정답 ③

출제포인트 조직이론

상황이론은 조직을 개방체계로 보며, 조직 내부를 포함한 외부 상황도 고려한다.

04 사회복지조직의 구조와 유형

032	033	034	035	036
①	②	⑤	④	⑤
037	038	039	040	041
④	④	⑤	⑤	②
042	043	044		
⑤	②	①		

032   정답 ①
출제포인트 조직의 구조적 요소: 비공식조직

오답분석
② 공식 업무의 신뢰성과 일관성을 높이는 것은 공식조직이다.
③ 정형화된 구조로 조직의 안정성을 높이는 것은 공식조직이다.
④ 파벌이나 정실인사의 부작용이 나타나는 것은 비공식조직의 역기능이다.
⑤ 의사결정이 하층부에 위임되어 직원들의 방만이 발생할 수 있는 것은 비공식조직의 역기능이다.

033   정답 ②
출제포인트 조직구조

오답분석
① 조직규모가 커질수록 공식화 정도가 높아진다.
③ 과업의 종류가 많을수록 수평적 분화가 늘어난다.
④ 분권화 정도가 높을수록 직원들의 재량권이 높아진다.
⑤ 분권화 정도가 높을수록 직원의 권한과 책임의 범위가 모호해진다.

034   정답 ⑤
출제포인트 조직의 구조적 요소

오답분석
① 집권화 수준을 높이면 의사결정의 권한이 집중된다.
② 업무가 복잡할수록 공식화의 효과는 감소한다.
③ 공식화 수준을 높이면 직무의 사적 영향력이 감소한다.
④ 과업 분화가 적을수록 수직적 분화가 증대한다.

035   정답 ④
출제포인트 조직 분권화의 특성

> **꽈배기문제** #조직의 분권화 #용어의미 #빈출 #숙지필수
> 최근 조직의 분권화가 사회적 이슈로 자리매김하였고 이에 시험문제 출제비중이 높아지고 있으므로 용어의 정의, 특성 등을 꼼꼼히 파악해야 해요.

구성원들의 힘이 분산되면 위기와 갈등을 신속하게 해결하는 데는 어려움이 있다.

036   정답 ⑤
출제포인트 사회복지조직의 조직문화 특징

ㄱ~ㄷ. 모두 조직문화에 관한 설명에 해당한다. 사회복지조직의 조직문화의 특징은 다음과 같다.
- 사회복지서비스 체계의 규범과 가치로서 역할을 함
- 사회복지서비스 제공자의 상황인식에 중요한 역할을 함
- 조직구성원의 행태와 인식 그리고 태도를 통해서 조직효과성과 연결하는 역할을 함
- 사회복지서비스는 사회적 문화와 특성에 맞게 조정되며 사회적 맥락에서 분석 및 집행되는 역할을 담당함
- 사회복지서비스는 유관기관의 협력을 중요하게 여기며 서비스 제공 시에도 클라이언트와의 파트너십 형성을 요청받음

037   정답 ④
출제포인트 조직문화의 특성

경직된 조직문화는 불확실한 환경에 신속히 대처할 수 없게 한다.

038   정답 ④
출제포인트 행렬조직

오답분석
① 직무 배치가 위계와 부서별 구분에 따라 이루어지는 전형적 조직에 역동성, 창조성, 융통성을 강조하는 비 전형적 조직이 결합된 형태이다.
② 조직운영을 지원하는 공식적 조직에 포함된다.
③ 합리성과 유연성(융통성)을 강조하여 조직의 능률을 향상시킬 수 있다.
⑤ 현실에서 충분히 작동하는 프로젝트 사업조직을 의미한다.

039 정답 ⑤
출제포인트 관료제조직의 역기능

관료제의 역기능으로는 크리밍, 목적전치, 동조과잉, 레드 테이프 등이 있으며 창조성 향상과는 관련이 없다.

+ 기출개념 더 알아보기
관료제조직의 특징
- 상명하복, 상의하달식 의사결정의 계층화
- 전문성 강조
- 경험을 통한 호봉제
- 규정과 방침에 의한 표준화 업무 체제 추구
- 부처 이기주의, 복지부동, 레드 테이프, 크리밍 등 폐단 발생
- 무사안일로 변화에 소극적 및 최저수준 서비스 제공 우려

040 정답 ⑤
출제포인트 태스크포스의 특징

ㄱ~ㄷ. 모두 태스크포스에 관한 내용에 해당된다. 태스크포스의 특징은 다음과 같다.
- 특정 업무의 목적 달성을 위해 기존의 각 부서에서 전문 인력을 차출함
- 목적 달성 후 기존 부서로 복귀함
- 임시적, 한시적으로 운영
- 조직의 역량을 목적 달성을 위해 집약시키는 강점
- 보고 계통의 불명확화, 기존 부서와의 파벌 형성 등의 단점

041 정답 ②
출제포인트 목적전치

목적전치에 해당하는 현상이다.

+ 기출개념 더 알아보기
목적전치
- 수단이 목적보다 우선되는 현상
- 클라이언트를 위한 규정, 방침이 오히려 클라이언트를 제한함
- 본래의 목적에서 변질되는 현상도 포함

042 정답 ⑤
출제포인트 위원회 구조

제시된 내용은 위원회 구조에 대한 설명이다.

+ 기출개념 더 알아보기
위원회 구조의 특징
- 일상 업무수행기구와는 별도로 구성
- 특별 과업이나 문제해결을 위한 전문가 중심 조직
- 낮은 수준의 수직적 분화와 공식화
- 참모조직, 막료조직 형태
- 심의, 자문, 조언, 제언 등의 역할
- 대표적으로 사회복지기관의 운영위원회, 시·군·구 지역사회보장협의체 등

043 정답 ②
출제포인트 태스크포스(task force)

제시된 내용은 태스크포스에 대한 설명이다.

+ 기출개념 더 알아보기
태스크포스의 특징
- 제2차 세계대전 당시 영국의 특수부대 코만도(COMANDO)에서 유래됨
- 영국 군인 중 각 분야별 전문인력을 차출하여 특수목적(요인 암살)에 투입함
- 현대의 조직 및 기업에서는 특정 사업이나 활동 수행을 위해 기존 부서에서 인력을 차출하여 구성하는 형태로 변화됨
- 조직구성원의 재능 및 역량을 최대한 활용할 수 있다는 장점이 있음
- 한시적, 임시적으로 활동하고 과업이 종료되면 기존 부서로 복귀함

044 정답 ①
출제포인트 민간 비영리조직

이윤이 발생하면 구성원에게 균등하게 배당하는 것은 영리 형태의 협동조합 또는 주식회사 등이다.

05 사회복지서비스의 전달체계

045	046	047	048	049
⑤	①	②	①	④
050	051	052	053	054
④	①	④	①	④
055	056			
④	③			

045 정답 ⑤

출제포인트 사회복지 전달체계의 원칙

#사회복지행정의 전달체계 #출제가능성 99% #암기필수

사회복지행정의 전달체계는 사회복지정책론에서도 나오는 개념이에요. 어느 영역에서든 반드시 출제되는 내용이므로 꼭 암기해야 해요.

통합성: 서비스의 중복과 누락을 방지하기 위한 네트워크 및 종합적인 서비스의 제공

오답분석

① 치매예방서비스 양을 증가시킴(충분성, 적정성)
② 치매예방 및 관리서비스를 중단 없이 이용하게 함(연속성, 지속성)
③ 치매예방서비스 비용을 낮춤(접근성: 비용적, 물리적, 심리적 요소)
④ 치매예방서비스 불만사항 파악절차를 마련함(책임성: 의견 개진 통로 구축)

046 정답 ①

출제포인트 복지서비스 전달체계

#사회복지행정 #고난도 출제 #사례제시

최근에 잘 출제되지 않지만 한 번 출제되면 난이도 높게 제시되는 것이 사회복지행정의 특징이에요. 사례로 자주 제시되니 기출문항을 잘 파악하는 것이 중요해요.

주어진 사례를 분석하면 다음과 같다.

A지역자활센터는 대상자의 취업 성공률을 높이기 위해 전담 직원을 신규 채용해서 맞춤형 프로그램 기획을 담당(스태핑)하도록 하였다. 또한 대상자를 개별적으로 사정, 상담하여 취업 방해 요인을 분석(사례관리)하였다. 몇몇 대상자들은 A센터의 취업성 공률을 낮출 것이라고 보고 타기관으로 보낼 방안을 검토(의뢰, 크리밍)하고 이를 요청하였다.

따라서 주어진 사례에서 나타나지 않는 현상은 '서비스 과활용'이다.

047 정답 ②

출제포인트 사회복지 전달체계 구축 시 고려사항

포괄성: 클라이언트의 다양한 욕구 충족을 위해 다양한 서비스를 포괄적으로 제공

048 정답 ①

출제포인트 지역복지 거버넌스 구축

제시된 사례는 지역복지 거버넌스 구축에 대한 내용이다. 지역복지 거버넌스 구축의 특징은 다음과 같다.

- 공공서비스의 효율성 제고를 위해 새로이 대두된 변화로 다원주의를 기반으로 함
- 공급방식은 중앙 독점이 아닌 지방자치단체, 비영리조직의 파트너십 관계
- 지역사회복지조직의 네트워크 강조
- 대표적으로 지역사회 공동 돌봄체, 지역사회서비스원, 지역 일자리 경제 진흥원 등이 있음

049 정답 ④

출제포인트 사회복지서비스 전달체계

사회복지서비스 급여의 유형과 전달체계 특성은 관련이 있다. 현금급여는 수급자의 개설 통장 입금으로, 현물급여는 공공기관의 배달 또는 찾아가는 서비스로, 바우처는 금융기관과 연계한 전자바우처로 전달체계를 구축하고 있다.

오답분석

① 구조·기능 차원에서 행정체계(보건복지부, 시·도)와 집행체계(시·군·구)로 구분할 수 있다.
② 운영주체에 따라서 공공체계(정부, 지방자치단체, 공법인 등)와 민간체계(사회복지법인, 비영리법인, 영리법인)로 구분할 수 있다.
③ 전달체계의 접근성을 높이기 위해서는 서비스 이용의 장애요인(물리적, 심리적, 비용적 요소)을 줄여야 한다.
⑤ 서비스 제공기관을 의도적으로 중복해서 만드는 것이 전달체계를 개선해 줄 수도 있다(공급자 간의 경쟁 유발).

050 정답 ④

출제포인트 사회복지행정 전달체계 구축 원칙

최소 비용으로 최대 효과를 얻는 것은 효율성이다.

+ 기출개념 더 알아보기

사회복지 전달체계 구축 주요원칙

접근성	서비스 비용 부담을 낮춤
연속성	서비스 간 연계, 연결을 강화
적절성	양적·질적으로 이용자 욕구에 부응
효율성	최소 비용으로 최대 효과를 얻음
전문성	전문가에 의한 사회복지 전달 실시

| 책임성 | 이용자의 요구나 불만을 파악하고 의견을 개진할 수 있는 통로 구축 |

051　정답 ①
출제포인트　서비스 과활용

서비스 과활용에 대한 설명이다. 서비스 과활용의 특징은 다음과 같다.
- 비욕구자에 대한 공급주체의 선심성 서비스 제공
- 비표적 인구가 서비스에 접근하여 발생하는 문제
- 사회적 자원 낭비 유발
- 포퓰리즘(인기영합주의) 형태
- 표출된 욕구와 일치하지 않을 시에도 발생

052　정답 ④
출제포인트　통합성의 원칙

통합성에 대한 설명이다. 통합성의 특징은 다음과 같다.
- 서비스의 중복과 누락을 방지하기 위해 유관기관의 연계망, 지원망
- 사례관리와 밀접
- 서비스의 단편성, 파편화 문제 극복
- 공동체 돌봄센터, 복합 커뮤니티 센터 등이 해당(one-stop 서비스)

053　정답 ①
출제포인트　민간 사회복지조직의 특징

사회적 기업, 마을기업, 사회적 협동조합 등은 사회서비스 공급에 참여한다. 민간 사회복지조직의 특징은 다음과 같다.
- 사회서비스 공급에 영리 기관도 참여(대표적으로 사회적 기업)
- 사회복지법인 이외에도 사회복지시설을 운영(비영리법인, 영리법인 등)
- 지방자치단체와의 위·수탁 계약을 통해 서비스를 제공하는 경우 발생
- 정부보조금, 후원금, 이용료 등 재원의 다양성
- 공공기관의 바우처(voucher) 확대 서비스로 민간 사회복지조직의 경쟁력 제고

054　정답 ④
출제포인트　사회복지행정 체계의 특징

민간 사회복지기관은 국가나 지방자치단체의 보조금 수령한다. 사회복지 행정체계의 특징은 다음과 같다.
- 클라이언트 중심적, 자원 활용 관리, 다양성 및 복잡한 욕구 충족에 기반
- 통합적 접근, 찾아가는 서비스 중심으로 개편
- 공공 행정체계와 민간 행정체계로 구성
- 중앙정부의 사회복지 담당 부처는 보건복지부임
- 지방자치단체의 사회복지 행정체계는 일반 행정체계에 포함
- 사회복지 행정체계에는 영리 사업자도 참여

055　정답 ④
출제포인트　공공 사회복지 전달체계

오답분석
① 사회복지전문요원(1987년) 제도 도입 이후「사회복지사업법」(1992년)에 법적 근거가 마련되어 사회복지전담공무원으로 명칭이 변경되었다.
② 보건복지사무소(1995년)가 먼저 시작되었고 그 후 사회복지사무소(2004년) 시범사업이 이루어졌다.
③ 읍·면·동사무소의 주민자치센터(2006년) 이후 읍·면·동 복지허브화(2016년) 사업으로 변경되었다.
⑤ 전자바우처 방식의 사회서비스 사업(2007년) 이후 사회서비스원(2019년) 시범사업이 시작되었다.

056　정답 ③
출제포인트　사회복지 전달체계의 구분

행정복지센터, 공단은 공공 전달체계이며 사회복지법인은 민간 전달체계이다.

06 사회조직의 기획과 의사결정

057	058	059	060	061
③	④	③	①	④
062	063	064	065	
④	④	①	⑤	

057 정답 ③
출제포인트 사회복지 기획 기법

오답분석
① PERT는 효과적인 프로그램 수행을 위한 시간 및 비용에 관한 일정 계획 수립 및 통제 기법으로, 최초로 시도되는 프로그램 관리에도 활용이 가능하며, 대규모 프로그램 관리에 유용하다.
② PERT는 임계통로에 대한 정확한 정보파악에 유용하다.
④ 경로 분석이란 서비스 이용경로를 제시하는 것이다.
⑤ 간트 차트는 월별활동내역을 파악하는 주된 기법이다. 반면 마일스톤은 프로그램 진행 상황을 모니터링하고 목표성취를 위한 이정표를 설정하는 기법이다.

058 정답 ④
출제포인트 시간별 활동계획도표(Gantt Chart)

오답분석
ㄱ. 확인-조정-계획-실행의 순환적 과정으로 이루어지는 것은 방침관리기획(PDCA기획)이다.
ㄷ. 목표달성 기한을 정해놓고 목표달성을 위해 설정된 주요활동과 시간계획을 연결시켜 도표로 나타낸 것은 프로그램 평가검토기법(PERT)이다.

059 정답 ③
출제포인트 사회복지 기획 모델과 기법

체계이론을 바탕으로 하는 것은 논리모델이다.

➕ 기출개념 더 알아보기
방침관리기획(PDCA, Plan-Do-Check-Act)
프로그램 기획 기법으로 한 조직의 문제를 해결하고, 핵심적인 목표를 달성하기 위해 조직의 자원을 결집시키는 데 초점을 두고 있다. 이는 계획 – 실행 – 확인 – 조정의 절차를 하나의 프로그램 기획의 관리 과정으로 보는 형태를 취하고 있다.

060 정답 ①
출제포인트 프로그램평가검토기법(PERT)

프로그램평가검토기법(PERT)에 대한 설명이다.

➕ 기출개념 더 알아보기
프로그램평가검토기법(PERT)
- 작업의 소요 기간이 불확실할 때, 통계적인 방법을 이용해 일정(Duration)을 예측하는 기법
- 확률적인 작업 기간(Probabilistic Duration)을 고려하여 일정 계획
- 프로그램을 구성하는 활동 간 상호관계와 연계성을 보여줌
- 임계경로와 여유시간에 대한 정보를 파악
- 대규모 프로젝트에 유용

참고
임계경로: 목적 달성을 위해 필요한 가장 짧은 시간 또는 최종 과업에 이르는 가장 긴 경로

061 정답 ④
출제포인트 사회복지 기획 기법

프로그램평가검토기법(PERT)은 일정변경 등 유동적인 상황을 대처하는 데 유용하다.

062 정답 ④
출제포인트 스키드모어의 기획과정 순서

스키드모어(R. A. Skidmore)의 기획과정을 순서대로 나열하면 '구체적 목표 설정(ㅁ) → 가용자원 검토(ㄴ) → 대안 모색(ㄱ) → 대안 결과예측(ㄷ) → 최종대안 선택(ㄹ) → 프로그램 실행계획 수립(ㅂ)'이다.

063 정답 ④
출제포인트 사회복지 조직의 의사결정 모형

오답분석
① 점증모형: 기존의 결정 사항에 대해 약간만 수정하여 진행하는 모형
② 연합(혼합)모형: 경제적·시장 중심적 시각에서 탈피하여 목표의 변동, 기대감, 조직의 구조 파악 등에 주안을 두는 모형
③ 만족모형: 제한적 합리성을 기반으로 어느 정도 만족할 만한 수준에서 의사결정을 함
⑤ 공공 선택모형: 포퓰리즘이라고도 하며 민간의 이기심이 공공에서도 발휘되는 것을 의미함

064 정답 ①

출제포인트 명목집단기법의 특징

명목집단기법에 대한 설명이다.

+ 기출개념 더 알아보기

의사결정기법

브레인스토밍	전 직원의 참여, 창의적 아이디어 중심, 양적 및 질적 내용 모두 중요
델파이기법	익명성을 강조하며 전문가들의 우편 조사를 통한 의사결정 방법
SWOT기법	강점, 약점, 기회, 위협의 4요소를 고려하여 분석하는 환경영향 평가 방법
명목집단기법	• 모든, 각 계층, 다양한 성원들의 참여를 강조 • 대면 방식이며 토의, 투표를 통해 의사결정
초점집단면접	소수, 주요, 대표인원들이 대면하여 토의하고 투표하여 의사결정

065 정답 ⑤

출제포인트 쓰레기통모형(Garbage can Model)

오답분석
① 문제 진단과 의사결정 과정이 체계적이고 논리적으로 이루어지는 것은 합리모형이다.
② 결정자의 행동보다 객관적인 상황적 조건에 더 많은 주의를 기울이는 것은 점증모형이다. 쓰레기통모형은 다양하고 복잡한 상황적 조건에 관심을 가진다.
③ 가장 합리적인 대안을 선택하는 모형은 합리모형이다.
④ 합리성과 비합리성을 절충한 모형은 최적모형이다.

07 사회복지조직의 리더십

066	067	068	069	070
④	①	①	③	②
071	072	073		
①	②	①		

066 정답 ④

출제포인트 리더십이론의 특징

꽈배기 문제 #리더십이론 #각 이론별 특징 숙지 #암기필수
리더십이론에서는 각 이론을 혼재하여 출제하고 있으므로 각 리더십이론의 특징을 중심으로 반드시 암기해야 해요.

오답분석
① 블레이크와 머튼의 관리격자이론에 의하면 팀형(9.9)이 가장 이상적인 리더이다.
② 피들러의 상황이론에 의하면 상황의 호의성이 모두 불리하면 리더가 과업중심의 행동을 해야 효과적이다.
③ 허시와 블랜차드의 상황이론에 의하면 구성원의 성숙도가 낮을 경우 지시형 리더십이 적합하다.
⑤ 구성원의 욕구와 보상에 주된 관심을 가지는 것은 거래적 리더십에 해당된다.

067 정답 ①

출제포인트 리더십이론의 특징

조직원의 특성과 같은 상황적 요소를 고려하는 것은 경로-목표이론이다.

068 정답 ①

출제포인트 거래적 리더십과 변혁적 리더십

오답분석
ㄴ. 성과에 대한 금전적인 보상이 구성원의 높은 헌신을 가능하게 하는 것은 거래적 리더십이다.
ㄷ. 조직목표 중 개인의 사적이익을 가장 우선시하는 것은 거래적 리더십이다.

069 정답 ③

출제포인트 리더십이론의 특징

 **꽈배기 문제** #블레이크-머튼 #허시-블랜차드 #학자별 리더십이론 #숙지필수 #빈출
리더십이론은 매년 1~2문제가 출제되고 있어요. 그중 블레이크-머튼, 허시-블랜차드가 가장 많이 출제되니 눈여겨보아야 해요.

오답분석
① 블레이크와 머튼(R. Blake & J. Mouton)의 관리격자 모형은 행동이론 중 하나이다.
② 블레이크와 머튼의 관리격자 모형에서 가장 바람직한 행동유형은 팀(9-9형)이다.
④ 퀸(R. Quinn)의 경쟁가치 리더십 모형은 현대 리더십이론에 속한다.
⑤ 조직환경의 변화에 따라 리더십이 달라져서는 안 된다는 것을 강조하는 것은 폐쇄합리적 이론이다.

➕ 기출개념 더 알아보기

허시-블랜차드의 상황이론

- 허시와 블랜차드는 상황에 따라 리더의 유형이 2가지로 구분되어야 한다고 강조하였다.

과업 지향적 리더십	상황이 매우 호의적이거나 비호의적일 때 사용
관계 지향적 리더십	상황이 중간 정도일 때 적용

- 허시와 블랜차드는 구성원의 성숙도에 따라 리더십 유형을 4가지로 분류하였다.

구분	능력	의지
지시형	낮음	낮음
설득형	낮음	높음
참여형	높음	낮음
위임형	높음	높음

070   정답 ②
출제포인트   리더십이론

관리격자이론에서 사람에 대한 관심과 일에 대한 관심이 모두 높은 리더는 팀형(team management, 9-9)이다. 반면 컨트리클럽형(country club management, 9-1)은 사람에 대한 관심만 높고 일에 대한 관심은 낮은 형태의 리더이다.

071   정답 ①
출제포인트   섬김 리더십

오답분석

ㄴ. 가치의 협상과 계약 등을 바탕으로 하는 것은 거래적 리더십이다. 반면 섬김 리더십은 구성원의 일체감, 단결력, 공감대, 연대의식을 통한 목표 달성을 강조한다.
ㄹ. 지능, 사회적 지위, 교육 정도, 외모를 강조하는 것은 특성이론이다.

072   정답 ②
출제포인트   참여적 리더십

제시된 내용은 참여적 리더십의 특징에 해당한다.

➕ 기출개념 더 알아보기

참여적 리더십의 특징

- 하급자가 의사결정에 참여하는 것을 강조
- 동기부여 수준이 높은 업무자로 구성된 조직에서 효과적
- 책임성 소재가 모호해질 수 있음
- 사회복지의 가치와 부합함
- 민주적 의사결정 형태
- 개방체계를 기반으로 원활하고 자유로운 의견 개진 강조
- 집단 차원의 지식, 경험, 기술 활용
- 긴급한 결정 시 결정이 지연된다는 단점

073   정답 ①
출제포인트   참여적 리더십

참여적 리더십의 경우 민주적 리더십으로 의사결정에 있어서 시간과 에너지가 많이 소요되기도 한다.

참고

시간과 에너지가 절약될 수 있는 것은 지시적 리더십이다.

08 사회복지조직의 인적자원관리와 재정관리

074	075	076	077	078
②	②	③	⑤	④
079	080	081	082	083
①	③	④	④	③
084	085	086	087	088
①	④	①	①	③
089	090	091	092	093
④	④	②	③	③
094	095	096	097	
⑤	④	④	③	

074   정답 ②
출제포인트   직무분석

제시된 인적자원관리 방식은 직무분석에 해당한다.

7영역 사회복지행정론 **143**

075 정답 ②

출제포인트 직무수행평가

오답분석
① 기준의 확립은 첫 단계에서 이루어진다.
③ 도표평정식평가(graphic rating scale)는 관대화오류(leniency error)가 발생된다.
④ 자기평가는 비용이 적게 소모되는 면이 있다.
⑤ 직무에 대해서 평가대상자보다 넓은 지식과 이해를 하고 있다는 전제를 바탕으로 실시하는 것은 상사평가(상급자평가)이며, 이는 서열평가 방식과 같은 평가 방법으로 실시될 수 있다.

기출개념 더 알아보기

관대화오류(leniency error)

대인평가에서 자신과 관련되어 있는 피평가자의 실제 직무수행이나 성과보다 높게 평가하는 경향이 나타나는 것을 의미한다. 관대화오류의 원인으로는 평가자가 정확한 평가를 하지 못하도록 하는 압력으로 인한 동기적 관대화, 피평가자에 대한 인지적 판단 과정 중에 일어나는 인지적 관대화, 평가자의 개인 특성과 평가자 자신의 평가 능력에 대해 갖는 신념 등이 있다.

076 정답 ③

출제포인트 평생 교육, 계속교육(Continuing Education)

제시된 설명은 계속교육에 해당한다.

오답분석
① 패널토의(Panel Discussion): 특정 과제를 상정하고 집단에서 조직적으로 토의하여 의견일치를 도모하는 형태
② 순환보직(Job Rotation): 특정 보직에 머무르게 하는 것이 아닌, 부서 내 각 보직을 담당하게 순환시키는 것
④ 역할연기(Role Playing): 경험적 가족치료모델의 대표적 기법이며 서로의 역할을 변환시켜 연기하게 하는 것
  예) 공무원은 민원인, 민원인은 공무원 역할을 하게 하여 서로의 애로, 고충을 이해하게 만드는 것
⑤ 분임토의(Syndicate): 특정 주제에 대해 몇 개의 분임(조)으로 분류하고 각 분임에서 나온 의견을 발표하게 하는 형태

기출개념 더 알아보기

계속교육의 특징

- 최신 정보를 습득하고 기술 향상에 도움
- 개인적, 직업적 성장을 위한 새로운 기회 제공
- 지역사회의 필요 및 구성원의 욕구에 따라 융통성 있게 실시 가능
- 사회복지사에게 직무연수 방식으로 제공

077 정답 ⑤

출제포인트 인적자원관리의 영역: 인사업무

재무는 재정관리(예산, 회계) 영역으로 분류된다.

기출개념 더 알아보기

인적자원관리: 인사업무

- 모집
- 공고
- 채용
- 오리엔테이션
- 교육, 훈련
- 배치
- 평가
- 승진

078 정답 ④

출제포인트 OJT(On the Job Training 현장 직무교육)

오답분석
ㄱ. OJT는 직장 내 훈련으로 직무를 수행하는 과정에서 업무수행에 관한 지식과 기술을 학습하는 것으로 별도의 비용이 발생하지 않는다.
ㄹ. OJT는 주로 직장 내부에서 직무를 수행하면서 받는 교육훈련이다.

기출개념 더 알아보기

현장훈련(OJT)의 특징

- 실습과의 차이점은 실제 현장에서 현 직원들과 함께 동시에 직무를 수행함
- 통상 조직 내부(일부 외부포함) 기관에 위탁되어 이루어짐
- 직무수행 과정에서 교육 및 훈련 동시 실시
- 일반적으로 현장 조직의 상사나 선배를 통해 이루어짐
- 현장 경험을 제고하는 데 초점을 둠

079 정답 ①

출제포인트 직무기술서 포함 내용

급여 수준은 직무명세서에 포함되는 내용이다.

기출개념 더 알아보기

직무기술서와 직무명세서 포함 내용

구분	직무기술서	직무명세서
포함 내용	• 직무 명칭 • 직무 내용 • 핵심 과업 • 직무 수행방법 • 직무 수행에 필요한 도구 • 직무 수행작업 환경	• 자격 및 능력 조건 • 급여 조건 • 기술 조건 • 경험 및 적성 조건

080 정답 ③

출제포인트 직무기술서

> 꽈배기 문제 #직무명세서와 직무기술서 #차이점 #암기필수
> 직무명세서와 직무기술서의 차이점과 그 특징은 반드시 암기해야 해요.

오답분석

ㄷ. 교육 수준, 기술, 능력 등은 종사자의 자격 요건에 해당하는 것으로 이는 직무명세서에 포함되는 내용이다.

081 정답 ④

출제포인트 인적자원관리

오답분석

ㄱ. 직무기술서(일반요건)가 최초로 작성되어야 하고 이후 직무분석(세부 업무 파악)을 토대로 직무명세서(자격요건)를 작성한다.

082 정답 ④

출제포인트 인적자원관리의 구성요소

정치적 관리는 인적자원관리의 구성요소에 포함되지 않는다.

+ 기출개념 더 알아보기

인적자원관리의 구성요소

확보관리	직무분석, 채용(직원모집, 선발, 배치)
평가관리	근무평정(인사고과)
보상관리	임금, 성과금, 복리후생
유지관리	인적자원 유지, 이직관리, 노사관계
개발관리	교육, 훈련, 지도 및 감독, 승진(진급), 직무 순환

083 정답 ③

출제포인트 직무수행평가 과정

직무수행평가의 순서는 다음과 같다.
직무수행 기준 확립(ㄹ) → 직무수행 기대치를 직원에게 전달(ㅁ) → 평가도구를 사용하여 직원의 실제 직무수행 측정(ㄷ) → 실제 직무수행을 직무수행 평가기준과 비교(ㄱ) → 직원과 평가 결과 회의 진행(ㄴ) → 직무수행 기준 수정 및 보완

084 정답 ①

출제포인트 인적자원관리체계

오답분석

② 역할 등급: 일의 종류, 난이도, 책임수준이 유사한 직급으로 묶음
③ 직무평가: 직무들 간의 상대적 가치를 결정하는 상호 체계적인 활동이며 직무수행자의 자격요건을 규명 및 판단하는 것
④ 직무명세서: 직무수행자 자격요건 기술
⑤ 직무기술서: 직무 성격, 내용, 수행방법 등 기술

085 정답 ④

출제포인트 동기부여이론의 학자별 특징

> 꽈배기 문제 #동기부여이론 #이론별 개념숙지 #오답유발 주의
> 동기부여이론은 리더십이론처럼 각 이론을 혼재시켜 틀린 것을 고르게 하는 유형으로 자주 출제되니 꼼꼼하게 숙지하고 암기해야 해요.

성장욕구를 관계욕구보다 상위단계로 언급한 것은 알더퍼의 ERG 이론이다.

086 정답 ①

출제포인트 동기부여이론의 학자별 특징

오답분석

② 조직에 대한 기대와 현실 간 차이가 동기수준을 결정한다는 점을 강조한 것은 앳킨슨(J. W. Atkinson)이 주장한 기대이론이다.
③ 허즈버그(F. Herzberg)의 동기-위생요인 이론은 불만 초래 요인을 위생요인으로 규정한다.
④ 조직 공정성을 성취동기 고취를 위한 핵심요소로 간주한 것은 아담스(Adams)의 형평성이론이다.
⑤ 존재, 관계, 성장욕구 세 단계로 구성된다고 주장한 것은 알더퍼의 ERG이론이다.

087 정답 ①

출제포인트 허즈버그의 동기-위생이론

허즈버그의 동기-위생이론의 동기유발요인은 성취감, 보람, 책임감, 흥미, 개인의 성장 및 발전 요소 등이다.

오답분석

②, ③, ④, ⑤ 모두 위생요인에 해당한다.

참고

위생요인: 봉급, 작업조건, 신분보장, 복지, 대인관계 등

088 정답 ③
출제포인트 슈퍼비전의 특징

동료집단 간에도 슈퍼비전이 수행될 수 있다(동료집단 슈퍼비전).

089 정답 ④
출제포인트 사회복지법인의 결산보고서 첨부서류

 #핵심 보고서류 및 첨부서류 #빈출 #암기필수

사회복지법인 및 사회복지시설 재무·회계규칙은 그 양이 방대하여 모두 암기하기 어려워요. 하지만 출제빈도가 높기 때문에 핵심 보고서류, 첨부서류 정도는 암기해 두는 것이 좋아요.

「사회복지법인 및 사회복지시설 재무·회계규칙」상 세입·세출명세서는 예산 서류에 첨부해야 한다.

+ 기출개념 더 알아보기

사회복지법인의 결산보고서 첨부서류

- 세입·세출결산서
- 과목 전용조서
- 예비비 사용조서
- 재무상태표
- 수지계산서
- 현금 및 예금명세서
- 유가증권명세서
- 미수금명세서
- 재고자산명세서
- 그 밖의 유동자산명세서(위의 현금 및 예금명세서, 유가증권명세서, 미수금명세서, 재고자산명세서의 유동자산 외의 유동자산을 말한다)
- 고정자산(토지·건물·차량운반구·비품·전화가입권)명세서
- 부채명세서(차입금·미지급금을 포함한다)
- 각종 충당금명세서
- 기본재산수입명세서(법인만 해당한다)
- 사업수입명세서
- 정부보조금명세서
- 후원금수입 및 사용결과보고서(전산파일을 포함한다)
- 후원금 전용계좌의 입출금내역
- 인건비명세서
- 사업비명세서
- 그 밖의 비용명세서(인건비 및 사업비를 제외한 비용을 말한다)
- 감사보고서
- 법인세 신고서(수익사업이 있는 경우만 해당한다)

090 정답 ④
출제포인트 예산 편성 방식

 #예산 방식의 특성 #출제가능성↑ #빈출 #암기필수

예산은 꼭 출제되는 개념이니 각 예산 방식의 특성을 반드시 암기해야 해요.

기획예산은 목표달성을 위한 장기적인 기본 계획을 수립하고 이를 연차적으로 실행하기 위해 편성하는 예산이므로 미래의 비용을 고려한다.

+ 기출개념 더 알아보기

예산 방식의 특성

예산 방식	특성
품목별 예산 (Line Item Budgeting)	• 품목별로 소요되는 비용을 단순 목록화 • 일목요연하게 확인 가능 • 예산 조절이 가능 • 사회복지기관에서 많이 사용함 • 회계에 유리함 • 점증주의 방식 • 경직성으로 인한 융통성 부족
성과주의 예산 (Performance Budgeting)	• 프로그램별로 예산 편성 • 집행기관의 융통성, 자율성 확보 • 단위원가 산정이 어려움 • 최근 사회복지기관에 확대되는 추세
기획예산 (Planning Programming Budgeting System)	• 성과주의 예산처럼 프로그램에서 중·장기 편성 • 조직목표를 명확하게 함 • 효율적 수단 분석, 객관적 신뢰도가 높음 • 중앙집권화의 경향, 정치적 요인 개입의 단점
영기준 예산 (Zero Based Budgeting)	• 가장 혁신적인 예산 방식 • 전년도 예산과 무관하게 예산 편성 • 예산의 효율성 중시

091 정답 ②
출제포인트 사회복지조직의 재원 특징

오답분석

① 국가와 지방자치단체의 보조금이 포함된다.
③ 서비스 이용료로 재정을 충당할 수 있다.
④ 별도의 재원 확보를 위한 모금 전략이 필요하다.
⑤ 사회복지법인 등 비영리법인의 전입금은 민간 재원이다.

092 정답 ③
출제포인트 예산 통제의 원칙

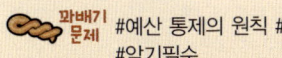
#예산 통제의 원칙 #빈출 #원칙 및 특성 숙지 #암기필수

최근 예산 통제의 원칙이 단독 문제 또는 선지로 자주 출제되고 있어요. 이에 반드시 그 원칙과 특성을 파악하고 이해해야 해요.

예산 통제의 원칙으로는 강제, 개별화, 효율성, 예외, 보고, 의미, 환류, 생산성, 개정 등이 있다.

+ 기출개념 더 알아보기

예산 통제의 원칙

강제의 원칙	공평성 확보를 위해 규정에 의한 강제적 통제 확보
개별화의 원칙	기관의 특성, 성격, 내용에 맞게 예산 편성 필요
효율성의 원칙	투입 대비 산출 최대화
예외의 원칙	예외적 규칙 명시
보고의 원칙	재정 행위 공식적 통제를 위해 보고 체계 구비
의미의 원칙	규칙, 의사소통 창구, 계약 등이 구비되어 관련 인원들의 이해 및 통제 확보
환류의 원칙	의견 수렴을 통해 이를 적극 반영하는 규칙, 기준 마련
생산성의 원칙	서비스 전달의 장애요인 제거
개정의 원칙	예산 관련 기준은 일정 시간 후 새로이 업그레이드(개정) 필요

093 정답 ③
출제포인트 사회복지법인의 예산 제출 서류

사업수입명세서는 결산보고서 첨부서류에 해당한다.

+ 기출개념 더 알아보기

사회복지법인의 예산 제출 서류
- 예산총칙
- 세입·세출명세서
- 임직원 보수 일람표
- 예산을 의결한 이사회 회의록 또는 예산을 보고받은 시설운영위원회 회의록 사본
- 추정 재무상태표
- 추정 수지계산서

094 정답 ⑤
출제포인트 예산 편성 방식

오답분석
① 영기준 예산(Zero Based Budgeting)은 전년도 예산 내역과 무관하게 새로이 예산을 편성한다.
② 계획(기획) 예산(Planning Programming Budgeting System)은 국가의 중·장기적 계획 수립을 위한 예산 편성 방식이다.
③ 영기준 예산(Zero Based Budgeting)은 비용-편익분석, 비용-효과분석을 통해 예산 편성이 이루어진다.
④ 성과주의 예산(Performance Budgeting)은 전년도 사업의 성과를 기반으로 예산을 수립한다.

095 정답 ④
출제포인트 예산 통제의 원칙

예산집행의 통제에는 강제성이 있는 명시적인 규정이 있어야 한다. 이는 공평성을 보장하기 위해 필요하며 이를 통해 활동의 공식성이 부여된다.

오답분석
① 개별 기관의 제약조건, 요구사항 및 기대 사항에 맞게 고안되어야 한다(개별화의 원칙).
② 예외적 상황에 적용되는 규칙을 명시해야 한다(예외의 원칙).
③ 보고의 규정을 두어야 한다(보고의 원칙).
⑤ 필요할 경우 규칙은 새로 개정할 수 있다(개정의 원칙).

096 정답 ④
출제포인트 프로그램 예산 방식의 특징

프로그램 예산은 효율성에 중점을 두며 사업 목적을 우선시한다. 프로그램의 예산의 특징은 다음과 같다.
- 결과와 영향에 초점
- 지출 품목의 편성은 지출 통제에 주안을 둠
- 증분 예산(전년도 예산을 기준으로 물가상승률을 감안하여 예산을 책정하는 것) 방식

097 정답 ③
출제포인트 사회복지시설 예산 편성 및 결정 절차

사회복지시설의 예산 편성 및 결정 절차의 순서는 다음과 같다.
예산 편성(ㄷ) → 시설운영위원회 보고(ㄱ) → 이사회 의결(ㄹ) → 지방자치단체 제출(ㅁ) → 예산 공고(ㄴ)

09 사회복지조직의 환경관리와 정보관리

098	099	100	101	102
⑤	④	⑤	④	①
103	104	105	106	107
⑤	①	②	④	②

098　　　　　　　　　　　정답 ⑤

출제포인트　하센필드(Y. Hasenfeld)의 조직환경 대응 전략

 #하센필드 #조직환경의 대응전략 #암기필수
하센필드는 조직환경의 대응전략과 그 내용을 묻는 문제가 자주 출제되니 꼼꼼하게 암기해야 해요.

오답분석

① 권위주의 전략: 명령에 수긍하도록 법적, 윤리적 제재를 가하는 형태
② 경쟁전략: 다른 조직들과 경쟁하여 능력을 증가시키는 형태
③ 협동전략: 다른 조직들과 협력, 협업하여 능력을 증가시키는 형태
④ 방해전략: 조직의 자원생산 능력을 위협하는 행동을 의도적으로 하는 전략

099　　　　　　　　　　　정답 ④

출제포인트　사회복지행정의 변화

 #사회복지행정의 환경의 흐름 #포괄적이고 보편적인 선지에 집중
사회복지행정의 환경의 흐름(동향)은 의외로 간단해요. 포괄적이며 보편적인 선지가 정답일 확률이 높고, 지엽적이고 전통적인 것은 의미대로 최근 환경의 동향과는 거리가 있어요.

지역사회 통합돌봄 추진에 따라 재가보호 또는 지역사회보호 서비스를 확대하고 있다.

+ 기출개념 더 알아보기

사회복지행정기관의 최근 경향

- 사회서비스 확대로 사회적 일자리 창출 확대
- 지방자치단체의 주민참여 활성화
- 지역사회 통합돌봄 추진에 따라 재가보호 또는 지역사회보호 서비스 확대
- 지역사회 통합돌봄 도입으로 전문 직종 간 서비스 연계 제공
- 책임성 요구 증대
- 서비스 이용자의 소비자주권 강화
- 빅데이터 활용 증가
- 사회서비스 공급에 다원주의(공공 및 민간) 형태 증가
- 기업의 경영관리 기법 도입 확대

100　　　　　　　　　　　정답 ⑤

출제포인트　사회복지행정의 변화

기업의 경영관리 기법 도입이 확대되고 있다.

101　　　　　　　　　　　정답 ④

출제포인트　사회복지조직 혁신의 장애요인

핵심 리더의 변화 노력에 대한 구성원의 공개 지지는 사회복지조직 혁신의 핵심요소이다.

+ 기출개념 더 알아보기

사회복지조직 혁신의 장애요인

- 무사안일주의
- 비전의 영향력 과소평가
- 비전에 대한 불충분한 의사소통
- 변화를 막는 조직구조나 보상체계의 유지
- 복지부동
- 새로운 아이디어, 비전에 대한 집단적 무시
- 과거에 집착하는 관행적 행태

102　　　　　　　　　　　정답 ①

출제포인트　사회복지행정의 변화

오답분석

② 국가가 직접 제공하는 서비스보다 지방자치단체 또는 민간이 제공하는 서비스가 늘어나고 있다.
③ 산출(output) 중심 평가에서 성과(outcome) 중심 평가로 전환되는 추세이다.
④ 사회복지행정의 이론적 준거틀이 더욱 강조되고 있다(경영이론, 행정이론, 사회학이론 등).
⑤ 사회복지서비스가 다양화되면서 전문가 활용 역시 다양성을 강조하고 있다(하나의 자격요건에서 사회복지사 + 노인요양보호사, 사회복지사 + 청소년 지도사, 사회복지사 + 법무사 등으로 변화).

103 정답 ⑤
출제포인트 사회복지조직의 환경

ㄱ~ㄹ. 모두 사회복지조직의 환경에 관한 설명이다. 사회복지조직의 환경의 특징은 다음과 같다.
- 사회인구학적 조건으로 사회문제 및 개인의 욕구 파악(성별, 연령, 지역, 소득 등)
- 기본적 욕구 및 특수적 욕구를 통해 정책 수립, 집행 실시(빈곤, 질병, 실업, 장애, 산재 등)
- 사회보장정보시스템(행복e음) 등의 정보화를 통해 증대된 운영관리 체계 개선
- 일반환경(정치, 법령 등, 변화가 쉽지 않은 환경), 과업환경(클라이언트, 사회복지기관 등, 변화가 용이한 환경)은 사회복지조직 과업 설정에 영향을 줌

104 정답 ①
출제포인트 사회복지조직의 환경

다른 기관과의 경쟁을 고려(이익집단이론, 다원주의)한다.

105 정답 ②
출제포인트 사회보장정보시스템의 특징

사회보장정보시스템(범정부)에 대한 설명이다.

+ 기출개념 더 알아보기

사회보장정보시스템(범정부)의 특징
- 사회복지통합관리망(2010년)으로 출발, 2013년 사회보장정보시스템으로 확대
- 중앙행정기관, 지방자치단체, 공법인 등 사회복지유관기관 총망라(범정부)
- 한국사회보장정보원에서 운영, 관리
- 수급자 및 차상위자를 포함한 대상자의 소득, 재산, 수급 이력 등 정확한 사회복지 대상자 선정 및 효율적 복지업무 처리 지원

106 정답 ④
출제포인트 사회복지정보화의 특징

학습조직 필요성이 증대하였다. 사회복지정보화의 특징은 다음과 같다.
- 조직의 업무 효율성 증대
- 대상자 관리의 정확성, 객관성 확보
- 클라이언트에 대한 사생활 침해 가능성 증가
- 사회복지행정가가 정보를 체계적으로 다룰 수 있음
- 서비스의 만족도 제고를 위한 능률적 수단
- 책임성 제고

107 정답 ②
출제포인트 정보관리의 중요성

사회복지조직에서 정보관리가 최우선이어서는 안 된다. 클라이언트의 이익이 최우선이며 만약 수단 및 방법인 정보관리가 최우선이 되면 목적전치(수단이 목적을 우선하는 것) 현상이 발생할 수 있다.

10 프로그램 개발과 평가

108	109	110	111	112
②	②	②	③	⑤
113	114	115	116	
④	④	②	③	

108 정답 ②
출제포인트 논리모델의 단계

오답분석
ㄴ. 프로그램 참여자의 스트레스 완화는 성과이다.
ㄷ. 상담전문가 10인은 투입이다.

+ 기출개념 더 알아보기

논리모델 단계

투입	프로그램에 소비(지출)되는 자원들(인적, 물적, 기술적 자원 등)
전환(활동)	프로그램의 진행, 수행
산출	프로그램의 직접적인 결과물
성과(결과)	기획의 목적에 부합 여부

109 정답 ②
출제포인트 대상자 선정

오답분석
① 표적인구란 프로그램 수급 자격을 갖춘 사람을 말한다.
③ 위험인구란 프로그램이 해결하려는 문제에 취약성이 있는 사람을 말한다.

④ 일반적으로 일반인구가 표적인구보다 많다.
⑤ 자원이 부족하면 표적인구가 클라이언트인구보다 많아진다.

110 정답 ②
출제포인트 초점집단 조사, 심층면접 조사, FGI인터뷰

초점집단 조사에 대한 설명이다.

+ 기출개념 더 알아보기

초점집단 조사
- 소수, 주요, 대표 인원들을 소집하여 토의하게 하고 투표로 의사결정하는 형태
- 시간, 경비, 노력의 소요가 절감
- 소수 대표자들의 의견이 전체의 의견으로 둔갑되는 단점 발생

111 정답 ③
출제포인트 사회복지 프로그램 목표: 성과목표

오답분석
① 1시간씩 학습지도를 제공: 과정목표
② 월 1회 요리교실을 진행: 과정목표
④ 10분씩 명상훈련을 실시: 과정목표
⑤ 주 2회 물리치료를 제공: 과정목표

💡 **암기TIP** 과정목표는 통상적으로 ~제공, ~진행, ~실시로 이루어지며 성과목표는 ~향상, ~제고, ~달성 등으로 표현됨

112 정답 ⑤
출제포인트 사회복지평가의 유형

오답분석
① 총괄평가(성과평가)는 주로 프로그램의 목적 달성 또는 성패 여부 확인을 목적으로 한다.
② 총괄평가(성과평가)의 유형에 효과성 평가가 포함된다.
③ 과정평가는 모니터링 평가라고도 한다.
④ 총괄평가(성과평가)는 목표달성도에 주된 관심을 갖는다.

113 정답 ④
출제포인트 효율성의 특징

비용 절감은 서비스 이용자의 욕구 충족을 위한 목표와 관련성이 높다.

114 정답 ④
출제포인트 프로그램 평가 검토기법

🍬 **꽈배기 문제** #프로그램 평가방법 #비용-편익 #비용-효과 #차이점 #헷갈리지 말기
프로그램 평가방법은 비용-편익과 비용-효과의 차이점에 대해 자주 출제되고 있어요. 헷갈리지 않도록 철저히 파악해 두어야 해요.

오답분석
ㄱ. 비용-효과분석은 프로그램의 투입된 비용은 금전적 가치로 고려하지만 결과(산출)는 금전적 가치로 환산하지 않고 산출물 그대로 평가한다.

📎 **참고**
비용-편익분석은 프로그램의 투입된 비용과 결과(산출) 모두 금전적 가치로 판단하는 것이다.

115 정답 ②
출제포인트 사회복지 프로그램 평가의 목적

오답분석
① 정책개발: 관련 여러 문제들의 이슈화, 새로운 정책의제 개발
③ 이론 형성: 인과관계 및 상관관계 등을 기반으로 신이론 및 기술 제시
④ 자료수집: 프로그램의 수정, 보완, 개선, 개발을 위해 필요한 자료의 수집
⑤ 정보관리: 각종 수행 자료, 평가 자료, 점검 자료들의 기록 보존 및 정보화

116 정답 ③
출제포인트 프로그램 평가의 특징

오답분석
ㄴ. 비용-효과분석은 효율성 평가이다.

11 사회복지조직의 책임성과 평가

117	118	119	120	121
④	③	②	②	①
122	123			
①	②			

117 정답 ④
출제포인트 기준 행동의 특징

제시된 설명은 기준행동에 대한 설명이다. 기준행동의 특징은 다음과 같다.
- 측정 가능하고 눈에 보이는 성과 지표에 관심을 갖는 것
- 구체적 목표에 중점을 두며 맥락적 목표, 정서적 목표 등은 등한시함
- 대표적 사례로 지방자치단체장들의 도로, 건축, 환경정비 등에는 예산 투입을 강조하지만 중증 장애인, 미혼모, 고아, 노숙인, 중독자들에 대해서는 소극적 예산 편성 경향임

118 정답 ③
출제포인트 사회복지시설 평가

이용자의 권리에 관한 평가영역은 모든 시설에 적용하여 평가한다. 이용자의 권리에 관한 평가영역은 다음과 같다.
- 평가의 근거는 1998년 개정된 사회복지사업법
- 평가의 목적은 시설 운영의 효율화 및 이용자에 대한 서비스의 질 제고
- 평가의 주체는 중앙사회서비스원
- 5등급 절대 평가로 평가 결과는 일반 공개
- 개별 사회복지시설의 고유성이 반영되지 못한다는 한계점
- 평가지표 선정 시 현장 의견수렴 필요 대두

119 정답 ②
출제포인트 우리나라 사회복지시설 평가제도

오답분석
ㄴ. 3년마다 평가 실시(보건복지부장관 및 시·도지사 주관)
ㄷ. 평가 결과의 공개 원칙(보건복지부장관과 시·도지사는 평가 후 그 결과를 공개해야 함)

120 정답 ②
출제포인트 사회복지관의 서비스 최저기준 사항

「사회복지사업법시행규칙」에 따르면 시설의 서비스 최저기준에 시설의 규모는 미포함 사항이다.

+ 기출개념 더 알아보기
사회복지관의 서비스 최저기준 사항
- 시설의 환경
- 시설의 안전관리
- 시설의 인력관리
- 시설 이용자의 인권
- 시설의 운영
- 지역사회 연계
- 서비스의 과정 및 결과
- 그 밖에 서비스 최저기준 유지에 필요한 사항

121 정답 ①
출제포인트 사회복지조직의 책임성

꽈배기문제 #사회복지조직의 책임성 #빈출 #고난도출제 #기출파악

사회복지조직의 책임성은 시험에 자주 출제되고 있고, 난이도 높게 출제되니 기출문항을 중심으로 반드시 파악해 두어야 해요.

사회복지조직은 책임성과 투명성 등을 확보하기 위해 후원금 사용 정보를 공개해야 한다.

122 정답 ①
출제포인트 사회복지의 책임성 평가

비용편익분석은 효율성 평가를 위해 실시하며, 효과성 평가를 위해서는 프로그램의 목표 달성도를 평가한다.

123 정답 ②
출제포인트 사회복지조직의 책임성

책임성 이행 측면에서 효율성과 효과성을 극대화해야 한다.

12 사회복지조직의 마케팅

124	125	126	127	128
③	③	⑤	②	③
129				
①				

124　　　　　　　　　　　정답 ③
출제포인트　마케팅 믹스(4P) 전략

마케팅 믹스(4P) 전략에 해당하는 요소는 다음과 같다.
- 제품(Product)
- 가격(Price)
- 유통, 판매, 입지(Place)
- 촉진, 홍보활동(Promotion)

125　　　　　　　　　　　정답 ③
출제포인트　비영리조직 마케팅

 #비영리조직의 마케팅 #꾸준히 출제 #영리조직 비교

비영리조직의 마케팅은 수년에 걸쳐 꾸준하게 출제가 되고 있어요. 영리조직과의 비교 내용이 선지로 출제되니 그 특성을 잘 파악하고 있어야 해요.

오답분석
① 공익성, 사회성의 비영리추구의 목적으로 마케팅을 추진한다.
② 비영리조직 간의 경쟁에 대한 대응은 서비스의 질 향상이라는 측면에서 필요하다.
④ 사회복지조직이 제공하는 비물질적인 서비스는 대표적인 마케팅 대상이다.
⑤ 비영리조직의 재정자립은 독립성, 자율성의 차원에서 마케팅의 목표가 된다.

126　　　　　　　　　　　정답 ⑤
출제포인트　비영리조직의 마케팅

조직의 목표 달성과 측정은 제한적이고 어렵다.

127　　　　　　　　　　　정답 ②
출제포인트　마케팅 믹스(4P) 전략

오답분석
ㄴ. 가격(Price)은 소비자가 지불해야 하는 제품의 가치이다.
ㄹ. 판매 실적에 따라 직원을 승진시키는 제도는 촉진(Promotion)이 아니라 인사업무이다.

128　　　　　　　　　　　정답 ③
출제포인트　비영리조직의 마케팅

오답분석
① 고객에 대한 판매보다 욕구충족에 더 집중한다.
② 이윤보다 신뢰, 공익을 남기는 것이 최우선 목표이다.
④ 후원자를 포함한 수급자(클라이언트)에게도 초점이 맞춰져 있다.
⑤ 비영리조직 마케팅 목적에는 프로그램의 홍보와 재정확충이 모두 포함된다.

129　　　　　　　　　　　정답 ①
출제포인트　사회복지 마케팅 기법

다이렉트 마케팅은 후원자들에게 소식지, 알림 메시지 등을 발송하는 형태의 마케팅 기법이다.

영역별 기출문제 — 8영역 사회복지법제론

꽈배기 문제는 빈출 개념에 대해 혼동을 유발하거나 오답을 유도하는 선지가 출제된 문제입니다. 꽈배기 문제까지 맞힌다면 해당 영역은 합격 안정권 점수를 받을 수 있습니다.

01 사회복지법 개관

001	002	003	004	005
③	②	④	⑤	①
006	007	008	009	010
③	④	④	④	③
011	012	013		
④	③	④		

001　　정답 ③
출제포인트 성문법의 분류

성문법으로서의 법원은 최상위법인 '헌법 → 법률 → 명령 → 자치법규' 순으로 분류된다.

오답분석
불문법은 판례, 관습법, 조리로 구분된다.

 암기 TIP　불문하면 판례가 관습이 되어 저리(조리)될 수 있다.

002　　정답 ②
출제포인트 자치법규의 특징

 #자치법규에 대한 이해 #빈출
자치법규는 최근에 가장 많이 출제되고 있는 법원의 유형이니 꼭 암기해야 해요.

지방자치단체는 법령의 범위 내에서 조례를 제정할 수 있다.

003　　정답 ④
출제포인트 법원의 구분

꽈배기문제 #우리나라의 법체계 #선지출제
우리나라의 법체계는 발문보다 선지로 자주 출제돼요.

시행령은 대통령령이며, 국무총리나 행정각부의 장이 발(發)하는 명령은 시행규칙이다.

004　　정답 ⑤
출제포인트 사회복지법원

시행령(대통령령(ㄱ)), 자치법규(조례(ㄴ), 규칙(ㄹ)), 일반적으로 승인된 국제법규(ㄷ)는 모두 사회복지법원에 해당된다. 이외에도 헌법, 법률, 판례, 관습법, 조리 등이 사회복지법원에 해당된다.

005　　정답 ①
출제포인트 자치법규

지방자치단체장은 규칙 제정권을 갖고 지방의회는 조례 제정권을 갖는다.

006　　정답 ③
출제포인트 사회복지법의 성문법원

오답분석
① 관습법은 사회복지법의 법원이 될 수 있다.
② 법률은 국회의 의결을 거쳐 제정·공포된 법을 말한다.
④ 명령은 행정기관이 제정한 법규로 국회의 의결 없이 제정된다.
⑤ 일반적으로 승인된 국제법규는 사회복지법의 법원에 포함된다.

007　　정답 ④
출제포인트 사회복지법 체계와 법원

오답분석
① 불문법원의 종류로 관습법, 판례법, 조리가 있다.
② 시행령과 시행규칙은 국회의 의결 없이 제정된다.
③ 시행규칙(부령)보다 시행령(대통령령)이 상위 법규범이다.
⑤ 정부는 법률안을 제출할 수 있다.

008 정답 ④
출제포인트 조례와 규칙의 특징

시·군 및 자치구의 규칙은 시·도의 규칙보다 <u>하위 법규범</u>이다. 조례와 규칙의 특징은 다음과 같다.
- 자치법규에 조례와 규칙이 포함된다.
- 조례는 <u>지방의회의 의결</u>을 거쳐 제정된다.
- 규칙은 지방자치단체의 장이 제정한 법규범이다.

💡 **암기 TIP** 시장님! 규칙을 지키셔야죠!

- 지방자치단체는 <u>법령의 범위</u>에서 그 사무에 관하여 조례를 제정할 수 있다(지방의회 의결).
- <u>최상위는 헌법</u>이며 법률-명령-조례-규칙 순의 서열적 특성이 있다.

009 정답 ④
출제포인트 법령의 제정

오답분석
① 국무총리는 총리령을 발할 수 있다.
② 지방자치단체의 장은 규칙을 제정하고 <u>부령은 장관이 발할</u> 수 있다.
③ <u>정부는 법률안을 제출할 수 있다.</u>
⑤ 법률은 특별한 규정이 없는 한 <u>공포한 날로부터 20일을 경과함으로써 효력을 발생</u>한다.

010 정답 ③
출제포인트 헌법 제34조, 제117조

주어진 사례를 분석하면 다음과 같다.

- 신체장애자 및 질병·노령 기타의 사유로 생활능력이 없는 국민은 <u>법률</u>이 정하는 바에 의하여 국가의 보호를 받는다(헌법 제34조 제5항).
- 지방자치단체는 주민의 복리에 관한 사무를 처리하고 재산을 관리하며, <u>법령의 범위 안에서</u> 자치에 관한 규정을 제정할 수 있다(헌법 제117조 제1항).

011 정답 ④
출제포인트 헌법 제34조

🥜 **깨배기 문제** #헌법 제34조와 헌법 제10조의 구분 #오답유발
헌법 제34조는 헌법 제10조의 내용을 선지에 넣어 오답을 유도하는 문제로 출제되니 구분하여 숙지해야 해요.

주어진 법 규정을 분석하면 다음과 같다.

- 국가는 사회보장·<u>사회복지</u>의 증진에 노력할 의무를 진다.
- 신체장애자 및 질병·노령 기타의 사유로 생활능력이 없는 국민은 <u>법률</u>이 정하는 바에 의하여 국가의 보호를 받는다.

012 정답 ③
출제포인트 공무원 노동3권 제한

<u>공무원인 근로자는 법률이 정하는 자에 한하여</u> 단결권·단체교섭권 및 단체행동권을 가진다(헌법 제33조 제2항).

013 정답 ④
출제포인트 헌법 제10조: 행복추구권

모든 국민은 인간으로서의 존엄과 가치를 가지며, <u>행복을 추구할 권리</u>를 가진다.

🔍 **참고**
헌법 제10조는 모든 국민에 대한 행복추구권을 강조하는 조항이다.

오답분석
② 생존권, ③ 인간다운 생활, ⑤ 인권은 헌법 제34조와 연관이 높다.

02 사회복지법 발달사

014	015	016	017	018
③	⑤	③	③	③
019	020	021		
⑤	①	③		

014 정답 ③
출제포인트 법률의 제정 연도

ㄱ. 「국민연금법」: 1986년
ㄴ. 「고용보험법」: 1993년
ㄷ. 「국민건강보험법」: 1999년
ㄹ. 「산업재해보상보험법」: 1963년

따라서 법률의 제정 연도가 빠른 순서는 'ㄹ-ㄱ-ㄴ-ㄷ'이다.

015   정답 ⑤

출제포인트 법률의 제정 연도

ㄱ. 「긴급복지지원법」: 2005년
ㄴ. 「고용보험법」: 1993년
ㄷ. 「노인복지법」: 1981년
ㄹ. 「기초연금법」: 2014년
따라서 제정 연도가 가장 빠른 것은 ㄷ이고, 가장 늦은 것은 ㄹ이다.

016   정답 ③

출제포인트 법률의 제정 연도

「고용보험법」(1993년), 「사회복지공동모금회법」(1999년)

오답분석
① 「산업재해보상보험법」(1963년), 「장애인복지법」(1989년)
② 「사회복지사업법」(1970년), 「국민기초생활 보장법」(1999년)
④ 「국민연금법」(1986년), 「노인복지법」(1981년)
⑤ 「아동복지법」(1981년), 「국민건강보험법」(1999년)

017   정답 ③

출제포인트 법률의 제정 연도

ㄱ. 「국민기초생활 보장법」: 1999년
  암기 TIP 국(구, 9)민기초생활 보장법 → 99
ㄴ. 「산업재해보상보험법」: 1963년
  암기 TIP 이, 얼, 싼(3) → 63
ㄷ. 「사회복지사업법」: 1970년
ㄹ. 「고용보험법」: 1993년
ㅁ. 「노인복지법」: 1981년
  암기 TIP 노인어르신, 88하게 1순위로 사세요 → 81년
따라서 제정 연도가 빠른 순서는 'ㄴ - ㄷ - ㅁ - ㄹ - ㄱ'이다.

018   정답 ③

출제포인트 사회복지법의 발달과정

오답분석
ㄱ. 2014년 「기초연금법」이 제정되면서 「기초노령연금법」(2007)은 폐지되었다.
ㄴ. 1999년 제정된 「국민건강보험법」은 「국민의료보험법」을 대체한 것이다.

019   정답 ⑤

출제포인트 법률의 제정 연도

「다문화가족지원법」은 2008년 제정되었다.

오답분석
① 「아동복지법」: 1981년
② 「노인복지법」: 1981년
③ 「장애인복지법」: 1989년
④ 「한부모가족지원법」: 2007년

020   정답 ①

출제포인트 법률의 제정 연도

「산업재해보상보험법」은 1963년에 제정되었다.

오답분석
② 「국민기초생활 보장법」: 1999년
③ 「고용보험법」: 1993년
④ 「국민연금법」: 1986년
⑤ 「국민건강보험법」: 1999년

021   정답 ③

출제포인트 우리나라 사회복지법 발달사

오답분석
ㄷ. 1961년 제정된 「아동복리법」은 1981년 「아동복지법」으로 개정되었다.

03 사회보장기본법

022	023	024	025	026
③	①	⑤	③	①
027	028	029	030	031
②	④	①	①	④
032	033	034	035	036
①	④	①	②	④
037	038	039	040	041
①	②	②	⑤	⑤
042				
④				

022 정답 ③
출제포인트 사회보장위원회의 심의 사항

사회보장정보의 보호 및 관리는 사회보장위원회의 심의·조정사항에 해당된다.

+ 기출개념 더 알아보기

사회보장위원회의 심의·조정 사항

- 사회보장정보의 보호 및 관리
- 사회보장 관련 주요계획
- 사회보장 증진을 위한 기본계획
- 사회보장급여 및 비용 부담
- 사회보장통계
- 사회보장제도의 평가 및 개선
- 사회보장 전달체계 운영 및 개선
- 사회보장제도의 신설 또는 변경에 따른 우선순위
- 둘 이상의 중앙행정기관이 관련된 주요 사회보장정책

023 정답 ①
출제포인트 사회보장위원회의 특징

팔배기문제 #사회보장기본법 #빈출 #주요 내용 숙지 필수

사회보장기본법의 주요 내용은 자주 출제되고 있으니 사회보장기본법의 개요 및 특징 등 주요 내용들을 반드시 숙지해야 해요.

사회보장위원회의 위원장은 국무총리가 된다.

+ 기출개념 더 알아보기

사회보장위원회의 구성 등

- 사회보장위원회의 위원장은 국무총리가 된다.
- 사회보장위원회의 부위원장은 기획재정부장관, 교육부장관, 보건복지부장관이 된다.

  💡 **암기 TIP** 부위원장이 교(교육부)보(보건복지부)에 기(기획재정부)부했다는군

- 사회보장위원회는 30명 이내의 위원으로 구성한다.
- 사회보장 기본계획은 5년마다 수립하여야 한다.
- 보건복지부장관은 사회보장정보시스템의 구축·운영을 총괄한다.

024 정답 ⑤
출제포인트 「사회보장기본법」 용어의 정의

ㄱ. 「사회보장기본법」 제3조 제2호의 내용이다.
ㄴ. 「사회보장기본법」 제3조 제3호의 내용이다.
ㄷ. 「사회보장기본법」 제3조 제5호의 내용이다.

+ 기출개념 더 알아보기

「사회보장기본법」 용어의 정의(제3조)

사회보장	출산, 양육, 실업, 노령, 장애, 질병, 빈곤 및 사망 등의 사회적 위험으로부터 모든 국민을 보호하고 국민 삶의 질을 향상시키는 데 필요한 소득·서비스를 보장하는 사회보험, 공공부조, 사회서비스
사회보험	국민에게 발생하는 사회적 위험을 보험의 방식으로 대처함으로써 국민의 건강과 소득을 보장하는 제도
공공부조	국가와 지방자치단체의 책임하에 생활 유지 능력이 없거나 생활이 어려운 국민의 최저생활을 보장하고 자립을 지원하는 제도
사회서비스	국가·지방자치단체 및 민간부문의 도움이 필요한 모든 국민에게 복지, 보건 의료, 교육, 고용, 주거, 문화, 환경 등의 분야에서 인간다운 생활을 보장하고 상담, 재활, 돌봄, 정보의 제공, 관련 시설의 이용, 역량 개발, 사회참여 지원 등을 통하여 국민의 삶의 질이 향상되도록 지원하는 제도
평생사회안전망	생애주기에 걸쳐 보편적으로 충족되어야 하는 기본욕구와 특정한 사회위험에 의하여 발생하는 특수욕구를 동시에 고려하여 소득·서비스를 보장하는 맞춤형 사회보장제도
사회보장 행정데이터	국가, 지방자치단체, 공공기관 및 법인이 법령에 따라 생성 또는 취득하여 관리하고 있는 자료 또는 정보로서 사회보장정책 수행에 필요한 자료 또는 정보

025 정답 ③
출제포인트 사회보장의 재정추계

보건복지부장관은 사회보장제도의 안정적인 운영을 위하여 중장기 사회보장 재정추계를 적어도 3년마다 실시하고 이를 공표하여야 한다.

026 정답 ①
출제포인트 사회보장기본법의 주요 내용

사회보장위원회의 위원 임기는 2년(다만, 공무원의 임기는 재임 기간, 기관 및 단체 대표자인 위원은 그 대표 지위를 유지하는 기간으로 함)으로 한다.

오답분석
② 국가와 지방자치단체는 평생사회안전망을 구축하여야 한다(1차 사회보험, 2차 공공부조).
④ 사회보장제도를 운영하는 자는 불법행위의 책임이 있는 자에 대하여 구상권(경제적 보상 청구권)을 행사할 수 있다.

027 정답 ②
출제포인트 「사회보장기본법」의 주요 용어

「사회보장기본법」 제3조
2. "사회보험"이란 국민에게 발생하는 사회적 위험을 보험의 방식으로 대처함으로써 국민의 건강과 소득을 보장하는 제도를 말한다.
3. "공공부조"(公共扶助)란 국가와 지방자치단체의 책임하에 생활 유지 능력이 없거나 생활이 어려운 국민의 최저생활을 보장하고 자립을 지원하는 제도를 말한다.

028 정답 ④
출제포인트 사회보장수급권

사회보장수급권은 다른 사람에게 양도하거나 담보로 제공할 수 없다.

029 정답 ①
출제포인트 사회보장수급권

오답분석
ㄴ. 사회보장수급권은 정당한 권한이 있는 기관에 서면으로 통지하여 포기할 수 있다.
ㄷ. 사회보장수급권은 수급자 임의로 다른 사람에게 양도할 수 없다.
ㄹ. 사회보장수급권의 포기는 취소할 수 있다.

030 정답 ①
출제포인트 법률의 권리구제 절차 내용

오답분석
② 「국민건강보험법」에 명시되어 있는 권리구제 절차는 이의신청, 심판청구이다.
③ 「고용보험법」에 명시되어 있는 권리구제절차는 심사청구, 재심사청구이다.
④ 「한부모가족지원법」에 따른 권리구제 절차는 심사청구이다.
⑤ 「기초연금법」에 명시되어 있는 권리구제절차는 이의신청이다.

031 정답 ④
출제포인트 사회보장수급권

사회보장수급권은 서면으로 통지하여 포기할 수 있다.

032 정답 ①
출제포인트 사회보장에 관한 국민의 권리

ㄱ. 국가는 최저보장수준과 최저임금을 매년 공표하여야 한다.
ㄴ. 사회보장수급권은 서면으로 통지하여 포기할 수 있다.

033 정답 ④
출제포인트 사회보장수급권의 보호와 포기

#사회보장수급권 #양도 불가 #담보 불가
#압류 불가 #숙지필수
사회보장수급권은 어떤 법령을 막론하고 양도, 담보, 압류할 수 없다는 것을 꼭 기억해야 해요!

사회보장수급권의 포기는 취소할 수 있다.

034 정답 ①
출제포인트 사회보장제도의 운영

사회보장제도의 평가 및 개선은 사회보장위원회의 심의 사항에 포함되는 내용이다.

035 정답 ②
출제포인트 사회보장제도의 신설 또는 변경에 따른 협의 및 조정

지방자치단체의 장은 주무 부처 장관인 보건복지부장관과 협의하여야 한다.

036 정답 ④
출제포인트 사회보장제도의 운영 원칙

보기는 사회보장제도의 운영원칙 중 '공공성'에 관한 내용이다.

➕ 기출개념 더 알아보기

사회보장제도의 운영원칙(제25조)

보편성	국가와 지방자치단체가 사회보장제도를 운영할 때에는 이 제도를 필요로 하는 모든 국민에게 적용하여야 한다.
형평성	국가와 지방자치단체는 사회보장제도의 급여 수준과 비용 부담 등에서 형평성을 유지하여야 한다.
민주성	국가와 지방자치단체는 사회보장제도의 정책 결정 및 시행 과정에 공익의 대표자 및 이해관계인 등을 참여시켜 이를 민주적으로 결정하고 시행하여야 한다.
효율성, 연계성 및 전문성	국가와 지방자치단체가 사회보장제도를 운영할 때에는 국민의 다양한 복지욕구를 효율적으로 충족시키기 위하여 연계성과 전문성을 높여야 한다.
공공성	사회보험은 국가의 책임으로 시행하고, 공공부조와 사회서비스는 국가와 지방자치단체의 책임으로 시행하는 것을 원칙으로 한다. 다만, 국가와 지방자치단체의 재정 형편 등을 고려하여 이를 협의·조정할 수 있다.

037 정답 ①
출제포인트 사회보장제도의 운영 원칙

사회보험은 국가의 책임으로 시행하는 것을 원칙으로 한다.

038 정답 ②
출제포인트 사회보장 비용의 부담

국가와 지방자치단체는 합리적으로 비용을 부담해야 한다(형평성의 원칙).

오답분석

③ 부담 능력이 있는 국민에 대한 사회서비스에 드는 비용은 그 수익자가 부담함을 원칙으로 한다. 다만, 국가 및 지자체가 그 비용의 일부를 지원할 수 있다.

039 정답 ②
출제포인트 사회보장 기본계획

오답분석

① 사회보장 기본계획은 5년 주기로 수립된다.
③ 사회보장 기본계획은 사회보장위원회의 주요 심의사항이다.
④ 지방자치단체의 장은 지역사회보장계획을 4년마다 수립해야 한다.
⑤ 시·군·구 지역사회보장협의체와 시·도의 시·도사회보장위원회는 지역사회보장계획을 심의·조정하며 의결은 해당 지방의회에서 한다.

040 정답 ⑤
출제포인트 사회보장위원회의 위원

위원회는 위원장 1명, 부위원장 3명 및 행정안전부장관, 고용노동부장관, 여성가족부장관, 국토교통부장관을 포함한 30명 이내의 위원으로 구성된다.

- 위원장: 국무총리
- 부위원장: 기획재정부장관, 교육부장관, 보건복지부장관
- 위원: 대통령령으로 정하는 관계 중앙행정기관의 장 및 대통령이 위촉하는 사람(총 30명 이내)

041 정답 ⑤
출제포인트 사회보장위원회

오답분석

① 국무총리 소속의 위원회이다.
② 위원장 1명, 부위원장 3명과 행정안전부장관, 고용노동부장관, 여성가족부장관, 국토교통부장관을 포함한 30명 이내의 위원으로 구성한다.

③ 위원의 임기는 2년으로 하되, 공무원인 위원의 임기는 그 재임기간으로 한다.
④ 보건복지부에 사무국을 둔다.

042   정답 ④

| 출제포인트 | 사회보장위원회 |

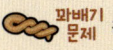
#사회보장위원회의 구성 #임기 #오답유발주의 #빈출
사회보장위원회는 단골로 출제되며 임기, 위원의 구성 등 숫자를 살짝 바꾸는 형태로 출제되고 있어요.

위원의 임기는 2년으로 하되, 공무원인 위원의 임기는 그 재임기간으로 한다.

기출개념 더 알아보기

사회보장위원회의 구성

- 국무총리 소속의 위원회이다.
- 위원장 1명, 부위원장 3명과 행정안전부장관, 고용노동부장관, 여성가족부장관, 국토교통부장관을 포함한 30명 이내의 위원으로 구성한다.
- 보건복지부에 사무국을 둔다.
- 실무위원회를 두며 실무위원회에 분야별 전문위원회를 둘 수 있다.

04 사회복지사업법

043	044	045	046	047
②	④	⑤	②	④
048	049	050	051	052
③	⑤	②	⑤	③
053	054	055	056	057
①	④	④	①	③
058	059	060	061	062
⑤	⑤	⑤	③	④
063	064			
②	③			

043   정답 ②

| 출제포인트 | 「사회복지사업법」의 주요 내용 |

사회복지서비스를 필요로 하는 사람에 대한 사회복지서비스 제공은 현물 제공을 원칙으로 한다.

044   정답 ④

| 출제포인트 | 「사회복지사업법」의 법률 관계 |

「사회복지사업법」은 사회서비스법에 포함되며 「사회보장기본법」상 사회보험법(「국민연금법」, 「국민건강보험법」, 「고용보험법」, 「산재보험법」, 「노인장기요양보험법」)은 미포함되지만 공공부조법(「기초연금법」, 「국민기초생활 보장법」, 「의료급여법」, 「긴급복지지원법」, 「장애인연금법」)은 포함된다.

045   정답 ⑤

| 출제포인트 | 「사회복지사업법」 기본이념 |

오답분석

①, ②, ③, ④ 「사회보장기본법」의 기본이념(목적)에 해당된다.

046   정답 ②

| 출제포인트 | 「사회복지사업법」의 주요 내용 |

오답분석

① 사회복지서비스는 「사회보장기본법」상 사회서비스의 범위에 포함되는 개념이다.
③ 사회복지사 자격은 1년의 범위에서 정지시킬 수 있다.
④ 사회복지법인은 시·도지사의 허가를 받아 설립한다.
⑤ 보건복지부장관은 시설에서 제공하는 서비스의 최저기준을 마련하여야 한다.

047   정답 ④

| 출제포인트 | 사회복지 기념일 |

오답분석

① 장애인의 날 4월 20일(장애인복지법)
② 노인의 날 10월 2일(노인복지법)
③ 아동학대 예방의 날 11월 19일(아동복지법)
⑤ 어버이날 5월 8일(노인복지법)

048   정답 ③

| 출제포인트 | 사회복지법인의 설립허가 취소 |

사회복지법인이 설립 후 기본재산을 출연하지 아니한 때 시·도지사는 설립허가를 취소해야 한다.

049
정답 ⑤

출제포인트 「사회복지사업법」상 사회복지사업 관련 법률

「아동복지법」, 「장애인복지법」, 「국민기초생활 보장법」, 「기초연금법」은 모두 「사회복지사업법」상 사회복지사업 관련 법률에 해당한다.

➕ 기출개념 더 알아보기

사회복지사업법상 사회복지사업 관련 법률

- 「국민기초생활 보장법」
- 「아동복지법」
- 「노인복지법」
- 「장애인복지법」
- 「한부모가족복지법」
- 「영유아보육법」
- 「성매매방지 및 피해자 보호 등에 관한 법률」
- 「정신건강증진 및 정신질환자 복지서비스 지원에 관한 법률」
- 「성폭력방지 및 피해자보호 등에 관한 법률」
- 「국내입양에 관한 특별법」 및 「국제입양에 관한 법률」
- 「일제하 일본군위안부 피해자에 대한 생활안정지원 및 기념사업 등에 관한 법률」
- 「가정폭력방지 및 피해자보호 등에 관한 법률」
- 「사회복지공동모금회법」
- 「장애인 · 노인 · 임산부 등의 편의증진 보장에 관한 법률」
- 「농어촌주민의 보건복지증진을 위한 특별법」
- 「식품등 기부 활성화에 관한 법률」
- 「의료급여법」
- 「기초연금법」
- 「긴급복지지원법」
- 「다문화가족지원법」
- 「장애인연금법」
- 「장애인활동 지원에 관한 법률」
- 「노숙인 등의 복지 및 자립지원에 관한 법률」
- 「보호관찰 등에 관한 법률」
- 「장애아동 복지지원법」
- 「발달장애인 권리보장 및 지원에 관한 법률」
- 「청소년복지 지원법」
- 「스토킹 방지 및 피해자보호 등에 관한 법률」
- 「그 밖에 대통령령으로 정하는 법률」

050
정답 ②

출제포인트 「사회복지사업법」상 서비스의 최저기준 시설 유형

자원봉사센터는 「자원봉사활동기본법」에 따라 운영되며 사회복지사업법령상 시설에 해당하지 않는다.

➕ 기출개념 더 알아보기

「사회복지사업법」의 정의

「사회복지사업법」이란 다음의 법률에 따른 보호 · 선도 또는 복지에 관한 사업과 사회복지상담, 직업지원, 무료 숙박, 지역사회복지, 의료복지, 재가복지, 사회복지관 운영, 정신질환자 및 한센병력자의 사회복귀에 관한 사업 등 각종 복지사업과 이와 관련된 자원봉사활동 및 복지시설의 운영 또는 지원을 목적으로 하는 사업을 말한다.

- 「국민기초생활 보장법」
- 「아동복지법」
- 「노인복지법」
- 「장애인복지법」
- 「한부모가족지원법」
- 「영유아보육법」
- 「성매매방지 및 피해자보호 등에 관한 법률」
- 「정신건강증진 및 정신질환자 복지서비스 지원에 관한 법률」
- 「성폭력방지 및 피해자보호 등에 관한 법률」
- 「국내입양에 관한 특별법」 및 「국제입양에 관한 법률」
- 「일제하 일본군위안부 피해자에 대한 생활안정지원 및 기념사업 등에 관한 법률」
- 「사회복지공동모금회법」
- 「장애인 · 노인 · 임산부 등의 편의증진 보장에 관한 법률」
- 「가정폭력방지 및 피해자보호 등에 관한 법률」
- 「농어촌주민의 보건복지증진을 위한 특별법」
- 「식품등 기부 활성화에 관한 법률」
- 「의료급여법」
- 「기초연금법」
- 「긴급복지지원법」
- 「다문화가족지원법」
- 「장애인연금법」
- 「장애인활동 지원에 관한 법률」
- 「노숙인 등의 복지 및 자립지원에 관한 법률」
- 「보호관찰 등에 관한 법률」
- 「장애아동 복지지원법」
- 「발달장애인 권리보장 및 지원에 관한 법률」
- 「청소년복지 지원법」
- 「스토킹 방지 및 피해자보호 등에 관한 법률」
- 「그 밖에 대통령령으로 정하는 법률」

051
정답 ⑤

출제포인트 「사회복지사업법」의 제공 원칙

보건복지부장관은 사회복지서비스 품질 평가를 위해 평가기관을 설치 및 운영할 수 있고 또한 전문기관 · 단체에 평가의 전부 또는 일부를 위탁할 수 있다.

052 정답 ③

출제포인트 자격 취소 사항

보건복지부장관은 사회복지사가 거짓이나 그 밖의 부정한 방법으로 자격을 취득한 경우 그 <u>자격을 취소</u>해야 한다.

💡 **암기 TIP** 모든 사회복지 관련 법에서 '**거짓이나 그 밖의 부정한 방법으로**'라는 문구 조항이 있으면 가장 강력한 단계의 처벌이 이루어진다. 주로 **자격 취소, 면허 취소, 허가 취소, 법인 폐쇄, 벌금형, 최고의 과태료 집행** 등이 해당된다.

053 정답 ①

출제포인트 「사회복지사업법」상 사회복지사

> 🍪 **꽈배기 문제** #사회복지사 개정 법률 #개정 내용 숙지필수
> 사회복지사 관련 법률은 최근 개정된 법률이 나오고 있어요. 이에 개정된 내용을 꼼꼼히 숙지하는 것이 중요해요.

피성년후견인은 사회복지사가 될 수 없다. 예전의 법률 조항에는 <u>피한정후견인도 포함되었지만 개정으로 인해 현재는 삭제</u>되었다.

➕ **기출개념 더 알아보기**

피한정후견인의 개념

> 피한정후견인(被限定後見人)은 질병, 장애, 노령, 그 밖의 사유로 인한 정신적 제약으로 사무를 처리할 능력이 부족하여 가정법원이 한정후견 개시의 심판을 한 사람을 말한다.

054 정답 ④

출제포인트 「사회복지사업법」상 사회복지법인의 특징

> 🍪 **꽈배기 문제** #사회복지법인 출제 패턴 파악 #오답유발주의
> 사회복지법인은 누구의 허가 사항인지, 이사 및 감사가 몇 명인지, 임원 임기, 보결 시 몇 개월 이내로 선임을 해야 하는지 등 그 출제 유형에 있어서 패턴이 존재해요. 주로 해당 사항들의 숫자를 바꾸어 출제되니 확실히 암기하는 것이 중요해요.

오답분석

① 법인을 설립하려는 자는 <u>시·도지사의 허가</u>를 받아야 한다.
② 법인은 <u>대표이사를 포함</u>하여 이사 7명 이상을 두어야 한다.
③ 이사의 임기는 <u>3년</u>으로 하고 연임할 수 있다.
⑤ 이사는 법인이 설치한 사회복지시설의 장을 제외한 <u>그 시설의 직원을 겸할 수 없다.</u>

055 정답 ④

출제포인트 「사회복지사업법」상 사회복지법인의 특징

오답분석

①, ② 법인 설립 <u>허가자는 시·도지사</u>이다.
③ 해산한 법인의 남은 재산은 <u>국가 또는 지방자치단체에 귀속</u>된다.
⑤ 주된 사무소가 서로 다른 시·도에 소재한 법인이 합병할 경우 보건복지부장관의 허가를 받아야 한다.

056 정답 ①

출제포인트 「사회복지사업법」상 사회복지법인의 특징

사회복지시설의 장은 법인의 이사를 겸할 수 있으나 <u>직원은 불가</u>하다.

057 정답 ③

출제포인트 「사회복지사업법」상 사회복지법인의 특징

<u>감사 중에 결원이 생겼을 때 2개월 이내에 보충</u>하여야 한다.

058 정답 ⑤

출제포인트 사회복지법인 설립허가 필요적 취소 사항

> 🍪 **꽈배기 문제** #사회복지법인 설립허가의 취소사항 #시정명령 #빈출
> 사회복지법인은 누구의 허가 사항이냐가 자주 출제되고, 최근에는 법인의 취소사항, 시정명령 사항이 출제되고 있어요.

ㄷ, ㄹ은 사회복지법인 설립허가를 반드시 취소하여야 하는 사항에 해당된다.

➕ **기출개념 더 알아보기**

사회복지법인의 설립허가 취소 사항

1. 거짓이나 그 밖의 부정한 방법으로 설립허가를 받았을 때(반드시 취소)
2. 설립허가 조건을 위반하였을 때
3. 목적 달성이 불가능하게 되었을 때
4. 목적사업 외의 사업을 하였을 때
5. 정당한 사유 없이 설립허가를 받은 날부터 6개월 이내에 목적사업을 시작하지 아니하거나 1년 이상 사업실적이 없을 때
6. 법인이 운영하는 시설에서 반복적 또는 집단적 성폭력범죄 및 학대관련범죄가 발생한 때

7. 법인이 운영하는 시설에서 중대하고 반복적인 회계부정이나 불법행위가 발생한 때
8. 법인 설립 후 기본재산을 출연하지 아니한 때(반드시 취소)
9. 임원정수를 위반한 때
10. 규정을 위반하여 이사를 선임한 때
11. 임원의 해임명령을 이행하지 아니한 때
12. 그 밖에 이 법 또는 이 법에 따른 명령이나 정관을 위반하였을 때

059 정답 ⑤
출제포인트 「사회복지사업법」상 사회복지시설의 특징

오답분석
① 국가가 시설을 설치·운영하려는 경우에는 소재지 관할 시·군·구청장에게 신고하여야 한다.
② 화재로 인한 손해배상책임을 이행하기 위하여 시설의 운영자는 손해보험회사의 책임보험 또는 한국사회복지공제회의 책임공제에 가입하여야 한다.
③ 시·도지사의 해임명령에 따라 사회복지법인의 임원에서 해임된 자는 해임된 날부터 5년 이내에는 시설의 장이 될 수 없다.
④ 시설의 장은 시설에 대하여 정기 및 수시 안전점검을 실시한 후 그 결과를 시장·군수·구청장에게 제출하여야 한다.

060 정답 ⑤
출제포인트 「사회복지사업법」상 사회복지시설 운영위원

 #사회복지시설 운영위원 자격 여부 #선지 끝까지 확인 #오답유발주의
사회복지시설 운영위원과 관련해서는 운영위원이 될 수 있는지 여부를 묻는 문제가 출제돼요. 서술어의 어미까지 확인하여 오답을 피하는 것이 중요해요!

오답분석
① 시설의 장은 운영위원이 될 수 있다.
② 운영위원회의 위원은 시장·군수·구청장이 임명하거나 위촉한다.
③ 시설 거주자 대표는 운영위원이 될 수 있다.
④ 운영위원회는 시설운영에 관하여 심의 및 자문 역할을 한다.

061 정답 ③
출제포인트 「사회복지사업법」상 사회복지시설의 특징

오답분석
① 국가나 지방자치단체는 사회복지시설을 설치·운영할 수 있

다. 국가나 지방자치단체 외의 자가 시설을 설치·운영하려는 경우에는 보건복지부령으로 정하는 바에 따라 시장·군수·구청장에게 신고하여야 한다.
② 시설의 장은 시설에 대하여 정기 및 수시 안전점검을 실시하여야 한다.
④ 시설의 장은 시설의 운영에 관한 사항을 심의하기 위하여 시설에 운영위원회를 두어야 한다.
⑤ 국가나 지방자치단체는 시설의 책임보험 가입에 드는 비용의 전부 또는 일부를 보조할 수 있다.

062 정답 ④
출제포인트 「사회복지사업법」상 사회복지시설의 특징

오답분석
① 사회복지시설 운영위원회는 심의기구이다.
② 사회복지시설은 손해배상책임의 면책사업자가 아니기에 책임보험에 가입하여야 한다.
③ 사회복지시설의 장은 상근해야 한다.
⑤ 국가나 지방자치단체는 사회복지시설을 설치·운영할 수 있다.

063 정답 ②
출제포인트 「사회복지사업법」상 사회복지시설의 특징

국가나 지방자치단체는 시설의 책임보험 가입에 드는 비용의 전부 또는 일부를 보조할 수 있다.

064 정답 ③
출제포인트 「사회복지사업법」상 사회복지시설의 특징

오답분석
① 사회복지관은 사회복지서비스를 직업 및 취업 알선이 필요한 사람에게 우선 제공하여야 한다.
② 시설의 장은 시설의 운영에 관한 사항을 심의하기 위하여 시설에 운영위원회를 두어야 한다.
④ 대통령령으로 정하는 경우를 제외하고, 각 시설의 수용인원은 300명을 초과할 수 없다.
⑤ 시설의 장은 비상근 겸직할 수 없다.

05 사회보장급여법

065	066	067	068	069
⑤	①	③	③	①
070	071	072	073	
⑤	②	④	⑤	

065
정답 ⑤

출제포인트 「사회보장급여법」의 개념

 #사회보장급여법의 개념 및 용어의 정의
#암기필수

최근에 사회보장급여법의 개념, 용어의 정의가 출제되고 있으니 반드시 암기해야 해요.

ㄱ, ㄴ, ㄷ 모두 「사회보장급여의 이용·제공 및 수급권자 발굴에 관한 법률」(사회보장급여법)의 내용이다.

+ 기출개념 더 알아보기

「사회보장급여법」 용어의 정의(제2조)

사회보장급여	보장기관이 사회보장기본법에 따라 제공하는 현금, 현물, 서비스 및 그 이용권
수급권자	사회보장기본법에 따른 사회보장급여를 제공받을 권리를 가진 사람
수급자	사회보장급여를 받고 있는 사람
지원대상자	사회보장급여를 필요로 하는 사람
보장기관	관계 법령 등에 따라 사회보장급여를 제공하는 국가기관과 지방자치단체

통합사례관리(제42조의2)

- 보건복지부장관, 시·도지사 및 시장·군수·구청장은 지원대상자의 사회보장 수준을 높이기 위하여 지원대상자의 다양하고 복합적인 특성에 따른 상담과 지도, 사회보장에 대한 욕구조사, 서비스 제공 계획의 수립을 실시하고, 그 계획에 따라 지원대상자에게 보건·복지·고용·교육 등에 대한 사회보장급여 및 민간 법인·단체·시설 등이 제공하는 서비스를 종합적으로 연계·제공하는 통합사례관리를 실시할 수 있다.
- 통합사례관리를 실시하기 위하여 필요한 경우에는 특별자치시 및 시·군·구에 통합사례관리사를 둘 수 있다.
- 보건복지부장관은 통합사례관리 사업의 전문적인 지원을 위하여 해당 업무를 공공 또는 민간기관·단체 등에 위탁하여 실시할 수 있다.
- 통합사례관리사의 자격·업무 등 운영에 필요한 사항과 통합사례관리 사업의 지원업무 위탁에 필요한 사항은 보건복지부령으로 정한다.

066
정답 ①

출제포인트 사회복지전담공무원

ㄱ. 시·군·구, 읍·면·동 또는 사회보장사무 전담기구에 사회복지전담공무원을 둘 수 있고, 시·도에 역시 둘 수 있다.

067
정답 ③

출제포인트 한국사회보장정보원

한국사회보장정보원의 운영에 필요한 비용은 정부가 지원할 수 있다(「사회보장급여의 이용·제공 및 수급권자 발굴에 관한 법률」 제29조 제4항).

068
정답 ③

출제포인트 「사회보장급여의 이용·제공 및 수급권자 발굴에 관한 법률」

오답분석

① 2014년 12월 30일에 제정, 2015년 7월 1일부터 시행되었다.
② 지원대상자가 누락되지 않도록 하기 위해 보장기관의 업무담당자는 직권으로 사회보장급여의 제공을 신청할 수 있다. 이때 지원대상자의 동의를 받아야 한다.
④ 보건복지부장관은 사회보장급여 부정수급 실태조사를 3년마다 실시하고 그 결과를 공개해야 한다.
⑤ 이 법에 따른 처분에 이의가 있는 수급권자등은 그 처분을 받은 날부터 90일 이내에 처분을 결정한 보장기관의 장에게 이의신청을 해야 한다.

069
정답 ①

출제포인트 「사회보장급여의 이용·제공 및 수급권자 발굴에 관한 법률」

보장기관의 장은 「긴급복지지원법」 제7조의2에 따른 발굴조사를 실시한 경우를 제외하고 지원대상자에 대한 발굴조사를 분기마다 정기적으로 실시하여야 한다.

070
정답 ⑤

출제포인트 지원대상자 및 부양의무자 자격조사 사항

지원대상자 및 부양의무자 자격조사 사항(수급자격의 조사 제7조)은 다음과 같다.
- 인적사항 및 가족관계 확인에 관한 사항
- 소득·재산·근로능력 및 취업상태에 관한 사항

- 사회보장급여 수급이력에 관한 사항
- 수급권자를 선정하기 위하여 보장기관의 장이 필요하다고 인정하는 사항

071 정답 ②

출제포인트 「사회보장급여의 이용·제공 및 수급권자의 발굴에 관한 법률」

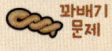 #사회보장급여법의 특징 #용어의 정의 #숙지필수 #빈출
사회보장급여법의 주요 내용을 묻는 문제가 자주 출제되고 있어요. 이에 사회보장급여법의 특징 및 용어의 정의 등을 반드시 숙지해야 해요.

오답분석

① 보건복지부에 중앙생활보장위원회를 둔다(국민기초생활보장법 제20조).
③ "수급권자"란 사회보장급여를 제공받을 권리가 있는 자를 말한다.
④ 보장기관의 업무담당자는 지원대상자가 심신미약 등 대통령령으로 정하는 경우에 해당하면 지원대상자의 동의 없이 직권으로 사회보장급여의 제공을 신청할 수 있다.
⑤ 보장기관의 장은 지원대상자 발굴체계의 운영 실태를 매년 정기적으로 점검하고 개선방안을 마련하여야 한다.

072 정답 ④

출제포인트 「사회보장급여의 이용·제공 및 수급권자의 발굴에 관한 법률」

정부는 한국사회보장정보원의 설립·운영에 필요한 비용을 출연할 수 있다.

073 정답 ⑤

출제포인트 「사회보장급여의 이용·제공 및 수급권자의 발굴에 관한 법률」

오답분석

① "지원대상자"란 사회보장급여를 필요로 하는 사람을 말한다.
② 보장기관의 업무담당자는 사회보장급여의 제공을 직권으로 신청할 수 있다. 이 경우 지원대상자의 동의를 받아야 한다.
③ 보건복지부장관은 보험료를 3개월 이상 체납한 사람의 가구정보를 사회보장정보시스템을 통하여 처리할 수 있다.
④ 보장기관의 장은 지원대상자에 대한 발굴조사를 분기마다 정기적으로 실시하여야 한다.

06 사회보험법

074	075	076	077	078
②	①	④	②	④
079	080	081	082	083
③	②	③	④	①
084	085	086	087	088
②	⑤	①, ②	②	⑤
089	090	091	092	093
④	⑤	④	①	③
094	095	096	097	098
⑤	①	③	③	④
099	100	101	102	103
⑤	①	④	⑤	①

074 정답 ②

출제포인트 「산업재해보상보험법」상 보험급여의 종류

구직급여는 고용보험법상 급여에 해당한다.

+ 기출개념 더 알아보기

「산업재해보상보험법」상 보험급여의 종류

- 휴업급여
- 상병보상연금
- 장례비
- 간병급여
- 유족급여
- 장해급여
- 요양급여
- 직업재활급여

075 정답 ①

출제포인트 업무상 사고

출장기간 중 발생한 모든 사고가 아닌 사업주의 지시, 계약 이행 업무를 보던 중 발생한 사고가 「산업재해보상보험법」상 업무상 사고에 해당된다.

076 정답 ④

출제포인트 업무상 사고

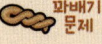 #산재보험의 업무상 사고 #업무상 재해 #개념 파악중요
산재보험은 업무상 사고 또는 업무상 재해에 대한 개념 파악 문제가 출제되니 꼭 숙지해야 해요!

업무상 사고의 '출퇴근 재해'와 관련된 내용으로 통상적인 경로와 방법으로 출퇴근하는 중 발생한 사고가 해당된다.

077 정답 ②
출제포인트 「산업재해보상보험법」의 주요 내용

보험급여에는 간병급여, 상병보상연금, 장해급여, 유족급여, 휴업급여, 장례비, 직업재활급여 등이 있다. 반면 실업급여는 고용보험법의 급여에 해당한다.

078 정답 ④
출제포인트 「산업재해보상보험법」상 유족급여

근로자의 소득으로 생계의 전부 또는 상당 부분을 유지하고 있던 유족으로서 학업·취업·요양, 그 밖에 주거상의 형편 등으로 주민등록을 달리하였거나 동거하지 않았어도 유족의 범위에 포함된다.

079 정답 ③
출제포인트 「산업재해보상보험법」상 보험급여의 종류

예방·재활급여는 「의료급여법」상 의료급여에 해당한다.

080 정답 ②
출제포인트 「국민연금법」의 주요 내용

오답분석
① 이 법을 적용할 때 배우자의 범위에는 사실상의 혼인관계에 있는 자를 포함한다.
③ 가입자의 종류는 사업장가입자, 지역가입자, 임의가입자 및 임의계속가입자로 구분한다.
④ 지역가입자가 사업장가입자의 자격을 취득한 때에는 그에 해당하게 된 날에 지역가입자의 자격을 상실한다.
⑤ 수급권자가 사망한 경우 그 수급권자에게 미지급 급여가 있으면 그 급여를 받을 순위는 배우자, 자녀, 부모, 손자녀, 조부모, 형제자매의 순으로 한다.

081 정답 ③
출제포인트 「국민연금법」상 급여의 종류

#국민연금법의 급여유형 #빈출 #암기필수
국민연금법의 급여유형은 단골로 출제되니 유심히 보아야 해요.

오답분석
ㄴ. 장해급여는 「산업재해보험법」상의 급여에 해당된다.

참고
혼동하기 쉬운 급여
· 장해급여 → 「산업재해보험법」상의 급여
· 장애연금 → 「국민연금법」상의 급여
· 장애인연금 → 「장애인연금법」상의 급여

082 정답 ④
출제포인트 「국민연금법」상 급여의 종류

오답분석
ㄴ. 장애인연금 → 「장애인연금법」상의 급여
ㄷ. 장해급여 → 「산업재해보험법」상의 급여

083 정답 ①
출제포인트 「국민연금법」의 주요 내용

오답분석
② 국민연금사업은 보건복지부장관이 맡아 주관한다.
③ "수급권자"란 이 법에 따른 급여를 받을 권리를 가진 자를 말한다.
④ 국내에 거주하는 국민으로서 18세 이상 60세 미만인 자는 국민연금 가입 대상이 된다.
⑤ 「국민연금법」을 적용할 때 배우자에는 사실상의 혼인관계에 있는 자가 포함된다.

084 정답 ②
출제포인트 「고용보험법」의 주요 내용

#고용보험법의 개념 #용어의 정의 #빈출 #암기필수
고용보험법은 개념, 용어의 정의에서 자주 출제돼요.

실업급여에는 취업촉진 수당이 포함된다.

+ 기출개념 더 알아보기

실업급여의 유형

실업급여	구직급여
	취업촉진 수당 (이주비/광역 구직활동비/직업능력개발 수당/조기재취업 수당)

085 정답 ⑤

출제포인트 「고용보험법」의 주요 내용

오답분석
① 고용노동부장관은 보험사업에 대하여 상시적이고 체계적인 평가를 하여야 한다.
② 국가는 매년 보험사업에 드는 비용의 일부를 일반회계에서 부담하여야 한다.
③ 피보험자는 이 법이 적용되는 사업에 고용된 날부터 피보험 자격을 취득한다.
④ 실업급여로서 지급된 금품에 대하여서는 「국세기본법」 등에 따른 세금을 부과하지 않는다.

086 정답 ①, ②

출제포인트 「고용보험법」의 주요 내용

오답분석
③ 구직급여의 수급 요건으로서 기준기간은 피보험자의 이직일 이전 18개월로 한다.
④ 실업 신고일부터 계산하기 시작하여 7일간의 대기기간 중에는 구직급여를 지급하지 않는다.
⑤ 이주비는 취업촉진 수당에 해당한다.

※ 2024년 법 개정으로 복수 정답 처리됨

087 정답 ②

출제포인트 「고용보험법」의 주요 내용

오답분석
① 고용보험기금은 고용노동부장관이 관리·운용한다.
③ 취업촉진 수당의 종류로는 조기재취업 수당, 이주비, 광역 구직활동비, 직업능력개발 수당이 있다.
④ "실업"이란 근로의 의사와 능력이 있음에도 불구하고 취업하지 못한 상태에 있는 것을 말한다.

⑤ "일용근로자"란 1개월 미만 동안 고용되는 사람을 말한다.

💡 **암기 TIP** 日用(일용) → 一月(일월)

088 정답 ⑤

출제포인트 구직급여 수급자격의 제한사유

ㄱ, ㄴ, ㄷ. 모두 고용보험법령상 중대한 귀책사유로 해고된 피보험자로서 구직급여 수급자격의 제한사유에 해당된다.

+ 기출개념 더 알아보기

이직 사유에 따른 수급자격의 제한법(제58조)

1. 중대한 귀책사유로 해고된 피보험자로서 다음 각 목의 어느 하나에 해당하는 경우
   가. 「형법」 또는 직무와 관련된 법률을 위반하여 금고 이상의 형을 선고받은 경우
   나. 사업에 막대한 지장을 초래하거나 재산상 손해를 끼친 경우로서 고용노동부령으로 정하는 기준(규칙 별표1의 2)에 해당하는 경우
   다. 정당한 사유 없이 근로계약 또는 취업규칙 등을 위반하여 장기간 무단 결근한 경우
2. 자기 사정으로 이직한 피보험자로서 다음 각 목의 어느 하나에 해당하는 경우
   가. 전직 또는 자영업을 하기 위하여 이직한 경우
   나. 중대한 귀책사유가 있는 사람이 해고되지 아니하고 사업주의 권고로 이직한 경우
   다. 그 밖에 고용노동부령으로 정하는 정당한 사유(규칙 별표2의 2)에 해당하지 아니하는 사유로 이직한 경우

089 정답 ④

출제포인트 「고용보험법」의 주요 내용

오답분석
① 근로의 의사와 능력이 있음에도 불구하고 취업하지 못한 상태에 있는 것은 실업이다.
② "일용근로자"란 1개월 미만 동안 고용되는 사람을 말한다.
③ 국가는 매년 보험사업에 드는 비용의 일부를 일반회계에서 부담하여야 한다.
⑤ 실업급여를 받을 권리는 양도 또는 압류하거나 담보로 제공할 수 없다.

090 정답 ⑤

출제포인트 실업급여의 유형: 취업촉진 수당

실업급여에는 구직급여와 취업촉진 수당이 있으며 그중 취업촉진 수당에는 이주비, 광역 구직활동비, 직업능력개발 수당, 조기

재취업 수당이 해당된다.

091 정답 ④
출제포인트 고용보험사업의 유형

오답분석
ㄹ. 자활급여는 「국민기초생활 보장법」상의 급여 유형이다.

092 정답 ①
출제포인트 「국민건강보험법」상 가입자의 자격 상실 시기

 #건강보험의 자격 상실 or 자격 취득 시기 #빈출 #암기필수
건강보험의 자격 상실 또는 자격 취득 시기는 자주 출제되는 개념이니 반드시 암기해야 해요.

오답분석
② 국적을 잃은 날의 <u>다음 날</u>
③ 국내에 거주하지 아니하게 된 날의 <u>다음 날</u>
④ 직장가입자의 피부양자가 <u>된 날</u>
⑤ 수급권자가 <u>된 날</u>

093 정답 ③
출제포인트 「국민건강보험법」상 요양급여

요양병원간병비는 「노인장기요양보험법」상의 급여 유형이다.

참고
요양병원 간병급여는 「산업재해보상보험법」상의 급여 유형이다.

+ 기출개념 더 알아보기
국민건강보험법상 요양급여
- 진료
- 예방·재활
- 처치·수술 및 그 밖의 치료
- 간호
- 이송(移送)
- 약제(藥劑)·치료 재료의 지급

094 정답 ⑤
출제포인트 국민건강보험공단이 관장하는 업무

요양급여비용의 심사는 <u>건강보험심사평가원</u>의 업무 내용이다.

+ 기출개념 더 알아보기
국민건강보험공단의 업무
- 가입자 및 피부양자의 자격관리
- 자산의 관리·운영 및 증식사업
- 의료시설의 운영
- 건강보험에 관한 교육훈련 및 홍보
- 보험급여의 관리
- 건강보험에 관한 조사연구 및 국제협력
- 「국민건강보험법」에서 공단의 업무로 정하고 있는 사항

095 정답 ①
출제포인트 건강보험심사평가원의 업무

오답분석
② 가입자의 자격 관리, ③ 보험급여의 관리, ④ 보험급여 비용의 지급, ⑤ 보험료의 부과·징수는 모두 <u>국민건강보험공단의 주요 업무</u> 내용에 해당한다.

+ 기출개념 더 알아보기
건강보험심사평가원의 업무
- 요양급여의 적정성 평가
- 요양급여비용의 심사
- 심사기준 및 평가기준 개발
- 위의 업무와 관련된 조사연구 및 국제협력

096 정답 ③
출제포인트 「국민건강보험법」의 주요 내용

건강보험 가입자는 국내에 거주하지 아니하게 된 <u>다음 날</u>에 그 자격을 잃는다.

097 정답 ③
출제포인트 건강보험공단의 예산 편성 및 확정

#국민건강보험공단 #포괄적 개념파악 중요
건강보험법의 최근 출제 경향은 법 전반에 대한 내용을 총괄적으로 묻는 형태의 문제가 출제돼요.

국민건강보험공단의 예산은 회계연도마다 예산안을 편성하여 <u>이사회의 의결을 거쳐 보건복지부장관의 승인을 받아야</u> 확정된다.

098 정답 ④
출제포인트 장기요양인정 신청 자격

오답분석

장기요양인정을 신청할 수 있는 자는 노인등으로서 장기요양보험가입자 또는 그 피부양자, 「의료급여법」에 따른 수급권자의 자격을 갖추어야 한다. 이때 노인등이란 65세 이상 또는 65세 미만의 자로서 치매 및 뇌혈관성질환 등 대통령령으로 정하는 노인성 질병을 가진 자를 말한다.

099 정답 ⑤
출제포인트 장기요양급여 제공의 기본원칙

ㄱ. 「노인장기요양보험법」 제3조 제4항에 해당한다.
ㄴ. 「노인장기요양보험법」 제3조 제1항에 해당한다.
ㄷ. 「노인장기요양보험법」 제3조 제3항에 해당한다.
ㄹ. 「노인장기요양보험법」 제3조 제2항에 해당한다.

100 정답 ①
출제포인트 「노인장기요양보험법」의 주요 내용

오답분석

② "장기요양급여"란 장기요양등급판정 결과에 따라 6개월 이상 동안 혼자서 일상생활을 수행하기 어렵다고 인정되는 자에게 신체활동·가사활동의 지원 또는 간병 등의 서비스나 이에 갈음하여 지급하는 현금 등을 말한다.
③ 장기요양기관은 수급자에게 재가급여 또는 시설급여를 제공한 경우 국민건강보험공단에 장기요양급여비용을 청구하여야 한다.
④ "노인등"이란 65세 이상의 노인 또는 65세 미만의 자로서 치매·뇌혈관성질환 등 대통령령으로 정하는 노인성 질병을 가진 자를 말한다.
⑤ 재가급여에는 방문요양, 방문목욕, 방문간호, 주·야간보호, 단기보호, 기타 재가급여(보장구 대여 등) 등이 있다. 반면 특별현금급여에는 가족요양비, 특례요양비, 요양병원간병비가 있다.

101 정답 ④
출제포인트 장기요양요원지원센터의 기능

장기요양요원지원센터의 업무는 다음과 같다.
• 장기요양요원의 권리 침해에 관한 상담 및 지원
• 장기요양요원의 역량강화를 위한 교육지원
• 장기요양요원에 대한 건강검진 등 건강관리를 위한 사업
• 그 밖에 장기요양요원의 업무 등에 필요하여 대통령령으로 정하는 사항

102 정답 ⑤
출제포인트 「노인장기요양보험법」의 주요 내용

재가급여에는 방문요양, 방문목욕, 방문간호, 주·야간보호, 단기보호, 기타 재가급여가 포함된다.

103 정답 ①
출제포인트 장기요양인정

꽈배기문제 #장기요양인정 #고난도 문제 출제 가능성↑
장기요양인정은 노인장기요양보험법에서 가장 까다롭게 출제되는 부분이니 눈여겨 보아야 해요.

장기요양기관은 수급자를 대리하여 장기요양인정을 신청할 수 없다. 수급자를 대리하여 신청할 수 있는 자격 요건자는 부양가족, 후견인, 대리인, 치매안심센터의 장, 특별자치시장·특별자치도지사·시장·군수·구청장이 지정하는 자, 사회복지전담공무원 등이다.

07 공공부조법

104	105	106	107	108
⑤	④	⑤	③	②
109	110	111	112	113
③	②	③	②	④
114	115	116	117	118
①	⑤	①	⑤	③
119	120	121	122	123
②	④	②	④	⑤
124	125	126	127	128
①	③	②	④	①
129				
②				

104 정답 ⑤
출제포인트 「국민기초생활 보장법」의 주요 내용

교육급여는 교육부장관의 소관으로 한다.

105 정답 ④
출제포인트 「국민기초생활 보장법」상 용어의 정의

오답분석
① 수급권자란 이 법에 따른 급여를 받을 수 있는 자격을 가진 사람을 말한다.
② 기준 중위소득이란 국민 가구소득의 중위값을 말한다.
③ 보장기관이란 이 법에 따른 급여를 실시하는 국가 또는 지방자치단체를 말한다.
⑤ 최저생계비란 국민이 쾌적한 문화생활을 유지하기 위하여 필요한 최소한의 비용을 말한다.

106 정답 ⑤
출제포인트 자활 지원에 관한 규정

수급자 및 소득인정액이 기준 중위소득의 100분의 50 이하인 자는 상호 협력하여 자활 기업을 설립·운영할 수 있다.

> **암기 TIP** 기준 중(中)위소득 → 딱 중간이니 50% 이하

107 정답 ③
출제포인트 「국민기초생활 보장법」상 외국인에 대한 특례 규정

주어진 특례 규정의 내용은 다음과 같다.

> 국내에 체류하고 있는 외국인 중 대한민국 국민과 혼인하여 본인 또는 배우자가 임신 중이거나 대한민국 국적의 미성년 자녀를 양육하고 있거나 배우자의 대한민국 국적인 직계존속과 생계나 주거를 같이하고 있는 사람으로서 대통령령으로 정하는 사람이 이 법에 따른 급여를 받을 수 있는 자격을 가진 경우에는 수급권자가 된다.

108 정답 ②
출제포인트 벌금 규정

 #국민기초생활 보장법 #벌금규정 #양벌규정 #빈출 #숙지필수
최근에 벌금규정, 양벌규정이 발문 또는 선지로 자주 출제되고 있으므로 해당 내용을 꼼꼼하게 숙지해야 해요.

오답분석
① 부정한 방법으로 급여를 받은 경우: 1년 이하의 징역, 1천만원 이하의 벌금, 구류 또는 과료
③ 지급받은 급여를 용도 외로 사용한 경우: 1년 이하의 징역, 1천만원 이하의 벌금, 구류 또는 과료
④ 직무상 알게 된 비밀을 누설한 경우: 1년 이하의 징역 또는 1천만원 이하의 벌금
⑤ 종교상의 행위를 강제한 경우: 300만원 이하의 벌금, 구류 또는 과료

109 정답 ③
출제포인트 「국민기초생활 보장법」상 보장기관과 보장시설

대전광역시장(ㄷ) – 「장애인복지법」 제58조 제1항 제1호의 장애인 거주시설(ㄱ)

110 정답 ②
출제포인트 「국민기초생활 보장법」상 급여의 종류

오답분석
① 부양의무자가 「병역법」에 따라 징집되거나 소집된 경우 부양을 받을 수 없는 것으로 본다.
③ 생계급여 선정기준은 기준 중위소득의 100분의 30 이하로 한다.
④ 생계급여는 매월 정기적으로 지급하여야 한다.
⑤ 주거급여에 주택 매입비는 미포함된다.

111 정답 ③
출제포인트 「국민기초생활 보장법」상 급여의 기본원칙

「국민기초생활 보장법」상 급여의 기본원칙은 다음과 같다.
- **보충급여**
- **자립** 지원
- **최저생활** 보장

- 보편성
- 타법(타급여) 우선
- 개별성
- 가족부양
- 근로능력 활용

💡 **암기 TIP** 보·자~ 최저·보 선생이 타·개하여 개(가)·근이 어렵겠네

112 정답 ②
출제포인트 「국민기초생활 보장법」상 보장기관

오답분석
① 「국민기초생활 보장법」상 급여는 수급자의 거주지를 관할하는 시·도지사와 시장·군수·구청장이 실시하되 <u>교육급여는 교육부에서 지급</u>한다.
③ 보장기관은 <u>사회복지전담 공무원</u>을 배치하여야 한다.
④ 생활보장위원회는 <u>심의·의결기구</u>이다.
⑤ 소관 중앙행정기관의 장은 <u>3년마다</u> 기초생활보장 기본계획을 수립하여야 한다.

113 정답 ④
출제포인트 「국민기초생활 보장법」상 급여의 종류

오답분석
① 생계급여는 <u>물품으로도 지급할 수 있다.</u>
② <u>주거급여</u>는 수급자에게 주거 안정에 필요한 임차료, 수선유지비, 그 밖의 수급품을 지급하는 것으로 한다.
③ 장제급여는 <u>생계급여, 의료급여, 주거급여 중 하나 이상의 급여</u>를 받는 수급자가 사망한 경우 장제조치를 하는 것으로 한다.
⑤ 교육급여는 <u>교육부장관의 소관</u>으로 한다.

114 정답 ①
출제포인트 지역자활센터의 사업

자활을 위한 사업자금 융자는 보장기관이 자활기업에게 직접 혹은 <u>자활복지개발원, 광역자활센터 및 지역자활센터를 통하여 할 수 있는 지원</u>에 해당한다.

115 정답 ⑤
출제포인트 외국인에 대한 특례 적용 대상자

🥜 **깐깐한 문제** #외국인에 대한 특례 #빈출 #숙지필수

「국민기초생활 보장법」과 「한부모가족지원법」에서 외국인에 대한 특례 관련 문항이 가장 많이 출제돼요. 선지로도 자주 나오니 대상자 등을 확실하게 파악하는 것이 중요해요.

<u>대한민국 국적의 성인 장애인과 함께 생활하고 있는 자는 외국인에 대한 특례 조항에 해당하지 않는다.</u>

➕ **기출개념** 더 알아보기

외국인에 대한 특례(제5조의2)

> 국내에 체류하고 있는 외국인 중 대한민국 국민과 혼인하여 본인 또는 배우자가 임신 중이거나 대한민국 국적의 미성년 자녀를 양육하고 있거나 배우자의 대한민국 국적인 직계존속(直系尊屬)과 생계나 주거를 같이하고 있는 사람으로서 <u>대통령령으로 정하는 사람</u>이 이 법에 따른 급여를 받을 수 있는 자격을 가진 경우에는 수급권자가 된다.

116 정답 ①
출제포인트 자활지원사업 개인정보보호의 주요 내용

보건복지부장관은 수행기관이 통합정보전산망을 이용하거나 관할 전산망과 연계하여 이용하게 하는 경우 업무에 필요한 <u>최소한의 정보만 제공</u>하여야 한다.

117 정답 ⑤
출제포인트 「의료급여법」상 의료급여

화장 또는 매장 등 장제 조치는 「국민기초생활 보장법」에 따른 <u>장제급여</u>에 해당한다.

➕ **기출개념** 더 알아보기

「의료급여법」상 의료급여

- 진찰·검사
- 예방·재활
- 입원
- 간호
- 약제·치료재료의 지급
- 처치·수술과 그 밖의 치료
- 이송과 그 밖의 의료목적 달성을 위한 조치

118 정답 ③

출제포인트 「의료급여법」의 주요 내용

오답분석

① 시장·군수·구청장은 의료급여증을 발급하여야 한다.
② 급여비용의 재원에 충당하기 위하여 시·도에 의료급여기금을 설치한다.
④ 시장·군수·구청장은 상환받은 대지급금을 의료급여기금에 납입하여야 한다.
⑤ 시장·군수·구청장은 수급권자가 의료급여를 거부한 경우 의료급여를 중지해야 한다.

119 정답 ②

출제포인트 「의료급여법」의 주요 내용

오답분석

① 「입양특례법」에 따라 국내에 입양된 아동은 18세까지 수급권자로 특례 적용된다.
③ 의료급여에 관한 업무는 수급권자의 거주지를 관할하는 시장·군수·구청장이 한다.
④ 「지역보건법」에 따라 설치된 보건소는 의료급여기관이 될 수 있다.
⑤ 시장·군수·구청장은 수급권자가 정당한 이유 없이 의료급여기관의 진료에 관한 지시에 따르지 아니한 경우 의료급여를 하지 아니한다.

120 정답 ④

출제포인트 긴급지원의 종류: 직접지원

정보제공 지원은 민간기관·단체와의 연계 등의 지원에 해당된다.

+ 기출개념 더 알아보기

긴급지원의 종류 중 직접지원

- 생계지원
- 의료지원
- 교육지원
- 사회복지시설 이용 지원
- 주거지원
- 그 밖의 지원(연료비 등)

121 정답 ②

출제포인트 「긴급복지지원법」의 주요 내용

국내에 체류하는 외국인 중 대통령령으로 정하는 사람은 긴급지원 대상자가 될 수 있다.

122 정답 ④

출제포인트 「긴급복지지원법」상 지원요청 및 신고

 꽈배기 문제 #긴급복지지원법상의 신고의무자 #빈출 #숙지필수

「긴급복지지원법」상의 신고의무자는 꼭 숙지해야 해요.

오답분석

①, ②, ③, ⑤에 해당하는 사람은 진료·상담 등 직무수행 과정에서 긴급지원대상자가 있음을 알게 된 경우에는 관할 시장·군수·구청장에게 이를 신고하고, 긴급지원대상자가 신속하게 지원받을 수 있도록 노력하여야 한다.

+ 기출개념 더 알아보기

「긴급복지지원법」상 지원요청 및 신고의무자

- 「의료법」에 따른 의료기관의 종사자
- 「사회복지사업법」에 따른 사회복지시설의 종사자
- 「유아교육법」, 「초·중등교육법」, 「고등교육법」에 따른 교원, 직원, 산학겸임교사, 강사
- 「국가공무원법」 및 「지방공무원법」에 따른 공무원
- 「청소년 보호법」에 따른 청소년 보호·재활센터의 장과 그 종사자
- 「청소년 기본법」에 따른 청소년시설 및 청소년단체의 장과 그 종사자
- 「장애인활동 지원에 관한 법률」에 따른 활동지원기관의 장 및 그 종사자, 활동지원인력
- 「건강가정기본법」에 따른 건강가정지원센터의 장과 그 종사자
- 「학원의 설립·운영 및 과외교습에 관한 법률」, 학원의 운영자·강사·직원 및 교습소의 교습자·직원
- 「평생교육법」 평생교육기관의 장과 그 종사자
- 그 밖에 긴급지원대상자를 발견할 수 있는 자로서 보건복지부령으로 정하는 자

123 정답 ⑤

출제포인트 「긴급복지지원법」상 위기상황

"위기상황"이란 본인 또는 본인과 생계 및 주거를 같이 하고 있는 가구구성원이 ㄱ~ㄹ 등의 사유로 인하여 생계유지 등이 어렵게 된 것을 말한다.

+ 기출개념 더 알아보기

「긴급복지지원법」상 위기상황에 해당되는 것

- 주소득자(主所得者)가 사망, 가출, 행방불명, 구금시설에 수용되는 등의 사유로 소득을 상실한 경우
- 중한 질병 또는 부상을 당한 경우
- 가구구성원으로부터 방임(放任) 또는 유기(遺棄)되거나 학대 등을 당한 경우

- 가정폭력을 당하여 가구구성원과 함께 원만한 가정생활을 하기 곤란하거나 가구구성원으로부터 성폭력을 당한 경우
- 화재 또는 자연재해 등으로 인하여 거주하는 주택 또는 건물에서 생활하기 곤란하게 된 경우
- 주소득자 또는 부소득자(副所得者)의 휴업, 폐업 또는 사업장의 화재 등으로 인하여 실질적인 영업이 곤란하게 된 경우
- 주소득자 또는 부소득자의 실직으로 소득을 상실한 경우
- 보건복지령으로 정하는 기준에 따라 지방자치단체의 조례로 정한 사유가 발생한 경우
- 그 밖에 보건복지부장관이 정하여 고시하는 사유가 발생한 경우

124 정답 ①
출제포인트 「기초연금법」의 주요 내용

오답분석
② 기초연금 수급권자가 국외로 이주하면 기초연금 수급권은 상실한다.
③ 기초연금으로 지급받은 금품은 압류할 수 없다.
④ 기초연금은 기초연금의 지급을 신청한 날이 속하는 달부터 지급한다.
⑤ 본인과 그 배우자가 모두 기초연금 수급권자인 경우에는 각각의 기초연금액에서 기초연금액의 100분의 20에 해당하는 금액을 감액한다.

125 정답 ③
출제포인트 「기초연금법」의 대상자 및 급여 기준

 #기초연금법 관련 숫자 #암기필수

「기초연금법」은 숫자를 묻는 형태로 자주 출제돼요. 따라서 내용과 관련된 숫자들을 잘 숙지하고 암기하는 것이 중요해요!

주어진 사례를 분석하면 다음과 같다.
- 보건복지부장관은 선정기준액을 정하는 경우 65세 이상인 사람 중 기초연금 수급자가 100분의 70 수준이 되도록 한다.
- 본인과 그 배우자가 모두 기초연금 수급권자인 경우에는 각각의 기초연금액에서 기초연금액의 100분의 20에 해당하는 금액을 감액한다.

126 정답 ②
출제포인트 「기초연금법」상 수급권자의 범위

주어진 사례를 분석하면 다음과 같다.
- 기초연금은 65세 이상인 사람으로서 소득인정액이 보건복지부장관이 정하여 고시하는 금액(이하 "선정기준액"이라 한다) 이하인 사람에게 지급한다.
- 보건복지부장관은 선정기준액을 정하는 경우 65세 이상인 사람 중 기초연금 수급자가 100분의 70 수준이 되도록 한다.

127 정답 ④
출제포인트 「기초연금법」상 기초연금의 지급정지 사유

오답분석
ㄷ. 기초연금 수급권자가 국적을 상실한 때는 수급권 상실 사유에 해당된다.

128 정답 ①
출제포인트 「기초연금법」상 수급권자

오답분석
ㄴ. 기초연금 수급권자의 권리는 5년간 행사하지 아니하면 시효의 완성으로 소멸한다.
ㄷ. 기초연금 수급자가 대통령령으로 정하는 바에 따라 사망한 것으로 추정되는 경우 그 사유가 발생한 날이 속하는 달의 다음 달부터 그 사유가 소멸한 날이 속하는 달까지 기초연금의 지급을 정지한다.

129 정답 ②
출제포인트 수급권 상실 시기

기초연금 수급권의 상실(제17조) 조건은 다음과 같다.
- 사망한 때(ㄱ)
- 국적을 상실하거나 국외로 이주한 때(ㄴ, ㄹ)
- 기초연금 수급권자에 해당하지 아니하게 된 때

08 사회복지서비스법

130	131	132	133	134
③	④	①	⑤	②
135	136	137	138	139
②	②, ④	②	⑤	⑤
140	141	142	143	144
④	④	⑤	②	①
145	146	147	148	149
⑤	①	④	③	①
150	151	152	153	154
⑤	②	②	②	①
155	156	157	158	159
④	①	④	⑤	②
160	161			
③	④			

130 정답 ③
출제포인트 「장애인복지법」상 벌칙 규정

주어진 사례를 분석하면 다음과 같다.

> 장애인의 신체에 폭행을 가한 사람은 5년 이하의 징역 또는 5천만원 이하의 벌금에 처한다.

131 정답 ④
출제포인트 「장애인복지법」에 근거하여 설치 또는 설립하는 기관 또는 시설

발달장애인지원센터는 「발달장애인 권리보장 및 지원에 관한 법률」에 근거하여 설치하는 발달장애 전문기관이다.

132 정답 ①
출제포인트 「장애인복지법」의 주요 내용

오답분석
② 보건복지부장관은 5년마다 장애인정책종합계획을 수립·시행하여야 한다.
③ 보건복지부장관은 3년마다 장애실태조사를 실시하여야 한다.
④ 특별시장·광역시장·특별자치시장·도지사·특별자치도지사는 피해장애인의 임시 보호 및 사회복귀 지원을 위하여 장애인 쉼터를 설치·운영할 수 있다.
⑤ 보건복지부장관은 장애인 거주시설에서 제공하여야 하는 서비스의 최저기준을 마련하여야 한다.

133 정답 ⑤
출제포인트 「장애인복지법」의 주요 내용

「장애인연금법」상의 중증장애인에게는 장애인연금을 지급하며 장애수당은 경증장애인에게 지급된다.

오답분석
① 국무총리 소속하에 장애인정책조정위원회를 둔다.
② 장애실태조사는 3년마다 실시하여야 한다.
③ 재외동포 및 외국인은 관계 법령에 의거하여 장애인 등록을 할 수 있다.
④ 장애인의 날은 매년 4월 20일이다.

134 정답 ②
출제포인트 「노인복지법」상 노인학대 관련 규정

누구든지 노인학대를 알게 된 때에는 노인보호전문기관 또는 수사기관에 신고할 수 있다(「노인복지법」 제39조의 6 제1항).

135 정답 ②
출제포인트 「노인복지법」상 노인복지시설의 종류

「노인복지법」상 노인복지시설의 종류는 다음과 같다.
- 노인주거복지시설
- 노인보호전문기관
- 학대피해노인 전용쉼터
- 노인일자리지원기관
- 노인의료복지시설
- 노인여가복지시설
- 재가노인복지시설

136 정답 ②, ④
출제포인트 「노인복지법」의 주요 내용

② 시·도지사는 요양보호사가 거짓으로 자격증을 취득한 경우 그 자격을 취소하여야 한다.
④ 2023.10.31.(시행 2024.11.1)에 「노인 일자리 및 사회활동 지원에 관한 법률」이 제정되면서 「노인복지법」에서는 삭제되었다.

※ 2023년 10월 31일 법 제정으로 복수정답 처리함

137 정답 ②

출제포인트 「노인복지법」의 주요 내용

오답분석

① 노인복지주택에 입소할 수 있는 자는 <u>60세 이상의 노인</u>으로 한다.
③ <u>노인취업알선기관</u>은 노인 일자리 및 사회활동 지원사업을 전문적·체계적으로 수행하는 기관으로 보건복지부장관이 중앙노인일자리전담기관(현재 한국노인인력개발원)을, 지방자치단체의 장은 지역노인일자리전담기관(현재 시니어클럽 등)을 설치·운영할 수 있도록 하고, 지방자치단체의 장이 지역노인일자리전담기관을 법인·단체에 위탁할 때의 절차를 마련한다.(2023.10.31.〈시행 2024.11.1.〉에 「노인 일자리 및 사회활동 지원에 관한 법률」이 제정되면서 「노인복지법」에서는 삭제됨)
④ 노인요양공동생활가정은 노인들에게 일상생활에 필요한 편의를 제공함을 목적으로 하는 <u>노인의료복지시설</u>이다.
⑤ 지역노인보호전문기관은 <u>시·도에 둔다.</u>

138 정답 ⑤

출제포인트 「노인복지법」상 금지 행위

 #노인학대 문제 #빈출 #숙지필수
인권 강조 차원에서 최근 노인학대 관련 문제가 자주 출제되고 있으니 관련 사항을 숙지해 두어야 해요.

누구든지 65세 이상의 사람에 대하여 ㄱ~ㄷ 등의 어느 하나에 해당하는 행위를 하여서는 아니 된다.

+ 기출개념 더 알아보기

「노인복지법」상 금지 행위

- 노인의 신체에 폭행을 가하거나 상해를 입히는 행위
- 노인에게 성적 수치심을 주는 성폭행·성희롱 등의 행위
- 노인에게 구걸을 하게 하거나 노인을 이용하여 구걸하는 행위
- 노인을 위하여 증여 또는 급여된 금품을 그 목적 외의 용도에 사용하는 행위
- 폭언, 협박, 위협 등으로 노인의 정신건강에 해를 끼치는 정서적 학대 행위
- 자신의 보호·감독을 받는 노인을 유기하거나 의식주를 포함한 기본적 보호 및 치료를 소홀히 하는 방임행위

139 정답 ⑤

출제포인트 「아동복지법」의 주요 내용

국가기관은 <u>아동학대 예방교육을 연 1회 이상</u> 실시하여야 한다.

140 정답 ④

출제포인트 「아동복지법」의 주요 내용

주어진 사례를 분석하면 다음과 같다.

- 국무총리 소속으로 아동정책조정위원회를 둔다.
- 시·도지사, 시장·군수·구청장 소속으로 <u>아동복지심의위원회</u>를 각각 둔다.
- 보건복지부장관은 아동정책기본계획을 <u>5년</u>마다 수립하여야 한다.
- 보건복지부장관은 아동종합실태를 <u>3년</u>마다 조사하여 그 결과를 공표하여야 한다.

141 정답 ④

출제포인트 「아동복지법」의 주요 내용

오답분석

① 시장·군수·구청장은 보호조치 중인 보호대상아동의 양육상황을 매년 점검하여야 한다.
② 시·군·구에 두는 아동위원은 명예직으로 <u>수당을 지급할 수 있다.</u>
③ <u>국무총리 소속</u>으로 아동정책조정위원회를 둔다.
⑤ 아동복지시설의 장은 보호하고 있는 <u>15세 이상의 아동</u>을 대상으로 자립지원계획을 수립하여야 한다.

142 정답 ⑤

출제포인트 아동보호 사각지대 발굴 및 실태조사

아동보호 사각지대 발굴 및 실태조사(제15조의4)에 따르면 보건복지부장관은 다음의 자료 및 정보를 토대로 아동보호를 위한 실태조사 대상 아동을 선정할 수 있다.

- 「국민건강보험법」 제41조 제1항 각 호에 따른 <u>요양급여 실시 기록</u>
- 「국민건강보험법」 제52조에 따른 <u>영유아건강검진 실시 기록</u> 및 「의료급여법」 제14조에 따른 건강검진 실시 기록 중 6세 미만에 대한 기록
- 「초·중등교육법」 제25조에 따른 <u>학교생활기록 정보</u>
- 「사회보장급여의 이용·제공 및 수급권자 발굴에 관한 법률」 제12조 제1항 각 호에 따른 정보(「전기사업법」 제14조에 따른 <u>단전 가구정보</u> 등)

- 「감염병의 예방 및 관리에 관한 법률」 제24조 제1항에 따른 필수예방접종 실시 기록

143 정답 ②
출제포인트 「아동복지법」의 주요 내용

시·도지사 또는 시장·군수·구청장은 보호조치 중인 보호대상아동의 양육상황을 매년 점검하여야 한다.

144 정답 ①
출제포인트 아동보호전문기관의 업무

#아동학대 #보호기관의 업무 #신고의무대상자 #숙지필수
아동학대는 관련 보호기관의 업무, 신고의무대상자 등을 면밀히 숙지하는 것이 중요해요.

아동학대 신고접수, 현장조사 및 응급보호는 시·도지사 또는 시장·군수·구청장이 피해아동의 발견 및 보호 등을 위하여 수행하여야 하는 업무이다.

145 정답 ⑤
출제포인트 「한부모가족지원법」의 주요 내용

국가나 지방자치단체는 아동교육비를 대여할 수 있다.

+ 기출개념 더 알아보기

복지 자금의 대여(제13조)

국가나 지방자치단체는 한부모가족의 생활안정과 자립을 촉진하기 위하여 다음 어느 하나의 자금을 대여할 수 있다.
- 사업에 필요한 자금
- 아동교육비
- 의료비
- 주택자금
- 그 밖에 대통령령으로 정하는 한부모가족의 복지를 위하여 필요한 자금

146 정답 ①
출제포인트 「한부모가족지원법」상 한부모가족 복지시설

제시된 내용은 일시지원시설에 대한 설명이다.

※ 법 개정으로 변경된 명칭으로 기재함

+ 기출개념 더 알아보기

한부모가족복지시설(제19조)

출산지원시설	법 제4조 제1호의 모, 혼인 관계에 있지 아니한 자로서 출산 전 임신부, 혼인 관계에 있지 아니한 자로서 출산 후 해당 아동을 양육하지 아니하는 '모' 어느 하나에 해당하는 자의 임신·출산 및 그 출산 아동(3세 미만에 한정)의 양육을 위하여 주거 등을 지원하는 시설
양육지원시설	6세 미만 자녀를 동반한 한부모가족에게 자녀를 양육할 수 있도록 주거 등을 지원하는 시설
생활지원시설	18세 미만(취학 중인 경우에는 22세 미만을 말하되, 「병역법」에 따른 병역의무를 이행하고 취학 중인 경우에는 병역의무를 이행한 기간을 가산한 연령 미만을 말함) 자녀를 동반한 한부모가족에게 자립을 준비할 수 있도록 주거 등을 지원하는 시설
일시지원시설	배우자(사실혼 관계에 있는 사람을 포함)가 있으나 배우자의 물리적·정신적 학대로 아동의 건전한 양육이나 모 또는 부의 건강에 지장을 초래할 우려가 있을 경우 일시적 또는 일정 기간 동안 모와 아동, 부와 아동, 모 또는 부에게 주거 등을 지원하는 시설
한부모가족복지상담소	한부모가족에 대한 위기·자립 상담 또는 문제해결 지원 등을 목적으로 하는 시설

147 정답 ④
출제포인트 「한부모가족지원법」의 주요 내용

오답분석
① 여성가족부장관은 3년마다 한부모가족에 대한 실태조사를 실시하고 그 결과를 공표하여야 한다.
② "청소년 한부모"란 24세 이하의 모 또는 부를 말한다.
③ 여성가족부장관은 청소년 한부모가 학업을 계속할 수 있도록 교육부장관에게 협조를 요청하여야 한다.
⑤ 한부모가족에 대한 국민의 이해와 관심을 제고하기 위하여 매년 5월 10일을 한부모가족의 날로 한다.

148 정답 ③
출제포인트 「한부모가족지원법」의 주요 내용

#한부모가족지원법 전반에 대한 이해 #아동양육비 출제빈도↑
「한부모가족지원법」은 포괄적인 내용을 묻는 형태로 출제되니 꼼꼼히 학습하는 것이 중요해요. 특히 아동양육비 부분이 자주 출제돼요.

오답분석
① 여성가족부장관은 한부모가족 지원을 위하여 한부모가족 정책에 관한 기본계획을 5년마다 수립하여야 한다.
② 청소년 한부모란 24세 이하의 모 또는 부를 말한다.

④ 혼인 관계에 있지 아니한 자로서 출산 전 임신부는 출산지원시설을 이용할 때에도 이 법에 따른 지원대상자가 될 수 있다.
⑤ 이 법에 따른 복지 급여는 생계비(생활보조금), 아동양육비, 아동교육지원비, 검정고시 준비생 및 재학생 등의 학습지원, 자립촉진수당이며 아동수당은 미포함이다.

149 정답 ①
출제포인트 「다문화가족지원법」의 주요 내용

다문화가족은 결혼이민자, 대한민국 국적을 취득한 자, 그리고 귀화에 의해 대한민국 국적을 취득한 자로 이루어진 가족도 포함된다.

150 정답 ⑤
출제포인트 「성폭력방지 및 피해자보호 등에 관한 법률」상 국가 등의 책무

#성폭력 관련 국가 및 지방자치단체의 책무
#암기필수
성폭력 관련 국가 및 지방자치단체의 책무는 암기해야 하지만, 한 번 봐서는 암기하기 쉽지 않아요. 여러 번 반복해서 눈여겨보아야 해요.

국가와 지방단체는 성폭력을 방지하고 성폭력피해자를 보호·지원하기 위하여 ㄱ~ㄹ 등의 조치를 하여야 한다.

+ 기출개념 더 알아보기

국가 등의 책무(제3조)
- 성폭력 신고체계의 구축·운영
- 성폭력 예방을 위한 조사·연구, 교육 및 홍보
- 피해자를 보호·지원하기 위한 시설의 설치·운영
- 피해자에 대한 주거지원, 직업훈련 및 법률구조 등 사회복귀 지원
- 피해자에 대한 보호·지원을 원활히 하기 위한 관련 기관 간 협력체계의 구축·운영
- 성폭력 예방을 위한 유해환경 개선
- 피해자 보호·지원을 위한 관계 법령의 정비와 각종 정책의 수립·시행 및 평가
- 불법촬영물등 신상정보의 삭제지원 및 피해자에 대한 일상회복 지원

151 정답 ②
출제포인트 「가정폭력방지 및 피해자보호 등에 관한 법률」의 내용

국가나 지방자치단체는 가정폭력 관련 상담소의 설치·운영에 드는 경비의 일부를 보조할 수 있다.

152 정답 ②
출제포인트 성폭력피해자보호시설의 종류

상담지원시설은 성폭력피해자보호시설에 해당하지 않는다.

+ 기출개념 더 알아보기

성폭력피해자보호시설의 종류
- 일반보호시설
- 특별지원 보호시설
- 장애인 보호시설
- 외국인보호시설
- 자립지원 공동생활시설
- 장애인 자립지원 공동생활시설

153 정답 ②
출제포인트 가정폭력에 대한 실태조사

여성가족부장관은 3년마다 가정폭력에 대한 실태조사를 실시하여 그 결과를 발표하고 이를 가정폭력을 예방하기 위한 정책수립의 기초자료로 활용하여야 한다(가정폭력방지 및 피해자보호 등에 관한 법률 제4조의2).

154 정답 ①
출제포인트 「성폭력방지 및 피해자보호 등에 관한 법률」 제24조

피해자 등이 분명히 밝힌 의사에 반하여 법령에 따른 업무 등을 할 수 없다.

155 정답 ④
출제포인트 「가정폭력방지 및 피해자보호 등에 관한 법률」의 주요 내용

#가정폭력 출제비중↑ #포괄적인 개념 파악 중요
최근에는 성폭력보다 가정폭력의 출제 비중이 더 높아요. 가정폭력의 경우 포괄적으로 묻는 형태로 출제되니 내용들을 꼼꼼하게 숙지하는 것이 중요해요.

국가기관, 지방자치단체 및 「초·중등교육법」에 따른 각급 학교의 장, 그 밖에 대통령령으로 정하는 공공단체의 장은 가정폭력의 예방과 방지를 위하여 필요한 교육을 실시하고, 그 결과를 여성가족부장관에게 제출하여야 한다.

156 정답 ①
출제포인트 　정신질환자의 보호의무자

정신질환자의 보호의무자가 될 수 있는 사람은 「민법」에 따른 후견인 또는 부양의무자이다.

+ 기출개념 　더 알아보기

정신질환자의 보호의무자가 될 수 없는 사람
- 피성년후견인 및 피한정후견인
- 파산선고를 받고 복권되지 아니한 사람
- 해당 정신질환자를 상대로 한 소송이 계속 중인 사람 또는 소송한 사실이 있었던 사람과 그 배우자
- 미성년자
- 행방불명자
- 그 밖에 보건복지령으로 정하는 부득이한 사유로 보호의무자로서의 의무를 이행할 수 없는 사람

157 정답 ④
출제포인트 　「사회복지공동모금회법」의 주요 내용

이 법 또는 모금회의 정관으로 규정하지 아니한 사항은 「민법」 중 재단법인에 관한 규정을 준용한다.

158 정답 ⑤
출제포인트 　「자원봉사활동 기본법」

자원봉사활동은 무보수성, 자발성, 공익성, 비영리성, 비정파성(非政派性), 비종파성(非宗派性)의 원칙 아래 수행될 수 있도록 하여야 한다(「자원봉사활동 기본법」 제2조).

159 정답 ②
출제포인트 　「사회복지공동모금회법」의 주요 내용

오답분석
① 분과실행위원회는 위원장 1명을 포함하여 20명 이내의 위원으로 구성한다.
③ 기부금품의 기부자는 배분지역, 배분대상자 또는 사용 용도를 지정할 수 있다.
④ 사회복지공동모금회는 언론기관을 모금창구로 지정하고, 지정된 언론기관의 명의로 모금 계좌를 개설할 수 있다.
⑤ 모금회의 정관으로 규정하지 아니한 사항은 「민법」 중 재단법인에 관한 규정을 준용한다.

160 정답 ③
출제포인트 　「건강가정기본법」의 주요 내용

"1인가구"라 함은 1명이 단독으로 생계를 유지하고 있는 생활단위를 의미한다.

161 정답 ④
출제포인트 　사회복지공동모금회의 특징

모금회는 정관을 작성하여 보건복지부장관의 인가를 받아 등기함으로써 설립된다.

💡 **암기 TIP** 　혹시 저 건물이 **사회복지공동모금회인가?**

회차별 기출문제 — 2025년도 제23회 사회복지사 1급

1교시 사회복지기초(인간행동과 사회환경)

001	002	003	004	005
②	③	⑤	④	④
006	007	008	009	010
①	④	③	②	①
011	012	013	014	015
②	⑤	③	④	③
016	017	018	019	020
②	①	①	⑤	④
021	022	023	024	025
③	⑤	⑤	①	③

001 정답 ②
출제포인트 사회복지실천에서의 인간발달이론

오답분석
① 인간발달이론은 문제 사정단계를 포함한 모든 단계에서 유용하다.
③ 클라이언트를 둘러싼 환경의 영향력을 평가할 수 있다.
④ 사회환경, 클라이언트의 생물학적 요소 모두 종합적으로 중시한다.
⑤ 다양한 클라이언트의 발달과업을 다양하게(variety) 이해할 수 있다.

002 정답 ③
출제포인트 인간발달 전반에 대한 이해

오답분석
① 발달에는 개인차가 존재하며 최적의 시기가 따로 존재한다(적기성).
② 일정한 순서와 방향이 있으며 예측이 가능하다.
④ 발달은 대근육 중심부위에서 소근육 말초부위로 진행된다.
⑤ 성숙(maturity)은 유전적으로 미리 정해진 정도까지 도달하는 변화이다.

003 정답 ⑤
출제포인트 스키너의 행동주의 특징

개인의 무의식을 강조하는 것은 정신역동모델이다. 반면 스키너, 파블로프 등의 행동주의는 외부의 자극을 통한 성격 및 행동의 발현을 강조한다.

004 정답 ④
출제포인트 성격이론: 학자 및 주요 개념

오답분석
① 인본주의이론 - 매슬로우(A. Maslow) - 자아실현
② 정신분석이론 - 프로이트(S. Freud) - 무의식, 성적 본능
③ 인지발달이론 - 피아제(J. Piaget) - 스키마, 조절(적응, 동화)
⑤ 분석심리이론 - 융(C. Jung) - 자기, 집단무의식, 아니마 및 아니무스

005 정답 ④
출제포인트 행동주의이론의 주요 개념

오답분석
ㄱ. 인간을 기계적, 수동적 존재로 규정하였다.
ㄴ. 인간행동을 인간이 지닌 자유의지의 결과로 보는 것은 인본주의이론(매슬로우, 로저스)이다. 반면 행동주의는 인간행동을 환경에 의한 자극, 강화의 결과로 본다.

006 정답 ①
출제포인트 부적 강화의 개념

부적 강화는 특정 행동의 빈도를 증가시키는 효과를 위해 불쾌한 자극을 제거하는 것이다.
예) 차량 탑승 시 시끄러운 경고음 소리가 계속 울려 결국 안전벨트를 매면 경고음이 사라진다.

007 정답 ④
출제포인트 아들러의 성격유형 분류 기준

아들러는 성격유형을 사회적 관심과 활동 수준 2가지 영역으로 구분하여 4가지 형태로 제시하였다.

➕ 기출개념 더 알아보기

가상적 목표(fictional finalism)
> 개인의 행동을 이끄는 마음속의 중심 목표로서 진실에 의해서가 아니라 진실이라고 믿는 것에 의해 동기가 유발된다는 것을 강조하였다. 이는 주관적이고 개인의 창조물이며 무의식에서 이루어진다는 특징이 있다.

008 정답 ③
출제포인트 프로이트의 정신분석이론

심리적 갈등이 근육계통의 증상으로 나타나는 방어기제는 신체화이다.

009 정답 ②
출제포인트 로저스의 현상학이론

인간의 욕구발달단계를 제시한 학자는 매슬로우이다.

010 정답 ①
출제포인트 피아제의 발달단계: 구체적 조작기

물활론적 사고를 하는 시기는 전조작기이다.

011 정답 ②
출제포인트 매슬로우의 욕구이론

오답분석
① 인간의 무의식을 강조한 학자는 정신분석이론의 프로이트이다.
③ 인간행동에 대한 환경결정론을 강조한 학자는 행동주의이론의 스키너, 파블로프 등이다.
④ 자기완성의 필수요인으로 열등감 극복을 강조한 학자는 개인심리이론의 아들러이다.
⑤ 모방학습의 중요성을 강조한 학자는 사회학습이론의 반두라이다.

012 정답 ⑤
출제포인트 생태체계이론의 기능

생태체계이론은 원인에 있어서 다양성, 결과에 있어서도 열린 결과를 지향하는 역동적 인과관계를 강조한다.

013 정답 ②
출제포인트 체계이론의 주요 개념

오답분석
ㄴ. 체계의 혼란과 무질서를 증가시키는 것은 엔트로피(entropy)이다. 반면 항상성(homeostasis)은 지속적인 균형상태를 유지하고자 하는 속성이다.
ㄹ. 균형(equilibrium)은 주로 외부와의 교류가 거의 없는 폐쇄체계에서 나타난다.

014 정답 ④
출제포인트 콜버그의 도덕성 발달 수준 및 단계

오답분석
① 사회적인 인정에 관심을 가지고 착한 행동을 함으로써 타인의 인정을 받고자 하는 것은 인습적 수준 3단계이다.
② 개인의 양심에 비추어 옳고 그름을 판단하는 것은 후인습적 수준의 6단계이다.
③ 행동의 결과가 가져오는 보상이나 처벌에 의해 옳고 그름을 판단하는 것은 전인습적 수준의 1단계이다.
⑤ 규칙을 준수하고 사회질서를 유지하는 것이 도덕적 행동이라 생각하는 것은 인습적 수준의 4단계이다.

015 정답 ③
출제포인트 생태체계의 구성: 거시체계

제시된 내용은 거시체계에 해당하는 요소들이다. 거시체계에 해당하는 사회환경 수준으로는 정치, 경제, 사회, 문화, 종교, 예술 등의 제도가 있으며 대중 매체를 통한 유행(K-POP) 또한 거시체계에 해당한다.

016 정답 ②
출제포인트 생태체계의 구성: 중간체계(meso system)

오답분석
① 가족, 친구, 학교, 종교단체 등 개인에게 직접적 영향을 주는 체계는 미시체계이다.
③ 신념, 태도, 전통을 통해 개인에게 영향을 주는 것은 거시체계이다.
④ 아동의 발달에 영향을 주는 학교위원회는 외부체계이다.
⑤ 개인이 어느 시대에 출생했는지에 관심을 두는 것은 시간체계이다.

017 정답 ①
출제포인트 생태체계의 구성: 미시체계(micro system)

오답분석
ㄴ. 전 생애에 걸쳐 일어나는 개인의 변화와 사회 역사적 환경은 시간체계이다.
ㄷ. 개인이 직접 참여하지 않으나, 부모의 직장, 형제가 속한 학급 등은 외부체계이다.

018 정답 ①
출제포인트 영아기의 특징

오답분석
② 분류화 개념을 획득하는 시기는 구체적 조작기(7~12세)이다.
③ 서열화를 획득하는 시기는 구체적 조작기(7~12세)이다.
④ 오이디푸스 콤플렉스(Oedipus complex)를 경험하는 시기는 남근기(3~6세)이다.
⑤ 상징적 사고가 활발한 시기는 전 조작기2~7세)이다.

019 정답 ⑤
출제포인트 유아기의 발달 특성

피아제의 타율적 도덕성 단계에 도달한다.

020 정답 ④
출제포인트 아동기의 인지적 발달 특징

구체적 조작사고에서 형식적 조작사고로 전환된다.

021 정답 ③
출제포인트 청소년기의 특징

오답분석
① 조합기술(combination skill)이 획득되는 것은 아동기이다.
② 경험귀납적 사고에서 가설연역적 사고로 전환된다.
④ 2차 성징은 생식기능을 포함한 신체적 변화로, 성별에 따른 외형적 변화를 의미한다.
⑤ 상상적 청중(imaginary audience)과 개인적 우화(personal fable)를 통해 자아중심성에서 벗어나는 것은 청년기 이후이다.

022 정답 ⑤
출제포인트 청년기의 발달과업: 에릭슨의 친밀감 형성

오답분석
① 자아통합이 완성되는 시기로 삶 전체에 대한 평가를 시도하는 것은 노년기이다.
② 전환적 추론(transductive reasoning)은 유아기의 특징으로 전 개념적 사고의 한계 때문에 나타난다.
③ 부모로부터의 독립에 대한 양가감정이 본격적으로 발생한다.
④ 피아제(J. Piaget)는 아동기에 구체적 조작사고가 발달한다고 보았다.

023 정답 ⑤
출제포인트 중년기 특징

오답분석
① 에릭슨(E. Erikson)의 생산성 대 침체 단계에 해당된다.
② 갱년기는 남성에게도 발생한다.
③ 여성은 에스트로겐 분비가 감소하고, 남성은 테스토스테론 분비가 감소한다.
④ 시각, 청각, 미각, 후각 등의 감각기능이 가장 좋은 시기는 청소년 및 청년기이다.

024 정답 ①
출제포인트 노년기의 심리적 특징

노년기에는 외향성보다 내향성이 증가한다. 즉, 대외적 활동을 자제하고 생을 회고하여 추억을 담고 가까운 주변 사람(가족, 친족, 이웃 등)에게 영향을 주는 정도이다.

025 정답 ③
출제포인트 생애주기별 특징

오답분석
① 유아기(3~6세) - 성역할 인식 확립
② 영아기(0~2세) - 대상영속성 형성
④ 노년기(65세 이상) - 자아통합 완성
⑤ 성인 초기(20~40세) - 친밀감 형성

1교시 사회복지기초(사회복지조사론)

026	027	028	029	030
③	②	④	⑤	④
031	032	033	034	035
⑤	①	③	④	①
036	037	038	039	040
③	④	②	②	④
041	042	043	044	045
①	⑤	①	⑤	②
046	047	048	049	050
②	④	①	③	②

026 정답 ③
출제포인트 사회복지 실천을 위한 조사연구의 필요성

사회복지조사에서 가장 중요한 점은 객관적 자료수집 및 분석을 통한 사실 증명이다.
이때 제3의 변수의 영향을 받지 않은 원인변수(독립변수)와 결과변수(종속변수)의 인과관계가 성립되어야 한다. 따라서 사회복지사 개인의 직관적 실천지식보다 일반화 가능한 객관적 지식과 경험을 기반으로 문제의 원인 및 결과를 입증(설명)할 수 있어야 한다.

027 정답 ②
출제포인트 과학적 연구방법의 특징

오답분석
① 설명적(explanatory)연구에서 문제발생의 원인을 설명하고자 하였다.
③ 가설 검증 결과가 연구자의 기대와 다르더라도 가설을 수정해서는 안 된다.
④ 연구자의 객관적 자료를 통해 연구결과를 해석한다.
⑤ 조사를 통해 검증된 인과관계에 입각하여 문제의 발생을 확률적 결론으로 예측하여야 한다.

028 정답 ④
출제포인트 사회복지조사의 유형

주어진 사례를 분석하면 다음과 같다.

> 여성가족부는 2022년 전국가정폭력실태조사 결과를 이전에 실시한 동일한 조사내용과 비교하여 보고하였다. 2025년(종단조사) 조사에서도 전국의 가구 중 일부를 선정(경향조사, 표본조사)하여 동일한 조사 항목에서 어떠한 변화가 있는지를 보고할 것이다.

따라서 이에 관한 조사유형에 해당하는 것은 ㄱ, ㄴ, ㄹ이다.

029 정답 ⑤
출제포인트 사회복지조사 과정

사회복지조사 과정을 순서대로 나열하면 다음과 같다.
ㄷ. 연구가 필요한 주제를 선정하였다(문제형성).
ㄴ. 연구문제의 잠정적 결론으로 가설을 설정하였다(가설설정).
ㄱ. 표집방법을 수립하였다(조사설계).
ㄹ. 검증된 측정도구로 자료를 수집하였다(자료수집).
ㅁ. 자료를 분석하고 가설의 지지여부를 결정하였다(자료분석).

030 정답 ④
출제포인트 통계적 가설검증

오답분석
① 가설의 지지여부는 연구가설을 직접 검증하는 것이 아닌 영가설을 통해 입증한다.
② 신뢰수준을 95%에서 99%로 높이면 제1종 오류의 가능성이 낮아진다(신뢰도가 높아지면 응당 실수 유발은 낮아진다).
③ 영가설은 두 변수 간의 관계가 오류(우연, 실수)에 의해 발생하였음을 가정한다.
⑤ 신뢰수준을 낮추면 제1종 오류의 가능성이 높아진다.

031 정답 ⑤
출제포인트 변수의 유형

주어진 사례를 분석하면 다음과 같다.
> 사회복지사가 느끼는 업무부담(독립변수)에 따른 소진정도(종속변수)는 동료와의 친밀도(조절변수)에 따라 달라질 것이다.

'업무부담은 동료와의 친밀도에 따라 소진정도가 달라진다.'로 재진술되고 이는 친밀도가 높으면 소진정도가 낮아지며(더 완화), 동료와 친밀도가 낮으면 소진정도가 높아질 수 있다(더 강화)는 의미이다. 즉 친밀도에 따라 업무부담의 소진정도에 대한 영향력이 달라지므로 친밀도는 조절변수에 해당한다.

032 정답 ①
출제포인트 내용타당도

내용타당도란 척도가 측정하고자 하는 개념, 내용 등을 전문가의 의견을 통해 논리적으로 타당한지 파악하는 방식이다. 주어진 사례에서는 A사회복지사가 종합사회복지관에서 진행하는 프로그램과 사회복지사의 전문성이 사회복지관 이용 만족도와 관련이 있는가에 대해 전문가들을 대상으로 측정하고자 하므로 이는 내용타당도에 해당한다. 내용타당도의 특징은 다음과 같다.
- 전문가에 의해 수행
- 표면(안면)타당도와 달리 숨겨진 맥락을 파악
  예) 논술고사, 예체능 실기고사

033 정답 ③
출제포인트 보가더스 사회적 거리척도

제시된 척도는 보가더스의 사회적 거리척도이다. 이는 측정하고자 하는 것에 대해 개인이 어느 정도의 수준까지 수용할 수 있는지 측정할 때 사용한다.

+ 기출개념 │ 더 알아보기

사회적 거리척도의 특징
- 서열척도
- 강도, 원근에 따라 서열화함
- 이민자, 난민, 특정 민족, 집단(저소득층), 인종, 종교에 대한 사회적 거리감의 정도를 측정하는 데 적절함
- 일련의 연속성이 있는 문항들로 구성함

034 정답 ④
출제포인트 신뢰도와 타당도

신뢰도는 타당도의 필요조건이긴 하나 충분조건(꼭 필요한 사항)은 아니다. 신뢰도와 타당도의 관계는 다음과 같다.
- 신뢰도는 일관성 또는 안정성과 관련
- 타당도는 정확성과 관련
- 타당도가 높으면 신뢰도도 높음

반면 신뢰도가 높다고 해서 반드시 타당도가 높은 것은 아니다.

035 정답 ①
출제포인트 측정의 개념적 정의와 조작적 정의

오답분석
② 조작적 정의는 질적조사보다 양적조사에서 더욱 중요하다.
③ 측정하고자 하는 개념의 의미는 개념적 정의를 통해 확장된다.
④ '개념적 정의 → 조작적 정의 → 측정'의 순서로 이루어진다.
⑤ 조작적 정의를 통해 변수를 직접 측정할 수 있다.

036 정답 ③
출제포인트 표본 연구의 특징

표본 연구는 전수 연구에 비해 비표본오차가 작다.
표본오차와 비표본오차는 표본의 크기와 연관이 있으며 표본의 크기가 크면 표본오차는 작아지고, 비표본오차는 커진다. 이때 표본오차는 모수치와 통계치의 차이를, 비표본오차는 표본의 측정, 기록, 관찰 시 발생되는 오류를 의미한다.

037 정답 ④
출제포인트 변수의 척도

ㄱ, ㄷ, ㄹ. 모두 비율변수로 산술평균의 산출이 적합하다.

참고
산술평균: 전체 합한 것을 총개수만큼 나눈 것을 의미한다.

오답분석
ㄴ. 상·중·하 등급으로 평가한 국어 교과목의 성적: 서열, 중위값

038 정답 ②

출제포인트 확률표집 방법의 특징

제시된 사례에서 난수표를 활용하여 무작위로 표본을 추출하였으므로 이는 확률표집에 해당한다. 그중에서도 모집단의 주요 특성을 중심으로 범주화하여 여러 개의 층으로 나누고(노인복지관별) 범주화된 집단 내에서 다시 표본을 추출(등록자명단)하였으므로 층화표집에 해당한다.
또한, 등록인원수에 비례해서 표본을 선정하였으므로 층화표집 중에서도 비례층화표집에 해당한다. 비례층화표집은 초점군집을 선정한 후 해당 군락에서만 표본을 추출하는 군집표집에 비해 표집오차가 작다는 장점이 있다.

참고

층화표집은 확률표집방법 중 하나로, 이는 비례층화표집과 비비례층화표집으로 구분됨

오답분석

① 최종적인 표본 선정은 확률표집 방법을 활용하여 이루어진다.
③ 표집단계에서의 편향성을 해결하기 위해 분석단계에서 가중치를 활용하는 것은 비비례층화표집에 가깝다.
④ 노인복지관별 등록자명단이라는 표집틀이 존재한다.
⑤ 표본의 집단별 분포를 미리 정하고 할당된 수만큼의 표본을 임의로 선정하는 것은 할당표집이다.

039 정답 ②

출제포인트 표본의 크기

오답분석

① 추정치가 모수에 근접할 확률은 표본의 크기에 비례한다.
③ 조사비용과 시간의 한계는 표본의 크기와 관련성이 높다.
④ 표본의 크기와 비표본오차는 비례한다.
⑤ 통계분석방법은 표본의 크기와 관련이 깊다.

040 정답 ④

출제포인트 단순시계열 설계

주어진 사례를 분석하면 다음과 같다.

> 부모를 대상으로 한 아동학대 예방 프로그램의 효과성을 평가하기 위해 연구 참여자의 아동양육 태도 등을 여러 차례 측정(O_1, O_2, O_3)하였다. 프로그램 개입(X) 이후에도 여러 차례 측정(O_4, O_5, O_6)하여 프로그램 개입 전후 비교를 실시하였다.

여러 차례 사전검사와 사후검사를 실시하여 실험효과를 검증하는 것은 단순시계열 설계이다.

041 정답 ①

출제포인트 온라인설문의 특징

오답분석

② 인터넷 접근이 가능한 인원들만 접근하기에 표집에 제한이 발생한다.
③ 대면설문보다 비용과 시간 소요가 절감된다.
④ 복잡하거나 문항 수가 많은 경우에 부적합하다.
⑤ 동일인의 중복응답에 대한 통제가 제한적(ID 다수의 중복 가능, 매크로 프로그램)이다.

042 정답 ⑤

출제포인트 내적타당도 저해요인

일부 참여자들이 프로그램에 참여하고 있다는 것을 의식해서 평소와는 다르게 행동(실험자 반응성, 호손효과)하는 것은 외적타당도 저해요인에 해당한다.

오답분석

① 실험집단과 통제집단의 참여자 간 프로그램 내용에 대해 소통하면서 상호작용 형성(확산 및 모방효과)
② 프로그램 진행 과정에서 일부 대상자가 참여를 중단(연구 대상자 상실)
③ 사전검사 결과 학교 부적응 학생들이 실험집단에 과도하게 모인 것이 확인(선택적 편향)
④ 사전검사와 사후검사 척도가 동일하기 때문에 참여자의 학습 효과가 발생(검사효과, 주시험 효과, 초두효과, 테스트 효과)

043 정답 ①

출제포인트 솔로몬 4집단 설계의 특징

사회복지 현장에서 주로 사용하는 것은 비동일 통제집단 설계(유사 실험 설계)이다.

+ 기출개념 더 알아보기

솔로몬 4집단 설계의 특징

- 순수실험설계 중 통제집단 사전사후검사 설계와 통제집단 사후검사 설계를 결합함
- 내적타당도가 높음
- 검사효과(테스트 효과, 시험효과)와 도구효과를 방지
- 이론적, 학술적으로 많이 사용함
- 시간, 경비, 노력이 과다하게 소요됨

044 정답 ⑤
출제포인트 순수실험설계

제시된 조사설계에서 통제변수를 두고 표본을 무작위 할당하며, 사전사후 검사를 실시하므로 이는 순수실험설계에 해당한다.

오답분석
① 인과적 추론 정도가 무작위 배정을 하지 않은 실험설계보다 높다.
② 외생변수 통제, 독립변수 조작, 종속변수의 비교 등이 가능하다.
③ 개입 전에 두 집단의 동질성을 가정할 수 있다.
④ 통제집단 사전사후 검사설계에 해당된다.

045 정답 ②
출제포인트 델파이기법의 특징

무기명으로 진행되기 때문에 참여자들의 책임성이 떨어질 수 있다(후광효과 방지).

046 정답 ②
출제포인트 양적연구의 특징

주관적이며 직관적인 관점에서 접근하는 것은 질적연구방법이다. 반면 양적연구는 객관적이며 논리적인 관점에서 접근한다.

+ 기출개념 더 알아보기

양적연구의 특징
- 연역적 전개 방법 활용
- 객관성 및 논리성 강조
- 구조화된 척도 활용
- 일반화 가능성에 주안
- 변수의 통제를 강조

047 정답 ④
출제포인트 단일사례설계의 특징

오답분석
ㄹ. 단일사례설계는 사회복지실천 현장에서 주로 활용되며 대상(클라이언트) 인원의 개입이 소수이기에 외적타당도가 다른 실험설계보다 높지 않아 일반화의 가능성이 제한적이다.

048 정답 ①
출제포인트 자료수집방법

오답분석
② 대면면접법은 우편조사법에 비해 조사자의 편견을 배제하기 힘들다.
③ 대면면접법은 전화면접법에 비해 익명성 보장이 어렵다.
④ 대면면접법은 복잡한 질문의 사용이 가능하다.
⑤ 대면면접법 중 구조화된 면접은 질문의 순서, 질문 문항 등을 명확하게 제시해야 한다.

049 정답 ③
출제포인트 질적연구 유형

서베이(survey, 설문)연구는 대표적인 양적연구 유형이다.

050 정답 ②
출제포인트 내용분석법, 내러티브 탐구

내용분석은 비반응적, 비관여적 조사이며 내러티브 탐구는 반응적(면접) 조사형태이다.

+ 기출개념 더 알아보기

내러티브 연구
- 서사 연구, 구술 연구, 스토리텔링이라 함
- 개인의 경험, 서사를 중심으로 연구
- 주관적 관점을 강조
- 서사적 구성 강조
  - 예 한부모 가족의 내러티브에서 평생 미화원으로 뒷바라지한 아버지의 직업을 친구들에게 대기업 부장이라 속인 아들의 대학교 졸업식에, 아들의 이런 점을 이미 알고 계셨던 아버지가 아들의 자존심을 지켜주고자 멋진 양복에 대기업 배지를 달고 졸업식에 등장하셨고 이를 본 아들이 죄송스러운 마음에 울먹였다.

2교시 사회복지실천(사회복지실천론)

001	002	003	004	005
⑤	⑤	④	①	⑤
006	007	008	009	010
④	①	③	②	③
011	012	013	014	015
②	④	①	⑤	②
016	017	018	019	020
②	①	④	③	④
021	022	023	024	025
④	⑤	③	⑤	①

001 정답 ⑤
출제포인트 임파워먼트모델의 클라이언트와 사회복지사 역할

사회복지사는 치료자(전문가), 클라이언트는 서비스의 수동적 수혜자로 여기는 것은 병리적 관점의 정신역동모델이다.

002 정답 ⑤
출제포인트 사례관리과정에서의 사정영역

ㄱ~ㄹ. 모두 옳은 내용이다.

+ 기출개념 더 알아보기

사례관리과정에서의 사정영역
- 욕구에 대한 클라이언트의 능력
- 클라이언트의 욕구 및 문제
- 클라이언트 지원체계의 능력
- 지원체계 활용의 장애
- 전문가 및 비전문가의 분포 및 활용 여건·접근성(물리적 및 심리적 요인 포함) 확인·비용적 요소

003 정답 ④
출제포인트 핀커스-미나한의 사회복지실천의 목적

핀커스-미나한은 문제해결에 있어서 인간과 사회환경의 상호작용에 초점을 두며 개인과 환경 간 불균형 발생 시 문제를 최소화하도록 돕는다.

004 정답 ①
출제포인트 임파워먼트모델 단계별 실천과업

오답분석
ㄱ. 대화단계: 방향 설정, 파트너십 형성, 현재 상황 파악
ㄷ. 발달(발전)단계: 성과 집대성(확인), 기회 집대성(확인), 자원 집대성(확인)
ㄹ. 발견단계: 강점의 확인

005 정답 ⑤
출제포인트 사회복지실천의 역사적 발달과정

제시된 사회복지실천의 역사적 발달과정을 발생한 순서대로 나열하면 다음과 같다.
ㄷ. 사회복지실천에 관한 이론과 방법을 최초로 체계화한 「사회진단」 출간(1917년)
ㄴ. 밀포드(Milford) 회의에서 개별사회사업 방법론을 기본으로 하는 사회복지실천의 공통요소 제시(1929년)
ㄱ. 기능주의 학파와 진단주의 학파의 갈등(1930~1950년)
ㄹ. 사회복지실천 방법으로 통합적방법론 등장(1950년 중반 이후)

006 정답 ④
출제포인트 생태체계이론의 주요 개념: 적합성

적합성에 대한 설명이다.

오답분석
① 경계: 체계와 체계를 구분하는 보이지 않는 선(line)
② 엔트로피: 외부의 에너지가 유입되지 않아 불용한 에너지가 증가하여 혼란스러운 상태
③ 상호교류: 인간과 환경 사이의 역동적인 상호작용
⑤ 대처: 환경 문제에 적응하고자 노력하는 것

007 정답 ①
출제포인트 사회복지실천현장의 구분

오답분석
② 행정복지센터 - 2차 현장, 이용시설
③ 노인요양공동생활가정 - 2차 현장, 생활시설
④ 아동보호전문기관 - 1차 현장, 이용시설
⑤ 지역자활센터 - 1차 현장, 이용시설

008 정답 ③
출제포인트 사회복지실천의 이념적 배경: 인도주의, 박애사상

오답분석
ㄴ. 수혜자격의 축소: 인도주의 및 박애사상보다 개인주의와 연관이 높다.

009 정답 ②
출제포인트 관찰기술의 특징

클라이언트가 자신에 대해 미처 알지 못한 것을 깨달을 수 있도록 설명해 주는 기술은 직면, 명료화, 초점 등으로 다양하다.

010 정답 ③
출제포인트 자기노출

클라이언트와의 관계형성을 위해 사회복지사가 자신의 생각이나 경험을 공유하는 면담 기술은 자기노출이다. 이외에 자기노출에 대한 특징은 다음과 같다.
- 클라이언트에게 자신의 문제점, 단점 등을 말해 주는 것
- 문제를 가진 클라이언트는 사회복지사와 동질적 공감대 형성
- 개입의 증대, 확장을 위해 필요(시의 적절)

011 정답 ②
출제포인트 비스텍(F. Biestek)의 관계 원칙

오답분석
ㄷ. 클라이언트가 자신의 감정을 자유롭게 표현하도록 해야 한다는 것은 의도적 감정표현이다.
ㄹ. 클라이언트의 감정에 민감성과 이해로서 반응해야 한다는 것은 통제된 정서적 관여이다. 반면 개별화란 클라이언트의 고유성을 인정하고 표준화시키지 않는 것을 의미한다.

012 정답 ④
출제포인트 클라이언트에 대한 윤리기준

인간의 존엄성 존중은 기본적 윤리기준 가운데 전문가로서의 자세에 해당된다.

013 정답 ①
출제포인트 사회복지사의 역할

오답분석
② 중개자(broker): 자원의 연결, 소개, 알선
③ 중재자(mediator): 조직이나 집단의 갈등 해결(중립적 입장)
④ 조력자(enabler): 클라이언트 잠재 역량을 극대화시켜 스스로 문제를 해결하게 하는 역할
⑤ 교육자(educator): 강의, 훈련, 프로그램 진행 등으로 가르치는 역할

014 정답 ⑤
출제포인트 인권의 유형

구속 및 인신매매로부터의 보호를 의미하는 것은 자유권에 더 가깝다.

참고
구속(拘束): 개인의 행동, 자유로운 의사 표현 등을 속박함

015 정답 ②
출제포인트 통합적 접근방법의 등장배경

오답분석
ㄷ. 전통적 방법이 복잡한 문제에 세부적, 부분적, 전문화로 개입하여 포괄성, 다양성이 부족하였다.

016 정답 ②
출제포인트 콤튼–갤러웨이의 6체계 모형

오답분석
① 학교 징계위원회 – 의뢰체계
③ 학교사회복지사 A – 변화매개 체계
④ 피해자 학생 B – 표적체계
⑤ 가해자 학생 C, D – 행동체계

017 정답 ①
출제포인트 콤튼–갤러웨이 관계형성의 기본 요소

공감에 대한 설명이다.

➕ 기출개념 | 더 알아보기

콤튼-갤러웨이 관계형성의 기본 요소

열망	조건 없는 인정과 목적의식을 가지고 관계를 유지함
공감	클라이언트 입장에 이해하고 해결 방법을 모색하는 것
진실성과 일치성	클라이언트에 대해 기만, 속임 없이 진실된 관계를 가지는 것
헌신과 의무	클라이언트에 대한 책임성, 신뢰성, 일관성을 형성하는 것
권위와 권한	사회복지사는 지식적 경험 등을 클라이언트에게 어떤 권한과 권위로서 어떻게 활용하는지 분명하게 설명할 수 있어야 함

018 정답 ④
출제포인트 일반화, 보편화

제시된 내용은 일반화에 대한 설명이다. 일반화의 특징은 다음과 같다.
- 클라이언트의 문제를 완화, 감소시키는 것이 주목적
- 혼자만의 문제가 아님을 역설
- 시험에 나만 떨어진 줄 알았는데 와서 보니 다 떨어졌구나!

019 정답 ③
출제포인트 간접 개입기법: 환경조정

직접적 개입에는 교육, 훈련, 프로그램 진행, 상담, 재활, 돌봄 등이 해당된다.

020 정답 ④
출제포인트 사례관리 과정별 수행업무

오답분석
① 상담, 교육, 자원 제공은 개입단계이다.
② 사례관리 대상자의 적격성 판정은 인테이크(접수)단계이다.
③ 클라이언트의 욕구와 자원에 관한 정보수집은 사정단계이다.
⑤ 서비스가 필요한 클라이언트의 욕구 확인은 사정단계이다.

021 정답 ④
출제포인트 접수단계의 주요 과업

목표설정은 계획단계의 과업이다.

022 정답 ⑤
출제포인트 사정(assessment)의 특성

클라이언트에 대한 서비스 제공 여부를 판단하는 것은 접수단계에 해당한다. 접수단계에서는 클라이언트의 문제확인, 의뢰여부 결정, 관계형성, 양가감정 수용과 저항 해소, 동기부여 등이 이루어진다.

023 정답 ③
출제포인트 사례관리의 등장배경

시설중심의 통합적 서비스 제공에 대한 요구가 감소되고 지역사회보호 중심의 서비스 욕구가 증가하였다.

024 정답 ⑤
출제포인트 사례관리의 직접실천기술

사례관리의 직접실천기술에는 교육, 상담, 훈련, 돌봄, 재활 등이 해당된다.

오답분석
자원의 연결(조정), 클라이언트의 옹호, 전달체계 점검, 후원자 발굴, 프로그램 개발, 유관기관의 협력 등은 간접실천기술에 해당된다.

025 정답 ①
출제포인트 사정도구: 생태도

클라이언트 가족의 세대 간 반복되는 정서적 유형을 파악하는 것은 가계도이다.

2교시 사회복지실천(사회복지실천기술론)

026	027	028	029	030
③	②	④	⑤	③
031	032	033	034	035
②	②	④	③	⑤
036	037	038	039	040
④	⑤	①	③	③
041	042	043	044	045
⑤	①	②	④	①
046	047	048	049	050
⑤	④	③	①	②

026 　　　　　　　　　　정답 ③
출제포인트　실천지혜의 특징

실천 활동을 조작화하고 구조화한 것은 모델이다.

+ 기출개념 더 알아보기

실천지혜의 특징
- 현장에서 귀납적으로 만들어진 지식
- 의식적으로 표현되거나 구체적으로 명시하기 어려움(암묵적 지식)
- 사회복지사의 경험적 직관에 영향을 받음
- 개인의 가치체계와 경험으로부터 유래

027 　　　　　　　　　　정답 ②
출제포인트　정신역동모델 개입기술

오답분석
① 전이는 과거의 인물에게 느꼈던 사랑이나 증오의 감정을 현재의 인물에게 전치하는 것을 말한다.
　암기 TIP 중전마마가 콩쥐를 보며 '너를 보니 죽은 내 딸 모습이 보이는구나': 전이
　공주가 된 콩쥐(S·W)가 언니들에게 구박받는 신데렐라(C·T)를 보고 '옛날의 내 모습을 보는 것 같네': 역전이
③ 직면은 클라이언트의 말과 행동 사이의 불일치나 모순이 있을 때 직접적으로 지적하여 주목할 수 있도록 하는 것이다.
④ 해석은 치료과정에서 나타나는 행동의 의미를 클라이언트에게 설명하며 가르치는 것이므로 공감능력과는 관련이 없다.
⑤ 자유연상은 클라이언트가 수치스럽게 생각하거나 도움이 안 되는 내용을 선택하도록 유도하는 것이 아니라 클라이언트가 느끼는 감정, 생각, 기억, 환상, 꿈 등의 전반적인 것들을 자유롭게 떠올리고 말하도록 하는 것이다.

028 　　　　　　　　　　정답 ④
출제포인트　유형-역동성 고찰

주어진 사례에서 활용한 심리사회모델의 개입기법은 유형-역동성 고찰이다.
유형-역동성 고찰은 클라이언트의 역기능적 패턴을 분석하는 기법이다. 주로 일정한 유형을 찾아 그 원인을 파악하고 해결하는 데 주안을 둔다.

029 　　　　　　　　　　정답 ⑤
출제포인트　임의적 추론, 비논리적 추론

주어진 사례는 명확하고 확실한 증거가 없음에도 임의적, 개연적으로 예측하는 임의적 추론에 해당한다.

030 　　　　　　　　　　정답 ③
출제포인트　클라이언트중심모델의 특징

인지적 개입은 인지행동모델의 개념이다.

031 　　　　　　　　　　정답 ②
출제포인트　과제중심모델의 특징

오답분석
① 개인의 신념체계의 변화를 강조하는 것은 인지행동주의이다.
③ 인간의 신념이나 생각이 정서와 행동에 영향을 미친다고 가정하는 것은 엘리스의 비합리적 신념에 해당된다.
④ 클라이언트가 무력한 상태에서 힘을 가진 상태로 이동하는 것을 목표로 하는 것은 임파워먼트모델이다.
⑤ 변화는 항상 일어나며 불가피한 것으로 보는 것은 해결중심모델이다.

032 　　　　　　　　　　정답 ②
출제포인트　해결중심모델의 주요 원리

개입의 목적을 증상 감소보다 문제해결에 둔다.

033 정답 ④
출제포인트 동기강화모델의 원리

내적 의사소통 명료화하기는 인지행동모델의 개입기법이다.

➕ 기출개념 더 알아보기

밀러–롤닉의 동기강화모델의 개입기법의 특징
- 클라이언트 중심
- 양가 감정 다루기
- 불일치감 해소
- 공감 표현
- 협력
- 목표 지향적
- 자기효능감 지지
- 저항과 함께하기

034 정답 ③
출제포인트 임파워먼트모델의 실천기법

오답분석

ㄹ. 합류하기는 구조적 가족치료모델의 첫 번째 개입과정이다. 이는 클라이언트와 동질성 및 라포 형성을 위해 역기능적 모습을 일정 기간 따라하는 것이다.

035 정답 ⑤
출제포인트 골란(N. Golan)의 위기발달 단계

골란의 위기발달 단계는 '위험사건 – 취약단계 – 촉발요인 – 위기단계 – 재통합' 순이다.

036 정답 ④
출제포인트 환류하기

오답분석
① 개입단계에서 그간의 문제해결 과정을 점검하는 활동은 모니터링, 형성평가이다.
② 사회복지사와 클라이언트 간 합의된 목표의 달성도를 측정하는 것은 총괄평가이고 이는 평가 및 종결단계에서 진행된다.
③, ⑤ 환류하기는 문제점을 명확화하기 위한 구체적 해결방안을 모색하는 것이다.

➕ 기출개념 더 알아보기

환류하기의 특징
- 환류, 점검, 피드백이라고 함
- 평가 결과를 기반으로 강점 및 약점을 파악하고 그 문제점을 명확화하기 위한 구체적 해결방안을 모색하는 것임
- 욕구사정, 목표설정, 서비스 선정, 전달과정 등 어떤 부분에서 수정 및 보완이 필요한지를 확인함

037 정답 ⑤
출제포인트 전략적 가족치료

전략적 가족치료는 문제의 원인을 찾도록 돕는 것이 아닌 다양한 전략을 활용하여 제시된 문제를 해결 및 완화시키도록 돕는다.

➕ 기출개념 더 알아보기

전략적 가족치료의 특징
- 위계질서를 혼란시키는 가족의 역기능적 상호작용의 과정을 변화시킴
- 가족 내의 위계질서 회복
- 경계선을 재구조화함
- 변화하는 동안 생기는 충돌이나 거부를 최소화하기 위해 개인보다는 전략적인 부분 사용

38 정답 ①
출제포인트 미누친의 구조적 가족치료모델의 개념

미누친의 구조적 가족치료의 대표적 기법은 다음과 같다.
- 합류하기
- 균형 깨뜨리기
- 실연
- 시연
- 경계 만들기
- 긴장 고조시키기
- 과제부여

오답분석

가족그림은 경험적 가족치료모델, 탈삼각화는 다세대 전이치료모델, 역설적 지시는 전략적 가족치료모델, 순환적 질문은 전략적 가족치료모델의 개념이다.

039 정답 ③
출제포인트 역설적 지시

제시된 사례는 전략적 가족치료모델의 역설적 지시에 대한 내용이다. 역설적 지시란 전략적 가족치료모델의 핵심이며 반어법(paradox) 형태로서 역기능, 문제 증상을 금지하는 것보다 역설적으로 계속 수행하게 하는 것이다.

040   정답 ③
출제포인트   보웬의 다세대 가족치료의 주요 내용

오답분석

ㄹ. 자아분화 수준이 높을수록 가족원의 자율성이 증가하여 독립적으로 행동한다.

041   정답 ⑤
출제포인트   문제의 외현화

문제의 외현화는 이야기치료모델의 핵심 개념으로 문제의 원인과 해결에 초점을 두기보다는 문제 자체에 대한 관심을 덜 가지게 하는 것이 목적이다. 즉 동떨어진 별개의 것으로 여겨 그 문제의 심각성을 감소시키는 것이다.

이는 가족의 상호작용 유형을 확인하는 과정에 필요하지 않으며 가족과 개인의 상호작용이나 경험 등을 변화시킴으로써 성장할 수 있는 경험을 하게 하는 것을 목표로 하는 경험적 가족치료와는 관련이 없다.

042   정답 ①
출제포인트   체계론적 관점에서의 가족

오답분석

② 일탈행동이나 갈등상황에 대해 정적 환류를 적용하면 최초의 일탈이나 갈등을 증폭시키는 작용을 한다.
③ 가족은 상위체계와 독립적으로 존재하지 않으며 그 안에 다양한 하위체계를 포함한다.
④ 밀착된 경계를 가진 가족은 독립성과 자율성이 결여되어 있다.
⑤ 부모-자녀하위체계는 부모와 자녀 사이의 상호작용과 역할 등을 강조한다.

043   정답 ②
출제포인트   가족의 구조와 기능

오답분석

ㄴ. 부모와 자녀 간의 명확한 관계는 하위체계 간 균형을 유지하게 한다.
ㄹ. 기능적 가족은 가족성원에게 탄력적·기능적 역할을 부여하여 혼란을 감소시킨다.

044   정답 ④
출제포인트   집단문화

집단문화는 고정적 성원들이 폐쇄적 집단에서 생활할 때 점진적으로 형성된다.

045   정답 ①
출제포인트   자조집단의 특징

오답분석

ㄴ. 자조집단은 성원들의 자발적, 주도적, 참여적 프로그램 진행을 강조하기에 사회복지사의 역할은 크지 않다.
ㄷ. 집단 내 공동지도자보다 모두가 참여하고 솔선하는 형태로 구성된다.
ㄹ. 노아방주의 원칙이란 구약 성경의 노아가 대 홍수전에 각 쌍으로 된 동물 및 식물 들을 방주에 태운 것에서 유래한 것으로 연관 있는 인종, 성별, 지역, 대상, 소득 등으로 선별하여 프로그램화 하는 것으로 자조집단의 성원 모집 방법으로 적절하지 않다. 자조집단은 유사한 어려움이나 공통된 관심사를 가진 성원들이 자발적으로 만드는 집단이다.

046   정답 ⑤
출제포인트   집단대상 실천의 치료적 효과

ㄱ~ㄹ. 모두 해당한다.

+ 기출개념 더 알아보기

집단을 대상으로 한 개입의 치료적 효과

- 희망주기
- 이타성
- 모방 행동
- 정화(환기, 카타르시스)
- 집단 응집력
- 사회화 기술 발달
- 보편성
- 정보 습득
- 대인관계 학습
- 초기 가족의 교정적 재현
- 실존적 요인들

047   정답 ④
출제포인트   집단 사정도구의 활용 목적

오답분석

① 소시오메트리: 성원 간 상호작용 빈도 측정
② 소시오그램: 성원 간의 관계를 파악, 하위집단 구성 여부 확인
③ 사회적 관계망표: 사회적 지지체계를 표로 명시

⑤ 의의차별 척도: 어떤 개념, 의미에 대해 5~7점 척도를 제시하고 양극단에 형용사 배치

048 정답 ③

출제포인트 집단의 종결단계 수행과업

오답분석

ㄱ. 성원 간의 이해를 돕기 위해 자기 노출의 기회를 갖는 것은 초기 및 중간단계이다.
ㄷ. 공통의 관심사를 찾기 위해 개방적 토론 시간을 늘리는 것은 초기 및 중간단계이다.

049 정답 ①

출제포인트 단일사례설계의 특징

동시에 여러 문제의 변화를 측정하는 것이 가능하다.

+ 기출개념 더 알아보기

다중기초선 설계

문제 간 다중기초선 설계	한 사람에게 여러 문제 상황을 순차적으로 적용하여 비교함
대상자 간 다중기초선 설계	여러 대상들에게 같은 문제 상황을 순차적으로 적용하여 비교함
행동 간 다중기초선 설계	한 사람에게 나타나는 여러 행동들에 대하여 같은 문제 상황을 순차적으로 적용하여 비교함

050 정답 ②

출제포인트 클라이언트의 개인정보 보호

필요 시 클라이언트의 사전 고지된 자발적 동의를 얻은 후 서비스 신청에 필요한 사적 민감정보도 포함시킨다.

2교시 사회복지실천(지역사회복지론)

051	052	053	054	055
④	③	⑤	⑤	②
056	057	058	059	060
④	②	①	①	⑤
061	062	063	064	065
②	①	⑤	④	①
066	067	068	069	070
②	③	②	⑤	④
071	072	073	074	075
③	③	④	⑤	④

051 정답 ④

출제포인트 지역사회복지의 이념: 주민참여

주어진 설명은 주민참여에 대한 설명이다.

052 정답 ③

출제포인트 길버트-스펙트의 지역사회복지 기능: 사회화 기능

길버트와 스펙트(N. Gilbert & H. Specht)는 지역사회가 공유하는 지식, 사회적 가치, 행동양식을 지역사회 구성원들에게 전달하는 것으로 가족 제도(사회화 기능)를 강조하였다.

053 정답 ⑤

출제포인트 던햄(A. Dunham)의 지역사회유형

던햄의 지역사회유형에 따른 예시는 다음과 같다.

인구 크기 기준	대도시, 소도시 등
경제적 기반 기준	농촌, 어촌, 공단 등
정부 행정구역 기준	시 · 군 · 구 · 읍 · 면 · 동
사회적 특수성 기준	다문화 마을, 코리아 타운, 차이나 타운 등

054 정답 ⑤

출제포인트 한국의 지역사회복지 역사

시 · 군 · 구 희망복지지원단 설치 · 운영: 2012년

055 정답 ②
출제포인트 영국 지역사회복지 역사 변천

주요 사건을 시대순으로 나열하면 다음과 같다.
ㄱ. 토인비홀(Toynbee Hall) 설립: 1884년
ㄷ. 정신보건법(Mental Health Act) 제정: 1959년
ㄴ. 시봄(Seebohm) 보고서: 1968년
ㅁ. 하버트(Harbert) 보고서: 1971년
ㄹ. 바클레이(Barclay) 보고서: 1982년

056 정답 ④
출제포인트 지역사회복지 주요 이론: 권력의존이론

주어진 사례에서 A사회복지관은 재화와 권력에 의존하는 모습을 보이며 공공기관의 요구와 통제를 수용한다. 이는 권력의존이론을 적용한 사회복지실천에 해당한다.

057 정답 ②
출제포인트 지역사회복지 주요 이론

오답분석
ㄱ. 지역사회 내 갈등을 변화의 원동력으로 본 것은 갈등이론이다.
ㄷ. 인간행동이 타인이나 사회환경과 상호작용하는 동안에 학습된다고 본 것은 사회학습이론이다.

058 정답 ①
출제포인트 포플의 지역사회복지 실천모델

지역사회연계모델은 테일러와 로버츠의 실천모델에 해당한다.

059 정답 ①
출제포인트 로스만의 지역사회복지 실천모델

오답분석
ㄴ. 지역사회개발모델에서는 변화의 매개체로 과업지향적인 소집단을 활용한다.
ㄹ. 사회계획모델은 지역사회 문제해결을 위해 전문가의 주도적 개입을 강조한다.

060 정답 ⑤
출제포인트 근린지역사회조직모델

관심 영역이 공통 관심사나 특정 이슈에 대한 정책, 행위, 인식의 변화라고 하는 것은 기능적 지역사회조직모델이다.

061 정답 ②
출제포인트 지역사회연계모델

제시된 내용은 지역사회연계모델에 대한 설명이다.

062 정답 ①
출제포인트 지역사회개발모델의 사회복지사 역할

치료자(전문가)의 역할은 사회계획모델의 사회복지사 역할에 가깝다.

+ 기출개념 더 알아보기

지역사회개발모델의 사회복지사 역할
- 조력자
- 안내자
- 소집가
- 촉진자
- 교육자
- 토론가

063 정답 ⑤
출제포인트 지역사회복지 실천과정

수행과정 중에 실시되어 실천과정의 문제점을 수정하는 데 유용한 것은 형성평가이다.

064 정답 ④
출제포인트 지역사회 욕구사정 방법

오답분석
ㄴ. 초점집단기법은 주요 인원, 소수의 대표자들이 모여서 토의하여 의사결정하는 형태이다.
반면 전문가 패널을 대상으로 반복된 설문을 통해 협의에 이를 때까지 의견을 수렴하는 방법은 델파이기법에 해당한다.

065 정답 ①
출제포인트 조직화 기술

조직화 기술은 주민의 효율적 통제보다 자발적 참여를 강조한다.

066 정답 ②
출제포인트 자원개발·동원 기술

주어진 사례를 분석하면 다음과 같다.

> A 사회복지사는 사회적 고립가구 지원을 위해 ○○복지재단에 신청서를 제출하여 사업에 필요한 예산을 확보(물적 자원)하였으며 지역 대학교에 봉사자를 요청(인적 자원)하였다.

자원개발 및 동원은 그 목적 달성을 위해 인적 자원과 물적 자원을 동원하는 것을 의미한다.

067 정답 ③
출제포인트 지역사회복지 실천모델별 사회복지사의 역할: 조정자

제시된 사례에서 다양한 기관들과 함께 서비스의 중복과 누락을 방지(조정자)하기 위한 효율적인 개입 방안을 논의하였으므로 이는 조정자의 역할에 해당한다. 조정자는 지역사회 내 다양한 기관, 유사 기관의 역량을 한 곳에 집중하여 효과성, 효율성을 높이는 것을 의미한다.

참고
조직가는 다양하되 이질적인 기관의 역량을 집중하여 효과성, 효율성을 높이는 것이다.

068 정답 ②
출제포인트 지방자치제도의 장점

복지 예산의 중앙집중화로 정책 효과성이 강화되는 것은 중앙정부 장점이다.

+ 기출개념 더 알아보기

지방자치제도의 장점
- 분권화에 따른 지방으로의 권력 이양
- 지역성을 기반으로 한 효과성 효율성 증대
- 접근 편의성 확대
- 지역 복지 활성화 토대

069 정답 ⑤
출제포인트 지방분권화가 지역사회복지에 미치는 영향

지방의회의 사회적 책임성이 증대된다.

070 정답 ④
출제포인트 지역사회보장협의체의 구성 및 역할

오답분석
① 대표협의체는 사회보장급여 제공과 관련된 조례를 제정하지 못한다. 조례 제정은 지방의회에서 이루어진다.
② 대표협의체 위원에는 공무원이 당연직으로 포함된다.
③ 사회보장급여 제공에 관한 사항을 심의·자문하는 것은 주로 대표협의체의 역할이다.
⑤ 읍·면·동 지역사회보장협의체는 지역사회보장계획의 시행결과를 평가할 권한이 없으며 이는 상급 기관에서 이루어진다.

071 정답 ③
출제포인트 시·군·구 지역사회보장계획 수립 및 시행절차

오답분석
ㄴ. 지역사회보장협의체 심의와 지방의회 보고를 거쳐 시·도지사에게 제출한다.
ㄷ. 지역사회보장계획에는 사회보험에 필요한 재원 규모와 조달방안이 미포함된다.

072 정답 ③
출제포인트 자활기금 설치 및 운영

자활기관의 설치·운영은 자활지원 사업의 원활한 추진을 위하여 보장기관이 담당한다.
보장기관은 국가 및 지방자치단체를 의미하며, 보장기관은 자활지원사업의 효율적 추진을 위하여 필요하다고 인정하는 경우에 자활기금의 관리·운영을 자활복지개발원 또는 자활지원사업을 수행하는 비영리법인에 위탁할 수 있다. 이 경우 그에 드는 비용은 보장기관이 부담한다.

073 정답 ④
출제포인트 사회복지관의 서비스 제공 기능

사회복지관의 서비스 제공 기능은 다음과 같다.
- 일상생활 지원
- 가족기능 강화
- 지역사회 보호
- 교육문화
- 자활 지원

074 정답 ⑤
출제포인트 사회적 경제

오답분석
ㄱ. 사회적 경제주체는 지역 주민, 비영리법인, 공익법인, 사회적 협동조합 등이다.
반면 정부와 시장(생산자 및 소비자)은 시장경제의 주체이다.

075 정답 ④
출제포인트 지역사회복지운동

특정 계층에 국한된 수단지향적인 활동이 아닌 포괄적·보편적 활동에 초점을 둔, 지역사회 문제를 해결하기 위한 목적지향적 활동이다.

3교시 사회복지정책과 제도(사회복지정책론)

001	002	003	004	005
⑤	④	①	③	②
006	007	008	009	010
③	①	④	④	③
011	012	013	014	015
②	④	③	⑤	③
016	017	018	019	020
②	⑤	④	④	⑤
021	022	023	024	025
①	②	①	②	⑤

001 정답 ⑤
출제포인트 사회복지정책의 목적

개인의 능력에 따른 분배구조 확대는 경제(경영) 정책이다.

+ 기출개념 더 알아보기

사회복지정책의 목적
- 사회적 가치 실현
- 사회적 평등 증진
- 자동안정화 기능 향상
- 개인 삶의 질 제고
- 빈부 간 갈등 예방과 사회통합
- 개인의 자립과 성장
- 소득 재분배에 의한 평등 추구
- 사회안전망 강화와 생존권 보장

002 정답 ④
출제포인트 사회복지정책의 가치: 연대

최근 우리나라의 노동시장의 변화는 동질성보다는 직업의 변화, 참여의 확대, 소득의 양극화 등으로 이질적인 측면이 확대되고 있는 추세이다. 이외 사회복지정책의 가치인 사회연대의식의 특징은 다음과 같다.
- 일반적으로 동질성과 동등성을 갖지 못한 대상, 예를 들어 사회적 약자에 대한 긍정적 차별 특성을 반영
- 사회연대의식은 사회공동체 구성원이 함께 살아가고 있음을 인식하는 것
- 사회 구성원으로서 어떤 일에 대해 함께 책임을 지려는 마음가짐
- 사회연대의식은 신뢰, 봉사, 협력을 포함한 유효한 사회적 자산임

※ 출제의도에 맞게 변형하여 수록함

003 정답 ①
출제포인트 마이클 샌델(M. Sandel)의 정의

무지의 베일은 롤스의 개념이다.

+ 기출개념 더 알아보기

마이클 샌델(M. Sandel)의 정의란 무엇인가?
- 도덕에 기초한 정치
- 시장의 도덕적 한계성 인정
- 희생, 봉사 등의 시민의식 제고
- 공동체적, 도덕적 가치 강조
- 수준 높은 시민의식으로 불평등 해소방법 창출

004   정답 ③
출제포인트 사회복지정책의 역사

ㄱ. 국가, 교회, 영주(19세기)
ㄴ. 계약에 입각한 권리(로크의 사회계약설, 바이마르 헌법)
ㄷ. 시민, 개인(사회권, 기본권, 복지권 확대)

005   정답 ②
출제포인트 제2차 세계대전 이후 서국 복지국가의 전개과정

제2차 세계대전 이후, 즉 1945년부터 1973년(1차 오일 쇼크 발생)까지 거의 30년간은 인류 역사상 찾아보기 힘든 복지국가 시대이다. 특징으로는 보편주의(사회보험, 사회수당), 국유화, 사회적 평등 추구, 노동자 우선(사회민주주의), 국민의 권리 강조, 복지이념으로 베버리즘, 케인즈주의 등이었다.
그 후 2차례의 오일쇼크, 중동 전쟁 등의 여파로 세계적인 스태그플레이션(물가상승, 경기침체)이 발생되었고 이는 신자유주의(공공부조, 선별주의, 개인, 가족, 시장중심, 자본주의 옹호, 기업 우선 정책, 복지이념으로 슘페터리언, 대처리즘, 레이거 노믹스) 대두로 이어졌다.

006   정답 ③
출제포인트 중상주의 관점에서의 사회복지정책

오답분석
ㄷ. 식량 및 재화의 확보를 위한 인구증가 정책을 추진하였다.

참고
대표적인 사례가 스핀햄랜드법(1795)이다. 당시 식민지 확대 및 쟁탈이 유럽 강대국의 최대 화두였으며 이에 선제적으로 영국은 자녀를 출산할 때마다 현금 또는 현물을 지급하는 형태의 아동수당을 도입하였다. 이는 영국의 급진적인 인구 증가를 가져왔다. 그 후 산업혁명의 완성으로 노동력의 과잉 공급에 따른 재정의 악순환을 극복하고자 신빈민법(1834)을 제정하였고 선결 과제로 스핀햄랜드법의 아동수당을 폐지하였다. 이는 다시 제1, 2차 세계대전에 따른 전사자 유발로 노동력의 감소로 이어졌고 1942년 베버리지 보고서를 통해 아동수당을 부활시켰다.

007   정답 ①
출제포인트 소득재분배

오답분석
② 고용보험은 수평적 재분배 효과가 있다.

③ 정부는 최소극대화의 원칙에 따라 불평등을 완화하기 위해 가장 불리한 위치에 있는 대상자들에게 가장 큰 이익을 주어야 하고 주로 생계급여, 세금 감면, 지역 간 균형 발전, 장애인 의무 고용, 여성인력 할당제, 농어촌 특례입학 등으로 나타나고 있다.
④ 민간에서 이루어지는 자선활동에서는 파레토 개선 효과가 높게 발생한다.
⑤ 사회민주주의에서는 사회적 효용관점에서 재분배를 정당화한다.

008   정답 ④
출제포인트 사회적 배제

사회적 배제 개념은 결과적인 상태를 포함한 빈곤에 이르는 과정에 초점을 둔다(현재 진행형).

009   정답 ④
출제포인트 길버트-스펙트의 권능부여국가

제 2차 세계대전 이후 베버리지 보고서를 필두로 서유럽의 대부분 국가에서 복지국가를 표방하다가 1973년 1차 오일쇼크, 1976년 영국의 IMF 구제금융 신청, 1978년 2차 오일쇼크 등으로 복지국가 주도 정책이 제한을 받기 시작하자 새로운 대안으로 대두되었다. 권능부여국가는 무조건적 보편주의, 소비적 복지, 국유화 복지 정책에서 탈피하여 노동자의 근로촉진, 선별적 표적화, 민영화, 사회적 의무와 연계된 급여 등을 강조하였다.

010   정답 ③
출제포인트 혼합모형의 특징

제시된 설명은 혼합모형에 해당한다. 혼합모형은 대립되는 극단의 합리모형과 점증모형을 절충한 모형으로 기본적 결정에는 합리성이 작용하지만 세부적인 결정에서는 점증적인 결정이 이루어진다고 본다. 이는 현실적으로 적용되기에 무리가 있으며 단순히 합리모형과 점증모형을 혼합한 것에 그치지 않는다는 비판이 있다.
㉮ 지난 20년간 전국의 모든 사회복지사 1급 합격자를 기본 사항(합리모형)으로 분석한 후 그 가운데 여성, 30대~50대, 수도권 합격자 중심(점증모형)으로 세부적인 사항에 대한 파악을 진행한다.

011 정답 ②
출제포인트 효율성 순위

- 운영효율성이 가장 높은 것은 현금이며 그 다음 증서(바우처), 현물 순임
- 목표효율성이 가장 높은 것은 현물이며 그 다음 증서(바우처), 현금 순임

💡 **암기 TIP** 바우처(Voucher, 증서, 이용권)은 순위에서 항상 가운데(중간)에 위치함

012 정답 ④
출제포인트 공공재원의 특징

공공재원은 소득세 누진성이 낮을수록 재분배 효과가 낮다. 이외 공공재원(조세, 사회보험료)의 특징은 다음과 같다.
- 누진적 설계로 서민들에게 유리(조세)
- 소득 상한선으로 역진적 성격(사회보험료)
- 평등을 구현하는 데 용이
- 사회보험료는 소득세에 비해 상대적으로 조세저항이 약함
- 사회보험료는 조세와 비교해 상대적으로 소득재분배 효과가 약함
- 조세는 재원의 안정성과 지속성이 가장 강함

013 정답 ③
출제포인트 사회복지서비스 공급 주체: 중앙정부

오답분석
① 서비스 수혜자의 정책결정과정 참여가 제한적이다.
② 지역주민의 욕구에 대한 신속한 대응이 어렵다.
④ 사회통합의 장점이 있고 대규모의 경제 실현에 유리하다.
⑤ 이용자의 다양한 선택권을 보장하는 데 유리한 것은 지방자치단체 또는 민간의 장점이다.

014 정답 ⑤
출제포인트 사회복지전달체계

ㄱ~ㄹ. 모두 옳은 설명이다.
ㄱ. 사회복지서비스의 제공자들 사이 또는 공급자와 수급자 사이를 연결하기 위한 조직적, 구조적, 기능적 장치(네트워크 원칙)
ㄴ. 사회복지 전달체계의 운영 주체는 크게 공공과 민간으로 나눔(복지 다원주의로서 중앙정부와 지방자치단체, 공공과 민간, 비영리와 영리의 결합으로 이루어짐)
ㄷ. 사회복지 전달체계를 발전시키기 위해서는 서비스의 통합성, 연속성, 책임성, 접근성을 포함해야 함
ㄹ. 비영리 민간 사회복지기관은 공공부문과 연계하여 서비스를 제공(복지 다원주의)

015 정답 ③
출제포인트 현물급여

오답분석
ㄹ. 국민기초생활보장제도의 생계급여는 현금급여 원칙으로 제공된다(매달 말일 수급자 계좌 입금).

016 정답 ②
출제포인트 보편주의적 성격의 사회복지제도

기초연금은 인구학적 조건(만 65세 이상), 급여대상의 포괄성(전체 100분의 70 수준) 측면에서 보편주의적 성격으로 볼 수 있지만 노인 어르신의 경제적 소득 보장을 목적으로 자산조사를 실시하기에 공공부조에 포함된다.

017 정답 ⑤
출제포인트 업무상 재해 인정기준

ㄱ~ㄹ. 모두 「산업재해보상보험법」상 업무상 재해 인정기준에 해당한다.
- 사업주가 주관하거나 사업주의 지시에 따라 참여한 행사나 행사준비 중에 발생한 사고 → 업무상 사고
- 휴게시간 중 사업주의 지배관리하에 있다고 볼 수 있는 행위로 발생한 사고 → 업무상 사고
- 통상적인 경로와 방법으로 출퇴근하는 중 발생한 사고 → 출퇴근 재해
- 직장 내 괴롭힘, 고객의 폭언 등으로 인한 업무상 정신적 스트레스가 원인이 되어 발생한 질병 → 업무상 질병

018 정답 ④
출제포인트 국민연금제도의 특징

오답분석
ㄱ. 보험료 징수는 국민건강보험공단이 담당한다(통합 징수법에 근거).

ㄹ. 기본연금액의 소득비례부분은 가입자 본인의 가입 기간 중 기준소득월액의 평균액이다.

019 정답 ④

출제포인트 건강보험 진료비 지불제도

오답분석
① 질병 범주별로 구분하여 고정금액을 보수로 지불하는 방식은 포괄수가제이다.
② 의사가 담당하는 환자 수에 비례하여 일정 금액을 지급하는 방식은 인두제이다.
③ 행위별 수가제는 행정절차가 복잡하며 비용상승효과가 발생한다.
⑤ 의료기관의 1년간 운영비를 포괄적으로 지불하는 제도는 총액 계약제이다.

020 정답 ⑤

출제포인트 노인요양공동생활가정 기준 및 설비, 인력 요건

노인요양공동생활가정의 입소정원은 최소 5명 이상, 최대 9명 이하이다.

오답분석
④ 일반 노인장기요양보험 가입자는 재가급여 이용 시 15%의 본인부담금(시설의 경우 20%)을 부담하여야 한다.

+ 기출개념 더 알아보기

노인요양공동생활가정 기준 및 설비, 인력요건

입소 정원	최소 5명 이상, 최대 9명 이하
공간 면적	입소 정원 1인당 연면적 15.9㎡ 이상의 공간 확보 필수
주요 시설 및 겸용 가능 공간	침실, 사무실, 요양보호사실, 의료 및 간호사실 등
시설 종사 인원	시설장 1명, 사무국장 1명(시설장과 겸직 가능), 사회복지사 1명(시설장, 사무국장과 겸직 가능), 의사(한의사 포함) 또는 촉탁의사 입소자 3명당 1명 (치매전담실은 2.5명당 1명), 간호사 또는 간호조무사 1명(겸직 가능), 물리치료사 또는 작업치료사 1명(겸직 가능), 요양보호사(필요시), 사무원, 영양사, 조리원, 위생원, 관리인 등

021 정답 ①

출제포인트 공공부조와 사회보험

오답분석
② 사회보험은 사전 예방적인 성격이 강한 반면 공공부조는 사후 치료적인 성격이 강하다.
③ 사회보험은 빈곤을 예방하는 데 목적이 있고, 공공부조는 빈곤상황을 탈출하는 데 목적이 있다.
④ 사회보험이 공공부조보다 계약적 권리성이 강하다.
⑤ 사회보험은 중앙정부가 위임한 관리운영기구가, 공공부조는 중앙정부 및 지방자치단체가 운영주체이다.

022 정답 ②

출제포인트 사회서비스

오답분석
① 수급자 등 빈곤층을 포함한 서비스를 필요로 하는 모든 대상을 포함한다.
③ 수익자 부담을 전제로 하며 국가 및 지방자치단체가 전부 또는 일부를 보조한다.
④ 공공과 민간, 비영리와 영리 결합 형태의 다원주의 공급을 한다.
⑤ 다양화된 서비스를 제공한다.

023 정답 ①

출제포인트 최저임금제도

최저임금제도는 1986년 제정(1988년 시행)되었다.

024 정답 ②

출제포인트 도덕적 해이

도덕적 해이는 보험 가입 집단의 크기가 클수록 강화된다.

+ 기출개념 더 알아보기

도덕적 해이

- 법적으로 문제가 되지는 않지만 윤리적, 도덕적으로는 문제가 되는 것
  예) 사회보험 가입자가 단순 감기로 대학병원 응급실을 방문하는 것, 건강보험 가입자가 불요불급한 의료서비스를 제공받는 것, 요양기관장이 불필요한 의료서비스를 제공받으라고 알려주는 것 등

- 도덕적 해이는 보험계약이 가입자들의 행동에 영향을 미치는 현상
- 도덕적 해이는 실업보험에서 발생할 가능성이 높음(고용 일자리가 있음에도 재취업하지 않고 구직급여를 만기까지 수령하는 것)
- 도덕적 해이는 건강보험 진료비 본인 부담을 정당화하는 논리로 사용
- 도덕적 해이가 심각해지면 민간보험사의 보험료 상승으로 이어짐

025 정답 ⑤
출제포인트 민간보험의 특징

오답분석
① 사회보험은 보험료를 주된 재원으로 한다.
② 사회보험은 민간보험보다 사회적 적절성이 중요하다.
③ 민간보험은 개인에게 발생할 수 있는 모든 위험을 대상으로 한다.
④ 사회보험은 물가상승에 따른 실질가치의 변동을 보장한다.

3교시 사회복지정책과 제도(사회복지행정론)

026	027	028	029	030
⑤	⑤	③	②	①
031	032	033	034	035
④	②	①	④	①
036	037	038	039	040
②	④	⑤	③	②
041	042	043	044	045
④	③	④	②	⑤
046	047	048	049	050
③	⑤	①	③	①

026 정답 ⑤
출제포인트 사회복지행정의 개념

오답분석
① 정부조직과 민간조직을 대상으로 한다.
② 조직의 효과성과 효율성 모두 중요시한다.
③ 정부 재정 및 민간 자원의 활용도 강조된다.
④ 사회문제 해결 과정에서 가치판단을 포함한다.

027 정답 ⑤
출제포인트 한국 사회복지행정의 역사

2008년 노인장기요양보험제도 도입으로 민간기관의 서비스 제공이 확대되었다.

028 정답 ③
출제포인트 사회복지조직이론의 특성

오답분석
ㄹ. 상황이론: 조직의 상황을 바탕으로 가장 합리적이고 효율성을 도출하는 데 중점을 둔다.

029 정답 ②
출제포인트 신공공관리론

조직규모 확장보다 축소를, 중앙집권화보다 권력의 분산을 지향한다.

030 정답 ①
출제포인트 민간 비영리조직

이윤이 발생하면 구성원에게 균등하게 배당하는 것은 영리 형태의 협동조합 또는 주식회사 등이다.

031 정답 ④
출제포인트 조직 분권화의 특성

구성원들의 힘이 분산되면 위기와 갈등을 신속하게 해결하는 데는 어려움이 있다.

032 정답 ②
출제포인트 태스크포스(task force)

제시된 내용은 태스크포스에 대한 설명이다.

➕ 기출개념 더 알아보기

태스크포스의 특징

- 제2차 세계대전 당시 영국의 특수부대 코만도(COMANDO)에서 유래됨
- 영국 군인 중 각 분야별 전문인력을 차출하여 특수목적(요인 암살)에 투입함
- 현대의 조직 및 기업에서는 특정 사업이나 활동 수행을 위해 기존 부서에서 인력을 차출하여 구성하는 형태로 변화됨
- 조직구성원의 재능 및 역량을 최대한 활용할 수 있다는 장점이 있음
- 한시적, 임시적으로 활동하고 과업이 종료되면 기존 부서로 복귀함

033 정답 ①

출제포인트 허즈버그 동기-위행이론

오답분석

②, ③, ④, ⑤는 모두 위생요인(불만요인)에 해당한다.

➕ 기출개념 더 알아보기

허즈버그의 동기-위생이론

동기요인
- 성취감(달성감)
- 인정(인정감)
- 직무(업무)
- 성장(발전) 가능성
- 승진

위생요인(불만요인)
- 조직의 정책 및 관리방침(경영)
- 기술적 감독
- 대인관계(인간관계)
- 급여
- 근로(작업) 조건
- 안정감

034 정답 ④

출제포인트 블레이크와 무톤의 관리격자 리더십유형

오답분석

① 성과(과업)와 인간(사람)에 대한 관심을 교차하여 리더십 유형을 분류하였다.
② 이상적 유형은 팀형(9.9)이다.
③ 팀형(9.9)은 과업성과와 구성원의 사기 및 공동체 의식을 모두 중시한다.

⑤ 무기력형(1.1)은 성과와 인간적 요소 모두에 관심이 낮다.

035 정답 ①

출제포인트 인적자원관리체계

오답분석

② 역할 등급: 일의 종류, 난이도, 책임수준이 유사한 직급으로 묶음
③ 직무평가: 직무들 간의 상대적 가치를 결정하는 상호 체계적인 활동이며 직무수행자의 자격요건을 규명 및 판단하는 것
④ 직무명세서: 직무수행자 자격요건 기술
⑤ 직무기술서: 직무 성격, 내용, 수행방법 등 기술

036 정답 ②

출제포인트 슈퍼비전의 특징

지지적 기능은 직원의 정신적, 심리적 부담을 완화한다.

037 정답 ④

출제포인트 프로그램 예산 방식의 특징

프로그램 예산은 효율성에 중점을 두며 사업 목적을 우선시한다. 프로그램의 예산의 특징은 다음과 같다.

- 결과와 영향에 초점
- 지출 품목의 편성은 지출 통제에 주안을 둠
- 증분 예산(전년도 예산을 기준으로 물가상승률을 감안하여 예산을 책정하는 것) 방식

038 정답 ⑤

출제포인트 사회복지조직의 재무·회계

사회복지법인의 대표이사 및 시설의 장은 관·항·목 간의 예산을 전용할 수 있다. 다만, 법인 및 시설(소규모 시설은 제외)의 관 간 전용 또는 동일 관 내의 항 간 전용을 하려면 이사회의 의결 또는 시설운영위원회에의 보고를 거쳐야 한다. 이때 법인이 설치·운영하는 시설인 경우에는 시설운영위원회에 보고한 후 법인 이사회의 의결을 거쳐야 한다.

039 정답 ③
출제포인트 사회복지시설 예산 편성 및 결정 절차

사회복지시설의 예산 편성 및 결정 절차의 순서는 다음과 같다.
예산 편성(ㄷ) → 시설운영위원회 보고(ㄱ) → 이사회 의결(ㄹ) → 지방자치단체 제출(ㅁ) → 예산 공고(ㄴ)

040 정답 ②
출제포인트 서비스의 질 구성 차원

제시된 설명은 서비스의 질 구성 차원 중 확신성에 해당한다.

+ 기출개념 더 알아보기

패러슈라만의 서비스의 질 5대 구성 차원
- 신뢰성
- 반응성
- 확신성
- 공감성
- 유형성

041 정답 ④
출제포인트 통합성의 원칙

통합성에 대한 설명이다. 통합성의 특징은 다음과 같다.
- 서비스의 중복과 누락을 방지하기 위해 유관기관의 연계망, 지원망
- 사례관리와 밀접
- 서비스의 단편성, 파편화 문제 극복
- 공동체 돌봄센터, 복합 커뮤니티 센터 등이 해당(one-stop 서비스)

042 정답 ③
출제포인트 사회복지 전달체계의 구분

행정복지센터, 공단은 공공 전달체계이며 사회복지법인은 민간 전달체계이다.

043 정답 ④
출제포인트 사회복지 기획 기법

프로그램평가검토기법(PERT)은 일정변경 등 유동적인 상황을 대처하는 데 유용하다.

044 정답 ②
출제포인트 정보관리의 중요성

사회복지조직에서 정보관리가 최우선이어서는 안 된다. 클라이언트의 이익이 최우선이며 만약 수단 및 방법인 정보관리가 최우선이 되면 목적전치(수단이 목적을 우선하는 것) 현상이 발생할 수 있다.

045 정답 ⑤
출제포인트 쓰레기통모형(Garbage can Model)

오답분석
① 문제 진단과 의사결정 과정이 체계적이고 논리적으로 이루어지는 것은 합리모형이다.
② 결정자의 행동보다 객관적인 상황적 조건에 더 많은 주의를 기울이는 것은 점증모형이다. 쓰레기통모형은 다양하고 복잡한 상황적 조건에 관심을 가진다.
③ 가장 합리적인 대안을 선택하는 모형은 합리모형이다.
④ 합리성과 비합리성을 절충한 모형은 최적모형이다.

046 정답 ③
출제포인트 비영리조직의 마케팅

오답분석
① 고객에 대한 판매보다 욕구충족에 더 집중한다.
② 이윤보다 신뢰, 공익을 남기는 것이 최우선 목표이다.
④ 후원자를 포함한 수급자(클라이언트)에게도 초점이 맞춰져 있다.
⑤ 비영리조직 마케팅 목적에는 프로그램의 홍보와 재정확충이 모두 포함된다.

047 정답 ⑤
출제포인트 사회복지조직의 책임성

사회복지서비스에 대한 양적평가와 질적평가를 혼합하는 추세이다. 이외 사회복지조직의 책임성은 다음과 같다.
- 조직이 제공하는 서비스와 활동이 윤리적, 법적, 재정적 기준을 충족하는지 확인
- 사회적 기대에 부응 여부 점검
- 조직의 투명성, 신뢰성 확인
- 서비스 이용자와 공급주체 간에 긍정적 영향
- 효과성과 효율성을 모두 포함

048 정답 ①
출제포인트 사회복지행정의 변화

오답분석
② 국가가 직접 제공하는 서비스보다 지방자치단체 또는 민간이 제공하는 서비스가 늘어나고 있다.
③ 산출(output) 중심 평가에서 성과(outcome) 중심 평가로 전환되는 추세이다.
④ 사회복지행정의 이론적 준거틀이 더욱 강조되고 있다(경영이론, 행정이론, 사회학이론 등).
⑤ 사회복지서비스가 다양화되면서 전문가 활용 역시 다양성을 강조하고 있다(하나의 자격요건에서 사회복지사＋노인요양보호사, 사회복지사＋청소년 지도사, 사회복지사＋법무사 등으로 변화).

049 정답 ③
출제포인트 프로그램 평가의 특징

오답분석
ㄴ. 비용－효과분석은 효율성 평가이다.

050 정답 ①
출제포인트 사회복지마케팅전략

오답분석
② 세분화(segmentation)는 시장을 일정한 기준에 의거하여 구체적으로 분류한다.
③ 클라이언트 집단은 마케팅전략의 최우선 대상이다.
④ 사전에 시장조사를 꼭 실시해야 실패를 방지할 수 있다.
⑤ 상품의 내구성보다 소비성, 접근성, 만족도를 고려한 전략을 수립한다.

3교시 사회복지정책과 제도(사회복지법제론)

051	052	053	054	055
①	④	③	④	②
056	057	058	059	060
②	④	④	②	①
061	062	063	064	065
⑤	③	①	⑤	⑤
066	067	068	069	070
③	④	⑤	①	②
071	072	073	074	075
②	③	③	④	①

051 정답 ①
출제포인트 법률의 제정 연도

「산업재해보상보험법」은 1963년에 제정되었다.

오답분석
② 「국민기초생활 보장법」: 1999년
③ 「고용보험법」: 1993년
④ 「국민연금법」: 1986년
⑤ 「국민건강보험법」: 1999년

052 정답 ④
출제포인트 사회복지법 체계와 법원

오답분석
① 불문법원의 종류로 관습법, 판례법, 조리가 있다.
② 시행령과 시행규칙은 국회의 의결 없이 제정된다.
③ 시행규칙(부령)보다 시행령(대통령령)이 상위 법규범이다.
⑤ 정부는 법률안을 제출할 수 있다.

053 정답 ③
출제포인트 우리나라 사회복지법 발달사

오답분석
ㄷ. 1961년 제정된 「아동복리법」은 1981년 「아동복지법」으로 개정되었다.

054 정답 ④

출제포인트: 사회보장수급권의 보호와 포기

사회보장수급권의 포기는 취소할 수 있다.

055 정답 ②

출제포인트: 사회보장 기본계획

오답분석
① 사회보장 기본계획은 5년 주기로 수립된다.
③ 사회보장 기본계획은 사회보장위원회의 주요 심의사항이다.
④ 지방자치단체의 장은 지역사회보장계획을 4년마다 수립해야 한다.
⑤ 시·군·구 지역사회보장협의체와 시·도의 시·도사회보장위원회는 지역사회보장계획을 심의·조정하며 의결은 해당 지방의회에서 한다.

056 정답 ②

출제포인트: 「사회보장기본법」의 주요 용어

「사회보장기본법」제3조
2. "사회보험"이란 국민에게 발생하는 사회적 위험을 보험의 방식으로 대처함으로써 국민의 건강과 소득을 보장하는 제도를 말한다.
3. "공공부조"(公共扶助)란 국가와 지방자치단체의 책임하에 생활 유지 능력이 없거나 생활이 어려운 국민의 최저생활을 보장하고 자립을 지원하는 제도를 말한다.

057 정답 ④

출제포인트: 사회보장위원회

위원의 임기는 2년으로 하되, 공무원인 위원의 임기는 그 재임기간으로 한다.

+ 기출개념 더 알아보기

사회보장위원회의 구성
- 국무총리 소속의 위원회이다.
- 위원장 1명, 부위원장 3명과 행정안전부장관, 고용노동부장관, 여성가족부장관, 국토교통부장관을 포함한 30명 이내의 위원으로 구성한다.
- 보건복지부에 사무국을 둔다.
- 실무위원회를 두며 실무위원회에 분야별 전문위원회를 둘 수 있다.

058 정답 ④

출제포인트: 조례와 규칙의 특징

시·군 및 자치구의 규칙은 시·도의 규칙보다 하위 법규범이다. 조례와 규칙의 특징은 다음과 같다.
- 자치법규에 조례와 규칙이 포함된다.
- 조례는 지방의회의 의결을 거쳐 제정된다.
- 규칙은 지방자치단체의 장이 제정한 법규범이다.

💡 **암기 TIP** 시장님! 규칙을 지키셔야죠!

- 지방자치단체는 법령의 범위에서 그 사무에 관하여 조례를 제정할 수 있다(지방의회 의결).
- 최상위는 헌법이며 법률-명령-조례-규칙 순의 서열적 특성이 있다.

059 정답 ②

출제포인트: 사회보장 비용의 부담

국가와 지방자치단체는 합리적으로 비용을 부담해야 한다(형평성의 원칙).

오답분석
③ 부담 능력이 있는 국민에 대한 사회서비스에 드는 비용은 그 수익자가 부담함을 원칙으로 한다. 다만, 국가 및 지자체가 그 비용의 일부를 지원할 수 있다.

060 정답 ①

출제포인트: 「사회복지사업법」상 사회복지사

피성년후견인은 사회복지사가 될 수 없다. 예전의 법률 조항에는 피한정후견인도 포함되었지만 개정으로 인해 현재는 삭제되었다.

+ 기출개념 더 알아보기

피한정후견인의 개념

피한정후견인(被限定後見人)은 질병, 장애, 노령, 그 밖의 사유로 인한 정신적 제약으로 사무를 처리할 능력이 부족하여 가정법원이 한정후견 개시의 심판을 한 사람을 말한다.

061 정답 ⑤
출제포인트 사회복지법인 설립허가 필요적 취소 사항

ㄷ, ㄹ은 사회복지법인 설립허가를 반드시 취소하여야 하는 사항에 해당된다.

➕ 기출개념 더 알아보기

사회복지법인의 설립허가 취소 사항

1. 거짓이나 그 밖의 부정한 방법으로 설립허가를 받았을 때(반드시 취소)
2. 설립허가 조건을 위반하였을 때
3. 목적 달성이 불가능하게 되었을 때.
4. 목적사업 외의 사업을 하였을 때
5. 정당한 사유 없이 설립허가를 받은 날부터 6개월 이내에 목적사업을 시작하지 아니하거나 1년 이상 사업실적이 없을 때
6. 법인이 운영하는 시설에서 반복적 또는 집단적 성폭력범죄 및 학대관련범죄가 발생한 때
7. 법인이 운영하는 시설에서 중대하고 반복적인 회계부정이나 불법행위가 발생한 때
8. 법인 설립 후 기본재산을 출연하지 아니한 때(반드시 취소)
9. 임원정수를 위반한 때
10. 규정을 위반하여 이사를 선임한 때
11. 임원의 해임명령을 이행하지 아니한 때
12. 그 밖에 이 법 또는 이 법에 따른 명령이나 정관을 위반하였을 때

062 정답 ③
출제포인트 「사회복지사업법」상 사회복지시설의 특징

오답분석

① 사회복지관은 사회복지서비스를 직업 및 취업 알선이 필요한 사람에게 우선 제공하여야 한다.
② 시설의 장은 시설의 운영에 관한 사항을 심의하기 위하여 시설에 운영위원회를 두어야 한다.
④ 대통령령으로 정하는 경우를 제외하고, 각 시설의 수용인원은 300명을 초과할 수 없다.
⑤ 시설의 장은 비상근 겸직할 수 없다.

063 정답 ①
출제포인트 아동보호전문기관의 업무

아동학대 신고접수, 현장조사 및 응급보호는 시·도지사 또는 시장·군수·구청장이 피해아동의 발견 및 보호 등을 위하여 수행하여야 하는 업무이다.

064 정답 ⑤
출제포인트 「노인복지법」상 금지 행위

누구든지 65세 이상의 사람에 대하여 ㄱ~ㄷ 등의 어느 하나에 해당하는 행위를 하여서는 아니 된다.

➕ 기출개념 더 알아보기

「노인복지법」상 금지 행위

- 노인의 신체에 폭행을 가하거나 상해를 입히는 행위
- 노인에게 성적 수치심을 주는 성폭행·성희롱 등의 행위
- 노인에게 구걸을 하게 하거나 노인을 이용하여 구걸하는 행위
- 노인을 위하여 증여 또는 급여된 금품을 그 목적 외의 용도에 사용하는 행위
- 폭언, 협박, 위협 등으로 노인의 정신건강에 해를 끼치는 정서적 학대 행위
- 자신의 보호·감독을 받는 노인을 유기하거나 의식주를 포함한 기본적 보호 및 치료를 소홀히 하는 방임행위

065 정답 ⑤
출제포인트 「장애인복지법」의 주요 내용

「장애인연금법」상의 중증장애인에게는 장애인연금을 지급하며 장애수당은 경증장애인에게 지급된다.

오답분석

① 국무총리 소속하에 장애인정책조정위원회를 둔다.
② 장애실태조사는 3년마다 실시하여야 한다.
③ 재외동포 및 외국인은 관계 법령에 의거하여 장애인 등록을 할 수 있다.
④ 장애인의 날은 매년 4월 20일이다.

066 정답 ③
출제포인트 「한부모가족지원법」의 주요 내용

오답분석

① 여성가족부장관은 한부모가족 지원을 위하여 한부모가족 정책에 관한 기본계획을 5년마다 수립하여야 한다.
② 청소년 한부모란 24세 이하의 모 또는 부를 말한다.
④ 혼인 관계에 있지 아니한 자로서 출산 전 임신부는 출산지원시설을 이용할 때에도 이 법에 따른 지원대상자가 될 수 있다.
⑤ 이 법에 따른 복지 급여는 생계비(생활보조금), 아동양육비, 아동교육지원비, 검정고시 준비생 및 재학생 등의 학습지원, 자립촉진수당이며 아동수당은 미포함이다.

067 정답 ④
출제포인트 「가정폭력방지 및 피해자보호 등에 관한 법률」의 주요 내용

국가기관, 지방자치단체 및 「초·중등교육법」에 따른 각급 학교의 장, 그 밖에 대통령령으로 정하는 공공단체의 장은 가정폭력의 예방과 방지를 위하여 필요한 교육을 실시하고, 그 결과를 여성가족부장관에게 제출하여야 한다.

068 정답 ⑤
출제포인트 외국인에 대한 특례 적용 대상자

대한민국 국적의 성인 장애인과 함께 생활하고 있는 자는 외국인에 대한 특례 조항에 해당하지 않는다.

+ 기출개념 더 알아보기

외국인에 대한 특례(제5조의2)

> 국내에 체류하고 있는 외국인 중 대한민국 국민과 혼인하여 본인 또는 배우자가 임신 중이거나 대한민국 국적의 미성년 자녀를 양육하고 있거나 배우자의 대한민국 국적인 직계존속(直系尊屬)과 생계나 주거를 같이하고 있는 사람으로서 대통령령으로 정하는 사람이 이 법에 따른 급여를 받을 수 있는 자격을 가진 경우에는 수급권자가 된다.

069 정답 ①
출제포인트 자활지원사업 개인정보보호의 주요 내용

보건복지부장관은 수행기관이 통합정보전산망을 이용하거나 관할 전산망과 연계하여 이용하게 하는 경우 업무에 필요한 최소한의 정보만 제공하여야 한다.

070 정답 ②
출제포인트 수급권 상실 시기

기초연금 수급권의 상실(제17조) 조건은 다음과 같다.
- 사망한 때(ㄱ)
- 국적을 상실하거나 국외로 이주한 때(ㄴ, ㄹ)
- 기초연금 수급권자에 해당하지 아니하게 된 때

071 정답 ②
출제포인트 「의료급여법」의 주요 내용

오답분석
① 「입양특례법」에 따라 국내에 입양된 아동은 18세까지 수급권자로 특례 적용된다.
③ 의료급여에 관한 업무는 수급권자의 거주지를 관할하는 시장·군수·구청장이 한다.
④ 「지역보건법」에 따라 설치된 보건소는 의료급여기관이 될 수 있다.
⑤ 시장·군수·구청장은 수급권자가 정당한 이유 없이 의료급여기관의 진료에 관한 지시에 따르지 아니한 경우 의료급여를 하지 아니한다.

072 정답 ③
출제포인트 건강보험공단의 예산 편성 및 확정

국민건강보험공단의 예산은 회계연도마다 예산안을 편성하여 이사회의 의결을 거쳐 보건복지부장관의 승인을 받아야 확정된다.

073 정답 ③
출제포인트 「산업재해보상보험법」상 보험급여의 종류

예방·재활급여는 「의료급여법」상 의료급여에 해당한다.

074 정답 ④
출제포인트 고용보험사업의 유형

오답분석
ㄹ. 자활급여는 「국민기초생활 보장법」상의 급여 유형이다.

075 정답 ①
출제포인트 장기요양인정

장기요양기관은 수급자를 대리하여 장기요양인정을 신청할 수 없다. 수급자를 대리하여 신청할 수 있는 자격 요건자는 부양가족, 후견인, 대리인, 치매안심센터의 장, 특별자치시장·특별자치도지사·시장·군수·구청장이 지정하는 자, 사회복지전담공무원 등이다.

회차별 기출문제 — 2024년도 제22회 사회복지사 1급

1교시 사회복지기초(인간행동과 사회환경)

001	002	003	004	005
①	②	③	④	①
006	007	008	009	010
⑤	②	①	④	③
011	012	013	014	015
⑤	④	①	③	⑤
016	017	018	019	020
②	②	④	③	⑤
021	022	023	024	025
②	⑤	①	③	④

001 정답 ①
출제포인트 인지주의와 행동주의의 특징

인지와 정서의 중요성을 이해하는 계기를 제공한 것은 인지주의의 피아제이다. 반면 스키너는 행동주의를 표방하며 외부의 자극을 지속적으로 받을 시 성격 및 행동이 발현되는 강화가 이루어진다고 강조하였다.

002 정답 ②
출제포인트 인간발달 전반에 대한 이해

오답분석
① 긍정적·상승적 변화 및 부정적·퇴행적 변화도 발달로 본다.
③ 인간의 전반적 변화를 다루며 개인차의 중요성을 강조한다.
④ 키·몸무게 등의 양적 변화와 본질, 구조, 비율, 기능 등의 질적 변화를 모두 포함하는 개념이다.
⑤ 각 발달단계에서의 발달속도는 개인차가 있어 일정하지 않다.

003 정답 ③
출제포인트 문화

베리(J. Berry)의 이론에서 동화(assimilation)는 주류사회와는 교류 및 상호작용하지만 자신의 원문화와는 교류 및 유지하지 않는 상태를 의미한다.

004 정답 ④
출제포인트 인본주의이론

인간의 창조성과 자아실현을 강조한 것은 인본주의이론이며 대표적인 학자는 욕구위계이론의 매슬로우, 현상학 이론의 로저스이다.

암기 TIP 로저(스) 형(현상학), 제발 매일슬로(매슬로우) 욕구(이론)를 채우지 마세요.

005 정답 ①
출제포인트 로저스의 현상학이론 주요 개념

오답분석
ㄴ. 벡(A. Beck) – 인지적 왜곡(오류)
   반면 비합리적인 신념은 엘리스이다.
ㄷ. 반두라(A. Bandura) – 인지행동주의(사회학습이론): 관찰 및 모방
   반면 행동조성은 스키너의 행동주의 이론의 개념이다.
ㄹ. 아들러(A. Adler) – 개인심리이론: 열등감(보상)
   반면 집단무의식은 융의 분석심리이론의 개념이다.

006 정답 ⑤
출제포인트 아들러의 개인심리이론

오답분석
① 성격이 점성원리에 따라 발달한다고 강조한 학자는 에릭슨이다.
② 개인의 창조성을 대단히 강조하였다.
③ 무의식적 결정론을 고수하고 있는 이론은 프로이트의 이론이다.

④ 유전적·환경적 요인의 중요성을 배제하지 않는다.

007 정답 ②
출제포인트 에릭슨의 심리사회적 발달단계 성취 덕목

오답분석
① 근면성 대 열등감 – 능력(competence)
③ 신뢰 대 불신 – 희망(hope)
④ 자율성 대 수치심과 의심 – 의지(will)
⑤ 정체감 대 정체감 혼란 – 성실(fidelity)

008 정답 ①
출제포인트 로저스의 현상학이론

개인의 잠재력 실현을 위하여 무조건적 긍정적 관심의 제공이 중요함을 강조하였다.

009 정답 ④
출제포인트 융의 분석심리이론의 특징

오답분석
① 분석심리이론이라 불린다.
② 융은 2가지 태도와 4가지 기능을 토대로 심리적 유형을 8가지로 구분하였다. 반면 사회적 관심과 활동수준을 기준으로 생활양식을 4가지로 구분한 것은 아들러이다.
③ 융은 발달단계를 아동기, 청년 및 성인기, 중년기, 노년기의 4단계로 구분하였다.
⑤ 성격형성에 있어서 창조적 자기(creative self)의 역할을 강조한 것은 아들러이다.

010 정답 ③
출제포인트 반두라의 사회학습이론 특징

오답분석
ㄷ. 자기효능감을 높이는 방법으로는 대리 경험, 언어적 설득, 정서적 각성, 성취 경험이 있으며 이 가운데 성취 경험을 가장 효과적인 방법이라 제시하였다.
ㄹ. 외부로부터 주어지는 강화의 중요성을 강조하는 것보다 자신이 통제할 수 있는 보상을 스스로에게 주어서 자신의 행동을 유지 또는 변화시키는 과정을 의미하는 자기강화 개념을 제시하였다.

011 정답 ⑤
출제포인트 방어기제

낮은 성적을 받은 이유를 교수가 중요치 않은 문제만 출제한 탓이라 여기는 것은 투사형 합리화에 해당한다. 반면 전치는 투사의 일종이며 주로 약자에게 이루어지는 형태이다.
㉠ 어머니에게 혼이 나서 여동생을 이유없이 때리는 것, 사장님께 질책받고 자신의 부하 직원들에게 화풀이를 하는 부장님

012 정답 ④
출제포인트 피아제의 발달단계: 형식적 조작기

형식적 조작기에는 추상적 사고(가설, 귀납법, 형이상학적 개념)가 가능해진다.

013 정답 ①
출제포인트 생태체계의 구성: 중간체계

오답분석
② 개인이 직접적으로 대면하는 체계는 미시체계이다.
③ 신념, 태도, 전통 등을 통해 영향력을 행사하는 것은 거시체계이다.
④ 가족과 집단은 개인에 대한 미시체계이며, 중간체계는 이들 간의 관계 및 상호작용이다.
⑤ 문화, 정치, 사회, 법, 종교 등은 거시체계이다.

014 정답 ③
출제포인트 지역사회체계의 특징

오답분석
ㄹ. 외부와 상호작용을 통하여 넥엔트로피(negentropy) 상태를 유지하는 것이 필요하다.

015 정답 ⑤
출제포인트 생태체계이론의 구성: 시간체계

시간체계에 대한 설명이다.

> **+ 기출개념** 더 알아보기

시간체계

- 전 생애에 걸쳐 발생하는 변화와 사회 역사적인 환경을 포함함
- 인간의 생에 단일 사건뿐 아니라 시간의 경과와 함께 연속적으로 일어나는 사건들이 누적되어 영향을 미친다는 것을 보여줌
- 생애 주기별 상태, 상황이 해당함
  - 예 입학 시기, 사춘기, 갱년기, 결혼 시기, 임신기, 은퇴 시기, 군 입대 시기, 취업 시기 등

016   정답 ②

출제포인트   호혜성(reciprocity)의 특징

호혜성은 한 체계에서 일부가 변화하면 그 변화가 체계의 나머지 부분들의 변화를 초래하게 되는 개념을 말한다.

참고

보웬의 순환적 인과성, 파급 효과와 유사한 개념

오답분석

① 균형(equilibrium): 폐쇄체계에서 주로 발생하며 그 체계의 속성을 유지하려는 것
③ 안정상태(steady state): 개방체계에서 이루어지며 외부의 에너지가 유입되어 체계의 속성이 변화되는 것
④ 항상성(homeostasis): 개방체계에서 주로 이루어지며 외부의 에너지를 유입하여 그 체계의 속성을 유지하려는 것
⑤ 적합성(goodness of fit): 인간의 욕구와 환경자원이 부합되는 정도

017   정답 ②

출제포인트   영아기의 특징

오답분석

① 콜버그의 전인습적 도덕기는 4~10세로, 영아기(0~2세)는 이에 해당하지 않는다.
③ 피아제의 보존 개념이 확립되는 시기는 구체적 조작기(7~12세)이다.
④ 프로이트의 거세불안을 경험하는 시기는 남근기(3~6세)이다.
⑤ 생활양식의 개념은 아들러이다. 아들러는 통상 4~5세경 생활양식이 형성된다고 하였다.

018   정답 ④

출제포인트   청소년기의 특징

피아제(J. Piaget)에 의하면 비가역적 사고의 특징이 나타나는 시기는 구체적 조작기(7~12세)이다.

019   정답 ③

출제포인트   유아기의 특징

영아기(0~2세)는 인생 중에 가장 빠른 급성장 시기이다.

020   정답 ⑤

출제포인트   청년기의 특징

오답분석

① 에릭슨이 근면성의 발달을 중요한 과업으로 본 발달단계는 아동기(7~12세)이다.
② 다른 시기에 비하여 경제적으로 불안정되어 있고 직업에서도 낮은 지위와 제한된 책임을 갖게 된다.
③ 빈둥지 증후군을 경험하는 시기는 중년기(장년기)이다.
④ 또래와의 상호작용을 통하여 자아개념이 발달하기 시작하는 시기는 아동기(7~12세)이다.

021   정답 ②

출제포인트   생애주기별 발달적 특징

자아정체감의 확립은 청소년기의 발달 과업이다.

> **+ 기출개념** 더 알아보기

아동기의 특징

- 7~12세(학령기, 초등학생 시기)
- 자신의 정서적 통제가 이루어지기 시작함
- 또래 집단 활용
- 초기에는 타율적 도덕관에서, 후기에는 자율적 도덕관으로 점차 변화됨

022   정답 ⑤

출제포인트   배아의 구성

배아의 구성은 외배엽과 내배엽으로 이루어지며, 내배엽은 폐, 간, 소화기관 등을 형성하게 된다.

- 외배엽: 뇌, 척추, 피부 등의 조직 형성
- 중배엽: 근육, 뼈, 혈관 등의 조직 형성
- 내배엽: 폐, 간, 소화기관의 조직 형성

023 정답 ①

출제포인트 중년기 발달과업: 에릭슨의 생산성 대 침체

오답분석
② 유동성 지능(fluid intelligence)은 낮아진다.
③ 자아통합이 완성되는 시기는 노년기이다.
④ 갱년기 증상은 여성에게 나타나고 남성도 여성보다 늦기는 하지만 갱년기를 경험한다.
⑤ 융(C. Jung)에 의하면 남성에게는 아니마가, 여성에게는 아니무스가 드러나는 시기이다.

024 정답 ③

출제포인트 학자별 아동기 발달의 특징

오답분석
ㄹ. 에릭슨: 근면성 대 열등감의 발달이 중요한 시기

025 정답 ④

출제포인트 다중종결성과 동등종결성

다중종결성(multifinality)은 초기 조건과 방법이 동일 또는 유사하더라도 결과는 서로 다르게 나타날 수 있다는 체계의 속성을 의미한다. 즉, 사회복지사가 동일 또는 비슷한 방법의 개입기법을 활용하더라도 각 체계의 특성과 상황에 따라 결과가 달라질 수 있다는 것을 말한다. 반면 서로 다른 경로와 방법을 통해 같은 결과에 도달할 수 있다고 보는 것은 동등결과성(equifinality)이다.

1교시 사회복지기초(사회복지조사론)

026	027	028	029	030
③	①	⑤	⑤	⑤
031	032	033	034	035
③	①	②	②	④
036	037	038	039	040
③	②	①	④	②
041	042	043	044	045
④	②	③	①	①
046	047	048	049	050
⑤	②	⑤	③	④

026 정답 ③

출제포인트 포퍼의 반증주의

포퍼의 반증주의의 특징은 다음과 같다.
- 정 – 반 – 합의 반복 원리 강조
  정: 불완전한 이론, 반: 새로운 반대 이론, 합: 수정된 이론(불완전한 정)
- 지속적이며 반복적인 과정을 통해 점진적으로 과학은 발전한다고 주장

027 정답 ①

출제포인트 과학적 탐구의 윤리적 문제

상황과 대상 그리고 피치 못할 경우에는 연구참여자의 기만이 최소한의 범위에서 제한적으로 허용되기도 한다.

028 정답 ⑤

출제포인트 과학적 지식의 특성

ㄱ~ㄹ. 모두 과학적 지식에 대한 설명이다.
과학적 지식의 특성은 다음과 같다.
- 잠정적, 확률적으로 설명 가능해야 함
- 수정 가능, 반복 가능(재현성)해야 함
- 객관적 타당성(가치 중립적)
- 경험적 검증 가능성 확보

029 정답 ⑤

출제포인트 사회복지조사의 유형

- 동일한 표본을 대상으로 시간을 달리하여 추적 관찰하는 연구: 패널조사
- 일정연령이나 일정연령 범위 내 사람들의 집단이 조사대상인 종단연구: 동년배, 동류집단, 코호트조사

030 정답 ⑤

출제포인트 분석단위의 유형

제시된 사례는 모두 분석단위에 관한 설명에 해당된다.
ㄱ. 사회적 가공물이란 사람이 만들어 낸 사회적 상호작용, 대중매체(언론, 포털사이트, SNS 등) 등을 말한다.
ㄴ. 생태학적 오류란 전체를 분석단위로 한 것을 개인에게 적용시키는 오류를 말한다.
ㄷ. 환원주의(축소주의)는 여러 요인을 대상으로 할 것을 한두 가지로 적용시키는 오류를 말한다.

참고
개별주의적 오류: 개인을 분석단위로 한 것을 전체에 적용시키는 오류

+ 기출개념 더 알아보기

분석단위의 유형

사회적 가공물	사회적 상호작용, 대중매체(언론, 포털사이트, SNS 등)
개인	개인의 태도, 행동, 경험 중심
집단	부부, 가족, 팀, 소규모의 집단(갈등, 긴장, 교류 등 중심)
공식 조직	사회복지기관, 비영리단체(전달 체계, 조직문화 등 중심)
지역사회	시·도, 시·군·구 등(특정 지역의 서비스 접근성, 편의성 등 중심)
국가	한국, 일본, 미국 등 각 나라(각 나라 간 복지 법률, 정책, 행정 등 중심)

031 정답 ③

출제포인트 변수의 유형

독립변수는 설명변수, 원인변수라 하고 종속변수는 피설명변수, 결과변수라 한다.

+ 기출개념 더 알아보기

조절변수와 종속변수

조절변수는 성별, 연령, 학력, 인종, 지역, 종교, 소득 등 인구학적 조건들이 해당된다. 즉, 조절변수로 인해 종속(결과)변수가 더 강화 또는 완화되는 것이다.
ⓔ 열심히 노력하는 초등학생 영식이는 부모가 고학력자이며 교육에 관심이 많을수록 성적이 높게 나올 것이다. → 결과가 더 강화됨
ⓔ 열심히 노력하는 초등학생 영식이는 부모가 저학력자이며 교육에 관심이 적을수록 성적이 낮게 나올 것이다. → 결과가 더 약화됨

032 정답 ①

출제포인트 영가설과 연구가설

오답분석
② 연구가설은 영가설을 통해 입증된다.
③ 연구가설은 영가설의 검정 결과에 따라 채택되거나 기각된다.
④ 영가설은 수집된 자료에서 나타난 차이나 관계가 표본추출에서 오는 우연에 의한 것으로 진술된다.
⑤ 영가설은 연구가설에 대한 반증의 목적으로 설정된다.

033 정답 ②

출제포인트 인과관계의 추리방법

오답분석
① 독립변수와 종속변수의 공변성이 인과관계 추론의 일차적 조건이다.
③ 독립변수가 종속변수를 시간적으로 선행한다.
④ 종단적 연구는 횡단적 연구에 비해 인과관계 추론에 더 적합하다.
⑤ 독립변수의 변화는 종속변수의 변화와 관련성이 있어야 한다(공변성).

034 정답 ②

출제포인트 척도의 유형별 특징

ㄱ. 종교 – 기독교, 불교, 천주교, 기타 → 범주 내 구분을 위해 부여하며 상호배타적 성격을 갖음(명목척도)
ㄴ. 교육연수 – 정규 학교 교육을 받은 기간(년) → 속성의 실제 양(비율척도)
ㄷ. 학점 – A, B, C, D, F → 범주 간 서열 및 순서가 존재(서열척도)

> **참고**
> 비율척도는 절대영점이 있으며 등간척도는 절대영점이 없다.
> 예) Q. 교육연수를 받은 적이 있습니까?
>   A. 아니요, 한번도 없습니다. → 절대영점이 있는 것

035   정답 ④
출제포인트 측정수준

- 생활수준(상, 중, 하): 서열 측정
- 혈액형: 명목 측정

오답분석
① 대학 전공, 아르바이트 경험 유무: 명목 측정
② 복지비 지출 증가율, 월평균 소득(만원): 비율 측정
③ 온도(℃), 지능지수(IQ): 등간 측정
⑤ 성별, 현재 흡연여부: 명목 측정

036   정답 ③
출제포인트 보가더스의 사회적 거리척도의 특징

보가더스(Bogardus)의 사회적 거리척도는 대표적인 서열, 누적 척도(원근 개념)로 다른 민족, 인종, 난민 등의 사회적 거리감을 파악하기 위한 척도이다.

037   정답 ②
출제포인트 신뢰도 측정방법: 내적일관성 방법

내적일관성 방법은 검사문항 간 상호연관성을 통해 신뢰도를 평가하는 방법으로 반분법, 크론바흐 알파계수가 이에 해당된다.

038   정답 ①
출제포인트 신뢰도와 타당도

오답분석
② 신뢰도가 높을 경우 타당도는 높을 수도 낮을 수도 있다.
③ 요인분석법은 타당도를 측정하는 방법이다.
④ 타당도는 측정하려고 의도된 개념을 얼마나 정확하게 측정하는가를 나타내는 것이다.
⑤ 주어진 척도가 측정하고자 하는 내용을 담고 있다고 일련의 전문가가 판단할 때 내용타당도가 있다고 한다.

039   정답 ④
출제포인트 표집용어

오답분석
① 모집단: A종합사회복지관을 이용하는 노인들
② 표집방법: 단순 무작위
③ 관찰단위: 개인
⑤ 분석단위: 개인

040   정답 ②
출제포인트 표집의 방법

할당표집은 연구자의 임의적, 작위적 선정으로 비동일추출확률에 근접한다.

오답분석
① 의도적(판단, 유의) 표집은 비확률표집이며 특수연구 목적에 적합하다.
③ 눈덩이표집은 소개, 중개, 알선 등을 통해 점차 그 표본을 늘려가는 형태이며 질적연구나 현장연구에서 많이 사용된다.
④ 집락표집은 모집단에 대한 표집틀이 갖추어지지 않더라도 사용가능하다(상시적으로 편리하게 시, 군, 구, 읍, 면, 동, 리 형태로 추출 가능함).
⑤ 체계적 표집은 무작위로 숫자를 추출 후 사전 약속된 배수를 적용시켜 주기성(periodicity, 배열)이 문제가 될 수 있다.

041   정답 ④
출제포인트 표집오차

표집오차는 통계치와 모수(치)의 차이를 말한다.

042   정답 ②
출제포인트 질적연구 표집유형

체계적(systematic) 표집은 양적조사 표집 유형 가운데 확률적 표집방법에 속한다.

+ 기출개념 더 알아보기

질적연구 표집유형

기준 표집	연구자가 연구하고자 하는 초점에 맞추어 사전 결정한 기준을 충족시키는 사례 등을 선정하는 것(민속지학, 현상학에서 주로 사용)
판단 표집	특수한 목적에 부합되는 사례들을 추출하는 것

결정적 사례 표집	아주 극단적인 요점을 제공해 주는 사례를 통해 비슷한 결과가 도출될 것이라 예상하여 선정하는 것
극단적 사례 표집	연구자가 알고 있는 사례와 전혀 다른 극단적 사례들만 선정하는 것
최대 변이 표집	작은 표본 내에 다양한 속성을 가진 사례들을 골고루 확보하기 위한 표집 형태(집단의 핵심적 경험, 양상 파악 시 이점)

+ 기출개념 더 알아보기

질적연구의 특징

- 변수, 상황, 대상 등을 전부 포함하여 분석이 이루어지는 것
- 해석주의, 현상학 이론 등을 견지
- 인간행동의 주관적 경험 및 고유성, 다양성 중시
- 모집단의 대표 표본을 추출하는 것이 제한적

043 정답 ③

출제포인트　통제집단 사전사후검사 설계

주어진 사례는 통제집단 사전사후검사 설계에 해당한다. 통제집단 사전사후검사 설계의 특징은 다음과 같다.
- 대표적인 순수실험설계의 유형
- 외적 요인의 통제를 위해 실험집단과 통제집단으로 구분(무작위 추출)
- 실험집단에만 실험 처치 실시
- 실험집단 및 통제집단에 사전사후검사 실시
- 검사효과, 테스트 효과 발생

044 정답 ①

출제포인트　내용분석법의 특징

내용분석법은 비반응적, 비관여적 연구방법이다. 반면 반응적(reactive) 연구방법은 면접조사이다.

045 정답 ①

출제포인트　단일사례연구의 특징

단일사례설계의 A-B-C-D(다중요소)설계는 복수의 각기 다른 개입 방법을 연속적으로 도입할 수 있다.

046 정답 ⑤

출제포인트　질적연구의 특징

오답분석

①, ②, ③, ④ 모두 양적연구에 대한 설명이다.

047 정답 ②

출제포인트　정태적 집단비교 설계

제시된 사례에서 연구자가 사전조사 없이 선정한 A요양원에 프로그램을 실시한 후 그 결과를 임의적으로(무작위할당이 아닌 실험집단과 비슷한 성격을 가진 다른 집단을 임의적으로 선정) 선정한 B요양원과 비교하여 정서적 안정감을 측정하였다.

실험집단	X	O_1
통제집단		O_2

* X: 실험처치, O_n: n번째 관찰

이는 통제집단 사후검사 설계에서 무작위할당이 배제된 형태로 정태적 집단비교 설계에 해당한다. 이는 선실험설계(전실험설계)의 유형에 해당하며 집단비교 설계라고도 한다.

048 정답 ⑤

출제포인트　질문의 표준화 정도

오답분석

ㄱ. 스케줄-구조화 면접 → 구조화된 면접 → 표준화 높음
ㄴ. 설문지를 이용한 면접조사 → 구조화된 면접 → 표준화 높음

049 정답 ③

출제포인트　내적 타당도 저해 요인: 통계적 회귀

오답분석

① 프로그램의 개입 후 측정치가 기초선으로 돌아가려는 경향: 초두효과(주시험효과, 테스트효과, 검사효과)
② 프로그램 개입의 효과가 완전한 선형관계로 나타나는 경향: 순서효과, 이월효과
④ 프로그램 개입 전부터 이미 이질적인 두 집단이 사후조사 결과에서도 차이가 나타나는 경향: 선별적 편향(편의)
⑤ 프로그램의 개입 전후에 각각 다른 측정도구로 측정함으로써 차이가 나타나는 경향: 도구효과

050 정답 ④

출제포인트: 완전 참여자(complete participant)

오답분석
① 연구대상이 관찰된다는 사실을 알지 못하여 자연적인 상태에서의 관찰이 가능하다.
② 완전 참여자는 관찰대상과 상호작용하며 연구대상을 관찰할 수 있다.
③ 관찰대상의 승인을 받지 않고 관찰대상과 어울리면서 객관성을 유지할 수 있다.
⑤ 관찰 상황을 인위적으로 통제하지 않고 자연스럽게 생활하며 관찰을 진행할 수 있다.

2교시 사회복지실천(사회복지실천론)

001	002	003	004	005
④	③	⑤	④	②
006	007	008	009	010
③	⑤	②	①	①
011	012	013	014	015
⑤	③	④	②	⑤
016	017	018	019	020
①	③	⑤	①	②
021	022	023	024	025
④	③	②	④	③

001 정답 ④

출제포인트: 사회진화론

사회복지실천의 사회통제적 측면과 관련성이 가장 높은 이념은 사회진화론이다. 사회진화론의 특징은 다음과 같다.
- 다윈의 진화론을 인간 사회에 적용시킴(H. Spencer)
- 환경에 적응한 개체만 살아남는다는 적자생존 원리 강조
- 사회의 제도(정치, 문화, 종교)에 적응 또는 순응 원리

002 정답 ③

출제포인트: 진단주의와 기능주의 비교

오답분석
ㄴ. 개인에 대한 심리 내적 진단은 진단주의에 해당되는 개념이다.

➕ 기출개념 더 알아보기

진단주의와 기능주의 비교

구분	진단주의	기능주의
대상	인간(person)	환경(environment)
초점	병리적 문제	기능적 문제
목표	치료	원조, 적응
과정	클라이언트의 과거 경험 중심	클라이언트의 현재 환경 중심
표적	성격	의지
사회복지사 역할	치료자, 전문가	원조자, 조력자
대표적 학자	리치몬드	랭크

003 정답 ⑤

출제포인트: 클라이언트의 자기 결정권

서비스 제공 시 클라이언트의 의사를 존중해주는 것은 클라이언트의 자기 결정권에 대한 내용이다. 클라이언트의 자기 결정권에 대한 특징은 다음과 같다.
- 민주주의 원리에 기반
- 문제에 대한 해결방안 결정은 사회복지사가 아닌 클라이언트가 최종적으로 함

참고 자기결정과 자율성과의 차이점은 사회복지사가 어떤 서비스를 제공받을 것인가에서 클라이언트의 결정을 존중하는 것은 자기결정이며, 서비스 의뢰를 타인보다 스스로 결정하는 것은 자율성(자유)에 해당된다.

004 정답 ④

출제포인트: 인권의 특성

보편성은 자기의 인권은 자기만이 소유할 수 있다는 의미가 아닌 인종, 지역, 종교, 소득, 성별 등을 막론하고 인간이라면 누구나 가지는 것을 의미한다.

005 정답 ②

출제포인트: 로웬버그와 돌고프의 윤리적 원칙

주어진 사례는 최소 손실(최소 해악)의 원칙에 대한 내용이다. 이외에 로웬버그와 돌고프의 윤리적 원칙에는 다음과 같은 원칙들이 해당된다.
- 생명 보호(인간의 존엄성)의 원칙
- 평등 및 불평등의 원칙

- 자율 및 자유의 원칙
- 클라이언의 삶의 질 향상의 원칙
- 비밀보장(사생활보호)의 원칙
- 완전 개방(정보공개, 진실성, 성실)의 원칙

006 정답 ③
출제포인트 1960년대와 1970년대 외국 원조 단체 활동

지역사회 중심보다 시설 중심의 사회복지가 발전하는 계기를 만들었다.

007 정답 ⑤
출제포인트 사회복지사가 갖추어야 할 기본 지식, 방법론

개별사회사업의 목적, 윤리, 의무를 결정하는 철학적 배경 이해가 옳은 내용이다.

008 정답 ②
출제포인트 생활시설과 이용시설의 비교

아동보호치료시설은 생활시설에 속한다.

009 정답 ①
출제포인트 강점관점의 특징

오답분석
ㄴ. 클라이언트의 능력보다 전문가의 지식이 우선시되는 것은 병리관점이다.
ㄷ. 사회복지사가 클라이언트의 진술을 긍정적으로 재해석하여 활용하는 것은 병리관점이다.
ㄹ. 현재 강점을 갖게 된 어린 시절의 원인 사건에 치료의 초점을 맞추는 것은 병리관점이다.

010 정답 ①
출제포인트 전문적 원조관계의 특징

오답분석
② 시간 제한성 특성이 있다.
③ 전문가의 권위를 인정한다.

④ 전문가가 자신의 감정, 정서를 통제해야 한다.
⑤ 클라이언트가 전문가의 지시에 무조건 따라야 한다는 것은 원조관계가 아닌 병리적 관점의 치료의 개념이다.

011 정답 ⑤
출제포인트 핀커스-미나한 4체계 모델

오답분석
① 결혼이민자(A): 클라이언트체계
② 변호사(B): 행동체계
③ 사회복지사(C): 변화매개체계
④ 남편(D): 행동체계

+ 기출개념 더 알아보기

핀커스-미나한의 4체계 모델

표적체계	문제를 내포하고 있는 자, 변화의 대상자
클라이언트체계	의뢰를 요청한 자
변화매개체계	사회복지사, 사회복지기관
행동체계	변화매개체계와 함께 표적체계에 대해 영향을 주는 사람(들)

012 정답 ③
출제포인트 임파워먼트모델의 특징

오답분석
① 병리적 관점에 기초를 두는 것은 정신역동모델에 가깝다.
② 임파워먼트모델은 환경의 변화를 추구한다.
④ 전문성을 기반으로 사회복지사가 클라이언트를 통제하는 것은 병리적 관점의 정신역동모델이다.
⑤ 클라이언트에 대한 정확한 진단을 최우선으로 하는 것은 병리적 관점의 정신역동모델이다.

013 정답 ④
출제포인트 통합적 접근방법

통합적 접근방법은 전통적 접근방법인 개별사회사업과 집단사회사업을 지역사회조직으로 단선적, 획일적으로 통합하는 것이 아닌 대상, 상황, 문제 등에 부합되게 적용해야 된다고 보았다.

014 정답 ②
출제포인트 헌신과 의무

오답분석
ㄹ. 사회복지사는 헌신과 의무를, 클라이언트는 클라이언트로서의 의무(원조에 적극 참여)를 가진다.

015 정답 ⑤
출제포인트 클라이언트에 대한 윤리기준

이해 충돌에 대한 대처는 기본적 윤리기준에 해당된다.

+ 기출개념 더 알아보기

클라이언트에 대한 윤리기준
- 클라이언트의 권익옹호
- 클라이언트의 자기 결정권 존중
- 클라이언트의 사생활 보호 및 비밀 보장
- 정보에 입각한 동의
- 기록·정보 관리
- 직업적 경계 유지
- 서비스의 종결

016 정답 ①
출제포인트 원조관계의 장애요인

전문가의 권위는 전문적 원조관계 형성의 장애요인에 해당하지 않는다.

+ 기출개념 더 알아보기

전문적 원조관계 형성의 장애요인
- 클라이언트의 변화에 대한 저항
- 클라이언트의 불신
- 클라이언트의 비자발성
- 동정
- 역전이
- 클라이언트의 전문가에 대한 부정적 전이

017 정답 ③
출제포인트 사회복지실천 관계의 요소: 수용

사회복지실천 관계에서 사회규범에서 벗어난 행동은 허용이 제한적이다.
㉠ 연인과 단둘이 결혼식을 한 후 부모, 형제, 친구 등 모두 모르게 해외에서 살고 싶다고 할 때, 이는 사회적, 윤리적, 논리적 판단에 의거 심사숙고해야 한다고 언급해야 함

018 정답 ⑤
출제포인트 사정(assessment)의 특성

사정은 주로 초기단계에서 진행되지만 필요시 다른 과정에서도 이루어진다.

+ 기출개념 더 알아보기

사정(assessment)의 특성
- 클라이언트의 강점을 포함해야 함
- 사회복지사의 지식적 근거 필요
- 사회복지사와 클라이언트의 상호작용 과정
- 클라이언트를 완전히 이해하는 것에 한계가 있음
- 수직적·수평적 자원을 포괄하여 탐색함
- 내적·외적 자원 확인

019 정답 ①
출제포인트 사례관리자의 역할

오답분석
② 욕구사정을 통해 클라이언트에 대한 체계적인 개입 계획을 세우는 것은 계획가 역할이다.
③ 사례회의에서 시청각장애인의 입장을 대변하여 이야기하는 것은 대변인(옹호인) 역할이다.
④ 지역사회 기관 담당자들이 모여 난방비 지원사업에 중복 지원되는 대상자가 없도록 사례회의를 실시하는 것은 조정자 역할이다.
⑤ 청소년기 자녀와 갈등을 겪고 있는 부모와 자녀 사이에 개입하여 상호 만족스러운 합의점을 도출하는 것은 중재자 역할이다.

020 정답 ②
출제포인트 모델링

바람직한 행동을 보고 모방함으로써 행동의 변화를 가져오는 개입 기술은 모델링에 해당하며 이는 타인의 언행, 태도, 사고 등을 유심히 관찰하여 모방함으로써 자신의 행동변화를 가져오는 기법이다.

021 정답 ④
출제포인트 사례관리의 원칙

서비스의 분절성은 사례관리의 원칙에 해당하지 않는다.
사례관리는 제공하는 서비스에 있어서 개별화, 접근성, 연계성, 체계성, 자율성, 포괄성, 지속성 등을 기본 원칙으로 한다.

022 정답 ③
출제포인트 자료수집 과정: 정보 출처

제시된 사례를 분석하면 다음과 같다.

> 상담 과정에서 A는 사회복지사와 눈을 맞추지 못하고 본인의 이야기를 하는 것에 주저하는 모습을 보이며 상담 내내 매우 위축된 모습(클라이언트의 이야기, 클라이언트의 비언어적 행동, 클라이언트와의 직접적 상호작용 경험)이었다. 어머니와의 전화상담을 통해 A가 집에서 가족들과 대화를 하지 않고 방안에서만 지내고 있다는 것(주변인으로부터 정보 획득)을 알게 되었다.

제시된 사례에서 사회복지사는 학생 A와 반 학생들이 상호작용하는 과정을 직접적으로 관찰하지는 않았다.

023 정답 ②
출제포인트 경청 기법

클라이언트의 이야기에 적절히 반응해야 한다.

024 정답 ④
출제포인트 계획수립단계

오답분석
① 서비스 효과 점검(개입단계)
② 실천활동에 대한 동료 검토(종결 및 평가단계)
③ 개입효과의 유지와 강화(종결 및 평가단계)
⑤ 평가 후 개입 계획 수정(종결 및 평가단계)

025 정답 ③
출제포인트 면접의 유형

오답분석
ㄴ. 클라이언트의 사회적응을 위해 환경변화를 목적으로 클라이언트와 관련 있는 중요한 사람과 면접을 진행하는 것은 치료면접에 해당한다.

2교시 사회복지실천(사회복지실천기술론)

026	027	028	029	030
⑤	⑤	④	①	③
031	032	033	034	035
①	③	③	④	④
036	037	038	039	040
②	②	③	②	④
041	042	043	044	045
①	④	⑤	⑤	②
046	047	048	049	050
④	②	①	⑤	②

026 정답 ⑤
출제포인트 사회복지사가 가져야 할 지식

ㄱ~ㄹ. 모두 옳은 내용이다.
사회복지사가 가져야할 지식은 다음과 같다.
- 인간행동과 발달
- 인간관계와 상호작용
- 사회복지정책과 서비스
- 사회복지사 자신에 관한 지식
- 실천이론과 모델에 관한 지식
- 사회복지 조사에 관한 지식
- 사회복지행정에 관한 지식

027 정답 ⑤
출제포인트 과제중심모델의 특징

과제중심모델에 대한 설명이다.

028 정답 ④
출제포인트 해결중심모델의 개입목표 설정 원칙

없는 것보다 있는 것에 관심을 둔다.

기출개념 더 알아보기

해결중심모델의 개입목표 설정 원칙 7가지
- 클라이언트에게 중요한 것을 목표로 하기
- 작은 것을 목표로 하기
- 구체적이고 명확하며 행동적인 것을 목표로 하기

- 없는 것보다는 있는 것에 관심을 두기
- 목표를 중지하기보다는 시작으로 간주하기
- 목표수행은 힘든 일이라고 인식하기
- 클라이언트의 생활에서 현실적이고 성취 가능한 것을 목표로 하기

029 정답 ①

출제포인트 위기개입모델의 단계별 특징

위기개입에 대한 초기사정을 하는 것은 <u>시작(초기)단계</u>이다.

+ 기출개념 더 알아보기

위기개입모델의 단계별 특징

시작단계	• 클라이언트와 라포를 형성함 • 초기사정을 실시 • 클라이언트와 함께 표적 문제 설정 • 계약
중간단계	• 과거의 경험을 탐색 • 자원 및 지지체계 확보 • 구체적 과제에 대한 원조
종결단계	• 저항 다루기(아쉬움, 서운함 등) • 요약하기(달성과제, 미달성 과제 브리핑) • 사후관리

030 정답 ③

출제포인트 사회복지실천모델별 기법

오답분석

<u>유형–역동에 관한 고찰(성찰)</u>은 심리사회모델의 주요 기법이다.

031 정답 ①

출제포인트 심리사회모델 개입기법

오답분석

ㄴ. "직접적 영향주기"는 가급적 클라이언트의 요청이 있을 때 신중하게 접근을 해야 한다.
ㄷ. "환기"는 클라이언트의 <u>부정적 감정(슬픔, 억울함, 분노 등)</u>을 표출시킨다.

💡 **암기 TIP** 펑펑 울고 나면 기분이 팡팡!(정화, 환기, 카타르시스)

032 정답 ③

출제포인트 인지행동모델 개입기법

오답분석

① 행동시연: 클라이언트가 시행착오를 통해 실제 상황에서 시행착오를 겪지 않게 하는 것이다.
② 유머사용: 인지적 기법보다 클라이언트의 정서, 감정의 전환을 위한 기법이고 이는 불안을 감소시키는 데 일정 부분 유용하다.
④ 역설적 의도(paradoxical intention): <u>반어법 형태로서 변화하고자 하는 모습과 정반대를 제시하여 현재 상태를 파악하게 하는 것이다.</u>
⑤ 클라이언트가 가장 덜 위협적인 상황에서 가장 위협적인 상황까지 순서대로 제시하는 것은 <u>체계적 둔감법</u>이다.

033 정답 ③

출제포인트 사회복지실천모델

인간을 병리적 관점으로 보는 것은 <u>정신역동모델</u>이며 그 외에는 대부분 강점 관점 형태를 추구한다.

034 정답 ④

출제포인트 정신역동모델 개입과정

정신역동모델의 개입과정은 다음과 같다.
관계형성 단계(ㄷ) → 동일시를 위한 자아구축 단계(ㄱ) → 클라이언트가 독립된 자아정체감을 형성하도록 원조하는 단계(ㄹ) → 클라이언트의 자기이해를 원조하는 단계(ㄴ)

+ 기출개념 더 알아보기

정신역동모델의 개입과정

관계형성 단계	클라이언트와 사회복지사의 라포가 형성되는 단계
동일시를 위한 자아구축 단계	클라이언트가 사회복지사를 동일시하며 수용하는 단계
클라이언트가 독립된 자아정체감을 형성하 도록 원조하는 단계	클라이언트가 독립된 정체감을 확립하는 것이 필요하나 퇴행을 보일 수도 있는 단계
클라이언트의 자기이해를 원조하는 단계	클라이언트가 자신의 행동과 과거의 외상 경험을 이해하게 원조하는 단계

035 정답 ④
출제포인트 비자발적 클라이언트와 공감하는 기술

오답분석
ㄴ. 클라이언트의 행동을 클라이언트의 입장과 상황에서 평가해야 하며 이는 클라이언트의 경험을 강조하는 인본주의 학자 칼 로저스의 현상학이론의 핵심이다.

036 정답 ②
출제포인트 경직된 경계의 의미

가족이 다수의 복지서비스를 이용한다는 것은 개방된 경계에 대한 설명이다. 경직된 경계에 대한 특징은 다음과 같다.
- 외부와의 교류가 거의 없음
- 침투력이 없음
- 가족만의 가족 규범을 중요시함

037 정답 ②
출제포인트 사티어(V. Satir)의 의사소통 유형

초이성형(계산형)은 자신과 타인을 모두 무시한 채 상황만을 중시하는 것으로 연구, 통계, 보도 등과 같은 논리적 단서만을 문제해결의 중심에 둔다.

오답분석
① 모든 것이 자녀 때문이라며 자신이 외롭다고 함 → 모든 것을 남의 탓으로 돌림(비난형)
③ 어려서 고생을 많이 해서 그렇다며 벌떡 일어나 방 안을 왔다갔다 함 → 제대로 된 상황판단과 의사표현을 하지 못함(혼란형)
④ 살기 힘들어 술을 마신다며 자신의 술 문제가 자녀 학업을 방해했다고 인정함 → 자신, 타인, 상황을 모두 고려하고 말과 행동에 일관성이 있음(일치형)
⑤ 다른 사람들 말이 다 옳고 자신은 아무것도 아니라고 술 문제에 대한 벌을 달게 받겠다고 함 → 상대방의 의견에 무조건적으로 동의하며 비위를 맞추기 위한 의사소통을 함(회유형)

038 정답 ③
출제포인트 경험적 가족치료모델의 특징

가족이 미분화에서 벗어나 가족체계의 변화를 달성하는 것은 보웬의 다세대 가족치료모델에 해당된다.

+ 기출개념 더 알아보기

경험적 가족치료모델의 특징
- 사회복지사의 경험성 강조
- 가족의 의사소통 구조에서 역기능 파악
- 역할극, 역할 반전, 편지 쓰기 등으로 증상 파악 및 해결 모색
- 행위화(stop motion)의 가족 조각 기법 활용

039 정답 ②
출제포인트 삼각관계

삼각관계는 부부 간에 갈등 발생 시 자녀 또는 다른 가족을 자기편으로 끌어들여 연합하는 것을 말한다.
보웬은 삼각관계로 부부의 근본적인 문제를 해결할 수 없다고 하였다(탈삼각화 강조).

040 정답 ④
출제포인트 가족의 변화

단독으로 생계를 유지하는 경우도 가구의 범위에 속한다.
예) 1인 가족, 독거노인 가족 등의 단독가구

041 정답 ①
출제포인트 전략적 가족치료모델

제시된 기법은 전략적 가족치료모델에 해당한다. 전략적 가족치료모델의 특징은 다음과 같다.
- 반어법, 역설적 지시로 구성
- 클라이언트가 통제력을 발휘하게 하는데 중점(증상처방기법: 문제 증상을 방어하지 말고 더 하라고 주문함)
- 메타 의사소통 강조: 객관성을 바탕으로 내용보다 표현 방식에 중점을 둠
- 시련 기법, 제지 기법 등이 활용됨

042 정답 ④
출제포인트 토스랜드와 리바스의 집단모델

오답분석
① 치료모델은 집단의 사회적 목표보다 개인의 역기능 또는 문제해결을 강조한다.
② 개인 치료를 위한 수단으로 집단을 강조하는 것은 치료모델이다.

③ 개인의 역기능 변화가 목적인 것은 치료모델이며 상호작용 모델은 집단 구성원 간의 지지, 격려, 재보증 등 집단 내에서의 상호작용 과정에 초점을 둔다.
⑤ 사회적 목표모델은 사회적 인식 및 책임을 구성원들의 기본 과업으로 하며 민주시민으로서의 의식 고양에 목적을 둔 형태이고 집단성원 간의 투사를 활용하지는 않는다.

043 정답 ⑤
출제포인트 집단사회복지실천 사정에 활용 도구

ㄱ~ㄹ. 모두 집단 사회복지실천 사정에 활용 가능하다.
- 집단 사회복지사의 관찰(자기인식)
- 외부 전문가의 보고(메타 보고)
- 표준화된 사정 도구(사정의 객관성 확보)
- 집단 성원의 자기관찰(내적 인식 고양)

044 정답 ⑤
출제포인트 개방형 집단과 폐쇄형 집단

오답분석
① 폐쇄형 집단은 개방형 집단에 비해 집단 성원의 중도 가입이 어렵다.
② 폐쇄형 집단은 개방형 집단에 비해 응집력이 강하다.
③ 폐쇄형 집단은 개방형 집단에 비해 집단 성원의 역할이 안정적이다.
④ 개방형 집단은 폐쇄형 집단에 비해 집단 발달단계를 예측하기 어렵다.

045 정답 ②
출제포인트 집단의 중간단계의 개입 기술

집단성원을 사후관리하는 것은 종결단계에 해당된다.

046 정답 ④
출제포인트 집단의 종결단계에서의 사회복지사의 역할

오답분석
ㄴ. 집단성원의 개별 목표를 설정하는 것은 초기단계의 과업이다.

047 정답 ②
출제포인트 역기능적 집단

역기능적 집단의 특징은 다음과 같다.
- 문제해결 노력의 부족
- 비현실적, 비건설적 주제로 토의
- 복지부동, 무사안일, 책임회피 만연
- 일치되지 않는 의사결정 및 태도
- 논공행상, 보너스 등에 몰두

048 정답 ①
출제포인트 모방행동

모방행동은 타인의 장점을 활용하여 기존의 단점을 버리고 새롭게 자신의 것으로 체득하는 것을 의미한다. 개방적 사고를 바탕으로 형성되며 단순히 타인의 것을 그대로 습득하는 것을 의미하지 않는다.

049 정답 ⑤
출제포인트 개입단계 기록에 포함될 내용

클라이언트에 관한 사후지도 결과는 종결단계의 기록에 포함된다.

050 정답 ②
출제포인트 단일사례설계의 특징

제시된 사례는 대표적인 A-B-A설계이다. 이는 단일사례설계에 해당하며 단일사례설계는 그 의미대로 단일이기에 통제집단을 내포하지 않으며 통상 표본이 1~2개의 소수이다.

참고

단일사례설계는 한 개인, 한 조직, 한 지역사회에 대해 프로그램 개입을 통하여 그 효과성을 입증하는 데 주 목적을 가진다. 반면 외생변수 통제, 통제집단 설정 등으로 타당도를 높여 가설의 검증을 주 목적으로 하는 것은 실험설계에 해당된다.

2교시 사회복지실천(지역사회복지론)

051	052	053	054	055
①	③	②	③	①
056	057	058	059	060
④	⑤	①	④	③
061	062	063	064	065
③	②	②	②	④
066	067	068	069	070
①	⑤	⑤	⑤	①
071	072	073	074	075
⑤	③	②	④	④

051 정답 ①
출제포인트 지역사회보호의 특징

지역사회보호에 대한 설명이다.

+ 기출개념 더 알아보기

지역사회보호의 특징
- 가정 또는 그와 유사한 가정에서 지역사회의 자원 및 지원을 제공받는 것
- 탈시설화 개념
- 정상화(장애인에 대한 특혜, 차별, 동정이 아닌 비장애인과 동등한 대우) 이념 도입
- 지방분권화를 통한 재가보호(지역사회보호) 강조

052 정답 ③
출제포인트 길버트-스펙트의 지역사회복지 기능: 상부상조 기능

길버트와 스펙트(N. Gilbert & H. Specht)는 사회적 위험으로부터 어려움에 직면하게 되었을 때 구성원들 간에 서로 돕는 것으로 복지 제도(상부상조 기능)를 강조하였다.

053 정답 ②
출제포인트 오가통 제도

오가통 또는 오가작통이라고도 하며 이는 조선 현종 때 발생한 경신대기근 당시 유랑민 발생을 방지하고 안정적인 세수 확보를 위해 5가구 단위로 묶어서 관리하였던 제도이다. 후에 일제강점기를 거쳐 해방 후 행정구역의 통, 반의 개념으로 이어졌다.

054 정답 ③
출제포인트 인보관의 역사

제인 아담스(J. Adams)에 의해 설립된 헐 하우스는 미국의 인보관이다(미국 시카고에 위치).

055 정답 ①
출제포인트 지역사회복지 주요 이론: 교환이론

오답분석
② 이익집단들 간의 갈등과 타협 강조: 이익집단이론(다원주의이론)
③ 소수 엘리트에 의한 지역사회 발전 강조: 엘리트이론
④ 지역사회 변화의 원동력을 갈등으로 간주: 갈등이론
⑤ 지역사회 하위체계의 기능과 역할 강조: 구조(기능)주의이론

056 정답 ④
출제포인트 사회자본의 구성 요소

사회자본의 구성 요소는 다음과 같다.
- 신뢰
- 호혜성
- 규범
- 네트워크

오답분석
ㄷ. 경계는 체계이론의 개념이다.

057 정답 ⑤
출제포인트 다원주의이론의 특징

다원주의이론에 대한 설명이다.

+ 기출개념 더 알아보기

다원주의이론의 특징
- 이익집단 간의 경쟁 강조
- 이익집단(정당, 기업 등)의 경쟁은 소비자의 혜택으로 나타남
- 국가는 이익집단의 경쟁에서 심판자 역할을 수행함

058 정답 ①
출제포인트 상호학습

괄호 안에 들어갈 내용은 상호학습이다.

+ 기출개념 더 알아보기

상호학습
- 특정한 가치, 신념을 강요하지 않으면서 다양성을 추구함
- 파트너십 강조
- 역지사지로서 상호학습에 주안을 둠

059 정답 ④
출제포인트 지역사회복지 실천의 원칙

오답분석

ㄷ. 지역사회 특성의 개별화

060 정답 ③
출제포인트 포플의 지역사회복지 실천모델

오답분석

ㄹ. 지역사회연계모델은 테일러와 로버츠의 실천모델이다.

+ 기출개념 더 알아보기

포플의 지역사회복지 실천모델
- 지역사회개발
- 지역사회조직
- 지역사회교육
- 여권주의적 지역사회사업
- 지역사회보호
- 사회·지역계획
- 지역사회행동
- 인종차별 철폐 지역사회사업

061 정답 ③
출제포인트 임파워먼트 기술

제시된 사례에서 사회복지사는 클라이언트의 잠재 역량 및 자원을 인정하고 삶을 스스로 결정할 수 있도록 북돋아 주었으므로 이는 임파워먼트 기술에 해당한다.

062 정답 ②
출제포인트 사정단계의 특징

협력·조정을 위한 네트워크를 구축하는 것은 실행단계의 과업이다.

063 정답 ②
출제포인트 지역사회복지실천 과정

지역사회복지실천 과정의 순서는 '지역사회 사정(ㄱ) – 실행계획 수립(ㄹ) – 실행(ㄴ) – 성과평가(ㄷ)이다.

064 정답 ②
출제포인트 지역사회복지 실천모델별 사회복지사의 역할: 조력자

지역사회를 진단하는 일은 전문가 또는 사회치료자의 역할이다.

065 정답 ④
출제포인트 사회계획모델에서의 사회복지사의 역할

샌더스가 주장한 사회복지사의 역할은 분석가, 조직가, 계획가, 행정가이다. 반면 옹호자는 사회행동모델에서의 사회복지사의 핵심 역할이다.

오답분석

① 분석가: 지역사회 변화를 위해 전반적인 사항을 분석하고 평가함
② 조직가: 흩어져 있는 자원들을 일정한 행정체계에 편입시킴
③ 계획가: 사회문제의 변화를 위한 계획 수립
⑤ 행정가: 모든 물적 및 인적 자원을 관리, 운영

066 정답 ①
출제포인트 로스만의 사회행동모델

클라이언트를 소비자(고객)로 보는 것은 사회계획모델이다.

067 정답 ⑤
출제포인트 네트워크(연계) 기술

지역사회 공공의제를 개발하고 주민 의식화를 강화할 수 있는 것은 임파워먼트 기술에 해당된다.

068 정답 ⑤
출제포인트 지방자치제의 특징

ㄱ~ㄹ. 모두 지방자치제에 관한 설명에 해당한다. 지방자치제의 특징은 다음과 같다.
- 지방자치제는 민주성 강화, 주민의 자율적인 행정 보장을 목적으로 함
- 지방자치제는 지방 정부가 지역 주민의 의견을 반영하여 정책을 결정하고 집행케 함
- 중앙집권적인 국가 운영 방식과 대비(지역의 고유 특성 반영)
- 1948년 대한민국 정부 수립 이후 실시(1952년 지방선거를 계기로 본격화)
- 1961년 군사 정권의 등장으로 중단
- 1995년 4대 지방 동시선거를 통해 재개
- 지방자치제는 자기통치원리 적용, 사회복지시설 평가 기능 등을 가짐

069 정답 ⑤
출제포인트 지역사회보장계획

오답분석
① 시장·군수·구청장은 4년마다 지역사회보장계획을 수립한 후 심의와 보고를 거쳐서 시·도지사에게 제출한다.
② 시·군·구의 지역사회보장계획은 시·군·구 지역사회보장협의체의 심의를 거친다.
③ 지역사회보장계획은 「사회보장급여의 이용·제공 및 수급권자 발굴에 관한 법률」에 의거하여 매년 연차별 시행계획을 수립한다.
④ 시·도의 지역사회보장계획은 시·도 사회보장위원회의 심의를 거친다.

070 정답 ①
출제포인트 「사회복지사업법」제34조의5

「사회복지사업법」34조의 5에 관한 내용이며 주어진 사례를 분석하면 다음과 같다.
- 지역사회의 특성과 지역주민의 복지욕구를 고려한 서비스 제공 사업
- 국가·지방자치단체 및 민간 부문의 사회복지서비스를 연계·제공하는 사례 관리 사업
- 지역사회 복지공동체 활성화를 위한 복지자원 관리, 주민 교육 및 조직화 사업

071 정답 ⑤
출제포인트 사회복지기관의 3대 기능

①~④ 모두 사례관리 기능에 해당되며, 주민 협력 강화를 위한 주민의식 교육은 지역조직화 기능에 해당된다.

072 정답 ③
출제포인트 사회복지공동모금회

임원의 임기는 3년으로 하며, 한 차례만 연임할 수 있다.

073 정답 ②
출제포인트 마을기업

마을기업에 대한 설명이다.

＋기출개념 더 알아보기

마을기업
- 행정안전부에서 관장
- 지역주민의 소득 및 일자리 창출을 위해 설립
- 마을 단위의 기업 형태
- 「도시재생 활성화 및 지원에 관한 특별법」에 근거

074 정답 ④
출제포인트 아른스테인의 주민참여 8단계

주민동원은 아른스테인의 주민참여 단계에 해당하지 않는다.

075 정답 ④
출제포인트 지역사회복지 환경 변화 순서

지역사회복지 환경 변화의 순서는 '2010년 사회복지통합관리망(행복e음) 구축(ㄴ) - 2012년 희망복지지원단 설치·운영(ㄱ) - 2016년 '읍·면·동 복지 허브화' 사업 시행(ㄹ) - 2019년 지역사회통합돌봄(커뮤니티케어) 선도사업 시행(ㄷ)'이다.

3교시 사회복지정책과 제도(사회복지정책론)

001	002	003	004	005
③	①	⑤	②	⑤
006	007	008	009	010
⑤	⑤	④	④	①
011	012	013	014	015
①	③	④	④	①
016	017	018	019	020
②	④	①	④	③
021	022	023	024	025
③	②	⑤	②	③

001 정답 ③
출제포인트 사회복지의 잔여적 개념과 제도적 개념

오답분석
ㄴ. 잔여적 개념에 따르면 가족과 시장에 의한 개인의 욕구 충족이 실패했을 때 국가가 잠정적·일시적으로 그 기능을 대신한다.
ㄹ. 제도적 개념은 사회복지를 시혜나 자선으로 보지 않고 국가에 의해 주어진 것이므로 권리성은 강하다.

002 정답 ①
출제포인트 복지다원주의

복지다원주의의 특징은 다음과 같다.
• 국가는 복지의 주된 공급자로 인정하며 시장도 복지 공급자로 수용
• 국가를 포함한 복지제공의 주체를 재구성하는 논리로 활용
• 비공식부문은 제도적 복지의 발달에도 불구하고 존재하는 비복지 문제에 대응하는 복지주체
• 시민사회는 사회적 경제조직을 구성하여 지역사회에서 공급주체로 참여하는 역할
• 국유화보다 민영화 강조
• 생산적 복지(work fare) 확대
• 통합적 실천의 일환으로 포괄적이며 종합적인 서비스 제공 증대 강조

003 정답 ⑤
출제포인트 급여의 형태

오답분석
ㄱ. 현금급여는 사용에 대한 선택의 자유를 보장하며, 수급 요건 등의 조건이 있을 수 있지만, 급여 사용에 대한 사회적 통제는 비교적 약한 편이다.
ㅁ. 권력은 재화와 자원을 통제할 수 있는 영향력을 의미하며 정책에 관한 의사결정권을 갖는 것을 의미한다.

004 정답 ②
출제포인트 전자바우처

전자바우처의 특징은 다음과 같다.
• 현물 급여와 현금 급여의 장점을 결합한 형태
• 제3자 지불방식
• 공급자 간의 경쟁 유발
• 수요자 중심의 서비스
• 최근 급여 형태는 신용카드 또는 체크카드
• 도덕적 해이를 방지하기 위해 도입
• 수요자의 선택권 보장
• 금융기관 시스템을 활용하여 재정 흐름 투명성 제고

005 정답 ⑤
출제포인트 보편주의와 선별주의

오답분석
ㄱ. 보편주의는 시민권에 입각한 권리로서 복지를 제공하기에 납세자 또는 비납세자를 구분하지 않고 모두 사회복지대상에 포함시킨다.

006 정답 ⑤
출제포인트 사회복지의 민간재원

오답분석
① 사회복지의 민간재원에는 기부금, 기업복지, 퇴직금 등이 있으며 조세지출은 공공재원에 포함된다.
② 기부금 규모는 국세청이 추산한 액수보다 더 많을 것으로 추정(미신고 기부금)된다.
③ 바우처(증서)는 클라이언트가 직접 지불한 것을 제외하고 사회보장기관 등의 제3자가 서비스 비용을 지불한 것을 의미한다.
④ 기업복지는 기업이 그 피용자들에게 제공하는 임금 외 급여

또는 부가급여를 의미한다.

007 정답 ⑤
출제포인트 조세와 사회보험료

오답분석
① 사회보험료는 조세에 비해 소득 역진적(고소득에 유리한 소득 상한선제도)이다.
② 사회보험료는 위험분산, 소득유지의 기능이 있고, 공공부조는 빈곤완화, 불평등 완화를 수행한다.
③ 사회보험료는 소득상한선이 있어서 고소득층에 유리하다.
④ 사회보험료를 준 조세 및 임금으로 간주한다.

008 정답 ④
출제포인트 길버트-테렐의 전달체계 개선전략

전문화된 접근구조에 대한 설명이다.

+ 기출개념 더 알아보기

길버트-테렐(Gilbert & Terrell)의 전달체계 개선전략

전문화된 접근구조	• 전문화된 관료적 서비스 제공(독자적인 서비스의 공급을 강조) • 사례옹호, 자문, 정보제공, 의뢰 서비스 해당
의도적인 중복	• 기존 서비스 제공을 새로운 서비스 기관에서 다시 제공 • 서비스 공급주체 간의 경쟁 유도 • 경쟁을 통한 클라이언트 선택 폭 확대(클라이언트 욕구에 즉각 반응) • 기존 서비스 제공 소외 대상에 대해 예외적 서비스 제공

009 정답 ④
출제포인트 사회복지정책 발달이론

오답분석
ㄱ. 시민권이론은 시민권 - 공민권(선거권) - 참정권(정치권, 피선거권) - 사회권(복지권, 기본권) 순으로 발달한 것으로 본다.
ㄹ. 사회복지정책의 발달이 국가 엘리트들과 고용주들의 의지와 능력에 의해 결정된다고 본 것은 신마르크스주의이다. 반면 국가중심이론은 중앙부처 공무원들(관료)에 의해 국가의 복지정책이 수립 및 시행된다고 본다.

010 정답 ①
출제포인트 빈곤과 소득불평등의 측정

오답분석
② 절대적 빈곤은 생존에 필요한 생활수준이 최소한의 수준에 도달하지 못한 상태를 말한다.
③ 라이덴 방식은 주관적 평가에 기초하여 빈곤선을 측정한다.
④ 빈곤갭은 빈곤층의 소득을 빈곤선 수준으로 끌어올리는 데 필요한 총소득을 나타낸다.
⑤ 지니계수가 1일 경우는 완전 불평등한 분배상태를 의미한다.

011 정답 ①
출제포인트 사회적 배제

사회적 배제는 빈곤이 소득의 절대적·상대적 궁핍이라기보다는 개인의 역량 박탈로 이해되어야 하며, 개인의 복리에 영향을 미치는 역량 박탈에 기여하는 요인에는 소득 외에도 다양한 요소가 존재한다는 개념이다. 아르마티아 센은 소득은 단지 역량을 만들어내는 하나의 도구일 뿐이라고 주장하였다.

+ 기출개념 더 알아보기

사회적 배제의 특성

- 프랑스의 북아프리카 식민지 이민자들에 대한 역동적 빈곤에서 출발(전 유럽 확대)
- 역동적 빈곤은 정치, 경제, 사회 등의 전 영역에서 교묘하게 소외, 배제당함을 의미
- 사회적 관계망으로부터의 단절 문제 제기
- 문제의 초점을 소득의 결핍 및 기회의 박탈, 참여의 제한 등 광범위 적용
- 개인과 집단의 박탈과 불평등을 유발하는 다양한 영역 포괄(인종, 종교, 소득, 지역 등)
- 빈곤에 대해 다차원적 접근
- 빈곤의 역동성과 동태적 과정 강조(현재 진행형)

012 정답 ③
출제포인트 영국의 사회복지정책의 역사

오답분석
ㄷ. 신빈민법은 열등처우의 원칙을 적용하였고 원내구제를 허용하였다.
ㄹ. 왕립빈민법위원회의 소수파보고서는 구빈법의 폐지를 강조하였으며 다수파는 기존의 구빈제도를 수정, 보완하자고 주장하였다.

> **참고**

당시 소수파의 젊은 인재는 윌리엄 베버리지이고 다수파는 윈스턴 처칠이었다. 후에 로이드 조지 수상에 의해 두 사람은 독일의 비스마르크 사회보험에 대해 공식 조사단으로 방문하게 되었으며 획기적이었던 독일의 사회보험을 영국에서도 실시해야 한다는 공통적인 의견 제출로 더 이상의 소수파, 다수파의 논쟁은 종결되었고 영국 최초의 사회보험법인 국민보험법(1911년)이 제정되었다(2차 세계 대전 이후 영국의 부흥을 위해 수상인 처칠은 베버리지에게 영국 복지정책의 계획을 맡김).

013   정답 ④

출제포인트   빈곤가족한시지원(TANF)

TANF는 AFDC의 역차별 논란으로 등장하였으며, 근로연계복지의 대두와 함께 AFDC 폐지 및 TANF가 실시되었다.

> **암기 TIP**   알파벳 A가 먼저 시작되듯이 AFDC → TANF

> **참고**

당시 AFDC(요보호아동 가족 부조)의 주수급자는 흑인 및 동양계, 히스패닉의 저소득층이었음. 1, 2차 오일쇼크 후 전 세계적 공황으로 실직한 백인 중심의 사회구성원들은 AFDC 제외 발생

014   정답 ④

출제포인트   국가 주도 사회복지의 필요성

능력에 따른 분배는 자본주의 시장에 의한 분배로 국가가 주도로 하는 사회복지 제공과 관련이 없다.

> **기출개념 더 알아보기**
>
> **국가 주도 사회복지 필요성**
> - 공공재 확보의 실패
> - 정보의 비대칭성
> - 역선택
> - 외부 효과
> - 도덕적 해이
> - 규모의 경제

015   정답 ①

출제포인트   에스핑–앤더슨의 복지국가 유형

> **오답분석**

② 탈가족주의를 강조한 것은 사회민주주의 복지국가이고 통합적 사회보험을 강조한 것은 보수주의 복지국가이다.
③ 자유주의 복지국가는 공공부조의 비중은 높고 탈상품화 수준은 낮은 편이다.
④ 사회민주주의 복지국가는 국가의 책임을 최대화하고 시장을 통해 문제해결을 하는 것은 자유주의 복지국가이다.
⑤ 보수주의 복지국가의 예로는 프랑스, 독일이 있다.

016   정답 ②

출제포인트   소득재분배

> **오답분석**

① 수평적 재분배는 사회보험이며 공공부조는 수직적 재분배에 해당한다.
③ 수직적 재분배는 공공부조, 누진율을 적용한 소득세 등이 있다.
④ 단기적 재분배는 공공부조 및 사회보험 중 건강보험이며 적립방식 공적연금은 장기적 재분배에 해당한다.
⑤ 소득재분배는 조세, 사회보험료, 사적 이전 등을 통해서 발생한다.

017   정답 ④

출제포인트   국민기초생활 보장제도 수급자 선정 소득 기준

국민기초생활 보장제도 수급자 선정 소득기준은 다음과 같다.
- 생계급여 기준 중위소득 32% 이하(ㄱ)
- 주거급여 기준 중위소득 48% 이하
- 의료급여 기준 중위소득 40% 이하(ㄴ)
- 교육급여 기준 중위소득 50% 이하

018   정답 ①

출제포인트   「사회보장기본법」상 사회서비스

사회서비스란 국가·지방자치단체 및 민간부문의 도움이 필요한 모든 국민에게 복지, 보건의료, 교육, 고용, 주거, 문화, 환경 등의 분야에서 인간다운 생활을 보장하고 상담, 재활, 돌봄, 정보의 제공, 관련 시설의 이용, 역량 개발, 사회참여 지원 등을 통하여 국민의 삶의 질이 향상되도록 지원하는 제도를 말한다(사회보장기본법 제3조 제4호).

019   정답 ④

출제포인트   우리나라 사회보험제도

> **오답분석**

① 기여방식 공적연금은 국민연금, 특수직역연금이며, 기초연금은 무기여로 구분 운영된다.

② 고용보험의 고용안정 및 직업능력개발사업 보험료는 사업주가 전액 부담한다.
③ 노인장기요양보험의 시설급여 제공기관에는 노인요양공동생활가정, 노인요양시설이 있으며, 노인전문요양병원은 「의료법」에 속한다.
⑤ 산업재해보상보험의 급여에는 상병보상연금이 있고 상병수당은 건강보험에 해당한다.

※ 출제오류로 전부 정답처리된 문제로, 출제의도에 맞게 변형하여 수록함

020 정답 ③
출제포인트 긴급복지지원제도의 원칙

긴급복지지원제도의 원칙은 다음과 같다.
- 선지원, 후심사의 원칙
- 단기 지원의 원칙
- 타급여 중복 금지의 원칙
- 가구 단위 지원의 원칙

021 정답 ③
출제포인트 긴급복지지원제도의 지원횟수

긴급복지지원제도의 지원 횟수는 다음과 같다.
- 생계급여 지원 최대 6회(ㄱ)
- 의료급여 지원 최대 2회(ㄴ)
- 주거급여 최대 12회
- 복지시설 이용 최대 6회

022 정답 ②
출제포인트 사회보장의 특성

오답분석
ㄷ. 사회보험은 기여 여부를, 사회수당은 인구학적 조건을 급여 지급 요건으로 한다.
ㄹ. 공공부조는 구빈제도이며 사회보험과 사회수당은 방빈제도이다.

023 정답 ⑤
출제포인트 근로장려세제의 특징

사업자도 근로장려금을 수령할 수 있다(2015년부터 적용, 일부 전문직 제외).

024 정답 ②
출제포인트 사회보장 급여: 현물급여

고용보험의 상병급여는 현금급여이다. 이는 실업의 신고 이후 장애, 질병, 부상, 사고, 출산 등으로 실업의 인정을 받지 못하는 날에 대하여 구직급여 대신에 지급한다.

025 정답 ③
출제포인트 보건복지부장관 관장 사회보험제도

오답분석
ㄷ. 산업재해보상보험: 고용노동부장관
ㄹ. 고용보험: 고용노동부장관

3교시 사회복지정책과 제도(사회복지행정론)

026	027	028	029	030
③	②	②	③	②
031	032	033	034	035
⑤	⑤	④	①	②
036	037	038	039	040
④	⑤	③	③	④
041	042	043	044	045
⑤	④	④	①	①
046	047	048	049	050
⑤	①	①	②	④

026 정답 ③
출제포인트 사회복지조직의 특성

사회복지조직의 특성은 다음과 같다.
- 서비스의 효과성을 객관적으로 입증하기가 용이하지 않음(척도의 부재성)
- 사회복지사의 전문성과 자율성 인정
- 클라이언트와 사회복지사의 관계에 따라 서비스의 효과성이 좌우됨
- 다양한 상황에서 윤리적 딜레마와 가치 선택에 직면함
- 조직의 목표가 명확하거나 구체화하기 어려움(목표의 불명확성)

- 명확한 전문적 기술의 방법을 제시하기가 용이하지 않음(기술의 불명확성)
- 프로그램 결과에 대한 확신이 어려움(결과의 모호성)

027 정답 ②
출제포인트 한국 사회복지행정의 역사

1960년대 후반 외국원조기관 철수 후 사회복지단체들이 축소되는 경향이 나타났다.

028 정답 ②
출제포인트 메이요(E. Mayo)의 인간관계이론

오답분석
① 생산성은 근로조건과 환경 및 동료와의 정서적, 심리적 유대를 통해서도 결정된다.
③ 사회적 상호작용은 생산성 향상에 긍정적인 영향을 미친다.
④ 비공식적인 부서의 형성은 생산성 향상으로 이어진다.
⑤ 근로자는 개인보다 집단 구성원으로서 행동하고 반응한다.

029 정답 ③
출제포인트 조직이론

상황이론은 조직을 개방체계로 보며, 조직 내부를 포함한 외부 상황도 고려한다.

030 정답 ②
출제포인트 테일러(F. W. Taylor)의 과학적 관리론

오답분석
ㄴ. 권위의 위계구조는 관료제이론의 특징이다.
ㄹ. 사적 감정의 배제는 관료제이론의 특징이다.

031 정답 ⑤
출제포인트 조직의 구조적 요소

오답분석
① 집권화 수준을 높이면 의사결정의 권한이 집중된다.
② 업무가 복잡할수록 공식화의 효과는 감소한다.
③ 공식화 수준을 높이면 직무의 사적 영향력이 감소한다.
④ 과업 분화가 적을수록 수직적 분화가 증대한다.

032 정답 ⑤
출제포인트 위원회 구조

제시된 내용은 위원회 구조에 대한 설명이다.

+ 기출개념 더 알아보기

위원회 구조의 특징
- 일상 업무수행기구와는 별도로 구성
- 특별 과업이나 문제해결을 위한 전문가 중심 조직
- 낮은 수준의 수직적 분화와 공식화
- 참모조직, 막료조직 형태
- 심의, 자문, 조언, 제언 등의 역할
- 대표적으로 사회복지기관의 운영위원회, 시·군·구 지역사회보장협의체 등

033 정답 ④
출제포인트 조직문화의 특성

경직된 조직문화는 불확실한 환경에 신속히 대처할 수 없게 한다.

034 정답 ①
출제포인트 섬김 리더십

오답분석
ㄴ. 가치의 협상과 계약 등을 바탕으로 하는 것은 거래적 리더십이다. 반면 섬김 리더십은 구성원의 일체감, 단결력, 공감대, 연대의식을 통한 목표 달성을 강조한다.
ㄹ. 지능, 사회적 지위, 교육 정도, 외모를 강조하는 것은 특성이론이다.

035 정답 ②
출제포인트 허즈버그의 동기위생이론의 특징

허즈버그(F. Herzberg)의 동기위생이론은 동기요인(만족을 유발하는 요인)과 위생요인(불만족을 유발하는 요인)으로 구분된다. 불만족 요인을 낮추기 위하여 급여를 높이고, 업무환경 개선을 위한 사무실 리모델링을 진행하여 조직의 성과를 높이고자 하는 것은 위생요인에 해당된다.

036 정답 ④
출제포인트 인적자원관리의 구성요소

<u>정치적 관리</u>는 인적자원관리의 구성요소에 <u>포함되지 않는다</u>.

➕ 기출개념 더 알아보기

인적자원관리의 구성요소

확보관리	직무분석, 채용(직원모집, 선발, 배치)
평가관리	근무평정(인사고과)
보상관리	임금, 성과금, 복리후생
유지관리	인적자원 유지, 이직관리, 노사관계
개발관리	교육, 훈련, 지도 및 감독, 승진(진급), 직무 순환

037 정답 ⑤
출제포인트 인적자원 관리: 강의, 강연의 특징

강의에 대한 설명이다.

➕ 기출개념 더 알아보기

강의, 강연의 특징

- 짧은 시간에 많은 사람을 대상으로 교육 내용을 체계적으로 전달할 때 사용
- 목적 달성을 위해 강연자를 통한 설득, 홍보, 기술, 교육, 태도 등을 언어로 전달
- 강연자에 의해 성패가 주도되기에 자칫 <u>주제, 목적과 다른 사담</u>으로 진행될 시 역효과 발생

038 정답 ③
출제포인트 직무수행평가 과정

직무수행평가의 순서는 다음과 같다.
직무수행 기준 확립(ㄹ) → 직무수행 기대치를 직원에게 전달(ㅁ) → 평가도구를 사용하여 직원의 실제 직무수행 측정(ㄷ) → 실제 직무수행을 직무수행 평가기준과 비교(ㄱ) → 직원과 평가결과 회의 진행(ㄴ) → 직무수행 기준 수정 및 보완

039 정답 ③
출제포인트 사회복지조직의 재정관리

회계는 법인의 업무전반에 관한 회계(법인회계), 시설의 운영에 관한 회계(시설회계) 및 법인이 수행하는 수익사업에 관한 회계(수익사업회계)로 구분한다(사회복지법인 및 사회복지시설 재무회계 규칙 제6조 제1항).

040 정답 ④
출제포인트 예산 통제의 원칙

예산집행의 통제에는 <u>강제성이 있는 명시적인 규정</u>이 있어야 한다. 이는 공평성을 보장하기 위해 필요하며 이를 통해 활동의 공식성이 부여된다.

오답분석
① 개별 기관의 제약조건, 요구사항 및 기대 사항에 맞게 고안되어야 한다(개별화의 원칙).
② 예외적 상황에 적용되는 규칙을 명시해야 한다(예외의 원칙).
③ 보고의 규정을 두어야 한다(보고의 원칙).
⑤ 필요할 경우 규칙은 새로 개정할 수 있다(<u>개정의 원칙</u>).

041 정답 ⑤
출제포인트 서브퀄(SERVQUAL) 구성

SERVQUAL 구성은 다음과 같다.
- 약속한 대로 서비스를 제공했는가? (ㄱ – <u>신뢰성</u>)
- 자신감을 가지고 정확하게 서비스를 제공했는가? (ㄷ – <u>확신성</u>)
- 위생적이고 정돈된 시설에서 서비스를 제공했는가? (ㄹ – <u>유형성</u>)
- 신속한 서비스를 제공하였는가? (<u>반응성</u>)
- 고객들에게 개별적 관심을 가지고 임했는가? (<u>공감성</u>)

042 정답 ④
출제포인트 공공 사회복지 전달체계

오답분석
① <u>사회복지전문요원(1987년)</u> 제도 도입 이후「사회복지사업법」(1992년)에 법적 근거가 마련되어 사회복지전담공무원으로 명칭이 변경되었다.
② <u>보건복지사무소(1995년)</u>가 먼저 시작되었고 그 후 <u>사회복지사무소(2004년)</u> 시범사업이 이루어졌다.
③ 읍·면·동사무소의 주민자치센터(2006년) 이후 <u>읍·면·동복지허브화(2016년)</u> 사업으로 변경되었다.
⑤ 전자바우처 방식의 사회서비스 사업(2007년) 이후 <u>사회서비스원(2019년)</u> 시범사업이 시작되었다.

043   정답 ④

출제포인트   사회복지행정 전달체계 구축 원칙

최소 비용으로 최대 효과를 얻는 것은 <u>효율성</u>이다.

➕ 기출개념 더 알아보기

사회복지 전달체계 구축 주요원칙

접근성	서비스 비용 부담을 낮춤
연속성	서비스 간 연계, 연결을 강화
적절성	양적·질적으로 이용자 욕구에 부응
효율성	최소 비용으로 최대 효과를 얻음
전문성	전문가에 의한 사회복지 전달 실시
책임성	이용자의 요구나 불만을 파악하고 의견을 개진할 수 있는 통로 구축

044   정답 ①

출제포인트   명목집단기법의 특징

명목집단기법에 대한 설명이다.

➕ 기출개념 더 알아보기

의사결정기법

브레인스토밍	전 직원의 참여, 창의적 아이디어 중심, 양적 및 질적 내용 모두 중요
델파이기법	익명성을 강조하며 전문가들의 우편 조사를 통한 의사결정 방법
SWOT기법	강점, 약점, 기회, 위협의 4요소를 고려하여 분석하는 환경영향 평가 방법
명목집단기법	• 모든, 각 계층, 다양한 성원들의 참여를 강조 • 대면 방식이며 토의, 투표를 통해 의사결정
초점집단면접	소수, 주요, 대표인원이 대면하여 토의하고 투표하여 의사결정

045   정답 ①

출제포인트   프로그램평가검토기법(PERT)

프로그램평가검토기법(PERT)에 대한 설명이다.

➕ 기출개념 더 알아보기

프로그램평가검토기법(PERT)

- 작업의 소요 기간이 불확실할 때, 통계적인 방법을 이용해 일정(Duration)을 예측하는 기법
- 확률적인 작업 기간(Probabilistic Duration)을 고려하여 일정 계획
- 프로그램을 구성하는 활동 간 상호관계와 연계성을 보여줌
- 임계경로와 여유시간에 대한 정보를 파악
- 대규모 프로젝트에 유용

참고
임계경로: 목적 달성을 위해 필요한 가장 짧은 시간 또는 최종 과업에 이르는 가장 긴 경로

046   정답 ⑤

출제포인트   사회복지서비스 마케팅 과정

사회복지서비스 마케팅 과정은 '고객 및 시장 조사(ㄹ) – STP(시장세분화, 표적시장, 포지셔닝) 전략 설계(ㄱ) – 마케팅 믹스(상품, 가격, 유통, 촉진)(ㄷ) – 고객관계관리(CRM)(ㄴ)'이다.

047   정답 ①

출제포인트   사회복지 마케팅 기법

<u>다이렉트 마케팅</u>은 후원자들에게 <u>소식지, 알림 메시지 등을 발송하는 형태</u>의 마케팅 기법이다.

048   정답 ①

출제포인트   서비스 과활용

서비스 과활용에 대한 설명이다. 서비스 과활용의 특징은 다음과 같다.

- <u>비욕구자에 대한 공급주체의 선심성 서비스 제공</u>
- <u>비표적 인구가 서비스에 접근하여 발생하는 문제</u>
- <u>사회적 자원 낭비 유발</u>
- 포퓰리즘(인기영합주의) 형태
- 표출된 욕구와 일치하지 않을 시에도 발생

049   정답 ②

출제포인트   사회복지 프로그램 평가의 목적

오답분석

① <u>정책개발</u>: 관련 여러 문제들의 이슈화, <u>새로운 정책의제 개발</u>
③ <u>이론 형성</u>: 인과관계 및 상관관계 등을 기반으로 <u>신이론 및 기술 제시</u>
④ <u>자료수집</u>: 프로그램의 수정, 보완, 개선, 개발을 위해 필요한 <u>자료의 수집</u>
⑤ <u>정보관리</u>: 각종 수행 자료, 평가 자료, 점검 자료들의 기록 보존 및 정보화

050 정답 ④

출제포인트: 사회복지조직 혁신의 장애요인

핵심 리더의 변화 노력에 대한 구성원의 공개 지지는 사회복지조직 혁신의 핵심요소이다.

➕ 기출개념 더 알아보기

사회복지조직 혁신의 장애요인
- 무사안일주의
- 비전의 영향력 과소평가
- 비전에 대한 불충분한 의사소통
- 변화를 막는 조직구조나 보상체계의 유지
- 복지부동
- 새로운 아이디어, 비전에 대한 집단적 무시
- 과거에 집착하는 관행적 행태

3교시 사회복지정책과 제도(사회복지법제론)

051	052	053	054	055
④	⑤	③	⑤	③
056	057	058	059	060
②	②	①	②	①
061	062	063	064	065
④	⑤	④	①	③
066	067	068	069	070
①	③	⑤	①	④
071	072	073	074	075
⑤	②	②	④	④

051 정답 ④

출제포인트: 헌법 제10조: 행복추구권

모든 국민은 인간으로서의 존엄과 가치를 가지며, 행복을 추구할 권리를 가진다.

🔍 **참고**

헌법 제10조는 모든 국민에 대한 행복추구권을 강조하는 조항이다.

오답분석

② 생존권, ③ 인간다운 생활, ⑤ 인권은 헌법 제34조와 연관이 높다.

052 정답 ⑤

출제포인트: 법률의 제정 연도

「다문화가족지원법」은 2008년 제정되었다.

오답분석

① 「아동복지법」: 1981년
② 「노인복지법」: 1981년
③ 「장애인복지법」: 1989년
④ 「한부모가족지원법」: 2007년

053 정답 ③

출제포인트: 사회복지법의 성문법원

오답분석

① 관습법은 사회복지법의 법원이 될 수 있다.
② 법률은 국회의 의결을 거쳐 제정·공포된 법을 말한다.
④ 명령은 행정기관이 제정한 법규로 국회의 의결 없이 제정된다.
⑤ 일반적으로 승인된 국제법규는 사회복지법의 법원에 포함된다.

054 정답 ⑤

출제포인트: 법률의 제정 연도

「아동복지법」, 「장애인복지법」, 「국민기초생활 보장법」, 「기초연금법」은 모두 「사회복지사업법」상 사회복지사업 관련 법률에 해당한다.

➕ 기출개념 더 알아보기

사회복지사업법상 사회복지사업 관련 법률
- 「국민기초생활 보장법」
- 「아동복지법」
- 「노인복지법」
- 「장애인복지법」
- 「한부모가족복지법」
- 「영유아보육법」
- 「성매매방지 및 피해자 보호 등에 관한 법률」
- 「정신건강증진 및 정신질환자 복지서비스 지원에 관한 법률」
- 「성폭력방지 및 피해자보호 등에 관한 법률」
- 「국내입양에 관한 특별법」 및 「국제입양에 관한 법률」
- 「일제하 일본군위안부 피해자에 대한 생활안정지원 및 기념사업 등에 관한 법률」
- 「가정폭력방지 및 피해자보호 등에 관한 법률」
- 「사회복지공동모금회법」
- 「장애인·노인·임산부 등의 편의증진 보장에 관한 법률」
- 「농어촌주민의 보건복지증진을 위한 특별법」
- 「식품등 기부 활성화에 관한 법률」

- 「의료급여법」
- 「기초연금법」
- 「긴급복지지원법」
- 「다문화가족지원법」
- 「장애인연금법」
- 「장애인활동 지원에 관한 법률」
- 「노숙인 등의 복지 및 자립지원에 관한 법률」
- 「보호관찰 등에 관한 법률」
- 「장애아동 복지지원법」
- 「발달장애인 권리보장 및 지원에 관한 법률」
- 「청소년복지 지원법」
- 「스토킹 방지 및 피해자보호 등에 관한 법률」
- 「그 밖에 대통령령으로 정하는 법률」

055 정답 ③
출제포인트 「사회복지사업법」상 사회복지법인의 특징

감사 중에 결원이 생겼을 때 2개월 이내에 보충하여야 한다.

056 정답 ②
출제포인트 「사회복지사업법」상 사회복지시설의 특징

국가나 지방자치단체는 시설의 책임보험 가입에 드는 비용의 전부 또는 일부를 보조할 수 있다.

057 정답 ②
출제포인트 「사회복지사업법」

오답분석
① 사회복지서비스는 현물로 제공하는 것을 원칙으로 한다.
③ 사회복지에 관한 조사·연구 및 정책 건의를 위하여 한국사회복지협의회를 둔다.
④ 사회복지사 자격증을 다른 사람에게 빌려주거나 빌린 사람은 1년 이하의 징역 또는 1천만원 이하의 벌금에 처한다.
⑤ 보건복지부장관은 사회복지에 관한 전문지식과 기술을 가진 사람에게 사회복지사 자격증을 발급할 수 있다.

058 정답 ①
출제포인트 사회보장에 관한 국민의 권리

ㄱ. 국가는 최저보장수준과 최저임금을 매년 공표하여야 한다.
ㄴ. 사회보장수급권은 서면으로 통지하여 포기할 수 있다.

059 정답 ②
출제포인트 「사회보장기본법」상 사회보장제도의 운영

오답분석
① 사회보험은 국가의 책임으로 시행한다.
③ 일정 소득 수준 이하의 국민에 대한 사회서비스에 드는 비용은 국가와 지방자치단체가 전부 또는 일부를 부담한다.
④ 보건복지부장관은 제출된 사회보장 통계를 종합하여 사회보장위원회에 제출하여야 한다.
⑤ 중앙행정기관의 장과 지방자치단체의 장은 사회보장제도를 신설할 경우 보건복지부장관과 협의하여야 한다.

060 정답 ①
출제포인트 사회보장기본법의 주요 내용

사회보장위원회의 위원 임기는 2년(다만, 공무원의 임기는 재임기간, 기관 및 단체 대표자인 위원은 그 대표 지위를 유지하는 기간으로 함)으로 한다.

오답분석
② 국가와 지방자치단체는 평생사회안전망을 구축하여야 한다 (1차 사회보험, 2차 공공부조).
④ 사회보장제도를 운영하는 자는 불법행위의 책임이 있는 자에 대하여 구상권(경제적 보상 청구권)을 행사할 수 있다.

061 정답 ④
출제포인트 사회보장급여의 이용·제공 및 수급권자의 발굴에 관한 법률

정부는 한국사회보장정보원의 설립·운영에 필요한 비용을 출연할 수 있다.

062 정답 ⑤
출제포인트 사회보장급여의 이용·제공 및 수급권자의 발굴에 관한 법률

오답분석
① "지원대상자"란 사회보장급여를 필요로 하는 사람을 말한다.
② 보장기관의 업무담당자는 사회보장급여의 제공을 직권으로 신청할 수 있다. 이 경우 지원대상자의 동의를 받아야 한다.
③ 보건복지부장관은 보험료를 3개월 이상 체납한 사람의 가구정보를 사회보장정보시스템을 통하여 처리할 수 있다.
④ 보장기관의 장은 지원대상자에 대한 발굴조사를 분기마다 정기적으로 실시하여야 한다.

063 정답 ④
출제포인트 「국민기초생활 보장법」상 급여의 종류

오답분석
① 생계급여는 물품으로도 지급할 수 있다.
② 주거급여는 수급자에게 주거 안정에 필요한 임차료, 수선유지비, 그 밖의 수급품을 지급하는 것으로 한다.
③ 장제급여는 생계급여, 의료급여, 주거급여 중 하나 이상의 급여를 받는 수급자가 사망한 경우 장제조치를 하는 것으로 한다.
⑤ 교육급여는 교육부장관의 소관으로 한다.

064 정답 ①
출제포인트 지역자활센터의 사업

자활을 위한 사업자금 융자는 보장기관이 자활기업에게 직접 혹은 자활복지개발원, 광역자활센터 및 지역자활센터를 통하여 할 수 있는 지원에 해당한다.

065 정답 ③
출제포인트 「의료급여법」의 주요 내용

오답분석
① 시장·군수·구청장은 의료급여증을 발급하여야 한다.
② 급여비용의 재원에 충당하기 위하여 시·도에 의료급여기금을 설치한다.
④ 시장·군수·구청장은 상환받은 대지급금을 의료급여기금에 납입하여야 한다.
⑤ 시장·군수·구청장은 수급권자가 의료급여를 거부한 경우 의료급여를 중지해야 한다.

066 정답 ①
출제포인트 「기초연금법」상 수급권자

오답분석
ㄴ. 기초연금 수급자의 권리는 5년간 행사하지 아니하면 시효의 완성으로 소멸한다.
ㄷ. 기초연금 수급자가 대통령령으로 정하는 바에 따라 사망한 것으로 추정되는 경우 그 사유가 발생한 날이 속하는 달의 다음 달부터 그 사유가 소멸한 날이 속하는 달까지 기초연금의 지급을 정지한다.

067 정답 ③
출제포인트 「국민건강보험법」의 주요 내용

건강보험 가입자는 국내에 거주하지 아니하게 된 다음 날에 그 자격을 잃는다.

068 정답 ⑤
출제포인트 「노인장기요양보험법」의 주요 내용

재가급여에는 방문요양, 방문목욕, 방문간호, 주·야간보호, 단기보호, 기타 재가급여가 포함된다.

069 정답 ①
출제포인트 「국민연금법」의 주요 내용

오답분석
② 국민연금사업은 보건복지부장관이 맡아 주관한다.
③ "수급권자"란 이 법에 따른 급여를 받을 권리를 가진 자를 말한다.
④ 국내에 거주하는 국민으로서 18세 이상 60세 미만인 자는 국민연금 가입 대상이 된다.
⑤ 「국민연금법」을 적용할 때 배우자에는 사실상의 혼인관계에 있는 자가 포함된다.

070 정답 ④
출제포인트 「고용보험법」의 주요 내용

오답분석
① 근로의 의사와 능력이 있음에도 불구하고 취업하지 못한 상태에 있는 것은 실업이다.
② "일용근로자"란 1개월 미만 동안 고용되는 사람을 말한다.
③ 국가는 매년 보험사업에 드는 비용의 일부를 일반회계에서 부담하여야 한다.
⑤ 실업급여를 받을 권리는 양도 또는 압류하거나 담보로 제공할 수 없다.

071 정답 ⑤
출제포인트 실업급여의 유형: 취업촉진 수당

실업급여에는 구직급여와 취업촉진 수당이 있으며 그중 취업촉진 수당에는 이주비, 광역 구직활동비, 직업능력개발 수당, 조기 재취업 수당이 해당된다.

072 정답 ②
출제포인트 「노인복지법」의 주요 내용

오답분석
① 노인복지주택에 입소할 수 있는 자는 60세 이상의 노인으로 한다.
③ 노인취업알선기관은 노인 일자리 및 사회활동 지원사업을 전문적·체계적으로 수행하는 기관으로 보건복지부장관이 중앙노인일자리전담기관(현재 한국노인인력개발원)을, 지방자치단체의 장은 지역노인일자리전담기관(현재 시니어클럽 등)을 설치·운영할 수 있도록 하고, 지방자치단체의 장이 지역노인일자리전담기관을 법인·단체에 위탁할 때의 절차를 마련한다.(2023.10.31.(시행 2024.11.1.)에 「노인 일자리 및 사회활동 지원에 관한 법률」이 제정되면서 「노인복지법」에서는 삭제됨)
④ 노인요양공동생활가정은 노인들에게 일상생활에 필요한 편의를 제공함을 목적으로 하는 노인의료복지시설이다.
⑤ 지역노인보호전문기관은 시·도에 둔다.

073 정답 ②
출제포인트 「아동복지법」의 주요 내용

시·도지사 또는 시장·군수·구청장은 보호조치 중인 보호대상아동의 양육상황을 매년 점검하여야 한다.

074 정답 ④
출제포인트 「한부모가족지원법」의 주요 내용

오답분석
① 여성가족부장관은 3년마다 한부모가족에 대한 실태조사를 실시하고 그 결과를 공표하여야 한다.
② "청소년 한부모"란 24세 이하의 모 또는 부를 말한다.
③ 여성가족부장관은 청소년 한부모가 학업을 계속할 수 있도록 교육부장관에게 협조를 요청하여야 한다.
⑤ 한부모가족에 대한 국민의 이해와 관심을 제고하기 위하여 매년 5월 10일을 한부모가족의 날로 한다.

075 정답 ④
출제포인트 사회복지공동모금회의 특징

모금회는 정관을 작성하여 보건복지부장관의 인가를 받아 등기함으로써 설립된다.

암기 TIP 혹시 저 건물이 사회복지공동모금회인가?

1교시 사회복지기초(인간행동과 사회환경)

001	002	003	004	005
①	⑤	⑤	④	⑤
006	007	008	009	010
③	②	④	②	④
011	012	013	014	015
①	③	③	③	⑤
016	017	018	019	020
④	④	⑤	②	②
021	022	023	024	025
①	①	③	④	②

001 정답 ①
출제포인트 인간발달 전반에 대한 이해

인간발달은 태내기~사망까지 전 생애에 걸쳐서 이루어지는 변화를 말한다.

002 정답 ⑤
출제포인트 생태체계이론의 필요성 및 중요성

생태체계이론이란 전통적인 실천 방법을 개인, 가족, 집단, 공동체 등의 문제에 적용하는 데 그 한계가 발생하여 이를 둘러싼 환경(지역, 국가, 국제사회 및 동·식물 등)까지 포함시키는 개념이다.
㉠ 독거노인이 최근 자살을 하여 그 원인을 파악하였더니 15년 간 함께한 반려견이 며칠 전 자연사하였다. 이에 크게 상심한 노인이 스스로 생을 마감하였던 것이다. 이는 단순히 노인, 그 친족, 경로당 어르신, 동네 주민만 보는 것이 아닌 주변의 모든 것(동물-반려견)을 아우르는 관점으로 조망해야 한다는 것이다. 이러한 점이 생태체계이론의 큰 특징이다. 설마 개 하나 때문에 스스로 생을 단념하셨을까?라는 생각으로 이를 유력선상에서 배제하면 솔루션(solution)은 나오기 어렵다.

003 정답 ⑤
출제포인트 인간발달이론의 유용성

인간발달이론은 문제 사정단계를 포함한 모든 단계에서 유용하다.

004 정답 ④
출제포인트 생태체계이론의 주요 개념

오답분석
① 시너지(synergy)는 체계 내부 간 혹은 외부와의 상호작용이 증가함으로써 체계 내에서 유용한 에너지양이 증가하는 현상이다.
② 엔트로피(entropy)는 외부의 에너지가 유입되지 않고 그 체계 내 무질서, 혼란 등이 발생하는 형태이다.
③ 항상성(homeostasis)은 비교적 안정적이며 지속적인 균형 상태를 유지하기 위한 체계의 경향을 말한다.
⑤ 적합성(goodness of fit)은 인간의 적응 욕구와 환경자원의 부합 정도로서 인간의 전 생애에 걸쳐서 성취된다.

005 정답 ⑤
출제포인트 에릭슨의 심리사회이론의 특징

자율성 대 수치와 의심의 심리사회적 위기를 겪는 시기는 유아기이다. 반면 학령기(아동기)는 근면성 대 열등감의 심리사회적 위기를 겪는다.

006 정답 ③
출제포인트 프로이트의 정신분석이론

오답분석
① 인간이 가진 무의식, 본능의 중요성을 강조하였다.
② 거세불안과 남근선망은 주로 남근기에 나타난다.
④ 자아는 현실원리에 지배되며 성격의 실행자이다.
⑤ 성격의 구조와 발달단계를 제시하였다(구강기 - 항문기 - 남근기 - 잠복기).

007 정답 ②
출제포인트 매슬로우의 욕구이론

욕구 위계에서 가장 높은 단계는 자아실현의 욕구이다. 반면 자아존중감의 욕구는 4단계이다.

008 정답 ④
출제포인트 반두라의 사회학습이론

반두라의 사회학습이론의 특징은 다음과 같다.
- 관찰, 모방학습이론
- '모델링 – 주의집중 – 파지(보존) – 운동재생 – 동기화'의 과정으로 형성
- 상호결정론(개인 – 환경 – 행동의 상호작용)
- 대리적 조건화 강조(파블로프 – 고전적 조건화, 스키너 – 조작적 조건화)

009 정답 ②
출제포인트 영아기의 특징

분화가 덜 된 정서에서 분화된 정서를 표현하는 방식으로 확대 및 발전한다. 또한, 1차 정서(기쁨, 공포, 분노)에서 2차 정서(당황, 수치, 질투)로 발달하게 된다.

010 정답 ④
출제포인트 중년기 우울증

오답분석
① 여성 포함 남성도 우울, 무기력감 등 심리적 증상을 경험한다.
② 여성은 에스트로겐의 분비가 감소되고 남성도 테스토스테론의 분비가 감소된다.
③ 인지적 반응속도가 꺾이기 시작한다.
⑤ 친밀감 형성은 성인 초기의 주요 과업이며, 사회관계망이 축소되는 것은 노년기의 특징이다.

011 정답 ①
출제포인트 유아기의 특징

남아가 오이디푸스 콤플렉스를 경험하고, 여아가 엘렉트라 콤플렉스를 경험하는 시기는 남근기(3~6세)이다.

오답분석
② 콜버그(L. Kohlberg)에 의하면 전인습적 수준의 도덕성 발달 단계를 보인다.
③ 피아제의 전조작기에 해당되며 상징적 사고가 가능하다.
④ 인지발달에서 상위 개념과 하위 개념을 구분하여 완전한 수준의 분류능력을 보이는 것은 구체적 조작기(7~12세)이다.
⑤ 영아기에 비해 성장속도가 느려진다.

012 정답 ③
출제포인트 인본주의 관점에서의 현상학이론

오답분석
ㄷ. 인간의 욕구발달단계를 제시한 학자는 매슬로우이다.

013 정답 ③
출제포인트 융의 분석심리이론의 주요 개념

오답분석
ㄹ. 남성의 여성적인 면은 아니마(anima), 여성의 남성적인 면은 아니무스(animus)이다.

014 정답 ③
출제포인트 브론펜브레너의 사회환경체계

오답분석
① 문화, 정치, 교육정책 등 거시체계는 개인의 삶에 간접적인 영향을 미친다.
② 인간을 둘러싼 사회환경을 미시체계, 중간체계, 외(부)체계, 거시체계로 구분했다.
④ 외부체계는 개인이 직접 참여하거나 관여하지는 않으나 개인에게 영향을 미치는 체계로 부모의 직장 등이 포함된다.
⑤ 미시체계는 개인에게 가장 근접하고 직접적인 영향을 미치는 체계이며 개인의 특성과 성장시기마다 차이점이 발생한다.

015 정답 ⑤
출제포인트 집단의 특징

오답분석
① 1차 집단은 인간의 성격 형성 등을 목적으로 하며 2차 집단은 과업 달성을 목적으로 한다.

② 개방집단은 입·탈퇴가 자유로워 일정 수준 이상의 심도 깊은 목적 달성에 부적합하다.
③ 구성원의 상호작용이 중요하므로 최소 단위는 2인 이상이다.
④ 형성집단은 특정 목적을 위해 만들어진 집단이다.

016 정답 ④
출제포인트 문화의 특성: 다양성

오답분석
① 선천적보다 후천적으로 습득된다.
② 개인행동에 대한 규제와 사회통제의 기능이 강하다.
③ 역동적이며 변화성이 있다.
⑤ 다양성은 차별보다 차이를 의미한다.

017 정답 ④
출제포인트 피아제의 인지발달이론

오답분석
① 피아제는 청소년기까지의 인지발달을 다루고 있다.
② 문화적·사회경제적·인종적 차이를 고려함에 미흡한 점이 있었다.
③ 추상적 사고의 확립은 형식적 조작기의 특징이다.
⑤ 보존개념이 획득되는 것은 구체적 조작기이다.

018 정답 ⑤
출제포인트 행동주의 이론

오답분석
ㄹ. 정해진 수의 반응이 일어난 후 강화를 주는 것은 고정비율 강화계획이다. 반면 고정간격 강화계획은 일정한 시간에 따라 강화를 하는 것이다.

019 정답 ②
출제포인트 다문화의 특징

다양한 문화를 수용하고 문화의 다양성, 포괄성을 지향한다.

020 정답 ②
출제포인트 노년기의 정서적 특징

사고의 경직성이 증가한다.

021 정답 ①
출제포인트 바빈스키 반사

바빈스키반사는 영아의 발바닥을 간지럽히면 발가락이 발등을 향해 부채 모양으로 펼쳐지는 현상이다. 반면 입 부근에 부드러운 자극을 주면 자극이 있는 쪽으로 입을 벌리는 반사는 탐색 반사이다.

022 정답 ①
출제포인트 청소년기(13~19세)의 특징

친밀감 형성이 주요 발달과업인 시기는 성인 초기(20~39세)이다.

+ 기출개념 더 알아보기

청소년기(13~19세)의 특징

- 피아제의 형식적 조작기, 프로이트의 생식기, 에릭슨의 자아정체감 형성 – 역할 혼란시기
- 급격한 신체적 확장(성적 성숙 포함)
- 질풍노도의 시기(극단적 정서 경험)
- 추상적, 관념적 사상 탐닉 시기(부정적 정서 경험)

023 정답 ③
출제포인트 아동기의 특징

오답분석
ㄱ. 제1의 반항기는 유아기(3~6세)이다.
ㅁ. 타인의 입장을 고려하지 못하는 것은 유아기(3~6세)이다.

024 정답 ④
출제포인트 생애주기별 특징

오답분석
ㄴ. 유아기(3~6세)는 자기중심성을 보이며 자신의 시각에서 사물을 본다.

025 정답 ②
출제포인트 이상행동과 사회복지실천

진단분류체계로 '정신질환 진단 및 통계편람(DSM)'과 세계보건기구(WHO)의 '국제 질병분류 편람(ICD)'이 있다.

1교시 사회복지기초(사회복지조사론)

026	027	028	029	030
③	①	③	①	②
031	032	033	034	035
①	③	①	⑤	④
036	037	038	039	040
②	⑤	④	⑤	⑤
041	042	043	044	045
②	④	①	④	⑤
046	047	048	049	050
④	②	④	③	②

026 정답 ③
출제포인트 사회복지 연구의 윤리성

연구윤리와 공익적 가치를 함께 확보해야 한다.

027 정답 ①
출제포인트 사회과학의 패러다임

연구결과를 해석할 때 정치적 가치나 이데올로기의 영향을 적극적으로 고려하는 것은 해석주의에 가깝다.

028 정답 ③
출제포인트 종단연구의 특징

오답분석
① 베이비붐세대를 시간변화에 따라 연구하는 것은 동년배연구(동류집단연구, 코호트연구)이다.
② 일정기간 센서스 자료를 비교하여 전국 인구의 성장을 추적하는 것은 경향연구(추이연구, 트렌드연구)이다.
④ 시간에 따른 변화를 가장 정확하게 알려주는 것은 패널연구이다.
⑤ 일반 모집단의 변화를 시간변화에 따라 연구하는 것은 경향연구(추이연구, 트렌드연구)이다.

029 정답 ①
출제포인트 영가설의 특징

오답분석
ㄷ. 영가설은 대안가설이 아닌 연구가설을 검증하기 위해 채택하는 가설이다.
ㄹ. 변수 간의 관계가 우연임을 입증하는 것이 영가설이고 변수 간의 관계가 우연이 아님을 증명하는 것이 연구가설이다.

030 정답 ②
출제포인트 사회조사의 목적

외상후스트레스로 퇴역한 군인을 위한 서비스개발의 가능성을 파악하기 위한 초기면접은 탐색적 연구이다.

031 정답 ①
출제포인트 변수의 척도 유형

성별, 연령, 유형(직업), 거주지역, 버스 및 지하철 노선, 운동선수 백넘버 등은 대표적인 명목척도이다.

오답분석
- 서열척도: 등급제(수능, 내신, 장애인 등), 학교 점수, 교육, 생활, 소득 수준(상·중·하) 등
- 등간척도: 온도, IQ, EQ 등
- 비율척도: 횟수(방문율, 출생률, 투표율, 시청률, 구독률, 취업률 등)

032 정답 ③
출제포인트 조사설계의 외적타당도와 내적타당도

오답분석
① 어떤 변수가 다른 변수의 원인임을 정확하게 기술하는 것은 내적타당도이다.
② 연구결과를 연구조건을 넘어서는 상황이나 모집단으로 일반화할 수 있는 정도는 외적타당도이다.
④ 실험대상의 탈락이나 우연한 사건은 내적타당도 저해요인이다.
⑤ 외적타당도가 낮더라도 내적타당도가 높은 경우가 있다.

033 정답 ①
출제포인트 면접조사의 장점

응답자의 익명이 보장되지 못하는 것은 면접조사의 단점에 포함된다.

034 정답 ⑤
출제포인트 변수의 측정 수준에 따른 분석 방법

통상적으로 연령은 비율변수에 포함된다.
예) 나이를 얼마나(how many) 드셨어요?
10대, 20대, 30대, 40대, 50대, 60대는 연령대에 해당되고 이는 서열변수에 포함되어 산술평균 적용(등간척도 해당)이 어렵다.

035 정답 ④
출제포인트 델파이기법의 특징

델파이기법은 익명을 기반으로 한다. 이외 델파이기법의 특징은 다음과 같다.
- 전문가 집단의 의사결정 강조
- 우편조사 형식을 활용
- 만장일치 선호, 의견 미일치 시 피로도 증가로 탈락자 발생
- 연구자의 의견 조작 가능(편향성)

036 정답 ②
출제포인트 관찰을 통한 자료수집 방법

오답분석
① 관찰자에 의해 자료가 생성된다.
③ 자료수집 상황에 대한 통제가 제한적이다(임의적, 통제적 상황보다 자연스러운 상황에서 자료 수집).
④ 내면적 의식의 파악이 제한적이다. 반면 내면적 의식 파악이 용이한 것은 서베이(servey)이다.
⑤ 수집된 자료를 객관화하는 방법은 서베이(servey)이다.

037 정답 ⑤
출제포인트 참여행동연구의 특징

제시된 사례에서 연구대상자는 자신의 문제를 스스로 정의하고 이를 해결하기 위해 주도적으로 역할을 수행한다. 이는 참여행동연구에 해당하며 사회변화와 임파워먼트에 초점을 둔다.

오답분석
① 개방코딩-축코딩-선택코딩의 방법을 활용하는 것은 근거이론연구이다.
② 범죄피해와 정신건강을 설명하는 이론 개발에 초점을 두는 것은 근거이론연구이다.
③ 단일사례에 대한 깊이 있는 분석에 초점을 두는 것은 단일사례연구이다.
④ 관찰대상의 개인적 설화(narrative)를 만드는 것에 초점을 두는 것은 내러티브연구이다.

038 정답 ④
출제포인트 통제집단 사전사후검사 설계

제시된 연구는 통제집단 사전사후검사 설계의 유형이며 이는 검사효과는 발생하지만 그 외의 내적타당도 저해요인(도구효과, 성숙 등)을 통제할 수 있다는 장점이 있다.

오답분석
① 테스트 효과의 발생 가능성이 높다.
② 집단 간 동질성의 확인 가능성이 높다.
③ 사전검사와 프로그램의 상호작용 효과의 통제가 제한적이다.
⑤ 실험집단의 개입 효과가 통제집단으로 전이되는 것은 비동일 통제집단 설계이다.

039 정답 ⑤
출제포인트 외적타당도의 저해요인

자발적 참여자만을 대상으로 연구표본을 구성할 경우 표본의 대표성이 떨어져 외적타당도가 저해된다.

오답분석
① 연구대상의 건강 상태가 시간 경과에 따라 회복되는 상황: 시간의 경과(성숙) → 내적타당도 저해요인
② 자아존중감을 동일한 측정도구로 사전-사후 검사하는 상황: 검사효과(테스트 효과) → 내적타당도 저해요인
③ 사회적 지지를 다른 측정도구로 사전-사후 검사하는 상황: 도구 효과 → 내적타당도 저해요인
④ 실험집단과 통제집단 간 연령 분포의 차이가 크게 발생하는 상황: 선별요인 → 내적타당도 저해요인

040 정답 ⑤
출제포인트 단일사례설계의 특징

오답분석
ㄴ. ABAC설계는 선행 효과의 통제가 제한적이다.
  예) 정서적 불안을 가지고 있는 아동(7세)의 개입 시 3개월 관찰(A) 후 3개월 정서적 기능 향상 프로그램 개입(B), 다시 3개월 관찰 후(A) 부모와의 유대강화 향상 프로그램(C)을 진행한다면, 앞서 진행된 개입(B)은 후행된 개입(C)에 영향을 준다. 이는 선행 효과가 있다고 할 수 있다.

041 정답 ②
출제포인트 단일사례설계의 분석방법

기초선이 불안정한 경우에 사용하는 방법은 경향선 접근법이다. 경향선 분석은 자료의 값을 분석하여 가장 대표적인 값을 산출하는 것을 목적으로 하며 대표적인 하위집단으로는 평균값, 중앙값, 최빈값이 있다. 이때 경향선 분석은 통상 불규칙, 불안정한 기초선을 가지고 있다.

참고
- 평균값: 모든 자료의 값을 합산한 후 그 자료의 수로 나눈 값으로, 이상치의 영향을 많이 받음
- 중앙값: 자료를 크기 순서대로 정렬했을 때 중앙에 위치한 값으로, 이상치의 영향을 최소화함
- 최빈값: 자료의 현상에서 가장 빈번하게 나타나는 값으로, 자료의 주된 경향성을 보여줌

+ 기출개념 더 알아보기

단일사례 분석방법

시각적 분석 방법	변화의 수준, 파동, 경향
임상적 분석 방법	실제 임상에서의 변화 파악, 주관적 요소 큼
통계학적 분석 방법	평균값, 중앙값, 최빈값의 경향선 분석

042 정답 ④
출제포인트 측정의 오류 특징

타당도가 낮은 척도의 사용은 체계적 오류를 발생시킨다.

043 정답 ①
출제포인트 조작적 정의

오답분석
ㄴ, ㄷ. 조작적 정의는 개념의 의미가 다양하고 풍부해지는 것이 아닌 측정이 실질적으로 가능하게 구체적으로 규정하는 것을 의미한다.
ㄹ. 조작적 정의가 이루어진 후 가설설정과 검증이 가능해진다.

044 정답 ③
출제포인트 표집오차의 특징

표본의 크기가 커지면 표집오차는 감소한다.

045 정답 ⑤
출제포인트 엄격성 향상

ㄱ. 삼각측정(triangulation): 연구자 한 명의 관찰이 아닌 다수의 관찰자에 의한 객관성 제고
ㄴ. 예외사례 표본추출: 연구자의 해석에 잘 맞지 않는 예외사례(부정적 사례)를 중심으로 선정하여 객관성 제고
ㄷ. 장기적 관찰: 단기적 관찰로 사실 및 현상을 놓치는 것을 방지하기 위해 장기간 종단 조사로 객관성 제고
ㄹ. 연구윤리 강화: 연구자의 주관적 윤리가 아닌 연구윤리위원회의 윤리강령 등을 기반으로 연구의 객관성 제고

046 정답 ④
출제포인트 표본추출의 특징

오답분석
① 모집단을 가장 잘 대표하는 표본추출방법은 층화표집이다.
② 모집단이 이질적인 경우에는 표본의 크기를 늘려야 한다.
③ 전수조사에서는 모수와 통계치의 구분이 불필요하다.
⑤ 체계적 표집방법(systematic sampling)은 모집단에서 임의의 숫자를 무작위로 선발한 후 사전 약속된 배수로 표본추출하는 형태이다.

047 정답 ②
출제포인트 척도의 유형별 특징

오답분석
① 리커트(Likert)척도는 개별문항의 중요도를 대부분 동일하게 한다.
③ 평정(rating)척도는 문항의 적절성 여부를 판단함에 주관적 견해가 개입될 수 있다.
④ 거트만(Guttman)척도는 단일차원적 내용을 분석할 때 사용된다.
⑤ 의미차별(semantic differential)척도는 느낌이나 감정을 나타내는 양극단에 배치된 형용사를 사용한다.

048 정답 ④
출제포인트 타당도의 특징

오답분석
ㄷ. 기준 관련 타당도의 하위타당도는 예측타당도와 동시타당도이다.

+ 기출개념 더 알아보기

기준타당도

측정의 기준점이 되는 타당도이며 기준타당도는 예측타당도와 동시타당도로 구분된다.

예측타당도	기준이 되면서 예측 가능하게 하는 타당도 예) 모의고사
동시타당도	한 측정도구가 기준이 되면서 다른 도구와 비교를 하는 것 예) A도구와 B도구의 비교

049 정답 ③
출제포인트 신뢰도 측정방법

상관관계가 높은 문항들을 범주화하여 하위요인을 구성하는 방법은 타당도 검사법 중 요인분석법에 해당한다.

오답분석
① 동일한 상황에서 동일한 측정도구로 동일한 대상을 다시 측정하는 방법: 검사-재검사법
② 측정도구를 반으로 나누어 두 개의 독립된 척도로 구성한 후 동일한 대상을 측정하는 방법: 반분법, 이분절기법
④ 동질성이 있는 두 개의 측정 도구를 동일한 대상에게 측정하는 방법: 대안법
⑤ 전체 척도와 척도의 개별항목이 얼마나 상호연관성이 있는지 분석하는 방법: 내적 일관성법

050 정답 ②
출제포인트 할당표집 방법의 특징

모집단을 구성하는 주요 변수별로 표본을 할당한 후 비확률표집(임의적, 작위적 표집)을 실시한다.

2교시 사회복지실천(사회복지실천론)

001	002	003	004	005
④	③	④	①	④
006	007	008	009	010
②	①	③	①	②
011	012	013	014	015
②	⑤	④	⑤	③
016	017	018	019	020
①	⑤	④	⑤	④
021	022	023	024	025
②	⑤	②	①	③

001 정답 ④
출제포인트 사회복지실천의 역사적 발달과정

ㄱ. 밀포드(Milford) 회의에서 사회복지실천의 공통요소 발표(1929년)
ㄴ. 「사회복지사업법」에 따라 국내에서 사회복지사 명칭을 사용하기 시작(1983년)
ㄷ. 태화여자관 설립(1921년)
ㄹ. 사회복지전문요원이 국내 행정기관에 배치(1987년)
따라서 사회복지실천의 역사적 발달과정을 순서대로 나열하면 'ㄷ - ㄱ - ㄴ - ㄹ'이다.

002 정답 ③
출제포인트 사회복지사의 중재자 역할

중재자(mediator): 중립적인 입장에서 좌우로 치우치지 않고 문제, 갈등, 역기능 대상자들을 상대로 문제해결, 갈등 해소, 긴장 완화 등의 역할을 수행하는 것

참고
중재자(mediator)의 뜻은 중간(medium)에 있는 자(~tor)란 의미이며, 중개자(broker)와 혼동하면 안 됨

003 정답 ④
출제포인트 자기인식

주어진 설명은 자기인식에 대한 내용이다. 이외 자기인식에 대한 특징은 다음과 같다.
- 사회복지사가 자신의 강점 및 약점을 파악하고 있는 것
- 사회복지사의 가치관, 신념, 성향 등이 클라이언트에게 미치는 파급효과를 알고 있는 것
- 사회복지사가 스스로 모니터링하는 기반으로 작동

004 정답 ①
출제포인트 면접 기술: 질문

오답분석
② 클라이언트가 자유롭게 대답할 수 있도록 개방형 질문을 활용한다.
③ 사회복지사가 의도하는 특정 방향으로 이끌기 위해 유도 질문을 사용해서는 안 된다.
④ 클라이언트에게 이중 또는 삼중 질문을 해서는 안 된다.
⑤ 클라이언트가 개인적으로 궁금해 하는 사적인 질문은 거짓으로 답하는 것보다 짧게 답하고 주제에 접근해야 한다.

005 정답 ④
출제포인트 생태도 작성

오답분석
ㄹ. 자원의 양은 '원'으로, 관계의 속성은 '선'으로 표시한다.

006 정답 ②
출제포인트 환기의 의미

환기에 대한 설명이다.
환기란 심리적으로 해로운 무언가를 제거하는 행위이며 본래 '정화' 또는 '깨끗하게 하는 청소'를 지칭하였다. 이는 생각과 감정을 표현함으로써 억눌린 트라우마를 깨끗하게 배출하는 과정이고 이를 통해 정신적, 감정적 회복의 상태에 도달하는 것을 강조하였다.

007 정답 ①
출제포인트 민감성의 의미

민감성에 대한 설명이다.

+ 기출개념 더 알아보기

민감성
- 반응성, 즉응성이라고도 함
- 클라이언트의 언행을 유심히 관찰, 경청하여 그에 맞게 반응을 보이는 것
- 클라이언트로 하여금 자신의 이야기를 잘 들어주고 이해하고 있다는 것을 직접적으로 보여주는 것

008 정답 ③
출제포인트 자선조직협회(COS)의 특징

빈민지역에 거주하며 지역사회 문제에 대한 집합적이고 개혁적인 해결을 강조한 것은 인보관(settlement house)이다.

009 정답 ①
출제포인트 개인주의가 사회복지실천에 미친 영향

오답분석
ㄹ. 사회적 책임 중시는 사회연대의식, 사회통합이며 개인주의는 개인의 책임성 강조를 의미한다. 이는 최소한의 수혜 자격 원칙(사회로부터 최소한의 급여 제공을 받는 것)에 영향을 주었다.

010 정답 ②
출제포인트 거시 수준의 사회복지실천

부모와 자녀의 관계증진을 위한 소집단프로그램을 진행하는 것은 미시 수준의 사회복지실천에 관한 내용이다.

011 정답 ②
출제포인트 임파워먼트모델의 특징

주어진 사례는 모두 임파워먼트모델의 특징을 가진다.

012 정답 ⑤
출제포인트 통합적 접근의 특징

서비스 영역별로 분화되고 전문화된 접근은 병리적 관점인 <u>진단주의 접근방식</u>이다.

013 정답 ④
출제포인트 이용시설과 생활시설의 구분

노인보호전문기관은 <u>이용시설</u>에 포함된다.

+ 기출개념 더 알아보기

이용시설과 생활시설의 구분

이용시설	일정 시간에만 서비스를 제공하는 곳
생활시설	숙식, 숙박 등을 하면서 종일 서비스를 제공하는 곳

014 정답 ⑤
출제포인트 콤튼과 갤러웨이의 6체계 모형

사회복지사협회 등 전문가나 전문가단체가 해당되는 체계는 <u>전문체계(전문가체계)</u>이다.

+ 기출개념 더 알아보기

콤튼과 갤러웨이의 6체계 모형

표적체계	문제를 내포하고 있는 자, 변화의 대상자
클라이언트체계	의뢰를 요청한 자
변화매개체계	사회복지사, 사회복지기관
행동체계	변화매개 체계와 함께 표적체계에 대해 영향을 주는 사람(들)
전문체계 (전문가체계)	전문가, 전문가단체, 교육체계 ㉠ 사회복지사협회 등
문제인식체계 (의뢰-응답체계)	• 의뢰체계: 법원, 검찰청, 시청 • 응답체계: 클라이언트(개인, 가족, 집단 등)

015 정답 ③
출제포인트 전문적 관계의 특징

클라이언트의 이익과 욕구 충족을 위한 <u>전문적 관계</u>이다.

016 정답 ①
출제포인트 비스텍(F. Biestek)의 관계 원칙

오답분석

② 클라이언트의 감정이나 태도를 있는 그대로 받아들이고 존중하는 것은 <u>수용</u>이다.
③ 목적달성을 위한 방안들의 장·단점을 설명하고 클라이언트가 스스로 선택하도록 하는 것은 클라이언트의 <u>자기결정권</u>이다.
④ 공감을 받고 싶어 하는 클라이언트의 욕구에 따라 클라이언트에게 공감하는 반응을 표현하는 것은 <u>통제된 정서적 관여</u>이다.
⑤ 사회복지사 자신의 생각과 느낌, 개인적인 경험을 이야기하는 것은 <u>자기노출</u>이다.

017 정답 ⑤
출제포인트 사례관리 개입 원칙

서비스의 지속성에 대한 설명이다.

+ 기출개념 더 알아보기

사례관리 개입 원칙

서비스의 체계성	공식적 지원체계와 비공식적 지원체계의 연계, 지지망 구축
서비스의 접근성	물리적, 심리적, 비용적 요소를 고려하여 서비스의 문턱을 낮추는 것
서비스의 개별화	표준화가 아닌 클라이언트 각 개인의 고유성을 파악하고 그에 맞는 서비스 제공
서비스의 연계성	분산된 서비스를 조정, 연계하여 효율성을 높이는 것
서비스의 지속성	단편적, 부분적 서비스 제공이 아닌 장기적 측면에서 연속성을 가지고 서비스 제공이 이루어지는 것

018 정답 ④
출제포인트 사회복지사의 태도

오답분석

① 개선의 여지와 무관하게 <u>편견 없이 수용의 원칙</u>에 의거 클라이언트와 전문적 관계를 형성하였다.
② '클라이언트의 감정에 이입되어 면담을 지속할 수 없었다'는 <u>전이</u>이며 이는 사회복지사가 지양해야 할 태도이다.
③ 자신의 생각과 다른 클라이언트의 의견은 관계형성을 위해 즉시 수정보다 <u>이해 및 설득하여</u> 스스로 수정하게 해야 한다.
⑤ 클라이언트 특성이나 상황에 맞게 <u>개별화된 다양한 서비스를</u> 제공하였다.

019 정답 ⑤
출제포인트 자료 수집을 위한 자료 출처

ㄱ~ㄹ. 모두 옳은 내용이다.

＋기출개념 더 알아보기

자료 수집을 위한 자료 출처
- 문제, 사건, 기분, 생각 등에 관한 클라이언트 진술
- 클라이언트와 직접 상호작용한 사회복지사의 경험
- 심리검사, 지능검사, 적성검사 등의 검사 결과
- 친구, 이웃 등 클라이언트의 중요한 타인으로부터 수집한 정보
- 중요한 인물과의 상호작용 및 가정 방문
- 클라이언트가 직접 작성한 자료
- 비언어적 행동

020 정답 ④
출제포인트 레비의 사회복지전문직의 가치

동등한 사회 참여 기회 제공은 결과우선가치에 해당된다.

＋기출개념 더 알아보기

레비의 사회복지전문직의 가치

구분	내용	예시
수단우선 가치	사회복지 서비스를 수행하는 그 방법, 도구, 수단에 대한 가치	윤리성, 도덕성 및 비심판적 태도와 연관, 클라이언트의 자기 결정권 강조
결과우선 가치	사회복지 서비스 제공 후 그 결과에 대한 가치	개인의 성장 및 기회 강조, 긍정적 기대, 건설적 변화, 사회적 기여 및 참여 등
사람우선 가치	사회복지 서비스가 제공되는 클라이언트에 대한 가치	인간의 존엄성, 생명 보호, 수용, 개별성, 욕구 충족 등

021 정답 ②
출제포인트 사회복지실천 개입 기술

오답분석

ㄱ. 어떤 문제에 대해 클라이언트가 부여하는 의미를 수정해 줌으로써 클라이언트의 시각을 긍정적인 방향으로 변화시키려는 전략은 재명명(재구성)에 해당된다.

ㄴ. 모델링은 실제 다른 사람의 행동을 직접 관찰하거나 유튜브, 텔레비전 등을 통해서도 간접적 모델링을 할 수 있다.

ㄷ. 클라이언트 행동이 변화에 장애가 되거나 타인에게 위협이 될 때, 이를 인식하도록 하기 위한 목적으로 사용하는 것은 직면기법이다.

022 정답 ⑤
출제포인트 사례관리 등장 배경

사례관리의 중요한 부분은 사회복지서비스 공급주체가 탈시설화의 영향으로 중앙정부에서 지방정부로 변화한 것이다. 즉, 중앙집권화 경향의 시설보호에서 지방분권화의 지역사회보호로 전환된 것이다.

023 정답 ②
출제포인트 간접적 개입

간접적 개입에 해당하는 것은 다음과 같다.
- 자원의 연결(조정)
- 클라이언트의 옹호
- 전달체계 점검
- 후원자 발굴
- 프로그램 개발
- 유관기관의 협력
- 환경 조작(조정)

024 정답 ①
출제포인트 사례관리 과정의 점검단계의 특징

제시된 설명은 점검단계에 대한 내용이다.

025 정답 ③
출제포인트 사례관리자의 역할

사례회의를 통해 생활 형편이 어려운 가정의 아동에게 재정 후원자를 연결해주는 것은 중개자 역할에 더 가깝다. 반면 협상가는 클라이언트 편에서 갈등과 긴장을 해결하는 역할을 의미한다.

오답분석

① 조정자는 서비스의 중복, 분산 등에 관해 효율성을 높이기 위하여 유기적으로 연계하는 역할을 한다.

2교시 사회복지실천(사회복지실천기술론)

026	027	028	029	030
③	④	②	④	②
031	032	033	034	035
①	④	①	②	④
036	037	038	039	040
②	④	③	③	②
041	042	043	044	045
⑤	③	②	⑤	④
046	047	048	049	050
⑤	①	③	①	⑤

026   정답 ③
출제포인트 사회복지실천현장의 지식 유형

실천 활동의 원칙과 방식을 구조화한 것은 모델이다.
실천지혜는 쉽게 말하여 노하우(KNOW-HOW)를 의미한다. 수년간 학습되고 숙련된 과정에서 얻어진 자신만의 감각, 직관, 지식 등을 포괄하는 개념으로 실천현장에서의 경험으로 만들어진 비구조화된 지식이다.

027   정답 ④
출제포인트 위기개입모델의 특징

위기 발달은 촉발요인이 발생한 후에 실제 위기 상태로 넘어간다.

028   정답 ②
출제포인트 해결중심모델

오답분석
① 클라이언트에게 대처행동을 가르치고 훈련함으로써 부적응을 해소하는 것보다는 클라이언트 스스로 문제를 도출하고 그 해결 방법을 찾도록 돕는 역할을 한다.
③ 문제의 원인을 클라이언트의 심리 내적 요인에서 찾는 것은 정신역동모델이다.
④ 클라이언트의 문제를 자원 혹은 기술 부족으로 보는 것은 병리적 관점이며 해결중심모델은 강점 관점을 기반으로 한다.
⑤ 문제와 관련이 있는 환경과 자원을 사정하고 개입 방안을 강조하는 것은 병리적 관점의 진단주의 방식이다.

029   정답 ④
출제포인트 신비화

신비화에 대한 설명이다.
신비화는 불확실한 근거, 징크스(미신) 등을 사실인 것처럼 확증하는 것이다.
예) 문턱을 밟으면 재수가 없다, 암탉이 울면 집안이 망한다, 미역국을 먹으면 시험 떨어진다, 시험날 머리 감지 않는다 등
반면 과잉일반화는 소수의 사례를 가지고 전체에 적용시키는 오류이다.
예) 이탈리아 여행 중 소매치기를 당한 사람이 유럽은 소매치기가 많다고 하는 것, 미국에서 메이저리그 경기를 보고 미국은 모든 사람이 야구를 좋아한다고 하는 것

030   정답 ②
출제포인트 인지행동모델의 특징

클라이언트의 강점과 자원이 잠재력을 가지고 있다고 전제하며 이를 문제해결의 중점에 두는 것은 해결중심모델의 특징이다.

+ 기출개념 더 알아보기

인지행동모델 개입의 특징
- 주관적 경험의 독특성
- 협력적 노력
- 자신과 타인을 위한 무조건적 관심
- 구조화되고 직접적인 접근
- 적극적인 참여
- 교육적 모델
- 소크라테스식 문답방법
- 경험적인 초점
- 개입의 단기화
- 문제 재발의 방지
- 다양한 개입방법

인지적 기법	문답식 대화, 논박 등
정서적 기법	합리적 정서적 심상법, 내담자 수용
행동적 기법	역할 연습, 역할 바꾸기, 과제 수행 등

031   정답 ①
출제포인트 소거

소거는 이전에 강화되었던 행동에 더 이상 보강을 제공하지 않음으로써 그 행동이 점차적으로 사라지게 하는 것이다.
예) 놀기만 하는 자녀에게 긍정적 강화(독려, 격려)도 부정적 강화(질책, 꾸중)도 모두 주지 않음

032 정답 ④
출제포인트 사회복지실천모델

오답분석
ㄱ. 위기개입모델에서는 동일한 사건을 경험하더라도 위기로 인한 인식 또는 인지에 대해 클라이언트마다 다르다고 본다. 따라서 발생 사건에 대한 클라이언트의 주관적인 인식, 인지를 중시한다.

033 정답 ①
출제포인트 해결중심모델의 질문기법의 유형

오답분석
② 척도질문에 해당한다.
③ 예외질문에 해당한다.
④ 대처(극복)질문에 해당한다.
⑤ 상담 전 변화의 질문에 해당한다.

034 정답 ②
출제포인트 직접적 영향주기

주어진 사례에서 활용한 심리사회모델의 개입기법은 직접적 영향주기이다.

+ 기출개념 더 알아보기

직접적 영향주기의 기법

제안(제언)	클라이언트에게 문제 해결을 위해 권유, 제안 등을 하는 것
설득	클라이언트의 역기능적 문제를 치료하기 위해 노력하는 것
조언	지식, 경험적 기반 등을 기초로 앞으로 나아갈 방향에 대해 제시하는 것

035 정답 ④
출제포인트 정신역동모델 개입기법

오답분석
ㄹ. 저항이나 전이에 대한 이해를 심화·확장하여 통합적으로 이해하도록 하는 것은 훈습이다.

036 정답 ②
출제포인트 요약

요약은 클라이언트가 현재까지 진행하면서 완료된 것, 수행되지 못한 것, 앞으로 남은 것을 간단명료하게 알려주는 것을 의미한다.

037 정답 ④
출제포인트 순환적 인과관계

가족체계의 순환적 인과성에 대한 내용으로 단선적 인과관계보다 복잡하고 다양한 상관관계에 초점을 둔다. 이외 순환적 인과관계의 내용은 다음과 같다.
- 가족 성원 한 사람의 변화가 다른 성원에게 파급효과를 가져옴
- 상호작용의 원리를 강조
- 한 가족 성원의 문제는 누적된 가족 전체의 문제로 봄

038 정답 ③
출제포인트 경계선 만들기

제시된 사례에 적용된 실천기법은 경계선 만들기이다. 경계선 만들기의 특징은 다음과 같다.
- 체계와 체계를 구분하는 것
- 상위체계, 하위체계를 명확하게 함
- 체계 간 독립 및 자율성 강조

039 정답 ③
출제포인트 만치니의 개입 우선순위

사례에서 A씨는 이미 진단(알코올 중독)을 받은 상태이며 이에 대한 인지가 부족한 상황이다. 이에 A씨의 알코올 중독 문제에 관여하는 개인 차원의 개입이 우선적으로 이루어져야 한다.

오답분석
①, ②, ④, ⑤ 모두 개인 차원의 개입이 이루어진 후 진행되어야 하는 가족 차원의 개입에 해당한다.

+ 기출개념 더 알아보기

만치니의 개입 우선순위

A상황	가장 중요하다고 생각되며 신속하게 처리되어야 하는 것
B상황	처리가 지연될 경우 A상황에 이르는 것
C상황	처리가 지연되어도 크게 문제는 없지만 상황에 따라 A, B에 이르는 것

| D상황 | 해도 무방, 안 해도 무방한 것 |

040   정답 ②
출제포인트   가족경계의 특징

오답분석
① 하위체계의 경계가 애매한 경우에는 지나친 간섭이 증가한다.
③ 하위체계의 경계가 명확한 경우에는 가족의 보호 기능이 강화된다.
④ 하위체계의 경계가 경직된 경우에는 가족 간 의사소통이 감소한다.
⑤ 하위체계의 경계가 애매한 경우에는 가족구성원이 독립적으로 행동하기 어렵다.

041   정답 ⑤
출제포인트   가족사정의 주요 내용

ㄱ~ㄹ. 모두가 가족사정에 대한 내용이다. 가족사정은 가족을 하나의 단위로 파악하여 내부 및 외부에서 발생하는 상호작용을 파악하기 위해 자료를 수집 및 분석하는 과정이며 이는 구성원 간의 경계, 가족 규칙, 가족 문화, 의사소통, 생활환경 및 주기 등을 면밀하게 이해 및 파악하는 것이다.

042   정답 ③
출제포인트   가족 대상 실천 모델

자기대상은 대상관계이론에 포함되며 외현화는 이야기치료모델에 해당된다.

043   정답 ③
출제포인트   집단 대상 실천의 장점

다양한 성원들로부터 새로운 행동을 학습하면서 모방 효과를 습득한다. 이외 집단 대상 실천의 장점은 다음과 같다.
- 이타심 향상
- 공감대 형성 및 확대
- 일반화, 보편화 경험
- 사회기술 및 유대관계 증진
- 원가족의 갈등에 대한 재사회화 과정 형성

044   정답 ⑤
출제포인트   집단 준비단계

ㄱ~ㄹ. 모두 옳은 설명이다.
집단 준비단계에서 고려할 사항은 다음과 같다.
- 집단의 결성 목적
- 집단성원의 참여 자격
- 집단성원 모집 방식과 절차
- 공동지도자 참여 여부
- 집단의 회기별 주제
- 지속 기간

045   정답 ④
출제포인트   집단의 성과 평가 방법

델파이기법은 문제의 해결방법 모색을 위해 전문가들의 의견을 묻는 형태의 기법으로 집단의 성과 평가보다는 문제해결방안을 모색할 때 유용한 기법 중 하나이다.

046   정답 ⑤
출제포인트   사회기술훈련의 단계

사회기술훈련의 단계는 '시연(ㄷ) → 역할극(ㄱ) → 평가(ㄹ) → 적용(ㄴ)' 순이다.

047   정답 ①
출제포인트   집단발달의 초기단계 실천기술

오답분석
ㄴ. 집단성원이 수행한 과제에 대해 솔직하고 구체적인 피드백을 준다(중간단계).
ㄷ. 집단역동을 촉진하기 위해 사회복지사가 의도적인 자기 노출을 한다(중간단계).
ㄹ. 집단성원의 행동과 태도가 불일치하는 경우에 직면을 통해 지적한다(중간단계).

048   정답 ③
출제포인트   사회목표모델의 특징

사회목표모델의 특징은 다음과 같다.
- 지역사회 목표에 부응하는 모델

- 시민의식, 민주시민 교양 함양
- 수준 높은 시민으로서 교양, 의식 등을 강조(민주적 의사결정 방식)
- 지역에 대한 소속감 중요시
- 사회복지사의 촉진자 역할 강조
- 보이스카우트, 걸스카우트, RCY, 라이온스 클럽, JC청년단, 의용 소방대, 자율 방범대 등

049 정답 ①

출제포인트 과정기록의 특징

과정기록의 특징은 다음과 같다.
- 교육과 훈련의 중요한 수단이며, 자문의 근거자료로 유용
- 면담전개 과정을 시간의 흐름에 따라 기술하는 방식
- 사회복지사 자신의 행동분석을 통해 사례에 대한 개입능력 향상에 도움
- 사회복지사와 클라이언트의 상호작용을 상세히 기록
- 대화체 형태의 기록 방식

050 정답 ⑤

출제포인트 다중기초선 설계

다중기초선 설계는 둘 이상의 클라이언트, 둘 이상의 문제에 대해 적용하는 설계로서 동시에 기초선을 측정해 가면서 각각 다른 시점에 개입한다.

2교시 사회복지실천(지역사회복지론)

051	052	053	054	055
⑤	②	④	④	⑤
056	057	058	059	060
①	②	③	②	②
061	062	063	064	065
①	④	④	①	⑤
066	067	068	069	070
③	②	③	⑤	①
071	072	073	074	075
③	④	④	②	③

051 정답 ⑤

출제포인트 길버트-스펙트의 지역사회복지 기능: 사회통제 기능

길버트와 스펙트(N. Gilbert & H. Specht)는 구성원들이 지역사회의 다양한 사회적 규범을 준수하고 순응하게 하는 것으로 정치 및 법률 제도(사회통제 기능)를 강조하였다.

052 정답 ②

출제포인트 지역사회복지의 이념: 주민 참여

보기는 <u>주민참여</u>에 대한 설명이다.

오답분석
② 정상화: 지역사회보호를 위한 탈시설화와 지역주민이 가치 있는 역할을 수행하도록 강조한다.
③ 네트워크(조직화): 공급 주체들의 효과성, 효율성, 책임성, 접근 편의성 등의 제고를 위해 상호 간에 연계, 연결하는 것을 의미한다.
④ 전문화: 지역사회복지 수행에 있어서 사회복지사, 사회복지 수행기관의 전문성을 의미한다.
⑤ 탈시설화: 기존의 시설보호에서 서비스가 필요한 중증 대상자를 제외한 클라이언트의 자기결정권 차원에서 재가 보호를 받게 하는 개념이다.

+ 기출개념 더 알아보기

지역사회복지의 이념

정상화	특별한 장애나 욕구를 가진 사람도 시설보호를 벗어나 일상적인 삶을 유지할 수 있도록 해야 한다는 이념
네트워크 (조직화)	공급 주체들의 효과성, 효율성, 책임성, 접근 편의성 등의 제고를 위해 상호 간에 연계, 연결
사회통합	지역사회 보호대상자들이 지역사회 주민들과 함께 생활할 수 있도록 계층의 격차 및 전반적인 불평등을 줄이는 것을 추구
탈시설화	폐쇄적인 대규모 수용시설에서 벗어나 그룹홈, 주간보호시설, 단기보호시설 등 다양한 개방적 체제로의 전환을 지향
주민참여	클라이언트의 자기결정권에 입각하여 지역사회 및 지역주민이 당면 문제를 스스로 해결하도록 하는 개념으로 주로 지역주민과 행정기관의 파트너십 형성을 통해 수행

053   정답 ④
출제포인트   한국의 지역사회복지 역사

오답분석
① 2000년대 – 지역자활센터 설치·운영(2006년 자활후견기관에서 명칭 변경)
② 1980년대 – 사회복지관 운영 국고보조금 지원
③ 2010년대 – 희망복지지원단 설치·운영(2012년)
⑤ 2000년대 – 사회복지사무소 시범 설치·운영(2004년)

054   정답 ④
출제포인트   허버트 보고서

하버트 보고서는 헐 하우스(Hull House) 건립의 기초와는 거리가 멀다.

+ 기출개념 더 알아보기

하버트 보고서의 특징
- 공공서비스와 민간서비스의 가족체계를 기반으로 하는 지역사회근린에 초점을 둠
- 비공식 서비스의 중요성 강조
- 친구와 친척에 의한 비공식 보호를 지원해야 된다고 역설

055   정답 ⑤
출제포인트   지역사회복지 주요 이론: 갈등이론

오답분석
① 이익과 보상으로 사회적 관계가 유지된다고 하는 것은 사회교환이론이다.
② 특정집단이 지닌 문화의 의미를 해석하는 것은 사회구성주의이론이다.
③ 지역사회가 상호의존적인 부분들로 구성되어 있다고 하는 것은 체계이론이다.
④ 조직구조 개발에 자원 동원 과정을 중요하게 여기는 것은 자원동원이론이다.

056   정답 ①
출제포인트   생태학이론

주어진 사례를 분석하면 다음과 같다.

> A지역은 외국인 노동자의 유입으로 특정 국적의 외국인 주거 공동체가 형성(집결, 침입)되기 시작하면서 주민 간 갈등(투쟁)이 발생하였다.

생태학이론이란 지역사회를 생태계처럼 중심화, 분산, 집결, 분리, 침입, 투쟁, 계승 등으로 적용하는 것이다.

057   정답 ②
출제포인트   지역사회복지 주요 이론: 권력의존이론

오답분석
ㄱ. 장애인 편의시설 설치를 위해 다양한 장애인 단체가 의사결정에 참여하도록 한다: 다원주의이론
ㄴ. 노인복지관은 은퇴 노인의 재능을 활용한 봉사활동을 기획한다: 교환이론

058   정답 ③
출제포인트   지역사회복지실천의 원칙

지역사회 문제의 다양성을 인정해야 한다(다양화).

059   정답 ②
출제포인트   기능적 지역사회조직모델

제시된 내용은 기능적 지역사회조직모델에 대한 설명이다.

060   정답 ②
출제포인트   로스만의 지역사회복지 실천모델

오답분석
ㄴ. 사회계획모델의 변화 매개체는 공식적 조직과 객관적 자료이다.
ㄷ. 사회행동모델에서 사회복지사의 핵심 역할은 협상가, 옹호자이다.

061   정답 ①
출제포인트   테일러와 로버츠의 지역사회복지 실천모델

프로그램 개발과 조정모델은 지역사회의 효율적인 변화를 위해

공공기관을 중심으로 프로그램을 개발하고 조정해 나가는 모델이다. 반면 지역주민의 역량 강화 및 지도력 개발에 관심을 두는 모델은 <u>지역사회개발모델</u>이다.

+ 기출개념 더 알아보기

테일러와 로버츠의 모델

프로그램 개발 및 조정모델	공공기관이 프로그램을 개발하고 조정해 나가는 형태(권력행사: 공공기관 100%)
계획모델	인간 지향적인 측면을 강조하며 합리적 기획모델에 기초한 조사전략 및 기술을 강조함(권력행사: 공공기관 70%, 클라이언트 30%)
지역사회 연계모델	클라이언트의 개별적 문제들을 지역사회문제로 연계하는 형태(권력행사: 공공기관 50%, 클라이언트 50%)
지역사회 개발모델	지역사회의 역량 강화와 주민의 자발적 참여 등을 통한 문제해결 강조(권력 행사: 공공기관 30%, 클라이언트 70%)
정치적 권력강화 모델	사회적으로 배제된 집단에 초점을 둠. 웨일과 갬블의 정치·사회행동모델과 유사하며 사회복지사는 교육자, 자원개발자, 사회운동가 역할을 담당(권력행사: 클라이언트 100%)

062 정답 ④

출제포인트 실행단계의 과업

제시된 내용은 <u>실행단계</u>에 해당되며 실행단계에서의 과업은 다음과 같다.
- 재정자원의 집행
- 추진 인력의 확보 및 활용
- 협력과 조정을 위한 네트워크 구축
- 참여자 적응 촉진
- 참여자 갈등 관리

063 정답 ④

출제포인트 지역사회 욕구사정 방법

오답분석

① 지역주민으로부터 설문조사를 통해 직접적으로 자료를 획득하는 것은 <u>서베이(survey)</u>이다.
② 전문가 패널을 대상으로 반복된 설문을 통해 합의에 이를 때까지 의견을 수렴하는 것은 <u>델파이(delphi)</u>이다.
③ 정부기관이나 사회복지관련 조직에 의해 수집된 기존 자료를 활용하는 것은 <u>2차 자료분석</u>이다.
⑤ 지역사회 문제를 잘 파악하고 있는 사람들을 대상으로 정보를 확보하는 것은 <u>주요 정보 제공자 조사</u>이다.

064 정답 ①

출제포인트 지역사회복지 실천모델별 사회복지사의 역할: 옹호자

주어진 사례에서 사회복지사는 주민의 입장에서 문제가 해결될 수 있도록 직접 서명운동 및 조례제정 입법 활동을 수행하였다. 이는 단순 중개자의 역할을 뛰어넘어 클라이언트의 역할을 대변하는 옹호자(대변자)의 역할에 해당한다.

065 정답 ⑤

출제포인트 연계 기술

지역주민 권익향상을 위한 사회행동은 <u>옹호 기술</u>에 해당한다.

+ 기출개념 더 알아보기

연계 기술
- 인적·물적 자원의 효율적 관리
- 사회복지사의 자원 네트워크 확장
- 지역의 사회적 자본 확대
- 클라이언트 중심의 통합적 서비스 제공
- 서비스의 중복과 누락 방지
- 서비스의 오·남용 억제
- 대표적으로 지역사회복지협의회, 지역사회보장협의체, 시·도 사회보장위원회 등

066 정답 ③

출제포인트 자원개발·동원 기술

주어진 사례를 분석하면 다음과 같다.

> A 사회복지사는 독거노인이 따뜻한 겨울을 보낼 수 있도록(문제해결) 지역 내 종교단체에 예산(물적 자원)과 자원봉사자(인적 자원)를 지원해 줄 것을 요청하였다.

이와 같이 지역사회의 문제해결을 위해 자원을 발굴하고 동원하는 것은 자원개발·동원 기술에 해당한다.

067 정답 ②

출제포인트 지방분권의 특성

오답분석

① 사회보험제도는 <u>국가책임</u>으로 이루어지고 있다.
③ 지역주민의 욕구에 대한 <u>민감성이 강화</u>된다.
④ 복지수준의 지역 간 불균형이 이루어<u>질 수</u> 있다.
⑤ 중앙정부의 <u>사회적 책임성</u>이 약화될 우려가 있다.

068 정답 ③
출제포인트 시·군·구 지역사회보장계획

오답분석
ㄱ. 시·군·구 지역사회보장협의체의 심의와 의회 보고를 거쳐야 한다.
ㄷ. 시·군·구 지역사회보장계획은 시행연도의 전년도 9월 30일까지 수립하여 제출하여야 한다. 반면 연차별 시행계획은 시행연도의 전년도 11월 30일까지 제출해야 한다.

069 정답 ⑤
출제포인트 지역사회보장협의체의 실무협의체 운영

오답분석
① 사회보장업무를 담당하는 공무원은 당연직으로 포함된다.
② 위원장 1명을 포함하여 10명 이상 40명 미만의 위원으로 구성한다.

💡 **암기 TIP**
실무 ┬ **시무**(始務): 시작은 <u>1 또는 0</u>부터 → <u>10명</u>
     └ **사무**(事務): 사(4) → 40명

③ 지역사회보장계획과 관련된 조례를 제정하는 것은 지방의회이다.
④ 시·군·구의 사회보장급여 제공에 관한 사항을 심의·자문하는 것은 대표협의체이다.

070 정답 ①
출제포인트 자원봉사활동 추진체계의 역할

행정안전부장관은 관계 중앙행정기관장과 협의하여 자원봉사활동 진흥을 위한 국가기본계획을 5년마다 수립해야 한다.

071 정답 ③
출제포인트 사회복지관의 지역사회조직화 기능

아동 자립생활 지원을 위한 후원자 개발은 지역사회조직화 기능 중 자원개발 및 관리에 해당한다.

오답분석
① 독거노인을 위한 도시락 배달 → 서비스 제공 기능 중 지역사회보호
② 한부모가정 아동을 위한 문화 프로그램 제공 → 서비스 제공 기능 중 교육문화
④ 학교 밖 청소년을 위한 직업기능 교육 → 서비스 제공 기능 중 자활지원
⑤ 장애인 일상생활 지원을 위한 서비스 제공 → 서비스 제공 기능 중 지역사회 보호

➕ **기출개념 더 알아보기**
지역사회조직화 기능
- 복지 네트워크 구축
- 주민 조직화
- 자원개발 및 관리

072 정답 ④
출제포인트 사회적 기업

오답분석
ㄷ. 사회적 기업은 사회적기업 육성법에 따라 고용노동부장관의 인증을 받아야 활동할 수 있다.

073 정답 ④
출제포인트 지역주민 참여수준

지역사회복지실천에서 지역주민 참여수준이 높은 것에서 낮은 것 순서로 나열하면 다음과 같다.
의사결정권 행사(권한 위임)(ㄹ) → 계획단계에 참여(회유)(ㄱ) → 조직대상자(상담)(ㄴ) → 단순정보수혜자(정보 제공)(ㄷ)

074 정답 ②
출제포인트 지역사회복지운동

오답분석
① 사회복지전문가를 포함한 모든 사회구성원들이 중심이 되어 활동한다.
③ 운동의 초점은 정치권력의 장악보다 지역주민 욕구충족, 사회연대의식 고취, 네트워크 형성이다.
④ 지역사회의 구조적 문제를 포함하여 각종 문제를 해결하는 데 주안을 둔다.
⑤ 지역사회복지운동단체는 각종 복지 서비스 제공, 관계망 형성, 교육 활동 등을 한다.

075 정답 ③
출제포인트 복지전달체계의 최근 동향

통합사례관리가 확대되고 있다.

3교시 사회복지정책과 제도(사회복지정책론)

001	002	003	004	005
③	⑤	①	④	②
006	007	008	009	010
④	⑤	②	④	③
011	012	013	014	015
⑤	①	③	①	②
016	017	018	019	020
⑤	②	①	①	④
021	022	023	024	025
②	③	⑤	③	④

001 정답 ③
출제포인트 베버리지 보고서의 5대 악

산업재해는 베버리지 보고서의 5대 악에 해당하지 않는다.

+ 기출개념 더 알아보기

베버리지 보고서의 5대 악

무지	전 국민에 대한 의무교육 제고
불결	전 지역에 대한 열악한 주거환경 정비, 도시 재개발 강조
나태	비정규직보다 정규직(완전고용) 확대
결핍	전 국민에 대한 최저 수준(National Minimum) 보장(사회보험 강조)
질병	전 국민에 대한 무상 보건 및 의료서비스의 포괄적 서비스 확대(NHS)

002 정답 ⑤
출제포인트 사회복지정책 평가의 특징

사회복지의 정책, 행정, 실천의 가치는 가치지향적 및 가치판단적이다. 반면 조사의 연구에 있어서는 가치중립적 성격이 적용된다.

003 정답 ①
출제포인트 롤스의 사회정의론

오답분석
② 기회의 균등이 결과의 평등보다 중요하다.
③ 사회경제적 불평등은 근본적으로 허용되지 않으나 특정 조건 하에서 정당화될 수 있다.
④ 최대다수의 최대행복은 공리주의 학자 벤담(Bentham)의 주장이다.
⑤ 정당한 소유, 합법적 이전이 정의로운 결과를 가져온다고 주장한 학자는 노직(Nozick)이다.

004 정답 ④
출제포인트 사회복지정책의 필요성

오답분석
ㄹ. 능력에 따른 분배는 경제 정책의 논리이며 사회복지정책은 능력을 초월하는 국가에 의한 재분배(이전소득)를 강조한다.

005 정답 ②
출제포인트 권력자원이론의 특징

권력자원이론은 사회민주주의 이론이라고도 하며, 1인 1투표권 행사에 따른 다수결의 원칙 적용 시 노동자 후보의 권력 쟁취 가능성 증대, 노동자의 단결 모임(노동조합), 조직화된 행위 중심으로 참정권 제고 등의 특징이 있다.

006 정답 ④
출제포인트 영국의 구빈제도의 발달

1795년 스핀햄랜드법은 최초로 임금 보조제도를 실시(아동수당)하였다. 열등처우의 원칙은 신빈민법(1834)의 주요 원칙 중 하나이다.

오답분석
① 1601년 엘리자베스 빈민법은 빈민을 노동능력 있는 빈민(작업장 입소), 노동능력 없는 빈민(구빈원 입소), 빈곤아동(도제 활용)으로 분류하였으며 지역단위 구빈세로 재원을 충당하고 중앙에서 구빈 감독관이 파견되어 지도·감독하였다.
② 1662년 정주법은 부랑자들의 자유로운 이동을 금지하여 세금의 안정적인 징수를 도모하였다.
③ 1782년 길버트법은 빈민에 대한 인권 보장을 위해 최초로 원

외구제(재가 보호)를 허용하였다.
⑤ 1834년 신빈민법은 노동능력이 있는 빈민에 대한 원외구제를 폐지(작업장 활용의 원칙)하였다.

007 정답 ⑤

출제포인트 조지-윌딩의 소극적 집합주의

오답분석
① 시장에 대한 국가개입을 최소화하고 개인의 소극적 자유를 극대화하는 것은 신우파이다.
② 개인의 적극적 자유를 보장하기 위해서 철저한 계획경제와 생산수단의 국유화가 필요하다고 주장하는 것은 마르크스 사회주의이다.
③ 환경과 생태의 관점에서 자본주의의 성장과 복지국가의 확대는 지속가능하지 않다는 것은 녹색주의이다.
④ 복지국가가 노동의 성(gender) 분업과 자본주의 가부장제를 고착화시키는 역할을 한다는 것은 페미니즘이다.

➕ 기출개념 더 알아보기

소극적 집합주의 특징
- 국가의 시장 개입 일정 부분 허용(사회주의 얼굴을 한 자본주의)
- 자본주의, 자유주의 근간은 유지하되 수단 및 방법에 있어 부분 사회주의 모방
- 실용적인 노선 유지
- 수정 자본주의와 의미가 유사함

008 정답 ②

출제포인트 에스핑-앤더슨의 복지국가 유형

탈상품화는 개인이 시장에 상품을 내놓지 않아도 인간다운 삶을 누릴 수 있는 정도를 의미한다.

➕ 기출개념 더 알아보기

에스핑-안데르센의 복지국가 유형

자유주의 복지국가	• 탈상품화 가장 낮음 • 계층화 지수 가장 높음 • 신자유주의 기반 • 공공부조 강조 • 가족, 민간 중심 급여(탈공공화) • 미국, 호주 등 • 국가의 시장 개입 최소화
보수주의 복지국가	• 탈상품화 중간 • 계층화 지수 높음 • 중도 노선 기반 • 사회보험 강조 • 민간+공공 중심 급여(가족 구조 중시) • 독일, 프랑스 등 • 국가의 시장 개입 찬성
사회민주주의 복지국가	• 탈상품화 가장 높음 • 계층화 지수 가장 낮음 • 사회민주주의 이론 기반 • 사회서비스 강조 • 공공 중심 급여(탈가족화) • 스웨덴, 덴마크 등 • 국가의 시장 개입 적극 찬성

009 정답 ④

출제포인트 의료보장제도의 특징

행위별 수가제는 의료종사자 또는 의료기관의 경쟁을 심화시켜 과잉진료를 유발할 가능성이 높고 이는 불필요한 진료로 이어져 의료비 절감의 제한을 초래한다.

➕ 기출개념 더 알아보기

건강보험 진료비 지불제도

포괄수가제	의료비 절감 효과가 높게 발생(질병군으로 묶어서 진료비 책정, 과소 진료 우려)
행위별 수가제	의료비 절감 효과가 낮게 발생(진료 행위별 진료비 책정, 과잉 진료 우려)

010 정답 ③

출제포인트 근로장려금 산정방식

총급여액 등이 1,800만 원일 때, 이는 총급여액이 1,200만 원 이상~3,200만 원 미만에 해당하므로 근로장려금은 200만 원 −(1,800만 원−1,200만 원)×10%=1,400,000원이다.

011 정답 ⑤

출제포인트 국민기초생활보장제도의 변화

오답분석
ㄷ. 교육급여가 신설된 것은 1979년이며 1982년 생활보호법의 전면개정으로 별도의 프로그램으로 진행되다가 2000년 10월 1일부로 「국민기초생활 보장법」에서 실시되었다. 참고로 교육급여는 교육부에서 지급한다.

012 정답 ①
출제포인트 공공부조제도의 장점

공공부조제도는 한정된 예산으로 가입자를 선별하여 적용한다는 점에서 전 국민을 대상으로 하는 사회보험에 비해 대상효율성이 높다.

오답분석

②~⑤ 모두 사회보험과 비교하였을 때 나타나는 공공부조제도의 단점에 해당하는 내용이다.
② 공공부조제도는 가입자를 자산조사에 따라 선별하므로 전 국민을 대상으로 하는 사회보험보다 가입률이 낮다.
③ 공공부조제도는 자산조사에 따라 선별적으로 적용되므로 수급자에 대한 낙인을 예방하기 어렵다.
④ 공공부조제도는 가입자 선별 단계에서 많은 행정비용이 발생할 수 있다.
⑤ 공공부조제도는 자산조사에 따라 차등적으로 적용되므로 수평적 재분배 효과가 나타날 수 없다(수직적 재분배 효과가 큼).

013 정답 ③
출제포인트 취약계층 취업지원 제도

오답분석

① 노인 일자리사업의 총괄 운영기관은 한국노인인력개발원이다.
② 장애인고용의무제도는 상시 50명 미만의 근로자를 고용하는 사업주는 제외된다.
④ 국민기초생활보장 수급자 중 근로 능력이 있는 조건부 수급자와 차상위자는 자활사업에 참여해야 한다.
⑤ 고령자를 채용하지 않는 기업이 정부에 부담금을 납부하는 규정은 따로 없다(장애인 해당).

014 정답 ①
출제포인트 고용보험과 산재보험

오답분석

② 구직급여는 구직활동을 실시해야 지급된다.
③ 시행령에 의거하여 일부 사업에 대하여 적용하지 않는다(고용형태 및 근로시간).
④ 장해급여는 장해를 입은 근로자에게 지급된다.
⑤ 두 보험의 가입자 보험료율은 동일하지 않다(고용보험은 사업장 규모에 따라, 산재보험은 사업종류에 따라 구분됨).

015 정답 ②
출제포인트 상대적 빈곤 측정방식 유형

오답분석

ㄴ. 라이덴 방식: 주관적 빈곤 측정방식
ㄷ. 반물량(오샨스키) 방식: 절대적 빈곤 측정방식
ㄹ. 라운트리(전물량) 방식: 절대적 빈곤 측정방식

016 정답 ⑤
출제포인트 사회보험의 운영 원리

사회보험의 징수업무는 통합되어 1개 기관(건강보험공단)에서 운영되나, 이외의 업무들은 각 해당 기관들에서 운영된다.

오답분석

② 사회보험은 수평적 재분배(건강보험, 고용보험 등) 또는 수직적 재분배(국민연금) 기능이 있다.

017 정답 ②
출제포인트 공적연금의 특징

오답분석

ㄴ. 「공무원연금법」이 가장 먼저 시행되었다(1960년).
ㄷ. 2022년 12월말 기준 공적연금 수급개시연령은 동일하지 않다.

+ 기출개념 더 알아보기

국민연금 출생연도별 수급 개시 연령

출생연도	수급 개시 연령
1953~1956년	61세
1957~1960년	62세
1961~1964년	63세
1965~1968년	64세
1969년 이후	65세

018 정답 ①
출제포인트 길버트-테렐의 사회복지전달체계 재구조화 전략

수급자 수요 강화는 길버트-테렐이 제시한 사회복지전달체계의 개선 전략 중 서비스 배분방법의 수요억제 전략에 상반되는 개념이다.

기출개념 더 알아보기

길버트와 테렐이 제시한 사회복지전달체계 재구조화 전략

- 정책결정 권한 재구조화 전략: 조정 및 협력, 시민참여
- 과업 할당 재조직화 전략: 역할 부여, 전문가 분리·이탈
- 전달체계 구성 변화 전략: 전문화된 접근, 의도적·계획적인 중복

오답분석
② 기관들의 동일 장소 배치 → 정책결정 권한과 통제력의 재구조화
③ 사례별 협력 → 정책결정 권한 재구조화 전략
④ 관료적 구조로부터의 전문가 이탈 → 과업 할당 재조직화 전략
⑤ 시민참여 → 정책결정 권한 재구조화 전략

019 정답 ①
출제포인트 사회복지정책의 주체 및 역할

긍정적 외부효과가 큰 영역은 공공부문이 담당하는 것이 바람직하다.

오답분석
② 사회복지정책의 주체는 복지 다원주의에 입각하여 국가, 지방자치단체, 공공복지기관 등 다양하다.

020 정답 ④
출제포인트 산물 분석의 한계

오답분석
① 정해진 틀에 따라 사회복지정책 내용을 분석함으로써 적용된 사회적 가치를 평가하는 것은 용이하지 않다(사회의 가변성, 역동성, 다양성, 복잡성으로 인함).
② 사회복지정책의 방향성을 제시하기가 용이하지 않다.
③ 현행 사회복지정책에서 배제되고 차별받는 사람들의 욕구를 파악하기가 제한적이다.
⑤ 사회복지정책의 구체적인 대안을 담아내기 어렵다.

021 정답 ②
출제포인트 사회복지정책의 분석 기본틀: 사회적 효과성

오답분석
① 수급자격을 얻기 위해 개인의 특수한 욕구가 선별적인 세밀한 조사에 노출될 수밖에 없다는 것은 자산조사(선별주의) 개념이며 이는 비용 효과성(효율성) 개념과 함께 한다.

③ 시민권은 수급권을 얻을 수 있는 중요한 자격 요건이다.
④ 급여를 신청할 때 까다로운 행정절차가 반드시 필요한 것은 비용 효과성(효율성)이다.
⑤ 사회적 효과성은 단기적 비용절감보다 사회구성원에 대한 존엄성, 삶의 질 향상, 소득재분배, 평등에 더 주안을 두며 이는 단기적 성과보다 중·장기적 성과에 목표를 가진다.

022 정답 ③
출제포인트 드로어의 최적모형

오답분석
ㄷ. 초합리성(직관, 주관적인 판단, 창의력)의 구체적인 달성 방법에 대한 명확한 설명이 제시되지 못하는 단점이 있다.

023 정답 ⑤
출제포인트 사회복지급여의 적절성

적절성에 대한 기준은 시간과 환경에 따라 변한다(옛날에 농촌 사회 중심에서는 쌀밥 한 그릇 충족이 중요하였지만 현재 현대 사회는 잡곡류, 빵, 라면, 짜장면, 마라탕 등 다양한 형태로 변함).

024 정답 ③
출제포인트 사회복지운동

오답분석
ㄹ. 우리나라의 사회복지역사에서 정부는 사회복지운동단체의 의견을 모두 수용하지는 않았다. 권력자원이론에 의거 사회복지운동 단체가 정부의 의견을 대부분 수용하는 역사의 반복이었다.

025 정답 ④
출제포인트 소득보장제도

아동수당은 만 8세 미만의 아동을 대상으로 매월 10만 원을 지급하며, 보편적 프로그램 유형이다.

3교시 사회복지정책과 제도(사회복지행정론)

026	027	028	029	030
⑤	③	①	③	③
031	032	033	034	035
④	⑤	②	②	②
036	037	038	039	040
①	③	③	⑤	②
041	042	043	044	045
①	①	④	④	⑤
046	047	048	049	050
②	④	②	①	⑤

026　정답 ⑤
출제포인트 한국 사회복지행정의 역사

사회복지관에 대한 정부 보조금은 1980년대부터 진행되었으며 특히 1983년 「사회복지사업법」 개정으로 사회복지관의 정부 보조가 시작되었다. 또한, 1986년에 사회복지관 운영 및 국고보조사업 지침이 마련되어 본격적이고 체계적인 집행틀이 만들어졌다.

+ 기출개념 더 알아보기

한국 사회복지행정의 역사
- 사회복지서비스는 주로 외국 원조단체들에 의해 제공(KAVA 1952~1969년)
- 「사회복지사업법」 제정으로 사회복지시설에 대한 제도적 지원과 감독에 관한 법적 근거 마련(1970년)
- 사회복지전문요원제도 도입(1987년)
- 사회복지시설 평가제도 도입(1997년)
- 사회복지시설 설치 기준 변경(허가제 → 신고제, 1997년)

027　정답 ③
출제포인트 사회복지행정의 기능

오답분석
ㄴ. 보고(reporting): 조직의 활동을 이사회와 행정기관 등에 보고하는 활동

028　정답 ①
출제포인트 사회복지행정의 특징

오답분석
② 사회복지행정가는 가치지향적, 가치판단적이어야 한다.
③ 서비스 효율성은 고려해야 되는 요소이다.
④ 재정관리는 사회복지행정에 포함되어야 한다.
⑤ 직무환경에 맞게 개별화, 다양화하여 운영되어야 한다.

029　정답 ③
출제포인트 인간관계이론

인간관계이론에 대한 설명이다.

오답분석
① 과학적 관리론: 테일러 시스템이라고 하며 개인 중심, 인간의 이기심 강조, 물질적 보상을 강조한 이론이다. 특히 시간에 따른 노동자의 성과에 초점을 맞춘다.
② 관료제론: 막스 베버의 관료제이론의 특징은 전문가 수행, 수직적 위계, 상의하달식 의사소통, 호봉제, 신상필벌, 업무의 분업화 및 책임 강조 등이다.
④ 행정관리론: 조직의 능률성, 효과성 제고를 위해 능률을 기본 가치로 하는 이론으로 관리자가 따라야 할 원리와 기능을 개발하는 데 초점을 둔다. 합리적 분업화와 전문화를 추구하며 분업화된 일들의 효율적인 조정과 관리에 역점을 둔다.
⑤ 자원의존론: 조직구조의 환경에 대한 단순 적응보다 정책결정자의 선택을 강조하며 물질적 자원, 인적 자원의 확보가 사회복지조직 운영의 성패를 결정한다고 본다.

030　정답 ③
출제포인트 막스 베버의 관료제

베버가 제시한 이상적 관료제형의 특징은 다음과 같다.
- 전문화
- 경험의 중시(호봉제)
- 업무의 분장, 분업
- 권위를 통한 위계질서 강조
- 상의하달, 수직적 의사소통
- 규정, 규범에 따른 업무수행
- 사사로운 정에 이끌리는 정실적(情實的) 관계 지양
- 직무 범위의 명확화
- 신상필벌

031 정답 ④
출제포인트 신공공관리론

정부가 직접 공급하였던 복지서비스를 민간 참여(위탁, 운영)로 확대하였다.

➕ 기출개념 │ 더 알아보기

신공공관리론의 특징
- 경쟁 원리: 공공기관에 시장의 경쟁 요소 도입, 신자유주의 기반
- 성과 중심: 전통적 호봉 방식보다 업무성과와 결과에 따른 평가 및 보상
- 민영화: 공공의 기능 축소와 함께, 효율성 제고를 위한 서비스의 민간기관 위탁
- 유연성, 시장원리 강조
- 분산된 결정권과 관리자의 책임 및 의무 중시
- 시민 참여 확대 및 공공과 민간의 네트워크 강조
- 효율성 중시
- 관료제의 비효율성 해소

032 정답 ⑤
출제포인트 하센펠트의 휴먼서비스 조직의 특성

목표 달성을 위해 명확한 지식과 기술을 사용하는 것이 제한된다(인간의 가변성, 다양성, 복잡성).

033 정답 ②
출제포인트 조직구조

오답분석
① 조직규모가 커질수록 공식화 정도가 높아진다.
③ 과업의 종류가 많을수록 수평적 분화가 늘어난다.
④ 분권화 정도가 높을수록 직원들의 재량권이 높아진다.
⑤ 분권화 정도가 높을수록 직원의 권한과 책임의 범위가 모호해진다.

034 정답 ②
출제포인트 목적전치

목적전치에 해당하는 현상이다.

➕ 기출개념 │ 더 알아보기

목적전치
- 수단이 목적보다 우선되는 현상
- 클라이언트를 위한 규정, 방침이 오히려 클라이언트를 제한함
- 본래의 목적에서 변질되는 현상도 포함

035 정답 ②
출제포인트 리더십이론

관리격자이론에서 사람에 대한 관심과 일에 대한 관심이 모두 높은 리더는 팀형(team management, 9-9)이다. 반면 컨트리클럽형(country club management, 9-1)은 사람에 대한 관심만 높고 일에 대한 관심은 낮은 형태의 리더이다.

036 정답 ①
출제포인트 인적자원관리

인적자원관리는 인적자원의 관리 및 확보를 비롯하여 성과 및 보상관리를 주업무로 한다. 또한, 구성원에 대한 모집, 채용, 오리엔테이션, 직무교육, 프로그램 개발관리, 평가 등을 수행한다.

037 정답 ③
출제포인트 직무기술서

오답분석
ㄷ. 교육 수준, 기술, 능력 등은 종사자의 자격 요건에 해당하는 것으로 이는 직무명세서에 포함되는 내용이다.

038 정답 ③
출제포인트 슈퍼비전의 특징

동료집단 간에도 슈퍼비전이 수행될 수 있다(동료집단 슈퍼비전).

039 정답 ⑤
출제포인트 예산 편성 방식

오답분석
① 영기준 예산(Zero Based Budgeting)은 <u>전년도 예산 내역과 무관하게 새로이 예산을 편성한다.</u>
② 계획(기획) 예산(Planning Programming Budgeting System)은 국가의 중·장기적 계획 수립을 위한 예산 편성 방식이다.
③ 영기준 예산(Zero Based Budgeting)은 <u>비용-편익분석, 비용-효과분석을 통해 예산 편성이 이루어진다.</u>
④ 성과주의 예산(Performance Budgeting)은 <u>전년도 사업의 성과를 기반으로 예산을 수립한다.</u>

040 정답 ②
출제포인트 사회서비스의 주체

사회서비스 공급 주체는 <u>국가 및 지방자치단체 그리고 민간이</u> 포함된다.

041 정답 ①
출제포인트 사회복지조직의 서비스 질 관리

오답분석
② 총체적 품질관리(TQM)는 기업의 소비자 만족을 극대화하기 위한 기법이며 <u>클라이언트 이익을 최우선시하는 사회복지기관에 적용할 수 있다.</u>
③ 총체적 품질관리는 <u>현상유지보다 지속적인 개선에 초점을</u> 둔다.
④ 서브퀄(SERVQUAL)의 요소에 <u>확신성(assurance)도 포함된다.</u>
⑤ 서브퀄에서 고객 요청에 대한 즉각적 반응을 의미하는 것은 <u>반응성이다.</u>

+ 기출개념 더 알아보기

서브퀄(SERVQUAL)

유형성(Tangibles)	서비스를 제공하는 물리적 환경, 장비, 외모 등 고객에게 보여지는 모습
신뢰성(Reliability)	약속한 서비스를 정확하고 믿을 수 있게 수행하는 능력
반응성(Responsiveness)	고객을 위해 신속한 서비스를 제공하려는 의지
확신성(Assurance)	고객에 대한 신뢰와 확신을 주는 능력
공감성(Empathy)	고객에 대한 개별적이고 세심한 관심과 배려

042 정답 ①
출제포인트 한국 사회복지 전달체계 개편 순서

ㄱ. 주민생활지원서비스 전달체계: 2006년
ㄴ. 사회복지통합관리망(행복e음) 개통: 2010년
ㄷ. 읍·면·동 복지허브화: 2016년
ㄹ. 지역사회 통합돌봄: 2019년
따라서 한국의 사회복지 전달체계 개편 순서는 'ㄱ - ㄴ - ㄷ - ㄹ'이다.

043 정답 ④
출제포인트 사회복지 조직의 의사결정 모형

오답분석
① 점증모형: 기존의 결정 사항에 대해 약간만 수정하여 진행하는 모형
② 연합(혼합)모형: 경제적·시장 중심적 시각에서 탈피하여 목표의 변동, 기대감, 조직의 구조 파악 등에 주안을 두는 모형
③ 만족모형: 제한적 합리성을 기반으로 어느 정도 만족할 만한 수준에서 의사결정을 함
⑤ 공공 선택모형: 포퓰리즘이라고도 하며 민간의 이기심이 공공에서도 발휘되는 것을 의미함

044 정답 ④
출제포인트 사회복지정보화의 특징

학습조직 필요성이 <u>증대하였다.</u> 사회복지정보화의 특징은 다음과 같다.
- <u>조직의 업무 효율성 증대</u>
- 대상자 관리의 정확성, 객관성 확보
- 클라이언트에 대한 <u>사생활 침해 가능성 증가</u>
- 사회복지행정가가 <u>정보를 체계적으로 다룰 수 있음</u>
- 서비스의 만족도 제고를 위한 능률적 수단
- 책임성 제고

045 정답 ⑤
출제포인트 비영리조직의 마케팅

<u>조직의 목표 달성과 측정은 제한적이고 어렵다.</u>

046 정답 ②

출제포인트 마케팅믹스 4P

오답분석

ㄴ. 가격(Price): 서비스를 구매하기 위해 지불하는 금액
ㄹ. 촉진(Promotion): 구매 의향을 제고시키는 일체의 행위(이벤트, 홍보, 광고 등)

047 정답 ④

출제포인트 프로그램 평가 검토기법

오답분석

ㄱ. 비용-효과분석은 프로그램의 투입된 비용은 금전적 가치로 고려하지만 결과(산출)는 금전적 가치로 환산하지 않고 산출물 그대로 평가한다.

참고

비용-편익분석은 프로그램의 투입된 비용과 결과(산출) 모두 금전적 가치로 판단하는 것이다.

048 정답 ②

출제포인트 사회복지조직의 혁신

오답분석

① 변혁적 리더십은 부하 직원의 변화를 필요로 한다.
③ 사회환경 변화는 조직 혁신에 큰 영향을 미친다.
④ 조직 내부환경을 고려하지 않은 변화추진은 실패할 확률이 높다.
⑤ 변혁적 리더십은 개인의 사적 이익보다 조직의 목적과 공익을 강조한다.

049 정답 ①

출제포인트 비영리 조직의 특징

공익적 수익성과 서비스 질을 고려하는 추세(고객 만족의 총체적 품질관리 기법 도입)이다.

050 정답 ⑤

출제포인트 사회복지행정의 변화

기업의 경영관리 기법 도입이 확대되고 있다.

3교시 사회복지정책과 제도(사회복지법제론)

051	052	053	054	055
③	①	③	①	④
056	057	058	059	060
⑤	①	②	⑤	③
061	062	063	064	065
④	②	③	④	③
066	067	068	069	070
②	②	⑤	④	①
071	072	073	074	075
①	⑤	④	②	⑤

051 정답 ③

출제포인트 법률의 제정 연도

ㄱ. 「국민기초생활 보장법」: 1999년
  암기TIP 국(구, 9)민기초생활 보장법 → 99
ㄴ. 「산업재해보상보험법」: 1963년
  암기TIP 이, 얼, 싼(3) → 63
ㄷ. 「사회복지사업법」: 1970년
ㄹ. 「고용보험법」: 1993년
ㅁ. 「노인복지법」: 1981년
  암기TIP 노인어르신, 88하게 1순위로 사세요 → 81년

따라서 제정 연도가 빠른 순서는 'ㄴ-ㄷ-ㅁ-ㄹ-ㄱ'이다.

052 정답 ①

출제포인트 헌법 제34조

- 국가는 (사회보장)·(사회복지)의 증진에 노력할 의무를 진다.
- 신체장애자 및 질병·노령 기타의 사유로 생활 능력이 없는 국민은 (법률)이 정하는 바에 의하여 국가의 보호를 받는다.

053 정답 ③

출제포인트 사회복지법의 발달과정

오답분석

ㄱ. 2014년 「기초연금법」이 제정되면서 「기초노령연금법」(2007)은 폐지되었다.
ㄴ. 1999년 제정된 「국민건강보험법」은 「국민의료보험법」을 대

체한 것이다.

054 정답 ①
출제포인트 사회보장제도의 운영 원칙

사회보험은 <u>국가의 책임</u>으로 시행하는 것을 원칙으로 한다.

055 정답 ④
출제포인트 사회보장수급권

사회보장수급권은 <u>서면</u>으로 통지하여 포기할 수 있다.

056 정답 ⑤
출제포인트 사회보장위원회

오답분석
① <u>국무총리</u> 소속의 위원회이다.
② <u>위원장 1명, 부위원장 3명과 행정안전부장관, 고용노동부장관, 여성가족부장관, 국토교통부장관을 포함한 30명 이내의 위원</u>으로 구성한다.
③ 위원의 <u>임기는 2년</u>으로 하되, 공무원인 위원의 임기는 그 재임기간으로 한다.
④ <u>보건복지부</u>에 사무국을 둔다.

057 정답 ①
출제포인트 자치법규

지방자치단체장은 규칙 제정권을 갖고 지방의회는 조례 제정권을 갖는다.

058 정답 ②
출제포인트 「사회보장급여의 이용·제공 및 수급권자의 발굴에 관한 법률」

오답분석
① 보건복지부에 중앙생활보장위원회를 둔다(국민기초생활보장법 제20조).
③ "수급권자"란 <u>사회보장급여를 제공받을 권리가 있는 자</u>를 말한다.
④ 보장기관의 업무담당자는 지원대상자가 심신미약 등 대통령령으로 정하는 경우에 해당하면 <u>지원대상자의 동의 없이 직권으로</u> 사회보장급여의 제공을 신청할 수 있다.
⑤ 보장기관의 장은 지원대상자 발굴체계의 운영 실태를 매년 정기적으로 점검하고 개선방안을 마련하여야 한다.

059 정답 ⑤
출제포인트 「사회복지사업법」의 제공 원칙

<u>보건복지부장관</u>은 사회복지서비스 품질 평가를 위해 <u>평가기관을 설치 및 운영</u>할 수 있고 또한 <u>전문기관·단체에 평가의 전부 또는 일부를 위탁할 수 있다.</u>

060 정답 ③
출제포인트 자격 취소 사항

보건복지부장관은 사회복지사가 거짓이나 그 밖의 부정한 방법으로 <u>자격을 취득한 경우 그 자격을 취소</u>해야 한다.

💡 **암기 TIP** 모든 사회복지 관련 법에서 '**거짓이나 그 밖의 부정한 방법으로**'라는 문구 조항이 있으면 가장 강력한 단계의 처벌이 이루어진다. 주로 **자격 취소, 면허 취소, 허가 취소, 법인 폐쇄, 벌금형, 최고의 과태료 집행** 등이 해당된다.

061 정답 ④
출제포인트 「사회복지사업법」상 사회복지시설의 특징

오답분석
① 사회복지시설 운영위원회는 <u>심의기구</u>이다.
② 사회복지시설은 손해배상책임의 면책사업자가 아니기에 책임보험에 가입하여야 한다.
③ 사회복지시설의 장은 <u>상근</u>해야 한다.
⑤ 국가나 지방자치단체는 사회복지시설을 설치·운영할 수 있다.

062 정답 ②
출제포인트 「국민기초생활 보장법」상 급여의 종류

오답분석
① 부양의무자가 「병역법」에 따라 징집되거나 소집된 경우 부양을 받을 수 없는 것으로 본다.
③ 생계급여 선정기준은 기준 중위소득의 <u>100분의 30 이하</u>로 한다.

④ 생계급여는 매월 정기적으로 지급하여야 한다.
⑤ 주거급여에 주택 매입비는 미포함된다.

063 정답 ③

출제포인트 「국민기초생활 보장법」상 급여의 기본원칙

「국민기초생활 보장법」상 급여의 기본원칙은 다음과 같다.
- 보충급여
- 자립 지원
- 최저생활 보장
- 보편성
- 타법(타급여) 우선
- 개별성
- 가족부양
- 근로능력 활용

💡 **암기 TIP** 보·자~ 최저·보 선생이 타·개하여 개(가)·근이 어렵겠네

064 정답 ⑤

출제포인트 「긴급복지지원법」상 위기상황

"위기상황"이란 본인 또는 본인과 생계 및 주거를 같이 하고 있는 가구구성원이 ㄱ~ㄹ 등의 사유로 인하여 생계유지 등이 어렵게 된 것을 말한다.

➕ **기출개념** 더 알아보기

「긴급복지지원법」상 위기상황에 해당되는 것
- 주소득자(主所得者)가 사망, 가출, 행방불명, 구금시설에 수용되는 등의 사유로 소득을 상실한 경우
- 중한 질병 또는 부상을 당한 경우
- 가구구성원으로부터 방임(放任) 또는 유기(遺棄)되거나 학대 등을 당한 경우
- 가정폭력을 당하여 가구구성원과 함께 원만한 가정생활을 하기 곤란하거나 가구구성원으로부터 성폭력을 당한 경우
- 화재 또는 자연재해 등으로 인하여 거주하는 주택 또는 건물에서 생활하기 곤란하게 된 경우
- 주소득자 또는 부소득자(副所得者)의 휴업, 폐업 또는 사업장의 화재 등으로 인하여 실질적인 영업이 곤란하게 된 경우
- 주소득자 또는 부소득자의 실직으로 소득을 상실한 경우
- 보건복지부령으로 정하는 기준에 따라 지방자치단체의 조례로 정한 사유가 발생한 경우
- 그 밖에 보건복지부장관이 정하여 고시하는 사유가 발생한 경우

065 정답 ③

출제포인트 「건강가정기본법」의 주요 내용

"1인가구"라 함은 1명이 단독으로 생계를 유지하고 있는 생활단위를 의미한다.

066 정답 ②

출제포인트 「사회복지사업법」상 서비스의 최저기준 시설 유형

자원봉사센터는 「자원봉사활동기본법」에 따라 운영되며 사회복지사업법령상 시설에 해당하지 않는다.

➕ **기출개념** 더 알아보기

「사회복지사업법」의 정의

「사회복지사업법」이란 다음의 법률에 따른 보호·선도 또는 복지에 관한 사업과 사회복지상담, 직업지원, 무료 숙박, 지역사회복지, 의료복지, 재가복지, 사회복지관 운영, 정신질환자 및 한센병력자의 사회복귀에 관한 사업 등 각종 복지사업과 이와 관련된 자원봉사활동 및 복지시설의 운영 또는 지원을 목적으로 하는 사업을 말한다.
- 「국민기초생활 보장법」
- 「아동복지법」
- 「노인복지법」
- 「장애인복지법」
- 「한부모가족지원법」
- 「영유아보육법」
- 「성매매방지 및 피해자보호 등에 관한 법률」
- 「정신건강증진 및 정신질환자 복지서비스 지원에 관한 법률」
- 「성폭력방지 및 피해자보호 등에 관한 법률」
- 「국내입양에 관한 특별법」 및 「국제입양에 관한 법률」
- 「일제하 일본군위안부 피해자에 대한 생활안정지원 및 기념사업 등에 관한 법률」
- 「사회복지공동모금회법」
- 「장애인·노인·임산부 등의 편의증진 보장에 관한 법률」
- 「가정폭력방지 및 피해자보호 등에 관한 법률」
- 「농어촌주민의 보건복지증진을 위한 특별법」
- 「식품등 기부 활성화에 관한 법률」
- 「의료급여법」
- 「기초연금법」
- 「긴급복지지원법」
- 「다문화가족지원법」
- 「장애인연금법」
- 「장애인활동 지원에 관한 법률」
- 「노숙인 등의 복지 및 자립지원에 관한 법률」
- 「보호관찰 등에 관한 법률」
- 「장애아동 복지지원법」
- 「발달장애인 권리보장 및 지원에 관한 법률」
- 「청소년복지 지원법」
- 「스토킹 방지 및 피해자보호 등에 관한 법률」
- 그 밖에 대통령령으로 정하는 법률

067 정답 ②

출제포인트 「국민기초생활 보장법」상 보장기관

오답분석

① 「국민기초생활 보장법」상 급여는 수급자의 거주지를 관할하는 시·도지사와 시장·군수·구청장이 실시하되 교육급여는 교육부에서 지급한다.
③ 보장기관은 사회복지전담 공무원을 배치하여야 한다.
④ 생활보장위원회는 심의·의결기구이다.
⑤ 소관 중앙행정기관의 장은 3년마다 기초생활보장 기본계획을 수립하여야 한다.

068 정답 ⑤

출제포인트 구직급여 수급자격의 제한사유

ㄱ, ㄴ, ㄷ. 모두 고용보험법령상 중대한 귀책사유로 해고된 피보험자로서 구직급여 수급자격의 제한사유에 해당된다.

+ 기출개념 더 알아보기

이직 사유에 따른 수급자격의 제한법(제58조)

1. 중대한 귀책사유로 해고된 피보험자로서 다음 각 목의 어느 하나에 해당하는 경우
   가. 「형법」 또는 직무와 관련된 법률을 위반하여 금고 이상의 형을 선고받은 경우
   나. 사업에 막대한 지장을 초래하거나 재산상 손해를 끼친 경우로서 고용노동부령으로 정하는 기준(규칙 별표1의 2)에 해당하는 경우
   다. 정당한 사유 없이 근로계약 또는 취업규칙 등을 위반하여 장기간 무단 결근한 경우
2. 자기 사정으로 이직한 피보험자로서 다음 각 목의 어느 하나에 해당하는 경우
   가. 전직 또는 자영업을 하기 위하여 이직한 경우
   나. 중대한 귀책사유가 있는 사람이 해고되지 아니하고 사업주의 권고로 이직한 경우
   다. 그 밖에 고용노동부령으로 정하는 정당한 사유(규칙 별표2의 2)에 해당하지 아니하는 사유로 이직한 경우

069 정답 ④

출제포인트 「산업재해보상보험법」상 유족급여

근로자의 소득으로 생계의 전부 또는 상당 부분을 유지하고 있던 유족으로서 학업·취업·요양, 그 밖에 주거상의 형편 등으로 주민등록을 달리하였거나 동거하지 않았어도 유족의 범위에 포함된다.

070 정답 ①

출제포인트 정신질환자의 보호의무자

정신질환자의 보호의무자가 될 수 있는 사람은 「민법」에 따른 후견인 또는 부양의무자이다.

+ 기출개념 더 알아보기

정신질환자의 보호의무자가 될 수 없는 사람

- 피성년후견인 및 피한정후견인
- 파산선고를 받고 복권되지 아니한 사람
- 해당 정신질환자를 상대로 한 소송이 계속 중인 사람 또는 소송한 사실이 있었던 사람과 그 배우자
- 미성년자
- 행방불명자
- 그 밖에 보건복지부령으로 정하는 부득이한 사유로 보호의무자로서의 의무를 이행할 수 없는 사람

071 정답 ①

출제포인트 「한부모가족지원법」상 한부모가족 복지시설

제시된 내용은 일시지원시설에 대한 설명이다.

※ 법 개정으로 변경된 명칭으로 기재함

+ 기출개념 더 알아보기

한부모가족복지시설(제19조)

출산지원시설	법 제4조 제1호의 모, 혼인 관계에 있지 아니한 자로서 출산 전 임신부, 혼인 관계에 있지 아니한 자로서 출산 후 해당 아동을 양육하지 아니하는 '모' 어느 하나에 해당하는 자의 임신·출산 및 그 출산 아동(3세 미만에 한정)의 양육을 위하여 주거 등을 지원하는 시설
양육지원시설	6세 미만 자녀를 동반한 한부모가족에게 자녀를 양육할 수 있도록 주거 등을 지원하는 시설
생활지원시설	18세 미만(취학 중인 경우에는 22세 미만을 말하되, 「병역법」에 따른 병역의무를 이행하고 취학 중인 경우에는 병역의무를 이행한 기간을 가산한 연령 미만을 말함) 자녀를 동반한 한부모가족에게 자립을 준비할 수 있도록 주거 등을 지원하는 시설
일시지원시설	배우자(사실혼 관계에 있는 사람을 포함)가 있으나 배우자의 물리적·정신적 학대로 아동의 건전한 양육이나 모 또는 부의 건강에 지장을 초래할 우려가 있을 경우 일시적 또는 일정 기간 동안 모와 아동, 부와 아동, 모 또는 부에게 주거 등을 지원하는 시설
한부모가족 복지상담소	한부모가족에 대한 위기·자립 상담 또는 문제해결 지원 등을 목적으로 하는 시설

072 정답 ⑤
출제포인트 요양급여 청구사건 판례

대법원 판결(대법원 2012두20991)에 의하면 의족은 보조기구가 아닌 신체의 일부인 다리를 물리적·기능적·실질적으로 대체하는 장치로서, 업무상의 사유로 근로자가 장착한 의족이 파손된 경우 「산업재해보상보험법」상의 부상에 해당된다.

073 정답 ④
출제포인트 장기요양요원지원센터의 기능

장기요양요원지원센터의 업무는 다음과 같다.
- 장기요양요원의 권리 침해에 관한 상담 및 지원
- 장기요양요원의 역량강화를 위한 교육지원
- 장기요양요원에 대한 건강검진 등 건강관리를 위한 사업
- 그 밖에 장기요양요원의 업무 등에 필요하여 대통령령으로 정하는 사항

074 정답 ②
출제포인트 다함께돌봄센터

다함께돌봄센터에 대한 설명이다.

+ 기출개념 | 더 알아보기

다함께돌봄센터

> 시·도지사 및 시장·군수·구청장은 초등학교의 정규교육 이외의 시간 동안 돌봄서비스를 실시하기 위하여 다함께돌봄센터를 설치·운영한다.

다함께돌봄센터의 돌봄 내용
- 아동의 안전한 보호
- 안전하고 균형 있는 급식 및 간식의 제공
- 등·하교 전후, 야간 또는 긴급상황 발생 시 돌봄서비스 제공
- 체험활동 등 교육·문화·예술·체육 프로그램의 연계·제공
- 돌봄 상담, 관련 정보의 제공 및 서비스의 연계
- 그 밖에 보건복지부령으로 정하는 방과 후 돌봄서비스의 제공

075 정답 ⑤
출제포인트 아동보호 사각지대 발굴 및 실태조사

아동보호 사각지대 발굴 및 실태조사(제15조의4)에 따르면 보건복지부장관은 다음의 자료 및 정보를 토대로 아동보호를 위한 실태조사 대상 아동을 선정할 수 있다.
- 「국민건강보험법」 제41조 제1항 각 호에 따른 요양급여 실시 기록
- 「국민건강보험법」 제52조에 따른 영유아건강검진 실시 기록 및 「의료급여법」 제14조에 따른 건강검진 실시 기록 중 6세 미만에 대한 기록
- 「초·중등교육법」 제25조에 따른 학교생활기록 정보
- 「사회보장급여의 이용·제공 및 수급권자 발굴에 관한 법률」 제12조 제1항 각 호에 따른 정보(「전기사업법」 제14조에 따른 단전 가구정보 등)
- 「감염병의 예방 및 관리에 관한 법률」 제24조 제1항에 따른 필수예방접종 실시 기록

MEMO.

MEMO.

MEMO.